2005

中国电力年鉴

《中国电力年鉴》编辑委员会

本年鉴荣获中央级年鉴
评比一等奖

图书在版编目（CIP）数据

2005中国电力年鉴/《中国电力年鉴》编辑委员会编.
北京：中国电力出版社，2005
ISBN 7-5083-3197-4

Ⅰ.2…　Ⅱ.中…　Ⅲ.电力工业—中国—2005—年鉴
Ⅳ.F426.61-54

中国版本图书馆CIP数据核字（2005）第118931号

中国电力出版社出版、发行
（北京三里河路6号　100044　http://www.cepp.com.cn）
北京市铁成印刷厂印刷
各地新华书店经售
*
2005年12月第一版　2005年12月北京第一次印刷
787毫米×1092毫米　16开本　36.75印张　1211千字　29插页
印数0001—3000册　定价180.00元

2004年1月20日，中共中央总书记、国家主席胡锦涛（右三）到大唐国际张家口发电厂亲切慰问生产一线电力职工。

2004年4月13日，中共中央政治局常委、全国人大常委会委员长吴邦国（右二）在三峡总公司总经理、中国长江电力股份有限公司董事长李永安的陪同下视察三峡工程。

2004年7月30日，中共中央政治局常委、全国人大常委会委员长吴邦国出席“中国首台F级重型燃机（半山1号）”发运庆典仪式。

2004年1月21日，中共中央政治局常委、国务院总理温家宝（左三）视察河南省电力公司。

2004年7月26日，中共中央政治局常委、国务院总理温家宝（前左二）视察国家电力调度通信中心，布置电力迎峰度夏工作。

2004年11月18日，中共中央政治局常委、全国政协主席贾庆林（前右一）视察湖北清江水电开发有限责任公司。

2004年1月22日（农历正月初一），中共中央政治局常委、国务院副总理黄菊（中）在国家电力监管委员会主席柴松岳（左六）、中共浙江省省委书记习近平、省长吕祖善的陪同下，到浙江省电力公司视察。

2004年7月27日，中共中央政治局常委、国务院副总理黄菊（前左一）在中共青海省省委书记赵乐际、省长杨传堂等领导的陪同下到龙羊峡水电站视察。

2004年5月3日，中共中央政治局常委、中央纪律检查委员会书记吴官正（中）视察中国华电集团乌江渡发电厂。

2004年6月6日，中共中央政治局委员、国务院副总理曾培炎（右二）参加三峡一广东直流输电工程投产仪式。

2004年9月23日，中共中央政治局委员、国务院副总理曾培炎（中）、广东省省长黄华华（右二）等领导出席贵广直流工程双极送电暨西电东送新增1000万kW电网项目竣工仪式。

2004年7月22日，中共中央政治局委员、国务院副总理、国家防汛总指挥回良玉（中）在中共湖南省省委书记杨正午、省长周伯华的陪同下到五强溪电厂视察防汛工作。

2004年8月27日，全国政协副主席周铁农（前左一）视察水电七支队承建的新疆沙漠渠道工程工地。

改革及重要会议

2004年1月15~16日，中国电力投资集团公司2004年工作会议在上海举行。

2004年2月3~4日，中国华电集团公司2004年工作会议在北京举行。

2004年2月12~14日，广西电力有限公司2004年工作会议在南宁隆重召开。

2004年3月15日，中国电力投资集团公司华东分公司在上海成立。

2004年4月9日，南方电力市场建设工作领导小组第一次会议在广州召开。

2004年4月26日，首期注册资本4.5亿元人民币的大型民营企业——陕西银河投资集团有限公司在西安成立，省计委副主任高仰秀和西安高新开发区管委会主任景俊海为公司揭牌。

2004年6月16日，陕西省电力公司召开陕西电网迎峰度夏安全生产电视电话会议，迅速部署、积极安排，确保全省安全供电。

2004年6月26日，中国华电集团公司总经理贺恭出席在邹县发电厂召开的华电国际成立十周年庆典大会并发表讲话。

2004年7月2日，全国第一个750 kV超高压运行管理公司成立（筹备）大会在青海省西宁市召开。

2004年7月14日，中国南方电网有限公司参加在广州举行的首届泛珠三角区域经贸合作洽谈会。

2004年9月17日，2004年中国南方电网30亿元建设债券正式发行，发行仪式在北京人民大会堂举行。

2004年9月22日，国家电力监管委员会电力安全专家委员会成立大会暨第一次会议在北京召开。

2004年9月24日，由中国电力企业联合会和中国电机工程学会联合举办、辽宁省电力有限公司承办的中国带电作业50周年庆祝大会在沈阳召开。国家电力监管委员会副主席宋密、中国电机工程学会副理事长张贵行等出席了庆祝活动。

2004年11月29日，广西电网公司举行揭牌仪式（图为广西电网公司大楼前）。

2004年11月18～19日，中国电力投资集团公司发展战略框架研讨会在北京召开。

2004年12月24日，山西省电力公司在太原举行电网建设新闻发布会，副省长牛仁亮等省、市领导到会讲话。

2004年1月8日，国家电网公司副总经理刘振亚（中）、总工程师兼调度通信中心主任赵遵廉（右一）一行来到西安高压供电局检查安全生产并慰问电力职工。

2004年1月8日，浙江省省长吕祖善（左三）到浙江华电乌溪江水力发电厂视察。

2004年1月21日（农历除夕）下午，中共湖北省省委书记俞正声（左一）与省长罗清泉（前左二）到湖北省电力调度中心慰问。

2004年1月21日（农历除夕）23点，中国华电集团公司总经理贺恭（右三）与北京市副市长陆昊（前左一）到北京第二热电厂慰问一线职工，与职工共度除夕。

2004年2月25日，中共江西省省委书记孟建柱（中）视察江西省电力公司。

2004年3月29日，国务院国有企业监事会主席刘学良（左一）在黄河水电公司总经理夏忠（左三）的陪同下到拉西瓦水电站检查指导工作。

2004年4月30日，中共青海省省委书记赵乐际（前左一）在黄河水电公司副总经理张民政的陪同下，到拉西瓦水电站视察。

2004年5月13日，国家电网公司总经理赵希正（左三）视察江西省电力公司。

2004年6月10～11日，中国南方电网有限公司党组书记、董事长袁懋振（右三）到广电集团公司调研。

2004年5月20～21日，国家电网公司党组成员、副总经理陆启洲（左三）一行在山西省电力公司党组书记、总经理李援朝（左四）等领导的陪同下，到山西大同小营500kV变电站等地调研。

2004年7月9日，国务院西部开发领导小组办公室副主任、国家发改委副主任李子彬，青海省副省长苏森，在黄河水电公司总经理夏忠的陪同下到黄河拉西瓦水电站调研。

2004年7月28日，湖北省副省长任世茂（左二）、中国华电集团公司副总经理任书辉（左三）视察湖北华电西塞山电厂生产情况。

2004年8月12～15日，国家电网公司副总经理陈进行在青海省电力公司750 kV官亭变电站检查指导工作。

2004年8月15日，国家电网公司党组成员、纪检组长祝新民(中)到陕西省电力公司调研。

2004年8月24日，国家电网公司总经理赵希正（前左二）在湖北汉川电厂视察。

2004年9月26日，水利部部长汪恕诚（右一）、中共青海省省委书记赵乐际（左一）为水电机组装机容量突破1亿kW揭牌。

2004年10月20日，中共山西省省委书记田成平（前左二）、省长张宝顺（右二）、国家电网公司党组成员、副总经理陈进行（右三）等领导，参加鲁能晋北铝业100万t氧化铝工程开工奠基仪式。

2004年11月1～3日，中国南方电网有限公司总经理王野平（右三）到广西检查工作（梧州500kV变电站）。

2004年11月24日，中共浙江省省委书记习近平（左一）到滩坑水电站建设工地视察。

2004年5月18日，陕西省电力公司与中国华电集团公司关于陕西蒲城发电有限责任公司移交签字仪式在西安举行。

2004年6月14日，重庆白鹤电厂二期工程第一台300MW机组正式投入商业运行。

2004 年 6 月 23 日，广西田东电厂改扩建机组 1 号发电机定子吊装成功。

华电国际电力股份有限公司
HUADIAN POWER INTERNATIONAL CORPORATION LIMITED

2004 年 6 月 26 日，华电国际电力股份有限公司邹县发电厂四期工程 2 × 1000MW 主机合同签字仪式在邹县发电厂举行。

2004 年 7 月 21 日，由华电国际电力股份有限公司控股建设的四川省重点工程——广安电厂二期 2 × 30 万 kW工程的 3 号机组一次通过 168 h满负荷试运成功，正式移交生产并网发电，比原定工期提前了 1 个月。

2004 年 9 月 30 日，中国华电集团公司党组书记、总经理贺恭（前右二）出席了在北京举行的印度尼西亚南苏门答腊 4 × 600MW 坑口电站项目合资意向书签字仪式。

2004 年 11 月 28 日，中国大唐集团公司太原第二热电厂六期（2 × 300MW）扩建工程开工建设，中共山西省省委书记田成平、省长张宝顺等领导参加开工奠基仪式。

2004 年 12 月 26 日，黄河上游水电开发有限责任公司格尔木 300MW 级燃气电厂奠基仪式在格尔木隆重举行。

水力发电

2004年1月9日，青海拉西瓦水电站胜利截流。

2004年5月23日，黄河公伯峡水电站1号发电机转子成功吊装就位。

2004年2月8日，武警水电五队承建的湖南皂市水利枢纽工程举行开工典礼。

2004 年6 月1 日，中国华电集团公司控股建设的“西电东送”启动工程——洪家渡水电站1 号发电机转子成功吊装就位。

2004 年8 月31 日，750 kV官亭变电站330 kV设备具备带电条件，为黄河公伯峡水电站首台机组投产送出奠定了坚实基础。

2004 年9 月26 日，中国水电装机容量突破1 亿kW暨黄河公伯峡水电站投产发电庆祝大会在公伯峡召开。

2004 年9 月26 日，水电三总队十支队承建的西藏昌都金河水电站举行建成投产仪式。

西电东送工程

2004年7月16日，±500kV贵广直流输电工程极Ⅱ系统投产仪式在广州举行，国家发改委副主任张国宝（前左三）、广东省常务副省长钟阳胜（前右二）在中国南方电网有限公司领导的陪同下出席仪式。

2004年7月17日，由中国华电集团控股建设的"西电东送"启动工程——乌江洪家渡水电站首台发电机组完成72 h试运行，正式投产发电。洪家渡水电站首台机组的投运，标志"西电东送"工程建设取得了新的重大进展。

2004年11月16日，"西电东送"关键性工程乌江构皮滩水电站截流成功，为工程2009年提前发电打下了坚实基础。

2004年12月15日，由山西电建二公司承建的国家"西电东送"北通道神投第二发电厂3号50万kW机组提前半年投产发电。

2004年3月15日，中国电力投资集团公司核电专业培训班在上海举行开班典礼。

2004年12月20日，中国电力投资集团公司在北京举行了中电投核电有限公司成立揭牌仪式。

2004年7月10日，中国第一组实用型超导电缆并网仪式在云南昆明举行。

2004年8月17日，辽阳220kV迎水寺变电所一次投运成功。该工程于2003年9月18日开工，一期工程投运90MVA变压器1台。

2004年9月13日17:00时，辽宁省鞍山红一变电站SVC国产化示范工程圆满完成72h试运行。

2004年12月15日，山西第五座500kV晋中变电站竣工投产，山西电力公司副总经理宋宏亮（右三）等领导在主控室了解设备运行情况。

2004年12月21日，湖北荆门气温骤降，出现罕见雨雪天气，导致该区域多条500 kV超高压输电线路发生大面积长时间舞动，对电网安全运行构成严重威胁。图为省超高压局荆门分局职工冒雪在500kV斗樊线18号塔上施工。

2004年6月9日，陕西省电力公司西安供电局组织职工在西安解放路举行“节约能源，安全用电”宣传活动。

2004年6月，浙江省金华电业局组织开展节能宣传活动周演出。

2004年12月21～24日，广西电网公司在南宁举办配电线路技能竞赛。

2004年4月21日，中国电力投资集团公司总经理王炳华（左一）与法国电力公司董事长兼总裁卢塞利（右一）在巴黎共同签署了《中电投集团公司与法国电力公司合作框架协议》。

2004年7月13~14日，大湄公河次区域电力贸易协调委员会（RPTCC-1）第一次会议在广西桂林召开，中国南方电网有限公司副总经理肖鹏（左二）出席了会议。

2004年10月15日，中国电力国际发展有限公司正式在香港联交所挂牌上市。

2004年10月26日，越南第一电力公司代表团到广西电网公司访问。

2004年12月2~6日，广西电网公司总经理曲曙（前右）率公司高级商务代表团赴越南河内进行工作访问，与越南第一电力公司签署了购售电合同。

2004年12月21日，中国电力投资集团公司与韩国电力公社和韩国水电核电有限公司合作签字仪式在北京举行。

2004年2月14日，广西电力有限公司为了增强企业负责人依法经营观念，举办了大型“依法治企”讲座。

2004年4月10日，电力杯首届全国电力书画展获奖作品广州展，中国南方电网有限公司党组成员、副总经理肖鹏（左三）出席。

2004年4月28日，湖北省电力公司获“全国五一劳动奖状”。图为湖北省电力公司总经理王远璋（右一）在人民大会堂领奖。

2004年7月4日，中国电机工程学会在北京太月园小区，参加全国科普日活动。

2004年10月10日，中国南方电网有限公司“同心杯”职工篮球赛在广西南宁体育馆举行。

2004年12月8日，广西电网公司举办第一届职工运动会。

2004年12月10日，国家电网公司召开了总部员工大会，特邀荣获全国离退休干部先进个人——临汾供电分公司离休干部解黎明同志作了事迹报告。大会由党组成员、纪检组组长祝新民主持。

《中国电力年鉴》编委会

《中国电力年鉴》编辑部

特约撰稿人（按姓氏笔画排列）

尹兰英	牛健伟	王元相	王　历	王文庆
王守佳	王思敏	王树民	王晓平	伍晶晶
冯水英	包　鹏	卢晓山	左宇龙	田光华
田雅军	白学桂	石　峰	龙建平	乔仁贵
任龙献	刘廷辉	刘志强	刘叔友	刘春梅
刘胜鸿	刘　晖	刘福长	刘　雷	华　峰
孙秀平	孙建华	孙春阳	孙　威	安华云
安晓滨	朱二苗	朱士祥	朱红光	朱耀泉
何洪波	何　群	余勤德	吴利民	张永军
张永胜	张　建	张建扬	张明燕	张振华
张　莉	时香丽	旷路明	李卫东	李　扬
李志远	李悠勇	李　敏	李愿忠	杜　兵
杨　倞	杨万涛	杨　勇	汪年凤	肖振官
陆远兴	陆建之	陈宁华	陈永平	陈　志
陈秀杰	陈叔康	陈宗桂	陈洪治	陈祥健
周成文	房庆红	林耀庭	罗汉武	罗晓萍
金瑞华	柏　敏	柳贞姬	胡耀斌	赵凤琴
赵振方	赵新华	原增光	殷人琦	秦再卫
高一萍	高同全	高建国	高爱革	崔文富
崔保卫	曹小军	曹成林	曾承志	程军生
程彦韬	董志新	谢兴发	廖业明	樊　林
熊自安	魏小征	魏权华	瞿于强	

编 辑 说 明

1.《中国电力年鉴》于1993年创刊，已连续出版11期，是一本融史实性、资料性为一体的专业年鉴，也是一本全面实用，文、图、表并茂的综合性大型年刊。其主要服务对象为从事电力生产、建设、经营管理、科研技术的有关人员，以及与电力相关的政府和企事业单位的有关人员。

2. 本《年鉴》的编纂指导思想为：围绕电力工业改革与发展的主线，全面记载电力工业改革与发展、生产与经营、科技与进步等各方面的成就和内容。

3. 本《年鉴》是在国家电力监管委员会和中国电力企业联合会的指导下，由国家电网公司、中国南方电网有限责任公司、中国华能集团公司、中国大唐集团公司、中国华电集团公司、中国国电集团公司、中国电力投资集团公司共同组织编写的。《年鉴》编委会由国家电力监管委员会、中国电力企业联合会、国家电网公司、中国南方电网有限责任公司、五大发电集团公司、中国三峡长江开发公司和四个辅业集团公司的主要负责人，及有关单位的负责同志为委员组成，并作为《年鉴》的领导机构，决定《年鉴》编辑出版的指导思想、主要内容和编写大纲。

4. 根据《年鉴》编委会对本期年鉴编纂指导思想的确定，2004年《年鉴》的框架结构作了较大的调整，本期《年鉴》在2004年《年鉴》的基础上又进一步作了完善。首先，保留了按照电力体制改革后电力系统新格局，而设置的全面反映中国电力工业的新篇目——电力工作会议、电力工业论坛、电力监管、电力企业等；其次，调整了“重点工程”等篇目所在的位置，修改了“各地区电力工业”篇有关条目的名称，使之更好地反映电力工业改革与发展、生产与经营的主线；第三，完善了“特载”“电力工业论坛”等篇目的内容，充实了具有丰富信息含量的“统计资料”，压缩了文件、法规等的篇幅，加强了文献二次加工。

5. 本期《年鉴》主要收录了2004年我国电力工业各方面所取得的成绩，重点反映了2004年电力工业发展和电力生产的内容。本期《年鉴》的框架结构由篇目、栏目、类目、条目4个层次共16篇目和100多幅彩图组成。

特载：国家领导关注电力、政府对电力的要求、体制改革、电力政策、2004年全国供需形势、安全生产。

大事记：通过2004年电力行业十件大事，以及中国电力企业联合会、国家电网公司、中国南方电网公司、中国华能集团公司、中国大唐集团公司、中国华电集团公司、中国国电集团公司、中国电力投资集团公司等部门的主要事件突出了电力行业的大事、要事。

电力工业论坛：通过2004年主要全国电力论坛和电力权威人士的综述性文章论述电力工业的发展概况。

电力监管：按照国务院授权，国家电力监管委员会行使行政执法职能，依照法律、法规统一履行全国电力监管职责。负责全国电力监管工作，建立统一的电力监管体系，对国家电力监管委员会的派出机构实行垂直领导。

行业协会：全面介绍了中国电力企业联合会的行业管理和服务工作。

学术团体：介绍了电力专业的国际合作、外事管理、国际会议、国际展览、学术会议和学术交流方面的情况，并对电力行业主要的学术团体作了介绍。

电力企业、部分电力企事业单位、各地区电力：此三个篇目全面反映了2004年度全国电力工业生产和建设所取得的巨大成就。

重点工程：收录了电力行业2004年重点科研项目和重大建设项目。

重要文献：收录了国家综合管理部门、国家电力监管委员、中国电力企业联合会和各大公司有关电力的重要文件、规章等。

统计资料：来自电力统计部门的权威数据，未包括我国台湾省和澳门地区。

人物：电力系统全国“五一”劳动奖状获得单位和奖章获得者名单，全国电力行业优秀企业、优秀企业家名单，国家电网公司先进人物。

企业风采：中国电力工业经过改革开放以来的巨大发展，通过城乡电网改造、电力技术进步和管理水平的加强，整个电力工业水平有了很明显的提高，这与电力设备制造企业提供的技术先进的产品密不可分，为更好地推进电力工业的技术进步，并集中反映电力设备制造企业的综合实力。

附录：收录了2004年电力版新书图书目录（摘要）、电力科普、《中国电力年鉴》十年回顾。

索引：本期《年鉴》在保留英文目录和主题内容索引的基础上，扩大了索引的范围，索引范围包括条目的部分内容。大事记、重要文献、统计资料、企业风采、附录未作索引。

6. 本《年鉴》实行文责自负。条目内容、数据、彩图等均由撰稿单位校核及审定。

篇　　目

目　录

电力工业论坛

电 力 监 管

行 业 协 会

学 术 团 体

电 力 企 业

各 地 区 电 力

重 点 工 程

重 要 文 献

统 计 资 料

人　　物

企　业　风　采

附　　录

索　　引

Contents

Editor's Explanation

Special futures

Major Events

Electric Power Forum

Expert Forum 83

Electricity Regulation

Industry Associations

Academic Organizations

Electric Power Enterprises

Some Electric Power Enterprises and Public Institutions

Regional Electric Power Industry

Key Projects

Important Documents

Statistics

People

Enterprises

Appendix

Index

彩 图 目 录

亲切关怀

2004年1月20日，中共中央总书记、国家主席胡锦涛到大唐国际张家口发电厂亲切慰问生产一线电力职工。

2004年4月13日，中共中央政治局常委、全国人大常委会委员长吴邦国在三峡总公司总经理、中国长江电力股份有限公司董事长李永安的陪同下视察三峡工程。

2004年7月30日，中共中央政治局常委、全国人大常委会委员长吴邦国出席“中国首台F级重型燃机（半山1号）”发运庆典仪式。

2004年1月21日，中共中央政治局常委、国务院总理温家宝视察河南省电力公司。

2004年7月26日，中共中央政治局常委、国务院总理温家宝视察国家电力调度通信中心，布置电力迎峰度夏工作。

2004年11月18日，中共中央政治局常委、全国政协主席贾庆林视察湖北清江水电开发有限责任公司。

2004年1月22日（农历正月初一），中共中央政治局常委、国务院副总理黄菊在国家电力监管委员会主席柴松岳、中共浙江省省委书记习近平、省长吕祖善的陪同下，到浙江省电力公司视察。

2004年7月27日，中共中央政治局常委、国务院副总理黄菊在中共青海省省委书记赵乐际、省长杨传堂等领导的陪同下到龙羊峡水电站视察。

2004年5月3日，中共中央政治局常委、中央纪律检查委员会书记吴官正视察中国华电集团乌江渡发电厂。

2004年6月6日，中共中央政治局委员、国务院副总理曾培炎参加三峡—广东直流输电工程投产仪式。

2004年9月23日，中共中央政治局委员、国务院副总理曾培炎、广东省省长黄华华等领导出席贵广直流工程双极送电暨西电东送新增1000万kW电网项目竣工仪式。

2004年7月22日，中共中央政治局委员、国务院副总理、国家防汛总指挥回良玉在中共湖南省省委书记杨正午、省长周伯华的陪同下到五强溪电厂视察防汛工作。

2004年8月27日，全国政协副主席周铁农视察水电七支队承建的新疆沙漠渠道工程工地。

改革及重要会议

2004年1月15～16日，中国电力投资集团公司2004年工作会议在上海举行。

2004年2月3～4日，中国华电集团公司2004年工作会议在北京举行。

2004年2月12～14日，广西电力有限公司2004年工作会议在南宁隆重召开。

2004年3月15日，中国电力投资集团公司华东分公司在上海成立。

2004年4月9日，南方电力市场建设工作领导小组第一次会议在广州召开。

2004年4月26日，首期注册资本4.5亿元人民币的大型民营企业——陕西银河投资集团有限公司在西安成立，省计委副主任高仰秀和西安高新开发区管委会主任景俊海为公司揭牌。

2004年6月16日，陕西省电力公司召开陕西电网迎峰度夏安全生产电视电话会议，迅速部署、积极安排，确保全省安全供电。

2004年6月26日，中国华电集团公司总经理贺恭出席在邹县发电厂召开的华电国际成立十周年庆典大会并发表讲话。

2004年7月2日，全国第一个750kV超高压运行管理公司成立（筹备）大会在青海省西宁市召开。

2004年7月14日，中国南方电网有限公司参加在广州举行的首届泛珠三角区域经贸合作洽谈会。

2004年9月17日，2004年中国南方电网30亿元建设债券正式发行，发行仪式在北京人民大会堂举行。

2004年9月22日，国家电力监管委员会电力安全专家委员会成立大会暨第一次会议在北京召开。

2004年9月24日，由中国电力企业联合会和中国电机工程学会联合举办、辽宁省电力有限公司承办的中国带电作业50周年庆祝大会在沈阳召开。国家电力监管委员会副主席宋密、中国电机工程学会副理事长张贵行等出席了庆祝活动。

2004年11月18～19日，中国电力投资集团公司发展战略框架研讨会在北京召开。

2004年11月29日，广西电网公司举行揭牌仪式（图为广西电网公司大楼前）。

2004年12月24日，山西省电力公司在太原举行电网建设新闻发布会，副省长牛仁亮等省、市领导到会讲话。

各级领导到基层视察和指导工作

2004年1月8日，国家电网公司副总经理刘振亚、总工程师兼调度通信中心主任赵遵廉一行来到西安高压供电局检查安全生产并慰问电力职工。

2004年1月8日，浙江省省长吕祖善到浙江华电乌溪江水力发电厂视察。

2004年1月21日(农历除夕)下午，中共湖北省省委书记俞正声与省长罗清泉到湖北省电力调度中心慰问。

2004年1月21日(农历除夕)23点，中国华电集团公司总经理贺恭与北京市副市长陆昊到北京第二热电厂慰问一线职工，与职工共度除夕。

2004年2月25日，中共江西省省委书记孟建柱视察江西省电力公司。

2004年3月29日，国务院国有企业监事会主席刘学良在黄河水电公司总经理夏忠的陪同下到拉西瓦水电站检查指导工作。

2004年4月30日，中共青海省省委书记赵乐际在黄河水电公司副总经理张民政的陪同下，到拉西瓦水电站视察。

2004年5月13日，国家电网公司总经理赵希正视察江西省电力公司。

2004年5月20～21日，国家电网公司党组成员、副总经理陆启洲一行在山西省电力公司党组书记、总经理李援朝等领导的陪同下，到山西大同小营500kV变电站等地调研。

2004年6月10～11日，中国南方电网有限公司党组书记、董事长袁懋振到广电集团公司调研。

2004年7月9日，国务院西部开发领导小组办公室副主任、国家发改委副主任李子彬，青海省副省长苏森，在黄河水电公司总经理夏忠的陪同下到黄河拉西瓦水电站调研。

2004年7月28日，湖北省副省长任世茂、中国华电集团公司副总经理任书辉视察湖北华电西塞山电厂生产情况。

2004年8月12～15日，国家电网公司副总经理陈进行在青海省电力公司750kV官亭变电站检查指导工作。

2004年8月15日，国家电网公司党组成员、纪检组长祝新民到陕西省电力公司调研。

2004年8月24日，国家电网公司总经理赵希正在湖北汉川电厂视察。

2004年9月26日，水利部部长汪恕诚、中共青海省省委书记赵乐际为水电机组装机容量突破1亿kW揭牌。

2004年10月20日，中共山西省省委书记田成平、省长张宝顺、国家电网公司党组成员、副总经理陈进行等领导，参加鲁能晋北铝业100万t氧化铝工程开工奠基仪式。

2004年11月1～3日，中国南方电网有限公司总经理王野平到广西检查工作(梧州500kV变电站)。

2004年11月24日，中共浙江省省委书记习近平到滩坑水电站建设工地视察。

火力发电

2004年5月18日，陕西省电力公司与中国华电集团公司关于陕西蒲城发电有限责任公司移交签字仪式在西安举行。

2004年6月14日，重庆白鹤电厂二期工程第一台300MW机组正式投入商业运行。

2004年6月23日，广西田东电厂改扩建机组1号发电机定子吊装成功。

2004年6月26日，华电国际电力股份有限公司邹县发电厂四期工程2×1000MW主机合同签字仪式在邹县发电厂举行。

2004年7月21日，由华电国际电力股份有限公司控股建设的四川省重点工程——广安电厂二期2×30万kW工程的3号机组一次通过168h满负荷试运成功，正式移交生产并网发电，比原定工期提前了1个月。

2004年9月30日，中国华电集团公司党组书记、总经理贺恭出席了在北京举行的印度尼西亚南苏门答腊4×600MW坑口电站项目合资意向书签字仪式。

2004年11月28日，中国大唐集团公司太原第二热电厂六期(2×300MW)扩建工程开工建设，中共山西省省委书记田成平、省长张宝顺等领导参加开工奠基仪式。

2004年12月26日，黄河上游水电开发有限责任公司格尔木300MW级燃气电厂奠基仪式在格尔木隆重举行。

水力发电

2004年1月9日，青海拉西瓦水电站胜利截流。

2004年2月8日，武警水电五队承建的湖南皂市水利枢纽工程举行开工典礼。

2004年5月23日，黄河公伯峡水电站1号发电机转子成功吊装就位。

2004年6月1日，中国华电集团公司控股建设的“西电东送”启动工程——洪家渡水电站1号发电机转子成功吊装就位。

2004年8月31日，750kV官亭变电站330kV设备具备带电条件，为黄河公伯峡水电站首台机组投产送出奠定了坚实基础。

2004年9月26日，中国水电装机容量突破1亿kW暨黄河公伯峡水电站投产发电庆祝大会在公伯峡召开。

2004年9月26日，水电三总队十支队承建的西藏昌都金河水电站举行建成投产仪式。

西电东送工程

2004年7月16日，±500kV贵广直流输电工程极Ⅱ系统投产仪式在广州举行，国家发改委副主任张国宝、广东省常务副省长钟阳胜在中国南方电网有限公司领导的陪同下出席仪式。

2004年7月17日，由中国华电集团控股建设的“西电东送”启动工程——乌江洪家渡水电站首台发电机组完成72h试运行，正式投产发电。洪家渡水电站首台机组的投运，标志“西电东送”工程建设取得了新的重大进展。

2004年11月16日，“西电东送”关键性工程乌江构皮滩水电站截流成功，为工程2009年提前发电打下了坚实基础。

2004年12月15日，由山西电建二公司承建的国家“西电东送”北通道神投第二发电厂3号50万kW机组提前半年投产发电。

核电及新能源发电

2004年3月15日，中国电力投资集团公司核电专业培训班在上海举行开班典礼。

2004年12月20日，中国电力投资集团公司在北京举行了中电投核电有限公司成立揭牌仪式。

输变电工程

2004年7月10日，中国第一组实用型超导电缆并网仪式在云南昆明举行。

2004年8月17日，辽阳220kV迎水寺变电所一次投运成功。该工程于2003年9月18日开工，一期工程投运90MVA变压器1台。

2004年9月13日17∶00时，辽宁省鞍山红一变电站SVC国产化示范工程圆满完成72h试运行。

2004年12月15日，山西第五座500kV晋中变电站竣工投产，山西电力公司副总经理宋宏亮等领导在主控室了解设备运行情况。

2004年12月21日，湖北荆门气温骤降，出现罕见雨雪天气，导致该区域多条500kV超高压输电线路发生大面积长时间舞动，对电网安全运行构成严重威胁。图为省超高压局荆门分局职工冒雪在500kV斗樊线18号塔上施工。

供用电

2004年6月9日，陕西省电力公司西安供电局组织职工在西安解放路举行“节约能源，安全用电”宣传活动。

2004年6月，浙江省金华电业局组织开展节能宣传活动周演出。

2004年12月21～24日，广西电网公司在南宁举办配电线路技能竞赛。

国际合作与友好往来

2004年4月21日，中国电力投资集团公司总经理王炳华与法国电力公司董事长兼总裁卢塞利在巴黎共同签署了《中电投集团公司与法国电力公司合作框架协议》。

2004年7月13～14日，大湄公河次区域电力贸易协调委员会(RPTCC-1)第一次会议在广西桂林召开，中国南方电网有限公司副总经理肖鹏出席了会议。

2004年10月15日，中国电力国际发展有限公司正式在香港联交所挂牌上市。

2004年10月26日，越南第一电力公司代表团到广西电网公司访问。

2004年12月2～6日，广西电网公司总经理曲曙率公司高级商务代表团赴越南河内进行工作访问，与越南第一电力公司签署了购售电合同。

2004年12月21日，中国电力投资集团公司与韩国电力公社和韩国水电核电有限公司合作签字仪式在北京举行。

精神文明建设

2004年2月14日，广西电力有限公司为了增强企业负责人依法经营观念，举办了大型“依法治企”讲座。

2004年4月10日，电力杯首届全国电力书画展获奖作品广州展，中国南方电网有限公司党组成员、副总经理肖鹏出席。

2004年4月28日，湖北省电力公司获“全国五一劳动奖状”。图为湖北省电力公司总经理王远璋在人民大会堂领奖。

2004年7月4日，中国电机工程学会在北京太月园小区，参加全国科普日活动。

2004年10月10日，中国南方电网有限公司“同心杯”职工篮球赛在广西南宁体育馆举行。

2004年12月8日，广西电网公司举办第一届职工运动会。

2004年12月10日，国家电网公司召开了总部员工大会，特邀荣获全国离退休干部先进个人——临汾供电分公司离休干部解黎明同志作了事迹报告。大会由党组成员、纪检组组长祝新民主持。

特　　载

国家领导关注电力

胡锦涛总书记考察电力

胡锦涛亲切慰问电力职工

新春佳节之际，中共中央总书记、国家主席胡锦涛，来到河北省张家口，看望广大干部群众，给大家带来党中央、国务院的亲切关怀和节日问候。

2004年1月20～21日，胡锦涛和随行的中共中央政治局候补委员、中央书记处书记王刚驱车来到张家口，在河北省省委书记白克明等陪同下，看望当地干部群众，了解群众生产生活情况。他强调，广大党员干部特别是各级领导干部要进一步增强全心全意为人民服务的宗旨意识，时刻牢记群众利益无小事的道理，真心诚意地为群众办事，满腔热忱地为群众解决好生产生活中的实际问题，特别是要给那些困难比较大的群众更多的关爱、更多的帮助。1月20日下午，胡锦涛总书记一行来到中国大唐集团张家口发电厂亲切慰问电力职工，给电力职工拜年，希望电力职工为广大人民群众度过一个祥和的春节，切实做好安全生产工作，确保电力生产安全稳定。

胡锦涛考察南瑞公司

2004年5月4日，中共中央总书记、国家主席胡锦涛来到南京南瑞继保电气有限公司，考察该公司科技创新和高新技术产业发展工作，并就电力行业科技发展作出重要指示。

上午9时45分，胡锦涛在中共中央政治局候补委员、书记处书记王刚和江苏省委书记李源潮、省长梁保华等陪同下来到南瑞继保公司，认真听取了该公司继电保护和控制产品的介绍后，与公司员工亲切交谈，询问他们的生产生活情况，并和员工亲切握手。在葛南直流控制保护系统的动模现场，胡锦涛认真听取了中国工程院院士、该公司董事长兼总经理沈国荣关于立足科技创新、保障电网安全、发展高科技产业的汇报，并询问了电力控制中的技术问题、高压直流输电设备国产化情况。他希望该公司抓住电力快速发展的大好机遇，加快自主知识产权的技术和产品开发及产业化工作，要求该公司运用在电力控制系统上的自主核心技术优势，更多地占领国际市场。

胡锦涛视察华东电网公司

2004年7月26日，中共中央总书记胡锦涛视察华东电网公司。在听取华东电网公司关于近期生产运行和电力市场模拟运行等情况汇报后，胡锦涛总书记指出，当前煤电油运供求紧张，电力迎峰度夏形势相当严峻，供需矛盾在华东电网更为突出。能否保证电网的安全经济运行，关系到社会经济发展的全局，关系到亿万人民群众的切身利益。希望电力系统认真贯彻党中央、国务院的决策和部署，一方面克服困难，挖掘潜力，科学调度，确保安全，尽最大努力保证电力供应；另一方面，要加强需求侧管理，合理用电，有序供电，确保电网的安全运行，努力完成好迎峰度夏的各项任务。

中共中央政治局候补委员、中央书记处书记王刚，中共中央政治局委员、上海市市委书记陈良宇，上海市市长韩正等陪同视察。

温家宝总理考察电力

国务院总理温家宝、中央军委主席江泽民签署命令“武警水电三峡工程指挥部荣立二等功”

2004年2月13日，武警总部在三峡坝区召开国务院、中央军委为武警水电三峡工程指挥部（正师级）记集体二等功庆功会，武警总部副政委贾润兴在会上宣读了由国务院总理温家宝、中央军委主席江泽民签署的命令。国务院三峡工程建设委员会副主任漆林、武警水电指挥部主任陈方枢、三峡总公司总经理李永安、国家电网公司副总经理郑宝森等出席庆功大会。

武警水电三峡工程指挥部主要承担着三峡工程永久船闸建设和坝区警卫消防任务。自1993年10月组建以来，该部全体官兵尊重科学，不畏艰险，顽强拼搏，迎难而上，坚持高标准、严要求，出色地完成了永久船闸建设、二期上游围堰拆除、三期导流明渠下游围堰施工等重大任务；开辟了世界上规模最大、水头最高，全长6442m的人工航道，开挖土石灰4200多万m^3；成功破解了十多项世界级水利工程技术难题，取得了多项科研成果，获得了中国工程爆破协会科技进步一等奖一项、中国电力科学技术二等奖一项、国家实用新型专利三项；承担的开挖、锚固和混凝土浇筑等工程，质量合格率达成100%，优良率达80%以上，为三峡工程建设作出了突出贡献。

武警水电三峡指挥部官兵表示，要将荣誉当做进军的号角，在新的征程中继续保持人民军队的优良作风，弘扬三峡精神，为加快全面建设小康社会的建设步伐和开发社会水利资源作出新贡献。

温家宝春节期间到河南省电力公司视察工作

2004年1月21日，中共中央政治局常委、国务院总理温家宝在河南省省委书记李克强、省长李成玉的陪同下，到河南省电力公司视察工作，亲切慰问电力职工。

温家宝总理听取了河南省电力公司的工作汇报，向节日期间坚守岗位的电力职工表示感谢，要求确保春节期间电力的安全运行，确保节假日期间不拉闸限电。同时强调，从整个电力工作来讲，还要做好三件事情：第一，统筹规划，加强电力和电网建设；第二，科学调度，做好电力的调配工作；第三，确保电力的安全运行。

温家宝视察华东电力调度通信中心

2004年5月24日，中共中央政治局常委、国务院总理温家宝在中共中央政治局委员、上海市委书记陈良宇，上海市市长韩正等陪同下，视察华东电力调度通信中心。

温家宝指出，面对当前电力紧张局面，要用经济杠杆减少用电缺口问题，要在国家宏观调控和市场机制的调控下，分配好有限的电力电量；一定要加强电网的安全管理，保证电网安全稳定运行。

温家宝视察华中电力调度通信中心

2004年6月10日，中共中央政治局常委、国务院总理温家宝在中共中央政治局委员、湖北省省委书记俞正声、省长罗清泉等陪同下，视察华中电力调度通信中心。

温家宝总理听取了华中电网有限公司工作汇报，并通过调度值班电话与华中六省(市)电力调度中心和有关电厂的值班人员通话,对全体值班人员表示慰问,并希望六省(市)广大电源、电网企业和职工要早安排、早协调、早落实,加强调控,确保安全,保证今年迎峰度夏的电力需求,保证居民生活、重点单位和企业的正常用电;要同舟共济,共度难关,特别是要保证电网安全。

温家宝视察青岛供电公司电力调度中心

2004年6月21日，中共中央政治局常委、国务院总理温家宝在发展改革委副主任张国宝，山东省省委书记、省人大常委会主任张高丽，青岛市市委书记杜世成等陪同下，视察青岛供电公司电力调度中心。

温家宝总理听取了山东电力集团公司、青岛供电公司的工作汇报，详细了解了山东实行峰谷电价和电网避峰、移峰采取的措施，对国家刚出台的电价调整政策的执行情况、当前的电网迎峰度夏工作和社会用电情况给予了高度关注。

温家宝视察国家电力调度通信中心

2004年7月26日，国务院总理温家宝视察国家电力调度通信中心。温家宝总理听取了赵希正总经理关于全国电网运行情况的汇报，通过调度电话了解了各区域电网和北京电网的运行情况，向迎峰度夏关键时期坚守工作岗位的全国电力战线广大干部职工致以衷心的问候和感谢。

随后，温家宝总理主持召开座谈会，听取了电监会、各电网、发电集团公司工作汇报。

其他中央领导

黄菊看望春节期间坚守岗位的浙江省电力公司职工

2004年1月22日，中共中央政治局常委、国务院副总理黄菊在电监会主席柴松岳、浙江省省委书记习近平、省长吕祖善等陪同下，到浙江省电力公司、浙江省电力调度中心看望节日期间坚守岗位的干部职工。

黄菊副总理要求，要确保春节和“两会”期间的电力供应，确保人民生活用电和重点单位用电，确保电网运行的安全，通过有效的调度和调节，尽最大努力减少缺电造成的损失。

黄菊电贺国家电网公司2004年工作会议

2004年2月8日，中共中央政治局常委、国务院副总理黄菊给国家电网公司2004年工作会议发来贺信。黄菊指出，在过去的一年里，国家电网公司认真贯彻落实党中央、国务院的决策部署，确保电网安全稳定运行，努力保证电力供应。与此同时，改革稳步推进，队伍团结稳定，成绩很大，应予充分肯定。新的一年里，希望国家电网公司以“三个代表”重要思想为指导，进一步贯彻落实党的十六大和十六届三中全会精神，继续加强电网建设，加快电网发展；坚持统一调度，落实电网安全运行措施，保证安全供电；加强经营管理，提高经济效益，为促进经济社会发展和全面建设小康社会作出更大的贡献。

黄菊视察湖南电力调度通信中心

2004年3月27日，中共中央政治局常委、国务院副总理黄菊同志到湖南电力调度通信中心视察工作。黄菊同志指出，要把缓解电力供需紧张局面摆在重要位置，要发挥大电网联网的优势，全国一盘棋，加强统一调度、科学调度，加快在建项目的建设进度，缓解夏季用电高峰的紧张局面；要加强需求侧管理，通过需求侧管理来调节峰谷差；同时要做到有计划，保重点，保生活用电，保重点企业、重点项目和重点行业的用电。

国务院副秘书长尤权、国防科工委主任张云川、国家发展改革委副主任张国宝、国资委党委书记李毅中、电监会主席柴松岳、湖南省省委书记杨正午、省长周伯华陪同视察。

黄菊视察青海电力调度中心

2004年7月26日，国务院副总理黄菊视察青海电力调度中心，听取青海电网经营及安全运行、电网规划与建设情况汇报。

黄菊副总理详细询问了青海电网网架结构、水火电装机构成及其发电量变化趋势、销售电量增长情况和迎峰度夏期间省际电量互供等情况。黄菊副总理要求，一定要保证电网安全运行，青海电网用电高峰是在冬季，夏季负荷相对较轻，在外省进入迎峰度夏期间，要发挥好调剂互补作用。

黄菊电贺第十五届亚太电协大会

2004年10月18～22日，第15届东亚及西太平洋电力工业协会大会（简称亚太电协大会）在上海国际会议中心隆重召开。本次会议的主题是：创新、竞争与合作——经济全球化进程中的电力工业。中共中央政治局常委、国务院副总理黄菊给大会发来贺信。

中共中央政治局委员、上海市市委书记陈良宇，电监会主席柴松岳等出席大会开幕式，上海市市长韩正致欢迎辞。国家发展改革委副主任张国宝、世界能源理事会秘书长甘罗德·杜赛特、剑桥能源研究会主席克里斯托弗·赛博等分别作主旨发言。开幕式由第15届亚太电协主席、中国电力企业联合会理事长、国家电网公司党组书记、总经理赵希正主持。

黄菊、曾培炎关于水电建设的批示

2004年9月23日，以公伯峡水电站首台30万kW机组9月23日投产发电为标志，我国水电装机容量突破1亿kW大关，以持续三年位列世界第一的骄人成绩向建国55周年献礼。

中共中央政治局常委、国务院副总理黄菊为中国水电装机容量突破1亿kW暨公伯峡水电站投产发电做出批示："祝贺全国水电装机突破1亿kW。发展水电事业，对于千方百计满足经济社会发展需要，实现人与自然协调发展，具有重大意义。希望电力部门和有关省区团结协作，把黄河上游水电资源的滚动开发这件利国利民的好事办好。"

国务院副总理曾培炎在批示中说："公伯峡水电站1号机投产发电暨全国水电装机突破1亿kW是我国电力建设史上又一里程碑，为此向做出贡献的全国广大电力水利工作者和有关各方表示热烈的祝贺！黄河上游水电资源的滚动开发是西电东送的重点工程，有利于沿黄九省区的经济和社会发展，有利于在全国范围内实现资源的优化配置。希望有关各方把握大局，密切配合，继续全力做好黄河上游水电资源的开发工作。"

曾培炎出席国家电网公司三峡至广东±500kV直流输电工程投运仪式

2004年6月6日，中共中央政治局委员、国务院副总理曾培炎出席在国家电力调度通信中心举行的三峡至广东±500kV直流输电工程投运仪式，并作重要讲话。曾培炎同志指出，三广直流工程的成功投运，实现了华中电网与南方电网的互连，是三峡输变电工程和西电东送建设的又一重大成果。工程在施工工期、先进技术应用等方面，创造了多项好成绩，设备国产化比例进一步提高，是我国电网建设史上一个新的里程碑。以三广直流、三常直流工程为标志，我国直流输变电技术迈上一个新的台阶，跨入世界先进行列。

曾培炎同志强调，要深入贯彻宏观调控的政策措施，进一步做好各项工作。一是要加强电力需求侧管理，二是要增加电力供给，三是要优化电力调度，四是要强化安全生产，五是要协调电力建设。

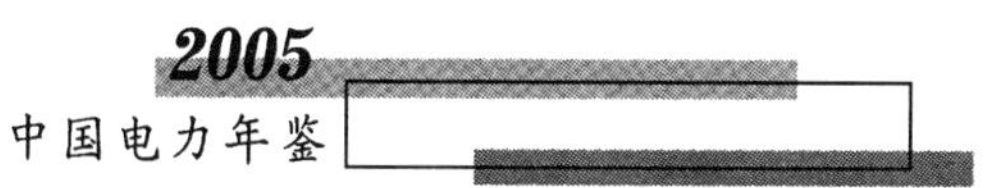

政府对电力的要求

国务院办公厅发出通知"加强煤电油运协调，确保安全有序供电"

2004年6月7日，国务院办公厅发出通知，就做好电力迎峰度夏工作，确保安全有序供电，促进国民经济平稳较快增长确定了有关原则和具体要求。

《通知》主要内容如下：

一、有保有限强化电力需求侧管理

各地区要加快制定和完善电力迎峰度夏工作预案，千方百计确保居民生活、农业生产用电以及医院、学校、金融机构、交通枢纽、重点工程等重点单位的正常用电，并保证高科技等优势企业用电的合理需要。对其他用电单位，分类排队，区别对待，制定不同负荷水平下的拉限电序位表。对符合国家产业政策的连续性生产作业和中断供电可能造成安全事故的企业，要保证用电；对高耗能、低产出的企业，要实行严格的错峰、避峰和限电措施；对不符合产业政策与规划布局、高污染的企业要停止供电；对不适宜高温条件下作业的企业，应在夏季用电高峰期间安排停工休假和设备检修。

加大移峰填谷力度。在普遍实行峰谷电价的基础上，供电紧张地区要进一步拉大峰谷电价价差，扩大峰谷电价实施范围。除了用电负荷大的工业企业外，对普通工业、商业等领域也要推行峰谷电价。尽快实行电厂上网峰谷电价，并与用电侧峰谷电价联动。

二、区别对待，运用价格杠杆调节电力供求

实行差别电价政策。农业和中小化肥生产用电价格不提高；居民用电价格适当提高，由各地区组织召开价格听证会确定；电解铝、烧碱、钢铁、水泥、铁合金、电石等高耗能行业中的淘汰类、限制类企业用电价格多提；电力供应紧张、煤价上涨较多、用户承受能力较强的地区多提，其他地区少提。

逐步理顺煤电价格关系。电价调整后，电煤价格不分重点合同内外，均由供需双方协商确定；对已签订的重点电煤订货合同，煤炭企业必须继续履行并保证优先供货，铁路、交通部门在运输上继续优先保证；同时尽快实施煤电价格联动机制。煤炭企业要充分考虑用户的承受能力，合理调整煤炭价格。发电企业要努力通过提高效率、降低消耗，消化部分煤价上涨成本。如果煤炭价格上涨幅度过高，价格主管部门要依据有关法律法规，适时进行干预。

三、加强调度和协调，充分发挥现有设施能力

各级电力调度尤其是区域电网调度要按照“三公”原则，加强优化调度，挖掘现有发电机组和输电线路的潜力。同时，电力企业要保证发输电设备正常运行。

要妥善处理防洪与发电的关系。发改委、水利部等部门要督促有水电装机的地区，密切关注雨情水情，科学确定水库的汛限水位，优化用水调度，统筹安排防洪、灌溉和发电，在确保防洪安全的前提下，最大限度地利用水力资源多发电。

四、切实做好电力迎峰度夏保障工作

千方百计增加电煤库存。发改委要会同有关部门和地区继续做好煤炭资源、运输的协调工作，采取有力措施，增加重点电厂煤炭库存；尤其要做好沿海地区台风来临前的电煤抢运工作，保证重点电厂稳定运行。

做好运输保障工作。铁路部门要继续调整运输结构，加快车辆周转，突出重点急需，增加紧缺地区电煤运量。交通部门要加强对货运市场的监测，充分发挥骨干企业的作用，切实组织好车船调配和港口装卸工作。交通、公安等部门在治理公路超限超载时，要建立煤炭运输快速通道，严禁重复检查、重复罚款，降低公路运输成本，对跨省应急运输车辆优先放行。

整治市场秩序和外部环境。各级煤炭经营管理部门要加强监管，严格煤炭经营企业的资格审查；要会同工商、质检、价格等部门，依法坚决打击违法经营、掺杂使假、以次充好、囤积居奇、哄抬物价等不法行为。清理整顿煤炭运销环节的乱收费行为。公安部要会同有关部门加大执法力度，组织专项行动，严厉打击各类破坏电力、输油管道等设施的违法犯罪行为。

五、高度重视安全生产

各地区、各部门和煤电油运企业要牢固树立“安全第一、预防为主”的思想，提高企业安全管理水平和设备运行可靠性。在迎峰度夏来临时，安全监管局、电监会和有关部门要对煤炭、电力、石油、交通运输等企业开展一次安全生产大检查。省级、地级人民政府要组织制订应对大型电网事故的应急预案。国家电网公司和南方电网公司要会同发电企业针对薄弱环节组织反事故演习。金融、通信、广播电视、医院和机场等重要单位要安装备用电源。

六、加快建设一批见效快的煤电油运项目

在保证工程质量的前提下，要加快在建电力项目的建设进度，有条件的地区争取多投产、早投产一些发电机组和输电线路。加快在建煤矿的建设进度，支持国有大矿通过收购、兼并、联合、重组等方式改造一批中小煤矿。按照规划和布局，对初步确定的一批基础条件好的大中型煤矿，尽快实施改扩建，力争多增加产能产量。加快实施大秦、西延线等铁路工程建设，提高煤炭外运能力。加快秦皇岛、天津、日照港煤炭码头的扩能改造和南方港口接卸能力建设。石油天然气集团公司、石油化工集团公司要加快实施已经确定的炼油综合能力配套技术改造项目，尽快发挥已形成的原油加工能力。

七、大力推进节能降耗

大力推广应用节能新技术、新设备，加快淘汰高耗能落后工艺、技术和设备。加强企业生产调度和运行管理，充分利用余热、余压发电。组织开展节能监测和节电技术服务，今年要着力推进冶金、有色、电力、石化、建材等行业节能降耗和资源综合利用。严格控制夜景照明用电，提倡城市照明节约用电。党政机关、商场、商务楼、宾馆、饭店等要适当调高夏季空调温度，降低空调用电负荷。

《通知》最后还就煤电油运的协调和发展提出具体意见。一是要把努力解决当前煤电油运突出问题与搞好长远建设有机结合起来。加快制定和实施煤电油运发展规划，加强各专项规划之间的衔接，充分发挥规划的指导和信息引导作用，防止盲目布局、无序投资建设煤电油运项目。要加快煤炭后续资源的勘探，抓紧做好前期工作，尽快再建成几个大型煤炭基地，通过改制重组形成若干大型煤炭企业集团。二是要加强组织领导，建立健全煤电油运综合协调工作机制，及早发现、及时解决供需衔接中的突出矛盾和问题。各地区各部门及有关企业要强化全局观念，自觉服从国家宏观调控大局，加强省际、区域间协作，严禁地区封锁，维护市场的统一有序。

国务院常务会议原则通过《能源中长期发展规划纲要》(草案)

2004年6月30日，国务院总理温家宝主持召开国务院常务会议，讨论并原则通过《能源中长期发展规划纲要（2004～2020年)》(草案)。

会议认为，能源是经济社会发展和提高人民生活水平的重要物质基础。制定并实施能源中长期发展规划，解决好能源问题，直接关系到我国现代化建设的进程。必须坚持把能源作为经济发展的战略重点，为全面建设小康社会提供稳定、经济、清洁、可靠、安全的能源保障，以能源的可持续发展和有效利用支持我国经济社会的可持续发展。

会议指出，解决我国能源问题，必须实行正确的指导方针。要坚持从我国国情出发，尊重自然规律和经济规律，借鉴国际经验，走中国特色的能源发展之路。为此，必须切实抓好以下几个方面：一要坚持把节约能源放在首位，实行全面、严格的节约能源制度和措施，显著提高能源利用效率。二要大力调整和优化能源结构，坚持以煤炭为主体、电力为中心、油气和新能源全面发展的战略。三要搞好能源发展合理布局，兼顾东部地区和中西部地区、城市和农村经济社会发展的需要，并综合考虑能源生产、运输和消费合理配置，促进能源与交通协调发展。四要充分利用国内外两种资源、两个市场，立足于国内能源的勘探、开发与建设，同时积极参与世界能源资源的合作与开发。五要依靠科技进步和创新。无论是能源开发还是能源节约，都必须重视科技理论创新，广泛采用先进技术，淘汰落后设备、技术和工艺，强化科学管理。六要切实加强环境保护，充分考虑资源约束和环境的承载力，努力减轻能源生产和消费对环境的影响。七要高度重视能源安全，搞好能源供应多元化，加快石油战略储备建设，健全能源安全预警应急体系。八要制定能源发展保障措施，完善能源资源政策和能源开发政策，充分发挥市场机制作用，加大能源投入力度。深化改革，努力形成适应全面建设小康社会和社会主义市场经济发展要求的能源管理体制和能源调控体系。

会议强调，从根本上解决我国能源问题，必须牢固树立和认真贯彻科学发展观，切实转变经济增长方式，坚定不移走新型工业化道路。要大力调整产业结构、产品结构、技术结构和企业组织结构，依靠技术创新、体制创新和管理创新，在全国形成有利于节约能源的生产模式和消费模式，发展节能型经济，建设节能型社会。

会议要求，要妥善处理当前与长远的关系，把加快中长期能源发展与缓解当前能源供求紧张的矛盾很好地结合起来，把能源规划纳入经济社会发展总体规划。要继续贯彻落实中央加强宏观调控的政策措施，加强煤电油运协调工作，挖掘各方面潜力，努力增加和改善能源供应；同时，坚决控制不合理需求，加强电力需求侧管理，落实差别电价措施，大力开展节能降耗。各地区、各部门要精心组织，密切配合，千方百计搞好迎峰度夏的能源供应，努力保证经济发展和人民生活的需要。

国务院下发紧急通知，要求坚决制止电站项目无序建设

国务院日前下发《批转发展改革委关于坚决制止电站项目无序建设意见的紧急通知》（国发［2004］32号)，指出，为巩固和扩大宏观调控成果，防止违规建设电站项目影响经济建设正常秩序，当前需要尽快采取措施，坚决制止电站项目无序建设的势头。

《通知》说，近几年来，为适应国民经济和社会发展的需要，缓解电力供应紧张的矛盾，国家加大了电力建设力度，新开工建设与投产运行的电站规模逐年增加。2004年已批准新开工发电项目6000万kW以上，预计投产5100万kW。同时，国家还积极采取措施，努力解决当前煤电油运紧张问题，保障社会正常的生产和生活秩序。

《通知》指出，在当前电力供应紧张的情况下，各地区、各部门总体上能够正确把握形势，按照国家规划和有关规定，积极落实各项建设条件，加快电力工程建设，为缓解当前电力供应紧张局面发挥了重要作用。但也必须看到，有些地区和企业没有认真执行

国家有关政策和规定，盲目铺摊子、上项目，违规建设电站工程。特别是2003年以来，一些地区和企业不顾国家多次重申电力建设必须有序发展的要求，继续违规开工建设了大量电站项目，致使电站在建规模远远超出电力规划确定的目标，同时也超出了资源和环境的承受能力，极易再次形成高耗能工业无序发展的恶性循环。这种情况任其发展，势必扰乱国家能源总体战略的实施，引发电力布局混乱，煤炭供应和运输能力失衡，金融风险压力加大，以及电力工业技术水平的倒退等问题，也为今后电力结构和产业结构调整留下隐患。

《通知》要求，各地区、各有关部门和单位必须按照《通知》精神和要求，高度重视，组织力量，认真清理违规建设的电站项目，提出停缓建的处理意见，并负责做好各项善后工作。对少数大规模违规建设电站的地区，发展改革委要会同有关部门进行专项重点检查，有关省级人民政府要认真向国务院作出说明。

《通知》强调，各地区、各有关部门和单位要牢固树立和认真落实科学发展观，把经济发展的著力点放在调整结构、深化改革、较变经济增长方式上，努力提高能源利用效率，节约资源，正确处理好电力建设局部与全局、近期与长远的关系，切实促进电力工业的健康有序发展。

《通知》最后要求，各省级人民政府和国家电网公司、中国南方电网有限公司、有关发电集团公司要在2004年12月31日之前，将清理情况和处理意见报国务院并抄送发展改革委等有关部门。发展改革委要会同有关部门对清理工作进行指导，加强监督检查。

体 制 改 革

电监会正式设立区域电力监管机构

遵照党中央、国务院对电力体制改革的总体要求，根据中央机构编制委员会办公室批复，国家电力监管委员会设立华北、东北、西北、华东、华中、南方6个区域电力监管局（简称电监局），并向有关城市派驻监管专员办公室。

区域电监局的主要职责是：依据电监会授权，监管电力市场运行，规范电力市场行为，维护公平竞争；监管辖区内电力企业和电力调度交易机构；负责辖区内电力行政执法、行政处罚和行政诉讼等涉及的有关法律事务；负责辖区内电力安全和可靠性监管；负责辖区内电力市场统计和信息发布，管理辖区内电力业务许可证；依法查处辖区内电力企业违法违规行为。

区域电监局是国家电力监管委员会的派出机构，正局级，由国家电监会垂直领导。华北电监局设在北京市，负责北京、天津、河北、山西、山东以及内蒙古西部地区的电力监管；东北电监局设在沈阳市，负责辽宁、吉林、黑龙江以及内蒙古东部地区的电力监管；西北电监局设在西安市，负责陕西、甘肃、宁夏、青海、新疆地区的电力监管；华东电监局设在上海市，负责上海、江苏、浙江、安徽、福建地区的电力监管；华中电监局设在武汉市，负责湖北、湖南、河南、江西、四川、重庆地区的电力监管；南方电监局设在广州市，负责广东、广西、云南、贵州、海南地区的电力监管。西藏地区的电力监管另行规定。区域电监局领导班子成员由国家电监会党组管理，为加强工作联系，领导班子成员的任免文件抄送区域电监局所在省（市）党委组织部。

东北区域电力市场正式模拟运行

2004年1月15日上午9时，东北区域电力市场模拟运行在辽宁沈阳正式启动。东北区域电力市场模拟运行标志着我国第一个区域电力市场正式建立，说明我国电力市场化改革已经迈出了实质性的步伐，必将对全国推进电力市场化改革产生重大影响。

国家电力监管委员会主席柴松岳出席了启动仪式并做重要讲话。启动仪式由电监会副主席宋密主持。

建立东北区域电力市场，是贯彻落实党的十六届三中全会精神，按照国务院5号文件要求，加快推进电力市场化进程、深化电力体制改革的重要内容。东北区域电力市场模拟运行的启动，标志着我国第一个区域电力市场正式建立，说明我国电力市场化改革已经迈出了实质性的步伐，必将对全面推进电力市场化改革产生重大影响。

国务院5号文件明确指出，“十五”期间，要初步建立竞争、开放的区域电力市场。根据东北电力市场的实际和特点，东北区域电力市场的总体框架是：在东北电网覆盖区域（含辽宁省、吉林省和黑龙江省，蒙东的赤峰市、通辽市以及兴安盟、呼盟）建立一个区域电力调度交易中心，在辽宁、吉林、黑龙江三省设电力结算中心，区域电力市场实行统一市场规则、统一交易平台和统一电力调度。区域电力调度交易中心负责电力市场交易、调度和结算，披露电力市场信息，规范服务行为，并接受电力监管机构的监管。各省电力结算中心接受区域电力调度交易中心的业务指导，由本省电网公司负责管理，为省内电力企业提供结算服务，并接受电力监管机构的监管。运行初期，市场成员包括：东北电网有限公司及辽宁、吉林、黑龙江省电力公司，与东北电网联网的拥有10万kW及以上火电机组（不含供热电厂和企业自备电厂）的发电企业。参与市场交易的发电厂共26家，总装机容量2174万kW，占东北电网总装机容量的55.2%，其中，按地域划分，辽宁10家、吉林4家、黑龙江9家、内蒙古东部3家；按隶属关系划分，五大发电集团公司所属电厂22家、独立电厂4家。

模拟运行是东北区域电力市场运行的第一步，也是至关重要的一步。目前启动的市场模拟运行是月度交易，以后将逐步开放发电权交易、日前交易、实时交易、双边交易，以及辅助服务交易和电力金融交易等交易品种。

南方电力市场建设

2004年12月10日，国家电监会在深圳召开南方电力市场建设工作领导小组第二次会议。会议通报了南方电力市场建设工作的进展情况，审议《南方电力市场建设方案》，研究部署南方电力市场建设下一步的重点工作。国家电监会副主席、南方电力市场建设工作领导小组组长史玉波出席会议并讲话。

南方电力市场建设课题自2003年7月开始研究工作，2004年4月召开南方电力市场建设工作领导小组第一次会议，9月形成《南方电力市场建设方案》（建议稿），在课题研究和方案论证的过程中，有关方面广泛征求了南方五省（区）政府、南方电网公司等有关电力企业、用户和国家有关部门的意见。

南方电力市场是继东北、华东电力市场之后，国家电监会启动建设的第三个区域电力市场。建设南方电力市场是贯彻《国务院关于印发电力体制改革方案的通知》（国发〔2002〕5号）精神，推进电力市场化改革的重要举措，是电力体制改革的要求，是优化区域资源配置、促进西电东送的需要，是建立社会主义市场经济体制的必然选择。

方案明确了南方电力市场建设的指导思想、目标、实施步骤、市场模式等。南方电力市场建设的总体目标是：建设政府监管下的统一开放、竞争有序、公平高效的南方电力市场，推动南方电力工业和各省（区）经济社会持续、快速、协调、健康发展。

南方电力市场建设的原则是：总体设计，平稳起步；确保安全，可靠供电；西电东送，优化配置；统筹兼顾，促进发展；公开透明，公平高效。

南方电力市场的范围包括：广东、广西、贵州、云南、海南五省（区）。南方电力市场对区域外符合准入条件的购售电主体开放。

南方电力市场实行统一规划、统一规则、统一管理。按照总体目标，南方电力市场建设分三个阶段组织实施：第一阶段，按“起点适当，起步平稳”的要求，首先构建南方电力市场统一竞争平台，从部分发电企业和部分电量竞争起步，逐步增加参与竞争的发电企业，增加竞争电量的比例。第二阶段，按“适时过渡、积极推进”的要求，逐步扩大在统一平台参与竞争的发电企业和购电企业，形成以发电竞争为主、市场功能较完善、交易品种较齐全、规模较大、统一开放的电力市场。第三阶段，随着电力体制改革的深化和电价制度的改革，在售电环节引入竞争机制，所有具备条件的发电企业和用户直接参与市场竞争；全面开展长期、年度、月度、日前、实时平衡等竞争交易，开展电能金融交易，建立完善的辅助服务竞争市场，形成政府监管下的统一开放、竞争有序、公平高效、健康发展的南方电力市场。南方电力市场建设的长远目标是建立统一市场。

南方电力市场起步阶段电量竞争种类主要是年度和月度竞争。竞争电量暂定为参与竞争电厂年度核定电量的15%，其中年度竞争电量占竞争电量总量的40%，月度竞争电量占竞争电量总量的60%。随着市场发育，逐步提高竞争电量比例。

南方电力市场建设方案有五个特点：一是南方电力市场首次采用交易中心和调度中心分设的模式，按照两种功能、两个机构、密切配合、协调运作的原则，建立交易中心和调度中心协调配合关系，交易中心主要负责交易组织和结算管理，调度中心根据交易结果并经安全校核后实施生产调度。二是采取多卖方、少买方的市场形式，五省区（起步阶段为四省区）电网公司均作为购电主体参与市场竞争。三是兼顾了宏观调控和市场运作对西电东送的作用。市场起步时维持西电东送现有的计划管理方式，起步后逐步降低西电东送的计划部分，逐步实现西电东送的市场化。四是立足于东西部共赢，在市场竞争排序时，综合考虑输电费用和环保因素，有利于各省区电力平衡和均衡发展。五是注重引导发电企业广泛参与，在市场主体的选择上，既考虑网架结构特点，又考虑了南方地区主要发电企业均有一定数量的机组参与市场竞争。

南方电力市场主体包括南方电网公司，南方五省（区）电网公司，有关发电企业，区外售电主体和符合条件的大用户。

方案明确，国家电力监管委员会负责南方电力市场建设的组织和领导；南方电力市场建设领导小组负责统筹南方电力市场的研究和建设工作，指导开展南方电力市场建设方案、运营规则、市场监管、技术支持系统等各方面的研究和建设，协调市场运行过程中的重大问题。

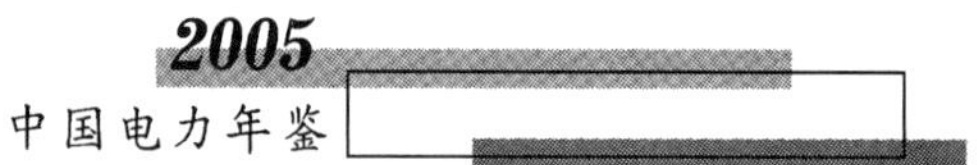

电　力　政　策

节能中长期专项规划（摘要）

国家发展和改革委员会

规划期分为“十一五”和2020年，重点规划了到2010年节能的目标和发展重点，并提出2020年的目标。

规划分五个部分：我国能源利用现状，节能工作面临的形势和任务，节能的指导思想、原则和目标，节能的重点领域和重点工程，以及保障措施。

一、我国能源利用现状

（一）能源消费特点

2002年，全国一次能源消费总量15.14亿t标准煤，比1990年增加5.27亿t标准煤，增长53%，年均增长3.6%。其中，煤炭占66.3%，石油占23.5%，天然气占2.6%，水电、核电占7.6%。

我国能源消费呈以下主要特点：

（1）能源消费以煤为主，环境问题日益突出。2002年，煤炭消费量14.2亿t，比1990年增长34%，年均增长2.5%。近70%的原煤没有经过洗选直接燃烧，燃煤造成的二氧化硫和烟尘排放量约占排放总量的70%～80%，二氧化硫排放形成的酸雨面积已占国土面积的1/3；化石燃料二氧化碳排放是我国温室气体的主要来源。

（2）优质能源比重上升，石油安全不容忽视。2002年，石油、天然气、水电等优质能源消费量占能源消费总量的33.7%，比1990年提高9.9个百分点，其中石油占消费总量的比重由1990年的16.6%提高到23.5%，提高6.9个百分点。“九五”以来交通运输用油呈快速增长态势，特别是营运运输用油，年均增长速度大大高于同期国内生产总值的增长速度。我国自1993年开始成为石油净进口国以来，对外依存度逐年提高，2002年石油净进口量8130万t，对外依存度达32.8%。

（3）工业用能居高不下，结构调整任重道远。2002年，一、二、三产业和生活用能分别占能源消费总量的4.4%、69.3%、14.9%和11.4%。其中，工业用能占68.3%，自1990年以来始终保持在70%左右的水平，虽然统计口径不完全可比，但与国外能源消费构成相比，我国工业用能比重明显偏高。在推进工业化的进程中，调整经济结构的任务十分艰巨。

（4）生活用能有所改善，用能水平仍然很低。2002年，城乡居民生活用电2001亿kWh，天然气和煤气177亿m^3，液化石油气1169万t，占生活用能的比重分别由1990年的3.7%、1.66%、1.72%上升到14.4%、6.8%、11.8%。但用能水平仍然很低，人均生活用电量156kWh，仅相当于日本的7.7%，美国的4%。

（二）能源利用情况

改革开放以来，在党中央、国务院“能源开发与节约并举，把节约放在首位”的方针指引下，各地区、各部门和各企业单位大力开展节能工作，取得明显成效。

1. 能源利用效率有所提高

单位产值能耗。按1990年不变价计算，每万元GDP能耗由1990年的5.32t标准煤下降到2002年的2.68t标准煤，下降50%，年均节能率为5.6%。

单位产品能耗。2000年与1990年相比，火电供电煤耗由每千瓦时427g标准煤下降到392g标准煤，吨钢可比能耗由997kg标准煤下降到784kg标准煤，水泥综合能耗由每吨201kg标准煤下降到181kg标准煤，大型合成氨（以油气为原料）综合能耗由每吨1343kg标准煤下降到1273kg标准煤。单位产品能耗与国际先进水平的差距分别减小了6.1、37.1、18.7、3.1个百分点。

能源效率。2000年能源效率为33%，比1990年提高5个百分点。其中，能源加工、转换、贮运效率为67.8%，终端能源利用效率为49.2%。

2. 节能取得明显的经济和社会效益

按环比法计算，1991～2002年的12年间，累计节约和少用能源约7亿t标准煤，能源消费以年均3.6%的增长速度支持了国民经济年均9.7%的增长速度。节约和少用能源相当于减少二氧化硫排放1050万t。节能对缓解能源供需矛盾，提高经济增长质量和效益，减少环境污染，保障国民经济持续、快速、健康发展发挥了重要作用。

3. 能源利用效率与国外的差距

单位产值能耗。据有关机构研究，2000年按现行汇率计算的每百万美元国内生产总值能耗，我国为1274t标准煤，比世界平均水平高2.4倍，比美国、欧盟、日本、印度分别高2.5、4.9、8.7倍和0.43倍。

单位产品能耗。2000年电力、钢铁、有色、石化、建材、化工、轻工、纺织8个行业主要产品单位能耗平均比国际先进水平高40%，如火电供电煤耗高22.5%，大中型钢铁企业吨钢可比能耗高21.4%，铜冶炼综合能耗高65%，水泥综合能耗高45.3%，大型合成氨综合能耗高31.2%，纸和纸板综合能耗高120%。

主要耗能设备能源效率。2000年，燃煤工业锅炉平均运行效率65%左右，比国际先进水平低15～20个百分点；中小电动机平均效率87%，风机、水泵平均设计效率75%，均比国际先进水平低5个百分点，系统运行效率低近20个百分点；机动车燃油经济性水平比欧洲低25%，比日本低20%，比美国整体水平低10%；载货汽车百吨公里油耗7.6L，比国外先进水平高1倍以上；内河运输船舶油耗比国外先进水平高10%～20%。

单位建筑面积能耗。目前我国单位建筑面积采暖能耗相当于气候条件相近发达国家的2～3倍。据专家分析，我国公共建筑和居住建筑全面执行节能50%的标准是现实可行的；与发达国家相比，即使在达到了节能50%的目标以后仍有约50%的节能潜力。

能源效率。能源效率比国际先进水平低10个百分点。如火电机组平均效率33.8%，比国际先进水平低6～7个百分点。能源利用中间环节（加工、转换和贮运）损失量大，浪费严重。

我国能源利用效率与国外的差距表明，节能潜力巨大。根据有关单位研究，按单位产品能耗和终端用能设备能耗与国际先进水平比较，目前我国的节能潜力约为3亿t标准煤。

我国能源利用效率低下的主要原因是粗放型经济增长方式，结构不合理，技术装备落后，管理水平低。一是结构不合理。产业结构中低能耗的第三产业（产值能耗为第二产业产值能耗的43%）特别是服务业明显滞后，我国第三产业增加值占GDP的比重为33%，而世界平均水平约63%；第二产业中高能耗重化工业比重高，工业化仍以量的扩张为主，消耗高，浪费大，污染重；能源消费结构中优质能源比重低；企业规模小，产业集中度低。二是工艺技术和装备落后。重点行业落后工艺所占比重仍然较高，如大型钢铁联合企业吨钢综合能耗与小型企业相差200kg标准煤左右，火电厂30万kW机组与5万kW机组每千瓦时供电煤耗相差100g标准煤以上，大中型合成氨吨产品综合能耗与小型企业相差300kg标准煤左右。三是管理水平低，与节能密切相关的统计、计量、考核制度不完善，信息化水平低，损失浪费严重。

（三）节能工作存在的主要问题

一是对节能重要性缺乏足够的认识，节能优先的方针没有落到实处。

二是节能法律法规不完善。1998年颁布实施了《节约能源法》，但有法不依、执法不严的现象严重，配套法规不完善，操作性上有待改进。

三是缺乏有效的节能激励政策。

四是尚未建立适应市场经济体制要求的节能新机制。

五是节能技术开发和推广应用不够。

六是节能监管和服务机构能力建设滞后。目前，全国共有节能监测（技术服务）中心145个，绝大部分受政府委托开展节能执法监督和监测。但总体上看，多数节能监测（技术服务）机构能力建设滞后，监测装备落后，信息缺乏，人才短缺，整体实力不强。能源统计体系不完善、节能信息不畅，难以适应节能工作的需要。

二、节能工作面临的形势和任务

一是能源约束矛盾突出。实现GDP到2020年比2000年翻两番的目标，我国钢铁、有色金属、石化、化工、水泥等高耗能重化工业将加速发展；随着生活水平的提高，消费结构升级，汽车和家用电器大量进入家庭；城镇化进程加快，建筑和生活用能大幅度上升。如按近3年能源消费增长趋势发展，到2020年能源需求量将高达40多亿t标准煤。如此巨大的需求，在煤炭、石油和电力供应以及能源安全等方面都会带来严重的问题。按照能源中长期发展规划，在充分考虑节能因素的情况下，到2020年能源消费总量需要30亿t标准煤。要满足这一需求，无论是增加国内能源供应还是利用国外资源，都面临着巨大的压力。能源基础设施建设投资大、周期长，还面临水资源和交通运输制约等一系列问题。能源需求的快速增长对能源资源的可供量、承载能力，以及国家能源安全提出严峻挑战。

二是环境问题加剧。我国是少数以煤为主要能源的国家，也是世界上最大的煤炭消费国，煤烟型污染已相当严重。目前，我国年排放二氧化硫2000多万t，酸雨面积已占国土面积的30%，大大超过环境容量。虽然到2020年我国能源结构将继续改善，煤炭消费比重将有所下降，但煤炭消费总量仍将大幅度增加，经济发展面临巨大的环境压力。

三、节能的指导思想、原则和目标

（一）指导思想

认真贯彻党的十六大和十六届三中、四中全会精神，以科学发展观为指导，坚持节能优先的方针，以大幅度提高能源利用效率为核心，以转变增长方式、调整经济结构、加快技术进步为根本，以法治为保障，以提高终端用能效率为重点，健全法规，完善政策，深化改革，创新机制，强化宣传，加强管理，逐步改变生产方式和消费方式，形成企业和社会自觉节能的机制，加快建设节能型社会，以能源的有效利用促进经济社会的可持续发展。

（二）遵循原则

（1）坚持把节能作为转变经济增长方式的重要内容。我国能源消耗高、浪费大的根本原因在于粗放型的增长方式。要大幅度提高能源利用效率，必须从根本上改变单纯依靠外延发展，忽视挖潜改造的粗放型发展模式，走科技含量高、经济效益好、资源消耗低、环境污染少、人力资源优势得到充分发挥的新型工业化道路，努力实现经济持续发展、社会全面进步、资源永续利用、环境不断改善和生态良性循环的协调统一。

（2）坚持节能与结构调整、技术进步和加强管理相结合。

（3）坚持发挥市场机制作用与政府宏观调控相结合。

（4）坚持依法管理与政策激励相结合。

（5）坚持突出重点、分类指导、全面推进。

（6）坚持全社会共同参与。

（三）节能目标

（1）宏观节能量指标：到2010年每万元GDP（1990年不变价，下同）能耗由2002年的2.68t标准煤下降到2.25t标准煤，2003～2010年年均节能率为2.2%，形成的节能能力为4亿t标准煤。

2020年每万元GDP能耗下降到1.54t标准煤，2003～2020年年均节能率为3%，形成的节能能力为14亿t标准煤，相当于同期规划新增能源生产总量12.6亿t标准煤的111%，相当于减少二氧化硫排放2100万t。

（2）主要产品（工作量）单位能耗指标：2010年总体达到或接近20世纪90年代初期国际先进水平，其中大中型企业达到本世纪初国际先进水平；2020年达到或接近国际先进水平。

（3）主要耗能设备能效指标：2010年新增主要耗能设备能源效率达到或接近国际先进水平，部分汽车、电动机、家用电器达到国际领先水平。

（4）宏观管理目标：2010年初步建立与社会主义市场经济体制相适应的比较完善的节能法规标准体系、政策支持体系、监督管理体系、技术服务体系。

四、节能的重点领域和重点工程

（一）重点领域

1. 重点工业

电力工业。大力发展60万kW及以上超（超）临界机组、大型联合循环机组；采用高效、洁净发电技术，改造在运火电机组，提高机组发电效率；实施“以大代小”、“上大压小”和小机组淘汰退役，提高单机容量；发展热电联产、热电冷联产和热电煤气多联供；推进跨大区联网，实施电网经济运行技术；采用先进的输、变、配电技术和设备，逐步淘汰能耗高的老旧设备，降低输、变、配电损耗；采用天然气发电机组替代燃油小机组；优化电源布局，适当发展以天然气、煤层气和其他工业废气为燃料的小型分散电源，加强电力安全；减少电厂自用电。

钢铁工业。加快淘汰落后工艺和设备，提高新建、改扩建工程的能耗准入标准。

有色金属工业。矿山重点采用大型、高效节能设备，提高采矿、选矿效率；铜熔炼采用先进的富氧闪速及富氧熔池熔炼工艺，替代反射炉、鼓风炉和电炉等传统工艺，提高熔炼强度；氧化铝发展选矿拜耳法等技术，逐步淘汰直接加热熔出技术；电解铝生产采用大型预焙电解槽，限期淘汰自焙电解槽，逐步淘汰小预焙槽；铅熔炼生产采用氧气底吹炼铅新工艺及其他氧气直接炼铅技术，改造烧结鼓风炉工艺，淘汰土法炼铅；锌冶炼生产发展新型湿法工艺，淘汰土法炼锌。

石油石化工业。油气开采应用采油系统优化配置技术，稠油热采配套节能技术，注水系统优化运行技术，油气密闭集输综合节能技术，放空天然气回收利用技术。

化学工业。大型合成氨装置采用先进节能工艺、新型催化剂和高效节能设备，提高转化效率，加强余热回收利用；以天然气为原料的合成氨推广一段炉烟气余热回收技术，并改造蒸汽系统；以石油为原料的合成氨加快以洁净煤或天然气替代原料油改造；中小型合成氨采用节能设备和变压吸附回收技术，降低能源消耗。

建材工业。水泥行业发展新型干法窑外分解技术，提高新型干法水泥熟料比重，积极推广节能粉磨设备和水泥窑余热发电技术，对现有大中型回转窑、磨机、烘干机进行节能改造，逐步淘汰机立窑、湿法窑、干法中空窑及其他落后的水泥生产工艺。

煤炭工业。逐步淘汰技术落后、效率低、浪费资源严重和污染环境的小煤矿，建设大型现代化煤矿，实现高效高产。采用新型高效通风机、节能排水泵，对设备及系统进行节能改造，完善煤炭综合加工体系，提高煤炭利用效率。

机械工业。淘汰落后的高能耗机电产品，发展变频电机、稀土永磁电机等高效节能机电产品，促进风机、水泵等通用机电产品提高用能效率，提高节能型机电产品设计制造水平和加工能力。

2. 交通运输（略）

3. 建筑、商用和民用（略）

（二）重点工程

燃煤工业锅炉（窑炉）改造工程。我国在用中小锅炉约50万台，平均单台容量只有2.5t/h，设计效率为72%～80%，实际运行效率65%左右，其中90%为燃煤锅炉，年消耗煤炭3.5亿～4亿t，节煤潜力约7000万t。“十一五”期间通过实施以燃用优质煤、筛选块煤、固硫型煤和采用循环流化床、粉煤燃烧等先进技术改造或替代现有中小燃煤锅炉（窑炉），建立科学的管理和运行机制，燃煤工业锅炉效率提高5个百分点，节煤2500万t，燃煤窑炉效率提高2个百分点，节煤1000万t。

区域热电联产工程。热电联产与热、电分产相比，热效率提高30%，集中供热比分散小锅炉供热效率高50%。“十一五”期间重点在以采暖热负荷为主，且热负荷比较集中或发展潜力较大的地区，建设30万kW等级高效环保热电联产机组；在工业热负荷为主的地区，因地制宜建设以热力为主的背压机组；在以采暖供热需求为主，且热负荷较小的地区，先发展集中供热，待具备条件后再发展热电联产；在中小城市建设以循环流化床为主要技术的热电煤气三联供，以洁净能源作燃料的分布式热电联产和热电冷联供，将现有分散式供热燃煤小锅炉改造为集中供热。到2010年城市集中供热普及率由2002年的27%提高到40%，新增供暖热电联产机组4000万kW，年节能3500万t标准煤。

余热余压利用工程。“十一五”期间在钢铁联合企业实施干法熄焦、高炉炉顶压差发电、全高炉煤气发电改造以及转炉煤气回收利用，形成年节能266万t标准煤；在日产2000t以上水泥生产线建设中低温余热发电装置每年30套，形成年节能300万t标准煤；通过地面煤层气开发及地面采空区、废弃矿井和井下瓦斯抽放，瓦斯气年利用量达到10亿m^3，相当于年节约135万t标准煤。

节约和替代石油工程。“十一五”期间电力、石油石化、冶金、建材、化工和交通运输行业通过实施以洁净煤、石油焦、天然气替代燃料油（轻油），加快西电东送，替代燃油小机组；实施机动车燃油经济性标准及相配套政策和制度，采取各种措施节约石油；实施清洁汽车行动计划，发展混合动力汽车，在城市公交客车、出租车等推广燃气汽车，加快醇类燃料推广和煤炭液化工程实施进度，发展替代燃料，可节约和替代石油3800万t。

电机系统节能工程。目前，我国各类电动机总容量约4.2亿kW，实际运行效率比国外低10～30个百分点，用电量约占全国用电量的60%。“十一五”期间重点推广高效节能电动机、稀土永磁电动机；在煤炭、电力、有色、石化等行业实施高效节能风机、水泵、压缩机系统优化改造，推广变频调速、自动化系统控制技术，使运行效率提高2个百分点，年节电200亿kWh。

能量系统优化工程。在重点耗能行业推行能量系统优化，即通过系统优化设计、技术改造和改善管理，实现能源系统效率达到同行业最高或接近世界先进水平。“十一五”期间重点在冶金、石化、化工等行业组织实施，降低企业综合能耗，提高市场竞争力。

建筑节能工程。“十一五”期间住宅建筑和公共建筑严格执行节能50%的标准，加快供热体制改革，加大建筑节能技术和产品的推广力度等，可分别节能

5000万t标准煤。与此同时，开展北方采暖地区既有建筑节能改造，加大既有宾馆、饭店的综合节能改造。

绿色照明工程。照明用电约占全国用电量的13%，高效节能荧光灯与普通白炽灯之比为1∶2.6，用高效节能荧光灯替代白炽灯可节电70%～80%，用电子镇流器替代传统电感镇流器可节电20%～30%，交通信号灯由发光二极管（LED）替代白炽灯，可节电90%。“十一五”期间重点是在公用设施、宾馆、商厦、写字楼、体育场馆、居民中推广高效节电照明系统、稀土三基色荧光灯，对高效照明电器产品生产装配线进行自动化改造，可节电290亿kWh。

政府机构节能工程。政府机构（包括国防、教育、公共服务等公共财政支持的部门）能源消费增长快，能源费用开支较大。开展政府机构节能，不仅可以降低政府机构能耗，节约行政支出，而且通过政府自身带头节能，推进全社会节能工作的开展。“十一五”期间重点是政府机构建筑物及采暖、空调、照明系统节能改造，按照建筑节能标准改造的政府机构建筑面积达到政府机构建筑总面积的20%；推广使用高效节能产品，将节能产品纳入政府采购目录；实施公务车改革，带头采购低油耗汽车；中央国家机关率先试点，2010年中央国家机关单位建筑面积能耗和人均能耗在2002年基础上降低10%。

节能监测和技术服务体系建设工程。“十一五”期间通过更新监测设备、加强人员培训、推行合同能源管理等市场化服务新机制等措施，强化省级和主要耗能行业节能监测中心能力建设，依法开展节能执法和监测（监察）；省级和主要耗能行业节能技术服务中心具备为企业、机关和学校等提供节能诊断、设计、融资、改造、运行、管理“一条龙”服务的能力。

通过实施上述10项重点节能工程，“十一五”可实现节能2.4亿t标准煤（含增量部分），经济和环境效益显著。

五、保障措施

（一）坚持和实施节能优先的方针

从国情出发，树立和落实以人为本、全面协调可持续的科学发展观，从战略和全局高度充分认识能源对经济和社会发展的支撑作用和约束作用，节能对缓解能源约束矛盾、保障国家能源安全、提高经济增长质量和效益、保护环境的重要意义，把节能作为能源发展战略和实施可持续发展战略的重要组成部分，无论生产建设还是消费领域，都要把节能放在突出位置，长期坚持和实施节能优先的方针，推动全社会节能。

节能优先要体现在制定和实施发展战略、发展规划、产业政策、投资管理以及财政、税收、金融和价格等政策中。编制专项规划要把节能作为重要内容加以体现，各地区都要结合本地区实际制定节能中长期规划；建设项目的项目建议书、可行性研究报告应强化节能篇的论证和评估；要在推进结构调整和技术进步中体现节能优先；要在国家财政、税收、金融和价格政策中支持节能。

（二）制定和实施统一协调促进节能的能源和环境政策

（1）煤炭应主要用于发电。

（2）石油应主要用于交通运输、化工原料和现阶段无法替代的用油领域。

（3）城市大气污染治理应以改造后达标排放和污染物总量控制为原则，城市燃料构成要从实际出发，不宜硬性规定燃煤锅炉必须改燃油锅炉，以控制和减少盲目“弃煤改油”带来燃料油需求量的增加。

（三）制定和实施促进结构调整的产业政策

加快调整产业结构、产品结构和能源消费结构，是建立节能型工业、节能型社会的重要途径。研究制定促进服务业发展的政策措施，发挥服务业引导资金的作用，从体制、政策、机制、投入等方面采取有力措施，加快发展低能耗、高附加值的第三产业，重点发展劳动密集型服务业和现代服务业，扭转服务业发展长期滞后局面，提高第三产业在国民经济中的比重。

（四）制定和实施强化节能的激励政策

制定《节能设备（产品）目录》，重点是终端用能设备，包括高效电动机、风机、水泵、变压器、家用电器、照明产品及建筑节能产品等，对生产或使用《目录》所列节能产品实行鼓励政策；将节能产品纳入政策采购目录。

国家对一些重大节能工程项目和重大节能技术开发、示范项目给予投资和资金补助或贷款贴息支持。政府节能管理、政府机构节能改造等所需费用，纳入同级财政预算。

（五）加大依法实施节能管理的力度

加快建立和完善以《节约能源法》为核心，配套法规、标准相协调的节能法律法规体系，依法强化监督管理。一是研究完善节约能源的相关法律，抓紧制定《节约用电管理办法》、《节约石油管理办法》、《能源效率标识管理办法》、《建筑节能管理办法》等配套法规、规章。二是制定和实施强制性、超前性能效标准。包括主要工业耗能设备、家用电器、照明器具、机动车等能效标准。组织修订和完善主要耗能行业节能设计规范、建筑节能标准，加快制定建筑物制冷、采暖温度控制标准等。

（六）加快节能技术开发、示范和推广

组织对共性、关键和前沿节能技术的科研开发，实施重大节能示范工程，促进节能技术产业化。建立以企业为主体的节能技术创新体系，加快科技成果的转化。引进国外先进的节能技术，并消化吸收。组织先进、成熟节能新技术、新工艺、新设备和新材料的推广应用，同时组织开展原材料、水等载能体的节约和替代技术的开发和推广应用。重点推广列入《节能设备（产品）目录》的终端用能设备（产品）。

（七）推行以市场机制为基础的节能新机制

一是建立节能信息发布制度，利用现代信息传播技术，及时发布国内外各类能耗信息、先进的节能新技术、新工艺、新设备及先进的管理经验，引导企业挖潜改造，提高能效。二是推行综合资源规划和电力需求侧管理，将节约量作为资源纳入总体规划，引导资源合理配置。采取有效措施，提高终端用电效率、优化用电方式，节约电力。三是大力推动节能产品认证和能效标识管理制度的实施，运用市场机制，引导用户和消费者购买节能型产品。四是推行合同能源管理，克服节能新技术推广的市场障碍，促进节能产业化，为企业实施节能改造提供诊断、设计、融资、改造、运行、管理一条龙服务。五是建立节能投资担保机制，促进节能技术服务体系的发展。六是推行节能自愿协议，即耗能用户或行业协会与政府签订节能自愿协议。

（八）加强重点用能单位节能管理

落实《重点用能单位节能管理办法》和《节约用电管理办法》，加强对年耗能一万吨标准煤以上重点用能单位的节能管理和监督。组织对重点用能单位能源利用状况的监督检查和主要耗能设备、工艺系统的检测，定期公布重点用能单位名单、重点用能单位能源利用状况及与国内外同类企业先进水平的比较情况，做好对重点用能单位节能管理人员的培训。重点用能单位应设立能源管理岗位，聘用符合条件的能源管理人员，加强对本单位能源利用状况的监督检查，建立节能工作责任制，健全能源计量管理、能源统计和能源利用状况分析制度，促进企业节能降耗上水平。

（九）强化节能宣传、教育和培训

广泛、深入、持久地开展节能宣传，不断提高全民资源忧患意识和节约意识。将节能纳入中小学教育、高等教育、职业教育和技术培训体系。新闻出版、广播影视、文化等部门和有关社会团体，要充分发挥各自优势，搞好节能宣传，形成强大的宣传声势，曝光那些严重浪费资源、污染环境的企业和现象，宣传节能的典型。节能要从小学生抓起，各级教育主管部门要组织中小学开展节能宣传和实践活动。各级政府有关部门和企业，要组织开展经常性的节能宣传、技术和典型交流，组织节能管理和技术人员的培训。在每年夏季用电高峰，组织开展全国节能宣传周活动，通过形式多样的宣传教育活动，动员社会各界广泛参与，使节能成为全体公民的自觉行动。

（十）加强组织领导，推动规划实施

节能是一项系统工程，需要有关部门的协调配合、共同推动。各地区、有关部门及企事业单位要加强对节能工作的领导，明确专门的机构、人员和经费，制定规划，组织实施。行业协会要积极发挥桥梁纽带作用，加强行业节能自律。

政府机构要带头节能，实施政府机构能耗定额和支出标准，建立和完善节能规章制度，推行政府节能采购，改革公务车制度，努力降低能源费用支出，发挥政府节能表率作用。

加强电力建设管理
促进电力有序发展

国家发展和改革委员会

为保证电力工业的有序健康发展，促进经济的可持续发展，国家发展改革委发出《国家发展改革委关于加强电力建设管理，促进电力工业有序健康发展的通知》（发改能源［2004］272号），通知主要内容包括：加强对电力建设的管理；加强电力规划的编制和审批工作，加快规划内项目的评审，确保项目的顺利实施；对违法电力建设审批程序的项目进行清理；对未经批准擅自建设的发电项目（包括已经建成未补办手续的）的惩戒措施。

国家发展与改革委员会
定电价调整方案

为疏导电价矛盾，调节电力供求，2004年6月，国家发展和改革委员会商国家电监会出台了调整电价水平、规范电价管理的有关政策［《国家发展改革委、电监会关于贯彻落实国家电价政策有关问题的通知》（发改价格［2004］1149号）］，主要包括如下内容：

（1）统一思想，提高认识，做好宣传和落实工作。

（2）严格执行国家电价政策，切实将各项电价调整措施落到实处。

（3）进一步推行电价、电量和电费的“三公开”

制度，维护电力市场正常秩序。

（4）加强对电价执行情况的监测，及时报告情况。

（5）加强电价监督检查，加大查处力度。

2004 年全国供需形势

2004 年全国电力消费分析

2004 年，全国全社会用电量突破 2 万亿 kWh，达到 21735 亿 kWh，比 2003 年增长 14.9%，净增用电量 2815 亿 kWh。

全社会用电月度累计增长呈逐步下降趋势。2004 年上半年，我国政府出台多项措施治理部分行业发展过热情况，在部分行业投资增长过快的势头得到初步遏制的同时，全社会用电量增长也随之出现逐步回落态势，特别是在 4～8 月间下降趋势较为明显，此后增长较为稳定。

用电增长继续高于经济增长，单位 GDP 电耗水平持续上升。从 2000 年开始，随着我国经济发展逐步进入重化工业化发展阶段，电力消费增长持续高于经济增长速度，产值单耗水平持续上升。2004 年，我国 GDP 单耗为 1746kWh/万元（2000 年不变价），较 2003 年提高了 86kWh/万元；电力消费弹性系数为 1.57，已连续 5 年大于 1，2004 年 GDP 单耗较 2000 年提高了 16%。

1. 产业用电和居民生活用电

第二和第三产业用电继续保持快速增长，居民生活用电增速下降较为明显。2004 年，第一产业用电量为 612 亿 kWh，同比增长 2.7%；第二产业用电量 16258 亿 kWh，同比增长 16.4%；第三产业用电量 2435 亿 kWh，同比增长 15.2%；城乡居民生活用电量 2430 亿 kWh，同比增长 8.2%。与 2003 年相比，第一、三产业用电增速略有升高，第二产业用电增速基本不变，而居民生活用电增速同比下降了 5 个百分点。

第二产业用电比重继续上升，对全社会用电增长的贡献率达到 80%以上。2004 年，全国电力消费结构为第一产业 2.78%，第二产业 74.9%，第三产业 11.16%，居民生活 11.16%。与 2003 年相比，第一产业和居民生活用电比重下降了 0.4 和 0.7 个百分点，第二产业用电比重上升了 1.1 个百分点，而第三产业用电比重保持不变。第二产业用电增长对全社会用电增长的贡献率持续上升，到 2004 年已达到 81.01%。

2. 行业用电

2004 年，全行业用电 19333 亿 kWh，同比增长 15.72%，占全社会用电的比重为 88.84%。

工业、建筑业和商业用电增长均达到了 16%以上，各行业用电占行业用电比重变化不大。与 2003 年相比，农林牧渔水利业、地质普查和勘探业以及商业用电增长速度均高于 2003 年，其中农林牧渔水利业用电增幅提高了 5.2 个百分点，商业用电增幅提高了 3.6 个百分点。交通运输邮电通信业和其他事业用电增速较 2003 年下降了 4 个百分点左右。工业和建筑业用电增长基本与 2003 年持平。此外，各行业用电比重与 2003 年相比基本没有明显变化。

3. 工业用电

重工业用电增长继续快于轻工业。2004 年我国工业用电 16079 亿 kWh，同比增长 16.38%，增速略低于 2003 年。其中轻、重工业用电增长分别为 13.8%和 17.07%，重工业用电增速和比重继续上升，且高于轻工业用电增速的差距越来越大，产业结构重型化趋势进一步加强。

工业用电累计月度增长先高后稳，总体上呈下降趋势。从工业用电月度增长变化走势来看，总体上呈逐月下降态势，在 4 月末达到 18.23%的最高点后开始持续回落，到 8 月末下降到 16.43%；此后虽略有回升，但始终维持在 16.38%～16.77%之间的较为稳定水平。

高耗电行业用电高位增长略有回落，黑色金属行业用电增长持续强劲。2004 年，黑色、有色、建材和化工行业用电增长速度分别为 25.09%、17.44%、16.05%和 13.11%，其中黑色金属行业用电已连续两年保持 20%以上的高速增长。与 2003 年相比，黑色金属行业用电增速提高了 1 个百分点，化工行业略有提高，而有色和建材行业用电增速均有不同程度下降，其中有色行业用电增速回 7.9 个百分点。四大高耗电行业合计用电增长 18.17%，高于工业用电增长 1.6 个百分点，对工业用电增长的贡献率为 43.67%，较 2003 年略有下降。

工业各行业用电全面增长。2004 年采掘业和制造业用电增长分别达到 10.42%和 16.95%，制造业用电继续保持快速增长。制造业各行业用电中，除医药行业和化学纤维业外，其他 15 个行业用电均达到两位数增长。

4. 地区用电

各地区用电全面增长，多数地区用电增长速度较上年有所下降。2004年各地区用电增长速度均超过了10%，其中西北地区用电增长17.61%；东北地区随着振兴东北老工业基地战略的实施，用电需求继续呈现快速增长趋势，全年用电增长10.34%。华北地区用电增长为16.37%，南方和华东地区用电增长分别为15.81%和15.23%，华中地区用电增长为12.9%，上述四个地区用电增长幅度均较2003年出现不同程度下降。其中华东地区下降了4个百分点，较为严重的缺电局面使华东区用电增长受到了较大的抑制。

高耗电行业集中地区用电增长继续加快。2004年，西北地区用电增长高居各地区首位，其中青海和宁夏用电增长分别达到26.37%和27.39%，居于各省用电增长前列，高耗电行业用电的强劲增长是推动这些地区用电高速增长的主要原因。高耗电比重较高的内蒙地区用电增长已连续两年保持27%以上的高速度。

2004年负荷及负荷特性分析

用电负荷增长较快。2004年，全国主要电网统调最高用电负荷合计为28512万kW，同比增长10.89%；华北、东北、华东、华中、西北等主要电网的最大用电负荷分别达到6589万、2995万、6923万、5174万、1851万kW，同比分别增长14.27%、12.47%、6.26%、7.26%、15.04%。华北、东北和西北用电负荷增速较快，华东和华中由于供需紧张负荷增长较慢。

多数地区最大用电负荷增长继续低于发受电量增长。2004年，全国统调发受电量合计18110万kWh，同比增长15.34%，快于统调最高用电负荷4.4个百分点。除东北和华北电网外，其他各主要电网统调发受电量增长均高于统调最高用电负荷增长，其中华东和华中电网统调最高用电负荷与统调发受电量增速差距达到8个百分点以上，西北电网统调最高用电负荷和统调发受电量相差5.3个百分点；南方电网相差3.2个百分点。

主要电网负荷率继续上升。2004年国网公司系统电网平均负荷率为85.72%，其中山西、蒙西、浙江、青海、宁夏电网平均负荷率超过了90%。各地区电网平均负荷率较上年均有不同程度的上升，其中山西、蒙西、辽宁、安徽和宁夏电网平均负荷率均提高了3个百分点以上，江苏电网提高了4.17个百分点。

2004年，华东、华中和西北电网季不均衡系数较上年均有所上升，其中西北和华东电网季不均衡率为89.39%和89.47%，同比提高了3.26个百分点和2.83个百分点；华中电网为85.4%，提高了1.97%。华北、东北和南方电网季不均衡率分别为90.3%、85.82%和87.45%，较2003年略有下降。

2004年电力供应能力分析

1. 发电装机

新增装机规模创历史最高。2004年，全国新增发电装机容量4929万kW，其中水电新增1336万kW，火电新增3513万kW。到年底全国发电设备容量达到44070万kW，比2003年增长12.6%，为近十年以来增幅首次达到10%以上，新增规模创下历史最高。全国水电装机达到10826万kW，同比增长14.1%；火电装机达到32490万kW，同比增长12.1%；核电装机达到684万kW，同比增长10.6%。水、火、核电装机占总装机的比重分别为24.6%、73.72%、1.55%。

新增装机主要分布在电力供应较为紧张地区。南方、华东和华中电网地区新增装机容量均达到了1300万kW左右。华北电网地区新增703万kW，西北地区新增224万kW，而东北地区仅增加53万kW。

2. 发电情况

发电量保持快速增长。2004年全年发电量达到21870亿kWh，比2003年增长14.8%，净增2800亿kWh，为历史最高。其中，水电发电量3280亿kWh，同比增长16.6%，主要得益于三峡等大型水电机组陆续投产发电；火电发电量18073亿kWh，同比增长14.5%，占全国发电量的82.63%。火电发电量的进一步增长在一定程度上受到了设备健康状况、电煤供应等因素的制约。核电发电量稳步增长，全年发电量501亿kWh，同比增长14.1%。

水电发电情况较2003年略有好转。2004年，全国水电站来水情况总体上略好于2003年，但仍较常年平均偏少。南方水库来水“前多后少”，北方水库来水“前枯后平”；除东北和四川的部分水电厂来水比常年略丰外，其余大部分水电厂来水均不同程度偏枯。

2004年，全国水电发电量同比增加467亿kWh，增长16.6%；扣除三峡新增发电量，全国水电发电量同比增加144亿kWh，仅增长5.1%。

3. 发电设备利用小时

发电设备利用小时数再创新高。全年累计平均发电设备利用小时为5460h，比2003年增加215h，为

1973年以来最高值。其中，火电设备利用小时达到5988h，同比增加221h，创下1987年以来的最高值。河北、山西、内蒙、上海、江苏、浙江、安徽、福建、广东、广西、贵州、云南、陕西、甘肃、青海和宁夏火电机组平均利用小时数均超过了6000h，其中贵州、青海和宁夏达到了7000h以上。

4. 电网项目建设情况

2004年，全国投产220kV及以上输电线路22912km、变电容量10625万kVA；开工220kV及以上输电线路18970km、变电容量9880万kVA。电网投产规模和开工规模双双创下新高。

区域电网和省级电网网架得到加强。西北电网750kV示范工程进展顺利。三峡输变电工程“十线五变一直流”如期完成，三峡至广东500kV直流输电工程投运，实现了三峡向广东送电300万kW目标；东北与华北加强联网工程投产运营，西北与华中直流背靠背联网工程进入调试，三峡至上海500kV直流输电工程已正式开工。贵广直流工程后，南方电网西电东送形成“五交三直”八条大通道，输电能力达到1150万kW，国务院确定的“十五”末西电新增向广东送电1000万kW目标提前一年实现。江苏江阴跨江500kV输电通道工程建成投产。

5. 跨区跨省送电情况

跨区域交易电量大幅增长。全年跨区域送电合计完成652.58亿kWh，同比增长达到87%。

省际间交换电量稳步增长。全年区域内省际间交换电量完成1534.8亿kWh，同比增长14.93%。

跨区跨省输电优化了资源配置，成为缓解电力供应紧张的重要手段之一。

2004年电力供需状况分析

2004年，电力供需紧张形势比上年进一步加剧。回顾全年，全国的电力供需主要体现了以下几个特点：

（1）缺电形势是20世纪90年代以来供需最紧张的一年。在用电需求高速增长的情况下，由于总装机规模不足、来水偏枯、电煤供应不足、部分地区电网输送能力受限等诸多主客观原因，全国电力供需矛盾加大，最大电力缺口超过3500万kW。一到四季度，全国总体电力缺口一直保持在2000万kW以上。

2004年，全国先后共有24个省级电网出现拉闸限电，与2003年相比，减少了海南电网，增加了山东和陕西电网。国网公司经营范围内全年累计拉电124万条·次，拉限电损失电量388亿kWh。其中浙江、江苏、山西、蒙西供需矛盾最为突出，呈持续性缺电特点，这4个地区累计拉限损失电量占70%以上。

（2）电煤问题成为影响供需形势的主要因素之一。2004年，电煤供需矛盾较2003年更为严重，电煤问题已成为制约全国电力供应能力的关键因素之一。缺煤矛盾突出的地区主要包括华中、华北、东北以及南方的云贵地区，各地相继出现缺煤停机和机组出力被迫下降现象。2004年，国家电网公司经营区域内全年共出现缺煤停机341台·次，累计6297万kW。

（3）跨区送电规模进一步加大，优化了资源配置。2004年，全国跨区域送电合计完成652.58亿kWh，同比增长87.2%。迎峰度夏期间，跨区联络线均满负荷、压稳定极限运行，充分发挥联网效益，最大限度地满足用电需求。随着跨区跨省优化配置资源的能力进一步增强，对调剂电力余缺、缓解电力供应紧张和促进更大范围资源优化配置发挥了重要作用。

（4）强化需求侧管理，极大缓解了供需紧张，有效减少了缺电损失。在严峻的缺电形势下，各级政府和电力企业本着有保有限的原则，结合实际制定了电力需求侧管理方案，通过采取电价调节、中断和转移负荷、负荷控制等多种有效措施，大力宣传引导合理用电和节约用电。通过实施需求侧管理措施，错峰避峰工作井然有序，缓解电力供需矛盾成效突出，各地区保持了良好稳定的社会生产和生活秩序。

（5）电网结构薄弱影响了安全供电和余缺互济。我国现有电网主网架以500kV为主，其中有部分线路由于受电网结构、稳定要求等因素的影响其送电能力。这些线路大都属于跨区跨省联络线、大电源送出线路、负荷中心受入线路，这是造成当前“送不出、落不下、网省间交换能力不强”的主要因素。

电网薄弱造成的“卡脖子”问题仍然较多，一方面十分不利于正常供电，另一方面也不利于电力电量的余缺互济。另外，配网结构薄弱，设备老化，技术落后，也影响供电的可靠性。

分地区的电力供需形势简要如下：

（1）华北地区。华北电网2004年电力供需形势比2003年更为严峻。全网最大电力缺口约700万kW，占当日最大负荷的11%，拉限电损失电量累计98亿kWh，占统调发受电量的2.3%。度过夏季高峰后，冬季各电网负荷增长更大，除北京、天津外，冀北地区、河北南网、山西、内蒙古西部电网的冬季大负荷都超过了夏季最大负荷。

由于电力供应能力不足，京津唐电网（除北京外）夏季出现了自“9511”工程以来第一次大面积拉路限电情况；冬季，由于区外电力供应减少较多、缺煤停机或因煤质下降问题严重等原因，限电比夏季更加严重。蒙西、山西和河北南网由于高耗电行业用电增长迅猛，而本地区电力装机不足，已发展为全年持续缺电。山东电网供需基本平衡，因为网架结构和缺煤停机也出现了短时限电情况。

(2) 东北地区。随着东北老工业基地振兴政策的推进，东北三省电力电量增长加快，但仍处于全国末位。东北电网的供需形势冬季明显比夏季紧张，仍然呈现“南紧北松”的特点。辽宁负荷增长较快，而电煤短缺和煤质下降影响发电容量达 100 万 kW 左右，造成电力供需趋紧；吉林供需基本平衡；黑龙江电力供应仍然富裕。

(3) 华东地区。由于电力需求的快速增长和供应能力严重不足，华东电网仍然是全国缺电最严重的地区。全网最大电力缺口约 2000 万 kW，占当日最大负荷的 29%，拉限电损失电量累计 220 亿 kWh，占统调发受电量的 4.7%。

上海电网由于夏季高温天气较 2003 年同期明显减少，通过需求侧管理，安排企业有序用电等措施，基本没有发生拉电现象。浙江是我国缺电最为严重的省份，最大电力缺口超过 800 万 kW，工业企业普遍实行“开三停四”或“开四停三”。江苏电网最大负荷缺口超过 700 万 kW，尽管缺电严重，但由于加强需求侧管理，未发生大面积拉闸限电现象，全年用电负荷率达到 88.5%。安徽电网由于缺煤、机组故障和天气持续高温，个别月份出现拉限电。福建电网由于水电装机比重约占一半，来水偏枯导致供应能力严重不足。

(4) 华中地区。华中电网 2004 年电力供需形势总体偏紧，全网最大电力缺口约 700 万 kW（发生在冬季），占当日最大负荷的 15%，拉限电损失电量累计 55 亿 kWh，占统调发受电量的 1.8%。影响全网供需形势的主要原因：一是枯水期水电出力不足；二是煤炭供应紧张以及连续高负荷运行和煤质下降致使机组事故频繁。

湖北装机容量充足，但由于缺煤少水，造成湖北电网出现阶段性、时段性电力电量紧缺的状况。湖南电网在一、四季度受枯水期水电出力减少、火电机组长时间运行后主、辅设备故障较多以及四季度电煤短缺、煤质差等因素的影响，供需矛盾比较突出。河南电网供需总体平衡，只是在局部地区和高峰时段出现避峰限电。江西电网枯水期缺煤少水明显，供需形势两头紧中间平，一、四季度在部分时段实施了错峰限电。四川电网丰枯矛盾突出，备用容量不足，季节性缺电明显，而电煤供应日趋紧张，使电力供需紧张加剧。重庆电网由于电煤、天然气供应不足、煤质下降和非计划停机增多，造成地区电力供应形势一度出现紧张。

(5) 西北地区。黄河上游来水比上年有所好转但仍然偏枯，但缺煤停机、机组故障、高耗能行业发展快、采暖负荷高等综合因素作用下，西北电网枯水期电力供需形势紧张，最大缺口约 120 万 kW，占当日最大负荷的 6%，拉限电损失电量累计 17 亿 kWh，占统调发受电量的 1.4%。

陕西电网电力供需基本平衡，在高峰时段偏紧，备用容量略显不足，在一季度由于缺煤停机曾出现短暂拉限电。甘肃电网电力供需基本平衡，设备检修、电煤供应不足、枯水期出力下降造成一、四季度少量限电。青海电网水电发电量虽然较上年有较大增长，但缺煤、外购火电量明显下降等因素造成电力供应总量不足，各月均有一定的电力缺口，最大限电负荷达 58 万 kW。宁夏电网装机容量明显不足、负荷发展较快，仍然是西北电网拉限电最为严重的地区，缺少电力又缺电量。

此外，新疆主网供需平衡。西藏藏中电网冬季电力供需偏紧。

安 全 生 产

2004 年全国电力安全生产工作

2004 年是国民经济持续快速发展的一年，也是宏观调控取得明显成效的一年。一年来，电力行业认真贯彻落实党中央、国务院关于电力工业改革、发展的一系列部署，按照科学发展观的要求，积极落实宏观调控政策，深化电力体制改革，加快结构调整和发展步伐，千方百计保证电力供应，基本满足了国民经济和社会发展对电力的需求。

2004 年，全社会用电量总计 21735 亿 kWh，同比增长 14.2%。其中第一产业用电量 612 亿 kWh，同比增长 2.7%，占全社会用电总量的 3%；第二产业用电量达到 16258 亿 kWh，同比增长 16.4%，增长速度居各产业之首，占全社会用电总量的 75%；

第三产业用电量 2435 亿 kWh，同比增长 15.2%，占全社会用电总量的 11%；城乡居民生活用电 2430 亿 kWh，同比增长 8.2%，占全社会用电总量的 11%。2004 年，全国新增装机容量 5100 万 kW，截至年底，全国累计总装机容量达到 4.4 亿 kW。其中，水电 1.08 亿 kW，火电 3.25 亿 kW，核电 700 万 kW。全国全年发电量达 21870 亿 kWh，同比增长 14.8%。2004 年，电力供应持续紧张，全国有 25 个省（市、区）拉闸限电，尤以长江三角洲、珠江三角洲地区最为严重。

面对电力供需紧张的形势，面对电力改革后出现的各种新情况，电力行业始终坚持“安全第一，预防为主”的方针，正确处理安全与发展、安全与改革、安全与效益的关系，齐心协力，克服重重困难，确保了电力系统安全稳定，全国全年电力生产没有发生重特大人身伤亡事故，没有发生重特大电网事故，没有发生特大设备事故；一般事故和人身伤亡事故比上年有所下降，电力安全生产基本稳定，圆满完成了年初确定的各项目标，向党中央、国务院交出了一份合格的答卷。

一、党中央、国务院高度重视电力安全生产工作

十六大以来，以胡锦涛同志为总书记的党中央审时度势，提出科学发展观的重大决策，强调以人为本，构建社会主义和谐社会。科学发展观把安全生产工作放到了更加突出的位置。胡锦涛总书记、温家宝总理多次对安全生产工作作出重要指示，强调要以对人民高度负责的精神，把安全生产的各项措施落到实处，并对落实安全责任、强化安全监管、加强安全专项整治等工作提出了明确要求。2004 年 10 月 2 日，迎峰度夏刚过，温家宝总理就作出重要批示：“面对电力紧缺的严峻形势，各地区、各部门及有关企业同舟共济、齐心协力，较好地完成了电力迎峰度夏任务，经受住了考验。”

2004 年迎峰度夏前夕，温家宝总理主持召开国务院第 53 次常务会议，专题研究煤电油运问题，部署迎峰度夏期间电力安全生产工作。之后，国务院办公厅下发了《关于做好电力迎峰度夏工作的通知》，就全面做好电力迎峰度夏工作提出了明确要求，并制定了八条具体措施。2004 年，黄菊副总理在多种场合及批件中指出：“要采取各种措施，努力做好电力安全生产工作。”

二、各电力企业把安全生产放在一切工作的首位

2004 年，各电力企业发扬电力行业的优良传统，把安全生产工作放在一切工作的首位，高度重视，周密布置，切实采取有效措施，扎扎实实地工作，取得了很好的效果。南方电网公司、华能集团公司、中电投集团公司、三峡总公司、国华电力公司、国家开发投资公司、浙江能源集团公司等单位，在过去的一年中都实现了电力生产“零”死亡目标，国家电网公司一般电网事故也比上年有较大幅度下降。

2004 年，电力供应紧张给电力安全生产带来了很多不利因素，针对这种情况，各电力企业积极配合当地政府，采取各种有效措施，从缓解电力供应压力入手，维护系统安全稳定运行。主要包括：加强需求侧管理，合理安排运行方式，实现安全有序用电；精心调度，促进资源优化配置，加大跨省跨区电力交易力度，缓解部分地区部分时段电力供应压力；调整用电结构，开展清理整顿，遏制高耗能行业用电过快增长，等等。

制度建设是做好安全生产工作的基础。2004 年，各电力企业着力完善已有的安全生产制度体系，推进安全生产向长效管理、目标管理、过程管理迈进。中电投集团的《安全政策声明》、华电集团的《反违章管理规定》、大唐集团的《缺陷管理办法》、国电集团的《电厂安全性评价标准》等，在本单位的安全管理工作中发挥了重要的作用。同时，不少电力企业还积极引进国内外先进的管理理念、管理方式，逐步建立起一套适合企业实际的新型安全生产管理体系。国家电网公司《安全生产健康环境质量管理体系》的施行、南方电网公司在部分企业进行“安健环质量综合风险管理体系”试点、北京国华电力全面执行发电管理系统等，都为企业安全生产工作打下了坚实的基础。

三、各有关单位团结协作，团结治网

电力体制改革后，尽管市场主体、企业利益格局等出现了许多新的变化，但是，我们高兴地看到，去年，各有关单位发扬了团结治网的优良传统，树立大局意识、全局意识，尊重电力生产自身的内在规律，主动配合，协调一致，真正做到了统筹考虑，确保了系统安全稳定。

电网企业在精心调度、制定保电措施、安排电网运行方式、安排系统备用容量等方面，主动和发电企业沟通，保证了电网安全稳定；发电企业在服从统一调度、制定设备检修计划、处理紧急事故等方面，顾全大局，充分考虑到了系统的安全稳定。

2004 年，在电力供需形势严峻的情况下，我们取得了电力安全生产基本稳定的好成绩，较好地完成了电力迎峰度夏任务。实践证明，党中央、国务院关于做好电力安全生产的一系列决策部署是十分正确

的，适应了电力体制改革后新的形势。电力安全监管的各项措施是得力的，经受住了实践的考验。各电力企业安全生产工作是卓有成效的，达到了预期的目标。

2004年全国电力安全生产基本情况

2004年，电力行业安全生产形势总体平稳。全年，电力生产没有发生重特大人身伤亡事故，没有发生重特大电网事故，没有发生特大设备事故。全年，共发生电力生产人身死亡事故11起，死亡11人，同比减少9人；发生电网事故196次，同比增加14次；发生设备事故551次，同比减少106次，其中重大设备事故1次。2004年，电力施工、设计企业发生4起重大人身伤亡事故，死亡20人，伤9人。

一、电力生产人身死亡事故

在2004年发生的11起电力生产人身死亡事故中，有国家电网公司6起，死亡6人；大唐集团公司2起，死亡2人；华电集团公司、国电集团公司和江苏国信集团公司各1起，死亡3人。分别为：

(1) 1月26日，元宝山电厂某职工在燃料系统作业中，违反运行规程，受机械伤害致死。事故原因认定为违章作业。

(2) 2月15日，北京电力公司某职工在220kV老君堂变电站隔离开关检修中，因绝缘子断裂被砸死亡。事故原因认定为设备设计制造存在缺陷。

(3) 3月13日，山东十里泉发电厂燃料运行公司翻车机间某职工在翻车作业中，违章从翻车机平台和作业区内通行，受挤压造成死亡。事故原因认定为违章作业。

(4) 3月14日，山西忻州供电分公司繁峙供电支公司某职工在砂河110kV变电站清扫卫生作业中触电死亡。事故原因认定为违章作业。

(5) 4月30日，江西九江发电厂浔能公司综合分公司起重班某职工在叉车作业中受物体打击死亡。事故原因认定为违章作业。

(6) 7月3日，沈阳供电公司沈河供电分公司运行班某职工在处理10kV丰乐甲线B相接地故障中安全措施不完善，触电死亡。事故原因认定为违章作业。

(7) 7月30日，江苏省盐城发电有限公司某职工在燃料车间电焊作业中，触电死亡。事故原因认定为违章作业。

(8) 9月14日，湖南省益阳电业局电力安装修试公司某职工在变电站检修工作中，误登带电设备，触电死亡。事故原因认定为违章作业。

(9) 10月24日，陕西韩城发电厂一雇用民工在搬运设备过程中高空坠落死亡。事故原因认定为安全措施不完善，安全管理不到位。

(10) 11月1日，北京高井热电厂某雇用临时工在该厂6号机组小修过程中，触电死亡。事故原因认定为违章作业。

(11) 12月9日，湖北省荆州供电公司某职工在220kV竟陵变电站进行隔离开关完善化改造工作中，因支柱绝缘子从根部断裂，工作人员随隔离开关坠落，被砸死亡。事故原因正在调查之中。

二、电力施工、设计企业重大人身伤亡事故

2004年，电力施工、设计企业发生的4起重大人身伤亡事故分别为：

(1) 8月18日，中国葛洲坝集团公司瀑布沟项目部7名员工在乘一辆金杯面包车去现场检查工作途中，因路面情况异常，司机操作不当，车辆冲出路面，坠入左侧约50m高的崖下大渡河堤上，造成7人当场死亡，车辆报废的重大交通事故。原因认定为金杯面包车司机承担此事故的全部责任。

(2) 9月10日，贵州电建二公司黔北电厂项目工程管理部起重队，在锅炉组合场拆除3号龙门吊过程中，严重违反作业程序，导致龙门吊突然倾覆，造成3人死亡，6人受伤（其中一人重伤）的重大人身伤亡事故。事故原因认定为违章作业。

(3) 9月10日，贵阳勘测设计研究院物探队第二测试组，在贵州省务川县境内洪渡河石埋子水电站现场作业乘橡皮船摆渡过程中，船失去控制，被河水冲下3个急滩后撞石倾翻，船上9名人员全部落水，造成5人溺水死亡的重大人身伤亡事故。事故原因认定为橡皮船存在缺陷，安全防护措施不到位，违章作业。

(4) 9月26日凌晨2点40分，云南省水富县云富镇新寿村碳溪沟响水岩发生岩体坍塌，坍塌体正好砸在中国水利水电建设集团公司十四局金沙江分局施工一大队的施工临时工棚上，造成施工一大队死亡5人、受伤3人（均为民工）的重大人身伤亡事故。事故原因认定为非责任自然灾害事故。

三、重大设备事故

2004年发生的1起电力生产重大设备事故是：7月29日，广西岩滩水力发电厂发生带接地开关误合开关的恶性电气误操作事故，造成两人重伤和3号主变压器损坏。事故认定为违章操作。由于3号主变压

器修复时间超过了40天，根据原《电业生产事故调查规程》认定为重大设备事故。

以上通报的16起事故都给生命和财产造成了重大的损失，除一起事故正在调查中外，其他15起的事故原因都已认定，究其原因，违章作业导致的事故达到12起，占到事故总数的75%，而这些由违章作业导致的事故造成的死亡人数为17人，占到死亡人数的54.8%。有章不循、习惯性违章成为电力安全最大的隐患。从深层次上，也反映出一些企业在安全管理、安全教育、安全技术培训、职工队伍建设等方面存在着严重不足，安全责任制没有做到层层落实，安全管理出现缺位。

大 事 记

2005
中国电力年鉴

2004 年十件大事

2004 年电力行业十件大事

1. 党中央、国务院高度重视电力工业，出台一系列措施促进电力工业改革和发展；胡锦涛、温家宝等党和国家领导人多次考察电力企业。

2. 电力市场建设迈出新的步伐。东北、华东电力市场先后进入模拟运行；南方电力市场建设工作启动；全国第一个大用户直购电试点在吉林起步。

3. 全国电力供需紧张形势进一步加剧，全国电力企业和有关各方共同努力，平稳度过了夏季用电高峰。这其中，需求侧管理发挥了重要作用。

4. 我国发电装机容量突破 4 亿 kW；我国水电装机容量突破 1 亿 kW。

5. 西电东送、全国联网进程加快。西电送粤新增 1000 万 kW 目标提前实现；三广直流工程投入运行，并正式通过国家验收；三沪直流工程开工。

6. 全年投产发电装机容量 5100 万 kW，是历史上最多的一年。同时电力建设中的无序现象引起国家高度关注，国务院严令禁止电站无序建设。

7. 电煤紧缺、煤质下降、煤价上涨困扰发电企业。国家决定建立煤电价格联动机制；今年两次调整电价疏导矛盾。

8. 水电开发与生态保护之争成为社会关注的焦点。

9. 公安部、国家电监会等四部委联合开展打击盗窃破坏电力设施犯罪专项行动，取得显著成效。

10. 全国实现城乡居民生活用电同价。

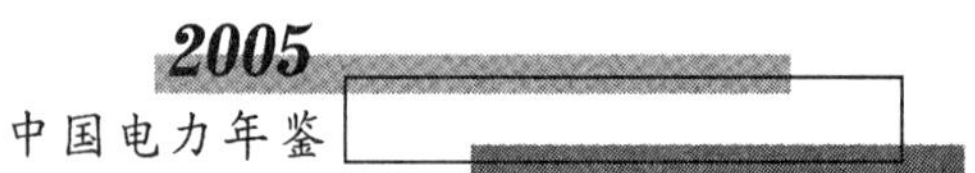

主 要 事 件

中国电力企业联合会主要事件

1 月 12 日 中电联被评为“2003 年中央国家机关文明单位”。这是中电联自 1997 年独立开展机关文明单位创建活动以来，连续第 7 年荣获该称号。

1 月 30 日 中电联召开在京理事长会议，赵希正理事长、刘宏常务副理事长以及刘振亚、李小鹏、贺恭、周大兵、王炳华、王会生副理事长，本部专职领导等出席会议。会上，对中电联 2003 年开展的工作进行了汇报，研究了 2004 年工作计划。

2 月 7～9 日 中电联组织召开经济形势与企业改革分析预测会。会议就中国经济形势发展趋势，2004 年国有企业改革与国有资产管理、主辅分离的相关政策，全国安全生产形势等内容聘请国务院发展研究中心副主任谢伏瞻、国务院国有资产监管委员会副主任邵宁、国家电力监管委员会副主席史玉波等领导和专家作专题报告。

2 月 13 日 中电联与美国环保协会签署合作备忘录。

2 月 24 日 中电联在北京召丌 2004 年电力行业标准计划项目协调会，向各电网公司、发电集团公司及有关单位通报了 2004 年电力行业标准制修订计划项目建议的情况。国家发改委、电监会等有关领导出席了会议。

3 月 24 日 中电联副理事长孙玉才等 11 人赴瑞士标准化委员会（IEC）考察。

4 月 1 日 中电联被评为“2004 年首都文明单位”。

4 月 11 日 中电联理事长、国家电网公司总经理、中国工经联主席团主席赵希正同志，中电联副理事长叶荣泗同志参加了中国工经联主席团第三次会议。

4 月 13 日 中电联在京召开 2003 年度电力行业火电厂环境统计汇审会。国家电网公司、各发电集团公司、有关单位代表参加了会议。

4 月 19～23 日 中电联在大连召开“2004 年全国电力行业职业技能鉴定工作会议”。大会主要内容是贯彻全国人才工作会议精神，交流工作经验，表彰优秀工作者、先进鉴定站。

4 月 20 日 中电联秘书长王永干、国际部有关人员会见了法国路易·达孚公司副总经理一行，就企业风险管理方面的经验进行了交流。

4 月 21 日 中电联在北京召开“电力高技能人才培训工作会议”。此次会议标志着电力高技能人才培训项目正式启动。劳动和社会保障部张小建副部长到会作了专题讲话，孙玉才副理事长作了“同心协力，联合推动电力高技能人才培训项目的实施”的报告。

4 月 22～24 日 中电联常务副理事长叶荣泗赴菲律宾参加亚行会议。

4 月 29 日 中电联常务副理事长刘宏、秘书长王永干在北京会见了澳大利亚越网公司董事长 Philip Higginson 先生访华代表团一行，双方就中电联与越网公司开展交流与合作等事宜进行了会晤。

4 月 29 日 中电联召开贯彻国务院关于开展资源节约活动通知精神的专题办公会议。

4 月 29 日 中电联发布 2004 年第一季度《全国电力供需监测预警分析报告》。

5 月 12 日 中电联就“全国量度继电器和保护设备标委会 2004 国标制修订计划建议”事宜致函国家标准委高新技术部，对量度继电保护设备标委会提出的国标计划建议提出意见。

5 月 19 日 国际部、环资部领导会见加拿大安大略能源部部长助理唐娜·坎斯菲尔德女士一行，双方就有关电力工业发展和节能、环境保护政策等问题进行会谈。

5 月 24 日 中电联在京召开了“2004 年电力可靠性指标发布会”。常务副理事长刘宏主持了本次发布会。中电联理事长赵希正、国家电力监管委员会副主席史玉波等作了重要讲话。来自全国电力企事业单位和国内外设备制造厂商的 350 多名代表参加了会议。

6 月 2 日 中电联常务副理事长刘宏、国际部主任孙守义会见香港港灯集团公司总经理 K. S. Tso 先生一行。

6 月 5 日 中电联与中国电力报联合举办了《2004 年全国节能宣传周电力环保与资源节约知识竞赛试题》。

6 月 9 日 中电联在京主持召开了洁净煤发电技术研讨会。参加会议的有国家发改委、财政部、科技部、国家环保总局等有关单位。

6 月 21～30 日 以秘书长王永干为团长的中国能源专家代表团一行赴韩国出席“第十一届亚太法协能源法国际会议”，并顺访韩国电机协会、韩国电力公社及斗山重工业株式会社等。

6 月 29 日～7 月 1 日 中电联在昆明召开第四届防范电力设施破坏、防治窃电技术研讨会。会议就电力改革新形势下，电力企业防范电力设施破坏、防治窃电技术发展的新动向新思路、新举措作了经验交流和案例分析。

7 月 6 日 叶荣泗副理事长会见美国研究协会（EPRI）主席罗维尔一行，就电力质量和供电可靠性等议题进行了探讨。

7 月 7～10 日 中电联在北京举办第十届国际电力展。本届展览会共有 18 个国家和地区的 192 家中外企业参展，展览较全面地反映了当前世界电力工业设备和技术的先进水平。

7 月 9 日 中电联网球代表队参加了电力系统职工网球赛，荣获精神文明队。

7 月 21～22 日 中电联主办、广东省电力行业协会承办的“2004 年中国电力论坛广东分论坛”在广州举行。论坛的主题是“提高电力能源利用效率，促进电力能源可持续发展”。

7 月 27 日 中电联印发《关于配合国家发展和改革委员会开展“十一五”高技术产业相关领域专项规划工作的通知》。

7 月 28 日 中电联发布二季度《全国电力供需监测预警分析报告》。

8 月 13 日 中电联副理事长叶荣泗等会见来访的香港中华电力控股公司（CLP Holdings）执行董事李锐波博士和香港中华电力（中国）有限公司中国事务总监邝荣昌先生一行。

8 月 18 日 中电联向国家发改委高新技术部报送《洁净煤发电技术标准研究》、《750kV 输电线路带电作业标准的相关技术研究》、《电力工程建设标准化体系的研究》和《风力发电标准体系的研究》四项电力标准化研究课题。

8 月 19～21 日 中电联在山东召开全国电力建设定额站站长会。

8 月 22～24 日 中电联在丹东市召开全国电力

企业现代化创新成果发布会。在电力行业内共评出创新成果 110 项。

8 月 22～27 日 中电联在内蒙古召开全国火电大机组竞赛（600MW 级）第 8 届年会。出席本届年会的有 24 家发电企业以及部分电力设备制造厂商，共评选出优胜机组 10 台，征集论文 58 篇。

8 月 28 日 国家发展和改革委员会、国家电力监管委员会主办，中电联承办的“全国科学用电知识电视大赛”圆满结束，中央电视台经济频道成功播出。

8 月 29～30 日 中电联主办的“电力工业‘十一五’规划中的重大问题研讨会”在京召开。中电联理事长、国家电网公司总经理赵希正，国务院研究室副主任江小涓，国家发展和改革委员会能源局局长徐锭明等，320 多位代表及应邀专家、学者就“十一五”规划中的重大问题进行深入研讨。

9 月 2 日 中电联理事长赵希正会见欧电联秘书长（Mr. paul Bulteel）先生一行。

9 月 8 日 中电联颁布《燃气—蒸汽联合循环电站安装预算定额》（中电联技经［2004］94 号文）。本定额的颁布实施填补了国内燃气—蒸汽联合循环电站建设没有计价依据的空白。

9 月 14 日 中电联向国家发展和改革委员会报批《关于配电线载波的配电自动化第 4—42 部分：数据通信协议 应用协议 应用层》等 30 项推荐性电力行业标准和《采用配电线载波的配电自动化 第 5—5 部分：低层协议集 快速跳频扩频通信（SS—FFH）协议》等 4 项电力行业标准化指导性技术文件。

9 月 16～17 日 中电联在北京召开“2004 年度全国水电厂学术年会暨全国大中型水电厂技术协作网成立大会”。本次会议的主要议题是：研讨新形势下的水电开发与管理，技术进步与协作。截至年底，已有 55 个单位加入水电协作网。

9 月 23～24 日 中电联在沈阳举办“中国带电作业 50 周年纪念活动”。国家电监会副主席宋密、中电联常务副理事长刘宏等领导出席大会并讲话。

9 月 25 日 中电联主办的全国电力职工“手拉手”文艺汇演在京闭幕。国家电监会主席、中电联名誉理事长柴松岳，国家电网公司总经理、中电联理事长赵希正等有关领导观看了演出。

9 月 30 日 中电联完成的电力投资统计和电力建筑业统计工作获国家统计局统计工作特等奖。

10 月 11 日 国家统计局批准中电联修订的《全国电力行业统计报表制度》（国统函［2004］170 号），有效期为两年。

10 月 18～22 日 第 15 届亚太电协大会在上海召开。会议的主题是：创新、竞争与合作——经济全球化进程中的电力工业。来自 37 个国家和地区的 2000 多名代表出席大会。中共中央政治局常委、国务院副总理黄菊发来贺信，代表政府对会议的召开表示热烈祝贺，对各国家和地区代表光临表示诚挚欢迎。

10 月 28 日 中电联发布 2004 年第三季度《全国电力供需监测预警分析报告》。

11 月 4 日 中电联常务副理事长刘宏、副秘书长范继祥会见来访的国际能源署（INTERNATIONAL ENERGY AGENCY）长期合作与政策分析主任努欧·温和斯特先生、国际能源署中国合作部主任罗杰夫先生等一行。

11 月 14～19 日 由中电联、中国就业培训技术指导中心和中国能源化学工会全国委员会联合举办的全国电力行业继电保护工、变电检修工技能竞赛在苏州成功举办。

12 月 10 日 中电联被国家民政部评选为“全国先进民间组织”并在人民大会堂受表彰，孙玉才副理事长参加表彰大会。

12 月 12 日 中电联理事长赵希正主持召开 2004 年第二次理事长工作会议，介绍中电联开展职业经理人资格认证工作情况，并向首批获得证书的职业经理人颁发了证书，通报了全国会员代表大会的筹备情况和第四届理事会人事议案。

12 月 13 日 中电联向电监会报送关于《取水许可和水资源费征收管理办法的意见》。

12 月 15～16 日 中电联第四届全国会员代表大会在北京召开。本届大会选举产生了新一届理事会，对过去 6 年的工作进行了回顾总结，并研究部署了下一阶段的工作。中共中央政治局常委、国务院副总理黄菊、李鹏同志，全国政协副主席、中国工业经济联合会会长、中国工程院院长徐匡迪及欧洲电力联合会和国内相关行业组织发来了贺电。

12 月 17 日 中国电力企业联合会理事长赵希正、副理事长孙玉才接见了电力行业出席第七届中华技能大奖和全国技术能手表彰大会的代表。

12 月 23 日 中电联、中国建设工程造价管理协会联合颁发《关于加强电力工程造价专业资格认证与从业管理工作的通知》（中电联技经［2004］160 号文），规范了电力行业工程造价专业资格认证工作的管理，建立了电力行业资格证与地方资格证的互认机制。

12 月 31 日 中电联颁布实施《颁发电力工程造价专业资格认证与从业管理办法（试行）》（中电联技经［2004］162 号文），统一规范了电力行业工程造价专业资格证书和资格认证工作的管理，本办法自2005年1月1日起实施。

国家电网公司主要事件

1月9日　中央学习贯彻“三个代表”重要思想督察组来公司调研，就学习贯彻“三个代表”重要思想等问题与公司领导班子和有关部门负责同志进行座谈。

1月14日　公司在京召开安全生产暨春节、“两会”安全可靠供电电视电话会议。会议总结了公司2003年安全生产工作，安排部署了2004年安全生产工作任务和近期重点工作，对做好春节、“两会”期间安全可靠供电等各项工作进行了部署。

1月15日　2004年团拜会在京举行。

1月21日　中共中央政治局常委、国务院总理温家宝在河南省委书记李克强、省长李成玉的陪同下，到河南省电力公司视察工作，亲切慰问电力职工。

1月22日　中共中央政治局常委、国务院副总理黄菊在电监会主席柴松岳、浙江省委书记习近平、省长吕祖善等陪同下，到浙江省电力公司、浙江省电力调度中心看望节日期间坚守岗位的干部职工。

2月10～11日　公司2004年工作会议在福州召开。会议全面总结了公司2003年工作，分析了当前面临的形势与存在的问题，对2004年的重点工作进行了部署。

2月23日　公司在京召开2004年纪检监察工作会议暨反腐倡廉警示教育大会，全面总结公司系统2003年纪检监察工作，部署2004年党风廉政建设和反腐败工作。

2月26～27日　公司离退休干部工作暨表彰会议在深圳召开。会议表彰了在离退休干部工作中做出显著成绩的先进集体、先进工作者及离退休干部先进个人，提出要加强离退休干部工作队伍建设，不断提高管理和服务水平，努力开创离退休干部工作新局面。

2月28日　北京市委书记刘淇、市长王岐山一行到北京供电公司110kV前门变电站视察保“两会”供电工作。

3月27日　中共中央政治局常委、国务院副总理黄菊到湖南电力调度通信中心视察工作。在听取湖南电力公司工作汇报后，黄菊指出，要把缓解电力供需紧张局面摆在重要位置，要发挥大电网联网的优势，全国一盘棋，加强统一调度、科学调度，加快在建项目的建设进度，缓解夏季用电高峰的紧张局面；要加强需求侧管理，通过需求侧管理来调节峰谷差；同时要做到有计划，保重点，保生活用电，保重点企业、重点项目和重点行业的用电。

3月29～30日　公司基建安全座谈会在郑州召开。会议分析了公司基建安全工作面临的形势，明确了当前和今后一段时间内做好基建安全工作的思路和重点。

4月13～14日　公司财务工作会议在北京召开。会议深入分析了公司财务管理工作面临的形势，提出了公司未来一段时期财务发展的基本目标，明确了2004年财务工作重点，表彰了公司系统财务工作先进单位和个人。

4月21日　我国电压等级最高的750kV输变电示范工程兰州东变电站开工建设。

4月29日　公司系统“五一劳动奖状（章）”获得者座谈会在京召开。来自北京送变电公司、青海省西宁供电局等单位的公司系统“五一劳动奖状（章）”获得者代表参加了座谈。

5月17日　北京电力公司成立大会在京举行。

5月24日　晚7时55分，中共中央政治局常委、国务院总理温家宝在中共中央政治局委员、上海市委书记陈良宇，上海市市长韩正等陪同下，视察华东电力调度通信中心。温家宝总理指出，面对当前电力紧张局面，要用经济杠杆减少用电缺口问题，要在国家宏观调控和市场机制的调控下，分配好有限的电力电量；一定要加强电网的安全管理，保证电网安全稳定运行。

5月25～26日　公司人才工作会议在北京举行。会议提出，要坚持科学发展观，全力建设国家电网公司的“四支人才队伍”，推动人才强企战略的全面展开。

5月31日　公司以国家电网工［2004］264号文印发《国家电网公司电力建设工程重大安全生产事故预防与应急处理暂行规定》。

6月6日　三峡至广东±500kV直流输电工程投运仪式在国家电力调度通信中心举行。

6月10日　晚19时45分，中共中央政治局常委、国务院总理温家宝在中共中央政治局委员、湖北省委书记俞正声，湖北省省长罗清泉等陪同下，视察华中电力调度通信中心。

6月15日　公司以国家电网生［2004］295号文印发《国家电网公司大面积停电应急预案（试行）》。

6月21日　晚20时20分，中共中央政治局常委、国务院总理温家宝在国家发改委副主任张国宝、山东省委书记张高丽、青岛市委书记杜世成等陪同下，视察青岛供电公司电力调度中心。温家宝总理听取了山东电力集团公司、青岛供电公司的工作汇报，详细了解了山东实行峰谷电价和电网避峰、移峰的措施，对国家刚出台的电价调整政策的执行情况、电网迎峰度夏工作和社会用电情况给予了高度关注。

6月28日 公司召开保密委员会会议，传达落实中央国家机关保密工作会议精神，讨论《国家电网公司保护商业秘密暂行规定》，部署公司保密工作。

7月26日 中共中央总书记、国家主席胡锦涛视察华东电网公司。在听取华东电网公司关于近期生产运行和电力市场模拟运行等情况汇报后，胡锦涛总书记指出，当前煤电油运供求紧张，电力迎峰度夏形势相当严峻，供需矛盾在华东电网更为突出。能否保证电网的安全经济运行，关系到社会经济发展的全局，关系到亿万人民群众的切身利益。希望电力系统认真贯彻党中央、国务院的决策和部署，一方面克服困难，挖掘潜力，科学调度，确保安全，尽最大努力保证电力供应；另一方面，要加强需求侧管理，合理用电，有序供电，确保电网的安全运行，努力完成好迎峰度夏的各项任务。

同日 中共中央政治局常委、国务院总理温家宝视察国家电力调度通信中心，通过调度电话了解了各区域电网和北京电网的运行情况，向迎峰度夏关键时期坚守工作岗位的全国电力战线广大干部职工致以问候和感谢。

随后，温家宝总理主持召开座谈会，听取了电监会、各电网、发电集团公司工作汇报。温家宝总理指出，目前已进入迎峰度夏的关键时期，各地区、各有关部门特别是电力系统要继续全力做好平稳度夏的各项工作。一要强化电力需求侧管理，二要努力增加电力供应，三要切实加强调度和协调，四要千方百计抓好节约用电，五要确保电力运行安全，六要积极改善电力服务。

同日 中共中央政治局常委、国务院副总理黄菊视察青海电力调度中心，听取青海电网经营及安全运行、电网规划与建设情况汇报。

黄菊副总理详细询问了青海电网网架结构、水火电装机构成及其发电量变化趋势、销售电量增长情况和迎峰度夏期间省际电量互供等情况。黄菊副总理要求，一定要保证电网安全运行，青海电网用电高峰是在冬季，夏季负荷相对较轻，在外省进入迎峰度夏期间，要发挥好调剂互补作用。

7月29～30日 公司2004年年中工作会议暨审计工作会议在北京召开。

8月22日 在国家发展改革委、电监会、中央电视台联合举办的“全国科学用电知识电视大赛”中，国家电网公司获得第一名。

9月5日 中国企业联合会公布2004年中国企业500强评选结果，国家电网公司名列榜首。

9月22日 公司庆祝建国55周年《光明颂》文艺汇演在京举行。

9月29日 联合国开发计划署援助国家电网公司“发展全国联网，提高能源效率”项目签字仪式在京举行。

10月28日 中国共产党中央委员会以中委［2004］274号文批准：刘振亚同志任国家电网公司党组书记，免去赵希正同志的国家电网公司党组书记职务。

10月30日 中华人民共和国国务院以国人字［2004］118号文决定：任命刘振亚为国家电网公司总经理，免去赵希正的国家电网公司总经理职务。

11月1日 中组部副部长王东明通报中央决定。

同日 党组书记刘振亚同志主持召开公司党组扩大会议。刘振亚同志首次提出把国家电网公司建成“电网坚强、资产优良、服务优质、业绩优秀”的现代公司的发展目标。

同日 公司党组以国家电网传发［2004］9号文印发《关于做好当前各项工作确保完成全年任务的通知》。

11月5日 党组书记刘振亚同志主持召开公司党组扩大会议，传达学习贯彻全国国有企业领导班子思想政治建设座谈会精神，研究部署公司工作。

11月12～13日 公司在北京召开系统各单位主要负责人会议，传达贯彻全国国有企业领导班子思想政治建设座谈会及中央有关文件精神，研究部署公司近期重点工作。

党组书记、总经理刘振亚作重要讲话，系统阐述了把国家电网公司建设成为“一强三优”（电网坚强、资产优良、服务优质、业绩优秀）的现代公司的发展目标，并提出了“三抓一创”（抓发展、抓管理、抓队伍、创一流）的工作思路。中纪委驻公司纪检组组长祝新民同志传达了有关会议和文件精神。

11月18日 500kV长江江阴大跨越工程竣工投运。该工程南北岸跨越塔高达346.5m，是当时世界上最高的输电铁塔。

同日 公司党组以国家电网党［2004］49号文印发《中共国家电网公司党组议事规则（试行）》。

11月22日 公司以国家电网办［2004］599号文印发《国家电网公司总部工作规则（试行）》。

12月10日 公司召开总部全体员工大会。刘振亚总经理就加强公司总部建设发表重要讲话，提出了公司总部建设的目标：适应建设“一强三优”现代公司的要求，坚持以人为本，以作风建设和能力建设为突破口，转变思想观念，提高工作标准，提高工作效率，提高工作质量，打造组织坚强、作风优良、能力突出的管理团队，把总部建设成为全公司的战略决策中心、管理调控中心和电网调度中心。

12月19日 由国家电网公司建设、运营的三峡-广东±500kV直流输电工程通过由国家发改委牵头组成的专家组正式验收。

12月27日 党组书记刘振亚同志主持召开党组扩大会议，专题研究建设特高压国家电网骨干网架问题，原则通过了特高压国家电网骨干网架方案。会议研究决定，分别成立国家电网公司特高压电网工程领导小组和顾问小组。领导小组下设特高压电网工程领导小组办公室。

同日 公司以国家电网人资［2004］651号文印发《国家电网公司总部机构设置方案》。公司总部按职能部室制和事业部制共设置18个部门。

12月28日 三峡至上海±500kV直流输电工程开工建设。

中国南方电网有限责任公司主要事件

1月7日 中共中央政治局委员、国务院副总理曾培炎对公司做出批示："一年来，南方电网公司加强电网调度和需求侧管理，狠抓安全生产，推进西电东送工程建设，成绩显著。今年电力供应形势依然严峻，望继续加强电网建设，确保安全运行，提高错峰平谷管理水平，培育区域电力市场，用改革的思路解决前进中的问题，为南方五省（区）经济社会发展提供保障。"

1月12日 公司总经理王野平会见瑞士兰吉尔公司总裁Mr. Andreas Umbach等一行，公司市场交易部、国际合作部有关负责人参加了会见。

1月13日 中共中央政治局委员、广东省委书记张德江对公司做出批示："2003年南方电网在较困难的情况下，以强烈的改革精神，保证了电网安全，保证了广东用电需求，成绩十分显著。请转达我对全体职工的新春问候。2004年广东还将是个高速发展年，电力供应仍是很大的问题。请南方电网加大投入，加强管理，科学调度，确保广东经济社会发展的电力供应。"

同日 公司党组书记、董事长袁懋振，党组成员、总经理王野平作为劳模接受广东省人大副主任、省总工会主席汤维英，省总工会副主席陈宗文等组成的广东省总工会慰问团的慰问。

同日 公司系统人才工作座谈会在广州召开，公司党组成员、副总经理周继太传达了全国人才工作会议和全国组织工作会议精神，着手研究起草公司党组《关于进一步加强人才工作的意见》。

1月15～16日 公司2004年工作会议在广州召开，公司党组书记、董事长袁懋振作工作报告，党组成员、总经理王野平作了会议总结。颁布了中国南方电网公司2号令——《关于强化依法经营确保经济活动合规合法的规定》，并与各分公司、子公司及调度通信中心签订了三项责任书。

1月17日 李鹏同志和朱琳同志接见公司党组书记、董事长袁懋振，党组成员、总经理王野平。对电力的发展、电网的管理和做好电力供应工作做出了重要指示，并为南方电网公司题词："努力把南方电网建设成为统一开放、结构合理、技术先进、安全可靠现代化电力集团"。

2月1～2日 国家电监会副主席邵秉仁莅临公司调研，与公司党组书记、董事长袁懋振，党组成员、总经理王野平等就在南方区域成立分支机构等问题进行了座谈。

2月1～14日 公司副总经理周继太一行赴法国、英国，参观了法国电力公司，考察英国电力市场运作。

2月2～4日 "十一五"黔电送粤交直流输变电工程可行性研究报告评审会在广州召开。

2月8日 凌晨两点，三峡电站正式向南方电网（广东）送电。

2月9日 公司董事长袁懋振会见日本VISCAS公司总裁兼首席执行官岛田元生一行。

2月12～13日 南方电网与海南电网联网工程可行性研究报告评审会在海口召开。

2月17日 公司与瑞典ABB公司在广州联合举行高压直流与灵活交流输电技术研讨会。

2月18日 公司下达2004年西电东送交易计划，全年安排西电东送交易总电量为377亿kWh。

2月19日 中央政治局常委、国务院副总理黄菊主持召开会议研究电力运行安全问题，公司党组书记、董事长袁懋振参加会议并作汇报。

同日 国资委派驻中国南方电网有限责任公司监事会莅临公司监督检查工作，公司党组成员、总经理王野平，党组成员、副总经理周继太及有关部门负责人向监事会主席刘长琨和各位监事汇报了公司2003年经营工作情况、2004年经营工作目标及重点工作。

2月19～23日 公司监事会主席刘长琨一行在公司党组成员、总经理王野平，党组成员、副总经理祁达才等的陪同下，先后到调度通信中心、超高压公司、广电集团公司生产一线考察工作。

2月23日 公司2004年纪检监察工作会议在广州召开。会议由公司党组成员、总经理王野平主持，党组成员、副总经理周继太做工作报告。公司党组书记、董事长袁懋振出席会议并讲话，中央纪委、监察部、国资委、广东省纪委等单位派员莅临会议。

2月26日 公司调整体制改革工作领导小组及其办公室组成人员，公司党组书记、董事长袁懋振担任组长，党组成员、总经理王野平，党组成员、副总经理肖鹏担任副组长，成员由公司副总经济师陈广生及公司有关部门负责人组成。

2月26～27日 公司2004年安全生产工作会议在广东东莞召开。会议全面总结公司系统2003年安全生产工作，明确了公司2004年安全生产工作的总体要求、目标和任务。会议由公司党组成员、副总经理王久玲主持，党组成员、总经理王野平作安全生产工作报告，公司党组书记、董事长袁懋振出席了会议并讲话。

3月1日 公司召开南方电网高一级电压等级应用研究工作会议，部署南方电网高一级电压等级输电研究工作。

3月4日 公司党组书记、董事长袁懋振在北京会见云南省委书记白恩培。

同日 公司成立清产核资工作领导小组，公司党组成员、总经理王野平任组长，党组成员、副总经理祁达才任副组长。

3月5日 公司在广州召开企业文化建设推进会，决定实施一系列企业文化建设方案，形成有南方电网公司特色的企业文化。

3月6日 公司第三期领导干部企业管理高级研修班结业典礼在北京清华大学举行。

3月8日 公司总经理王野平会见美国通用电气公司（GE）能源集团全球业务发展总经理Mr. Dave Tucker一行，就双方合作的可能性进行了交谈。

3月9日 公司召开清产核资工作电视电话会议。

3月9～10日 公司新闻宣传工作会议在海南召开。

3月11日 公司与中国银行在北京举行了《战略合作协议》的签约仪式，综合授信额度为320亿元等值人民币。

3月11～12日 公司总经理王野平、副总经理肖鹏会见越南国家电力总公司副总经理阮孟雄一行，双方签订了《中国南方电网有限责任公司与越南国家电力总公司加强合作与交流的框架协议》。

3月15日 公司与中国工商银行在北京举行全面《银企合作协议》签约仪式，综合授信额度为350亿元人民币（含部分外汇），将重点支持西电东送和电网资源整合项目。

3月16日 公司与中国农业银行在北京举行银企全面合作及综合授信协议签字仪式，综合授信额度为350亿元。

3月30日 公司副总经理肖鹏会见了越南工业部国际合作司司长陈明勋一行。双方就电力体制改革、电力发展规划、电网电源建设和资源分布以及双方电力部门贯彻大湄公河次区域电力贸易和电力合作的情况进行了亲切交谈。

4月2日 公司董事长袁懋振、总经理王野平会见中电控股有限公司主席米高·嘉道理爵士一行。双方就全面合作、发展战略伙伴关系以及电源建设、输配电合作等方面进行探讨。

4月9日 南方电力市场建设工作领导小组第一次会议在广州召开，标志着南方电力市场建设工作正式启动。会议由国家电监会副主席、南方电力市场建设工作领导小组组长史玉波主持。国家电监会主席柴松岳、公司党组书记、董事长袁懋振，党组成员、总经理王野平，党组成员、副总经理、南方电力市场建设工作领导小组副组长肖鹏出席会议。五省（区）政府有关领导，电监会、中电联有关负责人，华能、大唐、华电、国电集团公司及粤电集团公司有关负责人，五省（区）电网公司有关负责人参加了会议。

4月10日 “电力杯”首届全国电力书画展获奖作品广州展开幕，公司选送作品共获得银奖1个、铜奖2个，优秀奖7个，入选作品10幅，公司获“电力杯”首届全国电力书画展组织奖。

4月16日 公司2004年调度工作会议在珠海召开，公司党组成员、副总经理王久玲出席会议，国家电监会派员出席会议。

4月23日 公司召开2004年纠风工作领导小组会议。公司党组成员、副总经理肖鹏主持会议，党组成员、总经理王野平，党组成员、副总经理周继太出席了会议。公司“供电服务标兵”、“电力营销先进集体”和“电费回收先进个人”评选活动共评出广州南区配电营业部等20个单位为电力营销先进集体，评出昆明供电局市场营销部电费组副组长王航等10位供电服务标兵，评出南宁局客户服务中心抄表班班长黄鸣等10位电费回收先进个人。

4月27日 公司董事长袁懋振会见IBM公司大中华区董事长及首席执行总裁周伟先生一行，双方就IBM公司为南方电网公司提供发展战略咨询及信息化建设服务的可能性进行探讨与交谈。

4月28日 2004年公司外事工作会议在深圳召开。

同日 南方电网教育培训中心成立。

5月17日 广东省委副书记、省长黄华华在广东省副省长游宁丰、公司总经理王野平、副总经理肖鹏陪同下到广电集团公司调研，察看了广东省电力调度中心，充分肯定了广电集团公司自电力体制改革以来的保障供电工作。

5月18日 公司与德国西门子公司技术合作框架协议在广州正式签订。公司董事长袁懋振和西门子集团公司执行副总裁沙勒夫分别在协议上签字。

同日 国家电网通过三广直流向南方电网成功送电20万kW，在两大电网间开启跨区电力电量交易空间。

5月22日 公司董事长袁懋振应邀出席由澳门特别行政区政府和澳门电力股份有限公司主办的“百年动力续创新纪元”能源可持续发展国际研讨会，受到澳门特区行政长官何厚铧接见，并与澳门特区有关方面负责人进行了会见。

6月6日 三峡至广东±500kV直流输电工程正式投产，公司党组成员、副总经理肖鹏、王久玲出席了广州分会场投产仪式。

6月7日 公司成立固定资产投资项目清理工作领导小组，党组成员、副总经理肖鹏担任领导小组组长。

6月11日 国家电监会副主席邵秉仁、纪检组长江岩、南方监管局局长杨昆一行到公司调研。

国电集团公司党组书记、总经理周大兵，党组成员、副总经理李庆奎一行来公司访问。

6月14～21日 国家电监会副主席邵秉仁、纪检组长江岩、南方监管局局长杨昆一行，先后到广西电力有限公司、贵州省电力公司、云南电力集团有限公司调研，并到南宁供电局、500kV青岩变电站、昆明供电局、普吉变电站等基层单位检查指导工作。

6月15日 公司党组书记、董事长袁懋振，党组成员、副总经理周继太赴海南与海南省政府签订了海南电网加入南方电网协议书。公司向“与爱滋病作斗争‘121’联合行动计划”公益活动捐赠10万元，在北京人民大会堂举行的捐赠暨表彰大会上，公司被授予“人文关怀”奖牌。

6月17日 公司网站经批准正式对外开通，网站域名为：www.csg.net.cn，网络实名为：中国南方电网公司，后改为www.csg.cn。

6月18日 公司完成工商登记注册工作。中共中央政治局常委、国务院副总经理黄菊在公司的汇报材料上作出重要批示：“南方电网公司担负着南部五省（区）电力输送重任。望再接再厉，继续落实好迎峰度夏措施，全力以赴抓好电网安全和电力供应工作，为经济社会发展发挥积极作用。”

6月22日 公司与国家电网公司、中国长江电力股份有限公司在北京签署了三峡送电广东的《2004年度三峡水电站购售电及输电合同》。

6月23～24日 国务院国有资产监督管理委员会党委在北京召开纪念建党83周年暨中央企业党建工作会议上表彰先进，公司系统的中共贵阳市南供电局委员会获“中央企业先进基层党组织”称号，超高压输变电公司平果超高压局刘相枪获“中央企业优秀共产党员”称号，云南省送变电工程公司徐声福获“中央企业优秀党务工作者”称号。

6月26日 “西电东送”重点工程之一的柳贺罗二回500kV输变电工程建成投产，新增西电送广东能力40万kW，提高了南方电网骨干网架的稳定性。

6月30日 ±500kV贵广直流单极30天带电试运行工作顺利结束，正式进入商业运行阶段，标志南方电网2004年19项迎峰度夏工程全部正式投产。

同日 广西电网最高统调负荷达607.1万kW，同比增长15.62%。

7月7～10日 公司参加在北京举行的第十届国际电力技术与设备展览会。

7月10日 中国第一组、世界第三组实用型超导电缆在云南电力集团有限公司普吉变电站正式并网运行。

7月13～14日 大湄公河次区域电力贸易协调委员会（RPTCC—1）第一次会议在广西桂林召开，公司副总经理肖鹏出席了会议，并对RPTCC及其工作计划提出相关建议。来自中国、老挝、泰国、柬埔寨、越南的政府官员及电力企业代表、亚洲开发银行和世界银行的专家们参加了会议，标志着大湄公河次区域国家电力合作走向正规化运作机制。

7月14日 公司党组成员、总经理王野平出席在广州举行的首届泛珠三角区域经贸合作洽谈会开幕式，超高压公司及广东、广西、云南、贵州四省（区）子公司签署了总电量达203亿kWh、总金额近70亿元的《西电东送购售电合同》。

7月16日 “十五”期末西电新增向广东送电1000万kW最后一个重点项目±500kV贵广直流输电工程极Ⅱ系统正式投产，有力缓解南方电网迎峰度夏用电压力。

7月17日 国家发改委在广州召开南方电力建设工作座谈会。座谈会由国家发改委副主任张国宝主持，公司党组书记、董事长袁懋振，党组成员、总经理王野平，党组成员、副总经理肖鹏，五省（区）发改委及公司有关部门、分公司、子公司的负责人参加了座谈。

7月21～22日 公司党组成员、总经理王野平出席在广州举行的以“提高电力能源利用率，促进电力能源可持续发展”为主题的中国电力论坛广东分论坛。

7月26日 中共中央政治局常委、国务院总理温家宝到国家电力调度通信中心视察工作，公司党组书记、董事长袁懋振参加了汇报会，公司党组成员、总经理王野平在南方电网电力调度通信中心调度室报告了南方电网运行的情况。

7月29日 总投资约20亿元的500kV天广四回交流输变电工程开工仪式在广州举行，标志着“十一五”西电新增向广东送电1030万kW电网建设拉开序幕。

8月4～5日 公司主办、五省（区）电机工程学会承办的中国南方电网公司第一届生产技术论坛在广东南海召开，共有104篇优秀论文入选《论文集》。

8月10日 广东电网最高统调负荷达2925.5万kW，同比增长15.56%。

8月17日 贵州电网公司完成工商登记注册，正式成为中国南方电网公司的全资子公司。

8月19日 超高压输电公司完成工商登记注册，负责人余建国。

8月22日 公司参加由国家发改委、电监会联合主办的全国科学用电知识电视大赛，获得第二名和优秀组织奖。

8月27日 公司党组书记、董事长袁懋振代表公司与中电控股有限公司常务董事包立贤签订交流合作协议，标志着双方将建立长期战略合作伙伴关系，共建国际合作平台。

8月30日 公司董事长袁懋振会见来访的GE公司能源集团中国能源服务销售经理童宗薇女士一行，双方就输变电技术、人员培训等建立联络机制进行了会谈。

同日 公司董事长袁懋振会见高盛（亚洲）董事总经理蔡金勇先生一行。

9月1～4日 公司系统组团参加由中国国家安全生产监督管理局和国际劳工组织共同举办的第二届中国国际安全生产论坛暨安全生产及职业健康展览会。

9月3日 公司与国家电网公司在广州举行《2004年9、10月份国家电网向南方电网送电购售合同》签字仪式。公司副总经理肖鹏与国家电网公司副总经理陆启洲代表各方签署合同。

9月10日 南方电网财务有限公司第一次股东会暨第一届第一次董事会、监事会会议召开。会议审议通过了《中国南方电网财务有限公司章程》和出资方案等事项，选举了财务公司第一届董事会、监事会，会议推选袁懋振为财务公司名誉董事长，选举祁达才为财务公司董事长、黄丰邦为财务公司监事会主席。

9月13日 南方电网最高负荷增至4606.6万kW，第十五次创历史新高，比2003年最高记录净增756万kW，增长19.63%。

国家发展改革委同意南方电网公司发行2004年中国南方电网有限责任公司债券30亿元人民币。

9月14日 公司视觉识别系统（简称Ⅵ系统）推广应用现场会在广东佛山召开。

9月17日 2004年中国南方电网30亿元建设债券正式发行，发行仪式在人民大会堂举行。

9月20日 海南电网公司完成工商登记注册，正式成为中国南方电网公司的全资子公司。

9月20～21日 全国电力技术市场协会主办、南方电网公司协办的“全国应用现代电力电子技术提高输电能力和电网安全技术研讨会”在广州召开。

9月23日 南方电网历史上最大规模的西电大负荷送电广东系统±500kV贵广直流输电工程双极送电试验成功，西电送广东电力达1088万kW。

9月25日 中国河口向越南老街110kV电压等级送电项目在云南河口举行通电庆典仪式。公司党组成员、副总经理肖鹏启动送电按钮，中越双方首次实现大电网的对接联通，标志南方电网形成通向东南亚的电力大通道。

9月28日 云南电网公司完成工商登记注册，正式成为中国南方电网公司的全资子公司。

10月8日 广西电网公司完成工商登记注册，正式成为中国南方电网公司的全资子公司。

10月9日 南方电网技术研究中心完成事业法人单位登记注册，中心法定代表人为潘福。

10月15日 经研究，并征得中共广东省委同意，成立中共中国南方电网有限责任公司临时直属委员会及中共中国南方电网有限责任公司临时直属纪律检查委员会。袁懋振任党委书记，肖鹏、周继太任党委副书记，王良友、王方、许超英、李强、陈允鹏、余建国任党委委员；周继太任纪委书记，王玉霜、黄丰邦、魏善淇、唐斯庆任纪委委员。

同日 公司党组书记、董事长袁懋振，党组成员、副总经理周继太率领高级代表团参加在上海召开的第15届东亚及西太平洋电力工业协会大会，分别与西门子公司、泰国电力、GE公司、日本电源开发株式会社、法国AREVA输电有限公司等的高层进行交流与探讨。

10月16日 云南电网最高统调负荷达561.2万kW，同比增长20.39%。

10月27日 公司召开迎峰度夏工作总结电视电话会议，表彰中国南方电网公司2004年迎峰度夏先进集体和先进个人。

10月12～26日 公司党组成员、总经理王野平率团赴日本、俄罗斯考察高一级电压输电项目应用技术。

11月1日 云南电网公司挂牌成立，正式成为中国南方电网公司的全资子公司。

11月9日 公司在广州举行2004年电力安全知识竞赛。

11月12日 公司董事长袁懋振会见美林集团副董事长兼美林国际总裁James. Quigley一行。

11月15日 公司董事长袁懋振会见瑞士信贷第一波士顿执行董事、亚太区主席及首席执行官Paul Callello一行。

11月18日 经研究决定，撤销原中共广西电力有限公司党组，成立中共广西电网公司党组。

经研究决定，撤销原中共云南电力集团有限公司党组，成立中共云南电网公司党组。

经研究决定，撤销原中共贵州省电力公司党组，成立中共贵州电网公司党组。

11月22日 经中共中国南方电网公司党组研究，并征得中共海南省委同意，决定：成立中共海南电网公司党组。尹炼同志任中共海南电网公司党组成员、书记；李强、李品清、吴建宏、潘超同志任中共海南电网公司党组成员；潘超同志任中共海南电网公司纪律检查组组长兼海南电网公司工会主席。

经中共中国南方电网公司党组研究，并征得中共海南省委同意，决定聘任：李强同志为海南电网公司总经理；李品清同志为海南电网公司副总经理；吴建宏同志为海南电网公司副总经理。

经中共中国南方电网公司党组研究，决定聘任：朱万顺、唐义治同志为海南电网公司巡视员（享受正职级待遇）。

11月26日 经研究决定，曲曙同志任中共广西电网公司党组成员、书记；林荣华、赖崇能、黄进平、卢柳春、庞准、李一平同志任中共广西电网公司党组成员；卢柳春同志任中共广西电网公司纪律检查组组长兼广西电网公司工会主席。

经研究决定，聘任：曲曙同志为广西电网公司总经理；林荣华同志为广西电网公司副总经理（享受正职级待遇）；赖崇能、黄进平、庞准同志为广西电网公司副总经理；李一平同志为广西电网公司总工程师。

经研究决定，王大鹭同志任中共云南电网公司党组成员、书记；李海南、廖泽龙、廖建华、张滇生、张慧清、江兴国、刘智宏同志任中共云南电网公司党组成员；江兴国同志任中共云南电网公司纪律检查组组长；刘智宏同志任云南电网公司工会主席。

经研究决定，聘任：王大鹭同志为云南电网公司总经理；李海南、廖泽龙、廖建华、张滇生、张慧清同志为云南电网公司副总经理；夏蜀同志为云南电网公司总经济师。

经研究决定，向德洪同志任中共贵州电网公司党组成员、书记；匡忠雄、王和、孙兆媛、晁剑、廖新和同志任中共贵州电网公司党组成员；孙兆媛同志任中共贵州电网公司纪律检查组组长兼贵州电网公司工会主席。

经研究决定，聘任：向德洪同志为贵州电网公司总经理；匡忠雄、王和、晁剑、廖新和同志为贵州电网公司副总经理；袁昌隆同志为贵州电网公司助理巡视员（享受副职待遇）。

12月1～3日 大湄公河次区域电力贸易协调委员会第二次会议暨大湄公河次区域第十一次电力论坛在泰国曼谷召开。公司党组成员、副总经理周继太出席会议。会议通过了大湄公河次区域电力贸易运营协议（PTOA）最终研究报告。

公司作为大湄公河次区域电力合作中方执行单位，出席了中（国）、泰（国）、老（挝）三方共同举行的中泰300万kW输电项目第一次工作会议。

12月10日 南方电力市场建议领导小组第二次会议在深圳召开。南方电监局局长杨昆主持会议，国家电监会副主席史玉波，公司党组书记、董事长袁懋振，公司党组成员、副总经理肖鹏等出席会议。会议审议并原则通过了《南方电力市场建设方案》。

12月11日 贵州电网最高统调负荷达639.5万kW，同比增长21.21%。

12月26日 220kV官塘至鸭仔塘输变电工程顺利投产送电，海南电网实现220kV环网运行。

12月29日 国务院国有资产监督管理委员会以国资任字［2004］131号文任命，祁达才同志为中国南方电网有限责任公司总会计师。

南方电网财务有限公司完成工商登记注册，正式开始运作。

经研究，免去杨之藩同志云南电网公司正职级巡视员职务，退休。

12月31日 中共国务院国有资产监督管理委员会以国资党任字［2004］92号文任命，王玉霜同志为中国南方电网有限责任公司党组成员、党组纪检组组长。

中国华能集团公司主要事件

1月6日 中共中央政治局常委、国务院副总理黄菊对华能集团公司工作做出重要批示：“华能集团2003年总的经营情况是好的，企业改革顺利进行，生产安全平稳，发电量、收入、利润有较大幅度增长，为保障全国电力供应做出了贡献。集团今年工作思路也很好，望精心部署，抓好落实。”

1月7日 国资委主任李荣融对华能集团公司工作做出批示：“祝贺你们2003年取得的良好业绩。同意你们2004年的工作安排，突出抓好企业管理基础工作，落实到岗位，这是企业发展速度的基础，同时抓住成本，全面提高竞争力。注意负债结构，实现华能集团的持续、健康、快速发展。”

1月7日 国资委以国资发监督［2004］79号文印发《关于国有重点大型企业监事会换届调整的通知》，经国务院批准，决定向华能集团公司调整派出新一届国有重点大型企业监事会，监事会主席为韩修国（副部级），专职监事4人（31办事处）。

1月9日 北方联合电力有限责任公司成立大会在内蒙古呼和浩特市举行。北方联合电力有限责任公司由内蒙古电力投资有限责任公司、华能集团公司、北京国华电力有限责任公司、中信泰富有限公司合资组建，注册资本为100亿元。

1月12日 国家电监会主席柴松岳对华能集团公司工作做出批示：“2003年，华能集团公司各方面的工作都取得了很大的成绩，尤其是在积极稳妥实施“走出去”战略方面，大胆实践、积极探索，取得了可喜的成绩。在此表示衷心的祝贺！希望华能集团公司在新的一年里，以更加旺盛的斗志、更加顽强的作风、更加扎实的工作，再接再厉、创新发展，为把华能集团公司建设成为具有国际竞争力的企业，为我国电力事业的健康发展做出新的、更大的贡献！”

1月15日 《亚洲货币》杂志在香港举办年度颁奖仪式，华能集团公司控股的华能国际电力股份有限公司获该杂志颁发的2003年度“中国区全面最佳管理公司”奖。该奖项是调查了全球3000多家基金管理公司后评选出，华能国际是惟一获该奖项的中国公司，并在五个分项中均名列前茅，即“最佳公司战略”第一名；“最佳提升投资者价值”第二名；“最佳公司治理”第二名；“最佳运营效率”第一名。

1月15～16日 华能集团公司2004年工作会议在北京召开。李小鹏同志在会上作了题为《坚定信心 创新发展 艰苦奋斗 求真务实——努力把华能建设成为具有国际竞争力的大企业集团》的工作报告。会议确定了2004年的工作目标：确保安全生产，加快电源建设，建设具有国际竞争力的大企业集团。黄永达同志作会议总结。会上，集团公司与所属各单位签订了安全生产、经营目标和党风廉政建设责任书；表彰了2003年度华能集团公司劳动模范和先进集体。

1月21日 国资委党委书记李毅中在华能集团公司报送的《华能集团工作情况汇报》上批示：华能集团在电力体制改革和生产经营、固定资产投资、资本运作方面取得了明显成效，积累了宝贵经验，可喜可贺。赞成2004年的奋斗目标和工作思路。

2月9日 华能集团公司与陕西省铜川市人民政府签订了合作开发西川煤田合同。根据合同，华能能源交通产业控股公司、铜川市煤炭集团公司共同出资组建有限公司，华能能源交通产业控股公司控股，双方合作，拟建矿井规模年产煤炭120万t。

2月16日 李小鹏同志在北京会见了中共中央政治局委员、广东省委书记张德江。

2月20日 李小鹏同志主持召开集团公司党组扩大会议，传达了19日国务院关于研究电力安全运行问题会议的精神，听取了集团公司安监室关于加强安全生产，确保今年“两会”期间安全供电的具体措施和建议。会议决定，成立集团公司安全大检查、燃料供应、综合安全领导小组。

3月1日 华能集团公司、中国核工业建设集团公司、清华大学在京签署了共同建设高温气冷堆示范电站合作意向书。

3月10日 华能集团公司召开2004年纪检监察工作电视电话会议。

3月12日 永诚财产保险股份有限公司发起人协议签字仪式在北京举行。永诚财产保险股份有限公司发起人为中国华能集团公司、中国大唐集团公司、中国华电集团公司、中国国电集团公司、中国电力投资集团公司、深圳能源集团有限公司、中国电力财务有限公司、国华能源投资有限公司、福建投资企业集团公司、云南电力集团有限公司、北方联合电力有限责任公司、信远产业控股集团有限公司。

3月23日 华能集团公司与海南省人民政府，就海南省电力公司等将所持中海能源股份有限公司31.14%股份转让给华能集团公司达成一致，并在海口市举行了转让协议签字仪式。此次收购协议签订后，华能集团公司共持有中海能源50.76%的股份。这是华能集团公司继2003年8月收购海南省电力公司在海口火电股份有限责任公司57.92%股权后，与海南省政府在发展海南电力方面的又一次成功战略合作。现华能控股的海口火电和中海能源共计拥有73.2万kW的装机容量，占海南省统调装机容量的48.15%、占火电机组的61.1%。

4月8日 国资委主任李荣融到华能集团公司检查工作，参观了火电生产实时监控系统，听取了李小鹏同志关于华能集团公司工作情况的汇报。

4月12日 华能集团公司与云南电力集团公司签订了资产财务移交协议。根据协议，云电澜沧江流域5人电站股权划归华能集团公司。

4月16日 华能集团公司及华能国际电力开发公司、江西省投资公司向华能国际电力股份有限公司资产转让协议签字仪式在北京举行。根据协议，华能集团公司将其拥有的井冈山电厂90%权益和邯峰电厂40%权益；华能国际电力开发公司将其拥有的营口电厂全部资产和债务、珞璜发电有限责任公司 60%权益和岳阳发电有限责任公司 55%权益；江西省投资公司将其拥有的井冈山电厂 10%权益转让给华能国际电力股份有限公司。此次资产转让扩大了华能国际电力股份有限公司的经营规模和地域范围，使权益运行装机容量增加 309.6 万 kW，总权益运行装机容量将由 1573.6 万 kW 增加至 1883.2 万 kW。

4 月 28 日 华能集团公司召开电视电话会议，认真贯彻落实全国安全生产电视电话会议精神，部署华能系统安全生产工作。会议传达了黄菊副总理在会议上的重要讲话和会议精神。会议要求，华能的全体干部职工，要充分认识当前安全生产的新形势和新特点，充分认识做好安全生产工作的极端重要性。华能所属企业绝不能掉以轻心，在生产、基建、经营等工作中，决不允许发生重大责任事故，决不允许发生重大人身伤亡和设备损坏事故，决不允许在重要时间段和重要地点发生重大责任事故，决不允许发生有重大社会影响的责任事故，决不允许因燃料供应出现问题而影响安全稳定生产。

5 月 20 日 李小鹏同志主持召开集团公司干部会议，会上宣布了集团公司党组的决定：根据工作需要，黄永达兼任华能国际电力股份有限公司党组成员、党组副书记，叶大戟不再担任华能国际电力股份有限公司党组副书记职务；宣布了华能国际电力股份有限公司第四届董事会第七次会议通过的决议：同意聘任黄永达为公司总经理，同意叶大戟、胡建民辞去公司总经理、副总经理职务，增选叶大戟为公司董事会副董事长。

7 月 26 日 华能国际电力股份有限公司和神华煤碳运销公司签订了 2005～2007 年煤炭购销合同。合同规定，2005 年、2006 年、2007 年神华煤炭运销公司向华能国际分别供应优质动力煤 900、1050、1100 万 t。双方商定了合同基础价格，并确定在一个年度内最大升降幅度不超过 5%。

7 月 28 日 华能集团公司在北京召开 2004 年上半年经济活动分析会，会议传达了党和国家领导人 7 月 26 日视察电力企业时的讲话精神，听取了 2004 年上半年经济活动分析报告和各产业公司的汇报；总结了上半年工作，部署了下半年任务。

8 月 2 日 国资委企业领导人员管理一局局长时希平到华能集团公司宣布了国资委党委的任命文件，王树岩同志任华能集团公司党组成员、纪检组组长。

8 月 9 日 由华能集团公司作为主发起人的永诚财产保险股份有限公司在北京召开创立大会（首届股东大会）暨第一届董事会、监事会一次会议。股东大会审议通过了关于公司筹备工作情况的报告、公司章程、公司经营计划报告、公司 2004 年度运营期财务预算说明等。

8 月 27 日 李小鹏同志参加了在内蒙古包头市召开的全国大型煤炭基地建设座谈会。中共中央政治局委员、国务院副总理曾培炎在会上强调，要认真贯彻落实国务院第 60 次常务会议精神，加快大型煤炭基地建设，形成若干个亿吨级煤炭骨干企业。

10 月 9 日 华能集团公司与法国电力公司在北京签署了战略合作伙伴协议。协议规定，双方将在企业管理，火电、水电、核电领域的技术和信息交流，人力资源开发，人员培训等方面开展合作。

10 月 18 日 李小鹏、鞠章华同志率华能代表团出席了在上海举行的第 15 届东亚及西太平洋电力工业协会大会。中共中央政治局常委、国务院副总理黄菊向大会致信祝贺。中共中央政治局委员、上海市委书记陈良宇，上海市长韩正、国家电监会主席柴松岳、国家发改委副主任张国宝、世界能源理事会秘书长甘罗德·杜赛特和来自 37 个国家和地区的 2000 多名与会代表出席了大会开幕仪式。大会主席、中电联理事长赵希正致开幕词。大会以“创新、竞争与合作——经济全球化进程中的电力工业”为主题，进行广泛交流。华能代表团由 31 人组成，其中论文作者 11 人，有 4 人在大会期间作了书面发言。

10 月 29 日 华能集团公司专家委员会 2004 年年会在京召开。本届年会的主要议题是：讨论和听取专家委员会对华能集团公司 2004～2015 年科技发展规划和“绿色煤电”的初步规划的建议。华能集团公司专家委员会顾问张光斗，名誉主任委员潘家铮，主任委员郑健超，委员周孝信、朱伯芳、徐旭常、葛修润、徐大懋、倪维斗、罗绍基、蒋洪德、马洪琪出席会议并发言，未与会的委员向年会提交了书面建议。黄永达同志向与会委员通报了专家委员会 2003 年年会提出的意见和建议的落实情况，介绍了今年以来华能在科技方面所做的工作和生产经营等情况。

10 月 31 日 全国人大副委员长许嘉璐在淮安市委、市政府领导的陪同下到华能淮阴电厂视察，并听取了二期工程扩建情况的汇报。

11 月 12 日 华能集团公司和陕西煤业集团公司签订了长期战略合作协议。这是华能集团公司继与神华集团、中煤集团等中央管理的国有大型企业签订长期合作协议后首次与地方国有大型煤炭企业签订长期战略合作协议。

11 月 18 日 华能集团公司和中国远洋运输（集团）总公司在京签订战略合作协议。

11 月 19～22 日 经中央领导同志批示同意，中宣部、国资委分别发出通知，对 2004 年国有企业重大典型宣传报道做出具体安排。华能集团公司等十家国有企业榜上有名。

11月23日1时27分 我国首台600MW国产化超临界燃煤机组——华能沁北电厂1号机组顺利通过168h试运，正式投入生产。这标志着我国电站设备制造和电力工业装备水平从此迈上了新台阶。

11月25日 华能集团公司与吉林省人民政府在北京签署了九台电厂项目投资意向书。九台电厂规划容量240万kW，工程预计总投资100亿元人民币。这是华能电源项目首次进入吉林省。

11月30日 李小鹏同志在国家中长期科学和技术发展规划领导小组办公室组织的“企业技术创新政策座谈会”上，介绍了华能坚持技术创新、不断完善科技进步体制机制的经验和举措，对增强企业创新能力、推动产学研紧密合作，以及政府对企业创新的政策扶持等发表了意见和建议，并提出了华能发展具有我国特色的“绿色煤电”项目的基本思路。

12月4～5日 人民日报、新华社、中央电视台、中央人民广播电台、经济日报、光明日报、工人日报、科技日报、中国电力报分别对华能典型经验进行了集中宣传报道，较充分地反映了华能20年来改革创新发展所取得的成就和经验。

12月8日 我国第一个风光互补发电系统在华能南澳风力发电场成功并入当地10kV电网，正式投入商业化运行。

12月13日 我国60万kW超临界机组国产化依托项目——华能沁北电厂2号机组继1号机组之后顺利通过168h试运，实现了年内“双投”的目标，提前完成了任务。

12月16日 中共中央政治局委员、国务院副总理曾培炎致信李小鹏同志，对首座国产60万kW超临界燃煤机组投产表示热烈祝贺。贺信全文如下：

华能沁北电厂首座2×60万kW超临界燃煤机组投入商业运行，标志着我国燃煤发电和电站设备制造水平迈上了新台阶，请代我向广大工程技术人员和建设者表示祝贺！希望华能集团按照科学发展观的要求，积极有序地推进电力建设，不断提高装备运行效率和安全水平，满足电力市场需求，为实现经济社会全面协调可持续发展做出新的贡献。

12月16日 华能集团公司、中国核工业建设集团公司、清华大学《关于共同合作建设高温气冷堆核电示范工程投资协议》在北京签订。

截至12月31日，华能集团公司全资控股运行装机容量达3356.66万kW，其中火电装机3105.18万kW，水电装机250.4万kW，风电装机1.08万kW。2004年华能集团公司完成发电量1947.8亿kWh，比2003年同期增长11.66%。

中国大唐集团公司主要事件

1月1日 大唐集团将2004年确定为“管理年”。

1月6日 中国大唐集团公司安徽分公司成立大会在安徽省合肥市举行。

1月8日 国务院国有资产监督管理委员会副主任邵宁带领国务院安全生产督察组到大唐西安灞桥热电有限责任公司进行安全生产专项检查。

1月13日 国家发展和改革委员会下发文件，同意北京大唐发电股份有限公司云南开远电厂大型循环流化床洁净煤发电技术国产化后续项目（2×300MW）开工建设。

1月14日 在大唐集团2004年工作会议即将召开之际，中共中央政治局常委、国务院副总理黄菊对大唐集团作出重要批示：“在新的一年里，希望中国大唐集团公司在2003年取得成绩的基础上，加强企业管理，加快电力发展，提高经济效益，确保安全生产和电力供应，为经济社会发展做出更大的贡献。”

同日 国家工程建设质量奖审定委员会授予北京大唐发电股份有限公司张家口发电厂二期工程7、8号（2×300MW）机组、天津大唐盘山发电有限责任公司二期工程3号（1×600MW）机组、大唐信阳华豫发电有限责任公司一期工程（2×300MW）机组“2003年度国家优质工程银质奖”称号（工质字[2004]1号）。

1月16日 成立中国大唐集团公司内蒙古赤峰电源项目筹建处。

1月16～17日 大唐集团2004年工作会议在北京召开。

1月20日 （农历大年二十九） 中共中央总书记、国家主席胡锦涛到北京大唐发电股份有限公司张家口发电厂视察并亲切慰问干部职工。

同日 国家发展和改革委员会批复安徽淮南田家庵电厂技术改造二期工程可行性研究报告，同意建设安徽淮南田家庵电厂技术改造二期工程（1×300MW）。

1月27日 大唐唐山热电有限责任公司1号机组（300MW）完成168h满负荷试运行并移交试生产。

2月9日 淮南洛河发电厂4号机组（300MW）连续网上运行9000h，累计发电20.5亿kWh，刷新了大唐集团300MW机组连续运行最高纪录。

2月24日 国家发展和改革委员会批复了湖南湘潭电厂扩建工程（2×600MW）项目建议书，陕西户县热电厂技改工程（2×300MW）和广西合山电厂技术改造工程（2×300MW）可行性研究报告。

2月26～27日 大唐集团党建、人才、思想政治工作会议在江苏省南京市召开。

2月27日 大唐集团安全生产电视电话会议在江苏省南京市召开。

2月 北京大唐发电股份有限公司被国际著名金融传媒——英国《金融时报》集团旗下的专业金融期刊《银行家》评为“2003年度国别最佳公司”，也是惟一上榜的中国大陆公司。

3月5～14日 大唐集团总经理翟若愚作为十届全国人大代表参加十届全国人大第二次会议。

3月18～19日 大唐集团2004年安全生产工作会议在广西壮族自治区南宁市召开。

3月19日 国家发展和改革委员会批复了吉林珲春电厂二期扩建工程可行性研究报告，同意建设珲春电厂二期工程（2×300MW）。

3月25～26日 大唐集团2004年基建工作会议在广西壮族自治区河池市龙滩水电工程现场召开。

4月2日 国家发展和改革委员会下发文件，同意安徽淮南田家庵电厂改扩建二期工程（1×300MW）、安徽大唐淮北发电厂五期扩建工程（1×210MW）、广西合山电厂技术改造工程（2×330MW）开工建设。

4月28日 中华全国总工会授予佳木斯第二发电厂、大唐鸡西热电有限责任公司、大唐七台河发电有限责任公司2004年全国“五一”劳动奖状；授予大唐国际发电股份有限公司张家口发电厂王英华、大唐耒阳电厂文建明、龙滩水电开发有限公司龙先进、大唐兰州西固热电有限责任公司马晓东2004年全国“五一”劳动奖章。

5月7日 国家发展和改革委员会批复了八〇三厂扩建供热机组（1×50MW）项目建议书。

5月19日 中国大唐集团公司和陕西煤业集团公司战略合作协议签字仪式在北京举行。

5月25日 2004年度“亚洲最佳商业领袖”评选活动在上海举行颁奖典礼。大唐集团总经理、大唐国际发电股份公司董事长翟若愚荣获此次评选活动的“年度中国杰出CEO”大奖。这是中国企业在历次“亚洲最佳商业领袖”评选中首次获奖。

6月8日 大唐集团总经理翟若愚在甘肃省兰州市会见甘肃省人民政府省长陆浩、副省长杨志明。副总经理王琳一同参加会见。

同日 “中国大唐集团”经国家工商行政管理总局批准注册成立（编号：100118）。

6月9日 中国大唐集团公司甘肃分公司、大唐甘肃发电有限公司成立大会在甘肃省兰州市举行。

同日 大唐集团总经理翟若愚在陕西省西安市会见陕西省委书记李建国、省人民政府副省长洪峰。副总经理王琳一同参加会见。

同日 大唐耒阳发电厂二期扩建工程4号机组（300MW）完成168h满负荷试运行并移交试生产。

6月10日 中国大唐集团公司陕西分公司、大唐陕西发电有限公司成立大会在陕西省西安市举行。

6月16日 中国大唐集团公司和韩国电力公社业务开发与友好合作协议在北京签订，这是中韩两国电力企业签订的第一个合作协议，标志着大唐集团实施国际化战略取得重大进展。

同日 广西壮族自治区党委书记曹伯纯到龙滩水电工程（7×600MW）工地视察工作。

6月17日 大唐集团总经理翟若愚在河北省石家庄市会见河北省人民政府省长季允石、常务副省长郭庚茂。副总经理杨庆一同参加会见。

6月18日 国务院国有资产监督管理委员会授予大唐国际发电股份有限公司陡河发电厂党委“中央企业先进基层党组织”荣誉称号；授予大唐洛阳首阳山发电厂孙卫斌“中央企业优秀共产党员”荣誉称号；授予大唐耒阳发电厂傅汉见“中央企业优秀党务工作者”荣誉称号。

6月21日 商务部下发文件，同意大唐国际发电股份有限公司在香港独资设立大唐（香港）有限公司。

7月9日 大唐集团总经理翟若愚在湖南省长沙市会见湖南省人民政府省长周伯华。

同日 大唐耒阳发电厂二期工程（2×300MW）竣工仪式举行。

同日 内蒙古大唐托克托发电有限责任公司二期工程3号机组（600MW）完成168h满负荷试运行并移交试生产。

7月18日 在电力迎峰度夏正值关键时刻，中共中央政治局常委、国务院副总理黄菊对大唐集团作出重要指示：“大唐集团要在上半年取得成绩的基础上，再接再厉，落实中央宏观调控措施，做好迎峰度夏工作，千方百计增加电力供应，加强安全生产，确保首都电力供应。”

7月19日 国家发展和改革委员会下发文件，同意陕西户县热电厂技改工程（2×300MW）开工建设。

7月21日 大唐集团总经理翟若愚在内蒙古自治区呼和浩特市会见内蒙古自治区党委书记储波，主席杨晶，自治区党委常委、秘书长任亚平。副总经理刘顺达、钟俊、杨庆、王琳，总会计师胡绳木，总经济师朱明昆一同参加会见。

7月22～23日 大唐集团2004年上半年经济活动分析会议在内蒙古自治区呼和浩特市召开。

7月27日 国家发展和改革委员会批复了河北保定热电厂八期工程（2×200MW）项目建议书。

7月29日 大唐陕西户县第二发电厂工程（2×300MW）开工仪式在陕西省西安市举行。

8月2日 大唐集团在北京召开2004年第二次系统迎峰度夏安全生产视频会议。

8月3日 国家发展和改革委员会批复了重庆乌江彭水水电站（5×350MW）项目建议书。

8月4日 国家发展和改革委员会批复了内蒙古托克托发电厂三期工程（2×600MW）项目建议书。

8月9日 国家发展和改革委员会批复了山西太原第二热电厂六期扩建工程（2×300MW）项目建议书。

同日 国家发展和改革委员会核准了河南洛阳热电厂热电联产改扩建工程项目，同意建设河南洛阳热电厂热电联产改扩建工程（2×300MW）。

8月13日 大唐集团多种产业工作会议在河南省洛阳市召开。

8月17日 大唐集团总经理翟若愚在吉林省延吉市会见吉林省人民政府省长洪虎、省委常委、延边朝鲜族自治州州委书记田学仁、省长助理徐建一。副总经理钟俊一同参加会见。

8月18日 大唐珲春发电有限责任公司珲春发电厂二期扩建工程（2×330MW）开工仪式在吉林省珲春市举行。

8月20日 云南省发展和改革委员会批复了李仙江土卡河水电站可行性研究报告、居甫渡水电站可行性研究报告和龙马水电站可行性研究报告，同意建设李仙江土卡河水电站（3×55MW）、居甫渡水电站（3×80MW）、龙马水电站（3×80MW）。

8月25日 大唐集团第一次外事工作座谈会在北京召开。

8月25日 大唐集团和陕西省发展和改革委员会在陕西省西安市签订彬长矿区煤电一体化项目开发备忘录。

8月31日 中国大唐集团公司和俄罗斯电力及电气化股份公司合作备忘录在俄罗斯首都莫斯科签订。

9月1日 广西壮族自治区人民政府主席陆兵、副主席杨道喜到广西合山发电厂工程（2×330MW）工地视察工作，并参加2号机组168h满负荷试运行点火仪式。

9月1～2日 陕西省委书记李建国考察汉江流域梯级电站开发工作。

9月7日 国家发展和改革委员会批复了广东大唐潮州三百门电厂一期工程（2×600MW）项目建议书。

9月7～10日 大唐集团首次焊工调考在河南省洛阳市举行。

9月9日 大唐集团成立大唐漳州风力发电有限责任公司和大唐赤峰赛罕坝风力发电有限责任公司。

9月14日 大唐唐山热电有限责任公司2号机组（300MW）完成168h满负荷试运行并移交试生产，标志着大唐唐山热电有限责任公司2台30万kW机组年内实现了双投产。

9月14日 内蒙古大唐托克托发电有限责任公司二期工程4号机组（600MW）完成168h满负荷试运行并移交试生产。这是内蒙古大唐托克托发电有限责任公司继2003年实现了一期工程2台60万kW机组双投产后，2004年又实现了二期工程2台60万kW机组的双投产。

9月15日 国家人事部、国务院国有资产监督管理委员会授予天津大唐盘山发电有限责任公司、大唐洛阳首阳山发电厂锅炉部“中央企业先进集体”荣誉称号；授予龙滩水电开发有限公司戴波、大唐耒阳发电厂肖启标、大唐珲春发电有限责任公司简英俊、大唐淮南洛河发电厂陈辉、大唐八〇三发电厂陈新强“中央企业劳动模范”荣誉称号。

9月15日 广西合山发电有限公司合山电厂改扩建工程2号机组（330MW）完成168h满负荷试运行并移交试生产。至此，大唐集团直属、全资以及控股在役发电装机容量突破3000万kW大关，达到3001.9万kW。

9月16日 国家发展和改革委员会核准了湖南湘潭电厂二期工程项目，同意建设湖南湘潭电厂二期工程（2×600MW）。

同日 国家发展和改革委员会核准了湖南金竹山电厂扩建工程项目，同意建设湖南金竹山电厂扩建工程（2×600MW）。

9月27日 甘肃省发展和改革委员会批复了白龙江麒麟寺水电站工程（3×40MW）项目建议书。

9月28日 国家发展和改革委员会核准了黑龙江双鸭山热电工程项目，同意建设黑龙江双鸭山热电工程（2×200MW）。

10月8日 大唐集团总经理翟若愚在黑龙江省哈尔滨市会见黑龙江省委书记宋法棠、省人民政府副省长刘海生。副总经理王琳、党组纪检组组长兼人力资源部主任邹嘉华、总经济师朱明昆一同参加会见。

10月9日 大唐集团总经理翟若愚在黑龙江省哈尔滨市会见黑龙江省人民政府省长张左己。副总经理王琳、党组纪检组组长兼人力资源部主任邹嘉华、总经济师朱明昆一同参加会见。

10月9～10日 陕西省人民政府省长贾治邦到喜河水电站考察汉江流域梯级电站开发工作。

10月10日 中国大唐集团公司和淮北矿业集团公司在安徽省合肥市签订淮北临涣煤泥矸石电厂投资协议。

10月12日 大唐吉林发电有限公司成立大会在吉林省长春市举行。

同日 大唐集团总经理翟若愚在北京会见韩国电力公社社长韩埈皓。

10月15日 大唐河北发电有限公司成立大会在河北省石家庄市举行。

10月18日 大唐集团总经理翟若愚在上海市会见日本电源开发株式会社社长中垣喜彦一行。

同日 内蒙古自治区发展和改革委员会批复了赤峰市赛罕坝风电场一期工程可行性研究报告，同意建设赤峰市赛罕坝风电场一期工程（30MW）。

10月19日 大唐黑龙江发电有限公司成立大会在黑龙江省哈尔滨市举行。

同日 大唐集团总经理翟若愚在吉林省长春市会见吉林省人民政府省长洪虎、副省长牛海军。副总经理王琳、党组纪检组组长兼人力资源部主任邹嘉华、总经济师朱明昆一同参加会见。

10月20日 大唐赤峰赛罕坝风力发电有限责任公司成立暨一期工程（30MW）开工仪式在内蒙古自治区赤峰市举行。

10月26～28日 大唐集团转动机械检修专业技能大赛在河北省唐山市举行。

10月27日 大唐集团第一次劳动工资专业会议在北京召开。

11月2～3日 大唐集团首届“唐韵杯”系统员工歌手赛在安徽省淮南市举行。

11月3日 福建省发展和改革委员会批复了漳浦六鳌风电场工程可行性研究报告，同意建设漳浦六鳌风电场一期工程（30MW）。

11月28日 大唐太原第二热电厂六期扩建工程（2×300MW）开工奠基仪式在山西省太原市举行。

12月3日 平班水电站1号机组（135MW）完成72h带负荷试运行并移交试生产。

12月5日 大唐国际发电股份有限公司同开滦（集团）有限责任公司在北京人民大会堂签订蔚州矿区煤电路一体化整体开发项目合作框架协议。

12月7日 大唐集团总经理翟若愚在北京会见以越南国家电力公司副总裁阮孟雄为团长的越南国家电力公司高级代表团一行。

12月8日 大唐连城发电厂二期扩建工程3号机组（300MW）完成168h满负荷试运行并移交试生产。

12月10日 大唐环境科技工程有限公司同奥地利能源环境公司在北京签订烟气脱硫技术转让协议。

12月14日 山西大唐国际神头发电有限责任公司二期工程3号机组（500MW）完成168h满负荷试运行并移交试生产。至此，大唐国际发电股份有限公司直属、控股在役发电装机容量突破1000万kW，达到1041万kW。

12月16～20日 大唐集团30万kW级火电机组集控运行技能大赛在江苏省南京市举行。

12月17日 广西合山发电有限公司合山电厂改扩建工程1号机组（330MW）完成168h满负荷试运行并移交试生产，标志着广西合山发电有限公司合山电厂2台33万kW机组年内实现了双投产。

12月20日 乐滩水电站1号机组（150MW）完成72h带负荷试运行并移交试生产。至此，大唐集团2004年确定的投产11台机组、384.5万kW的基建任务全面完成，大唐集团直属、全资以及控股在役发电装机容量达到3353.4万kW。

12月28日 大唐漳州风力发电有限责任公司成立暨六鳌风电场一期工程（30MW）开工仪式在福建省漳浦县举行。

12月30日 广西桂冠电力股份有限公司收购四川省茂县天龙湖水电站（3×60MW）全部股权。

中国华电集团公司主要事件

1月9日 华电集团与中国国际工程咨询公司签订《长期合作协议书》。

同日 在贵州成立华电平坝矿业有限公司。

1月16日 华电集团在北京成立由集团公司控股、公司系统内10家企业共同参股组建的华电财务有限公司。

1月18日 国家“西气东输”工程下游配套项目——江苏华电望亭天然气发电工程正式开工。

1月19日 中共中央政治局常委、国务院副总理黄菊，中共中央政治局委员、国务院副总理曾培炎在中国华电集团2004年工作会议召开前夕，分别对中国华电集团公司工作作出重要批示，肯定了华电集团公司为保障全国电力供应作出的贡献。

黄菊副总理在批示中说：“2003年华电集团适应全国电力市场需要，努力增加发电量，安全运行，为缓解电力供应紧张局面作出积极贡献。希望在新的一年，认真贯彻中央经济工作会议精神，总结经验，加强管理，精心部署，加快电源建设，搞好安全生产，为保障全国电力供应作出新的贡献。”

曾培炎副总理在批示中说："过去的一年，华电集团在加强电源建设，保障电力供应，提高经营水平，积极落实电力体制改革各项措施等方面做了大量工作，取得了明显成效，希望你们在新的形势下，抓紧建立现代企业制度，加强内部管理，保证安全生产，不断提高企业竞争力和经济效益。"

1月21日（农历除夕）23点 华电集团总经理贺恭与北京市副市长陆昊到北京第二热电厂慰问一线职工，与二热职工共渡除夕。

2月3～4日 华电集团在北京召开2004年工作会议。党组书记、总经理贺恭作开幕讲话和工作报告，四位副总经理就分管工作作了专题报告，全面总结集团公司2003年工作，部署安排2004年工作。会上，贺恭与公司系统企业主要负责人签订2004年责任书，表彰了公司系统2003年度优秀发电企业、双方明单位、扭亏增盈先进单位及项目前期工作先进单位。国务院有关部委领导同志亲临会议，公司系统有关企业代表228人出席会议。

2月12日 华电集团总经理贺恭在公司本部会见西门子发电集团全球总裁福格斯先生（Mr. Klaus Voges）一行。

2月16日 华电集团全资子公司中国华电工程（集团）有限公司揭牌。

同日 华电集团总经理贺恭在公司本部会见阿尔斯通公司中国投资有限公司总裁安南博格先生（Mr. Alain F. Berger）一行。

2月18日 国家电力监管委员会宋密副主席带领价格财务行政执法调研组到华电集团调研。

2月22日 华电集团总经理贺恭在公司本部会见印度尼西亚国家电力公司（PLN）总经理艾迪·维蒂诺（Eddie Widiono S.）先生率领的印度尼西亚电力公司代表团一行。

3月2日 华电集团召开安全生产电话会议。

3月15日 国资委对华电集团公司党组《关于组建中国华电集团工会工作委员会的请示的函》作出批复，予以组建。

3月18日 华电集团总经理贺恭应访印尼国家电力公司（PLN），并签署了双方战略合作框架协议。

3月25日 华电集团在北京召开企业年金管理监督委员会暨企业年金规范管理工作会议。

同日 集团公司向所属各单位印发《中国华电集团公司三项责任制考核办法》（中国华电生［2004］214号）。

4月2日 华电集团总经理贺恭在公司本部会见阿尔斯通公表团董事长兼首席执行官柏坷龙先生（Mr. Patric Kron）一行。双方均表示了希望建立并保持良好合作关系的愿望。

4月5日 国务院派出中国华电集团公司监事会开始对华电集团进行为期一个月的实地检查工作。

4月7日 中国能源化学工会全国委员会对建立华电集团公司工会工作委员会做出批复。

4月16日 华电集团在本部举办扭亏增盈责任书签订仪式。贺恭总经理与8家分公司和40家发电企业主要负责人分别签订了扭亏增盈责任书。

5月3日 中共中央政治局常委、中央纪律检查委员会书记吴官正在贵州省省委书记钱运录、省长石秀诗陪同下，视察了华电集团乌江渡发电厂。

5月18～20日 华电集团在北京举办公司系统企业党委书记、纪委书记集训班。

5月21日 华电集团召开2004年迎峰度夏和生产运营电话会议。

6月1日 华电集团公司控股建设的"西电东送"启动工程——洪家渡水电站1号发电机转子成功吊装就位。

6月22日 华电集团在四川开工建设的第一个水电项目——紫兰坝水电站工程大江截流成功合龙。

6月26日 华电国际邹县发电厂四期扩建2×100万kW机组项目三大主机签字仪式在邹县发电厂举行。中央政治局委员、国务院副总理增培炎为华电国际邹县发电厂四期扩建2×100万kW机组项目三大主机签字仪式作出重要批示："祝贺华电集团百万千瓦级超超临界机组签约。希望参建各方密切配合，精诚团结，优质、高效地完成设备制造和工程建设任务。"

6月26日 华电国际电力股份有限公司（华电国际）在邹县发电厂隆重召开公司成立十周年庆典大会。

6月29日 华电集团召开庆祝建党八十三周年暨在京单位"两优一先"表彰大会。

7月1日 华电集团控股的上市公司——黑龙江电力股份有限公司正式更名为华电能源股份有限公司。

7月4日 中国驻马来西亚大使王春贵到马来西亚古晋电厂慰问在该厂承担商业运行任务的湖北华电青山热电厂职工。

7月8日 华电集团取得了四川大渡河泸定水电站的开发权，成立华电四川泸定水电站筹建处。

7月17日 由华电集团控股建设的"西电东送"启动工程——乌江洪家渡水电站首台发电机组完成72h试运行，正式投产发电。洪家渡水电站首台机组的投运，标志"西电东送"工程建设取得了新的重大进展。

7月20日 华电集团召开战略实施暨2004年中

经济活动分析电视电话会议。

7月21日 由华电国际控股建设的四川省重点工程——广安电厂二期2×30万kW工程的3号机组一次通过168h满负荷试运成功，正式移交生产并网发电，比原定工期提前了1个月。

7月26日晚 温家宝总理视察国家电力调度中心并与电力系统负责人座谈，布置电力迎峰度夏工作。华电集团党组书记、总经理贺恭参加座谈，汇报了有关工作。

7月30日 用于华电杭州半山发电有限公司的"中国首台F级重型燃机（半山一号）"发运庆典仪式在秦皇岛哈尔滨动力股份公司燃机设备组装现场举行。全国人大常委会委员长吴邦国出席发运庆典仪式。

8月6日 华电工程进口煤项目的第一船印尼进口煤运抵厦门港。

8月12日 华电集团单日发电量达到4.518亿kWh，创华电集团公司成立以来最高日发电量记录。

8月12日 华电集团与内蒙古自治区呼伦贝尔市委市政府就双方合作开发煤电资源等问题举行会谈，并与呼伦贝尔市政府签署合作协议书。

8月28～29日 华电集团召开贯彻中央企业负责人会议精神党组扩大会议。

9月3日 华电集团向全体华电员工发出坚决完成全年经营目标的号召书。

9月15日 华电集团第一次全面财务稽查工作的现场稽查工作结束。

9月中下旬 华电集团公司党组成员分别带队，深入系统企业开展生产经营督导调研工作。

10月9日 华电集团广安电厂三期扩建2×60万kW燃煤机组工程奠基仪式隆重举行。

10月18日 华电集团总经理贺恭带领中国华电代表团出席了在上海召开的15届东亚及西太平洋电力工业协会大会（简称亚太电协大会）。

11月8日 华电集团在四川成都成立华电四川发电有限公司。

11月9～10日 华电集团在四川成都召开2004年基本建设暨前期工作会议。

11月16日 "西电东送"关键性工程乌江构皮滩水电站截流成功，为工程2009年提前发电打下了坚实基础。

11月18日 中国华电集团国电南自江宁科技园开园。

12月3日 华电集团在北京举行浙江半山天然气发电工程银团贷款合同签字仪式。

12月4～5日 华电集团在北京召开发展战略暨2005年工作思路座谈会。

12月8日 华电集团内部核算电厂佳木斯发电厂改制为黑龙江华电佳木斯发电有限公司。

12月10日 湖北青山热电厂改制为湖北华电青山热电有限公司。

12月12日 华电集团完成发电量1300亿kWh，提前19天完成国资委考核目标。

12月15日 北京第二热电厂改制为华电（北京）热电有限公司。

12月28日 北京密云水电厂改制为北京华电水电有限公司。

中国国电集团公司主要事件

1月7～8日 中国国电集团公司人力资源工作会议在京召开。总经理周大兵出席会议并作重要讲话，副总经理李庆奎作会议总结。

1月9日 中国国电集团公司项目单位负责人座谈会在京召开。副总经理陈飞出席会议。会议总结了集团公司工程建设管理经验，就提高工程项目管理水平、完成集团公司基本建设任务提出了要求。

1月12～13日 中国国电集团公司2004年第一次总经理工作会议暨重组改制座谈会在京召开。总经理周大兵，副总经理朱永芃、刘彭龄、陈飞出席会议。

1月15日 中国国电集团公司东北区域电力市场运营动员会在沈阳召开，副总经理刘彭龄出席会议并作重要讲话。会议提出了电力市场模拟运行后，企业参加竞价、提高市场竞争能力、加强市场营销的工作思路。

1月16日 中国国电集团公司总经理周大兵、副总经理朱永芃在公司本部会见了国家发改委副主任张国宝。

1月17日 中国国电集团公司总经理周大兵、副总经理朱永芃向国资委副主任邵宁汇报中国国电集团公司重组改制方案。

1月19日 中国国电集团公司总经理周大兵赴天津会见天津市长戴相龙，双方就国电集团在津开发电源项目交换了意见。

1月21日 除夕之夜，总经理周大兵在公司本部总值班室向江苏谏壁电厂等8个单位奋战在生产一线的干部职工打电话拜年。

2月9～10日 中国国电集团公司2004年工作会议在京召开。总经理周大兵，副总经理朱永芃、李庆奎、刘彭龄、陈飞出席会议，国家电监会副主席宋密，国务院派驻中国国电集团公司监事会前任主席路耀华、新任主席孔令鉴，中电联副理事长孙玉才，中国能源化学工会主席赵永金应邀出席会议并讲话；中组部、财政部、国资委的有关负责同志应邀出席会议。

2月11日 中国国电集团公司2004年纪检监察工作会议在京召开。总经理周大兵，副总经理朱永芃、李庆奎、刘彭龄、陈飞出席会议，中纪委有关领导应邀出席会议。

2月13日 以孔令鉴为主席，孙忠义、姜世勇、崔一贺、申小林为专职监事的国务院派出国有重点大型企业监事会第43办公室进驻中国国电集团公司。总经理周大兵主持召开工作汇报会，副总经理李庆奎、刘彭龄、陈飞出席了会议。

2月13日 中国国电集团公司总经理周大兵在公司本部会见法国电力公司亚太总部总裁马识路先生和副总裁达德奈先生。周大兵介绍了中国国电集团公司的发展战略和中国电力市场情况，双方就加强长期战略合作问题进行了探讨。

2月19日 中国国电集团公司总经理周大兵、副总经理朱永芃在公司本部会见了江西省发改委主任洪礼和、上饶市市长刘和平。双方就集团公司在江西合作开发电源项目尤其是黄金埠电厂项目进行了会谈，并签署了合作意向书。

2月20日 中国国电集团公司总经理周大兵、副总经理李庆奎在南宁会见了广西壮族自治区党委副书记、南宁市委书记李纪恒和自治区党委常委、自治区政府副主席李今早等有关领导。双方就集团公司在广西的电源建设问题交换了意见，李庆奎与林国强分别代表集团公司和南宁市政府签署了南宁电厂项目建设协议。

2月24日 国家机关精神文明建设表彰大会在京召开，中国国电集团公司被授予“中央国家机关文明单位”荣誉称号。

2月25日 中国国电集团公司总经理周大兵在长春会见吉林省省长洪虎、副省长矫正中，双方就集团公司在吉林的有关电源合作项目交换了意见，签署了合作开发电源项目意向书。同日，周大兵出席集团公司与吉林名门电力实业集团龙华热电股份公司股权转让协议签字仪式。

3月3日 中国国电集团公司总经理周大兵总经理，副总经理朱永芃、陈飞在钓鱼台国宾馆会见了江西省省委书记孟建柱，省长黄智权，副省长吴新雄、孙刚等领导。双方就黄金埠电厂建设问题交换了意见，周大兵与吴新雄分别代表中国国电集团公司和江西省政府签订了建设黄金埠电厂工程协议。

3月5～14日 中国国电集团公司总经理周大兵列席十届全国人大二次会议。

3月8日 中国国电集团公司总经理周大兵、副总经理朱永芃在公司本部会见了吉林省委常委、吉林省政府常务副省长王儒林。双方就集团公司在吉林省的电源项目建设问题交换了意见，王儒林表示全力支持集团公司在吉林省新建或收购电源项目。

3月11日 中国国电集团公司总经理周大兵、副总经理朱永芃在公司本部会见了广东中山市委副书记、市长陈根楷和副市长冯煜荣。双方就集团公司在中山的电源项目建设交换了意见。

3月30日 大渡河瀑布沟水电站工程正式开工。中国国电集团公司总经理周大兵与四川省省委副书记、省长张中伟为奠基石揭幕，国家有关部委负责人，四川省委常委、省国资委党委书记甘道明等出席开工仪式，集团公司副总经理陈飞主持了开工仪式。周大兵在开工仪式上就加强瀑布沟水电站工程建设管理等问题作了重要讲话。

3月31日 中国国电集团公司召开系统企业基础情况调查电视电话会议，副总经理朱永芃作了重要讲话，强调企业基础情况调查对“管理效益年”和体改工作的重要意义，并进一步布置了集团公司系统基础材料组织和填报工作。

4月13日 中国国电集团公司总经理周大兵，副总经理朱永芃、李庆奎、刘彭龄、陈飞在中商大厦会见了以中共中央候补委员、重庆市委副书记姜异康为组长的中组部后备干部考察组。

4月14日 中国国电集团公司副总经理陈飞在中商大厦会见了日本冈野阀门公司社长冈野正敏先生、日本东红株式会社山田忠男先生，双方就开展电力阀门供应合作进行了友好会谈。

4月14日 陈飞在中商大厦会见了GE能源集团全球水电CEO Moore女士、全球风电CEO Zwolinski先生、GE能源集团中国区总裁Fludder先生，就开展双方合作交换了意见。

4月20日 中国国电集团公司总经理周大兵、副总经理朱永芃向国资委主任李荣融汇报集团公司重组改制方案。

同日 中国国电集团公司副总经理朱永芃在中商大厦会见了美国爱迪生电力协会（EEI）副总裁约翰·伊斯顿先生，双方就开展未来合作进行了初步探讨。

4月23～25日 中国国电集团公司总经理周大兵在安徽会见了安徽省省长王金山。双方就铜陵电厂、蚌埠电厂建设问题交换了意见，周大兵代表集团公司与安徽皖能集团公司签订了战略合作协议。在皖期间，周大兵考察了铜陵项目厂址，出席了蚌埠2×600MW电源项目投资协议签字仪式。

4月27～28日 中国国电集团公司2004年安全生产暨科技环保工作会议在宁波召开。

4月27日 中国国电集团公司总经理周大兵在京参加国务院全国安全生产电视电话会议。中共中央政治局常委、国务院副总理黄菊出席会议并讲话。

4月28日 全国总工会在京召开庆祝“五一”国际劳动节大会，中国国电集团公司所属谏壁发电厂、菏泽发电厂、合山发电厂、国电电力朝阳发电厂主机班荣获“全国五一劳动奖状”。

5月10～20日 中国国电集团公司副总经理朱永芃、李庆奎、刘彭龄、陈飞分别在中商大厦会见监事会主席孔令鉴。

5月11日 中国国电集团公司电价测算准备会议在中商大厦召开。副总经理刘彭龄出席会议并讲话，公司本部有关部门及分支机构有关负责人参加了会议，会议研究并明确了集团公司落实国家发改委发改价格〔2004〕610号文件的实施意见。

5月12～14日 中国国电集团公司总经理周大兵赴江苏调研，视察了江阴苏龙发电有限公司（2×330MW）扩建工程、常州发电有限公司一期（2×600MW）工程、谏壁发电厂（2×300MW）“以大代小”技改工程、宿迁热电有限公司（2×135MW）工程。

5月12日 中国国电集团公司系统首届审计干部新《企业会计制度》培训班在华北电力大学开班。

5月12日 中国国电集团公司在常州电厂建设工地召开现场办公会。副总经理陈飞出席会议并讲话。会议以“坚持科学发展观，提高在建项目的综合竞争力”为重点，研究部署了加快常州项目建设，促进华东地区项目进展等有关工作。

5月14日 中国国电集团公司副总经理刘彭龄参加国资委迎峰度夏工作座谈会。会议由国资委主任李荣融主持，刘彭龄代表集团公司向国资委汇报了国电集团安全生产情况和迎峰度夏工作措施。

5月17～18日 中国国电集团公司2004年计划发展工作会议在京召开。总经理周大兵，副总经理朱永芃、李庆奎、陈飞出席会议，国资委、发改委有关领导应邀出席会议，集团公司本部及所属单位170余名代表参加了会议。

5月19～22日 中国国电集团公司总经理周大兵应邀出席在韩国汉城举行的国际大坝会议第72届年会。就大坝安全及方案经验共享、大坝项目的可持续性发展及环境问题与各国专家、代表进行了广泛深入的探讨。

5月31日 中国国电集团公司云南分公司成立大会在昆明举行。

6月11日 中国国电集团公司总经理周大兵、副总经理李庆奎在广州会见南方电网有限责任公司袁懋振董事长及领导班子成员，共商合作发展大计。

6月16日 中国国电集团公司总经理周大兵在北京中商大厦会见了通用电气能源集团总裁兼首席执行官约翰·赖斯先生。

6月23日 中国国电集团公司总经理周大兵，副总经理朱永芃、刘彭龄在京出席国电电力发展股份有限公司第四届董事会第十八次会议。会议讨论并通过了关于国电大渡河流域水电开发有限公司对外投资等有关议案。

6月28日 中国国电集团公司副总经理朱永芃在华北电力大学出席国电电力发展股份有限公司与华北电力大学合作协议签字仪式，为国电电力高级培训中心揭牌并发表讲话。

6月30日 中国国电集团公司总经理周大兵、副总经理李庆奎在海口市会见海南省政府副省长刘琦。通报了收购大广坝电厂等有关事宜，就进一步谋求双方的合作与发展交换了意见。

7月7日 由中国电力企业联合会主办的第十届国际电力设备及技术展览会、第三届国际电机工程及电工装备展览会在北京国际展览中心开幕。中国国电集团公司在展览会上向国内外同行充分展现了集团三个文明建设成果，展示了集团良好的企业形象，突出了国电企业精神和集团公司在新技术、环保产业、新能源领域的特色和领先优势。集团公司副总经理朱永芃、陈飞参观了展览，陈飞出席了开幕式。

7月8日 中国国电集团公司、吉林省能源交通总公司、吉林省吉能电力集团有限责任公司在长春举行了双辽发电厂出资确认协议签字仪式。

7月16日 中国国电集团公司与中华科技投资有限公司、中山市人民政府、中山明阳电器有限公司就合资组建中山市天然气供应有限公司达成协议，并在集团公司本部共同签署了广东中山天然气项目投资协议。

7月19日 中国国电集团公司总经理周大兵在集团公司会见了美国AES电力公司总裁兼首席执行官何励桓（Paul Hanrahan）先生一行。双方就我国风电的发展、电力市场的建立等内容进行了交流，并进一步探讨了未来双方合作的可能性。

7月29日 国电黄金埠电厂工程奠基典礼在江西省余干县黄金埠镇隆重举行。中共江西省委书记孟建柱，中国国电集团公司总经理周大兵，江西省省长黄智权，江西省委副书记、常务副省长吴新雄，集团公司副总经理陈飞等领导共同为电厂奠基。奠基典礼前，周大兵、陈飞在南昌会见了江西省委副书记、省长黄智权，副省长凌成兴。

8月2～3日 中国国电集团公司2004年年中工作座谈会在山东青岛召开。

8月5日 中国国电集团公司总经理周大兵到国电电力发展股份有限公司控股的烟台龙源电力技术有限公司调研。

8月17～19日 中国国电集团公司基建工作座谈会议在四川雅安市隆重召开。

8月19日 中国国电集团公司召开安全生产电视电话会议。

8月24日 中国国电集团公司与西藏电力公司在拉萨西郊变电站举行了隆重的援藏资金交接仪式。

8月26～27日 中国国电集团公司审计工作会议在昆明召开。

8月27～29日 中国国电集团公司总经理周大兵视察了国电迪庆香格里拉发电公司所属的螺丝湾电厂和吉沙水电站（在建），考察了在云南迪庆州境内金沙江上游的奔子栏、日冕水电站规划坝址。

8月30日 中国国电集团公司总经理周大兵、副总经理朱永芃与云南省委副书记、常务副省长秦光荣在昆明就集团公司加大云南有关电力项目开发力度等有关事宜举行了会谈。双方达成了共同推进中国国电集团公司在云南省的电力开发项目前期工作的意向，并签署了会谈纪要。

9月7日 中国国电集团公司总经理周大兵与西藏自治区党委副书记、区人民政府常务副主席胡春光就加快西藏电力建设等问题在北京进行了会谈。就合作开发建设西藏巴河上的雪卡和老虎嘴两座电站交换了意见，双方在《合作开发电力项目座谈会纪要》上签字。

9月8日 《上海国电海运有限公司组建及委托运输协议》在国电接待中心签订。中国国电集团公司总经理周大兵出席了签字仪式，副总经理刘彭龄与福建国航远洋运输股份有限公司董事长王炎平分别代表合作双方在协议上签了字。

9月13～14日 中国国电集团公司总经理周大兵赴福建先后视察了国电泉州发电有限公司南埔电厂一期（2×300MW）工程。

9月13日 中国国电集团公司落实“管理效益年”任务汇报会在北京国电接待中心召开。

9月14日 中国国电集团公司在北京召开了国电财务有限公司发起人会议。

9月19～21日 中国国电集团公司200、300MW火电机组运行值班员技能竞赛在谏壁发电厂举行。这是目前五大发电集团公司中惟一纳入国家级竞赛表彰的项目，7个单项的第一名将被授予“全国技术能手”称号。

9月21日 中国国电集团公司2004年领导干部培训班开学。

9月22日 2004年中国国电集团公司40亿元企业债券发行仪式在人民大会堂河南厅举行。总经理周大兵在仪式上致辞，副总经理朱永芃代表集团公司与中国银河证券公司签署了承销协议。本期债券发行期限为5个工作日，自9月22日至9月28日，实际募集资金总额为39.56亿元人民币。

9月28～29日 中国国电集团公司办公地点由北京市西城区三里河东路5号中商大厦迁至北京市西城区阜成门北大街6～8号。

10月9日 中国国电集团公司副总经理刘彭龄出席靖远发电公司投产发电15周年暨安全生产1000天庆典。

10月11日 中国国电集团公司党组书记、总经理周大兵与内蒙古自治区人民政府副主席赵双连在京会谈。双方表示将在巩固现有鄂尔多斯煤电联营项目的基础上，进一步加强交流与合作，努力促进内蒙古自治区电力工业的发展。

10月13日 中国国电集团公司系统股东（大）会、董事会、监事会业务研讨会在海南召开。与会代表就如何规范各控股公司三会运作方面进行了讨论，并对《中国国电集团公司控股公司股东（大）会、董事会、监事会业务规范》提出了修改建议。

10月14～16日 中国国电集团公司副总经理陈飞检查瀑布沟水电站工程截流准备工作。

10月17日 中国企业文化促进会建会10周年庆典暨第三届全国会员代表大会在人民大会堂举行。

10月18日 第15届东亚及西太平洋电力工业协会大会在上海国际会议中心隆重召开。中国国电集团公司总经理周大兵、副总经理朱永芃率团参加了亚太电协大会。

10月19日 中国国电集团公司总经理周大兵出席永诚财产保险股份有限公司开业庆典。永诚财产保险股份有限公司是首家拿到中国保监会新批独立中资保险公司牌照的公司，由中国华能集团公司、中国国电集团公司、中国电力投资集团公司等12家股东共同组建，中国国电集团公司出资10%。

10月21日 中国国电集团公司和天津市电力公司发电企业划转移交签字仪式在天津举行。

10月28日 中国国电集团公司在京召开财务工作会议。

10月29日 中国国电集团公司副总经理刘彭龄在河北省涉县出席国电河北龙山发电厂一期工程奠基仪式。

11月1日 中国国电集团公司副总经理陈飞出席国电南宁发电有限责任公司成立揭牌仪式。

11月3日 “2004年世界工程师大会”在上海举行。中国国电集团公司党组书记、总经理周大兵出席会议并做了题为《大力开发可再生能源，是电力工业可持续发展的战略选择》的主旨演讲。介绍了我国电力工业开发可再生能源情况，中国国电集团公司开发风电的主要成就及战略设想，并对加快我国风电发展提出了建议。

11月6日 中国国电集团公司、内蒙古自治区和河北省三方项目合作框架协议签字仪式在内蒙古自治区呼和浩特市举行。副总经理刘彭龄代表集团公司出席了仪式并签字。此前在11月5日，刘彭龄会见了内蒙古自治区党委书记储波等自治区领导，并与自治区政府签订了双方合作协议。

11月26日 中国国电集团公司总经理周大兵，副总经理朱永芃、李庆奎、刘彭龄、陈飞在京出席国电科技环保集团公司成立大会。国家电力监管委员会副主席史玉波，中国科协副主席、中国电机工程学会理事长陆延昌，以及国家发改委、科技部、环保总局、中电联、有关电力企业、电力科研机构的领导、院士、专家出席大会。

12月5～6日 中国国电集团公司副总经理刘彭龄出席新组建的上海国电海运有限公司第一次股东会暨一届一次董事会、一届一次监事会。会议签署了股东会决议、董事会决议和监事会决议，选举产生了第一届董事会和监事会。董事会选举刘彭龄担任董事长。

12月6日 中国国电集团公司党组书记、总经理周大兵，党组成员、副总经理陈飞在京出席集团公司设计联谊座谈会暨电厂形象设计方案竞赛颁奖仪式。

12月16日 中国国电集团公司直属第一次党员代表大会在本部召开。集团公司在京直属单位的117名党员代表出席了大会。大会经过差额一次直接选举，产生了集团公司直属第一届党委委员和纪委委员。

12月21～22日 中国国电集团公司办公室暨外事工作会议在京召开。

12月24日 中国国电集团公司与内蒙古平庄煤业（集团）有限公司合作协议签字仪式在京举行。签字仪式前，集团公司总经理周大兵会见了平煤集团孙国建总经理，集团公司副总经理朱永芃、陈飞及有关部门负责人与平煤集团有关负责人举行了会谈，就双方共同合作开发煤电项目的有关事宜交换了意见。

12月28～29日 中国国电集团公司工作座谈会在国电接待中心召开。集团公司党组书记、总经理周大兵，党组成员、副总经理朱永芃、李庆奎、刘彭龄、陈飞出席会议并讲话。

12月29日 中国国电集团公司召开电视电话会议部署元旦春节期间安全生产工作。

12月30日 中国国电集团公司党组书记、总经理周大兵与海南省省长卫留成在海口进行了友好会谈，并出席海南大广坝水电开发有限公司股权转让协议签字仪式并讲话。

12月31日 中国国电集团公司与大唐集团公司在北京签订了《关于以融资方式解决合山发电厂“一厂两制”有关事项的备忘录》。中国国电集团公司副总经理陈飞和大唐集团公司副总经理杨庆分别代表双方在备忘录上签字。

中国电力投资集团公司主要事件

1月13日 公司以中电投人劳［2004］9号文决定，成立中国电力投资集团公司辽宁核电项目筹备处（简称辽宁核电筹备处）。

同日 公司以中电投人劳［2004］10号文决定，在广西南宁设立中国电力投资集团公司广西发电项目代表处（简称广西代表处）。

1月15～16日 集团公司2004年工作会议在上海召开。集团公司总经理王炳华，副总经理丁中智、孟振平、石成梁和张晓鲁出席了会议。国有企业监事会主席刘学良以及国资委、国家电力监管委员会、中国能源化学工会和中国电力企业联合会等单位的领导应邀出席了会议。

1月18日 中国电力投资集团公司与吉林省人民政府在长春签署了《合作开发吉林省电源项目协议》。吉林省省长洪虎、常务副省长王儒林，中电投集团公司总经理王炳华、副总经理张晓鲁出席签字仪式。

2月2日 丁中智、石成梁、张晓鲁副总经理出席公司核电工程建设领导小组第一次会议。

2月3日 在集团公司本部召开了国有企业监事会第八办事处进驻集团公司见面会。

2月5日 集团公司审计委员会第二次会议在集团公司本部召开。集团公司总经理、审计委员会主任王炳华出席会议并就集团公司2004年审计工作作了重要指示。会议由集团公司副总经理、审计委员会副主任孟振平主持。集团公司审计委员会七名委员参加了会议。

2月6～7日 集团公司召开领导干部会议。集团公司党组书记、总经理王炳华，副总经理丁中智、孟振平、石成梁、张晓鲁，总工程师田勇，以及中组部、国资委的有关领导出席了会议。王炳华在会上作重要讲话。

2月8～25日 丁中智副总经理赴美国执行中国大型国有企业首席执行官培训任务，并率团赴美国西屋公司考察发电技术。

2月13日 集团公司召开了业绩评估委员会第一次会议。集团公司总经理、业绩评估委员会主任王炳华主持会议并对业绩评估工作作出重要指示，集团公司总工程师、业绩评估委员会副主任田勇出席会议，业绩评估委员会委员和业绩评估有关人员参加了会议。

2月18日 公司以中电投总［2004］49号文决定，成立中电投集团公司信息化领导小组，王炳华总经理任组长，张晓鲁副总经理任副组长。

2月19日 王炳华总经理参加国务院副总理黄菊主持召开的研究电力运行安全的会议。

2月20日 集团公司召开了“增收节支年”活动动员电话会议。集团公司总经理王炳华，监事会主席刘学良，集团公司副总经理孟振平、张晓鲁、李小琳，以及监事会、国资委、财政部的有关领导出席了会议。王炳华作了重要讲话，孟振平宣读了《关于开展增收节支工作的实施意见》。会议由总工程师田勇主持。

2月24日 在中央国家机关精神文明建设工作总结表彰大会上，中国电力国际有限公司、中国电能成套设备公司被命名表彰为2003年度中央国家机关文明单位。其中，中国电能成套设备公司是连续第六次获此殊荣。

2月25日 集团公司召开了加强燃料管理工作电话会议。

2月26日 集团公司召开了党群工作暨纪检监察工作会议。

2月27日 集团公司信息化领导小组第一次会议在北京召开。

同日 公司以中电投财务［2004］68号文决定，成立清产核资领导小组、清产核资办公室和技术鉴定小组。孟振平副总经理任清产核资领导小组组长，成员由公司本部有关部门负责人担任；清产核资办公室和技术鉴定小组分别设在财务与产权管理部和安全监督与生产部。

3月1日 丁中智在公司本部会见加拿大国际贸易部执行总监约翰·克拉森先生一行，双方就海外投资等事宜进行了交流。

同日 集团公司在南昌召开了清产核资工作会议。

3月3日 张晓鲁副总经理在公司本部会见德国西门子发电集团总裁厄班克博士一行，双方就郑州燃机项目等进行了交流。

3月5～15日 孟振平副总经理参加第十届全国人大第二次会议。

3月10日 王炳华总经理、孟振平、李小琳副总经理主持召开中电国际上市领导小组第二次会议。

3月11日 辽宁核电项目筹备处揭牌仪式在大连市举行。

3月15日 中国电力投资集团公司华东分公司在沪宣告成立。

3月16日 集团公司与内蒙古霍林河煤业集团公司在北京签署了资产重组协议。

3月18～19日 集团公司在京召开了2004年安全生产工作会议。国家电力监管委员会副主席史玉波、中国电力企业联合会副理事长叶荣泗、国务院国有资产监督管理委员会考核局副局长刘南昌等领导出席会议。集团公司总经理王炳华出席会议并作重要讲话。集团公司副总经理石成梁，总工程师田勇、集团公司本部各部门主要负责人及来自所属各单位的生产负责人参加了会议。

4月6日 内蒙古自治区政府与中国电力投资集团公司在内蒙古新城国宾馆就《霍煤集团重组协议》、《建设赤大白铁路协议》举行签字仪式。

4月7日 王炳华总经理主持召开集团公司预算管理委员会2004年第一次会议。

4月20～21日 集团公司在北京举行了核电项目前期工作技术讲座与研讨会。

4月28～29日 集团公司效能监察经验交流现场会在江西贵溪电厂召开。

5月9日 王炳华总经理、李小琳副总经理参加中电国际上市路演活动。

5月11日 中国电力投资集团公司与康隆·瓦格纳国际有限公司签署了交流与合作框架协议。

5月14日 王炳华总经理在公司本部会见法国电力公司亚太区总裁、战略发展部经理封达内先生一行，双方就发展战略和合作前景等问题进行了交流。

5月21日 王炳华总经理、李小琳副总经理应澳门政府邀请，参加了“澳门电力百年动力续创新纪元”能源与可持续发展国际研讨会。澳门特首何厚铧先生出席大会并致辞。此次大会是为庆祝澳门行政区供电100周年而举行的。

6月2日 王炳华总经理、李小琳副总经理在公司本部会见香港电灯集团董事总经理曹启森一行，双方介绍了各自的发展情况，并就了有关合作问题深入交换了意见。

6月14日 重庆白鹤电厂二期工程第一台300MW机组，于2004年6月14日15时18分顺利完成168h试运行，正式投入商业运行。

6月15～16日 集团公司在辽宁清河召开了深化发电企业体制改革工作座谈会。

6月18日 集团公司总经理王炳华、副总经理丁中智一行在济南拜会了山东省省长韩寓群、常务副省长林廷生，双方就加快推进山东海阳核电项目的开展等方面进行了积极会谈。

6月24日 王炳华总经理、丁中智副总经理在北京会见EDF亚太区总裁马识路先生一行，双方探讨了在核电方面加强合作等问题。

7月10日 集团公司在江西贵溪电厂召开了工程建设委托制管理现场会。

7月14～15日 集团公司召开2004年上半年本部经济活动分析会。

7月16日 集团公司审计委员会第三次会议在集团公司本部召开。

7月22日 中共中央政治局委员、国务院副总理、国家防总总指挥回良玉在湖南省委书记杨正午、省长周伯华的陪同下赴五强溪电厂视察防汛工作。

7月27日 中共中央政治局常委、国务院副总理黄菊在视察被誉为“万里黄河第一坝”的龙羊峡水电站时强调，电力发展对经济社会发展和人民生活改善至关重要。

同日 王炳华总经理主持召开集团公司专题会议，传达温家宝总理26日关于做好当前电力工作的指示精神，进一步落实迎峰度夏工作。

8月6日 王炳华总经理在公司本部会见日本电源开发中垣喜彦社长一行，双方就中电投集团公司与日本电源开发间的合作等问题进行了交流。

8月11日 王炳华总经理、张晓鲁副总经理在公司本部会见淮南矿业（集团）有限责任公司董事长王源一行，双方就有关项目合作问题进行了探讨。

8月12日 集团公司副总经理、中电国际总经理李小琳在香港拜会了香港特别行政区行政长官董建华先生。

8月13日 石成梁副总经理在公司本部会见美国力源公司总裁彼得·谢尼普一行，双方就有关合作问题进行了友好交谈。

8月21日 公司以中电投人劳［2004］304号决定，成立中国电力投资集团公司核电专家咨询委员会（简称中电投核电专家咨询委员会）。

8月23日 集团公司召开燃料管理体制改革总结工作电话会议。

8月25日 集团公司总经理王炳华在北京会见了法国法马通公司总裁莫海尔一行，就双方在核电领域的交流与合作交换了意见。

9月17日 公司以中电投总［2004］340号文决定，成立集团公司企业改制信访工作领导小组。王炳华总经理、丁中智副总经理分别任组长和副组长，成员分别由总经理工作部、人事劳动部和党群工作部负责人担任。领导小组下设办公室，办公室设在总经理工作部。

同日 公司以2004年第10号通知发布《中国电力投资集团公司规章制度管理制度》（制度编号CPI-JC-03-01）。

9月18日 郑州燃气发电有限公司燃机合同签字仪式在郑州举行。

9月21～22日 中国电力投资集团公司与日本日立公司在山东烟台举行了核电项目技术和管理交流会。

9月23日 公伯峡水电站首台30万kW机组投产发电，并标志我国水电装机容量突破1亿kW大关。中共中央政治局常委、国务院副总理黄菊、曾培炎做了重要批示。

9月26日 由中国电力企业联合会、青海省人民政府和中国电力投资集团公司联合主办的“中国水电装机容量突破1亿kW暨公伯峡水电站机组投产发电庆典”在青海公伯峡隆重举行。

同日 中国电力投资集团公司在公伯峡水电站组织召开了黄河上游水电开发专题汇报会。

9月27～28日 中电投集团公司和美国西屋电气公司在辽宁大连共同举办先进非能动压水堆核电站AP1000技术交流会。

9月29日 中电投财务有限公司获得银监部门正式批准，这标志着中国电力投资集团公司金融运作平台搭建工作取得新的成效，在产业资本与金融资本的结合上迈出了实质性的一步。

9月30日 国家发展和改革委员会以“发改能源（2004）2138号”正式批复山西省永济热电厂2×300MW火电机组技改工程可行性研究报告，这标志着该工程将正式进入施工建设阶段。

10月15日 中国电力国际发展有限公司（简称中国电力）正式在香港联交所主板挂牌上市。公司股票名称中国电力；股票代号2380。中共中央政治局委员、国务院副总理曾培炎批示：“祝贺‘中国电力’在港成功上市。希望你们继续深化改革，加强管理，创新机制，加快发展，为我国电力工业发展做出新的贡献。”集团公司总经理、中国电力董事长王炳华，集团公司副总经理丁中智、孟振平，集团公司副总经理、中国电力副董事长兼首席执行官李小琳等高管人员，国家有关部委与香港各界有关人士参加了当日的挂牌仪式和庆典。

10月18日 集团公司党组书记、总经理王炳华，党组成员、副总经理丁中智在上海出席了第15届东亚及西太平洋电力工业协会大会（简称亚太电协大会）。

10月24日 黄河公伯峡水电工程2号机组于10月21日零点48分并网发电，10月24日顺利通过72h试运行，正式投运。比原计划提前72天投产发电，创造了自9月23日至10月24日一个月两台机投运的佳绩。

10月27日 山西省永济热电厂2×300MW机组改扩建工程奠基仪式隆重举行。

10月28日 中国电力投资集团公司2003年企业债券（简称03中电投债）在上海证券交易所成功上市。

11月3日 丁中智副总经理在公司本部会见了法国电力公司亚太区总裁马识路先生一行，双方就各自公司的发展近况及下步交流与合作交换了意见。

11月15日 集团公司信息化战略规划项目启动会在京召开。

11月17日 全国政协副主席李兆焯在自治区、梧州市委、市政府主要领导及有关部门负责同志陪同下视察了长洲水利枢纽工地。

11月18～19日 集团公司发展战略框架研讨会在北京召开。

11月22日 由李鹏同志题写厂名的湖北大别山电厂正式奠基开工。发改委等国家各部委有关领导，中共中央政治局委员，中共湖北省委书记俞正声、湖北省人民政府副省长任世茂，集团公司总经理王炳华、集团公司副总经理、中国电力国际发展有限公司执行董事兼首席执行官李小琳等出席开工仪式。

11月23日 以全国政协副主席陈奎元为团长的全国政协视察团一行亲临长洲水利枢纽工地，视察指导工作。

11月25日 集团公司人才工作会议在北京召开。

同日 中电投财务有限公司首次股东会、首届一次董事会、监事会在北京召开。

11月26日 集团公司召开了集团公司系统加强审计监督工作电话会议。

同日 郑州燃气发电有限公司举行2×350MW级燃气发电工程开工奠基仪式。

11月29～30日 在中纪委、中组部、监察部、人事部、审计署、国资委在京联合召开的全国经济责任审计工作会议上，集团公司被评为全国经济责任审计先进单位。

12月2日 集团公司在高培中心召开资本市场研究暨中国电力上市与持续发展会议。

12月6日 经中国电力科学技术奖评审委员会评审，2004年度中国电力科学技术奖评选结果最终揭晓，中国电力投资集团公司的《自主知识产权的100MW CFB锅炉研制及示范》荣获一等奖，黄河上游水电开发有限责任公司的科研项目《公伯峡面板堆石坝混凝土挤压式边墙施工技术研究》获得二等奖，山西漳泽电力股份有限公司河津发电厂与山西电力研究院、山西省阳光发电有限公司共同合作的《亚临界参数汽包炉炉内平衡磷酸盐处理试验研究》荣获三等奖。

12月8日 集团公司在重庆召开了发电运行委托制管理现场会。

12月10日 集团公司在北京召开公司本部2005年工作座谈会。

12月20日 集团公司在北京举行了中电投核电有限公司成立揭牌仪式。

12月21日 《中国电力投资集团公司与韩国电力公社和韩国水电核电有限公司合作协议》签字仪式在北京举行。

12月25日 集团公司副总经理孟振平与吉林省国资委主任赵炳辉在长春签署了“吉林省能源交通总公司重组转让框架协议”。

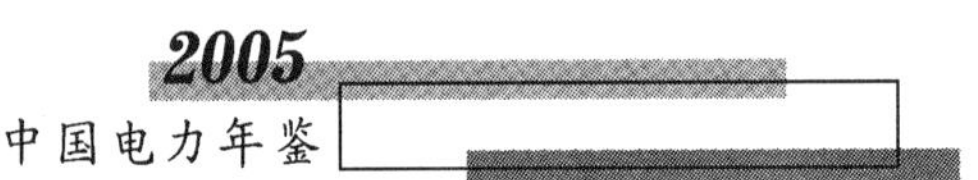

主 要 会 议

电监会召开全国电力安全生产工作会议

2004年2月24～25日，国家电力监管委员会在北京召开全国电力安全生产工作会议。这是电监会成立以来第一次召开全国范围的电力安全生产工作会议。

会议首先传达了中共中央政治局常委、国务院副总理黄菊在2月19日听取电力安全生产运行情况汇报后所作的重要指示。黄菊副总理强调，当前，我国经济发展正处于经济周期的上升阶段，经济发展对电力的要求越来越高，一旦发生电力安全事故，特别是发生大面积停电事故，将会对生产建设和人民群众的生活秩序产生重大影响。2004年电力供需形势将更加严峻，做好电力供应工作，确保安全，将显得尤为重要。

国家电监会主席柴松岳在会上作重要讲话，国家安全生产监督管理局副局长孙华山应邀出席会议并讲话。会议由电监会副主席邵秉仁主持，电监会副主席宋密、史玉波出席会议。

柴松岳在讲话中指出，党中央、国务院对电力安全生产一贯高度重视。国务院授权电监会具体负责全国电力安全监督管理，这是在电力体制改革的新形势下，加强电力安全生产工作的重要举措，也是做好电力安全生产工作的重要保证。柴松岳强调，电力安全关系国家安全，关系改革发展稳定的全局。电力系统的广大职工，务必树立安全责任重于泰山的思想，要时刻警钟长鸣，下大力做好电力安全生产工作。

柴松岳分析了电力安全生产面临的新情况和新问题，提出了电力安全生产工作的总体要求和目标。电力安全生产工作的主要目标是：维护电力系统安全稳定运行，防止和杜绝人身死亡、电网大面积停电、主设备严重损坏、电厂垮坝、重大火灾等重、特大事故以及对社会造成重大影响的事故发生。

为了实现这个目标，针对当前电力安全生产的实际，柴松岳要求做好以下几个方面的工作：一是始终把电力安全生产放在一切工作的首位；二是层层落实电力安全生产责任制；三是共同维护电力系统安全稳定运行；四是不断完善电力安全生产法律法规体系；五是依靠科技进步和科学管理促进电力安全生产；六是千方百计确保今年安全供电。

全国电力需求侧管理经验交流会

2004年4月6～7日，国家发改委和电监会在江苏南京联合召开全国电力需求侧管理经验交流会，总结推广需求侧管理经验，研究需求侧管理办法，以努力缓解当前电力供需紧张的矛盾。会议提出，加强电力需求侧管理需要建立长效机制。

国家发改委副主任张国宝出席会议并讲话。受电监会主席柴松岳的委托，电监会副主席宋密作了题为《总结推广先进经验，加强电力需求侧管理》的讲话。

张国宝强调，加强电力需求侧管理工作，既是缓解当前电力供需矛盾，做好电力供应的必要手段，也是保障电力系统安全运行的重要举措，更是提高能效，促进我国电力工业健康、持续发展的长远战略。在加快电源建设、增加供给的同时，必须将需求侧管理提升到与电力供应同等重要的地位，供给与需求要两手抓、两手都要硬，综合规划供需双方资源，优化配置电力资源，规模与质量并举。

宋密在讲话中从五个方面概括了电力需求侧管理的经验：第一，政府高度重视，不断加强政策扶持和引导；第二，充分运用经济手段，调节电力供求系；第三，广泛采用先进技术和设备，实现错峰、避峰和节能；第四，采取必要的行政措施，实现有序用电；第五，正确引导社会舆论，在全社会树立科学用电、合理用电的基本理念。

会议提出，尽管我国电力需求侧管理发挥了积极的作用，但是，工作还停留在浅层次、探索性阶段。电力需求侧管理缺少相应的法规和政策支持，目前所采用的手段主要以行政命令为主，缺少必要的技术、经济措施，特别是我国至今尚未建立专门用于支持开展需求侧管理工作的资金渠道。为解决目前需求侧管理工作中存在的问题，国家发改委和电监会将着手建立加强需求侧管理工作的长效机制，加快完善需求侧管理工作的法律、法规体系，营造良好的实施需求侧管理的政策环境。与会人员还认真讨论了《加强电力需求侧管理工作指导意见。

第十届国际电力设备及技术展览会

2004年7月7日，第十届国际电力设备及技术展览会暨第三届国际电机工程及电工装备展览会在京开幕。

此次展会由中国电力企业联合会主办。开幕式由中国电力企业联合会常务副理事长刘宏主持，理事长赵希正致开幕词，并与国家电力监管委员会副主席史玉波共同为开幕式剪彩。

赵希正在致开幕词时表示，中国电力工业发展取得了令人瞩目的成就，截至2003年年底，中国发电装机容量达3.91亿kW，发电量达19052亿kWh，均居世界第二位。近年来，我国用电持续保持较快增长，大部分地区出现供电紧张状况。为缓解电力供需矛盾，满足国民经济全面、协调、可持续发展对电力的需求，中国电力企业加快了电源和电网建设。今年将有144座新电厂投产，新增装机容量3700万kW；投产300kW及以上交直流输电线路约10000km，变电容量约4500万kW。预计到2010年，装机容量将达6.7亿kW，全社会用电量达3.09万亿kWh；2020年，装机容量将达10亿kW，全社会用电量达4.6万亿kWh。目前，中国电力工业正处于快速发展阶段，电力市场充满了生机与活力，为国内外电力企业提供了广阔的发展空间。

据了解，本届展会展场面积超过一万平方米，来自加拿大、捷克共和国、芬兰、法国、德国、印度、意大利、日本、韩国、中国及香港特别行政区、马来西亚、波兰、俄罗斯、瑞士、英国和美国的200多家世界著名电力电工设备制造企业参展。展览全面展示了当今世界电力工业新产品、新技术的发展现状和水平，反映了全球各地供应商非常看好中国这个庞大的电力市场。此外，德国、韩国及捷克共和国还组织了官方展团来华参展。

国家电网公司、中国南方电网有限责任公司、中国华能集团公司、中国大唐集团公司、中国国电集团公司、中国电力投资集团公司及中国广东核电集团有限公司等电力企业积极参展，成为本届展会的新亮点，加强了电力企业与国内外电力设备制造企业间的合作，使展会成为一个供需平台，为国内外电力设备制造企业开拓市场、获取供求信息、研发新技术新产品提供了良好的契机。

另外，展会还吸引了3M、阿尔斯通、ABB、西门子、德欣、日本AE帕瓦、施耐德、日立、诺基亚、杜邦及正泰集团等国内外知名企业，展示了世界领先的发电、输配电、供电等设备与技术，为中国电力电工技术发展方向带来了重大启示。

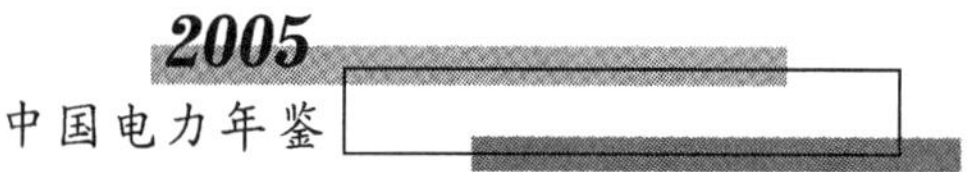

工作会议综述

2004年五大发电公司工作目标和重点

中国华能集团公司2004年的主要工作目标

（1）确保人身及设备安全，杜绝人身死亡、重伤和群伤事故，重大设备事故，重大火灾事故，重大交通事故。

（2）完成发电量1897亿kWh，比2003年增长9%以上；完成投产发电装机容量143.2万kW；新开工电力项目10个，共869.5万kW。

（3）实现合并销售收入超过500亿元；实现合并利润比2003年增长8%以上。

为完成2004年工作目标，李小鹏提出了要确保安全发电，加快电源建设，保障有效供给，并认真抓好以下重点工作：夯实基础，确保安全生产；全力以赴，继续推进长远发展；努力工作，确保完成生产基建经营任务；加强管理，抓好审计整改和清产核资工作；推进资本运营，深化股份制改造；积极稳妥，继续实施“走出去”战略；加快步伐，大力实施金融和能源投资战略；切实加强党的建设，抓好精神文明建设，保持队伍稳定；高度重视，继续抓好党风廉政建设。

中国大唐集团公司2004年的主要奋斗目标

安全生产：不发生特别重大事故、重大人身伤亡事故、负有责任的重大电网事故、有人员责任的重大设备事故、重大火灾事故、负有主要责任的重大交通事故、溃坝及水淹厂房事故、重大环境污染事故。

发电量：1562亿kWh，同比增长9.4%。

发电设备平均利用小时：5468h。

供电煤耗：366.6g/kWh，同比降低101g/kWh。

综合厂用电率：7%，较去年略有下降。

发电单位成本：195.36元/MWh。

销售收入：360亿元，同比增长9.76%。

实现利润总额：30亿元，同比增长20.58%。

净利润：4亿元，同比增长28.21%。

资产总额：1200亿元。

资产负债率：68%。

固定资产投资；263亿元。

开工规模：计划开工5项535万kW，争取开工10项960万kW。

期末在建规模：达到1411万kW。

为了保证今年奋斗目标的实现要抓好以下10个方面的重点工作：

（1）认真学习贯彻“三个代表”重要思想和十六届三中全会、中央经济工作会议精神。

（2）切实抓好管理年的各项工作，进一步夯实基础。

(3) 坚持不懈地抓好安全生产。

(4) 抓好项目前期工作，加快在建工程建设。

(5) 做好清产核资工作，大力开展资本运营。

(6) 坚持以经济效益为中心，确保完成全年利润指标。

(7) 坚持以人为本，建设高素质员工队伍。

(8) 大力发展多种产业，积极稳妥地做好主辅分离工作。

(9) 继续积极推进企业文化建设。

(10) 进一步加强党的建设和党风廉政建设。

中国华电集团公司2004年主要工作目标

(1) 不发生重大安全生产事故、严重违法违纪案件和对公司的形象、稳定造成重大不利影响的事件。

(2) 发电量1300亿kWh，同比增长5.4%；供电煤耗369.8g/kWh，同比下降0.5g/kWh。

(3) 国家批准开工10项632万kW，投产9台181.5万kW，电源项目投资186.5亿元。

为完成2004年工作目标，贺恭总经理提出了要确保安全发电，加快电源建设，保障有效供给，并紧紧围绕“改革创新、协调发展”这条主线，切实做好八项重点工作：①实施公司发展战略，全面加强战略管理；②确保安全生产，充分发挥发电能力；③提升经营绩效，继续抓好扭亏增盈；④继续加快电源建设，保证工程质量和效益；⑤大力推动改制重组，增强企业经营活力；⑥服务主业拓展多元，加快综合产业发展；⑦大力加强党的建设、精神文明建设和企业文化建设；⑧进一步加强企业领导班子建设。

中国国电集团公司2004年安全生产目标和经营主要指标

安全目标：不发生人身死亡事故；不发生全厂停电或责任性的电网瓦解、大面积停电事故；不发生重大及以上设备损坏事故；不发生电厂垮坝事故；不发生重大及以上火灾事故；不发生重大及以上施工机械事故；不发生重大及以上交通事故。

发电量：1470亿kWh，比上年增长7.2%。

利润：比上年增长16%。

电热费回收率：100%，陈欠回收20%以上。

新增容量：开工1200~1500万kW，投产228.5万kW，通过重组并购实现全年新增400万kW。

2004年的重点工作

(1) 强化安全管理，建立安全生产长效机制。

(2) 挖掘潜力，降低成本，努力提高经济效益。

(3) 继续坚持以发展为第一要务，积极落实电源项目，加强工程建设管理。

(4) 深化改革，推进资产重组、主辅分离和集团公司改革重组。

(5) 切实加强财务和投融资管理，做好资产财务劳资保险接收和清产核资工作。

(6) 以市场营销为龙头，增强集团公司市场竞争力。

(7) 坚持“科技是第一生产力”，不断提高装备和管理技术水平。

(8) 实施人才强企战略，加强领导班子建设。

(9) 加强思想政治工作和党风廉政建设。

中国电力投资集团公司2004年的主要工作目标

确保集团公司系统不发生人身死亡事故和群伤事故；不发生特别重大事故；不发生责任性的重大及以上设备损坏事故；不发生垮厂房事故；不发生重大火灾事故。实现利润比上年增长8%；净资产收益率提高0.2个百分点；供电煤耗下降2g/kWh；电热费回收当年结零，陈欠顺收10%。投产容量134.1万kW。确保集团公司本部和所属企业领导班子、领导干部不发生违法违纪案件；不发生影响稳定的重大事件。

为完成工作目标，要着力抓好9个方面的工作

(1) 全面推行企业业绩评估，进一步加强基础管理，不断提高安全生产水平。

(2) 强化经营管理，努力增收节支，确保完成年度各项目标。

(3) 加强战略管理，优化布局结构，促进集团公司快速持续发展。

(4) 坚定不移地深化改革，持续创新，增强集团公司的活力和整体实力。

(5) 积极开拓市场，扩大市场份额，不断提高竞争能力。

(6) 加强法制化管理，完善监督和风险控制机制，确保企业规模健康运行。

(7) 大力推进科技进步，加快信息化建设，加速集团公司现代化进程。

(8) 全面建设高素质的人才队伍，形成集团公司的人才竞争优势。

(9) 改进和加强党的建设，抓好思想政治工作、精神文明和企业文化建设，为改革发展提供政治保证。

电力工作会议

深化改革 强化管理 推动国家电网公司持续快速健康发展

——赵希正总经理在国家电网公司2004年工作会议上的报告（摘要）

（2004年2月10日）

2004年，国家电网公司将以邓小平理论和“三个代表”重要思想为指导，贯彻落实党的十六大、十六届三中全会和中央经济工作会议精神，分析形势，统一认识，进一步深化改革，强化管理，推动公司持续、快速、健康发展，努力建设控股型、经营型、集团化、现代化的国家电网公司。

一、工作目标

（一）安全生产

不发生特别重大事故；不发生人员责任的重大电网事故和设备事故；人身事故死亡人数同比下降10%。

（二）电力生产

售电量完成12220亿kWh，同比增长9.1%；公司管理机组（含保留及待出售机组）发电量1215亿kWh；购电量12610亿kWh；跨区互供电量543亿kWh，同比增长66.7%。

（三）经营管理

销售收入完成4700亿元，实现利润53亿元。资产总额11600亿元，资产负债率控制在66.5%。应收电热费余额260亿元；线损率6.95%；供电煤耗率358g/kWh；电网频率合格率99.9%，综合电压合格率97.0%；科技投入30.3亿元，完成重大科技项目15项。

（四）电力投资

固定资产投资完成815亿元。其中，大中型项目476亿元，县城电网改造307亿元，小型基建32亿元。

（五）电力建设

330kV及以上交流线路投产7572km，开工6320km；变电容量投产2980万kVA，开工3504万kVA。直流线路投产975km，开工1100km；直流换流容量投产600万kW，开工600万kW。电源投产92万kW，开工360.6万kW。

（六）劳动效率

职工总数72.3万人，劳动生产率完成38.2万元/（人·年）。

二、重点工作

（一）加强安全生产管理，确保电网稳定运行

认真贯彻国务院办公厅《关于加强电力安全工作的通知》，坚持“安全第一、预防为主”的方针，健全厂网安全管理的新机制，确保不发生造成重大社会影响的大面积停电事故。全面推行安全性评价动态管理和电网设备评估管理。依法加强电网统一调度，严肃调度纪律，强化枢纽变电站和输电线路的安全管理。把“六复核”工作纳入常态化管理，完善事故处理预案。积极支持电监会做好电力安全监督工作。继续做好保留和代管电厂的安全管理。加强对生产和施工现场的安全监督，切实杜绝各类违章现象。

（二）加强跨区跨省送电和需求侧管理，进一步提高电力优质服务水平

根据供需状况，优化调度，做好跨区、跨省互供电量的调剂余缺工作。抓好输电计划的制定及合同的签订和落实，尤其是长期交易合同。充分发挥国家和区域电力调度中心在电网错峰、水火互剂、跨流域补偿、优化备用和事故紧急支援等方面的组织协调作用，扩大交易规模。以三峡电能消纳为契机，建立跨区电力交易的新机制。

准确预测负荷，充分利用现有的输配电能力，合理安排电网运行方式。在各级政府的支持下，综合采取行政、经济、技术等措施，加大需求侧管理力度，合理引导电力消费。

切实提高广大员工的服务意识。主动为各级政府服务，及时汇报工作，沟通情况，提出有关政策建议；主动为发电企业服务，建立良好的厂网协调关系，坚持“公开、公平、公正”原则，定期披露调度信息，规范上网、调峰、检修等服务；主动为各类用户服务，规范服务内容、程序和标准，自觉接受社会监督。进一步加强农电服务工作，让广大农民得到实惠。

（三）抓住有利时机，加快公司发展

加强电网统一规划。继续开展电力工业“十一五”规划和2020年远景规划研究。积极开展全国联网规划研究，科学论证同步电网的合理构建方案，集中力量深化全国跨区骨干网架和交直流高一级电压等级研究。逐步建立健全国家电网公司、区域电网公司和省公司三级电网规划管理体系。

加快重点电网项目建设。突出抓好三峡电网、跨大区电网、区域和省级电网主网架、城乡配电网和必要的调峰调频电源建设。以迎峰度夏急需的电网工程、电网卡脖子工程等为重点，加快建设进度。加快县城电网改造。积极支持发电企业投资开发电源，做好电源送出等有关协调工作。

（四）坚持和完善三项责任制考核，提高经营管理水平

继续对各单位实行三项责任制考核，建立公司内部管理和控制体系，调动企业经营者和员工的积极性。强化财务控制。构筑统一的资本运营平台和资金结算平台，提高资本和资金的利用效率。建立适应公司发展需要的预算管理体系。强化财务管理和合同管理，防范经营风险。加强投资、担保和关联交易管理，落实责任追究制。强化审计监督。认真落实国家审计署下达的审计决定和审计意见。充分利用审计成果，发挥内部审计的作用，建立自我约束机制，完善内部控制体系。加强对重大决策的法律论证。加强市场营销。以信息网络为支撑，夯实基础，加强公司统一的营销标准化管理。发挥好95598客户服务系统的窗口作用，提升营销的现代化水平。加强电费回收考核，有效遏制欠费数额增长。积极疏导电价矛盾，推进电价结构调整。拓展融资渠道，降低融资成本。积极开展国际经济技术合作。充分利用国际国内两个市场、两种资源，以开放促进公司改革与发展。打造“国家电网”品牌，跻身世界500强前列。

（五）加快人才开发，推进科技创新

加快实施人才强企战略。认真贯彻《中共中央、国务院关于进一步加强人才工作的决定》，全面加强人才队伍建设，提高全体员工的综合素质。实施“四支人才队伍”建设工程，建立运转高效、统一规范的组织机构体系。建立健全劳动用工动态管理机制、激励机制和业绩考核机制。探索灵活多样的劳动用工形式，大力推进执业资格证书制度和持证上岗制度。

积极推进科技创新。重点组织对特高压输电、安全稳定控制等技术的研究，制定同步互联电网实时在线的稳定控制技术措施，提高输电线路的输送能力和电网安全稳定水平。加快先进成熟技术的推广应用，做好直流输电设备国产化工作。以信息化规划为指导，建立规范、统一的管理信息系统。加强技术标准化管理体系建设，完善电网建设急需的技术标准。提高新技术产品的产业规模和竞争力。充分发挥科研机构的作用，推进科技成果产业化。

（六）加强党的建设和精神文明建设，为改革发展提供坚强保证

认真组织学习十六大和十六届三中全会精神，用“三个代表”重要思想武装头脑、指导实践、推动工作。坚持和完善党组（党委）中心组学习制度。坚持理论联系实际，着力研究和解决公司改革发展中的重大问题。加快创建与现代企业制度相适应的党建工作新体制、新机制。开展保持共产党员先进性的教育活动，提高政治思想素质和党性修养。

加强领导班子和干部队伍建设。大兴求真务实之风，严格执行党的四大纪律和八项要求，切实贯彻落实民主集中制，加强团结，转变作风，增强凝聚力和战斗力。按照干部任用条例，坚持正确的用人导向，大力选拔任用德才兼备、实绩突出、群众公认的领导干部。切实加强对领导干部的监督，特别是对一把手的监督。加强任期经济责任审计，探索干部管理新机制。

加强党风廉政建设。认真贯彻中纪委三次全会精神，继续落实党风廉政建设责任制，建立健全教育、制度和监督并重的惩治和预防腐败体系。坚决查处各种违纪违法案件，切实纠正行业不正之风。认真分析公司发生的重大案件，在党员领导干部中广泛开展警示教育活动。

加强思想政治工作和精神文明建设。深入开展党的基本理论、基本路线、基本纲领和基本经验教育。继续搞好离退休职工的管理和服务。贯彻落实公司精神文明建设三年规划，大力开展文明单位创建活动。加强企业文化研究和建设，开展公司理念宣传。深入普及法治教育，提高法律意识。坚持全员学习，大力创建学习型企业。加快组建国家电网公司工会。

加强队伍稳定工作。健全维稳工作责任制。针对各种矛盾和不稳定因素，超前做好思想政治工作，及时化解矛盾，确保公司队伍稳定。

在国家电网公司总部员工大会上的讲话

（2004年12月10日）

刘振亚

建设“一强三优”现代公司，贯彻“三抓一创”工作思路，必须建设具有卓越领导能力和统筹协调能

力的公司总部，这是当前的一项重要而紧迫的任务。

一、统一思想，充分认识加强公司总部建设的重要意义

国家电网公司的事业关系国家安全和国民经济命脉，既承担着重要的经济责任，也承担着重要的政治责任和社会责任。只有把公司总部建设成为能力强、作风硬、威信高的管理团队，才能团结带领广大员工，实现公司的发展目标。总部的形象代表国家电网公司的形象，总部的作风体现国家电网公司的作风，总部的工作水平反映国家电网公司的水平。

近期，公司党组明确提出了公司发展目标，就是把国家电网公司建设成为“电网坚强、资产优良、服务优质，业绩优秀”的现代公司。公司发展目标的提出，明确了公司基本定位和发展方向，得到了公司各单位的拥护和支持，对公司上下统一认识，振奋精神，继往开来，进一步做好各项工作奠定了坚实的思想基础。

当前，公司发展目标已定，关系公司发展的许多重大问题正在深入研究当中。公司总部工作标准和主动性提高了，工作节奏加快了，协作意识也增强了，呈现出崭新的精神风貌和良好的工作氛围。

在肯定成绩的同时，我们必须清醒地看到，要建设“一强三优”的现代公司，公司总部在组织结构、人员配置、思想观念、工作作风、管理方式等方面还很不适应，存在一些明显的差距和不足，必须积极加以改进。

二、把握方向，明确公司总部建设目标及工作重点

“一强三优”的目标中，电网坚强是前提，是基础，贯穿于工作的各方面，体现在电网规划、建设和运行的全过程；追求资产优良、服务优质和业绩优秀，是对公司企业价值的全面提升，是公司由大到强的必然选择。

电网坚强的目标要求是：规划科学，结构合理，技术先进，安全可靠，运行灵活，标准统一，经济高效。

资产优良的目标要求是：资产结构合理，盈利和偿债能力强；不良资产比重低，无效资产少；成本费用低，现金流量大，客户欠费少。

服务优质的目标要求是：事故率低，可靠性高，流程规范，服务高效，社会满意，内质外形建设卓有成效，品牌形象好。

业绩优秀的目标要求是：安全、质量、效益指标同业领先，企业健康发展，社会贡献大。

现代公司的目标要求是：建立健全现代企业法人制度、组织形式和治理结构，充分利用先进技术，推行现代化管理，具有较高的国际化水平。

今后公司总部建设的总体目标是：适应建设“一强三优”现代公司的要求，坚持以人为主，以作风建设和能力建设为突破口，转变思想观念，提高工作标准，提高工作效率，提高工作质量，打造组织坚强、作风优良、能力突出的管理团队，把总部建设成为全公司的战略决策中心、管理调控中心和电网调度中心。

建设战略决策中心，是总部作为国家电网公司最高决策层的首脑地位所决定的。主要承担公司发展战略、电网规划、资本运营、重大投资、重大项目、重要干部任免和重大人力资源开发的决策，以及其他涉及公司改革、发展和稳定重大事项决策的职能。实施这一职能，公司总部必须具备高瞻远瞩、审时度势的眼光，坚韧不拔、克服困难的勇气，统揽全局、协调各方的能力。

建设管理调控中心，是确保公司战略决策贯彻落实的必然要求，也是总部作为国家电网公司的代表完成与国家签订的资产经营考核合同，实现国有资产保值增值的基本责任所决定的。以实现公司价值最大化为目标，主要承担对公司规划、计划、基建、生产、安全、财务、营销、服务、科技、队伍建设等方面实施过程中重要环节、重要目标进行调控和监督的职能。实施这种职能，必须增强公司总部的调控能力，提高公司的执行力。

建设电网调度中心，是总部作为规划、建设和运营国家电网的主体地位和依法坚持电网统一调度的基本原则所决定的。主要承担保障国家电网安全、建设电力市场和实现资源优化配置的职能。实施这种职能，必须按照统一调度、分级管理的原则，遵循电网运行的规律，增强运行和管理大电网的能力。发挥指挥中心和枢纽作用，对电网运行进行有效的组织、指挥和协调，充分挖掘电网运行潜力。要把电网调度与生产经营紧密衔接，与市场营销紧密衔接，充分发挥电网调度在确保安全生产、优化资源配置、建设电力市场、协调上下关系、提高公司效益和实现“四个服务”中的作用。适应电力市场化改革的要求，加大电力市场建设力度，强化市场交易功能，按照公开、公平、公正、透明的原则进行电网调度，认真接受市场监管。

三、求真务实，努力开创公司总部工作新局面

（一）加强学习，提高素质

学习是提高能力和水平的根本途径。总部要带头加强学习。继续深入学习邓小平理论和“三个代表”重要思想，学习党的十六大和十六届三中、四中全会精神。当前要认真学习中央经济工作会议精神，在政治上、思想上、行动上坚定不移地与以胡锦涛同志为

总书记的党中央保持高度一致，认真贯彻党中央、国务院的决策和部署。要通过学习，树立正确的世界观、人生观和价值观，提高思想道德和品行修养，完善知识结构，提高素质和能力，尽快把公司总部建设成为学习型组织。

（二）转变作风，落实责任

充分发挥总部职能，需要树立四种意识：一要树立企业意识。增强国家电网公司的整体意识和国家电网的品牌意识，按照市场规律和企业发展规律办企业，办企业需要办的事。二要树立大局意识。一切工作的出发点和立足点都要从公司大局出发，坚决杜绝本位主义和个人主义。要树立个人形象就是国家电网公司形象的观念，说话、办事、表态不能损害公司的利益和形象。三要树立责任意识。勇于打破传统的习惯和模式，对重点、难点工作要敢于负责，紧抓不放，抓出成效。四要树立服务意识。通过严谨细致的工作，为公司发展服务，为基层服务，为广大员工服务。改变总部工作面貌，必须切实转变作风。要重实际、说实话、办实事、求实效，坚决反对形式主义和官僚主义；提倡实实在在的调研，反对走马观花、敷衍了事，给基层增加负担；坚持杜绝弄虚作假、虚报浮夸和急功近利；树立艰苦奋斗的思想，节俭从事，勤俭办企业。

（三）把握重点，服务大局

总部要着重提高服务公司党组决策和公司工作大局的能力。一要提高战略决策的能力和水平。准确分析判断公司所面临的内外部形势，准确把握战略重点和工作重点，坚持以建设坚强的国家电网为核心业务。要抓住关系公司长远发展的战略问题、重大问题，充分研究论证，及时决策。二要提高经营管理的能力和水平。有效整合并充分利用公司各种资源，优化管理流程，强化过程控制。抓住公司经营管理中的薄弱环节，加强成本、资金控制，挖掘潜力，堵塞管理漏洞。加强风险分析和控制，注重投资回报，提高经济效益。三要提高企业竞争的能力和水平。密切关注电力市场动态，及时了解政府和社会对电网企业的要求，掌握国内外电网企业的发展动向和趋势。坚持高标准、严要求，向先进标准看齐，通过对标比较，找出差距和不足，努力改进和提高。四要提高企业创新的能力和水平。更新观念、开阔视野，注意学习其他行业和企业的先进经验，大力推进体制、机制、科技和管理创新。在电网发展中要重视提高科技含量和技术水平，积极采用高新技术和设备，引进先进管理方式。五要提高应对复杂局面的能力和水平。善于在错综复杂的环境中把握主要矛盾和关键问题，提高应对突发事件的能力，努力掌握工作的主动权。

（四）团结协作，形成合力

团队精神是现代企业所应具备的基本素质。公司党组要带头转变作风，坚持求真务实，真抓实干，清正廉洁。认真贯彻民主集中制原则，议大事、管全局。在重大问题上，严格按照程序办事，增强决策的透明度。公司党组自觉接受大家的监督。公司各部门特别是各部门负责同志，要率先垂范，带好队伍，不折不扣地贯彻落实好公司党组的决策和部署。全体员工要继续发扬好的传统、好的作风，尽心尽责，做好本职工作。要增强沟通协作意识，加强部门之间、上下之间的合作与服务，实现资源和成果的充分共享。要舍得花气力、做艰苦工作，认真对待和处理公司面临的重大问题。必要时，要组织跨部门的工作小组，调动公司各部门和各单位的力量，集中进行研究和落实。各部门负责同志要胸怀全局，以事业为重，以企业为重，相互信任，相互支持，增进团结，增强合力。总部与各网省公司要更加紧密地加强工作联系和沟通，真诚地为基层工作提供便利和高效的服务。

（五）以人为本，和谐发展

实现员工与公司共同发展是我们的目标。要树立人才是企业第一资源的观念，加快建设与发挥“三个中心”作用相适应的总部人才队伍。建立有利于人才培养和优秀人才脱颖而出的激励机制，大力选拔和使用优秀的中青年干部。通过干部培训和交流，不断提高总部人员整体素质。加快培育企业精神，建设以人为本、忠诚于企业、奉献于社会的公司文化，增强公司的向心力和凝聚力。公司将坚持对员工负责，维护广大员工的利益，努力为员工服务。在生活上关心爱护员工，创造条件、争取政策，实事求是、力所能及地为大家排忧解难。保护好大家的积极性、主动性和创造性，充分发挥每一位员工的作用。

（六）加强管理，严肃纪律

公司总部作用突出，责任重大，要在各方面工作中发挥表率作用。一是加强规章制度建设。要明确职责，健全制度，规范程序，落实责任，确保各项管理工作的到位。要精简会议，节省费用，控制开支。二是加强人员管理和工作绩效考核。建立有效的激励机制，鼓励广大员工积极进取、埋头苦干、争先创优。衷心希望大家在工作中要多一份奉献，少一点索取；多一份责任，少一点推诿；多一份努力，少一点懈怠；多一份严谨，少一点随意。三是严格自律。注意发挥模范作用，为基层树立榜样。廉洁自律是领导干部的立身之本，总部各级负责同志和每一位员工，要自重、自省、自警、自励，筑牢拒腐防变的思想防线，经得起各种考验，作廉洁自律的表率。四是严肃纪律。认真遵守公司各项规章制度，严格要求自己，严守政治纪律、组织纪律、财经纪律和劳动纪律，做到政令畅通、令行禁止。

深化体制改革 加快电网发展 做好电力供应 为南方五省（区）经济社会发展提供保障

——袁懋振董事长在中国南方电网公司2004年工作会议上的报告（摘要）

（2004年1月15日）

一、2003年工作回顾

2003年是南方电网公司起步开局之年，也是南方电网改革和发展进程中十分关键又极不平凡的一年。在电力供需矛盾突出，安全生产形势严峻，经营环境发生较大变化，“非典”带来不利影响，各种关系有待理顺的情况下，公司坚持对中央负责、为五省（区）服务的宗旨，从战略的高度，把握形势，把握大局，把握重点；广大干部职工识大体、顾大局，责任到位，压力到位，工作到位，全面完成了年初部署的工作任务，实现了站稳脚跟、稳健开局的目标，得到了国务院及有关部门，五省（区）党委、政府的充分肯定。

2003年，公司系统实现售电量2537亿kWh，完成年计划的107.2%，比2002年增长18.5%；西电东送电量266亿kWh，完成年计划的102.8%，同比增长31.5%；应急调峰电厂发电量119亿kWh，完成年计划的101.6%。实现主营业务收入1237亿元，完成年计划的106.6%，同比增长19.1%；工业企业劳动生产率184万元/（人·年）。完成固定资产投资301亿元，投产220kV及以上输电线路5575km，变电容量1944万kVA。至2003年年底，公司资产总额2172亿元，资产负债率55.8%。

（一）电网保持了安全稳定运行

公司把保证电网安全作为生命线来抓。成立安全生产委员会，发布安全生产1号令。落实各级安全生产责任制，严格奖惩和责任追究。开展与“违章、麻痹、不负责任”作斗争的活动，增强全员安全意识。完善并严格执行规章制度，抓好“两票三制”专项整治。加强设备管理，提高设备健康水平。认真扎实地做好防汛工作，抗击三次强台风袭击。加强安全生产监督，对发生的事故和发现的隐患，按照“三不放过”的原则，小题大做，提级分析。认真吸取美加“8.14”大停电事故教训，坚持为我所用，制定预案，落实措施。在厂网分开的新形势下，坚持团结治网，加强电网调度，严肃调度纪律；坚持统一调度、分级管理，逐步理顺调度管理关系。加强二次系统管理。认真编制好运行方式，协调各并网发电企业严格执行发电、检修计划。加强培训，提高调度人员精心调度指挥的水平以及正确判断、处理事故的能力。全年公司系统未发生特大、重大生产安全事故，保证了电网安全稳定运行。电网频率合格率99.997%，电网综合电压合格率98.18%，城市供电可靠率99.9%，农村供电可靠率98.0%，全部达到年初的目标要求。

（二）基本保证了五省（区）电力供应

2003年南方电网供电形势十分严峻。五省（区）经济快速增长带动用电负荷飙升，加上局部电网“卡脖子”、来水少、电煤紧张等因素影响，电力供需矛盾十分突出。公司把抓好迎峰度夏、保证电力供应作为重点工作，认真落实国办发21号文件，早研究，早部署。站在落实国家西部大开发战略、东西部协调发展的高度，从大局出发，统筹协调力保五省（区）的电力供应，特别强调保证居民生活用电。

积极采取各项有效的保供电措施。一是强化网架结构，增加通道输电能力。克服了“非典”的影响，保证了贵广交流、鲁天二回、平果串补以及各省（区）内西电东送配套项目按计划于6月底前投产，西电新增向广东送电150万kW。广电集团克服困难，在用电高峰到来之前，完成了12项重点工程，有力地缓解了广东局部电网“卡脖子”问题。二是坚持全网一盘棋，科学调配全网资源。千方百计协调组织电力电量，一方叫急多方支援。贵州、云南顾全大局，采取措施，克服省内用电紧张的困难，认真兑现送电协议，维护了西电的信誉。全年西电送广东212亿kWh，同比增长33%。进入10月份以后，针对西部省（区）电力缺口增大的情况，公司加强协调，适当调整联网四省（区）送受电负荷曲线，增加向广西送电6.5亿kWh。全年省间计划外相互支援电量23.3亿kWh。三是紧紧依靠各级政府，加强需求侧管理。落实计划用电、错峰用电、分时电价等措施，提前制定错峰用电方案和电网三级避峰限电计划，鼓励用户轮休、避峰用电，实现移峰填谷。全网日最大错峰负荷达到380万kW。在全网统调最高负荷达到3851万kW，比上年增长22%，其中广东、广西、贵州、云南、海南统调最高负荷分别增长26%，22%，13%，8.6%，9.4%的情况下，由于准备充分，措施得力，出色地完成了迎峰度夏任务，基本上保证了全年各省（区）的电力供应。

（三）电网规划和建设有了新的进展

高度重视电力发展规划和项目前期工作。根据改革后电力工业的新格局，提出“坚持电力发展适度超前，电网和电源统一规划、协调发展，以电网规划引导电源建设”的规划工作思路。及早开展调研，听取各省（区）的意见。按照国家发改委的统一部署，完成了南方电网“十五”计划调整，“十一五”发展规划和2020年远景目标研究。实施了南方电网二次系统规划。提出了解决广东电网“卡脖子”的方案和措施。柳贺罗二回、天广四回已获得国家批准开工建设，广东外环网、海南联网的前期工作取得阶段性成果。启动了“十一五”西电东送主网架项目的可行性研究。加强了国际间的交流和合作，公司成为大湄公河次区域经济合作电力项目负责单位。

重点工程全部按计划建设或提前投产。贵广直流工程提前进入预调试阶段。广电集团在重点抓好深圳、东莞、粤东地区电网建设的同时，完成了西电东送配套工程建设，为贵州、鲤鱼江和三峡电力送广东创造了条件。云电集团按时完成“三变五线”输变电工程，贵州青岩变电站、纳雍—安顺输电线路等重点工程顺利投产，云南、贵州电网500kV“日”字形主网架结构正式形成，电网结构得到加强。全年公司系统共完成电网投资217.6亿元，城农网改造36.0亿元。

（四）经营形势保持平稳

认真学习贯彻《企业国有资产监督管理暂行条例》，建立公司资产经营考核体系。成立了预算和资金管理委员会，实施全面预算管理。开展经济活动分析，努力降低成本。在销售电价多次调降、投资和运行成本增大的情况下，制订加强成本管理的刚性措施，优化购电结构，购电成本控制在预算目标内，线损率比预算降低了0.36个百分点。与国家开发银行、中国建设银行等金融机构加强银企合作，签订了720亿元的授信额度，取得了政策范围内最优惠的贷款条件。拓宽融资渠道，争取到了30亿元企业债券发行规模。落实国家电价政策，清理不合理上网电价，认真开展厂网价格分离测算，积极配合国家有关部门理顺电价行政审批程序。加强电费回收和用电普查，应收电费余额比年初降低21.4亿元。规范会计核算和会计报表体系，建设财务信息实时系统。配合监事会开展工作，自觉接受监事会的监督。配合国家审计署较好地完成了对公司系统的审计。

（五）各级领导班子和人才队伍建设得到加强

认真贯彻《党政领导干部选拔任用工作条例》，制定《公司领导干部管理暂行办法》，以“忠诚、能干”为用人导向，以优化结构为主线，坚持原则，严格程序，选准配好各级领导班子，实现新班子知识、专业、能力、年龄结构的合理配置。各分公司、子公司班子成员和本部部门负责人平均年龄47.3岁，本科及以上学历的占90%。加强领导班子的思想作风建设，强调坚持“两个务必”，顾全大局，团结一致干事业。加强领导干部的能力建设，提高干部的工作能力和管理水平。各级领导干部认真贯彻公司党组的决策和部署，以高度的事业心和责任感，管好自己的人，办好自己的事，为公司起好步、开好局发挥了重要作用。

召开了公司人事工作会议，确立了以人为本、人高于一切的价值观。明确了核心人才队伍建设的总体目标，以管理能力和业务技能为重点，实施大教育、大培训。举办了两期领导干部企业管理高级研修班，组织本部全体人员参加企业战略管理等13项专题培训，公司系统全员培训率达到87%。创新人事管理制度，实行人才租赁制等灵活多样的劳动用工方式。改革分配办法，实施了以岗位薪点工资为主的结构工资制，加强了绩效考核，建立了企业年金制度。海南公司三项制度改革效果很好。

（六）内抓管理、外抓服务成效明显

加强了公司系统建设和基础管理，强调提高管理能力、管理水平，实现管理到位。确定了抓大放小、理清管理界面的原则。按照精简高效的要求，制定本部“三定”方案，对人员调入严格把关，宁缺毋滥。强调把本部建设成国有重点骨干企业的首脑机关，加强机关作风建设，建立了86项基本规章制度。各单位、各部门按制度、按程序办事，相互支持，相互理解，初步形成了紧张有序的工作局面。

在新的形势下，公司提出既要为用户服务，为政府排忧解难，又要为发电企业服务。各单位认真贯彻公司行风建设优质服务电视电话会议的要求，把优质服务作为实践“三个代表”重要思想的具体行动，把安全可靠供电作为服务的关键。坚持“优质、方便、规范、快捷”的服务方针，以提高客户满意程度为目标，不断创新服务手段，提升服务水平。各省（区）电力公司开展了各具特色的优质服务系列活动，得到客户、政府和社会的好评。广西电力公司开展的“服务广西，诚信广西，政府放心，人民满意”的供电优质服务活动，影响很好。

（七）电力体制改革稳步推进

按照国务院5号文件和国家电力体制改革工作小组会议的要求，加强了对体制改革工作的领导，积极贯彻落实各项改革措施。国务院、发改委批复了公司组建的原则性意见以及《组建方案》和《章程》。广西、云南、贵州三省（区）电力公司按时完成了厂网分开第一阶段的任务，向有关发电公司进行了移交。公司完成了主辅分离辅业改制的调研报告。开展了农电体制改革的调研，提出了指导意见，出台了一系列规范农电管理的制度。组织开展了“南方区域电力市场研究”和“南方电网电价形成机制及其影响”两个课题的研究工作，并取得阶段性成果。

（八）党的建设和精神文明建设取得新成绩

认真学习贯彻党的十六大和十六届三中全会精神，在公司系统兴起了学习贯彻“三个代表”重要思想的新高潮。加强了党组（党委）学习中心组理论学习和党员教育。在公司系统开展了保持共产党员先进性教育活动，各单位采取多种形式深入开展“一个党员一面旗帜”、“一个党员一句警言”、向抗击“非典”一线医务工作者学习等活动。全面落实党风廉政建设责任制，重点落实企业领导干部廉洁自律的“五项要求”，推行了任前廉政谈话等五项制度，加强监督考核。

加强企业文化建设，制定了公司企业文化建设总体方案。开展了“同心结南网”系列活动。完成了公司标识、视觉识别系统管理手册和客户服务手册的设计工作，并在系统内全面推广。创办了《中国南方电网》报，各单位发挥了内部报刊的宣传阵地作用。以企业文化和创建学习型组织为切入点，进一步加强思想政治工作，体现以人为本。发扬团队精神，加强了思想融合、工作融合和感情融合，调动了员工积极性。贵州省电力公司、昆明供电局城区分局营业厅等11个单位被命名为全国精神文明建设先进单位，深圳供电分公司、三亚供电公司、南宁供电局客户服务中心等11个单位被命名为全国创建文明行业先进单位，超高压公司等139个单位被授予省级双文明单位称号。

回顾过去的一年，公司面对的形势比预料的严峻，遇到的困难和问题比预料的大，但是大家的办法和经验比预料的多，取得的成绩比预料的好。在肯定成绩的同时，我们也清醒地认识到公司还存在不少差距与不足。主要体现在：安全生产的基础不牢固，对大电网的运行规律还没有深刻透彻地把握，不同程度地存在着安全工作和安全管理不到位的问题，人员责任事故特别是误操作事故仍频繁发生，基建和农电安全管理薄弱；依法经营的意识有待进一步加强，成本控制方面还有较大潜力可挖；对关系公司改革发展重要政策的研究不够；人员的素质还不适应公司和电网快速发展的需要；内部的工作关系和管理界面还没有完全理顺，工作的方式、方法有待改进，管理制度还需进一步完善，会议和文件有待进一步精简、提高效率等。

二、以十六届三中全会精神为指导，深入学习贯彻公司《组建方案》和《章程》（略）

三、2004年工作安排

南方电网正处在重要的发展战略机遇期。目前，全球经济和贸易出现增长势头，国际产业转移加快；国内经济发展内在活力增强，处于经济周期的上升阶段。2004年国家要加强和改善宏观调控，坚持扩大内需的方针，继续实施积极的财政政策和稳健的货币政策；综合采取投资、价格、改革等政策措施，鼓励能源有效利用，增加电力、煤炭、运输有效供给；进一步调整国债投向，特别是保证续建西电东送等重大项目建设。党中央、国务院高度重视电力供应工作，胡锦涛总书记、温家宝总理在中央经济工作会议上就坚持电力先行、加快电源电网建设、强化电网调度以及保障供电安全等提出了具体的要求。曾培炎副总理要求我们“继续加强电网建设，确保安全运行，提高错峰平谷管理水平，培育区域电力市场，用改革的思路解决前进中的问题，为南方五省（区）经济社会发展提供保障”。2003年进入冬季以来，全国电力需求继续保持快速增长。预计2004年广东、广西、云南、贵州、海南GDP增长速度将分别达到9%，9.5%，10%，8.5%，8.5%，电力需求增长呈现旺盛的势头。南方区域提出的“大珠三角”、“泛珠三角”区域合作发展潜力巨大。这对我们是一个很好的发展机遇。

2004年公司生产经营形势仍然比较严峻。①用电负荷增长迅猛。预计2004年全网统调最高负荷4700万kW，比2003年增长22%。广东、广西、云南、贵州、海南统调最高负荷分别达到3050万，625万，615万，722万，106万kW，分别增长20%，19%，32%，37%，14%。②少水缺煤。2003年西部来水比正常年份减少3～5成，部分水库已接近死水位，2004年预计继续偏枯。同时电煤计划落实还有很大难度。③电力平衡有较大缺口。2004年五省（区）新增装机738万kW，其中统调新增555万kW，6月前投产310万kW。经过平衡，广东、广西、云南、贵州2004年每月都有不同程度电力缺口，全年最大缺口分别为260万，80万，100万，160万kW。④设备绷得很紧，去年全网火电机组平均利用小时数比2003年增加了近1000h，达到6400h，其中贵州、云南已分别达到7700和6730h，设备长时间满负荷运行，检修安排困难。⑤电网安全运行面临新的问题。随着2003年三广、贵广直流的投产，南方电网将在受端、负荷密集区形成复杂的直流多馈入系统，驾驭电网的难度更大。局部电网特别是珠三角负荷中心地区“卡脖子”问题仍较突出。⑥公司经营压力很大。新的电价机制没有真正建立起来，输配电价空间受到挤压，盈利能力下降。电网建设投资规模较大，资本金不足，成本费用增加，还本付息压力很大。应收电费余额居高不下。这些困难，需要我们在今年的工作中认真研究，积极采取应对措施。

2004年公司工作总的要求是：认真贯彻落实十六届三中全会、中央经济工作会议及有关会议精神，按照国资委的工作部署，坚持对中央负责、为五省（区）服务的宗旨，坚持以人为本，牢固树立和认真落实全面、协调、可持续的科学发展观，围绕公司“两型两化”发展战略和南方电网发展目标，把握大局、统筹兼顾，理顺关系、巩固成果，深化改革、协调发展，弘扬创业精神、改革精神、发展精神和服务精神，把保证电网安全和做好电力供应作为重中之重，确保各项工作有新的进展，实现国有资产保值增值，为南方五省（区）经济社会发展提供保障。

按照上述要求，2004年工作的主要日标是：

（1）安全生产：在电力生产、电力建设和农电工作中，防止发生对社会和公司造成重大不良影响、对资产造成重大损失的生产安全事故；杜绝特大人身、电网和设备事故，杜绝重大人身事故，杜绝人员责任的重大电网事故，杜绝电厂垮坝事故，杜绝恶性误操作事故，大幅度减少人员责任事故，力争实现电力生产人员“零死亡”目标。电网频率合格率≥99.91%，综合电压合格率≥98.0%，城市居民端电压合格率≥97.1%，农村居民端电压合格率≥89.5%，城市供电可靠率≥99.905%，农村供电可靠率≥97.5%。

（2）电网建设：固定资产投资387.8亿元，其中电网建设投资264.9亿元，农网改造投资2.0亿元，县城电网改造投资66.5亿元，小型基建投资16.3亿元，技改投资38.1亿元。新开工220kV及以上输电线路5051km，变电容量2538万kVA。投产220kV及以上输电线路5419km，变电容量2140万kVA。

（3）电力营销：公司系统售电量2961亿kWh，同比增长16.7%，应急调峰电厂发电量117亿kWh，购电量3140亿kWh，西电东送电量377亿kWh，同比增长41.8%，其中送广东312亿kWh，增长47.2%，送广西65亿kWh，增长20.7%。

（4）资产经营：主营业务收入1444亿元，利润总额23亿元，资产总额2407亿元，应收电费余额67.4亿元，资产负债率59.5%，线损率7.8%，购电单位成本311.3元/MWh，供电单位成本78.5元/MWh。工业企业劳动生产率200万元/（人·年）。

（5）党风廉政：全面落实党风廉政建设工作目标。公司领导班子及其成员，本部各部门负责人，各子、分公司和下一级单位领导班子及其成员不发生违法和严重违纪问题。不发生影响公司形象和稳定的重大事件。

做好2004年工作，要切实做到以下“六个更加注重”：①在抓好电网安全的同时，更加注重依靠科技进步，提高电网科技含量，增强驾驭大电网的能力；②在抓好电力供应的同时，更加注重树立科学发展观，统筹区域资源优化配置，处理好各方利益关系，促进东西部互联互动，形成多赢格局；③在抓好发展出实力的同时，更加注重管理出实力，强化管理，打牢基础，提高管理能力、管理水平，实现管理到位；④在抓好提高企业效益的同时，更加注重社会效益，千方百计保证群众生活用电，为广大用户服务，为发电企业服务，为五省（区）经济社会发展服务；⑤在抓好理顺关系、巩固成果的同时，更加注重深化改革，建立现代企业制度，实现机制、体制创新，抓大放小，理清管理界面，调动各方面积极性；⑥在抓好企业发展的同时，更加注重人的发展，坚持以人为本，重视人才的培养、吸引和使用，加强企业文化建设，不断提高各级领导班子和领导成员的决策水平和领导能力，充分发挥党组织的政治核心作用。

2004年要重点抓好以下八个方面的工作：

（一）把保证电网安全和做好电力供应作为重中之重

2004年可能是电力供应最困难的一年。对此，我们必须要有清醒的认识和充分的准备，早研究，早安排，早落实。要紧紧依靠政府和各方面的支持，调动一切积极因素，同舟共济，共渡难关；正确处理好电网安全和电力供应的关系，坚持全网一盘棋，统筹研究安排五省（区）电力供应；坚持开源节流并重，充分挖掘电源、电网的潜力，特别是要加强需求侧管理、提高错峰避峰管理水平，这是一项在目前情况下很有实效并且具有很大潜力的措施；要保重点用户，保居民生活用电，尽量做到限电不拉路。

始终把电网安全作为公司生命线牢牢把握住。国务院98号文件已经明确，南方电网公司负责所辖范围内的电网安全。保证电网安全事关国家安全和社会稳定大局，要认清我们肩负的重大责任。继续贯彻执行公司1号令，一级对一级负责，层层落实安全生产责任制，强调安全第一责任人的责任，建立健全安全生产保证体系。树立“关注安全、关爱生命”理念，加大安全教育培训力度，深入开展与“违章、麻痹、不负责任”三大安全敌人作斗争，提高全员安全意识、安全知识和技能水平。完善安全生产规章制度，严格规范“两票三制”管理，重点解决误操作特别是恶性误操作事故和基建、农电人身事故两个突出问题。加强安全生产监督，严格安全目标考核和责任追究，重奖重罚。实行安全事故内部管理“有责推定”和重大事故、人身死亡事故“说清楚”制度。抓好安全生产标准化工作，逐步建立结构化、系统化的安全管理方法和手段。认真开展供电企业和输电网安全性评价工作。加强设备维护和管理，保证设备完好。加大电力设施保护力度，配合公安机关打击破坏盗窃电力设施、窃电的犯罪行为。积极开展设备防雷工作。加强防汛工作，确保电网、电厂安全渡汛。

坚持团结治网，完善调度管理体系。电力调度是确保电网安全稳定运行的核心，要切实维护调度的权威性和有效性，严肃调度纪律。坚持统一调度、分级管理的原则，进一步完善统一的调度管理体系，理顺调度管理关系。坚持依法管网，团结治网，在电网运行方式、备用容量、设备检修等方面做到统筹安排。深入分析三广、贵广直流投产后电网结构发生的变化情况，严防直流系统闭锁引起事故扩大，组织研究广东受端电网紧急状态下的快速切负荷方案。开展继电保护和安全自动装置等二次系统的普查，做到心中有数，进一步加强管理。制定各种方式下的事故预案，开展有针对性的反事故演习。

全力以赴抓好迎峰度夏、电力供应工作：①系统掌握网内电源资源、来水、供煤情况，做好负荷分析预测，制定切实可行的迎峰度夏方案。②建立与发电公司的沟通和协调机制，规范各交易主体的行为。抓紧与发电公司签订购售电合同，合理安排设备检修，提高有潜力的火电机组利用小时数，鼓励地方机组顶峰发电，最大限度地挖掘发电资源。落实三峡电量，力争尽早向广东送电。③充分发挥大电网优势，力求统筹调配资源。提前做好区域电力交易计划，积极组织西电东送，在区域市场平台上开展季度、月度和临时的跨省交易，加大丰枯、峰谷和余缺调剂力度。调度运行人员要增强责任感，精心调度，灵活调度。④加大需求侧管理力度，进一步挖潜。认真总结2004年错峰避峰管理的经验和教训，紧紧依靠各级政府，制定科学、切实可行的错峰避峰和计划用电方案，提高错峰避峰的管理水平。争取全面推行峰谷电价，试行尖峰电价、避峰电价，探索可靠性电价，通过价格杠杆科学引导电力消费，大力减少电网峰谷差。逐步建立以经济和技术手段为主，辅以行政手段的需求侧管理办法。加大电力供需形势和节约用电、计划用电的宣传力度，争取社会各界和广大用户的理解和支持。

（二）贯彻科学的发展观，加快发展步伐

以西电东送工程和“卡脖子”工程为重点，加快电网建设。2004年共安排了年内投产的重点工程建设项目33项。有关单位和部门要增强责任感和紧迫感，按照“五制”的要求，加强工程管理，层层落实责任制，在保证工程质量、安全的前提下，加快工程进度，确保各项工程按计划投产。采取有力措施，确保贵广直流工程上半年单极投产，下半年双极投产，确保柳贺罗二回工程、天广四回百色站扩建工程按计划投产，提前完成“十五”期末新增向广东送电1000万kW的电网建设任务。广电集团要按照年内基本解决“卡脖子”问题的要求，下大力气确保12项迎峰度夏重点工程6月30日前建成投产。抓好溯河至来宾等12项其他各省（区）重点工程的建设。同时抓紧做好肇庆—花都—博罗输变电工程，海南联网工程，龙滩水电站送出工程，“十一五”黔电送粤、云电送粤交直流输变电工程的前期工作。

加大力度研究解决电力规划的重要问题。电力规划要充分论证，统筹兼顾，适当超前，并根据五省（区）经济发展情况及时滚动研究。按照电网规划要适应地方经济发展的要求，继续坚持电网和电源统一规划、协调发展，以电网规划引导电源建设的思路，按照资源优化配置的原则，优化全网电源布局和电网结构。高度重视西电东送主网架、受端电网以及二次系统的规划，开展更高电压等级输电技术研究。在规划阶段就要超前研究电网无功配置、电压稳定等问题。积极参与全国联网深入研究工作。研究南方电网与港、澳电网发展规划的关系。推进南方电网与东南亚有关国家联网，做好向泰国送电工程的前期工作。完善城市电网规划，做好与城市规划的协调。

加强公司发展战略体系的研究。围绕公司的战略定位和战略目标，研究公司的发展战略体系，重点开展西电东送战略、科教兴网战略、市场营销战略、管理创新战略、信息化战略、“走出去”战略、企业文化建设等子战略研究，以战略统揽各项工作。积极研究“泛珠三角”战略构想给公司带来的影响。上半年编制完成公司发展战略框架，下半年完成发展战略研究工作。

（三）按照国家的统一部署，积极稳妥地把改革推向深入

继续深化各项改革。加强对公司重大政策问题的研究，提出指导性意见，争取相关政策支持。尽快完成公司工商登记注册，子公司也要抓紧完成注册工作，理顺海南电力公司的管理体制。加快推进发电企业第二阶段划转移交工作，并妥善处理好有关问题。按照尊重历史、面对现实、实事求是、因地制宜的原则，制定主辅分离实施方案，按照国家的统一安排，稳步实施；加大对农电体制改革研究的力度，制定切实可行的方案。研究发电企业与大用户直接交易、输配电业务财务分开核算的问题。

积极启动南方电力市场建设。在充分借鉴国内外电力市场建设经验教训的基础上，立足于南方电网的特点和当前电力供应形势，积极稳妥地推进南方电力市场建设。要特别重视缺电条件下市场运作规则的研究，重视省（区）间经济发展不平衡、电价承受能力相差较大等问题。今年要启动电力市场建设工作，重点抓好交易规则、监管规则等配套法规的编写工作，启动电力市场技术支持系统的建设。在国家电监会的指导下，分步骤、分阶段培育建设南方电力市场。初步设想是，首先完善省间交易的区域市场；然后扩展区域电力市场，建设省级电力市场，形成“统一规

划、统一规则、统一管理、协调运作”的南方区域共同市场；在条件成熟时，最终过渡到统一的南方区域电力市场。

（四）全面加强经营管理，提高经济效益

加强电力营销和电价工作。在有效调配现有资源的基础上，积极开拓后夜低谷市场和农村电力市场。落实国家电价改革方案，疏导电价矛盾。在抓好当前厂网价格分离等工作的基础上，尽快拿出电价改革的试点方案，经批准后力争在南方电网内开展电价改革试点工作。按照“当年电费结零，旧欠减少10%”的目标，继续加强电费回收管理，创新电费回收手段，确保电费及时足额回收。各分公司、子公司都要高度重视线损管理，采取有效的技术和管理措施，努力降低线损率。全面建立营业稽查制度，提高管理水平，减少营业损失。

改善企业财务状况。进一步贯彻《企业国有资产监督管理暂行条例》，配合国资委的经营业绩考核，完善公司资产经营责任考核体系。研究制定重大财务决策程序，加强投入产出效果分析，建立投资决策责任追究制度。加强全面预算管理，加大成本费用预算的控制力度，提升预算管理的深度和广度。树立“大成本”的管理理念，加强购电成本的分析，优化购电结构，降低购电成本，对生产成本、基建成本、融资成本和管理费用进行全面严格的控制。进一步做好经济活动分析，提高质量和水平。加强资金管理，优化资金投向。加强负债管理，抑制负债率上升。做好企业债券发行工作。积极探索新的资金管理和资本运作方式。加快财务公司的组建，努力提高资金收益。各级财务部门要善于、敢于把关，当好参谋。

加强财务基础管理和审计工作，强化依法经营。认真贯彻公司2号令，严肃法纪，确保经营活动合规合法。组织实施新的《企业会计制度》，规范会计核算工作。建设统一的财务管理信息系统，形成统一的会计制度和核算办法。研究编制公司的中长期财务规划，并与年度财务预算相衔接。加强财务风险控制，完善内部控制体系。加大财务监督的力度。完善审计工作体制，扩大内部审计范围，推行审计与财务联网，加强审计监督。加强任期经济责任、资产经营责任和工程项目等审计工作，禁止乱投资、乱担保、乱抵押和一切形式的“小金库”。积极配合监事会开展工作，接受监督和指导，提高依法经营管理的水平。继续配合国家审计署的审计工作，对审计中发现的问题要制订切实措施，抓好整改。

（五）依靠技术进步和加强管理，提高驾驭大电网的能力和公司的综合素质

推进规范管理。优化公司的业务流程和管理链，精简管理层次，构建战略目标导向下的组织机构设置，提高管理效率。规范岗位设置，抓好岗位管理。建立健全工作、管理、技术三大标准体系和有关企业标准，加强标准化管理。进一步加强制度建设，修订完善并严格执行内部各项管理制度，加强考核。用好外交部授予的外事自办权，加强公司外事工作的统一管理。

以信息化促进管理现代化。借助现代信息技术，引进先进管理理念，建立现代化的管理信息系统。坚持“统一领导、统一规划、统一规范”的原则，抓住生产运行管理、调度运行管理、行政电子办公管理、电力市场交易、财务管理和客户服务等核心业务，理顺横向、纵向数据流和信息流。建立统一的信息平台，实现信息资源的集成和充分共享，解决信息化建设过程中低水平重复建设、信息孤岛的问题。2004年要抓紧实施公司信息化规划，搭建公司一体化的办公平台、数据上报平台、经营决策分析系统。在公司系统逐步开展ERP企业资源计划试点研究工作。

推进技术进步。进一步完善和落实《南方电网科技发展规划纲要》，实施科教兴网战略。依靠科技进步，积极引进、消化先进的技术，加大技术改造力度，提高电网装备水平和电网科技含量。组建电网研究中心，充分发挥公司专家委员会的作用，加强与国内外科研院所、知名企业、高等院校以及咨询机构的合作，有针对性地进行电网技术课题研发。结合南方电网远距离、大容量送电和交直流并列运行的特点，2004年重点研究电网稳定在线分析及预决策系统、直流多落点问题、仿真系统三大课题。针对目前电网出现的低频振荡、无功电压等问题，加大研究力度。

（六）以优质服务促进行风建设，提高服务水平

越是缺电，越是要做好服务工作。要牢固树立为用户、为发电企业服务的全方位服务观念，完善优质服务的常态运行机制。按照公平、透明的原则，在调度运行管理、信息披露等方面，平等对待各市场主体，建立电力调度联席会议制度和电力公开、公平、公正调度情况报告制度。认真兑现服务承诺，做到“有诺必践，取信于民”。制定实施营销信息化规划，用两年左右的时间建成统一开放的营销服务信息平台。建立客户服务网络系统，扩大网上查询、报装、投诉的覆盖面。完善95598系统建设，年内要覆盖全部地市级供电公司。在抓好居民客户普遍服务的同时，对重点客户要提供个性化的增值服务。加快城乡供电营业窗口规范化建设，建立公司系统营业示范窗口。坚持纠建并举，加强行风建设，纠正行业不正之风。要在更高层次开展优质服务主题活动，扩大影响范围，提升公司形象。各地市供电公司都要充分发挥主观能动作用，创新服务手段，提高服务水平，开创优质服务的新局面。

（七）加强领导班子建设，培养高素质人才队伍

加强领导班子建设和干部的培养教育。以加强执政能力建设为重点，按照胜任职务、用好权力的要求，进一步加强领导班子建设。领导干部要议大事、把方向、谋全局、带队伍，提高决策能力，特别是财务管理、基础管理和投资决策能力。坚持民主集中制，加强领导班子的自我控制和自我管理，完善科学的民主决策程序和办事规则。一把手要发挥核心、示范和表率作用，班子成员要经常沟通和交流，增进团结，增强各级领导班子解决自身问题的能力。制定实施公司《领导班子建设规划》，努力优化班子整体结构。研究建立子、分公司领导班子绩效目标考核体系。坚持党管干部原则，并同市场化选聘企业经营管理者的机制相结合。按照“忠诚、能干”的识人、选人、用人标准，重业绩和创造性劳动，看知识、技能和素质，听群众公论，进一步完善和落实干部民主推荐、公开选拔、竞争上岗、任前公示、任职试用等制度，加强干部的选拔培养。对干部要严格要求，严格管理。积极推进干部的交流、轮岗和挂职锻炼。完善后备干部管理办法，实行动态管理。2004 年举办3～4期领导干部企业管理高级研修班，争取对公司管理的领导干部全部轮训一遍，公司本部、各子公司、分公司用 2 年左右的时间，完成对所管处级干部的轮训工作，要求脱产培训一个月以上。

实施人才强企战略。认真贯彻《中共中央国务院关于进一步加强人才工作的决定》，树立人才资源是第一资源、人人都可以成才和以人为本、人高于一切的观念，抓好公司实施意见的落实。制定实施《公司人才队伍建设规划》。抓住培养、吸引、使用人才三个环节，在抓好三支人才队伍建设的基础上，重点培养高层次人才和高技能人才，建设好人才库。加强以创新能力为核心、以胜任本职工作为目标的能力培养，全面落实《公司 2003～2010 年员工教育培训规划》。要落实培训的经费、时间和计划，讲求实效。探索应用现代人才测评方法，建立适合公司特点的人才评价机制。

完善人才开发激励机制。建立专业技术、技能岗位序列，开发管理职务和专业技术技能职务双重职位发展通道，探索组织性职业生涯设计，把员工的个人成长与公司发展紧密结合起来，使大家创业有机会，干事有舞台，发展有空间。建立竞争的用人机制，扬长避短，优胜劣汰，动态管理，使人尽其才、各显其能。完善岗位薪点工资制。建立规范有效的人才奖励制度，注重物质和精神激励相结合，对做出突出贡献的专业技术、技能人才给予重奖。积极推进人才租赁制等多种用工制度。对电力企业非特有工种，探索建立市场化的工资决定机制。健全企业年金制度，完善企业补充医疗保险制度，建立人才保障体系。

（八）加强党的建设和精神文明建设

加强和改进党的建设，充分发挥党组织和党员的作用。把“三个代表”重要思想放在党员教育的首位，突出抓好理论学习，改进学风，做到学以致用、习作合一，在武装头脑、指导实践、推动工作上取得新进展。坚持党组（党委）中心组学习制度，制定系统的学习计划，加强督促和检查，推动学习质量的提高，以抓好干部的学习带动党员的学习。坚持“两个务必”，立党为公，执政为民。各级党委要研究探索新形势下党组织工作的方式方法，积极参与企业重大问题的决策。进一步健全党组织机构，创新党建工作载体和活动方式，做到党组织机构设置与法人治理结构同步规划，同步到位。公司的工作开展到哪里，党的建设跟进到哪里。重视加强在生产一线、青年技术骨干以及基层关键岗位中发展党员。深入开展保持共产党员先进性教育活动和“一个党员一面旗帜”、“党员身边无事故、无违纪、无邪气”责任区活动，发挥党员的先锋模范作用。

加强党风廉政建设，坚持不懈地开展反腐败斗争。认真贯彻中纪委三次全会精神，大力弘扬求真务实精神，大兴求真务实之风，严格执行四大纪律八项要求，全面落实党风廉政建设责任制。坚持标本兼治、惩防并举，加强思想道德教育、纪律教育和法制教育，抓好企业领导人员廉洁自律、查办违纪违法案件、效能监察和从源头上预防腐败的各项工作。建立健全惩治和预防腐败体系，严格考核和责任追究，努力把制度建设贯穿于反腐倡廉工作的各个环节。开展纪律教育学习月活动，注意运用典型案例开展警示教育。继续抓好企业领导人员廉洁自律“五项要求”的落实，坚持领导干部谈话诫勉制度，防患于未然。加强权力运行的监督，特别是对管人、财、物等权力集中的部门和人员加强监督。

进一步加强思想政治工作，确保职工队伍稳定。在坚持行之有效的思想政治工作方式方法的同时，以企业文化建设和创建学习型组织为切入点，进一步创新、拓宽思想政治工作的方法和渠道，增强针对性、实效性和主动性。上半年完成公司企业文化理念体系的制定，下半年进行宣传、推广与深植。继续做好公司标识的推广应用工作。对“同心结南网”文化活动赋予新的内涵，开展主题教育和形势任务教育，大力弘扬团队精神，倡导爱祖国、爱公司、爱岗位。在全系统开展创建文明单位活动。进一步加大新闻宣传工作力度。掌握职工的思想动态，正确处理好改革和利益调整过程中出现的问题，及时化解各种矛盾。加强工会和团员、青年工作。加强民主参与、民主管理和民主监督，完善职工代表大会制度，深化厂务公开，

维护职工民主权利。各级干部要善于听取职工的意见和建议，关心职工的疾苦，帮助职工解决后顾之忧。高度重视和关心离退休同志和困难职工的生活。要在致力于公司发展的同时，不断改善职工的生活福利。

中国华能集团公司2004年工作会议

2004年1月15～16日，中国华能集团公司2004年工作会议在京召开。会议认真学习传达了胡锦涛总书记在中纪委第三次全体会议上的重要讲话和中纪委第三次全体会议精神，传达了中共中央政治局常委、国务院副总理黄菊对中国华能集团公司工作的重要批示。会议总结了2003年工作，部署了2004年工作。李小鹏总经理在会上作了题为《坚定信心，创新发展，艰苦奋斗，求真务实，努力把华能建设成为具有国际竞争力的大企业集团》的工作报告。

李小鹏指出，华能集团作为国务院批准进行国家授权投资的机构和国家控股公司的试点，按照党的十六大和十六届三中全会提出的“发展具有国际竞争力的大公司大企业集团”的要求，努力把华能建设成为具有国际竞争力的大企业集团，为全面建设小康社会和有中国特色社会主义做出应有的贡献，这是华能作为国有重要骨干企业的历史使命。

华能集团建设具有国际竞争力的大企业集团，将面临能否不断提高发展能力、竞争能力、抗风险能力三大课题，因此，要牢固树立全面、协调、可持续的科学发展观，要明确一个目标，坚持两个第一，推进三个创新，实施四项战略性举措。一个目标就是要努力把华能建设成实力雄厚、管理一流、服务国家、走向世界，具有国际竞争力的大企业集团；坚持两个第一就是要把发展作为第一要务、把人才资源作为企业的第一资源；三个创新就是要不断推进体制创新、技术创新和管理创新；四项战略性举措就是要实施“走出去”战略、信息化战略，加强党的建设和企业文化建设战略。

会议确定了2004年的主要工作目标：

(1) 确保人身及设备安全，杜绝人身死亡、重伤和群伤事故，重大设备事故，重大火灾事故，重大交通事故。

(2) 完成发电量1897亿kWh，比2003年增长9%以上；完成投产发电装机容量143.2万kW；新开工电力项目10个，共869.5万kW。

(3) 实现合并销售收入超过500亿元；实现合并利润比2003年增长8%以上。

为完成2004年工作目标，会议要求认真抓好以下重点工作：夯实基础，确保安全生产；全力以赴，继续推进长远发展；努力工作，确保完成生产基建经营任务；加强管理，抓好审计整改和清产核资工作；推进资本运营，深化股份制改造；积极稳妥，继续实施“走出去”战略；加快步伐，大力实施金融和能源投资战略；切实加强党的建设，抓好精神文明建设，保持队伍稳定；高度重视，继续抓好党风廉政建设。

会上，华能集团与所属企业签订了安全生产、经营目标和党风廉政建设责任书，表彰了2003年度华能集团公司劳动模范和先进集体。

国家电力监管委员会副主席史玉波、中国电力企业联合会常务副理事长刘宏等有关单位领导出席会议并讲话。

中国大唐集团公司2004年工作会议工作报告（摘要）

翟若愚

（2004年1月16日）

一、2003年工作回顾

2003年是集团公司的组建年，面对千头万绪、纷繁复杂的组建工作以及非典疫情、迎峰度夏和抗洪抢险的考验，集团公司党组以邓小平理论和“三个代表”重要思想为指导，按照党中央、国务院的总体部署和要求，正确认识国内外形势，准确把握改革方向，客观分析集团公司现状，理清工作思路，抓住工作重点，各项工作都取得了比预期更好的成绩。目前，集团公司组建工作基本完成，各项工作运转有序；安全生产保持平稳态势；扭亏增盈初见成效，经营情况总体良好；前期项目和基建工作取得明显进展；多种经营稳步推进；职工队伍稳定，精神面貌良好；集团公司初步树立了良好的社会形象。

2003年主要指标完成情况：

——发电量。完成1427.53亿kWh（直属、全资和控股口径），同比增长21.55%，比全国平均增长率15.3%高出6.25个百分点。

——发电设备平均利用小时。5641h（直属、全资和控股口径），同比增加527h，比全国平均利用小时高出391h，其中火电平均利用小时5830h，同比增加563h。

——供电煤耗。完成367.74g/kWh（直属、全资和控股口径），同比下降3.44g/kWh。

——综合厂用电率。完成7.02%（直属、全资和控股口径)，同比下降0.3个百分点。

——发电单位成本。完成190.57元/MWh（直属、全资和控股口径)，同比降低0.91元/MWh。

——销售收入。完成328亿元，同比增长19.65%。

——实现利润总额。24.9亿元。

——净利润。3.1亿元。

——固定资产投资。完成135.7亿元。

——新机投产容量。323.5万kW。

——新开工规模。304万kW。

——期末在建规模。1260.5万kW。

——期末发电设备可控容量。2901.7万kW，同比增加351.08万kW。

——资产总额。1073亿元，同比增加181亿元。

——资产负债率。65.42%，同比提高5.44个百分点。

2003年的主要工作：

1. 基本完成了集团公司的组建工作

集团公司组建之初，党组就把组建一个什么样的公司和怎样组建公司作为组建工作中的首要问题。组建工作关系到集团公司的百年大计，必须立足于当前实际，着眼于长远发展，立足于增强集团公司的竞争能力和发展后劲，立足于集团公司不断做大做强。因此我们在组建工作中坚持标准要高、基础要牢、工作要实的要求，从战略的高度奠定集团公司的百年基业。

一是基本完成了组织体系的建设。我们坚持科学合理、精干高效的原则，设置本部机构，突出了建立现代企业制度和市场化运作的需要，不贪大求全，看不准的机构暂时不设，防止机构臃肿，避免职能交叉。在人员选配上坚持广开门路、优中选优、分步到位。纵向管理采用扁平化模式，减少管理层次，分支机构设置坚持因地制宜，不搞“一刀切”。为加强系统各单位的领导班子建设，依法行使出资人权利，集团公司完成了本部64名处长以上干部的聘任，完成了系统27个单位领导班子的干部考察和调整配备工作，并为4个分公司和代表处，14个新建或扩建单位配备了领导，共任免干部211人，完成了45个单元252名董事、监事的推荐和委派。

二是切实加强了制度建设。集团公司在年初就制定了组建年的制度建设计划，排出进度表，明确了责任单位。本部各部门高度重视，认真负责，每一项制度都反复地、多层次地征求意见；一些重要的制度，都经党组会议或总经理办公会议讨论通过。到目前为止，已出台了133项管理制度，基本形成了集团公司的管理制度框架。从目前情况看，执行效果良好，为集团公司的规范管理和高效运转奠定了基础。

三是积极开展了资产接收等工作。1月27日，集团公司顺利完成了所属单位的安全生产、经营管理以及干部和组织关系的接收。6月份开始进行资产财务和劳动工资保险的接收。目前，集团公司已与华北、华中、江苏、吉林、黑龙江、甘肃、陕西、山西、湖南、河南、安徽11家电力公司签订了资产移交协议。

2. 确定了集团公司发展战略

2003年8月集团公司首次工作会议上，正式确定了集团公司发展战略的指导思想、“两型、四化、三个能力”的发展战略和8年发展战略目标。这个发展战略既具有前瞻性又具有可行性；8年发展目标分为三个时间段，既有规模目标，又有经济效益和结构调整目标，形成了比较完整的目标体系，完全符合党中央提出的科学的发展观的要求。

3. 确保了安全生产和职工队伍稳定

集团公司始终不渝地把确保安全生产和职工队伍稳定作为一项重要的政治任务来抓，在接受了安全生产责任的当天和全国防治非典形势严峻时期，分别召开了两个安全生产电视电话会议，并发布了两个集团公司令，对确保安全生产和职工队伍稳定作出了全面部署，提出了明确要求。各单位的领导班子以高度的政治责任感和积极认真的工作态度，恪尽职守，密切关注职工思想动态，深入分析不稳定因素，及时有针对性地开展工作，使职工队伍始终保持了稳定态势，为安全生产提供了有力保证。同时按照国务院的要求，结合集团公司实际，认真开展了全国“安全生产月”的各项活动，进一步落实了以一把手为第一责任人的各级安全生产责任制。集团公司还有针对性地召开了7个安全生产片会，开展了以降非停和反违章为重点的安全生产大检查，全面推进安全性评价工作和安全生产标准化管理。我们还采用现代化管理手段，利用网络视频系统召开每周安全生产例会，及时通报集团公司安全生产情况，在线分析存在的问题，取得了良好效果。

美国、加拿大发生大停电事故后，我们部署各企业立即开展安全隐患大检查。各单位按照集团公司《安全生产危急事件管理办法》，认真制定了各种事故预案并加强了演练。

到目前为止，集团公司系统没有发生电力生产人身死亡和重大设备损坏以上事故，没有发生重大火灾事故、负有主要责任的重大交通事故、溃坝及水淹厂房事故、重大环境污染事故，保证了元旦、春节、“两会”和抗击非典期间的安全供电。

4. 发展工作取得了明显进展

2003年电力供应紧张形势既向我们提出了严峻挑战，也为我们提供了难得的发展机遇。集团公司根据自身的发展能力，积极主动地与国家综合部门和有关地方政府进行沟通，争取新的发展项目，努力在为国民经济发展服务的同时，使自身也得到发展和壮大。在竞争激烈的浙江乌沙山项目投标中，集团公司在7家实力雄厚的企业中脱颖而出，一举中标，取得了该项目的开发权；各基层企业与集团公司本部密切配合，积极开展项目前期工作，截至2003年年底，集团公司已获国家正式批准开工项目8项，304万kW（连城电厂扩建60万kW，唐山电厂技改30万kW，长春第二热电厂扩建40万kW，云南开远电厂60万kW，陕西喜河水电站18万kW，云南纳米水电站15万kW，广西乐滩水电站60万kW，安徽淮北技改21万kW）。批准项目建议书和可研报告8项，444万kW。

在建项目在保证安全和质量的前提下，经过各参建单位的共同努力，加快了工程建设进度，缩短了工期，为缓解当前缺电局面作出了积极的贡献。特别是北京大唐托克托发电有限责任公司克服了非典对施工进度的影响，在夏季大负荷到来之前实现了两台60万kW机组双投产，成为京津唐电网夏季大负荷到来前仅有的投产机组，为京津唐电网和北京地区没有拉闸限电平稳度夏作出了巨大贡献。举世瞩目的龙滩水电工程经过艰苦奋战。2003年11月6日顺利实现了大江截流。一年来在广大干部职工的共同努力下，全年新投产机组12台323.5万kW，期末在建规模达到1260.5万kW。

5. 经营工作稳步推进

提高经济效益是企业发展的核心。为确保集团公司经营目标的实现，有针对性地采取了一系列措施。一是提出了“三年消灭经营性亏损企业”的目标，实施扭亏增盈计划，并已初见成效，集团公司控股的亏损企业由上半年的13个减少为8个，亏损额的增速也得到了控制，有3个企业比年度预算大幅度减亏。二是对所属单位实行经济责任制和对各单位领导班子进行资产经营责任制考核。三是加大了对上网电量、电价和电费回收的管理力度，各单位主动与有关省（区、市）电力公司、经贸委、物价局建立工作联系，目前，大部分内部核算电厂的厂网分离价格已报国家发改委陆续批复。针对欠费问题，集团公司一方面向有关部门如实反映问题，另一方面采取以煤电、物电互抵等方式回收电费。四是千方百计降低成本，以国内贷款置换外资贷款、短期贷款置换长期贷款等，累计减少利息支出近亿元人民币。同时加强了贷款担保管理，并与五大银行签署了1906亿元的授信额度。五是组建了大唐电力燃料有限责任公司，统筹协调燃料管理工作。六是充分发挥审计对规范经营的保证监督作用。积极配合国家审计署对原国家电力公司系统的审计工作。采取联合审计办法，重点开展了主要负责人任期经济责任审计、工程造价审计和以资产经营责任制为主要内容的内部控制制度审计，较好地防范了经营风险。

积极开展资本运作，充分发挥了三个上市公司的融资功能。北京大唐发电股份有限公司成功地在境外发行了1.538亿美元可转换债券，这是中国企业在国际资本市场上发行美元可转债获得的最低成本融资；广西桂冠电力股份有限公司也在国内成功发行了8亿元人民币的可转债。三个上市公司业绩提高，股票价格、市盈率年末与年初比较，都有了一定幅度的上升。

6. 企业文化建设初步取得成效

集团公司在组建之初就把培育具有大唐特色的企业文化提到了重要日程，坚持内强素质，外树形象。集团公司确定了统一的企业标识，创办了《中国大唐》报，规范了系统内企业的名称。积极倡导建立学习型组织和发扬团队精神，努力把以人为本的理念融入到各项工作中去，积极开展职业压力问题研究，注重员工的职业生涯设计，鼓励员工在为企业和社会做出贡献的同时实现自己的人生目标。团结协作、奋发向上、努力拼搏、勇于奉献的精神正在集团公司逐步形成。

树立良好形象对于组建初期的集团公司至关重要。我们坚持并要求系统各单位做到以下几点：一是自觉接受国家电监会的监管，自觉遵守电力市场交易规则，自觉服从电网统一调度，加强与网省电力公司的协调。二是在与国家有关部门和地方政府的交往中，坚持信守承诺，言行必果。三是在与其他企业和投资方的合作中，坚持诚信为本和互惠互利的原则，力求取得双赢、多赢的结果。经过一年的努力，集团公司已初步树立了“求真务实、诚信守约、依法经营、规范运作”的良好社会形象。越来越多的地方政府、投资机构和其他企业主动表示希望与我们长期合作，共同发展。

7. 党的建设和精神文明建设得到了加强

集团公司坚持把加强党的建设放在重要地位，先后组织全系统党员干部和职工深入学习贯彻胡锦涛总书记“七一”重要讲话和党的十六大、十六届三中全会精神，举办了两期基层党委书记“三个代表”重要思想学习研讨班。按照中组部的要求，在系统各级党组织中开展了向郑培民同志学习的活动。

集团公司党组坚持党要管党、从严治党的方针，紧密围绕集团公司组建和发展的大局，把加强各单位领导班子、干部队伍和基层党组织、党员队伍建设作为一项重要的基础工程来抓。党组从“立党为公，执政为民”的高度，认真对待党的作风建设问题，认真落实党风廉政建设责任制，狠抓领导干部廉洁自律工作，注重从源头上预防和治理腐败，全年系统内没有发生违法违纪的大案、要案。坚持抓好群众性精神文明创建活动，注意发挥工会、共青团组织的作用，充分调动了广大员工的积极性和创造性。

8. 取得了集团公司系统抗击非典斗争的胜利

2003 年发生的非典疫情对于刚刚成立不久的集团公司是一次严峻考验。集团公司有近 1/4 的单位和职工集中在疫情比较严重的华北地区。面对严峻形势，集团公司坚决按照党中央国务院的部署，坚持一手抓防控非典，一手抓安全生产，各基层单位领导到位，措施得力，集团公司 7 万多名职工没有发生一例非典病例，保证了向广大用户特别是北京市的安全可靠供电。

回顾和总结一年来的工作，我们不仅在集团公司组建、发展和生产经营等方面取得了丰硕成果，而且为集团公司持续健康发展、不断做大做强积累了宝贵经验，这些经验需要我们在今后的工作中继续坚持并不断发扬光大：

（1）以发展战略统揽全局是集团公司做大做强的关键。

（2）加强制度建设是依法经营、规范运作的基础。

（3）坚持求真务实、团结协作、勤勉高效的工作作风是企业发展的保证。

（4）树立一个好的社会形象是企业宝贵的无形资产。

集团公司组建刚刚一年，只是万里长征迈出了第一步。在充分肯定成绩的同时，我们要清醒地看到今后的道路还很长，任务还很艰巨，面临的困难、存在的问题还很多，突出地表现在：

（1）观念陈旧适应不了改革和发展的新形势。

（2）系统内管理体制和经营机制有待进一步完善。

（3）经济效益水平不高、盈利能力不强。

（4）安全生产基础还不牢。

二、2004 年工作思路

本世纪头 20 年是我国必须紧紧抓住并且可以大有作为的重要战略机遇期。从国际形势看，世界多极化、经济全球化仍然是世界格局演变的总趋势，和平与发展仍然是当今世界的两大主题。特别是 2003 年第三季度以来世界经济复苏迹象明显，美、日、欧盟三大经济体经济增长步伐加快，呈现出明显的复苏态势。从国内形势看，我国国民经济保持了持续健康快速发展态势，全面建设小康社会和宏伟目标顺利推进。可以预见我国今后相当长的时期内，国民经济仍将保持较快的发展速度。经济发展对电力的需求迅速增加，2003 年，全国电力供需形势已由过去的总体平衡、局部偏紧转变为总体偏紧、局部地区严重缺电。到目前为止，全国已有 21 个省（区、市）出现拉闸限电现象，其中有 9 个省（区、市）不仅缺电力而且缺电量，全社会用电量平均增速已连续 19 个月超过 15%，全年全社会用电量达到 18910 万 kWh，同比增长 15.4%，全国火电设备平均利用小时数达到 5760h，比近十年来利用小时数最高年份 1994 年的 5574h 增加 186h。根据我国国民经济发展态势和电力建设周期，预计 2005 年电力紧张形势不会改变，甚至有可能进一步加剧。

电力工业是国民经济的基础产业，经济要发展，电力必须先行。中央经济工作会议提出，为缓解经济发展中的瓶颈制约，要进一步安排好电源和电网建设。这对我们以发电为核心业务的大型企业集团而言，既是紧迫的政治任务和义不容辞的社会责任，也是一次难得的发展机遇。我们在面临难得的发展机遇的同时，也面临着严峻的挑战。

根据我们面临的形势、任务和集团公司的实际，2004 年集团公司工作的总体要求是：以邓小平理论和“三个代表”重要思想为指导，全面贯彻十六大、十六届三中全会和中央经济工作会议精神，以集团公司发展战略统揽全局，以发展为主题，以经济效益为中心，以强化管理为重点，坚持以人为本，按照解放思想，更新观念；抢抓机遇，加快发展；发挥优势，整合资源；扭亏增盈，提高效益；强化管理，夯实基础的工作思路，做好全年的各项工作。切实提高企业整体素质，提高竞争能力，使集团公司不断做大做强。

1. 解放思想，更新观念

解放思想，更新观念，就是要求我们主动适应客观形势的变化，彻底摒弃阻碍我们发展的旧观念，自觉树立符合新形势、具有时代精神的新观念。厂网分开后，发电企业已经完全进入了市场，主要业务虽未改变，但外部环境和经营机制却发生了本质的变化。发电公司已成为市场竞争主体，要想使企业立于不败之地，不断做大做强，广大干部职工、尤其是各级领导干部的思想必须从计划经济和垄断经营模式的束缚中解放出来，使自己的观念尽快适应市场竞争的新形势。牢固地树立起市场观念、竞争观念和以经济效益为中心的观念，努力增强忧患意识和进取意识，增强危机感和责任感，增强应变能力和开拓创新能力。

2. 抢抓机遇，加快发展

今后两年电力供应缺口较大，加快发展是我们的社会责任，也是难得的历史机遇。我们要坚持贯彻十六届三中全会精神，以全面、协调、可持续的发展观为指导，严格遵循国家产业政策和建设程序，坚持扩大规模与提高发展质量相统一，扩大规模与结构调整和布局优化相统筹，企业效益与社会效益相协调。在发展上，首先根据市场需求抢上电力紧缺地区项目和“西电东送”项目，全力以赴抓好在建项目和近3年的开工项目；优先发展“以大代小”项目和大容量、高参数机组；大力开发水电、风电等可再生能源，注重节约资源和保护环境，走可持续发展之路。要从项目选择开始，优化设计，加强工程建设的全过程管理，严格控制成本，努力降低造价，千方百计提高竞争能力，有效规避机组投产后的市场风险。

3. 发挥优势，整合资源

资源是一个内涵非常丰富的概念，包括有形资源和无形资源，包括内部资源和外部资源，包括人、财、物和各种关系。集团公司要在统筹兼顾、合理配置、有效使用资源上发挥特有的作用，包括项目布局和优化、物资采购和储备、设备监造和催交、股权融资和债权融资的统筹协调、产权的重组、人力资源的开发和使用等，都要以整体效益最大化为准则。整合资源还包括利用集团的整体优势，通过联合、收购、兼并等多种方式，有效地利用外部资源，以达到增强集团公司整体实力和提高竞争能力的目的。

4. 扭亏增盈，提高效益

集团公司资产总额已达到1000多亿元，精心经营好这笔庞大的国有资产，做到保值增值，为国家创造更多的收益，是我们应尽的职责，也是集团公司提高市场竞争力，不断做大做强的坚实经济基础。当前，集团公司总体盈利水平不高，扭亏增盈的任务非常艰巨。这就要求我们在经营工作中，坚持以经济效益为中心，以实现三年消灭经营性亏损企业为重点，强化成本意识和效益意识，建立起规范的成本管理体系、科学的经济核算体系和有效的责任考核体系，以制度实施为基础，以过程管理为保证，努力降低成本，增加收入，使集团公司的经济效益稳步提高。

5. 强化管理，夯实基础

提高效益的关键在于强化管理，强化管理的重点在于夯实基础。集团公司正处于初创阶段，从战略高度和长远发展考虑，必须把增强市场竞争能力和发展后劲作为首要任务，放在突出地位。因此必须下定决心，狠抓管理，苦练内功，夯实基础。虽然2003年组建工作取得了很大成绩，但系统内管理体制和经营机制还需进一步完善，已经制定的各项管理制度也有待于贯彻落实，为了把各项基础管理工作扎扎实实地做好，加大工作力度，我们把2004年确定为集团公司的管理年。

管理年工作的核心是把先进的管理思想和管理理念融入到各项工作中去，强化管理意识，完善管理制度，打好管理基础，向管理要发展、要安全、要效益。要把夯实管理基础的工作延伸到集团公司的各个层次和各个环节，使各项管理制度落实到基层，落实到班组，从而使组建年的成果切实得到巩固、完善、提高，使集团公司的管理基础更加牢固。

三、2004年的主要指标和重点工作

2004年是集团公司正式运营的第二年，是集团公司发展的关键一年。做好2004年的工作，对于巩固组建年的成果，夯实发展的基础，实现集团公司“两型、四化、三个能力”的发展战略，具有重要意义。

2004年的主要奋斗目标是：

——安全生产。不发生特别重大事故、重大人身伤亡事故、负有责任的重大电网事故、有人员责任的重大设备事故、重大火灾事故、负有主要责任的重大交通事故、溃坝及水淹厂房事故、重大环境污染事故。

——发电量。1562亿kWh，同比增长9.4%。

——发电设备平均利用小时。5468h。

——供电煤耗。366.6g/kWh，同比降低1.1g/kWh。

——综合厂用电率。7%，较去年略有下降。

——发电单位成本。195.36元/kWh。

——销售收入。360亿元，同比增长9.76%。

——实现利润总额。30亿元，同比增长20.58%。

——净利润。4亿元，同比增长28.21%。

——资产总额。1200亿元。

——资产负债率。68%。

——固定资产投资。263亿元。

——开工规模。计划开工5项535万kW，争取开工10项960万kW。

——投产规模。384.5万kW。

——期末在建规模。达到1411万kW。

为了保证2004年奋斗目标的实现，要抓好以下10个方面的重点工作。

1. 认真学习贯彻“三个代表”重要思想和十六届三中全会、中央经济工作会议精神

2004年要继续把学习贯彻“三个代表”重要思想的新高潮不断引向深入作为首要的政治任务抓紧抓好。要深刻领会“三个代表”重要思想的时代背景、实践基础、科学内涵、精神实质和历史地位，全面把握“三个代表”重要思想的科学体系，努力在武装头脑、指导实践、推动工作上取得新进展。

2. 切实抓好管理年的各项工作，进一步夯实基础

管理年的重点工作一是要继续完善集团公司的发

展战略体系，上半年要完成7项子战略的研究制定，年内各成员单位要完成各自发展战略的制度。二是要完善集团公司系统的组织架构，按照集团公司管理界面，进一步理顺集团公司内部的管理关系，形成指挥有力、政令顺畅、运转高效的管理体制和运行机制。三是要狠抓制度落实，并在实践中进一步对集团公司制度体系进行充实和完善。四是要建立起集团公司系统统一的工作标准和管理标准，研究适应国资委业绩考核体系的责任考核体系和工资决定机制。五是要规范企业的经营行为，搞好各企业的例行审计、主要负责人的任期责任审计以及在建工程项目的造价审计，加大对审计结果的跟踪处理力度，实现审计工作的闭环管理。

集团公司决定以“创一流”活动为载体，全面推进管理年的各项工作。“创一流”包括创集团公司“一流企业”和创国际、国内“一流指标”，既有综合评价，又有单项排序。这项工作是对电力系统开展多年的“创一流”活动的继承和发展，特别是将日常工作和业绩与“创一流”指标结合起来，不搞专项评比检查，杜绝形式主义，坚持动态考核，不搞“终身制”，体现激励机制。集团公司已下发了开展“创一流”活动的管理办法，各单位要认真贯彻落实。

3. 坚持不懈地抓好安全生产

夯实安全生产基础，确保稳定的安全生产局面是管理年工作的重中之重。2004年电力供需形势紧张，既对安全生产提出了更高的要求，也增加了安全生产的难度。对此，我们要有充分的思想准备。

要认真贯彻国务院即将召开的全国安全生产工作会议精神和《国务院关于进一步加强安全生产工作的决定》，切实落实各级安全生产责任制，突出重点，抓好以下几项工作。一是要继续以执行“两票三制”为重点，加大反违章、降非停的力度。不仅要关注非停次数，还要分析非停时间，非停影响的电量等，将安全指标与经济指标挂起钩来。二是要认真落实二十五项反措，全面推进安全性评价和并网评价工作。三是要切实加强设备管理，努力提高检修质量，全面推行机组大小修现场标准化作业，确保检修质量和工期，要求大修后机组达到全优，小修后机组连续运行180天无非停。四是要以完善安全生产危机事件应对预案为重点，提高生产一线职工处理突发事件的能力和水平。五是要以班组管理工作为重点，全面加强生产的基础管理。要通过全员、全面、全过程的安全管理，实现“安全、可靠、经济、环保”的安全生产目标。

4. 抓好项目前期工作，加快在建工程建设

为切实加快集团公司的发展，首先要在项目前期工作上加大力度。要集中组织力量，专人负责，加快立项、可研、开工阶段项目的催批工作。要加快电源结构调整和布局优化的步伐，在浙江、福建、广东的项目2004年要有实质性进展；争取上报一个煤电一体化项目和1～2个风电项目的初可报告；燃机项目要加快推进；开展一个核电开发项目的规划选址工作。2004年要确保新开工项目5项，535万kW；争取再开工5项，425万kW。

工程建设要围绕施工安全、工程质量、按期投产、降低造价四大目标，全面加强管理。2004年要确保投产机组8台，384.5万kW。

5. 做好清产核资工作，大力开展资本运营

清产核资是国资委组织开展的一项重要工作，从2003年9月开始，计划到2004年10月结束。集团公司清产核资领导小组统一领导和组织实施系统内的清产核资工作，系统各单位要大力协助、积极配合。要通过清产核资，摸清集团公司的家底，清理多年积累的呆坏账，甩掉包袱，轻装上阵。此项工作要于8月底前完成。

2004年要把存量资产的重组和优化作为重点工作来抓。力争年内基本完成系统内一厂一制的重组工作，并使空壳电厂问题基本得到解决。主动协调并采取多种措施，解决与其他投资方的产权纠纷问题，明晰产权关系。在资产重组过程中要注重发挥国有资产的控制力和主导作用，吸引多元投资主体参与电力建设，并与建立现代企业制度，规范法人治理结构结合起来，特别是要妥善安置分流职工，确保职工队伍稳定。

争取上半年完成财务公司的收购重组工作。适时选择国内、国际有关电力项目进行收购、兼并。力争在三季度前完成集团公司债券的发行工作；发挥好上市公司的融资功能，年内完成北京大唐发电股份有限公司A股上市和大唐安徽电力股份有限公司国内上市工作。

6. 坚持以经济效益为中心，确保完成全年利润指标

2004年的经营工作既有有利因素，也面临着巨大压力。有利因素是电力需求继续快速增长，市场空间大，而且上网价格上调了7厘/kWh。压力主要是电煤价格上涨、环保收费标准提高和供热亏损等。

一是要加强全面预算管理，把一切收支都列入预算管理，扩大预算的覆盖面，增强预算的刚性。二是要切实加强成本管理，消化燃料涨价等减利因素。三是要积极开拓市场，充分发挥生产潜力。

7. 坚持以人为本，建设高素质员工队伍

实现集团公司发展战略的关键是人才。目前集团公司的人员状况远不能适应集团公司发展战略的需

要，主要问题是人员总量偏多，而各方面的业务骨干和拔尖人才不足，特别是高素质、复合型人才严重缺乏。我们一定要有紧迫感、责任感，加快人才开发，把员工人数多的不利因素转变为人才优势，逐步实现人才总量和质量与集团公司发展目标相适应，人才结构与集团公司发展的需求相协调，为集团公司发展提供人才保证和智力支持。

8. 大力发展多种产业，积极稳妥地做好主辅分离工作

电力多种经营企业多年来在精干主业队伍、创造就业岗位、提高企业整体效益和职工生活水平、促进职工队伍和社会稳定方面发挥了重要作用，作出了历史性的贡献。实施主辅分离、辅业改制既是深化电力体制改革和国有企业改革的要求，也是集团公司进一步发展的内在需要。我们要深入研究、切实用好用足国家政策，为辅业发展和职工安置争取更有利的条件，创造更宽松的环境。要在总结试点经验的基础上力争年内完成带资分离的工作。这项工作政策性强，涉及职工群众的切身利益，因此必须把推进的速度、改革的力度与广大职工的承受程度结合起来，确保安全生产和职工队伍稳定。同时要切实处理好资产和债权、债务，防止国有资产流失。

9. 继续积极推进企业文化建设

要大力加强企业文化建设，充分发挥企业文化的凝聚、规范、激励、导向作用。一是要认真总结、提炼出具有大唐特色的企业价值理念体系和行为规范，形成较为完善的集团公司企业文化战略，使之成为集团公司发展战略的重要支撑。二是要积极开展各种形式的企业文化实践活动，增强全系统的文化认同。要把培育企业文化与开展精神文明单位创建活动、加强职业道德建设等工作结合起来，通过丰富多彩的实践活动，引导广大职工树立正确的理念，凝聚广大职工的力量。三是要在办好大唐报的基础上，推出网站、电视、杂志等宣传媒体，为集团公司发展营造良好舆论氛围。要通过不断完善和创新企业文化，充分调动广大职工的积极性，激励职工为企业贡献力量，从而提升企业形象和市场竞争力。

10. 进一步加强党的建设和党风廉政建设

为落实全国组织工作会议、宣传思想工作会议和中纪委三次全会精神，集团公司近期要召开党的建设和思想政治工作会议，按照中央要求全面部署集团公司党的建设和思想政治工作。要在全系统开展“解放思想、更新观念”大讨论，引导广大干部职工树立起与市场经济体制相适应的新观念，保持开拓进取、永不懈怠的良好精神状态，为集团公司的发展提供强大的精神动力。

强化管理　提高效益
深化改革　求真务实
推进国电集团持续快速健康发展

——周大兵总经理在中国国电集团公司2004年工作会议上的报告（摘要）

（2004年2月9日）

一、2003年工作回顾

2003年是集团公司组建并正式运转的第一年。在党中央、国务院正确领导下，在国家有关部门大力支持下，集团公司广大员工坚持“做实、做新、做大、做强”的工作方针，边组建、边运营，克服重重困难，开拓创新，奋力拼搏，取得了各方面工作开门红。集团公司系统全年安全生产形势基本平稳，无重大人身伤亡和重大设备损坏事故，无影响电网安全稳定重大责任事故，无垮坝、漫坝、水淹厂房事故；全年全口径发电量完成1371亿kWh，同比增长16.37%；全口径上网电量完成1269.48亿kWh，同比增长15.97%；供电标准煤耗371.3g/kWh，同比降低2.8g/kWh；投产发电容量193.35万kW，超额完成全年计划投产任务；实现产品销售收入262亿元，同比增加33亿元；快报合并口径利润总额实现14.35亿元（内部核算电厂发电环节以零利润计算）。集团公司以良好的业绩，为发展奠定了扎实基础，为国民经济发展和人民生活水平提高做出了积极贡献。

（1）高度重视安全生产，保持了良好的安全生产形势。

公司上下认真学习贯彻《安全生产法》，坚持“安全第一、预防为主”的方针，落实各级行政一把手为第一责任者的安全生产责任制，通过健全管理组织，理顺管理关系，建立规章制度，加强设备管理，落实安全责任，严格考核奖惩，对安全生产实施了有效管理。通过开展“安全互学互查月”活动和季节性的安全大检查，促进了安全管理水平整体提高，保证了重大节日、重要政治活动期间安全生产。一年来，集团公司直属、全资、控股75个发电企业，实现安全生产无事故单位62个，占82.7%。

（2）建立管理体系，初步实现了科学、规范运转。

为尽快确立符合自身特点的管理模式，集团公司经过认真研究，确定了“两级法人、分层授权、垂直

管理”的“扁平化”组织架构的总体构想，建立了公司系统组织管理体系，初步构建了信息通畅、指挥有力、落实到位的运行机制。加强集团公司本部建设，按照“六个中心”的功能定位，完成了本部机构设置、人员配置和职责划分。设立分支机构，初步理顺了分支机构和所在地区企业的管理关系。积极推进新建扩建电源项目筹建机构组建工作。加强燃料、物资管理，实现集约化经营，组建了国电新源能源公司和国电物资公司。理顺产权关系，维护出资方合法权益，加强和规范了对有限责任公司董事会及股权的管理。加强规章制度建设，制定并施行了党组议事规则、公司工作规则等一系列规章制度，建立各部门、各专业的管理制度体系，全年共出台各类规章制度88件，有力地促进了管理的规范化、科学化。

(3) 完成了安全生产和管理接收，资产财务劳资保险接收工作稳步进行。

(4) 以电源开发为核心，发展工作取得实质性进展。

集团公司十分重视电源发展，成立之初就提出平均每年三个400万kW和各个阶段的电源发展目标，以此为基础制定集团公司电源发展规划，并积极落实项目前期工作。针对已掌握的前期资源，提出“十五”后三年优先安排报批进展快、市场前景好、地方政府积极性高和集团公司电源空白地区的项目规模3000多万kW，其中，2004年新开工1366万kW，预备开工近1000万kW。常州、荆门、蓬莱、铜陵、双鸭山等项目单位积极主动开展前期工作，使项目建议书和可研报告在短时间内上报国家发改委，为后期工程建设赢得了宝贵时间。

由于发展战略明确，决心大，力度强，电源发展取得显著成果，争取了一大批新电源项目；填补了河南、山东、福建、安徽、重庆等地区电源空白；取得国家发改委审批的项目总量也从由于划拨项目中获审批项目较少而处于五大发电集团末位，有望在2004年提升到中上水平，为集团公司实现“三个400万”，2004年实现总资产规模突破1000亿元创造了条件；集团公司“十五”后三年新开工项目中单机容量30万kW以上机组占96%，这批机组投产后将大大提高集团公司的装备质量，实现电源结构升级。

(5) 创新工程建设管理，超额完成全年建设目标。

按照“控制工期，保证质量，降低造价，争创一流”的工程建设指导思想，集团公司初步建立了“小业主、大咨询”，精干、高效的工程建设管理模式。基建战线树立全新的工程管理理念，努力建立完善、适用的工程建设管理程序体系，实现管理科学化、规范化、程序化，确保了各在建工程造价、进度、质量、安全的可控、在控。初步理顺了工程建设管理体制，经董事会授权，由集团公司对大渡河公司进行了直接管理，加强对瀑布沟项目工程建设管理，实现安全施工733天。国电电力大同发电公司工程管理严格，施工进度和质量控制得好，成为集团公司基建规范化示范单位之一。常州项目是集团公司成立后启动的第一个60万kW超临界火电机组，筹建班子思路清晰，工作力度大，项目推进速度和工作效率都较高。

(6) 建立以预算管理为龙头的财务运行体系，“治亏”工作成效显著。

以预算管理为龙头，资金管理为核心，资产经营考核为手段，建立集团公司财务运行体系，推行全面预算管理，克服困难，超额完成了以利润为核心的全年经营目标。统筹资金管理，成立资金结算中心，构筑了资金结算网络平台。与各大银行签署《战略合作协议》、《综合授信协议》，取得了总计1484亿元的综合授信额度。加强贷款管理，合理安排融资方式，通过置换贷款15.5亿元和使用综合授信额度9亿元等措施，年节约财务费用3500万元。

(7) 适应形势，转变观念，全面提高市场营销工作水平。

面对新的电力市场格局和严峻挑战，集团公司适应形势，转变观念，建立了市场营销网络，积极落实任务、责任和措施，千方百计开拓市场，使集团公司全年发电量增长水平在各发电集团公司中名列前茅；全力以赴打好电价测算报批攻坚战，除山西和天津的三个电厂未获批复外，其余33家电厂的零利润电价均已批复；发扬“三千”精神迎难而上，积极争取国家主管部门的支持，解决电价执行不到位和热价偏低问题取得重点突破；早做准备，积极参与区域电力市场竞争，东北、华东两个区域电力市场的各项工作有序推进；探索开拓电力市场新途径，稳步推进向大用户直供电的工作；积极开展市场营销培训工作，提高了市场营销人员素质；系统地建立了市场营销信息、统计分析系统，提高了电（热）量和电（热）费管理水平及电（热）费回收率。

(8) 加强物资、燃料管理，初步理顺多种经营管理体制。

集团公司坚持“以电为主导，多元化发展”的发展方针，把多种经营作为总体发展战略的重要组成部分和主辅分离的重要途径，全年多种经营实现总收入47亿元，实现利润0.9亿元，产业结构有所调整，经营保持稳定。

物资管理注重发挥统一采购的规模和专业优势，降低成本，提高效益，圆满完成三批新电源项目主机设备招标工作，有力地保证了集团公司电源发展的需求。

燃料管理以保证供应、提高质量、控制价格、降低成本为中心，充分发挥集团公司整体优势，加强与煤炭企业和铁路部门的协调，建立了燃料供应保障体系和燃料经营运作机制。与同煤、阳煤集团签订战略伙伴框架协议，在煤电联营方面迈出实质性步伐。谏壁、衡丰、九江、聊城电厂组织人员深入煤矿和铁路部门，加强电煤调运，确保了生产用煤需要。

(9) 坚持科技领先，加大了科技环保工作力度。

坚持科技领先、发展与环保并重，做好科技工作。目前，集团公司系统已拥有一批具有自主知识产权的专有技术，其中“等离子点火技术”荣获2003年中国电力科学技术一等奖，达到世界先进水平；正在开展的多项“863”研究课题也处于国内领先地位。

(10) 确立人才强企战略，加强了领导班子和队伍建设。

集团公司十分重视人才使用培养和队伍建设，积极探索人力资源管理新模式。加强领导班子建设，先后对64家全资、内部核算、控股企业的领导班子进行了全面考察。完成了对全资、控股、参股公司董事、监事人员的选派。制定了《中国国电集团公司人才强企战略规划纲要》和后备人才推荐、管理办法，提出了“168人才工程”的实施意见。谏壁发电厂坚持以人为本思想，合理规划，初步建立了“培养、评价、使用与待遇一体化”的工作机制，有力地推动了企业发展。

(11) 坚持“两手抓”，党建、政工和审计工作发挥了思想保障作用。

二、面临的形势和问题

(1) 电力供需形势为加快发展提供了难得机遇。

2003年，全国电力供需形势总体紧张，22个省（区、市）出现拉闸限电，预计2004年电力供需矛盾会更加突出。根据电力工业“十一五”发展规划和2020年远景目标，全国电力装机容量到2020年将达到9亿kW。从2004年到“十一五”期间，全国平均每年需新增装机3000万kW以上，才能满足经济发展的要求。根据这一市场需求，各大发电公司都在通过加快发展，竞争电源市场空间。为此，我们提出了到2005年可控装机容量达到4000万kW，2010年达到6000万kW，2020年达到1亿kW的发展目标，分别占全国装机容量的9%、10%和11%。这一目标是从集团公司自身实际出发制定的，是符合国家要求的。因此，必须抓住近三年难得的发展机遇，采取新扩建和并购相结合的方针，大力发展电源建设。同时，抓紧进行技术改造和电源结构调整，促进资源优化配置和结构升级，提高现有装备的安全经济运行水平，力争稳发多供。

(2) 面对改革后的竞争环境以及自身资产现状，强化管理提高效益任务十分艰巨。

随着电力体制改革的不断深化，原有体制下的一些深层次矛盾开始显现出来，给发电公司生产经营带来困难。一是电力输配侧改革尚未进行，发电企业在竞价上网、调度运行、安全生产等方面面临巨大压力；二是电价矛盾突出，缩小了发电企业的盈利空间；三是“一厂多制”现象，影响了正常的生产经营活动；四是煤炭资源紧张、价格上调，环保费用提高，增加了发电企业经营压力；五是电源发展资本金不足，资金压力巨大，财务费用增高；六是部分企业管理水平落后，不适应发展需要。

国资委最近提出，要培养30～50家具有国际竞争力的大型企业集团，在每个行业重点发展前三名。从2004年起，国资委开始对国有大型企业进行考核。无论从上级加大考核力度，还是从各企业之间的竞争来看，面对自身状况，都要求我们必须采取有力措施，强化管理，提高效益，努力降低成本，挖潜增效，最大限度地提升盈利能力，壮大集团公司实力。

(3) 十六届三中全会为国企改革指明了方向，集团公司改革重组任务紧迫。

党的十六届三中全会提出，要进一步增强公有制经济的活力，深化国有企业改革，建立现代产权制度和规范的法人治理结构，实现投资主体多元化，使股份制成为公有制的主要实现形式。中央经济工作会议要求按照稳定政策、适度调整，深化改革、扩大开放，把握全局、解决矛盾，统筹兼顾、协调发展的思路，做好各项工作。党中央、国务院对深化国企改革提出了新的要求，深化改革势在必行。

国电集团公司是国有重要支柱企业，在国民经济发展中担负着光荣而艰巨的历史使命。我们要按照党中央、国务院的要求，进一步深化改革，为全面建设小康社会和发展经济做出应有贡献。从目前集团公司现状来看，虽然管理体制与经营机制初步建立，但与电力市场新形势和现代企业制度的要求还有不适应的地方，表现在：对实施集团公司发展战略与改革实践中的矛盾急需深入研究；对改革的总体目标、实施步骤、工作安排等需要进一步论证；按照“两级法人、分层授权、垂直管理”的“扁平化”体制框架，集团公司本部与分支机构和各单位的管理界面有待明确。当前，特别要抓紧研究解决，如何进一步既保证集团公司整体资源优化配置，实现管理效益最大化，又保证现代企业制度的落实；既发挥集团公司对企业的控制力，又充分调动各级单位的生产经营积极性这二者的关系问题，真正做到责、权、利统一和上下协调一致，高效运转。

当前，必须重点在如下几方面实现突破：一是深化内部改革，理顺管理体制，健全经营机制；二是推进集团公司改革重组，建立现代产权制度和法人治理结构；三是实施“主辅分离、辅业改制”，在多经企业建立规范的现代企业制度。

（4）进一步转变思想观念和工作作风，是各级干部员工面临的当务之急。

三、2004年工作的总体要求和任务

根据自身现状和发展要求，党组决定2004年集团公司的中心任务是开展“管理效益年”活动。这项工作分“三步走”，2003年是第一步，找准问题，对症下药，重点突破，初见成效；2004年迈开第二步，开展“管理效益年”活动，狠抓基础管理，显著提高经济效益；2005年以后迈开第三步，以创建中国国电集团公司星级电厂为载体，进一步提升发电企业现代化管理水平和集团公司总体经济效益与综合实力。

2004年集团公司的各项工作，都要围绕开展“管理效益年”活动来展开，按照“抓基层，打基础，办实事，求实效”的要求，达到“夯实基础、确保安全、提高效益”的基本目标。夯实基础，就是要初步建立起科学规范、标准统一，具有国电集团鲜明特色的企业管理基础体系；确保安全，就是要努力实现无人身伤亡、无涉及电网的重大事故、无主设备损坏的“三无”目标；提高效益，就是要使集团公司各项生产经营指标明显改善，盈利能力显著提高。

围绕“管理效益年”活动，党组确定集团公司2004年工作的总体要求是：以邓小平理论和“三个代表”重要思想为指导，深入贯彻党的十六大、十六届三中全会精神，认真落实“做实、做新、做大、做强”的八字方针，以可持续发展为主线，以深化改革为动力，以“管理效益年”活动为载体，努力实现存量资产的科学管理和集约经营，大力推进增量资产的理性扩张和健康发展，实施“主辅分离、辅业改制”，积极稳妥推进改革重组，为集团公司持续、快速、健康发展打好基础。

（一）2004年安全生产目标和经营主要指标

（1）安全目标：不发生人身死亡事故；不发生全厂停电或责任性的电网瓦解、大面积停电事故；不发生重大及以上设备损坏事故；不发生电厂垮坝事故；不发生重大及以上火灾事故；不发生重大及以上施工机械事故；不发生重大及以上交通事故。

（2）发电量：1470亿kWh，比2003年增长7.2%。

（3）利润：比2003年增长16%。

（4）电热费回收率：100%，陈欠回收20%以上。

（5）新增容量：开工1200万～1500万kW，投产228.5万kW，通过重组并购实现全年新增400万kW。

（二）2004年的重点工作

（1）强化安全管理，建立安全生产长效机制。

（2）挖掘潜力，降低成本，努力提高经济效益。

（3）继续坚持以发展为第一要务，积极落实电源项目，加强工程建设管理。

电源建设是集团公司规模迅速扩大，调整电源结构，实现跨越式发展的中心环节。当前，要加强前期工作力度，确保实现集团公司电源发展规划特别是近三年开工目标。要在已经达成开发意向的前期项目中，比选出近三年内具备开工条件的项目，把近三年“三个400万”的项目落实；要集中资金，保投产、保进度、保开工，力争提前实现集团公司2005年新投产规模1000万kW的目标；要建立健全投资风险防范机制，对所有新开工项目进行认真比选和科学论证，认真进行投资风险评估和项目的后评价，把缩短工期、控制投资、降低造价、满足市场需求以及争取合理电价作为决策项目开工与否的主要标准；要加大项目催批力度，在做好电力市场预测和平衡的基础上，落实前期工作专人负责制，积极创造条件争取项目早日列入国家规划，早日获得批复。

产权置换和重组并购也是实现电源项目增长的有效形式，是实现发展目标的重要组成部分。要针对存量电源资产“一厂多制”股权交叉等情况，研究发电集团公司间的资产置换问题。要在充分论证的基础上，积极稳妥地收购部分现有电厂股权，实现控股。要通过内部重组盘活资产，从股本市场直接融资，减轻资本金压力，达到用较少的资本金扩大可控资产的目的。

要加强工程建设管理，打造国电品牌。强化全过程管理，积极衔接前期工作，以服务生产运行为宗旨，解决好基建与生产脱节的问题；发挥整体优势，降低采购成本，做到工程建设中的设备、大宗物资采购由集团公司统一安排；选好项目经理，落实项目公司责任，实现责、权、利的有效统一；树立全新的项目管理理念，建立完善、适用的工程建设管理程序体系，实现工程建设管理科学化、规范化、程序化；要狠抓落实，确保工程造价、进度、质量、安全的有效控制；增强法治观念和合同意识，逐步实现工程项目管理与国际惯例接轨。为加强工程管理，2004年对工程项目实行目标责任制，对项目责任人，要做到有责有权，有奖有罚，真正把工程落实，真正把工程做好，真正保证现在开工项目能够按期投产。

（4）深化改革，推进资产重组、主辅分离和集团公司改革重组。

（5）切实加强财务和投融资管理，做好资产财务劳资保险接收和清产核资工作。

进一步加强资金管理，实施金融运作。以资金结算中心为平台，发挥集团公司整体优势，搞好资金管理、金融运作、资本经营，合理安排资金流量和流向，控制资金风险，优化财务结构，降低资金成本，提高资金效益。既要学会用电来赚钱，也要学会用钱来赚钱。

要加强投融资管理，努力筹集发展资金。一是利用两个上市公司，通过资本市场进行融资。二是做好发行企业债工作，确保2004年发行40亿元。三是变现部分资产，在保持集团公司控制力的前提下，通过盘活存量资产变现资金。四是向有投资能力的子公司分散部分股权，减轻集团公司集中筹集资金的压力。五是充分利用各种金融产品筹集资金，降低融资成本。要研究如何把集团公司整体负债率降下来的方式方法，以具体项目资本金不低于20%的限度，确保满足每年开工、投产和并购以及前期工作的资金需求。

要继续扎实妥善地做好资产财务和劳资保险接收工作。在此基础上，作好清产核资工作，切实摸清家底，建立“归属清晰、权责明确、保护严格、流转顺畅”的现代产权制度，为“新会计制度”实施作好准备。要尽可能用好国家政策，处理部分不良资产。大力开展资产和产权专项调研，逐步理顺“一厂多制”、“投贷不分”以及“产权关系不清”等问题，规范主业与多经的关联关系，合理规划存量资产盘活，优化资产结构。

(6) 以市场营销为龙头，增强集团公司市场竞争力。

要落实一把手营销工作第一责任人的责任，完善市场营销体系，提高整体运作效率。要转变观念，将工作重点从过去单一的生产经营转移到以经济效益为中心，以安全生产为基础，以市场营销为龙头，以开拓市场为重点上来。在内部核算电厂电价测算报批工作取得显著成果的基础上，以全面提高各发电企业的总体电价水平、改善电价结构、提高发电量为重点，以百分之百回收电费为目标，力争实现新突破。

(7) 坚持“科技是第一生产力”，不断提高装备和管理技术水平。

要不断改善电源结构，加大水电开发力度，积极稳妥发展气电、核电、风电、垃圾发电和潮汐发电等。加快建设集团公司信息网络系统。

环保工作要坚持控制与治理相结合的原则，积极采取措施，减少污染，提升环保水平。根据不同地区、不同条件，大力发展洁净煤发电技术，建设一批环保型“绿色电厂”。要高度重视排污费的上缴和返还工作。千方百计管理好现有设备，强化入炉煤质量管理，做到少排污、少缴费，多立项、多返还。要争取上缴，供集团公司集中调配使用。

(8) 实施人才强企战略，加强领导班子建设

(9) 加强思想政治工作和党风廉政建设。

改革创新 协调发展 全力开创公司2004年工作新局面

——贺恭总经理在中国华电集团公司2004年工作会议上的工作报告（摘要）

一、关于公司2003年工作的基本估价

2003年是电力体制改革中诞生的中国华电集团公司的开局之年。总的来说，公司开局顺利，势头良好，改革发展稳定各项工作有序推进并取得积极成效，为公司的长远发展奠定了起步的基础。经过一年的努力，公司内部核算、全资和控股电厂累计完成发电量1247.5亿kWh。投产容量329.5万kW，开工国家批准项目759万kW，公司资产总额由年初的758亿元增长到年底的930亿元。全年工作概括起来主要有以下六个方面：

1. 建立体系、健全制度，夯实工作基础

一是建立了明确的工作目标体系。公司在年初就提出了发展战略框架、近中期发展目标，确定了2003年经营目标，制定了2003年各项工作计划，对各项工作进行部署，基本形成了任务明确、责任落实、层层推动、循序渐进的工作目标体系。二是建立起运转顺畅的组织管理体系。公司本部迅速建立起人员精干、职能清晰、运转高效、作风扎实的工作机制。集团公司基本建立以授权委托为基础的总分公司和以产权关系为纽带的母子公司并存的复合型管理体制。分支机构已经发挥出积极作用。控股企业的法人治理结构进一步规范。三是建立了规范有效的规章制度体系，各项工作基本实现规范化和制度化运转。

2. 推进移交、确保安全，实现平顺过渡

公司系统坚持贯彻电力改革的整体部署，保证改革的顺利推进，保证电力生产安全运行。2003年3～4月间，顺利完成了第一阶段安全生产和干部管理的移交。随后，公司上下积极主动多层次地反复与有关电网企业沟通协商，推动第二阶段移交尽快合理进行，春节前已经与部分网省公司签定了移交协议和备忘录。在实施厂网分开这一重大体制改革的特殊年份里，公司系统坚持“安全第一、预防为主”的方针，牢记“安全责任重于泰山”，建立安全生产责任制，全面加强安全生产工作。同时，加强技术改造、电煤管理，合理安排大修和电力生产，服从电网调度，克

服了管理体制转换、供需矛盾突出、“非典”疫情突袭、检修任务繁重等诸多困难，最大限度地提供了社会急需的电力、热力产品，没有发生重大电力生产事故，确保了安全生产，确保了队伍稳定。

3. 强化管理、扭亏增盈，提高经营水平

面对公司严峻的经营形势，集团公司把扭亏增盈作为重中之重来抓，提出了明确的目标和措施。公司上下一方面着力于争取好的外部环境，另一方面着眼于强化内部管理，向内挖潜，从内外两个方面加强电量、电价、电费和成本控制工作。在装机容量比重较大地区电量增长明显偏低、发电量增长较快地区容量很小、主要水电厂因来水偏少大幅度降低发电量等客观因素不利的情况下，通过大力开展市场营销实现发电量的增长，实属不易。4 家企业实现当年扭亏为盈，难能可贵。

坚持生产经营与资本经营并重的方针，在资本经营和金融运作方面迈出坚实步伐。一是采取一系列战略性举措，发挥了华电国际、龙电股份融资窗口的作用。二是先后成立了结算中心、保险中介公司和财务公司，构建了金融运作的平台。三是与国内 6 家重要银行结成战略合作关系。集团公司开展资本运营、实施金融运作的总体战略和组织框架基本确立。

4. 抢抓机遇、奋力开拓，推动电源建设

公司上下坚持以发展为第一要务，竭尽全力谋求发展。在 2004 年年初划转的前期项目相对较少、新批的项目也不多的不利情况下，一方面只争朝夕地做好项目的前期准备和立项报批工作，努力推进国家批准立项和开工的电源建设项目；另一方面，积极主动地寻求与各级政府部门和有关投资主体的合作，力争项目资源，充实项目储备，先后与有关方面签订电力建设战略合作协议、项目投资意向书数十个。制定了集团公司 2010 年电源发展规划和 2020 年远景目标。经过艰辛努力，公司电源项目（资源）分布从原来的 14 个省（区、市）扩大到 22 个省（区、市），为实现 2010 年装机容量翻一番和 2020 年突破 1 亿 kW 的目标打下了基础。同时，严格落实“五制”要求，加大对建设项目的监督指导力度，加强电源建设的设备订货和“质量、工期、造价”三控制，积极筹措资本金，落实项目融资，保证了电源项目发展。

5. 建立平台、上下延伸，促进综合发展

公司在努力做强做大发电主业、增强核心竞争力的同时，坚持“以电为主，综合发展”的经营战略，积极推动综合产业发展。研究提出了综合产业发展的基本战略、总体思路和工作部署。成立了综合产业管理部门，组建了燃料公司、开发投资公司、招标公司等五家专业公司，启动华电工程及所属多经企业改组、改制工作，初步构建起综合产业发展的平台。燃料“五统一”管理已经开始实施。开发煤炭产业以及煤电联营工作已经起步。积极开展国际交流合作。公司系统一些企业在运行、检修、工程总承包等领域开始走出国门，参与国际竞争。

6. 建设队伍、树立形象，凝聚工作力量

公司党组先后举行了“三个代表”重要思想学习研讨会和两期企业主要负责人理论学习班，不断加强了党的思想建设。以建立组织、理顺关系、健全制度、开展活动、发挥作用为主要内容，加强了党的组织建设。以反腐败三项工作为重点，加强源头治理，建立党风廉政建设责任制，全面加强了党风廉政建设。以稳定职工队伍、提高员工素质、增强凝聚力为目的，加强了精神文明建设、企业文化建设和思想政治工作。对公司系统近 80 家企业领导班子进行了全面的考察、调整和加强。加强了董事、监事队伍建设。加强了人力资源管理，着手研究和启动了人力资源优化配置工作。加强对外宣传和对内沟通，开展积极有效的公关工作。积极配合监事会和国家有关部门的工作。

在公司 2003 的工作实践中，有以下几点深刻的体会：

一是以党的基本理论和方针政策指导公司工作。

二是以科学的战略和决策引领公司工作。

三是以群众的智慧和力量推动公司工作。

四是以良好的作风和形象促进公司工作。

二、面临的形势和必须把握的重大问题

（一）认清形势，深刻认识公司面临的机遇和挑战

首先，集团公司面临着重要发展机遇。我国已经进入全面建设小康社会的新的历史时期。实现 2020 年国内生产总值比 2000 年翻两番的宏伟蓝图，电力工业作为重要基础产业和主要能源支持，必将适度加快发展。电力体制改革取得重要突破，区域电力市场建设和依法监管电力正在加快推进，为集团公司发展增添了新的活力。这些都为集团公司的改革发展提供了重要战略机遇。

同时，集团公司面临着严峻挑战。随着“厂网分开、竞价上网”的各项改革逐步到位，电力企业进入市场，电力发展跨入竞争时代。发电市场的竞争正向深层次、宽领域展开。竞争和发展已经成为电力企业的两大主题。

（二）坚持科学的发展观、科学的人才观、正确的政绩观，正确把握和处理公司工作的重大问题

1. 坚持科学的发展观，协调推进公司发展

树立科学的发展观，就是要做到“五个统筹”、“五个坚持”，努力实现全面、协调、可持续的发展。

把这一要求贯穿落实到公司发展这个第一要务的全部工作之中，关键是要处理好四个关系。

(1) 正确处理规模速度与质量效益的关系。加快建设速度、做大资产规模，搞好资金平衡、注重资产质量，这是壮大公司实力和提高竞争力的必由之路。必须努力实现规模速度和质量效益的统一。

(2) 正确处理当前发展与可持续发展的关系。要立足当前，放眼长远，努力统筹兼顾眼前利益和长远利益、局部利益和全局利益、企业利益和社会利益。

(3) 正确处理以电为主与综合发展的关系。电源建设与电力生产经营是集团公司必须始终坚持的主要业务，这是集团公司的核心竞争力所在；同时，适时开发电力上下游产业和相关产业，适度发展综合产业，力求形成集团公司新的利润增长点。

(4) 正确处理企业发展与员工发展的关系。企业发展是员工发展的依托和基础，员工发展是企业发展的动力和根本。

2. 坚持科学的人才观，走"人才强企"之路

树立"科学的人才观"，就是要坚持以人为本，尊重劳动、尊重知识、尊重人才、尊重创造，实施人才强国战略。

3. 坚持正确的政绩观，切实提高资产经营绩效

树立正确的政绩观，就是要求真务实，办实事、务实效、求实绩，做到为民、务实、清廉。这对于公司系统建立科学的考核评价体系，实实在在提高资产经营绩效具有十分重要的指导意义。

三、2004年工作安排

(一) 总体要求和工作目标

全年要完成以下八项主要指标：

(1) 不发生重大安全生产事故、严重违法违纪案件和对公司形象、稳定造成重大不利影响的事件。

(2) 发电量1300亿kWh，同比增长5.4%；供电煤耗369.8g/kWh，同比下降0.5g/kWh。

(3) 国家批准开工10项632万kW，投产9台181.5万kW，电源项目总投资186.5亿元。

(4) 主营收入310亿元；集团公司系统利润9.9亿元，同比增长3.2%，集团公司利润3500万元。

(5) 流动资产周转率1.84次，净资产收益率0.21%。

(6) 应收电热费余额同比下降10%。

(7) 综合产业销售收入82亿元，利润1.9亿元。

(8) 在职员工总人数零增长。

(二) 重点工作任务

要切实做好以下八项重点工作：

1. 实施公司发展战略，全面加强战略管理

公司的远景目标是建设成为"国内先进，国际一流"，具有可持续发展能力和国际竞争力的现代企业集团。围绕这个目标，制定相适应的营运和发展战略体系，建立科学的管控组织体制、完善的风险管理制度、市场化的人力资源管理机制和以人为本的企业文化体系等。

2. 确保安全生产，充分发挥发电能力

3. 提高经营管理水平，继续落实扭亏增盈

(1) 要强化计划预算管理。

(2) 要加强市场营销工作。

(3) 要严格成本管理。

(4) 要继续认真做好第二阶段资产移交工作。

(5) 要全面贯彻《企业国有资产监督管理暂行条例》，认真贯彻落实中央和国家有关部门的工作部署，积极配合支持监事会开展工作，要按照国资委的统一部署认真做好清产核资工作。

4. 继续加快电源建设，提高工程质量和效益

抓住当前电力发展高峰期的难得机遇，努力实现快速发展和有效扩张。进一步做好电源发展规划和动态调整工作，对近中长期项目进行科学分析、优化选择、合理排序，保持投产、在建和储备项目的合理比例。

5. 大力推动改革创新，增强企业经营活力

改革创新是企业发展的不竭动力。

适应电力企业外部改革不断深化的新形势新要求，必须下大决心加快企业内部改革，积极推动企业改制重组，大力推进企业管理创新。

6. 服务主业拓展多元，加快综合产业发展

认真落实《中国华电集团公司关于加快综合产业改革发展的意见》。六大专业公司要在去年起步的基础上，发挥集团优势，在燃料管理、煤炭开发、招标代理、工程承包和资金、保险、年金运作等方面充分整合集团公司内外资源，实行规模化经营，取得实实在在的经营成果。

积极实施"走出去"、"引进来"战略，加强电力技术、经济的国际交流与合作，努力探索海外业务发展的有效形式，不断扩大参与国际竞争的广度和深度，着力推进公司国际化进程。

7. 大力加强党的建设、精神文明建设和企业文化建设

深入学习贯彻"三个代表"重要思想和三中全会精神。坚持"围绕中心、强化核心、凝聚人心"，积极探索党组织发挥政治核心作用、参与企业重大问题决策的新机制、新方式，加强企业党的基层组织建设，广泛开展保持共产党员先进性教育活动，充分发挥党组织政治核心作用和党员先锋模范作用。坚持和完善以职代会为主要形式的民主管理制度，广泛开展创建文明单位活动，积极培育先进的、富有华电特色

的理念、精神、道德和作风，充分发挥精神文明建设和企业文化建设统一思想，凝聚人心，促进工作的作用。

8. 进一步加强企业领导班子建设

要在2003年领导班子考核和调整的基础上，以完善考核评价机制、改进选人方式、培育后备力量为重点，进一步加强领导班子建设。加强领导干部的教育和培训，不断提高驾驭全局能力、经营管理能力和学习创新能力。坚持把党管干部原则和市场机制选聘领导干部结合起来，逐步完善内部竞聘上岗、社会公开招聘、人才市场选聘等多种方式的市场化选人用人机制。研究制定后备干部选拔、培养、考察、使用管理办法，为公司可持续发展提供人才保障。对公司制企业要进一步完善法人治理结构，形成企业权力、决策、监督、执行机构分工明确、各负其责、协调运转、有效制衡的机制，进一步加强董事监事队伍管理，提高董事监事工作水平，改进管理方式，更好地落实出资人的三项权益。

坚持以人为本　提升企业价值
努力推进集团公司全面协调持续发展

——王炳华总经理在中国电力投资集团公司2004年工作会议上的报告（摘要）

（2004年1月15日）

一、2003年工作回顾

（一）集团化管理体制基本形成

集团公司按照国务院批准的组建方案和章程，完成了公司组建工作，构筑了新的管理体制：一是集团公司本部机构、人员、职责到位，建立完善了总经理会议制度，成立预算委员会和审计委员会，形成集团公司的决策中心和相应的指挥、信息、监控体系；二是在接收和理顺企业产权和管理关系的同时，确立了所属企业管理办法。三是有步骤地组建了四个区域性分公司和四个专业性分支机构，明确进行了管理授权；四是进一步完善法人治理结构，特别是上市公司的法人治理结构，加强董事、监事、财务总监的管理。一年来，集团公司加快现代企业制度建设，初步形成管理科学、权责明确、运转协调的母子公司、总分公司、经营型与控股型相结合的集团化管理体制。

（二）安全生产持续稳定

集团公司始终把安全生产放在首位。建立了适合集团公司特点的安全生产管理模式，明确目标，层层落实责任；规范了运行和检修管理，设备的安全性、可靠性、经济性、可调性显著提高；加大了机组的技术改造力度，共投资2.6亿元，对10台机组进行了通流改造，完成了11台机组的DCS改造；加强环保治理工作，在对部分流化床锅炉改造的同时，调查并掌握了火电厂污染物排放的现状，完成了《工业污染物防治规划》和《燃煤电厂二氧化硫排放治理“十一五”规划及2020年远景治理目标》的编制和上报工作。

（三）经济效益稳步增长

集团公司确定下达了各项生产经营指标，采取有力措施，确保经营目标的实现：积极推行全面预算管理，落实资产经营责任，严格考核兑现；坚持定期进行经济活动分析，及时发现并解决经济运行中的有关问题；努力开拓电力市场，增发电量；主动疏导电价矛盾，争取合理的电价政策；加强资金集中统一管理，积极开展资金运作；严格控制生产、基本建设和经营成本，特别是燃料成本管理收效良好；加强了产权和股权管理，取得了较好的投资收益；积极进行债务重组，改善财务状况；加大电热费回收管理力度，陈欠电热费呈逐月回落趋势。

（四）基础管理工作不断强化

2003年集团公司按照“学习、规范、创新、求实”的要求，多层次、全方位地开展了“基础管理年”活动。

（五）发展迈出新步伐

按照集团公司确立的总体发展思路，经过集团公司上下的努力，初步形成了全方位的发展格局，重点工作取得突破，前期项目储备充足，在建工程进展顺利，发展步伐明显加快。

主业取得显著成果。集团公司按照水、火、核并举的发展原则，在对老厂进行改造和扩建的同时，积极开发新的火电项目。加快了黄河上游和沅水流域滚动开发的步伐，获得广西红水河长洲项目的控股开发权。核电开发取得重大进展，积极参与组建“中国核电技术公司”，并加紧进行山东海阳和辽宁大连两个核电项目的前期工作。坚持基建“五制”，加强工程建设组织和协调。主业的发展既满足了当地中长期国民经济发展对电力的需求，也缓解了集团公司前期项目储备严重不足的局面。

相关产业稳步发展。集团公司积极探索煤电联营的发展模式，在煤炭资源丰富的内蒙古东部、河南平顶山及淮南地区与煤、电伙伴进行合作开发。对重庆远达环保有限责任公司进行改组和改造，力求在电力环保产业有所作为，稳步向主业上下游延伸，增强电力发展后劲。

海外发展取得了新的进展。完成了中国电力国际有限公司对澳门电力6%的股权收购。与多个外国公司进行了多方面的经济技术交流，签署了相关的合作协议，对海外业务拓展进行了有益的探索。取得了外经贸权，为涉外业务的拓展打下基础。

资本运作有了实质性突破。实现了电力体制改革后的第一支电力股票——上海电力股份有限公司A股成功上市。圆满完成了电力体制改革后第一家电力企业债券（30亿元）的发行。通过收购部分股权，巩固了对重庆九龙上市公司的控股地位。与国内四大银行建立了良好的银企合作关系，获得人民币1508亿元的授信额度。

（六）改革创新取得阶段性成果

电力体制改革稳步推进。集团公司成立了资产接收工作组，奔赴17个省、市、自治区，与各方密切配合，实现了第一阶段领导干部和生产管理关系的平稳交接。第二阶段的资产、劳资、社保接收工作取得阶段性成果。完成了厂网分离后内部核算电厂的电价测算和方案上报工作。按照国务院和有关部委的要求，做好清产核资的准备，并开展了内部审计工作。积极参加了电监会组织的东北、华东两个区域电力市场的试点工作。对发电企业向大用户直接供电或直接交易的方式进行了有益探索。

企业内部改革取得阶段性成果。成立了改革工作领导小组，进行多次调研论证，形成了精干主业、主辅分离、辅业改制的总体改革方案，并在辽宁清河发电有限责任公司和黄河上游水电开发有限责任公司进行改革试点，目前两个公司已经按照新体制进行运作，实现了主辅分离。

专业化、集约化管理迈出新步伐。资金结算管理中心按照集团公司确定的资金管理方式和原则，将100个单位和项目纳入管理系统，覆盖面达93.5%。运行分公司已形成组织和管理的基本思路，并在试点单位开始了专业化的运行服务工作。工程建设管理分公司成立后，立即开展了大量基础性准备工作，集团公司工程建设管理新体制正在形成。

科技创新工作起步良好。建立了科技工作管理体系，积极开展科技创新，有两个项目获得“中国电力科技进步奖”，两个项目列入国家科技部863项目，湖南五凌公司建立了湖南电力的首家博士后科研站。

（七）领导干部和员工队伍建设得到加强

集团公司着眼于长远发展，以加强领导干部队伍建设为重点，并开始着力于建设高素质的经营管理者队伍、高水平的专业技术队伍、高技能的员工队伍。

加强干部队伍建设。建立了集团公司干部管理体系，规范干部选拔任用的标准和程序，形成了领导干部任前公示、任前谈话、任前培训等一系列制度。对领导干部提出“讲政治、有本事、肯实干、能自律”的要求。完成了新建机构干部的选配和首批16名财务总监的委派工作。完成了大部分全资、控股公司和电厂领导班子的考核、调整和配备，加大了干部监督考核、干部交流和年轻干部的使用力度。对机关干部提出“学习、自律、管理、服务”的要求，通过抓机关促基层，加强了干部队伍思想作风建设。全面开展了“树组工干部形象”集中学习教育活动，进一步加强干部人事部门的自身建设。

加强干部的教育培训。集团公司成立了党校、高培中心、上海电校、技能培训中心四位一体的人才培养基地，举办了党校培训、财务领导干部培训、企业管理培训、领导干部任前培训和九期“三个代表”重要思想轮训等各类培训班，共培训干部和各类专业人员604人·次。各单位从实际情况出发，开展了多种形式的职业教育和岗位技能培训，收到了良好的效果。

积极推进人力资源的开发。根据发展的需要，结合专业化管理公司的成立，对运行、检修、工程管理和核电人才进行了摸底调查，并在系统内外选拔、招聘人才，制定人才开发培养计划。通过上述措施，集团公司干部队伍能力增强，员工队伍素质进一步提高。

（八）党的建设和精神文明建设全面推进

各级党组织积极发挥政治核心作用。集团公司成立后及时与上级单位和地方党委沟通，在很短的时间内理顺了各级党群组织的关系，完善了党群工作管理体制。大力加强党的建设，认真组织学习贯彻党的十六大和十六届三中全会精神，在集团公司系统掀起了学习贯彻“三个代表”重要思想的新高潮。集团公司党组中心组进行了多次集中学习，并召开了民主生活会，征求对集团公司党组的意见和建议。集团公司各单位通过各种方式开展革命传统教育，提高党员理论修养。在改革发展中，充分发挥了党组织的政治核心作用和党员的先锋模范作用。

思想政治工作、精神文明建设成效明显。不断创新工作制度和工作方法，深化创建文明单位活动，开展了丰富多彩的文体活动。积极参加公益活动，在防治“非典”工作中，共向社会捐款484万元。

整合建设集团公司特有的企业文化。一年来集团公司着力加强了企业文化建设，通过集团公司广大员工参与和广泛征集，形成了包括企业精神、企业经营理念、企业价值观、企业形象、员工形象在内的完整的集团公司企业理念，统一了企业标识。企业文化在促进企业发展、增强凝聚力方面发挥了重要作用。

总结一年来的工作，有以下几点体会：

第一，必须把发展作为第一要务，确立正确的发展战略思路。

第二，必须解放思想，转变观念，保持与时俱进的精神状态。

第三，必须坚持改革，不断创新，为企业的发展增强动力和活力。

第四，必须强化管理，打好基础，保证集团公司健康发展。

第五，必须把干部队伍建设放在重要的位置。

第六，必须加强党的建设，确保两个文明协调发展。

二、面临的机遇和挑战

经济体制改革和国民经济持续发展，给我们带来了多方面的机遇，结合集团公司的实际情况，要重点把握好以下四个方面：

一是党的十六届三中全会提出新的发展观，为集团公司确立了正确的战略取向。

二是国民经济的全面持续发展和社会进步，为集团公司提供了广阔的发展空间。

三是国有企业改革和电力体制改革的深化，为集团公司的改革注入了强大的动力。

四是健全现代市场体系、规范市场秩序，为集团公司创造了良好的市场环境。

从集团公司内外部环境和自身的条件来看，当前面临的压力和挑战主要表现在三个方面：

一是发展的要求非常迫切。

二是改革的任务十分艰巨。

三是经营的形势比较严峻。

三、2004 年的工作目标和任务

（一）全面推行企业业绩评估，进一步加强基础管理，不断提高安全生产水平

集团公司所有企业要以国内外同类型机组、同类型企业的先进水平为方向，以主辅设备经济运行指标达到设计值为目标，全面提高设备健康、经济运行水平，重点抓好检修、运行和技术改造三个环节。采取各种有效措施，提高检修和运行质量，实施科学化、规范化管理，下大力气减少非计划停运次数，杜绝各类误操作事故的发生。加大技术改造和技术监督力度，从安全可靠、环保、节能、降耗、提高自动化水平等方面入手，提高设备的技术含量及经济性、可靠性。

（二）强化经营管理，努力增收节支，确保完成年度各项目标

要加强综合计划工作。以集团公司总体发展思路为指导，建立健全包括各专业及母、分、子公司在内的综合计划管理体系，实现计划管理的科学、协调、规范、高效。要完善相应的指标体系、统计信息系统和经济活动分析制度，充分发挥综合计划管理在企业经营活动中的指导作用。

继续推进全面预算管理，落实资产经营责任制。

要严格加强成本管理。必须树立成本效益观念，提高全体员工的成本意识和成本控制能力，用尽可能少的成本付出，创造尽可能多的价值。

要健全资金集中管理体系。充分发挥资金结算管理中心的作用，建立和运作内部资金市场，拓展与金融机构的合作。

加强产权和股权管理。确保完成第二阶段资产接收任务，妥善处理好历史遗留问题。认真组织清产核资工作，建立资本纽带，建立现代产权制度。

（三）加强战略管理，优化布局结构，促进集团公司快速持续发展

要科学、合理地调整和编制集团公司“十五”和“十一五”发展规划，对项目进行优化选择，排定时序，加速开发，尽快形成投产、在建和储备项目的合理比例，实现速度、结构、质量、效益的有机统一。

在核心产业上，要做强、做好、做实。发展火电一定要优化选择环保、节能、有市场潜力和竞争能力的项目。

加快相关产业发展，稳步向煤电联营、保险、金融、环保等产业延伸。

要进一步推进国际化进程。发挥中电国际境外融资窗口和国际化发展载体的作用，引进战略投资者，尽快实现海外上市的战略目标。

加大资本运营力度。要全面分析资本市场的动态，通过实施改组、改造、收购、兼并、重组、置换等方式，优化资源配置，提高资产效率。

要强化投资管理。所有投资项目都要着力在投入产出比、投资回收期、投资收益上进行优选，避免盲目扩张。

加强工程建设管理。在确保按计划完成投产项目建设的同时，要力争扩大开工规模。

（四）坚定不移地深化改革，持续创新，增强集团公司的活力和整体实力

（1）推进主辅分离、辅业改制。

（2）对有关企业实行规范的公司制改组。

（3）进一步转换经营机制，推进企业劳动用工、人事、收入分配制度的改革。

（4）推进专业化和集约化管理进程。

（5）要调整和优化集团公司的组织结构。

（五）积极开拓市场，扩大市场份额，不断提高竞争能力

（1）建立市场应对和反馈机制。

（2）加大市场开发力度，努力扩大市场份额。

（3）营造良好的营销环境。

（六）加强法制化管理，完善监督和风险控制机制，确保企业规范健康运行

市场经济是法制经济，加强企业法制建设是提高企业竞争力的重要前提。要认真贯彻执行国家法律法规，全面提高企业经营者的法律素质和依法经营管理能力，建立健全财务、审计、企业法律顾问和职工民主监督等企业内部的监督和风险控制机制，确保企业资产安全、运作有序、健康发展。

（七）大力推进科技进步，加快信息化建设，加速集团公司现代化进程

科技和管理创新、信息化建设是国有企业改变落后的产业结构和管理方式，提升企业价值的重要手段，2004 年集团公司要重点抓好科技进步、信息化建设和软科学研究三项工作。

（八）全面建设高素质的人才队伍，形成集团公司的人才竞争优势

抓紧制定人才资源开发规划。要对人才资源进行全面调查研究，根据总体发展战略的要求，分别制定干部队伍、专业技术队伍、工人技师队伍的人才发展规划。

要加大人才培养的力度。组织好各类人才的培训、教育工作。

重点加强干部队伍建设。集团公司要召开专门的领导干部会议和人才会议，部署领导干部和人才资源的开发、建设工作。

加强干部队伍作风建设。大力弘扬求真务实的精神，大兴求真务实之风，求真务实要紧紧围绕落实集团公司的各项工作来进行，最重要的是付诸实践、见诸行动、取得成效。

（九）改进和加强党的建设，抓好思想政治工作、精神文明和企业文化建设，为改革发展提供政治保证

加强党风廉政建设。坚持标本兼治、惩防并举，建立健全教育、制度、监督并重的惩治和预防腐败体系。

全面加强精神文明、思想道德建设和企业文化建设。

要充分发挥群工组织的作用。进一步加强工会、女工、共青团和青年工作，发挥职代会的作用，调动一切积极因素促进集团公司的改革发展。

加强思想政治工作，关心员工利益。要加强党的路线、方针、政策和理想信念教育，提高党员和干部的政治素质和理论水平，树立正确的人生观、世界观和价值观。

电力工业论坛

2004 年全国主要论坛

联合国水电与可持续发展论坛

2004 年 10 月 27 日，由联合国经济社会事务部、世界银行和中国国家发展和改革委员会共同主办，中国水利水电科学研究院承办的联合国水电与可持续发展国际研讨会在京隆重开幕。国家发展和改革委员会张国宝副主任、联合国经济社会事务部 Kui－Nang Mak 先生、世界银行中国分部主任 David Dollar 先生、中国工程院院士、大坝委员会主席陆佑楣、水利部索丽生副部长等出席了今天的会议。开幕式由中国国家发展和改革委员会能源局局长徐锭明先生主持，来自 44 个国家和组织的 500 余名代表及新闻媒体参加了会议。

中国国家发展和改革委员会副主任张国宝先生代表中国政府做了“用好水能资源，为人类提供可持续利用的清洁能源”的报告，介绍了中国的能源状况、中国水能资源及开发利用状况、中国水电发展的方针和政策。在谈到今后我国的水电建设和管理工作时，强调更好地保护环境、实现可持续发展，并提出了五项应该重点加强的工作。联合国经济社会事务部能源与交通部局长 Kui－Nang Mak 先生和世界银行中国分部主任 David Dollar 分别向代表们致辞。

国际水电协会 Hon Peter Rae、中国工程院院士、中国大坝委员会主席陆佑楣、乌干达能源矿产国务部长 Hon Daudi Miegereko、中华人民共和国水利部副部长索丽生、世界银行水管理高级顾问 John Briscoe、中国国家环保总局环境影响评价司司长祝兴祥分别针对国内外近几十年来的水电发展状况、能源需求、水电发展与生态环境保护、移民安置、水电与促进社会经济发展的关系等方面的问题做了主题报告，特别强调了要科学开发水电资源，促进水资源可持续利用和社会经济的可持续发展。联合国经济社会事务部能源与交通局长 Mak 先生、中国国家发展和改革委员会能源局副局长王骏先生和世界银行能源与水资源部主任 Jamal Saghir 先生主持了主题报告会。

来自国内外 NGO 的代表以及其他代表就水库移民、在国际河流上建坝等问题进行了热烈的讨论。会议主席还邀请了来自哥伦比亚环境署、尼泊尔国家电力部负责人、赞比亚卢撒卡 CCO 电力有限公司负责人、印度安全水资源开发项目的代表、国际 NGO 组织的代表、中国水力发电学会的张博庭教授和瑞士的 Graf 教授分别就水电开发与可持续发展方面的问题作了发言。

此次研讨会是 2002 年在南非约翰内斯堡举行的可持续发展世界首脑会议后有关工作的延续，目的是促进世界水电的健康发展，更好地保护环境，减少温室气体排放，实现可持续发展战略。本次研讨会不仅对中国，同时对世界范围水电事业的健康、可持续发展将具有重要的意义。

2004 中国电力论坛广东分论坛

2004 年 7 月 21～22 日，由中国电力企业联合会主办、广东省电力行业协会承办的“2004 年中国电力论坛广东分论坛”在广州举行。论坛的主题是“提高电力能源利用效率，促进电力能源可持续发展”。中国电力企业联合会副理事长叶荣泗出席开幕式并致辞，南方电网公司总经理、广东省电力行业协会会长王野平出席开幕式并发表演讲，中国电力企业联合会秘书长王永干主持开幕式。

国务院发展研究中心副主任谢伏瞻，国家电监会南方局局长杨昆，国家电网公司顾问周小谦，电力资深专家吴敬儒，中国电力企业联合会秘书长王永干，国家发改委能源局副局长吴贵辉，中国科学院院士、中国电力科学研究院总工程师周孝信，中国工程院院士、浙江大学能源学院院长岑可法，清华大学教授夏清，西安热工研究院副总工程师朱宝田以及广东省经贸委、广东省发改委、广东省电力试验研究所等部门领导以及科研院所、高等院校的高级专家学者就节能与电力可持续发展的重要性、必要性，提高能源利用效率的技术和途径，节能与电力可持续发展的政策建议以及电力工业产业政策发表了精彩的演讲。

节能和可持续发展是一个全球性的课题。随着中国经济的高速发展，能源电力工业正面临着巨大的挑战和压力。树立科学的电力发展观，以人为本，实现能源电力工业的全面、协调、可持续发展，有着极为重要的现实意义，也完全符合世界各国经济发展的共同趋势。为此国务院决定，2004～2006 年在全国范围内开展资源节约活动，增强全民族的资源忧患意识和节约意识，切实转变经济增长方式，调整经济结构，加快技术进步，缓解经济社会发展面临的资源瓶颈，全面推进节约能源、原材料、水、土地等资源以及资源的综合利用工作。

为体现企业在论坛中的地位和作用，论坛还安排了广电集团、粤电集团、广东核电集团公司、深圳能源集团、广州钢铁集团公司、广东省节能技术服务中心、广东省风力发电公司、深圳广前电力有限公司等单位在论坛上发言或书面发言，介绍企业的节能降耗经验，发表对节能与电力可持续发展的看法及建议。

第 15 届亚太电协大会

2004 年 10 月 18 日，第 15 届东亚及西太平洋电力工业协会大会（简称亚太电协大会）在上海国际会议中心隆重召开。本次会议的主题是：创新、竞争与合作——经济全球化进程中的电力工业。中共中央政治局常委、国务院副总理黄菊给大会发来贺信，代表中国政府对会议召开表示热烈祝贺，对各国（地区）代表的光临表示诚挚欢迎。

中共中央政治局委员、上海市市委书记陈良宇，国家电监会主席柴松岳等领导出席大会开幕式，上海市市长韩正致欢迎词。国家发展和改革委员会副主任张国宝、世界能源理事会秘书长甘罗德·杜赛特、剑桥能源研究会主席克里斯托弗·赛博先生分别在开幕式当天作了主旨发言。开幕式由中国电力企业联合会理事长赵希正主持。

黄菊在贺信中说，电力工业是经济发展和社会进步的重要基础。中国政府高度重视电力工业的发展。作为发展中国家，我们将坚持科学发展观，统筹规划城乡、区域电力发展，制定科学的电力工业发展产业政策和中长期发展规划，进一步提高中国电力工业服务水平和竞争力，促进电力事业健康发展。在今后一个时期，我们将致力于以下四方面工作：第一，进一步深化电力体制改革，不断破除妨碍电力可持续发展的观念和体制、机制中的弊端，按照市场化取向，搞好电力投资体制和电价形成机制的改革，逐步实现由市场来配置电力资源。第二，继续扩大电力对外开放，加强国际合作，鼓励和支持国外投资者和电力企业平等参与中国电力市场竞争。第三，进一步加强电力监管和法规体系建设，规范电力市场秩序，保证电力系统安全平稳运行，创造良好的发展环境。第四，完善电力发展机制和政策措施，调整电力发展结构，提高资源利用效率，鼓励清洁电力生产，减少环境污染。

黄菊希望业内人士通过这次大会，加强沟通，交流经验，增进友谊，促进合作，为共同推进亚太地区电力工业发展、为世界电力事业进步作出积极贡献。

亚太电协大会是由东亚及西太平洋电力工业协会组织召开的，每两年召开一次。本次大会共有来自 37 个国家和地区的 2000 多名代表，其中既包括本地区及世界范围内著名电力企业的管理者和技术人员，也包括世界知名的电力设备制造厂商以及从事电力行业咨询与科研的专家学者。国家电网公司、南方电网公司以及华能、大唐、华电、国电、中电投 5 家发电集团公司，均派出高级别代表团参加会议。

在历时 5 天的会期里，大会安排 266 篇论文进行现场交流，还组织技术参观活动和展览会。

亚太电协组织是一个区域性非政府间组织，成立于 1975 年，在香港注册。其宗旨在于推动国家（地区）和电力业主之间的交流，促进电力工业会员组织之间的合作，解决电力工业面临的问题。目前，该组织共有 17 个国家和地区的 97 个会员。

目前，我国共有 15 个亚太电协会员单位，中国电力企业联合会代表中国作为亚太电协理事成员。2002 年，中国电力企业联合会理事长赵希正当选为 2003～2004 年亚太电协主席。

2004 年中国能源战略发展与投资峰会

2004 年 7 月 30～31 日，国务院国资委研究中心在京举行“2004 年中国能源战略发展与投资峰会”。

能源问题是全球性的问题。随着经济规模的不断扩大，中国对国际能源的依赖日渐增加。以石油为例，据国际能源署统计，20 世纪 90 年代，中国石油需求年均增长 7.4%（全球为 1.4%），全球石油需求增加的 25%来自中国，2003 年该指标达到 36%。据估算，到 2020 年石油消费量最少也要 5 亿 t，生产能力有 2 亿 t，缺口有 3 亿 t，石油的对外依存度有可能达到 60%左右，与目前美国的水平相当（美国为 58%）。因此，与会专家普遍认为，能源发展应从依赖国内资源的“自我平衡”转变到国际化战略，充分利用国内外两种资源、两个市场。

中国华电集团公司党组书记、总经理贺恭在大会发表书面言讲时，再次强调要确立与国家总体能源战略相适应的电力产业政策。他说，我国是一个能源大国，但能源产业的发展并不平衡，各能源产业之间也存在许多相互制约的问题。就电力产业的发展而言，坚持国家总体能源战略，将与电力产业发展密切相关的一次能源，包括煤、气、水能等与电力产业发展统筹考虑，制定并实施综合协调发展的能源产业政策，解决制约电力产业发展的问题，已经成为推进电力产业持续发展的当务之急。

从全球特别是发达国家能源发展的趋势看，能源消费已经逐步摆脱了对煤炭的依赖，转向以石油天然气为主并逐步扩大可再生能源的比例，由可再生能源替代化石燃料进入“后石油时代”的发展趋势已初见端倪。全球能源发展带给我们的思考是中国能否把握住此趋势，有意识地在能源领域实行跨越式战略。另外从发展来观察，尽管在本世纪的头20年中国仍有可能以能源消费翻一番实现GDP翻两番的目标，但是不改变能源长期过度依赖化石燃料（尤其是煤炭）的局面将严重削弱能源的可持续发展能力。因此，本世纪头20年的中国能源战略，应着眼于长远目标实现发展方向和发展方式的“转型”。

我国应该实施大规模发展风电的战略。他认为，综合资源、技术、经济、环保四方面的因素，大规模发展风力发电是解决我国能源和电力短缺的最现实的战略选择。

2004年中国电力企业信息化发展高层论坛

2004年8月17日下午，主题为“协同管理成就效益，整合应用创造价值”的“2004年中国电力企业信息化发展高层论坛”在北京西苑饭店成功举办。论坛是在中国电子信息产业发展研究院（赛迪集团）的支持下，由中国信息化推进联盟主办、赛迪顾问股份有限公司承办，是赛迪顾问承办的“中国企业信息化论坛”系列之三。中国电力企业联合会、国家电网公司、中国电子信息产业发展研究院、中国信息化推进联盟等有关领导，电力信息化专家、各大发电集团和电网公司的代表、电力信息化方案和服务提供厂商和媒体代表120余人出席了此次论坛，共同就我国电力企业信息化的现状与趋势、信息化发展思路、信息化发展规划、应用集成、信息整合、信息资源管理、信息安全等专题进行了热烈研讨。

在此次论坛上，国内知名信息化咨询机构赛迪顾问股份有限公司隆重推出了《2004年中国电力企业信息化发展研究年度报告》，报告对我国电力信息化的现状、特征、存在问题与发展思路进行了详细阐述，提出了支持电力企业可持续发展的信息化架构。来自华北电力大学、中国电力工程顾问集团公司、赛迪数据有限公司的信息化专家发表了精彩演讲，飞天诚信、黄金眼、大唐软件、SAP等IT厂商的代表介绍了电力企业信息化成功解决方案。

2005
中国电力年鉴

专 家 论 坛

从技术与经济的角度看核电的发展

——原能源部部长　黄毅诚

（2004年5月）

经济的快速发展依赖技术进步，技术进步促进经济发展。同时，只有雄厚的经济基础，才能促进技术的高速发展，技术进步的最终目的也只能是为了促进经济发展。

我国发展核电虽然取得了进展，但远远不能满足经济发展的需要。我们要看看世界上其他国家发展核电所走过的路，以促进我国核电的快速发展。

核电的优点大家是共知的：①不产生污染大气环境的尘埃、二氧化硫和氮氧化物，也不产生促使大气变暖的二氧化碳；②需要的运输量很小。

核电要大发展必须解决两个问题，一是安全，必须确保运行安全；二是核电的电价必须能竞争过煤电，靠卖高价电，核电是不可能大发展的。我们引进技术也好、购买设备也好、国内组织生产也好，都要以能否解决这两个问题为前提。

世界上发展核电除自主开发的国家外，有两种模式：

一是原苏联模式。冷战时期，因为无法引进技术，苏联自己开发了一座7万kW的核反应堆，先装在破冰船上作动力。试验成功之后就用这7万kW作为一个回路，在一个压力壳内安装了6个回路，配两套成熟的21万kW汽轮发电机组，就是一套42万kW核电设备，而后组织批量生产。机组达到了安全、低电价两条要求，除满足国内电力需求外，还出口到国外。与此同时，加紧研制单机100万kW级的核电设备，待技术成熟之后，才停止生产42万kW核电设备。

二是法国和韩国模式。购买第一套100万kW级核电设备的同时买进了专利技术，一面进行批量生产，一面进行改造。现在法国核电已占全国电力的70%，并出口设备和向欧洲国家卖电。韩国发展核电和我国同时起步，他们在购买了第一台设备的同时买进技术专利，目前，已经生产运行了19套核电机组，核电已占全国总发电量的40%，还在向前发展。

再看看我国发展核电走过的路：

——已从三个国家买进了8套大型核电机组，但没有买技术。

——在20世纪80年代自行研制了一个回路15万kW，装两个回路的30万kW核电机组，国内只生产了一台，另出口了一台，还将再出口一台，随即认为技术落后了，国内再没有用。又开始研制60万kW的核电机组，一个回路是30万kW，两套都已投入运行。这套设备从开始研制到第一套设备投产，前后约花了14年的时间。

——现在提出要研制100万kW级的核电设备，所以已研制成功的66万kW核电设备没有了定货(据说批准再建两台)。

从各方面的经验看，若要满足安全和价格这两条基本要求，核电设备必须国产化（国内的制造企业已完全具备这个能力），而且一定要批量生产。只有批量生产，才能进一步提高设备的质量，才能保证安全；只有批量生产，才能降低建设造价，从而降低上网电价，使核电电价能竞争过煤电。

我建议先在国内大批量生产、建设66万kW核电机组，满足沿海地区对电力的急需，另一方面可以加快100万kW或100万kW以上核电设备的研制，二者并不矛盾。大批量建设66万kW核电机组是有条件的：

(1) 66万kW机组的容量也不算太小，目前国内还在大量建设60万kW的火电机组。

(2) 已完成了两套66万kW核电设备的试制，并投入了运行。

(3) 只要有一定的批量，可以进一步提高设备质量，可以大大降低建造成本，从而降低上网电价。

另外，从现在已生产的两套66万kW核电机组的建设造价分析，如果采取：①设备进行招标；②有一定的生产批量；③设备基本在国内生产，降低造价的空间还很大。

浙江省经济高速发展，目前电力供应十分紧张，已成为经济发展的一个制约因素。随着经济的迅猛发展，将在一定时期内继续保持对电力的旺盛需求。浙江省在经济上应尽快赶上台湾。台湾现有人口2300万，2003年发电装机容量已达到3800万kW。浙江省现有人口4680万，若用15年的时间赶上台湾现在的经济水平，最少要有7600万kW的发电装机容量。浙江省不建核电建什么？2003年，浙江省发电用煤3433万t，预计到2007年需要7000万t，2010年要达到1亿t。电力还要大发展，用煤量还要增加，到2020年要用多少？用这么多煤炭，如何开采出来、如何运到浙江，都是大课题，况且浙江省缺油少煤、面积较小、人口较多，环境容量也是有限的。综合考虑，浙江省不大力发展核电，就不能从根本上解决能源供应问题。建议：

国家一次批准在浙江省建设20套60万kW核电机组，用10年左右的时间完成。要批准一次建设，不能2套、4套地分批批准。有批量才有高质量高安全，有批量才有高效益。这20套机组，除在秦山核电站再建两套外，还需在省内再选三个厂址，每个厂址安装6套设备。建设这批机组时必须要做到：

(1) 设备在国内外招标（基本上按现有的技术条件）；

(2) 由谁来出资建设管理，也应进行招标；

(3) 上网电价不超过煤电，应低于煤电。

这个大项目由浙江省上报国务院。若此项目能够建设，加上目前在建的火电项目，不但可以满足浙江经济发展的用电需求，而且可以大大促进我国核电的发展。

让风电成为能源领域的一个重要方面军

——原能源部部长　黄毅诚

风能是我国的重要能源资源，我国要解决能源供应问题、解决二氧化碳排放等环保问题，实现可持续发展战略，风电可以作出重大的贡献。

1. 近些年来，世界风电在加速发展，装机容量每年以近30%的速度递增

德国风电从1990年起步，到2003年底，风电装机已达1460万kW（2003年一年间，新增264.5万kW)，所发电量占全国总发电量的5%。他们计划到2010年，风电电量占总发电量的12.5%，远景到2050年，将占到50%。丹麦到2003年，风电电量已占全国总发电量的18%，规划到2030年，将占总电

量的50%。西班牙这几年风电也在加快发展，1996年全国风电总装机25万kW，1997年51万kW，1998年88万kW，1999年181万kW，2000年283万kW，2002年482万kW，2003年641万kW。英国和法国也加快了风电的发展。

风电在技术上也有很大的发展。单机容量已从600kW发展到2000、5000kW，如德国在北海和易北河口已批量安装了单机5000kW的风机，丹麦已批量建设了单机容量2000～2200kW的风机。可变桨翼和双馈电机的采用，使机组更能适应风速的变化，大大提高了效率。最近又发展了无齿风机等，进一步提高了安全和效率。

2. 我国风力资源十分丰富

20世纪80年代，国家气象局提供的比较可靠的资料是，我国陆地上10m高度可供利用的风能资源为2.53亿kW。理论上，50m高度的风能资源比10m高度多1倍，在新疆十三间房和河北省张北县立杆实测的结果，也证实了这一点。这样，我国陆上50m高度可利用的风力资源为5亿多kW。现在，大型风机的高度可达100m，这个高度可利用的风能更大。世界上公认，海上的风力资源是陆地上的3～5倍，即使按1倍计算，我国海上风力资源也有5亿kW。所以，不论如何计算，我国的风力资源是丰富的，远远超过我国可利用的水能资源——3.78亿kW，足够我们利用的。

我国陆上的新疆、甘肃、宁夏，特别是内蒙古，是一个大风力带。有位气象专家告诉我，在包头以北的达尔罕茂明安旗，面积大于1万km^2，风很大，可装1000多万kW风电。而内蒙古阿拉善盟，面积超过23万km^2，那里的风更大。我国内陆还有许多大风口，如鄱阳湖湖口地区、云南大理（当地称之为风城）等。海上，从渤海、黄海到台湾海峡等都有很好的风力资源可以利用。

3. 我国风电的特点

风电有很多优点：是可再生的能源，不消耗任何燃料，也不产生二氧化碳，不污染环境；建在海滩和浅海中都不占用耕地，建在西北，多为荒漠地区，也不占耕地，即使在个别地方需占耕地，也只是建一个基础而已；建设周期短，单机不超过半年的时间，单个机组装上就能发电；单台风机投资不大，建设规模可大可小，投资有灵活性。

在海滩和浅海建风电，年利用小时可达3000h以上。在西北建风电也应选择风力资源好的地方建，使设备利用小时也接近3000h。特别是采用大型风机，高度可达70m以上，可以发更多的电量。一个千瓦风电设备一年发3000h，就完全可以比过中、小水电。

除了这些优点外，我国风电还有以下的特点：

（1）冬、春两季风大，风电可以大发，夏、秋两季风小，相应风电出力少。而我国夏、秋两季是丰水期，水电可以多发，到冬、春季则是枯水期。这样，风电和水电可以互补。

（2）国内的许多风电场风力多在下午3点后增大，而到后半夜开始减弱，这正好和电网用电高峰相吻合。

（3）近海和海滩上的风力资源丰富，而这些地区正是我国经济发展快的地方，对电力需求旺盛。在此建设大型风电，可以部分解决当地的电力供应。

（4）在一些地方大规模建设风电后，会使当地的风力减弱，从而减少大风扬沙的天气，遏制沙尘暴的发生。

（5）在西北的大风口，大量建设风电，一定会减缓西北的风势，相应增强了东南的风势，使东南方的暖湿气流北移，增加北方的降雨量。

风电的最大缺点，就是有风才有电，这和中、小水电有水才有电一样。大量建设风电会给电网调度带来很大的困难。从电网管理的角度看，风电是质量最差的电源。而我国电网现在是统一管理，又有大量的火电电源，只要加强管理，统一调度，这个大矛盾是可以解决的。德国风电已占5%，丹麦已占18%，这些国家的风电将占10%、20%、30%、50%，他们能解决这个大矛盾，我们一定会比他们解决得更好。

4. 我国风电发展缓慢的根源

我国风电起步不晚，但现在和世界风电发展的差距不是在缩小，而是在加大，根源何在？表面看是风电电价高于煤电电价。风电不消耗燃料，为什么风电的电价高？主要是风电的设备贵。为什么风电的设备贵？主要是我们自己不能制造，要从国外购买，国外的设备就是比国内的贵。

通过分析风电设备，以我国的发电设备制造水平，不论单机容量多大的风电机组，若分解为单个的机器和部套，国内都能制造，价格比进口的要低很多。我国现在没有风电设备的成套设计单位，也没有必要再从头开始研究设计，完全可以通过买专利技术来生产。西班牙卖给我国的750kW风机（装在汕头）和850kW风机（装在宁夏），都是买丹麦技术生产的。

我调查过600kW风电设备的三大主要部件，国内外产品的价格相差很大，对比如下：

发电机，国外进口原价58万元一台，而兰州电机厂生产是18万元一台，上海电机厂（国内名牌厂家）生产是13万元一台。

齿轮箱，国外进口原价是60万元，而重庆、南京的齿轮箱制造厂家的价格是18万元一台。

风叶，国外进口3只风叶原价是150万元，而保定一个工厂生产的每只是18万元，3只共54万元。

所以，风电设备只要主要由国内生产，再有一定的批量，价格就可大大下降，从而使风电在价格上能和煤电竞争。

5. 大力发展风电

欧洲风能协会的一项报告指出，到2020年，全球风电电量要占到总发电量的12%，我国应采取重大举措，追赶这个目标。不少国家规划在2050年前风电达到总电量的50%，我国的风力资源比他们丰富，即使达不到50%，也应达到25%～30%。

(1) 要大力宣传我国风力资源的丰富。现在报刊上出现的是“陆上可利用风力资源2.53亿kW”，而没有说明这是10m高度的数据。现在，风机高度都在50m以上，理论和实测都证明了50m高度的风能比10m高度多1倍，也就是说，我国可利用的风力资源在50m高度为5亿kW，到100m高度会更大。陆上因为有树木、建筑物以及地势不平等因素会影响风能，在海上这种影响就很小。世界上公认，海上风能是陆上的3～5倍，就是按1倍计算，海上可利用的风能也应是5亿kW以上。

(2) 要大量发展风电，使之成为我国能源领域的一个重要方面军，必须采取很多措施，这要涉及到许多方面，国家应专门成立一个领导小组，由国务院领导挂帅。

(3) 要有一笔资金来支持。建议成立可再生能源发展基金。

(4) 我国发电设备制造能力，一年可达到5000万kW，太多了些。可以有计划地把几个中等发电设备制造厂，如北京重型电机厂、武汉汽轮机厂等，逐步转为大批量生产大型风电设备。

(5) 促进风电发展的几项具体政策：

1) 准许国内、外企业和个人建设风电，规模可大可小；

2) 准许风电和当地电网并网运行，且风电不参加调峰；

3) 按小水电标准征收增值税；

4) 按当地最高的煤电电价上网，开始阶段，不足的部分由国家用可再生能源发展基金补贴。

国家要求并支持几个大的能源公司，都要建设一个百万千瓦以上的大型风电场，用这些大型风电场为筹码，国家组织引进专利技术。另外，风电单台机组投资不大，可以像德国那样，动员各方面的力量来建设。

我国风力资源十分丰富，只要国家重视，采取一些有力措施，风电是会快速发展的，能跟上世界风电发展的潮流，解决我国的能源供应。

中国电力工业发展和改革现状与展望（摘要）

——国家发展和改革委员会副主任　张国宝

一、电力工业存在的问题

发电装机总量不足，电力供应紧张。电力供应的高速增长仍难以满足更快增长的电力需求。2002年全国有12个省市区供应紧张。2003年，有21个省市区先后出现拉限电。受来水、地区间发展不平衡、气候条件、机组故障和煤炭供应等因素影响，缺电主要发生在高峰用电时段，具有季节性、区域性和随机性的特征。

(一) 电力供应紧张的原因

(1) 经济发展和人民生活水平的提高，尤其是高耗能产业急速发展，使用电大幅度增长；

(2) 持续高温、干旱等异常天气致使空调降温、抗旱等负荷猛增；

(3) 水电来水偏枯和蓄水不足，水电出力下降；

(4) 电量计划和电价双轨制不适应电力市场形势，影响电力资源能力的充分发挥；

(5) 部分地区电网仍然薄弱，城市配网滞后，还存在“卡脖子”现象；

(6) 因煤、电矛盾未能及时解决，少数电厂因缺煤出力受阻；

(7) “九五”末期，电力项目开工规模偏少，发电装机增长速度低于用电增长率。

(二) 电力结构不合理，结构高调整任务十分艰巨

(1) 煤电比重很高，近几年又增长较快，所占比重进一步提高，水电开发率较低，清洁发电装机总容量所占比例较小；

(2) 20万kW及以下机组超过1亿kW（4403台），其中10万kW及以下有6570万kW（3993台），加之各地小机组关停步伐明显放缓，企业自备燃油机组增多，燃煤和煤油小机组仍占有过高比重；

(3) 投入运行的60万kW及以上火电机组仅41台，大型机组为数很少。

(三) 发、输、配、供间不协调的问题尚未根本解决

在部分地区，“发不出”、“落不下”的现象时有发生，特别是违规建设的电源项目无视国家电力规划，使电源建设与电网建设脱节，即将形成“有电送不出”的新矛盾，造成国家资源和资金的极大浪费。

（四）电网建设与运营体系尚不能适应发展的需要

经过1998年以来大规模的电网建设，电网发展滞后的矛盾得到较大缓解。但是，电网发展的体制性矛盾和结构薄弱的问题尚未根本解决：

(1) 电网尚未建立科学合理的投资收益机制与监控体系，输配电价不合理；

(2) 电网建设体制还缺乏自我约束和控制成本意识，建设秩序有待进一步规范；

(3) 西电东送和区域电网网架相对薄弱，不能适应电力资源优化配置的需要；

(4) 局部电网“卡脖子”的现象仍然存在，城市配电设施过负荷，影响电力优化配置和电力输送；

(5) 电网调度监管体系不健全，需要进一步完善有利于提高资产利用率、激励电力企业优化供电、符合“公开、公平、公正”要求的调度机制。

（五）技术装备水平较低，产业升级和技术进步任务繁重

电力生产主要技术指标与国际水平还有一定差距。中国以煤电为主，但效率低、煤耗高、污染大等结构性问题仍很突出。天然气价格偏高，使燃气电站的竞争力偏低。而对日趋严重的环境压力，中国清洁煤发电技术、核电技术等尚未完全掌握，大型超（超）临界机组、大型燃气轮机、大型抽水蓄能设备及高压直流输电设备等本地化水平低，自我开发和设计制造能力不强，不能满足电力工业产生升级和技术进步的需要。

（六）电力建设秩序有等规范，市场化改革工作需进一步推进

电力发展规划与燃料生产、运输、价格、技术装备供应以及环境保护、生态治理等方面统筹协调力度不足。近来，电源项目前期工作出现了争抢资源、盲目布点，无视国家产业政策和建设程序，违规无序建设的情况。国家对电源建设现行的调控手段已不能有效发挥作用。电力项目开发的市场机制尚未建立。厂址资源的省间壁垒开始显现，地方保护主义有所抬头，通过市场手段调控电力建设的目标难以实现，电力项目良性开发秩序亟待建立。

电力市场省间壁垒依然存在，区域电力市场及与其相应的电网、价格和监管体系还很不完善。规范有序、竞争开放的电力市场运行机制尚未形成。

二、电力发展方针与主要目标

（一）改善能源消费状况

提高电力在终端能源消费中的比重和电气化水平；提高发电供热用煤在煤炭消费中的比重；提高可再生能源发电的比重；降低燃煤发电的比重。加强电力需求侧管理，转变经济增长模式，促进经济增长和电力增长方式的转变，促进资源永续利用，全面建设高效、节能社会。

（二）电力发展的基本方针

提高能源效率，保护生态环境，加强电网建设，大力开发水电，优化发展煤电，积极推进核电建设，适度发展天然气发电，鼓励新能源发电，带动装备工业发展，深化体制改革。

（三）提高能源效率

积极采用先进技术，使用高效节能发电机组；加快调整电源结构，促进低效和小火电机组关停退役。加大技术改造力度，提高机组效率。在热、冷负荷比较集中或发展潜力较大的地区，因地制宜推广热电准多联供技术。加强电力需求侧管理，提高电力工业整体效率。

（四）保护生态环境

电力项目建设及生产全过程要高度重视环境保护。加快推进清洁发电工程的建设。对已运行的燃煤机组实施环保治理，使2020年二氧化硫等排放总量和排放强度在国家法律控制范围内。

（五）加强电网建设

推进西电东送、南北互济、全国联网，实现更大范围的资源优化配置。加大西电东送力度，与西部电源开发同步建设北、中、南三大输电通道。加强区域联网，形成合理的同步电网。重点加强区域电网主干网架和负荷中心受端电网的建设。结合大型水电站送出工程，适时启动更高一级电压等级的建设。重视无功的合理配置，同步建设二次系统，全面提高电网各级调度自动化系统的设备和应用水平。推进电力市场技术支持系统建设，为尽早建立比较完善的电力市场提供条件。加强城乡电网建设与改造，深化“两改一同价”工作。

（六）大力开发水电

水电是可再生能源，要加快开发使其早日得到利用。重点推进水电流域梯级综合开发，使水电开发率有较大幅度提高。加快大型水电建设，因地制宜开发中小型水电站，加强老站地区水电机组增容改造，深度开发剩余水能资源。在以煤电为主的地区，结合核电建设，根据电网负荷特性的需要，因地制宜发展抽水蓄能电站。

（七）优化发展煤电

中国能源资源以煤炭为主，大量燃烧煤炭将对环境产生很大的影响，需要综合平衡煤源、水源、电力市场、电力系统、运输、环保等因素，实现煤电合理布局，优化结构，节约资源，保护环境，节约用水，提高技术水平和经济性。

在煤源、水源、生态环境影响和电力需求落实情

况下，按照以下原则优化燃煤发电项目：

（1）扩建项目，包括以大代小技改项目和老厂改造项目；

（2）靠近用电负荷中心；

（3）靠近煤炭资源，建设坑口电厂，以及港口、铁道路口等煤源运输条件优越的电厂；

（4）采用高效率、大容量及洁净煤技术的发电机组；

（5）符合国家环境保护、用水政策和热电联产政策的项目；

（6）有利于电网安全，多方向分散接入电力系统的项目。

（八）积极推进核电建设

发展核电可大规模替代常规矿物燃料，有效减少二氧化碳排放，发展核电是实施电力持续发展的长远大计。要以我为主，中外合作，采用先进技术，注重经济性和安全性，统一核电发展技术路线，实现百万千瓦级压水堆核电工程设计、设备制造本土化、批量化的目标，建设中国品牌核电站。通过国际招标选择合作伙伴，全面掌握新一代百万千瓦级压水堆核电站工程设计和设备制造技术。以现有堆型和技术为基础，改进设计，自主建设适当规模的成熟型核电站。积极推进已掌握的高温气冷推核电技术研究和应用，为2020年后过渡到更经济、更安全的核电机组做好技术准备。

积极推进建设机制改革，降低工程造价。新的核电项目上网电价水平与同期投产的脱硫火电厂相比应具有竞争力，为今后规模化开发核电创造良好条件。

（九）适度发展天然气发电

国内油、气资源相对短缺，且价格较高，结合“西气东输”、近海天然气和引进国外液化天然气、管道天然气等工程，在电力负荷中心、环境要求严格、电价承受力强的地区，因地制宜建设适当规模的天然气电厂，提高天然气发电比重，特别是在电站密度较大、经济发达的东南沿海地区要利用引进LNG（液化天然气）发展燃气电站，原则上要控制燃煤电站的发展。

（十）鼓励新能源发电

新能源发电是中国电力工业发展的长远方向，应因地制宜，努力扩大规模，推行本地化，降低成本，提高可再生能源的发电比例。按照集中建设大型风电场和因地制宜开发分散性小型风电相结合的原则，积极推进风力发电。在大电网覆盖不到的边远地区，发展太阳能光伏电池发电。有条件的新建小城镇，开展万户光伏电池发电计划，使太阳能发电迈上一个台阶。因地制宜发展地热发电和潮汐电站。在农村发展生物质能（秸秆等）与沼气发电等。与垃圾处理相结合，在大中城市规划建设垃圾发电。

（十一）带动装备工业发展

电力工业发展要高度重视和支持民族装备工业的发展。电力建设项目有义务承担技术引进和设备本土化的任务。对于新的电力技术和设备，要通过技贸结合的方式，以市场换技术，做到引进技术、消化吸收、为我所用。同时，要积极培养、提高国内装备制造业的自主化设计和自主研制开发能力，避免重复引进技术。

（十二）深化体制改革

遵循经济规律和电力工业自身的规律，发挥市场机制在配置电力资源的基础作用，完善国家宏观调控和市场监管体系。进一步打破垄断，消除省级市场壁垒，开放电力市场，确立区域电网的主体地位，优化资源配置。建立科学的前期工作和合理开发厂址资源的机制，稳步推进电力体制的深化改革。

坚持科学发展观　推进电力市场化改革　为全面建设小康社会提供电力保障（摘要）

——中国国家电力监管委员会主席　柴松岳

（2004年10月18日）

在经济全球化的新形势下，亚太电协第15届大会今天在这里隆重召开，这是亚太电力同行规模空前的一次盛会。这次会议，为亚太各国就电力发展问题相互学习，相互交流提供了一个难得的平台，意义重大，影响深远。值此之际，我代表中国国家电力监管委员会，向大会的胜利召开表示热烈的祝贺！向来自各国的朋友们表示诚挚的欢迎！

电是人类文明的标志。122年前，也就是在这里，上海电气公司一台12kW的蒸汽发电机组发电，点亮了南京路上15盏弧光灯。这是在中国大地上诞生的第一座发电厂，也是中国电力工业的发端。100多年来，中国电力历尽坎坷，不断发展壮大。特别是改革开放20多年来，中国电力有了很大的发展，取得了举世瞩目的辉煌成就。现在，中国绝大部分地区和人口享受到了基本的用电服务，电力工业有力地支持了中国经济的快速发展，促进了社会的全面进步。

回顾中国电力100多年来的发展历程，我们深深感到：

（1）中国电力之所以取得辉煌的成就，得益于中国政府对电力发展的高度重视。新中国成立以后，中国政府始终坚持把电力作为国民经济的“先行官”，现代化建设的各个历史阶段，都及时制定出台了促进电力工业发展的指导方针和政策，有力地促进了电力工业的持续快速发展。

（2）中国电力之所以取得辉煌的成就，得益于中国经济的快速发展。电力工业的发展总是和国民经济的发展紧紧联系在一起的，总是和社会进步、人民生活水平提高紧紧联系在一起的。近20年来，中国经济一直保持高速增长。1981年，中国人均国民生产总值为476.9元；2003年，达到9073元，增长了近20倍。与国民经济的快速发展相适应，1981年，全国发电装机仅6913万kW，截至目前，全国发电装机已经超过4亿kW，基本满足了经济社会发展的需要。

（3）中国电力之所以取得辉煌的成就，得益于改革开放。中国实行改革开放，为电力工业发展带来了历史性机遇。自20世纪80年代以来，中国政府就坚持实施市场化取向的电力体制改革。特别是通过实施电力投资体制改革，极大地调动了各方面办电的积极性；通过加快政府职能转变、实行政企分开，激发了电力发展的内在活力；通过改变整个电力工业的运行格局，有效提高了电力工业的运行效率，降低了运行成本。电力体制改革，成为电力工业发展的强大动力。

（4）中国电力之所以取得辉煌的成就，得益于科技进步。技术密集是电力工业的主要特性之一。电能的生产和利用是科技发展史上的飞跃，电力工业的不断发展又是技术不断进步的结果。回首中国电业的发展历程，我们深深感到，伴随着每一个阶段数量的增加，都有技术水平的提高。不断推进科技进步，是电力工业发展的永恒主题。

进入新的世纪，中国政府明确提出了全面建设小康社会的宏伟目标。这为中国电力工业的发展提出了挑战，也带来了难得的发展机遇。今后15年，中国将新增发电装机5亿kW左右。我们将按照科学发展观的要求，解放思想，深化改革，加快发展，为全面建设小康社会提供电力保障。

（5）我们要坚持电力工业发展方针，制定科学的电力发展规划。要不断提高能源效率，保护生态环境，加强电网建设，大力发展水电，优化发展煤电，积极推进核电建设，稳步发展天然气发电，加快新能源发电，带动装备工业发展，引导科学合理用电。要统筹好电力发展和国民经济发展的关系，电源建设和电网建设的关系，正确把握电力发展和经济发展的内在联系，始终保持电力与经济社会的协调发展。

（6）我们要坚持电力工业发展产业政策，努力做好环境保护和资源节约。我们要把保护环境和开展资源节约作为制订电力产业政策的重要内容。要加强环境保护工作，优先建设可再生能源电源项目，积极推进新能源发电，减少电力工业对环境的污染。制订鼓励节约能源的政策，通过科技创新，加快产业升级，提高工业增长附加值，提高能源利用效率。要加强电力需求侧管理，在全社会倡导科学用电，合理用电，节约用电。

（7）我们要坚持市场化取向，继续坚定不移地推进电力体制改革。2002年，中国政府确立了电力市场化改革的方向，总体目标是："打破垄断，引入竞争，提高效率，降低成本，构建政府监管下政企分开、公平竞争、开放有序、健康发展的电力市场体系"。目前，电力改革已经取得阶段性成果。我们要按照社会主义市场经济发展的要求，遵循电力工业发展的客观规律，坚定不移地推进各项改革，以改革促发展。

（8）我们要坚持对外开放，加强国际合作与交流。在国际合作和交流中，我们既要总结自己的经验，发挥我们的优势，也要学习借鉴国外先进经验和做法，在更高的层次，更广泛的领域，进一步扩大电力对外开放。特别要学习借鉴国外先进的管理经验，引进吸收先进的技术，充分利用国内国外两种资源、两个市场，促进中国电力工业持续、快速、健康发展。

（9）我们要坚持"安全第一，预防为主"的方针，确保电力系统安全稳定运行。电力安全事关国家经济发展和社会稳定的全局，任何时候，任何情况下，我们都要把电力安全生产放在一切工作的首位，正确处理电力安全与电力发展、电力安全与电力改革、电力安全与企业效益的关系。电源布局，电网建设，电力生产，都要首先考虑电力安全，做到网厂协调，稳定可靠。电力改革方案的设计，政策的出台，也要充分考虑有利于维护电力系统的安全。

（10）我们要坚持依法监管，走中国特色的电力监管之路。电力监管是一项开创性的事业，需要我们以改革的精神，创新的勇气，借鉴国外的先进经验，结合中国的实际，走我们自己的路。我们要加快推进电力市场化进程，充分运用市场机制，发挥市场在电力资源配置中的基础性作用。按照依法、独立、公正、透明的原则，坚持行政执法，行业自律，群众参与，舆论监督，维护电力市场的公平竞争，维护投资者、经营者、消费者的合法权益，为各类市场主体创造良好的环境。

论大坝与生态

——水利部部长 汪恕诚

"大坝与生态"是人与自然和谐相处中的一个重要课题，现在社会上对这个问题很关注，争论也比较多。在此我谈四个方面的认识。

一、人与自然的关系

研究大坝与生态的关系问题，认识人与自然的关系是前提。在人类历史发展进程中，人与自然关系的发展经历了四个时期——依存、开发、掠夺、和谐。在原始社会生产力水平极低的情况下，人类被动地适应自然，人和自然是一种依存的关系；生产力水平有所提高后，人类开始开发利用自然；随着科技进步和生产力水平的进一步提高，人类毫无节制地向大自然索取、掠夺，招致了大自然的报复与惩罚；当人类认识到这种掠夺式开发的严重危害后，便开始寻求人与自然和谐相处的新境界。

从原始社会的“天人合一”到掠夺阶段提出“人定胜天”，再到目前我们所追求的“人天和谐”，人与自然关系发展的四个时期，在哲学意义上是一种否定之否定、螺旋式上升的过程。“人天和谐”不同于“天人合一”，它是经济社会发展到一定程度的产物，也是经济社会高度发展的必然要求。

充分认识人与自然关系的发展史，对自觉树立和落实科学发展观，正确看待大坝与生态的关系问题有着重要意义。

二、水电发展的历史进程

在大坝与生态的关系问题上，水电比较有代表性。因此有必要分析一下水电的发展历程。我国水电建设从解放初期装机16.3万kW，发展到2002年底装机8607.5万kW，尽管在发展进程中曾数度遭遇困难和挫折，但是仍然顽强地发展，从弱到强，由小到大。在不同的历史时期，我国水电事业曾受到不同因素的制约，先后经历了技术制约、投资制约、市场制约和生态制约四个发展阶段。

（一）技术制约阶段

新中国成立初期，我国水电事业受建筑材料和技术等因素制约，发展速度缓慢。当时，由于缺乏科学的筑坝技术和现代化的建筑材料、施工机械，修建大坝主要靠人扛肩挑，机械化水平极低，制约了水电事业的发展。如今技术制约阶段早已成为过去，中国目前有能力设计、修建任何类型的大坝。

（二）投资制约阶段

筑坝技术水平逐步得到提高，随之而来的是资金的制约。在电力短缺的情况下，国家急需发展火电和水电。为加快电力建设，国家制定了各种优惠政策鼓励水电发展。譬如采用“两分钱”政策，每千瓦时电附加两分钱，调动各地的办电积极性。修建三峡工程，也采用了全国每千瓦时电加四厘钱的办法。这一时期只要能筹集到资金，电站就可以建，反之则难以建设。由于水电建设的投资相对较大，回报周期较长，在相当长的一段时间内，我国水电发展主要受着资金的制约。

（三）市场制约阶段

改革开放以后，我国经济实力逐步增强，中央水电投资的增加，极大地缓解了水电建设的资金困难。随着水电事业的进一步发展，我国电力出现相对富余的局面，水电面临新的发展格局，同时也遇到了新的困难——市场成为影响水电发展和电力布局的主要制约因素。有了市场，电站就可以建；没有市场，项目就上不了。决定电站建与不建、电力往哪里送，市场是主要的制约因素。如广东等地对电力的需求就为西南一批水电项目的开工建设提供了必要的市场。

（四）生态制约阶段

近年来，国内外各界对生态和环境的问题日益重视起来。水电事业在走出技术、资金、市场等因素的困扰后，又面临新的问题，即如何看待水电开发对生态带来的影响。当前，社会各界围绕这一问题展开了激烈的讨论，如怒江该不该开发水电，都江堰的杨柳湖电站该不该建，等等。有关三门峡大坝的争论本质也是这个问题。这些争论都是大坝与生态问题在实践层面上引发的，焦点都是生态问题。随着经济社会的快速发展，我国电力紧缺矛盾正在日益加剧，发展水电是解决能源短缺的重要措施。但是修建大坝带来的生态问题应如何认识并妥善解决，这已成为当前水电事业发展面临的一个重大挑战。可以说，修建大坝带来的生态问题又将成为水电发展新的制约因素。只有把生态问题解决好了，我国的水电事业才能得到进一步的发展。以广西龙滩电站的建设为例，现在技术、投资、市场等制约因素都已解决，又赶上了西部大开发的机遇，但该工程现在面临着一个很复杂的问题，即坝高到底多少，修高坝还是低坝？争论很激烈。从工程效益角度和各项经济技术指标出发，几乎所有的水电专家都认为应该修高坝。但是这个方案会增加淹没区移民人数，而且是在少数民族聚居区，移民问题就成为确定工程建设方案的最重要因素。这里不是讨论具体建坝方案问题，而是想提供一个信息：在今后一个时期，生态问题将成为我国水电建设乃至整个水利事业进一步发展的重要制约因素。生态问题处理好了，水利水电事业的发展可能会更快、更好，如果处理不好，就可能会遭受挫折。前苏联的水电发展，有一个时期就曾因生态问题受到社会各界舆论的批评和谴责而陷入低谷。我们要引以为戒，不能重蹈这一覆辙。

综上所述，我国水电事业在发展进程中遇到的各种困难和技术、投资、市场、生态等方面的制约，是在一定历史阶段产生的，与经济社会发展程度密切相关。当前，我们必须高度重视水电发展中的生态问题，正确认识水电开发与生态的关系，科学评价大坝可能导致的生态环境问题，用科学发展观和人与自然和谐相处的理念正确认识并妥善处理现阶段遇到的问题，确保我国水电事业快速健康地发展。

三、大坝导致的生态环境问题

尽管当前关于大坝与生态问题的争论很多，但不少人对大坝导致的生态问题的认识并不全面或者说并不准确。要正确处理大坝与生态的关系，首先必须冷静下来，科学地、实事求是地分析大坝可能导致什么样的生态环境问题，生态制约的具体表现是什么，并结合实际对具体问题进行具体分析，区分哪些是主要问题，哪些是一般性问题。我认为，从普遍意义上讲，修建大坝可能带来的生态问题主要可以归纳为八个方面。

（一）移民问题

水库移民涉及众多领域，是一项庞大复杂的系统工程，关系到人的生存权和居住权的调整，是当今世界性的难题。在中国，移民问题是大坝建设带来的生态影响中最值得关注的问题。对此，我谈三点认识：

（1）移民问题值得高度重视。新中国成立以来，我国修建了8万多座水库，移民人数达1500多万人，这在世界上任何国家都是没有的。党和政府历来十分重视移民工作，千方百计采取措施解决因移民带来的各种问题，陆续出台了一些扶持政策。我国水库移民工作总体是好的，但是也应该看到其中还存在一些不容忽视的问题。许多移民至今仍未摆脱贫困，生产发展和生活问题没能得到很好的解决。改革开放后，修建了一批大型电站，国家对移民问题更加重视。三峡工程涉及移民110万人，为妥善解决移民问题，中央制定了开发性移民方针，设立专门机构，成立重庆直辖市，采取了一系列措施，移民工作已初见成效。但是这么多移民的生产就业仍然是个很大的问题，要引起我们的高度重视。

（2）关于修库建坝中征地移民安置工作的处置方式。大体讲，我国移民安置主要有三种方式或者说分三个阶段：一是早期较为简单的移民安置型阶段。二是改革开放后的开发性移民安置阶段，即让移民拥有生产手段、生产资料，改消极补偿为积极创业，变生活救济为扶助发展生产。有一种观点认为，现在应该走向第三阶段，走投资型移民的道路。投资性移民是库区移民以其享有的居住权和土地使用权等作为资本入股，在电站经营中享有一定的股权。也就是说，国家享有资源资产，移民拥有相应的权益资产。目前一些电站从经营收益中提取一定比例用于移民补偿，也是资产管理的一种转换方式。但从长远看，还是以让移民拥有一定股权的方式更为合理。

（3）中国的特殊国情决定我们能够妥善解决移民问题。我国的水库移民有其特殊性。我国有相当一部分水库是山区水库，库区群众原本生活十分贫困，移民给他们带来了脱贫的机会，成为摆脱贫困的一个途径，因此移民工作得到了库区百姓的支持。世界银行、亚洲银行官员到我国的一些库区考察，了解到库区群众都愿意移民。这一点与国外不同，是中国水库移民的一大特点。因此，只要扎扎实实地做好工作，我国水库移民问题是能够妥善解决的。

（二）对泥沙和河道的影响

这是目前讨论大坝与生态问题的文章中很少提及的。事实上，泥沙对于河势、河床、河口和整个河道的影响，从生态角度讲，是修建大坝产生的最根本的影响。在河流上建坝，阻断了天然河道，导致河道的流态发生变化，进而引发整条河流上下游和河口的水文特征发生改变，这才是建坝带来的最大生态问题，也是最令人担忧的问题。比如三门峡水利枢纽，就是因为建坝改变了河道的流态，导致坝址上游河道泥沙淤积。三峡工程建成运用后，对下游河道、江湖关系以及入海口的影响，值得引起高度关注。

（三）对大气的影响

国外舆论在谈到大坝与生态问题时，首先谈到的最重要的问题就是大坝建设对大气和气候的影响。这种观点的提出是有原因的。在南美洲的阿根廷、巴西、委内瑞拉等国，在北美洲，以及俄罗斯的西伯利亚，一些大型水电站的水库淹没了大片森林，水库蓄水前，又没有能力大规模砍伐清库，林木便长期浸泡在水中。树木生长时吸收二氧化碳，释放氧气，有益于生态环境；但经水浸泡腐烂后便会产生一些有害气体，对大气造成污染。从世界范围看，这个问题十分突出。因此，国际上把对大气的影响看作建坝对生态的影响的首要问题。

但是，这个问题在中国并不严重。原因有二：①中国的电站虽然很大，但多属高山狭谷型水库，与国外的水库相比，库容并不大；②库区几乎没有大面积的森林。譬如三峡工程是世界上最大的电站，但其库容要排在三十几位以后，林木淹没很少。因此，用对大气有影响来指责中国的大坝建设，显然是对中国大坝建设问题缺乏了解。

（四）水体变化带来的影响

当河流中原本流动的水在水库里停滞后便会发生一些变化。首先是对航运的影响。譬如过船闸需要时间，对上、下行航速会带来影响；水库水温有可能升高，水质可能变差，特别是水库的沟汊中容易发生水污染，如水华现象的出现；水库蓄水后，随着水面的扩大，蒸发量的增加，水汽、水雾就会增多，等等。

这些都是修坝后水体变化带来的影响。

（五）对鱼类和生物物种的影响

这里的鱼类是特指的，生物物种则泛指动物、植物和微生物。当前社会上极为关注的是大坝建设对洄游鱼类造成的影响。事实上，洄游鱼类由于种类不同，其生存的环境也各不相同，如鲟鱼，相当一部分是在北纬45°左右的日本北海道与我国乌苏里江、黑龙江和松花江等河、海之间洄游。而且，并不是每条河流都有洄游鱼类，有一些河道并没有洄游鱼类。世界各国在建坝中解决鱼类洄游问题通常采取两种办法：①采取工程措施，建鱼梯、鱼道；②对洄游鱼类进行人工繁殖。我国长江葛洲坝工程建设中，在解决中华鲟洄游问题时选择了人工繁殖的办法，事实证明是比较成功的。需要强调的是，在不同的地区、不同的河流上建坝，对鱼类和生物物种的影响是不同的，要对具体的河流进行具体的分析，不能一概而论。

（六）对文物和景观的影响

我国是历史文明古国，文物古迹极多。水库库区淹没后可能对文物和景观带来影响，这一问题也需要引起高度重视。

（七）地质灾害

修建大坝后可能会触发地震、崩岸、滑坡、消落带等不良地质灾害。

（八）溃坝

可能造成溃坝的原因是多方面的，如大坝运行不当，工程质量问题，或遇到超标准的负荷，也有可能是战争带来的人为破坏等。

以上归纳的大坝对生态的八个方面的影响，是普遍意义上的。对中国而言，我认为在这八个方面的影响当中，要高度重视移民问题和建坝对泥沙与河道的影响问题。特别需要强调的是，在不同的河流、不同的河段、不同的坝址上建坝，可能带来的生态问题并不相同，一定要根据当地的实际情况，针对具体项目进行具体分析。一个项目带来的生态问题是什么，项目该不该上，该怎样进行控制管理，要作具体分析，而不能一提建坝就指责生态的八大问题，否定一切大坝建设。

四、关于大坝与生态问题的几点认识

（一）社会舆论对大坝与生态问题的关注是社会进步的表现

生态与环境是当前全社会所共同关注的问题。关注生态，是经济社会高度发展后人们思想认识的升华所带来的必然结果。作为水利水电工作者，我们的一项重要任务就是保护生态，促进人与自然和谐相处。因此，我们应该比以往、也应该比任何人都更加重视生态和环境问题。对社会各界关于大坝和水利水电工程的不同看法，我们应持欢迎态度。但同时，对偏激的、全盘否定大坝的错误观点也决不能苟同。发展是第一位的，是党执政兴国的第一要务，在发展中应牢记新的可持续发展的理念，以科学的发展观来统领新时期水利水电事业，实现可持续发展。

长期以来，水利工作着眼于江河流域的治理开发。现在我们要转换立场。作为流域机构，要站在河流的立场上，做河流的代言人；要着眼于人类发展的未来，保护生态，保护河流的生命，以水资源的可持续利用支持经济社会的可持续发展；要把保护生态、保护河流的生命作为工作的制高点，而不能把开发资源作为流域机构工作的制高点。水利工作要立足于生态建设，工作的出发点、落脚点和立场要转变过来。

（二）国际上对大坝建设看法不同，是经济社会发展不同阶段的客观反映

一般而言，国际上对大坝问题的看法主要有两种观点：发达国家不同意修大坝，认为大坝建设将对生态造成影响；发展中国家主张修大坝，认为不修大坝经济无法发展。我国是发展中国家，我们赞成建坝，并在赞成修大坝的同时提出要十分注意生态问题。

国际上的两种观点针锋相对，是有其原因的。当前，大多数发达国家的水电开发率极高，有的国家甚至高达90%以上，水电资源开发已接近饱和，而发展中国家的水电资源开发水平极低，一般在10%左右，按最近水能资源普查结果看，中国水能资源开发也只达到百分之十几。另外，发达国家的人均能源消耗远远高于发展中国家，以美国为例，其人均用电量是中国的十几倍，水库拦蓄水资源量的比例，远远高于我国。因此，发展中国家要进一步发展，要解决电力能源问题，不修大坝是不现实、也是不可能的。我国提出2020年要实现国内生产总值比2000年翻两番的目标，据测算，届时国家需电力装机9.3亿kW，其中水电装机要在当前基础上增加1.7亿kW，达到2.5亿kW。这意味着今后平均每年要新增水电装机1000多万kW，才能满足翻两番的能源需求。更何况大坝还承担着防洪和水资源配置的任务。在这种情况下，我们必须在高度重视生态问题的同时积极进行大坝建设。

（三）在不同的河流、不同的河段、不同的坝址上建坝，带来的生态问题是不同的

一定要认真做好生态环境评估报告，具体问题具体分析，不要一概否定建坝。由于社会经济发展的需要，到2020年我国水电装机需要增加到2.5亿kW。那时我国水电能源的开发率基本达到50%。总体开发达到50%以后，速度会慢慢下降。按世界上发达国家情况看，水电开发最终可能达到60%～70%的

水平。在今后的20～25年的一段时期内，我国水电开发将迎来一个高峰。我们对水电发展的宏观形势要有一个清楚的认识。但在对每一条河、每一个大坝进行规划设计时，都要十分慎重地对待生态问题，认真做好生态环境评估报告。只有充分重视每一座大坝的生态问题，才能实现水电大发展的宏伟目标。

（四）修大坝要慎重，拆大坝同样要十分慎重

如果认为修建大坝就能解决一切问题的主张是沿用了“人定胜天”的思想，那么认为拆掉大坝就能恢复原来生态的观点同样也是一种“人定胜天”的思想。因为拆掉大坝也有可能破坏既成的、现实的生态系统，带来新的生态问题。因此，建大坝要慎重，拆大坝同样要慎重；建大坝有一整套严格的批准程序，拆大坝也同样需要有一整套严格的批准程序。当前应逐步建立大坝报废退出机制，完善配套法规，严格程序管理。

（五）水利水电工作者要勇于挑起大坝建设与生态保护两副重担

在以往的工作中，我们水利水电工作者考虑较多的是如何建大坝，对相关的生态问题考虑得不够。现在历史赋予我们的责任是既要挑起大坝建设的担子，同样也要挑起生态保护的担子。应该认识到，任何水利水电工程，从本质上说都是生态工程。如果在水利水电建设中对生态问题不能正确地对待、科学地处理，很可能会影响到整个国家的经济社会发展。因此，勇于挑起水利水电建设与生态保护两副重担，这是历史赋予我们的重要责任。广大水利水电工作者要切实负起责任，促进我国水利水电建设事业快速健康地发展。

水 电 与 中 国

——中国工程院院士 潘家铮

一、中国到底有多少水电资源

中国地势西高东低。主要河流发源于世界屋脊的青藏高原，奔流入海，蕴藏着得天独厚的水能资源。中国到底有多少水电资源可以开发，随着普查的深入，数据不断更新。过去有两个数据经常为人引用，即：全国技术可开发的容量为3.78亿kW，年发电量为1.92万亿kWh。经过最近的大复查，较可靠的数字是：我国大陆部分水电的理论蕴藏容量为6.944亿kW（按8760运行h计），年电量6.0829万亿kWh，其中技术可开发容量为5.416亿kW，年发电量为2.474万亿kWh，列世界之冠。

这次调查统计工作做得很仔细。首先查清13个“水电基地”的资源。所谓“水电基地”是指在水电资源富集的流域或地区内，划出开发条件最现实的干流河段（一般为中、下游河段）和部分支流段，根据查勘规划资料，布置梯级，确定各枢纽的容量和电量，加以统计。这是我国水电资源中最主要的组成部分。第二部分是上述流域、地区在“基地”范围以外的上游、支流中所蕴藏的资源，以及其他流域、地区内的资源，第三则是遍布全国的小水电。三者合计得到全国总数。水电资源暴露在地表，可以眼见耳闻，流量和落差的测定比较简单准确，因此数值可信度高。这和煤、天然气、石油等矿产资源不同，后者深埋地下，勘探工作量大而困难，地质储量和精查后能采出的储量有巨大区别，风险性当然较大。

还有一组数字称为“经济可开发量”（容量为4.48亿kW，电量为1.753万亿kWh）。鉴于“经济可开发”的范畴取决于很多条件，随着形势的发展、科技的进步和油、气、煤价的不断攀升，会有所改变，因此我不建议以此作为衡量标准。

在最新普查成果经国家正式公布后，建议以此作为我们的统一口径。

二、中国水电开发的重要里程碑

2004年9月，随着黄河公伯峡水电站首台30万kW机组的投产，中国水电总容量突破了1亿kW，稳居世界第一。这是一个有历史意义的里程碑。9月26日，水电工程各领域老中青代表云集在母亲河畔公伯峡工地，举行了隆重的庆典。黄菊、曾培炎副总理亲笔写下热情洋溢的批语。尤其许多白发苍苍为水电事业作出终生奉献的老战士们更是心潮激动热泪如狂。情景异常感人，将载入水电史册之中。

但即使是1亿kW，扣除抽水蓄能后，也只占可开发容量的17%。按电量计，为值更低（2003年水电发电量2830亿kWh，占可开发量的11.4%）。可见今后开发任务之艰巨。可喜的是，在国家“大力发展水电”和“西电东送、南北互供、全国联网”的电力发展政策指导下，当前我国水电开发面临从未有过的大好形势。世界上最大的三峡水电站已有10台机组发电，不久将提前竣工。现在在建的水电中，20万kW以上的有4640万kW，大型抽水蓄能有720万kW。金沙江、大渡河、雅砻江、乌江、红水河、澜沧江、黄河等12个大水电基地正在全面开发建设。在东部和沿海水能资源较少的地区，仍有不少中小型、低水头水能可以利用，还需兴建一大批高水头大容量的抽水蓄能电站，以解决调峰填谷问题。这样的开发规模不仅在我国是史无前例的，在全球也是世无前例的。预期到2010年和2020年全国水电容量将达

到1.5亿kW和2.5亿kW，出现第二、第三个里程碑。届时，中国将建成无数称冠世界的高坝、长隧洞、巨型电厂和制造相应的机电设备，解决泥沙、消能、环保各种问题。中国无疑将成为世界头号水电大国和水电技术强国。中国的水电勘测、设计、施工、运行、管理、制造、更新改造……都将跃居国际领先水平，为国家的经济发展和民族振兴大业做出重大贡献。这是不可阻挡的历史潮流。

但是，现在有人指出，开发水电也带来许多不利后果，要求停建大坝，重新考虑水电开发问题。那么，中国究竟要不要发展水电？这是一个必须分析清楚的问题。

三、中国面临的能源挑战

21世纪前叶，是我国经济腾飞和民族振兴的关键时期，尤其是前20年，我国国民经济总产值将再翻两番，全面建成小康社会，为今后的更大发展奠定基础。国内和国际上无数专家都在深入分析形势和各种可能。总的看法是：中国的和平崛起不可抗拒，但确实存在许多严重的制约因素。能否妥善解决这些问题，决定了中国的前途。当前的形势可以用国歌中的一句话来形容“中华民族到了最危险的时候”！

在诸多因素中，能源和电源的供应无疑是关键问题之一。预测到2010年，全国电力装机将达9.5亿kW左右，年发电量达4.3万亿kWh左右，2050年可能达16亿kW。众所周知，我国一次能源以煤为主体，在近期内这一局面难以改变。试设想如果4.3万亿kWh的电能全赖燃煤供应，则年需燃原煤约21.5亿t，不仅在资源、采掘运输上将遇到难以克服的困难，引起的环境污染也将无法想像。可以说，中国在新世纪中面临的能源挑战是世界各国中独一无二的。解决能源瓶颈是关系到我国能否健康地、快速地、可持续发展的重大问题。

在资源、采掘、运输和污染诸问题中，尤以污染问题值得注意。因为污染环境引起的后果是在不知不觉中积累而恶化的，不仅影响中国人民赖以生存的环境，也影响全球。燃煤产生的各项污染，包括排放废渣、烟尘、硫的氧化物、氮的氧化物及二氧化碳。对前面的几项、还可以增加投入、装置先进设备加以处理或减排，对二氧化碳则显得无能为力。因为常规燃煤就是通过碳的氧化取得能量的。姑且不说中国已面临的严峻酸雨局面，二氧化碳无节制的排放导致的温室效应，究竟将产生什么恶果，已引起人们的无限忧虑，最近中美科学家发现青藏高原冰川的加速消亡，更敲起了警钟。总之，如何千方百计减少燃煤数量，以缓解资源短缺和减少相应的环境污染，实在已是当务之急。在讨论研究水电开发问题时，希望不要忽略掉这个大前提。

四、开发水电是中国必然的选择

了解中国面临资源短缺和环境污染两大难题的严重程度后，就能较好地理解大力开发水电的必要性。

水电的突出特点就是再生与清洁。虽然有些人士反对这一提法，但事实就在面前：只要太阳不熄灭，水能就能年年重生。水电不排放废气、废渣、废水，不排放二氧化碳。在国际权威性会议或论坛上，不论是1992年里约日内卢各国首脑会议通过的可持续发展全球行动计划（21世纪议程），或是2002年约翰内斯堡峰会上关于可持续发展的文件，或是2003年京都全球水论坛上都明确地把水电列入可再生能源之列。不仅如此，水电实际上是目前人类唯一能够大规模商业化开发利用的可再生清洁能源。当然我们应该不遗余力地研究发展太阳能、风能、地热等其他可再生清洁能源，但在可见的时期内其成本毕竟较高，数量毕竟有限，而中国恰恰拥有举世无双的水电资源，不考虑利用，就难以为人理解了。

有人觉得水电只占电力的20%，比例不够大。要看到20%不是个不足道的比例，而且不要忘记水电的再生性。如果2.474万亿kWh的水能真能全部利用（实际上当然做不到），相当于每年可替代12.4亿t原煤，或6.2亿t原油。利用100年就是1240亿t原煤或620亿t原油，利用200年就是2480亿t原煤或1240亿t原油，远远超过我国目前已精确查明的剩余可采矿藏，何况水电还有提高电能质量、安全和大量综合利用效益。

也有人认为反正还得烧煤，水电利用并不能彻底解决二氧化碳问题。其实二氧化碳排放量只要控制在一定数量下，是可以接受的。今后燃煤量不可能无限制增长，用水电及其他清洁能源替代了一部分燃煤后，就能达到这一目标。而且今后人们终能研究出不排放二氧化碳的煤能利用方法，只是需要时日，开发水电正可补这段时间的需要。

从以上分析可知，国家制定的电力发展政策：“大力发展水电，优化发展火电，适当发展核电，积极发展新能源”把水电排在第一位是深思熟虑后制订的一贯政策，是十分正确的。对中国来说，开发水电是不以人们主观意志为转移的必然的选择。

五、水电开发面临的制约条件

中国水电资源虽然丰富，但开发中也面临许多制约条件，有些具有共性，有些则由中国的具体情况产生。

在建国初期，主要的限制条件是技术水平和装备水平。那时我们只修过几座几百千瓦到几千千瓦的小水电，施工机械极缺，甚至连混凝土的振捣器都没有，加上经济实力薄弱，要修建大水电站简直近于做梦。经过半个多世纪的奋斗，这一困难可以说已经过去，许多外国权威都认为中国工程师“能够在任何江河上修建他们认为需要的大坝和水电站”。当然，我们在创新、质量和管理上和国际先进水平还有差距，仍须继续努力。

其次是投入问题，尤其在计划经济时代，一切基建都由国家投入。水电开发集一次、二次能源建设于一体，要和江河打交道，与单纯为发电而修的火电厂比，投入总较多、工期总较长，尽管人们都明白这个道理，但在电力需求迅速增长的压力下，有限的资金总是先建火电厂，形成所谓“水火之争”。当年要上一个大水电，不知要历经多少次折腾啊！

这个困难在国家经济迅猛增长、综合国力极大提高、特别是电力体制深化改革后，也已成为过去。相反，出现了各大发电集团公司、独立发电企业和众多民营企业“跑马圈地”争相开发水电的局面，银行也踊跃投资，大中型水电开发出现了前所未有的势头。“跑马圈地”固然会导致人为划分势力范围和无序开发的后果，有待规范，但另一方面也极大地促进了水电开发的速度，这是许多人当初难以想像的。

第三个制约因素是中国的降水在时空上极为不均，这对开发利用水电是不利的。降水在时间上的不均，不仅使河流在汛期和枯水期的流量有巨大差别，而且还会出现连续枯水年或丰水年的情况。当然可以修建水库进行调节，但所需库容巨大，投入和移民问题都较难解决。降水在空间上分布不均，水能集中在西部和各地区经济发展不协调，需长距离超高压送电，导致投入增加、成本提高和其他许多问题。

第四个制约因素是淹没移民问题和对环境产生某些负影响。除低水头径流电站外，开发水电离不开修坝建库，总要淹没一些地，动迁一些居民，还会对生态环境带来某些影响。中国人多地少，生态环境脆弱，移民工作困难，这无疑要增加水电开发的难度，今后也许会成为水电开发中最大的制约因素。

下面拟对后面两个因素做些简单探讨。

六、电网离不开水电、水电离不开电网

为了解决我国降水量在时空分布上的不均匀问题，除了需修建必要的调节水库特别是龙头水库和尽量供电附近地区外，主要的措施是将水电站纳入大电网统一调度运行。只有这样，水电及火、气、核各种电源才能都在最佳位置上发挥作用，取得最大综合效益；水电能量才能最大程度地被吸纳利用，从而最大程度地降低燃煤量。为此，设置一些重复容量也是合理的。

汛期水电量大，此时适值迎峰度夏，正可充分利用，而由火电、气电、抽水蓄能等承担峰荷。火电机组可安排检修、贮煤。枯水期水电出力少，可以担任峰荷和安全备用，并安排维修，由火电、核电等任基荷。通过电网的优化调度，可使各种电源各得其所，水火互补，还可取得错峰效益。电网越大，越加有利于灵活科学调度。地理上的分布不均问题，也可通过电网的加强、扩大直到全国联网得到解决。原能源部黄毅诚部长有一句名言：“电网离不开水电，水电离不开电网”，这句话道出了此中真理。

显然，如果由各发电集团自由无序地各建电站，就很难使各种电源合理配置，优化电源结构，并与电网建设结合，实施优化调度，所以全国的电源和电网建设必须在国家的统筹规划和宏观调控下有序进行，以实现国家意志和全局最高利益。当前，西电东送、南北互供、全国联网、水火互济的政策，正是国家意志的体现。

七、关于淹没和移民问题

开发水电需付出淹地和移民的代价，成为一大制约因素，也是许多人反对修水电的主要理由之一。土地当然是可贵的，尤其中国人多地少，更宜珍惜。但许多水电工程在淹地的同时，可以开垦出新的耕地，使下游荒滩变成良田还可使大量低产田成为旱涝保收的高产田，在负面影响中仍起有正面作用。再放开来想，几千年来，随着人口猛增，人与水争地愈演愈剧。如湖北本为云梦泽，千湖之省，现在所余无几，连洞庭湖都变成一条盲肠，后果严重。所以国家才要平垸、退田、还湖，那么不妨把建库视作另一种形式的还湖，是人对水的一些退让。水库的调节性能可远胜于湖泊或蓄洪区啊。

总之，有付出才有收入，为了取得水能，确要淹一些地，正如城市为了建立高新技术开发区需要拨出一定土地，甚至是单价极高的郊区良田（其代价不是淹没些峡谷中的土地可比）。我们要从战略目光分析这个问题，不要简单地扣上“不可逆转的损失”而了事。当然，这绝不是说可以不重视淹地问题，应该尽一切努力减少淹地数量，可防护的尽量防护，临时用地要尽量恢复，要尽量造地和增产农业，争取以最少的土地代价取得最多的能源。今后主要水电资源在西南山区，与取得的巨大能源相比，单位淹地量还是较少的。

与淹地伴生且更难处理的问题是移民，而且不应否认过去在左的思潮干扰和“改造自然、人定胜天”思想指导下，做过许多傻事，侵犯移民利益。这要引以为戒，坚决纠正，所以国家推行“开发性移民”政

策。

移民工作十分复杂困难，那怕只有百分之几的人未安排好，也会引起他们的痛苦和社会的不安定。但事在人为，就怕不认真。真正认真负责做事，问题是可以解决的。像二滩、水口等利用世界银行资金的工程，其移民工作就得到以严峻闻名的世界银行的肯定。关键一在于要有妥善而切实可行的安置计划，使移民确能迁得出、稳得住、逐步能致富，要结合大农业和城镇化改造妥善安置，不要总是走后靠、务农的一条路。二是要有合理和充足的费用，在严格监督下使用，确实要100%用地移民上，三是要负责到底，工程投产后继续关心支持库区经济发展。使移民在工程建设中受益而不是受害。今后主要水电站位于西南峡谷中，移民量相对较少，当地经济落后，人民贫困，正要借水电开发改变面貌，所以政府、人民都支持开发，我们不能辜负他们的支持，一定要做好移民工作。当然，我们也要反对脱离国情和现实的过高要求，几乎成为无底洞，使水电开发在经济上无利可图，在实施上困难重重，企业最后只能放弃，结果一害国家、二害地方、三害自己，这是极端错误的做法。

八、水库淤积了怎么办

我国许多河流输沙量较多，在自然条件下，冲淤平衡。建库蓄水后，水深增加，流速减缓，泥沙必然要沉积在库里。因此很多同志认为水库寿命有限，迟早会淤满，后果极坏。例子就是三门峡水库。

在多沙河流上建坝，运行初期总是入库泥沙多于下泄泥沙，水库逐渐淤积，从库尾开始，逐步向坝推进。经过若干年后，达到冲淤平衡，水库就不再淤积。这一段历时之长短，取决于河流的输沙量、水库条件和运行方式。我国经数十年的研究和实践证实，许多水库可采取“蓄清排浑”的运行方式，即在汛期流量和沙量较大时，利用低高程的排沙泄洪孔洞尽量泄洪排沙，到枯水期再把清水蓄起来，可以大大减少水库淤积量，像三峡水库要运行百年后才达到冲淤平衡。科学的运行方式不仅可减少水库淤积量，更重要的是，在达到冲淤平衡后水库仍能保持一定的有效库容。如三峡水库在冲淤平衡后仍有80%～90%的有效库容能长期发挥作用。从这个意义上说，三峡水库的“寿命”是永久的。当然，如果水库条件和运行方式不利，淤积期可能较短，能保留的有效库容可能不多，水库的调节作用将削弱甚至丧失，但抬高水位的功能仍在。上游库底已淤高，在靠近大坝处出现一个大漏斗，仿佛自然河道中有一个集中落差。此时，无非水电站变成迳流式，仍可运行，如上游尚有调节水库，其功效并无大减。黄河上的盐锅峡、八盘峡、青铜峡不是仍在正常发挥发电、灌溉和供水作用吗？

具体问题具体分析，水库淤积并不总等于水库死亡。

九、全面客观地评价水电对环境的影响

开发水电对环境会产生正负影响，过去对负面影响重视不够，解决不力，也是事实。所以成为一些人反对水电的重要理由。但把话说过头，有理也变成荒谬。一段时间内，报刊上发表了一系列的文章：《水坝惹是非》、《反水坝运动在世界》、《大坝时代已经结束》、《水坝热的冷思考》、《修建水坝带来的困惑》……以反建坝、反水电为时髦。我认为，不提或不愿提水电的巨大正面贡献，不看中国的国情，完全跟西方国家某些人的调子，在一顶笼统的大帽子下，罗列一些负面影响和反对意见，从而否定建坝和水电开发，既不客观全面，也是违反国家整体和长远利益的。

客观地看问题，就应该既看到建坝和开发水电的正面贡献，包括对生态环境的巨大贡献，也看到其负面影响。对于后者，具体工程各不相同，总的讲，最大的问题是淹地、移民和淤积，这些在上面已简单讨论过。其次是对生态环境的一些具体影响，如：对鱼类、景观、文物、珍稀物种、卫生、地质灾害、局地气候……可以列出百余项。其中有些可以减免，有些可以补偿，有些可以拆迁保护，有的影响极为微弱或十分遥远，都需认真分析，下一个公正的结论，再采取有效的措施，不要笼统地宣称影响面广大深远，予以否定。当然，如果该工程确实弊大于利，相信也没有人要坚持做这种遗臭万年的事。

十、水电需要国家政策扶植

水电对国家有如此巨大的效益，其开发又受到众多条件的制约，因此要大力和有效开发水电、特别要开发大型、巨型水电，必须得到国家的扶植，不能完全寄希望于企业的逐利行为，研究世界各大国的水电开发史，都会得出这一结论。

所谓国家扶植，就是国家把开发水电作为她的能源政策的一个基础，在一定时期内，甚至是最重要的国策之一，像巴西就是这样做的。我国历届政府都确定“大力开发水电，优化发展火电，适当发展核电”以及“西电东送，南北互供，全国联网，水火互济”的电力政策，对水电开发起了不可估量的支持作用。

但还需要更多的具体政策的支持，包括税收政策、融资政策、电价政策、移民政策等等。中心意思是请国家各部委和各级政府认识到水电开发对国

家的重大作用，在各方面予以支持，而不是把它作为利税大户，尽量从中取得好处，否则，大家视之为唐僧肉，都来“雁过拔毛”，这只雁肯定胎死腹中。

其实水电也并不求国家给予特殊优惠，只要求给予公正的对待。例如，水电既是一次能源开发，那么给予其他一次能源开发行业的政策也应同样给予水电。水电既是清洁能源，那么不应违反常识地把水电排除在清洁能源之外，拒绝给予相应优惠。大水电的作用远远高于小水电，目前给于小水电的政策没有理由不同样适用于大水电。水电用水发电，无采煤等上游行业，这对国家是大好事，其增值税自应适应降低。水电既为清洁能源，就不能和严重污染环境的电能在同一个标准上“竞价上网”，否则就显失公平。水电是电力系统的重要调峰和保安手段，利用小时较低，就必须给以适当的容量电价和峰荷电价。水电的充分利用，能大大降低煤耗和污染，但水情又难预知，因此对洪水期水电和“计划外水电”应扶植收购，不应拒之门外或以极低价收购。水电开发实际上也是给库区人民和经济的发展创造条件，所以应该充分理解相互支持，这就需要一部翔实可行的移民法。

十一、结论与展望

中国人民具有克服任何困难的传统和能力，我们对中国能解决能源问题具有信心。中国的水电开发更是前程似锦。中国会妥善解决开发中出现的一切问题，在 2010 年和 2020 年中国水电总容量将登上 1.5 亿 kW 和 2.5 亿 kW 的新高峰，到 2050 年前后，中国境内技术可开发的水电资源绝大部份将得到利用，为中国的经济发展和全球的环境保护做出巨大贡献。

中国将同样努力地利用核能，开发风能、太阳能、生物能和一切清洁能源，连同水能，成为支撑中国能源的半片天。煤仍然是中国的主要一次能源，但中国将实施煤的清洁利用、高效利用、转化利用，直到实施包括二氧化碳在内的近零排放。

其后，我们可以向大海、月球取得能源，和实现可控核聚变，最终解决能源供应问题。但我相信，到那时，中国的水电站仍将欢快地运行，中国仍将是一个清洁、高效、节俭、文明的社会，因为中国实行的是有中国特色的社会主义。

中国水电开发与可持续发展

——中国工程院院士、中国大坝委员会主席 陆佑楣

一、中国的经济发展对电力的需求

目前中国正处在经济高速增长的时期，GDP 的年增长率持续保持在 8%以上，2003 年 GDP 已达 14000 亿美元，但人均 GDP 仅为 1000 美元。中国仍然是一个发展中国家，经济的持续增长是必然的趋势。国民经济的增长必然伴随着对能源电力需求的增长。2003 年底全国电力总装机已达 3.91 亿 kW，年电量为 19000 亿 kWh，但由于经济的快速增长，仍然出现了部分地区电力供应不足，拉闸限电频繁。由此可以预计的电力增长前景为：2004 年将突破 4 亿 kW，2010 年达到 6 亿 kW，2020 年将达到 9.5 亿 kW 以上，这是一个可观的增速。

二、中国一次能源储量及评价

中国的电力主要依靠常规一次能源获得，据勘查统计资料：

煤炭储量 1390×10^8 t（备产储量）

原油储量 33×10^8 t

天然气储量 1.7×10^{12} m^3

水能（可开发的）储量 24740×10^8 kWh/年

（1）煤炭资源相对较为丰富，但人均占有量也只是世界人均占有量的 45%。煤炭是我国电力的主要能源，其年产量的 50%以上用于发电，煤电占全国电力的 74%左右，是中国的主力电源。但大量燃烧煤炭造成的环境污染问题是难以克服的。每燃烧 1t 原煤（相当于 0.7～0.8t 的标准煤）要排放 2.49tCO_2——造成全球温室效应的有害气体，要排放 0.075tSO_2、0.037tNO——造成酸雨的有害气体，同时还排放粉尘类固体废物 0.68t。再加上煤炭开采过程对生态环境的影响，故不可忽视要付出的代价。但从中国能源结构看，电力工业以煤电为主的格局在可见的未来难以转变。为此，要推广洁净煤的使用，提高煤电的燃烧技术，推广循环流化床、超临界及超超临界的发电技术，以提高煤炭的利用效率。然而煤炭是不可再生的，总储量肯定逐步减少，按当前年开采量 17 亿 t 计算，80 余年就将耗竭。

（2）石油是中国紧缺的能源资源，人均占有量只是世界人均占有量的 10.71%。石油是可携带能源，主要是用于飞机、汽车、船舶的动力和化工原料。不

宜大量地用于发电。

（3）天然气也是中国的紧缺能源，人均占有量只是世界人均占有量的4.99%，主要用于化学工业原料及居民生活用能源，也不宜大量地用于发电。

（4）水能资源在中国相对较为丰富，人均占有量为世界人均占有量的55.1%。它既是清洁的能源又是可再生能源，又是用于发电的优质能源。水力发电是利用江河源远流长的流量和落差形成水的势能发电，是一次性能源直接转换成电力的物理过程，它不消耗水，也不污染水，不排放有害气体，也不排放固体废物，是清洁的能源。此外，只要地球上水循环不中止，江河不会干涸，水资源是永恒的，是可再生的能源。水力发电获得的电量是不耗减总资源量的。因此，世界各国无不优先开发水能资源。据统计，世界上有24个国家依靠水力发电提供国内90%的电力，如巴西、挪威等；有55个国家水力发电占全国电力的50%以上，如加拿大、瑞士、瑞典等。中国当前的水电装机容量约占全国电力的24%，年发电量占14.8%。当然，水电开发会改变原来的河流状态，而最重要的是水库将淹没部分土地，居民要搬迁，用部分陆地面积换取了水面面积，而且由于河流流态的改变会影响部分鱼类的生存环境以及水库泥沙淤积可能带来的一些不利影响。为此，水电开发过程必需建立一套科学、完整的评估体系，以作出准确的决择和采取相应对策。

（5）核电是优质高效的能源。经过几十年的发展，核电不论从技术上和安全上都已得到公众的认可。当今世界核电总装机已占电力总装机的16%。随着技术的发展，由安全的裂变反应堆发展到中子堆和可控核聚变反应堆，将是人类未来能源的发展方向。中国的核电事业起步较晚，目前仅有636.4万kW的装机容量，占全国电力总装机的1.6%，应在近期大力发展核电，预期到2020年达到3600万kW的装机容量。

（6）风能、太阳能、生物能等是洁净的可再生能源，但由于能量转换密度和效率很低，目前利用技术尚处于初始阶段，应该加快科技研发，以替代部分能源，但在可见的未来还不可能成为电力的主角。

三、中国的水电开发及现状

（1）中国有众多的河流，地理特征和气候特征形成了丰富的水能资源。经过全面的查勘计算，我国水能资源理论蕴藏量为6.88亿kW，年发电量5.92万亿kWh。经过最新的经济、技术、环境综合评估、筛选，我国可开发利用的水能资源为4.48亿kW，年发电量2.47万亿kWh，约相当于每年燃烧9亿t煤炭的能量，是世界上水能资源总量最多的国家，这是中国经济发展重要而可贵的资源。

（2）中国虽然在1912年就有了第一座水电站（云南省石龙坝，装机500kW），但由于工业化进程的滞后，水电开发利用真正起步于20世纪的后半期。经过50多年的建设，到2003年全国水电总装机已达9217万kW，约占全国电力的24%，年发电量2830亿kWh，约占全国发电量的14.8%。从水能资源的储量看，中国水电开发水平远低于世界上水能资源相对丰富的国家。表1和表2分别显示了世界各国水能开发情况和中国的水电开发历程。

表1说明发达国家水电的利用率均很高，尤其是欧洲的国家充分地利用了水电，保护了环境。

表1 世界各国水能开发情况

国家	可开发的总出力（kW）	已开发容量（kW）	开发比（%）	备注
中国	44800×10^4	10000×10^4	22.3	2004年资料
美国	19430×10^4	8415×10^4	43.3	1986年资料
加拿大	15290×10^4	6567×10^4	42.9	1997年资料
巴西	21300×10^4	5451×10^4	25.6	1997年资料
俄罗斯	26900×10^4	6214×10^4	23.1	1986年资料
印度	8400×10^4	2201×10^4	26.2	1997年资料
日本	3515×10^4	3339×10^4	95.0	1986年资料
法国	2280×10^4	2100×10^4	92.1	1986年资料
挪威	3800×10^4	2600×10^4	68.4	1997年资料
意大利	1920×10^4	1786×10^4	93.0	1986年资料
西班牙	2922×10^4	1800×10^4	61.6	1997年资料

注 “备注”中1986年资料来源于《20世纪中国河流水电规划》，1997年资料来源于《国际水力发电与大坝》杂志1999年年册。

表2 中国的水电开发历程及未来预期

年份	水电装机（万kW）	年份	水电装机（万kW）
1912年	0.05	1988年	3269.8
1949年	16.3	1991年	3788.4
1955年	49.8	1996年	5218.4
1960年	194.1	1999年	7297.0
1965年	302.0	2000年	7708.5
1970年	623.5	2003年	9217.0
1975年	1342.8	2004年	10000（预期）
1978年	1727.7	2010年	14735（预期）
1980年	2031.8	2020年	25786（预期）
1985年	2641.5		

(3) 在中国已经开发的1亿kW的水电装机中，有2800多万kW属于单站5万kW以下的小水电站，约有40000余座，占水电总容量的33%。小水电资源丰富，为解决广大农村和偏远山区等大电网难以播及的地区用电起到了积极而有效的作用，代替了一部分燃煤电源，保护了环境。小水电投资分散，私人和集体投资者多，筹资容易，技术和设备相对简单，建设周期短，是不可忽视的可再生能源。国家已将小水电列入可再生能源的优惠政策扶植之列。

(4) 单站5万kW以上的大中型水电站是中国水电的主力，经过50余年的开发建设，已建成230余座，其中百万千瓦级以上的水电站25座，五十万千瓦级以上的40余座，奠定了我国水电开发领域的勘探、科研、设计、施工的各类人才、专业队伍、规范标准、组织型式、工程技术的完整基础，中国已有能力开发各类水电站。长江三峡水电站的建设成功标志着特大型水电站的开发建设能力上升到新的高度，中国的水电开发建设能力已跃居世界前列，可以说当前是中国水电开发建设的最好时机。

四、中国水电开发的经验与教训

积累了50余年的实践经历，中国水电开发有着丰富的成功经验，也有可贵的失败教训。

(1) 要有一个良好的建设管理体制。20世纪80年代以前，在国家计划经济体制下实行的是国家财政拨款，政府行业部门管理，施工企业自建自管，竣工后移交给电力部门运行管理。虽然也成功地建设了一批水电站，但由于投资者、项目负责人、工程承包人和经营运行机构的界线不清，互相错位或脱节，职责不明，投资者不管回收，没有项目负责人，工程承包由行政决定，缺乏有效的监督，缺乏竞争意识，效率低下。随着国家经济体制的改革，由计划经济体制转换为市场经济体制，水电开发建设才实施了一套全新的建设管理体制，即实行项目法人负责制，多渠道融资解决资金筹措；实行招标承包制，引进竞争机制；实行工程监理制，健全了工程监督管理机制。项目法人以合同的形式组织各方建设者，形成了一套完整、科学的管理体制，有力地推动了水电开发建设的速度。

(2) 要做好流域和项目规划。从本质上讲，项目的规划是对大自然、对河流以及对流域的人文社会认识的过程，要积累大量的准确的原始数据，进行科学的选择论证项目的必要性和可行性。在项目的决策过程，必须坚持科学和民主，要听取各种不同意见，切忌主观意见决定一切，才能做到项目的准确决策。

(3) 要有一个优质的设计和技术管理。要充分掌握河流的水文、地质、地震等自然条件，保证工程顺利进行，是项目成败的关键之一。在项目的实施过程必须严格科学管理，水电站的施工受自然因素及人为因素影响很大，工程技术复杂，必须有一套严格的技术管理制度，尽可能运用先进的工程技术和高效的施工机具创造良好的施工业绩，切忌盲目无序的管理，是保证工程顺利建设的关键。

(4) 要有完善的移民政策和行动，做好水库移民搬迁，是项目成改的关键。中国地少人多，尤其在中国东部，人均耕地面积只有1～1.5亩，在东南沿海地区已建的一些大中型水电站，为每年得到1亿kWh的电量平均约须搬迁1000人以上，西部地区则为200～300人。早期建设的一些水电站没有足够的补偿，简易的搬迁造成了大量的遗留问题。从19世纪80年代以后，中国政府加强了水库移民工作的法规和政策，取得了明显的成效，把移民工作与经济发展结合起来，把移民与脱贫致富结合起来。最典型的例子是长江三峡工程，移民总量达113万人口，除了补偿足够的迁建资金，还组织了全国范围的对口支援和部分外迁移民，从1993年开始与工程建设同步进行，到2004年6月已完成约90万居民的搬迁工作，其中外迁到平原地区或经济较发达地区有16.5万人。三峡工程的成功移民是一个很好的范例，也得到了联合国有关组织的好评。

(5) 要充分做好生态和环境的评估。水电站要兴建水库，必然改变河流的原始状态，淹没区的生态将发生一定的变化，由于水体流速的减缓河流水质是否会变质，水生动物生活习性的改变是否会导致鱼类的增多或减少乃至灭绝，以及河流的泥沙运动规律等，这些问题都是需要认真研究分析的。水电站利用水势能发电，替代了矿物燃料的开采燃烧，减少了环境污染，从总体上看是有利于保护和改善生态环境的。总之，水电开发既有有利的一面，也会有不利的一面，必须客观地分析其利弊得失，关键在于如何兴利避害，如何有利于人类的可持续发展。

(6) 做好资金的筹措，多渠道融资，运作好资金，保证工程建设的资金使用。水电工程是一次性能源和二次性能源同时转换建成，因此投资规模大，在中国百万级水电站单位千瓦的投资成本约1000～1200美元，总投资达10亿～12亿美元，如三峡电站达220亿美元。大中型水电站建设周期长，一般要5～10年，期间的物价变化、银行利率的变化都会影响整个工程的造价，最终反映到电价在市场上的竞争力。为此，必须不断的预测风险，加强风险分析，尽量归避风险，调整融资方式，用“静态投资控制，动态资金运作”的办法降低成本，保证工程顺利推进。

(7) 推行流域滚动开发机制。项目法人在开发过程建立起滚动开发意识，即用已建成的水电站的发电收益投入滚动开发建设新的水电站项目，在同一河流实行滚动开发可以取得最好的开发效率。

五、长江三峡工程的范例

长江三峡工程是当今世界规模最大的水电站，装机容量1820万kW，多年平均年发电量847亿kWh，相当于每年燃烧4000万t煤炭的能源，并兼有长江防洪和通航的效益。三峡工程经历了70多年的设想、规划、勘测、设计、论证、决策的全过程，于1992年由全国人大表决兴建。三峡工程规模巨大，按1993年的物价水平计算，需投资900.9亿元人民币（相当于157.4亿美元，按1993年汇率），其中水库移民补偿400亿元人民币（相当于69.9亿美元，按1993年汇率），占总投资的44.4%。整个工程建设期达17年，考虑到17年期间的物价因素和银行利率变化的因素，1994年预测工程所需总投资为2039亿元人民币（相当于250亿美元）。水库移民总量达113万人口，重建城镇12座。从1993年开始三峡工程进入实施阶段。中国政府决定运用市场经济的规律组织三峡工程的建设，成立了中国长江三峡工程开发总公司，作为三峡工程的项目法人，实行项目法人负责制，国家设立了三峡工程建设基金，以资本金的形式注入三峡总公司，三峡基金约占总投资的40%，三峡总公司自身发电收益投入约占20%，其余的40%资金由三峡总公司从融资市场获得即银行贷款、向社会发行债券、改制上市等多渠道筹措资金。三峡工程经过11年的建设，已于2003年6月实现了水库的初期蓄水、船闸通航和首批机组发电的阶段性目标，水库移民已完成90万人口的搬迁。至2004年8月已有10台70万kW的机组投产发电，三峡电厂的总出力已达700万kW，自投产以来的发电量已达320亿kWh。经国家发改委核定三峡电厂的上网电价在划出防洪、通航等非经营性效益投资分摊40%后，是0.25元/kWh（人民币），其中运行、折旧、融资及税赋等成本约占0.20元，净利润约每千瓦时电0.05元。三峡总公司将建设期的发电收益再投入三峡工程建设。截至2003年底，三峡工程投资已实际完成1000亿元人民币，现在再预测到2009年全部竣工时，工程总投资大约可控制在1800亿元人民币（约220亿美元）以内，没有突破预算，略有结余。三峡总公司通过改制成立了控股上市公司——中国长江电力股份有限公司，“长江电力”股票成功地于2003年正式上市，运用资本市场上的资金滚动开发新的电站项目。现已获得金沙江上乌东德、白鹤滩、溪洛渡、向家坝四个梯级电站的开发权，这四个梯级电站的总容量为3800万kW，其中溪洛渡、向家坝两电站已开始进入筹备建设期，三峡总公司进入到一个健康的滚动发展时期。三峡工程项目的开发历程可以看作是中国水电开发的一个典范，建立了一套有利于水电加快开发的机制。

六、可持续发展的电力政策建议

（1）水力发电是可再生的清洁能源，可以起到改善生态、保护环境的有效作用。联合国关于全球气候变化的框架公约要求，在今后半个世纪内把目前占全球电力生产80%的矿物燃料的比重降低到25%左右。《京都议定书》要求在2002～2012年期间工业化国家的二氧化碳排放量要在1990年的水平基础上降低5.2%。我国的二氧化碳排放量已占全球排放总量的13.6%，居美国之后列世界第二。环境形势要求：只要资源允许，应该尽量地开发利用水能，尽可能多地替代不可再生和污染环境的矿物燃料发电。

（2）科学地评估每一个水电站的利弊得失。淹没一些土地，改变河流的状态，对环境和生态的影响，都要有科学的数据分析，避免概念性判断，并提出相应的可行的对策。同时，还要用同等出力和电量条件下不同类型的电力进行比较，作出选择性决策。

（3）良好的市场机制是发展水电的有利因素，应该加快电力体制的改革。

（4）对于幅员辽阔的国土上解决农村和边远山区居民用电问题，小水电是非常重要的措施，它是可再生和清洁的能源，应该在政府政策上予以扶植，但也切忌盲目开发，破坏沿河的用水规律和自然景观。小水电建设相对简易，可靠性较低，不宜同大电网联网。

（5）税赋政策：对具有防洪功能的水电站，其发电税率要不同对待，因属于非经营性的公众效益，应实行低税率。

（6）在可见的未来30年内，中国的电力结构应将水力发电的比率从目前的24%提高到25%以上才是合理的，这是可持续发展的重要对策。

（7）为了适应经济的高速增长，中国电力政策应立足煤电，但逐步缩小其占有比率；大力发展水电，充分利用水能资源；加快核电建设的步伐，并积极研发新能源如风能、太阳能、生物能等的商品化开发。

坚持科学的发展观 大力推进大渡河流域水电开发

——中国国电集团公司党组
书记、总经理　周大兵

2004年3月30日，国家“十五”重点建设项目、装机容量330万kW、四川大渡河流域最大的水电工程——瀑布沟水电工程正式开工。建设瀑布沟、开发大渡河，是中国国电集团公司实践“三个代表”重要思想，实施西部大开发战略，贯彻国家优先开发水电策略的重要举措，是大渡河沿岸各族人民的热切期盼，对于促进四川省经济发展，增强民族团结，具有十分重要的意义。党中央、国务院和国家有关部门对开发大渡河高度重视，四川省委、省政府给予了有力的支持，为瀑布沟工程顺利开工创造了很好的条件。瀑布沟工程的开工建设，是大渡河流域开发新的里程碑，标志着中国国电集团公司拉开了大渡河流域水电开发的序幕。

瀑布沟水电站是一座以发电为主，兼有防洪、拦沙等综合利用效益的大型水利水电工程，计划2004年年底截流，2008年第一台机组发电，2010年工程竣工。瀑布沟水电站工程量巨大、移民任务重，而且技术复杂，被称为大渡河开发的“硬骨头”。瀑布沟工程的全体建设者将发扬红军长征精神，以克服一切困难的英雄气概，团结协作，求真务实，艰苦奋斗，推进工程的顺利进行；以如临深渊、如履薄冰的严谨态度，科学组织，精心设计、精心施工、精心监理，解决好工程建设中的每个问题；以对历史高度负责、对人民高度负责的责任感，把瀑布沟水电工程建设成经得起历史检验和大自然考验的精品工程。

一、加快开发大渡河流域，为四川经济发展服务

大渡河是长江上游的重要支流，是四川水能资源最丰富的三大河流之一，开发条件优越，距离负荷中心近，落差大而集中，可开发容量2340万kW，规划建设3库22级水电站。目前流域滚动开发机制已初步形成，已建成龚嘴水电站（装机70万kW）和铜街子水电站（装机60万kW），正在建设中的有瀑布沟工程，还有一批电站项目正在进行前期工作。中国国电集团公司把加快大渡河流域开发作为集团公司的重大战略来实施。

为做好大渡河流域的开发工作，2003年我对大渡河进行了全面考察，并听取了专家们对流域规划的介绍和水能资源开发经济、技术指标的比较分析。抱着服务四川省经济发展和造福两岸人民的良好愿望，经过认真思考，我提出了到2020年大渡河流域实现“装机一千五、流域统调度、沿江一条路、两岸共致富”的流域开发目标。

“装机一千五”，是指根据四川省经济社会发展的需要，以及流域梯级开发前期工作的进度，计划到2020年在大渡河流域建成投产水电站总容量1500万kW。“流域统调度”，是根据水能资源的自然属性，同一条河流上下游水电站的运行规律，以及国内外水电开发的成功经验提出来的。梯级电站建成后实施联合运行、统一调度，可以有效提高电站的保证功率水平，使水能资源得到充分利用，发挥最大发电效益。“沿江一条路”，是说大渡河流域中上游处于少数民族地区，又是红军长征经过的地方，有很多国家和省级风景区，随着梯级电站的建成，依托成都至攀枝花高速公路的建设，沿河修好一条路，形成既连接大中城市，又连接流域各电站的公路网架，形成展示民族风情、地域特色的生态旅游线，带动民族地区和贫困地区经济发展。“两岸共致富”，就是通过流域水电开发促进地方经济发展，为两岸人民致富奔小康服务。

目前，国电集团已和四川省人民政府就大渡河流域水电开发达成共识。我们将按照四川省委、省政府的要求，加快瀑布沟工程建设进度，加大流域开发力度，让这条古老的英雄河早日为全面建设小康社会做出更大的贡献。

二、大力开发水电资源，推进电力工业可持续发展

党中央、国务院要求，要坚持以人为本，以全面、协调、可持续的发展观来实现全面建设小康社会的宏伟目标。电力工业必须贯彻科学的发展观来实现可持续发展，落实“五个统筹”。一方面，全面建设小康社会，必须保证充足、可靠的电力供应；另一方面，实现可持续发展，必须依靠清洁能源，提高能源转换和利用效率，减少环境污染。我们之所以把积极发展水电放在优先地位，是因为水能资源是清洁的可再生资源，开发水电可以实现经济与环境的协调发展。我国水能资源比较丰富，技术可开发容量达4亿kW左右，目前已开发的约占24%，未来开发前景还很大。国电集团将立足大渡河，加快水电开发力度。

水电虽是清洁能源，但水电开发对环境完全没有一点影响是不可能的，必须遵循自然规律，努力把工程建设对环境的负面影响降低到最小。在流域规划和项目选址阶段，应优先考虑对环境影响相对较小的方案。在项目规划设计阶段，则尽可能减少移民数量，尽量减小淹没耕地，避免淹没自然保护区、风景名胜区、自然和文化遗产遗址等。最近刚刚审查完成的《四川省大渡河干流水电规划调整报告》，调整方案减少淹没耕地约3万亩，减少移民8万多人，并且保留约50km的天然河道。在工程建设阶段，则要切实做好施工环保规划并认真实施，努力做到人与自然的和谐统一，实现可持续发展。

三、水电开发要坚持“流域、梯级、滚动、综合”方针

“流域、梯级、滚动、综合”是被水电开发实践

证明了的、行之有效的建设方针，是近30年来我国水电建设经验的总结，体现了流域水能资源开发的基本规律。在新的建设时期，这一方针仍然具有十分重要的指导意义，而且应该赋予其新的内涵。“流域”两个字强调了流域水能资源开发要建立在全流域统一规划的基础上，进行有序、合理、科学开发；“梯级”是强调按照规划的梯级建设目标，突出龙头水库电站的控制性、经济性和优先开发性；“滚动”是指在目前电力紧缺阶段，流域滚动开发不再是过去的逐级滚动，而是成批建设。在开发大渡河时，在龙头电站建设的同时，考虑2～3个电站同步开发，就可以确保实现到2020年装机1500万kW的目标；“综合”是指不但要注重实现发电、防洪、拦沙、航运等基本建设目标，而且要发挥大型水电建设项目对国民经济的拉动作用，建设一批电站，带动一域经济发展，同时，更重要的是实现对水资源综合利用和保护，为经济和社会的可持续发展提供保障。

四、以科学的发展观确定国电集团发展战略和目标

中国国电集团公司是在电力体制改革中于2002年12月29日成立的五大全国性发电企业集团之一。作为国有重点骨干企业、国家基础性产业，我们要贯彻科学的发展观，统筹兼顾，实现经济社会更快更好的发展。以科学的发展观确定公司发展战略和规划，把加快电力发展，为经济、社会发展和人民生活提供充足、优质电能，推进电力工业持续、健康发展，实现国有资产的保值增值作为发展战略目标。

面对新的改革竞争形势，我们提出了“以改革和创新为动力，以市场需求为导向，以安全生产为基础，以经济效益为中心，坚持以电源建设和运营为核心竞争力，重视发展电力关联产业，适度开展多元化经营，积极开拓电力市场，大力开展资本运作，多方筹集发展资金，积极走向国际，把中国国电集团公司建成要素组合合理、资源配置优化、经营状况良好、综合实力较强、管理机制先进的复合控股型、规模效益型，集团化、市场化、国际化的现代企业集团”的发展战略构想。同时，我们提出了把中国国电集团公司“做实、做新、做大、做强”的工作方针，以此指导集团公司实践。

根据集团公司电源发展战略，我们确定了“十五”后三年及“十一五”期间电源建设项目发展目标为“三个400万kW”，即集团公司平均每年在建400万kW、开工400万kW、投产400万kW，确保实现到2005年底可控发电装机容量超过4000万kW，2010年底超过6000万kW，2020年达到1亿kW的电源发展目标。围绕这一发展目标，集团公司上下将以邓小平理论和“三个代表”重要思想为指导，在以胡锦涛同志为总书记的党中央领导下，认真贯彻党的十六大、十六届三中全会和今年“两会”精神，团结一心，奋力拼搏，坚持科学的发展观，进一步强化管理，提高效益，扎实推进集团公司改革发展工作，以良好的业绩为国民经济发展和人民生活水平的提高做出积极的贡献。

中国水电未来之路：加快开发与可持续发展

——中国华电集团公司总经理　贺　恭

水电是优质的可再生能源和洁净能源，也是水能资源丰富国家在能源开发过程中的首选能源。经数十年的努力，中国的水电开发已达到相当的水平，随着中国经济社会的进一步发展，水电开发与经济和环境的可持续发展问题越来越受到重视。今天，联合国水电与可持续发展论坛在中国举办，为我们深入探讨水电与可持续发展问题提供了一个很好的平台，必将对中国的水电开发与可持续发展产生非常积极的影响。在此，我愿意就中国水电加快开发与可持续发展问题发表几点浅显的见解，与在座的领导和中外专家、同行交流。

一、正确把握水电的功能定位，切实提高对加快水电开发的重要性和迫切性的认识

（一）正确认识水电开发的综合效益，科学评价水电开发在经济社会可持续发展中的重要作用

水电开发是一项具有综合效益和功能的系统工程。正确把握水电的功能定位，是我们理解水电开发在经济社会可持续发展中重要作用的前提和基础。水电开发的定位可从以下几个方面来把握：

第一，水电是一种重要的能源资源，而且是优质的可再生能源和洁净能源，是天赐的、最应优先开发利用的能源资源。在世界上，各国大多是率先开发和利用水电资源，待水电开发到一定程度后，才转向大规模地开发其他发电能源。水电开发作为水能资源丰富国家的重要基础产业，对充分利用和保护国土资源，改善生态环境，实现经济和社会的可持续发展有着积极的作用。

第二，水电开发是重要的江河治理途径。中国降雨时空分布不均，水旱灾害频繁，重要原因是江河综合治理程度不高，大江大河上游缺乏控制性工程。水电开发是水资源综合利用的重要内容，大江大河的中上游都是水能资源集中的水电基地，结合江河治理和

防洪，开发大江大河中上游的水能资源，修建控制性水利枢纽工程，可以大大减缓中下游的洪涝灾害，还可以发挥灌溉、供水、航运、跨流域调水、水土资源开发等多种效益。

第三，水电开发是有益于环境保护的生态工程。水电开发是人类改造自然、利用自然的重要活动，科学、合理地规划与开发水电有利于环境保护，实现人与自然的和谐统一。开发水电不仅可以替代和节约矿石能源，而且对减轻煤炭、石油大量消耗给环境造成的污染压力，贡献巨大。水电生产也不会对周边环境和气候造成任何不利影响。相反，由于水库大面积积蓄水源还会改善局部气候，有利于水土保持。特别是调节性强的大型水电站，对改善生态环境、加强水土保持有更重要的作用。

第四，水电开发是具有巨大社会效益的福祉工程。水电开发不仅能够产生发电效益，具有防洪、灌溉、航运、供水、养殖、旅游等巨大的社会效益，而且可以提供大量的就业机会，带动区域的经济发展，造福社会、服务大众。这已经为中外水电开发的实践所证明。在中国西部许多水能资源丰富的地区，加快水电开发的呼声一直非常强烈，这些地区多数是山水美丽、资源丰富，却又多为穷乡僻壤、经济落后。地方政府和老百姓都期待着通过修建水电站促进经济发展、改变贫困落后的生活状态。

（二）加快水电开发，是提高中国水能资源利用效率的迫切需要，也是中国优化能源结构、实现可持续发展的重大战略选择

首先，中国水能资源丰富和开发程度较低的国情，决定了加快水电开发的迫切性。中国国土幅员辽阔，水系众多，江河密布。根据 2001～2004 年中国水力资源最新普查结果，中国水能资源理论蕴藏量为 6.89 亿 kW。其中可开发水电装机容量为 4.02 亿 kW。到 2003 年底，在中国发电总装机容量 3.91 亿 kW 当中，水电机组仅为 9490 万 kW，占 24%。截至目前，水电开发总装机容量已突破 1 亿 kW，跃居世界第一。而以可开发水电装机容量 4.02 亿 kW 为基数，中国目前水电资源开发程度不足 25%。与世界水电开发先进水平相比，存在着巨大的差距。

其次，中国能源资源紧缺和结构不合理的状况决定了加快水电开发的必然性。中国目前是全球第一煤炭消费大国，是仅次于美国的全球第二石油、电力消费大国。但是，中国人均能源可采储量远远低于世界平均水平。能源问题将始终是影响中国经济社会发展的重大战略问题。在中国目前的能源结构中，对化石能源的消耗占据了绝大比例。一方面在大量地消耗着不可再生的化石能源，一方面还有源源不断的可再生的水能资源在白白地流淌。因此，加快水电开发，抢占水能资源尽早开发利用的时间差，不仅是提高资源利用效率的迫切需求，而且是优化能源结构，实现可持续发展的重大战略选择。

（三）中国目前具备加快水电开发的技术实力和政策条件

新中国成立以来，尤其是改革开发以来，中国已经成功建设了类型各异、技术复杂的众多大型、巨型水电站，在建的三峡、小湾、龙滩、公伯峡、构皮滩、瀑布沟、水布垭、洪家渡、三板溪等电站，在施工技术和管理上都取得了新的突破，标志着中国水电建设步入世界先进行列。特别是中国在高坝建设技术、泄洪消能技术、大型地下洞群建设技术、高边坡及地基处理技术、巨型金属结构制作和安装技术等方面取得的突破，以及水轮机、发电机组及配套设备制造技术的提高，表明中国已经成为世界水电技术创新的中心。成熟的水电开发技术和管理模式，为加快水能资源利用奠定了良好的开发基础。同时，中国政府确定的“西部大开发”战略和“西电东送”工程的实施，也为加快水电开发创造了有利的环境和条件。

二、加快水电开发，必须坚持可持续发展的原则

（一）坚持“科学规划，持续开发，充分利用，协调配套”的原则

水电特别是大型水电站的建设期相对较长，流域梯级开发更为复杂，必须有科学的长远的规划为前提。从中国当前水电开发规划的实践看，尽管“西电东送”工程已经实施多年，但水电开发和“西电东送”尚缺乏系统性、操作性均强的统一规划。因此，加大水电开发规划的力度，尽快完成中国主要大江大河水电开发的规划和规划补充及修订工作，是摆在我们面前的一项十分重要任务。

中国水电开发的规划应坚持“科学规划，持续开发，充分利用，协调配套”的原则，要从中国水能资源的状况、可开发的条件以及市场需求情况出发，科学规划水电开发的规模、速度以及相关的配套设施，同时要与全国联网、水资源综合利用、生态环境保护有机结合起来。规划要体现全面性、科学性，突出持续性和可操作性。当前要特别注意积极推进以下几个方面的工作：以国家实施西部大开发战略和“西电东送”工程为契机，抓紧建设一批各方面条件比较适宜的大型水电站，加快西部水电基地的开发力度；集中资金和制订政策支持开发具有战略性的调节性能好、综合功能强的水电站，带动流域梯级滚动综合开发；注意中小水电站的开发，形成功能各具，点、线、面结合的水电开发格局。

水电前期工作是水电规划的基础。水电建设前期

工作量大，需要的时间长，前期工作储备不足是影响中国水电开发更快发展的制约因素。必须进一步加大前期投入力度，加强水电前期工作。尽快完善水电前期工作管理体制，在水电勘测设计环节引入竞争机制。在保证水电开发需要的前提下，水电前期工作要有足够的设计储备，从而确保水电快速、健康、可持续的开发。

（二）坚持水电开发与环境保护共赢的原则

水电开发是一项系统工程，涉及到包括移民、环保、水土保持等方方面面。水能资源的开发与利用，从总体上说是对环境有利的。但不同地区、不同流域、不同项目，对环境还是会产生一定的影响。对水电开发的环境影响评价要坚持综合、客观、科学的原则。在加快水电开发、坚持用发展解决问题的前提下，要辩证地、历史地看待水电开发与环境保护、可持续发展的关系，既要看到水电开发对环境的某些不利影响，更要看到水电开发对环境的巨大改善作用。一方面要通过科学规划、优化设计和有效的工程措施切实减少对生态环境、水库移民等不利影响，另一方面要充分利用水电开发对航运、防洪、灌溉、供水、旅游开发、水土保持等产生的有利影响，从而积极主动地与生态环境保持一致，实现水电开发与环境保护的双赢。

中国水能资源主要集中在广大的西部地区，水电开发既是带动地方经济发展和人民脱贫致富的重要途径，又是改善西部因气候恶劣或非理性开发而带来的环境破坏情况的有效措施。因此，加快西部水电资源的开发，本身就是利国和惠民的有机统一。除了大型水电站应作为国家重点开发的枢纽性电源外，还应该积极开发区域性中小型水电站。中小型水电站的开发，既能满足当地经济发展对电力的需求，也能进一步带动当地经济的发展和人民生活水平的提高，还能够为当地提供大量的就业机会，也是利国惠民的有效途径。

（三）坚持“流域梯级滚动综合开发”的原则

经过改革开放 20 多年来水电开发的实践和摸索，中国水电“流域、梯级、滚动、综合”开发的机制逐步成熟。这种机制有利于调动各方面水电开发的积极性；有利于节约投资，加强管理，加快开发进度；有利于统筹考虑接入系统和外送规划；有利于实现梯级最优开发和发挥梯级水电站的综合效益。

在确定各梯级水电站的开发方式、规模和顺序时，必须依据各电站的自身特点、地理位置、调节性能、装机规模、上下游关系及电力需求分析等因素进行综合分析，结合所在电网的发展规划和电力需求，统一规划，有序建设。特别是规模较大、补偿调节效益显著的水库电站，更需要通过对流域的统一有序开发和流域梯级统一调度，实现调节效益和流域效益的最大化。

以由中国华电集团公司控股的乌江水电开发公司为例，乌江公司是国务院同意于 1992 年成立的中国第一家流域水电开发公司。按照“流域、梯级、滚动、综合”的开发方针和建管结合的模式，乌江公司以已建成的乌江渡和东风电站作为母体电站，以母体电站的收益和部分折旧作为新项目的资本金进行滚动开发。开发期间，股东方承诺全部投资收益用于滚动开发，从而解决了水电开发所需的资本金不足问题。随着新建机组投产，形成“滚雪球”效应，推动了水电开发进程。现在，乌江流域形成了一个流域公司同时开发建设 4 个大型水电站的良好态势。同时，对流域所在地区，乃至整个贵州的经济发展、环境进一步改善，起到了重大的推动作用。可以说，乌江公司成功探索出了一条“自我发展、滚动开发、带动区域、综合效益”的新路子。

（四）坚持因地、因时区别对待的原则

就能源开发而言，不同国家、不同地区、不同的能源资源结构，不同的发展阶段，应该有不同的发展战略和规划。当前和较长远的中国电力布局和结构的矛盾，在于过分地依靠煤炭，而其他先进、洁净能源，如核电、风电等较大强度的开发，由于种种因素，还有一个较长过程。这样，加速水电的开发，尽快加大水电在能源中的比重，就是我们必须做的，既对能源有利，也对环保有利，何乐而不为之。水电开发要从这样的形势、特点和任务出发，坚持因地、因时制宜、区别对待，加速推进的原则。

对有条件进行流域开发的江河，要加紧做好能源、水利、环保、经济、社会等多重效益共赢发展的综合规划，要在国家综合部门主持下进行全面、客观、科学地评审，及早立项，加快开发，并按照长期、中期、短期的总体规划逐步分阶段实施，让水电开发的综合效益更好地服务经济社会的发展。对于流域开发对库区移民、环境生态、文物古迹、自然景观等不利影响较大的河流，要抓紧做好进一步勘测和论证，采取措施削减水电开发对环境生态等不利影响，制订相应问题的解决办法，组织科学、合理的规划和开发。

三、加快水电开发，需要建立水电开发的市场联动机制，完善相关政策

随着中国经济社会的发展和电力体制改革的进一步深化，中国水电开发的体制环境正在不断完善。要进一步加快水电开发，促进经济社会的可持续发展，需要国家建立健全有利于水电开发的市场联动机制和完善相关的政策。

（一）建立和完善水电开发多元化投资体制，按照综合效益受益情况建立投资分摊政策

水电开发应当充分调动各方积极性，形成国家、企业、地方互动的态势，确立和完善水电开发的投资机制至关重要。从国家战略的高度来看，重要河流的水利水电工程，必须由国家控制，投资开发应该以国有大企业集团为主体，保持国有资产独资或控股的地位。对于中小型水电的开发，应提倡实行投资主体多元化，吸引地方政府投资和民间投资。

水电工程不仅具有发电效益，而且具有防洪、灌溉、航运、供水、养殖、旅游等综合效益，尽快出台水电开发投资分摊政策极为必要。应当按照谁投资谁受益的原则，出台综合利用投资分摊政策和管理办法，将综合利用的投资合理地分摊到受益的地区或部门。如防洪这部分公益投资，可以采取国家投资或受益地区和部门按照受益的大小合理分摊投资，这对于促进水电开发，发挥水电的综合效益，具有重要作用。

（二）加强电网建设与水电开发的协调发展，优先和优化调度、充分利用水电资源

随着电力体制改革的深化和厂网分开格局的形成，电源建设和电网建设的投资主体业已明确，国家也已明确电源建设送出工程由电网公司承担。在这种投资体制下，更要重视电网与电源协调建设问题，以保证发电送出和供电的安全。因此，国家应该进一步明确，全国大江大河的流域梯级开发要做到电源和电网统一规划、协调发展。

优先和优化利用水电资源是电力调度的一条基本原则。加快水电开发，需要在公平、公正、公开的原则下，确保优先利用水电资源，并把电网调度与流域梯级调度结合起来，最大限度地挖掘水电的调节性能，从而实现水能资源的最优综合利用。同时，还要不断通过跨流域、跨区水电调度，加快推进“西电东送、南北互供、全国联网”的进程，促进水电的开发利用。

（二）尽快制订公正和优惠的水电电价政策

水电开发无疑是投资巨大的工程，而且具有社会公益性、带动地方经济、保护环境以及惠及当地民众等综合功能。因此，要加快水电开发，不仅要尽快建立合理的投资分摊制度，而且必须有公正、优惠的电价政策做保障。

建议目前正在推行的丰枯电价、峰谷电价要继续执行，并针对不同电站的情况进行科学合理的区分。同时，在电力体制改革和逐步推开的“竞价上网”中，在两部制电价政策中，处于基础部分的容量电价的设置，水电要有别于火电，要适当加大水电容量电价的比重，以体现对投资水电站的投资者及上述的社会公益功能的支持。

（四）制订科学合理的水电增值税政策

按照执行的税收政策，从一次能源的增值税比较看，中国目前规定，水电为17%，石油天然气为10.20%，煤炭采选业为8.08%，风电为8.5%，可见水电的税负在能源全行业中最高。因此要加快开发和利用水电资源，应当降低水电增值税，对水电行业采取增值税先按17%的税率征收，再根据6%～8.5%生产型增值税计算的增值税，将高出部分由财政给予返还的政策。

四、中国华电集团公司愿意为加快水电开发贡献力量

中国华电集团公司作为国有大型发电集团公司，对国家调整优化能源结构、加快电源发展有着义不容辞的责任。我们愿意在科学发展观的指导下，为加快水电开发贡献自己的力量。

乌江是中国华电集团公司同贵州省共同开发的重要水电基地，其流域梯级开发目前已经进入到关键阶段，在2003年乌江渡水电站扩机工程提前实现双机投产、2004年洪家渡水电站将实现一年三投的目标的同时，索风营水电站、构皮滩水电站各项工作正按2005、2009年首台机组投产发电的目标顺利推进。乌江水电开发公司同时还正在积极推进思林水电站、沙沱水电站和乌江支流清水河流域的水电开发的前期工作，计划分别在2005年、2006年正式开工建设。我们的目标是，争取到2011年完成贵州境内乌江干流梯级开发的任务，总装机容量达到850万kW，并以此带动乌江支流及其他流域的中小水电开发，力争到2015年总装机达1000万kW，把乌江流域建成南方重要的水电基地和能源基地。

当前，中国华电集团公司会同合作伙伴，正在国家宏观部门的协调指导下，在各级地方政府的支持下，积极开展金沙江中游和怒江及其他地区水电项目的前期工作，包括开发和环保规划的论证、设计工作的推进，及必要的前期准备工作。一俟国家批准，我们就可以立即启动首期电站项目的建设，并加速建设，为中国水电的发展、为地方经济的发展而努力。

当然，我们还在关注着国际上水电的发展趋势。在我国改革开放政策和“走出去”战略的指引下，中国华电集团公司也正在和一些国家、地区的合作伙伴积极推进当地有条件的水电项目。在国内大型、巨型水电站项目的开拓中，我们也欢迎同国内外有关企业推进资金、技术等方面的合作。

加快对中国丰富的水能资源的开发利用，尽快改变“一江春水向东流，流的都是煤和油”的现状，是

中国经济社会发展所需，是中国优化能源结构所定，是中国水电工作者的职责所系。让滔滔的江水变成不竭的能源，让秀美的山川在水电工程的滋润中更加秀美，既是人民的期盼，也是国家振兴之途。让我们在科学发展观的指导下，为加快水电开发，促进经济社会的可持续发展做出新的更大的贡献。

2004年中国经济回顾与2005年展望

——国家统计局综合司副司长 万东华

2004年以来，我国经济经历了从某些行业局部过热、加强和改善宏观调控到逐步趋向稳定协调这样一个过程，国民经济整体上仍继续保持了速度较快、活力较强、效益较高的特征，总体形势是好的。但经济好转的基础并不稳固，宏观调控特别要注意防止问题的反弹。展望2005年，受油价大幅度上扬和世界经济复苏进程减缓等外在大环境的影响，我国经济增速有可能低于2004年，但总体仍将较快增长。

一、2004年经济运行的主要特点

（一）经济继续处于较快增长的平台，全年经济增速可望在9%以上

尽管宏观调控使一些过热行业的增长有所降温，但整体经济继续保持了较快增长。初步核算，前3季度国内生产总值93144亿元，同比增长9.5%，比2003年同期加快0.6个百分点。其中，第一产业增加值12561亿元，增长5.5%，比2003年同期加快2.7个百分点；第二产业增加值51631亿元，增长10.9%，减慢1.5个百分点；第三产业增加值28953亿元，增长8.5%，加快3.1个百分点。分季看，尽管有宏观调控的影响，但各季之间增长仍相对均衡稳定，没有出现大的起伏。其中第一季度增长9.8%，第二季度增长9.6%，第三季度增长9.1%。

1. 经济增长的动力与上年有所不同

从供给角度看，由于粮食获得好收成，使第一产业对GDP增长的贡献率约比2003年同期提高了4个百分点。第一产业占GDP的比重由一季度的7.5%提高到上半年的10.5%，1～3季度进一步上升到13.5%；第三产业中，交通运输仓储邮电业增长15.3%，批发零售贸易餐饮业增长7.9%，增速均较2003年同期加快，第三产业对GDP的贡献率约比2003年同期提高了6个百分点，但其中有2003年因“非典”影响对比基数较低的问题；第二产业特别是工业仍是经济增长的主导力量，但增速低于2003年同期水平，其贡献率比2003年同期约下降10个百分点。从需求的角度看，尽管投资增长过快的势头有所抑制，但整体投资增速仍然不低，1～9月全社会固定资产投资同比增长27.7%，投资对GDP增长的贡献率基本保持2003年同期水平。消费增长有所加快，1～9月社会消费品零售总额同比增长13%，扣除价格因素，实际增长9.7%，增速比2003年同期加快0.6个百分点，最终消费对GDP增长的贡献率约比2003年同期提高10个百分点。出口尽管持续快速增长，但进口增长更快，进出口相抵，顺差比2003年同期减少52亿美元，影响外贸对GDP增长的贡献率比2003年同期下降约8个百分点。

2. 重要基础产品产量继续保持较快增长

粮食生产在中央一系列更直接、更有力、更有效的重大政策措施的支持下出现了重要转机。夏粮产量1010.5亿kg，比2003年增加46.5亿kg，增长4.8%。早稻产量321亿kg，增加26亿kg，增长8.8%。秋粮长势良好，增产已成定局。预计全年粮食总产量将超额完成年初预定的4550亿kg的目标。工业生产保持稳定较快增长。前三季度，全国规模以上工业完成增加值38775亿元，同比增长17.0%，比2003年同期加快0.5个百分点。其中重工业增长18.5%，轻工业增长15.4%。主要产品产量中，前三季度，粗钢和钢材同比分别增长21.6%和22.8%；原煤、发电量分别增长15.8%和14.5%；半导体集成电路、微型电子计算机、传真机等产品的生产分别增长38.8%～78.7%。汽车、水泥、氧化铝生产明显放慢，9月分别仅增长1.2%、9.7%和10.3%。前3季度，工业产销率达到97.8%，同比提高0.2个百分点。

（二）宏观调控取得初步成效，经济运行中一些不稳定、不健康的因素得到遏制

2004年初以来，伴随经济增长的进一步加快，运行中也出现了一些令人忧虑的现象，突出表现在部分行业投资增长偏快，信贷投放过多，粮食及部分上游产品价格明显上涨等，在中央及时有效措施的调控下，经济生活中存在的一些突出矛盾得到了明显缓解，整体经济运行正朝着宏观调控的预定目标方向发展。

1. 投资过快增长的势头得到初步遏制

按照是否符合国家产业政策、土地管理政策以及市场准入标准，国家从严格新开工项目上马和加强对在建项目清理两个环节加强对投资的管理，在较短时间内取得了比较明显的成效。前三季度全社会固定资产投资45102亿元，同比增长27.7%，增速比一季度回落15.3个百分点，比上半年低0.9个百分点。其中，城镇固定资产投资38028亿元，同比增长

29.9%，增速比一季度回落17.9个百分点。部分过热行业投资增速明显回落。前三季度，钢铁、水泥投资分别增长41.7%和58.0%，比一季度分别回落65.5个百分点和43.4个百分点；铝业投资同比下降6.5%；房地产开发投资增长28.3%，比一季度回落12.8个百分点。农林牧渔业投资增长有所加快，前三季度同比增长21.4%，比一季度加快21.0个百分点。电力、燃气及水的生产和供应业投资增长48.2%，保持较快增长。

2. 信贷得到较严格控制

针对前几年市场中金融流动性较多的问题，国家采取了增加票据发行量、适当上调存款准备金率等措施加以调控。目前各层次货币供应量增幅回落到比较合理的水平，贷款发放也得到了有效控制。9月末，广义货币（M2）243757亿元，同比增长13.9%，增速比一季度回落5.2个百分点；狭义货币（M1）90439亿元，增长13.7%，回落6.4个百分点；流通中现金（M0）20524亿元，增长12.1%，回落0.7个百分点。前三季度，金融机构人民币各项贷款增加17939亿元，同比少增6697亿元。其中，一季度贷款增加8351亿元，同比多增247亿元；二季度贷款增加5949亿元，同比少增3782亿元；三季度贷款增加3640亿元，同比少增3162亿元。各项存款增加27011亿元，同比少增4989亿元。其中企业存款增加7523亿元，少增2624亿元；储蓄存款增加11833亿元，少增2070亿元。前三季度累计货币净投放778亿元，同比少投放250亿元。

（三）经济增长的质量和效益进一步改善，全年企业利润可望突破1万亿元

1. 经济的快速增长，有力地改善了企业的生产经营状况，增加了企业的盈利水平

1～9月，全国规模以上工业实现利润达8088亿元，同比增长39.8%。在39个工业大类中，受国际原油价格大幅上涨影响，石油开采业利润逐月大幅攀升，1～9月实现利润1269亿元，同比增长30.2%，一季度则为同比下降2.7%。钢铁、有色金属、建材等行业利润增幅尽管近几个月有所回落，但总体增幅仍然不低。其中，钢铁行业实现利润699亿元，增长61.1%；有色金属行业197亿元，增长72.7%；建材行业272亿元，增长76.3%。由于经济较快增长、企业效益改善，加上出口退税政策调整，促进了财政收入的快速增长。前三季度，全国财政收入20359亿元，同比增长26.2%，比2003年同期加快3.7个百分点。财政支出17145亿元，增长12.3%，比2003年同期减慢0.8个百分点。收支相抵，收大于支3215亿元，同比增加2348亿元。

2. 城乡居民收入有了新的提高

前三季度，城镇居民人均可支配收入7072元，同比增长11.4%，扣除价格因素，实际增长7.0%。农民人均现金收入达到2110元，实际增长11.4%，增幅比2003年同期提高7.6个百分点，为多年以来同期增长最快的。城乡居民收入的较快增长促进了市场的活跃。1～8月与2003年同期相比，全国限额以上批发零售贸易业中，通信器材类零售额同比增长48.6%、石油及制品类增长45.7%、汽车类增长32.5%、家用电器和音像器材类增长15.3%、体育、娱乐用品类增长19.1%、家具类增长22.4%。

（四）对外贸易快速发展，全年贸易总量可望超过日本，居世界第三位

世界经济的加速复苏，出口退税机制改革的顺利推进，使我国出口在2003年高基数的基础上再攀新高。前三季度，进出口总额8285亿美元，同比增长36.7%。已接近2003年全年的水平。其中，出口4162亿美元，增长35.3%，机电产品和高新技术产品出口分别增长44%和54.3%，占总出口的比重分别达到54.1%和27.1%；进口4123亿美元，增长38.2%。随着宏观调控措施的逐步见效，国内投资需求有所降温，进口增幅逐步回落，累计贸易差额由前4个月累计110亿美元逆差转为1～9月顺差39亿美元，同比减少52亿美元。对主要贸易伙伴出口保持较快增长，其中对美国、欧盟、日本出口分别增长34.3%、38.5%和23.4%；对东盟出口增长36.6%。从全年看，对外贸易总额可望超过1.1万亿美元。外资继续看好中国。前三季度，外商直接投资合同金额1074亿美元，同比增长35.6%；实际使用金额487亿美元，增长21.0%。其中制造业吸收外资占实际吸收外资额的70.9%。外汇储备继续增加。9月末，国家外汇储备5145亿美元，比年初增加1112亿美元。

（五）市场物价呈现出先扬后抑的态势，总体水平仍处于可控范围

2004年以来，由于2003年价格上涨的“翘尾”影响，加上去冬今春粮油价格大幅上涨以及“禽流感”的影响，肉、禽、蛋等食品价格相继上涨，居民消费价格总水平出现了一定幅度上涨。前三季度，居民消费价格同比上涨4.1%，其中，新涨价因素影响1.4个百分点，2003年“翘尾”因素影响2.7个百分点，“翘尾”因素影响占66%。从构成看，粮食及肉禽蛋类价格的快速上涨是2004年以来居民消费价格上涨较快的主要原因。前三季度，食品价格上涨10.9%，其中粮食价格上涨28.4%。如果扣除食品价格上涨因素的影响，前三季度居民消费价格同比上涨0.4%。衣着、家庭设备用品、交通通信等多数商品价格保持基本稳定。从动态看，居民消费价格涨势

渐趋稳定，同比涨幅逐月扩大的趋势得到遏制，季节调整后的环比涨幅逐步回落。预计全年居民消费价格上涨幅度为4%左右，第四季度物价涨幅将比第三季度有所回落。

二、2005年经济增长将高位趋缓

2005年我国经济和社会发展的国内外环境总体有利，但可能比2004年有所趋紧。

从国际环境看，世界经济总体继续复苏的大趋势不会改变，但受不断攀高的油价等的影响，复苏的势头将会有所减弱。有利方面，世界经济和贸易量仍将继续保持较快增长，出现明显减速的可能性不大，跨国投资增长有望进一步加快，经济全球化趋势特别是产业和技术转移的趋势仍将进一步加强。不利方面，主要是油价大幅度攀升和由此产生的通货膨胀压力。目前导致油价上涨的因素仍未见消减，原油每桶一度突破55美元，随着冬季用油高峰的到来，加之美国燃油库存的不足，短期内油价仍将居高不下甚至不排除进一步攀升的可能。出于对高油价可能引发的通货膨胀压力的担忧，美联储已经连续3次上调基准利率，给出了下阶段要适度收紧货币的政策信号。欧元区物价水平自2004年5月以来已连续数月超过2%，加息压力也在逐步增大。此外，美国经济增长和就业增加的现状低于预期，财政和贸易双重巨额赤字；欧盟不少国家突破了《稳定与增长条约》财政赤字占GDP3%的比重；加之恐怖主义威胁和地区冲突等危险继续存在，等等，这些都可能给2005年世界经济的前景蒙上一层阴影。根据多方预测结果，2005年世界总体经济增长将比2004年放慢0.7～1个百分点。其中国际货币基金组织预测2005年世界经济增长将为4.3%，虽然仍较为明显高于2000～2003年平均增长3.5%的水平，但可能比2004年减慢0.7个百分点；英国著名的预测公司（Consensus Economics）汇总多家预测机构2004年9月作出的预测结果表明，2005年世界经济增长速度将比2004年预计增长速度回落0.9个百分点；亚洲开发银行预测2005年亚洲经济增长（不含日本）约为6.2%，将比2004年回落0.8个百分点。

在新的国际经济环境下，我们预计，我国对外贸易特别是出口的增长速度可能将低于2004年水平，但利用外资仍将继续保持快速增长。影响2005年对外贸易特别是出口增速可能减缓的因素，除了国际经济和国际贸易增长放慢，相应地对我国出口拉力减弱这一主要因素外（据国际货币基金组织预测，2005年世界贸易量的增长速度为7.2%，将比2004年低1.6个百分点），以下几个因素的影响也不可低估：①国际贸易保护主义将进一步强化。随着贸易规模的迅猛增加和贸易竞争的加剧（2004年中国对外贸易总额将超过日本，成为世界第三大贸易国），目前我国已进入贸易摩擦多发期，以反倾销、反补贴以及劳工标准问题等形式的贸易摩擦数量大量增加。特别是2005年1月1日起全球纺织品贸易将实现一体化，现行纺织品贸易配额将全部取消，一些国家有可能会对我国纺织品出口设置新的障碍。②能源、原材料等上游产品价格的持续大幅度上涨，煤电油运供求关系紧张，人民币升值压力的不断加大等等，在一定程度上将削弱我国产品在国际市场上的竞争力。1～9月，我国原材料、燃料、动力购进价格上涨10.8%，其中9月上涨13.7%，涨幅逐月攀升。③新的出口退税机制的实行，在确保“新账不欠”的基础上还有效地解决了历史遗留的出口退税陈欠问题，有力地促进了出口的增长，但对超基数出口退税部分实行中央和地方共同负担的压力2005年可能会逐步显现出来，将对异地收购出口产生一定的不利影响。利用外资方面，尽管国际上利用外资争夺激烈，国内强化土地管理举措短期内对吸引外资产生了一定影响，但我国经济蓬勃发展、社会稳定，外资仍十分看好中国，1～9月，外商直接投资合同金额1074亿美元，同比增长35.6%；实际使用金额487亿美元，增长21%，增长速度大大快于前几年水平，预示着2005年我国利用外资形势依然看好。

从国内环境看，总体上支持经济增长的有利因素居多：①前阶段有力有效的宏观调控，使经济运行中的一些不稳定、不健康的因素得到了初步抑制，农业和能源、重要原材料等薄弱环节得到加强，各方面比例关系趋向协调。特别是钢铁、水泥、电解铝等高耗能行业投资得到初步控制，一批新的发电项目陆续投产，电厂存煤保障程度也有了明显的提高，这些都将为下阶段经济持续较快增长奠定一个良好的基础。②居民消费结构升级、工业化、城镇化、市场化等支撑我国经济进入新一轮上升周期的利好因素仍未改变，经济增长的动力仍较强劲。城镇居民收入继续较快增长，农民收入扭转了多年来持续低缓徘徊的状况，加之消费环境的不断改善，有利于继续保持和促进明年消费市场的繁荣稳定。从热点商品销售前景看，2005年住房、汽车、电子通信、旅游等的消费仍将保持快速增长。③随着经济运行中一些突出矛盾逐步得到缓解，宏观调控政策取向也将由前阶段的适度从紧逐渐向中性方向发展，经济运行的金融环境将得到改善。④从投资方面看，尽管由于一些能耗高、污染环境严重的项目以及一部分盲目投资和低水平重复建设得到控制，2005年固定资产投资有可能略低于2004年，但仍将继续保持适度较快增长。特别是随着投融资体制改革等的进一步深化，经济自主增长的活力将进一步增强，民营经济、港澳台企业、外资企业对中国经济的前景依然看好，投资的热情仍然较高。随着土地、信贷政策逐渐解冻和步入正轨，一些2004年推迟开工但符合国家产业政策和市场准入标准的投资项目有望在2005年陆续上马。

但同时也应看到，2005年经济发展面临的挑战和压力也不少：①固定资产投资存在再度反弹的可能。尽管部分行业投资过快增长的势头得到了初步遏制，但总体在建规模仍然偏大。前三季度，钢铁、水泥投资分别比2003年同期增长41.7%和58%；城镇投资在建施工项目计划总投资118975亿元，同比增长32.1%；新开工项目计划总投资118975亿元，同比增长25.4%。各方面期盼和要求松动土地和信贷管理的呼声仍十分强烈。②最终环节市场物价的上涨幅度虽在减缓，但上涨的压力仍然较大。粮食增产的基础仍不牢固，粮食供求平衡的矛盾仍较突出；部分上游产品的价格持续上涨，国际油价居高不下，加大了下游产品价格上涨的压力。9月，原油及成品油、主要化工产品、煤炭、有色金属等的出厂价格继续较快上涨，涨幅分别比8月扩大0.5～1.9个百分点。③资源紧张矛盾仍较突出，煤电油运紧张状况短期内难以根本缓解。我国已进入以重化工业为主的新的增长阶段，加之国外产业大量向国内转移，经济粗放增长方式改观不大，资源瓶颈制约仍是影响2005年经济持续快速增长的拦路虎。④产品库存增加和相互拖欠现象有所抬头。加强宏观调控，使前阶段低水平盲目投资的“后遗症”开始显现，一些企业生产经营出现循环不畅。9月末，工业产成品库存同比增长21.5%，应收账款增长16.7%，与年初相比均有较大幅度的提高。此外，国际油价走势及对我国经济的影响、加入世贸组织过渡期结束对我国部分行业生产可能的冲击以及气候因素对农业生产的影响等，还具有很大的不确定性。

综合上述国内外环境和各种有利不利因素考虑，我们认为，2005年我国经济仍将保持较快增长，但增速可能略低于2004年，预计增速在8%～8.5%左右。三大需求中，投资、出口增长趋缓，消费将继续保持平稳较快增长。

2005年，我国宏观调控和改革发展仍处在一个十分关键的阶段，在一定程度上面临的任务和压力比2004年还要重得多。为使经济进一步向好的方向发展，我们认为，下阶段宏观调控要重点把握好以下几个方面：

（1）要在加强对经济形势追踪监测的基础上，适时调整宏观经济政策取向。特别是要重点关注投资、信贷、土地、价格以及企业库存等方面的新情况、新问题，根据形势的变化，慎重把握好调控的节奏和力度。积极财政政策是我国特殊时期实行的特殊政策，目的是增加社会需求，而目前面临形势已经发生了很大变化，因此，要及时实行财政政策的适当转型，较大幅度调减国债项目投资规模。同时货币政策也要适应形势的变化，表现出应有的灵活性。

（2）要抓紧建章立制，更多地用经济和法律的手段去解决存在的问题。在问题比较严重的情况下，“切一刀”是必要的，但不能长久地控制土地和信贷，更不能因为怕担责任就不批土地、不敢贷款，听任外资项目的流失和经济的滑坡。要抓紧研究土地使用的长效机制，制定和完善合理的用地标准，对重点急需的建设项目用地还是要抓紧审批。商业银行要进一步完善有关资本金比例、交叉审核等内控制度。

（3）要深化各项改革，标本兼治，从根本上解决结构、体制和增长方式问题。加强调控只能“降温”，不能“去病”，当前经济运行中的问题不能靠紧缩解决，“经济逢三必热”（1993年和2003年），问题循环往复出现，表面上是企业追求短期利益使然，根子在于体制不合理。如果不是一些地方靠举债大搞一些脱离实际的政绩工程和形象工程，如果不是政府从土地、税收方面给开发商投资提供大量的优惠政策，如果银行严格按照信贷政策把好贷款关，钢铁、电解铝、水泥、房地产投资的超高增长是不可能的，也是不可持续的。解铃还需系铃人，必须进一步深化政府管理体制、金融体制、投融资体制等的改革，切实理顺经济运行机制、减少行政对经济的干预。要创造条件，逐步统一内外税制，整顿规范优惠税率，为各经济主体提供公平的竞争环境。要切实转变银行经营机制，改进服务方式，建立起符合市场经济要求的金融企业和金融体系，疏通货币政策传导途径。

为可再生能源发展营造市场空间

——国家发改委能源局
可再生能源处处长 史立山

能源的可持续发展事关经济发展、社会稳定和国家安全。要解决好我国经济发展所面临的能源问题，除了切实转变经济增长方式，努力提高能源利用效率，全面建设高效和节能型社会外，还必须高度重视可再生能源的开发和利用。

由于受能源资源的影响，我国煤炭消费比重基本上与世界石油、天然气消费比重相当，而石油、天然气消费比重与世界平均煤炭消费比重持平。这种以煤为主的能源消费结构特点，造成了环境污染严重、运输压力大和能源利用效率低等多方面的问题。这是我国经济和电力发展将长期面临的问题。我国人均煤炭、石油、天然气占有量分别为世界人均水平的70%、10%、5%。煤炭消费占全部能源消费总量的67%，是造成大气环境污染的主要原因；此外，能源利用总效率为32%，资源产出效率大大低于国际先进水平，每吨标准煤的产出效率相当于美国的28.6%。

尽管能源发展存在诸多问题，我国可再生能源资源及开发利用状况却是乐观的。我国经济可开发的水能资源量为3.9亿kW，年发电量1.7万亿kWh，其中5万kW及以下的小水电资源量为1.25亿kW，分布广泛。2003年底，我国已建成水电发电装机容量9000万kW，其中小水电容量3000万kW，在建水电装机容量5000万kW。我国风能可开发装机容量达10亿kW。目前全国已建成并网风力发电装机容量57万kW，风电设备制造技术和水平也有很大进步，基本掌握了750kW风力发电机制造技术，并形成了批量生产能力，正在研究和试制兆瓦级的风力发电机设备。此外，太阳能资源非常丰富。2003年底，全国已安装光伏电池约5万kW，太阳能热水器使用量为5200万m^2，约占全球使用量的40%。据测算，使用1m^2的太阳能热水器每年可节约120kg标准煤。另外，我国是一个农业大国，生物质能材料来源广泛。生物质发电装机容量已达到相当规模。

"十一五"期间，发展可再生能源是未来能源技术储备的战略需要，也是解决局部地区基本能源供应的现实选择。根据我国经济社会发展及可再生能源技术水平，对小水电、太阳能，要消除市场障碍，加大国家政策支持，扩大开发应用规模；对风力发电、生物质发电，扩大市场需求，加快产业化发展，建立具有国际竞争力的技术服务体系和现代产业体系；对于太阳光伏发电，要因地制宜，解决偏远地区居民和特殊行业的用电问题，并开展并网光伏发电的示点和示范。

第一，水电是技术最成熟的可再生能源发电技术，具备大规模开发的技术和市场条件。预计到2020年力争投产总规模达到2.5亿kW以上。要解决好小水电的上网和电价政策问题。力争到2030年，大部分水电资源得到合理开发利用。

第二，风电是目前技术比较成熟、发展最快的可再生能源发电技术，发展前景良好。预计至2020年，力争使风电装机容量达到2000万kW，年替代1500万t标准煤，2030年达到5000万kW。

第三，生物质能资源量大，分布广，可储存使用，并可转化为多种能源产品。全国农村每年消耗的非商品生物质能约折合2.8亿t标准煤。设想到2020年，生物质发电装机容量达到2000万kW，年替代2800万t标准煤。

第四，太阳能是资源潜力最大的可再生能源。目前得到广泛利用的是太阳能热水器和光伏发电。预计2020年，使太阳能热水器总集热面积达到2.7亿m^2，年替代3500万t标准煤。光伏发电总容量将达到100万kW。

国家将通过制定可再生能源开发利用法等措施，确立可再生能源在国家能源战略中的重要地位，消除可再生能源开发利用市场障碍，营造可再生能源发展的市场空间。另外，还将设立可再生能源发展的资金保障体系，建立促进可再生能源发展文化氛围，全力推进我国可再生能源的发展。

2004年电力供需形势分析

——国家电网公司顾问　周小谦

电力工业是关系国计民生的重要基础产业和公用事业，也是国民经济重要组成部分和能源工业的中心。电力工业发展必须与经济和能源相协调。电力既是生产资料又是生活资料，电力安全、稳定、充足和经济的供应，是国民经济社会健康、稳定、持续协调发展的重要前提条件。

50多年来，我国电力工业取得了巨大的成就，到2003年电力装机容量达3.91亿kW，发电量达到1.91亿kWh。到2004年预计电力装机将达4.3亿kW以上，发电量2.16万亿kWh以上，均居世界第二位。但是我国人均用电水平只有1600kWh多，仅为2000年世界水平2548kWh的2/3，其用电水平仍然很低，这意味着我国今后电力建设发展的任务还十分艰巨、繁重。

一、关于当前电力供需形势及分析

50多年来，我国电力供应紧张，除了20世纪90年代末的一两年外，没有轻松过。长期以来，我国发电设备平均利用小时一直在4800h以上，唯有1999年降到4393h。但这种电力供需轻松状态仅过了不到4年，到2003年又出现了全国性的、大面积的、长时间的严重缺电局面，全国共有23个省市区电网出现拉限电，6000kW及以上机组设备平均利用小时5250h，火电利用小时5760h，达到近10年来最高值。缺电最严重的浙江省，电力负荷率平均已达93%以上，最高值已达97.8%，发电设备利用小时已达6022h，其中煤电设备利用小时达7242h。全省持续缺电，大面积停三开四，严重影响经济、社会和百姓的正常工作、生活秩序，并且造成事故增多、就业减少、资源浪费、环境污染等一系列问题。

2004年是我国近年缺电最严重的一年。2004年一季度，全国已有24个省级电网拉限电，比2003年同期增加16个电网，累计拉限电48.5万条·次，拉限电量93亿kWh，相当于2003年下半年的拉限电(50万条·次，60亿kWh)。1～8月，国网公司经营范围内（未包括蒙西电网）共拉限电99.89万次，损失电量318.55亿kWh。2004年8月9日，全国统调日发电量达68.09亿kWh，比2003年最高日发电量增长16%。1～8月，国网公司部分平均负荷率为85.63%，同比增加2.09个百分点。6～8月迎峰度夏期间，平均负荷率达87.08%，比2003年同期提高1.62个百分点，其中浙江、山西、内蒙古、辽宁、青海、宁夏的平均负荷率在90%以上，特别是山西，最高负荷率达98.06%，又创了历史新高。发电设备已用到极限，全国主要电网电量合计增加15.25%情况下，负荷合计只增加13.15%；全国最大日发电量达68亿kWh，同比增长16%，而日最大负荷为2.21亿kW，只增长6.77%。因此只能靠提高设备利用小时，靠计划用电和需求侧管理，2004年预计相应的发电设备利用小时比2003年再增加130h，达5380h，火电设备平均利用小时将达到6000h，均超过历史最高的1986年和1987年的水平。在这种情况下，7月23日在国家电网公司范围内出现电力缺额3000万kW，全国约3500万kW，同口径比去年增加缺口2200万kW。如果按电力规划考虑，发电设备综合平均合理利用小时4500h测算，2004年全国电力装机的缺口将达到6000万kW以上。

2004年1～8月发电量累计1.3895万亿kWh，比2003年同期增长17.17%，而1～8月的全社会用电量约1.3879万亿kWh，比2003年增长14.9%，宏观调控后从3月开始逐月下降，平均每月累计下降0.2个百分点左右。这有可能标志着这一轮的电力增长周期中高峰已经过去，开始平缓地滑降，按其下滑速度测算，预计全年全社会用电量将比2003年增长14.5%左右，即将达到2.164万亿kWh，比2003年净增2740亿kWh。其中工业用电仍占70%以上（1～8月为73.8%），高耗能行业用电有所回落，但重工业用电增幅仍在18%以上。1～8月，黑色、有色、化工、建材4个行业用电量同比增长18.22%，黑色金属冶炼及压延业用电增幅仍达25%左右，比2003年又有所提高，建材、有色用电增速有所回落，但总体用电结构重型化倾向明显。

从2001年开始呈现的电力供应紧张趋势，刺激了大规模的电力建设的兴起，在2003年投产3500万kW后，预计2004年全国可新增装机容量4100万kW以上，到2004年末预计全国装机达4.32亿kW，与2004年净增电量2740亿kWh相比，又新欠账1000万kW以上。另外，2004年1～9月国网公司部分申请扩大报装的初步统计已有1亿kW，实际安装的有8000万kW，可见用电需求增长还是很旺盛的，加强宏观调控仍不能放松。而2005年，按国家目前调查，预计新增装机可达6000万kW左右，到2005年末全口径装机可达4.9亿kW左右。如果宏观经济调控得当，使2005年全社会用电量控制在12%左右，即比2004年增长速度又下降2个百分点，按此测算，2005年全社会需电量在2.42万亿kWh，即2005年新增发电量约2590亿kWh左右，再按当年新增容量的一半参与平衡来测算，2005年平均全口径设备综合利用小时仍将达到5230h，比2004年有所好转，与2003年的水平相当。因此，电力供应仍是十分紧张的，高峰时段仍有相当范围要拉限电，要继续做好计划用电调峰限荷的工作，迎峰度夏的任务仍然十分艰巨。而到2006年，如再新增5000万kW装机，电量增长按10%测算，约增加2410亿kWh，此时综合发电利用小时降到5110h左右，届时供电紧张程度有了进一步缓和，预计到2006年除了浙江和山西等少数地区外，电力供应状况基本得到缓和。

从上述情况来看，当严格执行国家宏观调控政策，限制高耗能企业盲目发展，使用电量增长速度大幅下降，且2005年和2006年投产强度要保持在6000万kW和5000万kW的规模下，电力才能有所缓和，欠账缺口才逐步得到补充。如果“十一五”电力增长基本与GDP增长同步，即7%左右的增长，平均每年要增加2000亿kWh以上，相应每年新增装机容量要在4000万～5000万kW，使电力供需基本平衡，然而还不能实现电力的超前发展。所以在目前情况下，轻言电力建设规模过大，电力供应已经缓和，甚至又要出现电力过剩等等，为时过早，不利于真正实现电力供应的缓和，更难以实现电力适度超前发展。另外，也不应把目前存在的电源建设中的无序竞争、遍地开花当作电力过剩，无序竞争状态是需要克服的，但多方面投资办电的积极性要保护。我们还需要大规模的电力建设，需要大规模的投资，需要更多热心于办电的投资者。

历史的经验值得总结，历史的教训值得记取。

这几年的电力紧缺，其原因从客观上说，是电力供应不足，需求旺盛，经济增长速度快，高耗能企业用电量增长快，使用电量增长达到15%以上，电力弹性系数达1.3以上，这是未能事先预料到的。然而从主观上来看，使我们对需求增长的客观规律认识不足，是对电力供应的基本特征没有准确的把握。

从需求侧来说，对于我国经济发展到了人均GDP1000美元左右的用电特征认识不足。随着人均GDP超过1000美元，我国已进入国民财富快速积累的发展阶段，城市化进程加快，消费结构升级，推动基础设施、住房等固定资产的投资大量增加，对房屋、汽车等的消费需求激增，以及出口大幅增长，从而拉动了对钢铁、建材等高耗能产品的需求。再由于约束条件和补偿机制的缺陷，导致低成本扩张，加剧了扩张力度，特别是土地开发成本低廉，环境和资源的使用成本低，资金的使用成本也低，都促进了工业化时期重化工业的加速发展，导致对电力等能源消耗的快速增长，以及电力需求弹性系数的突增。对于上述这种宏观经济发展阶段认识不足，以及在这样的发展阶段中电力需求弹性系数将大于1的规律和特点认识不足，准备不够，更加上政绩观的错位，银行大量贷款的推动，而出现的经济高速增长，用电量增速达15%以上。

电力需求弹性系数是一个客观评价指数。由于各种原因，我国的电力弹性系数具有较大的分散性。但从宏观和较长时间来看，电力弹性系数仍呈现出共同的规律性。从1949～2000年这50年间，我国平均电力需求弹性系数为1.26，与欧美、日、韩等国和地区相似。即在工业化时期，电力弹性系数一般都是大于1，到达重化工阶段甚至达到2.5～3。而进入后工业化时期，约从20世纪70～80年代开始，发达国家电力弹性系数开始下降，以至出现小于1的情况。我国电力弹性系数的波动性与分散性较国外更大一些，特别是80～90年代以来，由于结构调整、体制变化等变动因素，使弹性系数基本上都小于1，因此有人提出电力弹性系数只能小于1，否则就标志着经济运行出了毛病。也基于这种判断与认识，在安排十五计划时，电力装机增长速度就按电力弹性系数为0.5来校核。所以“十五”电力规划指标中，电力建设规模明显偏低，这无疑加剧了这几年的电力紧张局面，我们应当从中吸取经验和教训。

另外，从电力供应侧来看，对于电力的不能储备、实时平衡、电力建设周期较长等基本特征，如何体现在电力规划与电力供应安排上，使之具有适度超前，在这一点上认识也是不一致的，因而造成对电力供需形势判断上的差异。例如对九五末期电力供需形势的判断和对“十五”电力规划的安排上，就具体反映出来了。1997年、1998年和1999年这3年，我国用电增长速度分别降为5.08%、2.8%和6%，发电设备利用小时分别降为4760、4500h和4393h，电力弹性系数降为0.5、0.36和0.9。对于这组数字，当然会有不同的分析、不同的认识与不同的结果，对于电力设备综合利用小时4400h左右，是否合理，就有不同的认识。一种认为电力设备处于比较合理的应用范围内，电力设备处于这种使用强度，似乎利用率低一些，对个别电厂来说效益低一些，但却是较好地适应电力发展与经济增长的客观规律，对于国民经济整体来说是有利的；另一种则认为是电力过剩的表现，电力装机富余量太大，3年不新增机组也消化不了，于是一方面在努力扩大电力消费市场，如降低高耗能企业电价等；另一方面紧缩新开工规模，例如3年不开工建设常规火电等等。双管齐下，致使一批电厂建设延期，大大加剧了近几年严重缺电的程度。

进入21世纪初，即碰上的严重缺电局面，再加电力体制改革后相应的统一规划制度和竞争有序的项目建设机制尚未建立，导致各地大规模的自发的电力建设热潮兴起，对迅速扭转电力供应短缺局面起到一定的积极作用。但对这种自发的无序竞争，是需要加以引导，并建立有序竞争机制，尽快克服，长此下去，即使建了电厂也不一定能解决缺电问题。至于现在的电力建设规模是否过大，需要进行冷静分析，尚不能轻言过剩。因为目前电力装机跟不上电量增长的状况仍未克服，2004年如果按新增装机4200万kW，而新增电量2700亿kWh，则又新欠装机1200多万kW；况且目前经济增长势头还没有得到有效抑制，造成经济快速扩张的体制性、机制性的弊端也远未消除。因此，预计在“十一五”期间经济增速通过宏观调控会有所下降，但不会降得太低，对于电力的需求仍将保持相当的旺盛。预计要到2010年全国人均用电量达到2500kWh的世界平均水平时，用电增速才有可能有较大速度的下降。

从2002年开始到2005年和2005年后，甚至整个“十一五”期间，电煤供应是个大问题，必须予以高度重视。一是煤炭供应量的问题，二是煤炭运输的问题，三是煤炭价格的问题。另外一个问题是电网建设问题，特别是电厂送出的建设及其投资来源问题。

关于电煤供应问题。2003年全国煤产量达到16.6亿t（实际上按煤炭工业协会的统计已超过17亿t），但社会煤炭库存却降到1.1亿t，库存仅为20天产量，降为近10年来最低水平，2004年有所上升到1.14亿t。到2004年3月28日，全国直供电网发电企业存煤仅为736万t，比2003年同期下降40.2%，也降到历史最低点，这种情况到6月后已开始回升。1～8月国网公司范围内发电厂因缺煤停机发生212台·次，累计容量为4280万kW。直到目前，在国网公司直供电网的电厂供煤能力仍小于消耗水平，电煤库存下降，到9月，同比下降近60万t。初步测算，2005年全国要新增电煤1亿t以上，电煤供应必须引起高度重视。在电煤供应不足中，同时还存在运力不足因素。我国铁路运营里程仅只7.3万km，只占世界的6%左右，而且2/3以上为改革开放前建设的，铁路建设已严重滞后于经济发展，矛盾已经凸现。

在 2004 年 5 月以后，国务院高度重视电煤运输问题，交通、铁道部门积极配合，组织调运煤炭以保电力迎峰度夏的需要。由于多方面努力、密切配合，基本上保证了电煤的供应。虽然煤炭价格高一些，但发电公司为保电力供应大局，到了不计成本保发电的地步，但这并非长久之计，因此也充分暴露出煤炭供应、运输及价格一系列的问题。

根据“十一五”计划初步安排，预计到 2010 年总装机在 7 亿 kW 左右，而煤电达到 5 亿 kW 左右，需原煤约 13 亿 t 左右，加上供热 1.4 亿 t 以上共计 14.4 亿 t。2003 年电力共用煤为 8.5 亿 t，即 7 年共需增加 5.9 亿 t，近 6 亿 t 原煤，平均每年新增原煤 8400 万 t 左右，从目前已知煤炭规划来看是难以供应的。在安排电力项目之前必须同时安排煤炭的供应及运输，即所谓的煤电运平衡，这是电力规划工作的最基本、最基础性的工作。然而，由于电力体制的变动，相应的规划体制尚不能适应，煤电运平衡工作没有深入开展，在建或已建电厂中可能就有相当一批煤炭供应运输不落实的。在市场经济条件下，要煤靠市场，理论上没有错，可惜市场并不是万能的，市场尚有许多缺陷，需要政府的规划予以调节纠正，白菜萝卜尚需有“菜篮子工程”，何况煤炭与运输呢?

还有一个煤炭价格问题。煤电价格不联动，煤炭价格上涨，而电价不增加，这种情况是难以维持下去的。2004 年 1～6 月电煤出矿价平均每吨上涨 43.01 元，7 月又上涨 10 元左右，运输价也水涨船高，致使发电成本上升，经营压力加大。但发电企业还是从大局出发，为了保电力供应，有的甚至不计成本，不讲盈亏，多高价格的煤都用来发电，这种情况是不能持久的。因此，煤炭价格必须得到控制，煤电价格联动机制必须建立，否则也终将影响正常的电力供应。

关于电网建设问题。电网工程如何适应，如何适度超前问题，也直接关系到确保电力供应问题。全国主网架结构的建设及全国联网，大型能源基地电力外送及西电东送等是电网规划工作的重点，总体上看规划前期工作是可以适应电网建设要求的，但是仍然有一个电网建设资金来源问题，由于输电价格的定价原则与政策不到位，目前电网建设中，普遍存在资本金不足，这是亟待尽快解决的问题。

电网建设中问题比较多的是电源的送出及其接入系统的工作，这是一个相当严峻的问题。特别是 2005 年和 2006 年，是电力新增投产容量的高峰年，两年投产容量在 1.1 亿～1.2 亿 kW，相应的配套电网投资在 5000 亿～6000 亿元，资金筹措问题很大。

另外在电源接入电网的方案上，由于不少电源的建设至今尚未履行审批手续，例如国家电网公司范围内据 2004 年 7 月调查在建规模 1.6 亿 kW 中就有 9500 万 kW 左右尚未履行审批手续，因此电厂的接入系统方案和审查无法进行，资金安排就无从谈起。

上述问题，如不早做安排，其结果是有电送不出，即使送出也落不下、用不上，仍然不能解决电力供应问题，对此要予以高度重视。

二、关于节能潜力与需求侧管理

我们要高度重视节能节电，节能节电是我国的国策，并应有相应法律予以明确与保证。我国现在的能源利用效率、转换效率还低，节约的潜力也大，因此我们必须依靠技术进步，推进需求侧管理，制定相应的政策，使节约工作落到实处，取得实效。

我国能源生产转换与运输的效率低下，有研究报告测算，我国能源开发效率只有 33%，转换、运输、储存的效率只有 68.89%，终端利用效率 45.3%，因此，能源总的利用效率只有 10.3%，而这又与我国能源消费中煤炭比重过大（达 65%以上，世界平均为 22%）和电力在终端能源中的比重小（2002 年我国为 12.9%，而世界发达国家在 20%以上），即与电气化程度和电力在生产生活中普及程度有关。美国一研究报告对 20 个部门和 350 种产品及服务行业的统计分析表明，如这些部门行业用电比重提高 2%，则单位能耗可下降 18%，由此也可见推进电气化，增加电力在能源中的比例对于节约能源有着重要的意义。另外我国各类机电设备总容量约 4.2 亿 kW，其效率较国外先进的低10～30个百分点。我国的发电设备装备技术水平也较低，平均机组容量小，大型高效超临界比重小，煤耗、水耗、线损大，发电机组中热电联产比重低，分散小锅炉供热效率低等等，使我国的能耗总体上说较国外发达国家高，节能的潜力大，还有许多工作要做。

但是节能节电又不能离开我国的经济生产力发展水平这个基础，节能也是在经济不断发展、技术不断进步、管理水平不断提高中的节能。

一个国家的能效水平或能源强度，总的来说是与经济发展水平相关联的。具体的说，与一个国家的人均 GDP 水平密切相关。据世行 1996 年研究报告，人均 GDP 为 1890 美元的中等收入国家，其能效为每消耗 1kg 标准煤能源，创造的 GDP 为 0.998 美元，而中下等收入人均 GDP1230 美元的，其能效为 0.68 美元/kg 标准煤，对高收入国家即人均 GDP4540 美元的，其能效为 3.51 美元/kg 标准煤。

我国 2003 年人均 GDP1092 美元，相应消耗每千克标煤创造的 GDP 为 0.88 美元，当然只是发达国家的 1/4，也就是说我国能耗比发达国家的高四倍，这是事实，说明我国节能潜力很大，但我们必须同时看到我国的消耗每千克标煤产生的 GDP0.88 美元，是在人均1000多美元下创造的，相比同等水平下的GDP也只有0.6美元左右，反过来说我们这一能效水平已相当于人均GDP1890美元收入的国家水平。因此，我们在研究节能潜力与能源发展规划中，对节能可以取得的减少能源供应量的大小要进行科学的、不离开我国生产力发展水平的研究与分析，如果单凭我国与发达国家能耗差距就得出节能潜力很大，只要抓好节能，不用发展新增能源供应也可以满足需要，这种观点是机械的、有害的。另外其中还涉及到汇率问题，都需要综合研究。

关于电力需求侧管理（DSM），现在引起多方面的重视，特别在电力紧张、迎峰度夏中，需求侧管理作为一个重要手段，取得了显著的效果。如2004年1～8月国网公司系统日最大错峰1195万kW，避峰1611万kW，负荷控制354万kW，大大减少了高峰时段的拉闸限电现象。

但是电力需求侧管理不仅是一个临时性的应急措施，它是能源节约和开发并重方针的具体体现，它是人们在电力规划计划中观念与方法的转变，也即所谓的综合资源规划方法，把从传统的电力发展就是新增发电厂输变电的概念，扩展为更广泛的资源选择与配置，它是技术与经济政策的结合。按照最小成本计划，电力投资节电与投资发电、输电一样给予利润，这需要政府、电力公司、节能服务公司、用电设备制造商及用户等方面的共同努力。

同时，需求侧管理无论是节约能源还是移峰填谷，其本质是在不影响、不降低人们对电力需求在量和质上的要求的前提下；对于新建电厂的最经济最清洁的替代方案的选择问题；这也是综合资源规划的实质，不能将需求侧管理仅仅理解为计划经济下的有计划拉限电的事后控制，而是在电力发展规划时，电力综合部门事前根据电力供需平衡，经过技术经济比较，在发电供应侧还是需求侧采取措施，是新增电力供应能力，还是对需求侧进行技术改造以降低用电需求，并把相应建设与改造工程列入规划、年度计划，明确负责部门，落实相应政策措施，确保电力供需之间的平衡。

三、关于电力结构调整问题

解决我国电力和能源供应问题，现阶段最重要的还是加快发展速度和加大能源结构调整力度。发展是第一位的，科学发展观讲的也是发展，是更好的发展，没有发展，也就谈不上科学与不科学。对于电力发展的方针，总的来说，认识上是统一的，即要大力发展水电，优化发展煤电，适度发展气电，加快发展核电，积极发展新能源发电，加强电网建设，加大改造力度，大力节约能源，保证生态环境，实现电力的适度超前发展，确保电力安全、可靠、经济、清洁供应。

我国正处于工业化时期，在相当长时间内，电力都将保持较快的发展速度，特别是在21世纪前20年，是我国全面建设小康社会的重要时期，对于电力的需求更为旺盛，也正是我国电力快速发展，大规模建设的重要时期，是我国电气化程度不断提高，电力替代其他能源的利用不断扩大的时期；同时也是电力本身效益不断提高，更清洁、能源更多样化的时期，电力结构重要调整的转折和准备时期。

根据各方面多方法的预测，我国的电力装机到2020年预计将在9.5亿～10亿kW之间，发电量在4.3亿～4.8亿kWh，届时全国人均用电水平为3000kWh，大约相当于美国20世纪50年代的水平，约需煤炭16亿t以上，需天然气500亿m^3，水力资源开发率达60%以上。而到2010年全国装机约为6.8亿～7亿kW，发电量3.1万亿～3.3万亿kWh，其中煤电在4.6亿～4.9亿kW。

在2020年的9.5亿～10亿kW中，煤电约6亿kW及以上，水电2.5亿kW（其中抽水蓄能约2500万～3000万kW），气电4000万～6000万kW，新能源1500万～2000万kW。在21世纪前20年，我国要新增装机6.3亿～6.8亿kW，再加上老厂的技术改造，总计约达到7亿～7.5亿kW左右的建设规模，平均新增规模在3500万～3700万kW之间。另外电网建设规模初步测算，220kV及以上输电线路约在30万km以上，相应变电容量达14亿kVA；另外还有几乎相同规模的110kV及以下的输配电网建设。电力建设规模巨大，任务艰巨。其中到2010年的“十一五”计划需投产330kV及以上交直流线路4.22万km，变电容量1.95亿kVA以上。

在电力规划中，电力结构调整是核心，在电力结构调整中，除要加强电网建设外，重点在电源建设结构的调整，在电源结构调整中重点又在煤电、气电和核电。

（一）关于水电

我国水电2004年已达1亿kW，居世界第一，水电容量开发率达26%，接近于世界平均水平。预计到2020年水电达2.5亿kW以上，占总装机比例维持在24%～25%的水平，20年内共计增加1.7亿kW，年均新增850万kW，届时水电资源开发率可达60%左右，基本上达到发达国家开发水平。

（二）关于气电

对于气电，在发达国家一般比例较多，达19%左右，然而由于我国天然气资源相对贫乏，在我国化石燃料结构中，石油和天然气资源所占的比重只有2.3%，而世界平均水平为21%。我国天然气人均占有资源仅为世界水平的4.3%。另外天然气还是重要化工原料，这种资源结构，决定了我国只能适度的应用天然气发电，现安排天然气发电在电源中由原来的2%左右提高到5%左右，即2020年达到5000万kW左右，还需要加大进口力度，特别是沿海的广东、福建之后，浙江、上海等进口LNG发电要尽早启动。

（三）关于煤电

能源工业以煤为主体，以电为中心，煤电联营一体化发展，使煤电一直成为电力的主体，其装机比例一直在75%左右。但由于受煤的供应量以及环境、运输等制约，对煤电的发展要采取“优化发展”的方针，所谓优化，主要是：①采用先进燃烧发电装置，提高效率；②要减少环境污染，推广清洁煤技术；③优化煤电布局。虽如此，随着煤炭在能源供应总量中的比例不断下降，煤电在电力中的比例也要下降，预计煤电将由2000年在电力装机容量中的74%降为2020年的60%～63%左右，但仍比当前世界平均20%左右大得多。关键在于以电力为中心做好煤电运的综合平衡，建设相应规模的煤矿及其运输，保证电煤的供应。

（四）关于核电

根据我国能源资源状况分析，特别是电源结构分析，我国与世界各国的差距除了气电比例差别较大外，水电与新能源总的来说差距不大，2000年世界平均为8%，我国为6.1%，只差2个百分点。然其主要差别在于核电。世界平均核电发电量占到总发电量的16%，发达国家在20%以上，而我国2000年为1.2%，2002年为2.28%。从发电能源投入量来看，2000年世界平均核能占电力一次能源投入量的20%，而我国只有1.4%，这是我国能源结构和电源结构中的主要差距，而这种差距并不完全取决于本国的资源的客观条件，而是取决于国家的能源战略选择，取决于国家的电力发展方针。从上述简单国际比较可以看出，今后我国电力发展结构调整中的重点，首要任务是努力提高核电比重。要把“加快发展核电”不仅作为电力发展方针，更应是我国能源的一种战略选择。核能不仅是我国能源的重要补充，而应是重要的组成部分；核电的发展不仅只在沿海经济发达地区，而应当所有缺电、能源短缺的地方，特别是中部既缺能、交通又紧，更应当加快发展核电。在电力规划中，2020年核电只有3600万～4000万kW，这是基于当前现实出发的无奈选择，而应当下定决心，努力提高核电比重。

（五）关于新能源发电

对于新能源发电，主要指风电与太阳能发电，规划到2020年达到1500万～2000万kW，其中包括太阳热和太阳能光伏发电160万kW左右。

对于新能源发电同样也有一个信心问题，即对新能源发电要树立起这样一个信心：“总有一天可再生能源的开发定可满足大部分世界能源的要求的”。另外要克服由于再生能源存在的间歇性和能源密度低所带来的技术上的难度，而动摇我们发展新能源的决心和积极性。

国家要制定相关支持和鼓励的政策。在经济政策方面重点是由国家根据实际成本来确定电价；电网要全部吸收风电，接入系统由电网负责，对其增加的费用在国家批准的电价中解决。这样就可以广泛地吸引资金建设新能源发电，使我国风电等新能源到2020年要确保2000万kW，争取3000万kW。

总之，只要我们能认真的总结历史经验，吸取教训，深入分析现状，不断探索未来，加强电力预测和电力市场分析，并以电力超前发展的思想和全面协调的科学发展观作指导，不断地调整电力结构、技术结构，提高能源的转换、传输、使用效率，使电力经过“十一五”的努力真正做到确保经济社会和人民生活水平不断提高的需要，不仅是必要的，而且应当是可能的。

电力发展与煤电运平衡问题

——中国煤炭工业协会副会长 濮洪九

我国煤炭资源丰富，保有储量1万亿t，远景储量是5万亿t。煤炭是我国能源安全的基石。新中国成立50多年来，煤炭在一次能源生产和消费结构中一直占70%左右。上世纪末的20年，共生产原煤200亿t。

随着国民经济的快速发展，近几年煤炭工业发展很快。2003年煤炭产量达到了16.7亿t，创历史最高水平。2004年继续保持强劲发展势头，1～7月原煤产量达到10.4亿t，同比增长15.4%，煤炭价格和成本合理回升，经济运行质量和效益有所提高。预计2010年和2020年我国煤炭需求将分别达到20亿t和22亿～24亿t，届时，煤炭供需将相应出现2.6亿t和8亿t左右的缺口，供需矛盾十分突出。

电力是煤炭的最大用户。在我国电源结构中，燃煤电厂比重一直保持在75%左右，建国以来发电用煤比重不断上升，2003年发电用煤（含供热）达到8.5亿t，比例占50%以上。预测，2010年和2020年我国发电及供热用煤分别为12亿、15亿t左右。我国发电用煤量及其占煤炭消费量比例不断增长的情况，完全符合世界煤炭开发利用的发展趋势。目前发达国家用于发电的煤炭量已占煤炭消费量的80%～

90%以上，与发达国家相比，中国发电用煤量还有大幅度增加的空间。电力用煤的不断增加，为煤炭工业提供了有利的发展机遇。

发展煤电联营是煤炭工业结构调整优化，实现经济方式转变的必然选择。其原因有：

(1) 煤电联营及其多联产是世界煤炭工业由初级阶段走向高级阶段的必然升华。近一个时期以来，一些发达国家提出关于煤炭发展的新思路，其基本框架是发展煤炭多联产。通过煤炭气化，一方面大规模地生产电力，另一方面生产甲醇、二甲醚、合成油等洁净燃料或其它高附加值化工产品。在中长期内多联产技术，不仅有望以经济可行的方式生产我国迅速发展的电力，解决煤炭直接燃烧所带来的严重环境后果，而且还有望以经济的价格大规模生产煤基合成运输用燃料，生产可以替代液化石油气的二甲醚以解决城市和城镇人民对优质燃料的需求，这是一项可满足我国能源可持续发展的战略性关键技术。美国能源部提出的展望21能源系统，谢尔公司提出的合成气源的概念，煤炭坑口转化综合发展能源、化工多联产业系统等，都是围绕煤炭综合发展的设想。中国煤炭资源丰富，煤炭综合开发利用，构建以煤为基础的多联产业链是煤炭工业结构调整的重要组成部分，其着力点是由短期的适应性调整转向长期的可持续发展的战略性调整。是由过去单纯的数量上的调整，转向质量上升级换代的调整。煤炭产业结构调整涉及面广、难度很大，不是一蹴而就的事。只要坚定方向，扎实工作，在不久的将来，煤炭将成为优质、高效、清洁的能源，煤炭工业将实现全面协调健康和可持续发展。

(2) 发展煤电联营有利于煤炭的洁净利用，实现人与自然和谐发展，我国目前大多数洁净煤利用技术都与电力工业有密切关系，煤炭转变成电力，比工业锅炉和民用炉灶直接燃用要洁净很多。大型发电厂采用先进的燃烧技术和完善的除尘、脱硫、脱硝的装置。可以使有害物质的排放总量和排放浓度大为减少。工业发达国家几乎全部或大部分把环境污染最严重的煤炭用于发电，原因就在于此，我们要采取各种有效措施，逐步使煤炭用于发电的比例达到80%及以上。同时要广泛应用洗煤厂的中煤和煤矸石，煤泥发电，综合利用，变废为宝，减少环境污染、降低发电成本，不断促进煤炭的清洁利用和整个能源系统的可持续发展。

(3) 发展煤电联营，特别是发展坑口电厂有利于减少煤炭运输量，降低运输成本。当前我国煤炭供求关系紧张的一个重要原因是煤炭运力不足。从总体看，我国煤炭资源主要分布在西部和北方，而煤炭消费主要集中在东部地区，这就决定了我国西煤东运、北煤南运的格局将会长期存在。解决煤炭运输问题至关重要。建设坑口电站，变输煤为输电，既可以减少煤炭运输量，又可以降低运输成本，对国家和企业都是十分有利的。

(4) 发展煤电联营是我国促进经济社会可持续发展的重要举措。提高煤炭转换为电力的比例，不仅可以节约能源和保护环境，而且可以利用煤电资源发展优势产业，就地就近发展相关优势产业，发展煤电联营环保型综合能源产业，实现经济与环境的协调发展。

当前煤电联合初露端倪，两大行业真正意义上的合作已经开始。一些大型煤炭企业与电力公司开始建立长期稳定的战略伙伴关系。华能、广东省粤电集团等近期已经分别与神华、中煤公司签订了2005～2007年电煤供货合同。通过确定未来部分煤炭供应量及价格，锁定未来的电力生产成本，保证稳定的燃料供应，化解市场供求与价格风险。煤电双方的供需矛盾由过去的寻求政府协调，转而开始寻求市场解决之道。近一个时期，几大电力公司纷纷与大型煤炭企业签订了共同投资建设燃煤电厂协议，实现了煤炭与电力资本的融合。中国华能集团公司、中国电力投资集团公司和淮南矿业集团公司正在积极筹备，联合开发淮南煤电基地，力争在2020年之前建成发电装机规模达到2000万kW的“火电三峡”。若此项举措成功实施，将缓解安徽和长江三角洲地区供电紧张的局面，带动企业乃至整个安徽和长江三角洲经济的发展。到时，煤电携手、互惠双赢产业格局的实现将成为现实。

党中央国务院十分重视煤炭工业发展。2003年做出了“重点支持大型煤炭基地建设，促进煤电联营，形成若干个亿吨级煤炭骨干企业”的决策。日前召开的国务院常务第60次会议决定加快坑口电站建设，为发展煤电联营指明了方向，我们一定要抓住机遇，加快发展，具体要开展的工作如下：

(1) 加快大型煤炭基地坑口电站建设。借鉴发达国家经验，鼓励煤炭企业发展煤电产业，延长产业链，实现资源共享，降低成本、提高终端产品附加量，提高市场占有率。

(2) 培育和发展具有国际竞争力的煤电公司和企业集团。发挥市场配制资源的基础性作用，鼓励各类电力和煤炭企业通过资产重组、联合、上市、兼并等多种形式，按地域、煤种、输煤和输电通道及市场格局组建大型煤电联营企业或集团。并充分利用煤炭能源和电力能源就地就近发展相关用煤和用电优势产业，实现煤、电和下游产业与经济、环境的协调发展。

(3) 鼓励煤炭与电力签订中长期订货会同，实现煤炭直接供应，减少中间环节，稳定煤炭供货渠道与价格，降低社会交易成本。

(4) 建立新的煤电投资机制，鼓励煤炭企业利用资源优势，主动地向电力行业投资。鼓励电力企业通过投资开发新矿、兼并、购买已有煤矿。实现煤电资本的融合，促进我国能源产业快速协调健康发展。

中国电价与电力发展报告

指导：李剑阁　王慧炯

执笔：李善同　侯永志　刘云中　王国华

2003年全国大面积缺电，既有电源建设方面的原因，也与电网建设的现状密不可分。近年来，国家对两方面都有所加强。但是，电网建设不足已是多年以来形成的“沉疴”，要改善这一境况，任务相当艰巨。

电网的建设和发展，需要有适当的终端销售电价水平及合理的电价结构。但是目前，我国的电价水平和电价结构都不够合理，这影响了电网系统的盈利水平和投资能力。因此，有必要在电网运行新体制的基础上，理顺输配电价，加强电网建设。

一、电网建设急需加强投资

（一）必须维持电源和电网之间适当的资产比例关系

电网与电源建设是电力系统建设互相关联、不可分割的两个方面。二者必须维持适当的比例关系，方能保证电力系统的稳定运行。两相比较，可以说，电源对经济的影响是“点”的，而电网的影响则是“面”的。一个发电机组或者电厂出现问题，还可以通过电网进行调剂，但是，一旦电网出现问题，将会导致大面积的停电，其后果是灾难性的，远比少建几个电厂严重。去年美国、加拿大发生的大面积停电，便是非常值得重视的前车之鉴。

根据国外发达国家的经验，输配电资产通常大于发电资产，输配电资产和发电资产比例一般为60∶40，如法国EDF公司2002年输电、配电和发电资产的比例为18∶42∶40。到2002年底，中国输配电资产和发电资产的比例约为35∶65。这样看来，现有电网输配电资产远不能适应电力工业协调发展的需要。

（二）电网建设滞后加剧了电力供应紧张局面

电力短缺一直是我国电力系统的主要问题。因此，历史上，电源建设地位突出，电网建设则从属于电源的建设，电力建设中严重地存在着“重发、轻供、不管用”的倾向。

从“一五”到“八五”期间，我国电网建设投资远低于电源建设的投资，电网投资仅为电源投资的1/8到1/4。统计资料表明，“八五”期间，输变电投资占电力基本建设投资的比重分别为：1991年16.8%，1992年17.3%，1993年16.5%，1994年13.3%，1995年19.9%。“九五”期间，尤其是1998年实施城乡电网改造之后，国家提高了电网的投资比例，但输变电投资占电力基本建设投资的比例仍只有24.2%。投资比例严重偏低，使得电网发展滞后于电源建设。

电网建设的滞后，加剧了电力供应紧张的局面。当前用电需求大幅度增长，但一些电网的主网架相对薄弱，电网结构不合理，存在输配电“卡脖子”的现象，限制了电网对供电资源的调配能力。

第一，电厂的输电系统建设不足，使得电厂的送出能力小于其装机容量。例如，山西阳城电厂装机210万kW，但由于输电线路限制，只能发电170万kW，发电功率受限40万kW。这种情况直接导致了现有的发电能力不能充分发挥，装机资源得不到充分利用。

第二，电网线路的限制使一些省内、省间或者区域的联络电网相对薄弱，影响了电力电量在区域电网内部，或者区域电网之间的交换。例如，东北电网和华北电网的调剂就受到了区域电网连接能力的限制，因为华北东北目前只有一条联络线，联系比较薄弱，东北送华北最大只有80万kW，要缓解华北供电形势，可谓杯水车薪。

第三，变电容量不足导致受电受阻。例如，浙江电网的电力需求发展很快，需要输入大量电力。要平衡用电形势。最大需要受入470万～550万kW。目前主网架上输电能力已基本不受限制，但是，主要由于变电容量不足，浙江电网最多只能从华东主网受电400万kW。

第四，地区电网原因造成用电负荷高的地区无法受入足够的电力电量。体现在当负荷中心附近发电机组或者线路跳闸，造成输电线路上的输电潮流大量转移时，超过一些地区电网线路的输电能力，从而导致限电。这种情况主要发生在华东，例如浙江的温州、台州、丽水等地区，这些地区变电站能力有限，使得高峰时变电能力不足而限电。

（三）电网稳定性将面临更大挑战

电力系统安全稳定运行是国民经济持续健康发展的前提。历史上，中国虽然出现了不少电网事故，但尚未出现电网大面积瘫痪的现象。这是由于：我国按统一规划来建设电网，主干电网结构还比较合理；我国电网还只处于全国联网的初期，电网的连接和互动较差，局部电网出现问题，影响到的范围比较小；电力系统出现局部故障时，可以采取行政手段，通过频繁的人为拉闸限电，来避免电网事故波及其他地区。

但是，在未来的发展中，电网运行的制度环境和技术基础将发生深刻的变化，电网的稳定安全将受到更大挑战。如，随着电力市场化改革的推进，人为拉闸限电的手段将会受到来自各方的限制。还比如，随着电网之间联系愈益密切，其互动性持续增强，电网故障将更加容易在瞬间扩大。

目前，中国经济开始了新一轮快速增长。在这个阶段，无论是产业结构的升级，还是居民生活质量的提高，都将导致电力需求的上扬。为满足这一需求，国家将进一步加大对于电源建设的投资。2003 年和 2004 年，中国新开工装机容量分别为 3000 万 kW 和 4000 万 kW 左右。据估计，发电能力不足的问题有望从 2006 年起得到缓解。但是，从根本上解决电力供应问题，仅有发电能力的增长是不够的，还必须辅以输配电能力的相应增长。否则，电网就有可能成为电源和最终用户的“瓶颈”，形成更大程度上的“卡脖子”和窝电现象，造成新的资源浪费。

表 1　国家电网公司的输配电成本和从 IPP（独立发电公司）处获得的差价的比较差价不足以弥补成本　元/kWh

年　份	2000 年	2001 年	2002 年
国家电网公司的输配电营运成本（不含财务成本）	61.45	68.68	73.38
国家电网公司从 IPP 处购电的成本*	270.7	274.4	272.8
平均终端用户电价	321.7	337.2	344.4
国家电网公司从 IPP 获得的价格差价	51.1	62.8	71.7
国家电网公司在 IPP 上产生的损益（未计财务成本）	(10.4)	(5.9)	(1.7)
国家电网公司单位售电量摊占的净财务成本	7.4	10.5	11.2
国家电网公司在 IPP 上产生的损益（计入财务成本后）	(17.8)	(16.4)	(12.9)

* 国家电网公司从 IPP 处购电的成本为 IPP 平均上网电价经调整输配电损耗后的折算后得出。
折算方法如下：国家电网公司从 IPP 处购电的成本＝IPP 平均上网电价/（1－网损率）。
以上电价都是不含税电价。

因此，为了保证电力工业持续协调发展，提供安全、可靠、优质的电力资源，在未来的若干年中，中国国电网与电源的投资应保持合理的比例。根据国家“十五”和“十一五”期间的电源建设投资规划，在这两个时期，电网配套投资将分别高达 5800 亿元和 9000 亿元左右，其中，国家电网公司的投资则分别为 4700 亿元和 7200 亿元，相应的资本金需要 940 亿元和 1440 亿元。

二、电网投资存在巨大资金缺口

在目前的电价水平和结构下，国家电网公司为独立发电公司提供的输配电业务处于亏损状态，也就是说，国网公司从独立发电公司处购电后，再输配给终端用户，在这一过程中所获得的价格差价（平均终端用户电价——国网公司从独立发电公司处购电的成本）不足以补偿国网公司的输配电营运成本（不含财务成本）。以 2002 年为例，国家电网公司从独立发电公司购电所产生的亏损为每千瓦时 0.17 分（不计财务成本），而计入财务成本之后，该亏损值则为每千瓦时 1.29 分。

由此，电网公司的内部积累难以完成电网投资，电网建设存在着巨大的投资缺口。以国家电网公司为例，取消电力建设基金和供电贴费后，用于发展的资本性资金来源锐减，“十五”期间，电网建设资本金缺口预计在 550 亿～600 亿元之间；“十一五”期间，电网建设资本金缺口则在 800 亿～900 亿元之间。

2002 年，国家电网公司的销售总收入为 3800 亿元。在不发生人工、维修和管理费用情况下的刚性支出高达收入的 86%，其中应付给独立发电厂的购电费用为 2653 亿元，支付电网所属内部发电厂的发电费用 149 亿元，电网折旧 312 亿元、电网本身的水、材料费用 201 亿元、财务费用 122 亿元，所得税 15 亿元。扣除这些刚性支出，国网公司的实际净收入只有 519 亿元。如果再考虑到人工、维修和管理费用，则国网公司的刚性支出更高达收入的 98%，实际净收入只有 64 亿元左右。

即使将电网公司的微薄利润全部留作补充资本金，每年的资本金补充额约为 30 亿元，仅占 2004～2010年平均计划年投资额 874 亿元的 3.4%。按照国网公司约 30 亿元的年净利润和 300 亿元的折旧，每年现金流约 330 亿～350 亿元，仅能满足 2004～2010 年平均计划年投资额的 38%，缺口高达

62%。我们估计，若维持当前的电价结构和水平，国网公司的财务状况将不断恶化，资产回报率将由2002年的0.4%下降到2010年的－1.7%，同期的负债/股本比率则由56%上升到192%，并将在2005年出现全面亏损。

三、关键在于电网投资回报率过低

（一）输配电电价占终端销售电价的比例过低

目前，在我国的电价制度中，只明确终端销售电价和上网电价，而无单独的输配电价。下文所指的输配电价是根据销售电价和发电电价推算的（输配电价＝销售电价－平均上网电价－网损）。

要判断我国输配电电价水平的高低，必须确定合适的比较原则。我国的输配电业务具有三个方面的特点：①地域分布广；②负荷中心与能源中心分割较远；③工业用电占据全社会的绝对比重。

从地域分布上，中国的输配电价的水平和结构应与巴西、加拿大和澳大利亚具有一定的可比性。而从负荷中心与能源中心相分割以及用电消费结构方面来看，则巴西和我国具有同样的特点，因此，在输配电价水平和结构方面也应具有一定的可比性。图1、图2提供了相关国家输配电电价水平等方面的数据。无论是绝对水平还是其占终端销售电价的比例，我国输配电价在所比较的国家和地区中均是最低的。

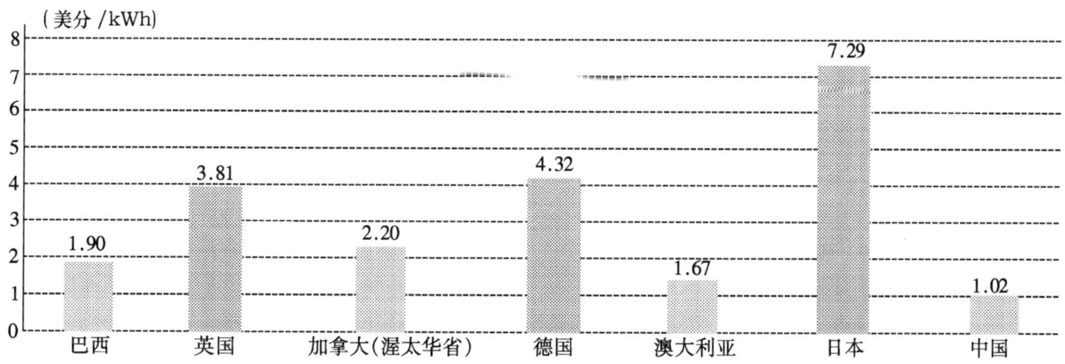

图1 当前世界各国的输配电价

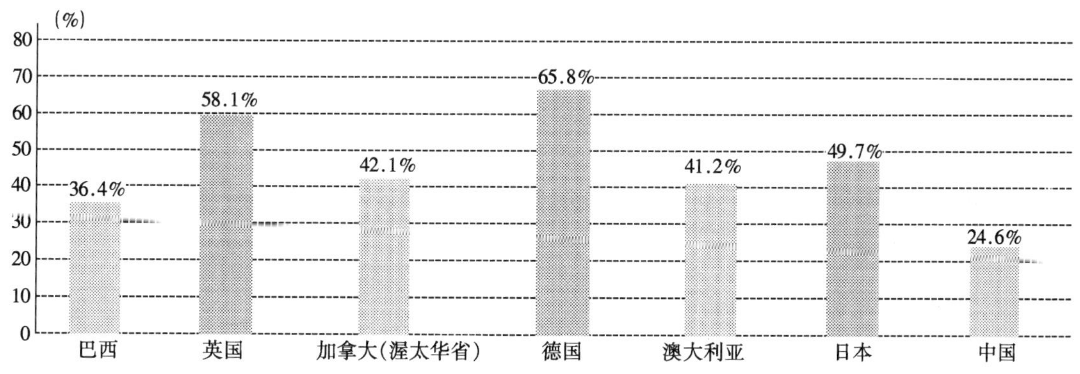

图2 当前世界各国输配电价占销售电价的比例

综合这些国家的实际情况，并结合我国的现实，我们认为，中国的输配电价占终端销售电价的合理比例应为40%左右，而目前这一比例为24.6%。

（二）电网投资回报率低于工业各行业平均水平

从资产回报率来看，我国的电网投资回报率远低于国内工业投资和独立发电公司回报率，也远低于电网投资回报率的国际水平，根本无法吸引足够的投资。以国家电网公司为例，其资产回报率和销售利润率分别为0.4%和0.6%，远远低于独立发电公司的7.1%和18.9%，也低于全国工业的平均水平（2001年分别为3.5%和5.1%）。

根据JP Morgan公司提供的资料显示，许多国家的输配电资产回报率在4%～7%之间。比照这一水平，我国输配电资产的合理回报率应该在5%～6%之间。

（三）目前输配电价缺口约为每千瓦时电4分钱

电价是引导电力发展的一个重要因素，正确的价格信号有利于电力工业的健康发展。目前我国发电方的上网电价的核定原则是，保障发电投资在经营期内得到一个回报率，而将来则会通过竞价上网，能够运用市场化的方式来解决电源建设所需的资金。然而，电网具有自然垄断性，其经营受到政府严格的规制，并非完全依照市场竞争的游戏规则，因此，无论是输配电建设资金的筹措，还是输配电价格的制定，都需要政府政策的引导。

按目前的终端销售电价和上网电价进行推算，我国目前的输配电价为0.086元/kWh（不含税）。如果以6%作为电网资产的目标合理回报率，则合理的输配电价应该在0.125元/kWh左右，输配电价的缺口约为0.04元/kWh。如果按照前面提到的我国输配电价应占终端销售电价的40%测算，输配电价缺口也与之基本一致。

四、社会可以承受电价水平及其结构的合理调整

鉴于目前电力供应日趋紧张，而煤炭价格又不断上升，国家决定在2004年将终端销售价格提高2分/kWh。我们认为，无论从宏观经济运行，还是从行业发展来看，电价水平还有一定的调升空间。适当调整电价水平及其结构，不仅不会导致价格总水平的显著上涨，而且还会有利于产业结构的优化升级。

（一）目前中国的经济和社会状况能够承受电价水平的合理上涨

第一，电价的合理上升不会导致物价水平的大幅上涨。

按照2000年投入产出表，模拟计算了电价分别上涨3%，5%，6%，10%，15%时（大致相当于终端销售电价每千瓦时分别上涨了0.012，0.02，0.024，0.04，0.06元），对居民消费价格和最终产品使用价格的影响。

模拟计算表明，当电价上涨3%时，居民消费价格上涨0.20%，最终产品价格上涨0.25%；当电价上涨5%时，居民消费价格上涨0.33%，最终产品价格上涨0.41%；当电价上涨6%时，居民消费价格上涨0.40%，最终产品价格上涨0.49%；当电价上涨10%时，居民消费价格上涨0.66%，最终产品价格上涨0.82%；当电价上涨15%时，居民消费价格大约上涨1%，最终产品价格大约上涨1.2%。也就是说，电价的合理上升不会导致物价水平大幅上涨。

第二，大多数产业部门可以承受电价水平上涨0.04元/kWh。

模拟计算表明，煤炭采选业等7个对电价敏感性较高的行业，对电价提高的承受力较弱；石油和天然气开采业等9个对电价敏感性中等的行业，对电价提高有一定程度的承受力。其他23个行业对电价不敏感，对电价提高的承受力也较强。

当电价上涨5%时，非金属采选业等13个部门成本受到的影响低于0.5%；自来水的生产和供应业等13个部门成本受到的影响超过0.5%，其中影响超过1%的部门有两个，分别为金属冶炼及压延加工业和自来水生产和供应业。但是，当电价上涨10%时，对绝大多数部门成本的影响都高于0.5%，影响幅度超过1%的部门达到半数。因此，电力价格调整的幅度控制在10%以内比较合适，多数行业可以承受。

第三，居民对电价上涨具有一定的承受能力。20世纪90年代以来，城镇居民对水、电、气等居住价格上涨已经有了相当的承受能力。目前居民生活用水和液化石油气价格涨幅都不大，居民对电价上涨有一定的承受能力。根据测算结果，总体上看，城市居民生活用电价格增长幅度控制在0.04～0.05元之间，农村居民生活用电价格增长幅度控制在0.02～0.04元之间是可以承受的。

（二）调升电价水平有利于产业结构调整

目前我国高能耗工业规模急速扩大，不仅加剧了电力供求形势的紧张局面，而且造成了能源资源的巨大浪费。适当调高电价水平，有利于抑制高耗能产业的不合理扩张，促进产业结构的优化升级。

适当、有选择地提升某些类别用户的销售电价，尤其是高能耗用户如氧化铝、铁合金和电石行业，可以减少这些依赖低电价而生存的高能耗产品的出口，而这些出口实质上是间接出口我国本已稀缺的能源。一定程度上，这还有助于减少企业因低价出口而引发国外反倾销措施的可能性，从而减少国际贸易摩擦。

表2 2001年电力行业与国内主要工业的回报率

国内各行业的投资回报率	资产回报率	净销售利润率
国家电网公司	0.4%	0.6%
独立发电公司	7.1%	18.9%
煤炭采选业	1.0%	2.8%
石油及天然气开采业	23.1%	36.8%
建材及其他非金属矿采选业	2.0%	4.0%
造纸及纸制品业	2.3%	3.7%
石油加工业炼焦	−0.3%	−0.3%
化学工业	1.0%	2.7%
橡胶及塑料制品业	3.4%	4.1%
建材及其他非金属矿制品业	2.0%	3.4%
黑色金属冶炼压延加工业	2.1%	3.6%
有色金属冶炼压延加工业	2.2%	3.0%
金属制品业	3.5%	3.7%
机械工业	2.5%	3.8%
全国工业平均	3.5%	5.1%

此外，对于市场化的其他能源价格和严格管制的电价所形成并不断扩大的能源价差，电价总体水平的提升还可以缓解这一矛盾给电力供给带来的压力。

五、理顺输配电价的政策建议

（一）适当调高输配电价水平和输配电价占销售电价的比例

建议在可承受的范围内逐步提高输配电电价，使输配电电价水平及其占终端销售电价的比例逐步接近合理水平。根据上文的论述，近期可以将输配电价在现有输配电价基础上每千瓦时再提高 2 分钱，然后再选择适当时机，进一步调升输配电价，使输配电投资回报率逐步达到 6%左右。

根据测算，输配电价提高 2 分钱后，2004 年国家电网公司将可新增销售收入 268 亿元，新增利润为 180 亿元，资产回报率将提升为 3.1%。这将改善国家电网公司的回报和负债状况，其内部现金流对应未来电网投资的资金缺口也可由 62%降低到 41%。

此外，由于农村居民对电价调整的综合承受能力弱于城市居民，在调整电价的同时，应针对不同地区（特别是对电价承受能力较弱的地区和农村）采取不同幅度、不同侧重点的调整，可以对某些弱势群体提供专项补贴以弥补其额外的电费支出。对于居民生活用电，可以采用累进电价或者是采用生命线电价的方式。对于一些已经有过热苗头、高耗能的行业，不仅要取消电价优惠，而且要提高电价。

（二）建立独立的输配电价机制

目前极低的输配电资产回报率不能吸引社会资金投资电网。即便是电网公司的电网投资，严格意义上也不符合商业原则的“自主性”投资。电网公司已公司化，但仍然扮演着一个政策性投资被动执行者的角色。在现有电价体制下，电网投资越多，电网公司还本付息的负担越大，盈利压力也越大，越缺乏进一步投资的积极性。电网公司这种政策性角色既不符合电力体制改革的初衷，也无法藉此长期维系电网投资。

因此，长期而言，建立独立、规范的输配电价机制，使输配电价真正能够反映输配电真实成本，并予以合理回报，是理顺电价、改善电价结构的核心和根本。

（三）建立电网建设基金

过去，国家为了鼓励社会力量投资办电，曾实行了每千瓦时征收 2 分钱电力建设基金的制度，征收电力建设基金的制度大大促进了当时我国电力工业的发展，后来，随着电力供给状况的改善以及相关制度的改革和完善，这一基金被取消。当前，电力供应再一次出现紧缺，而电网建设在短时间内难以吸引大量社会和海外投资，作为应急措施，可以考虑参考“南水北调”工程和三峡工程设立相应工程建设基金的作法，设立电网建设基金，专用于电网建设，待将来输配电价到位后，再取消。

（四）促进社会资金有序进入电网建设

在坚持对电网进行“统一规划、统一建设、统一调度和统一管理”原则的同时，允许社会各类资金参股电网公司，在电网公司的统一管理下，有序进入电网投资建设。当然，引入社会资金进行电网投资的前提是有一个合理的回报机制。

（五）创造条件重组电网公司资产，整体上市筹资

在逐步提升输配电价的同时，配合若干国家政策，以及采用某些金融手段，进一步重组电网公司的资产，将其回报逐步提升，直到符合资本市场的要求，以达到将电网公司整体上市的目的。电网公司的重组上市不仅可以为其提供新的、可持续的市场融资渠道，而且将大大促进公司管理水平的提高，使公司在治理结构和日常运作方面更加规范，并符合市场要求。

中国电力工业的发展速度和结构调整

——中国投资协会地方电力投资委员会常务副会长　姜绍俊

一、我国产业结构特征决定电力消费结构特征

中国的各次产业的比重是什么呢？“十五”规划对三次产业结构之比是有规定和目标的，但是到 2003 年的结果看，二次产业的比重上升超出预期，三次产业增长缓慢，跟原来的计划相差很大。这也得到了印证，现在就是各次产业用电比重与产业结构态势相一致，一次产业从 1990 年的 5.32%到 2003 年的 3.15%，二次产业用电从 1990 年的 78.58%到 2003 年的 73.83%，三次产业用电从 1990 年 7.5%达到 2003 年的 11%左右，这可以说是需求的特征。我们认为今后一段时间三次产业结构的比重走向会延续原有的规律。

二、我国能源资源的条件决定电力供给结构特征

我国能源资源主要依靠煤炭和水能资源，从而决定了我国电源结构主要是火电和水电，其中火电以煤

电为主。可以看出，我国水电装机比重由1986年的30%一路下降到5年后的24%左右，并在很长一段时间维持在这个水平上。我国反复提出大力开发水电，但是水电比重仍维持在24%左右，这是由水电开发的自身规律决定的。但也与综合国力有关，与设备供给、施工组织、资金供应的强度相适应。而水电前期工作深度不够，气候特点决定水能的径流特性，高坝大库导致的移民、生态问题较复杂，地处西南西北，送电成本高等问题也限制了水电的竞争力。“十一五”及中长期规划，西电东送战略实施，西部水电开发将有所加强，水电比重有小幅上扬，幅度大体为1%。我国火电由煤电、气电、油电组成，但现在后两种所占的比重不大。目前火电比重在74%左右，“十一五”末期会有所下降。下面说说我国的电源布局，其根据版图划分为六大块，在“十一五”期间这个结构不会有重大变化。区域平衡仍是我国电力资源配置的基本格局，其表现为：区域电源比重格局较为稳定，各区域装机增速大体反映了本区域经济发展和电力需求。大区间交换电力大约占全国电量的1.55%，到“十一五”末期这种以区域为单位配置资源的格局不会根本改变，但是区域间交换电力比重继续走高，最终比例会在2%左右。那么，经济发达地区装机容量的比重将有所增加，华北和华东都会增加。这两个地区主要布局是煤电和少量的气电、核电。

三、当前我国电力产业结构存在的主要问题

一是单位机组容量虽有所上升，15年时间增加1.32万kW，但总体上仍然偏小。而30万kW及以上大机组比重都有明显的提高。2003年统计资料显示，0.6万～5万kW机组约5088台，占总台数的22.77%，容量为7929万kW，占总容量的22.27%。据统计2001年全国6000kW及以上电厂2253座，而这说明小厂多，用人多，产业集中度低，劳动效率低，管理水平不高，这是产业结构中的突出问题。二是洁净发电比重有待进一步提高。2000年洁净发电的比重是21%，“十一五”提出的目标是31%，2003年洁净发电装机的比重大约是25%，发电量比重为21%，所以洁净发电比重提高的目标是肯定完不成了。我认为在“十一五”规划中应加快、加大提高洁净发电比重。三是技术经济指标仍需改善。从1993年到2003年的历年线损看，我认为中国的线损水平相对较高，这与疆域大、资源分布不平衡的国情有关。目前我国降低线损的方法主要有两条：一是发展新损耗的电压器；二是提高输电的能力。

四、我国电力产业结构调整亟待解决的几个问题

(1) 关停小机组问题。首先关停小机组的要求是正确的。其次关停小机组的方法要依靠市场机制，建立企业退出机制，扶持退出企业是关停小机组工作成功与否的关键。另外，还有两项重点的工作：一是限制或禁止小机组兴建，有步骤地关停在役的小机组，而限制和禁止小机组兴建主要依靠行政措施；二是关停小机组的量的安排。

(2) 关于发展超临界和超超临界机组问题。2000～2003年，我国的超临界机组技术已经成熟，现在的问题是需要政府出台一定的产业政策加以支撑，只有政策到位，才能增加企业建设超临界机组的动力。

(3) 水电开发问题。现有经济可开发和技术可开发两个概念，我提出一个概念现在在中国没有，叫做经济比较可开发。一是西部水电开发最远的有2500km左右，现在通过输电方案的评审的是2100km。因此遇到这种情况就应与东部兴建的其他类电厂的成本进行比较。另外，西部资源是有限的，水电资源我们认为是2亿kW，但也有人认为是2.5亿kW，我们希望政府对西部资源要有统筹考虑。二是水电开发的经济评价周期应适当延长。另外，应关注单厂装机总容量扩大的倾向。三是实际发电量与设计电量存在差距。四是抽水蓄能电站开发问题。另外，有的学者认为，水电开发会使我国北方生态气候恶化，影响江河流域的水资源。

(4) 关于加快核电和气电建设问题。对此我们也提出了相应的建议。

(5) 电力投资结构问题。第一，电力投资在全国基建投资的比重在15年间是一个略有下降的趋势。1990年的投资比重是17.56%，到1995年一路下降到13%，1997年和1998年受到亚洲经济危机的影响，投资比重有所上升，约为14%、15%，但2000年后投资比重回落，2001～2003年估计低于13%。这一现象应引起各方关注，也就是说，要保证电力投资在全国投资的比例关系，不应过分地理化。第二，电煤占煤炭总产量的比例呈现上升趋势，1990年为28%，后达到35%、40%，到2000年开始这一比重达到50%左右，近两年一直稳定在这一数字，我们认为“十一五”期间电煤占煤炭总产量的比例将继续攀升，高于50%但不会到60%。第三，1990～1995年输变电投资占整个电力投资的比例为16.5%～20%，1996年突破了20%，并继续呈缓慢增加的趋势。2000年为27.28%，2001年开始投资比例快速增长，达到30%～41%。“十一五”期间投资的比例应该是1∶1，我现在看，输变电投资可能占电力总

投资的40%～50%较为合适。第四，投资效益。电力产业投资效益出现逐年下降的趋势，原因何在？我认为一个原因就是经济学里的效益递减规律在起作用，但是未经验证。第二个原因可能与货币的价值链不一样有关。还有一个原因是我们的投资效益确实下降了，这其中受一定的外部因素影响，但最终我们还要从自身、从企业内部找原因，在此，我特别提醒电力企业的老总们，请好好关注一下你们企业的投资效益。

电力工业“十一五”规划重大问题研究

——中国电力企业联合会秘书长　王永干

2004年上半年以来，中电联为积极配合国家宏观部门制定电力工业“十一五”发展规划，组织行业专家和上下游关心电力发展规划的企业界人士，就电力工业“十一五”规划中的重大问题进行了认真的探讨。

一、电力发展的结构问题（略）

二、电力工业投融资问题

（一）当前电力工业投融资工作中存在的问题

（1）政府的职能定位有待进一步规范，政府需要抓紧制订针对电力工业投资的切实、有效、可行的宏观调控方式、方法和监督管理的办法。

（2）投资主体存在“抢滩”、“占点”、“四无工程”和未经批准擅自开工的项目，小火电建设也屡禁不止，电力工业投融资市场的监管也急待规范与加强。

（3）发、输、配电主体众多，投资活动、建设生产活动的信息很分散，需要加强行业协会信息汇集、资料统计分析和政策执行反馈等的职能作用。

（4）投资风险的约束机制还不健全。

（5）各大发电集团和两大电网公司的资本金尤其是电网公司的资本金缺口较大。

（6）输配电价不到位，电网企业资产负债率高，融资能力严重不足。

（7）鼓励新能源与可再生能源的投融资政策乏力，缺少有效的激励。

（8）节能投资来源少，电力用户需求侧管理资金来源不明确，没有形成稳定的投融资机制。

（二）电力投资主体新格局的形成与“十一五”电力工业投资需求

（1）我国目前在发电投资市场，投资主体多元化，资金来源多渠道，投资方式多样化，项目建设市场化的格局已经形成。

（2）估计5年间新增装机容量约2.15亿～2.45亿kW，粗估仅发电方面的投资就需要约10000亿元，其中资本金共需约2000亿元，而电网投资规模也达7500亿元，资本金1500亿元。为此要拓宽输电网建设的投融资渠道，积极推进配电网建设的投资主体多元化。

（3）我国资本市场、金融体制改革正逐步深化，电力企业要加强内部管理和投资项目的科学论证及项目后评估工作，努力提高我国电力企业投资的科学决策水平。

（三）紧密结合我国行政、电力、金融体制改革，促进电力企业投融资机制的改革创新

（1）建立和健全政府宏观调控的管理体系、明确界定政府在电力投融资体制中的职能作用。

（2）大力加强电力投资市场的监督和管理，通过大力加强监管，积极营造公平、公正的电力投资市场环境。

（3）加强中电联的行业管理工作，充分发挥行业的“自律、协调、服务、监督”职能。

（4）加快电价改革步伐，建立电网投资回收和滚动发展机制，使电网企业具有健全的投资与滚动发展能力，以满足国民经济发展对电网发展的要求。

（5）制定切实有效的政策，鼓励新能源和可再生能源的开发。

（6）积极推进电网电源大集团、大公司进入资本市场，国家要尽早启动大型电网企业的股份制改组和上市的研究及试点工作，特别是要支持大型电网公司到境内外多个资本市场融资。

（7）继续加大电力企业债券的发行规模，鼓励电力企业积极探索和进行资金信托、资产证券化和产业投资基金等新型融资工具的尝试，培育机构投资者。

（8）完善财政性投资功能，建立国有资本经营预算制度，采用多种方式追加国家资本金。

（9）改革节能体制，建立节能和电力需求侧管理的投融资制度。

三、可再生能源发展问题

（一）小水电问题

据统计，我国5万kW以下的小水电资源量为1.25亿kW，分布非常广泛，遍及全国30个省（区、市）的1600多个县（市）。

进入21世纪，全国掀起一股小水电开发热潮，也出现了以下一些问题：

（1）资金问题：国有商业银行对小水电贷款普遍采取保守态度，使小水电投资者转以高息吸纳民间资

金，由于其总量有限且保障性差，至使许多小水电建设资金严重不足。

（2）电价问题：由于各地小水电上网电价存在差距，致使盲目抢占资源的行为愈演愈烈，开发成本不断攀升，经营风险和安全生产风险增大。

（3）土地问题：一方面存在着有些地方政府强行或违法占用农民土地，而不给予合理赔偿的情况；另一方面，有些农民所提要求过高，而地方政府妥协迁就，致使价码逐步升级，土地征用费用令投资者难以承受。

（4）市场问题：在当前电力供需紧张的形势下，小水电上网电量和大电网收购之间的矛盾被掩盖了，一旦电力供需达到新的平衡，小水电的生存将会遇到严峻挑战。

（5）我国目前缺少鼓励清洁可再生能源发展的法律。

（6）国家促进小水电发展的政策没有得到有效落实。

（7）财政支持力度下降。

（8）小水电税赋沉重，影响了小水电的滚动发展。据有关部门测算，1994年税制改革后水电站承担的税负比改革前增加了3倍以上。

此外，小水电发展还存在着上网电量受限，被迫大量弃水；电费不能及时结算等影响正常生产经营的问题。针对这些题，建议采取积极有效的措施：

（1）国家应制定鼓励和保护小水电开发的基本政策；同时，制订出具体可操作的项目审查程序，避免资源恶性竞争。

（2）金融部门应正确认识小水电存在的重要性和长久性，积极扶持小水电开发工作。

（3）明确小水电上网电价的定价原则，电价主管部门应调整小水电上网电价的测算方法，明确区域小水电上网电价水平。

（4）制定保护小水电开发的配套规定。在编制地方经济发展规划和电网发展规划时，给予小水电发展的空间。

（5）以“保护守法农民的合法权益”为原则，处理土地征用的补偿费纠纷。

（6）延长小水电的还贷期，由目前的10年左右延长至20～25年。

（7）完善小水电代燃料工程配套措施。

（8）逐步建立以企业为主体的技术研发体系。

（二）风电发展问题

经初步估算，我国可开发和利用的陆地上风能储量有2.53亿kW，海上有7.5亿kW，共计约10亿kW。

我国风能资源丰富的地区主要分布在东南沿海及附近岛屿以及“三北”（东北、华北、西北）地区。另外，内陆也有个别风能丰富点，海上风能资源也非常丰富。

风电优越性为国内外所公认，是最佳的清洁能源，但其大规模的开发仍然存在许多障碍：

（1）我国对可再生能源的技术研发投入太少，致使风电发展缓慢，产业化、商品化程度低。

（2）风力所生产的电能在时序上与需求匹配性较差。

（3）风电的供应成本还不具备与常规能源产品进行竞争的能力。

借鉴国外有益的发展经验，建议我国应尽快建立一个全国统一管理的绿色电力市场，把与风力发展有关的建设和经营政策、措施纳入绿色电力市场运行制度，形成风电发展的常态机制，其内容包括：

（1）配额制。以五年计划的风电建设总量作为绿色电力市场的交易总量进行分区域配售，绿色电力的购买者为区域内的大型工商企业用户和配电企业。

（2）基金制。以国家发改委为主，建立风电基金管理委员会，负责运作和管理该项基金。

（3）项目招投标制。风电项目的建设和经营管理实行业主投标制，纳入市场运行机制。

（4）特许经营制。对风电项目的经营实行特许经营制，凡国家对风电采取的特殊政策和措施均纳入项目的特别许可之中。

四、电价改革问题

电价改革是电力市场化改革的前提条件，我国自改革开放以来一直存在着电力价格管理和决策机制问题，电价监管问题和电价水平与结构问题，还有在电力市场化改革中如何处理非商业化社会目标等问题，对于当前电价改革的建议是：

（1）要尽快建立起正常的价格管理体制。电力工业厂网分开之后，电价管理的任务十分繁重，要按国务院办公厅发布的“电价改革方案”中提出的“关于电价管理”的原则，建立电价监管体制、制订电价管理和电价监管办法，抓紧做好电价改革工作。

（2）要尽快明确上网电价体系的设计。从目前情况看，我国电力体制改革后，建成电厂的竞争要有一个过程，在引入竞争前最好能做到厂网完全分开，竞争前建立上网电价体系，实现“同网同价”，对上网电价实行两部制电价和峰谷分时电价、季节性电价体系。

（3）输配电价要尽快到位。电力建设基金和供电工程贴费取消后，没有采取相应的补救措施；厂网分开取消发电和电网之间的交叉补贴后，输配电的困难就更加严重；厂网分开后又急待建立网络服务价格，专项服务价格和辅助服务价格，这些价格应当在发电竞争之前做好，建议目前按电价改革方案“关于输配电价改革”原则，尽快实施到位。

(4) 销售电价要在上网电价、输配电价改革的基础上及时改革和调整。销售电价的改革和调整，主要要解决用户分类、电价制度、用户间的交叉补贴和取消价外加价、优惠电价，从目前电煤价格暴涨的情况看，要研究煤、电联动机制和建立电价调节基金。销售电价的改革不可能一次完成，在发电竞争前，应随上网电价、输配电价的改革及时理顺。

(5) 政府基金及各种补贴应当由发电企业负担，以体现公正、公平负担。考虑今后电力体制改革将实行大用户直购，故应在彻底取消体外加价，优惠电价的基础上，促进可再生能源发电，实行需求侧管理，落实生命线电价及其他必要的政府性答复，统一由发电企业（包括自备电厂）承担，今后在电网公司销售电价中均不准加价及收取任何电价以外的费用。

(6) 明确电力企业非商业化社会目标的解决办法。电力企业内部非商业化社会目标，通过主辅分离解决；电力企业外部非商业化社会目标，可否考虑由电力企业与政府订立实现非商业化社会目标的责任制合同，政府对电网企业所消耗的损失和费用给予补偿。

五、环保与资源节约问题

（一）电力工业资源节约的内容

主要是提高能源转换效率，降低转换损失，包括节煤、节油、节水、节地、降低输送损耗以及粉煤灰资源综合利用等。当前面临的问题主要是能源效率和经济运行水平偏低；水资源利用水平有待提高；发电能源结构不合理；电网的网架结构薄弱，超高压输电线路比重偏低，变电站的站点布局不足，电压等级不合理；电力需求侧管理有待挖潜。建议：

(1) 以政府为责任主体积极推进需求侧管理。

(2) 制定科学的产业政策，通过规划和产业政策实现资源的优化配置；加大电力产业结构调整力度，通过对电源、电网、需求侧技术改造，提高电力能源利用效率。

(3) 根据《清洁生产促进法》的要求，研究制定电力清洁生产指标评价体系及实施办法、电力清洁生产审计指南等，大力开展清洁生产企业建设活动。

(4) 逐步建立和完善电力行业资源节约、清洁生产指标和标准体系；研究电力行业资源节约法规、政策、规划等，向政府提出相关建议；建立资源节约信息统计、分析及发布制度。

（二）环境保护

1. 面临的形势和存在的主要问题

(1) 全球及区域性环境问题的压力将进一步增大。

(2) 不断出台的环保法规、规划、标准、政策对电力企业产生重大影响。

(3) 实施新的大气污染物排放标准难度过大。

(4) 废水处理和综合利用压力增加。

(5) 污染纠纷不断上升。

(6) 排污收费对企业生产经营形势产生重要影响。

(7) 现有电厂脱硫进展缓慢。

(8) 电煤质量影响火电厂烟气达标排放。

(9) 总量控制控制办法尚未出台。

2. 环境保护政策建议

(1) 清理现行有关二氧化硫排放控制的有关规定，依法完善、配套相关规定。

(2) 对因政府颁布的强制性标准改变，而对企业生产经营产生重大影响，政府应予以补偿。

(3) 建议国家尽快研究、出台二氧化硫在电力行业内的总量平衡和交易政策，在满足环境质量要求的前提下，允许在电力行业内部、全国范围内进行总量平衡。

(4) 出台现有电厂实施脱硫重新核算电价的政策；规范新建电厂、现有电厂安装脱硫设施的电价核定原则。

(5) 继续利用国债资金、二氧化硫排污费支持火电厂烟气脱硫，同时出台低息贷款等财政补贴政策。

(6) 明确发电机组脱硫所用燃煤含硫量的下限指标。

(7) 收取氮氧化物排污费目前缺乏技术支撑，建议收费暂缓。

(8) 建议政府部门在加大对大气污染物排放数量控制力度的同时，对煤质加以约束和管理。

(9) 尽快完善和修订有关行业技术标准、导则，不断提高运行人员技术管理水平。

六、电力工业节能问题

电力部门节能包括两个内容，一是电力部门内部节能；二是电力用户提高用电效率。

(1) 电力部门节能主要是降低发电煤耗、厂用电和线损率，随着电力工业的蓬勃发展，电力工业的能耗指标已经有了很大改善，设想到2010年和2020年供电煤耗分别下降为360g标准煤/kWh和330g标准煤/kWh，厂用电率下降为7.0%和6.5%，线损率下降为6.5%和6.0%。经过努力预计发电用油除保留必不可少的点火和稳燃用油200万～300万t外，到2020年可比1999年节油1300万～1400万t，节约供电用煤2亿t标准煤，节约线损778.5亿kWh，合计可节约标准煤2.257亿t，折合原煤3.16亿t。

为了达到电力部门节能的目的，建议今后新建燃煤发电厂尽量采用超临界和超超临界机组；要利用天然气为燃料建设分布式热电联产、冷热电联产能源系统；对原有的燃煤12.5万、20万kW和早期投产的30万kW机组进行全面改造，包括对发电设备辅机进行改造；对原有5万kW及以下凝汽式燃煤机组实行关停；对于有天然气的地方，将原有燃煤热电厂改造成为燃天然气的热电联产和冷热电联产电厂。要在电价中解决输配电设备的资金来源，完善输配电设施以降低线损。

（2）提高用电效率。当前在提高用电效率方面的主要任务是将传统的计划用电、节约用电转变为电力需求侧管理（DSM），当前的主要问题是对电力需求侧管理的认识不足，尚未建立DSM的运作机制和激励机制，还没有把DSM当作一种资源，电价不合理阻碍了DSM的开展，宣传不够，人才不足。为了充分发挥电力需求侧管理（DSM）的作用，建议确立电力公司作为DSM的实施主体，尽快将电力销售公司转变为电力需求服务公司；制订激励政策，对电力服务公司和生产高效用电设备的供应商给予激励和奖励；建立DSM公益计划基金；建立合理的电价水平和电价结构，以满足开展DSM所需要的电价制度，调整电价与天然气价的比价，使能源替代向提高能源利用效率的方向发展，促进分布式冷热电联产能源系统的发展和普及。

七、煤、电、运平衡问题

煤、电、运是密切关联的产业，我国电煤供应受运输、储存条件和电价政策的制约，实现煤电运平衡的基本条件还很不完善。因此紧密结合我国电力、煤炭、运输的“十一五”规划，认真分析我国目前煤、电、运平衡中存在的问题，深入开展煤、电、运平衡机制的研究，对保证我国国民经济的全面、协调、可持续发展具有重要的现实意义。

（一）当前煤、电、运平衡存在的主要问题

（1）煤炭需求激增，局部资源紧张，一些地方出现缺煤停机现象；

（2）当前全国日请车率只有40%、煤炭供需在地区分布上很不平衡、供需紧张导致煤质下降，都给煤炭铁路运输带来了压力；

（3）电煤价格上涨过快，计划合同受到冲击，流通环节加价过高；

（4）国际国内两个市场的互补性弱；

（5）电力体制改革后，对电煤供应机制变化对电煤供应稳定造成一定影响。

（二）对当前煤、电、运的协调机制的分析

（1）当前电煤价格的形成必然需要政府调控和市场形成的有机结合，只有等待输配电价出台后，才能实行电煤的价格联动机制，实现电煤资源优化配制；同时由于电煤合同价格与市场煤价格的巨大差异，造成电煤重点订货合同的到货率偏低，因此必须通过设定价格涨幅，建立煤炭订货的履约保障机制。

（2）电煤运力与稳定供应的协调保障机制问题。目前全国铁路部门每天的请车满足率不到40%，铁路发展短期内难以满足运输需求大幅度增长的要求，电煤供应、铁路运输一定时期内还难以按市场化的机制优化配置资源，客观上也需要建立政府主导的全国性的煤电运协调的常态机制。

（三）我国“十一五”的煤、电、运规划情况

（1）根据“十一五”我国电力与煤炭需求与规划，到“十一五”末火电装机将达4.773亿～5.033亿kW，需要电煤13.5亿t。

（2）我国将新建13个大型煤炭基地，规划产能达23亿～25亿t。

（3）我国铁路“十一五”规划中的电煤运输要建设以大同（含蒙西地区）、神府、太原（含晋南地区）、晋东南、陕西、贵州、河南、兖州、两淮、黑龙江东部等10个煤炭外运基地为服务重点的铁路重载煤炭运输网，年运输能力达到18亿t左右，至2010年我国交通运输将力争达到初步适应的水平。

（四）落实“十一五”规划与加强煤电运平衡工作的建议

（1）建立国家电煤战略储备制度，确保未来国家能源安全。在华东、华中、东南地区建设若干个百万吨级的储煤场。

（2）加快信息化建设步伐，改革电煤交易方式。为确保煤电运平衡提供重要技术保证。

（3）组建国家级的电煤监测、监控和协调性的专业机构。

（4）建立煤价与电价的联动机制，通过价格政策，促进煤电运平衡。

（5）以全面、协调、可持续的科学发展观指导煤、电、运平衡工作，在电力规划审批建设要进行煤电运平衡评估分析，促进资源的有效利用，缓解运输压力。鼓励煤炭企业自备列运输，适当提高煤炭运输比价，或者采取部分区段季节性浮动的价格制度，加大铁路对煤炭运输的积极性，通过贯通铁路复线、铁路电气化改造等，对既有线路进行改造，扩大主干线货运能力，形成高质量、大能力的货运通道。

八、农村电力改革与发展问题

（一）目前农电体制改革存在的问题

（1）农电管理格局发生新的变化。2003年国家成立了国有资产监督管理委员会，2004年中编办已经批复了30个省（区）、市级国有资产监督管理机构

的组建，上半年将完成组建工作，随着国有资产管理体制改革，各省国有资产监督管理机构陆续成立，一些省农电由新成立的国资委管理，使格局将出现新的变化。

(2) 电网企业财务负担重、还贷压力大。国家计委［1999］1024号文规定，原电价中加收的电建基金2分钱转为农网改造还贷资金，用于补偿农网改造新增资产的折旧、财务费用和维护修理费用。这一政策的出台，为各省农网还贷资金找到了来源。在用电量大的经济发达省份，2分钱基金基本可以解决还贷问题；但在用电量小的欠发达省份，还贷资金仍然缺口太大。

(3) 农村电价缺乏合理的形成机制。“两改一同价”后，农村用电电价得到清理，电价水平有所降低，农民得到了真正的实惠。但由于科学合理的电价形成机制尚未形成，目前农电系统电价空间的局部调整以及电价测算中对供电企业成本核算不足，给各级电力企业在经营管理上带来了一些新的矛盾。

(二) 政策建议

(1) 坚定农电体制改革的市场化方向。建议积极探索继续深化农电体制改革模式，明晰省级电力公司与代管县供电企业的资产纽带关系，不断理顺和规范代管关系，积极稳妥推进以县为单位组建股份制供电有限责任公司的农电体制改革方向。

(2) 从政策上解决电力公司的农网资金还贷问题。一是继续执行2分钱还贷资金至还贷期终结；二是建议因两网改造而征收的增值税、所得税等，国家给予先征后返的优惠政策；三是降低贷款利率；四是建议国家对经济欠发达省份的农网改造还贷期限由20年延长至30年，以保证农村电网的正常运行和可持续发展。

(3) 建立合理的电价形成机制。政府及物价部门在制订电价政策时应充分考虑把农村供电到户的各项成本、费用纳入到农村电价。

2004年迎峰度夏期间需求侧管理工作实施效果分析

——国家电网公司生产运营部市场营销处处长
方耀明

一、电力供需总体形势

2004年以来，国民经济继续保持快速发展态势，全社会电力需求继续上扬，保持了高速增长的势头，全网的用电量和用电负荷屡创新高，电力供应短缺程度比2003年明显加剧，缺电的范围和持续缺电的地区进一步扩大。

特别是进入7月中下旬后，受气候影响，各主要电网用电负荷连创历史新高，电力供需形势十分严峻。国家电网公司系统电网最大用电负荷出现在8月10日，达到2.21亿kW，同比增长6.77%，其中京津唐、北京、山东、蒙西、上海、江苏、湖北、湖南、江西、重庆、陕西、宁夏、新疆等电网的用电负荷增幅超过10%。受电力短缺的影响，浙江、山西、福建电网用电负荷增加较缓，分别较2003年同期增长－1.02%、4.34%、4.94%。

2004年夏季，国家电网公司系统最大电力缺口出现在7月23日，达2983万kW，比2003年增加近1900万kW。从区域电网情况看，华东地区缺电形势最为严峻，2004年夏季最大缺口达到2078万kW，比2003年增加1421万kW；华北、华中电网的电力最大缺口也分别达到747万、158万kW。从各省情况看，浙江、江苏、福建、蒙西、山西地区电力供需矛盾尤为突出，电力缺口已分别达到电网最大负荷的51.5%、32.9%、24.2%、42.2%、30.6%，基本处于持续大范围缺电。京津唐、河北南网、山东、上海、安徽、河南、湖北、湖南、江西、四川、重庆、甘肃、青海、宁夏等地区在高峰时段存在缺电。

夏季电力缺口的急剧增加，使电网拉限电范围进一步扩大。6～8月国家电网公司系统累计拉电29.27万条·次，比2003年同期增加13.29万条·次；累计损失电量117.59亿kWh，其中拉电损失电量24.77亿kWh，限电损失电量92.82亿kWh。

二、迎峰度夏期间需求侧管理措施执行情况

1. 进一步加强对需求侧管理工作重要意义的认识

国家电网公司认真贯彻落实党中央、国务院的重要指示，从落实科学发展观的战略高度大力开展电力需求侧管理工作，以提高电力资源的利用效率，节约能源，使电力发展与经济社会发展和环境保护相协调。各网省公司全面贯彻落实国务院关于做好电力供应工作的要求，落实国家电网公司电力需求侧管理工作会议精神，紧紧依靠当地政府，结合落实宏观调控政策，提高了对加强需求侧管理工作的认识，加大了需求侧管理工作的力度，通过逐项落实行政、经济、技术的需求侧管理措施，为确保电网的安全运行，确保居民生活和重要单位的用电，确保全社会的用电秩序稳定，支撑国民经济健康发展和经济运行的平稳做出了积极的贡献，取得了很好的效果。

2. 目标明确，保证了各项预案的针对性和有效

性

各网省公司早准备、早部署、早安排、早落实，根据“有多少，用多少；缺多少，限多少”的原则，将电网安全放在突出位置，优先保证居民生活、农业生产和医院、学校、金融机构、交通枢纽、重点工程等用电需要，以最大限度地降低社会成本和损失为目标来精心安排不同负荷水平下的有序用电方案和应急预案，做到了方案精、层次清、措施实、针对性强、可操作性好，从而变被动拉限电为主动错峰避峰用电，真正做到了有备无患。如：上海的预案采用错、避、限、拉等手段共计14种措施，涉及24000余用户，预案负荷达391万kW；浙江按200万kW到800万kW的电力缺口制订了7级错避峰方案；福建、江西制订了5级预案；北京按预控、应急和紧急三个层次制订了调控措施。

3. 狠抓落实，体现了工作的深度和广度

广泛宣传，营造全社会参与的氛围。各网省公司主动与政府部门并逐个与客户进行协调、沟通，使各级预案及具体措施都有备、有序、有效，并提高了方案的执行率。这是历史上我们所做的涉及面最广、涉及客户数量最多、工作难度最大的一次工作。同时，通过“全国节能周”等活动，积极宣传和倡导科学用电和需求侧管理，对中小学生开展节电教育，取得了社会的理解和支持。

落实措施，实现有序用电。各网省公司按照“定线路、定单位、定设备、定容量、定时间”的原则，逐级将错避峰指标分解落实到线路、单位、设备，责任明确到人，并认真落实各项具体措施，努力做到“限电不拉路，限电少拉路”，让有限的电力资源为经济社会发展发挥最大效能，把电力供应不足可能造成的损失和影响降到最低。为检验错避峰方案的可操作性，部分省市还举行模拟演习，力求通过发现问题，不断细化和完善需求侧错避峰方案。

加强预测，及时开放用电负荷。各网省公司根据电网的供应能力及预测用电负荷的实际情况，每天调整实施错避峰预案及各项具体措施。当电力负荷缺口增大时，加大错峰避峰工作的实施力度；当电力缺口减少时，及时开放用电负荷，安排企业恢复正常的生产用电。

三、需求侧管理措施成效分析

1. 保证了社会生产生活用电秩序稳定

2004年的电力紧缺形势是20世纪80年代以来最为严重的。7月23日，在全网出现最大电力缺口的情况下，各网省公司共对13.08万户用户实施了需求侧管理措施，实现移峰2186万kW，其中错峰954万kW、避峰951万kW、负控限电281万kW，占全部电力缺口的73.3%，没有发生大面积停电事故。2004年迎峰度夏期间电网之所以能够保持安全稳定运行，社会生产生活用电秩序之所以能够保持正常，居民和重要用户用电之所以能够得到保障，需求侧管理工作发挥了至关重要的作用，功不可没。

从2004年夏季电力、电量、负荷率等变化情况及拉限电情况分析，在电力缺口不断加大的情况下，由于措施到位、错峰避峰工作井然有序，缓解电力供需矛盾成效突出，各地区继续保持了良好稳定的社会生产和生活秩序。特别是在公司系统全网电力缺口达2983万kW的情况下，电力缺口较大的华东电网缺口达2077万kW，通过需求侧管理措施转移负荷1715万kW，拉电负荷363万kW，没有发生大量的拉电情况，社会秩序稳定。

2. 支撑了国民经济的正常运行和发展

需求侧管理方案以“有多少，用多少”，“缺多少，错多少”为原则，按“有保有限”、“先错后避”，最大限度地降低社会成本和损失为目标来精心安排和落实，虽然涉及用户多、工作难度大，但落实到了企业、设备、容量和时间，及时有序地调整和开放用电负荷，不仅错峰效果好，对企业的重要负荷和连续生产也没有产生大的影响，保证了国民经济的正常运行。

3. 保障了电网的安全稳定运行

因电力供需矛盾突出，发电机组长期处于满负荷运转状态，电网设备普遍处于重载甚至满载运行，发电机组事故备用容量严重不足，安全稳定的压力巨大。各地区通过需求侧管理，实施错峰避峰措施，有效削减了高峰负荷，避免了线路、主变压器等设备超稳定运行，同时为电网事故处理留下了宝贵的备用容量空间，降低了电网出现大面积停电的风险。8月16日，由于外高桥电厂6号机组故障跳闸，减少出力90万kW，上海市电力公司在请求华东电网紧急支援外来电力50万kW的基础上，动用了需求侧管理中紧急协议避峰25万kW和负控临时限电40万kW的最后两项措施，效果十分明显。当大机组跳闸使电网稳定运行面临危机的时候，需求侧管理的应急预案不辱使命，为确保电网安全作出了贡献。

4. 均衡了周内的日负荷，减小了日负荷差

过去，周一到周五与周六、周日的日负荷差很大。实施需求侧管理措施后，对工业企业实行了周轮休制度，均衡了周内的日负荷，不仅提高了电网的经济效益，减轻了电网高峰时段的供电压力，也避免了让更多的用户承担错峰避峰和限电任务，减少了对用户的影响，最大限度地保证了用电企业的生产任务不受影响。

5. 最大限度地减少了直接拉电的损失

从夏季各月的拉路情况分析，在电力缺口不断加大的情况下，由于措施到位，错峰避峰转移的用电负荷远远超过了直接拉电的用电负荷，110kV电压等级的拉路条次比重逐步下降，实现了从简单的拉限电来削减高峰负荷到以有序的错峰避峰来转移高峰负荷的转变，将电力供应不足可能造成的损失和影响降到最低，使有限的电力资源为经济和社会发展发挥了最大效能。对国家而言，在有保有限的原则下，对关系国计民生的重点企业和附加值高的高科技优势企业给予了重点支持，实现了全社会的正常有序用电，保障了国民经济的正常健康发展。对用电企业而言，对重要负荷和连续生产没有产生大的影响，最大限度地保障了用电企业的经济利益。对电网公司而言，最大限度地减少了因直接拉电带来的售电量损失，保障了电网公司的经济利益，成效显著。如江苏省2004年通过检修、轮休、可中断、可转移等需求侧管理手段最大错峰让电达806.76万kW，累计转移高峰电量69.47亿kWh，而拉限电加上负荷控制措施累计损失电量只有7.13亿kWh，避免了高峰时段90%的电量损失。

6. 拓展了优质服务的内涵

错避峰让电也要充分考虑客户的利益是2004年开展需求侧管理工作的重要原则和新的要求。各地区在制订方案中都体现了人性化的管理思想，尽可能地将保护客户利益考虑得更加周全，改变了过去主要通过拉闸限电解决电力短缺的粗放式管理方法，拓展了优质服务的内涵。公开电力供需信息，公开有序用电操作方案，公开错峰避峰的实施情况，确保与客户沟通渠道的畅通，让客户实实在在感受到“缺电不缺服务”的真情，树立了电网企业服务社会的良好形象。

四、存在的主要问题

(1) 各地开展需求侧管理工作的深度和效果存在差距，发展不够平衡。部分省公司需求侧管理措施落实得还不够细，技术手段还不强，拉电条次及拉电负荷占电力缺口的比重较高。

(2) 需求侧管理的经济和技术手段没有得到充分体现。

(3) 部分省对实施需求侧管理工作产生的效果缺少有效的评估和反馈机制，影响工作的深入实施和可持续发展。

五、建议

(1) 坚持科学的发展观，正确地认识开展需求侧管理的重要意义、工作目标、工作内容，履行好需求侧管理实施主体的责任，落实好各项具体措施。要从国家大局出发，积极协助当地政府做好需求侧管理的规划、宣传及培训等工作，争取政府的政策支持。

(2) 努力实现需求侧管理工作的“两大转变”。即从以行政手段实施错峰为主向以经济手段引导错峰为主转变，从以移峰填谷、调整负荷为主向调荷与能效管理并重转变。进一步发挥电价杠杆的调节作用，完善峰谷电价政策，扩大峰谷电价实施范围，研究制订季节性电价、尖峰电价、避峰电价，建立发售电价格联动机制，从而使我国需求侧管理工作迈上一个新的台阶。

(3) 进一步加大提高能效、节约用电的工作力度。充分挖掘能效资源潜力，为客户提供高效、低成本的能源服务。

电 力 监 管

全国电力安全生产委员会成立

为适应电力体制改革后的市场主体多元化格局，进一步加强协调，共同维护电力安全稳定，国家电监会决定成立全国电力安全生产委员会。2004年6月21日，全国电力安全生产委员会宣布成立，并在京召开第一次会议。

全国电力安全生产委员会是保证电力系统安全的共同体，是做好电力安全生产工作的重要组织保证，也是适应改革形势、加强网厂协调配合的平台。在安全生产管理规章制度的制定、安全生产形势分析和情况沟通交流等方面将发挥重要作用，以起到加强协调、共同配合、齐心协力确保电力系统安全稳定的作用。

全国电力安全生产委员会的组成单位包括国家电监会、两大电网公司、若干发电集团公司和相关企业，其主要职责是：按照国务院、国家安全生产监管局的统一部署，负责贯彻落实并协调全国电力安全生产工作；研究提出全国电力安全生产工作的重大方针政策；分析全国电力安全生产形势，研究并协调解决电力安全生产工作中的重大问题；必要时，协调特大电力安全生产事故应急救援工作。全国电力安全生产委员会下设办公室，办公室设在国家电监会安全监管局。

全国电力安全生产委员会组成

主　任：史玉波（国家电监会副主席）
副主任：于新阳（国家电监会首席工程师）
委　员：陆启洲（国家电网公司副总经理）
王久玲（南方电网公司副总经理）
张廷克（华能集团公司副总经理）
刘顺达（大唐集团公司副总经理）
曹培玺（华电集团公司副总经理）
刘彭玲（国电集团公司副总经理）
田　勇（中电投集团公司总工程师）
刘　宏（中电联常务副理事长）
吴春利（电力工程顾问集团公司副总经理）
晏志勇（水电工程顾问集团公司副总经理）
付元初（水利水电建设集团公司副总经理）
毕亚雄（中国长江电力股份有限公司总经理）
应沧强（国家开发投资公司副总经理）
贺　禹（广东核电集团公司副总经理）
毛　迅（北京国华电力公司副总经理）
铁木尔（北方联合电力公司副总经理）
毛剑宏（浙江省能源集团公司副总经理）
洪荣坤（广东省粤电集团公司副总经理）
蒋晓华（国家电监会安全监管局副局长）

国家电监会制定2004年立法计划

国家电力监管委员会在其监管职能和立法权限范围内制定了2004年电力监管立法计划。列入计划的项目共12件，均为电力监管所急需且具备立法条件的法律规章。其中行政法规类项目4件，具体为制定电力监管条例、修订电网调度管理条例、修订电力供应与使用条例、修订电力设施保护条例；监管类规章8件，具体为制定发电业务许可证管理办法、输电业务许可证管理办法、供电业务许可证管理办法、制定电价监管办法、制定电力辅助服务费用管理办法、制定输配电成本规则、制定电力安全监管办法、制定电力争议调解办法等。

继2003年《电力法》修改工作启动、《电力监管条例》起草并上报国务院之后，国家电力监管委员会制定2004年立法计划，应当成为我国电力工业中的又一件大事，它既是巩固我国电力工业体制改革成果、创造电力工业持续稳定发展的宏观需要，也是深化电力体制改革、实现电力依法经营、有效监管的需要。我国电力工业体制改革走的是“先改革，后立法”的道路，电监会把加快电力监管立法这项社会各界普遍关注的工作作为工作重点，将有利于改变我国现行电力监管法律空缺形成的改革后电力监管无法可依的尴尬局面，有利于保障和促进我国电力工业的可持续协调发展。在电力体制完成了厂网分开改革的大背景下，我国在2003年经历了大面积缺电、2004年供电形势仍然紧张的局面后，在主辅分开正在进行、体制改革逐步深化的过程中，在“跑马圈地”、竞相投资开发建设发电项目的硝烟里，业内外的人士在呼唤市场规则，期待电力监管立法。

电监会大坝安全监察中心揭牌

2004年10月11日，国家电监会大坝安全监察中心揭牌仪式在浙江杭州举行。此举标志着电力安全监管体系建设又迈出了重要一步，大坝安全管理步入新的阶段。

大坝安全监察中心成立于1985年。多年来，大坝安全监察中心认真做好大坝安全监察的各项工作，使我国水电站大坝安全监督和管理工作走上了规范化、科学化、制度化的轨道，初步形成了依法管坝、依法治坝、科学有序的管理局面，保证了我国电力系统水电站大坝的安全运行。2003年底，国务院授权电监会对全国电力安全生产进行监督管理。水电站大坝安全是安全生产监管的重要内容。电监会大坝安全监察中心的揭牌，标志着电力安全监管体系建设又迈出了重要一步，全国大坝安全管理迈入新的阶段。

目前在大坝中心注册的水电站有142座，多为高坝、大库，总装机容量超过4000万kW，约占全国水电总装机容量的40%；总库容超过2000亿m^3，约占全国8万多座水库总库容的40%。

缓解电力供需矛盾

2004年，电力供需矛盾进一步加剧，煤、电、油、运全面紧张。电监会按照中央、国务院的部署，认真落实宏观调控的各项措施，把缓解电力供需矛盾、确保电力供应作为电监会工作的重要任务。

需求侧管理是缓解电力供需矛盾的有效手段。为做好这项工作，4月份，电监会会同发改委在南京召开了全国电力需求侧管理经验交流会，总结交流各地开展电力需求侧管理的经验。会后，电监会与发改委联合印发了《加强电力需求侧管理工作的指导意见》。电监会依托中电联成功举办了科学用电电视大奖赛，普及科学用电、合理用电、节约用电的知识。所有这些，对推动需求侧管理工作起到了重要作用。据统计，通过加强需求侧管理，2004年全国转移最高负荷达1792万kW，相当于增加了同等规模的发电能力。

我们把缓解电力供需矛盾和切实履行监管职责很好地结合在一起。一方面推动跨区跨省电力优化调度，另一方面对部分重点行业开展专项用电稽查，起到了很好的效果。据统计，1～11月，全国跨区交换电量632亿kWh，同比增长100%，区域内省间交换电量1431亿kWh，同比增长16.8%。通过对电石、铁合金和焦炭行业用电开展稽查，遏制了高耗能产业用电增长过快的势头。

安全监管

自国务院授权电监会具体负责电力安全监管职责以来，会党组一直把确保电力系统安全稳定运行放在监管工作的首位。电力安全生产监管工作扎扎实实地展开，成效明显。

2004年年初，召开了全国电力安全生产工作会议，统一思想，明确任务。之后，迅速组建了安全监管局，加强了领导，落实了人员，从组织上保证了安全监管职能的落实。为进一步完善监管体制，成立了全国电力安全委员会、全国电力安全专家委员会。为做到依法监管，及时组织制定了《电力安全生产监管办法》、《电力安全生产信息报送暂行规定》，对《电业事故调查规程》、《水电站大坝安全监管办法》进行了重新修订，确保了安全监管工作有法可依、有章可循。按照国务院要求，组织制定了《电网大面积停电应急预案》，和国家安全安全监管局共同召开了质量标准化现场会。

2004年，尽管影响电力系统安全稳定的因素很多，但是电力系统没有发生大面积停电事故，没有发生特、重大人身伤亡及设备损毁事故，保持了安全稳定运行。实践证明，国务院关于做好电力安全稳定的一系列决策部署是十分正确的，适应了电力体制改革后的新形势。

电力市场专项监管

针对电力体制改革后出现的新情况新问题，去年，在一些关键环节上，抓住主要矛盾，通过履行监管职责，着力维护电力市场秩序，消除电力工业运行中的一些不稳定因素，在电力行业引起积极反响。

在维护调度纪律方面，针对新疆天光电厂不执行调度指令、华电红雁池电厂报送封存新投产发电机组事件，电监会抓住这一典型事例，组织联合调查组进行了专项调查。之后，就此事件引发的问题向两大电网公司、各发电公司发出通报，要求各电力企业严肃调度纪律，维护市场秩序，保证系统安全。

在价格监管方面，对五大发电集团公司价格财务及行政执法情况进行了调研，起草了调研报告，向国务院及有关部门就调整电价、实施电价改革方案等问题提出了建议。开展了电价政策执行情况监督检查活动，对电费拖欠情况进行了普查，并将有关情况上报国务院，得到国务院有关领导和地方政府的高度重视。

在打击破坏电力设施方面，电监会和公安部等四部委联合开展为期5个月的打击破坏电力设施专项行动，目前活动仍在进行，并收到明显的效果。

电力体制改革

2004年，区域电力市场建设取得了很大的进展。1月15日，东北区域电力市场模拟运行成功启动，经过一年的模拟运行，已经基本具备试运行的条件。与此同时，华东电力市场模拟运行也于5月18日成功启动。南方电力市场建设方案已经正式印发。华中、西北电力市场有关专题研究工作已经完成，下一步将开展市场方案的制定和论证工作。华北电力市场建设的准备工作也于不久前启动。

按照国务院5号文件和电力体制改革工作小组关于开展大用户向电力企业直接购电试点的有关精神，在认真调查研究的基础上，2004年9月，启动了吉林炭素厂和吉林热电厂的直购电试点。直购电试点对改变单一购买者格局、在售电侧引入竞争机制具有重要意义。

电力监管基础性建设

首先是抓紧法规建设。我们在加快《电力法》修改的同时，着力把《电力监管条例》的起草、出台作为电力法规建设的重点。国务院领导同志对条例的出台非常关注，温家宝总理亲自听取了我们的工作汇报，并作出了重要批示。黄菊、曾培炎副总理也都分别作出了重要指示。目前，条例正按程序报国务院审定，即将出台。2003年，其他行政法规和规范性文件修改制定工作也都在有条不紊地推进，取得了积极进展。

其次是抓紧机构组建。2004年4月，中编办批复同意电监会在6个区域设立电监局和在11个城市设立监管办公室。目前，东北、华东、华中、南方区域电监局和成都监管办公室已经成立，并开始履行监管职责；西北区域电监局的主要负责人已经到位；华北区域电监局和其他城市监管办正在抓紧筹建之中。2004年，直属事业单位的组建工作取得了积极进展，信息中心、资质中心和机关服务中心等三个事业单位相继成立，为开展监管工作提供了有力的保障。中国电力报社已于上半年对其领导班子进行了调整充实，新闻报道的方式、内容正在按照新的形势要求，不断调整完善。年底前，中电联成功举行了换届大会，选举产生了新一届领导班子，对新时期中电联的工作进行了部署，提出了明确的要求，中电联的工作正步入新的历史阶段，必将发挥更为重要的作用。大坝安全监察中心顺利划转，也必将对保证水电站大坝安全运行起到重要作用。

在组建机构的同时，电监会紧紧抓住机关本部制度建设不放松，搞好规范化管理，同时，加大干部队伍培训、交流力度，着力提高监管队伍的自身素质。

过去的一年里，按照党章规定，建立了党组纪检组。机关党的建设得到进一步加强。直属机关党委顺利召开了第一次党代会，选举产生了机关党的委员会，基层党组织不断得到健全和充实，对党员干部的培养、教育、监督和管理得到了加强。纪检、监察工作的建立对党的组织建设和整个队伍素质的提高也必将起到重要作用。

行 业 协 会

中国电力企业联合会

综　　述

(1) 围绕电力改革和发展的重大课题研究取得新的成果。向国务院、国家发改委和电监会等部门和电力企业提交的《电力体制改革中存在的问题》、《电力企业现代企业制度》、《发电市场政策与实务研究》、《电力市场辅助服务研究》、《发电集团公司电力市场风险防范》等课题报告，及时客观地反映在改革中可能出现的问题，积极反映企业诉求，维护电力企业的合法权益，在政府、企业中树立了公平、公正的良好形象，得到了政府部门和企业的信任。受政府委托，开展了《电力工业发展产业政策》、“十一·五”电力规划中重大问题的研究。向国务院报送的《关于对2003～2004年我国电力供需形势分析与若干问题建议的汇报》材料，黄菊副总理做了重要批示。

(2) 举办的大型活动，在国内外产生深远影响。2005年10月，在上海成功地举办了亚太电协大会，黄菊副总理亲自为大会发来贺信。来自东亚及西太平洋地区37个国家2000多名企业家和电力同行进行了深入的交流研讨，推动了这一地区的电力交流与合作。

12月7～9日，中电联参加了由民政部、发改委和国资委共同主办的首届“全国行业协会成就汇报展”，此次汇报展在新中国成立后首次展示了电力行业协会在市场经济活动中的地位和作用，体现电力行业协会的整体性。中电联与代管的电力行业协会、中电联分会、省级行业协会共同组织了展览。中电联的展区被民政部评为“全国行业协会成就汇报展览会”展览效果优秀单位。

受国家电监会委托或与有关单位合作，成功主办或承办了全国科学用电知识电视大赛、中国水电装机容量突破1亿kW庆典活动、大型电视系列纪录片《电的故事》的拍摄、全国电力手拉手文艺汇演以及中国电力论坛东北论坛和广东论坛，继续举办了2004年经济形势预测会和国际电力设备和技术展览会等。这些活动向社会展示了新中国成立以来电力工业所取得的辉煌成就和电业人的无私奉献，普及宣传了电力需求侧管理知识，对于凝聚行业力量、沟通电力行业和社会公众之间的关系起到了十分重要的作用。

(3) 中电联的常规性服务工作又取得新的成效，工作深度和广度又有新的进展。行业统计工作不断扩展统计的广度和深度，建立了报送体制，工作制度不断完善，紧密结合电力供需形势，独立发布各类行业信息，做好电力供需监测预警分析。

可靠性管理工作紧密结合电力生产建设情况及时发布可靠性数据。可靠性指标发布会受到了机械部等有关政府部门、各电力企业、国内外设备制造厂商的高度重视，对企业的安全生产运行和制造厂商具有指导意义。

环保与资源节约工作。通过各种途径向政府部门反映电力企业的情况和建议，企业脱硫成本进入电价的政策建议被政府部门采纳，按每千瓦增加0.015元计价；对《排污许可证条例》、《建设项目环境保护管理条例》、《取水许可和水资源费征收管理办法》等法规文件草案提出修改建议；参与完成了《火力发电行业节水规划》、《电力中长期发展规划》等，很多建议成为国家政策的一部分或文件的内容，为电力工业可持续发展发挥了作用。

标准化工作按计划完成了标准的制定、宣贯和监督目标。2004年申报电力国家标准和电力行业标准制、修订计划其103项。报请国家发改委发布的电力行业标准83项，报请国家标准委发布的国标20项，修订出版了《电力标准体系表》，电力采标工作名列前茅。

电力建设技术经济管理和咨询工作。完成了《电力建设工程清单计价规范》编制大纲和2003年设备、材料价格信息的发布工作，开展了燃气轮机工程、送电线路等的概预算定额的修订、补充。

职业技能鉴定工作力度加大，鉴定工种覆盖了行业全部特有工种，完成了农网配电营业工等12个新增职业《国家职业标准》的制定，连续第四年举办全国电力行业职业技能大赛。

高技能人才、总监理工程师的培训工作不断完善，建立了电力行业高技能人才培养组织体系，对高技能人才的培养和企业家队伍的培养做了许多工作。

承接了科技成果鉴定工作，组建鉴定评审专家库，开展科技交流与新技术推广活动。

进一步规范电力企业年金管理工作，成立了电力企业年金管理监督委员会、电力企业年金管理中心及分支机构，建立健全了基金投资运营信息披露制度、收益分配制度。

继续做好企业管理与咨询工作，进行了有关班组建设示范企业和水电厂创一流调研咨询工作，开展了电力行业优秀班组的评选工作。

信息服务水平有较大提高，《中国电力企业管理》、《电业政策研究》以及中电联网站等及时传递各类信息，及时发表了一批有较高水平和一定影响力的文章，中电联被评为“政府信息优秀行业协会”。

中电联服务网络建设进一步加强,对分支机构加强了管理,下发了《中电联分会管理实施细则》,完成了部分分支机构的换届工作。加强了和省级电力行业协会的联系沟通与工作指导。目前,除西藏自治区外,在全国内地范围内省级行业协会已全部成立。各个分会也在发挥各自的作用。特别是燃料分会的作用发挥得很明显,在煤电运衔接中起到了其他组织不可替代的作用。各省级行协也基本健全,与中电联的联系日趋密切。

(4) 成功举行了第四届全国会员代表大会。12 月 15～16 日，中电联第四届全国会员代表大会在北京召开。本届大会选举产生了新一届理事会，对过去 6 年的工作进行了回顾总结，并研究部署了下一阶段的工作。中共中央政治局常委、国务院副总理黄菊，全国政协副主席、中国工业经济联合会会长、中国工程院院长徐匡迪以及李鹏同志发来了贺信，电力工业的老领导钱正英、黄毅诚等和电监会主席柴松岳及各方领导出席了大会，欧洲电力联合会和国内相关行业组织发来了贺电。

会议审议通过了中电联第四届全国会员代表大会主席团名单，认真听取并审议通过了由第三届理事会常务副理事长刘宏所做的工作报告及《中国电力企业联合会章程》修正案等。

中电联组织机构

1. 机构设置

中电联机关本部设置 6 个职能部门（部）、7 个业务部门（中心）：理事会工作部、调研部、会员部、国际合作部（外事部）、环保与资源节约部、统计信息部、标准化中心、职业技能鉴定中心（电力行业职业技能鉴定指导中心）、电力可靠性管理中心（国家电力公司电力可靠性管理中心）、电力建设技术经济咨询中心（中国电力企业联合会电力建设定额站）、教育培训中心、科技服务中心（国家电网公司科技开发服务中心）、电力企业年金管理中心（国家电网公司社会保险事业管理中心），并设机关党委和资产管理中心。

国家电网公司社会保险事业管理中心（电力企业年金管理中心）纳入中电联管理序列。

中电联管理单位 2 个：中国电力文学艺术协会、中国电力体育协会。

中电联直属公司 3 个：华凯投资集团有限责任公司、北京中联动力技术有限责任公司、北京中电联认证中心有限责任公司。

经国家事业单位登记管理局批准：中国电力企业联合会电力技术经济咨询中心、中国电力企业联合会电力建设定额站、北京电力培训中心、国家电网公司科技服务开发中心、国家电力公司电力可靠性管理中心、国家电网公司社会保险事业管理中心（电力企业年金管理中心）等 6 个单位取得事业单位登记。

受国资委和教育部委托，中电联代管中国电力规划设计协会、中国电力企业多种经营协会、中国电力建设企业协会、中国电力发展促进会、全国电力技术市场协会和中国电力教育协会等 6 个学协会。

组织机构图见下页。

2. 领导成员

(1) 中电联第三届理事会领导成员（2004 年 12 月 16 日止）：

名誉理事长：柴松岳　张绍贤

理事长：赵希正

常务副理事长：刘宏

副理事长（按姓氏笔画排序）：乌力吉　王会生　王禹民　王炳华　叶荣泗　孙玉才　刘振亚　李小鹏　吴希荣　周大兵　贺恭　秦中一　钱忠伟　顾峻源　袁懋振　翟若愚

秘书长：王永干

副秘书长：范继祥

(2) 中电联第四届理事会领导成员（2004 年 12 月 17 日起）：

名誉理事长：柴松岳

理事长：赵希正

常务副理事长：谢振华

副理事长（按姓氏笔画排序）：王炳华　刘振亚　孙玉才（专职副理事长）　李小鹏　李永安　李彦梦　吴国潮　宋密（女）　陈必亭　周大兵　贺恭　袁懋振　钱智民　翟若愚　潘力

秘书长：王永干

赵希正　谢振华　孙玉才　王永干为中电联本部专职领导。

(3) 中电联第四届理事会顾问：顾家麒　陆延昌　王文泽　谢松林　祝新民　刘宏　叶荣泗　刘宏　叶荣泗为中电联专职顾问。

(4) 中电联第四届理事会资深专家：周小谦　冉莹　姜绍俊　霍继安　黄金凯　王信茂　陈汉章　周仲仁　付元初　黄其励

(5) 本年度部、中心主任级干部：

理事会工作部主任：范继祥

理事会工作部副主任：陈勇慧

调研部主任：王永干（兼）

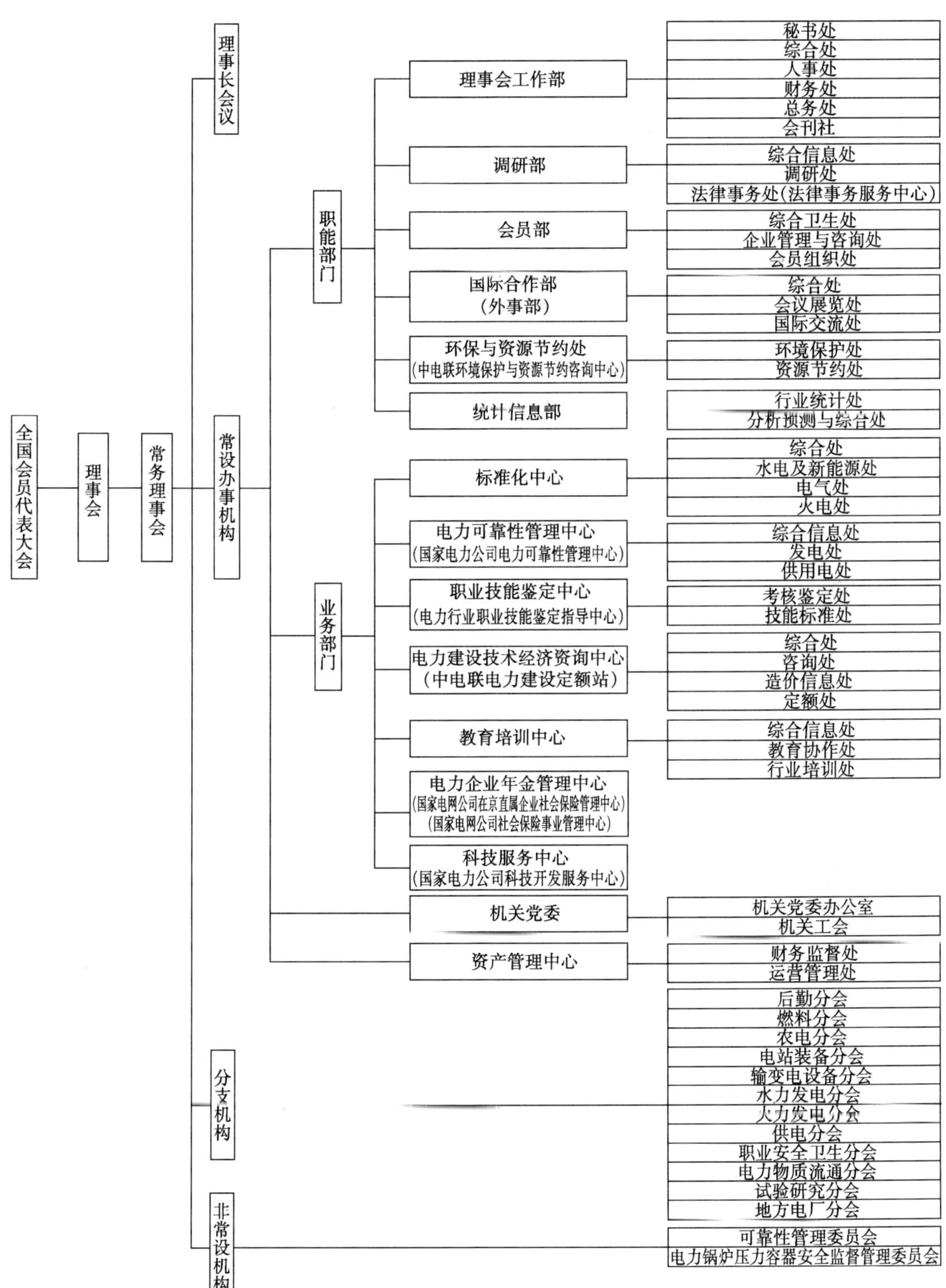

中国电力企业联合会组织机构图

会员部主任：孙永安
国际合作部（外事部）主任：孙守义
国际合作部（外事部）副主任：李斌
环保与资源节约部主任：王志轩
环保与资源节约部副主任：米建华
统计信息部主任：梁维列
标准化中心主任：许松林
职业技能鉴定中心主任：王文喜
（电力行业职业技能鉴定指导中心）
电力可靠性管理中心副主任：胡小正
（国家电力公司电力可靠性管理中心）
电力建设技术经济咨询中心副主任：沈维春
（中国电力企业联合会电力建设定额站）
教育培训中心主任：薛静
教育培训中心副主任：徐玉华
科技服务中心主任：李玉生
（国家电网公司科技开发服务中心）
电力企业年金管理中心负责人：刘洪恩
（国家电网公司社会保险事业管理中心）
机关党委副书记：赵天荣
资产管理中心主任：蒋晓华
资产管理中心副主任：王琪

（6）现任中电联直属公司总经理名单：
华凯投资集团有限责任公司总经理：蒋晓华（兼）
北京中联动力技术有限责任公司总经理：刘学良
北京中电联认证中心有限责任公司总经理：罗勇

调查研究与咨询服务

1. 完成政府企业委托的重要课题研究

（1）参与电力体制改革，结合《电力市场辅助服务研究》等课题，为电力体制改革献计献策，及时完成国家发改委、电监会关于电力体制改革的有关意见的征求任务。组织完成2004年度的《电力工业“十一五”重大问题研究》课题，在系统内引起较大反响，《中国电力报》、《中国电力企业管理》和首都其他有关新闻媒体都做了相关报道。组织撰写的《电力工业发展产业政策》现已经完成初稿并送发改委能源局。

（2）组织完成《电力市场辅助服务研究》、《关于电力辅业企业剥离的模式及其相关政策的研究》、《电网企业现代企业制度》、《发电公司管理模式》、《发电集团公司电力市场风险防范》五大课题的组织、修改工作，受到了有关领导、专家和企业的一致肯定。

（3）组织相关部门完成了《供电企业优质服务规约》的修改、定稿及电视影像资料制作的工作。组织参与了发改委产业政策国家鼓励类、限制类和禁止类产业发展目录的电力行业部分征求意见的组织和编写工作。

（4）组织完成湖北清江电厂委托的《湖北省清江水电开发公司有关资产方案调研和咨询的报告》，参与了人民法院委托的关于路源电厂与揭阳市电力局合同纠纷案的司法鉴定工作。负责组织协调《发电市场政策与实务研究》的研究工作。参与2004年煤炭高层论坛和三峡电力论坛。完成中国国电集团公司《发电企业基础管理制度》课题研究工作。为徐州大屯煤电集团电业分公司做生产安全监察管理系统咨询，已签订合同，完成初步调研和收集资料。

（5）完成国家电力监管委员会《供电营业区划分管理办法和供电业务许可证管理办法》调研和起草工作，于2004年6月正式送交电监会。参与国家发改委《“十一五”高技术产业发展规划》电力部分编写工作，已完成编写提纲，召开了由国家发改委和有关部门电力专家参加的研讨会，确定了提纲和分工，2005年6月以前完成。参与完成了2003年美国能源基金会课题《中国电力综合政策国际经验的借鉴》的结题工作。

2. 法律工作

（1）组织召开《电力行业法律事务年会》及《电力行业法律事务委员会成立大会》，会议总结了过去，展望了未来的电力行业法律事务工作；表彰电力行业优秀法律工作者；交流典型经验；成立电力行业法律事务委员会；委员会由部分理事单位的法律部门负责人构成并聘请著名法学家、立法机关、国有资产监管部门的领导担任顾问，为加强行业法律事务工作提供组织保障。

（2）与世界银行和普华永道公司签订合同，承担《中国南方电力市场研究》第一、第五部分的工作。其中第一部分“中国南方电力市场发电资产构成及布局”、“中国南方电力市场输电线路限制及地理接线图、潮流图”已交付并完成了中外专家实地考察工作。

（3）中电联成为最高人民法院司法鉴定中心合法的鉴定机构，其鉴定结果在中华人民共和国领域内有效。7月，受最高人民法院司法鉴定中心委托，组织并作为专家对广东省揭阳路源股份有限公司诉广东省广电集团有限公司揭阳分公司、广东省广电集团有限公司购电合同纠纷案进行司法鉴定。鉴定报告初稿于12月提交给委托单位。

（4）承担电监会委托的《电力设施保护条例》修改工作，完成资料收集、翻译、编辑、印刷、分发工作，分组调研。

（5）针对云南省对在滇电力企业全面征收水资源费问题，根据刘宏常务副理事长的批示，及时组织主要发电商了解情况，认真研究相关的法律、法规、文件，代表行业和企业的利益向电监会并通过电监会向国务院提交《关于对云南省全面征收电力企业水资源费情况的报告和建议》，引起电监会和国务院的重视。这项工作得到了主要发电企业的好评和赞赏。

(6) 举办电力行业法律顾问《合同法》、《担保法》、《招投标法》、《公司法》培训班，约180名法律顾问参加了培训，受到了参加培训的法律顾问的肯定，具有一定的品牌效应。

成功举办2002～2003年度政策调研优秀工作者、单位和课题的组织、整理、评选和表彰工作。

2004年《电业政策研究》杂志重点组织了《电力投资体制改革研究》、《大用户直购电》、《煤、电联动问题研究》、《农电管理体制》、《产业结构的调整》、《我国资源状况分析》、《电力企业资产多元化》、《电力工业投融资的市场化改革》、《宏观调控对电力工业发展的影响分析》、《煤电运如何协调发展》等重点问题的研讨，在电力系统引起了广泛的重视。

编辑出版了《中国电力工业前沿问题探讨》一书。

电力企业管理与服务

(1) 2004年2月7～9日，在北京召开了中电联经济形势与企业改革分析预测会，会议就中国经济形势发展趋势、2004年国有企业改革与国有资产管理、主辅分离的相关政策、全国安全生产形势、我国环保发展情况以及电力工业发展趋势、区域电力市场、电价改革、《电力法》的修改情况等内容聘请了国务院发展研究中心副主任谢伏瞻、国务院国有资产监管委员会副主任邵宁、国家安全生产监督管理局综合协调司司长任树奎、中国环境科学研究院院长孟伟、国家电力监管委员会副主席史玉波等领导作专题报告。

(2) 开展行业评价，激励企业发展。为推进全国电力行业班组建设工作，巩固企业管理基础，制定了电力行业优秀班组的标准，开展了电力行业优秀班组的评选工作。这项工作得到了各大电力集团公司和各省级行协积极的配合。

根据中国华电集团公司提出的要求，为宣传电力企业先进的管理经验，与中国能源化学工会全国委员会及有关发电集团公司对该公司十里泉发电厂班组建设工作进行了考察，由中电联和中国能源化学工会全国委员会授予该厂“全国电力行业班组建设示范企业”称号。

为进一步提高电力企业管理水平和企业核心竞争力，制定了优秀企业、企业家标准，表彰了30个优秀企业、17名优秀企业家。

全国电力企业管理创新成果已评审了12届。2004年评选出了全国电力企业管理创新成果110项，其中一等奖18个，二等奖28个，三等奖64个。经中电联推荐，有1项获国家级创新成果1等奖，2项获2等奖。

6月17～23日，在广西召开全国发供电企业QC成果发布会。有82个小组参加了发布。2004年的成果整体水平比2003年有所提高。在成果的发布过程中，采用了评委当场点评的方式，使点评更有针对性和公正性，受到参会代表的欢迎和肯定。推选出24个小组上报中质协申请国优小组。其中供电企业优秀QC小组13个，发电企业优秀QC小组11个，全部通过。另外，表彰了6个在质量管理上取得卓越绩效的企业，并授予电力行业质量管理奖。还评选了一批优质工程、鲁班奖。

(3) 组织专家小组完成了温州电厂的管理咨询和万家寨电厂无人值守的咨询。解决了企业发展中急需解决的问题。完成了中电联咨询委员会的换届工作，表彰了一批先进咨询集体和个人。审订了一批中级和高级咨询顾问。

(4) 开展调查研究，提供信息服务。配合电力改革工作小组，组织了电力企业主辅分离座谈会，配合组织了东北和广东电力论坛，并开展了一些调研，提出了调研报告，反映了企业的呼声。继续完成了100MW以上火电机组经济技术指标的收集和发布工作，继续保持向会员单位发布《电力动态双日刊》等信息服务。

(5) 大力发展会员，加强服务网络建设。会员总数达到了1440家，扩大了中电联的覆盖面。电力行业协会组织建设方面，主要是促进省级行协发展，应成立的30家省级电力行协已全部成立。分会管理与建设方面，正式发布了《中电联分会管理实施细则》，进一步规范了分会管理，6个分会进行了换届，成立了物流分会。为使工作更加协调，召开了省级行协负责人会议、两次分会负责人会议，交流了经验，沟通了信息，协调了工作，也加深了中电联与各省级电力行协、分会与分会之间的友谊。

(6) 以人为本，做好职业安全卫生工作。开展了调查研究，制定了《电力行业工作场所工频电磁场安全防护试行规定》，开展了培训；成立了电力行业劳动环境检测监督总结，为今后电力行业职工劳动保护，维护电力行业利益，创造了条件。

(7) 为庆祝我国水电装机突破1亿kW装机，中电联、中电投集团公司、青海省人民政府共同举办了中国水电装机突破1亿kW庆典活动。并以中电联的名义给机组命名为“水电装机第1亿kW机组”，提高了中电联的知名度和影响力。

（8）主动争取，拓展服务，尽量满足企业要求。在各大公司的支持下，开展了监理师、总监师的资质管理工作，达标投产工作，优质工程评审以及设备监理的行业管理与服务工作，受到了企业的欢迎。

电力标准化管理与服务

（1）2004年共完成120项电力标准制修订计划项目的立项工作，其中经国家发改委审批下达的电力行业标准制、修订计划项目110项（新制定标准79项，修订标准31项），经建设部审批下达的工程建设国标制、修订计划项目10项；经审查并报送有关政府部门发布的电力标准共103项，其中报请国家发改会发布的电力行业标准83项，报请国家标准化管理委员会发布的电力国家标准20项。目前电力标准共有1237项，其中电力国家标准214项，电力行业标准1023项。

（2）电力标准化工作队伍的建设。2004年，根据电力工业发展需要，组织成立了电力行业风力发电标准化技术委员会，同时对电力行业计算机信息标委会、水电施工标委会、电网运行与控制标委会、大坝安全监测标委会、热工自动化标委会、电站阀门标委会、水电站自动化设备标委会和电力电缆标委会等进行换届与调整。目前，电力行业专业标委会共有35个，委员1140人。此外，还归口管理6个专业的全国标准化技术委员会。

在国际标准化活动中，积极提名电力行业的专家参加IEC新成立的有关工作组；根据与西门子公司签署的合作谅解备忘录，在技术标准与交流领域保持着良好的关系，合作编写了《气体绝缘金属封闭输电线路（GIL）技术条件》。目前，电力行业还归口管理8个专业的国际电工技术委员会的中国业务。

（3）修订出版《电力标准体系表》（简称《体系表》）。2004年完成了《体系表》的修订工作，新版《体系表》以GB/T 13016《标准体系表编制原则和要求》、《中国标准文献分类法》（CCS）、《国际标准分类法》（ICS第二版）和电力行业各专业标准化技术委员会技术领域划分等为基础，以适应电力体制的改革和电力工业大电网、大容量发电设备、高自动化水平的发展状况，促进电力技术进步，提高电力设备的安全性、经济性和保护环境，与国际标准和国外先进标准接轨作为指导思想。

（4）清理整顿了电力国家标准和电力行业标准。根据国家标准委员会和国家发改委关于开展标准项目清理评价工作的要求，电力行业组织各标委会和标准项目编写单位的专家，采取独立评价与标委会集中讨论相结合的方式，对由电力行业负责的24项电力国家标准和1998年以前发布的461项电力行业标准进行了清理评价。根据上级主管部门的要求下发了有关评价工作的通知，评价结论是：461项电力行业标准中建议废止36项，建议尽快修订169项，其余256项继续有效；24项电力国家标准中建议废止1项，建议尽快修订7项，其余16项继续有效。

（5）2004针对电力体制深化改革、电力企业对标准化工作的新需求，针对不同的电力企业，先后举办了三期电力标准化岗位培训，来自电力行业设计、发供电企业、电力科研院所、试验机构的近200人参加了系统的标准化知识培训。

应企业之邀，赴中国南方电网有限公司、广东粤电集团公司、甘肃省电力行协、长春发电厂、湖北黄石供电公司、河南商丘电力局、大唐高井发电厂、吉林白山水电厂、国华检修公司等单位举办有关标准化知识的讲座，对开展企业标准化工作起到了积极的促进作用。

针对电力企业全面开展标准化工作、加快标准体系建设、提高管理水平的需求，积极开展调研工作，组织编制了《电力企业管理标准范本》和《电力企业工作标准范本》，并出版发行。还组织了GB/T 15496系列标准、GB/T 8564、IEC 60870—5、IEC 60870—6、DL/Z 870和DL/T 515等标准的宣贯工作。

（6）2004年配合电监会进行了电力企业标准体系评价与确认的准备工作，已形成初步方案。成立相应的领导小组，由中电联具体负责体系评价确认工作的实施管理，接受电力企业标准体系评价的申请和备案，开展咨询和培训工作，建立专家档案库，组织专家对企业申报的评价资料进行审查，提出评价意见，由领导小组终审。

（7）通过电力标准化网站内容的及时更新，客户可查询全部有效电力标准目录及其文本、标准制修订情况、标准化工作情况、企业标准化知识、国际标准的最新动态等信息。目前网站用户已发展到1000多个，点击率约20000次/月。

2004年，《标准化与计量》杂志在政策法规、标准介绍、专题研究、企业标准化、国内外经验交流、标准化工作动态、标委会工作、标准化知识及标准咨询服务、计量器具、定额管理等方面为广大读者提供了大量的技术信息，发行量不断提高。

电力外事管理与服务

1．亚太电协工作

（1）亚太电协秘书处工作。中电联作为2003～

2004年亚太电协主席单位，承担了亚太电协秘书处的日常工作。具体完成的工作主要包括：亚太电协的会员组织发展工作：发展5家单位成为亚太电协组织的新会员；编辑出版了3期亚太电协刊物《NEWSLETTER》，对会员企业进行了宣传报道，完成了2003年桂林亚太电协CEO会议及2004年亚太电协大会的宣传报道工作；根据亚太电协会员组成的新变化，秘书处重新编辑出版了新的亚太电协会员名录及章程，并发送全体会员；负责亚太电协常务理事会及第29届理事会和亚太电协会员代表大会的会议安排，并撰写了秘书长报告，编辑完成全套会议资料及会议备忘录的整理记录工作；负责亚太电协技术委员会报告及各分组报告的编辑印刷工作；组织参加了亚太电协第15、16、17届技术委员会会议，在会上对第15届亚太电协大会进行了广泛的宣传。

（2）以“创新、竞争与合作——经济全球化进程中的电力工业”为主题的第15届亚太电协大会于10月18～22日在上海隆重召开。本次大会是中国自1996年加入亚太电协组织后，首次承办亚太电协大会。本次大会共吸引来自37个国家和地区的2000多名代表出席会议，国外代表达992人。国务院黄菊副总理特为大会发来贺电，上海市市委书记陈良宇、国家电力监管委员会主席柴松岳等领导出席大会开幕式。国务院发改委副主任张国宝、世界能源理事会秘书长Germd Doucet、剑桥能源研究会主席代表Chnstopher Seiple为大会作了主旨发言。大会共征集候选论文834篇，会议安排266篇论文分44场进行了现场交流；分8条路线组织了技术参观；同期还举办了来自国内外45家知名厂商参加的设备展览会。大会期间，还分别召开了亚太电协常务理事会暨第29届亚太电协理事会。

2. 展览工作

7月7～10日，在北京组织召开了第十届国际电力展。本届展览会吸引了来自比利时、加拿大、捷克、芬兰、法国、德国、印度、意大利、日本、韩国、马来西亚、波兰、俄罗斯、瑞士、英国、美国、中国及中国香港特别行政区等18个国家和地区的192家中外企业参展，展馆面积达1万多平方米，设立标准展位500余个；同期还举办了11场电力技术专题研讨会。共组织30000多专业技术人员参观了本次展览。

3. 国际交流

（1）接待来访团组。认真执行已签署的培训合作协议，积极开展行业国际交流与合作。全年共接待了来自美国、日本、澳大利亚等国家的公司和社团组织18个，接待人数80人·次。

（2）派出团组。努力为电力行业出国人员提供一流的服务，从对外联络、业务考察、经费预算，办理出国手续、出国外事教育等方面为代表团做周密的安排。2004年，共派出电力行业高等职业教育中澳合作办学联合试点工程、电力企业年金、财务管理、质量管理、环保、统计等课题的考察团39个，共派出国人员286人，赴外交部自办护照23本。团组没有违反外事纪律的事件发生。

电力环保与资源节约

2004年在电力环保与资源节约领域积极、有效地开展了各项工作。在解决电力企业遇到的热点、难点问题方面取得重要成效；在资源节约、科学用电、综合管理等行业性、自律性、基础性工作方面有新突破；在法规性、政策性、规划性的研究工作和为政府服务方面取得了重要成果；环资领域国际合作渠道进一步开拓。

认真研究并向有关部门反映了企业关心的热点和难点问题，如脱硫成本进电价、排污费征收及使用、火电厂大气污染物达标排放、电网建设及运营中的环境纠纷、电力建设项目环保前期审批等问题；开展了多项行业性、自律性、基础性工作，制定并颁布了《环保与资源节约统计指标及解释》、《火电厂主要污染物排放及治理状况行业分析报告（2003年度）》、《电力环境保护与资源节约专家库管理暂行办法》，公布了电力环保与资源节约专家库专家（第一批）名单，制定了《中电联资源节约行动计划（2004～2006年）》，举办了《电力环保与资源节约知识竞赛》公益活动，参加了国发改委召开的第一次全国循环经济工作会议，向中央领导反映了电力行业在清洁生产中的成就、问题和建议，组织召开了《中国洁净煤发电技术研讨会》等；积极开展法规性、政策性、规划性研究工作，重点对《排污许可证条例》、《清洁生产审核暂行办法》、《建设项目环境保护管理条例》、《加快发展循环经济的指导意见》、《取水许可和水资源费征收管理办法》等有关法规、文件草案提出了修订建议。编制完成了发改委相关部门委托的《电力行业工业污染防治规划研究》、《烟气脱硫产业化发展规划研究》、《烟气脱硫产业化发展若干意见》、《电力行业节约用水专项报告》、《火力发电行业节水规划》等重要的规划研究报告；进一步开拓电力环保与资源节约领域的国际合作渠道，与美国环境保护协会签署了合作备忘录，《中国电力工业清洁生产管理能力建设》项目得到中德两国政府同意，组团考察了国外电力环保法规政策情况，赴加、美的考察报告摘要以国家发改委《环境与资源》专报信息发送给国务院有关部门、行业协会、各省市计委、中宣部、全国重要新闻媒体。

电力统计信息

1. 电力行业统计工作

（1）各项专业统计工作全面启动开展。按照行业统计归口管理的原则，全面接管了电力多种经营企业统计和电力建筑业统计工作。确定了2003年度多经统计报表内容。规范了两个专业的统计报表制度，并纳入全国电力行业统计报表制度之中。

按照电力行业统计新体系，全面启动了已停止统计1年的电力建设投资统计工作。建立起新的全国电力建设投资统计数据库，逐月充实完善，基本反映了我国电力建设实际。

2004年电力建设投资统计工作和电力建筑业统计工作被国家统计局评为特等奖。2004年农村电气化统计报表制度已完善并经国家统计局审批后印发。

（2）全国电力信息快报工作。按照国家发改委对电力信息月季年报工作要求，结合电力行业统计工作现状，制订了快报内容和格式，确定了快报报送体系。将每月16日提供的主要电力生产和投资数据提前到每月7日。在逐月理顺报送关系的同时，规范了上报发改委的报表格式，充实了报表内容。快报工作受到国家发改委、电监会相关部门的充分肯定。电监会还直接将快报转载入电力监管信息。

（3）全国电力工业综合统计月报工作。2004年是电力行业统计新体系实施的第一年。全国电力行业统计报送单位由原来31个省级电力公司变成118个统计单位（38个网省电网公司、50个发电企业、26个省行协、4个地方单位），统计工作量和工作难度大大增加。

同时新体系施行之初，约束力不强，各报送单位认识程度也不够，十多个省份出现拒报、推诿少报现象、漏报、错报、迟报现象非常普遍。中电联及时与这些省经贸委电力处、省电力公司有关部门、省电力行协的领导进行了沟通，做了大量的协调工作，使报送工作如期进行。同时采取多种行之有效的方式，克服了无应用程序、统计人员少且业务不熟的困难，按时完成了电力统计月报（每月16日前）工作。确保了统计数据的完整收集，做到了统计工作不乱，统计数据不断。

（4）年报编制工作。2004年3月和4月分别召开了《2003年度生产统计和投资统计年报资料会审会议》。通过对基层单位统计资料的收集、整理、汇总、审核，汇总出全国电力投资统计主要数据，印发了《2003年全国电力生产统计资料提要》和《2003年全国电力生产统计资料汇编》。

完成《Electric Power IN China 2004》的编写工作。电力体制改革后该英文年报由中电联牵头组织，新一版年报全面介绍了2003年我国电力工业的基本概况，是对外宣传我国电力工业成就的一个重要窗口。

（5）开展了《国民经济行业用电分类》调整工作。目前全国执行的《国民经济行业用电分类》是1985年按照GB/T 4754—1984《国民经济行业分类》制定的。1994年和2002年，国家统计局对《国民经济行业分类》先后进行了两次修订。为做好电力行业统计工作与新的GB/T 4754—2002《国民经济行业分类》和《三次产业划分规定》（国统字［2003］14号）的有效衔接，准确反映我国现阶段各行业及居民生活的用电状况，中电联委托国家电网公司开展了国民经济行业用电分类调整调研工作，并对其提报的调整方案和指标解释分别召开了专家研讨会。制定并印发《国民经济行业用电分类》调整方案和《国民经济行业用电分类指标解释》，计划于2005年1月开始执行。同时召开了宣传和贯彻新《国民经济行业用电分类》工作会议，对调整工作进行了安排和布置。

（6）完善了行业统计信息系统。组织相关电力企业对统计信息系统应用程序进行了调试和试用，进一步完善了基层单位生产统计信息系统。同时设计了中电联本部统计流程框图，软件开发公司正进行具体编程。

（7）承担第一次全国经济普查电力行业部分的相关工作。参与了国家统计局全国经济普查电力行业部分的方案设计工作。多次对电力行业经济普查提出专业性建议。

（8）规范了行业统计管理基础工作。确定了行业统计管理职责范围，制定了各统计岗位工作职责，明确了发电、供用电、投资统计工作流程，确定了基层报表输出格式及其数据关系。制定并印发了《全国电力行业统计考核评比办法》，明确了各专业考核具体表式。年末对全国电力生产和投资统计工作先进单位和先进个人进行了表彰和奖励，引起很大反响。

（9）积极指导省级电力行协开展行业统计工作。对开展行业统计工作比较薄弱的省级行协给予具体指导和定向帮助，提高其行业统计工作的能力。经多方协调，福建、江西等省行协已经政府授权承担全省电力行业统计职能。

2. 积极开展市场分析和预测工作

（1）《2003～2004年全国电力供需形势分析报告》编写工作。《2003～2004年全国电力供需形势分析报告》对2003年我国电力供需情况进行了全面分析和总结，并对2004年及2005年的形势进行了预测。向国务院领导报送了分析报告简稿，黄菊和曾培炎两位总理亲自批示。

（2）《全国电力供需监测预警分析报告》编写工作。按期完成一、二、三季度《全国电力供需监测预警分析报告》的编写工作，及时对各季度全国电力供需情况进行监测，并对下两个季度的供需形势开展分析和预警，并提出相关政策建议。各季度报告的主要内容经中央电视台、人民日报、经济日报等权威新闻媒体向海内外发布后，引起较大反响。

（3）多项临时性分析报告的撰写工作。中电联统计信息部应发改委、电监会、国务院研究室、国务院发展研究中心及电力报社等单位和会领导的要求，先后撰写电力市场分析报告20余篇，从不同角度对我国电力供需形势进行了全面的分析，为政府部门和有关领导及时决策提供了重要的参考依据。

电力行业职业技能鉴定

（1）贯彻全国人才工作会议精神，交流经验、表彰先进，明确工作任务。4月19～23日在大连市召开了2004年全国电力行业职业技能鉴定工作会议。中电联副理事长孙玉才作了题为《根植企业　服务社会　开拓创新把电力行业职业技能鉴定工作做强做细》的重要讲话。电力行业职业技能鉴定指导中心主任王文喜作了题为《认真贯彻全国人才工作会议精神，继续推进和全面做好电力行业职业技能鉴定工作》的讲话，全面总结了开展职业技能鉴定工作6年来所取得的成绩和存在的问题，提出了继续推进和全面做好职能鉴定工作的要求，明确了2004年的工作任务。会上共表彰了51个先进鉴定站、57名电力行业职业技能鉴定优秀工作者。

这次会议是电力行业职业技能鉴定指导中心成立以来所召集的参会范围最广、出席人数最多的一次会议。国家电网公司、南方电网公司、各大发电集团公司，各区域电网公司，各省、市（自治区）电力公司，中国水电建设集团公司、中国葛洲坝集团公司、武警水电指挥部等来自全国51个单位的人力资源部和职业技能鉴定中心的领导及181个职业技能鉴定站的275名代表参加了会议。

（2）举办技能竞赛，促进岗位成才。由中电联、中国就业培训技术指导中心和中国能源化学工会全国委员会联合举办的全国电力行业继电保护工、变电检修工技能竞赛于11月14～19日在苏州成功举办。这次技能竞赛共有来自全国27个省、市、自治区的39个电力企业、75个代表队、298名选手参加了竞赛活动。参赛单位涵盖了全国电力行业各类投资主体单位。通过竞赛共有6名选手获得“全国技术能手”称号，40名选手获得“全国电力行业技术能手”称号，40名选手获得“全国电力行业优秀技能选手”称号，并向获奖单位和个人颁发了奖牌和证书。

（3）开展了高级技师试卷库建设工作。为加强对高级技师考核，启动了高级技师试卷库建设工作。3月29日在桂林召开了电力行业特有工种高级技师试卷库编制会议。确定了71个工种卷库的编写目录，明确了组卷技术方案、任务分工和工作进度。6月完成了《电力行业高级技师试卷库》软件编制工作。经过400多位专家的共同努力，《电力行业高级技师试卷库》初稿已经全部完成，并在此基础上分别召开了7次审定会议，完成了56个工种《电力行业高级技师试卷库》的终审工作。

（4）完成2003年度电力行业高级技师评审工作。2003年度电力行业共有1186人参评，经电力行业特有工种高级技师5个专业评审委员会分别进行评审，并报电力行业高级技师资格评审委员会审核批准，912人获得了电力行业特有工种高级技师职业资格，合格率达77%。

（5）启动和完成的其他工作。

1）完成了2003年电力行业职业技能鉴定情况进行统计分析，并上报劳动和社会保障部。2003年共有141905人参加鉴定，其中特有工种参加鉴定人数127884人，水电和通用工种参加鉴定人数14021人，鉴定合格率76.90%。

2004年1～6月参加职业技能鉴定人数4万人，其中电力行业特有工种参加鉴定人数3万多人，涉及85个行业特有工种，鉴定合格率约77%，水电工种和通用工种参加鉴定人数3000余人。2004年参加鉴定人数共达到112998人。

2）完成了农网配电营业工等12个新增职业《国家职业标准》的制定，并经劳动和社会保障部审查批准颁布，于4月底交由中国电力出版社正式出版发行。

3）启动农网配电营业工等12个电力新增职业试题库建设工作。于5月25～27日在江苏无锡召开了电力新增职业技能鉴定试题库（指导书）编制会议，研究确定了题库建设方案，明确了分工，落实了任务。

4）按劳动和社会保障部的要求，做好全国电力行业技术能手的评审工作，并于6月完成了中华技能大奖、全国技术能手候选人及国家技能人才培育突出贡献奖候选单位的推荐工作。经劳动和社会保障部评审，中国国电集团公司张建伟获得“中华技能大奖”称号；天津市电力公司陈其三等4人获得“全国技术能手”称号；江苏省电力公司、河南省电力工业学校获得“国家技能人才培育突出贡献奖”。

5）6月5～7日，举办了2004年度电力行业职业技能鉴定管理考评人员培训班，并分别协助华北、广东、天津、江苏、北方电力联合有限公司举办了本地区、本部门的电力行业职业技能鉴定管理及考评人员培训班。参加培训人员共计1000余人。

6）完成《电力行业职业技能鉴定工作文件汇编》，并印刷出版。

电力教育培训

（1）实施电力高技能人才培训项目。启动了由劳动部与中电联联合发文（劳社部［2003］32号文）确定的实施电力高技能人才培训项目。4月21日在北京召开了电力高技能人才培训工作会议，劳动和社会保障部张小建副部长到会作了专题讲话，中电联孙玉才副理事长作了《同心协力，联合推动电力高技能人才培训项目的实施》的报告。会议期间成立了由孙玉才副理事长任主任、有关电力企业人才资源部主任参加的电力高技能人才培训项目推动工作委员会。会议讨论修改了《电力高技能人才培训项目实施方案》，交流了电力企业在开展高技能人才培养方面的经验，安排了项目的近期（2004～2006年）工作规划和2004年工作计划。对电力行业培训基地建设和遴选标准及变电站值班员等8个试点工种培训规范建立了相关的课题组，对8个工种的技师、高级技师的培训工作进行试点。

（2）继续进行电力高等职业教育中澳合作办学综合改革试点工作（简称中澳合作办学）。经电力高等职业教育中澳合作办学项目中方管委会研究决定，设立中澳合作办学项目奖学金。奖学金分设“留学奖学金”和“管委会奖学金”两个奖项。通过申报和评审，共有15名学生获奖，其中1名获“留学奖学金”，另有14名分获一、二、三等“管委会奖学金”。

11月7日在山东电力学校召开了电力高等职业教育中澳合作办学项目中方管委会会议。会议通报了项目学校2004年招生及测试和经费使用等情况，讨论了师资培训、项目学校、建立英语培训中心、教学安排调整和合作办学内容、向职业培训拓展等问题。会议期间举办了中澳合作办学项目学校学生英语演讲比赛，并为2名一等奖、4名二等奖、6名三等奖获得者颁发了证书和奖金。

（3）积极开展仿真培训工作。在劳动部的支持下，组建了由该部的就业培训司、中国就业培训指导中心和中电联有关人员以及部分业内专家参加的电力行业仿真培训指导教师培训工作委员会。在该委员会的指导下，完成了《电力行业仿真培训基地规范》和《电力行业仿真培训高级指导教师培训考试认证实施办法》的起草和试行。为提高电力行业仿真培训的质量，中电联与中国就业培训指导中心联合启动了电力行业仿真培训指导教师培训考试认证工作，有119名电力行业仿真培训指导教师取得了劳动部就业培训指导中心和中电联共同颁发的合格证书。为更好地开展仿真培训指导教师的培训认证工作，经协商决定在华北电力大学建立电力行业仿真培训指导教师培训基地。

2004年11月10日举办电力行业仿真技术与培训论坛。邀请专家对仿真技术在电力系统中的应用和新仿真技术的发展概况与应用前景等方面进行了介绍，组织了电力仿真技术与培训的经验交流，进行了电力行业“华仿杯”仿真技术与培训获奖论文的表彰活动。

（4）继续教育工作。2004年3月在重庆召开了电力行业继续教育培训工作会议。会议审议了2004年度继续教育培训重点项目，交流开展继续教育培训的经验，邀请专家进行教育培训资源与供需市场发展等方面的讲座。会议套开了职工培训委员会继续教育协作网和培训中心协作网工作会议。会后印发了《2004年电力行业继续教育培训项目》。

（5）资格证书（授权、委托）的培训。

1）为推动电力企业的项目管理向专业化、标准化与国际化发展，提高行业项目管理人员的业务水平，中电联作为中国项目管理研究会全权授权的电力行业国际项目管理专业资质认证（IPMP）考点，在成功举办了3期IPMP C级认证培训班的基础上，2004年度组织了4期培训班，4期的通过率分别为80%、50%、90%和87%。

2）为进一步提高电力行业工程建设监理人员的素质，加强电力工程建设总监理工程师队伍建设，经中国建设监理协会授权，中电联自2004年度开始在武汉大学和华北电力大学各举办一期电力工程建设总监理工程师执业资格培训班。共有360余名学员接受培训，取得了电力工程建设总监理工程师的资格。

（6）培训工作。为规范、加强对中电联直接举办培训班的统一管理和证书颁发等工作的需要，中电联于2月12日向会员单位发文颁布了《中电联直接举办电力行业培训班管理办法》，明确了教培中心是中电联各部门培训办班和培训证书的归口管理部门。

为方便会员单位按需做好送培的安排，5月11日公布了2004年度举办的22个行业性培训项目计划。计划中提供了22个培训项目培训的主要内容、培训学时、培训对象、师资情况、选读教材（参考资料）、考核方法、培训费用、计划办班时间及主办和承办单位等具体情况。

(7) 电力行业职工教育培训的统计工作。为逐步健全全国电力行业职工教育培训统计工作体系，结合目前电力行业的实际情况，中电联组织制定了《电力行业职工教育培训统计办法》，于4月15日印发试行。4月召开了2003年度电力职工教育培训统计汇总审核工作会议，会议对2003年度电力职工教育培训统计汇总和培训情况进行了审核和分析。对职工教育培训统计人员的培训安排与现电力职工教育培训统计归口单位进行了协商。通过协商决定在2～3年内完成电力行业职工教育培训统计人员的岗位培训工作，并就2004年度电力行业职工教育培训统计人员岗位培训工作作了部署。

(8) 教材建设工作。根据教育部《关于制定2004～2007年职业教育教材开发编写计划》的通知精神，中电联组织有关院校向教育部申报《2004～2007年职业教育教材开发编写计划》。7月召开了《全国电力高等职业教育规划教材编写工作会议》。会议就规划教材的编写质量、编写、进度等问题提出了统一要求，并交流了编写经验。同时对向教育部申报的《2004～2007年职业教育教材开发编写计划》进行了审定。通过审定有27门课程向教育部作了申报。所申报的课程均获教育部批准。

(9) 其他工作。

1) 6月3日，发文组织进行全国电力行业优秀教师、优秀教育培训管理工作者的评选表彰工作。在各单位评选、推荐基础上，组织评选小组审核，经中电联批准授予丁梅等81名教师为全国电力行业优秀教师和马荣民等101名教育工作者为全国电力行业优秀教育培训管理工作者称号。从中精选出15名业绩更为突出的人员，将他们的事迹整理后，在中电联网站和《中国电力教育》杂志上登载，进行宣传表彰。

2) 5月4日，召开了中国电力教育大学院（校）长联席会议换届会议，会议就高等学校如何更好地为电力企业服务，与电力企业建立畅通的联系渠道等问题进行了研讨，会议明确了下一年度联席会议工作任务和分工，会议期间组织有关专家、教授进行了科学技术讲座。

3) 为适应电力改革和生产建设对高级专门人才的需求，经与上海交通大学协商，举办了面向电力行业在职职工的电气工程和动力工程两个专业的工程硕士学位研究生班，共录取25名学员。

电力可靠性管理

(1) 重建和理顺电力可靠性管理工作体系。为尽快适应电力体制变化，建立符合新的电力管理模式的可靠性管理体系，首先把工作重点放在可靠性管理体制和制度建立上，制定了“确保供电，重点理顺发电”的工作原则。并根据电力体制改革的实际情况，组织开展了积极有效的调研与调查工作，协助、督促各电力企业建立健全可靠性管理体系，制定规章制度。通过一年的努力，各发电（集团）公司、中国南方电网公司和国家电网公司所属的各区域电网公司均制订了本企业的可靠性工作管理办法，建立健全了企业可靠性管理网络。

(2) 继续推进可靠性管理工作的标准化建设。为使可靠性管理工作适应电力行业管理新特点的需要，近几年相继对原各种可靠性统计评价办法进行修改和完善，并将其上升为行业标准，向全国颁布执行。2004年完成了对2000年颁布执行的《直流输电系统可靠性评价规程（暂行）》的修改和完善工作，并已完成标准的申请报批工作，力争在2005年成为行业标准。

在发电可靠性管理向燃机和风电企业扩展方面迈出了建设性的步伐，由中央联组织制定的《风电可靠性统计评价办法（暂行）》和《燃机可靠性统计评价办法（暂行）》，已于2004年四季度颁布。并组织了部分相关发电企业开展燃机和风电可靠性统计评价的试点工作。

(3) 继续推动电力可靠性管理工作的基础性建设。由中电联组织开发的发电、输变电、供电可靠性管理信息系统3个网络版软件，经过近4年的努力，2004完成了在部分电力企业的试用和完善工作，计划2005年全面实现使用新的网络版软件进行可靠性数据的统计分析，将为在市场环境下继续开展可靠性管理工作奠定基础。

新版网络版软件，能适应多种大型数据库平台，在企业内、企业间，不同的层面，不同的范围能真正做到可靠性数据共享；利用Internet网随时填写、传输、浏览可靠性数据；能为可靠性数据的自动采集提供规范、合理的接口，逐步实现数据的自动采集；引入可靠性概率数学分析统计理论，能利用多年的可靠性数据进行前瞻性的分析，提出预警性报告等。

(4) 拓延可靠性管理工作的领域。随着电力可靠性技术的高速发展，各发供电企业、科研单位都在积极地开展电力可靠性技术的研究。这些可靠性技术的研究不仅为企业创造了良好的经济和社会效益，同时也有效地促进了可靠性管理的深入开展。

为提高广大农村的供电可靠性水平，积极推动各县级供电企业开展可靠性管理工作；逐步扩展农电的可靠性管理的范围；促进各县级供电企业规范地开展供电可靠性统计评价工作。通过几年的努力，大部分县级供电企业先后开展可靠性管理工作，农村的供电可靠性水平有了显著提高。

(5) 成功组织并召开了中电联2004年电力可靠性指标发布会。2004年的发布会首次以新的电力体制结构发布指标，受到了有关政府部门、各电力企业、制造行业和媒体的广泛关注。来自全国电力企事业单位和国内外设备制造厂商的近400名代表参加了会议。中电联赵希正理事长、电监会史玉波副主席以及国家质检总局、国家统计局、中国机械工业联合会有关部门领导、第二届电力行业可靠性管理委员会陆启洲主任委员参加会议并讲了话。

(6) 2004年10月，在浙江召开了全国第三次电力可靠性管理工作会。电监会史玉波副主席、中国能源化工工会赵永金主席、电力行业可靠性管理委员会陆启洲主任委员、中电联刘宏常务副理事长出席会议并讲话。两大电网公司、五大发电集团的有关领导和各企业从事可靠性管理工作的170余名代表参加了会议。会议对108个全国电力可靠性管理先进单位及210位先进个人进行了表彰。会议总结了过去4年的电力可靠性管理工作，明确了未来几年的工作要点，为新的电力体制下如何进一步深化可靠性管理工作指明了方向。

(7) 11月，在上海组织召开了中国电机工程学会可靠性专业委员会2004年学术年会暨换届会议，第三届、第四届可靠性专业委员会主任委员、副主任委员、部分委员和论文作者等60多位代表参加了会议。本次会议的主要议程是进行2004年度可靠性学术交流和中国电机工程学会可靠性专业委员会的换届工作。本次年会共收入论文集的论文有60余篇，其中进行会议交流论文12篇。

(8) 全力以赴地做好可靠性数据的采集、核实、分析工作，高质量完成各类刊物的出版工作。完成第125期《全国直流输电系统2003年度运行可靠性简况》；第126期《2003年部分县级供电企业用户供电可靠性分析报告》；第127期《2003年全国城市用户供电可靠性分析报告》；第128期《2003年全国220kV及以上电压等级输变电设施可靠性分析报告》；第129期《2003年全国200MW及以上容量火电机组主要辅助设备运行可靠性报告》；第130期《2003年发电设备运行可靠性报告》；第131期《2004年电力可靠性指标发布会资料汇编》；《2003年电力可靠性管理年报（中英文版）》和《全国发电机组手册》。

(9) 2004年继续抓好可靠性岗位培训工作，举办了两次全国性的可靠性管理与技术培训，同时协助部分网、省公司对可靠性管理专业技术人员的培训工作，有效提高了可靠性管理人员的专业与工作素质，做到了持证上岗。

电力建设技术经济

(1) 继续不断完善电力行业工程造价计价依据体系。2004年完成了《电力建设工程量清单计价规范》（送电线路工程）的编制，并作为行业标准即将颁布实施，为规范电网工程的招投标工作奠定了坚实的基础。

为完善工程造价计价体系的建设，2004年编制完成了《燃气—蒸汽联合循环电站安装工程预算定额》，填补了国内空白，并启动编制《燃气—蒸汽联合循环电站安装工程概算定额》，为燃气—蒸汽联合循环电站的建设投资计定和工程结算提供计价依据。工程造价计价体系缺项部分直流变电工程、空冷机组、脱硫定额子目补充工作全面启动。

(2) 完成了各年度的价格信息发布。组织各省（自治区、直辖市）电力建设定额站确定了本地区的2004年材料预算价格和综合预算价格、2004年度定额材机调整系数，公布了2003年电力工程的设备价格信息，为电力工程概预算的编制提供准确的依据。完成了《电力建设技经信息》月刊的全年编辑、发行工作，准确、及时地公布了有关的政策和文件。

(3) 完成了电力行业工程概预算人员资格证的颁发，建立、完善了电力行业工程造价管理人员从业资质管理体系。为规范工程造价管理人员的从业行为，按照建设部和人事部的规定，中电联与中国建设工程造价管理协会联合颁发了《关于加强电力工程造价专业资格认证与从业管理工作的通知》，颁布了《电力工程造价专业资格认证与从业管理办法（试行）》，本办法自2005年1月1日起实施。

(4) 受建设部的委托，完成了全国电力行业996名注册造价工程师考试的继续教育和年检工作，提高了造价工程师的理论和业务素质。

电 力 科 技

(1) 建立和完善科技成果鉴定管理工作。成立中电联成果鉴定办公室，制定了《电力行业科学技术成果鉴定成果暂行办法》，于2004年6月29日以中电联科［2004］73号文印发执行，2004年对68个项目进行了鉴定。

(2) 全国发电机组协作会的工作。

1) 2004年8月4～6日，在河北省张家口市召开全国火电大机组竞赛（300MW级）第33届会议，中电联叶荣泗副理事长、中国能源化学工会赵永金主席、中国大唐集团公司王琳副总经理、张家口市高金浩市长等领导到会祝贺并做了重要讲话。会议宣布了全国火电大机组（300MW级）竞赛2003年度优胜机组和优秀论文名单，并颁发了奖牌和荣誉证书。88个发电企业和部分电力设备制造厂商，共计230位代表参加了会议。本次年会共收到各会员厂组织撰写的技术交流文章91篇，汇编成《全国火电大机组（300MW级）竞赛第33届年会论文集》，并评选出23篇文章获得优秀论文奖。

2）2004年8月22～27日，在内蒙古自治区召开全国火电大机组竞赛（600MW级）第8届年会。出席本届年会的有中国能源化学工会、中电联、全国电力技术市场协会、中国大唐集团公司、华能国际电力股份有限公司、浙江能源集团公司、广东粤电集团公司、大唐国际发电股份有限公司、西安热工研究院等单位和24家发电企业以及部分电力设备制造厂商，共有74位代表参加会议。会议评选出优胜机组10台。大会征集论文58篇，汇编成《全国火电大机组（600MW级）竞赛第8届年会论文集》。论文评审组从中评选出15篇为优秀论文。

3）2004年9月1日，在新疆召开全国火电200MW级机组技术协作会第22届年会。出席本届年会的有46家发电企业，16家电力设备制造厂商及科研、设计、高校等共计145位代表。按《全国火电200MW级机组竞赛评分办法》的规定，共评选出优胜机组29台，本次年会共收到各会员厂组织撰写的技术交流文章91篇，汇编成《全国火电200MW级机组技术协作会第22届年会论文集》，并从中评选出21篇优秀论文。

4）2004年12月25日，在黑龙江召开全国火电100MW级机组技术协作会第3届年会。出席本届年会的有国家环保总局和各发电公司、电厂、制造厂、高等院校等共计120位代表。按《全国火电100MW级机组竞赛评分办法》共评选出优胜机组35台。本次年会共收到各会员组织撰写的技术交流文章73篇，汇编成《全国火电100MW级机组技术协作会第三届年会论文集》，从中评选出13篇优秀论文。

5）积极开展全国电力行业CFB机组技术交流服务协作网。组织专家制订CFB机组运行导则和检修导则，组织编写防磨教材，组织召开CFB辅机技术研讨会；2004年4月25～29日，在云南昆明召开了CFB辅机技术研讨会，征集出版了《CFB技术交流文集（四）》，计67篇论文，针对辅机存在问题进行了充分的技术交流和讨论；2004年9月13～16日，在新疆乌鲁木齐，召开全国电力行业CFB机组技术交流协作网第三届年会，征集出版了《CFB技术交流文集（五）》，计107篇论文，对循环流化床的发展情况进行了交流，会议对征集论文进行了评比，有11个单位17台机组参加了机组技术评比工作。会议期间召开了CFB协作网高级专家研讨会，在会议上形成了专家意见，就CFB发展现状作出客观、科学、准确的评价和意见，CFB协作网秘书处向国家发改委提交了该报告。

6）成立全国大中型水电厂技术协作网。中电联与中国水力发电工程学会联合组建全国大中型水电厂技术协作网。2004年9月16～17日在北京召开2004年度全国水电厂学术年会暨全国大中型水电厂技术协作网成立大会，国家电力监管委员会、中电联、中国水力发电工程学会、两大电网公司、五大发电集团公司、网省公司的领导，特邀专家、水电厂等单位代表共132人参加会议。截至年底，已有55个单位（含73个水电厂）加入水电协作网。

（3）接受国家电监会委托，努力做好防治窃电工作。

1）接受电监会委托，中电联成立了防治窃电技术交流办公室，协助电监会做好电力企业防治窃电的指导工作，在电监会稽查局的指导下开展电力企业防窃电管理经验交流、立法研究、防窃电技术及产品的研究推广等工作，为电力企业服务。

2）2004年6月29日～7月1日，在昆明召开第四届防范电力设施破坏、防治窃电技术研讨会。国家电力监管委员会稽查局赵国宏处长和中电联副秘书长范继祥等领导和各省电力公司、生产厂家的代表共300多位代表参加了大会。会议就电力改革新形势下，电力企业防范电力设施破坏、防治窃电技术发展的新动向新思路、新举措作了经验交流和案例分析。会议达到交流经验、拓展视野、启迪思路的目的。

3）2004年12月1～3日，在深圳市召开防治窃电技术交流办公室2004年工作会，国家电力监管委员会稽查局赵国宏处长出席了大会并讲话，会议主要内容：防治窃电技术交流办公室2004年度工作总结；就防治窃电技术交流办公室2005年工作提出建议；防治窃电工作等经验介绍。

（4）完成中国工业经济联合会委托商务部课题的申报和评审工作。受中国工业经济联合会委托，7月16日在中电联本部召开商务部关于制定《中国鼓励引进技术目录》、调整《中国禁止进口限制进口技术目录》的专家评审会。会议邀请了电力行业热机、水电、电气、核电、环保、新能源等领域的知名专家。商务部科技司有关领导以及中国工经联高级副会长顾家麒，中电联副理事长叶荣泗出席了会议。评审组就各地方各相关协会和企业所提出的电力技术项目（共计114项）逐一进行了认真、热烈的讨论和评审。经专家评审确定的各类鼓励引进和禁止限制进口项目共

18项，对我国电力行业的设计、制造、建设、运行等方面工作以及我国能源利用结构可持续发展具有重大意义。

（5）努力促进科技成果转化，推广运用先进技术，推动电力企业技术进步。

1）抓好电力信息网络安全技术交流工作。2004年4月20～23日，在安徽黄山召开电力信息网络安全技术方案研讨会。出席会议的代表共110名。会议邀请了国家计算机网络安全与应急技术处理协调中心杜跃进博士作了《国际应急响应技术发展动态及行业网络安全保障》的专题技术报告，中国南方电网有限责任公司生技部、江苏省电力公司信息中心、国电南京自动化研究院信息所等单位就本单位开展信息化安全工作的经验进行交流，并就国内外知名网络安全产品生产厂商提出的最新电力信息化安全技术解决方案进行研讨交流。

2）成立发电机组技术协作会状态检修专家委员会，推动火电机组状态检修工作的开展。2004年5月18～21日，在云南昆明召开了全国发电机组技术协作会状态检修专家委员会成立大会暨全国火电机组状态检修研讨会。标志着全国发电机组技术协作会状态检修专家委员会成立。状态检修试点电厂的专家代表介绍开展状态检修工作的经验，与会代表座谈了全国发电机组技术协作会状态检修专家委员会推动我国状态检修的方式方法、步骤、目标和措施。

组织业内专家对早期开展状态检修工作并做出一定成绩的邹县电厂、北仑电厂、外高桥电厂进行调研，并形成调研报告，指导全行业开展此项工作。同时启动了状态检修教材的编写工作。

3）2004年6月8～10日，在福建厦门市召开全国发电厂DCS与SIS技术交流研讨会。来自发电企业、电力设计院、电力试验研究院、电力高校以及电站自动化领域设备提供企业共161名代表参加了会议。会议邀请了华北电力大学、国电热工研究院、北京华能新锐控制技术有限公司、西门子电站自动化有限公司、霍尼韦尔（中国）有限公司、北京国电智深控制技术公司、ABB（中国）有限公司等一些企业作了该领域的技术探讨和新产品介绍。

4）推进全国发电信息化技术进步。2004年7月27～29日，在新疆乌鲁木齐市召开全国发电信息化技术研讨会。参加会议的有国家电力监管委员会信息中心、电力规划设计总院、中国电力科学研究院、中国华能集团公司、中国华电集团公司、大唐国际发电股份公司、中国广东核电集团公司以及部分电力设计院、电力科学研究院和来自发电厂等单位的代表140余人。国家电力监管委员会信息中心主任倪吉祥、中电联科技服务中心主任李玉生在会上做了重要讲话，新疆电力公司副总经理沙拉木·买买提做了热情洋溢的讲话，并介绍了新疆电力的情况。这次会议邀请知名专家就发电企业信息化的发展作专题报告，围绕发电企业信息化进行经验交流。

（6）为促进科技成果转化，做到“产、学、研”的结合，中心与一些院校、高科技公司对电力企业的疑难问题进行联合攻关，推广新技术、新产品，推动电力企业技术进步。

（7）编辑出版《电站信息》、《国内发电企业设备状态检修实施调研报告》、《循环流化床（CFB）机组技术交流集（1～4）合集》、《2002～2004年CFB协作网循环流化床锅炉论文集萃》等。

党 群 工 作

1．坚持不懈抓好理论学习

适应国家大的形势和电力体制改革对机关干部职工理论素质新要求的需要，根据中央和国家电监会机关党委的有关要求，全年组织了三方面的学习活动。同时，及时地为机关干部群众准备了学习辅导材料。

（1）进行了顺应改革、明确任务的有关学习活动。组织机关干部职工认真学习刘宏常务副理事长等领导在中电联年初召开的年度工作座谈会上的讲话精神，并发出《关于围绕落实中电联2004年中心工作任务进一步做好党支部工作的通知》，要求各支部紧紧围绕各部门的业务工作认真开展各项支部工作。8月12日，叶荣泗副理事长主持召开扩大中心组集体学习会，研究贯彻党的十六届三中全会精神，按市场化原则规范行业协会工作，中电联秘书长王永干作中心发言，王志轩、李玉生、许松林、薛静、孙永安等谈了对有关问题的思考和认识。

（2）进行了中央关于全局工作、党的建设总要求、总部署方面的学习。利用中心组学习会、机关办公会和看学习辅导录像等形式，及时传达学习了全国“两会”精神、中央纪委三次全会精神、中央领导在中央人口资源环境工作座谈会上的讲话、中央5号文件关于稳定工作、中央领导“七一”讲话、四中全会的精神和国家电监会等有关会议文件精神，对机关领导干部了解国家宏观形势、统一认识和中央保持一致起到了积极作用。

（3）组织了关于科学发展观的学习活动。机关党办摘编了7000余字的温家宝等三位中央领导同志在省部级主要领导干部树立和落实科学发展观专题研究班上的重要讲话要点，发送中心组（扩大）成员供学习时参考。4月8日，中电联副理事长、机关党委书记、中心学习组副组长叶荣泗主持召开扩大的中心组学习会，集体收看了中国社会科学院经济研究所所长刘树成做的题为《坚持科学的发展观全面建设小康社会》的辅导报告录像。4月26日，举办了机关党员理论学习报告会，邀请中央党校哲学教研室庞元正主任做了题为《树立科学的发展观和正确的政绩观》的报告，机关近70名党员参加了学习。5月21日、27日和6月10日，分别举办了三场机关职工理论学习会，有近120名职工集体收看了中央党校经济学部微观经济教研室主任韩宝江教授主讲的《以忧患意识看待中国经济发展》和中央党校副校长王伟光教授主讲的《关于统筹经济社会发展》的学习辅导录像。

10月和11月，扩大中心组成员和全体职工初步学习了十六届四中全会精神，收看了5次辅导录像。下一步将结合四中全会精神的贯彻落实，着手准备开展党员先进性教育活动。

2. 努力开展机关纪检监察和党风廉政建设工作

按照国家电监会关于学习贯彻中纪委三次全会精神的部署和要求，中电联机关在3～5月认真组织开展了系列学习贯彻活动。

(1) 认真做好学习活动安排。3月5日，中电联以14号会发文发出《认真学习贯彻中纪委三次全会精神通知》，要求本部各部门、各分会和各代管协会的各级党组织要把学习全会精神和宣传两个《条例》作为当前和今后工作中的一项重要政治任务，切实加强领导，认真组织广大党员干部学习好、领会好、贯彻好两个《条例》；强调了此次学习活动中应坚持的三项原则，对学习活动作出了具体安排，并提供了学习参考题。机关党委及时地为全体党员配发了两个《条例》单行本及三次全会精神的相关辅导材料。

在3月11日举行的中电联扩大中心组贯彻中纪委三次全会精神的专题学习会上，中电联常务副理事长、中心学习组组长刘宏传达了国家电监会有关学习部署和工作要求，对中电联学习活动进行了动员；中电联副理事长、机关党委书记、中心学习组副组长叶荣泗传达了有关文件精神。

(2) 开展了形式多样的学习贯彻活动。在3月11日召开中心组专题学习会上传达学习了胡锦涛总书记在中纪委三次全会上的重要讲话精神和其他会议文件，并集中收看了监察部副部长屈万祥关于两个《条例》的辅导录像。

机关党委把两个《条例》的学习作为对党员干部进行党性、党风、党纪教育的重要内容，在4月1日和4月15日举办了两场党课性质的机关党员集中学习会，收看了监察部副部长屈万祥关于两个《条例》的辅导录像。

加强对各支部学习情况的检查和指导，4月在全体党员中开展了两个《条例》的知识答题活动，参与率100%，机关135名党员全部参加了答题活动。

7～12月，组织党员分期分批学习了党内法规。侧重两个专题：党内监督条例内容解析；领导干部怎样学习、落实好《条例》。

(3) 加强机关廉洁自律的制度建设。健全廉政建设责任制，总结经验，修订了《党风廉政责任书》。3月22日，中电联会领导与18位部门领导签订了《2004年度党风廉政责任书》。继续执行落实廉政建设谈话制度，对部分将新任的干部进行廉政谈话和致信活动，有针对性地进行遵纪守法的廉洁自律教育，提醒和勉励干部廉洁从政。这些工作的开展有助于动员各级组织和党员干部认真履行监督职能和监督权利，有助于进一步强化各级领导干部的被监督意识。

3. 加强机关党群部门的组织建设

(1) 及时建立健全各部门的党群组织。因工作需要和新增职能部门的变化，2004年新成立了环保与资源节约部党支部，调整了社保中心党支部委员的分工。

2004年，选出15名党代表参加国家电力监管委员会机关党委党代会，中电联机关党委副书记赵天荣当选为国家电力监管委员会机关党委委员。

(2) 努力开展党员教育管理工作和组织发展工作。各支部坚持党支部正常组织生活，严格对新党员和申请入党积极分子的考核，开展积极的谈心活动等。专兼职党务干部在了解分析党员群众的思想情况、反映问题、沟通信息、理顺关系等方面努力工作。

(3) 组织开好民主生活会。7～8月，结合庆祝“七一”党的生日，各支部组织了民主生活会，认真学习胡锦涛在中纪委三次全会上指出的党员干部队伍中存在突出问题的“十种表现形式”和“四大纪律，八项要求”，并进行对照检查。党员领导干部带头结合本职工作认真检查个人在思想作风、工作作风、生活作风和廉洁自律等方面存在的问题。民主生活会使广大党员受到了一次深刻的党性锻炼。

12月，各支部组织召开了处级以上党员领导干部民主生活会。12月28日，中电联理事长赵希正主持召开了中电联会领导成员2004年民主生活会。国家电监会机关党委专职副书记卫东受电监会党组委托和人事培训部张进平到会作了指导。

(4) 在“七一”前后，认真组织了纪念建党83周年征文活动。8月10日，机关党委召开了庆祝建党83周年征文颁奖座谈会。31篇征文分别荣获一、二、三等奖和鼓励奖，8个党支部荣获优秀组织奖。6人在会上朗颂了自己的作品并谈了参加征文的体会。

2004年，还适时组织职工观看了教育影片《张思德》和《小平您好》，完成了国家电监会机关党委下达的有关党员先进性教育活动的相应调查准备工作。

4. 深化文明单位创建活动

机关工会开展了一系列有益于职工身心健康的文体活动，丰富了职工文化生活。①在 2004 年元旦春节期间，组织慰问了离退休职工，并为 10 名困难职工送去了慰问金；②3 月 31 日，组织了机关职工徒步行走比赛，各部门组织了 118 名职工踊跃参加；③在 5 月 14 日和 21 日举办了有 98 名职工参加的机关职工保龄球比赛，活动中体现了中电联职工良好的团队精神，尔后从中选拔组成机关保龄球队，并组织训练，于 6 月参加了 2004 年全国电力系统职工保龄球比赛，荣获大会组织奖和体育道德风尚奖；④组织机关网球队参加电力系统职工网球赛，荣获精神文明队；⑤组织 96 位机关工作人员观看全国电力职工迎国庆“手拉手”文艺汇演；⑥组织 117 名机关职工进行了托、拍球比赛。

机关团总支采取“走出去”形式，推动机关青年与社会的相互了解与沟通。9 月 26 日，与党政工一起组织机关单身职工到房山南宫村参观社会主义新农村建设成就。11 月 11 日，机关青年与国家电监会机关青年进行了足球友谊赛。

机关文明办及其各工作小组按计划完成了各项工作任务。①加强机关文明工作制度建设，在 2003 修订《中电联机关文明单位建设管理办法》的基础上，2004 年继续修订了《中电联机关办公室环境要求》，并坚持每季度进行一次机关办公室环境卫生检查。②完成 2003 年度机关文明单位和标兵文明单位的评选表彰工作，4 个单位被评为文明标兵单位，有 13 个单位被评为文明单位。③利用机关局域网宣传现代礼仪知识，定期更换内容。④在坚持献爱心、送温暖活动方面，落实中央国家机关工委和电监会的要求，组织了向幸福快车的捐款活动，共有 158 人损款 7273 元。组织了为灾区捐款活动。⑤在义务献血、绿化等工作方面，机关文明办精心组织，周到安排，认真落实，完成了国家电监会下达的年度义务献血任务和绿化任务。⑥积极开展安全教育活动，配合宣传《新交通法》，邀请宣武区交通队民警来机关讲解《新交通法》的新规定。

在 2004 年 2 月召开的中央国家机关 2003 年度文明单位表彰会上，中电联再次被授予“中央国家机关文明单位”荣誉称号。8 月，中电联又再次荣获“2003 年度首都文明单位”称号。

（朱二苗）

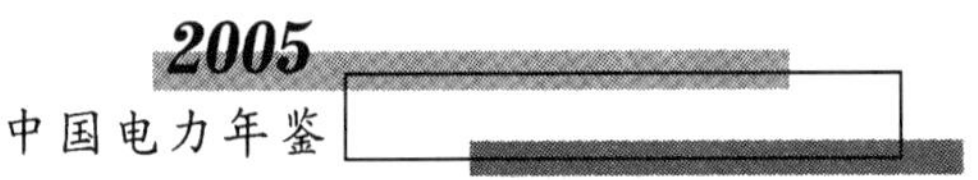

中 电 联 分 会

中电联火力发电分会

2004 年 9 月 20～23 日，中电联火力发电分会三届五次会议暨第四届会员代表大会在广东省汕头市召开，86 个会员单位的 134 位代表出席会议，中电联秘书长王永干亲临大会发表了重要讲话。这次大会进行了火电分会领导班子选举、换届。火电分会坚持“自律、协调、监督、服务”的方针，努力实现调查研究、教育培训、咨询服务、编辑出版、信息沟通、对外交流、法律服务、企业之家八大功能，发挥参谋助手作用和企业与政府之间的桥梁纽带作用。

扎根企业，更新思想观念。为使电力企业的经营管理者及时了解国内外经济形势的发展态势，掌握国家及行业的有关政策信息，分会积极组织会员单位参加中电联举办的经济形势与企业改革分析预测会，联系实际拓宽思路，更新了观念，拓宽了视野，进一步明确了国有企业改革的任务和方向，进一步明确了发电企业在新形势下的主要任务和发展趋势。

健全组织建设。2004 年分会在会员单位数量不断增加的同时，组织建设、基础工作也不断得到加强和完善。截至 2004 年，分会已有 148 家会员单位，其中既有火电，又有核电；既有国有企业，也有合资企业；既有独立电厂，也有独立检修公司。组织结构“三个层次、三条线”：第一层是领导决策层（正副会长、理事），第二层是管理层（秘书处），第三层是操作执行层（联络员）；“三条线”是厂长（总经理）、联络员、课题组的组织网络体系得到了充实和完善。

深入探讨发展战略。结合企业实际，引导企业进行发展战略的探讨和研究，和中电联会员部共同进行体制、经营管理等企业咨询。为帮助企业实现发展战略，在中电联的指导下，分会针对企业的热点、难点，在各会员单位的积极参与下，组织开展课题调研。课题组通过深入、细致的调研，在积极推进企业创新，积极开拓市场，加强安全、成本管理，开发人力资源，加强企业文化，创建国际一流等方面取得了可喜的成绩，得到了中电联和会员单位的肯定，推动了企业的安全生产、体制改革、经营管理、科技创新、达标创一流等各项工作的开展。

继续做好电力市场课题调研的工作。分会参加了中电联受电监会委托的电力市场调研工作，把电力市场调研课题细化分为四个子课题（市场模式、竞价模式、辅助报价、技术支持），邀请了部分领导和专业人员参加此项调研工作，各秘书长作了专题分工。先拿出调研大纲，然后集中细化，收集资料，上找理论，下找实践。

全面实现科学管理。分会坚持以降低成本，提高效益，全面实现现代化科学管理为内容，重点进行安全课题调研。对加强资金管理、降低变动成本、可控固定成本、技改工程成本、人工成本等方面进行了较为深入的探讨和研究，为发电企业提供具有可操作性的思路和办法。

分会组织调研和编写的《发电设备管理——火力发电企业设备点检定修管理导则》，经中电联报国家发改委，于2004年第16号公告批准。

大力推行技术进步。2004年7月，火电分会在谏壁发电厂召开优化运行现场会。发电企业有关领导和专业人员参加了会议。会议就华能大连分公司安全管理情况、天津军粮城发电厂节能情况、火电分会科技服务中心点检定修贯标情况等在大会上作了交流。

2004年5月，分会与北方调速有限公司一起举办了斩波内馈调速及P理论研讨会，宣传探讨电机调速的新理论、新技术、新方法。

精心实施企业文化。分会通过加强电力企业的思想政治工作、精神文明建设和企业文化建设，使火力发电企业发生了可喜的变化，经营效果有了明显改善，企业管理的文化含量逐步增大，企业精神深入人心，企业凝聚力显著增强，企业形象得到较快提升，职工精神面貌焕然一新，团队凝聚力得到增强。

为了总结和交流企业文化建设的情况和经验，2004年8月，分会组织召开了企业文化交流会。40多位发电企业的党委书记和党务干部参加了会议。大家总结了多年来企业文化建设的经验，交流和研讨了企业文化建设深层次的问题。

分会积极组织点检定修培训，实现现代化设备行业管理跨越。火电分会科技服务中心引进管理软件、编写培训教材，举办点检员培训班，开展多形式、多渠道的点检定修培训，推广和实践点检定修制，使企业在提高设备可靠性和降低维修费用上取得了明显成效，提高了点检员的管理素质和业务素质。

信息服务功能增强。分会通过与中电联《中国电力企业管理》杂志社联合开办《火电新声》新栏目，内容涉及厂网分开、竞价上网、主辅分离、建立现代企业制度、规范法人治理结构、制定和实施企业战略、企业核心竞争力等多个专题，拓宽了信息交流服务新领域，及时总结推广火电厂制度创新、管理创新、技术创新的特色经验。2004年发表厂长（经理）和专业人员的文章27篇，其中获《中国电力企业管理》杂志优秀论文一、二、三等奖各三篇。

定期召开《火电新声》编委会工作会议，总结经验，推荐分会优秀文章，对办好《火电新声》栏目提出建议。坚持办好《火电信息》，在宣传政策法规、加强企业管理、推广先进经验、沟通国内外信息、探讨超前课题等方面发挥分会的喉舌作用。

落实2005年重点工作。2004年9月17日，分会召开第四届三次会长办公会议。会议传达了中国电力企业联合会第四届全国会员代表大会精神，重点是根据《关于下发分会2005年工作要点的通知》（中电联火电［2004］11号）要求，对火电分会2005年的主要工作进行了分工和落实。

2004年12月19～23日，分会召开四届一次秘书长工作会议，主题是传达贯彻分会四届三次会长办公会议精神，明确、细化、落实2005年分会重点工作。

中电联供电分会

2004年2月7日，在北京召开了第三届五次常务理事会，会议由常务副会长赵双驹主持。参加会议的有北京供电公司总经理李一凡、党委书记栾军及25位常务理事或代表40余人。会议决定：会长由北京供电公司总经理李一凡担任；原则通过了分会2003年度工作总结与2004年度工作安排及2003年财务决算与2004年财务预算；审议通过了漳州电业局的入会申请。

2004年2月22～25日，在广州召开了第十一次技术管理研讨会。67个单位164位代表参加了会议。会议就《供电设备状态检修指导意见（讨论稿）》、《重制度建设、扩规模效应》、《城市配网优化指导意见》的编写说明，《配电自动化系统第二次调研报告》

及《电能质量问题治理指导意见（讨论稿）》的编制说明等调研报告进行了讨论。会议听取了有关单位的经验介绍，参观了第九届国际供用电设备及电网技术展览会，并与厂家进行了技术交流。

2004年4月14～17日，在无锡召开了第九次多经管理工作研讨会。会上无锡、长春、淮安、贵阳市南等供电公司做了发展多经工作取得成绩的专题发言，宣读了2003年多经调研报告《深化改革，做大做强供电多经企业》。

由中电联主办，中电联国际合作部、供电分会，香港海岸国际展览有限公司承办，广州供电分公司和国电信息中心中电求真科技开发有限公司协办的第九届国际供用电专业设备及电网技术展览会，于2004年2月25～28日在广州锦汉展览中心隆重举行。出席展会开幕式的有中电联、广电集团公司、国电信息中心和供电分会的有关领导，全国近百家大中型供电局的总工和专业技术人员出席了会议，广州电视台经济新闻记者进行了跟踪报导。本届展会面积为$4200m^2$，外商参展企业19家，国内参展企业33家，共计52家约128个标准展位。专业参观人数达2000余人。

2004年5月22～23日，在南京召开了“三能杯”优秀论文评选暨电能量计费自动化学术报告会。评选了分会技术管理专委组建以来的优秀论文和调研报告。

2004年4月23～25日，在宁波召开了供电分会2004年度联络员工作会议。有130个会员单位的146名代表出席会议，会议总结了2003年工作，布置了2004年工作计划及2003年度财务决算、2004年财务预算、会费收取情况的说明；传达分会三届五次常务理事会议精神；表彰奖励分会2003年度优秀联络员。

2004年5月27～29日，在上海召开部分供电企业领导座谈会。会议就电力体制改革与供电企业的发展方向，电力社会普遍服务的内涵及实施，电力需求侧管理的必要性与可行性，新形势下供电企业面临的问题与改进建议等进行了研讨。

2004年7月，在呼和浩特召开了供电分会秘书长会议。会议审议了分会第三届常务理事会工作报告提纲；对《中电联供电分会管理制度汇编（讨论稿）》进行了审议，除第二部分会（组织机构及职责分工）有待新一届常务理事会审议确认外，其余原则通过；对2005年工作计划做出了安排，并对9月成都第四届会员代表大会和第十七次深化改革会议的各项活动进行了讨论；对换届选举工作进行了研究，成立了筹备组。

2004年9月4日，在北京召开了第三届六次常务理事会。上海市区、石家庄等13个常务理事代表出席会议，中电联会员部主任孙永安应邀到会。会议审议了分会第三届理事会工作报告、财务报告、新修订的工作规则及规则修改说明；推荐第四届理事会会长、副会长、秘书长名单及秘书长提名的副秘书长人选；确定第四届会员代表大会及第十七次深化改革研讨会议议程；2005年工作计划；通过了北京电力公司城区供电公司、天津市电力公司滨海供电公司、广电集团佛山供电分公司、新疆电力公司准东供电公司的入会申请。

2004年9月27～28日，在成都召开了分会第四届会员代表大会暨第十七次深化改革研讨会。成都市副市长朱志宏、四川省电力公司总经理朱长林、国家电监会供电部副主任么虹、中电联秘书长王永干到会并发表讲话。150个会员单位226位代表参加了会议。会议表决通过了第三届理事会所做的四年来的工作报告、财务报告；修改分会工作规则的说明；第四届理事会选举办法等。按照选举办法，产生了第四届分会理事、正副会长、秘书长及顾问。经秘书长提名，聘请孙涛、周英树、韩英男、吴琪彬、李贤、周荣鲁、陆智刚等8人（广州预留一名），为第四届分会副秘书长。新任秘书长王耀杰就2005年工作安排提出了具体要求。

2004年9月27日，在成都召开了第四届一次理事会。参加会议的有新当选的分会理事42位代表，达到2/3法定人数，产生了正、副会长、秘书长。会长李一凡，副会长薛峰、孔庆军、王运丹、刘美观、江宇峰、许广政、李永来、金基民、黄忠；秘书长王耀杰。

2004年10月26日，在济南召开了企业文化研讨会。出席会议的有56个供电企业152名代表。济南市委副书记雷建国、山东省电力集团有关领导朱长富到会并讲话，会议宣读了企业文化优秀论文获奖名单，宣读了《把握先进方向，推进企业文化建设》的调研报告，3个会员单位做了相关发言。

按计划完成供电企业文化建设、客户服务中心、亮化工程三项调研报告。制定、修编《供电分会管理制度（讨论稿）》、《2003年供电企业基本概况（汇编）》、《2003年供电企业综合评价体系（汇编）》、《企业文化与供电企业文化建设》等资料。

中电联输变电设备分会

2004年3月，在浙江省宁波召开了开关及开关设备新产品、新技术研讨会。会议邀请全国权威单位的专家到会发言，会议还邀请两位外国专家介绍国外开关和开关设备新技术、新工艺。此次会议有各网省公司、五大发电集团的专工，重点国内开关厂、合资厂的领导和专业人员参加，共100余人。

2004年6月，在山东省青岛市召开了直流复合绝缘子技术研讨会。中电联输变电分会副会长陆宠惠、国家电网公司网联直流咨询公司顾问章龙才分别从宏观上对我国直流复合绝缘子研制开发运行进行了发言，并阐述了指导性见解，清华大学梁曦东对国内外直流复合绝缘子情况进行了介绍与性能对比，并对今后的实验方法、标准提出了可操作性的建议。会议介绍了葛上线±500kV直流复合绝缘子运行一年来的调研情况、环境条件和瓷玻璃绝缘子运行情况做了发言，明确提出大量采用直流复合绝缘子、符合我国的国情。9月1日，在沈阳国际会展中心举行第三届中国国际装备制造博览会。为了响应此次盛会，提升中国电力装备制造业的国际竞争力，8月31日在沈阳辽宁大厦举办由中国机械工业联合会、沈阳市人民政府、国务院发展研究中心、中国经济时报社、中国电力企业联合会输变电分会联合主办的中国输变电产业发展论坛，同时展示特变电工超高压新产品、新技术成果。国务院发展研究中心领导、行业专家院士、国外嘉宾发表了演讲。

根据中电联章程分会召开了换届大会。

中电联水力发电分会

分会于2004年年初分别召开了会长办公会和秘书长工作会议，学习2004年全国经济形势与企业改革分析预测会的有关精神、中电联工作要点等文件；交流各单位生产、经营以及改革方面的情况；对分会的组织建设、会员管理等问题，提出建设性意见并形成了共识；按照《中电联水力发电分会工作规则》的规定对没有履行会员义务的5个单位进行了清理，视其自动退会，另对4个单位发出了整改通知书；会议还研究确定了2004年的年度工作任务。

举办水轮发电机组状态监测和故障诊断培训班。5月，分会在贵州东风水电厂就水轮发电机组状态监测和故障诊断进行了培训，邀请了部分大专院校的专家、学者和有实践经验的工程技术人员授课，并进行经验交流和现场观摩活动。有29个单位的40多名代表参加。这次活动将国外先进的机电设备状态监测和故障诊断技术与国内水电机组运行检修现状有机结合，也是交流、解决水电厂实施状态监测和故障诊断有关问题的途径。对促进水电厂的安全生产，不断完善水轮发电机组的监测手段，延长机组检修周期，最大限度地发挥经济效益提出了新的思路。

做好咨询服务。原国电公司的达标创一流活动，对水电厂的安全生产、技术改造、基础管理、科技进步、提升企业形象都发挥了积极作用。2004年年初，应万家寨水电厂的要求，组织有关水电厂的专家，对万家寨水电厂进行了一次创一流工作的咨询，分会派出的专家在中电联统一组织下，深入现场对照一流标准，认真服务，得到了万家寨电厂领导及员工好评。

组织评审创新成果。根据中电联《关于申报2003年度全国电力行业企业管理创新成果奖的通知》的精神，分会组织会员单位积极参加了申报，并进行了评审和向中电联推荐。其中三峡梯级调度通信中心撰写的《大型梯级水利枢纽的水电联合调度》、三峡水力发电厂撰写的《水电厂集成化生产管理信息系统》等两篇论文在理论上有创新，在实际操作中具有导向性，并取得了可观的经济效益。这两项成果均获得中电联评审专家的好评，荣获"全国电力企业管理创新成果"一等奖。

探索现代管理新路子。电力体制改革后，水电企业分属多家不同的电力公司，如何管理水电企业，如何评价水电厂的安全生产、科技进步、设备管理等成为当前水电企业急需了解、规范的课题。经秘书长办公会讨论，成立了水电企业现代管理综合评价体系工作组，对原国电公司一流标准及有关公司开展的科学管理办法，进行了搜集、梳理，结合不同类型水电厂的特点，寻求现代管理规律，争取达到"一流设备输送一流电力、一流管理创造一流效益、一流技术培育一流人才、一流文化建设一流企业"的目标。工作组已于2004年6月成立并开始工作，分析有关资料，理清编纂思路，形成评价体系文件提纲。

走出去学先进管理经验。为了学习国外的先进生产管理模式，开阔眼界，拓宽思路，分会在中电联国际合作部、会员部的大力支持下组织部分水电厂高级管理人员赴法国、奥地利、瑞士等国进行考察，使水电企业家们更仔细、更直观地了解了国外水力发电企业在（流域）梯级电站或电站群统一调度、运行、检修管理方面的先进经验，为解决实际工作中遇到的难点问题提供了借鉴。通过考察，考察组写出了报告《考察与思考》，针对水电站管理提出了建设性意见。

11月，分会组织召开了水电站与电力市场研讨会。中国电监会市场监管部派员出席了会议。与会的31个会员单位的代表就水电企业参与电力市场的有利条件、不利因素进行了分析，同时针对东北、华东电力市场运营规则，南方、华中电力市场建设方案，给水电厂带来的机遇和挑战进行了讨论。还就水电厂参与市场竞价带来的政策问题、技术问题交换了意见和看法。代表们要求水电分会尽快成立课题组进行深入研究，会议形成了《市场研讨会会议纪要》，分别抄送中电联、电监会、国家发改委、五大发电公司，反映了水电企业的呼声。

水电分会十分重视联络员队伍建设，2004 年 8 月，召开了联络员会议。制订了相应的工作制度和奖励办法，并挑选忠实敬业的人员担任联络员，定期举办联络员培训班，明确联络员的工作职责和工作任务，及时沟通分会与会员单位之间的信息。

中电联燃料分会

初步建立了电力燃料协调服务新体系。分会成立以来在认真做好建章建制工作、积极履行行业服务职能的同时，针对电力体制改革后燃料供应新格局和煤炭市场发展的趋势，先后成立了华北、华中、西北和水运地区区域协调（筹备）委员会，建立了区域协调委员会工作制度。

对电力燃料系统发展的重大战略性、政策性和普遍性问题进行了深入研究，完成了多项重要调研工作，取得了一批对电力燃料行业发展具有重要影响的成果。对电煤交易方式改革、电煤价格联动、电煤订货政策调研、电煤需求分析预测等行业重大问题开展调研工作，形成了专题调研报告。

定期组织高级培训和岗位培训活动。组织 3 期培训电力燃料管理高级管理人员 560 人·次。按期完成电力燃料采制化岗位人员考核发证工作，累计培训学员 7600 多名。

参与制定、修订有关的国家标准和行业管理的有关法规、细则和办法。组织制（修）订行业标准；组织制定自律性行规行约，组织开展电力燃料相关标准的宣贯活动。

建立与政府有关部门、有关行业的联系，疏通渠道、协调关系、沟通信息，建立了与煤炭行业及政府有关部门的信息资料交换制度和工作汇报制度。

加强行业宣传，树立和提升了行业形象。对分会刊物《燃料纵横》进行了二次改版，在办好会刊的同时，积极与电力媒体进行合作，利用现代传播手段，客观、公正地反映全体会员的意见和呼声。

按照电力改革后新体系要求完善了电力燃料统计信息系统，实现对重点电厂电煤供应进行动态监控，完成新体系下的电力燃料信息统计分析和信息服务工作。

中电联农电分会

8 月，召开了中国电力企业联合会农电分会第二次会员代表大会，严格按照中电联会员章程的有关程序，结合农电分会的具体情况，民主选举产生了中国电力企业联合会农电分会第二届理事会。

在第二届理事会的组成基础上，分别成立了县供电企业研究会、体制改革与政策、企业管理与市场营销和人力资源与队伍建设 4 个研究会。研究会的工作紧紧依靠各挂靠单位，以农电分会会员单位为基础，建立相应的组织机构，明确各自的任务。其中人力资源与队伍建设研究会、县供电企业研究会在年内分别召开了第一次工作会议和学术研讨会。

11 月，与国家电网公司农电工作部联合举办了首届农电发展论坛。此次会议得到了会员单位的高度赞扬和积极参与，农电系统的一流县公司单位均到会。会议组织的精彩讲座和经验介绍，开拓了基层企业领导者的工作思路，对全面提升县局的管理水平起到了促进作用。

接受国家电力监管委员会供用电监管部的委托，组织有关专家完成了《供电营业区的划分》和《供电业务许可证管理办法》的修订工作。同时，参与完成了《电力供应与使用条例》的起草工作。

结合 2004 年在农电系统开展的县供电企业经济活动分析，8 月举办了县供电企业经济活动培训班。此次培训班得到了国网公司农电工作部及各省农电部的重视和支持，受到基层县供电企业的欢迎，培训人数远远超过预期目标。培训期间，全体学员保持了较高的出勤率，认真完成了各项授课内容，取到了良好的社会效益和经济效益。对此次培训班的教学内容、授课方式、师资情况，学员的满意率达到 98%。

为配合供电所规范化管理工作的开展，围绕加强县供电企业供电所管理工作的重点，组织编写、出版了《供电所工作务实手册》。该书结合农电的实际情况，以及供电所管理和发展的要求，系统、全面地介绍了供电所工作的各个流程，成为规范和指导供电所开展工作的必备工具书。

结合县供电企业开展经济活动分析，为指导基层供电企业完成好此项工作，提高专职工作人员的具体操作能力和分析问题能力，组织编写了《县供电企业经济活动分析》培训教材。邀请有关省公司农电部、县供电企业对书稿进行了多次讨论，并组织撰写教师赴基层县供电企业进行实地调研。

积极组织会员单位相互间的相互交流

农电分会是农电企业的自律性群众组织，学会为分属于不同系统、不同领域的农电企业提供了一个广阔的交流、合作平台。按照总会会员部的统一部署，接待了广西电力行业协会的考察团，对北京郊区的农电管理体制、县供电企业的现代化建设和供电所规范化管理进行了实地的参观考察，并与基层农电企业进行了座谈，圆满完成了总会交办的任务。

中电联电站装备分会

电站装备分会无论在行业组织上，还是在会员单位的数量等方面，都比 4 年前有了进一步发展。分会成立之初，有 46 家会员单位，到 2004 年 9 月止，已增加到 73 家，它们都是为电力生产建设服务的电力装备加工制造企业；职工从 12 万多人增至约 15 万人，年销售收入从 124 多亿元增加到 300 多亿元。

2004 年分会始终坚持通报电源建设和相关的技术政策信息。全年共发 12 期，按月寄到会员单位。这些信息涉及超临界发电机组，大型空冷发电机组，联合循环机组，烟气处理，大型水电、核电和新能源发电技术等项目建设情况，为企业针对项目需求，参与竞标，作好前期准备。在提供电源建设信息的同时，还及时报导了电力建设和发展的技术政策信息。会员单位针对国家的重要产业和技术政策，抓住近期电力短缺的机遇，使装备制造业健康发展。

2004 年 7 月，中电联按照国家体制改革领导小组意见，在山西太原召开了主辅分离及深化改革座谈会。对主辅分离过程中的问题和困难，提出了深化改革的意见和建议。会议形成主要的意见有两条：一是分离重组不离电；二是出台改革成本支付政策。

开展专题调查，反映企业存在的主要问题。

(1) 调查企业主要产品市场占有率。不少企业主要产品市场占有率大多在 50%以上，有的达到 70%～80%，但由于会员单位之间产品可比性小，相互间参照意义不大。市场占有率是企业产品技术、经营能力、质量、价格、服务水平的综合反映，也是企业综合竞争力的反映。

(2) 了解高压加热器维修状况，加强产品售后服务。2004 年向 150 多家发电厂的 30 万 kW 及以下机组，进行了部分机组高压加热器运行、故障、维修情况调查。电厂希望制造企业进一步做好现场技术服务，协助电厂搞好维修。

(3) 配合电力修造企业主辅分离改革成本调查。分会接受座谈会的要求，对有关改革成本作了初步了解。14 家电力修造企业反映的主要情况是：离休人员 272 人，除工资外支出平均每人 3 万多元/年；退休人员 10830 人，平均人均工资支出 1.24 万元/年(未含医疗费用)。由于政策性和企业经营等原因，14 家企业不良资产在 4.99 亿元以上。按全国与发电相关的 32 家修造企业推算，其不良资产在 12 亿元以上。

2004 年，为了加强分会与会员单位的沟通与交流，根据《中国电力企业联合会分会管理实施细则》的要求，初拟了《中电联电站装备分会联络员工作试行办法》，对联络员工作性质、主要工作、日常联系以及相关会议活动制度作了明确的规定，使分会秘书处能更好地联络会员单位，掌握企业情况和要求，实行互动，更好地为大家服务。

中电联后勤分会

9 月 20 日，中电联后勤分会二届二次理事会议在京召开并取得圆满成功。会上，国务院机关事务管理局副局长、全国机关事务工作协会副会长唐树杰，中国行政管理学会会长郭济、中电联常务副理事长刘宏等领导同志分别作了重要讲话；中电联后勤分会梁裕厚会长代表常务理事会作了工作报告，并经全体代表审议、通过；经与会代表充分酝酿、民主表决，对二届一次理事会议选举产生的分会领导机构成员进行了适当增补和调整。

经过约两年半时间的调查研究，组织完成了《关于认真贯彻落实党中央、国务院有关文件精神，积极推进电力后勤改革的建议》、《电力后勤改革调研报告》的起草和修改，并于 8 月 24 日上报中电联。两份报告受到中电联领导的重视，并得到国务院机关事务管理局领导的肯定。

为提高电力后勤经济实体、尤其是企业主要负责人依法进行财务管理、税收筹划、内部控制与审计等工作的能力，以规范管理、防范风险、提高效益，5～6 月，与中天恒会计师事务所联合举办了两期电力后勤经济实体主要负责人财税审计业务培训班。来自各理事单位的 187 名学员参加培训，并经考核合格，领到了《电力行业继续教育证书》。

为满足部分理事单位及所属基层单位的需求，7～8月，与国家建设部全国城建培训中心联合举办了两期物业管理企业经理岗位（含复检验证）培训班。来自各理事单位的 180 名学员参加培训，并经考试合格，领到了由建设部统一颁发的《岗位培训合格证书》，或由全国城建培训中心在学员已有证书上加盖了“继续教育公章”。

以《电力后勤》的名义，同《中国行政管理》、《中国机关后勤》等 25 家报刊、协会一起，积极参与发起并协办了由中国行政管理学会后勤管理工作委员会、中国国际书画艺术研究会华勤书画院两家主办的第二届全国后勤系统书法国画篆刻摄影作品大展。此次活动共收到作品 1000 余幅。电力行业送选作品 175 幅，在数量上是“第一大户”，其中多幅作品获奖并在中国人民革命军事博物馆展出。

继续办好《电力后勤》(双月刊)，保证全年出版

6期，并努力提高办刊质量、扩大发行总量。11月，举办了一期《电力后勤》通讯员培训班，聘师授课，交流经验。来自各理事单位的81名学员参加了培训。中电联后勤分会会长、《电力后勤》编委会主任梁裕厚和中电联后勤分会顾问、《电力后勤》主编李忠志在开幕式上作了重要讲话。

组织来自部分理事单位的7名后勤领导干部赴美国、加拿大进行了为期14天的电力后勤与物业管理考察。发展新会员21家，使后勤分会更具群众性和代表性。

中电联电力职业安全卫生分会

2004年3～4月，分会牵头组织了以国家电网公司职业病防治院人员为主的调研小组，分赴两大电网公司、五大发电集团公司所属的20多家电力企业，对电力新体制下贯彻《职业病防治法》、《安全生产法》等有关法律法规及职业安全卫生工作现状进行初步调查了解。基本结论是：抽查的各企业都有分管部门和工会的专兼职管理人员负责，多数企业基本了解职业病防治法的有关规定和行业规划、标准的具体要求，工作开展基本正常，但少数企业因体制和管理人员变动，工作力度减弱。企业普遍要求中电联加大行业管理力度，加强与各大公司的联系，充分发挥行业自律、服务、协调、监督的作用，把分散的专业力量凝聚、联合起来，进一步推动职业安全卫生工作。

2004年5～7月协助会员部举办国家级尘肺病诊断医师资格培训班。5月，由分会出面协助中电联与职业卫生所协商，为电力行业单独组织培训。7月初，培训班成功举办，71名学员参加了国家统一命题的理论考试全部合格；37名专业技术人员参加了严格的尘肺胸片读片考试（4小时读50张胸片），结果25人合格，获国家级培训合格证书。

2004年7～8月，完成了按电力新体制划分单位的尘肺病人分布统计表，使两大电网公司、五大发电集团公司和其他单位能掌握各自现有的尘肺病人与疑似尘肺数量及其在所属企业的分布情况，为进一步开展尘肺防治工作创造了有利条件。该资料已分别报送两大电网公司、五大发电集团公司及有关电力企业的总经理工作部。随后又通过查询卫生部发布的全国职业病报告资料，基本查清了1998～2003年电力行业发生的各种职业病种类、人数和发病趋势，发现了与1997年第二次全国电力行业粉尘危害调查统计信息的链接，为制订《电力行业“十一五”职业安全卫生工作规划》提供有关依据。

2004年8月28～29日，中电联电力职业安全卫生分会在山东济南召开了首届事事会会长、秘书长会议和第一次联络员工作会议。来自各会员单位的30多位联络员参加了分会第一次联络员工作会议。会议对《联络员工作试行办法（讨论稿）》进行了讨论。

2004年10月及12月，分会协助中电联会员部分别在安徽黄山市和福建厦门市举办了电力行业劳动环境监测规范、电力行业工频电磁场安全防护培训班，宣传贯彻国家职业卫生新标准及其监测规范和《电力行业工频电磁场安全防护规定（试行）》。会议期间，组织专家对列入国家发改委行业标准项目计划的《电力行业紧急救护技术规范》、《电力行业工频电磁场安全防护规定》的制、修订工作进行咨询和现场调研，做好2005年出台前的准备工作。同期分会组织有关理事单位人员参加在杭州举办的中国应急救援论坛及在宁波召开的第八次全国劳动卫生与职业病学术会议，增进了对国内外相关领域最新专业信息及发展趋势的了解。

2004年分会组织专家到西北公司、江苏、安徽及上海等电力企业开展多种业务咨询和技术服务工作，包括职业安全卫生政策宣传、职业卫生技术服务机构资质审定咨询、职业病防治技术交流、现场技术指导及专业知识讲座等服务工作。

中电联电力试验研究分会

2005年3月4日，在北京召开了2004年度第一次会长办公会。会议主要内容：认真学习、研究并执行中电联2004年工作重点的内容；完成锅检问题的情况反映，并上报电监会；完成电力行业技术监督条例的编写，上报国家发改委批准，以DL标准下发执行；搜集发电厂安全生产情况，及时交流信息。

3月30日，在北京召开了技术监督标准编写会。电监会安全局、中电联标准化中心有关领导到会，会长单位、秘书长单位负责技术负责人共计20余人参加了会议。会议决定，各单位在自己原有的技术监督管理办法的基础上，修改并编写全电力行业的技术监督标准或条例，通过规定的审批程序，作为电力行业标准发布，以便规范全电力行业的技术监督工作。

6月9日，在北京召开了2004年度第二次会长办公会。会议讨论并做出了以下决定：推选新的会长候选人。由于工作变动，原会长华北电科院总经理赵鹏已经调离原岗位，为此，推选华北电科院有限责任公司总经理巩学海为代理会长，通过了准备向中电联提交的《关于变更试验研究分会会长的报告》；讨论并确定了一届二次理事会的相关事宜。

7月6日，在杭州召开了发电厂安全信息网成立暨第一次工作会议。23个理事单位生产、信息负责人共50余人参加了会议。与会代表对新形势下如何为发电企业做好安全生产信息服务进行了交流，认为成立信息网作为信息交流平台很有必要。借助发电安全生产信息网这个交流平台，为发电企业提供安全生产信息服务，有助于提升各电力试验院（所）的服务价值，对电力试验研究院（所）的发展具有重要意义。发电安全生产信息网应成为全国电力试验研究院（所）信息体系的一个组成部分，由各电力试验研究院所自愿参加。会议通过了《发电安全生产信息网工作规则（试行稿）》，明确了信息网的组织、工作内容、信息交流方式等。

8月，试验研究分会向国家电力监察委员会正式提交了《关于目前影响电站锅炉安全运行监察方面存在的问题》的报告。报告反映了分会各理事单位对当前形势下电站锅炉安全运行方面存在的主要问题的分析，提出了解决问题的办法。

8月4日，在呼和浩特市召开了一届二次理事大会。29个会员单位的理事及其代表、联络员和相关部门负责人共计80余人出席了会议。中电联秘书长王永干以及内蒙古电力集团公司党委书记、副总经理王维维应邀参加了会议。中电联秘书长王永干介绍了当前全国缺电形势及对策，并对分会的工作及会员单位的发展提出了要求。

理事会议首先通过了一届二次理事会理事变更名单，宣读了中电联关于试验研究分会会长等变更的批复。大会推选华北电力科学研究院院长巩学海为会长、山西电力科学研究院院长史更林为副秘书长。巩学海会长向大会做了工作报告；秘书处向大会提交了财务报告。大会审议并通过了工作报告和财务报告，并就河南省电力试验研究所向大会提交的分会网站设计实施方案和电力试研院（所）共同关心的规范经营、财务管理、技术创新等问题进行了充分的讨论。

2004年12月22日，在杭州召开了电力试验研究分会工作会议。除西北、甘肃、宁夏、西藏等电力试验研究院（所）因故未出席会议外，总计有28个院所的49名代表出席了工作会议。会议由分会秘书长余维平主持。本次会议的中心议题是，针对厂网分开的新形势下电力试验研究院（所）继续开展电力技术监督服务、电站锅炉压力容器检验工作面临的困难和问题，尤其是针对某些发电企业开展技术监督招标等新情况，结合实际进行研究讨论，以达到尊重电力工业生产运行和基本建设的客观规律、维护电力试验研究行业的正当权益、维护发供电企业设备安全经济运行、维护社会稳定的目的。

会议传达了中电联四届理事会会议精神。华北电力科学研究院有限公司、浙江省电力试验研究所和广东电力试验研究所在本届理事会会议上被选为理事单位。

与会代表结合本单位实际，就当前电力技术监督服务工作和电站锅检工作进行了情况交流和讨论。

电力行业协会、研究会

中国电力发展促进会

2004年，本着理事会确定的本会宗旨：坚持党的"一个中心、两个基本点"的基本路线，努力实践"三个代表"重要思想，在国家能源战略和电力发展方针指导下，总结我国电力发展的实践经验，研究电力工业和国民经济协调发展的理论、政策和方法，探讨电力工业在社会主义市场经济体制下的运行机制，促进电力工业和电力企业的发展，为全面建设小康社会的宏伟目标服务。组织专家开展相应工作。

（1）2004年5月，电力发展促进会实现了换届产生了新的理事会、常务理事会和秘书处班子。修订了章程。

新一届理事会和常务理事会由中国电力企业联合会、国家电网公司、南方电网公司、五大发电集团公司、国家开发投资公司、国家开发银行等单位的有关负责同志及科研单位、大专院校相关专家组成。

（2）课题研究。参与了由电力企业联合会调研部组织开展的电力工业产业政策研究。承担了其中电力工业发展速度、电力工业结构调整、电力工业财税政策等篇章的起草工作。

参与国家电网公司战略规划部关于全面建设小康社会电力规划研究的专家咨询工作。

参与国家电网公司战略规划部有关各大区域电网十一五规划及2020年远景目标研究报告和重大水电项目开发输电规划的专家咨询工作。

参与国务院发展研究中心产业部有关产业发展研究（如煤炭、钢铁）咨询工作。

承接国家电网公司、国家开发银行、华能集团公司以及其他单位委托的课题研究。

加强和改进咨询服务工作是本会多年来从事的基本业务，也是工作重点。一年来我们承接了国家电网公司委托的全国西电东送后续研究、输电系统与环境研究、国家电网公司发展若干问题研究、国家电网公司规制体系研究、广东省电网配电系统研究、福建省电力负荷调查分析研究等涉及门类较多的课题研究。

（3）编辑出版2004版《中国电力年鉴》。2004年11月1～4日，《中国电力年鉴》（简称《年鉴》）工作会议在海南省海口市召开。此次会议是《中国电力年鉴》全面改版后召开的第一次工作会议。参加会议的有57个单位、共76位代表。本次会议还首次邀请了关注电力行业，与电力工业密切相关的企业代表参加会议。会议首先传达了周小谦主编对本次会议的工作报告；表彰了优秀单位和先进个人，并请优秀单位和先进个人的代表介绍了经验；会议期间审核了各单位的稿件，编辑部主任肖兰也就2004年《年鉴》存在的问题和2005年《年鉴》的编写要求作了说明。

电力体制改革后，《年鉴》面临新的形势，有着新的发展机遇，为此，《年鉴》的编辑出版工作必须立足于创新，必须形成新的工作体制和运作机制。《年鉴》作为电力行业文化的有形载体，应当是随着电力事业的发展而发展，同时又应当对促进电力的发展起到积极的作用。特别是在电力体制改革后，《年鉴》一方面起到联系电力系统各企业的纽带作用，成为各企业之间相互交流、切磋的平台与场所，同时也是电力系统企业、单位展示自己的重要窗口；既是电力发展历程的见证，又是促进电力进一步发展的有力武器。

办好《年鉴》是包括两大电网公司、五大发电集团在内的广大电力企业一致的呼声，近年来年鉴也颇受中外咨询机构、专业分析师、证券业人士的青睐。这进一步增进了本会办好《中国电力年鉴》的信心，在两大电网公司、五大发电集团的支持下，形成了《年鉴》的新体制和新机制，这本年鉴将作为联系各发电企业、电网企业、主管机构、中介机构的纽带和平台，作为了解、掌握、研究电力工业改革发展、生产建设、经营管理、科技进步、法规制度建设等全面情况和发展历程的完整见证。《年鉴》以电监会和中电联为指导，以国家电网公司为主，联合南方电网公司，五大发电集团公司共同组成《年鉴》领导机构，除保留原有编撰人员，又进一步扩大了编辑部的组成人员，明确了执行机构，各单位配备了新的撰稿人，从目前情况看撰稿人队伍基本形成并发挥了较好的作用。

2004年《年鉴》参加了中央级年鉴的评比，并获得一等奖，且在奖励中排名由上届第11位向前跃进到5位。

（4）中国电力网站（CHINA POWER）。中国电力网站是随着《年鉴》的编辑出版一起创办的，可以说是《年鉴》的姊妹篇。但由于网络经济的发展，网站所起到的作用已经是《年鉴》无可取代的。

2004年网站进行了一系列的建设，质量有了新的提高，在网站林立的局面中能独具一定的影响，2004年网站发布信息30000多条，点击、查询、访问人次已达到创纪录的1000万以上人次。

（房庆红）

中国电力规划设计协会

1. 积极组织开展行业电力设计体制改革研究工作

（1）政策调研工作。2004年政策调研工作的重点是围绕电力体制改革的目标，受国务院电力体制改革工作小组办公室委托，进行省（区）院管理体制的改革和乙级院体制改革的调研工作，为电力行业主辅分离向有关部门提供决策依据；在管理体制创新方面，拟定了以主辅分离、辅业改制、企业薪酬制度的改革、设计流程改革的研究以及人力资源优化配置等为主要内容的调研课题。

制定行业《人力资源管理和薪酬制度改革的指导意见》，推动行业人力资源管理、薪酬分配制度的改革工作，组织开展了对大区院、省（区）院人力资源管理和分配机制的现状、改革意向进行调研。

根据国家电力体制改革的进程，开展了《国企改革发展战略研究》的调研工作。通过对行业内外相关单位的调研，对不同行业的工程勘察设计单位的体制改革、股份制改造、实施“走出去”发展战略、建立国际型工程公司等有了较全面的了解，为研究行业设计单位向工程公司和工程咨询公司方向发展提供了可借鉴的做法和经验。

为落实温家宝总理对工程勘察设计业有关问题的批复，参加了建设部组织召开的部分工业行业协会负责人会议，并应建设部的要求，提交了《关于加强对工业设计行业管理、发展和支持改革的建议》。

为提高调研工作水平，鼓励政策调研员发扬认真、求实的工作精神，根据协会制定的优秀调研报告评选条件，组织行业内有关专家对2003年政策调研报告进行评选。其中，《对省（区）电力设计院体制改革中有关问题的探讨》和《电力设计行业开展工程总承包调查报告》两篇调研成果被评为优秀调研报告，并以电规协政研［2004］04号文向各会员单位印发了评选结果和《2003年政策调研报告汇编》。

（2）配合国务院电力体制改革工作小组办公室进行省级电力设计院的深化体制改革的调研工作。2004年组织召开了省级设计院深化体制改革座谈会。国家发改委电力处负责人、电力体制改革工作小组办公室王强副主任等4位领导到会听取汇报。会后根据座谈会集中反映的意见，由省（区）院分会理事长单位负责组织起草了《关于全国省级电力设计院体制改革意见和建议的报告》（简称《报告》）。协会在征求了电力体制改革工作小组办公室王强副主任对《报告》内容的意见和建议，再次进行深入研究和讨论后，以电规协［2004］7号文上报电力体制改革工作小组办公室，并抄报国家发改委、电监会、国资委、财政部、劳动保障部、国家电网公司、南方电网公司等电力体制改革工作小组各成员单位。

在配合电力体制改革工作小组办公室开展省院体制改革的同时，根据工作小组办公室的委托，协会进行了行业乙级设计院的改革调研工作。先后对已完成公司制改造的绵阳、成都、邯郸、荆州等4个设计院进行了调研，深入了解了规范公司法人治理结构、资产重组、股权设置、薪酬分配以及改革后的生产经营情况、存在的问题。协会将调研情况以及行业内乙级设计院基本情况，包括单位数量、职工人数、行政隶属、企业性质、经营项目等，向电力体制改革工作小组办公室作了汇报。

2. 进一步加强行业市场要素管理

（1）资质管理。2004年受理了18个单位设计资质升级、转正申请材料，经协会组织行业专家审核后上报建设部；参加了建设部主持的两批共140家申报电力设计资质的初审工作。完成了行业87个单位工程咨询资质的年检工作，其中合格82家，对3家单位提出警告，对2家未报材料的单位给予通报批评。

个人执业资格管理工作。2004年重点完成注册电气工程师考核认定工作，完成初审、复核，处理各种投诉或举报的调查与核实工作；完成注册电气工程师执业资格考核认定人员材料的复核与上报工作，共初审材料7871份；配合全国注册中心完成了注册电气工程师执业资格考核认定人员终审工作，考核认定结果已经在建设部网页公示。

受中国工程咨询协会委托，编制了《注册咨询工程师管理条例》，已上报中国工程咨询协会审批。

（2）工程总承包和项目管理工作。为进一步增强电力勘测设计单位和综合实力，2004年成立了行业工程建设项目管理专委会，组织交流工程总承包和项目管理经验，推动行业工程总承包和项目管理工作的开展。

配合中国勘察设计协会建设项目管理和工程总承包分会及中国工程咨询协会项目管理指导工作委员会，开展了全国第二届优秀工程项目管理和优秀工程总承包项目的评选工作；开展了2003年度工程项目管理和工程总承包企业营业额百名排序工作。行业中有8家企业进入2003年工程项目管理50名排序，有19家企业进入2003年工程总承包百名排序。

配合中国勘察设计协会建设项目管理和工程总承包分会，组织行业部分单位人员参加澳大利亚项目管理协会举办的项目管理培训，有43人按照该协会评估程序取得了国际上三大项目管理协会互认的六级项目经理证书，为推行项目管理工作培养了人才。行业中获得建设部颁发的建造师有79人（考核通过）。

（3）关于前期勘测收费办法的研究、测算与报批工作。此项工作是2003年工作的延续，根据中国工程咨询协会的意见，完成了电力前期勘测工作收费办法的可研阶段实物工作量收费与综合收费对比计算书及可研阶段主要成本项目清单测算与编制工作，并及时上报中国工程咨询协会；12月，又向中国工程咨询协会做了最终汇报，已经报送国家发改委审批。

根据国家发改委的要求，组织召开了有发改委、建设部领导以及业主单位参加的工程勘察收费标准使用手册（电力行业）听证会；参与了《电力行业收费标准使用手册》的修改工作和最终稿的校审工作。

（4）行业统计工作。汇总了2003年行业甲、乙级勘测设计单位统计年报，编制完成了《2003年电力勘测设计统计资料汇编》，并分别报送国家发改委和建设部，为政府部门掌握电力建设市场信息提供了依据。完成了电力勘测设计统计信息管理系统网络版软件开发工作，2004年的行业统计数据已经上网填报，为掌握行业市场动态、指导行业发展以及向政府部门提供决策依据提供了方便。

（5）行业工程设计责任保险工作。为贯彻落实建设部关于开展工程设计保险的指导意见，提高设计质量和设计院抗风险能力，2004年年初启动了电力设计责任保险工作。召开了工程设计责任保险研讨会，统一了行业组织开展电力工程设计责任保险的目的、作用、意义的认识；制订符合电力设计行业特点的保险条款，保护设计院的权益，编制了《电力工程设计责任保险实施细则》和《电力工程设计责任保险条款补充说明》、《电力工程设计责任保险年保费率》等文件，并得到保险公司认可。目前已有50个单位办理了保险手续，投保金额5.95亿元。部分单位在参加地方保险到期后，将转入行业保险。

3. 加强行业业务建设指导

（1）设计流程改革调研工作。推广三维设计，开展设计流程改革研究，是协会2004年的重点工作之一。组织进行了专题研讨、三维设计技术应用交流情况，组建了设计流程改革研究课题组，制定了工作计划，完成了国内调研。

（2）标准化管理工作。建立了电力勘测设计行业标准化（包括采集国外标准）体系框架课题研究组，编制完成了《电力勘测设计行业标准体系表（初稿）》；配合国电信息中心完成了电力勘测设计标准化信息管理系统的开发。该系统包括了现行的国家有关法律、法规以及行业勘测设计技术标准、有关设计院采集的国外设计标准，以及施工阶段各专业验收标准；还收集了部分相关行业工艺设计的标准，为构筑行业技术贸易壁垒奠定了基础。

为了规范行业标准化工作，积极筹备电力规划设计标准化技术委员会换届改选工作，提出了新一届委员会成员的建议名单，并报请中电联审批。完成了上届电力规划设计标准化技术委员会的总结和以后工作计划的拟定；按照中电联标［2001］30号文批准发布的《电力行业专业标准化技术委员会章程》，提出了《电力规划设计标准化技术委员会章程》的修改意见。

2004年共组织编制、修订行业标准31项（其中大纲17项、送审稿14项），已组织有关专家完成了25项（其中编制大纲14项、送审稿11项）标准的审查；完成了17项行业标准的报批。完成了6项DLGJ标准的出版、发行工作，完成3项DLGJ标准的征订工作。2004年还完成了6项勘测科研项目的评审工作。

（3）质量管理工作。2004年，中国工程咨询协会将质量管理委员会工作委托给电力规划设计协会，为做好该委员会的组建工作，协会作了大量的质量管理情况调查，编制了该委员会的工作规程，提出了年度工作计划，召开了委员会成立大会，取得了较好的效果，受到中国工程咨询协会领导的好评。

为进一步推动行业质量管理，交流近两年来的技术质量管理经验，组织召开了行业技术质量管理经验交流会。协会领导对行业质量管理工作提出了新的要求，这次会议为推进行业质量管理工作奠定了良好的基础。

配合中电联认证中心完成19个单位的认证、复评审核，46个单位监督审核。组织进行了乙级设计院认证咨询工作，简化了乙级院质量体系文件框架，有效地推动了乙级院质量管理工作。

为加强勘测设计质量管理，2004年组织电气、土建、线路等专家对4个省12家乙级设计单位进行了质量检查。这次检查工作得到了被检单位领导和设计人员的重视和欢迎，也为进一步开展对乙级院的行业服务工作积累了经验。

（4）工程评优工作。组织开展了2004年电力行业“四优”评选活动，对申报的150个项目（其中40项由中国工程勘察设计协会转来），组织62位专家参加了初评，23位专家参加了终评。共有70个项目获得电力行业（火电）优秀奖，并上报建设部参加全国优秀项目的评选。

为进一步提高评优管理水平，开展现代化的评优组织工作，减少各会员单位的评优成本，协会组织编制了工程评优管理软件。制定了《电力工程优秀勘测、优秀设计、优秀标准设计及优秀计算机软件评选管理办法》。

为使乙级设计院完成的220kV及以下优秀供配电项目具有进入国家级优秀奖项评选的机会，协会在征询了全国评优专家委员会意见的基础上，提出了《小参数、低电压优秀设计评选办法补充规定（火电、送变电项目）（讨论稿）》。

组织了2004年度电力行业优秀工程咨询成果奖的评选工作，申报项目66项，29项获得电力行业优秀奖，并上报中国工程咨询协会参加全国优秀咨询项目的评选。

组织开展优秀QC小组初评和终评活动，共26个QC小组获得行业优秀奖，5项获建设部优秀奖。

开展了质量效益型、四满意企业和全电质量管理奖的评选活动，共有10个设计企业获得2003年度电力勘测设计行业质量效益型先进企业、3人获得全国电力满意服务明星、3个小组获得全国电力用户满意服务明星班组、2人获得全国电力用户满意杰出管理者称号。

（5）加强行业培训工作。举办注册电气工程师考核、考试辅导班。在北京举办了四期共1160人参加的注册电气工程师执业资格考核认定人员测试考前辅导班；完成了注册电气工程师执业资格培训教材等资料的编写、出版、发行等工作，还分别在上海（二期共220人）、山东（二期共150人）举办了注册电气工程师执业资格考前辅导班。

开展项目管理培训。配合中国勘察设计协会工程总承包与项目管理分会组织本行业4批43人赴澳大利亚参加项目管理培训、取证及考察工作，有41人取得澳大利亚项目管理协会颁发的国际项目经理证书。

注册工程师继续教育。根据建设部注册工程师管委会的安排，组织了顾问集团公司系统注册建筑师、注册结构师继续教育工作。

软件应用培训。组织了三批共100多家甲乙级会员单位参加的电力勘测设计统计信息管理系统软件应用培训。

4. 继续做好行业档案管理

行业档案管理工作的重点已转向乙级设计院。为提高乙级设计院的档案管理水平和档案人员的业务能力，举办了乙级设计院档案管理培训班，聘请档案专委会的专家授课并进行电子档案管理软件演示，收到了较好效果。

为提高电子档案管理软件应用水平，做好电子档案管理软件与设计流程衔接工作，2004年还组织召开了电子档案管理经验交流会，对推动电子档案管理工作起到了积极作用。

5. 继续推进行业企业文化建设

结合电力勘测设计行业体制改革和各单位实际情况，开展了企业文化理论研究活动，组织召开了第二届企业文化建设年会，进行了论文发布；组织了《国企在改革过程中如何加强企业文化建设》的专题讲座和研讨。

为推动行业企业文化建设的深入开展，交流文化理念，展示企业形象，完成了电力设计单位标识、企业精神、企业共同价值观和企业理念等企业文化建设成果的征集、编制、出版工作。

6. 做好行业信息传播服务

(1) 刊物建设。2004年共出版发行《电力设计信息》24期17280册，充分发挥了《电力设计信息》传递信息时间快、内容新、信息量大的特点。出版发行《电力勘测设计》4期16000册，所登载的专业论文科技含量高，管理文章前瞻性强，充分发挥了《电力勘测设计》作为公开发行的科技型刊物的作用。

积极申办《电力勘测设计》双月刊发行手续。2003年此刊物为季刊，发行周期长制约着稿件的刊登数量和科技信息的传播与交流。为充分发挥刊物载体的作用，经向国家科技部和国家电网公司多次申请，于2004年8月获国家科技部及国家新闻出版署批准。

(2) 网站建设。自行业网站开通以来，已为60多家会员单位作了链接，主动搜集行业和会员单位信息源予以发布，并为协会业务部门发布工作信息。

7. 进一步加强协会的自身建设和管理

为适应行业发展的需要，进一步提高行业服务水平，2004年调整了组织机构，增设培训部门，补充完善了各部门工作职责；修订了协会内部管理制度；编制各项主要工作流程图，进一步规范了工作程序。

中国电力建设企业协会

1. 围绕电力改革积极开展工作

2004年，电力体制改革在网省层面展开，主辅分离提到议事日程，建协对电力建设企业进行了深入调查，多次召开调研会、座谈会，探讨改革中的主辅分离问题，并形成《关于电力建设企业改革问题的情况反映和建议》，报送有关领导部门。

2. 办好建协和各专委会年会

建协有六个专委会。为使各专委会的工作更加协调统一，每年年初建协都召开各分支机构秘书长工作会。在总结上年度建协及各专委会工作的基础上，部署并协调下一年度工作计划，沟通有关情况，研究协会的重大问题等。建协每年召开一次全国电建企协秘书长联席会，以交流沟通各省电建协会的工作和有关情况，研讨电力建设企业的共性问题和解决方案，研讨协会工作和相互协作共同为会员单位做好服务的有关问题。

(1) 火电施工专委会年会主要针对新的形势、新的机遇、新的任务、新的格局和新的挑战，研究、探讨、交流火电施工企业如何改革、创新、联合、竞争和发展，以及交流火电施工企业在当前形势下加强管理、扩大市场、提高自身竞争能力的经验，共同商议火电施工企业改革、稳定、发展的大政方针，探讨在新的形势下如何落实电力体制改革方案，保持企业稳定，促进企业发展。

(2) 送变电施工专委会年会主要围绕国家电力体制的改革，探讨送变电施工企业改革的方向和举措；研究如何在提高企业自身素质、增强企业抗御市场风险能力的同时，努力改善送变电行业外部发展环境；总结交流了各会员单位之间深化改革、强化管理、安全施工、开拓市场等方面的经验；探讨送变电施工企业在改革新形势下未来发展战略；对送变电企业从事电网生产、运营、维护，对电网安全运营发挥的不可代替作用给予充分肯定；积极反映会员单位的意见和要求，为送变电企业的改革出谋划策，并积极向有关领导和部门反映。

(3) 电力工程监理专委会年会主要围绕电力监理企业面临的形势和发展进行讨论和交流；制定了《电力工程监理专委会会员自律公约》；交流电力监理行业的工作经验。

(4) 调试专委会年会主要交流了调试技术，围绕《启动验收规程》的修定、调试资质的管理等展开工作。

（5）工程项目专委会年会主要围绕电力工程项目管理进行交流，聘请专家就招投标法、项目管理和信息管理等内容进行讲座。

（6）统计分会年会主要就电力建筑业统计工作、统计技术进步、表彰优秀统计分析报告等展开工作，进行交流和布置年报，开展统计技术培训等。

3. 开展评优选先活动

2004年，建协共评审出电力行业优秀施工企业10家，有10人被评为“电力行业优秀施工企业家”；有10家企业被评为“电力行业用户满意施工企业”；有18项工程被评为“电力行业用户满意工程”；有35人被评为“电力行业重点工程建设优秀项目经理”。其中，经过中施企协的评审，有5家电力施工企业获得“全国优秀施工企业”的称号；有5人获得“全国优秀施工企业家”的称号；有3家电力施工企业获得“全国用户满意施工企业”称号；有3个工程获得“全国用户满意工程”；有13人获得“全国重点工程建设优秀项目经理”称号。

2004年，建协组织专家对申报的火电工程进行了评审，并同国家电网公司和中国南方电网公司对申报的送变电工程进行了评审，共评审出电力行业优质工程22个（火电4个，送变电18个）。在此基础上，经建协推荐，有8个工程获得国家优质工程奖，有5个工程获得鲁班奖。

为进一步扎扎实实抓好工程质量的基础工作，经一年多的准备，在与各大公司协商的基础上，建协正式出版了《电力工程达标投产标准和管理办法》，在电力行业开展了达标投产活动。广东台山电厂1号机等工程通过了验收，被建协命名为“达标投产机组”。

4. 积极开拓新的工作领域，为行业和会员提供服务

成立了全国电力行业电力工程建设监理工程师、总监理工程师管理委员会，制定了《电力工程建设监理工程师、总监师管理办法》，并于2004年进行了电力工程监理工程的换证工作，共更换了2418张电力工程监理工程师证。同时，进行了电力工程总监理工程师的评审和和换证工作。共评审电力工程总监理工程师342人，换证193人。

成立了调试资质管理委员会，吸收了各大电力公司、调试单位、有关专家和电力协会的代表参加，重新修改了电力工程调试资质管理办法，并于2004年全部换发了新证。

从2003年起，建协开始不定期地出版《中国电力建设企业协会通讯》，免费赠送给会员单位和有关部门的领导参阅。建协编辑出版了《中国电力建设史》一书。

5. 完善建协组织机构

2004年12月6日，电力工程技术与信息专委会成立。建协和有关专委会2004年进行了大量的换届筹备工作，并完成了火电和送变电施工专委会、调试专委会及统计分会的换届工作，且根据新的情况，重新修订了《火电施工专委会管理办法》、《送变电施工专委会管理办法》、《调试专委会管理办法》及《统计分会管理办法》。

电力工程项目专委会是一个比较特殊的专委会。虽已到换届时间，但由于改革等原因，换届工作较为复杂。但经过大量的协调与沟通工作，新的领导机构已经形成，相关换届准备工作也已基本就绪，将进行换届。建协已与水电施工和监理等单位进行接触和协调工作，拟成立水电施工和水电监理专委会。这样，建协的二级组织基本健全。

经过几年来的努力，建协的组织已基本健全到位，为建协的发展和工作的顺利进行提供了保障。

中国电力多种经营协会

1. 为搞好电力体制改革中的“主辅分离、主多分开”提供有关政策建议

（1）在充分调查研究的基础上，向电力体制改革部门提供了《调整重组多经企业重大问题和方案框架建议》（简称《框架建议》）。《框架建议》于2004年1月6号以中电多协（2004）1号文上报电力改革领导小组办公室和电监会体改办。根据电监会讨论《国家电网公司关于主辅分开改革方案》的意见，协会对《框架建议》作进一步的完善，以中电多协（2004）9号文印发国家电网公司、南方电网公司、五大发电集团公司和团体会员单位。

（2）积极参与并协同中电联组织了《关于电力行业主辅分离的建议》课题研究并形成报告。结合多种经营协会掌握的电力行业辅业的现状及多种经营企业发展的现状和存在问题，提出了电力辅业企业的界定，以及对多种经营企业应采取的相关政策建议。

（3）按照中电联的统一安排，讨论《国家电网公司主辅分离改革方案征求意见稿》。协会着重提出了电力体制改革应围绕改革的总体目标进行总体设计和分步实施。改革方案应按照市场经济运营要求进行总体设计，对改革前后的电力主业和电力辅业体制、机构、运营体系变化要进行清晰的分析比较，进行充分的改革论证。

2. 为企业提供政策咨询服务

（1）鉴于厂网分开后，进行电网公司的“主辅分离、辅业改制”和“主多分开”成为2004年网省公

司的重头戏，协会编印了《电力体制改革政策汇编》。

(2) 在电力体制改革深化发展的过程中，山东省电力集团公司多种经营办公室专程来京咨询，协会向他们提供了掌握的相关政策，提供了《电力体制改革政策汇编》和关于调整重组多种经营企业相关政策及材料，以及各网省公司此项工作的基本动向。

(3) 粤广电集团公司在开展“主辅分离、主多分开”的工作中，组建了天能投资有限公司。为了更好地开展此项改革，该集团公司派遣了一个8人调研组赴京与有关发电集团公司，网、省公司开展调研，并向多经协会提出了协助工作的要求。对此，协会建议并协助该调研小组与华能、华电、大唐等发电集团公司联系和安排，使调研工作顺利开展。在充分准备的基础上，协会与中电联理事会工作部一起对调研小组提出的若干问题作了全面的咨询和说明，提供了《关于调整重组多种经营企业中的问题和相关政策措施建议》、《关于走访铁道部学习要点》、《关于电力行业“主辅分离”改革的建议》和《关于开展电力多种经营企业管理人员职业技能任职资格及学历学位培训工作的通知》，受到了粤广电集团的充分肯定。

(4) 接受内蒙古电力集团公司多经局的要求，在充分准备的基础上，对多种经营体制改革和发展进行了咨询服务。

3. 进一步加强了新会员的发展和老会员单位的重建工作

(1) 认真调研和策划电力多种经营企业协会组织建设及会费收取办法。根据国务院［1996］48号和民政部、财政部印发［2003］95号文件精神及有关规定，为确保中国电力企业多种经营协会各项工作的正常开展，规范会费和各项费用的交纳与管理，起草了《中国电力企业多种经营协会组织建设构想》。

(2) 充分发挥协会电力多经企业策划咨询中心、协会培训部和协会电气信息中心的作用并对企业改制中的问题，开展了大量的培训和咨询服务工作。积极支持帮助深圳电力商会的筹建工作，为电力多种经营企业开辟新的市场创造条件。

(3) 组织了五大发电集团公司“主辅分离、主多分开”政策研讨会。

(4) 结合电力体制改革，探索协会组织发展新形式和新方法。协会积极倡议中电投、大唐、国电电力和华电作为团体会员加入多种经营协会，并探讨组建发电分会的有关问题。

4. 开展职业技能教育培训工作

印发了中电多协12号文件《关于开展电力多种经营企业管理人员职业技能任职资格及学历学位培训工作的通知》。对电力多经企业的学历、技能及任职资格进行了综合平衡全面部署，规范电力多经企业教育培训工作。

5. 做好《电力多种经营》的编辑出版工作

编辑《电力多种经营》，并通过中电联网站刊登《电力多种经营》主要文章的摘编，为会员单位查询提供了良好的条件。

6. 其他工作

协会秘书处根据代管单位——中国电力企业联合会的要求，起草了制定了《多经协会秘书处岗位责任制办法》，做到年度有规划，季度有工作目标计划，每季度有工作目标完成情况小结，在此基础上，接受中电联的检查和监督。

根据主管单位——国资委对协会工作的要求，多经协会认真进行了年度财务审计工作，认真做好年检工作，得到了国资委和民政部的肯定。

积极配合地方政府普查工作领导办公室，认真负责地填写经济普查相关报表。

积极参加发改委、国家委和民政部举办的全国行业协会成就汇报展览会。与中国电力企业联合会一道，将电力行业多种经营企业20多年来企业发展情况、资产增值保值的情况、经济效益情况和减人增效的效果向社会进行了展示。

全国电力技术市场协会

协会于2004年12月15日在北京中国科技会堂召开全国电力技术市场协会成立10周年座谈会暨协会二届四次理事会。

邀请参加会议的嘉宾有：原电力部史大桢老部长，国务院国资委吴晓华副主任，中国银行副行长、国家核电公司筹备组副组长孙吕基，国家电网公司顾问张贵行，中国三峡开发总公司顾问、中国电力企业联合会副理事长秦中一，中国电力企业联合会副理事长、全国电力技术市场协会副理事长叶荣泗，中国电力企业联合会业务顾问吉辅，中国技术市场协会常务副会长刘东升，国家发改委能源局王化江处长，中国技术进出口总公司马璐副总裁，以及有关单位、公司的领导。应邀参加会议的还有美国FW公司、荷兰NEM公司、德国西门子公司、日本IHI公司和北京B&W公司的代表。

会上史大桢老部长、吴晓华副主任、王化江处长作了热情洋溢的讲话，并对协会的工作提出了更新更高的要求。刘东升常务副会长对全国技术市场的情况和协会的任务作了专题报告。全国电力技术市场协会理事长、国家电网公司党组成员周小谦代表协会作了《充分发挥协会作用，加速科技成果转化，实现全国电力工业持续、快速、健康地发展》的工作报告，会议还特邀了三位专家就当前电力发展中的热点问题作了专题报告。

在理事会上通过理事变更的提案，通报了协会2004年度的财务情况。

1. 努力促进科技成果转化，推广运用先进技术

(1) 2003年年底，第二批燃气轮机联合循环电站的项目开始进入设备采购阶段，为了使第二批项目的业主及其他有关单位能进一步了解燃气轮机和余热锅炉设备性能及技术发展最新进展，以及第一批设备采购中有关技术方面的问题，全国电力技术市场协会于2004年1月15～17日在北京召开了燃气轮机联合循环电站技术交流研讨会。出席会议的代表共99名。

(2) 为了协助各业主单位更深入了解国外超超临界机组的情况，以及我国在制造超临界机组方面所开展的技术开发工作，全国电力技术市场协会会同中国动力工程学会，于2004年4月14～16日在北京召开超超临界锅炉技术交流会，出席会议的代表共99人。重点研讨在当前超超临界锅炉招投标过程中遇到的热点问题。

(3) 2004年4月20～23日，在安徽黄山针对电力信息化网络安全应急技术方案专题，举办电力信息网络安全技术方案研讨会。国家计算机网络安全与应急技术处理协调中心、中国南方电网有限责任公司生技部、江苏省电力公司给会议很大的支持和帮助。出席会议的代表共110名。

(4) 由全国电力技术市场协会主办，中国南方电网公司协办，于2004年9月20～21日在广州市召开《全国应用现代电力电子技术提高输出能力和电网安全技术研讨会》。研讨会包含三部分内容：①邀请专家、教授作国际、国内电力电子技术在输电系统中应用的现状和技术发展趋势的报告；②由电力部门介绍我国电网的现状、已投入使用的无功补偿和可控串补装置的调试运行情况及由国内外厂商作产品的技术性能介绍；③根据会议情况，组织有关电网技术的专题讨论。这次会议的重点是介绍已投入使用的无功补偿和可控串补装置的调试运行情况及如何解决运行中所出现的问题，对工程的设备选择和系统设计具有重要的参考价值。同时也为国家发改委课题的实施提供了技术准备。

(5) 全国电力技术市场协会于2004年12月17～19日在海南省三亚市召开了全国电力系统精确故障测距和广域测量技术研讨会。会议邀请科研、高校、科技开发公司的院士、教授、技术专家和有关厂商作学术报告，并介绍先进的测距技术及产品。

2. 努力开拓技术咨询服务工作

(1) 配合大型燃气轮机电站建设和技术引进工作，开展了燃机和余热锅炉的结构特点和技术性能分析的研究，编辑出版《大型燃气轮机联合循环发电机组结构和技术性能分析》和《大型燃气轮机和余热锅炉技术资料》两本综合性资料；参与了燃气轮机的评标工作和配套的余热锅炉的标书审查和评标工作以及中、外公司技术合作的中介工作。

(2) 开展了有关超临界机组的咨询工作。参与了国家600MW超临界机组重大技术装备研制项目的管理，以协助解决在机组研制过程中遇到的问题；对一些锅炉厂开展了有关研制超临界机组的技术咨询工作和技术方案的讨论；参与了部分工程的超临界机组招评书的审查、设备评标工作。

(3) 协会组织了火电设备的调研工作，以了解机组技术改造的方向。

3. 关于资料、信息的交流

为会员单位免费订阅《中国技术市场简报》，另外，秘书处还将协会编辑出版的《电力系统计算机网络安全新技术研讨会资料汇编》、《电力信息化安全技术研讨会资料汇编》、《应用现代电力电子技术提高输电能力和电网安全稳定运行资料汇编》和《电力系统广域测量技术和精确故障测距资料汇编》等，以及购买的有关《技术市场新政策新法规汇编》等资料，免费寄送给会员单位。

中国水利电力质量管理协会

开展全国电力行业全面质量管理基本知识普及教育工作，充分调动各网、省电力公司及行业协会的积极性，广泛宣传质量管理重要性，增强广大职工质量管理意识，并组织广大职工参加全面质量管理基本知识统一考试。2004年年初，中国水利电力质量管理协会受到国家质量监督检验检疫总局质量管理司和中国质量协会联合表彰，获得“2003年度全面质量管理普及教育优秀组织奖”的荣誉称号，贵州省电力行业协会、湖北省电力行业协会、广东省电力行业协会、江苏省电力行业协会获得“2003年度全面质量管理普及教育先进单位”的荣誉称号，赵宗鹤、罗继民、林文、张凌云、华邦山、梁梅、胡泽林、余遐强、张培敏、邢雁波、彭希平获“2003年度全面质量管理普及教育优秀推进者”。

3月，评审出获全国电力行业质量效益型先进企业特别奖5个：浙江省电力设计院（第二次获特别奖）、云南省送变电工程公司、辽宁电力勘测设计院、西北电力设计院、广东省广电集团惠州供电分公司；获全国电力行业质量效益型先进企业28个；获全国电力行业用户满意企业7个；获全国电力行业用户满意服务8个；获全国电力行业用户满意产品（建筑工

程）1个；获全国电力行业实施用户满意工程先进单位7个。

5月，在北京组织专家对优秀QC小组成果进行认真评审，其评审出全国电力行业优秀质量管理小组313个，质量信得过班组37个，质量管理小组活动优秀企业35个，质量管理小组活动卓越领导者41名，质量管理小组活动优秀推进者43名。6月，在广西北海市召开发、供电企业QC成果发布会，共有70个QC小组在大会上发布成果。截至2004年年底，已登记注册质量管理小组累计数为46.6312万个，其中2004年已登记注册QC小组数为3.0154万个。

9月，在中电联领导关心和指导下，邀请有关专家认真评审，共评出绍兴电力局、江苏省电力设计院、嘉兴电力局、广州珠江电厂、西北电力设计院、徐州供电公司6家企业获全国电力行业质量管理奖，并于11月在北京对获奖单位给予表彰，颁发质量管理奖荣誉证书和奖杯。

在全国电力行业开展创建“用户满意服务明星”活动，评出全国电力行业用户满意杰出管理者19名、全国电力行业用户满意服务明星33名、获全国电力行业用户满意服务明星班组31个。

由中国水电质协上报电力行业获全国优秀QC小组28个、全国质量信得过班组4个、全国QC小组活动优秀企业1个。

由中国水电质协上报电力行业获全国质量效益型先进企业1个（云南省送变电工程公司）。

由中国水电质协上报电力行业获得中国质量协会、中华全国总工会、共青团中央、全国用户满意工程联合推进办公室表彰江苏省电力公司南京供电公司曾玲丽、湖北省应城市电力局城中供电所万从军为“2004年全国用户满意服务明星”，浙江省义乌供电局110电力抢修中心、广东省广电集团有限公司珠海供电分公司前山营业所为“2004年全国用户满意服务明星班组”。

认真贯彻落实中共中央宣传部等单位下发的《关于开展“2004年全国质量月”活动》的通知精神，要求电力企业积极参与，围绕“人人创造质量，人人享受质量”的活动主题，广泛开展宣传工作。其中，浙江省电力行业协会、云南省电力行业协会、广东省电力行业协会、吉林省电力行业协会质量月活动开展得较好，取得了一定的成效。

11月，召开了中国水电质协第四届会员代表大会，并套开了中国水电质协电力分会第三届会员代表大会，大会通过了工作报告、章程、新一届领导成员名单及会费收取办。

为了认真宣传贯彻国家颁布的《卓越绩效评价准则》，引导电力企业追求卓越绩效，提高产品、服务和经营质量，增强竞争优势，促进经济持续快速健康发展，中国水电质协制定了《电力行业“卓越绩效先进企业”评选办法》。

中国电力教育协会

5月，根据教育部教厅综函［2004］21号和民政部民函［2004］43号文的要求，完成了2003年的年度检查和年度财务审计工作。根据北京市经济普查办公室的要求，完成了有关情况的说明和应报送的相关报表。为中国电力教育协会电力教育基金管委会在电力教育基金的评奖、资助等方面做了如下工作：①完成了“许继奖教金”更名为“许继电力科技资助金”的管理办法的修订和工作委员会的换届工作，并组织进行了“许继电力科技资助金”资助教师科研课题项目的管理和2004年度资助项目的申报和评审工作。2004年共资助教师课题9项，资助金额共为84万元。②完成了新设的电力教育培训新星奖评审委员会组建工作和《电力教育培训新星奖实施办法》的修订工作，以及2004年度“电力教育培训新星奖”的申报、评审工作。2004年共评出电力教育培训新星特等奖获得者10名（每人5000元），一等奖获得者33名（每人3000元）。教育协会还将10名获得电力教育新星特等奖人员的先进事迹剪辑整理后登载于中电联网站和《中国电力教育》杂志上。

电力系统人才研究会

初步完成第二届常务理事会的工作报告（报审稿）；初步完成《章程》的修改稿；走访五家发电公司和四家辅业集团公司的人事部门负责人，征求对换届工作的意见；邀请两电网公司和五省市电力公司的有关人员座谈，就人才研究会的换届及发展交换了意见。

2004年电力系统人才研究会组成调研组到江苏省电力公司及其所属苏州、南通供电公司和天生港发电公司等单位，就人力资源开发与管理工作进行了调研，并写出调研报告。

完成2004年《电力人才研究论文选》的征集，编辑、发行工作。2004年《电力人才研究论文选》共编辑电力系统19篇论文。

为了适应电力体制改革新格局，加强各理事单位人才研究工作的信息交流，经研究从2004年11月开始编印《电力人才研究工作信息》，年底出版2期。

水利电力翻译协会

1. 积极支持和参与中国译协科技翻译委员会工作

2004年8月，应中国译协科技翻译委员会和中科院科技翻译工作者协会邀请，协会3名代表参加了在北京举行的第十一届全国科技翻译研讨会。在这次研讨会上，理事长晏勤以中国译协科技翻译委员会副主任的名义做了工作报告。协会秘书处派专家参加了论文的评审工作。水电系统的翻译人员也提交了论文，并获得了奖项。

2. 定期举行常务理事会议

除每两年举行一次理事会议以外，学会坚持定期举行一年一次全体常务理事会议，或根据需要不定期地召开在京常务理事会议，研究急需确定的问题，并以简报形式将结果通报全体常务理事。

3. 积极推动各分会学术活动

2004年4月，华中分会在江西赣州召开了华中外事工作会议暨翻译经验交流会。许多年轻的翻译人员和工程技术人员积极参与、踊跃投稿是本次华中分会翻译经验交流会的新的亮点。

4. 协助参与翻译系列职称评审工作

在每年电力系统翻译系列职称评审工作中，国家电力公司都从专家库中随机抽取翻译专家参加评审。学会连续多年协助国家电力公司和国家电网公司圆满完成了翻译系列专业技术资格评审工作，专家们认真负责的工作态度得到人才评定中心的肯定。

5. 出版《翻译通讯》

水利电力翻译学会横跨两个系统，会员遍及全国各地。除各种信息渠道和现代多媒体手段外，学会还通过《翻译通讯》这一刊物向会员传达信息，通报学术动态，交流翻译心得，达到相互学习促进的作用。每年不定期出版1～2期。2002～2004年先后出版了第15、16、17、18、19期《翻译通讯》。

6. 圆满举办了翻译经验交流会，并参加了中国译协理事会

（1）2004年9月，水利电力翻译学会理事会会议暨第三次全国水利电力翻译经验交流会在内蒙呼和浩特市召开。学会理事和入选论文作者代表共60人出席会议。会议共收到全国水利电力两系统提交的翻译论文和心得体会近80篇，内容涉及口笔译技巧的探讨、翻译经验总结、遣词造句艺术；语种涉及英、德、日等，其中有12名作者代表在大会上宣读了论文。会议根据议程进行了分组讨论。学会秘书处根据理事会的委托，组织专家对提交论文进行了认真评审，评出了一等奖、二等奖和优秀奖。对于初涉翻译领域，积极支持学会工作的文章，按照专家建议，发给“参与奖”，以资鼓励。闭幕式上，学会领导为论文获奖者颁发了荣誉证书。

（2）2004年11月，参加了在北京举办的中国译协第五届全国理事会会议。水利电力翻译学会晏勤再次被选为中国译协第五届全国理事会常务理事，孙守义、孟志敏、高文杰被选为理事。

学 术 团 体

中国电机工程学会

中国电机工程学会（简称学会）于2004年完成了第八次全国会员代表大会的工作。学会办事机构在理事长的领导下，首先找准电力管理体制改革以后学会的位置和工作的方向，确定以服务电力系统、服务电机工程界、服务学会系统、服务电机工程学会广大会员为宗旨，同时，逐步建立健全制度，加强内部管理，增强服务能力，积极实践学会“三主一家”的要求和努力开展咨询服务工作，取得了一些成绩和进步。

积极进行电力科技的学术交流，为推动电力工业的技术进步而努力

中国电机工程学会及各专业委员会、省级学会开展了多种形式的国际、国内学术交流、专题论坛和学术年会。继电保护专委会、电工数学专委会、电力系统自动化专委会、电磁兼容专委会、热电专委会、燃气发电专委会、电力建设专委会、高电压专委会及各省级学会等先后召开了年会或其他学术性会议。带电作业专委会和中电联带电作业标委会在沈阳联合组织了中国电力带电作业50周年纪念活动。火力发电专委会在新疆召开了清洁煤燃烧专题论坛会。中国电机工程学会主持召开了电力系统电磁暂态分析研讨会、发电机蒸发冷却技术研讨会。学会的正、副理事长和正、副秘书长分别参加了2004年5月在许继集团召开的继电保护技术交流会、由南方电网公司主持召开的南方电网技术论坛、由河北省电机工程学会召开的年会、安徽省电机工程学会举办的高校电力技术研讨会，并在会上发表了讲话。这些交流活动吸引了相当数量的专家和学者参加，并发表专题论文，取得良好效果。

1. 积极主动筹备和组织世界工程师大会电力与能源分会场

2004年11月，在上海召开2004年世界工程师大会。此次会议是全球性的第二届世界工程师大会，受到了党中央和国务院的重视。2004年6月，中国科协正式下文，由中国电机工程学会和地质学会共同牵头主办资源和能源专题会场。由于电力能源方面来稿较为集中，7月经世界工程师大会组委会批准，中国电机工程学会单独牵头主办电力和能源专题会场。在国家电网公司、南方电网公司、华能集团公司、大唐集团公司、华电集团公司、国电集团公司、中电投集团公司、北京国华电力公司以及各参会单位的共同支持下，在上海市电力公司、华东电网公司的帮助下，在众多院士、专家和企业领导人的鼎力襄助和共同参与下，仅仅用了5个月的准备时间，组织了一个科技含量高、影响比较大的国际性会议，得到了大会和中国科协的好评。会议论文作者来自五大洲的十多个国家，有中国国家电网公司、各发电集团公司的主要领导，国际上著名电力公司如东京电力、法国EDF、日本电源开发等公司的高级领导和技术负责人，有GE、ABB、西门子、GEA等跨国公司的高级专家和IEEE等知名国际学术和研究机构的负责人，本专题会共收录正式论文130篇，其中国外论文25篇。会议发言共44位，有赵希正理事长、周大兵总经理、王炳华总经理、陆佑楣院士、杨奇逊院士、金浪川总工、IEEE电力分会的Puttgen主席、西门子中国公司输配电部的Matthe总经理、法国电力公司中国首席运营官、阿尔斯通中国水电副总裁、日本中央电力研究院副院长等。参会代表最多时达到约300位。

这次会议为了使国内参会者更加广泛，并且能够准确理解报告内容，方便交流，会议全程同声传译，并同时出版了全部论文的中文和英文版本。尤其值得一提的是，全部国外论文和演讲稿的笔译工作主要由几位年轻博士和在读博士生业余承担，两位老专家担任校译，在一个月内完成了约15万字的中文译稿，且翻译质量令人满意，效果反映很好。会议还采用张贴论文的形式展示工作成果。

此次世界工程师大会电力专题会的内容涵盖了发电、输配电、可再生能源发电和分布式发电，以及超导网络、储能技术等专业领域，可以展望后10年覆盖全电力行业的技术发展方向。

2. 陆延昌理事长主持并参加重要的学术交流活动

陆延昌理事长于2004年八届一次理事会后，亲自主持并参与了一系列重要的学术交流活动。在这些会议和活动中陆延昌理事长结合当前电力工业情况和未来电力技术的发展动向发表了重要的讲话。其中包括：5月的中国电器工业协会继电保护及自动化行业年会、第二届国际氢能论坛、6月的《华北电力大学SIS项目技术鉴定会》；7月的2004国际电力技术会议（ICEE会议）日本、国家科技奖初评会议（动力与电气组）、超超临界技术协作网成立大会；8月的南方电网公司第一次安全生产技术论坛电力技术论坛、国际大电网会议（Cigre会议）；9月的中国科协振兴东北地区等老工业基地专家坛暨首届沈阳科学学术年会、电力安全专家委员会成立大会暨工作会议；10月的南方电网公司总工程师培训班、上海市电机工程学会成立70周年大会、第八届青年学术会议、中国电机工程学会燃气轮机发电专业委员会2004年

年会以及11月的世界工程师大会电力与能源论坛、全国政协科协界委员座谈“国家十一五规划科技方面的重大问题”。

3. 组织、参加了中、日、韩、港学术交流会和国际大电网会议

2004年7月4～8日，在日本北海道召开的ICEE年会和中、日、韩（港）定期交流会议，中方有57篇论文被录用，49人参加会议。陆理事长在大会开幕式上发表了题为《中国电力系统继电保护和自动化的进展》的讲话，受到了会议的重视。2004年8月，由学会理事长、国家电网公司顾问陆延昌率团参加了在法国巴黎召开的国际大电网会议，随后参加了由ABB集团公司举办的国际电力论坛，并参观了ABB的全球研发中心。

张贵行副理事长还参加了在北京召开的国际热电联产技术会议并发表了讲话。

4. 组织、召开第八届青年学术会议

中国电机工程学会举办的第八届青年学术会议2004年10月17～18日在北京召开。此次会议是学会主办的面向全国青年科技人员的全国性电机工程学术会议，是中国电机工程各个专业领域青年科技人员交流、学习的盛会，也是展示青年科技人员科研成果、发现和培养优秀电机工程科技人才的重要舞台。会议的主题是电力系统安全。此次会议经中国科协批准为中国科协第五届青年学术会议卫星会议。陆延昌理事长出席会议并发表了讲话。来自全国电机工程界青年科技工作者200余名代表参加了会议。

此次会议吸引了国内大学、电力技术研究、生产、运行、管理等部门的青年骨干投稿356篇。经专家评审，312篇入选，优秀论文64篇。其中，14篇论文被推荐参加中国科协第五届青年学术年会。中央电视台教育频道对会议做了报道。

办事机构内由李若梅副秘书长负责并配合学会学术和专委会的工作，向国家电网公司科技信息部每半年提供一次分专业的电力新技术报告。

2004年7月，由中国电机工程学会、华能集团公司、大唐集团公司、华电集团公司、国电集团公司、中电投集团公司、北京国华电力公司以及国投电力公司共同发起成立了我国超超临界火电机组技术协作网，为我国已开始的火电机组新技术的发展服务，并讨论筹划了2005年第一次年会的基本内容。此前，中国电机工程学会已组织了对中电投集团公司阚山电厂超超临界机组可行性研究报告的评价，组织提出了国投电力公司天津电厂超超临界机组的可行性建议书。

中国电机工程学会积极参加全国科普日活动，社会影响较大

由中国科协主办的全国科普日（北京）社区科普活动2004年7月4日在北京市海淀区太月园社区举行。中国电机工程学会在全国科普日活动中开展了“电与生活”科普宣传并取得良好的社会反响，并被中国科协授予“全国科普日先进单位”，予以表彰。

7月4日，全国科普日（北京）活动当天，陆启洲、刘顺达、刘彭龄、秦定国四位副理事长亲临现场并参加专家咨询，国家电网公司、北京电力公司和华能股份公司的专家也参加了专家咨询，他们认真解答群众提出的有关电与生活、电与环保、节约用电、安全用电、需求侧管理等方面的问题。来自国家电网公司、华能集团公司、大唐集团公司、国电集团公司、北京国华电力公司、中国电力出版社、北京电力公司、海淀区电力公司、清华大学等单位的50多名科技工作者和科普志愿者走进社区，直接面向广大居民，开展科普活动。

活动中，宣传《科普法》、《电与生活》、《电与环保》、《需求侧管理》等知识的1200多册宣传品受到社区居民的欢迎，特别是体现“科学用电，你我共参与”的《“电与生活”科普知识问卷》（见本《年鉴》附录）引起了大家的极大兴趣。以“环保促发展，电力做贡献”和“节约用电”为主题的24块展板前观看的人群络绎不绝，两台采用多媒体宣传“电与生活”科普知识的触摸屏循环宣传，提高了科普宣传的科技含量和效果，引发学生和群众的兴趣。为了配合当前节约用电形势，在中国电机工程学会“电与生活”的科普日活动中，北京电力公司副总经理侯清国为社区居民做了题为《节约用电，合理用电》的专题科普报告，向公众展示人民电业为人民的形象。

中国科协副主席张玉台和北京市委副书记强卫专程来到宣传台，会见参加活动的专家。张玉台表扬中国电机工程学会重视科普工作。活动还引起了宣传媒体的重视，中央人民广播电台记者专门就当前用电形势和节约用电采访了学会副理事长、国家电网公司副总理陆启洲。

积极开展活动，建设学会成为技术人员之家

学会办事机构组织了“技术人员之家”活动，在京的老专家、老领导9月20日在紫竹院参加游园座谈活动。电力系统近40位老专家、老领导参加活动。陆延昌理事长带领学会办事机构工作人员向80周岁以上的老专家祝寿、致敬，年过90高龄的老专家徐博文饶有兴致地回忆起为中华人民共和国开国大典升

旗仪式所做的贡献，其他老专家也谈了感想，活动搞得简朴、热烈。

结合电力工业的实际，努力开展咨询服务工作

(1) 受国家电力监管委员会的委托，承担《电网调度管理条例》修订工作小组的具体组织工作，已按计划完成任务。

(2) 继续做好中国电力科学技术奖工作，2004年度评审任务已按时完成。2004年度中国电力科学技术奖的推荐受理工作于5月底结束，项目的推荐组织工作得到了各推荐单位的重视和大力支持。包括10家设奖者在内的27个推荐单位共推荐项目157个，其中水电27个、火电64个、电气66。

专业组评审共评选出2004年拟获奖项目74项，其中包括向评委会推荐的7项一等奖、20项二等奖、47项三等奖。

中国电力科学技术奖励评审委员会会议于2004年9月27日在京召开。会议听取了奖励办公室魏光耀主任所做的关于2004年度中国电力科学技术奖推荐项目受理及其专业评审工作情况的简要汇报；听取了7个推荐一等奖项目的完成单位代表所作的项目介绍和答辩，并评审通过了2004年度中国电力科学技术奖一等奖5项，审议通过了二等奖22项、三等奖47项，共74项获奖项目。大家在评审过程中，坚持标准，严谨认真。会议开得民主、有序、高效。

上述获奖项目的异议公告于9月29日在中国电机工程学会网站发布，刊登有上述信息的《中国电力》2004年第十期也印刷发行。异议期间仅有一项涉及完成单位名序异议的非实质性异议，并已经处理完毕。《中国电力科学技术奖奖励通报（2004年度）》已报送评审委员会各位委员函审。

在做好中国电力科学技术奖工作的同时，做好国家级科技奖励电力项目评审的配合工作。配合国家科技奖励工作办公室，积极做好国家科技评审专家库专家人选的补充推荐工作，于2004年10月补充推荐了国家科学技术奖励评审专家人选（第一批）共129名。

(3) 在国家电力监管委员会的领导下，积极参与电力安全有关技术服务和咨询工作。电监会于2004年6月批准成立了以陆延昌理事长为主任委员的电力安全专家委员会（简称专委会）及其10个专家小组。专委会和专家小组分别由29名和130名专家组成。

(4) 开展了盘山电厂、呼和浩特市电厂、沈阳超高压局的科技咨询活动。接受国家电网公司和中国长江电力股份有限公司的委托，完成了对三峡水电厂已投运机组的安全性评价；接受国家电网公司和山西阳城国际发电有限责任公司的委托，完成了对阳城电厂并网运行的安全性评价工作。

(5) 积极准备对科技人员的继续教育工作。根据人才强国战略的要求和电力企业的实际情况，与有关单位合作，对科技人员特别是青年工程师进行继续教育。作为工程师再教育内容之一，学会已做好举办电力企业总工程师研究班的准备工作。为了做好继续教育工作，到机械工程师学会取经，认真学习他们的先进经验。为了使继续教育工作能够与国际接轨，组织有关专家翻译了《香港工程师学会会员资格要求》、《华盛顿条约》、《APEC工程师：评估声明》等，并编写了《电力工程师继续教育培训大纲》。

(6) 协助国家电网公司开展了与UNDP中国代表处的合作的谈判，9月29日，UNDP中国代表处、经贸部技术经济交流中心和国家电网公司三方代表签字，UNDP将在近3年内帮助中国国家电网公司开展“全国联网，提高能效”的研究。通过该项研究，中国的电力联网将全面借鉴国际经验，不但了解国际上发达国家的联网技术和经济评价分析，而且了解与联网相关的法规和政策。该项目的具体执行，由学会办事机构提供协助和服务。

（崔文富）

中国水力发电工程学会

为贯彻落实中国科协《关于推进所属全国性学会改革的意见》，结合国家电力体制改革的进展，从水力发电行业及学会工作的特点出发，确定了2004年中国水力发电工程学会的工作思路——坚持树立科学发展观，抓住水力发电蓬勃发展的机遇，明确水力发电学会的准确定位，调整学会机构，重组咨询服务体系，开拓服务领域，确保学会改革发展和各项工作的顺利开展。

据此，2004年9月学会召开常务理事会，研究讨论了学会改革发展、机构调整、工作开展以及实施会员制，完善学会工作指导委员会、基金委员会、专家委员会体系的各项工作。

学会工作

中国水力发电工程学会会同中国水利学会共同管理中国大坝委员会。该委员会是国际大坝委员会的分支机构，是中国水力发电学会的对外窗口，代表中国水力发电学会参加国际大坝技术、学术交流活动。

中国水力发电工程学会受中国工程咨询协会委托，成立了中国工程咨询协会水力发电专业委员会和

筹建中国工程咨询协会合同工作委员会，承担全国水力发电行业咨询机构从业、执业资格初审工作和工程管理合同文本制订、合同执业人员培训及合同执行争议咨询协调等任务。

(1) 根据中国工程咨询协会的有关条例、法规、规章、标准、规范等，制定和组织贯彻执行水电行业实施细则。

(2) 协助中国工程咨询协会做好年检和资格复评工作。2004年完成换发资质证书的初审工作，还协助中国工程咨询协会做好专家审查工作。

(3) 协助中国工程咨询协会完成了第一批通过认定取得《中华人民共和国注册咨询工程师（投资）执业资格证书》的注册咨询工程师（投资）的认定工作，并继续组织注册前的培训工作。

(4) 组织每年一次（2004年是第四次）全国优秀工程咨询成果奖的申报、初审和初评工作。

(5) 经过中国工程咨询协会的认可，作为注册咨询工程师（投资）继续教育的举办单位。正在筹建的合同工作委员会继续教育工作也依托学会办理。

(6) 筹备组建中国水力发电工程师协会和中国水力发电工程师注册中心。为配合中国科协促进工程师国际互认工作的开展，根据我国水电行业40000余名各专业的工程师的具体情况，有条件、有可能、有必要开展此项工作。

我国一大批世界顶级工程正在建设（三峡、龙滩、小湾、拉西瓦、公伯峡等）；一大批世界顶尖技术正在实施并不断创新（世界最高的碾压混凝土坝、面板堆石坝、拱坝）；一大批水电行业的杰出工程师技术精益求精，经验丰富成熟，创新设计了具有世界领先水平的三峡、龙滩、小湾等顶级工程，创新了国际公认的复杂施工技术，解决了水电界多年来难以克服的难题。中国水力发电工程有近万名高级工程师，4000余名水电专家，40余名中科院、工程院院士，在国际学术界、工程界享有较高声誉，为工程师国际互认奠定了基础。

(7) 国际工程师协会（FIDIC）在中国的代表机构——中国工程咨询协会，已委托中国水力发电工程学会作为中国水力发电工程师（咨询）注册的初审单位开展工作，成立中国水力发电工程师注册中心，承担工程师国际互认的有关工作。

(8) 组建中国水力发电学会独立专家组工作。根据学会当前工作特点，正在组建以下专家委员会：

全国大坝安全技术经济（咨询）评估专家委员会（下设若干个独立专家组）；

全国水电厂安全技术经济（咨询）评估专家委员会（下设若干个独立专家组）；

全国水力发电工程技术执业资格评审委员会（下设若干独立专家组）；

中国水力发电工程学会专家委员会（下设若干独立专家组）。

随着国家电力体制改革深化，水电开发向投资多元化和建设多元化发展，亟需统一的规范化、专业性强的行业服务组织，进行有效、公平、公正协调，处理行业功能的各项工作，促进国内外水电行业交流，加快水电建设的健康发展。为此，中国水力发电工程学会拟进行中国水力发电协会的筹备组建工作。协会秘书处设在学会秘书处内，处理日常事务和承担水电行业的服务和协调工作。

开展学术交流，做好服务工作

中国水力发电工程学会组织的学术活动围绕国家科研和建设任务，结合国家大、中型工程建设项目，探讨、交流国际领先的技术和实践经验。技术服务对象均是相关的政府部门和国家级企事业单位。

学科门类多、专业性极强，是中国水力发电学会的特点。其学术交流、技术服务均以“专业委员会”（水力发电10大学科、30多个专业委员会）为单位，在中国水力发电工程学会总部统一计划、安排及指导下分别进行。

1. 学术交流活动

2004年，中国水力发电工程学会举办了学术交流会议24次。参加人数1423人（境外人员7人），交流论文583篇（境外人员3篇）；举办培训班13期，培训人员596人；继续教育培训人员100人。通过学术交流、技术咨询活动达到了交流信息、传播新理论、新技术、新经验，为水电发展献计献策的目的。

(1) 由中国长江三峡工程开发总公司、湖北清江水电开发有限责任公司、中国水力发电工程学会、中国水利学会主办，中国水科院、中国大坝委员会承办的水力发电2004国际研讨会于2004年5月24～26日在湖北省宜昌市三峡坝址召开。参加会议的代表328位，其中中方代表248位，外宾代表80位。会议收到论文135篇，出版了中英文论文集。会议就高面板坝设计、施工及监测，混凝土大坝的设计、施工及运行管理等5个议题进行了交流，既向国外同行展示了中国大坝建设的成就，又达到了相互学习的目的。

(2) 中国水力发电工程学会电网调峰与抽水蓄能专委会于2004年11月16～19日在南京召开学术年会。参加会议的有来自我国抽水蓄能投资开发、建设管理、设计、高校及设备厂家等60多个单位的近150名代表。会议收到论文44篇，出版了论文集。会议围绕我国抽水蓄能电站的现状和开发前景，抽水蓄能电站设计的新理论、新技术、机组捆绑招标的国产化问题，抽水蓄能电站的综合效益、设备更新改造、关键施工技术等进行了交流研讨，对推动我国抽水蓄能建设事业的发展有积极意义。

(3) 中国水力发电工程学会机械疏浚专委会于2004年10月26～28日在江西南昌召开了第十七次疏浚与吹填技术经验交流会。参加会议的代表来自全国18个省、市，以及荷兰VOSTALMG公司、芬兰康克公司、Aquamec公司和KAT公司的代表230多位。会议征文50篇，选辑其中35篇出版了论文集。会议放映了当前我国水利疏浚与吹填施工技术、施工设备及技术系统、挖泥船技术改造及国外疏浚相关设备状况的影片。同时，针对我国经济发展形势的新特点，探讨水利水电疏浚行业在市场竞争中如何赢得生存和发展的思路与对策，正确认识治理江河湖库淤积的重要性，进一步提高环保意识，将环保清淤工作提到应有的高度。

(4) 中国水力发电工程学会碾压混凝土筑坝委员会与中国水利学会碾压混凝土筑坝专委会共同组织，分别于2004年4月8～10日、10月26～30日在湖北省宜昌市和贵州省贵阳市召开了2004年度碾压混凝土高拱坝筑坝技术专题研讨会和2004年度碾压混凝土筑坝技术专题交流会。71个单位的166位代表参加了4月的宜昌会议，汇编会议交流论文47篇；205位代表参加了10月的贵阳会议，收编会议交流论文82篇。会议主题是结合具体工程（宜昌会议结合湖北招来河工程，贵阳会议结合贵州索风营工程）围绕高碾压混凝土坝设计、施工技术展开交流，是规模较大、有一定影响的全国性的学术交流会，对推动我国碾压混凝土筑坝技术的发展有积极意义。

(5) 中国水力发电工程学会面板坝专委会于2004年4月20～23日、9月20～23日分别在贵州省贵阳市和兴义市召开了全国面板堆石坝快速施工经验交流会和天生桥全国混凝土面板坝防裂技术专题研讨会。30余个单位的100余人参加了4月的贵阳会议，30多个单位的60余人参加了9月的兴义会议。

(6) 中国水力发电工程学会在2004年主办的数次学术会议都取得了较好效果，例如：2004年11月6～10日在苏州主办的2004年全国水电控制设备学术年会，120余人参加会议，收到论文80余篇，大会交流30余篇；2004年2月25～26日在宜昌主办的2004年全国电力系统自动化技术年会，100余人参加会议，大会交流论文30余篇；2004年10月11～12日在北京主办的大坝机组灭磁系统学术交流会，30余人参加会议交流；2004年12月9～12日在三峡主办的2004年全国水电厂自动化学术年会，120余人参加会议，大会交流论文60余篇；2004年12月14～17日在昆明主办的2004年全国水电建设学术年会，120余人参加会议并交流。

此外，全国水电建设学术年会还开展了近30次活动。参加学术交流的工程技术人员2000余人，参会的高级专家近1000人，与会高等院校代表80余人，境外专家10人，国外学术机构和企业厂商在华代表处专家200多人·次。会议交流论文500余篇，出版论文集40余册，共计3000余万字。通过交流，增长了政府部门的技术决策能力，增强了企事业单位技术支持力，提高了学会在国内外的学术水平和声誉，加大了学会在水电行业的影响，促进了水电行业科学技术的交流和发展。

2. 继续教育

中国水力发电工程学会工程造价专业委员会多年来坚持不懈地抓队伍培训，将提高造价专业人员业务素质作为一项主要工作来抓，取得了显著成效。截止到2004年年底，共举办了53期水电水利工程造价（概预算）培训班。2004年分别在三峡开发总公司、成都勘测设计研究院、湖南五凌公司（常德培训基地）、水电十一局（三门峡市）举办了4期培训班，共培训学员361人。教师是专门聘请的在工程造价岗位上工作优秀、经验丰富且有一定知名度的专家和业务骨干，经过培训的学员多数已成为水电水利行业的技术骨干和领导干部。这种培训的方式受到多方的肯定，并受到中国科协的表扬，以此为典型拟在全国推广。

3. 参与国家科学发展规划的论证和制订

在参与国家科学发展规划、论证和制订过程中，学会利用了学科门类完备、专业人才齐全、综合技术优势的特点，组织促进水力发电事业发展和科学进步的咨询、论证工作，并组织专门班子或与有关学部、研究会制订和编写有关能源科学技术发展的研究报告。

(1) 主持制订和编写。会同中国工程院能源与矿产业工程学部共同编制：

“十一五”国家水力发电规划及2020年远景研究（2004年正式上报）；

“十一五”国家水力发电科学技术发展规划建议书（正式稿）。

(2) 会同或协助制订。协助中国工程院、能源研究会等制订：

“十一五”电力和新能源发展规划及2020年远景研究；

能源发展战略及“十一五”重点专题咨询研究报告（总报告）；

2020年中国能源科学技术发展研究总报告；

2020年中国水力发电科学技术发展研究专题报

告；

中国水能资源开发利用的战略研究总报告（7个分报告约，40万字）。

编辑出版

（1）《中国水力发电年鉴 第八卷（2003年）》（简称《年鉴》）于2004年11月正式出版发行。该卷《年鉴》首次以一年卷时段出版，编列22个篇目，设91个栏目，共600余条目，210万字，并插印大小照片、图表一百余幅。《年鉴》重点突出了三峡工程，反映了我国水电建设事业取得的伟大成就；编列了电力体制的改革内容，用以反映电力体制改革后的新格局和新进展；选取了科学研究与技术创新的宝贵资料，用以汇集我国水电建设的顶级技术和先进经验。同时还收集了全国水力资源复查最新成果（2003年）、西电东送、南水北调进展及农村水电方面的重要资料，为水电行业的科学研究、工程技术、建设管理等部门的经验推广、信息交流提供了可靠依据。

（2）《水力发电学报》（简称《学报》）从2004年第一期起，由季刊改为双月刊；由16开本每期96～112页改为大16开本，每期128页，全年发表文章的容量较原容量增加65%。2004年发表文章145篇，其中，涉及规划、水文水能计算的10篇；水工建筑设计运用的54篇；机电设备19篇；泥沙方面的38篇；施工管理的4篇。

《学报》坚持反映我国水电领域科学研究、工程技术和开发应用的新成果，展示水电界的学术水平、科技水平，促进学术交流。《学报》重视质量，严格把关，每篇论文都经专家审查，并在编辑会上逐篇审查，讨论评审意见，通过后才能选登。论文质量高、信誉好，引用率在同类刊物中名列较前。

此外，《水电能源科学》、《大坝与安全》、《水电站机电技术》等重点期刊及省级水力发电学报（8处）、学会会讯、内部学术期刊等的出版对促进水力发电建设事业的发展，对学术交流、科研成果、技术创新的推广应用起到了十分积极的作用。

（3）《李鹗鼎纪念文集》于2004年12月正式出版。该书为纪念中国工程院院士、著名水电专家、原电力工业部副部长、中国水力发电工程学会连续三届理事长李鹗鼎逝世3周年，缅怀其一生为水利水电事业做出的重大贡献，从而激励后人学习他几十年如一日勤恳敬业、公正廉洁、一贯科学严谨的工作作风和无私奉献的革命精神，把我国水电建设事业做得更好。

该书300余页，共30万字，记述了李鹗鼎同志一生主要经历、文稿遗著、技术专论、实践总结、讲话报告、诗文等；收集了同事、友人的回忆文章，以此映射出李鹗鼎的人生轨迹，供人们追思缅怀。

（陈叔康）

电 力 企 业

电 网 公 司

国 家 电 网 公 司

企 业 管 理

2004年，公司树立和落实科学发展观，坚决贯彻党中央、国务院关于宏观调控的各项决策和部署，正确处理发展、改革和稳定的关系，积极应对供电紧张局面，各项工作取得了新的成绩，公司发展呈现出崭新面貌和良好态势。

坚持“安全第一、预防为主”的方针，严格落实安全生产责任制，确保了电网安全稳定运行和可靠供电，电网事故和设备事故下降，没有发生人员责任的重大停电事故。

需求侧管理继续加强，优先保证居民生活和重要客户用电，合理安排和引导企业错峰、避峰，周密制定供电应急预案，最大限度地缓解了供电紧张矛盾。严格执行“三公”调度，加强调度信息发布。推进优质服务常态机制，深入开展供电营业规范化服务窗口建设，不断提高服务水平。公司系统在地方民主评议行风活动中成绩显著。

公司党组，研究确立了国家电网特别是特高压骨干网架规划。西北电网750kV示范工程进展顺利。一批跨区、跨省输电工程相继投产和开工。三广直流工程通过国家验收，三沪直流工程开工建设。区域电网和省级电网网架得到加强，城乡电网建设进一步加快。公司330kV及以上交流线路投产8484km，开工6576km；变电容量投产4358万kVA，开工4061万kVA。直流线路投产946km，开工1100km，换流容量投产和开工各600万kW。完成固定资产投资951亿元，其中电网投资843亿元，同比增长18.4%。

加强负荷预测，优化电力调度，通过技术创新提高输电能力，加大电网间电力输送规模，跨区跨省平衡电力供需，国家电网资源优化配置的能力进一步增强。公司跨区跨省互供电量完成1798亿kWh，同比增长30.1%。

坚持依法治企、规范经营，强化预算约束，加强成本控制，加大电费回收力度，实现增收节支。落实审计决定，促进经营管理水平提高。公司售电量完成12891亿kWh，主营业务收入净额5901亿元，实现利润97.3亿元。

认真学习党的十六大和十六届三中、四中全会精神，加强企业党的建设、领导班子建设和干部队伍建设。党风廉政建设继续深入。公司干部队伍思想政治建设取得成效，工作作风明显转变。广大员工勤奋敬业，保持了良好的精神风貌。

领 导 班 子

国家电网公司总经理、党组书记：刘振亚

中纪委驻国家电网公司纪检组组长、党组成员：祝新民

国家电网公司副总经理、党组成员：陆启洲　陈进行　郑宝森　陈月明

供 需 状 况

2004年，党中央、国务院针对经济生活中出现的突出矛盾，及时采取了一系列宏观调控措施，经济发展保持了平稳快速的良好态势。全年国内生产总值136515亿元，同比增长9.5%，增长幅度比2003年上升0.2个百分点。

我国电力消费继续快速增长。全社会用电量达到21735亿kWh，同比增长14.9%；其中，第一产业增长2.7%；第二产业增长16.4%；第三产业增长15.2%；城乡居民生活增长8.2%。从电力消费结构看，一产占2.8%，二产74.8%，三产11.2%，居民生活11.2%。

由于用电增长速度继续高于经济增长速度，2004

年电力消费弹性系数为1.57，已连续5年大于1；单位GDP电耗水平持续上升，2004年GDP单耗较2003年提高了5.2%。

占全社会用电量比重30%的黑色金属（钢铁）、有色金属、建材和化工四大高耗电行业用电在高位增长基础上总体略有回落，全年累计增长18.2%，增速同比降低1个百分点。

2004年，全国主要电网统调最高用电负荷合计为28512万kW，同比增长10.9%；统调发受电量合计18110亿kWh，同比增长15.3%。负荷增长明显高于电量增长的主要原因是受拉限电、用电结构重型化等因素的影响。

2004年，全国新增发电装机容量4929万kW，其中水电新增1336万kW，占新增总容量的27.1%；火电新增3513万kW，占71.3%。到年底，全国发电设备容量达到44070万kW，同比增长12.6%，近10年以来增幅首次达到10%以上。

2004年全年发电量达到21870亿kWh，比2003年增长14.8%。其中，水电发电量3280亿kWh，同比增长16.6%；火电发电量18073亿kWh，同比增长14.5%，占总发电量的82.63%。

全年发电设备平均利用小时为5460h，比2003年增加215h，为1973年以来最高值。其中，火电设备平均利用小时达到5988h，同比增加221h，创下1987年以来的最高值。

在经济持续快速增长的背景下，受电源装机不足、缺煤少水等主要因素的影响，2004年全国呈现大范围、持续性严重缺电的局面，电力供需形势成为1990年以来最为严峻的一年，全国有24个省级电网出现拉闸限电，四个季度的最大电力缺口均超过了2000万kW，最大电力缺口出现在夏季，达3500万kW左右。迎峰度夏期间，华东电网缺电最为严重，电力缺口达1800万kW左右，华北电网缺口700万kW，南方电网缺口500万kW。冬季枯水期，华中电网电力缺口达700万kW左右，西北电网电力缺口100万kW左右。全国只有东北电网和山东电网总体电力供需基本平衡。

电网规划

组织开展全国联网规划滚动研究工作。深入论证全国联网规划重要技术问题，落实“一强三优”发展战略，启动以特高压电网为核心的国家电网骨干网架研究论证，研究内容包括同步电网构建方案、大型水电基地和大型煤电基地输电方案总体研究、更高一级电压等级论证工作、电网输变电技术升级、跨省跨区资源优化配置方案等工作；初步分析了周边国家能源资源状况，提出跨国联网规划初步报告。

组织开展电网规划设计工作。完成金沙江一期工程溪洛渡、向家坝水电站输电系统规划设计工作，明确采用直流方式向华东、华中电网送电；完成锦屏一、二级水电站输电系统规划设计工作，明确锦屏一、二级水电站作为一组电源，分别送往华东、重庆和四川电网；完成陕北煤电基地输电系统规划设计和府谷电厂输电方案研究工作，明确神木和府谷电厂至华北电网输电方案；基本明确各区域与省级电网500kV、330kV电网“十一五”规划方案。

组织开展输变电项目可研前期工作。完成阳城输电系统加强工程可研、神木一期送出工程可研并上报国家发改委；基本完成三峡—万县串补工程、宁东—天津东直流工程可研，德阳—宝鸡直流工程可研；上报国家发改委一批330kV及以上输变电项目可研；组织完成一批大型水火电厂接入系统设计审查工作并批复了审查意见。

电网建设

到2004年，国家电网公司累计建成投产500kV输电线路8883km，变电容量4175万kVA，换流容量600万kW；建成投产330kV输电线路547km，变电容量183万kVA；建成投产220kV输电线路7930km，变电容量4144万kVA，实现了全年建设目标。

三峡送出工程、西电东送、全国联网工程全面完成年度计划，电网结构进一步加强。三峡至广东直流输电工程按期投产，为缓解广东电力紧张局面作出了贡献。东北华北加强联网工程的投运，保证了京津唐电网顺利度过夏季用电高峰。左一—龙泉—荆门输电工程的顺利投产，满足了川电东送的需要。华中—西北直流背靠背联网工程、西北750kV示范工程进展顺利。三沪直流工程开工建设。区域电网和省级电网网架得到加强，城乡电网建设进一步加快。西藏狮泉河水电站、湖北白莲河抽水蓄能电站相继开工；金河、直孔水电站，泰安、宜兴、桐柏、西龙池抽水蓄能电站建设进展顺利。

财务与资产经营

（1）全面完成国资委考核的各项指标。完成对各考核单位2003年资产经营考核工作，合理确定各单位2004预算目标并签订资产经营责任书。

(2) 加强各项财务管理工作，保证公司2004年度财务状况的稳定。继续深化预算管理，加强财务评价和成本管理工作，建立了公司中长期滚动预算制度。积极引导各单位注重投资回报，控制低效和无效投资。完善担保管理制度体系，严格防范和监控担保管理风险。加强公司财务评价工作研究，进一步强化成本管理意识。

(3) 加强电价管理，推进电价改革。研究竞价风险防范机制，推动平衡资金管理办法及实施细则的出台。配合国家发改委制定并颁布统一的新机上网电价、火电机组政府定价电量、超发电电价。

(4) 稳步推进财务信息化建设，以信息化带动财务现代化。组织调查公司财务信息化现状，提出公司财务管理信息实时系统总体方案、财务信息系统建设方案等。研究制定资金管理中心IT规划方案，资金交易和资金管理平台方案，组织开发资金中心业务系统软件，建设公司资金监控系统并与银行联网运行。

安全生产

2004年，国家电网公司生产情况基本稳定，公司系统没有发生有人员责任的重大及以上的电网事故、设备事故；没有发生对社会造成严重影响的停电事故，没有发生大型设备损坏事故。公司系统电力生产、基本建设共发生人身死亡事故7起，死亡7人，同比减少7起，减少8人；发生电网事故107起，同比减少27起，下降20.1%；发生设备事故295起，同比减少46起，下降13.5%。

(1) 高度重视电网迎峰度夏工作，精心准备和落实各项措施。认真组织分析电网度夏面临的形势和任务，做好应对各类突发事件的应急预案准备。抓紧完成迎峰度夏急需的电网建设和改造工程。合理安排设备检修和消缺，严格执行电网运行规程。加强需求侧管理，搞好优质服务。全力以赴组织做好防汛抗台救灾工作。

(2) 抓住安全生产中的阶段性突出问题，采取针对性的防范对策和措施。坚持“安全第一”的方针，严禁为赶工期、赶进度弱化安全生产，严禁采取拼设备方式换取短期经济效益，确保人员、电网和设备安全。

(3) 加强电网调度和生产运行管理工作，保证电网安全稳定和设备可靠运行。加强网厂协调，规范电厂接入系统管理。

针对设备长时间重载、满载运行，加强对重点线路、重要变电站的运行巡视和维护，提高设备的可用率。加强无功电压管理和无功补偿设备的运行维护，合理平衡各级无功，稳定电网电压。

(4) 适应改革和发展新形势，不断完善安全生产制度体系和长效机制建设。建立覆盖电力生产各个领域、各个环节的安全性评价动态管理体系，努力构建基于风险管理的安全生产长效管理机制。

组织对《电业安全工作规程》进行修编，结合管理体制变化、生产技术发展、安全生产实践、国外管理经验等，提出相应的组织措施和技术措施。

(5) 建立应急预案制度，不断完善事故防范体系。结合电网事故规律，吸取各类事故教训，建立覆盖电力生产事故发生、发展、处理、恢复全过程的事故预警和应急处理机制，从而提高应对各类突发事件的综合处理能力和应急救援能力。

人力资源管理

(1) 组织实施以“四支人才队伍”建设为重点的人才工程，全面提高员工队伍的整体素质。以高素质企业家队伍、高层次经营管理者队伍、高水平专业技术和技能人才队伍建设为重点，全面启动“四支人才队伍”建设工程。建立企业优秀人才库，完善高级人才选拔、培养、考核、激励的管理制度，吸引和稳定优秀关键人才，促进企业发展与员工个人发展的协调统一。

(2) 逐步完善符合现代企业制度要求和电网企业实际的组织管理体系，积极稳妥地推进主辅分离工作。深入研究实施主辅分离的相关配套政策，积极向国家有关部门提出实施主辅分离的政策建议。

(3) 建立适应电网企业特点的新型业绩考核体系和工资分配制度，加强工资总量的宏观调控与管理。改进和完善国家电网公司“二项责任制”考核管理办法，进一步加强对公司系统经营者业绩考核工作，调动企业经营者和广大职工的劳动积极性。

(4) 推进劳动用工和人事制度的改革，完善和规范人才评价管理办法。加强劳动管理，依法规范劳动关系。继续深化劳动用工制度改革，探索灵活多样的劳动用工形式，严格劳动合同管理，积极推行聘任制、人事代理制用工制度。以能力和业绩为导向，完善人才评价标准，积极探索各具特色的人才评价方式，进一步规范公司系统专业技术职务资格评审。

农电管理

2004年年底，国家电网公司系统共有各类县供电企业1810个（含市郊），其中有780个直供直管企业、739个代管企业、291个股份制县供电企业。乡供电所21911个。2004年，公司系统县供电企业管理的乡、村、农户通电率分别为99.92%、99.83%、99.65%。

公司农网综合电压合格率97.18%，比2003年提高0.51%。

随着农电管理的逐步规范，农电职工队伍素质不断提高，目前拥有初级及以上职称的管理和专业技术人员占到农电职工总人数的28%，比2003年提升4个百分点。

2004年，公司系统农村居民生活平均电价0.51元/kWh，比2003年下降0.03元/kWh。成了居民生活同网同价工作，公司系统25个省（市、区）电力公司全部实现了省内或区域内的城乡居民生活用电同网同价，其中北京、天津、上海、江苏、浙江、湖北、重庆7个省（市、区）实现了各类用电全省同网同价。

截至2004年年底，国家电网公司累计下达县城电网改造投资计划543.91亿元，其中国家安排国债转贷资金60.65亿元，企业贷款483.26亿元。2004年全年完成投资147亿元，工程累计完成投资273.5亿元。

国际交流与合作

（1）积极开展国际招评标和进口设备采购工作。组织了三峡—上海±500kV直流输电工程换流站设备商务标书审查。加强利用外资项目和内资进口设备的管理。根据商务部和国家外汇管理局的要求，组织公司所属境外企业参加年检、绩效评价和境外投资统计，完成年检和评价报告及统计汇总。做好机电产品进出口审查工作。

（2）大力实施“走出去”战略。公司成立“走出去”战略工作领导小组，以重点项目为切入点，带动公司系统“走出去”工作。进行公司与澳洲越网公司煤炭开发研究工作。积极推进中俄联网送电工作。开展我国政府援助项目——“缅甸国家电力规划研究”和“老挝国家电力规划研究”项目前期工作。

审计工作

突出发挥审计监督作用，组织各审计派出机构对公司11个单位开展了2003年度资产经营责任和预算执行情况审计。制定了《2003年度资产经营责任审计工作指导意见》，统一组织，分级实施。

完成城乡电网等各类工程项目审计3000多项，工程签证审计31000多份。充分运用公司审计成果，堵塞管理漏洞。

纪检监察与行风建设

党风廉政建设责任制执行情况良好，责任追究力度不断加大。公司系统纪检监察部门全年共受理群众信访举报3287件，按照分级负责和归口管理的原则，及时准确地进行了处理。各单位在查处违纪违法案件的同时，对负有领导责任的干部进行了责任追究。

反腐倡廉警示教育成效明显。公司系统有计划、有步骤地开展了大规模的警示教育活动。公司党组召开反腐倡廉警示教育大会，对所属单位领导班子成员集中进行警示教育。各单位制定了周密的活动方案，开展廉政教育报告、服刑人员现身说法和观看反腐倡廉电教片等活动2086场，教育干部职工38.5万人，组织21万人参加了党内法规知识学习和测试。

制度建设扎实推进。公司纪检组、监察局制定实施了公司系统《领导人员廉政档案管理办法（试行）》、《信访举报办理程序》、《案件管理工作规定》、《案件档案管理办法》等4项制度，各单位结合实际，建立和完善反腐倡廉制度规定1957项，促进了领导干部廉洁自律工作的深入开展。

效能监察工作不断深化。在清产核资中开展效能监察，纠正财务管理、价值重估、资产损益、资产核实过程中的违规违纪行为，保证了国有资产的安全和保值增值。针对国家审计署的审计决定开展专项效能监察，落实整改措施，完善规章制度。开展设备物资采购和工程项目招标、城乡电网建设“回头看”等效能监察，规范工作流程，提高经营效益。

供电优质服务水平稳步提高。进一步完善优质服务常态运行机制，严格履行供电服务承诺，做到了缺电不缺服务，限电不限真诚。各级地方党委、政府和广大人民群众对公司供电优质服务工作给予充分肯定，11个省公司、131个地市供电公司在当地民主评议行风活动中被评为优秀单位。

中国南方电网有限责任公司

公司概况

中国南方电网有限责任公司是根据国务院《电力体制改革方案》（国发［2002］5号）、《关于组建中国南方电网有限责任公司有关问题的批复》（国函［2003］114号）和国家发展和改革委员会《关于印发〈中国南方电网有限责任公司组建方案〉和〈中国南方电网有限责任公司章程〉的通知》（发改能源［2003］2101号）等文件精神，由广东省、海南省和国家电网公司在广西、贵州、云南所属电网资产为基础组建的国有企业，由中央管理，在国家实行计划单列，财务关系在财政部单列。经国务院批准，2002年12月29日挂牌成立，2004年6月18日完成工商注册登记。公司总部设在广州市。

1. 经营范围

根据公司章程的规定，公司经营范围为：依法经营公司及有关企业中由公司投资形成并拥有的全部资产；投资、建设和经营管理南方区域电网，参与投资、建设和经营相关的跨区域输变电和联网工程；从事电力购销业务，负责电力交易和调度，管理南方区域电网电力调度交易中心；根据国家有关规定，经有关部门批准，从事国内外投融资业务；经国家批准，自主开展外贸流通经营、国际合作、对外工程承包和对外劳务合作等业务；从事与电网经营和电力供应有关的科学研究、技术开发、电力生产调度信息通信、咨询服务和培训等业务；经国家批准或允许的其他业务。

2. 经营情况

至2004年年底，公司资产总额2460.47亿元，资产负债率60.0%，职工总数13万人。2004年公司系统实现售电量3082亿kWh，完成年计划的104.1%，比2003年增长19.7%；西电东送电量418.43亿kWh，完成年计划的113.0%，同比增长57.0%；应急调峰电厂发电量117亿kWh。实现主营业务收入1567亿元，完成年计划的103.9%，同比增长23.6%。应收电费余额30亿元，比年初减少17.1亿元。净资产收益率2.02%。工业企业全员劳动生产率190.83万元/（人·年）。完成固定资产投资331亿元，其中电网建设投资282亿元；投产220kV及以上输电线路4953km，变电容量1885万kVA，换流容量300万kW。

3. 战略目标

公司的大政方针包括公司的宗旨、战略总体目标、工作方针、1号令、2号令。公司的宗旨是：对中央负责，为五省（区）服务。公司的战略总体目标：打造经营型、服务型、一体化、现代化的国内领先、国际著名企业”。公司“六个更加注重”的工作方针：更加注重依靠科技进步——在抓好电网安全的同时，更加注重依靠科技进步，提高电网科技含量，增强驾驭大电网的能力；更加注重树立科学发展观——在抓好电力供应的同时，更加注重树立科学发展观，统筹区域资源优化配置，处理好各方利益关系，促进东西部互联互动，形成多赢格局；更加注重社会效益——在抓好提高企业效益的同时，更加注重社会效益，千方百计保证重要用户和人民生活用电，为广大用户服务，为发电企业服务，为五省（区）经济社会发展服务；更加注重管理出实力——在抓好发展出实力的同时，更加注重管理出实力，强化管理，打牢基础，提高管理能力、管理水平，实现管理到位；更加注重深化改革——在抓好加强融合、巩固成果的同时，更加注重深化改革，建立现代企业制度，实现机制、体制创新，抓大放小，理清管理界面，调动各方面积极性；更加注重人的发展——在抓好企业发展的同时，更加注重人的发展，坚持以人为本，重视人才的培养、吸引和使用，创建优秀企业文化，充分发挥党组织的政治核心作用。公司1号令是《关于加强安全生产　确保电网稳定运行的规定》，2号令是《关于强化依法经营　确保经济活动合规合法的规定》。

南方电网的发展目标是：把南方电网建设成为统一开放、结构合理、技术先进、安全可靠的现代化大电网。

4. 电网基本情况

公司辖属的南方电网覆盖五省（区），东西跨度近2000km。网内拥有水、煤、核、抽水蓄能、油、气、风力等多种电源，2004年年底总装机容量8028.44万kW（不含港澳），网内各省220kV及以上输电线路总长41286km，变电容量21226万kVA。目前南方电网已经形成“六交三直”八条500kV西电东送大通道，输电能力达到1170万kW。南方电网远距离、大容量、超高压输电，交直流混合运行，既有电触发直流技术，又有光触发、可控串补、超导电缆等世界顶尖技术。从2004年9月起，南方电网开始向越南送电，成为国内率先“走出去”的电网。南方电网是国内结构最复杂、联系最紧密、科技含量最高的电网，也是西电东送规模最大、效益最好、发展后劲最强的电网。

截至2004年年底，南方电网西电东送累计完成电量1397亿kWh，其中广东受西电1032亿kWh，平均落地电价0.309元/kWh；广西受西电365亿kWh；云南送出电量219亿kWh，贵州送出电量338亿kWh。西电东送对保证广东电力供应，促进经济和社会全面发展起到了重要作用，也为西部省（区）把资源优势转化为经济优势做出了积极贡献。

公 司 领 导

党组书记、董事长：袁懋振

党组成员、董事、总经理：王野平

党组成员、董事、副总经理：赵建国　肖　鹏　周继太　王久玲　祁达才

党组纪检组组长：王玉霜

总会计师：祁达才

机 构 设 置

南方电网公司主要成员单位包括广东电网公司、广西电网公司、海南电网公司、贵州电网公司、云南电网公司、南方电网公司超高压输电公司共6个电网运营企业，鲁布革电厂、天生桥二级电站、广州抽水蓄能电厂共3个发电企业，以及南方电网财务有限公司。

公司本部设有11个部局，包括行政部、战略策划部、计划发展部、市场交易部、人事部、财务部、安全监察与生产技术部、国际合作部、监察局、审计部、党群工作部，以及南方电网电力调度通信中心、电力交易中心、技术研究中心、信息中心。详见组织机构图。

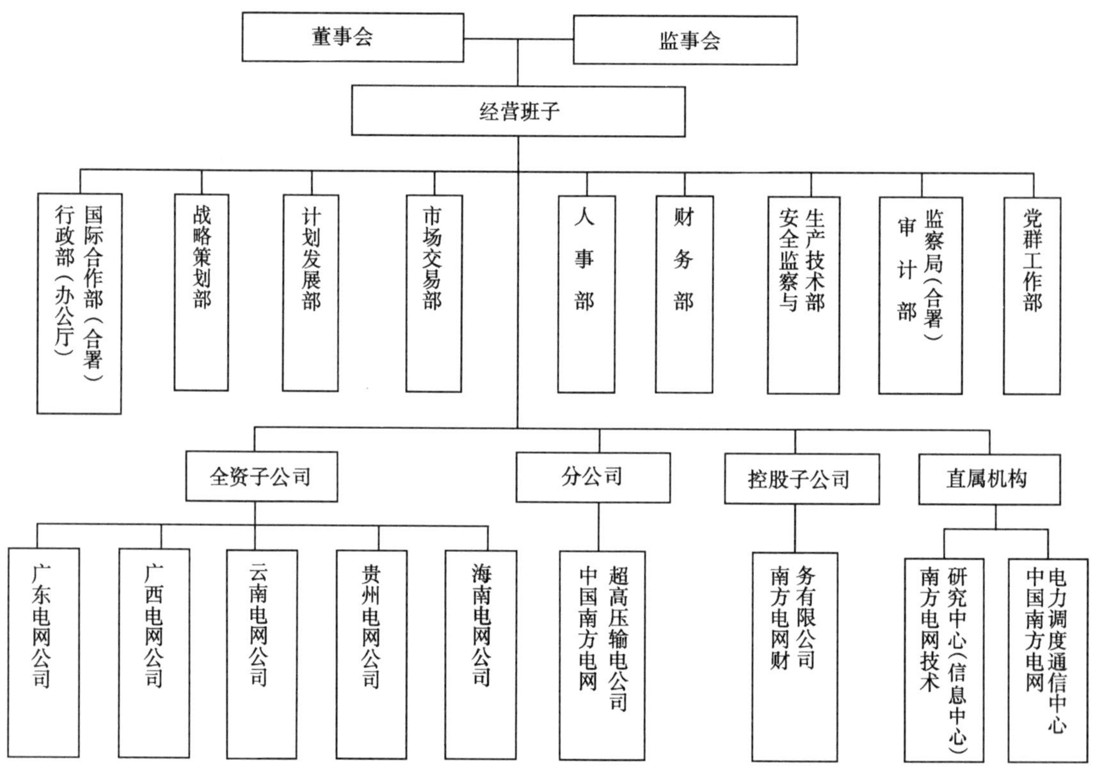

中国南方电网有限责任公司组织机构图

安全生产管理

完善安全生产责任考核机制，建立了“注重结果，兼顾过程”的安全生产责任目标和过程管理考核办法。颁布实施了十二项安全生产管理和技术标准，反“三大安全敌人”的措施进一步落实。全面开展安全性评价工作，举办了安全生产文化系列活动。针对三广、贵广直流投产后的电网结构变化，完善了安全稳定控制系统。开展二次系统管理年活动，全网220kV及以上继电保护正确动作率达到99.32%。完

成技改资金35亿元，科研投入1.9亿元。南方电网安全稳定控制在线分析及预决策系统、直流多落点问题研究和仿真系统三大课题取得阶段性成果。全年电网保持了安全稳定运行，公司系统没有发生对社会和公司造成重大不良影响、对资产造成重大损失的生产安全事故，实现了电力生产人员“零死亡”目标。电网频率合格率99.993%，综合电压合格率98.61%，城市供电可靠率99.77%，农村供电可靠率98.06%，普遍高于年初确定的目标。

资源优化配置

五省（区）经济快速增长，用电需求旺盛，而来水偏枯，电煤供应紧张，电力供需矛盾十分突出。在错峰限电的情况下，全网统调负荷15次创历史新高，达到4607万kW，比2003年最高纪录净增756万kW，增长19.6%。公司坚持全网一盘棋，充分发挥大电网的优势，调动一切积极因素，统筹兼顾做好五省（区）电力供应。加强了电力电量平衡协调，根据各省（区）负荷的特性差异，适时调整送受电曲线，优化了电网运行方式。贵州、云南顾全大局，克服困难，超额完成电力外送计划。西电送广东电量355.7亿kWh，增长67.1%。在广西枯水期水电机组出力不足30%的情况下，安排广东在夜间低谷和节假日向广西送电20.9亿kWh。全年西电和网内调剂送广西电量84亿kWh，增长54.4%，使广西在区内发电量增长不足3%的情况下，售电量增长了13.2%。全年实时调整省（区）间计划外交易电量57亿kWh。全网共享了大电网的效益，东西部都得到了实惠，实现了全盘皆赢。

需求侧管理

认真贯彻国家发改委、电监会《关于加强电力需求侧管理工作的指导意见》，积极探索和丰富需求侧管理的有效手段、措施和方法。建立了供需预警机制，依靠各级政府提前制定错峰、避峰、计划用电方案及各种预案，认真实行峰谷电价、丰枯电价和差别电价，提高了自觉错峰率。大力推进用电管理技术进步，负荷管理系统逐步完善。落实国家关于高耗能行业清理整顿等各种宏观调控措施，做到了有保有限、有序供电、合理限电、确保重点。全网平均负荷率85.9%，比2003年提高了1.5%，其中贵州电网平均负荷率达到91%。负荷率的提高，不仅为全社会增加电力供给超过50亿kWh，而且为保证西电东送合同兑现和提供更多的西电起了很大作用。大力宣传科学用电，倡导建设资源节约型社会。开展“万家灯火、南网情深”优质服务系列活动，展示了文明高效、真情服务的崭新形象。全年基本做到了限电不拉路、错峰不减产，满足了经济发展和居民生活的用电需求。

电网建设

公司年初确定的33个重点项目全部建成投产。超高压公司保证了贵广直流工程6月单极投产，在夏季负荷高峰增加送电能力150万kW；9月双极建成。至此，西电东送形成“六交三直”八条大通道，输电能力达到1150万kW。天广四回首战告捷，百色变电站扩建工程按期投产。广电公司建立强有力的内外协调机制和重点工程建设绿色通道，省内18项“卡脖子”重点工程如期完成。云南电网投运了国内首条高温超导电缆。海南220kW环网工程顺利投产送电。公司系统两期农网改造工程已经完成，县城电网改造全面铺开。

完成了“十一五”黔电送粤、云电送粤及龙滩水电站送出工程的可行性研究，完成了海南联网项目的前期工作，开展了南方电网与越南联网、向泰国送电的初步可行性研究，启动了南方电网抽水蓄能电站和广东电网天然气发电规划。贵广二回直流工程、肇庆—花都—博罗工程、惠州抽水蓄能电站得到国家核准建设。按照自主化率70%以上的要求，完成了贵广二回直流工程换流站主设备的招标工作。

经营管理

按照国资委经营业绩考核的有关要求，修订完善了公司资产经营考核指标体系。加强经济活动分析，提高了经营管理的过程控制水平。积极争取国家电价调整政策并得到落实，对巩固和扩大经营成果起到了关键作用。建立了购电成本管理协调机制，加强供电成本特别是可控成本的管理，重视线损挖潜。开展营业稽查，堵塞“跑冒滴漏”，减少损失7300万元。完成了清产核资工作，摸清了家底，提高了资产质量。成功发行了30亿元南方电网建设债券。充分挖掘内部资金潜力，减少外部融资，年底公司资产负债率低于预算目标0.36个百分点。完成财务公司工商注册，为公司开展资金运作提供了新的载体。执行统一的会计制度、核算办法和财务信息软件，建立了公司系统会计信息质量责任体系。积极配合监事会开展工作，认真落实国家审计署的审计决定，重点加强了任期经济责任和农网、基建工程的内部审计。

队伍建设

坚持干部任用原则，在严格考核、充分酝酿的基础上，加大了机关与基层、东部与西部干部的调整交流力度，改善了职能部门和各单位班子的文化、专业和年龄结构。这是干部资源的优化配置，有利于培养年轻干部，有利于提高网部的组织协调水平，有利于促进公司的进一步融合。制定并实施了公司党组《关于进一步加强人才工作的意见》。专业技术人员岗位通道建设取得突破，公开选拔了技术专家，为专家型人才提供了发展的空间。建立公司教育培训体系，落实培训计划，全员培训率87.6%。实施公司工效挂钩方案，规范了薪酬制度。积极研究并逐步推行了绩效管理办法。

精神文明建设

以贯彻落实“三个代表”重要思想和科学发展观、加强党的执政能力建设为重点，抓好中心组和党员干部的理论学习。成立了公司临时直属党委和纪委，健全了分、子公司的党组织。坚持民主生活会制度，提高了领导班子解决自身问题的能力。深入开展“争先创优”、“一个党员一面旗帜”、“党员示范岗”等多种形式的先进性教育活动，促进了党的基层组织和党员队伍建设。全面落实党风廉政建设责任制，坚持依法治企与源头治腐相结合，开展了形式多样的教育活动，重点学习两个《条例》，共举办141期学习班，培训19350人·次，取得了很好的效果。完成了公司VI系统在地市级以上单位的推广应用，树立了公司的“旗帜”，增强了公司员工的荣誉感、责任感和归属感，扩大了公司的社会影响力。“同心结南网”主题活动有声有色。加大新闻宣传力度，发挥了舆论导向的作用。思想政治工作在改进创新中得到加强，各级工会和团青组织开展了丰富多彩的文体活动。

公司系统精神文明建设喜获丰收。广西电力公司和云南省送变电工程公司荣获全国“五一”劳动奖状，云南电网公司荣获全国企业文化优秀奖，天生桥水力发电总厂、南宁供电局配电抢修中心、贵阳市南供电局党委分别荣获中央企业先进集体、先进基层党组织称号，广电集团佛山供电分公司客户服务中心等3个单位荣获全国青年文明号称号。8位同志分别荣获中央企业劳动模范、优秀共产党员等称号。35个单位、72位同志分别被评为南方电网公司文明单位、先进基层党组织和劳动模范、优秀共产党员、优秀党务工作者。

（安华云）

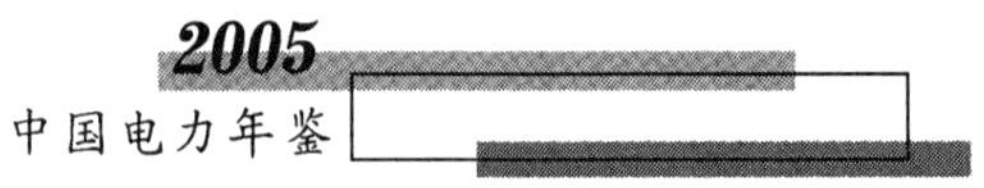

发电公司

中国华能集团公司

安全生产

中国华能集团公司各单位认真落实集团公司的部署，进一步规范安全管理制度，积极开展安全大检查，狠抓设备治理，2004年实现了“不发生电力生产人身死亡及设备损坏事故，不发生重大设备事故、重大火灾事故、重大交通事故”的安全目标，圆满完成了迎峰度夏和安全稳定发电的任务，为缓解煤电油运紧张局面做出了应有的贡献。

同时，中国华能集团公司有效地提高设备利用效率，火电企业机组等效可用系数达到92.7%，比2003年同期增长1.2%；水电企业机组等效可用系数达到94.65%，比2003年同期增长1.36%。发电利用小时达到6106h，比全国平均水平多646h，其中火电6197h，水电5013h。

经营业绩

中国华能集团公司狠抓电量、成本、电价、电费回收等关键环节，在努力实现稳发、满发、超发电量的同时，优化调整发电量结构；在巩固加强资金集中管理的同时，加强对资金集中支付的管理；积极争取和落实国家电价政策，加大电费回收力度；强化企业管理，严格控制各项支出，取得了良好的经营业绩。

2004年，中国华能集团公司实现发电量1947.8亿kWh，同比增长11.7%，约占全国发电量的9%；销售收入达到538亿元，同比增长19.3%；利润同比增长14.5%；资产总额达到1563亿元；超额完成了国资委下达的利润总额、净资产收益率、发电量和流动资产周转次数等考核指标，经济效益持续稳定增长，整体实力又迈上了一个新台阶。

到2004年年底，华能全资、控股电厂运行装机容量达到3356.66万kW，约占全国总装机的7.6%，其中：火电装机3105.18万kW，水电装机250.4万kW，风电装机1.08万kW。

基本建设

2004年，中国华能集团公司严格按照国家要求，加快电源项目建设，有7台共193.3万kW新机组投入商业运行。

第一座采用国产超临界60万kW机组的发电厂——华能沁北电厂一期工程2台机组历时不到28个月，正式投入生产，得到了中央领导、有关部门和地方政府的高度赞扬与充分肯定，标志着我国燃煤发电和电站设备制造水平迈上了新台阶。国内首座采用气压式调压井技术的华能自一里水电站攻克技术难题，提前投入生产。“西电东送”标志性工程之一、目前世界上最高双曲拱坝的华能小湾水电站工程，提前一年于10月25日成功实现大江截流。我国第一个国产百万千瓦等级的超超临界发电机组项目——华能玉环电厂的建设进展顺利。

中国华能集团公司认真落实科学发展观，严格遵守国家项目审批程序，积极稳妥地推进项目前期工作，完成了有关电源项目的可研报告和项目建议书批复，为公司持续、健康、稳定发展创造了条件。

资本运营

3月23日，华能集团公司收购中海能源股份有限公司31.14%的股权，从而控股中海能源和海口火电公司，并且将两家公司合并为一家由华能绝对控股的公司，增加了公司在海南电力市场的份额。4月16日，华能集团公司和其控股的华能国际电力开发公司分别向华能国际电力股份有限公司转让井冈山电厂90%、邯峰电厂40%，珞璜电厂60%、岳阳电厂55%和营口电厂100%的股权。10月26日，华能集团公司向华能国际电力股份有限公司转让四川水电公司60%和平凉电厂65%的权益。

巩固实施“走出去”战略的成果，通过设立驻澳大利亚代表处、向OzGen项目选派董事和经营管理人员，组织技术和财务专家组赴电厂解决设备和经营问题，为提高电厂的经营管理水平打下了基础。

电煤供应

2004年，电煤价格大幅度上涨，电煤质量下降。中国华能集团公司电煤供应面临着前所未有的严峻形势。为了确保煤炭长期、稳定、有效供应，制订了依靠政府、稳定市场，落实责任、兑现合同，加强管理、降低消耗三条近期措施；建立供应主渠道、签订中长期合同，优化电厂布局、调整发电能源结构，关注国际市场、适时采购煤炭三条中长期措施；加快开发煤电联营项目，加大矿、路、港、航项目投资力度，与国外企业探讨合作三条战略措施。

在党中央、国务院的高度重视下，在国家发改委、铁道部、交通部、有关地方政府和煤炭、航运企业的大力支持下，2004年华能系统电厂没有因为电煤供应而发生停机现象，确保安全稳定发电。

（周成文）

中国大唐集团公司

公司概况

中国大唐集团公司（简称大唐集团）是经国务院批准，在原国家电力公司部分企事业单位基础上组建的特大型企业，于2002年12月29日正式成立。大唐集团是中央直接管理的国有独资公司，是国务院批准的国家授权投资的机构和国家控股公司的试点。

大唐集团注册资本金120亿元，主要从事电源及与电力相关产业的开发、投资、建设、经营和管理；从事国内外投融资业务，自主开展外贸流通经营和国际合作、对外工程承包和对外劳务合作等业务。

大唐集团组织结构已形成清晰的三级责任主体。中国大唐集团公司是大唐集团的母公司；分公司、子公司（含省发电公司、上市公司、专业公司、直属二级企业）是大唐集团的中间经营管理层；基层企业是大唐集团的生产经营单位。其中，分公司及代表处4个，省发电公司5个，上市公司3个，专业公司4个，直属二级企业2个，基层企业101家。

2004年，大唐集团完成发电量1733.7亿kWh，在2003年发电量增长率达21.57%的基础上又增长了21.17%，创造了电力工业发展史上发电量连续两年增长超过20%的罕见速度。在2003年新机投产323.5万kW的基础上，2004年全年投产384.5万kW，两年合计投产708万kW。加上资产重组和技改增容260.65万kW，到2004年年底，大唐集团在役装机容量达到3353.4万kW，比大唐集团组建时的2384.75万kW增加了968.65万kW，增长了40.62%。所有投产项目全部符合国家规划和电力产业政策，达到了环保和节水等要求。销售收入在2003年增长20.15%的基础上，2004年实现411亿元，同比增长25.3%。利润总额在2003年增长24.7%的基础上，2004年实现30.69亿元，同比增长14.94%。资产总额也由组建之初的937亿元，增至1433亿元，增长了52.93%。实现了规模与效益同步增长，资产布局和结构都得到了优化。

机构设置

大唐集团本部设11个职能部门，即：总经理工作部、发展计划部、人力资源部、财务与产权管理部、安全生产部、工程管理部、市场营销部、审计部、思想政治工作部、监察局、燃料管理中心。

公司领导

党组书记、总经理：翟若愚

党组成员、副总经理：刘顺达　钟　俊　杨　庆　王　琳

党组成员、党组纪检组组长：邹嘉华

总会计师：胡绳木

组成单位

湖南分公司

大唐耒阳发电厂

湖南湘潭发电有限责任公司

大唐石门发电有限责任公司

衡阳电力发展股份有限公司

安徽分公司

大唐陈村水力发电厂

大唐淮北发电厂

淮南洛河发电厂、安徽淮南洛能发电有限责任公司

河南分公司

许昌龙岗发电有限责任公司

大唐三门峡发电有限责任公司、三门峡华阳发电有限责任公司

大唐信阳华豫发电有限公司

大唐洛阳首阳山发电公司

大唐洛阳热电厂、洛阳双源热电有限责任公司、大唐洛阳热电有限责任公司

大唐安阳发电厂、大唐安阳发电有限责任公司

云南代表处

大唐甘肃发电有限公司

大唐甘谷发电厂

大唐碧口水力发电厂
大唐八〇三发电厂
兰州西固热电有限责任公司、甘肃兰西热电有限责任公司
大唐连城发电厂
永昌发电厂（参股）

大唐陕西发电有限公司

大唐渭河发电厂
户县热电厂、户县第二发电厂筹建处
大唐略阳发电厂
大唐韩城发电厂
大唐延安发电厂
西安灞桥热电有限责任公司、灞桥热电厂
石泉水力发电厂
陕西石泉发电有限责任公司
大唐韩城第二发电有限责任公司
陕西汉江投资开发有限公司
陕西秦华发电有限责任公司（参股）
陕西新力发电有限责任公司（参股）

大唐黑龙江发电有限公司

鸡西热电有限责任公司、鸡西发电厂
大唐七台河发电有限责任公司
双鸭山热电有限责任公司、佳木斯第二发电厂

大唐吉林发电有限公司

大唐长山热电厂
大唐辽源热电有限责任公司、辽源发电厂
长春第二热电有限责任公司、长春热电发展有限责任公司
大唐珲春发电有限责任公司
长春第一热电有限责任公司（参股）

大唐河北发电有限公司

大唐保定热电厂、保定华源热电有限责任公司
大唐王快水力发电厂
大唐微水发电厂
峰峰电厂（含岳城电站）
沧州发电厂
河北马头电力股份有限公司
保定余热电厂（参股）
河北国华定州发电有限责任公司（参股）

大唐国际发电股份有限公司

云南大唐国际红河发电有限责任公司
内蒙古大唐国际托克托发电有限责任公司
大唐国际发电股份有限公司北京高井热电厂
大唐国际发电股份有限公司陡河发电厂
大唐国际发电股份有限公司张家口发电厂
大唐国际发电股份有限公司下花园发电厂
天津大唐国际盘山发电有限责任公司
山西大唐神头发电有限责任公司
甘肃大唐国际连城发电有限责任公司
山西大唐国际云冈热电有限责任公司
河北大唐国际唐山热电有限责任公司
云南大唐李仙江流域水电开发有限公司
云南大唐那兰水电开发有限公司
河北华泽水电开发有限公司

广西桂冠电力股份有限公司

广西桂冠电力股份有限公司大化水力发电总厂
广西桂冠开投电力有限责任公司
大唐桂冠合山发电有限公司
广西平班水电开发有限公司
四川天龙湖水电站

湖南华银电力股份有限公司

株洲华银火力发电有限公司
湖南华银电力股份有限公司金竹山火力发电分公司、湖南金竹山电厂
湖南张家界水电开发有限责任公司

安徽电力股份有限公司

安徽电力股份有限公司淮南田家庵发电厂

龙滩水电开发有限公司

中国水利电力物资有限公司

大唐环境科技工程有限公司

大唐电力燃料有限公司

直属企业

阳城国际发电有限责任公司
大唐太原第二热电厂
大唐恒山发电厂
大唐岩滩水力发电厂
大唐南京下关发电厂
江苏徐塘发电有限责任公司
大唐赤峰赛罕坝风力发电有限责任公司
大唐漳州风力发电有限责任公司

参股单位

安徽马鞍山万能达发电有限责任公司
安徽合肥联合发电有限责任公司
天生桥一级水电开发有限责任公司
华北电力大学
西安热工研究院有限公司
中能电力燃料公司

经营状况

2004年主要指标完成情况（直属、全资、控股口径）：

发电量：完成1733.7亿kWh，同比增长21.17%。其中，水电完成99.02亿kWh，同比减少11.7%；火电完成1634.68亿kWh，同比增长23.9%。

发电设备平均利用小时：完成5980h，同比增加337h，其中，火电平均利用小时6233h，同比增加401h。

供电煤耗：完成363.41g/kWh，同比下降4.78g/kWh。

综合厂用电率：完成6.93%，同比下降0.1%。

销售收入：完成411.21亿元，同比增长25.31%。

利润总额：实现30.68亿元。

净资产收益率：完成1.52%。

流动资产周转率：1.83次。

大中型基本建设投资：完成291.3亿元。

新机投产容量：384.5万kW。

新开工规模：649.5万kW。

期末在建规模：1429.5万kW。

期末发电设备容量：3353.4万kW，同比增加607.85万kW，增长22.1%。

资产总额：1433.48亿元，同比增加314.49亿元。

资产负债率：70.61%，同比增加4.02%。

安全生产

由于2004年电力供求形势持续紧张、机组长时间满负荷运行、电煤供应紧缺和煤质下降，对安全生产和迎峰度夏构成了前所未有的严峻考验。为确保安全生产，大唐集团认真组织开展了春、秋季安全大检查和富有特色的安全月活动，组织实施了反违章、降非停行动计划和安全性评价工作，这些措施对提高安全生产工作水平都起到了积极的促进作用，安全生产形势总体保持平稳。全年发生一般设备事故14起，同比减少15起，下降了51.72%。在新机组不断增加的情况下，全口径非停次数下降了35.55%，累计时间下降了32.33%；全系统有52台10万kW及以上机组没有发生非计划停运。

基本建设

项目报批工作取得重大进展。2004年共获得国家批复立项5项、515万kW；省政府在其权限内批复7项、94.5万kW；还有一大批项目列入了省和电网的“十五”或“十一五”发展规划。全年完成上报立项22项、2967万kW。这些项目均为大容量、高参数、环保型机组，节能、节水、节约运力，完全符合国家产业政策和电力发展规划，为大唐集团持续发展提供了较充分的项目储备，并为优化机组结构和产业布局创造了有利条件。

资本运作

通过受让阳城国际的4%股权，实现了大唐集团对阳城国际的相对控股，增加可控装机容量210万kW；完成了首阳山电厂和石门电厂整体改制协议的签订工作，理顺了与地方投资公司的产权关系；大唐集团与中国国电签署了合山电厂融资租赁协议，解决了“一厂两制”问题；在坚持人随资产走的原则下，实现了永昌电厂股权转让，又解决了一个空壳电厂问题；桂冠电力股份公司成功收购了天龙湖和金龙潭水电站，为大唐集团各增加了18万kW在役和在建水电容量，也弥补了大唐集团资产在四川的空白点。大唐国际由于业绩优良，规范运作，被国际著名的《银行家》杂志评为“2003年度中国最佳公司”。桂冠电力股票入选“上证红利指数”样本股。

党的建设和精神文明建设

2004年突出抓了思想政治理论教育。在坚持抓好中心组学习的基础上，举办了6期领导干部“三个代表”重要思想轮训班，共有482名各级领导干部参加了学习。在加强思想政治理论教育的同时，以学习贯彻“两个条例”为重点，开展了多种形式的廉政教育和预防职务犯罪专项教育活动。为全面落实中纪委

“四大纪律、八项要求和三个不得”的要求，大唐集团系统推行了领导人员“三廉”制度，进一步明确了党风廉政建设责任的范围和内容，形成了党风廉政建设责任体系。一年来大唐集团管理的干部没有发生违法违纪案件。

党的建设进一步加强。各企业都健全了党的组织机构，理顺了和地方党委的组织关系，各级党组织的作用得到了进一步发挥。用两年的时间基本完成了系统各企业领导班子的考核调整工作，领导班子的年龄结构、知识结构和专业结构得到进一步优化，能力水平进一步提高。2004年共完成了35个单位领导班子的考察配备，任免干部229人，交流干部43人，选拔了15名后备干部到大唐集团本部挂职锻炼。董事监事队伍建设进一步加强，完成了15个控、参股公司董事监事的更换委派工作，推荐独立董事8名。

企业文化建设

2004年，大唐集团系统广泛深入地开展了“解放思想，更新观念”大讨论活动。工会、共青团组织的作用得到进一步发挥。各种专业培训和职业技能竞赛以及“青工技能振兴计划”、“争创学习型红旗班组，争做学习型先进职工”等活动得到了广大员工的积极响应和参与。敬业爱岗和锐意进取精神得到弘扬，大唐集团的凝聚力和向心力进一步增强。

（柳贞姬）

中国华电集团公司

公司概况

中国华电集团公司（简称中国华电）成立于2002年12月29日，是经国务院批准，在原国家电力公司部分企事业单位基础上组建的国有企业，经国务院同意进行国家授权投资的机构和国家控股公司的试点。公司注册资本金120亿元。截至2004年年底装机容量3079万kW，总资产1180亿元，分布在北京、上海、重庆、河北、内蒙、辽宁、黑龙江、江苏、浙江、安徽、福建、山东、湖北、湖南、河南、云南、贵州、四川、广西、陕西、宁夏、青海、新疆等23个省（市、区）。

2004年11月，国务院国资委下发《关于公布中央企业主业（第一批）的通知》（国资发规划［2004］324号），确定华电集团主业内容为：电力生产、热力生产和供应，与电力相关的煤炭等一次能源开发；相关专业技术服务。

发展战略计划

发展愿景目标是“把公司建设成为以发电为主体，煤炭、金融为两翼，国内先进、国际一流，具有可持续发展能力和国际竞争力的现代企业集团”。2003～2010年的发展战略计划是“三年跨一步、五年上台阶、八年翻一番”，简称为“358”战略计划。力争到公司成立的第八年，也就是2010年，装机容量达到6000万kW，年发电量约2600亿kWh，主营业务收入达到630亿元，利润总额达到40亿元，净利润15亿元，净资产收益率达到6%。

机构设置

公司本部机构在2003年设置基础上，实现审计部与监察部分设，综合产业部与开发投资公司分设，成立科技环保部、社保中心和信息中心，成立集团公司战略办公室、改制重组办公室，形成16个职能管理部门。进一步调整完善了分支机构管理授权，在资产相对集中的地区设立分公司（代表处）等11个分支机构。成立了8家专业公司，对集团公司有关业务实施规模运作和专业化管理。组织机构图见下图。

公司领导

党组书记、总经理：贺恭

党组成员、副总经理：曹培玺　陈飞虎　程念高　任书辉

党组成员、党组纪检组组长：迟文江

总会计师：陈飞虎（兼）

总法律顾问：陈飞虎（兼）

总经济师：江自生

总工程师：邓建玲

总经理助理：辛保安

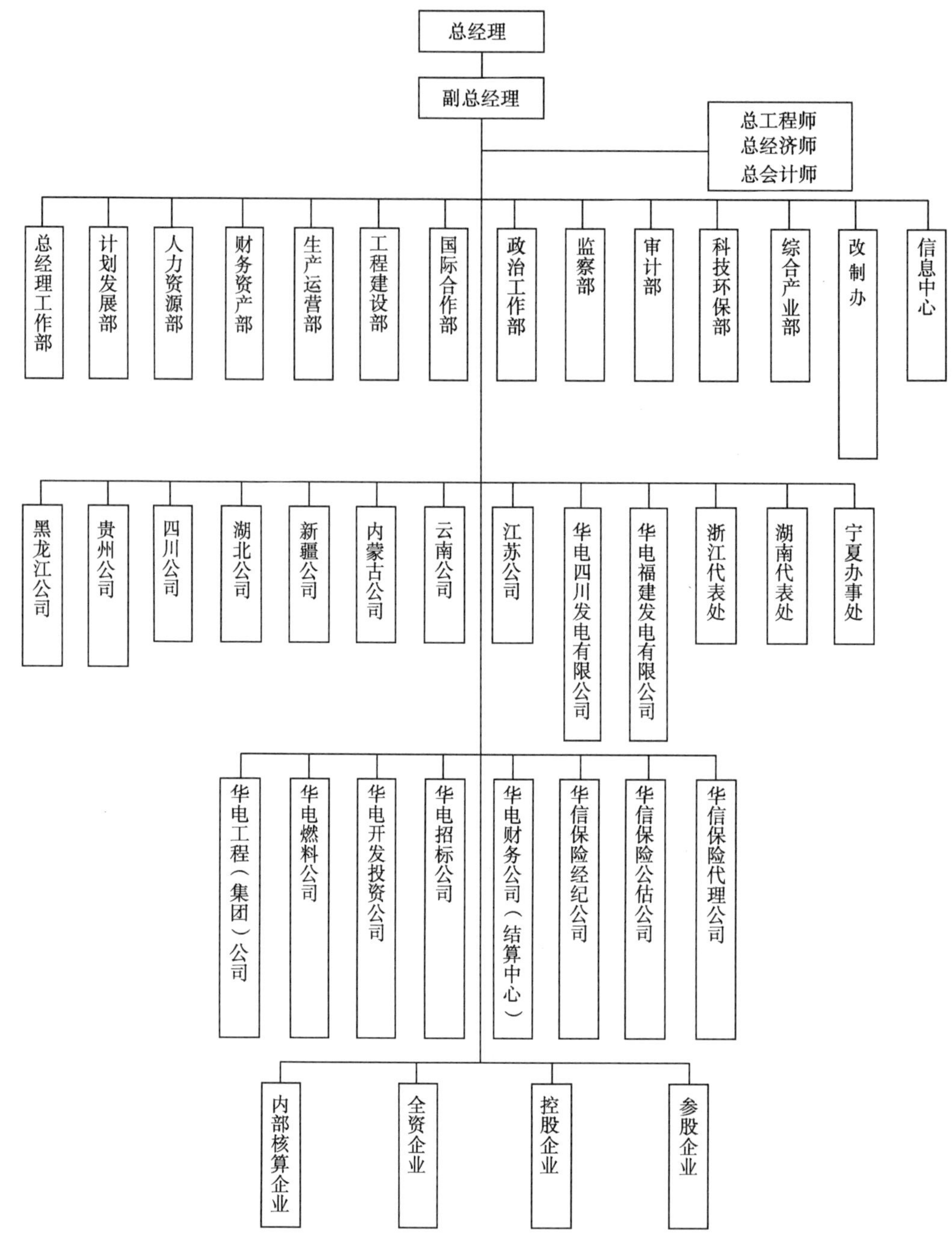

中国华电集团组织机构图

组成单位

截至2004年年底，集团公司分支机构包括分公司8家，代表处2个，办事处1个，全资企业16家，控股企业46家，内部核算单位12家，参股企业19家，职工82425人。

控股在香港、上海两地上市的华电国际电力股份有限公司、华电能源电力股份有限公司（原黑龙江电力股份有限公司）、国电南京自动化股份有限公司等上市公司。控股乌江水电开发有限责任公司。中国华电所属电厂中，装机容量百万千瓦以上的电厂10家。

中国华电拥有华电工程（集团）有限公司、华电开发投资有限公司、华电燃料有限公司、华电招标有限公司、华电财务公司、华信保险、经纪、公估有限公司等8家专业公司，均具有良好的发展基础和较大的发展规模，为公司多元化经营提供了良好的发展平台。

公 司 年 报

2004年度，中国华电实现销售收入354.5亿元，比2003年增长18.41%；实现利润总额12.02亿元，比2003年增长23.16%。公司系统（集团合并口径）资产总额1180亿元，比2003年增长23.26%。年末设备容量为3079万kW。

(1) 电量及上网电量情况。公司内部核算、全资和控股电厂累计完成发电量1384.2亿kWh，同比增长10.9%。其中：水电116.5亿kWh，增长-0.92%；火电1267.7亿kWh，增长12.1%。

完成上网电量1279.1亿kWh，同比增长10.8%。其中：水电114.7亿kWh，增长-0.66%；火电1164.4亿kWh，增长12.12%。

设备平均利用小时4845h，同比增加87h。

(2) 经济指标完成情况。综合厂用电量105.7亿kWh，比2003年增长11.53%；综合厂用电率7.64%，比2003年增长0.05%；发电厂用电量91.9亿kWh，比2003年增长12.22%；发电厂用电率6.64%，比2003年增长0.08%；供电标准煤耗率367.14g/kWh，比2003年减少3.2g/kWh；发电标准煤耗率340.66g/kWh，比2003年减少3g/kWh。

(3) 发电燃料消耗情况。全年发电消耗标准煤量4318.5万t，比2003年增长11.14%。发电耗用原煤量6693.4万t，比2003年增长14.94%。发电耗用燃油量62.4万t，比2003年增长27.21%。

(4) 电源发展。投产发电容量211.1万kW。

经 营 管 理

(1) 战略实施。编制了公司2010年发展战略规划，提出了总体发展战略以及子项战略，确立了“国内先进、国际一流”的愿景目标和“以发电为主体，煤炭、金融为两翼”的发展战略，制定了“358”战略计划及相关措施，明确了每一个阶段要达到的重要指标。从公司实际出发，把营运改善作为实施发展战略的突破口，取得较好的试点经验和成果。在总结营运改善试点经验的基础上，科学制定了不同类型电厂营运改善的指标体系以及主要指标的对标标准，形成了营运改善工作指导意见，为全面实施发展战略初步奠定了基础。

(2) 安全生产。坚持“安全第一，预防为主”的方针，深入开展反违章、安全性评价、技术监督、春秋季检查和防汛、大坝安全检查等工作，健全安全生产责任制和规章制度，加强动态管理，有效提升了安全生产管理水平。公司安全生产向可控、在控目标迈进，保持了安全生产形势总体平稳，没有发生重、特大事故，没有发生重大火灾、电厂垮坝事故，没有发生造成严重社会影响的安全生产事故。计有64家企业年内实现3个安全生产“百日”，48家企业安全生产超1000天，20家企业安全生产超2000天。

在电煤十分紧张的形势下，公司系统努力化解电煤供应紧张和价格大幅上涨的冲击，从有关省市缺电的具体形势出发，服从电网调度，合理安排检修和生产，推进技术改造，大力整治和降低非计划停运，努力实现“现役机组多发、新投机组早发”，为缓解经济社会用电紧张，保证迎峰度夏做出了贡献。

(3) 扭亏增盈。坚持“两条腿走路”的经营策略，把对外改善经营环境与内部加强挖潜增效紧密结合起来。制定和实施了资产经营责任制和扭亏增盈“三五”规划，突出降本增效，增收节支，推动资产经营工作取得新成绩。公司系统全年减亏4.15亿元，减亏幅度达42%，亏损面由2003年的56.7%下降到46.7%。同时，加大市场营销力度，积极争取国家有关政策和各方面的支持。抓住争取电价政策和执行电价到位两个关键环节，积极主动地开展电价工作，完成了32家内核电厂分离电价的核定，全部落实了新机电价，部分电厂电价取得突破。加强电费回收工作，初步遏制了欠费增加势头，完成了年初确定的目标。加强对区域电力市场的研究和竞争上网工作的准备，初步建立了东北、华东区域电力市场统一协调竞价的管理体系。

(4) 电源建设。以宏观调控政策为指导，按照集团公司发展战略，注重项目的投资效益和结构优化，既抓住机遇加快国家批准项目建设进度，又重视提高增量效益，力求优化结构，较变增长方式。落实国家宏观调控政策，积极开展项目清理，合理调整开工规模和投资规模，规范前期工作。适应电力规划和电力需求，优化安排项目资金计划。通过国家项目建议书批复7项553万kW，经国家核准项目4项95万kW，通过国家评估7项720万kW；批复13个环评项目1319万kW，批复15个水保项目1540万kW。在争取怒江、金沙江中游、北京热电油改气扩建、大渡河泸定水电等重要项目开发权上取得积极进展。与印尼国家电力公司签署了战略合作框架协议，开展了具体项目的前期工作，实施“走出去”战略取得进展。加强工程建设造价、工期、质量管理，全力突破战略重点项目，加快新机投产，超额完成年度投产计划。

（5）煤炭开发和金融运作。编制了煤炭开发战略。积极寻求和占有煤炭开发资源，与大型煤炭企业建立战略合作关系，投资建设贵州平坝、云南镇雄2个煤炭项目，参与东明露天矿、巴盟巴音呼都格煤矿等项目的前期工作。探索新的资金管理机制，提高资金运营效率，防范资金风险，保障集团资金安全。充分发挥结算中心、财务公司和保险中介公司的作用，有效归集、整合和运作集团内部金融资源。积极开展资本运营，为集团公司和成员单位提供融资超过60亿元。加强与各金融机构合作，不断开辟融资渠道，为保障集团经营发展的资金需求服务，节省利息支出2亿多元。及时抓住市场机遇，克服升息预期不利影响，成功发行30亿元企业债券。发挥上市公司融资窗口作用，在国内股市相对低迷、新股发行暂停5个多月的情况下，推进华电国际A股发行工作，于6月23日通过证监会发审委审查。

（6）改制重组。推进内部核算企业公司制改组，圆满完成了“两点”、“两片”的试点工作。根据区域性资产特点和发展需要，将福建地区发电资产、四川地区核电厂分别重组为区域有限公司，促使其实现自我发展。将北京二热、湖北青山等4家内部核算电厂改制为公司制企业。研究调整了分公司的授权，进一步强化以经营业绩为导向的考核体系和分配制度，为不断理顺集团运作机制，进一步完善管控模式作了有益探索。

（7）综合产业。以六大专业公司为主要平台，初步形成与电源产业联系密切的优势产业，整体运作情况良好，实现利润总额超过1亿元。基层企业发展安置型和效益型相结合的综合产业，为精干主业、稳定队伍和增加效益做出了贡献。

（8）依法经营和风险防范。把企业自我约束和加大监督力度结合起来，巩固完善集团公司党风廉政建设领导体制和工作机制，突出监督与内控制度建设，加强了招标监督和信访监督。充分发挥审计在经营管理工作中的监督保障和信息反馈作用。按时完成了清产核资工作。积极配合监事会开展工作，自觉接受监事会的监督和指导。在全公司系统开展财务稽查，查清薄弱环节，提出处理建议并下达稽查整改意见，取得良好效果。公司系统严格执行财经纪律，保持了依法经营、稳健经营的良好局面。

（9）队伍建设。制订并开始实施“人才强企”战略方案、人才资源开发和人才队伍建设规划，制定企业劳动定员标准和新建项目人员配置办法，控制了用工规模。坚持“党要管党，党管干部，党管人才”的原则，不断加强各级领导班子建设、思想政治建设和能力建设。进一步完善了领导人员管理办法。举办了3期领导人员学习班，加强了思想政治建设和能力建设。对分公司、专业公司和34家企业的领导班子进行了考核和调整，优化了班子结构。高度重视稳定工作，积极化解影响稳定的因素，保持了队伍稳定。开展健康有效的公共关系工作，进一步树立公司良好的社会形象。

企业文化

制定了公司企业文化建设纲要和公司企业文化理念方案，推进企业文化建设由导入视觉识别系统转向引入理念识别系统阶段，已初步形成了统一的企业文化氛围、统一的企业形象和统一的企业品牌。公司系统企业大力加强企业文化建设，制定了企业文化建设规划、推广了扬州、邹县、蒲城、富拉尔基、绿水河等5家企业的典型经验，开始推进企业文化建设“一二三四五”工程。山东十里泉电厂荣获“2004年度全国企业文化优秀奖”，系统内多个单位被评为“全国企业文化建设示范基地”和“省企业文化建设示范单位”。

规章制度

根据公司改革发展的实际，进一步加强规章制度建设，重点完善内控制度体系。全年修改和新订规章制度53件，印发了《中国华电集团公司系统规章制度汇编》，以及《中国华电集团公司本部规章制度选编》（共两辑）。截至2004年年底，中国华电共颁布各项规章制度188件（其中集团本部73件），具有中国华电集团公司特色的规章制度体系基本建立，公司各项工作基本实现规范化和制度化运转，促进了依法治企和各项工作的规范化、制度化、科学化。

2004年投产项目及重大项目简介

2004年投产项目表

序号	投产时间	项目名称	容量(MW)
1	2004年1月	四川华电宜宾发电有限责任公司技改11号机	100
2	2004年4月	新疆华电哈密发电有限责任公司6号机	135
3	2004年7月	洪家渡电站建设公司1号机	200
4	2004年7月	四川广安发电有限责任公司3号机	300

续表

序号	投产时间	项 目 名 称	容量(MW)
5	2004 年 7 月	湖北西塞山发电有限公司 1 号机	330
6	2004 年 10 月	四川广安发电有限责任公司 4 号机	300
7	2004 年 11 月	洪家渡电站建设公司 2 号机	200
8	2004 年 12 月	洪家渡电站建设公司 3 号机	200
9	2004 年 12 月	湖北西塞山发电有限公司 2 号机	330
合 计			211.1

其中，四川广安发电有限公司二期扩建工程是邓小平同志百年诞辰的献礼工程，3 号、4 号机组分别于 7 月 21 日和 10 月 26 日通过 168h 满负荷试运，从主厂房浇第一罐混凝土到首台机组投产的工期为 19.4 个月，整个工程的工期为 22.7 个月，分别比定额工期提前 5 个月、10 个月。贵州洪家渡水电站自 2001 年 10 月截流，2004 年 7 月首台机组投入运行，历时仅 2 年 9 个月。后两台机组也于年内顺利投产，工程进度属国内先进水平，比审定总工期提前了 2 年。

（白学桂　陈洪治）

中国国电集团公司

公司概况

中国国电集团公司是在原国家电力公司部分企事业单位基础上组建的国有企业，是电力体制改革后国务院批准成立的五大全国性发电企业集团之一，是经国务院同意进行国家授权投资的机构和国家控股公司试点企业，注册资本金 120 亿元人民币。

中国国电集团公司从事电源的开发、投资、建设、经营和管理，组织电力（热力）生产和销售；从事煤炭、发电设施、新能源、交通、高新技术、环保产业、技术服务、信息咨询等电力业务相关的投资、建设、经营和管理；根据国家有关规定，经有关部门批准，从事国内外投融资业务；经国家批准，自主开展外贸流通经营、国际合作、对外工程承包和对外劳务合作等业务；经营国家批准或允许的其他业务。

中国国电集团公司实行两级法人、分层授权、垂直管理的管理体制，目前设立了华北、东北、华中、华东、西北、川渝、山东、云南、贵州、广西 10 个分公司，组建了国电物资有限公司、国电燃料有限公司、国电财务有限公司、国电科技环保集团有限公司四个专业化公司，拥有国电电力发展股份有限公司、国电长源电力股份有限公司两家国内 A 股上市公司，以及以发展风电为主业的龙源电力集团公司。

截至 2004 年年底，中国国电集团公司拥有 3 个全资企业、28 个内部核算单位、54 个控股企业和 12 个参股企业。集团公司可控装机容量为 2930.39 万 kW，其中：火电装机容量 2583.5 万 kW，占 88.2%；水电装机容量 323.53 万 kW，占 11%；风电装机容量 17.76 万 kW，占 0.6%；其他 5.6 万 kW，占 0.2%。集团公司在全国 21 个省（自治区、直辖市）中拥有电源点，加上规划电源点，则在全国 25 个省（自治区、直辖市）拥有电源点。

经营业绩

2004 年，集团公司加强对存量资产的科学管理和集约经营，大力推进增量资产的理性扩张和健康发展，圆满完成了年初下达的各项任务。集团公司系统安全生产形势平稳，没有发生重大及以上人身和设备事故，没有发生影响电网安全稳定的设备事故。全年全口径发电量完成 1681 亿 kWh（含山东菏泽、聊城），同比增长 22.6%；完成上网电量 1560 亿 kWh，同比增长 22.9%；供电煤耗完成 365.7g/kWh，同比下降 5.6g/kWh；机组平均利用小时达 6000h，同比增加 300h，其中火电机组 6250h；全年新增发电容量 396 万 kW，到 2004 年年底，集团公司系统可控容量达到 2930 万 kW；实现产品销售收入 340 亿元，同比增加 79.5 亿元，增幅 30.5%；实现利润总额 18.6 亿元，比国资委下达的考核指标增长 24%，全面完成了国资委下达给集团公司的四项资产经营考核指标，净资产收益率、流动资产周转率也得到进一步优化。到 2004 年年底，集团公司资产总额 1007 亿元，同比增加 196 亿元，增长 24%。

党建与精神文明建设

党建工作

（一）宣传思想工作

强化党组中心组学习制度。2004 年，先后组织 8 次专题学习，印发8期学习资料，坚持自学与集中学习相结合，讨论与主题发言相结合，理论与实际工作相结合，达到“三真五学”的目标。4月，向中央组织部、国资委党委报送了党组中心组学习情况的经验材料。

安排部署学习贯彻上级精神。3月5日，印发《关于认真组织党员干部学习〈中国共产党党内监督条例（试行）〉和〈中国共产党纪律处分条例〉的通知》，对基层单位学习贯彻两个条例进行了安排部署；10月11日，印发《关于认真学习贯彻党的十六届四中全会精神的通知》(国电集党[2004]28号)，对集团公司系统学习贯彻党的十六届四中全会精神进行安排部署；11月转发《中央组织部、国务院国资委党委关于加强和改进中央企业党建工作的意见》，要求基层单位认真学习贯彻。

强化对“管理效益年”活动的宣传舆论工作。2004年3～4月，政研会组织基层理论骨干18人在武汉召开“管理效益年”理论研讨活动，针对“管理效益年”活动的基本要求、基本目标和基本途径，撰写了6篇具有理论性、实践性于一体的文章，并将9个基层企业强化管理、提高效益方面的典型经验进行整理，作为这些理论最有力的实践支撑。编辑出版了《文化理念与管理效益》、《管理效益年资料汇编》两本书。推出了管理效益年十佳企业报和十佳电视专题片，开展了“我与管理效益年”征文活动；7月，在新疆组织开展了“红雁池”杯“管理效益年”十佳企业报、十佳优秀电视专题片评选活动，国电北仑第一发电有限公司《北电报》等10家报纸和国电大武口发电厂《克度是金》等10部电视专题片获得“十佳”称号。2004年出版《政工信息》14期，发表稿件文章500多篇。

（二）组织建设

进一步强化民主生活会制度。3月5日，印发《关于召开党员领导干部廉洁自律专题民主生活会的通知》（国电集党［2004］7号），对基层单位2004年度党员领导干部廉洁自律专题民主生活会进行了安排部署；8月23日，印发《关于基层企业2004年领导班子民主生活会有关问题的通知》(国电集党[2004]24号)，对基层企业领导班子召开2004年度民主生活会进行了安排部署；按照集团公司党组书记、总经理周大兵关于“2004年上半年，要围绕如何进一步提高基层单位党委民主生活会质量，组织一次专题研讨，找准问题，改进方式，提出对策”的指示，6月在国电贵阳发电厂召开了集团公司党员领导干部民主生活会理论研讨会，集团公司有关部门领导和部分基层党组织及政工部门负责人82人参加了会议，57个基层单位向会议提交了研讨材料。

认真做好先进性教育活动前期准备工作。4月28日，印发了《中共中国国电集团公司党组关于开展保持共产党员先进性教育活动准备工作的实施方案》（国电集党［2004］15号），全面部署了集团公司开展保持共产党员先进性教育活动，在8月底前全面开展了保持共产党员先进性教育活动准备工作。突出抓文件学习、组织领导、问卷分析、调查研究、关系理顺、民主生活会、理论武装、问题排查、“双为”活动、骨干培训等10个环节，组织各基层单位填写《基层党组织建设状况调查表》、《党员管理工作调查表》、《保持党员先进性教育活动群众意见调查表》，在对调查表进行汇总分析的基础上，总结了“十抓十好”的基本做法，被《国资委党委通讯》（第21期）以《周密部署显特色，“十抓十好”见成效》为题刊发。

继续引深“双为”主题活动。组织基层单位申报“为发展作贡献，为党旗增光辉”主题活动成果，对申报的74项活动成果进行了评选，强化了“为发展作贡献，为党旗增光辉”主题活动，产生了一批扎根基层实践的活动成果。6月，组织评选表彰了25个先进基层党组织、20名优秀党务工作者和55名优秀共产党员，其中国电大渡河流域水电开发有限公司党委、国电荆门发电厂厂长兼党委书记万昌发、国电北仑第一发电有限公司总经理韩大卫经推荐分别被国资委党委表彰为中央企业先进基层党组织、优秀党务工作者、优秀共产党员。

（三）制度建设

强化党建思想政治工作制度建设。组织部分基层单位党委书记、工会主席和政工部门负责人，集中研讨了集团公司当前和今后一个时期党建思想政治工作的形势和任务，制定了《中国国电集团公司党建思想政治工作纲要（2004～2006年）》（国电集党［2004］9号）。颁发了《中国国电集团公司荣誉称号授予及其管理办法(试行)》，进一步规范了荣誉称号的管理。10月10日，印发了《关于基层企业党代会等有关问题的通知》（国电集党［2004］27号），对基层企业党员大会或党员代表大会有关事宜作了进一步明确。

精神文明建设

（一）强化党风廉政、精神文明建设责任制的贯彻落实

修订党风廉政和精神文明建设责任制考核办法，充实责任内容，改进检查方式，并以国电集党［2004］8号文件印发执行。组织年中、年终两次党风廉政、精神文明检查，对各单位的党风廉政、精神文明责任制的落实情况进行了全面考核。

（二）加强文明单位建设

2月24日，国家机关精神文明建设表彰大会在京召开，集团公司被授予“中央国家机关文明单位”

荣誉称号。11月申报了2004年度中央国家机关文明单位。组织开展了建国55周年庆祝活动和邓小平同志诞辰百年纪念活动。

(三) 加强政研会建设

组建成立了中国国电集团公司党建思想政治工作研究会，并设立党建、思想政治工作、工运、青工、监察、企业文化6个专业委员会，在集团公司分支机构和有关企业设立13个分会，吸收有61个团体会员。政研会《以党建促进发展　以发展深化党建——“为发展作贡献，为党旗增光辉”活动的实践与思考》、《整合各方党建资源，促进水电工程建设——对大型水电工程“大党建”工作的理论探讨》两个课题申报了2004年中央企业党建思想政治工作优秀研究成果。

(四) 加强调查研究，提高工作针对性

对基层企业宣传媒体情况进行调查。5月，下发了《基层企业宣传媒体建设情况调查表》，通过对31个基层企业的抽查，29个单位办有报刊，22个单位有自办电视，15个单位有自办广播，18个单位以不同形式办有政工网页。8月，组织调研组赴广西福建企业进行员工思想状况调研，制定调研提纲和调查问卷，为开展集团公司万人思想调查活动进行了充分准备。10月，组织调研组对华中分公司加强思想作风建设进行了专题调研，对华中分公司改进作风建设提出的发扬“五种精神”、严格“三项要求”和落实“二十条行为守则”的经验和做法进行了推广。

企业文化建设

2004年国电集团公司荣获“中国企业文化建设十大杰出贡献单位”称号，国电集团公司总经理周大兵获得“中国企业文化建设十佳个人”称号。国电菏泽发电厂、国电浙江北仑第一发电公司、国电荆门热电厂、国电双鸭山发电公司、国电大渡河公司、国电小龙潭发电厂、国电电力大同第二发电厂等7家企业获“中国企业文化建设先进单位”称号。

(一) 开展“企业理念大家创”、“企业理念大家讲”活动

国电集团公司企业理念于4月正式印发，企业理念确定了集团公司“做实、做新、做大、做强”的工作方针，“以电兴业、强企报国”的企业精神和“忠诚事业、忠诚集团，爱岗敬业、岗位成才”的职业道德观。6月下发通知，在集团公司系统广泛开展“三项活动”，重点抓“企业理念大家创”活动。本次活动共收到相声、小品等不同类型作品288篇，确定了102篇作品为候选作品参加评选，其中诗歌类48篇、散文类24篇、快板类15篇、相声和小品15篇。相声小品、快板书、诗歌和散文四类作品分别有9篇、共36篇佳作获得一、二、三等奖，其余作品获得优秀奖。

(二) 出版印制《文化育人》和《中国国电集团公司企业文化建设纪略》

将“企业理念大家创”的获奖作品作为企业文化建设书系之二——《文化育人》出版。策划并印制了《中国国电集团公司企业文化建设纪略》，记录了集团公司成立以来企业文化建设的脚步。

(三) 贯彻落实《中央企业企业文化建设研讨交流会议》精神

国资委于2004年7月6～9日在黑龙江省大庆市召开中央企业企业文化建设研讨交流会。集团公司结合实际提出贯彻落实会议精神的有关措施。一是集团公司领导认真阅读了会议文件，并要求结合集团公司企业文化建设工作实际贯彻落实；二是将会议上的发言材料（多媒体）进行复制，下发集团公司各单位，要求各企业全面推进集团公司企业文化建设工作；三是在国电集团公司网站和《政工信息》（内部刊物）等宣传媒体上登发有关会议信息及相关资料；四是起草《中国国电集团公司企业文化建设三年（2005～2007）规划》，初步提出了集团公司企业文化建设框架。

(四) 制订员工基本行为规范

集团公司制订印发了《中国国电集团公司员工基本行为规范》，共6章25条，主要包括实施员工行为规范的目的意义及社会公德规范、职业道德规范、岗位工作规范、家庭美德规范、社交礼仪规范等方面的内容。

中国电力投资集团公司

公司概况

中国电力投资集团公司是在原国家电力公司部分企事业单位基础上组建的国有企业，经国务院同意进行国家授权投资的试点机构和国家控股公司的试点。集团公司注册资本金人民币120亿元，集团公司实行总经理负责制，总经理是集团公司的法定代表人。

截至2004年年底，集团公司资产规模达到1030亿

元，可控装机容量为27958.9MW，权益容量22257.2MW。其中，火电机组18723.3MW，占集团公司可控装机容量的66.97%；水电机组7884.8MW，占集团公司可控装机容量的28.2%；核电机组1350.8MW，占集团公司可控装机容量的4.83%。

集团公司包括133家成员单位，15家参股单位。职工总数79405人。

集团公司现有资产分布在全国23个省、市、自治区。在香港注册的中国电力国际有限公司和中国电力国际发展有限公司，搭建了集团公司境内外资本运作和国际化发展的平台，所拥有的“中国电力”红筹股业绩优良；上海电力股份有限公司、山西漳泽电力股份有限公司和重庆九龙电力股份有限公司健康发展；拥有在电力设备成套服务领域中业绩突出的中国电能成套设备有限公司；拥有流域开发的黄河上游水电开发有限责任公司和五凌电力有限公司；拥有12个已建成的1000MW以上的大型电厂；拥有原国家电力公司全部的核电资产。

主要经济指标

完成发电量1306.35亿kWh，比2003年增长6.59%；实现销售收入290亿元，比2003年增长15%；实现利润14.65亿元，比2003年增长6%；净资产收益率比2003年提高0.67个百分点；资产总额突破1000亿元；投产容量134.1万kW。

经营管理

集团公司各单位全面落实“增收节支50条措施”，开源节流，挖潜增效。强化计划与预算功能，落实资产经营责任，统筹安排资金规模和投向，不断提高资金使用效率。加大成本管控力度，重点强化了燃料量、质、价管理，成本费用得到有效控制。科学安排运行方式和检修时间，提高运行和检修质量，机组经济运行水平不断提高。完善营销策略，积极参与区域电力市场试点，竞价和市场开拓能力有显著提高。落实责任，电热费回收取得成效。理顺价、税关系，厂网价格分离工作全部完成，在争取和落实电价、热价政策上有所突破。完成清产核资工作。加强依法治企，实施财务整顿，强化审计和效能监察工作，企业运作进一步规范，经营风险得到有效控制。

全年采取减少非停、缩短检修工期等措施使电量增发，实现增效4.8亿元；节能降耗、控制支出，修理费、材料费节约2.41亿元。

安全生产

集团公司发布并宣贯《安全政策声明》，以安全、健康、环保为目标的员工工作环境和预控式管理模式正在形成。

集团公司坚持严格要求、严格管理、严格监督的原则，认真开展“安全无违章工地”和“安全生产月”活动，及时纠正不规范管理行为和习惯性违章，加强对危险源的辨识与控制，工程安全管理水平不断提高。

集团公司强化安全生产，确保责任落实到位，尤其在发电企业体制改革过程中，加强指导、协调，保证了新旧管理机制和管理方式的有效衔接。加强设备治理，优化调度管理，提高运行检修质量。科学制定应急预案，认真落实季节性反事故措施。落实掺烧褐煤的安全技术措施。一年来，集团公司系统未发生年度安全目标控制五类事故，机组非计划停运次数同比下降53%，一般设备事故同比降低47.6%。在化解不利因素、控制各种风险的同时，安全管理水平稳步提高。

改革创新

集团公司发电企业运行、检修、辅业体制性分离基本完成。清河、黄河两个改革试点单位，内部加强管理，外部拓展市场，效率、效益显著提高。在体制改革的同时，积极转换经营机制，进行人事、劳动用工和分配三项制度改革，集团公司工效挂钩方案已经部署，对二级单位主要负责人的年薪管理开始实施。

发电运行分公司首个试点项目白鹤二期1号机已成功投入商业运行。工程建设管理分公司第一个实行工程建设委托制管理的贵溪项目取得良好成效，得到地方政府和建设部等有关方面的认可。资金结算管理中心科学管理，规范运作，资金集成作用得到进一步发挥。改革和规范原有的燃料管理方式，构筑三级燃料管理体系，既降低了成本，又保障了燃料的连续稳定供应。

集团公司完成了通辽发电总厂等8个试点单位的综合评估，部分企业实施了预评估、专项评估和自我评估。

修改发布了《规章制度管理制度》，8个试点单位的工作初见成效。集团公司规章制度体系进一步修改完善，工作效率和质量得到提高。

企 业 发 展

集团公司按照国家产业政策和发展规划合理布局，为后续发展创造条件。工程建设投产计划按期完成，在建项目积极推进，开工项目的各项准备条件及时得到落实。

成立了中电投核电有限公司，正在形成一整套核电管理和技术支持体系。集团公司成为国内开发、建设和运营核电的三家集团之一。山东海阳和辽宁大连核电项目纳入国家“十一·五”规划。与部分省区签订了内陆核电开发协议，并高质量地开展了前期工作。

黄河上游水电公司的资产划转、巨额欠费、增值税政策等问题得到妥善解决，取得了龙羊峡以上电站开发权，公伯峡水电站1、2号机均提前一年投产发电，拉西瓦项目获得国家立项批复，黄河上游流域资产重组即将完成。长江沅水流域的开发建设和资产重组顺利推进，三板溪等水电项目建设按计划进行，挂治、东坪水电站得到核准。广西长洲水利枢纽工程成功实现外江截流，全面转入主体施工阶段。

集团公司与内蒙古霍煤集团成功重组，白音华、淮南、平顶山等煤电基地开发按计划推进，煤电一体化发展起步良好。中电投财务公司获准成立。重庆远达环保产业有了新的突破，第一个火电厂烟气脱硫技术及装置产业化项目通过国家综合验收，工艺技术设计和研发能力达到国内领先水平。

“中国电力”红筹股在香港成功上市，搭建了集团公司境内外资本运作和国际化发展的平台，是集团公司实施国际化发展战略的重大突破。中电国际上市自集团公司成立就开始筹划，2004年2月10日正式启动，到2004年10月15日中国电力国际发展有限公司在香港联交所主板挂牌上市交易。股票名称为中国电力，是境外上市的红筹股，在亚、欧、美三大洲的路演推介中，外界反响就非常热烈，上市一周来市场表现突出。集团公司境内三个上市公司健康发展，上海电力再次入选上证180和上证50指数样本股，山西漳泽电力再次入选深证100指数样本股，重庆九龙电力业绩平稳上升。中电投2003年企业债券在上海证交所成功上市，首次派息工作圆满完成。与吉林省政府签署了《吉林省能源交通总公司重组转让框架协议》中电国际收购了芜湖三期51%的股权。郑州热电厂圆满移交地方企业，在空壳电厂职工合理安置问题上进行了有益探索。

科 技 管 理

2004年度科技开发项目70项，其中国家科技部863配套项目2项。科技项目的立项紧紧围绕提高效率、改善环境、降低成本、提高劳动生产率和管理水平为目标，把解决工程建设、生产、经营中的重大和突出问题作为重点。优先考虑了环保、节能、运行检修、设备管理及新技术的应用和成果转化方面的项目。

“燃煤锅炉超低负荷洁净高效控制与运行技术的研究及应用”、“燃煤电站高效低 NO_x 排放系统技术开发”两个“863”项目进展顺利，已取得阶段性成果。

“燃煤锅炉超低负荷洁净高效控制与运行技术的研究及应用”及“少油点火”项目的研究和实施对集团公司节能起到示范作用，其研究成果的实际应用燃油量可比正常用油量减少70%以上。

“燃煤电站高效低 NO_x 排放系统技术开发”、“核废料处理研究”等项目的研究将提升集团公司的环保技术水平，根据集团公司的发展战略为集团可持续发展提供必要的技术支撑和技术储备。

“提高循环流化床锅炉运行安全经济性研究”、“锅炉优化燃烧研究与实施”等项目密切结合生产运行实际，其研究成果将大大提高现有机组的运行管理及经济运行水平，提高效率。

“自主知识产权100MW循环流化床锅炉研制及示范”等3个项目分获中国电力科技进步一、二、三等奖。

平圩、姚孟等一批新项目采用600MW超临界机组，为结构调整打下基础。通辽三期600MW空冷机组、阚山600MW超超临界机组、分宜大型循环流化床锅炉等项目的国产化研制工作，为国家火电技术升级进行示范。

科技管理制度进一步得到完善，组织制定了《中国电力投资集团公司科技进步奖励办法》和《中国电力投资集团公司科技项目管理办法》，使集团公司系统的科技进步工作有章可循，健康发展。

人 力 资 源 管 理

集团公司召开了全系统人才工作会议，全面部署人才工作。继续健全和完善领导干部管理制度体系，完成了对二级单位领导班子的全面考核，建立了后备干部队伍。充分发挥党校和高培中心的作用，加强培训的力度。全年共培训核电专业人才120名，培训领导干部和各类专业人才1800多人·次。

党 建 工 作

切实加强思想政治建设，坚持理论联系实际，学习贯彻党的一系列重大方针政策。进一步整合集团公司企业文化。加大党风廉政建设工作力度，在全系统广泛开展了“规范经营、廉洁从业”主题教育活动。

积极开展各类公益活动，增强员工奉献社会意识，向“为实现和平和正义，法律援助在中国”大型公益活动捐款60万元，为印度洋海啸中受灾国家捐款，仅集团公司本部和在京单位就捐款近11万元。结合员工队伍建设，开展了一系列技术比武、岗位练兵、经济技术创新、建功立业等活动。推动厂务公开工作的深入开展。通过党建、企业文化建设，党的核心作用进一步得到发挥，精神文明取得可喜的成绩，在改革发展中涌现出了一大批先进单位和优秀共产党员。

（朱仕祥）

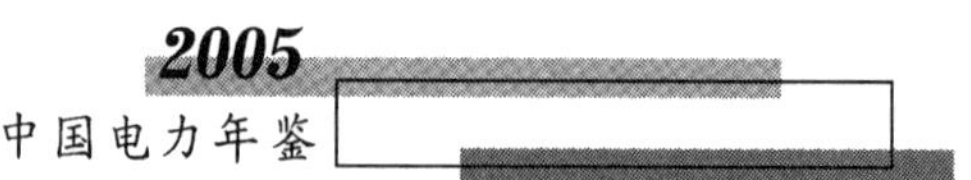

其 他 公 司

中国长江三峡工程开发总公司

概况

2004年是三峡工程在全面实现二期工程蓄水、通航、发电三大目标之后，转入三期工程建设，进入边建设、边运行阶段的第一年。

三峡工程综合效益开始逐步显现。2004年，三峡工程安全度过9月出现的历史上同期第三次大洪水，为下游拦蓄洪水4.95亿m^3，减轻了下游防洪的压力。全年三峡工程新增投产发电机组5台，超过计划目标。三峡电厂已有11台机组投产运行。截至12月31日，已实现连续安全生产407天，全年共发电391.4亿kWh。双线五级船闸通航能力得到了提高，全年实现安全通航361天，船闸共运行8700闸·次，通过船舶7.5万艘·次、旅客172万人，船闸年过坝货运量达到4309万t。

固定资产投资完成及资金到位

2004年，三峡工程完成投资111.50亿元，完成投资计划的95.14%，其中：建安工程完成16.99亿元，占计划的88.76%；机电设备费20.39亿元，占计划的145.51%；金属结构设备费1.51亿元，占计划的157.45%；其他费用1.58亿元，占计划的71.99%；基本预备费0.88亿元，占18.02%；水库淹没处理补偿费24.63亿元，占计划的98.51%；库区移民包干外补偿费15.17亿元，占计划的216.69%；价差预备费24.41亿元，占计划的110.97%；贷款利息5.99亿元，占计划的27.17%。截至2004年12月31日，三峡工程共完成投资1115.75亿元，其中：枢纽工程静态投资403.69亿元，占枢纽工程概算的80.6%；库区移民完成静态投资328.11亿元，完成库区移民的82%。

2004年，三峡工程共到位固定资产投资资金143.19亿元，占年计划的94.65%，其中：三峡专项基金到位73亿元，占计划的102.49%；利用外资19.78亿元，占计划的100.4%；其他资金50.41亿元，占计划的83.52%。截至2004年12月31日，三峡工程固定资产投资资金共到位1181.82亿元。

完成工程量

2004年三峡主体工程完成：土石方开挖13.05万m^3，占计划的117.06%；土石方填筑26.48万m^3，占计划的194.83%；混凝土浇筑292.67万m^3，占计划的111.79%；固结灌浆3.07万m，占计划的236.7%；帷幕灌浆0.88万m，占计划的75.1%；接缝灌浆0.65万m^2，占计划的106.48%；钢筋制安4.42万t，占计划的85.12%；混凝土防渗墙0.3万m^2；机电安装3.68万t，占计划的126.03%；金属结构安装1.85万t，占计划的215%。

主要工程形象进度

右岸大坝工程的右厂排坝段至右厂23号坝段甲块达高程94～120m，乙块达高程85～126m，丙块除个别坝块外，全部到达顶高程 82m；右厂 24 号坝段～右非 1 号坝段甲块已达高程 122～147.8m；乙块已达高程 113～138.6m，丙块除右非 1 外，其余全部到顶。

右厂 24～26 号坝段拦污栅已达高程 113.75～123.65m，深槽部位拦污栅平台（98m）已形成。

右厂 16 号坝段～安Ⅲ坝段帷幕灌浆正在施工，第一排主帷幕已全部完成，其中安Ⅲ坝段帷幕灌浆已全部完成。

右厂 15 号、16 号及右厂 24～26 号压力钢管上平段、全部压力钢管下平段及 24～26 号机下弯段已吊装完成。

高程 120m 栈桥已推进至右厂 23 号实体坝段；高程 82m 栈桥已推进至右厂 20 号实体坝段。

右岸电站厂房上游墙穿墙钢管已全部吊装就位。肘管钢衬及肘管二期混凝土回填全部完成，锥管段（高程 42～50m）混凝土抓紧施工，以尽快形成宽槽。

15～18 号机组段Ⅲ区已达高程 59.45～63.21m，19～24 号机组段Ⅲ区已达高程 64.21～66.97m，其中安Ⅲ段高程为 57.5m；25～26 号机组段Ⅲ区高程分别为 73m 和 75.27m。右安Ⅰ和安Ⅱ边墙已达高程 90～105.6m。

左岸机组安装 10、7、11、8、12 号水轮发电机组分别于 4 月 7 日、4 月 30 日、7 月 26 日、8 月 24 日和 11 月 19 日投产发电，超过计划目标；9 号定子正在下线，转子正在进行叠片；13 号机定子下线完成，转子正在进行磁极挂装；14 号机定子正在下线，转子支架焊接完成。

临时船闸改建冲沙闸工程甲块已浇至高程 152.76m，乙块已浇至高程 151.28m。

电源电站工程除引水洞、尾水洞剩余部分未开挖外，其余部位已完成开挖，年底主厂房开始浇筑混凝土。

右岸地下电站尾水渠开挖除预留石埂外，其余部位已开挖至设计高程 52m，1 号施工支洞已开挖完成。

工程质量管理

2004 年，三峡工程共进行 4863 个单元工程质量评定，其中优良单元 4498 个，优良率 92.49%。

电力生产与营销

2004 年，三峡电厂和葛洲坝电厂利用开展输电、并网电厂安全性评价和贯彻质量、环境和职业安全健康标准认证等手段，大力实施新设备反事故措施和老设备技术改造，汛前以较高质量完成 40 多台·次设备大小修，30 多项大型设备技术改造，使设备保持良好的状态和较高的可靠性。三峡电站全年机组等效可用系数达 96.82%，其机组年平均利用小时数达 6682.41，全年非计划停运由 2003 年的 4.17 次/（台·年）下降为 2.36 次/（台·年）；葛洲坝电站全年机组等效可用系数达 92.11%，其机组年平均利用小时数达 6412h，全年非计划停运次数仅为 1.33 次/（台·年），居同类机组领先水平。三峡—葛洲坝梯级枢纽全年发电 561.7 亿 kWh，超额完成年度发电计划，其中：三峡电站发电 391.6 亿 kWh，水能利用提高率达 4.6%，节水增发电量 17.2 亿 kWh，提前 40 天完成年度发电任务；葛洲坝电站发电 170.1 亿 kWh，水能利用提高率达 8%，节水增发电量 12.5 亿 kWh，提前 35 天完成年度发电任务，并创电站投产发电以来年发电量历史最高纪录。全年实现电力销售收入 68.63 亿元。

国际合作与交流

2004 年，中国三峡总公司全年办理来自 40 个国家和地区（不含中国）的 180 批·次外事来访团组，2865 人·次。实际接待 169 批·次来访团组，2777 人·次。其中，接待副部级以上政府官员和国际知名人士 122 人·次。全年受理因公出国申请和出访邀请团组 82 个，现已出访团组 46 个，出访 216 人·次。对外发放邀请函 42 份，共计邀请 56 人·次来三峡执行合同任务。

表 1　三峡工程固定资产投资完成汇总表

万元

项　　目	年计划	本年完成	占年计划（%）	自开工累计完成
总投资	1172564	1115575	95.14	11157512
建安工程	191354	169851	88.76	2805459
机电设备费	140160	203946	145.51	610745
金属结构设备费	9600	15116	157.45	156236
其他费用	22050	15847	71.99	368658
基本预备费	49000	8828	18.02	95799
水库淹没处理补偿费	250000	246274	98.51	3281131
价差预备费	220000	244130	110.97	2159810
贷款利息	220400	59875	27.17	1414230
库区移民包干外补偿费	70000	151682	216.69	265445

表 2　　三峡总公司固定资产投资资金到位情况表　　万元

项　　目	年计划	本年完成	占年计划（%）	自开工累计到位
资金到位	1512840	1431870	94.65	11818152
三峡专项基金	712300	730017	102.49	5299517
利用外资	197000	197794	100.40	770292
其他资金	603540	504059	83.52	828343

表 3　　三峡主体工程完成工程量情况表

项　　目	单位	年计划	本年完成	占年计划（%）	自开工累计完成
土石方开挖	万 m^3	11.15	13.05	117.06	13919.32
土石方填筑	万 m^3	13.59	26.48	194.83	5294.01
混凝土浇筑	万 m^3	261.81	292.67	111.79	2577.85
固结灌浆	万 m	1.30	3.07	236.70	47.54
帷幕灌浆	万 m	1.17	0.88	75.10	25.80
接缝灌浆	万 m^2	0.61	0.65	106.48	40.72
钢筋制安	万 t	5.20	4.42	85.12	49.76
混凝土防渗墙	万 m^2		0.30		28.04
机电安装	万 t	2.92	3.68	126.03	9.71
金属结构安装	万 t	0.86	1.85	215.00	17.71

（时香丽　乔仁贵）

中国电力工程顾问集团公司

概况

中国电力工程顾问集团公司是 2002 年底依据《国务院关于印发电力体制改革方案的通知》（国发［2002］5 号文）和《国务院关于组建中国电力工程顾问集团公司有关问题的批复》（国函［2003］26 号文），在原国家电力公司所属中国电力工程顾问（集团）有限公司基础上组建、由国务院国资委监管的中央企业。

公司下属六家大区电力设计院（东北、华东、中南、西北、西南电力设计院、华北电力设计院工程有限公司）、一家咨询公司（中国电力建设工程咨询公司）和一家事业单位（电力规划设计总院）。公司主要从事电力发展规划研究、电力工程设计评审，电力工程勘测设计、工程咨询、工程监理和工程总承包等业务。公司是国家发展改革委员会指定的具有火电项目评估资格的咨询机构。

公司技术力量雄厚，专业配套齐全，具有丰富的工程实践经验，拥有先进的技术装备和专有技术。截至 2004 年年底，公司在职职工 7858 人，其中国家级勘察设计大师 11 人，享受政府特殊津贴的专家 138 人，高中级职称工程技术人员 4623 人，具有各类注册职业资格的人员 1450 人。

公司在电力勘测设计技术上处于国内领先地位。在核电常规岛、洁净煤燃烧、百万千瓦级超超临界机组、特高压交直流输变电等勘测设计前沿技术方面在国内具有领先优势。集团公司承担了全国电力市场分析、电能消纳、西电东送、全国联网，电力产业结构升级调整等电力发展规划研究任务；完成了国内大量发电工程和输变电工程的勘测设计工作，承接了十几个国家的 170 余项电力工程。集团公司在我国电力勘测设计行业的科研、标准化工作中发挥着主导作用，承担了全国约 90%的电力勘测设计科研、标准化任务，承担着电力新技术研究和国外先进技术的引进、消化和创新等工作。

集团公司所属 6 家设计院连续 10 年名列中国勘察设计综合实力百强。2004 年度，公司再度入选美国《工程新闻记录》（ENR）“全球 150 强工程设计商”第 66 位，“中国工程设计企业 60 强”首位。

公司领导

党组书记、总经理：汪建平

党组成员、副总经理：赵洁　姚强　吴春利　于刚

党组成员、纪检组长：王保国

总工程师：孙锐

总会计师：陈关中

机构设置

公司总部设有专家委员会、总经理工作部、人力资源部、财务与产权管理部、计划发展部、科技信息管理部、监察审计部、党群工作部、总工办公室、规划研究中心、发电工程分公司、电网工程分公司、技术经济中心等部门。

主要经营指标

实现利润总额 15049 万元，同比增长 57%；净资产收益率 16.71%，同比增长 25.17%；技术投入比率 7.49%，同比增长 22.79%；流动资产周转率 1.21 次，同比增长 3%。

签订合同总额 94.6 亿元，同比增长 106.8%；合同净额 56.7 亿元，同比增长 57.4%。

完成产值 39.5 亿元，同比增长 36.6%。

实现收费35.5亿元，同比增长55.4%；净收费27.5亿元，同比增长37%。

实现营业收入26.2亿元，同比增长61%；资产保值增值率123.62%，同比增长5%。

全员人均完成产值51.1万元/（人·年），同比增长28.9%。

生产任务

1. 规划研究工作

集团公司围绕电力工业改革发展，全年开展重大规划研究项目30项，完成23项。其中开展了《电力工业“十一五”规划及2020年远景目标研究》补充修改、《电力工业产业政策研究》、《核电发展规划研究》等工作。集团公司各单位分别受网省公司委托，完成了所在地区电网的“十一五”规划和2020年远景展望的报告。华东院还完成了长江三角洲远景电网规划研究等跨区域项目研究课题。

进一步完善了全国电力规划信息库；根据电力工业长远发展规划要求，初步建立了滚动规划研究机制；以基础研究成果为依据，开展相关研究，包括配合有关发电公司开展电力市场研究、与有关石油企业开展全国天然气发电规划研究等；初步建立了满足不同客户需求、规范的规划研究工作框架和产品体系；初步建立了发挥各单位规划研究人员整体优势，整合各类资源，保证高质量完成规划研究工作的有效机制。

2. 发输变电勘测设计工作

全年完成发电勘测设计项目302项，27421万kW，其中：初可研87项，10439万kW，同比减少24%；可研81项，7897万kW，同比减少2%；初步设计89项，6936万kW，同比增长54%；施工图设计45项，2148万kW，同比增长22%。

完成220kV及以上送电工程勘测设计项目176项，22885km，其中：可研32项，6098km，同比增长135%；初步设计81项，8695km，同比增长66%；施工图设计63项，8092km，同比增长41%。

完成220kV及以上变电工程勘测设计项目193项，8042万kVA，其中：初可研3项，475万kVA；可研27项，2310万kVA，同比增长234%；初步设计79项，2537万kVA，同比减少29%；施工图设计84项，2720万kVA，同比增长3%。

完成发电项目评审、咨询和评估327项，21059.5万kW，其中：初可及可研132项，13184.5万kW，基本与2003年持平；初步设计87项，7595万kW，同比增长56%；核电、脱硫等咨询项目61项；评估项目6项。经评审核减发电项目投资31亿元。

完成220kV及以上输变电工程评审140项，其中：输电线路15874km，基本与2003年持平；变电6317万kVA，同比增长5%。经评审核减输变电项目投资16亿元。

集团公司承担的全国联网、三峡输变电、全国电网迎峰度夏、西北电网750kV示范工程等重点工程的勘测设计工作进展顺利，世界上最高的铁塔500kV江阴长江大跨越输电工程顺利投产，打通了制约长江以南地区用电紧张的“瓶颈”；集团公司引进的CFB锅炉系统设计技术在白马、红河（开远）、秦皇岛、小龙潭、巡检司、黄桷庄等工程得到应用；我国首台国产60万kW超临界燃煤机组在河南沁北电厂投产；百万千瓦级超超临界机组设计和我国第一批燃机打捆招标项目9F级机组设计等重大工程项目的实施，加速了我国电力设计技术水平与国际水平同步前进。

集团公司与有关单位组成联合体承接了通辽三期1×60万kW机组空冷系统国产化示范工程，空冷岛初步设计整体推进顺利。

集团公司组织对江西、安徽等6个省（市、区）进行了内陆核电厂址资源的调查并提出了调查报告。审查了湖北省核电项目初步可行性研究报告，对江西、安徽等9个省（市、区）10个核电项目进行了厂址预评审或厂址复查工作。组织参加了法国内陆核电技术交流和考察。

3. 工程总承包、工程监理工作

全年开展工程总承包项目21项，完成产值1.49亿元，其中新签项目17项，总合同额47.28亿元；开展工程监理项目105项，完成产值1.43亿元，其中新签项目48项，总合同1.83亿元。

西北院签订了神华阳光电厂2×13.5万kW（CFB、直接空冷）、青海西海电厂（2×13.5万kW）EPC总承包合同；中南院签订了山西保德（2×13.5万kW）煤矸石发电厂工程总承包合同；华北院签订了山西同煤集团资源综合利用热电厂（4×5万kW）EPC合同和山东里能煤炭地下气发电示范工程（2×30万kW）项目管理合同；咨询公司先后中标了阳城电厂二期工程、外高桥电厂二期脱硫等工程监理项目，签订了江苏利港电厂业主工程师等项目合同。

在加大总承包市场开发力度的同时，各单位结合工程项目实施，不断完善EPC总承包项目管理体系。适应项目管理需要，积极推进组织机构调整，建立健全有关项目管理制度和质保体系，积极推广应用先进的项目管理软件，加快人才培养和引进步伐。通过总承包项目的承揽与建设，锻炼了队伍，积累了经验，逐步培育、丰富了总承包的核心要素，为向工程公司转型创造了良好条件。

经营工作

集团公司前期项目开发工作取得了可喜成果。共计完成发电前期项目 169 项，其中 60 万 kW 及以上项目 116 项，30 万～60 万 kW 项目 42 项；完成电网前期项目 11 项。签订境外合同额 1.66 亿元。华东院和有关单位合作中标国内迄今为止最大单机容量的出口机组印度 JHARSUGUDA（4×60 万 kW）工程设计；西北院承接了刚果电网规划，中标印度 SGARDIGHI（2×30 万 kW）和 DURGAPUR（1×30 万 kW）两个电厂工程设计；中南院签订了苏丹麦洛维大坝输变电线路项目变电站分包合同。

集团公司印发了《电力工程设计工日定额实施办法》，较为完整地补充量化了发输变电前期设计定额标准，该办法在生产经营管理中起到了积极的作用。为进一步加强生产经营统计管理，集团公司印发了《经营统计管理规定》，并组织有关单位开发了《集团公司经营统计软件》。

体制改革工作

2004 年 3 月国资委改革局函复了集团公司深化体制改革总体方案。根据国资委的函复意见和国家有关文件精神，集团公司制定并印发了《体制改革、主辅分离工作指导意见》。为切实做好主辅分离、辅业改制工作，有效推进改革进程，集团公司组织召开了主辅分离工作研讨会，聘请国资委、劳动部、财政部有关主管负责人对主辅分离工作进行了政策指导。

根据国务院批复的《集团公司组建方案》，办理了集团的注册登记，进行了各单位的更名工作。

各单位完成了“三类资产”划分、辅业分离人员补偿金测算等工作，并分别提出了本单位主辅分离、辅业改制和主业改制方案。集团公司经认真研究后，完成了集团《主辅分离、改制分流总体方案》，并已上报国资委、劳动部和财政部。集团公司正在进行主业改制方案的审核工作。

科技创新工作

2004 年集团公司投入 9308 万元，比 2003 年增加科技投入 2420 万元，增加 35.1%。开展科研、标准化和信息项目共 653 项，比 2003 年多开展科技项目 36 项。开展集团公司重点科技项目 15 项。充分发挥集团公司整体优势，较好地完成了国家发改委、原国家电力公司等有关部门和单位委托开展的科技项目。集团公司承担原国家电力公司科技项目 11 项，共 19 个子课题。已完成 18 个子课题，已对 13 个子课题组织了验收。各单位在洁净煤发电、核电常规岛、垃圾电站、风电、海水淡化等方面开展了大量研究，集团公司的整体技术水平有了显著的提高。

信息化建设迈出新的步伐。各单位在三维设计应用、综合数据库建立、企业信息平台和信息资源中心的建设等方面取得较大进展。利用信息技术改进设计手段，提高工作效率，提高管理水平，提升企业核心竞争力。

集团公司组织评选科学技术奖，共评出集团级科学技术奖 15 项，推荐 8 项获奖项目参加中国电力科学技术奖的评选，其中由集团公司组织，西北、华东、华北院共同完成的“大型火电厂主厂房抗震设计技术研究”项目，获得一等奖，另有 6 项分获二、三等奖。各单位在 2004 年期间共获得其他各类奖项 70 项，其中省级优秀设计一、二等奖 14 项；电力行业优秀设计 18 项、优秀勘测 2 项、优秀软件 2 项；电力行业优秀工程咨询成果奖 11 项，并有 4 项被推荐参加全国优秀工程咨询成果奖的评选。

管理工作

集团公司发展战略与规划主体报告已上报国资委。制定和颁发了《集团公司子企业负责人管理办法》、《集团公司关于进一步加强人才工作的意见》、《集团公司特级专家、专家评选办法》、《集团公司外事工作管理规定》等 30 多项制度，为进一步规范集团公司管理奠定了良好基础。

完成了集团公司本部与咨询公司的机构和业务重组，明确了各部门职责，理顺了内部管理和生产关系，为构建集团公司经营控股型的总部，更好履行出资人职责创造了有利条件。

建立和完善了集团公司各类专家和人才的推选机制。中南院谢国恩、西南院熊显彬被授予全国工程设计大师；集团公司本部吴云入选首批新世纪百千万人才工程国家级人才；东北院安利群被评为中央企业劳动模范，中南院电网工程分公司被评为中央企业先进集体；西北院张文斌被评为全国电力行业优秀企业家，华东院被评为全国电力行业优秀企业。各单位还分别获得所在省、有关行业协会劳动模范、优秀企业家等称号。各项荣誉的获得有效提高了集团公司的社会影响力。

加强了财务管理。完成了集团公司清产核资产工作，清查账面资产总额 24.03 亿元，所有者权益 4.05 亿元，核实损失 4305.29 万元，清产核资产工作报告已获得国资委批复，为集团公司执行《企业会计制度》奠定了良好的基础。

组织进行了集团公司设计质量检查。检查结果表明目前集团公司产品质量稳定、受控、良好，未发生因勘测设计产品质量原因引发的重大质量安全事故。在质量检查、征求顾客意见及各单位质量自查的基础上，组织召开了集团公司质量工作会议，交流了各单位质量管理的成功经验，并对进一步做好质量工作提出了明确要求。

全年完成审计项目 77 项，其中经济责任审计 3 项，提出并采纳审计建议 105 条，促进增收节支 551 万元；认真执行国家审计署审计决定，研究提出纠正意见和办法，对各单位财务会计处理项目的纠正结果已报国家审计署；加快审计手段现代化建设，委托开发的《审计信息统计分析系统》已投入使用，提高了审计工作效率。

党建、精神文明和企业文化建设

坚持党组、党委中心组学习制度，参学率达 90%以上。召开了集团公司党建工作会议，总结和交流各单位开展党建工作经验，依据中组部、国资委党委《关于加强和改进中央企业党建工作的意见》，制定出台了《集团公司党组关于进一步加强和改进党建工作的意见》，提出了新形势下集团公司党建工作的指导思想、主要任务和工作目标。

认真贯彻落实中纪委三次、四次全会精神和国资委纪检监察工作会议精神，以学习贯彻两个条例为契机，广泛开展了“学习两个条例”和“实践两个务必”的专题教育活动；推动效能监察工作不断深化，全年完成 23 项效能监察项目，节省资金 558 万元；按照规定及时处理了群众的信访举报，结办率 100%；全面完成了党风廉政建设责任制年度考核目标。

各单位在培育和创建适应市场环境要求、与企业发展目标相一致、具有本企业特色的企业文化建设方面，取得了阶段性成果。加大了企业形象宣传力度，提升了整体形象和社会知名度。部分单位还完成了企业视觉识别系统、核心理念系统和行为规范系统的提炼、整合工作。

集团公司各单位继续保持文明单位称号。

主要事件

2004 年 1 月 8～9 日，集团公司在武汉召开了 2004 年工作会议。这次会议是顾问集团新一届领导班子组成后召开的首次工作会议。会议的主要议题是：贯彻落实党的十六届三中全会、中央经济工作会议和中央企业负责人会议精神，总结 2003 年工作，分析面临的形势，明确发展思路，提出 2004 年主要任务，抓住机遇，深化改革，创新发展，努力开创集团公司各项工作新局面。集团公司党组书记、总经理汪建平主持了会议。监事会主席师金泉及有关部门负责同志、中国电力规划设计协会理事长吴毅强出席了会议，党组成员、副总经理赵洁、姚强、吴春利、于刚，党组成员、党组纪检组长王保国，总工程师孙锐同志及有关部门负责人，集团公司各单位党政主要负责人及有关部门负责人 60 人参加了会议。四川电力设计咨询有限公司领导应邀参加了会议。

党组书记、总经理汪建平代表顾问集团公司党组和总经理办公会作《抓住机遇，深化改革，创新发展，努力开创集团公司各项工作新局面》的工作报告。

4 月 29 日，汪建平总经理主持召开总经理办公（扩大）会议。汪建平宣布了集团公司党组关于集团公司领导工作分工情况；赵洁、姚强分别宣布了集团公司关于《中国电力工程顾问集团公司本部机构和部门职责》的通知（电顾人［2004］33 号）和集团公司关于印发《中国电力工程顾问集团公司本部生产经营管理办法（试行）》等文件的通知。

9 月 25～26 日，集团公司人才、外事工作会议在武汉召开。

9 月 27 日，集团公司在武汉召开了党建工作会议。

9 月 28～29 日，集团公司在武汉召开了各单位主要负责人会议。

（刘叔友）

中国水电工程顾问集团公司

概况

集团公司是 2002 年在电力体制改革中经国务院批准、在原国家电力公司所属中国水电顾问有限公司及有关企事业单位基础上组建、国资委管理的国有企业，也是国内唯一一家从事水电及风电发展规划、项目勘测设计、技术咨询的国有大型企业集团。主要从事水电和新能源等发电项目的勘测设计、咨询、监理、施工、项目管理、总承包及相关技术和中介业务等，以及河流（河段）水电规划；从事水电站、新能源及相关产业的开发、投资、经营和管理等业务。

成员单位：中国水电顾问集团北京勘测设计研究院、西北勘测设计研究院、华东勘测设计研究院、中南勘测设计研究院、成都勘测设计研究院、贵阳勘测设计研究院、昆明勘测设计研究院及中国水利水电建设工程咨询公司等 8 个全资企业和水电水利规划设计总院 1 个事业单位组成。

人员状况：到 2004 年年底，集团公司共有在职员工 11057 人。其中，中国工程院院士 1 人，国家工程设计大师 5 人，勘察大师 1 人，享受政府特殊津贴专家131人，国家有突出贡献的中青年科学技术管理专家5人，享受教授、研究员待遇的高级工程师577人，高级工程师2239人，工程师1730人。离退休人员8450人。

2004年集团公司各项工作

自2002年年底集团公司成立，短短两年时间，集团公司的经营收入增长了202.55%，利润总额增长了222.23%，资产总量增长了203.51%，劳动生产率增长了200%。实现了资产规模、营业收入利润总额、员工劳动生产率等指标均比2002年翻了一番，提前一年完成“十五”发展目标。

积极推进水电发展

开展了四川省水电开发及市场消纳规划研究和雅砻江干流梯级水电站开发时序研究、澜沧江梯级电站环境影响研究及评价、电力建设项目水土保持规范研究等。结合大规模水电建设和市场机制环境下移民工作面临的新形势，认真做好水电移民政策研究，为国家完善水电移民政策提供了重要的决策依据。

全年共签订合同约65亿元，为2003年实际签订合同50亿元的130%，资产总额488752.29万元，主营业务收入320455.01万元，利润总额7724.86万元，全员劳动生产率30万元/(人·年)，净资产收益率8.91%，技术投入比率5%，流动资产比率1.19，保值增值率107.8%，全面完成国资委下达的考核目标。在激烈的竞争中，占据了水电工程勘测设计、审查、咨询、监理等较大的市场份额，同时，工程安鉴、风电及安全评价市场得以进一步巩固和扩大。

到2004年年底，集团公司拥有已建、在建项目权益容量超过50万kW，正在开展前期工作项目的权益容量已超过100万kW。由集团公司相对控股投资的美姑河柳洪水电站工程进展顺利，首台机组将于2006年8月提前发电。美姑河后续梯级项目的前期工作正有序推进。同时，集团公司正在积极争取四川绰斯甲河（河流总装机规模约100万kW）水电项目开发权，流域规划工作正在紧张地进行中。

经国资委批准，集团公司委托昆明院参股投资云南地方电力建设。

积极推进企业改革

完成了主辅分离、辅业改制分流安置富余人员总体方案的制定和报批工作。组织召开宣贯会，认真传达国资委、财政部、劳动社会保障部关于集团公司主辅分离、辅业改制方案的联合批复精神，出台集团公司主辅分离、辅业改制实施意见，明确了集团公司主辅分离、辅业改制范围、政策基础、工作流程、任务目标及进度要求。集团公司共有53家辅业单位及其4000余从业人员将与主体企业剥离，走上与主业相辅相成、共同发展的道路。集团公司主辅分离、辅业改制有了一个很好的“绿色通道”，主辅业协调发展、共同强大的愿望有了一个良好的开端。

在推进主辅分离的同时，部分子公司（设计院）积极探索辅业单位实行投资主体多元化、建立现代产权制度的改革步伐，使部分辅业单位的产业结构、资产结构、组织结构和队伍结构得以进一步调整优化。

根据中央关于企业办社会职能移交的有关试点意见，中南院积极与地方政府和教育部门协商，就中南院子弟学校的移交方案达成协议，并经集团公司上报国资委。

制定并实施《中国水电工程顾问集团公司工资改革方案》，从按级别定薪改为按岗位定薪，进一步完善集团公司分配方式，调整分配结构，理顺分配关系，使收入分配朝着企业化管理迈出关键的一步。根据《中央企业负责人经营业绩考核暂行办法》和《中央企业负责人年薪制暂行办法》等有关规定，并结合集团公司实际情况，修订了子公司经营者年薪制管理办法，在考核体系中增加流动资产周转率、技术投入比率两项考核指标，年薪考核指标进一步完善。

对从业人员从行政职务、技术职务、工人技术等级的纯级别管理，转为对所聘任的岗位进行管理，逐步淡化各类级别。华东院对行政、党委、工会的职能机构进行整合，干部交叉任职，对调整后的职能部门实行领导干部竞争上岗。对实行模拟公司制运作的二级生产经营部门，聘任经营领导班子。西北院、成都院、中南院、贵阳院、昆明院、北京院对管理部门进行精简，减少管理层次和管理人员，中层干部和员工实行竞争上岗和聘任上岗，废除职务和岗位终身制。

强化管理

集团公司共有58家单位进行了清产核资，清查出资产损失12931.8万元。出台集团公司预算管理、投资管理规定，加强财务资金管理，完善财务收支预算、资金、对外投资，以及信贷担保等管理制度，进一步完善了内部控制制度，提高了预算的科学性、计划性和全面性，为集团公司实施全面预算管理及执行《企业会计制度》奠定了基础。各子公司建立统一的结算中心，取消多头开户，提高资金的使用效率。

会同地方党委组织部门先后完成贵阳院行政、党委、工会领导班子换届、成都院行政领导班子届中个别调整工作。受国家电力监管委员会党组委托，完成对大坝安全监察中心总工程师人选的考核工作。修订《2010集团人才发展战略》，初步建立起近300人的“高、精、尖”技术人才后备队伍，集团公司按专业、后备人才类别已分别建立数据库；出台《集团公司“高、精、尖”人才奖励办法》，规定两院院士、国家工程勘察大师、设计大师获得各类自然科学奖、发明奖、科学技术进步奖等科技类奖项人员奖励标准。改组了集团公司技术经济委员会，进一步整合集团公司的技术经济力量。先后组织完成工程系列、政工系列等职称的申报和评审工作。2004年，144人被批准享受教授、研究员同等有关待遇，296人被评为高级工程师，6人通过高级政工师评委会的评审，待报国资委审批。集团公司的技术人才优势进一步得到加强。

制定了《集团公司审计工作发展目标》、《集团公司内部审计工作规定》等8项审计管理制度。全年完成各类审计106项，提出审计意见和建议375条，截至2004年年底已经落实了350条，内部审计的监督、评价及服务职能得到有效发挥。

集团公司综合业务网络工程已投入运行，通过网络视频系统及时传达国资委会议精神和召开专题会议，加强了互联网站信息交流。综合信息管理系统进一步完善，各种信息资源有效共享，大大提高了管理水平和工作效率。

涉及员工切身利益的奖金分配、工资制度改革、住房公积金管理、企业改革等重要管理制度出台前均通过职工代表联席会议的讨论。坚持厂务公开制度，增加企业管理透明度，广泛接受员工监督。

不断提高服务品质

合作主办2004年水力发电国际研讨会；参与联合国水电可持续发展大会，协助会议科学评价水电事业，制作水电宣传片《跨越》，在发展大会的开幕式上和中央电视台国际频道播放；认真做好水力发电装机突破1亿kW的宣传工作。

围绕金沙江、雅砻江、大渡河、怒江、乌江、长江上游、南盘江红水河、澜沧江、黄河上游、湘西、闽浙赣、东北及黄河北干流等13大水电基地开发建设，科学规划，认真做好国家发改委水电前期费的管理工作，落实了部分大江大河（河段）水电规划等项目的前期工作，合理安排好国家开发银行水电前期技术援助贷款，增加了水电项目勘测设计的基本储备。

2004年9月，集团公司领导不顾高原缺氧、条件恶劣，率领专家组进藏组织审查拉萨河干流水电规划，实地考察巴河冲久、雪卡、老虎嘴、扎雪、羊湖蓄能等水电项目的前期工作和直孔水电站的建设情况，与西藏自治区人民政府共商电力工业发展大计，并就西藏自治区水电、风电及抽水蓄能电站规划和建设做出具体工作部署。

积极向国家有关主管部门申请，获得水电工程项目竣工验收、蓄水验收、枢纽工程专项验收、移民工作验收的业务资格。集团公司和咨询公司获得投资评估资格，为集团公司的发展带来极好的外部机遇。工程验收资格的正式授予，进一步强化和巩固了现有的各项业务，为集团公司在更高层次参与市场竞争奠定了良好基础。

已完成和正在进行可行性研究（装机容量在30万kW以上）设计项目（包括溪洛渡、向家坝、瀑布沟、糯扎渡、锦屏一级、锦屏二级、拉西瓦等），总装机容量约4700万kW；抽水蓄能电站（包括呼和浩特、响水涧、仙游、深圳等），总装机容量1350万kW。已完成或正在进行的预可行性研究设计项目（包括虎跳峡、白鹤滩、两河口、双江口等），总装机容量约7300万kW；抽水蓄能电站（包括仙游、洪屏、丰宁等），总装机容量1200万kW。集团公司承担了其中绝大多数项目的勘察设计科研工作。大力开展关键性技术攻关，成功解决了高坝、高边坡、大容量、大泄量、深厚覆盖层地基处理等一系列建设世界级巨型水电工程的重大技术难题。

经过近3年时间，在集团公司和总院组织协调下，经过数千工程技术人员的努力，全面完成全国水力资源复查工作。

完成了“高水头大单宽流量底流消能技术研究”、“引水式水电站气垫式调压室关键技术研究”等12项电力重点科技研究成果，并在向家坝、自一里、泰安和桐柏等水电工程得到了应用。围绕集团公司科技进步，集团公司筹措科技开发费用1646万元，选定“300m级高混凝土拱坝合理建基面研究”等19个项目列入2004年度集团公司科技研究计划，大力开展技术攻关。

完成了《水电工程预可行性研究报告编制规程》等11项电力行业技术标准。2004年集团公司启动了企业技术标准体系的制定工作，颁布并实施了集团公司首部企业标准——《水力发电厂电缆防火措施设计规范》。

组织集团公司年度科技进步奖评选工作，推荐中国电力科技进步奖的评选项目，“沙牌碾压混凝土拱坝筑坝配套技术研究”荣获中国电力科技进步奖一等奖，并推荐为国家科技进步奖评选的项目。积极与中国勘察设计协会协调，完成了集团公司的“四优”评审。2004年，集团公司获国家级优秀设计金奖2项，银奖2项、铜奖3项。还有一批成果获得全国工程优秀咨询成果奖和省级科技进步奖。

党建和精神文明建设

紧紧围绕学习贯彻《中国共产党纪律处分条例》、《中国共产党党内监督条例（试行）》等文件，逐步建立了“党委领导、行政负责、纪检监察监督、工会组织实施，职工群众参与”的厂务公开领导体制和工作机制，有效地筑起了广大党员干部保持廉洁、反对腐败的防线。

2004年，集团公司企业和员工自愿捐助共支出扶贫基金近90万元，用于云南省剑川县扶贫、四川省阿坝州黑水县希望小学重建和其他公益事业。

2004年，21人被评为集团公司优秀共产党员，21人被评为集团公司优秀党务工作者，21个基层党支部被评为集团公司先进基层党组织。集团公司1人被国资委党委评为中央企业优秀共产党员、1人被国资委党委评为中央企业优秀党务工作者。

（张建）

中国水利水电建设集团公司

概况

中国水利水电建设集团公司（Sinohydro Corporation）是跨国经营的大型综合型工程建设企业（集团），是我国水电资源开发和江河治理的主要力量，主要从事水利水电及相关工程总承包、机电设备制造、投资开发及进出口贸易业务等。截至2004年年底，成员企业主要包括下属的中国水利水电第一至十四工程局、闽江工程局、夹江水工机械厂16个全资子公司。

主要经济指标

2004年，完成企业总产值250.6亿元，同比增长31.4%；新签工程合同额同比增长16.6%；全员劳动生产率20.3万元/(人·年)，同比增长36%；净资产收益率、资产保值增值率、主营业务收入利润率同比均有大幅提高。集团公司超额完成了年初与国资委签订的经营业绩责任书中的各项指标，主要经营指标再创历史最好水平。其中，资产保值增值率达到114.2%，较好地履行了国有资产的保值增值的责任。

重大项目进展

集团公司参与了一大批国家重点工程建设项目的建设，其中包括三峡、龙滩、小湾、拉西瓦、构皮滩等一批具有世界影响的特大型水利水电枢纽工程。在工程建设中，集团公司以高度的责任感和使命感，牢固树立“创精品、树品牌”的指导思想，科学组织施工，保证了所承担项目的顺利实施，较好地发挥了“中国水电建设第一品牌”优势和主力军作用。2004年，集团公司共完成大中型水电机组装机57台，装机容量556.55万kW，占当年全国大中型水电机组装机总容量766.3万kW（72台）的73.93%。

主要改革举措

1. 稳步推进主辅分离辅业改制工作

根据企业发展战略，制定了改制分流总体方案。2004年6月，国资委、财政部、劳动保障部批准了集团公司第一批53家改制分流的企业（单位），涉及三类资产19.11亿元，职工8870人，其中的48家企业（单位）将改制为非国有控股企业。2004年年底，集团公司向国资委申报了第二批拟改制分流企业的名单，涉及企业（单位）26个，资产总额3.83亿元，净资产1.82亿元，职工2853人。

2. 积极推进整体改制试点工作

截至2004年年底，集团公司和大部分成员企业为国有独资企业，按照有关法律实行总经理负责制。2004年，对所属中国水利水电基础工程局（简称基础局）、富春江水电设备总厂（简称富春江厂）进行了改制，其中基础局改制为混合所有制企业，集团公司占25%的股份（国有股），改制后的名称为中国水电基础局有限公司；富春江厂改制为中外合资企业，日本东芝公司占80%的股份，集团公司占20%的股份（国有股），改制后的名称为东芝水电设备（杭州）有限公司。此外，截至2004年年底，集团公司共投资组建了5个主要控股子公司和5个参股子公司。以上改制企业和投资形成的子公司均实现了产权多元化，建立了规范的法人治理结构。

主要经营管理举措

1. 实施跨越式发展战略

2004年年初，集团公司提出了跨越式发展战略，明确了新的历史阶段的战略任务。2004年，特别是提出了要实现“五大跨越”，即规模和效益上的跨越、市场领域和产业结构上的跨越、体制和机制上的跨越、管理和技术上的跨越、队伍结构和思想观念上的跨越，标志着跨越式发展战略体系已基本形成。

2. 加大行使出资人权利的工作力度

按照国资委对中央企业经营业绩考核的要求，实施以资产收益为核心的资产经营责任制，层层落实出资人权益。行使选聘经营者的权利，加强对成员企业领导班子成员的选聘、考核、监督和培训。行使重大决策权，积极发挥在实施发展战略、改革重组等方面的主导作用，发挥在重大投资、经营活动中的决策与管理中心作用，使集团公司整体竞争力明显提高，规模效益得以显现。对控股和参股子公司，依法建立健全法人治理结构，行使出资人权利。

3. 构建符合集团公司发展战略的经营方向和布局

按照集团公司发展战略，推进集团公司总部经营业务的重组，注册成立了中国水电建设集团国际有限公司、投资有限责任公司、租赁有限责任公司，参与组建中国水务投资公司，对组建路桥等专业公司进行了研究论证。截至2004年年底，集团公司初步形成了以资产经营为主线，以构建规范的母子公司经营体制为目标，资本经营、资产经营和生产经营并举，主业突出，产业多元化的经营新格局。

4. 大力推进产业结构调整

全年新增投资项目规划总投资约47.1亿元，新增规划电力权益装机容量54.01万kW。截至2004年年底，集团公司共计投资项目7个，其中控股项目2个；参与投资的电力项目规划装机容量350.1万kW，集团公司权益装机容量约114万kW。同时，拓展了新的开发领域，参股开发了燃气发电项目，启动了风电项目的投资开发，积极向水务等市场前景好的投资领域拓展。

5. 创新企业各项管理

在投资管理方面，健全投资决策程序，加大对投资行为的监管力度，保证了投资业务的规范运作。在财务管理方面，全面完成清产核资工作，健全预算管理控制体系，推进财务管理信息系统建设，集团模式下的财务管理体制逐步完善。在资金管理方面，资金集中管理的程度提高，成效初步显现；企业信用程度提高，银企关系进一步深化。在设备管理方面，开展集团租赁业务，优化了设备资源的配置。在项目管理方面，层层落实安全生产责任，着力推进安全生产管理的标准化、规范化，集团公司整体安全生产状况平稳。在科技管理方面，对科研项目的管理进一步加强，科技专家委员会的作用得到发挥。

（赵新华）

中国葛洲坝集团公司

概况

中国葛洲坝集团公司是经国务院批准组建的国有企业，主要成员单位包括18个全资企业和4个控股企业，由国务院国有资产监督管理委员会管理，资产和财务关系在财政部单列，主要从事水利和水电建设工程的总承包以及勘测设计、施工、监理、咨询、技术培训等业务及电力、交通、市政、工民建、机场等工程项目的勘测设计、施工总承包、监理、咨询、机电设备、工程机械、金属结构、压力容器等制造、安装、销售及租赁，电力等项目的开发、投资、经营和管理，自主开展外贸流通经营、国际合作、对外工程承包和对外劳务合作、国内外股融资等业务。经长期开发和不断调整，形成了以建筑业为主，集机电安装、建材、化工、造船、加工制造、金融商贸、科学技术、文教卫生、旅游服务等工业、第三产业为一体的多元化经营的产业格局。

集团公司拥有建设部颁发的水利水电工程施工总承包特级资质，以及公路工程施工总承包一级、市政公用工程施工总承包一级、房屋建筑工程施工总承包二级、起重安装工程专业承包一级、桥梁工程专业承包一级、隧道工程专业承包一级、公路路基工程专业承包一级、机场场道工程专业承包一级等资质。

调整领导班子

2004年4月8日，中国葛洲坝集团公司行政领导班子重大调整。在集团公司各部门、各单位负责人会上，国务院国资委企业领导人员管理二局局长姜志刚代表国务院国资委宣布：任命杨继学担任中国葛洲坝集团公司总经理职务；丁焰章、向永忠、聂凯、张崇久、陈邦峰、周厚贵担任副总经理职务；李韶秋担任总会计师职务。国资委党委同意中国葛洲坝集团公司召开首届党代会，推荐杨继学为党委书记候选人预备人选，余长生为党委副书记、经委书记候选人预备人选，丁焰章、向永忠、张金泉、聂凯、刘炎华、周厚贵为党委常委候选人预备人选，党委常委由差额选举产生。

生产经营

2004年，中国葛洲坝集团公司围绕建设“大集团、强集团、富集团”的企业发展战略目标，按照精细管理的要求，以生产经营为中心，通过管理创新和技术创新，企业经营收入和企业利润均创历史最好水平。全年完成企业总产值占年计划的125.07%，同比增长34.48%。其中，建筑业完成产值占年计划的124.07%，同比增长36.79%；工业完成产值占年计划的140.3%，同比增长28.81%；第三产业完成产值占年计划的103.2%，同比增长22.31%。同时，完成主要实物工程量是历史较好水平。其中，土石方挖填8370万m^3，混凝土浇筑370万m^3，装机7台、容量116.1万kW。投标签约和合同储备额创历史新高。其中，国内市场共投标771项，中标351项，签约总额占年计划的165.6%；国际市场中标柬埔寨金边市城效供水扩建工程和缅甸耶瓦电站RCC运输/浇筑工程，合同金额3.9亿元。企业资产总额和企业装备有了历史新突破。年底集团总资产同比增长17%，且资产结构和资产质量大大改善，资产保值增值率超额完成了国资委下达的考核指标。2004年新购设备2691台（套），使集团设备装备焕然一新。集团投资兴业格局呈现良好态势，股份公司的非建筑业产值比重首次过半，襄荆公路提前半年完成试通车，进入投资回报期，初步形成了投资项目收益一批，在建一批，论证筹备一批的良好格局。2004年，困扰多年的母公司与上市子公司的关联交易等历史遗留老大难问题得到了较好的消化处理。企业的社会信誉和地位有了极大提高，集团公司有7个科技项目获得了省部级以上奖励，技术中心成为我国水电行业首家国家级企业技术中心。由集团公司承建的云南大朝山水电站工程，参建的广东东深供水工程，继隔河岩工程之后，又双双荣获国家建筑工程最高奖——鲁班奖。15个单位荣获全国和湖北省“守合同重信用”企业称号。全集团人均年收入同比有较大增长，新增职工住房1044套，职工的生活质量进一步提高。

2004年，集团公司大力推进二次创业，奋力开拓市场，不断向广度和进度进军。建筑主业领域中的水利水电项目呈现更加强劲的势头，占中标额的71.1%，继续保持传统优势。地下工程、航道船坞工程、公司工程新军突起，为拓展市场添注了活力。实施差异化市场战略，专业市场各具特色，各子公司充分发挥自有资质和市场资源优势，精心打造各自的专业品牌，成效显著。全年各子公司中标占集团中标额的59.2%。其中，五公司、六公司、机电公司、基础公司完成签约额是计划的两倍以上。五公司、六公司、七公司、基础公司、电力公司利用自有资质中标额均创历史最好水平。在投资市场领域，股份公司拟投资建设的阿深公路湖北北段，完成了项目公司的组建和设计、环保、土地征用等全部评估工作，只待国家发改委核准。寺坪电站成功实现截流，主体工程已开工建设。工业、三产业抓住时机，迎难而上，始终坚持以市场为导向，挖潜增效，克服煤电油运等成本上升的困难，超额完成了年度生产经营任务。其中，工业企业完成产值同比增长28.8%，三产业产值同比增长22.3%，均创历史最好水平。水泥厂全年水泥生产同比增长13.2%。易普力公司销量和利润均居全国民爆行业前10名之内。机械船舶公司完成产值同比增长91%，走上了良性循环。化工公司不仅产值增长133%，而且实现了盈利，甩掉了长期亏损的帽子。旅游公司整合销售网络，直接与境内外一级代理签订代理合同，打开了营销工作新局面。

在建工程

随着市场的不断拓展，集团公司干工程、树丰碑、交朋友、拓市场、育人才的理念更加深入人心，近200个项目部都能信守合同，严格履约，主要在建工程形象进度好，工程质量稳中有升。三峡左岸电站10号机组比合同工期提前160天并网发电。三期厂坝厂房工程施工质量高、安全好、速度快、文明佳，成为三峡工程的样板，受到各方面高度评价。水布垭大坝三期填筑提前3个月完成并顺利进行四期填筑。景洪工程不仅提前实现了挡水渡汛目标，而且将截流时间提前了10个月。冶勒项目部已具备下闸蓄水条件。公伯峡、拉西瓦、溪洛渡、漫湾等直管项目和二级单位承建的电站、公路、桥梁、码头（船坞）等各类工程，大都出色实现了年度目标。科威特苏比亚和伊朗莫拉萨德拉两个项目施工生产顺利进行。柬埔寨公路修复工程比合同工期提前1个月完工。全集团全年单元工程合格率100%，优良率95.4%。为加强在建工程管理，2004年首次评选了“五个一”金奖工程。

企业管理

集团生产经营管理信息系统投入试运行，建立了高效率的管理网络平台。创新人力资源管理，评选了技术专家和技能专家，变一次性激励为长效激励。全面实施职工素质工程，组织开展了技能大赛、劳动竞赛等活动，全年共举办各类培训班480余期，培训近2.4万人·次。2004年，集团以成本管理为突破口的制度建设效果显著。全年共制定完善各类管理办法29项，完成审计项目234个，完成专项监察33项，避免和挽回经济损失3086万元。资金监管力度加大，专项督查12项，撤销各类账户173个，回流资金1602万元。分配制度的改革力度不断加大，出台了深化分配制度改革的指导意见和工资总额同经济效益挂钩试行办法，突出经济效益与个人贡献大小在分配中的主导地位。在“两低于”的原则下，由子公司自行决定分配方式。人事制度的改革，出台了中层领导人员、直属机关及核拨经费单位职工退养试行办法，取消了调研员制度。劳动用工制度改革确立了用工权力下放，坚持谁用工谁签劳动合同的原则，初步理顺了劳动关系，规范了企业用工行为。为理顺管理体制，优化资源配置，减少管理层次，集团公司相继重组了化工、旅游及机械船舶公司，成立了新的中心医院和新闻文化中心。改制工作稳步推进，已完成中小企业改制总体方案向国资委报批及24家中小企业资产评估等相关基础工作。

公伯峡水电站提前一年实现发电

2004年9月26日11时40分，黄河上游公伯峡水电站1号机组前，水利部部长汪恕诚、青海省委书记赵乐际为“中国水电装机容量突破1亿kW机组”揭牌。这标志着中国水电装机容量超过美国，成为世界上最大的水力发电国家。集团公司总经理、党委书记杨继学出席了揭牌典礼仪式。公伯峡水电站是西部大开发、西电东送的标志性工程，电站装机容量150万kW。2001年8月，公伯峡水电站开工，从第一块混凝土浇筑到第一台机组发电仅用了27个月，创造了国内百万千瓦级水电站建设的新记录。葛洲坝集团是公伯峡水电站发电厂房的承建单位，面对高原高寒和工期紧张等诸多困难，葛洲坝人采用低温条件下混凝土温控技术，不仅使工期提前12个月，并且浇筑出的电站厂房外观质量光洁如镜，成为国内首座清水百万千瓦级水电站厂房，为公伯峡水电站提前1年实现发电作出了重大贡献。

集团公司中标南水北调工程

2004年11月16日，集团公司一举中标南水北调中线总干渠漕河渡槽工程第3标段，中标金额2.0875亿元，集团公司总经理、党委书记杨继学代表集团公司与南水北调中线建设管理局局长张野签订了施工合同。南水北调中线总干渠漕河渡槽段是南水北调中线京石段应急供水工程的重要组成部分，工程位于河北省保定市满城县境内，距离保定市约30km，干渠线路总长9391.7m。集团公司中标的漕河渡槽工程第三标段，线路全长1286.6m，由30m跨多侧墙槽段及出口连接段、出口段组成。合同要求2004年11月中旬开工，2006年12月31日完工。

（秦在卫）

中国长江电力股份有限公司

概况

全年电力生产经营主要成果：三峡—葛洲坝梯级枢纽全年发电561.7亿kWh，其中，三峡电站发电391.6亿kWh，葛洲坝电站发电170.1亿kWh，两个电站均超额完成年度发电计划，并均超过历史记录，全部实现了连续安全生产三个一百天；全年实现不含税主营业务收入61.74亿元，利润总额45.35亿元，净利润30.39亿元，每股收益0.387元。在企业管理上，实现了“三个转变”，即管理上从传统的国有企业向公众公司转变，经营上从单纯的注重生产向生产与经营并重转变，服务宗旨上从单纯地对上级负责向对所有股东负责转变，并积极推进科学管理，所属三峡电厂、葛洲坝电厂、检修厂均顺利通过质量、环境和职业健康安全三标一体化认证；在电力市场上，长江电力与国家电网公司和南方电网公司分别签订了购售电及输电合同，长江电力已处于“西电东送、南北互供、全国联网”战略格局的中心位置；在资本市场上，长江电力诚信经营，业绩优良，在2004年度荣获“CCTV2003年度最具投资价值十大上市公司”，入选“中国上市公司一百强第八位”等殊荣。

生产经营

2004年，长江来水较多年平均偏枯8.4%，三峡坝址日平均流量13100m³/s，最大流量60500m³/s，最小流量3800m³/s。为了提高水能利用率，在三峡水库蓄水后流域汇流规律发生较大变化、洪水资料缺乏的情况下，公司的短期水情预报仍然保持了较高精度，12、24、48h的短期水文预报精度分别为99%、98%、96%；短期大型降水预报的精度达52%，预报精度较常年有很大提高。全年发电计划日均准确率三峡电厂为99.1%、葛洲坝电厂为98.2%；水能利用提高率三峡电厂为4.8%、葛洲坝电厂为6.9%。

2004年，三峡左岸电厂机组安装速度也大大加快，又新投产了5台70万kW机组，分别为10、7、11、8、12号机组，使得三峡电厂已经投产的机组达到11台770万kW，连同已运行24年的葛洲坝电厂，截至2004年，公司管理的机组容量达1041.5万kW，约占全国水电装机的10%。公司两电厂年发电量561.7亿kWh，约占全国年发电总量的2.6%。截至2004年年底，公司总资产为331.34亿元，净资产219.05亿元。

三峡电厂、葛洲坝电厂和检修厂不断提高机组的稳定运行水平，机组等效可用系数等运行参数居国际国内同类机组领先水平，公司所属两大电厂的机组平均运行小时都达到国内国际先进水平。三峡电厂机组平均等效可用系数达到96.82%，全年11台机组共发电391.588亿kWh，提前48天超额113.17%完成国家下达的发电333.8亿kWh的任务，平均每台机组运行8000h以上，机组可用效率远远超过世界各大电站，排名居世界首位。葛洲坝电厂的主要技术指标也非常优良，机组等效可用系数92.12%，定额完成率106.7%，机组平均运行小时6779.9h，平均利用小时6315.43h，非计划停运28台·次，累计93.29h，强迫停运8台·次，累计38.27h，厂用电率0.17%，变损率0.40%。三峡梯调调度自动化系统的主设备完好率达到100%，水调自动化系统全年遥测畅通率达97.5%，遥测数据正确率达98.8%，有力地确保了调度自动化系统的安全稳定运行。

截至2004年年底，三峡电厂连续安全生产407天，发生设备一类障碍8次，一般设备事故2次。顺利通过了国家电网公司组织的电厂并网运行安全性评价。葛洲坝电厂实现安全生产三个一百天，连续安全生产记录达644天。仅发生6kV厂用电系统延伸段误命令带接地开关合闸事故1起，500kV进线强迫停运设备事故1起，设备一类障碍7次，无人员工伤事故，无重大设备损坏、火灾、水淹厂房以及重大机动车辆交通事故。

截至2004年年底，长江电力公司2004年共实现主营业务收入61.74亿元，比2003年度29.86亿元增长106.78%；利润总额45.35亿元，比2003年度21.45亿元增长111.43%；净利润30.39亿元，比2003年度14.38亿元增长111.40%。在资本市场上，长江电力以信息透明、走势稳健而深入人心，是广大投资者普遍看好的适于中长期投资的大盘蓝筹股。2004年年底"长江电力"（证券代码600900）股票每股收益为0.387元/股，比2003年度0.183元/股增长111.48%；净资产收益率为13.78%，比2003年度7.25%增长91.31%；每股净资产2.79元/股，比2003年度2.52元/股增长10.71%。

长江电力所属单位"三标一体化"管理体系通过认证

为创建一流水电厂工作搭建科学的管理平台，自2003年11月17日始，长江电力葛洲坝电厂、检修厂基于流程管理理论，分别在全厂范围内全面推行质量、环境、职业健康安全"三标一体化"管理体系。

在全体员工的共同努力下，葛洲坝电厂高质量地完成了管理手册和48个程序文件、63个作业指导书、117个岗位工作标准的编写工作。为确保作业活动安全及环保，组织了全厂危险源辨识、环境因素识别，全厂共识别危险源162项（按危险因素分类统计）、不可允许风险危险源26项（按危险因素分类统计）、环境因素45项、重要环境因素25项，还开展了"安全在冬修、环保母亲河"的活动。检修厂建立了60多万字体系文件（包括1部管理手册、65个程序文件、118个作业指导书），并通过体系的建立辨识与三个标准相关的法律、法规465部，识别出生产中关键过程473个、特殊过程7个。通过对作业活动中人的不安全行为、设备的不安全状态、工作环境的不安全因素进行分析，识别出危险源147项，运用LEC评价法确定了43项重大危险源，识别出环境因素37项。采用PDCA管理模式，结合两次内审和一次管理评审中发现的问题，对照标准要求积极改进，维护了体系的充分性、适宜性和有效性。2004年6月27日，质量、环境、职业健康安全三标一体化管理体系得到了正式建立，7月1日管理体系进入启动试运行阶段，并于2004年12月2日和11月30日两厂分别顺利通过了"三标一体化"管理体系认证。

三峡电厂提前开展了国际标准质量管理体系的贯标工作，2003年12月25日已取得北京方圆标志中心ISO 9001质量管理体系的认证证书，在国际标准质量管理体系成功运行的基础上，2004年又实施了环境、职业健康安全管理体系贯标工作，辨识出1938项危险源、重大危险源23项、169个环境因素、重大环境因素14个，完成了新管理手册、11个新程序文件的编写，辨识法律法规101部，并于2004年11月顺利取得了认证。

三峡梯级调度通信中心重点开展职业健康安全管理标准贯标取证工作。贯标工作于4月底正式启动。6月，成立贯标领导小组、工作小组，并制定出职业健康安全管理方针。8月10日，体系文件获得贯标咨询机构的认可后发布，16日正式实施，标志着三峡梯调职业健康安全管理体系初步建立，12月13日管理体系完成了管理评审。

三峡7号机组荣获"全国装机达4亿kW机组"证书

2004年12月26日上午，中国发电装机突破4亿kW庆典暨三峡水电站7号机组授牌仪式在三峡电厂7号机组旁隆重举行。

三峡电厂两项科研成果达到国际先进水平

2004年12月26日，三峡电厂研制的"双输入信号加速功率型电力系统稳定器（PSS-1型电力系统稳定器）"和"发电机定子水冷状态监测及故障诊断专家系统"，经中国电机工程学会组织的专家组在三峡电厂现场鉴定，其中一项已经达到国际先进水平，另一项填补了国内空白，达到国际领先水平，可在电力系统推广应用。

三峡电厂国内首创的"双输入信号加速功率型电力系统稳定器"已在11台三峡发电机组上投入运行。

发电机定子水冷状态监测及故障诊断专家系统首次在世界巨型水轮发电机上实现了在线实时、在线非实时和离线多种数据源的采集分析、信息处理、状态监测、故障诊断与处理于一体，具有多任务、多客户端、多信息处理的特点。

葛洲坝机组开始实验增容改造

长江电力公司经科学论证和成功试验，决定对已运行20余年的19台单机容量12.5万kW的机组分批进行换型改造，采用经过翼型优化后的新型叶片，提高水轮机转轮过流量，同时对发电机的转子和定子进行改造，使单机额定出力由12.5万kW提高到14.6万kW，每台机组扩容2.1万kW。为不影响正常发电，葛洲坝机组扩容改造将利用每年冬季枯水期机组检修期进行。2004年年末，首批机组扩容主体工程顺利开始，葛洲坝电厂投产以来首次大规模技术改造由此全面展开。

2004 年 2 月，中国三峡总公司听取葛洲坝电厂的机组增容改造的研究工作汇报，会议决定：同意机组增容改造工作立项，增容的总容量要从三峡、葛洲坝两厂联合运行的需要核定，进一步进行效益分析计算，进度要抓紧，争取 5～7 年完成。3 月，中国三峡总公司安排长江电力公司承担葛洲坝电厂的 12.5 万 kW 机组增容改造任务，正式立项。5 月，选定的第一批机组 3、14 号机组方案审定会在宜昌召开；6 月开始设备招标；7 月与哈尔滨电机厂、东方电机厂签订合同。

葛洲坝水利枢纽美化工程初战告捷

为了与部分建成的三峡水利枢纽交相辉映，为了为宜昌市建设世界水电旅游名城增光添彩，2002 年以来，中国三峡总公司指示原葛洲坝电厂和改制后成立的长江电力公司开展葛洲坝水利枢纽美化工程。已完成：大江冲砂闸、三江冲砂闸坝面公路下游侧栏杆、导墙栏杆及灯具改造工程；二江、大江电站拦污栅区域整治工程；葛洲坝三江防淤堤路灯照明工程、葛洲坝枢纽坝面公路改造工程等 29 个子工程。

葛洲坝枢纽坝面公路改造工程是枢纽美化工程的重点项目。在参建各方的共同努力下，历时 4 个月，已顺利完成大江电厂进厂公路段、一号船闸 U 型段、大江电厂段、二江泄水闸段、二江电厂段、三江冲砂闸段、大江冲砂闸段、黄草坝段、上坝公路段的沥青混凝土摊铺施工，以及上坝公路电缆沟、挡土墙、人行道广场砖铺设以及坝面公路 SF-40 伸缩缝的处理工作。工程由检修厂水工部作为建设单位全面负责组织实施，长江三峡技术经济发展公司葛洲坝监理部负责相关监理工作，经过慎密组织与全面考察，最终确定由具有相关施工资质和施工经验的武汉市汉阳市政建设工程总公司作为承建单位具体负责实施。2004 年 8 月 1 日正式开工，2005 年 1 月 13 日顺利竣工。

葛洲坝电厂区域 ePMS 系统投入试运行

葛洲坝电厂区域 ePMS 系统是在三峡电厂 ePMS 系统的基础上进行实施的，该项目于 2004 年 8 月 6 日与北京艾福斯公司和宜昌艾福斯公司分别签订软件采购合同和实施合同。按长江电力公司企业信息化建设总体要求，年内完成了葛洲坝区域 ePMS 系统的推广实施。自 8 月 9 日项目启动以来，项目建设经历了认知培训、管理与业务功能高级培训、BPR 与生产业务规范建立、系统开发与实现、CRP 单元测试、联调测试、最终用户培训等阶段，建立了一套满足葛洲坝区域葛洲坝电厂、检修厂电力生产经营管理需要的生产经营管理信息系统。ePMS 系统包含 8 大子系统，分别是设备维护管理、物资管理、运行管理、安全与可靠性管理、人力资源管理、财务管理、文档管理、计划项目管理。

项目组编写了 9 套 ePMS 系统用户操作手册，分别是《系统基本操作与使用手册》、《设备维护管理操作手册》、《物资管理操作手册》、《运行管理操作手册》、《安全与可靠性管理操作手册》、《文档管理操作手册》、《人力资源管理操作手册》、《财务管理操作手册》和《计划项目管理操作手册》。项目组高度重视最终用户的培训工作，连续举办了 30 批总计 360 人次的最终用户培训，让最终用户能快速理解自身业务在新系统中的实现和所涉及的操作。

2004 年 12 月 20 日，葛洲坝电厂区域 ePMS 系统举行了测试上线仪式。该系统（ePMS）的开发应用，为葛洲坝电厂、检修厂及葛洲坝区域其他单位管理信息化构建了科学的平台。

电力营销

2004 年，全国煤电油运空前紧张。长江电力公司紧紧抓住受电区域尤其是华东电网和南方电网电力短缺的大好时机，积极抢占电力市场。三峡电厂 2004 年又有 5 台机组提前投产并安全稳发，为缓解华东、广东等沿海地区以至全国电力供需紧张矛盾做出了积极贡献，三峡电厂电能品质的不断提高也深受市场认可。

2004 年，公司下属葛洲坝电厂争取到了销售电价提高 0.2 分/kWh 的政策（从 2004 年 6 月 15 日起执行）。电力营销突破以省为购电主体的局限，将购电主体调整为区域电网公司，简化了三峡电能消纳的经济合同关系。在电费回收工作中，2004 年度三峡和葛洲坝应收电费回收率分别达到了 105.5% 和 104.4%。

对于三峡电力营销，公司充分寻求政府政策支持，国家专门制定了三峡水电站电能消纳方案。三峡电能消纳实行“国家划定市场、市场确定价格”的新机制。在实行“竞价上网”之前，三峡送电到各省（市）的落地电价“按受电省（市）电厂同期平均的上网电价水平确定”，以不推动受电区销售电价上涨的水平消纳到广东、华东和华中地区。

公司所发电力主要销往华中地区（湖北、湖南、河南、江西）、华东地区（上海、江苏、浙江、安徽）、广东省及重庆市。尤其是三峡电厂的发电效益巨大，供电范围十分广阔，包括华中地区河南、湖北、湖南和江西 4 省，设计输电能力为 900 万 kW；华东地区上海、江苏、浙江和安徽 4 省市，设计输电能力为 720 万 kW；南方地区广东省，设计输电能力为 300 万 kW。

2004年4月28日，中国长江电力股份有限公司作为售电方，国家电网公司作为输电方，分别与购电方华中电网有限公司、华东电网有限公司签订了《2004年度三峡水电站购售电及输电合同》。合同约定，2004年华中电网有限公司、华东电网有限公司将分别消纳三峡水电站的年度发电量82.3亿kWh和169.9亿kWh，电价按照国家发改委确定的原则执行，合同有效期至2004年12月31日。

2004年6月22日，中国长江电力股份有限公司作为售电方，国家电网公司作为输电方，与购电方中国南方电网有限责任公司签订了《2004年度三峡水电站购售电及输电合同》。合同约定，2004年中国南方电网有限责任公司将消纳三峡水电站的年度发电量81.6亿kWh，电价按照国家发改委确定的原则执行，合同有效期至2004年12月31日。

主要事件

1月23日8时，三峡电厂首批机组已累计发电100亿kWh。24日中国三峡开发总公司在工地举行了庆祝三峡工程首批机组发电100亿kWh的简短仪式。

2月5日，长江电力公司发表公告，公司注册资本由553000万元变更为785600万元；注册地址由北京市崇文区广渠门内大街25号变更为北京市西城区金融大街19号富凯大厦B座（邮政编码：100032）。

2月8日2：00，三峡电站正式向广东送电。根据国家批准的2004年三峡电站电能分配方案，2004年三峡将向广东送电81.6亿kWh。

2月9～13日，国家电网公司、中国电机工程学会组织专家对三峡电厂并网运行的安全性进行了评价。安全性评价涉及项目174项，应得分2101分，实得分1849分，得分率为88%。

2月29日，中国长江电力股份有限公司2004年工作会议召开。

3月12日，三峡左岸电站10号机组开始充水进入试运行调试阶段。

3月27日，中国长江电力股份有限公司一届七次董事会在宜昌召开。会议审议通过了《关于提名毕亚雄为公司董事候选人的议案》等13项议案；同意公司董事长李永安辞去总经理职务，由毕亚雄担任公司总经理。

3月31日，公司公布2003年年度报告，2003年实现发电量206.37亿kWh，净利润为14.38亿元，2003年末公司资产总额达到296.17亿元。

4月4日17时，三峡左岸电站10号机组正式开始72h并网试运行，标志着2004年三峡工程首台机组正式开始投产发电。

4月10日0：00点，三峡电厂已经安全运行100天，顺利完成了首个安全100天的任务。

4月13日，中共中央政治局常委、全国人大常委会委员长吴邦国在三峡总公司总经理、中国长江电力股份有限公司董事长李永安的陪同下视察了三峡电厂。

4月22日，三峡左岸7号发电机组进行了同期试验及甩负荷试验。在试验中，7F产生调试电量183.782万kWh。加上已经投产的其他7台机组的满发，三峡左岸电站22日全天发电量为10039.3723万kWh。这是三峡电站自2003年7月投产发电以来，首次单日发电量突破1亿kWh。

4月29日，三峡左岸电站7号机组于21时正式并网发电，30日上午8时30分正式移交三峡电厂运行管理。

5月13日，中国长江电力股份有限公司入选“CCTV—2003中国最具投资价值上市公司”。

5月14日，中国长江电力股份有限公司2003年度股东大会在北京召开。会议通过了《关于陆佑楣辞去公司董事的议案》等9项议案。

5月18日，中国长江电力股份有限公司6.473亿股一般法人投资者配售股票平稳上市。

5月19日，由上海证券交易所和上海证券报联合主办的“走进上证50”联合调研特别行动首发式及首站调研活动在公司展开。几十家投资机构与公司管理层进行了交流沟通，并实地考察了三峡工程。

5月21日，中国长江电力股份有限公司与国家电网公司、华中电网公司签订《2004年三峡水电站调试与试运行购售电及输电协议》。

5月29日，葛洲坝电厂累计发电3000亿kWh，成为我国首个发电量突破3000亿kWh的发电厂。

6月15日，葛洲坝水力发电厂电价调整。根据国家发展和改革委员会文件规定，公司下属葛洲坝水力发电厂上网电价由0.151元/kWh调整为0.153元/kWh。

6月22日，中国长江电力股份有限公司与国家电网公司、中国南方电网有限责任公司签订《2004年度三峡水电站购售电及输电合同》。

6月25日，在由上海证券报和东吴证券联合主办的首届“中国十佳上市公司”投资者评选活动中，长江电力名列中国十佳上市公司第二位。

7月18日，三峡电厂提前实现2004年度安全生产“两个100天”。

7月26日，三峡左岸电站11号机组在完成72h试运行后正式并网发电，17时机组运行交接仪式在厂房举行。

同日，中国长江电力股份有限公司第一届董事会第九次会议在京召开。

7月28日，公司公布2004年半年度报告。2004年上半年实现发电量163.66亿kWh，净利润达14.00亿元，分别较2003年同增增长了202.40%和357.88%，半年度末公司资产总额达到313.64亿元。

8月7日22时，三峡左岸电站7号机组圆满实现自4月29日正式并网发电以来“首稳百日”目标，这是三峡左岸电站第二台实现“首稳百日”的发电机组。

8月13日10时，三峡左岸电站8号机组一次性启动成功，标志着三峡左岸电站第10台70万kW水轮发电机组启动试运行工作正式开始。按照当年投产计划，8号机组是三峡电站年内将投产的第四台机组。

8月20日，宜昌市国家税务局、宜昌市地方税务局联合发布公告：中国长江电力股份公司被评定为2002～2003年度宜昌市“纳税信用A级纳税人”。

8月24日17时30分，三峡左岸电站8号机组正式并网发电，是三峡左岸电站第十台投产运行的机组。该机组从2003年11月29日开始座环安装，2004年8月12日由机组启动验收委员会批准进入充水调试阶段，8月21日15时8分进入72h试运行，24日15时完成72h试运行。

同日，公司申报的三峡水力发电厂的《基于高度集成信息系统的电厂管理》和三峡梯调通信中心的《大型梯级水利枢纽水电联合调度》管理成果同时荣获“全国电力企业2004年管理创新成果”一等奖。

8月25日，三峡左岸电站2号机组被共青团中央授予“全国青年文明号”称号，并举行授牌仪式。

8月28日，三峡左岸电厂全天发电量为13518.9852万kWh，葛洲坝电厂全天发电量为6827.5376万kWh，股份公司28日全天发电量合计为20346.5228万kWh，首次单日发电量突破2亿kWh，创历史新高。

8月30日，中国长江电力股份有限公司2004年第一次临时股东大会在京召开，会议审议通过了《关于授权董事会办理收购三峡工程1号、4号发电机组相关事宜的议案》和《关于参加发起设立中国建设银行股份有限公司的议案》。

9月8日，2004年最大洪峰以60500m^3/s的流量涌入三峡大坝。通过电厂各部门人员通力协作，使洪峰顺利过坝。

9月14日，中国长江电力股份有限公司发布对外投资公告，以20亿元人民币参股中国建设银行股份有限公司。

9月22日，三峡水力发电厂ePMS作为ERP成果被亚洲权威杂志《MIS ASIA MAGAZING》组织评选为2004年度MIS创新奖。

10月13～14日，北京上市公司协会组织30多家北京上市公司对长江电力进行了考察。中国三峡总公司副总经理、长江电力总经理毕亚雄，长江电力副总经理张定明围绕长江电力上市宣传主题词“三峡工程，世纪梦想，长江电力，源远流长”等介绍了三峡工程的建设进展和长江电力的发展、组织、经营模式及如何处理好与投资者的关系等情况。

10月20日，在由中国企业改革和发展研究会、《经济时刊》等4家单位共同主办的第四届中国上市公司百强高峰论坛上，李永安董事长当选中国上市公司“十大企业领袖”，公司名列中国上市公司百强第八名。

10月27日，三峡电厂实现安全生产300天。

同日，全国政协副主席李兆焯一行43人，在省、市各级领导的陪同下视察了三峡电厂。三峡总公司副总经理杨清及电厂副厂长符建平向领导介绍了电厂相关情况。视察团由5位常委和37位委员组成。

10月29日，由长江电力股份公司主办的2004年中国电力行业（三峡）研讨会在三峡坝区举行。

同日，三峡电厂累计发电量达到400亿kWh。

11月1～3日，北京方圆认证中心审核组对葛洲坝电厂“三标一体化”管理体系进行了第二次外部审核。本次审核是质量管理体系初次现场审核，环境、职业健康安全管理体系文件第二阶段审核，其目的是通过收集信息及证据，得到审核发现，做出是否推荐性认证结论。

11月7日21时41分，三峡电厂12号机组正式进入了启动试运行阶段。11月16日15时04分，12号机正式投入72h试运行，这是三峡左岸电站投产的第11台机组。

11月13日凌晨6时，三峡电厂提前48天完成国家下达的2004年度333.8亿kWh的发电任务。其中，172.8亿kWh送华东电网，83.1亿kWh送华中电网，77.8亿kWh送南方电网。

11月16日零时，葛洲坝电厂年累计发电量达到154亿kWh，提前45天完成全年发电计划，其年度发电量有望创历史新高。

11月17日，中共中央政治局常委、全国政协主席贾庆林一行在三峡总公司总经理、长江电力公司董事长李永安等公司主要领导的陪同下视察了三峡电厂。

11月20日，三峡电厂实现连续安全生产1周年，累计发电量已超过430亿kWh。

11月22日14点30分，三峡左岸电站12号机组正式并网投入商业运行。

12月17日，葛洲坝电厂2004年累计发电量达

166.398 亿 kWh，已超过葛洲坝投产以来年发电量最好水平 1992 年的 166.146 亿 kWh。

12 月 20 日，三峡电厂被国际认证联盟组织授予"管理优秀奖"。国际认证联盟组织是在北京召开的 IQNET 论坛上，第一次向中国认证企业颁发管理奖。

12 月 26 日，三峡电厂左岸电站 7 号机组被确定为"全国发电装机容量达到 4 亿 kW 标志性机组"并授予了证书，国家发改委、中电联、湖北省政府、国家电网公司、三峡总公司、长江电力股份公司等单位的领导及嘉宾在三峡电厂举行了授牌仪式。

12 月 31 日，三峡电厂 2004 年发电量高达 391.588 亿 kWh，比三峡总公司年初下达的 333.8 亿 kWh 发电计划超出 57.788 亿 kWh。

葛洲坝电厂 2004 年发电量高达 170.1 亿 kWh，超过原年发电量最好水平 1992 年的 166.146 亿 kWh，创投产发电 24 年以来最好历史水平。

表 1　　2004 年三峡水库运行情况表

名称	单位	1月	2月	3月	4月	5月	6月	7月	8月	9月	10月	11月	12月	年
月初库水位	m	138.96	138.74	138.6	137.17	138.33	137.74	135.24	135.55	135.6	135.64	138.87	138.48	138.96
月末库水位	m	138.74	138.6	137.17	138.33	137.74	135.24	135.55	135.6	135.64	138.87	138.48	138.6	138.6
最高库水位	m	139	138.99	138.72	138.61	138.51	137.92	135.64	135.65	136.4	138.96	139	138.95	139
最低库水位	m	138.61	138.29	136.14	137.03	136.59	135.23	135.03	135.13	135.27	135.66	138.48	138.32	135.03
平均库水位	m	138.82	138.7	137.13	137.99	137.75	136.66	135.48	135.5	135.6	138.58	138.81	138.69	137.47
平均水头	m	72.54	72.43	70.49	71	70.39	68.46	67.05	67.42	66.28	70.8	71.82	72.52	70.1
平均入库流量	m^3/s	4600	4520	5480	7800	11700	20000	22100	19700	27600	16900	10400	6520	13100
最大入库流量	m^3/s	4800	4700	6500	10500	18500	26800	35000	25000	60500	26000	12000	9200	60500
最小入库流量	m^3/s	3800	3900	4500	6000	8000	12200	17000	14600	17600	11600	8300	5000	3800
平均发电流量	m^3/s	4510	4500	5150	6480	7660	7510	7690	8700	9160	9580	9610	6450	7250
平均弃水流量	m^3/s	87		507	1050	4070	12900	14300	10900	18400	6760	753		5810
平均出力	MW	2922.1	2889.5	3175	4000	4692.7	4533.2	4568.8	5198.5	5378.3	5925.8	6092	4230.1	4469.9
平均调峰容量	MW	269.2	235.8	313.5	295.5	141.5	161.8	164.5	296.2	243.2	66.7	303.8	450.5	245.2
发电量	亿 kWh	21.6837	20.0692	23.544	28.7444	34.81732	32.5393	33.9011	38.5189	38.5904	43.9731	43.7409	31.4311	391.5534
平均耗水率	m^3/kWh	5.6	5.6	5.8	5.8	5.9	6	6.1	6	6.1	5.8	5.7	5.5	5.8

表 2　　2004 年三峡左岸电站水轮发电机组调试、投产发电及商业运行时间表

项目 机组号	首次充水时间	调试时间（含 72h）	调试电量（万 kWh）	计划投产时间	投资时间	正式投入商业运行时间	截至 12 月 31 日累计发电量（万 kWh）
10F	3 月 12 日 11：00	3 月 14 日 9：53～4 月 7 日 17：50	6726.48	6 月 23 日	4 月 7 日 19：28	4 月 15 日 00：00	354414.57
7F	4 月 16 日 19：00	4 月 17 日 17：25～4 月 28 日 17：48	5215.35	7 月 7 日	4 月 29 日 21：47	5 月 16 日 00：00	339799.72
11F	7 月 12 日 20：11	7 月 13 日 18：55～7 月 26 日 11：32	5182.21	11 月 22 日	7 月 26 日 16：25	9 月 21 日 00：00	209239.61
8F	8 月 12 日 10：20	8 月 13 日 10：00～8 月 24 日 15：30	5013.29	12 月 1 日	8 月 24 日 17：21	9 月 1 日 00：00	171978.62
12F	11 月 7 日 21：40	11 月 8 日 16：58～11 月 19 日 15：04	6202.82	2005 年 3 月 1 日	11 月 22 日 14：26	11 月 30 日 00：00	36402.25
							合计 1111834.77

（谢兴发）

中国广东核电集团有限公司

综述

中国广东核电集团有限公司（简称中广核集团）是我国唯一以核电为主业、由国务院国有资产监督管理委员会监管的中央企业，1994 年 9 月注册成立，注册资本 102 亿元人民币。

中广核集团现拥有广东大亚湾核电站和岭澳核电站一期约 400 万 kW 的核电装机容量；岭澳核电站二期和阳江核电站一期超过 400 万 kW 核电机组正在建设；拥有约 100 万 kW 的常规电力权益容量。截至 2004 年年底，中广核集团拥有总资产 573.79 亿元人民币，净资产 205.43 亿元人民币。

2004 年，广东大亚湾核电站和岭澳核电站一期四台机组实现上网电量 273.11 亿 kWh，完成计划的 101%；实现营业收入 101.8 亿元，完成计划的 102%。

核电生产

2004 年，广东大亚湾核电站全年上网电量 133.11 亿 kWh，机组平均可用率 80.84%，平均负荷因子 80.41%。岭澳核电站一期全年上网电量 140.01 亿 kWh，机组平均可用率 84.49%，平均负荷因子 83.84%。广东大亚湾核电站累计偿还基建贷款本息 49.4 亿美元，占还本付息总额的 92.8%。岭澳核电站一期累计偿还基建贷款本息 8.33 亿美元，占还本付息总额的 17%。集团财务状况继续保持健康水平。

2004 年，广东大亚湾核电站、岭澳核电站一期四台机组安全状态保持良好；三道屏障保持完整，未发生意外放射性排放和泄漏事件；各项安全指标均在可控范围内；全年未发生重大工业安全事故和火灾事故。

广东大亚湾核电站 2 号机组、1 号机组先后刷新一个燃料循环最长连续运行纪录，分别实现连续运行 404 天和 411 天。岭澳核电站一期 1 号机组实现安全运行 592 天，创造自商运以来连续两个循环不停机、不停堆的纪录；岭澳核电站一期 2 号机组实现安全运行 712 天，创造自调试及商运以来无非计划停堆的纪录。

与世界核营运者协会（WANO）8 项关键指标比较，2004 年，广东大亚湾核电站有 3 项指标超过世界中间水平，其中 2 项（强迫损失率、化学指标）指标进入世界先进水平；岭澳核电站一期有 3 项指标超过世界中间水平，其中 2 项（工业安全事故率、燃料可靠性）进入世界先进水平。广东大亚湾核电站、岭澳核电站一期的安全运行水平保持在国际先进水平。

在 2004 年度法国电力公司（EDF）同类机组安全业绩挑战赛中，集团取得“核安全”、“工业安全”和“辐射防护”三个项目的第一名。

2004 年，广东大亚湾核电站、岭澳核电站一期四台机组放射性废气、废液排放量和中低放射性固体产生量均远低于国家规定的限值。其中：广东大亚湾核电站放射性废液排放量为国家限值的 0.21%，放射性废气排放量为国家限值的 1.10%，固体废物产生量 157.23m^3，为设计标准的 15.7%；岭澳核电站一期放射性废液排放量为国家限值的 0.05%，放射性废气排放量为国家限值的 0.97%，固体废物产生量 97.80m^3，为设计标准的 9.78%。经广东省和香港独立环境监测站长期跟踪监测，核电站周围地区的环境放射性水平与运行前的本底值相比，未发生变化。

核电建设

1. 岭澳核电站二期

岭澳核电站二期是中广核集团继广东大亚湾核电站、岭澳核电站一期投产后，在广东地区建设的第三座大型商用核电站。项目规划建设两台百万千瓦级压水堆核电机组。3 月 22 日，国家决定岭澳核电站二期采用“翻版加改进”技术方案。7 月 21 日，国务院第 56 次常务会议批准岭澳核电站二期项目建议书。项目批准以来，岭澳核电站二期工程建设各项工作按计划有序地展开。在执照申请方面，通过国家项目环评及厂址选择安全评价，上报初步安全分析报告第一批文件，完成可研报告的编写。在工程设计方面，明确了总体设计院及设计分工，确定了 15 项重大技术改进项目，完成了从总体设计向初步设计的过渡，工作重心逐步转向实质性的工程设计。在设备采购方面，按照部件采购模式，完成汽轮发电机、数字化仪控系统等对外发标、收标。在项目融资方面，确定了贷款银团牵头银行以及银团组建方案。在现场施工方面，1 号机组核岛负挖工程完成过半，核岛土建合同已经签署。

2. 阳江核电站一期

2004 年，集团全面推进阳江项目建设。9 月 2 日，国家同意阳江核电项目立项。9 月 28 日，阳江核电项目和三门核电项目作为国家第三代核电自主化依托项目正式对外发标，计划 2005 年 2 月 28 日收标。为配合做好第三代核电技术招标工作，集团成立了阳江核电项目招标领导小组，确保阳江核电项目招标工作顺利推进。同时积极开展前期规划设计和执照申请工作，组织开展了四通一平工程总体设计，完成设计文件；完成《厂址选择安全评价报告》和《选址阶段环境影响报告》，并获国家有关部门批准；基本完成可研报告的编制。抓紧推进现场前期准备工作，厂平（一期）工程、海工（一期）工程进展顺利，进厂道路、进水库道路通车。

核电新项目

2004 年，组织对粤东地区候选厂址及周边情况进行勘察，完成选址阶段厂址查勘报告和环境安全评价报告，召开了粤东厂址预评审会，筛选出 4 个候选厂址进行初步可行性研究。

常规能源

2004 年，稳步推进常规能源开发工作，在抽水蓄能电站开发方面，完成蓄能电站规划选点评审，确定阳春九曲河为首选厂址；召开了项目预可研报告评审会，通过了预可研报告；与当地政府签订了合作开发框架协议，并就电力系统设计和环境影响评价等工作与相关单位进行了大量的沟通和协调。在风电开发方面，在广东等沿海地区进行了风电场选址，启动了广东台山上下川岛风能开发项目，进入风能资源调查阶段。此外，以常规热电为切入点，2004 年，完成了对南京新苏热电有限公司的控股收购。

综合管理

2004 年，为满足企业快速发展的需要，集团积极推动了资金、人力、技术、信息化等方面的资源准备工作。在资金方面，加强资金集中管理，在全集团范围内正式推行资金计划管理和收支两条线管理。在人才方面，根据集团发展规划，对未来 10 年人力资源需求进行安排，开展了紧缺和特殊人才培养。在技术方面，积极探讨通过核电新项目建设带动自主创新能力发展的方案，强化了集团技术服务和科研平台的作用。在信息化建设方面，集团公司与各二级公司之间实现了异地广域网互联和移动办公。

党群工作

集团系统党群工作以各成员公司领导班子、党组管理的干部为重点，抓理论学习；以“双目标”管理考核、民主评议党员和党支部为依托，抓党的组织建设；以落实党风廉政责任制、营造廉洁从业氛围为目标，抓党员干部廉洁自律；维护职工合法权益，抓工会组织建设；继续落实定点扶贫工作，使集团系统党群工作有了新的发展。

（李志远）

中国安能建设总公司（武警水电指挥部）

概况

中国安能建设总公司具有独立法人资格，享有对外派遣劳务、承包工程权。具有水利水电工程施工总承包特级、工民建总承包一级、民航场道总承包一级资质。通过质量、环境、职业健康安全综合管理三体系认证并运行良好。电力体制改革后，成为国家电网公司全资子公司。中国安能建设总公司位于北京市广安门外莲花池南里 11 号。

根据国务院、中央军委［1999］国发 6 号文件精神，总公司与武警水电指挥部实行一个机构，两块牌子，主要承担国家重大能源有关项目建设，大江大河治理等水利基础设施和急工险段、重点部位防洪抢险任务。在完成国家指定工程任务之外，可暂时利用其装备、技术优势参与国家其他工程项目建设投标，承担依法执行国家赋予的维护社会稳定和处置突发事件任务。

总公司现有 1775 名各类技术干部，其中高级职称 198 人，中级职称 480 人；300 余人获项目经理证书，186 人获监理工程师证书。技术兵员 7013 人，占兵员总数的 81.3%。各类大中型施工设备 2687 台（套），原值 11.37 亿元，总工率 31 万 kW，技术装备率 3 万元/人，动力装备率 32.69kW/人；具有年开挖 5000 万 m^3 土石方、浇筑 200 万 m^3 混凝土、制作安装 20000t 大中型金属结构、安装 100 万 kW 以上水轮发电机组、工业与民用建筑 30 万 m^2、进行特殊基础处理和承担大型发电厂运行管理能力；具有地下工程施工、碾压混凝土筑坝、混凝土面板堆石坝筑坝、基岩保护层爆破、高边坡治理、滑模施工、不良地质基础的化学灌浆、大型船闸人字门安装、大型水力发电机组及抽水蓄能机组的安装等技术和工艺，居国内领先地位或国际先进水平，有 10 多项技术获得国家有关部委颁发的科技进步奖，5 项施工技术持有国家专利权。

公司领导

总经理（主任）：陈方枢
党委书记（政治委员）：吴云峰
总工程师：冉贤厚（1 月任）

机构设置

根据中国安能建设总公司与武警水电指挥部实行

一个机构两块牌子的原则，在武警水电指挥部机关现有机构设置基础上以中国安能建设总公司的名义设置总经理办公室、工程技术部、质量安全部、投招标办公室、国际合作部、劳资管理部、干部管理部、政策与法律事务部、财务与资产经营部、机电物资部、企业管理部、国际贸易部、审计室。各部负责人由总公司党委研究后，由总经理聘任，其职务与部队行政职务无对应关系，不与待遇挂钩。

组成单位

总公司下辖四个子公司和一个学校，分别为江南水利水电工程公司（武警水电一总队）、江夏水电工程公司（武警水电二总队）、安蓉建设总公司（武警水电三总队）、宜昌安联水利水电有限责任公司（武警水电三峡工程指挥部）和武警水电技术学校。江南水利水电工程公司位于广西壮族自治区南宁市金洲路；江夏水电工程公司位于江西省新余市仙来西大道；安蓉建设总公司位于四川省成都市金牛区茶店子；宜昌安联水利水电有限责任公司位于湖北省宜昌市三峡坝区；武警水电技术学校驻广西壮族自治区柳州市西江路。

公司动态

1. 突出提高能力素质，党委班子建设有较大进步

坚持把能力建设摆在突出位置来抓，在支队以上党委机关开展“提高素质能力、保持优良作风”学习教育活动，领导干部表率作用进一步增强；坚持理论学习“五落实”制度，指挥部党委注重用自身学习成果指导和带动支队以上党委机关学习，促进部队理论武装；结合年度工作考评，对所有支队进行考核，调整6个支队班子正、副书记和136名团以上干部，进一步优化班子结构，提高党委班子建设整体水平。

2. 进一步强化管理教育，管理水平有所提高

针对某项目部人员违纪问题和“1·3”事故，召开管理教育座谈会，做出加强管理教育工作决定。部署条令条例学习月活动，完善加强小散远单位、直属小分队管理具体措施；针对某支队“7·30”事故，专门召开会议进行深入剖析，严肃处理相关责任人；特别是针对瀑布沟项目部管理松散问题，指挥部党委做出《关于开展思想作风经律整顿的决定》，并召开会议进行专题部署。通过整顿整风，各级对管理教育中存在的问题有更加清醒的认识，部队管理松散、机关标准不高问题得到初步整改。贯彻全军司令部建设座谈会和武警总部参谋长集训会精神，大力加强水电部队各级司令机关建设，组织水电部队参谋长集训，二总队和三总队九支队司令部被评为武警部队先进司令部。

抓《基层建设纲要》学习教育，举办2期中队主官培训班，培训干部205名，进一步解决基层干部不懂、不会和带兵能力弱问题。认真落实蹲点调研帮建规定，各级下派50多个工作组，深入支队、项目部和中队蹲点调研帮建，增强按纲抓建能力。坚持把项目部和基层中队捆在一起抓，明确项目部抓基层中队职责要求，规范项目部抓基层各项工作。注重基层基础设施建设，投入资金1500万元为基层办实事，把武警总部下拨的100万元全部用来为基层中队购置电脑和电子图书，积极改善官兵物质文化生活条件，满足官兵求知成才愿望。抓好基层预防犯罪工作，注重维护官兵合法利益。全面推行工程项目部和基层中队事务公开，进一步促进基层民主建设和风气建设。五支队、九支队被指挥部评为基层建设先进支队；一支队水布垭项目部等6个项目部被评为先进项目部；12个基层中队被评为基层建设标兵中队。

3. 注重后勤规范化建设，综合保障能力得到加强

官兵工资、津贴保障力度进一步加大，军人待遇基本落实，生活水平稳中有升。官兵普遍进行一次体检，移交滞留部队伤病残人员29名。全面启动《水电部队营房建设三年规划》，加快基地建设步伐，积极筹建6个支队级以上单位基地，落实老干部住房资金1476万元，总公司于2004年5月搬迁新址办公。组织后勤部（处）长集训，召开财务工作会议，相继出台水电部队经费管理、机械装备管理等10项制度规定，促进后勤规范化管理。如期完成清产核资工作，核销不良资产1.1亿元，核准预计损失2.1亿元，优化了资产。加大设备更新、修理、调配力度，机械装备成新率、完好率、利用率提高2个百分点。推广设备折旧改革、物资集中采购和财务管理信息化三个试点试验。加大成本控制力度，项目财务管理逐步规范，工程资金结算率达80%以上，提高综合保障效益。加大非生产性费用控制力度，节约开支815万元。突出抓好领导离任审计和外包工程审计，审计项目60个，查出违规金额927万元，挽回经济损失559万元。

经营状况

中标项目31个，合同金额32.2亿元，完成年度任务指标161%，创历史最好水平；水利水电项目18个，西部项目14个，平均每个项目金额超亿元，完成施工总产值29.9亿元，占年度计划149%；自营产值14.7亿元，完成年度计划105%，人均劳动生产率11万元，实现利润3059万元，比2003年有较

大提高，上缴国家税收6108万元。重点项目吉林台电站下闸蓄水，三峡永久船闸试通航一年后通过国家验收，金河水电站胜利竣工，洪家渡水电站和平班水电站首台机组并网发电，东深供水改造工程获2004年度国家“鲁班奖”，国防及石油管道工程稳步推进。完善质量、环境、职业健康安全管理体系，层层落实责任制，开展“电力建设安全年”活动，工程合格率100%，优良率93%，工程质量和安全实现“双零”目标。

科技进步

认真落实《专业技术干部奖励办法》、《科技成果奖励办法》，“三峡永久船闸人字门安装”、“特大型洞室施工技术研究与应用”获国家电力行业科技进步奖。

指挥部机关通信各要素建设基本完成，实现与武警总部、国家电网公司和一总队的电视电话联通。

搞好各类技术培训。一是技术学校积极适应任务转型，认真开展干部在职培训和高级士官技术培训。二是各单位自行开展培训活动。为提高基层自行施工能力和官兵技术素质，各级举办各类技术培训85期，5000余人参训。

精神文明建设

开展“积极适应中国特色军事变革，努力争做党和人民忠诚卫士”专题教育活动，学习贯彻《忠诚卫士誓词》、《忠诚卫士守则》，编印下发水电部队四个教育辅助教材，筑牢警魂意识。

着力推出和宣扬二等功集体三峡工程指挥部、“全军十大学习成才标兵”欧阳运华先进事迹。

加强党风廉政建设。搞好警示教育，打牢官兵拒腐防变思想基础，二总队纪委被中央军委纪委评为全军纪检监察先进集体。

《2001年版水电部队年鉴》获武警部队首届年鉴奖一等奖、全国地方志系统首届年鉴奖一等奖。二总队业余文艺演出队不远万里到基层进行巡回演出，获得广大官兵职工的好评。五支队广泛开展“推荐一本书、学唱一支歌、月评一星和书评、视评、影评”活动，效果明显，深受广大官兵欢迎。

企业规章

贯彻《军队党委工作条例》和武警总部《关于加强支队（团）以上党委能力建设的意见》，修订完善各级党委议事规则，制定《项目部党组织工作暂行规定》，规范党委议事决策程序。

狠抓洪家渡七项管理规定的落实，以项目部的规范管理和工程质量安全为核心，不断完善质量、环境、职业健康安全管理体系。层层落实责任制，开展“电力建设安全年”活动。工程合格率100%，优良率93%，工程质量和安全实现“双零”目标。

加强部队正规化建设。注重运用新颁布的《政治工作条例》和《基层建设纲要》规范部队政治工作和基层建设。

先进典型

1. 全军纪检监察先进集体——水电二总队纪委

水电二总队连续20年没有发生严重违纪违法问题，有力保证以施工生产为中心的各项任务的圆满完成。

其主要做法：一是把教育摆在首位，认真搞好调研，在摸清底数基础上开展针对性教育，并把教育和部队在长期施工中创造的“羊湖精神”、“三峡精神”相结合，采用灵活多样的教育方式，使教育入心入脑，筑牢拒腐防变的基础。二是检查监督到位，针对工程招投标、劳务分包等敏感问题，制定一系列规章制度，狠抓落实，敢于较真碰硬，杜绝跑冒滴漏，形成清正为官、廉洁干事风气。三是搞好自身建设，利用每月一次的纪委例会和每年至少一次的培训会等，开展形式多样的学习活动，加强工作人员自身能力素质；纪委领导身正为范，顶得住压力、经得起考验；加强基层纪检组织建设，确保项目部经济活动延伸到哪里，纪检监督就实施到哪里。

2. 全军作战部队一线专业技术岗位优秀人才、全军十大学习成才标兵——欧阳运华

欧阳运华，男，汉族，1965年11月出生，1987年7月入伍，1989年12月入党，水电二总队八支队副支队长、高级工程师，专业技术中校警衔。

欧阳运华从军18年来，一直以成长为水电建设行业科技人才为奋斗目标，孜孜不倦地钻研水电施工理论，掌握最新科技成果，练就高超的专业技能，从一名普通的技术干部成长为一名高级工程师，攻克近百个技术难关，创造性地解决三峡工程建设中三峡闸门的测量、吊装、焊接等世界级难题，成为武警部队学习型、创新型干部中的杰出代表。先后荣立一等功1次、二等功1次，三等功2次，6次被评为优秀共产党员并当选为第六届“中国武警十大忠诚卫士”，2004年3月被评为“全军作战部队一线专业技术岗位优秀人才”，2004年4月被评为“全军十大学习成才标兵”。

主要事件

2月6～8日，水电指挥部在北京召开党委扩大会议。会议传达贯彻总部党委扩大会议精神，总结2003年部队全面建设情况，部署2004年工作。

2月8日，水电五支队承建的湖南皂市水利枢纽工程举行开工典礼。

2月13日，三峡工程指挥部在宜昌三峡坝区文化中心召开荣立二等功庆功大会。三峡工程指挥部于1993年10月组建，承担三峡工程永久船闸建设和坝区警卫消防任务，出色完成各项任务，为三峡工程建设做出突出贡献，为军队赢得较高荣誉，受到国务院、中央军委奖励。

3月15～22日，水电指挥部机关集中开展“提高能力素质、保持优良作风”学习教育活动。

4月11～18日、10月20～24日，水电指挥部在北京组织两期师团干部理论集训班。来自各单位的110余名师团职干部参加集训。

4月13日，中共中央政治局常委、全国人大常委会委员长吴邦国，全国人大常委会副委员长王兆国、盛华仁一行在中国长江三峡工程开发总公司党组书记、总经理李永安等陪同下视察水电部队承建的三峡永久船闸工程，亲切接见水电部队驻三峡师以上领导，对三峡永久船闸的施工和运行给予充分肯定。

5月4日，水电十支队承建的西藏金河水电站举行首台机组发电庆祝大会。

5月22日，全国政协副主席李蒙到三峡工程指挥部参建的溪洛渡水电站工程工地视察工作，亲切接见正在一线施工的部队官兵。

5月31日，水电指挥部机关从北京丰台区广安门外水口子村51号搬入北京丰台区广安门外莲花池南里11号新办公大楼。

6月2日，水利部部长汪恕诚，武警部队司令员吴双战、副司令员梁洪，国电公司总经理周大兵等视察水电指挥部机关新办公楼，汪恕诚、吴双战、周大兵分别发表重要讲话，并与指挥部部门以上领导合影留念。

7月8日，水电部队承建的三峡永久船闸顺利通过正式通航国家验收。

7月18日，水电二支队参建的国家“西电东送”标志性工程，乌江水电梯级开发“龙头”电站——贵州洪家渡水电站首台机组并网发电。

7月19～22日，水电指挥部在北京召开党委扩大会议。会议主要任务是贯彻总部党委书记联席会议精神，分析半年部队建设形势，集中研究解决党委建设、项目部建设和基层建设问题。

7月28日，水电十一支队参建的西藏阿里狮泉河水电站举行开工典礼。西藏自治区人民政府副主席杨海滨、水电指挥部副主任马玉长等领导参加开工典礼。

8月15～21日，水电指挥部在广西柳州水电技术学校举办水电部队后勤部（处）长集训班。

8月27日，全国政协副主席周铁农在新疆自治区人民政府副主席李东辉等陪同下，到三总队承建的沙漠渠道工程Ⅴ标段工程工地视察。

9月26日，水电十支队承建的西藏昌都金河水电站举行建成投产仪式，水电指挥部总工程师冉贤厚参加仪式。

10月10～17日，水电指挥部在北京举办水电部队参谋长集训班。

10月17～19日，水电指挥部在北京召开水电部队深入学习贯彻“三个代表”重要思想经验交流会。

11～12月，针对一总队四支队瀑布沟项目部暴露出来的管理松懈、作风松散、纪律松弛等问题，11月22日，指挥部召开部门以上领导参加的常委扩大会议，认真分析部队形势，剖析原因教训，制定对策措施，做出在12月对全部队进行为期1个月的思想作风纪律整顿的决定。

（张永军　熊自安）

北京国华电力有限责任公司

基本建设

2004年基本建设完成投资103.90亿元；投产发电容量180万kW。国内首台600MW机组脱硫装置（台山1号机组脱硫装置）建成投产；在建的9台600MW机组和一套9F燃气轮机按计划完成年度建设任务；准电公司2×330MW工程项目获得国家优质工程奖。

2004年完成开工批复、核准手续项目4项，装机容量618万kW；已上报项目建议书，完成可行性研究报告审查项目4项，装机容量366万kW；已完成初步可行性研究报告审查，上报项目建议书，正在按核准深度开展前期项目6项，规划装机容量760万kW；正在进行初步可行性研究项目9项，规划装机容量1438万kW；正在进行调研和方案论证项目6项，规划装机容量720万kW。

经营状况

2004年未发生重大人身伤亡和重大设备损坏事故，未发生影响电网安全稳定重大责任事故；2004年完成发电量402.08亿kWh，同比增长47.90%，比全国发电量平均增长率15.81%高出32.09%；完成供热量948.8万GJ，同比增长5.37%；完成上网电量376.46亿kWh，同比增长48.8%；发电设备平均利用6496h，同比增加581h，比全国发电设备平均利用5988h（火电机组）高508h；供电标准煤耗330g/kWh，同比下降2g/kWh；实现销售收入105亿元；实现利润总额25亿元，同比增加13亿元；实现净利润8亿元，同比增加3.2亿元；燃用神华集团煤1606万t。

生产经营

1. 强化安全管理，建立安全生产长效机制

2004年，公司系统机组利用小时、台均非停次数、长周期安全运行记录、等效强迫停运率均达到历史最好水平；全年4台机组无非停，安全事故次数明显下降。风险预控理念已逐步融入设备管理具体方法中，各项生产营运指标持续改善。

各基建项目遵循“责权到位、规范管理、超前设防、主动控制”的指导原则，在安全管理上重点突出风险预测、预控和应急响应，通过划分文明施工责任区，落实责任人，抓好工程重大危险源和重要环境因素的辨识、评价和控制等工作，使在建、新建项目安全形势继续保持稳定。

2. 加强企业绩效评价工作，持续改进内部管控体系

2004年，公司组织开展了三年绩效持续改进措施制定情况专题调研，完成了公司年度的绩效评价工作报告，并相继出台一系列内控管理制度。已初步建立起内控管理体系，营造了良好的内部控制环境，使控制点前移，有利于管理风险的规避。

3. 加强市场营销管理，增强存量资产的增值能力

2004年，公司紧跟市场变化趋势，及时调整营销目标，确保发电量增长与市场增长同步，公司全年平均利用小时达到6496h，创历史最好水平。神木公司利用小时达到8354h，相当于全年有348天满负荷连续运行。准电公司达到7480h，其他单位均在6000h以上。公司系统市场份额总体保持在电网平均水平以上。

4. 强化全面预算管理，提升财务经营风险预控能力

公司制订并推行了《经营计划管理系统》，确保了预算目标的实现。根据公司发展规划，统筹协调融资工作，确保资金需求和资金安全。完成了余姚、锦界项目长期借款合同的签订工作；加强现金流量日常管理，充分发挥资金网络优势，通过网络平台运作资金66亿元，为资金盈余单位提供可靠的投资渠道，创造收益1200万元。

5. 积极配合集团“221”项目，夯实资产管理基础

按照集团公司上市工作总体安排，公司完成资产盘点、财务审计、资产评估、尽职调查、审计调整数据与资产评估数据衔接、招股说明书编制等工作；对土地、海域、房屋权属证明进行补办和更换，特别是热电土地权属变更和房产证办理这一难点问题得到彻底解决，加强了公司系统的资产及产权管理，保证了资产安全，满足了集团上市要求。

6. 加强科技工作投入，科技创新初见成效

充分利用行业技术力量，从实用与机理研究相结合的高度深化了神华煤电站燃烧技术研究、海水淡化技术风险控制研究等一批重点科技攻关项目；加大了科技队伍建设的力度，围绕安全生产和经营发展大力开展科技创新，研究解决生产、运营的实践问题，加强了组织技术合作，并积极向行业或组织推荐优秀论文。

管理工作

1. 发挥人才资源在公司发展的作用

公司制订了五年人力资源发展规划；开展了第三届专业技术带头人选拔评审工作，共选拔出16名公司级专业技术带头人，187名厂级专业技术带头人；对企业工资总额管理及经营管理者年薪考核办法进行了修订，建立起以绩效为导向的多元化薪酬分配激励机制，实现了企业、经营管理者及员工利益的有机结合。

2. 优化管理资源

2004年，工程公司顺利完成改制。改制后的工程公司将是在公司指导下进行生产技术管理标准的建立和技术监督管理的执行机构，是新技术、新工艺应用推广的技术支持单位，是发电设备资源信息的数据库，是公司掌握核心技术及发电设备疑难问题研究解决的技术中心，是技能培训的鉴定站，是公司设备状态评估、检修与运行管理评价的实施机构。

3. 提高专业化管理水平

公司组织专家对《国华发电管理系统》执行情况进行了评审；各发电公司均推行了BFS＋＋生产管理系统，初步规范了生产中检修管理、设备管理、运行管理等工作流程和环节，使生产系统的管理进一步透明化、规范化，这在全国电力行业中具有先进性。

公司组织编制了《电力基建工程管理系统》（初稿）。对基建工程宗旨、建设模式等进行了深入地阐述和总结。

建立了财务能力模型（FCM），2004年年底首次利用FCM对公司系统18个控股单位进行试评价，各单位均达到二级以上标准。制定并实施《电力企业会计核算制度——收入成本费用部分》，提高了会计信息质量。

以实现物流工作中心由集中采购操作型向深化物流信息平台建设、物流信息共享整合、深化供应商管

理、加快物流标准建设等物流基础工作的管理型转移。从采购、仓储等各环节实行专业化管理，完成了相关的管理办法和标准的编制工作；开展了重点供应商动态考核及评优工作；组织实施 BFS＋＋系统与采购系统的对接，完成了各发电公司 BFS＋＋物资库存条目的映射工作；实现了网上电子仓库试运行。

2004 年 ERP 项目共有 7 项技术开发工作已上线运行；建立起公司级数据仓库及信息集成平台；正在建设中的决策中心作为公司领导生产经营的决策平台，已经可以查看准电、定电和台电的实时生产过程数据。

党建和精神文明

2004 年是公司企业文化推进年。通过建设企业文化长廊、征集企业文化短语与故事、举办征文、演讲，开展诚信教育、执行力文化专题大讨论以及评先评模、“耕心之旅”等系列活动，以多种形式推广传播企业文化理念，使公司的企业文化理念，对内成为广大员工的思想与行为准则，对外成为展示国华良好风貌的品牌形象。

（陈永平）

北方联合电力有限责任公司

概况

北方联合电力有限责任公司 2004 年 1 月 6 日挂牌成立。该公司由内蒙古电力投资有限责任公司、中国华能集团公司、神华集团有限责任公司、中信泰富有限公司共同出资设立，报国家工商行政管理机关登记注册，注册资本金为人民币 100 亿元。内蒙古电力投资有限责任公司出资 40 亿元，占股 40%。中国华能集团公司出资 20 亿元，占股 20%。神华集团有限责任公司出资 20 亿元，占股 20%。中信泰富有限公司出资 20 亿元，占股 20%。内蒙古电力实行重大体制改革组建正式成立的北方联合电力有限责任公司，在内蒙古电源建设中发挥主导作用，确定了“经营好 500 万 kW 机组，建设好 500 万 kW 机组，再开工建设 500 万 kW 机组”奋斗目标。主要经营范围：开发、投资、建设、运营电力、热力、煤炭资源、铁路及配套基础设施项目（开展投、融资业务）；电力、热力生产供应；相关产品、设备、技术服务与进出口业务；承包本行业境外工程和境内国际招标工程；对外派遣本行业工程生产及劳务人员。经营宗旨是：建立规范的法人治理结构和科学的决策机制，将公司建设成为具有国内一流及营运水平的发电公司和内蒙古自治区、华北电网、东北电网一个长期的、稳定的主要供电商，利用国家“西部大开发”和“西电东送”的政策、公司的区位优势和资源优势扩大市场份额。在条件及时机成熟时，在中国其他地区及境外开展业务。使公司创造较好的经济效益，为股东各方获得理想的投资效益，为社会经济发展做出贡献。

领导班子

董事会（第一届）

董事长　乌若思（蒙古族 2004 年 1 月 5 日任职）

董　事

乌若思（蒙古族 2004 年 1 月 5 日任职）
黄金凯（2004 年 1 月 5 日任职）
秦定国（2004 年 1 月 5 日任职）
毕玉璞（2004 年 1 月 5 日任职）

监事会（第一届理事会议选举）

主　席　王凤池（2004 年 1 月 5 日任职）
监　事　乌若思（蒙古族 2004 年 1 月 5 日任职）
吕　慧（2004 年 1 月 5 日任职）
黄金凯（2004 年 1 月 5 日任职）
秦定国（2004 年 1 月 5 日任职）
高　民（2004 年 1 月 5 日任职）
毕玉璞（2004 年 1 月 5 日任职）
唐万富（2004 年 1 月 5 日任职）
杨美茹（2004 年 1 月 5 日任职）
邱海松（2004 年 1 月 5 日任职）
王凤池（2004 年 1 月 5 日任职）
李伯玉（2004 年 1 月 5 日任职）

党　委

书　记　乌若思（蒙古族　2004 年 3 月 27 日任职）
副书记　冯大为（2004 年 3 月 18 日任职）
刘亚洲（2004 年 3 月 18 日任职）
委　员　乌若思（蒙古族　2004 年 3 月 27 日任职）
冯大为（2004 年 3 月 18 日任职）
刘亚洲（2004 年 3 月 18 日任职）
吕　慧（2004 年 3 月 18 日任职）
铁木尔（蒙古族 2004 年 3 月 18 日任职）
吴景龙（2004 年 3 月 18 日任职）
王永夫（2004 年 4 月 12 日任职）

纪律检查委员会

书　记　刘亚洲（2004 年 3 月 18 日任职）

经理（董事会聘任）

总经理　冯大为（2004 年 3 月 18 日任职）

副总经理 吕 慧（2004年3月18日任职）
铁木尔（蒙古族2004年3月18日任职）
吴景龙（2004年3月18日任职）
总工程师 李国宝（2004年3月18日任职）
总会计师 杨美茹（女2004年3月18日任职）
工 会
主 席 王永夫（2004年4月12日任职内蒙古国资委党委任命）

所属生产企业及单位

属全资企业的有北方联合电力海渤湾发电厂、北方联合电力蒙西发电厂、北方联合电力临河热电厂、包头第一热电厂、包头第二热电厂、包头第三热电厂、北方联合电力达拉特发电厂（包括蒙达发电公司、京达发电公司）、北方联合电力呼和浩特热电厂（包括呼和浩特热电厂、丰泰发电公司）、北方联合电力金桥热电厂（在建设中）、北方联合电力丰镇发电厂、内蒙古宝日希勒发电有限责任公司（在建设中）、安泰热电股份有限公司（包括灵泉电厂、海拉尔热电厂、东海拉尔电厂、牙克石电厂、扎兰屯热电厂、汇流河电厂、满洲里光明热力公司）、兴安热电有限责任公司、锡林郭勒热电责任公司（包括锡林浩特一电厂、锡林浩特二电厂）、北方联合电力和林格尔电厂筹备处、北方联合电力准格尔煤电项目筹备处、北方联合电力煤炭运输开发实业公司筹备处、北方联合电力达拉特电厂四期工程筹备处、北方联合电力燃料公司和天外天大酒店。属控股企业有内蒙古上都发电有限责任公司（在建设中）、蒙电华能热电有限责任公司、北方华润清水河电厂筹备处、北方联合电力乌海热电厂、内蒙古风力发电总公司。属参股企业有大唐发电有限责任公司、岱海发电有限责任公司、东华热电有限责任公司、内蒙古河西发电有限责任公司、白音华发电有限责任公司、胜利煤电有限责任公司。

本部机构

本部设有综合工作部（包括党办）、财务与产权部、计划发展部、人力资源部（包括党委组织部）、安全生产部、市场营销部、工程管理部、监审部（包括党委纪检办公室）、思想政治工作部（包括党委宣传部）、工会、物业部。

基本建设

2004年北方电力公司基本建设投资突破110亿元；新开工火电建设项目突破600万kW，投产发电装机容量突破110万kW。

4月27日，北方发电公司组建以来的第一个大型电源项目——达电四期2×60万kW机组扩建工程奠基，拉开了500万kW电源建设序幕。随后，上都二期2×60万kW机组、乌拉山电厂三期2×60万kW机组等一批电源项目相继开挖建设，总开工容量达到600万kW。公司独资、控股、参股的电源建设项目总装机容量已达1780万kW。包头二电厂扩建2×20万kW机组、达电三期工程2×33万kW机组投入商业运行。

北方发电公司在加快火电建设的同时，积极发展绿色能源，7月29日，北方龙源风力发电公司成立。北方电力公司与龙源集团各持股50%。10台亚洲目前单机容量最大的（1500kW）风力发电机落户辉腾锡勒风电场。

生产经营管理

北方发电公司对所属单位全面实施“一包两挂四考核”和“两个集中、两个统一”的管理模式，进一步提高安全生产和经营管理水平，在蒙西电网严重缺电情况下，圆满完成迎峰度夏任务，发电量增长率居全国五大发电公司前列。11月29日，提前32天完成自治区下达的363亿kWh的年度发电量任务；全年完成发电量402.59亿kWh，比2003年增长20.42%，比预算增长14.14%、实现利税总额突破19亿元。资产总额突破110亿元大关。

安全管理

认真贯彻《安全生产法》，全面落实安全生产责任制，努力提高员工安全意识。大力推进安全质量标准化工作，构筑基于风险管理的安全生产管理长效机制，建设尊重员工、关爱员工、珍惜生命，为员工提供安全保障的企业安全文化。开展安全性评价、危险点预控活动，建立健全安全生产应急机制和应急救援体系，积极推广应用安全生产健康环境质量管理体系，结合安全管理实际，建立、认证和持续改进一体化管理体系。严格“两票三制”，加强运行管理，加强运行人员技术培训，有效防止了人为责任事故的发生。积极开展春、秋季安全大检查，对锅炉磨损严重、公用系统和保护事故率较高的问题，进行专项调查研究，采取有效措施，切实消除设备隐患，实现了机组的稳发满发和长时间大负荷连续运行。全公司发电机组利用率7268h，高出全国平均水平1808h，圆满完成迎峰度夏保电任务，为公司发电量大幅增长，确保实现经营目标做出了突出的贡献。

发展战略规划

按照国家电力发展规划和市场需求，积极比选资源优势项目，加强项目战略储备，为公司迅速做大做强和可持续发展提供了后续保障。煤电一体化战略全面推进。组建成立北联电能源开发有限责任公司。公司分别与鄂尔多斯市、锡林郭勒盟、呼伦贝尔市和通辽市签订多项煤电一体化合作协议。公司参与的有关煤炭开发项目和铁路建设项目前期工作积极、稳步推进。公司逐步走向煤、电、路同步开发的战略性发展道路。

精神文明建设

面向公司改革和发展，用“三个代表”重要思想统揽企业党的建设、精神文明建设和企业文化建设，创造性地开展党的建设和思想政治工作。教育领导干部，特别是各单位领导班子全面准确把握政绩观的科学内涵，树立正确的权利观、政绩观、发展观，鼓励党员干部以奋发有为、开拓进取的精神不断前进，创造新的业绩。充分调动党员干部投身企业发展事业的主观能动性和创造精神。公司各级党组织在公司生产、经营和建设中的政治核心作用、战斗堡垒作用和党员的先锋模范作用得到充分发挥。深入贯彻中纪委、自治区纪委关于领导干部廉洁自律的规定和要求，全面落实党风廉政建设责任制，重点开展了“四大纪律八项要求”和国有企业“三个不得”警示教育活动。对新提拔的领导干部进行任前公示，增强了干部提拔使用的透明度。企业文化建设稳步推进。坚持统一部署、统一步调、统一形象的“三统一”原则，推出了公司Ⅵ视觉识别系统。开展了员工思想动态调查研究和“创学习型企业、做知识型员工”主题教育活动，教育和引导员工树立“人人学习、终身学习”的理念，促进员工思想观念大解放、大转变，业务技能大提高。重视团青工作，积极开展青年岗位成才活动。健全工会组织，充分发挥各级工会组织引导员工参与企业民主管理、民主监督的重要作用，将工会工作有机融入公司改革发展过程中。积极稳妥地做好信访工作，及时化解不稳定因素，有效维护了队伍稳定和企业稳定。

（赵振方）

黄河上游水电开发有限责任公司

公司领导

董事长：刘本粹
总经理：夏忠
副总经理：李铁证　周新光　谢小平　聂毅涛
党组书记：夏忠
党组副书记：李铁证
党组成员：周新光　谢小平　聂毅涛　郭秉周
党组纪律检查组组长、工会主席：郭秉周

机构设置

公司机关本部下设：总经理工作部、计划经营部、财务部、人事部、工程项目部、生产技术部、市场营销部、监察审计部、思想政治工作部、工会办公室、共青团工作委员会。公司下设二级单位：龙羊峡发电分公司、李家峡发电分公司、公伯峡发电分公司、建设分公司、拉西瓦建设分公司、检修安装分公司、监测试验与大坝管理中心、发电运行公司、盐锅峡水电厂、八盘峡水电厂、青铜峡水电厂、青海中型水电开发有限公司、梯调中心、新闻中心、培训中心、档案中心、青海禹天临理咨询有限公司、火电项目筹建处、陕西黄河水电物资有限责任公司、青海创盈投资集团有限公司、富源电力集团股份有限公司。

经营指标

1. 超额完成发电量计划

2004年黄河来水继续偏枯，龙羊峡水库全年来水150亿m^3，比历史平均值减少24%，公司全年完成发电量117.87亿kWh，为年计划发电量113.13亿kWh的104%。其中，公司本部完成发电量89.6亿kWh，为年计划发电量的104%；盐锅峡水电厂完成发电量12.87亿kWh，为年计划发电量的107%；八盘峡水电厂完成发电量6.6亿kWh，为年计划发电量的103%；青铜峡水电厂完成发电量8.7亿kWh，为年计划发电量的102%。全年向电网售电量为116.6亿kWh，为年计划售电量111.9亿kWh的104%。综合厂用电率为1%，较年计划综合厂用电率降低0.4%。

2. 企业利润大幅度增长

2004年，公司生产成本119111万元。其中，公司本部生产成本95867万元，为年计划的119%；盐锅峡水电厂生产成本6838万元，为年计划的118%；八盘峡水电厂生产成本5297万元，为年计划的113%；青铜峡水电厂生产成本9092万元，为年计划的108%；唐渠水电公司生产成本2017万元，为年计划的108%。成本增加的主要原因是折旧费、水费及计提的效益工资，扣除以上因素实际生产成本102698万元，为年计划的101%。

2004年，公司实现利润1512万元。其中，公司本部实现利润842万元，为年计划的212%；盐锅峡水电厂实现利润760万元，为年计划的126%；八盘峡水电厂实现利润－244万元，为年计划的112%；

青铜峡水电厂实现利润19万元，为年计划的106%；唐渠水电公司实现利润135万元，为年计划的100%。利润大幅度增长的主要原因是：①生产成本得到有效控制。全年发生修理费6873万元，为年计划的97.7%；材料费1531万元，为年计划的96.1%，均控制在年初确定的计划内。②发电量增长。全年发电量较2003年增长47%，增加利润55330万元。③电价的调整。公司本部平均售电单价提高10.66元/MWh，盐锅峡平均售电单价提高4.2元/MWh，八盘峡平均售电单价提高6.03元/MWh，青铜峡平均售电单价提高0.84元/MWh，电价调整增加利润8950万元。

3. 电费回收工作成绩显著

按照集团公司的考核口径，公司全年累计应收电费186373万元，累计实收电费194627万元。截至2004年12月31日，当年的电费回收率为100%，回收陈欠电费8254万元，其中，公司本部累计实收陈欠电费5970万元，陈欠电费回收率为37.42%；盐锅峡水电厂回收陈欠电费1229万元，陈欠电费回收率为66.54%；八盘峡水电厂回收陈欠电费1026万元，陈欠电费回收率为91.88%；青铜峡水电厂（含唐渠）回收陈欠电费29万元，陈欠电费回收率为76.32%。

截至2004年年底，公司本部累计欠费余额为153016万元。其中，青海省电力公司99468万元，陕西省电力公司16695万元，甘肃省电力公司36331万元，宁夏电力公司522万元。

营销工作

2004年，公司售电量为116.66亿kWh。公司本部（龙、李、公）年上网电量为88.96亿kWh，比2003年同期增加34.63亿kWh，同比增长63.74%，除去公伯峡2004年新投产发电的增量，比2003年同期增加25.7亿kWh，同比增长47.3%。盐、八、青上网电量为27.70亿kWh，比2003年同期增加3.3亿kWh，同比增长13.52%。

2004年，公司对青海电力公司售电85.63亿kWh，占全部售电量的73.41%；对甘肃电力公司售电19.22亿kWh，占年全部售电量的16.47%；对宁夏电力公司售电量11.81亿kWh，占年全部售电量的10.12%。在2004年工作中，针对电费增长较多，回收任务大幅度增加，造成当月电费回收困难等，在各省区电力公司的大力支持下，经过努力最终完成集团公司考核当年电费结零，陈欠电费回收10%的目标任务。

公司本部所管电厂的电价工作在2004年取得了较好的成绩，概括为“一个突破、一个到位、一个落实”，“一个突破”就是龙羊峡水电站的电价在原有价格的基础上，突破种种困难，终于实现了调整；“一个到位”就是公伯峡水电站的电价和电量在发电之际，全部一次批准到位；“一个落实”就是李家峡水电站电价和电量，进一步得到落实。公司的上网电价，龙羊峡120元/MWh、李家峡260元/MWh、公伯峡227元/MWh。

基本建设

2004年公司基建工程完成投资20.3亿元，完成公司计划投资21.63亿元的94%。

公伯峡水电站完成建设投资100568万元，为计划投资110775万元的91%。投资减少的主要原因是：受设备制造厂家供货时间拖后的影响，3号、4号机主要设备不能按合同工期供货，致使投资未能完成。截至2004年年底溢洪道工程建成竣工；右岸导流洞封堵完成；面板堆石坝除坝顶防浪墙墙体及坝顶构筑物外，工程全部完成；发电厂房3～5号机一期混凝土全部完成；3号、4号机安装已至蜗壳层；3号机引水压力钢管贯通；1号、2号机于2004年9月和10月投产发电。2004年，公伯峡水电站各项目节点进度计划全面完成。

拉西瓦水电站全年完成建设投资75467万元，为计划投资73306万元的103%。截至2004年年底，上、下游围堰已完成防渗、闭气工作，左、右岸缆机平台、左岸进料线平台、11号变形体处理、右岸出线平台的开挖工作全部完成；主厂房、主变压器室、厂房通风竖井、尾水洞等工程的开挖按计划完成。右岸混凝土拌和系统、场区施工供水系统、施工供电系统、通信系统建成使用。

苏只水电站完成建设投资25960万元，为年度计划投资31178万元的83%。投资未完成的原因：①为确保公伯峡1号机按期发电，对苏只水电站施工进度进行了调整，减少了工程量；②前期施工供电、混凝土拌合系统运行不正常影响了施工进度；③移民征地投资减少。截至2004年年底左岸进厂公路及场区平整工程完成；施工用电系统建成使用；泄洪闸一期围堰建成；发电厂房安装间部分坝段浇筑达到设计高程，帷幕灌浆、固结灌浆完成；1号机主机段座环安装完成，2号、3号机锥管安装具备条件；水轮发电机组、主变压器等主要机电设备定货完成，机电安装合同签订。

前期项目完成投资1122万元。其中，积石峡水电站前期项目完成822万元，为年度计划投资的100%，完成了《积石峡水电站补充可研设计报告》，《积石峡水电站工业与劳动安全卫生报告》、《积石峡水电站水土保持报告》及《积石峡水电站环境复核报告》通过了审查；茨哈—羊曲河段水电站前期工作完成投资300万元，为计划投资的100%，茨哈—班多—羊曲河段规划设计调整工作，班多一级、二级及羊曲水电站的预可行性研究设计工作全面开展。

根据青海省委、省政府的要求及公司发展战略，在青海省发改委的大力支持下，公司积极与有关方面沟通联系、协商完成了格尔木燃气电站开发权的转让工作，并组成了专门机构负责电站的开发建设，完成了燃气发电设备的招标工作，并于2004年12月26日举行奠基开工仪式。

按照集团公司区域发展战略要求，公司在拓展电源建设市场、推进多种能源开发建设方面做了大量的工作，先后进行了黄河黑山峡水电站、黄河北干流古贤水电站以及陕西荫塔火电项目的调研考察工作，同有关省区政府就项目的尽早开发进行了有益的接触并达成了一定的共识，有力的促进了这些项目的前期规划和开发进程，同时也为下一步公司电源区域和结构的扩展奠定了基础。

公司积极开展了电力上下游产品的开发探索工作。与宁夏中卫市政府签订了有关煤、电、化工项目开发建设的合作意向书，增强了公司发展后劲，拓展了发展空间，为公司可持续发展打下了基础。

安全生产

（一）安全指标

2004年，公司所属各单位实现了“七不发生”的安全生产目标，杜绝了生产、基建人身死亡，水电厂跨坝及水淹厂房，企业责任的重大设备损坏，发电厂全厂停电，重大火灾，重大生产交通，重大基建工程质量等事故的发生。公司生产、基建、多种经营保持了比较稳定的安全局面，保持了长周期的安全生产记录。2004年，公司所属各生产单位均实现年内安全生产3个100天。截至12月31日，各单位连续安全生产记录分别为：龙羊峡发电分公司2705天，李家峡发电分公司1669天，公伯峡发电分公司463天，盐锅峡水电厂1355天，八盘峡水电厂2135天，青铜峡水电厂1673天，检修安装分公司2571天，发电运行分公司、监测试验与大坝管理中心366天。

（二）生产指标

1. 发电量

截至2004年12月31日，公司所属水电站合计发电量117.87亿kWh。其中，龙羊峡、李家峡、公伯峡水电站合计完成发电量89.56亿kWh，完成年发电量计划的104.14%。龙羊峡、李家峡两电站较2003年合计增发电量25.84亿kWh，增长幅度47.20%。盐锅峡、八盘峡、青铜峡水电站合计完成发电量28.32亿kWh，完成年发电量计划的104.38%，较2003年增发电量3.20亿kWh，增长幅度为12.74%。

2. 综合厂用电率

截至2004年12月31日，公司所属水电站综合厂用电率合计为1.17%。各电站综合厂用电率情况为：龙羊峡1.06%，较2003年下降0.07%，原因为发电量增加；李家峡0.38%，较2003年下降0.12%，原因为发电量增加；盐锅峡1.98%，较2003年上升0.19%，原因为电能表换型后精确度提高；八盘峡1.59%，与2003年持平；青铜峡1.17%，较2003年下降0.65%，原因为厂用电计量范围调整，电能表计加装、换型，发电量增加和检修项目减少。

3. 机组可靠性

（1）非计划停运。2004年，公司所属水电站共发生非计划停运13次，按水电站统计为：龙羊峡1次，李家峡1次，公伯峡3次，盐锅峡4次，八盘峡1次，青铜峡3次。按原因统计为：主变压器保护误动5次、轴承温度过高3次、定子线棒击穿接地1次、变压器低压引线三相短路1次、励磁大线烧损1次、计算机监控模板故障1次、拦污栅清理1次。台均停运5.80h，等效强迫停运率0.11%，影响公司等效可用系数降低0.06个百分点。

（2）机组等效可用系数。2004年公司所属各水电站机组等效可用系数合计为90.48%，各电站机组等效可用系数情况为：龙羊峡89.59%，李家峡90.31%，公伯峡95.06%，盐锅峡92.62%，八盘峡91.56%，青铜峡89.76%。影响各电站机组等效可用系数的主要原因为机组计划停运。

4. 机组检修情况

2004年初，公司安排了龙羊峡、李家峡水电站8台机组的检修工作。共计A级检修1次，C级检修15台·次。其中，龙羊峡水电站机组A级检修1次，C级检修7台·次；李家峡水电站机组C级检修8台·次。已完成年度机组C级检修14台·次，A级检修正在进行。

2004年盐锅峡、八盘峡、青铜峡及唐渠水电站22台机组检修由集团公司直接安排，共进行A级检修3台·次，B级检修7台·次，C级检修14台·次。

技改与科技

大修、技改项目全面完成。在积极规范和理顺新体制、新生产关系的基础上，各生产单位认真贯彻落实项目负责制、招投标制和合同管理制，精心组织、合理安排，严格控制修理费和技改资金的使用，全面完成了大修、技改项目，为安全生产提供了保障。

全年完成大修投资6684万元，为年计划6753万元的99%。完成技改投资7235万元，为年计划7273万元的99%。

公伯峡水电站混凝土面板堆石坝混凝土挤压墙技术项目研究和应用获“2004年度中国电力科技进步二等奖”。

多种经营

2004年，青海创盈集团公司实现产值10669.90万元，实现利润424万元，年末资产总额为42656.36万元，负债总额31806.83万元，资产负债率74.57%；富源电力集团股份有限公司实现产值9585.37万元，实现利润1798.5万元，年末资产总额为39100万元，负责总额31600万元，资产负债率80.82%。随着黄河水电公司电力体制改革的不断深入，2004年1月，青海创盈集团公司成立，公司成立后，做了大量基础性工作，初步搭建了以母、子、总和分公司为模式的管理框架体系；成立了各级党团和工会组织，完成了管理机构设置、职工阶伍重组和岗位定编等工作；制定了经营、财务、会议、人事、安全管理，董事会规程、党务工作和工会工作等32个制度和办法，管理体系初步形成，各项工作逐步走上正轨。小水电、房地产、旅游业、物业管理等各项工作健康发展，取得了较好的成绩。物业公司荣获“2004年度全省房地产行业先进物业管理企业”称号，五四西路43号黄河水电住宅小区被评为“西宁市级物业管理示范小区”。对黄河水电公司原有的职工持股会进行了改制，形成新的股权结构；积极开展收购与兼并，成功收购了天河公司53%的股份。富源电力集团股份有限公司完成了青源水电公司股权收购及增加注册资本金等变更工作；对昊天等5个小水电站经营情况进行了测算；为进一步明晰集团产权关系，将原发起人股东持有的股份量化到黄河水电公司职工个人名下，并换发了新的股权证，在严格执行国家有关法律法规和有关规定的基础上，制定了合理的分配制度。

体制改革

成功组织领导了盐锅峡、八盘峡、青铜峡三厂的体制改革工作，人力、技术、管理资源得到优化配置，基本实现了专业化管理、集约化经营、市场化运作、社会化服务的目标。

按照集团公司提出的体制改革目标和要求，公司总结改革试点经验，确定了大流域和区域整合的改革思路，成功实施了盐锅峡、八盘峡两厂的合并，有序组织了三厂员工“双向选择、竞聘上岗”工作。在此基础上，以建立现代企业制度和规范的法人治理结构为目标，通过一年的模拟市场运作等大量准备工作，改制成立了黄河电力检修工程有限公司、黄河电力测试工程有限公司和青海黄河发电运营有限公司三个专业公司，使其真正成为自主经营、自负盈亏、自我约束、自我发展的市场竞争主体。

在开展岗位分析、岗位评价的基础上，制定了科学合理的岗位设置方案，岗位动态管理在公司全面推行，新的符合市场经济要求和公司实际的分配机制逐步形成。

双文明建设

按照集团公司的统一部署和安排，在全公司范围内推广使用集团公司标识识别系统，广泛深入地开展了集团公司企业理念学习宣传教育活动。广大职工中开展了以“提炼新理念，塑造新形象，共创黄河水电公司美好远景”为主题的公司企业理念征集活动，部分基层单位还结合各自实际发动职工总结提炼出了本单位的企业精神和企业理念。

广泛深入地开展了文明职工、文明宿舍、文明班组、文明部室、文明单位等创建和评比活动。龙羊峡、李家峡发电分公司分别被青海省文明委命名为文明单位标兵和文明单位，八盘峡水电厂通过了甘肃文明委的复查验收，继续保持“省级文明单位”称号，龙羊峡发电分公司还被集团公司命名为“2003～2004年度文明单位”，盐锅峡水电厂文明单位创建工作受到集团公司特别嘉奖。

《黄河水电报》自创刊以来，编辑水平、报纸质量逐步提高，2004年共编辑出版37期，刊发各类稿件1882篇。全年在各新闻媒体发稿196篇（幅）。公司系统各基层单位充分发挥信息宣传、刊物、有线电视、网络、宣传栏等新闻媒体和宣传阵地的作用，及时对党的十六届三中、四中全会和集团公司及公司年度工作会、公司内部体制改革等进行了广泛深入的宣传。

主要事件

1月5日，中电投集团公司与法国电力公司在青海省西宁市召开流域梯级水电技术研讨会。

1月5～7日，公司所属的各发电分公司和专业分公司（含辅业公司）之间按照《黄河水电公司深化体制改革总体方案》的规定，顺利完成了人员、安全和生产管理现场交接。

1月9日，黄河拉西瓦水电站截流仪式在拉西瓦水电站现场隆重举行。中共青海省委副书记、常务副省长蒋洁敏，中电投集团公司副总经理石成梁，黄河水电公司总经理夏忠等领导到会表示祝贺。

1月10～11日，黄河积石峡水电站可行性设计审查会在西宁召开。

2月25日，青海省国家税务局、财政厅批复公司增值税税收优惠政策。自2004年1月1日起新增机组所生产销售的电力产品，增值税税收负担超过8%的部分，实行增值税即征即退政策。

2月27～28日，公司梯级水电站调度自动化系统初步设计报告审查会在西宁召开。经与会人员充分讨论，原则同意西北电力设计院提交的黄河水电公司梯调自动化、电调自动化、水调自动化、调度通信、工艺系统配套设施的初步设计报告。

3月18～13日，中国国际工程咨询公司受国家发改委委托，在西宁召开黄河苏只水电站可行性研究报告评估会议，评估通过了《黄河苏只水电站可行性研究报告》。

3月18日，建设分公司被中华全国总工会、国家安全生产监督管理局授予2003年度全国“安康杯”竞赛优胜企业荣誉称号；拉西瓦建设分公司被青海省总工会、省安全生产监督管理局授予2003年度青海省“安康杯”竞赛优胜企业荣誉称号。

3月29日，国务院国有企业监事会主席刘学良一行7人到黄河水电公司检查指导工作。

4月21日，国务院讨论通过了拉西瓦水电站工程项目建议书，拉西瓦水电站具备了正式开工条件。

4月23日，公司总经理夏忠荣获全国“五一劳动奖章”；谢小平、于长亮、刘文元、李忠生4人荣获青海省政府授予“省劳动模范”称号。

4月30日，中共青海省委书记赵乐际，省委常委、秘书长刘伟平，在公司有关领导和海南藏族自治州委、州政府，贵南县委、县政府领导的陪同下，到拉西瓦水电站建设工地视察。

5月13日，在吉林省云峰电厂召开的全国大型水电厂（站）劳动竞赛评比会上，龙羊峡发电分公司以106分的成绩位居榜首，被评为“2003年全国大型水电厂（站）劳动竞赛先进单位”，这是该公司连续五次获此殊荣；李家峡发电分公司被评为“2003年全国大型水电厂（站）劳动竞赛先进单位”。

5月25～30日，国家发改委在北京召开全国电价测算会议，国家发改委同意在本次会议中疏导黄河水电公司所属电站的电价矛盾。

6月1日，根据公司改革工作总体安排，由梯级电站调度中心负责公司的水调工作，统一负责梯级电站的报汛、水务计算和对外联系等。已将原监测与大坝管理中心水务班的有关水调工作正式移交给梯调中心。

6月16～22日，拉西瓦水电站水轮发电机及其附属设备生产招标会在拉西瓦水电工地举行。经过两个月的评标，水轮机及其附属设备由上海福伊特西门子水电公司中标，发电机由哈尔滨电机有限责任公司中标。

6月21日，国家防汛抗旱总指挥部检查组一行6人在青海省副省长穆东升和黄河水电公司副总经理李铁证陪同下，到龙羊峡发电分公司检查防汛工作。

7月9日，国务院西部开发领导小组办公室副主任、国家发改委副主任李子彬一行7人，在青海省副省长苏森、黄河水电公司总经理夏忠等领导的陪同下，到拉西瓦水电站建设工地调研。

7月14日，中电投集团公司下发中电投人劳［2004］248号文件《关于调整部分企业隶属关系的通知》。从2004年7月1日起，盐锅峡、八盘峡、青铜峡水电厂隶属黄河水电公司管理。

7月21日，由拉西瓦建设分公司主持，与韩国现代重工电气电子系统事业部在拉西瓦工地举行了750kV GIS技术交流会。

7月27日，中共中央政治局常委、国务院副总理黄菊，国务院副秘书长尤权，国有资产监督管理委员会主任李荣融，国家发改委副主任张国宝，财政部副部长肖捷等领导在青海省委书记赵乐际、省长杨传堂、省委副书记宋秀岩、省委秘书长刘伟平、副省长苏森等领导的陪同下到龙羊峡水电站视察。黄河水电公司总经理夏忠，副总经理张民政、李铁证专程到龙羊峡水电站迎候并汇报工作。

8月8日，公伯峡水电站举行下闸蓄水仪式。当日14时48分，公伯峡水电站工程一次下闸蓄水成功。

8月17日，青海省省长杨传堂，省发改委、省发展研究中心领导一行6人，在公司总经理夏忠、副总经理周新光等的陪同下，到拉西瓦水电站检查指导工作。

8月29～31日，黄河上游梯级水电站调度自动化系统已具备对公伯峡水电站的实时监控功能。水调系统中心站平台的图形报表功能已具备，公伯峡水电站上下游水位已传到梯调中心，并已转发到西北网调。

8月29～31日，黄河水利委员会主任李国英一行40人，在公司副总经理周新光等陪同下，到龙羊峡水电站考察。他们就南水北调和黄河调水的有关问题进行沟通和交流。

9月9日，格尔木燃气电站建设项目移交仪式在西宁胜利宾馆举行。省电力公司副总经理魏海平代表移交方，黄河水电公司副总经理周新光代表接收方在项目移交书上签字。中电投集团公司副总经理张晓鲁、黄河水电公司总经理夏忠、青海电力公司副总经理左玉玺参加了签字仪式。

9月13日，公司在黄河上游梯级电站调度中心进行了公伯峡水电站1号发电机组梯调远方开停机、功率调节、开关分合试验。

9月22日、25日，中共中央政治局常委、国务院副总理黄菊，中共中央政治局常委、国务院副总理曾培炎分别为中国水电装机容量突破1亿kW暨公伯峡水电站投产发电做出批示。

9月23日，公伯峡水电站1号机组正式投产发电。

9月26日，由中国电力企业联合会、青海省政府和中电投集团公司联合主办的中国水电装机容量突破1亿kW暨公伯峡水电站机组投产发电庆典在青海公伯峡隆重举行。

9月28～29日，公司在西宁召开拉西瓦水电站混凝土双曲拱坝工程招标文件咨询会。国内19位著名水电专家应邀参加会议。

10月20日，龙羊峡发电分公司被全国能源化学工会全国委员会授予“全国发电系统厂务公开先进单位”荣誉称号。

10月21日，公伯峡水电站2号机组开始72h试运行。11时，在发电厂房举行了庆典活动。黄河水电公司总经理夏忠等领导为2号机组发电剪彩。各施工、监理、设计单位，公司有关部门、各专业分公司负责人80余人参加了剪彩仪式。

10月25日，黄河水电公司召开党政工联席会议，讨论通过了《黄河水电公司进一步深化体制改革总体方案》和《关于进一步深化体制改革加强劳动管理的暂行规定》，标志着公司进一步深化体制改革工作进入实施阶段。

11月20日，中电投集团公司中电投党任［2004］12号文，决定：

夏忠任中共黄河水电公司党组书记；

李铁证任中共黄河水电公司党组副书记；

谢小平、聂毅涛任中共黄河水电公司党组成员；

郭秉周任中共黄河水电公司党组纪律检查组组长。

免去张民政的中共黄河水电公司党组成员职务。

11月20日，中电投集团公司中电投任［2004］78号文，决定：

聘任谢小平、聂毅涛为黄河水电公司副总经理。

解聘张民政的黄河水电公司副总经理职务并退休。

11月29日，八盘峡水电厂通过甘肃省文明委的复查验收，继续保持“省级文明单位”称号。

12月15日，李家峡水电站大坝安全监测自动化系统通过了竣工验收并投入试运行。

12月26日，格尔木30万kW燃气电厂奠基仪式隆重举行。

12月31日，龙羊峡发电分公司实现连续安全生产2705天，年内实现百日无事故记录3个；李家峡发电分公司实现连续安全生产1669天，年内实现百日无事故记录3个；公伯峡发电分公司实现连续安全生产463天，年内实现百日无事故记录3个；盐锅峡水电厂实现连续安全生产1354天，年内实现百日无事故记录3个；八盘峡水电厂实现连续安全生产2136天，年内实现百日无事故记录3个；青铜峡水电厂实现连续安全生产1673天，年内实现百日无事故记录3个。检修安装分公司实现连续安全生产2571天，年内实现百日无事故记录3个；发电运行分公司年内实现安全运行366天，年内实现百日无事故记录3个；监测试验与大坝管理中心连续安全生产366天，年内实现百日无事故记录3个。

（胡耀斌）

湖北清江水电开发有限责任公司

中共中央政治局常委、全国政协主席贾庆林视察清江

2004年11月18日，中共中央政治局常委、全国政协主席贾庆林在中共中央政治局委员、中共湖北省省委书记俞正声，省委副书记、省长罗清泉等领导的陪同下，到清江隔河岩调研。

清江高坝洲电厂通过“无人值班（少人值守）”验收，扩机增容成功

2004年2月10日，清江高坝洲电厂“无人值班（少人值守）”工作通过了由国家电网公司、华中电网有限公司及相关单位领导和专家组织的验收。验收专家一致认为，高坝洲电厂设备运行可靠，人员精干、素质高，管理科学规范，符合“无人值班（少人值守）”规定的要求。

11月10日，清江高坝洲电厂水轮发电机组增容工作通过了华中电网公司、湖北省电力公司、湖北省电力试验研究院、武汉大学、东方电机股份有限公司、长江水利委员会长江勘测规划设计研究院、清江公司等单位的专家和代表的验收。同意东方电机股份有限公司按验收意见将高坝洲电厂水轮发电机铭牌由84MW更改为90MW。12月6日，正式更换铭牌。高坝洲电厂机组挖潜增容后，可以在流域来水较丰时，充分利用隔河岩电厂机组满发时的来水，减少弃水，3台机组全年可增加发电7200万kWh，经济效

益可观。

清江发电公司党建质量管理体系正式实施

2004年9月20日，清江发电公司党建质量管理体系正式实施。该党建质量管理体系借鉴了ISO 9001：2000质量管理体系标准，并结合发电公司党建工作实际，确立了发电公司党建工作的质量方针和质量目标，规定了企业党建工作努力的方向和可量化的考核指标，按照5W1H的原则，就各项党建工作如何开展进行了详细的规定。体系由《质量手册》、《程序文件》、《作业指导书》三组文件组成。

清江流域电厂优化调度，顺利迎峰度夏

2004年，清江流域隔河岩来水总量仅为93.9193亿m^3，比2003年偏枯近3成，流域电厂启动优化调度，在前期工作中加强预报，提前做好腾空库容的准备工作，在调度过程中加强分析、测算，通过加大发电出力及时降低水位，在退水阶段加强跟踪预报，努力将水位有效控制在既保证防洪安全又有利于发电生产的范围内，确保了隔河岩、高坝洲两库全年无弃水。1～5月，湖北全省用电形势紧张，流域电厂坚持从大局出发，加大发电量。特别是2月26日～3月2日，在隔河岩库水位已逼近死水位的情况下，日发电计划安排由160万kWh提高到了540万kWh，6天累计发电3230.01万kWh；高坝洲电厂日发电计划安排由70万kWh提高到了220万kWh，6天累计发电1358.66万kWh。被湖北省政府授予“迎峰度夏先进单位”荣誉称号。流域电厂2004年累计发电27.69亿kWh，其中，隔河岩电厂发电19.87万kWh，高坝洲电厂发电7.82亿kWh。11月19日，隔河岩电厂3号机组发生有人员责任的一般设备事故，中断了隔河岩电厂1266天的安全天数纪录。

清江隔河岩水电站首次大坝安全定检工作

隔河岩水电站大坝为混凝土三心单曲重力拱坝，坝顶全长665.45m，坝顶高程206m，最大坝高151m，底宽75.5m。大坝共分31个坝段，相间布置7个表孔、4个深孔及2个底孔。大坝1988年12月开始浇筑，1995年7月浇筑完毕，1998年4月通过国家竣工验收。2000年隔河岩水电站荣获国家建筑工程质量最高奖——鲁班奖。

根据《水电站大坝安全管理办法》、国家电力公司第二轮水电站大坝安全定期检查规划以及2002年度定检工作会议(上海)精神，清江公司于2002年8月成立了大坝安全定检领导小组，设立了负责大坝定检日常工作的工作小组，正式启动了隔河岩大坝安全定检工作。2003年3月13～14日召开第一次专家组会议，2004年4月19～24日召开第二次专家组会议，2004年12月6～7日召开大坝反演分析中间成果审查会，2005年1月17～21日召开第三次专家组会议。

本次定检项目共分三大类：①变形监测，有正、倒垂线、视准线、引张线、静力水准、精密水准、钻孔测斜仪、多点位移计等；②渗流监测，有测压管、渗压计、长期渗压观测孔、渗流量测；③应力应变监测，有应力计、钢筋计、测缝计、基岩变形计等。经国家电力监管委员会大坝安全监察中心、长江水利委员会、水利水电规划设计总院、国家电力公司华中公司、云南华能澜沧江水电开发有限责任公司等单位专家认定，同意评定隔河岩水电站大坝为正常坝。

（李 扬 何洪波）

部分电力企事业单位

在京企事业单位

中国电力财务有限公司

公司概况

中国电力财务有限公司（以下简称公司）是经中国人民银行批准，由中国电力信托投资有限公司、东北电力集团财务有限责任公司、华中电力集团财务有限责任公司、华东电力集团财务有限责任公司、西北电力集团财务有限责任公司等五家非银行金融机构改组而成立的财务公司，是实行独立核算、自主经营、自负盈亏、照章纳税、独立承担民事责任的企业法人，总部设在北京。改组后的中国电力财务有限公司是一家全国性非银行金融机构，公司注册资本金18.22亿元。

公司的经营宗旨是按照国家的金融方针、政策及有关法律、法规，为国家电网公司及其成员单位提供金融服务，筹集、融通资金，提高资金的使用效率和经济效益，促进电力事业的发展。公司的经营范围包括对成员单位办理财务和融资顾问、信用鉴证及相关的咨询、代理业务；协助成员单位实现交易款项的收付；对成员单位提供担保；办理成员单位之间的委托贷款及委托投资；对成员单位办理票据承兑与贴现；办理成员单位之间的内部转账结算及相应的结算、清算方案设计；吸收成员单位的存款；对成员单位办理贷款及融资租赁；从事同业拆借；中国银行业监督管理委员会批准的其他业务；经批准发行财务公司债券；承销成员单位的企业债券；对金融机构的股权投资；有价证券投资；成员单位产品的消费信贷、买方信贷及融资租赁。

组织机构

见组织机构图。

经营指标

全面完成公司董事会下达的经营指标，公司的总资产、利润总额、净资产收益率、资本金收益率等四项主要经济指标，在全国76家财务公司中均排名第二位。

截至2004年12月31日，公司资产总规模达到971亿元，完成年度计划660亿元的147.1%；实现利润总额7.34亿元，完成年度计划6.5亿元的112.9%；资产保值增值率113.6%，超出年度计划0.6个百分点；不良贷款率为1.19%，达到董事会的要求。

主要工作

（一）加大融资力度，优化贷款结构

2004年，公司进一步加强资金管理，加大吸收存款力度，存款平均余额达到558.5亿元，比2003年增加44.7亿元，增长8.7%。

贷款业务稳步增长。2004年末，信贷资产规模为594.9亿元，比2003年增长了13.3%。通过调整贷款投向，公司贷款结构进一步优化。2004年末公司自营贷款余额301.1亿元，其中投向电网项目贷款余额116.6亿元，占贷款总余额的39.35%，比2003年末提高了8.35个百分点。公司其他类贷款项目余额为15.8亿元，比2003年降低了4.4亿元，占贷款总余额的5.25%，占比下降了1.48个百分点。

投资银行业务稳步发展。作为03电网建设债券的主承销商，公司于2004年1月提前圆满完成了50亿元03电网建设债券的发行工作，由于工作出色，公司被国家电网公司评为电网债发行工作“先进集体”。同时，公司还参与了华能电力债券、中电投电力债券、04南网债、04华电债的承销工作，并圆满完成任务。目前，公司已进入国内一流债券承销商的行列。

（二）完善法人治理结构，规范公司总部机构设置

2004年，公司董事会建立了专门委员会制度，董事会下设战略、审计、风险管理、薪酬与考核4个专门委员会，进一步完善了公司法人治理结构，加强了董事会的功能建设。遵循统一法人管理和法人授权的原则，建立了董事长、总经理、分公司负责人的三级授权体系。通过加强董事会对公司重大经营决策、重大事件管理的控制力度，有效地降低了公司的经营风险。为此，公司还组建了资产负债管理、贷款审查、

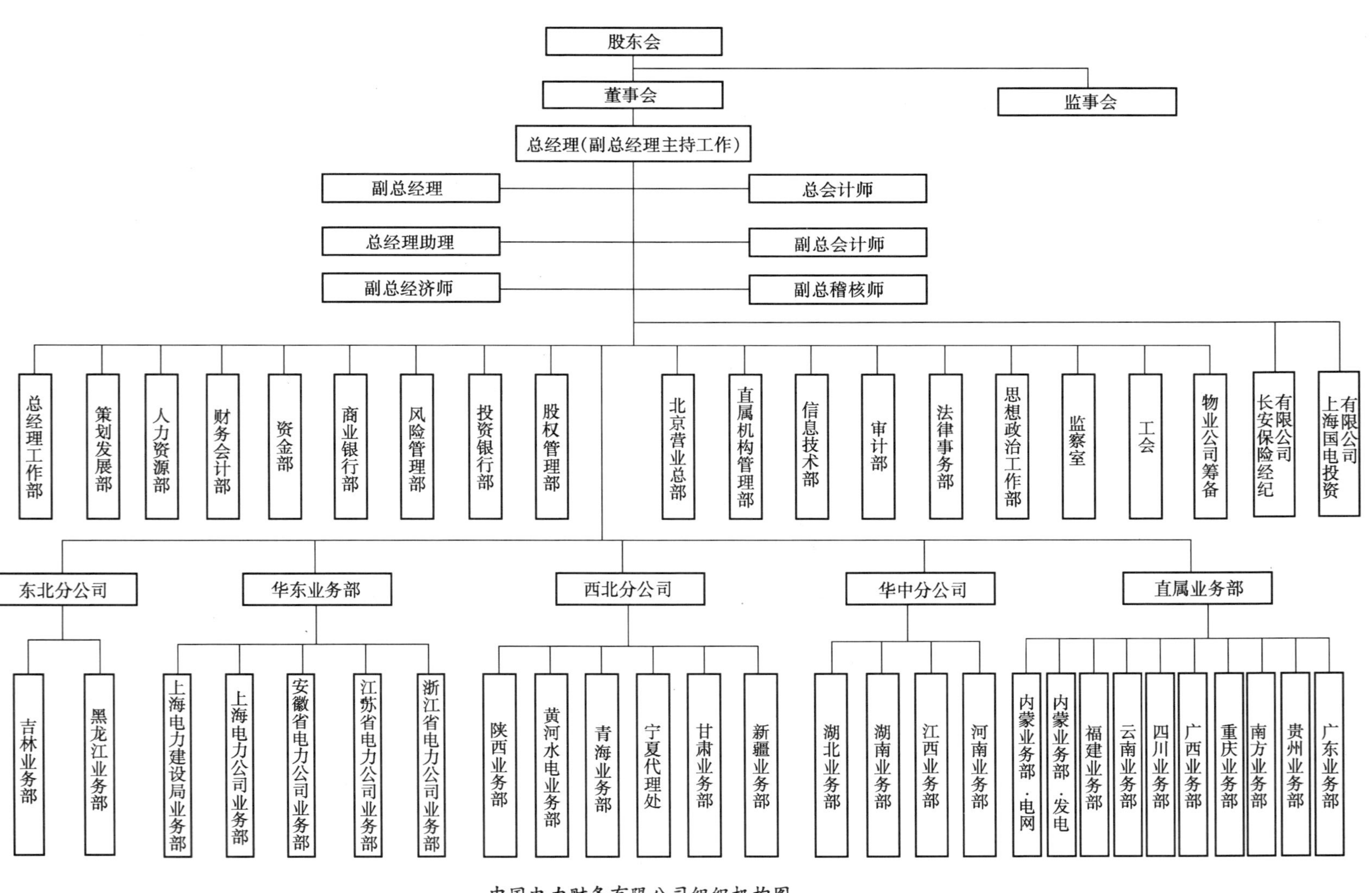

中国电力财务有限公司组织机构图

风险资产认定、预算管理和业绩考评等五个工作委员会，使经营管理决策更加科学化、规范化。

公司总部对机构设置进行了调整，并依据岗位劳动价值评价指标，对所有岗位进行了岗级评定。为使业务流程更加规范，公司新成立了风险管理部和北京营业总部，以加强了风险管理工作和一线业务营销工作，使公司为国家电网公司总部和在京直属单位服务的能力得到了提高。

（三）完善规章制度，健全内控体系

针对公司在经营发展中的出现的问题，公司组织各有关部门、分公司对所有规章制度进行全面清理，完善工作流程，健全规章制度。先后制定了《法定代表人授权委托管理规定》、《证券投资业务管理办法》、《企业债券承销业务管理办法》等制度，进一步完善了内部控制、证券投资等管理制度体系。同时，对分公司内控制度实施情况进行了评审检查，对证券投资业务进行了专项检查，并将结果与经济责任制考核挂钩。

（四）加强技术改进，提升信息化管理水平

为了建立资金集约化管理支撑平台，公司开发完成了“资金管理服务系统”，并开始配套网络系统建设；开发了“客户资金服务系统”，实现了省电力公司与下级单位资金结算的快速运行，提高了资金归集速度，受到了客户的好评。

公司还全面启动和建设广域网三期工程，完成了新综合办公系统（OA系统）升级项目的建设和分公司的推广使用，完成了信贷资产管理五级分类系统的项目建设，完成了档案管理系统项目实施等工作。

公司正式启动了“业务运营及管理信息系统建设”项目。信息化水平的不断提高为实现公司业务处理自动化、信息网络化、管理规范化、决策科学化打下了良好基础。

（五）围绕“一强三优”发展目标，加强干部队伍建设和党风廉政建设

通过实施改组以来的首次中层干部考核，全面、客观、公正地了解了干部的工作表现和工作业绩，建立起了正常的干部业绩反馈机制和群众监督机制。公司还积极开展多层次、分类别的培训，通过举办各种形式的培训班和推荐优秀人才参加工商管理课程学习等多种方式，提高公司员工特别是骨干人员的专业素质和综合素质。同时，公司重点实施了分公司总会计师人才队伍建设、公司系统法律人才队伍建设和信息人才队伍建设。

公司党组及时传达学习了刘振亚总经理2004年11月12日在国家电网公司主要负责人会议上的讲话精神，并召开公司本部全体员工和分公司中层以上干部参加的视频会议学习贯彻。公司各部门、各分公司及控股公司围绕2005年国家电网公司“一强三优”的发展目标和“三抓一创”的整体思路进行了学习，通过学习讨论，大家统一了认识，找准了定位，思想观念和工作作风都有了新的转变。

2004年，公司根据工作需要成立了直属党委和直属纪委，在全体党员中开展“两优一先”评选活动。党建工作得到进一步加强。公司贯彻落实“三个代表”重要思想、十六届四中全会和中纪委三次全会精神，加强教育、制度、监督并重的惩治和预防腐败体现建设，认真落实党风廉政建设责任制，圆满完成了与国家电网公司党组签订的《党风廉政建设责任书》的各项指标，考评结果为优秀。同时，公司党组对四个分公司领导班子党风廉政建设责任制执行情况进行了检查和考核，考核结果均为优秀。

资产负债情况

见下表。

中国电力财务有限公司资产负债表

2004年12月31日　　单位：千元

资　　产	金　　额	负债及所有者权益	金　　额
流动资产		流动负债	
货币资金	34544223	短期存款	62122129
短期贷款	11806530	委托存款	29595834
委托贷款	29570576	应付款项	409081
拆出资金	35389	其他流动负债	1116602
应收款项	487064	流动负债合计	93243646
其他流动资产	2753544	长期负债	
流动资产合计	79197326	长期存款	581489
长期资产		长期负债合计	581489

续表

资　　产	金　　额	负债及所有者权益	金　　额
中长期贷款	17578432	负债合计	93825135
长期投资	362377	所有者权益	
固定资产	406372	实收资本	1822000
其他长期资产	－569308	公积金	558190
长期资产合计	17777873	未分配利润	848835
无形、递延及其他资产合计	78961	所有者权益合计	3229025
资产总计	97054160	负债及所有者权益总计	97054160

主要事件

3月16日，公司第一届监事会第五次会议在北京召开。会议听取了《2003年度中国电力财务有限公司总经理班子履行职责情况及公司经营情况的报告》、《2003年度财务收支预算执行情况的报告》和《公司关于审计署审计情况的报告》等。

3月17日，公司第一届董事会第十二次会议在北京召开。会议听取了罗新泉副总经理代表公司经营班子作的《公司2003年度工作报告》；听取并审议通过了《公司2003年度财务情况报告及2004年度财务收支预算的议案》、《公司完成2003年度经营责任制目标完成考核情况的报告及2004年度信贷收支计划的议案》、《公司2003年度红利分配方案的议案》、《公司年度资产损失准备计提及核销计划的议案》、《关于公司投资永诚保险股份有限公司的议案》等。公司董事长陈月明在会上与公司经营班子签订了2004年度经营目标责任书并作重要讲话。

3月18日，公司2004年工作会议在北京召开。

3月19日，公司2004年纪检监察工作会议在北京召开。

5月27日，公司以通信方式召开第七次股东会。审议《公司2003年度财务情况报告及2004年度财务收支预算的议案》、《公司2003年度经营责任制目标完成考核情况报告及2004年度信贷收支计划的议案》、《公司2003年度利润分配方案的议案》、《关于公司投资永诚保险股份有限公司的议案》、《关于更换公司部分董事的议案》、《关于更换公司部分监事的议案》、《关于国家电力公司水电水利规划设计总院公司暂停股权转让的议案》。

8月2日，国家电网公司党组书记、总经理赵希正，国家电网公司党组成员、副总经理陈月明，国家电网公司人事董事部主任张文亮等一行莅临公司，宣布公司领导班子调整事宜。任命罗新泉同志为中国电力财务有限公司党组书记，陈月明同志不再担任党组书记、成员职务，继续任公司董事长。赵希正总经理作了重要讲话。

8月9日，公司第一届监事会第六次会议在北京召开。会议听取了公司《关于第一届监事会第五次会议决议落实等有关情况的说明》和公司关于委托北京标准咨询公司完成中国电力财务有限公司组织与经营战略总体方案设计的汇报，并形成决议。

8月9日，公司第一届董事会第十三次会议在北京召开。会议听取了罗新泉副总经理代表公司经营班子作的《公司2004年上半年工作报告》；会议听取并审议通过了《关于董事会设立战略、审计、风险管理、薪酬与考核等四个专门委员会及提名相关委员的议案》、《关于修改公司章程的议案》、《关于落实中国银行业监督管理委员会办公厅对中国电力财务有限公司的监管意见》、《关于对公司经营班子实行三项责任制考核的议案》、《关于调整2004年度不良贷款率考核指标的议案》、《关于公司业务运营管理信息系统项目建设的议案》、《关于调整公司年度资产损失准备计提计划的议案》、《关于调整公司总部机构设置的议案》。

8月10～11日，公司2004年上半年经济活动分析会在北京召开。

9月16日，公司以通信方式召开第八次股东会。会议通报了公司第一届董事会第十三次会议情况和中国电力财务有限公司第一届监事会第六次会议决议，审议了《关于修改公司章程的议案》和《关于调整公司年度资产损失准备计提计划的议案》。

12月16日，公司召开2005年度计划工作暨2004年度会计决算会议。

12月21日，公司第一届监事会第七次会议在北京召开。会议听取了关于公司审计整改工作意见、清产核资结果及审计工作的报告。

公司第一届董事会第十四次会议在北京召开。会议听取了公司党组书记、副总经理罗新泉关于公司近期有关工作情况的报告；审议通过了《关于董事会战略、审计、风险管理、薪酬与考核四个专门委员会工作规则的议案》、《公司2005年工作计划》、《关于公司高级管理人员三项责任制考核办法的议案》、《关于按照中国银行业监督管理委员会的要求向国家电网公司申请有关承诺的议案》、《关于授权公司从事〈企业集团财务公司管理办法〉第二十九条所列业务的议案》。

（张莉）

国电通信中心

单位性质

国电信息中心（简称信息中心）为国家电网公司全资企业。其定位是：成为电力信息化方面的服务性、经营型的高科技企业，为国家电网公司本部服务，为国家电网公司系统内各单位服务，为电力系统服务，进而为社会服务。其核心业务是经营电力信息网，直接为电力生产、管理、科技、经济和决策服务；开发网上应用和信息资源，进行信息增值服务，成为电力行业内最大的资讯服务商。同时在信息网络工程、软件开发、咨询与服务等领域进行经营。

公司领导

党委书记、主任：孙佩京
党委委员、副主任兼工会主席：李东
党委委员、副主任：唐义良
党委委员、副主任：王继业

机构设置

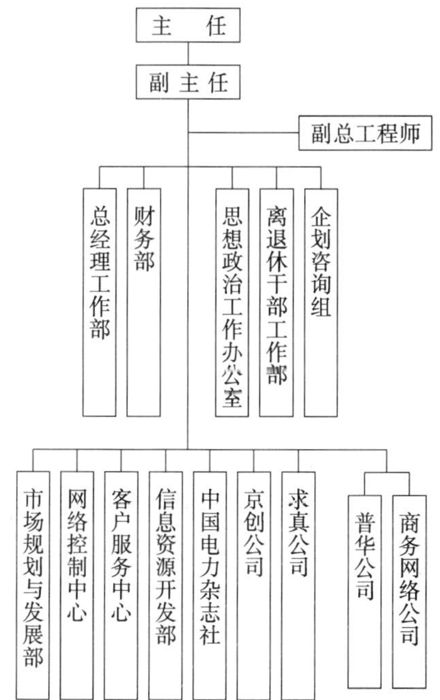

中国电机工程学会信息化专委会、能源与信息专委会、电力行业计算机技术标准化委员会挂靠在中心。

主要工作成果

（一）安全生产工作成绩突出

2004年，随着三峡送出及全国联网配套通信工程的陆续投入运行，电力通信网的通信能力得到了很大的提升。在全国缺电的严峻形势下，中心把安全生产作为核心工作，积极采取各种措施，在加强安全稳定运行、努力提高服务质量等方面做了大量的工作，保证了一级骨干电路高水平的运行，特别是重点用户、重要业务的通信保障水平有了很大的提高，全年未发生因通信电路故障影响电力生产安全稳定运行的事件，国家电网公司统一考核的一级骨干通信电路，平均运行率为99.996%，优于考核指标0.146%，比去年同期提高了0.004%。调度生产用通信电路，可用率为99.998%，同比提高了0.015%；累计中断时间259min（4.31h），比去年同期减少了1945min（32.42h），同比下降了88.25%，超额完成下降20%的指标。本端设备运行率100%，设备完好率100%，同比提高0.03%。全面完成了运行考核指标。

积极配合国家电网公司重点工程建设，为三广直流调试、东北—华北加强联网工程、西北—华中联网工程的开通调试、东北电网大扰动试验、葛南直流改造工程等指挥系统提供可靠的通信保障。为国家电网公司召开安全生产、农网改造、三峡至广东直流输电工程投产仪式等电视电话会议提供了优质服务。

（二）重点工程建设管理成绩显著

2004年，中心深化工程建设管理工作，工程建设紧紧围绕为生产运行服务这个核心。全年新建光缆线路1570km，开通SDH光通信电路1900km，共32个站点，其中22个站点完成了相应的工程验收。东北—华北加强联网系统通信工程、西北-华中联网系统通信工程按时通过验收，投入运行。京沪光通信工程、天成重光通信工程和广域网二期工程都在按照工程计划加紧实施。

（三）经济效益稳步增长

2004年，中心的主营业务收入全面提高，按期足额上缴了投资收益。净资产收益率8.41%，较考核指标5.5%提高2.91个百分点。流动资产周转率0.24次，较考核指标的0.18次提高0.06次。资产负债率77%，较考核指标88%降低11个百分点。

2004年中心财务工作，连续第二年被评为国家电网公司系统财务工作先进单位。

（四）大力推进PLC工作

2004年，中心加大对中压PLC技术的研发和试验工作。《中压PLC技术实用化研究》等3个科技项目获得正式立项；申报了《基于宽带 PLC 接入网络的远程抄表系统的开发》等 3 个科技项目；《IP 技术研究》等 2 个科技项目在年底前通过验收。为配网自动化、需求侧管理、电力营销提供 PLC 服务战略全面启动。通过在北京市海淀区和丰台区配电线路上进行的中压 PLC 宽带和窄带试验运行和测试，证明中压 PLC 系统传输稳定、可靠，可以为配网自动化提供经济、有效的通信服务。中压 PLC 示范工程纳入到国家电网公司电力生产的新技术应用范围。

截至 2004 年年底，中电飞华公司在北京地区累计开通 PLC 宽带接入用户 24072 户，开通小区 393 个，覆盖楼宇 2417 栋，覆盖用户达 248541 户，用户开通率达到 9.7%。中电飞华公司已成为世界上最大的 PLC 试验运营商。

（五）加强党建和精神文明建设工作

2004 年，在国家电网公司直属党委的领导下，中心改选了党支部，正式选举了中心党委和纪委，使党的工作得到进一步加强。坚持中心组学习。开展了党员先进性教育活动准备工作。“七·一”前夕，两名同志进行了入党宣誓，一名同志按期转正。

中心党委坚决贯彻“两手抓、两手都要硬”的方针，带领中心全体员工积极推进精神文明建设。2004 年初，被中央国家机关精神文明领导小组正式授予文明单位称号；运行部网络处被团中央和国家电网公司授予青年文明号称号。

（曹小军）

国电信息中心

信息中心服务范围

（一）信息网络建设运行

信息中心建设、运行的国家电网公司信息网，包括计算机网络系统、信息安全系统、办公自动化系统、管理信息系统，是集各种最新计算机信息技术于一体的较为庞大的信息系统网络，连接国家电网公司总部和各网省公司，成为国家电网公司系统不可缺少的生产办公工具，实现电子化信息交换和信息资源共享的平台。广域网络连接国家电网公司所属华北、东北、华东、华中、西北等 29 个区域公司、省公司及所辖地区供电局、县供电局，连接中国电力科学院等 15 个国家电网公司直属单位，连接国家电网公司参股、控股单位，覆盖率达到 87.5%。国家电网公司信息网的全国网络中心设在信息中心。

按照国家电网公司的要求，信息中心全面落实安全生产责任制，加强网络与信息安全基础设施建设，开展网络安全风险自评估、网络病毒预警和运行设备清查工作，加大内部控制管理力度，强调主要业务流程的规范化，取得了良好效果。2004 年，公司总部本地网络系统运行率、总部应用系统服务器平均运行率和广域网络运行率都超过了国家电网公司对信息中心的年度考核指标，为国家电网公司正常工作的开展提供了信息网络保证。

（二）网站建设运行维护

信息中心现在负责建设运行维护的国家电网公司网站和办公系统有：

（1）国家电网公司对外网站（www. sgcc. com. cn），2002 年开通，2004 年 12 月，根据公司领导指示和要求进行改版。主要对外宣传国家电网公司的各项动态信息。

（2）国家电网公司系统内网（system. sgcc. com. cn），2002 年开通，是公司系统信息系统的平台，同时作为公司总部与各区域公司、省公司等所属单位信息交流沟通的工具。

（3）国家电网公司总部办公网（office. sgcc. com. cn），2001 年开始运行，之后经过 2 次改版，主要为公司总部的办公工具（办公自动化系统运行、公司工作及部分部门的动态宣传）。

（三）信息技术服务

信息中心为国家电网公司提供的信息技术服务主要有：

（1）公司总部的计算机日常维护服务工作（软硬件设备维护、系统维护、OA 应用维护、桌面系统安全、网络应用、电子邮件等）。每月维护工作平均在 450～600 项。

（2）OA 办公自动化系统。信息中心自主研发的 OA 办公自动化系统，2001 年 9 月在国家电网公司总部上线运行，每天进行收、发文件、签报的运转。2002 年 1 月开始在全国联网。2004 年，已经远程全部连通（国家电网公司 39 个单位）。

（3）网络会议系统和远程移动办公系统。2003 年 10 月信息中心开通，2004 年推广网络会议系统，公司各部局需要时，信息中心提供服务。2004 年 12 月，信息中心开发完成的远程移动办公系统开始在国家电网公司总部试用，使用情况良好。

（4）信息服务和新闻报道。信息中心为公司总部领导提供《国家电网信息》、《领导决策内参》等内部资料，按照公司办公厅的要求，对公司领导重要活动和公司重大活动进行新闻的采写、摄影、编审和对外发布、网站信息维护。

（5）其他信息技术服务。信息中心牵头为公司总部各项应用系统（如：人力资源管理系统、法律案件管理系统、国际合作系统、审计系统等）提供开发、运行、维护服务。

（四）电力信息情报和资源储备工作

信息中心长期以来从事国内外电力情报信息的收集跟踪和分析研究工作，特别是国际电力情报分析。在过去几十年里完成的大量调研成果，成为电力系统各单位十分重要的科技情报来源和各级领导辅助决策的参考。形成了比较成熟的国内外电力情报信息交流渠道和深入调研能力，储备了大量的国内外电力信息资源，培养了一批信息交流和调研人才。并及时对国内外电力科技、管理、政策等方面的动态信息、最新动向和热点问题进行调研，为公司领导提供了有关国内外电力的相关专题报告，编制了《国际电力统计手册》、建立了出国考察报告数据库、编撰了《世界电力工业手册》等。

中心根据当代网络信息技术发展情况，适时建立了网络情报监控机制，组建专门机构每日采编国内外所有电力相关动态信息，供各级领导及系统各单位技术、管理人员参阅。目前，国电信息中心采编的动态信息已被2/3以上网省公司及科研院所局域网采用，成为各单位掌握每日最新电力动态不可或缺的一部分。

中心拥有国内最全面的电力信息资源馆藏（370万页），包括诸如电力标准化、电力法规、国际会议论文集、电力科技期刊、出国考察报告、电力科技成果、电力动态信息等专业数据库。其中国际国内电力相关学术会议、电力相关技术标准等馆藏为国内最全，使用最为广泛。为全面实现信息资源电子化，信息中心还拥有国内领先的数字化处理设备和技术水平。

中心从20世纪80年代发展起来的电力统计迄今已形成国内最全面的电力统计数据库体系。电力统计和世界各国电力工业概况的年鉴类出版物已达到年度更新服务能力。

（五）刊物出版发行

中心负责《中国电力》、《国际电力》、《电力信息化》、《Electricity》等公开刊物的编辑发行工作。《中国电力》杂志以其突出的业绩，成为电力期刊的精品，2004年获得第三届国家期刊奖。刚创刊两年的《电力信息化》杂志紧紧围绕电力信息化工作开展宣传报道和技术探讨，得到读者的好评。

加强党的建设和三个文明建设

坚持党委中心组学习，并带动中心干部职工的学习。坚持每年在党员中开展专题学习教育活动，2004年的主题是“以科学的发展观推进中心的全面建设，为打造国电信息中心服务品牌做贡献”，以此保证党员的先锋模范作用和党组织的战斗堡垒作用，认真进行每年一次的民主生活会、党员评议和干部年度考核工作，保证了党建工作的顺利开展。坚持落实党风廉政责任制，对党员干部的廉洁自律提出要求进行检查，2004年信息中心的党风廉政考核被国网公司评定为优。

坚持职代会工作制度，坚持厂务公开，积极组织职工参与民主管理，因地制宜开展定期的群众性文体活动和重要节日的庆祝活动，营造中心团结和谐的工作氛围。认真做好离退休干部工作，关心职工生活，特别是患病和困难职工的生活，保持了职工队伍的稳定。

2004年，信息中心被国家电网公司评为信息化先进单位，财务工作先进单位和离退休工作先进集体。

主要事件

3月29日，信息中心承担的“国家电力公司办公网络信息安全规划及实施”项目通过国家电网公司科技信息部主持的验收。

6月2～5日，信息中心主办、《中国电力》杂志社承办了“2004年电力信息化高级论坛”。

6月16～24日，以日本海外电力调查会吉泽专务为团长的一行5人来华，与信息中心进行了第21次电力信息定期交流。双方就合理利用能源、电力的安全生产、用电现状、日本电力改革、LNG的筹措、火电厂环保等内容进行了交流。对互派进修生及有关合作项目的实施交换了意见。

6月18～19日，信息中心被评为国家电网公司信息化先进单位，沈亮同志被评为国家电网公司青年科技专家，在国家电网公司召开的科技与信息化工作会议上受到表彰。

9月3日，国家电网公司科技信息部组织召开了由中心承担的科技项目《信息安全认证技术研究和实施》总体技术方案专家论证会。国家电网公司总经理工作部副主任王敏、科技信息部副主任刘建明、国家信息中心的领导和有关专家出席了论证会。

9月20日，信息中心负责建设的国家电力资讯网（http://www.spis.com.cn）上网试运行。该网站是国家电网公司科技项目“电力科技文献馆藏数字化建设”的成果扩展，是比较权威的电力信息资源数字图书馆。

9月23～24日，国电信息中心和中国电机工程学会电力信息化专业委员会联合举办了《2004电力行业信息化年会》。国家电力监管委员会、发电公司、国家电网公司及所属单位的领导和有关专家、代表参加了会议。

9月27日，国电信息中心承担的“电力科技文献馆藏资料数字化应用技术开发”科技项目通过了国家电网公司组织的专家验收。

11月18日，国家电网公司印发人资［2004］591号文，信息中心被授予“国家电网公司2004年度财务工作先进单位”。

12月17日，信息中心承担的“国家电力公司远程办公技术支持系统研究”和“电网企业信息化指标体系研究”科技项目通过了国家电网公司科技信息部组织的专家验收。

12月23日，国家电网公司党组对信息中心领导班子进行调整，陈进行副总经理代表国家电网公司党组宣读任免文件，刘建明同志任国电信息中心主任、党委副书记；李东同志任党委书记、中心副主任。

（王小萍）

中能电力工业燃料公司

基本情况

（1）服务协调。2004年，公司坚持日常与特殊时期调运工作相结合，以日常调运工作为平台，以特殊时期调运工作为重点，协调调运机制逐步完善。以加强电煤告急重点电厂的监控、落实电煤运输直达列车、召开下水电煤协调会、定期向五大发电集团汇报电煤供应情况等形式为主要协调载体，以确保“两节”、“两会”、迎峰度夏、备冬储煤、矿难事故等非常时期的电煤供应及区域性资源、运力突出矛盾为协调重点，确保了全年电煤的稳定供应。全年直供电网累计供煤4.68亿t，比2003年增加0.79亿t，增幅18.9%；累计耗煤4.668亿t，比2003年增加0.74亿t，增幅18.75%。

（2）顺应了电煤分配方式。煤炭分配方式市场化改革打破了延续50年的订货分配方式，在煤电运供应紧张形势下，对电煤供应主渠道的落实及多年形成的电煤订货方式带来很大冲击和影响。公司从讲政治、讲大局的高度出发，积极应对改革：①积极参与煤炭订货会改革调研；②超前落实需求；③积极衔接资源；④力促供需合同签订落实；⑤积极争取解决电煤衔接工作中的遗留问题；⑥协助发电企业做好区域电煤订货衔接工作。

（3）煤电价格矛盾疏导。面对2004年电煤价格先后几次大幅上涨严峻形势，公司积极开展工作，及时分厂、分矿、分月调查及汇总发电企业入厂煤价格情况，并上报国家发改委，为促进煤电价格矛盾的疏导做了大量富有成效的工作。国家发改委年内多次对煤电价格矛盾进行调解、监测、检查，出台了相关政策，2004年初提出了电煤价格指导意见，6月出台了疏导电价矛盾方案，8月出台了部分地区电煤价格临时干预措施，12月对2005年煤炭订货价格再次提出指导性意见，同时出台了煤电联动实施意见。

（4）燃料系统管理。进一步完善了电力体制改革后燃料管理机制，换届改选了中电联燃料分会理事会，成立了华中、华北、西北、下水电煤区域协调委员会；加强燃料信息管理，理顺了361个电厂统计信息报送归口管理单位，初步建立了电力燃料统计新体系；加大了宣传工作力度，取得了社会各届对电煤工作的关注、支持和理解；完成了2003年火电厂上岗人员的考核发证工作；举办了三期、共计近250余人参加的高级煤质检验人员培训班，对加强电煤量、质、价管理发挥了积极作用。

（5）领导班子、队伍建设。加强民主集中制建设，依法决策、科学决策、民主决策执政能力不断提高。积极做好入党积极分子的培养和发展工作。坚持中心组理论学习，组织开展革命传统教育，以重大活动为契机，加强干部职工理想信念教育，促进了改革过渡期间职工队伍的稳定。

主要工作成果

（1）协调、服务机制逐步完善。9月，公司以电力企业联合会燃料分会为牵头组织单位，相继建立了华中、华北、西北、下水电煤区域协调委员会，逐步形成以维护电力企业利益、共同应对困难局面为协调目标，发电集团、区域网省、独立发电公司所属电力燃料公司为协调单位，信息沟通、发布和各种会议为协调手段的机制和体系，提升了共同抵御煤炭市场风险的能力，对抑制煤价上涨、落实电煤资源起到了积极推动作用。

（2）规范港口电煤供应秩序。加强港口中转电煤协调、监督，规范了39家港转电煤运输工作，有效规避了港转电煤外流现象，电煤价格得到控制，供应主渠道趋于稳定，得到沿海发电企业的一致肯定。

（3）积极促进煤电价格矛盾疏导。2004年，电煤价格先后发生几次大幅波动。面对一次次涨价风波，公司积极开展工作，调查汇总分厂、分矿、分月入厂煤价格情况，及时向国家发改委汇报反映。国家在一年内多次对煤电价格矛盾进行疏导，体现了国家对作为国民经济基础产业电力生产的高度重视，同时也体现了国家有关部门对公司在电煤价格调查方面所做的工作的肯定。

（4）保证了迎峰度夏期间的电煤供应。公司召开专题会议，研究、部署、落实相关工作。抓住铁路抢运电煤20天和交通部门实施公水联运、开通电煤运输绿色通道有利时机，积极协助发电企业落实资源、运力，努力提高电煤库存，短短20天电煤抢运，直供电网电煤库存增加208万t，保证了电力生产的基本稳定。

（5）换届选举了中电联燃料分会理事会。10月27日，中国电力企业联合会燃料分会二届一次理事会在京召开。会议换届改选了中电联燃料分会理事会，解居臣同志当选新会长，并在会上做了《强化功能建设、完善运行机制、再创电力燃料分会工作新局面》讲话。

（6）顺利完成了全国电力备冬储煤工作。10月27日，公司组织召开了全国电力备冬储煤工作会，会议对做好冬季及来年春季电煤供应工作提出了建议。各发电企业加强同煤矿、路局、车站、港航等单位的联系，配合铁路部门开展“防冻车、过硬冬”专项攻关活动，安排好计划、调运、接卸和存储等各环节的工作，最大限度地减少了冬季煤炭供应中压车、压船和计划变更造成的损失，提高了电煤库存，并有计划地使用冬储煤，避免了库存下降过快。同时加强冬季用煤供应管理工作，确保了冬季供电、供热高峰时电力生产对煤炭的需求。

（7）顺应电煤分配方式改革要求。在煤电运供应紧张形势下，对电煤供应主渠道的落实及多年形成的电煤订货方式带来很大冲击和影响。公司积极参与煤炭订货会改革调研；超前落实需求；积极衔接资源，力促供需合同签订落实；依靠政策，讲究策略，维护电力企业利益；加强舆论宣传，举办了电力燃料专刊，营造了良好的外部环境。

（8）电煤供需矛盾情况汇报得到国家的高度重视。7月16日，由中能公司拟稿，国家电网公司、五大发电集团公司联合行文，向国家综合部门报告了电煤价格大幅攀升、电力安全生产受到严重影响情况，并通过电监会上报国务院，得到国家领导的高度关注。

（9）举办了全国电力行业高级煤质检验员培训班。来自全国电力行业发电企业的近250余名学员参加了培训和交流。

（10）援助矿难企业。10月20日、11月28日，河南郑煤集团大平煤矿、陕西铜川陈家山煤矿分别发生瓦斯爆炸事故。中能公司向两矿分别捐款20万元，援助企业恢复生产。11月16日，郑州煤炭工业（集团）有限责任公司来电表示感谢。

（刘春梅）

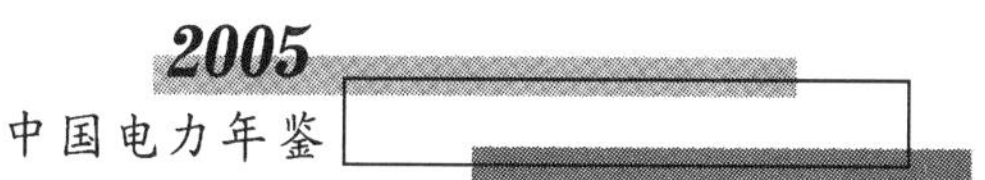

科 研 院 所

中国电力科学研究院

基本情况

1. 经济效益

新签技工贸合同总额达到10.78亿元，同比增长42%；实现收入7.29亿元，同比增长18%；合同到款总额7.01亿元，同比增长22%；研究开发投入3421万元，同比增长30%。实现利润总额2418万元，净资产收益率6.15%，年末资产负债率为62%，流动资产周转率0.99次，上缴投资收益80万元。

2. 机构设置

研究所及产业公司：电网技术研究及工程中心（电网新技术公司）；系统研究所（电力系统分析与控制公司）、高压研究所（高压电气公司）、电网自动化研究所（北京科东电力控制系统有限责任公司）、输配电及节电技术国家工程研究中心（电力电子公司）、通信技术研究所（通信与信息技术公司）、变电站自动化公司、信息技术应用研究所（中电普华信息技术有限公司）、内外贸易公司、农村电气化研究所（北京电研华源电力技术有限公司）、电厂自动化研究所（北京国电智深控制技术有限公司）、高压开关研究所、电测量研究所、北京科锐配电自动化股份有限公司（供用电研究所）以及电科院东芝避雷器有限公司等其他参股公司；

职能管理部门：总经理工作部、人力资源部、财务资产部、科技部、营销部、生产部、审计部、党群工作部；

电力工业电力设备及仪表质量检验测试中心（下设 8 个检测站）；

其他单位：研究生部《电网技术》杂志社、门诊部、实业公司、物业公司。

3. 人力资源

2004 年，该院共新进员工 78 人，其中接收毕业生 65 人，调入骨干 9 人，其他 4 人，研究生以上学历人员 59 人；开展特殊针对性培训共计 4 个专题，培训学时 32h，参训 554 人次；继续学历教育 6 人，5 人在读，1 人已获学历；新员工培训共计 4 天，32 学时，共计 60 人参训；国际合作培训参训共计 86 人次。

截至 2004 年年底，该院员工总数达到 1640 人。其中：专业技术人员 1166 人，具有本科以上学历者 914 人；中高级以上职称者 553 人；中高层管理人员共 72 人，平均年龄 45.76 岁，具有本科以上学历的占 87.88%，中级以上职称的占 94%。

4. 基础设施

2004 年该院总占地面积 16.2 万 m^2，建筑面积 19.1 万 m^2。其中：院本部占地面积 14.5 万 m^2，建筑面积 17.8 万 m^2；廊坊产业基地占地面积 1.70 万 m^2，建筑面积 1.30 万 m^2。

主要试验室：电力系统仿真试验室、高压试验大厅、大功率试验站、电力系统动态模拟试验室、能量管理系统开发试验室、电力系统电能计量标准试验室、电力负荷控制试验室、低压电器试验室、电力系统继电保护及安全自动装置检测试验室、电力电子试验室、电磁兼容试验室等、电力系统特种光缆及光通信系统实验室。

5. 科研成果

2004 年获国家科技进步二等奖一项；获省部级奖 13 项，其中一等奖两项、二等奖 5 项、三等奖 6 项；获国家电网公司科技进步奖 10 项，其中，一等奖 2 项，二等奖 4 项、三等奖 4 项。

2004 年授权实用新型专利 4 项，受理发明专利 10 项，受理实用新型专利 9 项。

中国电科院 2004 年科技成果奖励明细

序号	项目名称	奖励名称	获奖等级
1	全国电力二次系统安全防护总体方案的研究及实施	国家电网公司科技进步奖	一等
2	辽宁电力系统信息安全示范工程	国家电网公司科技进步奖	一等
3	葛南高压直流输电系统可靠性评估及改造研究	国家电网公司科技进步奖	二等
4	ZW32-12/T630-20 型户外柱上真空断路器的开发、研制及推广	国家电网公司科技进步奖	二等
5	PAC-1000 电力系统失步快速解列装置	国家电网公司科技进步奖	二等
6	电机效率检测方法的研究及效率检测中心的建立	国家电网公司科技进步奖	二等
7	河南电网提高安全稳定极限及输电能力研究	国家电网公司科技进步奖	三等
8	StoneWall—2000 网络安全隔离设备	国家电网公司科技进步奖	三等
9	基于小波变换技术的输电线路故障测距方法研究及装置实用化研制	国家电网公司科技进步奖	三等
10	地区电网综合仿真培训系统	国家电网公司科技进步奖	三等
11	全国电力二次系统安全防护体系的研究及实施	中国电力科学技术奖	一等
12	电力系统信息安全应用示范工程	中国电力科学技术奖	二等
13	PAC-1000 电力系统失步快速解列装置	中国电力科学技术奖	二等
14	葛南高压直流输电系统可靠性评估及改造研究	中国电力科学技术奖	三等
15	电机效率检测方法的研究及效率检测中心的建立	中国电力科学技术奖	三等
16	基于小波变换技术的输电线路故障测距方法研究及装置实用化研制	中国电力科学技术奖	三等
17	河南电网提高安全稳定极限及输电能力研究	中国电力科学技术奖	三等
18	地区电网综合仿真培训系统	中国电力科学技术奖	三等

续表

序号	项目名称	奖励名称	获奖等级
19	河南电网提高安全稳定极限及输电能力研究	河南省科学技术进步奖	二等
20	地区电网综合仿真培训系统	江苏省科技进步奖	三等
21	华东电网功角监测技术及应用研究	上海市科学技术进步奖	二等奖
22	500kV同塔双回输电线路保护及故障测距研究	四川省科技进步奖	一等奖
23	基于小波变换技术的输电线路故障测距方法研究及装置实用化研制	辽宁省科技进步奖	二等奖
24	高速率电力线载波技术在电力系统低压配电网中应用的研究	国家科技进步奖	二等奖

6. 双文明建设

主要工作：在该院党委的领导下，深入学习贯彻党的十六大和十六届三中全会精神，认真学习“三个代表”重要思想，紧紧围绕院的中心工作，组织思想理论学习，开展廉洁自律和警示教育，健全监督制约机制，该院党的组织建设和党风廉政建设长抓不懈，深入持久。在庆祝建党八十三周年大会上，院党委书记、院长吴玉生同志与各单位党政领导签订《中国电力科学研究院2004年度党风廉政建设责任书》，并带领与会全体党员和30名新党员一起在党旗下庄严宣誓。

同时，在院党委、工会的积极组织下，全院通过内容丰富向上、健康有益的文体活动；加强宣传工作，不断推进企业文化建设，员工的团队精神和凝聚力进一步增强；重新修订了《中国电力科学研究院2003～2005年精神文明建设规划》，为明年的创建活动打下基础。

行业技术支撑

1. 完成的主要科研项目

（1）辽宁鞍山红一变100MvarSVC示范工程。鞍山红一变SVC是国内第一套自主设计、制造、建设的应用于输电网的国家科技示范工程，由辽宁省电力有限公司牵头，国家电网公司大力扶持，中国电力科学研究院提供技术支持和设备供应。它的竣工投产填补了国产化SVC在输电系统应用的空白，标志着我国具备了自主提供大容量无功补偿装置的能力，我国拥有自主知识产权的SVC技术从此进入了实用化阶段，此套SVC多项技术属国内首创，整体技术达到国际先进水平，具有极高的推广价值和广阔的市场前景。

（2）甘肃碧口至成县220kV可控串补工程。1996年在国家自然科学基金和原电力部的资助下，中国电力科学研究院和清华大学等单位产学研结合，开始可控串补的基础理论研究。2000年，国家电力公司委托中国电力科学研究院开展可控串补关键设备研制，2003年国家电网公司批准了“甘肃碧口至成县220kV系统可控串补工程可行性研究报告”，并被列为国家发改委“十五”重大装备研制项目和国家电网公司重大科研项目。甘肃可控串补示范工程的顺利投运，是我国利用先进技术改造传统产业又一成功范例，是学科交叉、产学研结合取得的又一丰硕成果。

（3）直流输电外绝缘特性研究（SP11J-2001-02）项目内容主要包括：①500kV直流输电污秽外绝缘研究；②换流站直流场支柱绝缘子与套管伞形结构及相关参数的研究；③直流电瓷产品（包括合成绝缘）相关试验方法的研究。经过3年的努力，本项目完成了预期目标。首先配合国产化，完成了国产直流支柱绝缘子污秽及污闪特性、支柱（套管）伞形结构参数以及站用直流瓷离子迁移与金具腐蚀性能和试验方法的研究；第二结合我国国情，完成了±500kV直流外绝缘选择原则与方法的研究，填补国内没有±500kV长串线路绝缘子和站用支柱绝缘子污闪特性曲线的空白，并在直流外绝缘研究的若干重要关键课题研究中有所突破：如内陆地区不同直径支柱绝缘子和套管的直流积污特性、绝缘子直交流比的取值方法和影响因素、直流电压下绝缘子灰密与上下表面污秽不均匀分布的修正方法、直流长串绝缘子覆冰闪络特性、高海拔线路绝缘子串与站用绝缘子污闪电压的修正、直流电压下复合绝缘子老化性能与试验方法的比较、直流瓷离子迁移试验方法与直流支柱绝缘子金具腐蚀试验方法等。该项目研究推动了±500kV直流线路和站用绝缘子的国产化，满足了工程建设的需要，使我国直流外绝缘研究水平处于国际领先水平。

（4）我国配电网发展的技术经济路线研究。该项目研究了影响我国配电网发展的主要外部因素，进行了国内外配电网发展的比较与借鉴研究，提出了我国不同地区配电网不同发展阶段的技术经济指标；提出了针对不同地区的社会经济发展水平，应采用配电网差异化发展的战略，并应强调坚持统一规划、发输配协调发展的方针；提出了在新发展电网的地区不失时机的试推行20kV作为中压配电电压等级以及在城市中心地区发展电缆网的建议。

（5）中国南方电网EMS系统。由电网自动化研究所承担的这套系统是第一套使用JAVA人机界面和三层体系结构平台的CC—2000系统，新系统的实施具有重要的示范作用。国电集团生产实时监视系统是继华能之后第二个应用在发电集团的系统，为今后在发电系统的推广创造了有利条件。针对华北电网的特殊地理位置和系统的特殊要求，公司组织了最强的技术力量和专门的领导班子，较好地在“两会”期间为华北系统“保电护航”，受到华北网局的好评。

（6）国家电网公司综合计划与统计管理信息系统。该系统是国家电网公司信息化建设的重要建设项目，也是中电普华公司今年力保完成的重要工程项目，2004年10月开始启动项目培训，并开展了首批12个网省公司的统计子系统的试点实施工作。在国家电网公司计划投融资部和科技信息部的支持下，目前综合统计子系统已培训了28家网、省公司及国网公司本部，用户覆盖300多个基层供电公司、232个发电厂、30余个电网建设单位及超高压局，累计培训用户1800多人·次。通过工程实施人员努力，目前分别在28个网省公司及国网公司本部安装了统计子系统。在各网省公司系统的使用过程中，项目组对系统进行了针对性的修改和完善，增强了系统的通用性、灵活性，适应了各网省公司的不同需求，保证了各网省公司的实施工作顺利展开和系统正常投入运行。

（7）OPGW光缆短路电流热效应的研究。通信所承担的该项目对OPGW光缆短路电流热效应进行了深入的研究，通过对现有多种计算方法特点的深入分析，创新性地提出了改进综合法，并基于该方法开发了用于模拟OPGW光缆短路电流热效应的分析计算软件OPGWTA；创新性地利用复杂的分布式函数解决了趋肤效应的计算问题，与实验结果对比相吻合；首次采用数值方法就环境温度和线路对OPGW热效应的影响进行了模拟；首次对热交换的整个过程进行了数值分析，并研究提出了对应的算法；开发的光缆短路电流热效应分析计算软件OPGWTA，比较符合OPGW应用实际情况，计算方法精细，软件功能完善，使用方便，通过与第三方实验结果的比较表明：计算方法先进，精度高。

（8）全介质自承式光缆（ADSS）应用技术研究。该项目主要研究了全介质自承式光缆耐环境性能和光纤复合架空地线电气性能的试验方法和指标，研制了试验系统，编制了输电线路的三维场强计算程序。其中，在国内首次开发出用于ADSS光缆模拟老化性能的紫外线装置；研制出高压盐雾实验装置，并在国内首次实现了ADSS光缆表面漏电流的在线测试；研制了能够完全满足国内外相关标准要求的雷击模拟装置，填补了国内空白；研发了OPGW光缆短路电流温升快速采集与测量装置，测温范围大，采集速度与测量精度居国内领先；开发的输电线路三维场强计算程序已应用于工程实际中，水平居国内领先。

（9）500kV同塔双回输电线路保护及故障测距研究。①研究了同塔并架双回线路各种典型故障情况下行波传播特点及其色散情况，利用小波变换技术分析和提取同塔并架双回线路故障产生的行波特征进行故障测距。②基于小波变换技术的同塔双回输电线路故障测距装置利用全球定位系统（GPS）作同步时间单元，采用双端行波法测距以及连续小波分析技术实时处理故障行波数据，测距准确。③测距装置解决了电力系统的同塔并架双回线路故障测距的难题，测距精度不受线路长度、故障位置、故障类型、电压相角、负荷电流、接地电阻以及大地电阻率影响。④该装置投入运行半年多，经短路故障实际考验，测距误差小于500m，满足电力系统对故障精确定位的要求。

2. 标准制修订

2004年挂靠在该院的7个标准化委员会受中电联委托，组织制、修订电力行业标准13项，获批准7项。

3. 电力工业电力设备及仪表质量检验测试中心

挂靠在该院的电力工业电力设备及仪表质量检验测试中心下属8个质检站，即高压开关及直流电源、继电保护及安全自动装置、电能计量仪表及电量变送器、配用电自动化系统设备、电力绝缘子避雷器、远动（方）终端装置、低压电器、电力变压器质检站。2004年主要工作包括：①为产品质量检测出具各类检验报告1100份，为电力系统的发、供电安全稳定运行，把好产品质量关发挥了重大的支撑作用；②继电保护站在系统所的支持下，进行了750kV试验系统的更新改造，并开展了8个厂家34套装置的检测；③质检中心及各质检站按照ISO/IEC17025：《检测和校准实验室能力的通用要求》，全面改版了质量体系文件，并于2004年8月获得中国实验室国家认可委颁发的实验室认可证书；④EMC测试设备的更新工作完成。

4. 学术交流

（1）2004年4月12～13日在北京外国专家大厦组织承办“变电站自动化”技术讲座，邀请美国IEEE/PES专家McDonald先生来华讲座。参会人员50余人。

（2）ICEE 2004电机工程技术国际会议于2004年7月在日本扎晃召开。电科院协助会议做了大量的相关工作，如推荐Keynote Speech及专题发言人、Session主席等。并与7月组织一行10人团代表中国上述会议（ICEE2004），同期还参加三国四方组织委员会会议。

(3) 2004年11月，组织一行8人团参加在新加坡召开的Powercon2004电力系统技术国际会议，并参加中美学会合作会议，协商今后合作的相关事宜。

主要研究所和产业公司

1. 系统研究所

承担国家下达的重点科研项目包括：我国特高压输电技术和经济可行性研究、全国联网关键技术研究、电力系统负荷模型研究和东北电网大扰动试验、提高直流输电系统仿真能力研究、大规模交直流系统全暂态过程数字仿真技术研究、全国联网无功及电压问题研究、西南水电送出超/特高压技术研究等等。

承担重大工程项目包括：三广和贵广超高压直流输电工程系统调试、华北—东北电网加强联网工程的系统调试、葛洲坝—上海直流输电工程控制保护系统改造工程研究和调试准备、西北—华中灵宝背靠背直流联网工程调试、西北电网750kV输变电工程项目试验研究等等。

主要产品：电力系统计算分析软件、RAC-1000快速解列装置、电网功角监测系统、EMWK2000电网安全稳定装置、发电机组励磁调节器和PSS装置、厂用电系统综合保护及监控系统、MPW系列保护测控装置、DF1024便携式波形记录仪、WFLC电量记录分析仪、新型微机励磁调节器、PAC—2000电力系统同步相量测量装置、Waltz—007电话录音装置。

新产品：电力系统全过程动态仿真程序、电力系统数字仿真平台、PSD电力系统分析软件工具（PSD Power Tools）、抑制变压器中性点直流分量装置。

2. 高压研究所

承担国家电网公司的重点科技项目：±600kV高压直流试验基地的建设；我国特高压输电技术和经济可行性研究；跨区直流输变电设备评估与检修方式研究；西南水电送出超/特高压技术研究中的两个子课题（750kV、1000kV级交流输电和±600kV、±750kV直流系统环境影响问题研究及工程应用，750kV、1000kV级交流输电和±600kV、±750kV直流输电外绝缘问题研究及工程应用）；输电工程电磁环境测量规范化方法研究和电网环保数据库开发；大型电力变压器现场试验和事故预知研究。

承担国家级重大技术研究和工程项目：三峡—广东直流输电工程调试；贵州—广东直流输电工程调试；220kV碧成可控串补工程项目的可控串联补偿（TCSC）装置；中国南方电网高一级电压等级应用研究。

主要产品：氧化锌阀片、0.28～500kV各种类型避雷器、干式硅橡胶穿墙套管、GIS配套用SF_6电压互感器、SF_6电流互感器、基于DSP和CAN现场总线技术的电气设备状态监测系统；110kV及145kV GIS出线套管。

新产品：CMS100变电站高压设备状态监测系统、串联补偿用金属氧化物限压器（MOV）、LMZP—1.2型串联补偿用电流互感器、CRF—30型可控串补站用电阻分压器、FZG—220/2型有机复合支柱水管、GIS出线套管。

3. 电网自动化研究所

承担的主要项目：中国南方电网EMS系统、华北电网EMS系统升级改造、国电集团生产实时监视系统、内蒙中调电能计量系统、天津EMS系统升级改造等26个工程相继实施；东北区域电力市场技术支持系统经过近一年的模拟运行，即将于2006年1月1日投入正式运行；电力市场监管系统，应用到东北电力市场中；电力培训仿真系统在河北、山西、浙江电力培训中心等10个项目中标，并实施和投入运行。

主要产品：CC—2000开放式面向对象EMS/DMS系统、ePM—2000电力市场技术支持系统、PSEMPS发电报价决策系统、DAS—2000配电自动化系统、TS2000培训仿真系统、基于JAVA的人机系统与原有的CC—2000系统的集成和完善CC—2000 2.0版、PSWAMS电力系统实时动态监测系统、STONEWALL—2000网络安全隔离装置（正向、反向）。

新产品：针对CC—2000系统进行了综合数据平台系统多维分析、CC—2000系统从Alpha平台向IBM系统平台及HP安腾服务器的移植，图库一体化功能完善以及数据维护和同步，曲线嵌入画面浏览器等；华北电网发电计划软件；电压无功优化软件；交直流混合系统网络分析软件。

4. 输配电及节电技术国家工程研究中心

承担的主要项目：甘肃碧成220kV可控串补示范工程项目；辽宁鞍山红一变电站100Mvar SVC示范工程项目；4个冶金企业大型SVC项目。

主要产品：采用小波原理及GPS定位技术的输电线路故障定位系统、低压晶闸管投切滤波器、低压晶闸管投切电容器（TSC）、高压滤波器自动投切控制器等。

新产品：35kV SVC系统、TCSC晶闸管阀及平台控制保护监测系统。

5. 变电站自动化公司

承担的主要项目：北京供电局组织的县城电网改造电量计费项目；上海220kV受控站计算机监控系统项目；广东电力集团公司组织的变电站综合自动化项目等。

主要产品：EPIA—2000变电站综合自动化系

统、PDJC—02型配电运行测控仪，电量计费新型终端、IEC61850前期研究、新一代变电站自动化系统集成、城市轨道交通自动化、基于GSM和GPRS营销系统。

新产品：IED—3000产品。

6. 通信研究所

承担主要项目：国家电网公司科技项目《电力系统特殊光缆实验室》项目；贵州安顺供电局电能量采集系统；国家电力调度中心、浙江省电力公司和广东省电力公司信息安全评估项目；沈阳供电公司高速PLC系统；深圳供电公司、兰州供电公司和泰安供电公司光纤在线监测与管理系统；广东省电力公司和江苏太仓电力公司集中抄表和负荷管理系统；甘肃省电力公司、江西省电力公司、山西省电力公司、北京供电公司和广东省电力公司签订通信工程合同项目。

公司主要产品：高速PLC系统，光纤在线监测与管理系统、燃料调度管理系统、集中抄表系统和用电监控产品。

实验室服务：承担各种负荷控制系统、抄表系统、FTU/TTU和电能量终端的型式试验和检测；承担各种特种光缆的型式试验和检测和信息安全评估项目。

研究生部

1. 研究生培养

2004年实际共招收计划内博士生10名（其中3名为委培生），硕士生19名（其中2名为免试推荐生）。截至2004年年底，研究生部现有在校研究生63人，其中硕士研究生34人，博士研究生29人；管理以同等学力申请硕士学位人员84人，博士后3人，管理总人数180余人。

2004年有9名计划内硕士生，1名同等学力硕士生，4名博士生通过论文答辩。

2. 博士后流动站工作

2004年接受了1位博士进站，目前该院流动站在站博士后4人。

主要事件

1月15日，该院独立开发的东北区域电力市场技术支持系统在沈阳正式启动。

1月23日，该院召开2003年工作会议。王宏军副院长主持会议，吴玉生院长做工作报告。

2月15日，该院自行研制开发的“CMS100变电站高压电气设备状态监测系统”通过了中国电力企业联合会组织的技术鉴定。

2月21日，该院设计、研发的“地区电网综合仿真培训系统”通过了江苏省科学技术厅组织的鉴定，并在南京供电公司投入使用。

3月6日，该院承担的“基于国际标准CCAPI的EMS系统接口平台”项目通过国家电网公司组织的验收。

3月9日，“三峡—广东±500kV直流输电系统调试”项目极Ⅰ、极Ⅱ和双极系统的低功率正送和反送试验项目全部完成，系统调试工作取得了重要的阶段性成果，极Ⅰ系统已开始向南方电网送电。

3月15日，日本电机工业协会重电部部长横须贺良夫先生一行3人访问该院。王宏军副院长、胡学浩副总工程师等会见了来宾。

4月12～13日，由中国电机工程学会和IEEE/PES北京分会共同主办，该院承办的《电力系统自动化的发展动向及相关国际标准应用》研讨会在北京举行。

4月20日，“纪念王平洋同志诞辰95周年”座谈会在该院召开。

4月25日，该院召开院学位评定委员会全体委员会议。会议由院学位评定委员会主席吴玉生院长主持，会议主要内容：①通过评议及无记名投票，新增博士研究生导师6名：刘建明、印永华、陈维江、胡学浩、郭剑波、汤涌。②审查通过该院2003年度通过论文答辩并申请博士学位、硕士学位人员名单，共6名同学获得工学博士学位，12名获得工学硕士学位。

5月，该院EPLC电力线高速通信项目列入国家科技部2004年度国家重点新产品计划。

5月11日，白晓民副总工程师主持接待澳门电力公司董事会成员及执行董事Daniel RenéBettembourg先生一行来访。

5月21～23日，院质检中心5个质检站通过中国实验室国家认可委员会的现场考核与评审。评审组一致认为质检中心质量体系运行正常，各项规章制度健全、有效，符合ISO/IEC17025准则要求。

6月8日，吴玉生院长等一行6人，赴河南电力公司了解电网企业的技术需求，介绍院新技术和新产品。吴玉生院长与河南省电力公司卢健总经理签订了《河南省电力公司与中国电力科学研究院建立科技合作常态机制的框架协议》、《首批科技合作项目协议》。

6月11日，召开中国电力科学研究院第三届职代会第四次会议，讨论通过《中国电力科学研究院劳动合同制实施管理办法》。

6月21日，该院新商标顺利通过国家工商行政管理总局商标局注册审批。新商标适用范围包括16大类、107小类产品和项目，基本涵盖了该院所有的产品和服务项目。

6月23日，美国AREVA T&D公司全球市场部副总裁Spero Mensah先生一行8人来院访问，双方在友好的气氛下进行了交流，对今后的进一步合作提出了各自的建议及设想。

7月，《电网技术》成为新的EI收录核心期刊，继2003年成为百种中国杰出学术期刊以后，《电网技术》在学术水平和影响力上又迈上了一个新的台阶。

7月8日，国家电网公司人事董事部王彦亮副主任、干部一处王江亭处长来院宣读国家电网公司任免决定《卢和平任职》(国家电网任［2004］13号)。

8月4日，该院电力工业电力设备及仪表质量检验测试中心获中国实验室国家认可委颁发的实验室认可证书。

8月13日，“全介质自承式光缆（ADSS）应用技术研究”项目通过国家电网公司科技信息部组织的验收。

9月15～22日，国务院派驻国家电网公司监事会到该院检查工作。

10月12日，该院组织开展扶贫济困送温暖“捐赠月”活动。该院共捐衣服、被褥等1803件，现金570元。

10月15日，以周孝信院士为首席科学家、国家电网公司为项目依托部门、中国电力科学研究院组织申报的“973计划”项目《提高大型互联电网运行可靠性的基础研究》获国家科技部批准立项，该项目是今年电力技术唯一被批准立项的项目，也是国家电网公司作为项目依托单位组织实施的第一个“973计划”项目。

11月，该院副总工程师兼系统所所长印永华同志被国家人事部、国务院国有资产监督管理委员会授予“中央企业劳动模范”光荣称号。

11月3日，吴玉生院长参加鞍山红一变100Mvar SVC示范工程竣工投产及验收仪式。

11月29日，国家电网公司李彦梦副总经理、国家电网公司人事董事部胡贵福副主任、人事董事部干部一处王江亭处长到该院宣布中共国家电网公司党组任免通知《关于张文亮、吴玉生同志职务任免（国家电网党任［2004］8号)》。

12月22日，由该院提供可控串补成套设备的我国第一个国产化可控串补工程-甘肃成县至碧口220kV可控串补工程一次投运成功，是我国柔性输电技术发展史上的一个里程碑。

12月31日，该院电网新技术公司正式成立，并召开公司部门经理以上领导会议。

（伍晶晶）

西安热工研究院有限公司

2004年，西安热工研究院有限公司（简称“热工院”，英文缩写“TPRI”）正式成为由中国华能集团控股，中国大唐集团、中国华电集团、中国国电集团、中国电力投资集团参股的有限责任公司，并定位为各股东单位的科研开发中心、技术服务中心、技术监督中心、成果转化中心和高科技人才培训中心。

全年获国家级科技成果奖1项，省部级科技成果奖8项，国家专利5项。1名人员获中央企业劳动模范称号，1名人员获国家政府特殊津贴，1名人员获第五届陕西青年科学技术奖，2名人员入选为“新世纪百千万人才工程国家级人选”，8名人员被聘为国家电监会电力安全专委会专家。同时，与有关国际组织及法国、德国、英国、美国等国家的有关研究机构展开了广泛的合作和技术交流。

基本情况

(1) 体制改革。2004年7月28日，由原“国电热工研究院”改制的“西安热工研究院有限公司”在中华人民共和国国家工商行政管理总局注册，注册资本9332万元。公司由中国华能集团控股52%，中国大唐集团、中国华电集团、中国国电集团、中国电力投资集团四大集团各参股12%；随着董事会、监事会的召开和各项工作的开展，热工院逐步走向了公司化运营的轨道。

(2) 组织机构。年初对机构进行了调整，调整后的热工院组织机构包括：6个职能部门（院长工作部、科研管理部、项目策划部、财务部、人事教育部、政工保障部)，8个专业研究中心（电站清洁燃烧国家工程研究中心、电站运行技术研究中心、自动控制技术研究中心、化学工程技术研究中心、材料工程技术研究中心、发电新技术研究中心、技术监督及检修管理研究中心、电站启动调试技术研究中心)，以及6个公司（苏州国电热工研究院有限公司、西安国电水处理有限公司、西安国电电站控制工程有限公司、西安国电热工发展有限公司、西安能泰高新技术总公司、西安热工院技术产业有限公司)。

(3) 人员组成。2004年末正式职工总数656人，其中从事研究开发各类人员533人，从事产业化各类人员50人，专业技术人员合计共583人，占全院职工总数的88.87%；具有高级职称者217人（含享受教授级待遇的高级工程师73人)，占全院职工总数的33.08%。

(4) 科研、生活设施建设。新建成了带外置式换热器的4MWth循环流化床中试试验台(电站锅炉煤清洁燃烧国家工程研究中心)；新建成了杀菌性能实验室；电厂化学仪表实验室通过中电联组织的评审，认定为一级实验室；湿度实验室(国电热工研究院计量中心)通过陕西省技术监督局组织的计量机构复审及扩展校准项目能力审查。

职工高层住宅楼（22层，每层6户）于年末顺利封顶。

科研工作

（1）科研成果。

2004年获国家级科学技术奖（二等奖）1项，见表1；获部级科学技术奖6项，其中：一等奖1项，二等奖3项，三等奖2项，见表2；省级科技进步奖2项，见表3。获国家专利5项，其中发明专利1项，实用新型专利4项，见表4。

评出年度院级科技成果奖共59项（一等奖7项，二等奖22项，三等奖26项，专项奖4项）。

在国际刊物上发表论文7篇，在国内刊物上发表论文115篇。出版专著1部（《离子交换树脂使用及诊断技术》专著由化学工业出版社出版，书号ISBN 7-5025-6126-9）。

表1 2004年西安热工研究院有限公司获国家级科学技术奖项目表

序号	等级	获奖项目名称	完成单位
1	二等	发电厂热力设备重要部件寿命管理技术研究	西安热工研究院有限公司、华北电力大学、国电电力建设研究所、华能淮阴发电有限公司

表2 2004年西安热工研究院有限公司获中国电力科学技术奖项目表

序号	等级	项目名称	完成单位
1	一等	自主知识产权的100MW CFB锅炉研制及示范	中国电力投资集团公司、西安热工研究院有限公司、哈尔滨锅炉厂有限责任公司、江西分宜发电有限责任公司
2	二等	凝汽器管腐蚀在线监测装置的研制及其应用的研究	西安热工研究院有限公司、大连理工大学、浙江钱清发电有限责任公司、神头第一发电厂、华电章丘发电有限公司
3	二等	火电厂废水零排放技术试验研究及工程化	河北省电力勘测设计研究院、河北西柏坡发电有限责任公司、西安热工研究院有限公司
4	二等	DL/T 831—2002大容量煤粉燃烧锅炉炉膛选型导则	西安热工研究院有限公司
5	三等	联合循环机组设计集成与性能模拟分析系统的研究	西安热工研究院有限公司
6	三等	曝气生物滤池在火电厂废水回用处理中的研究和应用	西安热工研究院有限公司

表3 2004年西安热工研究院有限公司获陕西省科技进步奖项目表

序号	等级	获奖项目名称	完成单位
1	二等	高温煤气除尘工艺与设备的研究开发	西安热工研究院有限公司
2	二等	天然气发电技术在电力工业中的应用研究	西安热工研究院有限公司

表4 2004年西安热工研究院有限公司获国家专利项目表

序号	类别	专利名称（专利号）	专利获得单位
1	实用新型	悬臂式多点等速粉料取样装置（200320124660.8）	西安热工研究院有限公司
2	实用新型	分级可调灰渣控制阀（ZL03257427.4）	西安热工研究院有限公司
3	实用新型	立式双可调煤粉分配器（200320103036.X）	西安热工研究院有限公司
4	实用新型	卧式双可调煤粉分配器（200320103037.4）	西安热工研究院有限公司
5	发明专利	一种测量含尘气流流量的方法及其在线监测装置（01104195.1）	西安热工研究院有限公司

（2）全年纵向在研课题80多项。其中，华能集团重点科技项目占有重要比例，还有一部分项目为国家级、部级重点科技项目等。科研工作与国际上先进的电力科研机构同步，一部分项目在国际上处于领先水平，针对电力生产和技术进步中前沿技术和关键技术问题展开电力领域新技术的研发，如整体煤气化联合循环（IGCC）、超临界/超超临界机组技术、大型循环流化床技术、燃料电池技术、二氧化碳减排技术研究、机组零排放多联产技术、大容量风电技术等等。各研究项目均按计划取得较好进展，一些项目在年内以高质量、高水平按期完成。

质量和安全管理

年内热工院质量体系运行有效，符合 ISO9001：2000 标准的要求和院质量体系文件的要求，以“零缺陷”通过认证机构组织的监督性审核，同时通过了扩项审核。

全年顺利完成 2004 年全年安全生产目标，无人身死亡、重伤和群伤事故、设备重大事故、重大火灾事故、重大交通事故。

精神文明建设

（1）政治学习和宣传。院党组中心组带头坚持“三会一课”学习制度，组织党员学习党章、党的方针政策和中共中央等有关会议文件，学习《保持共产党员先进性教育读本》，在全院党员中开展“办实事，暖人心，求实效，促发展”活动，使党员进一步明确了新时期自己所肩负的历史重任，明确了我们党的先进性的根本所在。举办了处以上干部、党支书和团干的学习班，深入领会十六大文件精神，提高认识，把握形势。在职工的政治学习、思想教育工作中注重实效，并通过内部局域网、宣传栏、板报、讲座等途径进行广泛宣传，采用多种形式因地制宜地引导职工爱岗敬业、积极向上、务实奉献。

（2）年初在院党组、机关党委领导下，完成了党支部、分工会、团支部的改选工作。四月召开了党代会、职代会、团代会，选举产生了新一届机关党委委员会、工会委员会、团委委员会，组织建设得到了进一步的加强。年内组织开展了各类争优创先活动、反腐倡廉活动和丰富多彩的职工文体活动。并评出 4 个先进党支部、10 名优秀共产党员和 2 名勤廉兼优先进个人，12 个优秀科研项目组，13 名先进工作者。

（3）扶贫助学。院党组及工会专门成立了扶贫工作小组，多次赴陕西省边远山区镇巴县麻柳滩乡大河地村进行定点扶贫助学活动，年内给当地村民捐赠了确部分农用物资；给当地小学捐赠了电脑等教学用具，并捐助了多名因贫因而面临失学的儿童。扶贫助学工作深受当地的欢迎。

电站锅炉煤清洁燃烧国家工程研究中心

电站锅炉煤清洁燃烧国家工程研究中心是由 1997 年由国家计委批准、依托热工院而建立的工程化研究机构，2004 年，该中心（NERC）开展和完成了多项煤清洁燃烧科技项目的研究，建成了大型循环流化床试验台，并进行了国际合作交流等工作。

挂靠的学会、行业质检中心、标委会，硕士点、博士站，出版物

（1）挂靠在热工院的中国电机工程学会火力发电分会（下含 10 个专业）组织召开了多个专业会议并出版了会议论文集，举办了有关专业的研讨、培训活动；年内还发展了团体会员 34 个（单位），在火力发电学术领域发挥出更大的作用。

（2）由中国电机工程学会火电分会与热工院共同主办的专业期刊《热力发电》再次入选“中文核心期刊”。

（3）挂靠在热工院的 5 个行业质检中心（电力工业热力发电设备及材料质量检验测试中心、电力工业热工计量测试中心、电力工业发电用煤质量监督检验中心、国家电力公司电力管道产品质量检验测试中心、西安热工院锅炉压力容器检验检测研究所有限公司）均正常开展各项质量检验测试工作。其中，西安热工院锅炉压力容器检验检测研究所有限公司通过国家质量监督检验检疫总局审核并颁发新证，成为系统内唯一获得此项资质的单位；电力工业发电用煤质量监督检验中心顺利通过国家认证认可监督委员会的复审认证。

（4）挂靠在热工院的 6 个电力行业标委会。原挂靠热工院的电力行业标准化技术委员会有电站锅炉标委会、电站汽轮机标委会、电厂化学标委会、电站金属材料标委会、电站阀门标委会等 5 个标委会；按中电联标［2004］97 号文件批复的第三届电力行业热工自动化标准化技术委员会组成方案所定的第三届电力行业热工自动化标委会秘书处挂靠在热工院，挂靠在热工院的电力行业标委会增至 6 个。

6 个标委会年内共制修订国家级标准 1 项、电力行业标准 32 项。其中：锅炉标委会召开审查会 3 次，审查行业标准 7 项；汽机标委会召开审查会 1 次，审查行业标准 3 项；化学标委会召开审查会 1 次，审查国家标准 1 项、行业标准 9 项；材料标委会召开了标准化技术委员会工作会议和标准审查会，审查行业标准 8 项；阀门标委会召开审查会 1 次，审查行业标准 3 项；热工自动化标委会召开了换届会议暨审查会 1 次，审查行业标准 2 项。

（5）硕士学位授予点。热工院 1978 年起招收硕士研究生，1984 年获电厂热能动力工程专业硕士学位授予权。2004 年，热工院学位授予点在读研究生 22 人，研究生毕业并获得硕士学位者 4 人。

（6）博士后科研工作站。经国家人事部批准，于 2002 年在热工院设立博士后科研工作站。目前，有 2 位博士进热工院博士后流动站工作。

（7）由华能国际电力股份有限公司委托热工院主办的内部交流资料《热工监督技术通讯》于 2004 年

6月创刊，全年出版3期。

国际合作与交流

1.2004年开展了中加、中英、中德技术合作项目有关工作

(1) 中加政府技术合作项目——“降低中国燃煤锅炉 CO_2 排放项目（REMCO）”是中国和加拿大政府间技术合作项目。项目由中国商务部和加拿大国际发展署（CIDA）主持，热工院为中方项目执行单位和项目办公室挂靠单位。该项目的目的是通过应用先进的数值模拟技术降低中国燃煤锅炉温室气体（GHG）排放，促进中国环境的可持续发展，进而也为加拿大保护国际环境气候的目标做出贡献。项目合作期限为3年。项目由加拿大能源技术中心（CANMET）、ANSYS软件公司和热工院等三家中国电力科研机构参加，共同开发适应于提高中国锅炉燃烧效率，降低 CO_2 排放的数值模拟分析系统。计划在未来的5～10年内，通过采用该技术使目标电厂温室气体的排放量每年减少350万t。该项目目前执行情况良好。

(2) 中英双方技术合作项目——“干煤粉加压气化技术研究开发”项目，为国家科技部重点国际合作项目，热工院为该项目的中方执行单位，项目在年内顺利完成，并以正确的技术路线、先进的试验方法和优秀的研究成果于2004年11月顺利通过了国家科技部验收专家组的验收。

(3) 中德政府技术合作项目——“火电厂节水技术中心”项目。根据中德两国基于政府双边在电力领域中开展的技术合作年度会谈的结果，由中国电力企业联合会牵头申请的“促进中国能源工业环境和资源保护”项目已获中德两国政府意向同意。西安热工研究院2003年针对该项目提出的中德技术合作新项目建议书于2004年内通过审批，并通过了德方对申请单位的资格审查和能力考察，成为项目的实施单位，项目前期工作已于2004年内完成，计划于2005年初开始实施。

2. 与国外大型电力公司的合作交流

在2003年11月与法国电力公司（EDF）签署“技术合作框架协议”的基础上2004年开展了多次商务洽谈、技术交流和互访活动；2004年与法国阿尔斯通公司（Alstom）电厂服务公司签署了“合作备忘录”，开展初步交流和合作；并与其他国外电力企业进行了有关合作交流。

3. 国际学术交流与合作

2004年共接待国外来访者9批49人·次，派赴国外考察、访问、培训及参加国际会议共50人·次。

主要事件

2月2日，副院长赵毅主持召开热工院年度工作总结会议。

3月8日，西安热工院锅炉压力容器检验检测研究所有限公司取得了由国家质量监督检验检疫总局颁发的锅炉压力容器检验资质复审核准证（TS7510012—2008）成为目前我国电力系统内在国家质检总局直接核准的唯一具备此项资质的锅炉压力容器检验法定机构。

3月26日，华能股份公司与热工院在北京签订了《关于发电厂技术监督支持的协议》。

3月，院扶贫小组前往陕西省镇巴县大河地村扶贫，给当地特困学生资助学费，向村民捐赠了120棵香玲核桃树苗在两个农户试验种植，计划到2005年底大河地村全部农户都能种上香玲核桃。

4月23日，包括郑健超、周孝信、杨奇逊、徐大懋、蒋洪德、岑可法等六位中国工程院院士在内的华能专家委员会部分成员，在华能集团公司计划部苏文斌副经理等陪同下对热工院进行了访问。

4月30日，热工院召开第三届职工代表大会暨第六届工会会员代表大会，来自院各个岗位的50余名代表参加了会议。

5月23日，清华大学康克军副校长一行包括清华大学科研部、学生部、有关院系领导和西安清华校友会领导等，以了解清华毕业生在热工院的工作生活情况和为今后的学生就业提供指导为目的，专程来热工院进行访问。

5月27日，华能国际电力股份有限公司与热工院签署了新建机组性能考核试验备忘录。

6月8～10日，法国电力公司（EDF）研发部派出了Alain Yuan先生和Arrondel女士一行7人的高级专家代表团一行7人来到热工院，与热工院进行首次技术研讨。

7月7日，热工院新建的带外置式换热器的4MW循环流化床燃烧中试试验台进行首次整体投煤试烧，试烧点火一次成功。

7月8日，热工院荣获陕西省政府颁发的2项“2003年度陕西省科学技术二等奖”，获奖项目为：高温煤气除尘工艺与设备的研究开发（属“九五”国家重点科技攻关计划专题）、天然气发电技术在电力工业中的应用研究。

7月，在北京大学出版社出版的《中文核心期刊要目总览》（2004年版）中，热工院与电机工程学会共同主办的《热力发电》期刊再次被选入，在能源与动力工程类核心期刊表中排序第9。

8月初，热工院顺利通过中国工程咨询协会组织

的2003年度年检。

8月2～3日，由德国技术合作公司（GTZ）资深专家Peter Engelmann博士率队的专家组到热工院，进行“促进中国能源工业环境和资源保护”项目前期技术考察，为即将召开的中德双方项目规划会议作准备。

8月26日，由中国华能集团公司、中国大唐集团公司、中国华电集团公司、中国国电集团公司、中国电力投资集团公司等五大发电集团联手重组的西安热工研究院有限公司正式召开成立大会并举行揭牌仪式。中国华能集团公司副总经理、西安热工研究院有限公司董事长黄永达首先发表了热情洋溢的祝辞。西安热工研究院有限公司总经理（院长）蒋敏华对嘉宾们表示了衷心的感谢。随后，五大发电集团的嘉宾代表黄永达、刘顺达、田勇、李长旭、王忠渠等共同为西安热工研究院有限公司揭牌，宣告西安热工院有限公司的正式成立。

9月15日，国家人事部、国资委印发了《关于表彰中央企业劳动模范和先进集体的决定》。其中，热工院首席研究员朱宝田荣获“中央企业劳动模范”荣誉称号。

9月，热工院院长蒋敏华、副院长赵毅、刘伟以及许世森、危师让、黄秀珠、房德明、陈吉刚等8名专家被国家电监会分别聘任为电力安全工作专委会锅炉专业、汽机专业、自动专业和材料专业的专家。

9月21～25日，由华能国际电力股份有限公司主办、西安热工院承办的“华能股份公司火电机组性能试验技术研讨会”在西安召开。

9月，按国家七部委联合颁布的《关于批准首批新世纪百千万人才工程国家级人选的通知》，热工院许世森、王月明2人入选为“首批新世纪百千万人才工程国家级人选”。全国入选的总人数为819人，其中电力系统16人。

9月29日，热工院首席研究员朱宝田作为华能集团公司的劳动模范代表，出席了由国资委和国家人事部在北京政协礼堂隆重举行的中央企业劳动模范、先进集体表彰大会，并受到中共中央有关领导的亲切接见。

10月初，接国家科技部通知，由热工院、华北电力大学、国电电建研究所及华能淮阴发电有限公司共同完成的“发电厂热力设备重要部件寿命管理技术研究”项目被评为2004年度国家科学技术进步二等奖。

10月21～22日，热工院刘伟副院长带队赴呼和浩特与北方电力集团公司进行了技术交流。热工院选择了15个项目对北方电力作了专题介绍。

10月23～31日，由电力行业锅炉压力容器安全监督检察委员会主办、电力行业电厂化学仪表（实验室）计量确认审查委员会和热工院共同承办的电力行业第二期电厂化学仪表计量检验员培训班在西安举办。

10月24～27日，由中国电力企业联合会等单位领导和技术专家一行4人组成的电厂化学仪表实验室计量确认审查小组，参照有关标准规范，对热工院电厂化学仪表实验室进行了全面考核评审。评审组一致认定该实验室符合一级实验室的条件要求，通过评审。

10月25日，按照国家人事部《关于批准2002年度享受政府特殊津贴人员及做好有关工作的通知》（国人部发［2004］91号文件），热工院化学专家汪德良同志荣获享受2002年度政府特殊津贴。自1990年国家设立政府特殊津贴以来，热工院已有65人获得此项津贴。

11月3日，根据热工院与法国电力公司签订的技术合作框架协议的安排，双方在北京召开了技术合作项目指导委员会会议。

11月3～5日，蒋敏华院长带队参加由世界工程组织联合会和联合国教科文组织共同发起、由中国科协、中国工程院和上海市政府共同主办的首届世界工程师大会，并作为“电力与能源”专题会场的分会场主持人主持了有关学术交流研讨活动。热工院有5篇专业论文入选本次大会论文集。

11月，接中国电力科学技术奖励办通知，热工院有6个科研项目被评为2004年度中国电力科技奖。其中，“自主知识产权的100MW CFB锅炉研制及示范”项目被评为一等奖，“凝汽器管腐蚀在线监测装置研制及其应用研究”、“火电厂废水零排放技术试验研究及工程化”，以及“DL/T831—2002大容量煤粉燃烧锅炉炉膛选型导则”等3个项目被评为二等奖，“联合循环机组设计集成与性能模拟分析系统的研究”以及“曝气生物滤池在火电厂废水回用处理中的研究和应用”等2个项目被评为三等奖。

11月13日，受国家科技部委托，陕西省科技厅在热工院召开了科技部国际重点合作项目——中英双方合作的“干煤粉加压气化技术研究开发”项目验收会。热工院（该项目的中方执行单位）的研究人员详细汇报了项目研究情况。经专家组认真审核，该项目以正确的技术路线、先进的试验方法和优秀的研究成果顺利通过验收。

11月15日，接陕西省人事厅通知，热工院新技术中心徐越获“第五届陕西青年科技奖”。全省有60名青年科技工作者荣获该奖项。

11月29日，热工院承担的“火电厂设备状态检修技术研究”、“材料重点试验室建设”、“火电机组运行远程技术服务网络系统开发”、“提高火电机组适应电网负荷变动性能的控制策略研究与实施”等4个（原）国家电力公司科技项目通过了国家电网公司组织的项目验收委员会的验收，同时，“火电厂设备状态检修技术研究”项目通过了技术鉴定。

11月，热工院连续中标神华集团“神华煤与其他动力煤配烧结渣防治的研究”、“神华煤燃烧特性基础研究”、“600MW机组燃用神华煤防结渣技术研究”3个项目，并被该集团指定承担“神华高硫煤燃烧特性研究”项目。该系列项目的开展将系统地提出我国最大的动力用煤——神华煤在电站锅炉中的安全燃用技术方案，对提高神华煤在国内和国际市场的竞争力具有重要的意义。

12月13日，热工院调试的华能沁北电厂2号600MW超临界机组顺利通过168h试运，各项指标优良。

12月21～22日，中国质量认证中心的专家对热工院ISO9000质量体系进行了扩项审核和监督审核，热工院以近乎完美的“零缺陷”通过了2004年度的监督审核。

12月28日，随着热工院国水公司一项价值240万的合同的签订，2004年度热工院横向合同总额突破了三亿元，总额达到了三亿零二百多万元，比2003年增加70%以上，创历史最高记录。

（魏小征）

国电自动化研究院

基本情况

至2004年年底，该院在职职工总数826人，其中专业技术人员707人；具有高级职称者337人（含教授级高级工程师22人）、中级职称者262人，获博士学位39人、硕士学位365人。有中国工程院院士2人，国家级有突出贡献的中青年专家3人，享受政府特殊津贴者22人。

2004年年底该院设有以下机构：①1个研究开发中心；②15个研究所：继电保护、电网控制、系统、稳定技术、自动控制、工业控制、电气控制技术、大坝及工程监测、信息技术、水情水调及环境监测、农村电气化、配电终端技术、通信技术、城乡电网自动化、深圳南京自动化研究所；③12个分公司：稳定技术、电气控制、大坝工程监测、信息系统、水情水调及环境监测、农村电气化、配电终端技术、通信系统、城乡电网自动化、动力控制、成套设备、技术贸易分公司；④12个子公司：国电南瑞科技股份有限公司、南京南瑞继保电气有限公司、南京南瑞自动控制有限公司、深圳南瑞科技有限公司、北京南瑞系统控制有限公司、上海南瑞实业有限公司、南京中德保护控制系统有限公司、南京京瑞科电力设备有限公司、南京南瑞广告传播有限公司、南京南瑞电气检测技术有限公司、南京南瑞工贸实业有限公司、深圳市中瑞达实业有限公司；⑤1个科研辅助部门：科技教育中心；⑥11个职能及后勤部门：办公室、人事处、综合业务处、营销处、质量管理处、财务资产管理处、政治部、国际合作处、后勤处、审计处、工会；⑦电力系统自动化杂志社；⑧成套设备制造厂。

2004年新签定合同额超过30亿元，较2003年增长超过20%；完成销售收入超过25亿元，较2003年增长超过25%。

科研工作

1. 全年有9个科研项目获奖

（1）OPS－1紧急控制在线预测系统（国家技术发明二等奖）；

（2）调度自动化集成技术研究（中国电力科学技术二等奖、国家电网公司科技进步一等奖）；

（3）电力系统信息安全示范工程（中国电力科学技术二等奖、国家电网公司科技进步一等奖）；

（4）全国电力二次系统安全防护总体方案的研究及实施（中国电力科学技术一等奖、国家电网公司科技进步一等奖）；

（5）低压和低周减载参数优化整定技术研究与软件开发（国家电网公司科技进步三等奖）；

（6）RCS—900系列主设备保护（江苏省科技进步一等奖）；

（7）CAS2000整合型变电站自动化系统（江苏省科技进步二等奖、南京市科技进步三等奖）；

（8）DSA208组态型变电站监控装置（南京市科技进步三等奖）；

（9）电力实时数据网络传输平台软件（南京市优秀软件产品三等奖）。

2. 全年有17项科研成果通过省部级结题、鉴定/验收

（1）全局分岔与高维混沌的机理研究（自然科学基金结题）；

（2）调度自动化集成技术研究（国家电网公司验收）；

（3）大型水轮发电机组调速系统的非线性鲁棒控制及其工程实用化研究（国家电网公司验收）；

（4）FWL/B—600型自并励微机励磁系统（江苏省科技成果鉴定）；

(5) FWL/B—800型可控硅励磁系统(江苏省科技成果鉴定);

(6) 典型制造行业信息化示范工程(南京市科技项目验收);

(7) ON2000配网综合调度自动化系统(江苏省科技成果鉴定);

(8) 水资源调度自动化系统(重大技术装备验收);

(9) PI2000 U4信息系统平台(江苏省科技成果鉴定);

(10) DSA系列发电厂电气综合自动化系统(江苏省科技成果鉴定);

(11) SMU—1型同步相量测量控制装置(上海市科技成果鉴定);

(12) DPR—2型故障录波器(上海市科技成果鉴定);

(13) RT21轨道交通动力自动化系统(江苏省科技成果鉴定);

(14) 新型微机保护测控一体化装置的研制(江苏省科技成果鉴定);

(15) VQC综合电压无功控制装置(江苏省科技成果鉴定);

(16) PFS3000电网继电保护及故障信息管理系统(江苏省科技成果鉴定);

(17) MAS系列微机自动准同期装置(江苏省科技成果鉴定)。

3. 获得“可视电话机”外观设计专利授权1项

4. 获得软件著作权15项

(1) NARI DPR型故障录波器软件(简称:录波器软件)V1.0(农村电气化分公司);

(2) NARI SMU型同步相量测量控制软件(简称:同步相量测量控制软件)V1.0(农村电气化分公司);

(3) NARI WDS－2000数字式故障录波测距软件(简称:录波器软件)V1.0(农村电气化分公司);

(4) NARI CAS2000整合型变电站自动化系统软件(简称:CAS2000)V1.0(农村电气化分公司);

(5) NARI RSDSS100水库调度决策支持系统软件(简称:RSDSS)V1.0(水情水调分公司);

(6) NARI SJ—DRV监控系统通信软件V1.0(自动控制分公司);

(7) NARI NC—2000计算机监控系统软件V1.0(自动控制分公司);

(8) NARI MGT100微机型发电机变压器保护装置软件V3.06(动力控制分公司);

(9) NARI MDM—B1成套微机保护装置软件V3.0(动力控制分公司);

(10) NARI MLP71多功能微机线路保护及自动装置软件V1.0(动力控制分公司);

(11) NARI水轮机调速系统软件(电气控制分公司);

(12) NARI SAFR—2000水轮机调速系统软件V1.0(电气控制分公司);

(13) NARI发电机自并激励磁系统软件(简称:FWL/B)V1.0(电气控制分公司);

(14) NARI发电机三机励磁系统软件(简称:FWL/S)V1.0(电气控制分公司);

(15) NARI发电机微机励磁系统软件(简称:FWL)V1.0(电气控制分公司)。

5. 获得软件产品认定8项

(1) ANRI SAFR—2000水轮机调速系统软件(电气控制分公司);

(2) NARI发电机三机励磁系统软件(电气控制分公司);

(3) NARI发电机自并激励磁系统软件(电气控制分公司);

(4) NARI发电机微机励磁系统软件(电气控制分公司);

(5) NARI水轮机调速系统软件(电气控制分公司);

(6) NARI MGT100微机型发电机变压器保护装置软件(动力控制分公司);

(7) NARI MDM—B1成套微机保护装置软件(动力控制分公司);

(8) NARI MLP71多功能微机线路保护及自动装置软件(动力控制分公司)。

6. 获得江苏省高新技术产品认定5项

(1) DAT配电网自动化终端设备(配电终端技术分公司);

(2) CAS2000整合型变电站自动化系统(农村电气化分公司);

(3) WDS—9001电网水调自动化系统(水情水调分公司);

(4) DSA208组态型变电站监控系统(城乡电网自动化分公司);

(5) OPS—1紧急控制在线预决策系统(稳定技术分分司)。

管理工作

1. 科研计划管理

(1) 申报国家科技部国家重点新产品项目6项,其中包括“WDS-9001电网水调自动化系统”(已批准)、“SMU-1型同步相量测量控制装置”、“CAS2000

整合型变电站自动化系统”、“PI2000电力企业信息系统平台”、“FWL/B-800可控硅励磁系统”、“DSA-180型微机发电机保护测控装置”等。

（2）申报国家科技部国家科技攻关项目1项，即“750kV系统继电保护及稳控系统开发与工程应用研究”。

（3）申报国家科技部2004年国家科研院所开发专项项目1项，即“大型抽水蓄能电站自动控制系统及成套设备”。

（4）申报国家科技部2005年国家科研院所开发专项项目2项，其中包括“基于瞬时无功理论的大机组励磁控制系统研制”、“基于ProfiBus的水电厂分布式测控装置研究”等。

（5）申报国家科技部973计划1项，即“电力市场对电力系统运行可靠性的影响研究”。

（6）申报国家发改委国家重大技术装备项目4项，其中包括“750kV成套保护装置”、“750kV变电站综合自动化系统”、“大型抽水蓄能电站控制与保护设备国产化技术研究”、“完全自主知识产权的新一代直流控制保护系统的开发研究”等。

（7）申报国家发改委国家自动化产业化专项项目1项，即“电力自动化技术拓展和产业化验证环境建设”。

（8）申报国家商务部技术出口研发资金项目2项，其中包括“DSA系列发电厂电气综合自动化系统”、“出口型变电站自动化系统”等。

（9）申报NSFC国家自然科学基金重大项目1项，即“电力系统广域安全防御体系基础理论及关键技术研究”。

（10）申报国家信息产业部电子信息产业发展基金项目2项，其中包括“通用型企业信息系统平台”、“MB系列智能可编程控制器嵌入式软件研究”等。

（11）申报国家电网公司2004年科技计划项目5项，其中包括“大型抽水蓄能电站计算机监控系统国产化研究”、“联合电网第三道安全防线的优化配置技术”、“完全自主知识产权的新一代直流控制保护系统的开发研究”、“基于IEC61850标准的变电站自动化系统研究”、“采用中压配电线载波的新型数字通信系统的应用研究”等。

（12）申报国家电网公司2005年科技计划项目3项，其中包括“改善电力系统动态稳定的广域量电力系统电压调节器研制”、“电力市场运行中的电网水火电联合调度研究”、“基于电子式互感器的保护及自动化”等。

（13）申报江苏省科技厅省高技术研究项目2项，包括“新一代配电网管理自动化系统”（已批准）、“网络隔离与信息交换系统的研制开发”等。

（14）申报江苏省科技厅省科技攻关项目3项，其中包括“DSA2000系列发电厂电气综合自动化系统”、“轨道交通自动化通用集成平台开发及应用”、“基于数字仿真的虚拟仪器研究”等。

（15）申报江苏省科技厅省科技招标项目1项，即“产品全生命周期管理系统应用示范”。

（16）申报江苏省科技厅省成果转化专项项目1项，即“电力自动化技术拓展和产业化”（已批准）。

（17）申报江苏省信息产业厅信息化专项项目1项，即“电力企业信息系统平台”（已批准）。

（18）申报南京市科技局科技招标项目2项，其中包括“电力企业经营管理信息系统平台软件开发及应用”、“嵌入式Linux操作系统开发及应用”等。

（19）申报南京市科技局科技计划项目2项，其中包括“电力自动化单芯片可重构实时嵌入式系统平台软件”、“基于嵌入式Linux加密认证网关的研制开发南京市科技局科技计划项目”等。

（20）通过院/集团公司立项项目13项，其中包括“SMU同步相量测量控制装置”（电控所）、“加密认证技术在电力系统安全分区中的应用研究”（信息所）、“中压配电线的配电自动化新型数字通信系统的应用研究”（水情所）、“DSA2000系列发电厂电气综合自动化系统”（城乡所）、“PLC＋伺服电机型调速器”（电控所）、“PI2005信息系统平台研制”（信息所）、“电力数字证书服务系统（PCSS）的研制开发”（信息所）、“基于J2EE架构的电力市场运营系统研发”（股份公司）、“电力市场输电服务和金融输电权研发”（股份公司）、“集成电路老化台研制”（电检公司）、“基于瞬时无功理论的大机组励磁控制系统研制”（电控所）、“纵差继电保护信息传输设备的研制”（通信所）、“变电站直流电源逆变器”（工厂）等。

（21）通过院/集团公司验收项目2项，其中包括“DSIMS4.0大坝安全信息管理网络系统”（大坝所）、“电力系统自动化设备电磁兼容技术发展及应用研究”（电检公司、工厂）等。

2. 财务资产管理

完成每月向国网公司的快报工作。完成23项内部审计任务。通过账务清理、资产清查、损溢认定、资金核实、总结上报等工作，顺利完成了院的清产核资工作。按照国资委对清产核资结果的批复进行账务处理，上报处理了939万元的无法收回的长期应收账款及其他应收款。被国家电网公司评选为清产核资工作先进单位。

3. 质量管理

完成质量管理评审及三次内部审核，通过上海质量审核中心的年度监督审核。检测各类设备451台（套）（基本均含EMC试验），元器件测试1806万件，比去年增加33%，出厂产品24130台（套），一次抽检合格率99.7%。发放质保生产许可证3个产品，重新复审2个产品，预审新产品8个。新建固定资产58台（套）127万元。

4. 教育培训

博士后科研工作站完成1名博士后研究人员出站考核和1名在站人员定期考核；接收41人新提交申请，面试8人，有2人有初步意向。与有关高校联合招收、培养博士研究生4名，按国家计划指标招收2004级定向培养硕士研究生18名。目前在读博士生、硕士生共61人。硕士学位评定委员会换届，并选聘了院第8批硕士学位研究生指导教师。至此，该院拥有博士生导师3名，硕士生导师增加到80名。

组织2个全国性信息网召开2次年度工作会议，2次全国性学术技术信息交流会议，出版网刊10期及相关交流资料。开展学会会员重新登记和计算机化管理，推荐各级学会干部36名，组建成立了中国电工技术学会电机保护控制专业委员会高压电动机保护控制分专业委员会（学科组），完成挂靠该院中国电机工程学会继电保护专委会、江苏省微电脑应用协会的换届工作，挂靠学术团体举办有重大影响的全国和省级学术交流研讨活动10多次，开展了7项软课题研究及15期技术培训。

5. 期刊

该院主办的《电力系统自动化》连续第三次荣获我国期刊界的最高奖“国家期刊奖”；荣获第三届“百种中国杰出学术期刊”称号。《水电自动化与大坝监测》与《电力系统自动化》同时荣获第五届“江苏省十佳科技期刊”称号。

国内外学术交流与技术合作

1. 学术交流

（1）全年发表学术论著2部、论文350篇，其中在国外学术刊物和有关国际会议上发表论文24篇。经院学术委员会无记名投票表决，评选出2004年度优秀学术论文（著）共65篇。其中“现代水电厂计算机监控技术与试验”（方辉钦等著）获论著二等奖；《电力自动化技术拓展和产业化》（柳一兵等著）获论文特别奖；《直流输电系统的动态模拟》（方太勋等著）等2篇论文获一等奖；《基于.NET框架的变电站信息系统平台》（丁杰等著）等20篇论文获二等奖；《A Practical Super Short Term Load Forecast Method and Its Implementations》（丁恰等著）等41篇论文获三等奖。

（2）完成对《TASE.2用户指南》等3项国家标准、《变电站基本通信结构和馈电设备/通用通信服务接口》等7个电力行业标准送审稿的审查。参与审查国家标准《继电保护和安全自动装置技术规程》；参加《电子设备机械结构/机柜、机架的地震试验》等4项国家标准的起草。发布实施新企业标准《电子设备机械结构482.6（19in）系列机械结构尺寸》；审核发布企业标准《网络安全隔离装置》。

2. 对外合作

（1）参加亚太电协15届年会和世界工程师大会等活动，全年组织外事出访团组34批75人·次出访伊朗、德国、澳大利亚、乌兹别克斯坦等10多个国家和地区。接待赞比亚国家电力公司工程考察团和法国EDF咨询专家等多批来访外宾。

（2）完成出口项目10项，其中包括“韩国城乡电网DSA变电站微机保护测控装置”、“伯利兹洽利洛水电站监控、保护及直流系统设备”、“苏丹电阻式温度器”、“马来西亚巴贡水电站安全监测系统设备”、“赞比亚国电公司KANSHASI项目330kV计算机监控系统”、“泰国微机保护系统”、“美国暂态安全分析工具软件”、“加拿大暂态安全分析工具软件”、“马来西亚暂态安全分析工具软件”、“沙特暂态安全分析工具软件”等，出口金额1350万美元。

（3）参加国内重大投标项目11项，其中“广州市轨道交通四号线车站机电设备监控系统”、“广州市轨道交通四号供电系统设备变电所综合自动化”、“广州大学城配电房系统合同”、“广州大学城（小谷围岛）校区级弱电系统集成合同”等4项中标，合同金额4670万元。

精神文明建设

（1）思想政治工作。发展新党员7名，预备党员转正42名。拍摄录像片30期，其中在院内闭路电视系统中播出12期。按照江苏省清房工作要求，做好清理员工住房的收尾和总结归档，全面完成清房工作。

（2）工会工作。举办了第九届职工运动会。组织职工开展踢毽子比赛、乒乓球比赛、参加了高新技术开发区越野长跑、参加省教育科技工会举办的国庆55周年歌咏比赛等活动，获优秀组织奖。慰问生病职工和退离休职工计40多人·次，对困难职工进行补助112人次。

主要事件

1月16日，院、集团公司、国电南瑞科技股份有限公司、南京南瑞继电保护有限责任公司、南京中德保护控制系统有限公司获南京高新技术产业开发区2003年度“突出贡献企业”称号。

2月4日，集团公司产品再次获得《南京市名牌产品证书》，有效期至2007年1月。2002年，南瑞首次参加“南京市名牌产品”认定即通过南京市人民政府的评审，南瑞牌产品成为“南京市名牌产品”，2003年2月，南瑞牌产品通过复审认定，继续保持“南京市名牌产品”称号。2003年6月，“南瑞”商标被认定为南京市著名商标，2003年12月，“南瑞”商标被认定为江苏省著名商标。

2月6日，南京南瑞集团公司、南京南瑞继保电气有限公司、国电南瑞科技股份有限公司、深圳南瑞科技有限公司被国家发展与改革委员会、信息产业部、商务部、国家税务总局认定为2003年度国家规划布局内重点软件企业。

3月4日，集团公司被国家科学技术部火炬高技术产业开发中心认定为A类（最高等级）“中国软件欧美出口工程”试点企业。

4月14日，院被授予“国家电网公司财务工作先进单位”称号。

4月20日，南瑞集团被南京市统计局、市经济委员会和市企业调查局认定为南京市工业企业（集团）中最具实力和影响力的前40强企业（集团）第20位。

5月4日，中共中央总书记、国家主席胡锦涛在中共中央政治局候补委员、书记处书记王刚、江苏省委书记李源潮、省长梁保华的陪同下视察南瑞继保电气有限公司。

6月2日，南京南瑞集团公司、南京南瑞继保电气有限公司、国电南瑞科技股份有限公司分别以独立法人连续第三年获“中国软件企业百强”称号，南京南瑞集团公司、南京南瑞继保电气有限公司进入首次公布的中国独立软件开发企业30强。

6月19日，院获国家电网公司科技进步先进单位称号。总工程师薛禹胜院士、副院长沈国荣院士获“国家电网公司科技杰出贡献奖”；郑玉平、方勇杰获“国家电网公司优秀青年科技专家”称号；宋燕敏获“国家电网公司科技先进工作者”称号。

7月14日，集团公司连续第八年被江苏远东国际评估咨询有限公司评为资信AAA。

7月28日，集团公司继取得“南瑞”、“NARI”注册商标后，又取得了由国家商标局颁发的第三件商标注册证—“WARMAP”。该商标注册人为南京南瑞集团公司；注册号为3476074号；注册有效期限为10年。

8月3日，南京中德保护控制系统有限公司对赞比亚KANSANSHI项目工程技术人员Banda先生等一行4人进行为期10天的监控系统培训。

8月，电控分公司完成国华绥中发电有限责任公司800MW二号发电机全套励磁系统国产化改造，二号发电机组成功投运。它的研制成功并投入使用打破了国外设备在中国大容量机组励磁系统市场的垄断局面，填补了800MW机组励磁系统国产化空白。

9月9日，郑玉平、方勇杰、高宗和、徐石明同志入选国家电网公司“首批新世纪百千万人才工程国家级人选”。

10月28日，在广西桂林举办“2004全国电力系统自动化学术交流研讨大会”暨“电力系统自动化专委会第二届三次工作会议”。

10月，电气检测技术有限公司被认定为江苏省高新技术企业。

10月，集团公司连续第三年跻身中国电气工业100强排行榜。

11月12日，集团公司等20家企业荣获全国“优秀计算机信息系统集成企业”称号。

11月，方勇杰同志被评为中央企业劳动模范。

11月12日，中德保护控制系统有限公司提供计算机监控系统的赞比亚330kV砍萨石（KANSANSHI）变电站提前两个月成功送电。该工程实现了我国超高压电气设备对非洲的首次出口，同时也是迄今为止我国在非洲承揽的最高电压等级的交钥匙变电站工程。

12月6日，国电自动化研究院被评定为2004年度江苏省档案工作优秀单位。

（曹成林）

国电电力建设研究所

基本情况

资产：2004年，国电电力建设研究所实际注册资本金为6265万元，净资产1.312亿元。

人员：在职职工403人，离退休职工248人。在职职工专业技术人员305人，其中教授级高工7人，高级工程师64人，工程师104人；在职职工中博士后3人，博士5人，硕士74人，本科学历120人，专科学历76人。办理退休人员9人。

领导班子变动情况：国家电网公司于2004年12月17日国家电网任［2004］75号文决定张嗣兴任国电电力建设研究所所长，免去梁兵的国电电力建设研究所副所长（主持工作）职务。2004年12月17日国家电网党任［2004］76号文决定梁兵任国电电力建设研究所正局级调研员。2004年12月17日国家电网党任［2004］42号文决定张嗣兴同志任中共国电电力建设研究所委员会委员，免去梁兵同志的中共国电电力建设研究所委员会委员职务。

现领导班子：

所长：张嗣兴

党委书记：薄树明

副所长：尤传永

副所长：刘金柱

副所长：周雄

副所长：阎茂

总工程师：杨建平

正局级调研员：梁兵

机构：职能部门4个：总经理工作部、政工部、人力资源部、计财部；专业研究室（中心）5个：科研开发中心、电网技术中心、电力建设工程咨询中心、施工机械室（特种设备检测中心）、信息出版中心。《电力建设》编辑部挂靠在我所信息出版中心。相对控股公司1个：北京国电富通科技发展有限责任公司。所办企业1个：北京科建电力工程技术开发总公司。

机构调整：2004年3月24日，由所长办公会研究决定：撤销经营部、财务部，合并成立计划财务部；撤销焊接室、质检中心、标准室、工程部，4个单位合并成立电力建设工程咨询中心。将电力工业北京锅炉压力容器检测中心与电力工业施工机械质量检测中心合并，成立特种设备检测中心（含金属材料检测部），挂靠施工机械研究室。2004年10月20日，由所长办公会研究决定：撤销由国电电力建设研究所投资主办的“北京柯力动力防腐技术开发公司”。

经济目标：2004年新签合同额7.96亿元；完成产值2.82亿元，销售收入2.73亿元，利润总额1381万元，资产负债率70%，净资产收益率3.03%；资本保值增值率120.1%，职工个人平均收入增长。

科研、技术开发

科研方面紧密结合电网建设和电网运行中存在的技术问题开展研究工作，科研立项工作取得一定突破。通过积极组织人员，多渠道合理安排科研立项，争取到了更多的科研经费，确保了科研开发工作的稳定有序进行。同时按国家电网公司的项目计划要求完成了有关科研项目。为引导全所的科研活动更具目的性、有序及高效，科研开发中心组织各实验室进行了实验室技术发展方向探讨，并形成了实验室技术发展规划草案，作为下阶段开展科研工作的依据之一。

科研项目执行情况：2004年科研项目完成了大跨越导线金具系列化设计研究、新型合成导线研制规划研究，完成了750、1000kV级交流和±600、±750kV直流输电线路杆塔、导线金具研究及工程应用，对今后电网安全运行有着重要的实际意义。完成了4项国家电网公司项目的验收，课题的执行情况良好，2004年新立项8项，合同金额共计1925万元。其中，发改委项目两项、国家科委项目一项，西北电网有限公司项目一项，国家电网公司科研项目4项（见表1）。在研科研项目共17项。在新产品、新技术开发方面主要进行了大跨越微风振动在线监测系统的开发，目前大部分工作已基本完成，可实现数据自动采集和无线通信，用于架空送电线路运行状态在线监测。与北京电力公司合作进行了运行温度提高后普通及耐热导线机械性能试验研究和昌清、君南线路耐热导线运行数据的积累和分析研究。

2004年制、修订标准工作：正在制、修订行业标准共16项，完成并发布实施5项，新申报12项。

表1　2004年完成国家电网公司科技项目明细表

序号	项目课题名称	负责人	项目来源	鉴定/验收
1	不同边界条件对输电铁塔杆件承载力的影响	默增禄	国网公司	验收
2	输电线路大跨越金具系列化设计研究	王景朝	国网公司	验收
3	导线力学性能实验室完善	王旭锋	国网公司	验收
4	杆塔试验站的技术完善	何长华	国网公司	验收

科研成果：三峡工程用500kV大容量输电线路技术研究获得国家电网公司2004年度科技进步一等奖和中国电力科技一等奖；复合光纤架空地线及全介质自承式光缆力学性能试验条件和试验方法的研究获得国家电网公司2004年度科技进步一等奖和中国电力科技二等奖（见表2、表3、表4）。参加完成的火力发电机组高温部件寿命管理技术研究获国家科学技术奖励二等奖。

表2　2004年度中华人民共和国国家科学技术奖励明细表

序号	项目课题名称	获奖等级	完成单位	主要获奖人员
1	火力发电机组高温部件寿命管理技术研究	二等奖	电建所咨询中心参加完成	周佐萍

表 3 2004 年度国家电网公司科技进步奖明细表

序号	项目课题名称	获奖类别及等级	完成单位	主要获奖人员
1	三峡工程用500kV大容量输电线路技术研究	一等奖	国电电力建设研究所研发中心	尤传永、徐乃管、王景朝、默增禄、阎振宇、李朝辉、徐绍贤、董玉明
2	复合光纤架空地线（OPGW）及全介质自承式光缆（ADSS）力学性能试验条件和试验方法	一等奖	国电电力建设研究所研发中心	董玉明、王旭锋、辛鹏、万建成、沈清芳、吉晔、吕俊峰、李保山、杨细望、王景朝

表 4 2004 年度中国电力科技进步奖明细表

序号	项目课题名称	获奖类别及等级	完成单位	主要获奖人员
1	三峡工程用500kV大容量输电线路技术研究	一等奖	国电电力建设研究所研发中心	尤传永、徐乃管、王景朝、默增禄、阎振宇、李朝辉、徐绍贤、董玉明
2	复合光纤架空地线（OPGW）及全介质自承式光缆（ADSS）力学性能试验条件和试验方法	二等奖	国电电力建设研究所研发中心	董玉明、王旭锋、辛鹏、万建成、沈清芳、吉晔、吕俊峰、李保山、杨细望、王景朝

《大跨越导线防振方案探讨》，参加“中国电机工程学会第八届青年学术会议暨中国电力青年论坛”，并获奖。

生产、经营与服务

2004 年，共完成各类试验检测任务近千项，得到了用户的认可和称赞。各中心、公司及研究室全面或超额完成了各项计划责任指标，未发生一起质量事故和抱怨事件，形成了顺畅有序的市场运行机制，取得了全所经济指标和职工收入共同增长的好成绩。

电网技术开发中心：2004 年，该中心组建了大跨越线路微风振动专业组、结构振动试验专业组、结构加固专业组，整和了专业学术力量。

导线力学性能实验室：完成了江都变—邗江变 220kV 输电线路工程京杭大运河大跨越导地线、220kV 瓯江三跨双分裂导线、西湖变—湘钢四中央变 220kV 湘江大跨越导线 3 项大跨越防振试验研究；完成了 500kV 杭兰线钱塘江、哈大线松花江大跨越导地线、三万（Ⅰ、Ⅱ回线路）（万隆线）巴东、秭归长江、吴淞口长江大跨越导地线及 OPGW、龙斗Ⅱ回送电线路、海军某工程大跨越天线、江阴长江大跨越导地线及 OPGW、110kV 安敦线、岱山—舟山联网输电线路工程海上大跨越导地线现场测振；完成了 220kV 三西甲线松花江大跨、广东清远阳仙线北江越导线和 330kV 张嘉Ⅱ回送电线路及±500kV 葛南线吉阳长江大跨越地线现场测振。另外，还完成了 28 项导线振动疲劳试验、16 项导线蠕变试验、9 项间隔棒振动疲劳试验、15 项防振锤功率特性试验及疲劳试验及各项检测；完成了 5 个工程的 12 家生产厂 9 种型号导线监造任务。

电力工程材料部件质量检验测试中心完成了导地线常规检测（抽检、送检）222 组，金具抽检 10 组（102 种，306 件）；完成了北京电力公司、内蒙古超高压局、云南省电力局、北京送变电公司及全国多条 110kV、220kV、500kV 输电线路的导地线金具检测；完成了 3 个项目的金具热循环试验，46 个项目的载流温升和线膨胀系数试验，8 个项目的间隔棒机械性能试验，27 项应力应变，17 项扭力矩试验，9 项过滑轮试验，14 项金具接续电阻温生试验；完成了全国各送变电公司、供电公司、导地线生产厂家等众多单位 400 多项的拉力、握力等机械性能及电气性能试验；完成了四平线路器材厂、北京送变电公司线路器材厂等多家 750kV 六分裂紧凑型输电线路配套金具及 500kV 输电线路配套金具的机械性能试验；完成了云南大一厂、内蒙古永汗输电线路工程及永汗破口 500kV 输电线路工程导地线、电力金具的抽样检测工作；完成了武汉电缆有限公司、日本古河电工等几家耐热铝合金绞线的机械性能、高温拉力、铝单线高温性能、应力应变、载流温升、线膨胀等型式试验；完成了成都电力金具总厂等多个金具生产厂家生产的各种形式的配套金具的试验工作；完成了长春供电公司等几家运行事故导地线及金具的机械性能、高温性能、接续管温升握力、载流量等试验工作，并进行线路运行评估。

杆塔实验室：2004 年杆塔试验站共完成铁塔试验 50 基，钢管灯杆试验 7 基，钢管杆试验 1 基。接待来自国内外客户的参观近百人次。成功的完成了第一基 500kV 四回路钢管塔的试验工作，四回路钢管塔总高 86m，塔重 97t，其塔高、塔重及加荷点数量都创试验站成立以来之最。

顺利完成了 750kV ZB2 直线塔和 JG2 转角塔的试验。750kV 输电线路工程是我国继 330kV、500kV 之后的又一个超高压输变电电压等级。其输电线路工程铁塔与 500kV 铁塔比较，具有荷载、尺寸大等特点，安装和试验加荷都有特殊要求，为此，该实验室制定了最佳组装和加荷布置方案，克服各种困难，确保了加荷数据的准确性和试验的按期完成。该等级杆塔试验的成功，为我国第一条 750kV 输电线路工程的可靠运行提供了保证，验证了新杆塔试验站的可靠性，也为高电压的设计提供了数据依据，提高了我国杆塔试验能力。

该实验站 2004 年还完成了苏丹（国外 ABB 公司设计）、埃塞俄比亚（计算方法采用的是美国标准）、越南（设计和加工均为国外公司）等国的涉外工程的铁塔试验，这三个项目由美国、英国和德国进行监理，试验过程完全满足了监理提出的各种要求。通过完成涉外试验项目，学习到了国外先进的测试方法，为我国杆塔试验竞争国际市场，奠定了技术基础。

光缆室：完成了北京电力公司农网二期 ADSS 光缆熔接工作和农网改造工程 ADSS 质检任务，完成了内蒙 OPGW 光缆熔接 4 项工程工作和天水——重庆——成都电力通信工程用 OPGW 的监造任务，完成了潭江大跨越导、地线、OPGW 的防振试验和京杭大运河 OPGW、湘江大跨越 OPGW 防振试验工作；完成了镇安线导线防振试验、京沪光缆工程 OPGW 工程质检、云南大厂线工程抽检等工作；完成 4 个厂家的型式试验 20 多个光缆及金具厂家送检试验。提出并申报课题 4 项，发表论文共 7 篇。在电力特种光缆工程检测方面严把质量关，为电力系统通信提供了强有力的技术支撑。

岩土实验室：2004 年，岩土实验室完成电厂地基咨询一项，对广西钦州燃煤电厂吹砂填海工程地基处理进行系统的试验测试研究，提出了处理方案，优化了设计参数，为我国类似电厂工程提供参考。分别完成了钦州燃煤电厂（2×600MW）、广西永福电厂（2×300MW）试桩及工程桩的检测；完成了玉环电厂（4×1000MW）工程桩钻压取芯检测；完成架空输电线路基础试验研究 3 项：四川华能 220MW 冷蓉线山区不等高人工挖孔桩基础试验是目前国内露头高度最大（6m）的现场试验，试验成果被设计采用，能节约投资、保护环境；云南大厂 500kV 送电线路斜掏挖基础试验是目前国内第一次对该新型基础进行系统研究，可节约混凝土 30%、钢材 25%，具有显著的经济技术效益、节约土地、保护环境等特点；750kV 输电线路斜插式基础试验，为我国第一条 750kV 输电线路工程的可靠运行提供了保证。在进行各种技术服务的同时，还申报科研项目 2 项，并在各种学术会议和科技刊物上共发表论文 12 篇，扩大了该专业在行业内的影响。

北京国电富通科技发展有限责任公司：富通公司销售收入增长了 204%。公司紧抓电源建设快速增长的有利时机，加大市场开拓力度，提高产品的市场占有率，产品质量不断提高，经济总量迅速放大，经济效益达到历史最好水平。该公司 2004 年新签合同 70 多项，合同总额超过了 7 亿元。引进烟气脱硫和管式皮带两项新技术，成为公司新的经济增长点；完成了超临界机组高温高压管件生产工艺技术及设备的评议工作并获通过，工程进入生产实施阶段；完成了大口径推制机项目可行性研究工作，目前已进入实施阶段，此设备的采用将大大提高公司管件产品的产能；推进了灰渣专业产品的产业化和标准化。

管件专业：完成了太仓、纳雍、登封、榆社、河曲、鸭溪一、二期、韩城、连城、温州、上锅、大同、嘉兴二期、中宁、托电三期、台山以及西气东输等 18 个工程的生产加工及产品的发货工作；目前宁海、王滩、盘南、金竹山、上都、江油、邢台、鄂尔多斯等工程正在紧张的生产当中。

除灰专业：完成了陡河 7 号机组、正定（新机组）、微水、聊城 2 号、白鹤、谏壁、徐州 6 号、德州 1 号、永城干灰、连城 1 号、石电 3 号等工程项目。目前天生港除灰及管道、徐州扩建、大连西咀灰、蒙华泰灰、开封、军粮城灰/石灰石、华能威海等项目亦大多进入了安装阶段。

除渣专业：完成了天津大港干排渣 2 号的生产、安装指导、调试、试运等工作；天津大港干排渣 1 号设备正在安装中；完成了蒙华泰干渣 1 号、大连西咀的 1、2 号及石电 3 号干排渣双列运行改造和钢带备件的供货；完成了长春二热和卓资山项目的部分设计及华能伊敏灰渣改造的相关前期工作。

水专业：完成了福建酸车项目、双辽电厂生产及生活污水回用工程、河津电厂循环水排污水处理现场试验、内蒙古京达微滤装置、石景山电厂反渗透系统改造投标、山西平旺污水处理工程调试工作、广东新惠双水发电厂循环水管道防腐项目及山西侯马污水处理工程调概等工作。

电力建设工程咨询中心：该中心在组建于 2004 年 4 月。2004 年完成华能公司工程质量检查共出检 815 人・天；开展了《110～500kV 架空电力线路施工及验收规范》等 21 项标准的制、修订工作，其中有 5 项完成了标准报批稿的上报工作，16 项标准正在编制中。举办 8 期国家发改委新发布的电力行业焊接及检验标准宣贯班，共计培训了全国 140 个电力行业单位的 346 位相关专业工程技术人员。检验与检测部全年累计接受厂家委托 565 份，完成实验检测 1200 项。

针对新 P92 钢等新钢中出现在超（超）临界机组的情况，及时组织了五个电建公司开展了《P92 钢焊接工艺评定优化试验研究》课题的可行性研究。筹集课题资金220万元。目前相关进口焊接材料的性能评价工作已经展开。

为了促进电力建设工程质量的稳步提高，该咨询中心于10月在唐山组织了全国电力建设焊接优质工程经验交流会。全国45个电力建设施工单位68位代表出席会议，会议取得圆满成功。该咨询中心于11月组织召开了第九届全国电站焊接学术讨论会。122名电力行业的工程技术人员参加了讨论会。会议从应征的158篇论文中评选出102篇A、B类论文并出版了论文集。该咨询中心还协助国家电网公司工程建设部主办了全国电力建设质量监督中心站负责人会议。

施工机械室（特种设备检测中心）：2004年，完成了450t多用途组合吊装架构的设计、350t定子吊装架构的设计及500t组合式吊装架构的初步设计；完成了8套GYT-100D、4套GYT-200（Ⅱ）型钢索式液压提升装置的制造；对山东电建一公司GYT-100D型液压提升装置等近20个项目的工程现场技术服务，其中黑龙江电建三公司GYT-100H型液压提升装置为该室第一次为国际工程服务；承接了4个定子吊装任务；完成了1套450t多用途组合吊装架构的制造；完成了上海电力机械厂电站塔式起重机等共10项国家质量监督检验检疫总局授权的型式试验工作；完成吉林水工起重机械维修中心有限公司塔式起重机等4个单位的6台起重设备的常规检测及应力测试及北京送变电公司滑车、扬州天地公司卡线器等厂家的机具检测工作；国电大同发电有限责任公司等委托的力学性能、化学成分及金相分析试验等。

完成一项行业标准DL/T 875—2004《输电线路施工机具设计、试验基本要求》的编写，已正式发布。

管理工作

合同管理：2004年完成新签合同7.96亿元（计划3.58亿元）；产值2.82亿元（计划2.44亿元）；销售收入2.73亿元（计划2.32亿元）；利润总额1381万元（计划1300万元）；资产负债率70%（计划不高于58%）；净资产收益率3.03%（计划3%）；资本保值增值率120.1%（计划≥100%）。

经营管理：对假冒试验报告的情况及时在行业内进行通报，查出20余份假试验报告，清除了制假单位；对控股公司进行产权改革，解决了资金的瓶颈问题，为北京国电富通科技发展有限责任公司的持续发展做了良好的铺垫。采购管理方面及时加强了采购力量，积极发展长期供货商，运用采购评议制度参考采购数据库进行高效率采购，保证了各项目的正常执行。内部管理不断加强。建立了以“增加值”为核心的成本管理体系，加强了成本管理与控制，进一步推进了全面预算管理制度在所内的实施，内部管理体系进一步完善。同时，清产核资工作的圆满完成，使资产状况更加清晰。

质量、安全管理：2004年，将5月定为生产质量与安全活动月，结合实验室认可内部评审的要求，通过质量体系文件的学习、设备自检、制度内审、质量跟踪调查、抽查、总结等活动，使职工树立质量是根本、安全是保障的观念，加强标准化和安全作业，建立质量跟踪制度。

国家认证机构对北京国电富通科技发展有限责任公司质量管理体系运行情况进行了认证后的第一次监督审核（外审），审核组从九个方面对体系运行情况作总体评价，肯定了公司质量管理工作所取得的成绩，获得了A级等级；北京国电富通科技发展有限责任公司年内完成了二次质量管理体系内审工作，对不符合项，进行了限期改正；完成了新增特种设备检测部、研土实验室认可的准备工作及其他实验室新增扩项的申报及质量体系文件修改工作，为创造一流服务奠定了良好基础。

财务管理：2004年，严格按照国网公司的要求，于2004年1月1日正式执行国家新的“企业会计制度”和国网公司新的“固定资产管理办法”。制定了《成本核算管理办法》、《固定资产管理办法》、《关于经营、财务预算指标考核办法》等；对所本部及所办企业的资产、负债、投资、往来账款进行了全面清查；开展了融资及贷款担保调查、项目成本计划执行等情况的检查及产权分析，加大对所亏损单位的资产经营考核力度，发挥了财务杠杆作用，保证了各项经营工作的顺利进行。

人才管理：认真开展干部管理、机构调整、劳动工资、人才引进、人员培训、干部考核、保险等各项业务，发挥了人力资源部的职能作用。2004年引进人才19人。其中，博士1人，硕士14人。考察干部13人次，任免干部9人。加强了人员培训管理和制度建设，修改制定了考勤、工资发放、医药费报销、临时性用工管理等制度。组织进行了职能部门人员竞争上岗。进一步调整机构、整合资源，成立了电力建设工程技术咨询中心。

劳动工资管理：按照十六届四中全会关于以人为本和建立社会主义和谐社会的要求，重点研究了弱势群体的热点难点问题，建立劳动服务公司职工收入增长机制，增长比例与全所职工增长比例同步；解决了转制前离退休人员的生活补贴问题，为转制前离退休人员发放一次性生活补贴141万元，营造了企业和谐的内部环境。

劳动合同管理：2004年，对全所临时性用工人员进行清理，根据劳动法，与劳物派遣公司签定劳务派遣协议，使用人管理合法化。

信息管理：成立了信息化领导小组，由主管所长担任组长。加强了网络管理，更新了外部网站，加大了宣传力度，通过对局域网内部划分 VLAN，实现子网分割，保证网络安全稳定运行。

政策研讨：围绕涉及企业发展的问题，以内部管理、科研开发运行机制、产品资金滞压风险等为主题，征集论文 11 篇，于 2004 年 10 月召开了所第六届政策研讨论文发布会，其中有 2 篇获优秀论文奖。

外事：加强了科学技术交流和扩大经营范围，2004 年，对日本、韩国、美国、澳大利亚进行了技术考察；前往阿尔及利亚、德国、澳大利亚等国进行了工程安装调试、合作洽谈等。接待了德国、外蒙古、越南、苏丹、澳大利亚等国调研、试验人员。及时了解国际学术动态，扩大了营销市场。

精神文明建设

思想政治工作方面：坚持两级中心组的学习制度，以此为龙头带动干部职工政治理论学习。党委中心组采取了指定题目发言与自选题目发言相结合的方法，并在《电建所报》上刊载了学习体会。2004 年全所共有四人参加了国家电网公司高级培训中心举办的司局级领导干部进修班、高级工商管理班和青年干部培训班。在所双文明考核中将各单位、各党支部（总支）的政治理论学习情况列入考核内容。2004 年，各单位在贯彻民主集中制原则和企务公开、队伍稳定等方面开展了大量工作，发挥了党组织的政治核心作用、战斗堡垒作用和党员的先锋模范作用，职工队伍思想政治建设取得了初步成效。

普法教育 2004 年，重点组织了《宪法》、《行政许可法》、《交通法》、《合同法》的学习。实行依法决策机制、依法处理内外关系。在《电建所报》上专门开辟了《法制园地》专栏，连续刊登了关于保险、计划生育、交通等方面的法律法规和法制教育中所需的各种辅导材料，为职工学习法律提供了学习交流平台。把普法教育活动列为双文明考核的内容之一。在法制宣传日上街进行了《计划生育法》、《交通法》等法律的宣传。结合工作实践重新修订了《电建所安全内保措施》、《电建所门卫管理制度》、《电建所安全保卫工作奖惩实施条例》等；发挥外聘法律顾问的作用，为依法治企提供条件，2004 年度继续聘请北京市律师事务所律师为法律顾问，在重大决策前、重要经营活动和对外交往中，以及在合同、用工等方面，向律师咨询，维护企业和职工的合法权益。

工会工作：加强工会自身建设，重视发挥所职工代表大会和工会的作用，积极开展各项工作。进行了第二届职代会换届选举工作，成立了由 49 人组成的第三届职代会；工会根据所内机构的变动，及时对部分分会进行了调整，对新组建的单位成立了新的分会。组织工会干部和职工学习了《工会法》、《劳动法》、《社会保障制度》等。组织开展了“巾帼建功”评选活动。组织了为江西等灾区的募捐活动。在良乡北院建立了健身设施，为职工办了电影卡；所工会组织职工开展了第三合理化建议活动、将职工提出的 244 条合理化建议汇总整理为 7 大类、64 条。所党政联席会议对职工的意见和建议逐条进行了研究，作出了解决方案，并采用多种形式向职工进行了反馈。

共青团工作：2004 年，共青团组织，开展了“青年文明号”与“青年安全生产示范岗”创建活动；按照中央企业团工委工作安排，组织了共青团员“感动——青年网络作品大赛”活动；成立了所足球队，进行了系列训练，并参加了国网公司在京直属单位足球赛；组织开展了青年职工滑雪活动，陶冶了青年职工的情操；深入了解青年职工生活状况，帮助单身职工解决实际问题，使单身生活条件得到较大改善。

党风廉政建设：完善党风廉政建设领导体制和工作机制，与国网公司签定了党风廉政建设责任书，并与所内各单位及其党支部（总支）签定了本年度党风廉政建设责任书，组织各单位干部职工对领导班子进行了党风廉政建设责任制测评；认真贯彻预防为主的方针，积极开展党风廉政警示教育；坚持贯彻建设项目与物质设备采购招投标制度，对围墙建设、除灰实验室管道改建、一线单位外委加工与采购等实行招投标；坚持了所纪委书记与下级党政负责人谈话的制度；对新任职的领导干部有针对性地提出廉洁自律要求；按照国家电网公司《关于对 2004 年党风廉政建设责任制执行情况进行检查考核的通知》进行了自查，并通过了国家电网公司组织的考核。

（罗晓萍）

武汉高压研究所

公司概况

1. 单位性质

武汉高压研究所是国家电网公司全资科技型企业。

2. 领导班子

所长：吴维宁

副所长：王勤　宋飞宇　胡毅

总工程师：杨迎建

3. 经营指标

2004年主营业务收入1.08亿元，2004年共获中国电力科学进步奖2项；专利授权6项。

科技进步

(1) 密切追踪国内外特高压研究领域的发展动态，积极开展相关项目的研究工作。拟订了我所的百万伏级特高压输电关键技术研究的总体规划，重点进行了国内外特高压设备制造能力的调查研究，为我国特高压输电方案的确立提供了技术支持。

(2) 统一调配资源，完成重大科研项目。国家电网公司下达的500kV电磁环境、OPGW光缆雷击特性的工程应用、雷电定位监测系统全国联网的技术研究科研项目顺利完成；针对电网运行中的雷击、风偏、倒塔，组织精干技术力量，解决了电网建设发展和安全经济运行中的多项实际问题。重大项目中完成了三峡左岸GIS现场验收试验项目，为三峡工程建设做出了贡献；完成了江苏三堡500kV变电站串补装置问题分析和对策、全国联网关键技术深化研究等项目。同时加强与各网、省公司联系，积极参与地区项目的建设，完成了西北电网公司750kV示范工程二期科研项目；针对辽宁省电力公司存在的雷害问题，提出了防雷措施，解决了生产中的实际问题；承担了浙江和云南雷电定位系统建立等科研开发工作。

(3) 完善实验室规范化管理和体系建设，努力提高检测服务工作水平和技术装备能力。利用自有资金对试验室进行了改造和完善。国家电网公司的两个重点实验室顺利通过公司组织的实验室现场评估。

(4) 进一步推进规范化管理。从强化规章制度建设入手，适应企业特点和发展需要，重点规范和完善了财务、人事和科研管理制度。

主要工作

(1) 接受上级财务审计，完成清产核资工作。根据国资委和国家电网公司的统一部署，自2003年12月底启动清产核资工作。2004年起我所严格按照国家电网公司清产核资工作的总体要求，拟订了详细的工作方案和工作细则，在有关中介机构的全程监督和指导下，全面彻底、实事求是地对全所资产、负债、权益等情况进行了财务清理、财产清查和损益认定，按时上报国家电网公司并顺利通过审核。

(2) 根据国资委和国家电网公司的部署，2004年10月，国务院派驻国家电网公司监事会来所进行2003～2004年工作检查，我所顺利通过并获较好评价。

(3) 华瑞博士后工作站研究工作启动，11月迎来首位博士后研究人员。

精神文明建设

2004年再次通过湖北省国资委开展的省级文明单位年度审核；继续保持了武汉市洪山区文明单位的荣誉称号。

2005年技术经济目标

(1) 围绕国家电网建设规划，在特高压技术研究项目上取得突破性进展，加快特高压试验研究基地的建设；

(2) 高质量完成国家电网公司的重点科研项目和各项科研开发任务，力争在中国电力科技进步奖上取得好成绩；

(3) 力争完成国家电网公司的2100万元利润目标；全所经济效益和员工收入稳步提高；

(4) 确保全所各方面的安全和稳定，不发生对社会造成重大影响的安全事故和影响公司系统稳定的事件；

(5) 博士后工作站研究工作深化，开展配电网技术研究。

（董志新）

中国水利水电科学研究院

概况

中国水利水电科学研究院是以水利水电公益型研究和应用技术科学研究为主，面向全国的专业齐全的综合性科研机构，是全国水利水电科学技术研究的中心。它着重解决水利、水电建设中的重大关键技术问题，承担行业基础和应用基础研究及新技术、新成果的推广。

主要研究领域包括水资源、水环境、防洪减灾、高效节水灌溉、牧区水利、河流水库泥沙、高坝水力学、高坝结构、新型建筑材料、岩土工程及地基加固、工程抗震、遥感、高效水轮机及水泵、电站计算机监控和水情测报自动化系统、电站通信及自动化设备、火电核电站冷却水及环境、试验仪器及水利史研究等方面。同时还进行水利水电工程经济、环境问题的咨询及评估、工程安全监测及缺陷处理、工程安全鉴定、工程监理等。

中国水科院是国家“水利工程”一级重点学科单位，设有8个硕士、8个博士学科授予点，并设有2个一级学科博士后流动站。设有国家节水灌溉工程技术中心、部防洪抗旱减灾工程技术中心、水工程建设与安全重点实验室、水沙科学与江河治理重点实验室和工程环境评价中心。

中国水科院具有国家核准的安全评价机构资质证书、工程咨询资格甲级证书、水文、水资源调查评价甲级、建设项目环境影响评价甲级、编制开发建设项目水土保持方案资格甲级、建设工程地震安全性评价许可甲级、监理队伍资质甲级、设计乙级、施工二级资质证书，以及通过国家质量监督检验检疫总局的计量认证。

目前在职人数 1341 人，其中中国科学院、中国工程院院士 6 人，高工 421 人（含教授 105 人）人。具有博士、硕士学位 302 人。固定资产 6 亿元，具有国内外先进水平的大型试验设备有：三维六自由度震动试验台、450Gt 土工离心试验机、大型减压厢、高精度水力机械试验台等大型设备 120 台套，水力学、冷却水、泥沙、岩土、结构与材料、抗震、水利、水力机械、计算机监控、水情测报、调速器等综合试验室 32 座，科研设备总值近 1 亿元。

中国水科院建有北京中水科工程总公司，为注册资金 2500 万元、具有独立法人地位的独资全民所有制企业。主营业务水利、水电及建筑工程的勘测、设计、施工、监理、检测与监测、工程评价及工程技术的研发、咨询、服务和转让；水利水电设备、自动化控制设备及系统集成、仪器仪表、自动化元件、节水节能设备、计算机软硬件及系统的技术开发、咨询、服务、转让及设备监造；公司还具有科研生产所需的技术、设备、材料及另配件的进出口业务；承办对外合资经营、合作生产及其他商品的进出口业务。

中国水科院与国外著名科研机构、高等院校以及国际上重要的学术团体有广泛的交流与合作。国际泥沙研究培训中心、中国大坝委员会秘书处、中国灌排委员会秘书处、国际水利工程和研究协会中国会员联络组、世界泥沙研究学会等均设（挂靠）在中国水科院。

领导班子：

党委书记、院长：高季章

党委副书记、纪委书记：陈祥建

副院长：匡尚富　贾金生　杨晓东　刘之平　胡春宏　汪小刚

主要工作

（一）2004 年工作取得新进展

1. 科研管理体制改革成效显著

优化学科专业结构：①突出了水资源、水环境、防洪抗旱减灾、节水灌溉、牧区水利、遥感等学科建设；②继续巩固和保持了水力学、泥沙及江河治理、抗震、岩土、结构材料、自动化、机电等优势学科；③调整、重组、新建了主要从事水利公益、基础、战略宏观研究以及水利水电重大关键技术的 13 个研究领域；④制定了学科发展规划，明确了发展方向和重点任务，突出了科研优势和特色，积极支持新兴和交叉学科的发展。

调整组织机构。按业务的性质分为非营利、综合事业、科技产业和后勤企业 4 个部分。设置了 11 个非营利研究所，职能部门已由改革前的 16 个处室精简为 6 个处室，人数由 200 余人减到 55 人，后勤部门及所属企业都进行了归并和整合，精简了机构，提高了效率。

组建了精干高效的科研人才队伍。中国水科院非营利科研部门中，中青年科研人员占科技人员总数的 69%以上，80%以上人员具有博士、硕士学位。专业技术人员中具有博士学位 122 名（含博士后 32 人），硕士 204 人。加大人才培养和引进的力度，中国水科院作为国家“水利工程”一级重点学科单位，设有 8 个博士学科点、8 个硕士学科点和两个一级学科博士后流动站，在读的博士、硕士研究生达到 150 多人。

改革了收入分配制度。实行按岗定酬、按任务定酬、按业绩定酬，建立重实绩、重贡献，向优秀人才和关键岗位倾斜的分配激励机制。科研人员的收入有较大的提高。

科技创新能力得到了提高。不断完善科研机构管理体制，科研条件得到明显改善，创新能力显著提高，取得了一批重大创新成果。科技体制改革 4 年来，承担国家、行业重大科研项目 240 余项，经费 1.7 亿元。科研合同额年平均增长率为 26%。自 1999 年以来，中国水科院共完成各类科研成果 2322 项，其中在国内外发表的论文 1309 篇，专著 99 部，获国家专利 36 项。有 9 项优秀科研成果获国家奖，62 项成果获省部级奖。解决了国家重大水利水电工程建设的关键技术问题。

2. 全院科研、外事工作再创佳绩

（1）科研合同额再上新台阶。2004 年中国水科院新增科研合同额在 2003 年首次突破 3 亿元基础上，再上新台阶，总计达 3.56 亿元。

（2）科研成果斐然。中国水科院 2004 年共完成科研成果 370 余项，其中通过鉴定、验收、评审的科研成果 101 项；荣获各项奖励 55 项，其中：贮灰场灰水渗漏特性及防渗技术研究、火/核电厂取水防沙防杂物防污问题的研究获电力科技进步二等奖。

（3）组织开展了多项重大科研活动：①组织专家奔赴延安等相关热点地区开展调查研究，发挥中国水科院综合科技优势，研究解决水利行业热点难点问题；②水利部重点实验室的申报和认定。中国水科院“水沙科学与江河治理”和“水工程建设与安全”两

个实验室被认定为水利部重点实验室；③积极参与国家、部重大项目的前期论证工作。组织相关专家参加了国家中长期科技发展规划；协助水利部起草国家中长期科技发展规划重大专项初步建议书“节水防污型社会建设”、水电与生态环境“863”项目建议书编写等；④圆满完成“长江堤防护岸工程水下抛石质量检测”紧急任务；⑤取得国家发改委授予的国家重大投资项目的评估资格。

(4) 国际合作与外事工作成绩显著：①外事工作，2004年中国水科院共计派出84个团组，主要包括出国考察、出国培训、执行合作项目、参加国际会议和国际水事活动等。出访人员达185人·次，去往35个国家和地区。出访的国家和人数都比上一年度有所增加。中国水科院邀请并接待外国专家共38次，50余人，来自12个国家和地区。②成功举办多次国际会议，包括“2004水力发电国际研讨会”、“第九次河流泥沙国际学术讨论”、“联合国水电与可持续发展研讨会”、“第十九届中日河工坝工会议”、“第八届海峡两岸水利科技交流研讨会”等。③2004年中国水科院新增和在研的国际合作项目有：“松花江洪水管理项目”—亚行项目，“中国水行业发展项目”—中英项目，“粮食、生活和生态用水分配国家决策支持项目”—国际灌排委员会，“中国灌溉水价改革”—国际水资源管理研究所，“二滩MIS系统网关工作站技术服务”—德国，等等。

(5) 科技委工作丰富多彩。组织召开大坝与生态专题论坛和节水防污型社会建设论坛。组织了中国水科院院立专题项目的资助评审工作。

（二）党建与精神文明进一步加强

(1) 认真抓好理论学习，在武装头脑、指导实践上下功夫。各基层党组织认真组织党员干部学习《政府工作报告》、《中共中央关于加强党的执政能力建设的决定》等材料，形成浓厚的学习氛围，还举办了党支部书记和党务干部培训班。

(2) 加强党的组织建设，提高党组织的创造力、凝聚力和战斗力。坚持党管干部的原则，积极作好干部选拔、考核、培养教育等项工作。在加强院属各单位领导班子及其成员的党风廉政建设及年度考核的同时，加大了对党员处以上干部集中脱产培训的工作力度，特别是加大了在中青年科技骨干中培养和发展党员的工作力度。

(3) 加大宣传力度，努力建设健康向上的水科文化。为适应新形势下宣传工作的需要，促进中国水科院的文化建设，2004年完成内部刊物《水科之声》的改版工作，并在院局域网创建“党建与精神文明”专栏。刊物和网页成为广泛宣传党的方针政策的阵地，成为水科院职工交流思想、互通感情的平台，成为水利水电同行和社会了解中国水科院不断发展壮大的窗口。

(4) 政治文明、精神文明和物质文明协调发展。2004年中国水科院被评为2003年度中央国家机关和首都文明单位；并通过了2002～2003年度全国水利系统精神文明先进单位复审；中国水科院南院被评为“全国绿化先进单位”。

（三）人事制度改革和人才队伍建设取得新进展

制定和完善了规章制度及相关配套办法《中国水利水电科学研究院分配制度改革实施办法（试行）》，实行“按岗定酬、按任务定酬、按业绩定酬”的分配制度。实行公开招聘，完善了试行人员聘用制度改革实施方案的配套办法。

采取多种措施，加快人才培养。2004年中国水科院研究生招收与培养工作，重点放在加强学科建设方面。中国水科院在成为“水利工程”一级学科博士、硕士学位授予单位的基础上，在一级学科下设置二级专业，新增设了水环境学、水信息学和水灾害学与水安全三个博士、硕士学位授权专业。这为中国水科院在研究生招收与培养方面奠定了基础，也为专业研究领域的扩展提供了有利的保证。

（四）继续保持良好的财务经济状况

全院新签科研和生产合同额3.56亿元，与上年同期（3.08亿元）相比，增幅15.6%；实际到款额1.65亿元，占合同额的46%，与上年同期（上年同期到款1.52亿元，占49%）相比，增幅8.5%。

（五）党风廉政建设不断加强

深入开展党风廉政与党规党纪的宣传教育，认真贯彻落实党风廉政建设责任制，强化内部审计监督，充分发挥审计监督在维护经济秩序、加强廉政建设、促进经济发展方面的重要作用，认真开展信访举报和违纪违法案件的查办工作。

（六）人才战略、标准化战略取得初步成效

2004年完成了标准化研究中心和研究生部的组建工作，国家计量认证水利评审组工作进展顺利，标准化、质量管理体系认证工作取得进展，研究生培养和职工教育工作进一步加强。

（七）科技产业不断发展壮大

(1) 合同额稳步增长。2004年度中国水科院中水科工程总公司及所属企业新签合同额达到1.7亿元，到款额1.4亿元，比去年同期有大幅度的增长。

(2) 机构建设取得较大的进展。投资850万元与三峡总公司共同成立了“北京中水科水电科技开发有限公司”。中国水科院占该公司股权的51.5%。

(3) 经营管理工作进一步加强。完成了总公司营业执照、高新技术企业资质、施工资质（专业承包二级）、勘察资质（岩土工程甲级、劳务类）、工程咨询资质（岩土类甲级、水电、水利类乙级）、工程监理资质（水利部甲级、建设部乙级）、工程设计资质（电力行业〈水力发电〉、水利行业乙级）的年检工作，新获得水利设备监理（乙级）资质。

主要事件

1月12日，国家认监委、水利部等部门到中国水科院听取有关成立“国家节水产品认证中心”的情况汇报。

2月16～20日，四川南桠河流域水电开发有限责任公司在成都召开“基础防渗设计、施工中间总结及技术交流会”，杨晓东副院长参加了此次会议。

3月9日，科技部李学勇副部长到中国水科院调研公益类科研院所改革情况，并参观了结构震动、离心机试验室。

3月21～23日，贾金生副院长参加国家电力公司昆明勘测设计院在京召开的“澜沧江小湾水电站工程设计顾问组第二次会议”。

5月11～13日，刘之平副院长参加了在长沙召开的“向家坝底流消能关键技术研究专题所属各子题研究成果验收会”。

7月5～8日，高季章院长参加“长江三峡二期工程船闸通航验收会议”。

7月21日，国际泥沙研究培训中心成立20周年庆祝大会在中国水科院召开。

8月10日，日本电源公司岩下修社长一行三人到中国水科院进行访问。汪小刚副院长会见了客人并介绍了中国水科院在电厂自动化、水库自动化调度、雨情浏报等方面的研究成果。

9月28日，匡尚富副院长参加第三届中国科学家论坛。

10月10～12日，刘之平副院长参加了“四川岷江紫坪铺水利枢纽工程蓄水安全鉴定专家咨询会”。

10月12日，水利部部属科研机构体制改革检查评估专家组到中国水科院进行现场评估检查。专家组成员听取了高季章院长作的《中国水科院科技体制改革评估验收自检报告》的汇报，并现场察看了岩土所、水环境所、减灾所、大兴基地。

10月15日，美国科罗拉多大学教授、泥沙专家杨志达先生应高季章院长、匡尚富副院长的邀请到中国水科院进行学术交流，并作了题为“泥沙侵蚀与沉积研究的统一理论”的学术讲座。

10月26日，科技部、中编办、财政部三部委召开对水利部科研机构体制改革联合验收会。高季章院长、杨晓东副院长参加了会议并汇报了我院改革情况。

11月12～13日，“三峡升船机安全可靠性评估工作大纲”审查会在中国水科院召开。来自三峡总公司、国务院三建委、交通部三峡办、长江委设计院、中国机械科学研究院、中南勘测设计院的有关专家参加了会议。高季章院长作了三峡升船机安全可靠性评估工作进展情况的报告。由中国水科院牵头起草的“三峡升船机安全可靠性评估工作大纲”通过了与会专家的评审。

12月7日，由中国水科院承办的《水利学报》荣获2003年“百种中国杰出学术期刊”称号。

（安晓滨）

国电动力经济研究中心

生产经营目标完成情况

2004年，动经中心共签订有效合同64项，合同额比2003年增长34%。其中，纵向有效合同27项，合同额比2003年减少17.6%，约占有效合同额的42%；横向有效合同37项，合同额比上年增长143%，约占有效合同额的58%。2004年中心工作会议提出的全年签订纵向、横向合同额的目标任务，均超额完成。

2004年，动经中心5个业务所都超额完成了与动经中心签订的人均合同结算额的经营责任目标，动经中心按照《国电动力经济研究中心经营责任制考核和奖励暂行办法》有关规定，对5个业务所的负责人和员工进行了奖励。

科研咨询

2004年动经中心共开展了约130项科研和咨询项目。完成和进行的重点科研和咨询项目包括：

（1）发展战略研究：主要研究课题有国家电网公司功能定位及内涵研究、集团化模式研究、战略目标与公司治理初步构想研究、战略环境研究、资产重组与资本运作研究、经营业务种类和发展与盈利模式研究、主辅分离后对策研究，并为中国国电集团、国华公司、清江公司等提供战略研究。

（2）改革问题研究：动经中心一直关注中外电力体制改革问题。在2003年10月动经中心召开的动经论坛上，作了题为“国外电力改革动态”的专题发言；完成了国家电网公司委托的课题“公用事业民营化对电网公司的影响”研究，电监会“电力监管能力建设”研究等。

（3）电价研究：主要包括电网“十五”规划调整

和“十一五”规划的电价测算分析；配合国家审批电价的研究，如公司总部跨区联网项目价格研究、南方电网西电东送输电价研究；配合国家电价改革及试点进行的研究，如南方电网电价形成机制改革及对公司影响研究、华东电网输配及销售电价改革研究；电力体制和电价改革导致的新问题研究，如华东电网配合费用研究、标杆电价下电源投资成本管理实施办法研究；电价宏观政策及电价信息研究，如中国电价和电力发展研究、电力定价及策略研究等。

（4）经济活动分析：包括公司总部季度经济活动分析和东北电网公司经济活动分析方法研究。公司总部经济活动分析有望成为经常性工作，东北电网公司已准备进一步开发公司系统经济活动分析支持系统软件。

（5）电力市场分析预测：主要有 2004 年春季/秋季全国电力市场分析预测报告、重点行业用电趋势调研等。借助“夏季尖峰期市场分析”课题的机会与气象部门建立了联系，把气象因素对电力供需的影响逐步纳入市场分析预测工作。2004 年初编写的“近期电力供需形势和若干问题建议的汇报”上报国务院后，得到黄菊同志的充分肯定。

（6）电力营销和需求侧管理：动经中心全程参加了发改委和电监会组织的《关于加强电力需求侧管理工作的指导意见》文件的起草和编写工作，以及迎峰度夏后的全国重点地区需求侧管理调研及调研报告编写工作等。动经中心开展的“世界银行 DSM 研究项目”得到了世行专家、IEA 专家充分认可。

（7）电力规划研究：主要有国家电网公司“十五”计划及 2010 年远景规划编制及相关问题研究、全国电力发展规划、全国农网发展规划、南方电网电源优化、“十一五”电力发展规划、电力规划技术经济安全辅助分析与评价系统等。

（8）可再生能源及电力环保研究：主要有风电政策及相关问题研究、华东地区电力发展规划相关问题研究、华电“十一五”环保规划等。

（9）电力项目经济性研究及有关咨询：包括广东抽水蓄能电站后评估、福建 LNG 燃机项目经济性分析及政策措施建议、重庆电网调峰电源经济性及管理模式研究，蟠龙抽水蓄能电站项目经济评价及财务运行模式研究、中越联网项目可行性研究、中泰联网项目研究等。

（10）其他研究课题：主要包括南方电网公司参与大湄公河次区域电力合作前期研究、国家电网公司科技评价体系的研究与建立、发电项目投资动态管理方法体系研究及模型建立、配电变压器能效及技术经济评价导则、城网项目评审等。

科研与信息

动经中心组织了 2004 年度科研项目评奖工作，经专家委员评审，评出一等奖 1 项、二等奖 4 项、三等奖 9 项，并推荐动经中心一等奖项目《电力重组中需求侧管理研究》参加 2005 年度国家电网公司科技进步奖评奖申报。

2004 年动经中心在各种报刊杂志上共发表论文 69 篇，其中：杂志 45 篇，报纸 16 篇，其他论文集等 8 篇；编辑出版了 6 期《电力经济研究》。

2004 年，动经中心成立了第二届专家委员会，并召开了第一次会议暨动经论坛，国家电网公司副总经理陈进行自始至终参加了会议，发改委、电监会、公司有关部门的代表以及网、省（区、市）电力公司的代表和专家委员会委员共 140 多人参加了会议。2004 年，动经中心还组织召开了动能经济专委员会年会，参与了第 15 届亚太电协大会和第二届世界工程师大会有关工作。这些活动的组织和参与均扩大了动经中心的影响力。

2004 年动经中心的信息工作有效地支撑了科研工作。完成了动经中心图书资料库、成果库的装配、改造和迁移工作，与公司总部间的 OA 收发文系统已经联通并试运行。坚持了会议情况报告上网制度，刊载了 30 多个会议的消息及相关业务信息，50 余份资料上网。

党风廉政和队伍建设

2004 年，动经中心制定了党委理论中心组年度学习计划，坚持理论学习，开展了反腐倡廉警示教育活动。动经中心党委与动经中心各部门和各党支部签订了党风廉政建设责任书。动经中心领导班子带头加强作风建设，将民主生活会的有关情况及整改措施向全体职工通报。组织党员参加了公司党课教育、西柏坡党史和革命传统教育等，收到了很好的效果。2004 年 11 月公司直属党委对动经中心党风廉政建设工作进行了检查和考核，考核结果为满分。

对动经中心管理的干部进行了部分调整，干部的选聘经过了民主测评考核、领导集体研究，坚持了谈话制度，按照干部任免程序聘任。2004 年动经中心调入新职工 6 人，并进行了岗前培训，签订了劳动合同。

根据动经中心全员培训制度，2004 年动经中心加强了对员工的培训工作，组织了 12 场动经中心内部业务交流讲座，组织参加了 5 场公司专家系列讲座、董事监事培训、清华大学注册咨询工程师培训等专题培训及审计、监察、会计、人力资源等岗位培训，参培员工近 300 人次。

主要事件

1月8日，国家电网公司党组成员、副总经理陈进行同志率有关部、局领导来中心检查指导工作，进行春节慰问。

2月26～28日，召开动经中心2004年工作会议。

4月7～22日，邓建利主任参加国家电网公司区域电网联网考察团出访英国、法国、德国、意大利。

4月16～5月7日，胡兆光总经济师参加河北省电力公司需求侧管理项目考察团出访德国。

6月15～7月3日，雷体钧副主任参加国网公司工商管理高级培训班，赴法国、西班牙、意大利考察。

7月11～12日，召开动经中心2004年年中工作会议。

10月13日，召开国电动力经济研究中心第二届专家委员会第一次会议暨动经论坛。国家电网公司党组副书记、副总经理陈进行同志出席会议，动经中心专家委员会委员、各网省公司规划部门领导等146人参加会议。

10月17～22日，胡兆光兼总经济师赴上海出席第15届亚太电协大会。

（魏权华）

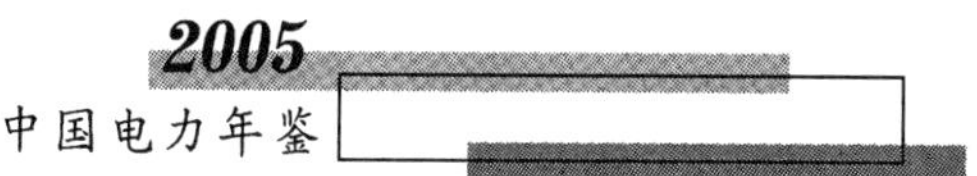

教育培训与新闻出版

教　育　培　训

国家电网公司高级培训中心

概况

国家电网公司高级培训中心又称国家电网公司党校。

随着硬件设施的进一步完善，以及培训经验和会议服务经验的丰富，中心已经基本能够满足国家电网公司系统不同层次、不同规模的培训及会议服务。2004年，中心积极同公司总部各部门联系，全面完成了国家电网公司交给的培训和会议接待任务。其中：举办培训班23个，培训人数达1380人；组织出国考察培训团组7个，达130人·次；承办会议18个，参会人数达1300人·次。

在培训方面，除了完成党校班、工商班等主体班的培训外，在培训教务处、项目开发处等部门的积极努力下，新开发并实施了国家电网公司总工程师培训班、公司总部第一期经营管理人员进修班、国家电网公司办公室创新管理研修班等10多个培训项目。在五个比较重要的培训班开展了拓展训练，也取得了非常好的效果。

国际合作培训克服了国际形势不断变化的影响，圆满完成了中心两期工商管理培训班学员的出国考察任务，还开发完成了“人力资源与管理”、“企业年金管理”等7个团的出国培训考察工作。国际合作处也尝试通过承办国际性的会议和培训来扩展市场，收到了很好的效果。

2004年中心在承办接待会议方面有了新的突破。成功地承办和接待了国家电网公司人才工作会议、国家电网公司干部人事部门负责人会议、国家电网公司年中工作会议暨审计工作会议、电力监察协会工作会议等大型会议。

2004年中心共对外联合办班85个，培训人数达4250人·次。对外承办会议17个，共1000多人·次。

在圆满完成国家电网公司培训任务及会议服务的同时，项目开发处、培训教务处、综合管理处、培训大厦等部门积极地同各大发电企业及系统外知名公司联系，努力开拓新的培训、会议服务市场，不断建立新的合作伙伴。

培训教务处以较高的培训质量和优质的服务继续在电力系统占有较好的市场，尤其是一些老客户的关系继续稳定发展，大唐集团公司、国电集团公司、内蒙电力公司都把很重要的培训放到中心来，对中心的培训及服务给予很高的评价。

创新机制

2004年，中心不断创新和完善激励机制和用人机制，通过全面实行目标考核、二级机构调整、处级干部和员工竞聘上岗、实施聘用人员管理办法等一系列措施，充分调动了广大员工的积极性。

2004年初，随着职工聘任期满，中心从更有利于充分发挥二级机构的职能、更有利于合理调配资源的目的出发，对二级机构和各部门职责范围进行了重新调整，并圆满完成了新一轮中层干部及普通员工的竞聘上岗。

对于处级干部的竞聘，中心严格按照国家电网公司党组《关于领导干部的管理办法》的相关规定，制定了《2004年高培中心处级干部竞聘上岗方案》。按照任人唯贤、德才兼备、群众公认、注重实绩，公开、平等、竞争、择优和民主集中制的原则，通过自愿报名、民主测评、组织考核、党组集体讨论来决定干部的任免。其中民主测评要中心全体员工和中心领导班子成员进行投票，民主测评分超过70分才可以作为人选提交党组讨论。一般员工的竞聘根据中心制定的《2004年高培中心一般员工竞聘上岗方案》进行，本着公开、平等、竞争、择优的原则，通过自愿报岗、双向选择的方式，根据个人意愿和实际工作情况，由聘任领导小组研究决定最后各部门的聘用人员。本次竞聘，中心处级干部岗位变动率达到38%，普通员工的岗位变动率达到33%。通过选择合适的人到合适的岗位上工作，更充分地发挥了每个人的潜能，起到了更好的激励作用，也进一步促进了中心富有生机与活力的选人用人机制的建立。

2004年初人事部门对中心的经营（工作）目标考核办法做了进一步的修改和完善，并在中心全面实行目标考核。新的考核办法结合中心和各考核部门的实际情况，经营（工作）考核指标制定的更趋于全面、合理，既具有一定的挑战性，又切实可行，充分体现了“效率优先，兼顾公平”的分配原则和激励作用。

中心还在广泛调研的基础上制定了《聘用人员管理办法》，使中心聘用人员的管理更加规范，更有章可循。

进一步加强了员工培训力度，2004年共有17人20人·次参加了人力资源师、办公室主任创新管理、保险、酒店管理、酒店法律、国际人力资源、党校青干班、工商管理国外考察、物业管理等培训，其中有5人取得了物业执业资格证书、5人取得了人力资源师资格证书。

经营管理

中心各部门围绕管理的重点和薄弱环节，通过加大财务监督、加强资产管理、严防跑冒滴漏等一系列措施，达到了开源节流的目的，实现了良好的经济效益。

各培训及会议承办部门更是在培训和会议接待过程中实行全过程、全方位自我控制，精打细算，想尽办法节约开支。有些培训班管理的非常好，收益率达到30%，甚至更高，为中心创造了良好的经济效益。

培训大厦通过加强制度建设、加大员工技能培训力度等办法来增强员工工作责任心和全员成本意识的提高。制定了《节能措施及管理办法》、《采购工作的程序公开制度》等规章，通过培训将节约、成本意识养成自觉行为。工作技能的增强也大大降低了外委维修的比例，力争维修、改造以自己干为主，使成本明显降低。

中心物业管理水平进一步提高。综合楼的物业管理通过开展“甲级写字楼”活动得到了很好的改善，院里的保洁、绿化、保安也都逐步朝着规范的方向发展。基建物业处有5名同志还考取了物业管理执业资格，为以后成立物业公司，进一步加强物业管理奠定了基础。

党的建设和精神文明建设

2004年，中心组织全体职工深入学习“三个代表”重要思想和党的十六大，十六届三中、四中全会精神，着力加强党组理论学习中心组的学习，坚持做到每月一次集中学习。

通过深入学习两个条例和四大纪律、八项要求、三个不得，不断加强制度建设。成立了由财务、纪检和业务部门参加的中心招投标小组，加强了效能监察等一系列活动和措施。

中心还通过多种文体活动的开展来进一步加强员工的凝聚力和向心力。去年秋季，我们开展了系列文体活动，更把中心的文体活动推向了高潮。校园网和电子显示屏也成为中心企业精神最直接的宣传工具，通过对中心文化及各类新闻的及时播放，对中心企业文化的培育和建设起到了很好的促进作用。

主要工作

1. 清产核资

制定了《国家电网公司高级培训中心清产核资工作方案》，成立了清产核资工作领导小组和清产核资工作办公室，并做出了具体安排和详尽部署。

本次清产核资工作主要完成了以下几项内容：一是账务清理；二是资产清查；三是报表编制；四是中介审计；五是清查结果；六是完善制度。财务资产处在清产核资工作中做了大量细致认真的工作，使中心的清产核资工作取得了很好的效果。

中心按照国家电网公司清产核资效能监察小组的要求提交了《清产核资效能监察报告》，中心没有出现违规及需要查处的情况。

2. 基础设施改造

2004年中心分别完成了办公楼、两栋公寓楼、学生食堂、招待所、浴室的装修和改造。

中心在2004年对培训设施进行了进一步的改造和完善。在项目开发处、培训教务处等部门的努力下，新建一个现代化的（70人）机房，并改造了一个30人的机房；新建了分别可容纳12～30人的各类讨论教室7个、教师休息室一个；更换了包括党校、工商班教室在内的4个教室的桌椅（217位）；新建、更新了部分教室的多媒体音响设备；每个教室都新增了设备柜，一方面便于教师的操作，同时也保障了教学、设备的安全运行，基本达到了功能多样、设备精良的现代化培训基地的硬件建设要求。

3. 师资队伍建设

积极邀请新领域、新学科的专家、教授来中心授课，2004年共新邀请教师25位，其中有7位被聘为中心客座教授，学科涉及政治理论、经济管理、人力资源等，分别来自国务院发展研究中心，国资委、中央党校、北京大学等单位。

对10个培训班进行了教学质量评估，其中4个长班、6个短班，优秀率达到85%以上。

4. 创先评优活动

开展了每年一度的先进集体、文明职工和优秀党员、先进党支部活动。

国家电网公司党校以优异的成绩被中央党校评为中央党校分校教学管理先进单位，刘贯欣同志被评为先进个人。在中电联组织的优秀教育工作者评选中，杨爱勤同志被评为教学管理先进个人。

5. 中心课题研究

中心开展的“中心课题研究”活动，在全体员工的积极参与下，经过认真的研讨和交流，各部门都认真总结了经验，查找了不足，并形成了具体的工作思路、措施和建议，收到了很好的效果。

6. 安全保卫工作

中心同每个部门签订了安全工作责任书，将安全责任落实到人。同进出中心院内的施工队单独签订安全合同，确保了安全生产和施工。基建物业处通过制定、完善各项安全教育制度和加强制度的落实来确保中心院内的安全，还邀请中国消防协会的教官举行了三次安全生产防火与消防自救活动讲座，并组织了首次消防演习，大大增强了中心员工的安全防火意识。

（赵付明）

华北电力大学

2004年，学校下设研究生院（筹）、电气工程学院等16个学院和建筑工程系，拥有1个国家级重点学科、9个省部级重点学科、4个部级重点实验室和2个教育部立项建设重点实验室，2个博士后科研流动站、1个博士后项目工作站、7个博士点专业、29个硕士点专业，有MBA和工程硕士专业学位授予权、52个本科专业、4个二学士学位专业；学校占地近1300亩，建筑总面积近72余万m^2，固定资产9亿多元，其中教学科研仪器设备达到近2亿元图书馆藏书111万册。全校共有教职工2625人，在编专任教师1304人，其中正教授214人（含中国工程院院士3人，博士生导师61人），副教授421人，教师中具有硕士以上学位的人数占教师总数的60%以上，具有博士学位的教师已超过120名，另有200多名青年教师在读博士学位。全校共有各类在校生34051人，其中研究生4245人，本专科生18940人，成人在校生10866人（含脱产），外国留学生近百人。此外，科技学院在校生1680人。

党建和思想政治工作

学校以两级中心组的理论学习带动全校教职工的理论学习，认真传达党的十六届四中全会等上级有关会议和文件精神。

制定了2004～2006年党建工作计划和党建工作考核指标以及党总支、党支部考评标准，进行了发展党员工作检查、党员队伍状况和党建工作综合调查，规范了日常管理工作，全年发展党员1451人；举办三期入党积极分子培训班，培养入党积极分子2738人。

学校切实加强干部队伍建设，努力提高干部队伍的整体素质，全年共选派17名中层以上领导干部参加上级组织的培训班，或到国外知名大学挂职锻炼；完成了各党总支、直属党支部的换届选举工作。制订了新的中层干部年度考核办法，在考核内容、程序等方面进行了改革创新。

科学研究与高新技术产业

2004年，全校科研经费总额达到了12209万元；获得国家和省部级立项资助44项，科研经费总额、立项级别层次、种类数量均达历史最高水平；获得国家级科技奖励1项、省部级科技奖励7项；新增职务发明专利申请5项，实用新型申请7项，授权实用新型5项；共发表各类科技学术论文1618篇，被三大检索工具检索论文277篇。学校进一步加大科技投入，推动科研队伍的建设，全年投入科研经费586.84万元，其中212万元用于资助校内81项科学基金项目；140万元用于2003年度科技奖励。

2004年校办科技产业资产总额达到1.8亿元，实现销售收入1.3亿元，实现利润827万元，上缴各种税金1016万元，企业中学校的资产达到6063万元。

教育教学与师资队伍、学科建设

2004年4月开始启动了本科教学工作水平评估摸底促建工作，制定了《本科教学工作水平评估摸底促建工作任务书》，提出了具体工作目标与要求，形成了《自评报告及整改方案》。

制订了新版教学计划，实现了两地教学计划和管理制度的基本统一；明确了"合格＋拓展"的人才培养模式和突出"三能"为特点的人才培养目标，即培养具有一定创新能力、较强实践能力和良好发展能力的高级专门人才；加强了实验与实践教学体系的改革；实施了"有特色的专业教育"。

加大了精品课程建设力度，共有11门课程获省级精品课程，4门课程推荐申报国家级精品课程。教学研究成效显著，共获省级教学成果二等奖3项、三等奖6项，组织2个项目申报2005年度国家级教学成果奖。我校学生获国际大学生数学建模竞赛一等奖1个、二等奖1个，在各类全国大学生竞赛中获国家级特等奖2个、一等奖4个、二等奖15个、三等奖23个。

2004年共引进学科带头人10人，接收应届毕业生111人，其中具有博士学位的毕业生32人；加大了教师培训力度，200多名教师参加了各级各类培训，公派教师做出国访问学者12名，国内访问学者3名；有2人进入国家"新世纪百千万"人才工程国家级人选，2人入选教育部新世纪优秀人才资助计划。学校还专门成立了师资办公室以进一步加强师资队伍建设。

学校在"九五""211工程"建设的基础上，依托校董会，启动了我校"十五""211工程"建设项目。按照学校总体发展规划，采取"以项目形式建设学科"的方法，实施了"十五""211工程"重点学科项目建设。2004年学校共投入1500万元用于学科建设，进一步提高了学科建设水平。新增了"项目管理"工程硕士招生领域、"工商管理硕士MBA"，并首次在"热能工程"、"电工理论与新技术"、"技术经济及管理"三个专业开展高校师资培养工作。

学校重点实验室建设取得重大突破。教育部批准依托该校立项建设"电力系统保护与动态安全监控"和"电站设备状态监测与控制"两个教育部重点实验室，建设计划通过了教育部组织的专家论证；"高电压与电磁兼容实验室"和"能源的安全与清洁利用实验室"被批准为北京市重点实验室，北京市政府资助建设经费260万元；学校投入1800万元用于加强实验室建设；申请到教育部直属高校"修购专款"1088万元，用于建设"电工电子实验教学中心"和"工程训练中心"。

制订发展战略体系，实施人事制度改革

校党委认真分析研究划转教育部以来学校面临的形势和任务的变化，认真贯彻科学发展观、紧密联系我校办学实际，结合学校的具体情况，进一步制定和完善了学校的发展战略规划、学科及师资队伍建设规划和校园规划，明确了学校的办学理念、发展目标、工作思路、发展道路、两地发展布局和管理模式等，逐步形成了一整套比较完整的学校发展战略体系，对于学校各项工作具有重要的指导意义。

学校进行了新一轮人事制度改革。构建了公开招聘、平等竞争、择优聘任的双向选择聘任机制和能上能下、能进能出、能高能低的运行机制。为造就学术大师和培育高水平创新团队，设立了责任教授岗位，明确了岗位职责，强调责任教授一岗的学术带头人和团队负责人作用，分配政策也大幅度向责任教授岗倾斜，共聘任了23名教授为责任教授一岗。全面修订了教职工考核和津贴分配办法，形成重实绩、重贡献，向教学、科研、管理重要责任岗位倾斜的分配激励机制，教职员工的待遇普遍得到提高，调动了广大教职工的工作积极性。

基本建设

2004年，保定校部完成了第13、14号学生公寓、第四学生食堂等建设工程，正在开工建设教九楼(逸夫楼)、教十楼。北京校区完成了第四教学楼、水工实验室、7～10号学生公寓等建设工程，体育场的工程建设已近尾声，正在开工建设第五教学楼、学生三食堂和11、12号学生公寓等工程。学校在保定和北京的征地工作正在加紧实施，并得到了地方政府的

大力支持。河北省、保定市人民政府已将我校的校园建设列入省、市重点建设项目。为了推进科技学院的发展，学校购买了148亩的原保定师专校园，现正进行规划改造并做好后勤保障工作。

对外交流与合作

2004年，经教育部批准，学校正式启动了与澳大利亚皇家墨尔本理工大学联合举办的电力MBA项目和与英国斯莱斯克莱德大学举办双学士学位的合作项目；还与英国巴斯大学、美国伊利诺斯理工大学签订了全面开展合作办学、科研学术交流和管理人员培训以及合作培养我校博士生等合作协议；与法国格勒诺布尔大学就核电专业举办本硕连续项目、与越南煤炭工业学院合作培养越南大学生达成了合作意向；与韩国韩北大学签订了以本科生双学位为基础展开合作的协议；共聘请长短期外国文教专家117人·次；招收留学生126人；争取了23个外专指标，专项指标经费达到207万元，创历史新高。

学校进一步密切了与董事会成员单位及电力企业的联系，成立了董事会科技合作委员会及人才培养合作委员会，先后与国电电力发展有限公司、大唐国际发电股份有限公司等电力企业签署全面合作协议，通过双方联手，整合资源，为企业搭建人才培养和科技创新的新平台，促进学校的科技转化以及解决毕业生就业等实际问题，与董事会单位企业合作的进一步深入和细化；学校专门成立了校友工作办公室，陆续在北京、上海等地成立了16个校友分会，青海、陕西等省市也正在筹备成立当地的校友分会；“华北电力大学校友会网站”于5月正式开通，还创办了校友会会刊——《华电校友》；学校加大了对外宣传和信息工作力度，提高了工作效率，宣传了学校成功经验，扩大了学校影响，被评为教育部办公厅“2004年度信息报送先进工作先进单位”。

学生工作

坚持开展大学生社会实践活动、课外科技活动和文化体育娱乐活动等各种主题鲜明的活动，丰富学生的校园文化生活，努力营造“文明·和谐·宽松·开放”的校园文化氛围，促进学生全面素质的提高。

2004年，学校共招收全日制学生6271人，其中，博士生124人、硕士生1071人、本专科学生5076人；毕业生就业率达到98%以上，相关促进毕业生就业的经验得到了教育部肯定。

学校积极开展贫困生扶助工作，增加特困生救助金30余万元，为529名特困生发放伙食补助76万元，减免35名“西部开发助学工程”学生学费17.5万元，为116名贫困学生发放生活贷款10万余元，和多家单位签署了奖励计划、资助协议，提供勤工助学岗位已达442个，发放勤工助学资金总额达30余万元。2004年年底一次批准贷款学生800余人，贷款总额达900余万元，实现了“确保每一个学生不因经济困难而辍学”的目标。

主要事件

3月1日，该校43名同学在2003年全国大学生英语竞赛中获奖，其中特等奖2名，一等奖3名，二等奖13名，三等奖25名。

3月1日，该校参赛队伍在“全国大学生电子设计竞赛”中获得全国二等奖一项，河北省二等奖两项。

3月3日，根据教育部有关通知，该校新增6个本科专业：水利水电工程、核工程与核技术、信息安全、材料化学、土木工程、艺术设计。至此，我校本科专业达到47个，涉及6个学科门类。

3月21日，获得2004年第20届美国国际大学生数学建模竞赛一等奖、二等奖。

5月12日，收到河北省省长季允石签发的“省长特别奖集体”证书，对获得1999年河北省科技进步一等奖、2000年国家科技进步二等奖的“三维涡流分析系统的研究及壳式变压器的开发”崔翔教授项目课题组进行了表彰。

5月14日，电力工程系李成榕教授、动力工程系刘宗德教授入选国家新世纪百千万人才工程。至此，我校已经有四人（崔翔教授为第一批、刘吉臻教授为第二批）入选国家百千万人才工程第一、二层次。

5月18日，该校4个项目获得中国电机工程学会2003年度“中国电力科学技术奖”。

6月5日，根据教育部教外司专［2004］229号文件，张胜寒教授“高纯水中微量阴离子对不锈钢钝化膜形成时脱质子影响”、崔翔教授“500kV变电站电磁骚扰水平及输变电设备电磁环境影响”、徐鸿教授“超超临界锅炉受热面寿命损耗的研究”、丁立健教授“辉光放电表面处理对沿面闪络性能影响的研究”等4个聘请外国专家项目获得教育部重点资助，这在我校历史上尚属首次。

6月10日，“高电压与电磁兼容实验室”和“能源的安全与清洁利用实验室”北京市重点实验室举行揭牌仪式。

6月21日，“火电厂厂级优化控制与管理系统（SIS）”通过中国电机工程学会和国家电网公司科技信息部联合组织的技术鉴定。该系统在国内首次实现了火电厂厂级优化控制及其管理，处于国内领先水平。

7月，我校教学科研楼项目得到邵氏基金会400万港元赠款资助。

8月15～16日，机械工程学院青年教师李娜代表学校参加2004年"徐芝纶杯"全国基础力学青年教师讲课比赛，获得材料力学组三等奖。

9月10日，动力系阎维平被河北省教育厅、河北省教育工会评为"河北省师德先进个人"，计算机系柳长安获得"2004年北京高校青年师德先进个人"称号。

9月17日，与保定师范专科学校隆重举行资产转移重组共赢发展签字仪式。此次，我校购买了保定师范专科学校西校区东、西两院的148亩土地的使用权、地上57000m^2房屋、配套设施及其他附着物的所有权。

10月3日，中国电机工程学会2004年度中国电力科学技术奖励评审结果揭晓，我校王敬敏、牛东晓、张彩庆等"农网建设与改造项目综合评价研究"获二等奖；乞建勋、牛东晓等"大型发电厂检修计划优化新技术及管理系统"、周兰欣、张学镭、丁千玲等"火电机组冷端真空提高技术研究与应用"、阎维平、朱予东等"600MW'W'火焰锅炉安全经济环保运行"、崔翔、卢铁兵等"高压线路加挂ADSS光缆最佳方案的选择"等4个项目获三等奖。

10月21日，美国伊利诺理工大学校长Lew Collens教授到我校访问，与我校签署两校合作协议，决定合作举办"1+1"双硕士项目。

10月，周兰欣被授予"河北省优秀发明者"称号。

11月14日，我校团队获得在北京大学举行的"29届ACM国际大学生程序设计竞赛亚洲预赛中国赛区竞赛"决赛优胜奖。

11月，应用物理系王志刚博士在高能物理理论和唯象学研究中的赝标介子衰变常数方面进行了系统的成功计算，其成果被美国康奈尔大学国际著名粒子数据"CLEO Collaboration"用来对比实验结果。

12月24日，教育部下发教技函［2004］09号文件，同意依托该校立项建设电力系统保护与动态安全监控教育部重点实验室和电站设备状态监测与控制教育部重点实验室。

（陈 志 石 峰）

新 闻 出 版

中国电力出版社

2004年中国电力出版社以邓小平理论和"三个代表"重要思想为指导，以为改革、稳定、发展大局服务，为电力工业的发展服务为方针，与时俱进，深化改革，开拓创新，加快发展，努力开拓出版领域，扩大生产规模，强化市场意识和经营理念，认真贯彻要把中国电力出版社办成"特色鲜明、多元经营、管理科学、优质高效的国内一流的大型综合性现代科技出版企业"的战略思想，紧密围绕电力工业的改革和发展要求以及出版社自身扩大规模的需要，同时还努力为全国各行业用电和广大人民生活用电提供科学知识和技术传播服务，在生产经营、改革与开拓、精神文明建设等各方面都取得了一定的成绩。

生产经营情况

2004年，中国电力出版社在国家电网公司领导下，在各电力企业的支持下，经过全体职工的共同努力，各项生产指标全面超额完成。

2004年全社共开发科技图书选题1341种，4.2亿字；新书发稿1364种，3.9亿字。出版图书1829种，比2003年增加22%；其中新书954种，比2003年增加11%；重印书875种，比2003年增加36%。出版新书3.3亿字，比2003年减少25%；图书出版码洋2.1亿元，比2003年增加12%；用纸10.87万令，比2003年增加17%。2004年全社完成生产总值2.3亿元，比2003年增加33.46%；完成销售总值2.02亿元，比2003年增加28.87；实现销售收入1.5亿元，比2003年增加25.51%。

重要出版活动

（1）为促进电力行业各专业技术的标准化，使电力生产、运行、建设单位工程技术人员的专业工作符合技术规范，出版了《农村低压电力技术规程》、《电力建设安全工作规程》等150项新颁电力行业标准，为推动行业标准化建设做了大量工作。

（2）积极配合国家电网公司重点工作，出版了《安全生产工作规定》、《电业生产事故调查规程》、《大面积停电应急预案》、《农电安全工作管理办法》等规程、规定，同时还为南方电网公司、各发电集团公司出版了企业标准，基本满足了电力行业各企事业单位和广大技术工作人员对技术标准和规程、规范的要求。

（3）坚持为电力生产、建设、科研服务，积极传播电力科学技术知识，出版了大量电力科技著作，如电力安全性评价系列图书、电力工程概预算定额配套图书、《现代电网自动化控制系统及其应用》、《三峡工程混凝土试验研究及实践》、《三峡—常州±500kV直流输电工程》、《火力发电工程施工组织设计手册》、《火电工程调试技术手册》等。

（4）配合电力行业形势，宣传电力工业发展成就，完成了一批重点图书，如《中国电力年鉴》、《中华人民共和国水力资源复查成果（2003年）》、《水电丰碑—中国水电装机容量突破一亿千瓦纪念画册》等。

（5）为满足电力行业职工日常培训和实施技能鉴定工作的需要，出版了《火力发电职业技能培训教材》、《供电企业职业技能培训教材》、《全国电力工人公用类培训教材》（第二版）等一大批电力技术与管理知识的培训读物，无疑对促进电力职工提高岗位技术技能，培养综合业务和专业技术能力都起到了重要的作用。

（6）为了配合国家能源政策和节约能源形势，组织出版了许多工具书、科技书，如《小型新能源和可再生能源发电系统建设与管理》、《光伏/风力发电及互补发电村落系统》、《燃气轮机及其联合循环发电》、《粉煤灰利用手册》等。

（7）为促进电力市场理论研究和实践工作，出版了多种图书，如《中国电力市场的分析与研究》、《电力市场研究丛书》、《电价监管工作手册》、《输电监管》、《区域电力市场电价机制》等。

（8）根据教育部《关于“十五”期间普通高等教育教材建设与改革的意见》精神，为建立多学科、多类型、多层次、多品种系列配套的教材体系，出版社承担了中国电力教育协会组织的《普通高等教育“十五”规划教材》。还出版了《21世纪高等学校规划教材》。为进一步推动高等职业教育的发展，紧紧围绕培养高等技术应用型专门人才的要求，出版了《高职高专“十五”规划教材》。为适应电力体制改革和电力高等职业教育发展的需要，出版了反映电力行业特点、体现高等职业教育特色的《全国电力高等职业教育规划教材》。

（9）作为音像电子出版单位，为配合电力行业安全生产和职工培训工作，出版了一批音像制品和电子出版物，如《供电企业营业职工行为规范》、《进网电工技能工艺培训教学片》、《供电企业安全生产考核管理系统》、《发电企业安全生产考核管理系统》、《供电企业标准汇编》、《供电企业标准汇编》等，2004年共出版发行音像电子产品281种，完成生产码洋991万元，实现销售465万元。

（10）《电力设备》杂志继续本着“传播、导向、服务”的宗旨，发挥三位一体的特色，服务于电力生产运行企业和电力设备制造企业，成为电力系统和设备制造业有广泛影响的专业期刊；2004年杂志社还主办了“现代电网新技术”、“变压器油技术”等四个大型报告会和研讨会；电力设备网（www. cepee. com）还承担了国家电网公司“线损”、“供电电压合格率”、“可靠性”数据上报系统，保证了这些数据统计的及时、准确。

（11）2004年广告工作取得重大进步，比2003年翻了一番多，收入达到483万元；除代理《电力设备》、《中国电力年鉴》广告外，还为企业媒体宣传进行代理。

《李鹏电力日记》的整理工作

2004年，该社接受了出版《李鹏电力日记》的任务。6月起，抽调人员对《李鹏电力日记》进行整理、校核。该书约90万字，以日记形式记载了李鹏同志1979～2005年间从事或主管电力工业的经历、相关报道、讲话和图片，资料翔实、内部丰富，反映了我国电力工业20多年来改革与发展的不平凡历程，对了解我国电力工业的历史和未来，对推动电力事业的进一步发展将具有重要的指导作用和现实意义。

努力提高出版质量

出版社将2004年定为“质量管理年”，加强了编校培训和编校审读，努力提高编辑、出版人员的质量意识。编辑培训工作有计划地进行，针对编辑业务中存在的问题，约请专家进行讲授，或内部进行培训。2004年12月12日组织编辑业务学习，结合即将修订颁发的《图书质量管理办法》，约请新闻出版总署图书司领导进行了讲解。

为提高图书出版整体质量，2004年召开了两次印制工作会，总结工作，制定“达标厂评定标准”，明确“印刷厂、装订厂工作职责”，以及“排、印、装质量标准”，强调质量意识，处理违规行为，确保印装质量。

渠道服务及市场活动

中国电力出版社一直致力于为电力工业发展和科学技术进步服务，因此在电力系统建立了具有强大覆盖力的电力发行渠道，同时积极利用新华书店系统的发行渠道满足广大人民群众对电力电工图书的需求。各地的电力发行站和电力书店树立为行业服务、为生产一线服务的意识，送货上门，深入基层，为电力职工提供了周到的服务，为电力科技知识的传播做出了贡献。2004年除出版社所属的北京全华电力书店和北京欣全华电力书店努力为行业服务，受到业内好评外，因服务优良、业绩优秀而受到出版社表彰的优秀发行站、电力书店还有：中国电力出版社广州发行站、中国电力出版社杭州发行站、浙江电力科技图书有限公司、江苏苏源图书有限公司、郑州闻道电力图书有限公司、济南新泉源电力科技图书有限公司、宁夏电力科技开发公司等。

中国电力出版社本着服务电力生产，传播科技知识的宗旨，经常开展丰富多彩的市场活动。2004年全国电力需求和供应形势紧张，为了宣传节约用电、合理用电，从2004年6～9月，以“走进电世界”为主题，在全国大型新华书店开展了面向广大社会读者的读书有奖问答科普活动，宣传电力生产常识和节约用电知识，受到广大读者的积极响应和热烈好评。

为了促进电力企业安全生产、迎峰度夏保供电，2004年6～9月，在电力系统内开展了“用电高峰话安全”有奖问答活动，利用《中国电力报》和中国电力出版社网站进行大力宣传，并以中国电力出版社在各省的发行渠道为基础，和基层电力企业开展了一系列安全知识学习和安全意识教育活动，这次活动共收到答卷几万份，在系统内反响热烈。

深化改革和开拓创新

中国的文化体制改革试点工作正在积极稳妥地向前推进，根据改革的要求，绝大多数出版社要转制为企业。中国电力出版社一直在努力争取进入转制的试点单位之列，并做了大量的准备工作。

（1）对人事制度进行了深化改革，实行了全员聘用制、人事代理制、职工招聘制和返聘制等多种灵活有效的用人机制，企业自主择人、人才自主择业，有力地提高了生产能力，为扩大生产经营规模、提高劳动生产率起到了积极的作用。

深化养老保险和医疗保险的落实。1995年全体职工参加了养老保险统筹，1999年参加北京市失业保险，2003年参加了北京市基本医疗保险，并投保了补充医疗保险。2003年中国电力出版社完成了工商注册登记。

（2）对产品结构进行了战略性调整，实现了图书、音像、电子出版物、期刊、网站、广告等多元发展，为进一步实现全方面立体化发展奠定了基础。

为适应出版业激烈竞争的要求，不断拓展出书范围，扩大生产规模。在保证电力工程图书出版领域绝对的市场占有率前提下，电工电子类图书市场占有率也越居全国第二位，建筑类图书的出版也取得了长足的发展，计算机和外语类图书出版已在业内具有重要影响。

精神文明建设

2004年在上级机关的领导下，社党委带领全社职工深入学习贯彻党的十六大和十六届三中、四中全会精神，以邓小平理论和“三个代表”重要思想为指导，紧紧围绕改革发展稳定，不断深化精神文明建设的创建工作，在精神文明建设方面取得了优异成绩。

发扬“全国优秀出版社”的优良传统，连续多年保持“中央国家机关文明单位”（1996～2004年）、“首都文明单位”（1999～2004年）的光荣称号，物质文明、精神文明建设协调发展。

社领导班子坚持抓好理论中心组学习制度的落实，学习范围扩大到全体中层干部，理论与实践相结合，认真分析了出版业发展的趋势、面临的机遇与挑战，提出要以科学的发展观为指导，加快实施出版社的发展战略目标。

贯彻落实党风廉政建设责任制。社领导与各部门主要负责同志签订了党风廉政建设责任书，加大了考核、监督、约束、激励的力度，从体制上加强了对领导干部廉洁自律的管理。将全体干部职工的廉洁自律行为纳入年终考核范围，还相继出台了《任期经济责任审计办法》、修订了《处以上领导干部廉洁自律规定》、《工作人员廉洁自律规定》等多项管理制度。

开展多种职工教育活动和社会公益活动，2004年向邓小平同志的故乡、西藏自治区、武汉大学、华北电力大学图书馆捐赠价值25.2万元的图书。组织职工积极参加由属地街道举办的捐助贫困母亲、《交通安全法》知识答题、计划生育知识答题等活动。

2004年除继续获得“中央国家机关文明单位”和“首都文明单位”荣誉称号外，还被所属地区北京市西城区评为交通安全、安全防火、献血、计划生育、节水等先进单位。

主要事件

2004年1月8～11日，参加“北京订货会”，这是新闻出版总署、中国书刊发行业协会主办的全国大型图书宣传、订货会议，我社的图书销售逐年递增，在全国科技出版社排行十名左右。

2004年1月10～11日，在北京召开出版社与发行站、电力书店座谈会，共谋发展和服务。会上还请新闻出版总署发行司的领导作了形势报告。

2004年2月20日，《电力设备》杂志第三届、第四次编委会工作会议在北京召开，会议对杂志2003年工作进行了总结，对2004年工作提出了目标和要求，编委会名誉主任陆延昌出席并讲话。

2004年2月27日，召开全社总结大会，总结2003年度工作，社长、党委书记宗健同志做了总结报告。

2004年4月8～9日，在哈尔滨召开2003年度发行工作会，对2003年度中销售成绩突出、为电力行业服务优良的电力发行站和电力书店进行表彰，并就今后如何提高服务和开拓市场进行了深入研讨。会议期间还与黑龙江省电力公司举行了中国电力出版社支持电力企业建设学习型企业的赠书活动，宗健社长和陆书军总经理出席并讲话。

2004年4月17日，在河北燕郊召开印制工作会，总结2003年度印制工作，宣贯“印刷厂、装订厂工作职责规定”、“排印装质量标准”、“达标厂评定标准”。

2004年5月27日，召开《电力设备》杂志社第一届董事会会议。杂志社是2004年3月正式在国家工商局注册的，成为一个独立经营、自负盈亏的经济实体。

2004年6月8～9日，国家电网公司人事董事部派人到出版社考察领导班子及后备人选。

2004年7月16日，召开北京全电广告公司董事会会议，对广告公司的工作进行了总结，对今后的工作提出了要求。

2004年7月30日，新一届社领导班子组成。

2004年7月，建筑图书事业部成立。这是出版社为适应出版业的激烈竞争，不断拓展出版范围和扩大生产规模采取的重大举措。建筑图书事业部成立当年就开发选题93种，出书38种，生产规模达到590万元。

2004年7月，社清产核资工作结束。这是根据国有资产监督管理委员会的统一要求和国家电网公司的统一部署，开展的清产核资工作。以2003年12月31日为基准日，经清查，共清理资产损失2058.5万元。

2004年8月，出版社与华东电力试验研究院联合成立的华东策划中心，并在上海正式注册为上海电力科技文化有限公司。

2004年9月2～6日，参加了北京国际图书博览会，展示该社发展的成就，积极开展与国际出版企业的合作。

2004年10月，经中国书刊发行业协会评审，《安全生产作业过程控制法》、《农电安全规程图册》、《电脑技能十全劲补系列》被评为2004年度“全国优秀畅销书”。

2004年12月17日，在河北燕郊召开印制工作会，调整印刷工价，使工价连续四年进行下调。会上还处理了通达装订后违规行为。

2004年12月18日，组织召开“全国电力出版指导委员会专家组”会议，共同研讨《电力可持续发展丛书》和《电力技术译丛》的组织出版工作。

2004年12月，该社投资的书卷图书有限公司成立，这是一家专门协助该社策划少儿读物的机构。

2004年12月，《中国电力年鉴》获全国年鉴一等奖和“中国年鉴奖”。

2004年12月26日，在北京凤山度假村召开全社总结联欢大会。2004年经过全体职工的共同努力，全社各项生产指标全面超额完成。

（华　峰）

中国电力报社

2004年，电监会党组确立的行业报的办报目标得到落实；经营工作实现了预期目标，全社经营收入较上年增长2.2%，经营利润较上年增长59%，职工收入特别是骨干收入较上年也有相应增长；精神文明建设连续五年保持了中央国家机关文明单位称号，并首次跨入了首都文明单位的先进行列。

行业报的定位得到了读者认可，冲击中国新闻奖实现历史性突破

根据电监会党组关于办行业报的指示精神，报社成立了报刊质量研究改进小组，在深入进行读者调查、研究分析行业报特点和电力行业特点的基础上，按照新的行业格局和现代传媒的发展方向，两次调整版面内容和结构，提出了一系列新闻改进措施。加强了中央以及政府综合部门有关电力工业的方针政策和部署的报道，加强了会党组中心工作的报道，加强了各大电力集团的报道，不断开拓电力工业上下游领域的报道，加强改革中群众普遍关心的热点问题报道，改进了会议报道和领导活动的报道，创办了《电力决策参考》，大大增强了作为电力行业报的权威性，使报纸朝着行业主流媒体和信息总汇的方向迈了一大步。报道内容进一步深化，推出了一批有影响的报道，如：《电力体制改革系列报道》，《迎峰度夏的故事》专题报道，打击涉电犯罪专项行动万里行活动，受到了读者广泛好评。

与此同时，《中国电业》杂志和《中电新闻网》也都不断进行形式创新和内容调整。《中国电业》进一步加快了向产业经济刊的转型，刊物定位更加准确，栏目的品牌推广和市场化、商业化运作都迈出了可喜的一步。网站推出的许多好稿件被新浪网等著名网站转载，年有效点击率突破了百万人次，居同类网站之首。

2004年，《中国电力报》有四件作品获第十四届

中国新闻奖，实现了报社冲击中国新闻奖的历史性突破。标志着中国电力报冲击新闻大奖的目标得到了全面实现，报纸的整体质量有了新的提高。中央电视台转播本报稿件40多篇。

经营收入稳步增长，职工收入保持稳定

通过采取多种措施，报社2004年的经营工作在严酷的市场竞争中，仍然取得了较好的成绩，经营总收入保持了稳步增长。与所属公司签订了经营目标责任制，通过激励机制增加公司的压力和经营积极性。

成立发行部，采取调整发行奖励政策、优化特约稿签制度、召开发行先进单位联谊会等措施，在记者站和读者中产生了较好的效果。

文化事业单位建设迈出了实质性步伐

继“中国电力新闻培训基地”在上海挂牌、成立人大北京市南学区之外，又成立了书画院、影视公司、科技网络公司。上半年完成了电力杯书画展及巡展工作，下半年举办了书法艺术培训班。影视公司的剧本也在积极策划当中。与中国人民大学的招生工作已经纳入国家教委的社会招生计划。加上原有的广告公司、艺术公司、通宇公司，形成了电力文化事业单位的雏形，为组建传媒集团，为今后的发展打下了良好基础。

管理工作进一步加强，更加规范、科学和完善

开展了经营责任制的考核管理工作。

研究制定了《中国电力报社经营责任制考核管理办法》、《报社物资采购、投资项目及合同管理的有关规定》、《所属公司财务管理办法》、《差旅费报销暂行办法》、《国电影视制作有限公司有关报销规定》、《直属记者站财务管理办法》等，为经济责任考核、降低成本、节约开支提供了制度保证。

队伍建设进一步加强，获得首都文明单位称号

2004年是报社队伍建设史上重要的一年。领导班子进行了调整，实现了新老班子的平稳过渡。

为适应电力体制改革和新闻传媒业改革的新形势，报社探索尝试了记者站的体制改革以及基层通联站的建设工作。同时，在全国建立了200余个企业新闻通讯站。

按照中央的要求，报社开展了“三项学习教育活动”。通过听专家讲课，学习有关文件和先进典型，并组织讨论等，编辑记者们重温了马克思主义新闻观的精髓，反思了职业道德和职业精神，思想观念和工作作风有了新的转变，报社没有出现虚假新闻、不良广告等现象，深得基层好评。

以开展工会工作为主，继续落实凝聚力工程。组织了春节联欢会、三八节活动、健康咨询、产业报系列体育比赛等活动。同时，还开展了礼仪知识教育、公益捐助、交通知识培训等。

组织党员学习了“两个条例”，并组织了以接受革命传统教育为主题内容的参观活动。

主要事件

1月10日，经电监会领导批准，中国电力报社和中国电力新闻工作者协会决定设立“中国电力新闻培训基地”。首家基地选定在上海浦东新区，并于中电大厦举行了揭牌仪式。电监会副主席邵秉仁为培训基地题写了牌名。上海浦东新区区委副书记张耀伦、本社社长兼总编辑沈凤仪为培训基地揭牌。

1月11～16日，北京市宣武区第十三届人民代表大会第一次会议举行，中国电力报社社长兼总编辑沈凤仪作为代表出席了会议。

1月20日，由《中国电力报》与江苏电力工会联合举办的“苏电杯”第六届雷电全国漫画赛作品评审会在京举行。漫赛评委会对初选作品进行了评奖，评选出金奖作品2名，银奖作品8名，铜奖作品15名，优秀奖作品20名。参加本次漫画赛评审工作的有著名漫画家方成，还有王复羊、孙以增、徐进、张耀宁、徐鹏飞、陈乾等书画界知名人士。

2月1日，“华厦杯”2003年度读者心中的十大电力新闻产生。

2月24日，获得了2003年度“中央国家机关文明单位”称号。

2月26日，中国电力报社首届专家委员会正式成立，并在京召开了成立大会暨报社发展座谈会。

3月2日，中共国家电力监管委员会党组以电监党任［2004］5号发出《关于白俭成等4名同志任免职》的文件。文件称：“经2004年2月27日党组会议研究决定：白俭成同志任中国电力报社副社长兼副总编辑；郝兴国同志任中国电力报社副总编辑；赵文图同志任中国电力报社助理巡视员。免去王渭林、赵文图同志的中国电力报社副社长兼副总编辑职务。郝兴国同志的任职试用期为一年，自本通知发出之日起计算。”

3月14日，中国电力报社控股的北京国电广告公司荣获北京市工商行政管理局授予的“守信企业”称号。北京国电广告有限公司自成立至今，已连续7年被北京市工商局、北京广告协会评为“重信誉创优质服务先进单位”、“首都广告行业精神文明先进单位”。

3月18日，国家电力监管委员会印发报送国家新闻出版总署、国务院新闻办公室《关于中国电力报社变更主管部门的函》。中国电力报社由原国家电力公司划转国家电力监管委员会。

3月24日，报社全体职工自愿为贫困地区因患白内障失明的农民兄弟捐款2270元。

4月10日，由电监会等十三家单位联合主办、中国电力报社承办的“电力杯”首届全国电力书画展获奖作品广州展在广州举行。

4月19～23日，首届全国电力企业报刊社长、总编研修班学员在北京举办。中国电力报刊协会理事长沈凤仪在研修班开幕式上致辞。

5月27日，获得了“首都文明单位”称号。

9月11日，本报“读者意见调查”活动圆满结束。本报已对所有读者的意见和建议做了统计整理和认真分析，有些建议将在本报即将进行的改版中予以采纳。编辑部决定从参与这次调查活动的读者中，聘请100位读者作为本报社会评议员。

9月13日，第十四届中国新闻奖报纸副刊作品复评揭晓。本报《星期刊》共获奖五项。报告文学《“总工”今年三十九》（作者方金勇）获第十四届中国新闻奖报纸副刊作品复评暨2003年度全国报纸副刊作品年赛铜奖，杂文《二手苍茫》（作者魏峰）获2003年度全国报纸副刊作品年赛一等奖。在同时进行的2003年度全国报纸副刊版面年赛和专栏年赛评选中，2003年8月3日8版获版面年赛一等奖，专栏《似水流年》获专栏年赛二等奖。以上四个奖项编辑均为刘建锦。另有艾俊平编辑的散文《藏光　藏音　士兵情》（作者翟平国）获2003年度全国报纸副刊作品年赛三等奖。

9月16日，由中国电力报社控股组建的高新技术企业——北京国电网络科技有限公司在京举行开业典礼。

9月18日，中国电力报正式改扩版。四开八版，每周二三四六出版。一至四版为新闻版，设产业经济、电气周刊、管理周刊、文化周刊四个周刊。

10月，在第十四届中国新闻奖评选中，本报有四件作品获奖：要闻版的作品《缺电警报缘何再度响起》（作者陆文辉　编辑王树民　张青）获得三等奖；2003年9月23日一版版面获铜奖（编辑陆文辉　陆畅）；漫画作品《嗯，不错，有进步》（作者祝路林　编辑孙佩杰）获得铜奖；副刊作品报告文学《“总工”今年三十九》（作者方金勇编辑刘建锦）获铜奖。

11月23日，国家电网公司总经理刘振亚到报社指导工作。

（王树民）

各 地 区 电 力

华 北 地 区

华北电网有限公司

电网概况

截至2004年年底，华北地区全口径发电装机容量9629.41万kW，其中水电296.64万kW、占3.08%，煤电9212.9万kW、占95.67%，油电106.84万kW、占1.11%，风电12.84万kW、占0.13%。装机容量按地区划分，京津唐地区2335.25万kW，河北省南部1171.4万kW，山西省1659.45万kW，山东省3273.6万kW，内蒙古自治区959.7万kW。电网统调发电装机容量7526.94万kW，其中水电252.99万kW、占3.36%，火电7265.85万kW、占96.53%。华北电网220kV及以上输电线路总长度45888.58km，其中500kV线路总长度11360.29km，220kV线路总长度34528.29km。220kV及以上变电容量15513.2万kVA，其中500kV变电容量4384万kVA，220kV变电容量11129.2万kVA。

在华北电网内，按发电厂隶属关系划分：国家电网公司保留及待出售电厂装机容量571万kW，中国华能集团公司装机容量1173万kW，中国大唐集团公司装机容量1185.85万kW，中国华电集团公司装机容量878.4万kW，中国国电集团公司装机容量634.7万kW，中国电力投资集团公司装机容量351.4万kW，除五大发电公司之外的其他独立发电公司装机容量2655.86万kW，地方电厂装机容量1034.16万kW，企业自备电厂装机容量915.03万kW。

电网运行和安全管理

2004年，坚持"安全第一，预防为主"的方针，认真贯彻国家电网公司关于安全生产工作的各项要求，深入落实安全生产责任制和各项安全措施。电网保持了稳定运行，圆满完成了"两会"、十六届四中全会等重大政治保电任务。

2004年是华北电网近年来缺电形势最为严峻的一年。华北全网最大负荷达到了6595万kW；京津唐电网最大负荷达到2220万kW，同比增加13.21%；华北电网包括京津唐电网在内的各省级电网均出现了严重的拉闸限电情况。面对紧张的供电形势，公司上下提前准备，积极应对，认真落实保证电力供应的各项措施：一是坚持团结治网，在全网缺电的形势下，网公司加强协调，充分发挥大电网优势进行余缺互补；各省网克服困难，相互支援，同舟共济有力缓解了供电压力。二是积极挖掘供电潜力，按照大唐托克托电厂3号机组（60万kW）投产进度倒排送出电网工程工期，保证了3号机组电力的顺利送出；在国家电网公司的支持下，夏季高峰期间东北送华北电力最高增加到120万kW；积极争取北京市政府的支持，对十三陵水库进行了补水，恢复了十三陵蓄能电厂的调峰能力。三是加强设备治理，合理安排检修计划，及时组织发电机组和输变电设备利用低谷消缺，强化技术监督和并网电厂的安全性评价，使运行设备的健康水平稳步提高。四是落实需求侧管理措施，根据电网实际可调容量，分解下达了各地区用电指标；各地区在地方政府的支持下，制订并认真落实各种负荷条件下错峰、避峰方案。通过采取非连续性生产企业分批休假，商场、宾馆和办公场所调整空调温度，限制高耗能企业用电等一系列措施，夏季负荷高峰时段，京津唐电网实现错峰、避峰117.7万kW；利用负荷管理系统以及季节性电价政策转移高峰负荷87万kW，大大降低了缺电对社会经济发展的影响。五是严格按照政府批准的序位进行限电，保证了负荷高峰时段以及紧急事故情况下的电网安全和供电秩序，保证了重要用户、重大政治活动和居民生活用电不受影响。通过公司系统各单位扎实有效的工作，夏季和冬季负荷高峰期间，电网保持了稳定运行。电力供应做到了有序供电、合理限电、确保重点。

科技、环保和信息工作稳步推进，公司科技项目管理和信息化建设水平得到提高，获得了国家电网公司2004年科技进步先进单位和信息化工作先进单位称号。

电网规划和电网建设

2004年，公司完成了《华北电网"十一五"规划》的修编工作和《华北电网2020年目标网架研究报告》；完成了天津电网规划设计评审。主要电网项目的前期工作进展顺利。

2004年，华北电网500kV主网架建设成绩显著，区域电网结构得到加强。全年共完成电网投资73.1亿元，投产500kV输变电工程6项，新增500kV变电容量225万kVA，新建线路1484km。华北、山东联网工程已具备投产条件。500kV姜家营-安各庄-滨海输变电工程，神二—保北输变电工程，以及吴庄、姜家营变电站扩建工程相继投产，京津唐电网形成了500kV环网。尤其在500kV托克托—浑源—霸州输变电工程建设中，各参建单位广大干部职工知难而进、团结协作、顽强拼搏、无私奉献，使整个工程提前两个月投运，为缓解京津唐电网夏季用电紧张局面发挥了重要作用。天津大港电厂2号机组改造工程于12月上旬提前竣工投产。

冀北地区110kV技术改造工程、35kV及以下配网投资走出了基建立项的新路子，为中低压电网的建设和改造创造了条件。农网改造工作稳步推进，北京农网三期投资计划已由国家发展和改革委员会批复；天津农网三期完成投资7亿元，占投资计划的76.8%；冀北地区农网三期完成投资8.94亿元，占投资计划的63%。2004年，京津唐电网农网新建和改造10kV及以上电压等级线路共计3035km，新增和更新配电变压器3263台，总容量40万kVA。圆满完成农网一、二期改造工程“回头看”工作。

经营管理

坚持以经济效益为中心，全面落实经济责任制和资产经营责任制，加强了对所属单位经营过程的监督和控制，公司的经济效益和管理水平逐步提高。

通过开源节流并举，实现了资本性收支预算的基本平衡。电费回收实现当年结零。优化购电结构，努力降低购电支出。加强营业普查工作，全年累计增收5740万元。强化线损的理论计算指导作用，推广分台区管理，线损率稳步下降。疏导电价矛盾工作取得突破性进展，京津唐电网销售电价平均调价水平为2.48分/kWh，其中电网部分为1.945分/kWh，占此次总调价水平的78.4%，公司购销价差稳步上升，主营业务获利能力明显增强；京津唐电网在全国率先出台了新机标杆电价。

圆满完成了清产核资工作，摸清了公司家底，核实了资产质量。实施了《企业会计制度》。认真做好新折旧政策的研究、测算和上报工作，新折旧政策执行后，母公司汇编口径的折旧率提高了约2.43个百分点。积极落实审计决定，对审计和自查中发现的问题进行了整改。

（一）资产经营考核指标完成情况

售电量：华北公司完成3561.35亿kWh，比国家电网公司下达指标增加233.35亿kWh；京津唐售电量完成1172.38亿kWh，比国家电网公司下达指标增加72.38亿kWh。

利润总额：华北公司完成25.85亿元，比国家电网公司下达指标增加1.85亿元；京津唐完成12.61亿元，比国家电网公司下达指标增加0.61亿元。

应收电费余额：华北公司完成26.60亿元，比国家电网公司下达指标减少7.75亿元；京津唐完成15.21亿元，比国家电网公司下达指标减少5.79亿元。

净资产收益率：华北公司完成1.78%，比国家电网公司下达指标提高0.8个百分点；京津唐完成1.8%，比国家电网公司下达指标提高0.75个百分点。

资产负债率：华北公司完成62.71%，比国家电网公司下达指标降低4.29个百分点；京津唐完成56.83%，比国家电网公司下达指标降低8.71个百分点。

流动资产周转率：华北公司完成2.76次，比国家电网公司下达指标高1.06次；京津唐完成2.47次，比考核指标高0.78次。

上缴投资收益：华北公司完成1.97亿元，京津唐完成0.7亿元，均完成了国家电网公司下达的上缴任务。

京津唐电网未发生特大电网、设备事故；未发生有人员责任的重大电网、设备事故；未发生重大火灾事故以及重大施工机械设备损坏事故。

（二）华北电网主要指标完成情况及特征

(1) 华北电网（含京津唐、河北、山西、山东和蒙西）售电量完成3918.23亿kWh，同比增长16.18%。其中，京津唐完成1172.38亿kWh，同比增长15.73%；河北省公司完成640.76亿kWh，同比增长12.17%；山西省公司完成560.13亿kWh，同比增长15.45%，山东电力集团公司完成1188.09亿kWh，同比增长14.27%。内蒙古公司完成356.88亿kWh，同比增长35.52%。各省公司售电量增长均在两位数以上，在2003年全网售电量增长14%的基础上，继续保持了快速增长。

(2) 华北电网网调机组发电量完成4241.94亿kWh，同比升高17.49%；其中，华北公司保留及待出售机组发电量占6.95%。京津唐电网网调机组发电量完成1150.21亿kWh，同比增长16.16%；其中，华北公司（京津唐）保留及待出售机组发电量占7.86%。

(3) 华北电网线损率完成6.53%，同比升高0.03个百分点。其中，京津唐完成7.64%，同比降低0.28个百分点；河北电网完成5.97%，同比升高0.87个百分点；山西电网完成7.93%，同比降低0.02个百分点，山东电力集团公司完成5.18%，同比升高0.18个百分点。

(4) 华北电网最大负荷6595万kW，不含山东的最大负荷为4675万kW，同比增长16.64%，净增667万kW。最大峰谷差为1342万kW，减少149万kW。其中，京津唐电网最大负荷为2220万kW，同比增长13.21%，净增259万kW；河北电网最大负荷为1033万kW，同比增长9.89%，净增93万kW；山西电网最大负荷为1092万kW，同比增长28.02%，净增239万kW；蒙西电网最大负荷为578万kW，同比增长33.80%，净增146万kW。山东电网最大负荷为2024万kW，同比增长15.00%，净增264万kW。

(5) 网间联络线交换电量变化幅度增大，其中，京津唐受东北电量45.16亿kWh，同比增长6.41%，净增2.72亿kWh；京津唐受山西29.82亿kWh，同比增长42.0%，净增8.82亿kWh；京津唐受内蒙80.16亿kWh，同比减少10.86%，减少9.77亿kWh；京津唐送河北南网电量12.70亿kWh，同比降低56.77%，减少16.68亿kWh。山西送河北南网电量20.5亿kWh，同比增长0.94%。

(6) 华北电网全年供电形势紧张，全年各月均有不同程度的限电。尤其京津唐电网自“9511”工程以来首次出现大面积的拉闸限电。华北电网最大限电电力623万kW，占最大负荷的9.45%，损失电量79.20亿kWh；京津唐电网最大限电电力219万kW，占最大负荷的9.86%，损失电量2.41亿kWh，河北南网最大限电电力188万kW，占最大负荷的18.20%，损失电量7.04亿kWh；山西电网最大限电电力275万kW，占最大负荷的25.18%，损失电量46.19亿kWh；蒙西电网最大限电电力265万kW，占最大负荷的45.85%，损失电量22.76亿kWh；山东电网因为网架结构和缺煤停机原因也出现了短时限电情况，最大限电电力135万kW，占最大负荷的6.67%，损失电量0.81亿kWh。

精神文明和队伍建设

认真贯彻中纪委三次、四次全会精神，全面落实党风廉政建设责任制。坚持一岗双责，落实责任，严格考核，将党风廉政建设贯彻到企业管理的各个环节，全面实现年度党风廉政建设责任目标。学习贯彻领导干部廉洁自律“四大纪律”、“八项要求”和“三个不得”的规定，举办了贯彻两个《条例》专题培训班，结合典型案例，深入开展反腐倡廉警示教育，广大党员干部的廉洁自律意识进一步增强。

公司党组印发了《党建三年规划》和《关于加强领导班子思想政治建设的意见》，有力地推动了公司系统党的建设。开展“党内特色活动创新奖”活动，促进了基层企业党建工作的创新和发展。开展“员工道德规范”主题教育活动。认真落实职工代表提案，加大了对厂务公开工作的考核力度，以职代会为基本形式的民主管理和民主监督机制逐步完善。信访工作立足于超前防范、疏导矛盾，集体访批次及人数分别比2003年下降了37%和31%，企业和职工队伍保持了稳定。

坚持“优质、方便、规范、真诚”的供电服务方针，进一步规范客户服务中心的业务流程，建立了优质服务常态运行机制。公司供电客户服务监督管理中心正式投运，构建了完善的京津唐电网三级供电服务与监管体系。

人才队伍建设成绩显著。严格执行干部选拔任用工作程序，一批各方面表现突出、综合素质好、群众认可度高的中青年后备干部走上了领导岗位，优化了干部队伍结构。进一步细化和丰富职代会民主测评内容，强化对领导干部的考核和监督。深入开展专业技能培训和职业技能鉴定工作，并获得了“全国电力行业职业技能先进单位”称号。加强劳动用工管理，进一步完善了按岗位需求进行人员招聘工作的相关制度，及时调整了接收毕业生的人员结构，完善了农电劳动人事管理及人员招聘工作，进一步解决生产一线缺员和农村电工管理问题。

存在的问题

一是安全基础不牢。人身伤害事故和人为责任事故仍未杜绝，2004年华北电网共发生了人身死亡事故3起，死亡3人，直属单位发生了人身重伤事故2起。二是需求侧管理工作有待进一步加强。2004年华北电网最大限电达到了623万kW，京津唐电网最大限电219万kW，在电网限电非常严重的情况下，部分地区却存在错峰、避峰方案落实得不深不细，供电负荷率不高的问题。三是管理粗放，效率不高。工作中存在无章可循或者有章不循的现象，工作随意性强；有的同志遇到问题，或是推诿回避，或是久拖不决；管理创新能力不强，不能适应公司和电网发展的要求。这些问题需要我们正确对待，认真研究，并在今后的工作中切实加以解决。

主要事件

1月21日，国家电网公司总经理赵希正，副总经理陆启洲、总工程师赵遵廉、总经理工作部主任马治中、生产运营部主任张丽英、国家电力调度通信中心副主任张智刚一行来到华北电网调度中心慰问。

2月19～20日，华北电网有限公司在北京召开2004年工作会议暨一届一次职工代表大会。会议传达了国家电网公司2004年工作会议精神，听取并审议了朱国桢总经理2004年工作报告。

2月19日，华北电网有限公司第一届董事会第二次会议在京召开。

2月29日上午，北京市市委书记刘淇、市长王岐山一行，在国家电网公司总经理赵希正、华北电网有限公司总经理朱国桢、北京供电公司总经理李一凡、党委书记栾军的陪同下，来到北京供电公司前门变电站视察了保“两会”政治供电情况，听取了站长关于保“两会”工作的汇报。刘淇对北京供电公司确保“两会”供电工作表示满意，并对北京供电公司全体职工表示感谢和慰问。

3月25日，华北电网有限公司举行北京地区房山等四座500kV变电站管理工作移交仪式。

5月11～14日，华北电网有限公司总经理朱国桢一行到山东电力集团公司调研，听取了山东电力集团公司工作汇报。

5月17日，北京电力公司召开成立大会。

5月28日，华北电网有限公司在北京昌平召开2004年迎峰度夏供用电形势汇报会。

6月29日，国家电网公司总经理赵希正、副总经理陆启洲一行先后到北京电力公司和唐山供电公司检查迎峰度夏工作和贯彻国家电网公司迎峰度夏安全生产电视电话会议精神的情况。

7月19日，华北电网有限公司在京召开500kV托克托—浑源—霸州输变电工程庆功会，对在工程建设中做出突出贡献的优胜单位、先进个人和优秀组织单位进行表彰。该工程7月7日提前2个月实现了竣工投产，创下了华北电网输变电工程施工工期最短的纪录。

7月26日，中共中央政治局常委、国务院总理温家宝来到国家电网公司电力调度中心考察全国电力生产情况，听取国家电力监管委员会、国家电网公司负责人工作汇报，详细了解全国电力迎峰度夏情况，并向日夜奋战在迎峰度夏第一线的全国电力职工表示慰问。

8月16日，国家电力监管委员会副主席宋密在华北电网有限公司就电力需求侧管理和电价管理问题进行调研。

12月24日，国家电网公司副总经理郑宝森，北京市国有资产监督管理委员会企业领导人员管理处副处长王文璇一行到华北电网有限公司宣布国家电网公司调整华北电网有限公司领导班子的决定。任命庄虎卿为华北电网有限公司党组书记、总经理，任命叶延生为华北电网有限公司党组成员，副总经理；任命崔吉峰为华北电网有限公司党组成员，副总经理。

12月31日，国家电网公司总经理刘振亚一行来到华北电网有限公司进行视察。

（牛建伟）

北京电力公司

概况

北京电力公司是由华北电网有限公司法人授权经营的特大型电力企业，负责北京地区电力供应、销售和输电、变电、配电设施的建设运行，肩负着为党中央、国务院等上级机关安全供电和保证首都政治活动安全供电任务。2004年所属35kV及以上变电站274个，主变压器容量31481750kVA。35kV及以上架空线路713条，总长6073.08km；电缆线路433条，总长558.65km。年内有全民职工9703人。

组织机构

1. 公司机关部室组织机构

总经理工作部、政治工作部、综合计划部、战略规划部、人力资源部、财务部、审计部、安全监督部、生产技术部、电网建设部、市场营销部、科技信息部、农电工作部、行政管理部、保卫部、监察室、工会、机关服务中心、供电大楼筹建处、挂靠机构。

2. 公司所属单位组织机构

城区供电公司、朝阳供电公司、海淀供电公司、丰台供电公司、石景山供电公司、亦庄供电公司、通州供电公司、昌平供电公司、门头沟供电公司、房山供电公司、大兴供电公司、平谷供电公司、怀柔供电公司、密云供电公司、顺义供电公司、延庆供电公司、输电公司、变电公司、调度通信中心、实验研究中心、电缆公司、北京电力电能计量中心、客户服务中心、培训中心、物资公司、物业管理公司、多种经营管理处、北京电力设计院、北京电力工程公司、电力工程管理中心、北京市路灯管理中心

领导班子

总经理兼党委副书记：李一凡

党委书记兼副总经理：郭要斌（12月任）、栾军（12月免）

副总经理：陈当、侯清国、任静夫、王守东（4月任）、石路（12月任）、蒋晓华（4月免）

纪委书记：周同山

工会主席：李国华
总会计师：孙江滨（4月任）
党委常委纪委副书记：方红（12月离职）

主要生产指标完成情况

售电量436.07亿kWh（扣除十三陵蓄能电站抽水电量，累计售电量完成432.27亿kWh），比2003年同期增长9.18%，超出华北电网有限公司下达指标6.7亿kWh。目录口径售电均价536.29元/MWh，比2003年同期提高了32.99元/MWh，剔除2004年6月份的涨价因素，目录口径均价完成519.81元/MWh，超出华北电网有限公司下达指标4.81元/MWh。线损率7.78%，比华北电网有限公司下达的年度指标降低了0.02个百分点。供电可靠性99.981%比2003年同期提高了0.01个百分点。供电电压合格率指标综合电压合格率99.48%，同比上升0.1个百分点。未发生特大电网、设备事故；未发生重大电网、设备事故；未发生重大火灾事故，未发生造成重大社会影响的事故。全面履行国家电网公司党风廉政建设责任制和精神文明建设考核办法的各项要求，没有发生影响北京电力公司形象和稳定的重大事件。2004年公司全面超额完成了上级下达的三项责任制考核指标。

电网建设

全年共完成基建综合投资20.56亿元。投产输变电工程25项，土建开工18项，土建竣工17项，开工、竣工项目数量均达到历史最好水平。编制了《北京电网“十一五”发展规划及2020年远景目标》，确定了电网发展的中长期目标。电网规划前期工作取得突破性进展，共落实了39项输变电工程的规划意见书，取得田村、黄寺、亦庄、平谷、广渠门、长椿街、西直门、莲花池、“西-上-六”入地、营销系统建设等20项输变电工程及公司有关系统建设的立项批复，一批电网急需但长期没有进展的重点难点项目，如动物园、北新桥、公主坟等变电站也得到了突破、落实，满足了电网发展的需要。开展农网二期工程“回头看”工作，实施了农网工程一、二期补充项目计划，完成了农网三期工程可研审核及批复工作。

电网安全度夏工作

公司高度重视电网度夏工作，提早分析电网度夏形势，先后开辟了多个战场应对夏季大负荷的挑战。一是加大电网基建和改造力度，新建了9座110kV及以上变电站；完成了11条35kV及以上输电线路增容改造工程，更换和加装了6台变压器，实施了12类146项分倒路工程，提高了网架结构可靠性和电网供电能力。二是合理安排电网运行方式，强化电网统一调度，做到了科学指挥、精心调度。三是严格按照设备大修和改造标准进行检修、预试，确保夏季大负荷期间电网各类设备处于健康运行状态。四是针对不同程度的电力缺口，制定了预控措施、紧急措施和事故措施三类需求侧管理方案，保证了电力有序供应。通过公司上下的共同努力，电网在943.6万kW的历史最大负荷情况下，安全度过了2004年夏季负荷高峰。

营销和优质服务

用电营业户数新增29.55万户，比2003年同期增长10.71%，总营业户数达到305.56万户。累计受理报装874.30万kVA，比2003年同期增长5.15%；累计接电4270MVA，同比增幅达20.7%。公司以客户为中心，按照“一口对外”的原则对客户服务流程实施再造，方便了客户用电业务的办理。不断拓宽服务渠道，增设服务网点，利用GPS等科技手段加快故障处理速度。以海淀供电公司为试点，缩小服务半径，统一服务标识和服务内容，推动了服务的标准化、规范化建设。接受社会监督，认真处理人大代表提案、政协委员建议和人民群众来信来访，进一步推动了工作作风的转变，2004年初制定的6项社会服务承诺和5件社会实事计划得到了认真落实。经95598热线对6000余户客户回访，客户满意率达到99.74%。开通了14个24h人工售电网点以解决客户夜间购电难的问题。与光大银行等合作，在居民社区和银行通过自动柜员机实现24h自助购电业务。将购电量上限从1000kWh提高到2000kWh。

安全生产

公司坚持“安全第一，预防为主”的方针，充分贯彻“管生产必须管安全”的原则，着力建设各专业工作的安全保证体系，使安全管理与各专业工作更加紧密结合。在健全体系的基础上，强化监督职能作用，深入开展安全大检查和安全性评价工作；以朝阳供电公司为试点，全方位评估和完善体系建设及实施情况。公司安全生产形势保持了比较稳定的局面，并圆满完成了“两会”、亚洲杯足球赛、中法文化年等251项保电任务，为首都的政治文化活动提供了安全可靠的电力供应。公司从规范管理、健全制度、强化能力入手，建立了分层分级的生产运行管理体系，生产运行能力得到了进一步提升。完成了调度本部化工作，制定了调度范围划分方案，为理清两级电网调度衔接界面创造了条件。强化设备管理，制定了7大类125项设备的选用技术条件，明确了电力设备大修和技改技术原则。加强二次系统建设，编制了通信、自动化、保护的“十一五”发展规划。以城区供电公司为试点，制定并实施了配网自动化建设方案。编制了各类应急预案，初步形成了比较完整的安全预警及应急预案体系。

经营管理

公司转变经营管理模式，建立了内部模拟核算指标考核体系，突出了各供电公司作为经济效益中心、服务中心、安全管理中心和电网建设中心的作用。建立了经济活动分析常态机制，适时监控公司的经营状况，保证各项指标的全面完成。在投融资管理方面，做好项目可行性分析，优化投资项目；积极探索新的融资渠道，尝试采取用户垫资等方式为电网建设与发展提供资金保障。在内部经营管理方面，积极开展内控审计试点，强化自我约束机制，贯彻依法治企的观念，有效防范了经营风险；建立了物资招投标采购平台，实现了大宗物资的统一招标采购，有效发挥了公司物资的规模效益。

科技发展与人才建设

公司通过“科技活动周”等形式不断提高工程技术人员钻研新技术、学习新工艺的热情；逐步规范科技项目管理，加大了科研和科技成果推广力度，2004年公司共有3项成果获得国家电网公司科技进步奖，4项获得北京市科技成果奖。公司创新人才培养机制，初步构建了干部队伍、管理人员、专业技术人才和技能人才“四支人才队伍”，并采取集中轮训、专题培训、技术比武等多种形式强化对“四支人才队伍”的教育和培养。

各项改革得到全面推进

以建立省级电力公司的管理结构为目标，大力推进内部机构改革，对原有科技研究、后勤服务、教育培训等机构分别进行了重组，对调度、变电、业扩、电缆、计量、客服等业务在一定范围内进行了下放。为适应公司经营管理模式的变化，着力建设资产、资金、信息等六个资源平台和战略发展、安全生产、财务核算等十三个管理体系，依托平台在全公司范围内优化了资源的配置，借助体系进一步理顺了各项工作流程。深入开展政策研究工作，积极与国际知名电力公司进行“对标”，健全规章制度，创新奖惩机制，加大督办力度，提高了工作的计划性和协调性。

电价调整

完成了进一步疏导电价矛盾的电价调整工作，配合北京市发展和改革委员会举办了居民电价调整听证会，并取得了圆满成功，11月10日居民电价上调4分/kWh。

党风廉政建设和精神文明建设

公司党委加强党组织建设，制定了党建三年规划，顺利完成了公司党组织关系划转、基层党组织机构调整以及基层党委、总支换届选举工作。采取主题教育、专题讨论、特色活动等多种形式，加强各级领导干部的思想政治建设，加强党员和职工的思想教育，党组织的创造力、凝聚力和战斗力不断增强。加强对共青团的领导，以党建带团建，发挥了团员青年在企业各项工作中的生力军作用。制定了精神文明建设五年规划，积极开展精神文明建设创新成果评选活动，形成了统一协调的精神文明建设常态管理机制。加强宣传工作，开辟了网络视频、动态新闻等精神文明宣教阵地。2004年，公司党委被评为“北京市思想政治工作优秀单位”，并涌现出了王府井变电站、太阳宫变电站、调通中心区调等一大批荣获国家级先进荣誉称号的光荣集体。公司建立健全三级廉政教育工作机制，努力从源头预防和治理腐败，初步构建了“以人为本，预防监督，超前防范”的党风廉政反腐体系。通过警示教育、任前谈话、反“嫌疑腐败”主题活动等方式，广泛深入地开展党风廉政宣传教育；规范监察工作程序，从重点岗位、重大经营活动和信访案件几方面入手，监督权力的运作；对职工关心的热点和难点问题开展效能监察，规范了人、财、物、工程等重要事项的管理。

主要事件

1月19日，国家电网公司总经理赵希正、副总经理陆启洲一行来到公司慰问。

2月29日，北京市市委书记刘淇、市长王岐山到北京供电公司检查“两会”保电工作。

3月1日，国家电网公司副总经理陆启洲一行在华北电网有限公司副总经理刘铭刚的陪同下，来公司听取保全国“两会”安全供电准备工作会汇报，并到安定变电站视察。

3月10日，北京供电公司更名为北京电力公司。

3月23日，北京电力试验研究中心成立。

3月26日，供电保修服务指挥中心奠基开工。

4月20日，公司组织对重大事故应急体系演习。

4月21日，法国能源研究小组代表团来公司访问。

5月17日，举行北京电力公司成立大会。

5月24日，王岐山听取北京电力公司汇报电网度夏情况。

6月8～9日，圆满完成奥运圣火传递活动的保电任务。

6月9日，华北网调与北京电力公司调度开展度夏联合事故演习。

7月23日，北京地区瞬间最大负荷达到943.6万kW为历史最高水平。

9月9日，市政府召开了北京市2004年电力迎峰度夏总结表彰大会。会上北京电力公司被评为“迎峰度夏突出贡献单位”，公司所属26个单位被评为“迎峰度夏先进单位”。

（王思敏）

天津市电力公司

概况

2004年，天津市电力公司全年发电量完成61.21亿kWh，同比增长5.71%；售电量完成279.85亿kWh，完成计划的104.19%，同比增长13.06%；售电均价（含税）完成459.33元/MWh，比计划提高15.15%，同比增长33.04元/MWh；220kV及以下线路损失率完成6.78%，比计划下降0.02个百分点，同比下降0.17个百分点。应收电费余额指标全面完成。在狠抓内部管理的同时，公司把疏导电价矛盾作为经营工作的重中之重，依靠各方支持，争取到电价上调2.8分的政策，对解决天津电网还本付息问题、缓解企业经营压力发挥了重要作用。公司多经系统紧紧抓住地区经济发展的机遇，在巩固和扩大内外市场、应用新技术、开发新产品方面取得了新的成绩。完成了公司2004年确定的多经发展计划，多经总收入同比增长10%。

安全生产

电力安全生产保持良好局面。2004年，天津电网经受住了大负荷的考验和复杂外部环境的影响，地区最大负荷达到511万kWh（剔除拉闸限电因素），同比增长9.18%。在夏季和冬季负荷连创新高、电网投切频繁、外力破坏严重的形势下，公司各单位强化电网调度和运行管理，加强设备维护，保证了电网安全稳定运行。天津市电力公司系统没有发生特大、重大电网事故和设备事故，没有发生重大施工机械设备损坏事故，没有发生上级考核的人身事故、生产交通事故和火灾事故，一般电网和设备事故次数、一类障碍次数均比2003年有明显下降，完成了上级“安全生产责任制”确定的各项任务，实现了公司提出的零人身死亡、零恶性操作、零污闪“三个零”的安全生产工作目标。

城乡电网建设

2004年，是天津市电力公司近年来电网开工、投产项目最多的一年，公司既定的电网建设和前期工作目标基本实现。在天津市用电高峰期间，没有出现因为电网“卡脖子”影响电力供应的情况，有力地保障了地区经济发展。按照华北电网有限公司的统一部署，按期投产了姜安滨500kV线路工程和吴庄500kV变电站扩建工程。建成投产220kV输变电项目8项，110kV项目9项，35kV项目11项，新增35kV及以上主变压器容量182.3万kVA。另有4项220kV工程、4项110kV工程、4项35kV工程开工建设。公司积极配合天津城市建设，完成市政重点工程35项，路灯改造66项。完成了25项35kV及以上项目的前期可行性研究工作，为电网的持续发展增加了储备。

优质服务

2004年，由于负荷增长快，电网发电出力不足，天津电网在近10年来首次在夏季和冬季两个用电高峰出现了电力供应紧张的情况。在市委、市政府的高度关注和大力支持下，天津市电力公司以最大限度地满足社会用电需要为己任，全力推进电网建设和安全度夏应急工程，积极配合政府部门制订和落实电力平衡计划，加强煤协调，保证发电出力，加强缺电形势下的供电服务，兑现了“缺电不能缺服务，更不能缺优质服务”的承诺，为维护社会稳定、改善投资环境、促进经济发展做出了贡献。

企业管理

为推动企业在新时期的发展，天津市电力公司进一步明确了建设“数字化企业”的目标要求，编制了“数字化企业”建设规划，完成了广域网升级和各主要厂站的光纤联通工程，为各信息系统的功能拓展创造了条件。在公司统一规划下，已建成信息系统的实用化工作深入开展，生产管理系统、电网图形辅助决策系统、人力资源管理系统的开发和用电MIS的升级工作全面完成，综合计划管理系统和工程项目管理系统的筹备工作已经启动。各单位围绕生产、经营等关键环节积极进行拓展性开发，形成了信息技术与管理创新的良性互动，大大提升了专业管理的现代化水平。科技创新、管理创新成果显著。电力客户服务系统、供电企业经营管理决策支持系统获得天津市科技进步奖。公司系统荣获国家电网公司科技进步奖1项、华北电网有限公司科技成果奖17项、全国电力企业管理现代化创新成果一等奖1项。公司适应电力改革形势，按期完成了发电企业移交工作，对相关子公司进行了撤并，进一步规范了多经管理体制。全面完成了主业和多经企业的清产核资任务。实现了新旧会计制度的顺利并轨。根据厂网分开形势和电网结构的变化，健全电网应急机制，出台了一系列安全生产规程和标准，由公司主编的《变电运行导则》在全国推广应用。完成了中心市区10座220kV变电站无人值班改造，公司35kV及以上无人值班站已达到174座，市区变电站综合无人值班率达到92%，变电运行和自动化程度进一步提高。依法治企工作稳步推进，公司“四五”普法工作获得上级好评。积极推进审计整改，迎接国家农网工程“回头看”检查，健全企业内控制度，及时纠正管理偏差。公司被评为国家电网公司审计工作先进单位。大力实施“人才强企”战略，启动了“1232”人才工程，成立了华北电力技术院天津院，在拓宽人才成长通道、规范外聘工管理方面进行了有益探索。建设一流企业工作扎实推进，截至2004年年底，公司所有发供电单位都不同层次达到了一流电力企业标准。

精神文明建设

2004年，天津市电力公司党委紧紧抓住发挥党群组织的政治优势，完善“一岗双责”工作机制。认真学习党的十六届三中、四中全会精神和中共中央颁布的“两个条例”，深入开展“为民、务实、清廉”主题教育，着力建设教育、制度、监督三者并重、相互配套的党风廉政建设工作体系，探索在新形势下党组织发挥政治核心作用的途径和方法。通过“两先一优”表彰、“三高一创”、“立功立项”、“创建学习型组织、争做学习型员工”等系列活动的开展，凝聚了职工，形成了合力。各级工团组织充分发挥自身优势，给各项载体活动赋予了鲜明的时代内容。各单位精神文明建设企业文化建设成果丰硕，“党员民主权利保障机制”、“党员党组织三高一创”、“党员素质工程”、“学习型组织建设”、“政工在线”等优秀成果和一大批先进典型脱颖而出。公司党委理论学习中心组在天津市工业系统评比中荣获第一名；公司纪委连续九年被评为天津市先进纪检监察组织；客户服务中心和静海王口供电营业所获得“全国青年文明号”殊荣；汉沽220kV变电站、西青变电管理所操作队被命名为国家电网公司“青年安全生产示范岗”；城南供电分公司在天津市职工素质工程成果展评中获得一等奖；军粮城发电厂、津南、城南、东丽、西青5个单位荣获华北电网有限公司党内特色活动创新奖。

主要事件

1月1日，公司客户服务中心正式开通二区三县95598电话集中受理电力故障报修，各区县设立远端服务座席，农村用户也将享受到和市民一样的供电服务。

1月21日，天津市副市长杨栋梁带领市有关部门负责人到公司，代表市委、市政府和全市人民向电力公司全体职工拜年。

2月25～26日，公司第二届八次职代会暨2004年工作会议隆重召开。会上审议并通过了总经理工作报告、职代会决议、《2003年度财务预算执行情况和2004年度财务预算（草案）情况报告》及《业务招待费使用情况报告》、公司2003年招投标工作报告、公司2003年审计工作报告，签订了《2004年度集体合同》、公司2004年度“三项责任书”。并表彰了公司2003年度双文明先进单位、集体和个人。

3月17日，公司召开2004年度多种经营工作会议。

4月1日，根据华北电网有限公司党组任免通知（华北电网党任［2004］6号），免去么虹同志天津市电力公司党委常委、委员职务。另据华北电网有限公司任免通知（华北电网任［2004］12号），赵鹏任天津市电力公司总工程师；免去么虹的天津市电力公司副总经理职务；免去王守东的天津市电力公司总工程师职务，另行安排工作。

4月，公司团委荣获全国“青年文明号”优秀组织单位；客户服务中心、静海供电有限公司王口供电营业所荣获全国“青年文明号”称号。

6月15日，公司电能计量信息管理系统运行。

6月15日，天津地区电价上调2.8分（除居民电价外）。

7月22日，天津地区最大供电负荷511万kW，创历史新高。

7月23日，公司生产管理信息系统通过验收。系统投入运行后，将基本实现生产管理主要业务处理的流程化、信息传递的网络化、台账管理的数字化和生产信息集成化。

8月10日、13日，随着220kV双利线、蓟宝线相继投入运行，并分别为利民道变电站、宝坻变电站增加进线电源。至此，天津电网24座220kV变电站全部实现了双电源及多电源的运行方式，为进一步确保变电站可靠供电奠定了基础。

10月21日，天津市电力公司与中国国电集团公司举行发电企业划转移交签字仪式，第一热电厂、滨海电力有限公司完全移交中国国电集团公司管理。

12月15日，零时，随着220kV利民道变电站监控中心正式投入运行，高压供电公司所辖10个220kV受控站同时启动无人值班。

（李　敏）

河北省电力公司

组织机构

1. 河北省电力行业协会

名誉理事长：付双建

名誉副理事长：郭大建

理事长：臧其臣

副理事长：刘铭刚　王永忠　罗德彬　朱同斌

秘书长：付孝武

副秘书长：王　林　贾建明

机构设置：理事会工作部　调研咨询部　企业管理部　综合部

2. 河北省电力公司

总经理：李效勇（兼党组副书记）

副总经理：张明(党组成员)　张印明(党组成员)

纪委书记：王志刚（党组成员）

工会主席：何永章（党组成员）

总工程师：张建功

总会计师：苏庆社

调研员：臧其臣

总经理助理：叶廷路

机构设置：总经理工作部　计划发展部　人力资源部　社会保险中心　离退休管理中心　财务与产权管理部　生产技术部　安全监察部　营销部　基建管理部　思想政治工作办公室　纪委监察部　审计部　农电工作部　电力工会　调度通信中心　企管办、企协　电机工程学会、科协　质监中心站　物资公司　电力报社、记者站　多种经营实业公司　中兴物业公司

河北省南网部分

电网安全稳定运行。省电力公司坚持“安全第一，预防为主”的方针，严格落实各级安全生产责任制，强化安全监督管理，加大设备治理力度，坚持“三公调度”，加强网厂协调，确保了电网安全稳定运行。公司系统没有发生重大及以上电网、设备事故。发生一般事故7次，同比下降7次，供电可靠率达到99.972%，同比提高0.001个百分点，综合电压合格率达到99.37%，同比提高0.01个百分点。面对严重的供需矛盾，省公司加强协调，多措并举，充分发挥现有发供电能力，积极争取外购电力，切实加强需求侧管理，建立健全突发事故应急机制，确保了科学合理的供电秩序，圆满完成了春灌抗旱、迎峰度夏、重大政治活动以及重要节日的保电任务，最大限度地保证了河北经济和社会发展的用电需求。

经营管理取得良好成果。严格落实资产经营责任制，加强预算管理，积极疏导电价矛盾，落实电价政策，努力增供扩销，加大电费回收力度，完善审计等内控制度，顺利完成清产核资工作，农网改造“回头看”取得明显成效，全面完成各项资产经营考核指标。完成购电量681.43亿kWh，同比增长13.20%；售电量640.76亿kWh，同比增长12.17%；线损率5.97%，低于考核指标0.43个百分点。省公司资产总额达283.95亿元，同比增长8.04%。实现利润总额3.4亿元，为考核指标3.1亿元的109.80%；净资产收益率2.28%，高于考核指标1.08个百分点，资产负债率69.8%，完成考核指标；应收电费余额4.85亿元，超额完成考核指标。施工、设计等单位大力开拓市场，强化经营管理，取得较好经济效益。

电网规划和建设取得新进展。完成了《河北南网电力工业“十一五”发展规划和2020年远景目标研究报告》编制和《河北南网六市“十一五”城市电网规划报告》评审工作。加大电网主网和各级输配电网建设力度，完成电力基本建设投资26.57亿元，其中县城电网改造9.11亿元。严格落实“五制”，县城电网改造工程进展顺利。张河湾抽水蓄能电站工程完成了移民协议的签署，现场安全，质量和进度良好。

企业改制稳步推进。通过积极协商，完成了与大唐、国电发电集团发电企业的资产移交工作。按照国家电网公司要求，马头发电总厂改制为省公司的全资子公司。公司系统多经企业改制工作稳步推进。公司相继出台了《优质服务常态运行机制实施办法》及《优质服务和行风建设日常考核标准》，进一步完善95598电力客户服务系统建设，优质服务工作步入常态化、规范化、制度化。深入开展乡镇供电所“零投诉”活动，有效促进了县级供电客户服务中心和供电所的规范化管理。

党的建设和思想政治工作进一步加强。深入开展“实践三个代表，为公司改革发展立功奉献活动”，充分发挥党组织的政治核心作用和共产党员的先锋模范作用，进一步提高了党组织的凝聚力和战斗力。高度重视领导班子和干部队伍建设，领导班子和干部队伍的年龄结构、文化结构、专业结构进一步优化。严格落实党风廉政建设责任制，深入开展警示教育，突出抓好领导干部廉洁自律工作，党风廉政建设和反腐败工作取得新成效。认真做好经常性的职工思想政治工作。加强企业精神文明建设，积极开展“创建学习型企业，争做学习型职工”活动。深入开展民主管理和厂务公开。严格落实维护稳定工作责任制，对职工关心的热点、难点问题，认真研究，妥善处理，维护了职工队伍稳定，从而促进了各项工作的开展。

张河湾抽水蓄能电站预计2008年6月第一台机组投运，届时将并入河北南部电网，承担系统调峰、填谷、调相及事故备用作用，对稳定河北南网、华北电网和确保北京2008年奥运会用电安全将发挥重要作用。

河北省北网部分

1. 华北、东北两大电网再次联网

华北、东北两大电网加强联网工程——东北高岭开关站500kV至姜家营变电站第二回线路，历时10个月的建设，正式投入运行。

国家电网公司安排建设的东北高岭——姜家营变电站第二回线路，旨在充分利用东北电网现有富余装机容量，盘活存量资产，进一步提高京津唐电网受电能力，缓解华北、尤其是京津唐地区的缺电严重局面。工程新建东北电网高岭500kV开关站，本期500kV线路6回，扩建华北电网500kV姜家营变电站出线间隔一个，新建500kV线路189.5km，将东北与华北联网第一回线路从东北绥中电厂改接至高岭开关站。

2. 唐山供电公司1.14亿元为配网“强筋壮骨”

面对当前电力供需矛盾加剧、电网运行压力加大的局面，唐山供电公司又投入1.14亿元建设和改造城市配电网络。

工程新建和改造10kV线路45条639km，低压线路180km，10kV电缆87km，10kV配电室11座，10kV箱式变17座，10kV开闭站2座，新增及更换柱上开关92台，更换配电变压器98台，涉及11个居民小区。

3. 秦皇岛电力公司实现了十万次操作无事故

秦皇岛电力公司对变电管理采取多种措施，保证了操作的正确率，实现了十万次操作无事故的目标。一是加强安全培训。针对实际情况，他们利用现场检查指导、操作把关和技术比武的机会，强化了对运行人员填写操作票和倒闸操作的基本功能训练。二是车间和班站对较大型、复杂操作运行提前分析和准备。分析操作中可能发生的问题和危险点，制定防范措施，并提前进行开票和操作演练。三是各级人员把关到位。遇到大型和较复杂的操作，车间领导和专工坚持到现场把关，班站长坚持在现场指挥，层层严格把关。四是加强防误闭锁装置管理。坚持定期检查各变电站五防闭锁装置运行情况和使用情况，严格闭锁管理制度，杜绝习惯性违章和随意擅自解锁操作。

由于措施得力，他们共执行第一种工作票947张，第二种工作票1174张，执行变电站操作票11813张，倒闸操作票97375张，未发生一起误操作事故。

4. 唐山电网建设推出“1166工程”

面对用电大负荷的快速增长，唐山供电公司为加快建设步伐，推出了“1166电网建设工程”即：新建一座500kV变电站，改扩建一座500kV变电站，新建6座220kV变电站，扩建6座220kV变电站。工程总投资26.23亿元。据悉，500kV安各庄变电站新建，500kV姜家营变电站扩建以及220kV南化、驿南府等六个变电站新建，另有6个220kV变电站扩建。

5. 唐山供电公司半年售电量超百亿

唐山供电公司售电量上半年首次突破了百亿大关，达到了115.71亿kWh，同比增长28.21亿kWh，增幅32.25%。统计表明，七大行业类别中，增速最快的是趸售县用电，上半年完成41.83亿kWh，同比增幅40.21%；大工业用电完成了66.20亿kWh，增幅32.9%；居民、商业、非居民用电量增幅均在两位数以上。

6. 张家口市政府“张网”保护电力

张家口市地方政府积极落实公安部等四部委关于开展打击盗窃破坏电力设施犯罪的“专项行动”精神，配合电力部门做好保护电力设施工作。

为了把工作做好，该市政府组织召开了丹拉高速公路与输电线路交叉跨越安全问题协调会，责成市交通局、供电公司配合，尽快解决不符合安全距离的14处交叉跨越问题，优化改造方案，确保输电线路的安全稳定运行。

根据张家口市政府领导批示，宣化县安全生产委员会组织有关单位对东望山南湾村一带500kV万顺两回线路保护区内的非法开矿行为进行了整治，对威胁线路安全的矿口采取了封堵和炸毁措施，整治力度大，效果好，确保了主网线路安全畅通。

同时，张家口市的阳原县政府还召开了保护电力设施专题会议，县领导亲自带头，要求有关部门密切配合，努力构建保护电力设施的长效管理机制。

主要事件

1月9日，中国华电石家庄热电厂党政一把手与各车间签订了安全生产责任书，并决定在2004年拿出1000万元作为安全专项奖励资金。

1月17日晚23时，国华定洲发电厂1号机组并网发电一次成功。

1月27日，唐山热电厂技术改造一期工程1号30kW机组顺利通过了168h满负荷试运行。

1月29日，省电建一公司收到了中国建筑业协会文件，通知河北邯峰发电厂一期工程荣获2003年中国建筑业最高奖——鲁班奖。

2月3日，国家电网公司党组以国家电网党

[2004] 7号文件发出表彰决定，石家庄供电公司桥东营业大厅被授予“国家电网公司优质服务十大标兵集体”荣誉称号。

2月6日，省公司与中国大唐集团公司发电企业划转移交协议签字仪式在石家庄举行。省公司总经理臧其臣与大唐集团公司副总经理刘顺达分别代表双方签字。

2月7日，河北电建监理有限责任公司中标浙江大唐乌沙山发电厂工程。该工程位于浙江省宁波市象山县境内，本期工程建设规模为4×60万kW，工程计划于2007年4月30日全部投运。

2月11日，河北省重点工程——河北兴泰发电责任公司两台30万kW供热机组项目建议书顺利通过国务院办公会批准。

2月12～13日，国家电力监管委员会副主席宋密一行到河北调研。

2月，共青团河北省委、中共河北省委省直工委、省人事厅等24个部门联合作出《关于命名表彰第四届河北省“十大青年文明号标杆”和“十佳青年文明号号长”的决定》，石家庄电业局桥西分局营业班荣获第四届河北省“十大青年文明号标杆”称号，省电力调度中心调度员王强荣获第四届河北省“十佳青年文明号号长”称号。

2月17日，中国电力建设企业协会做出表彰决定：授予河北送变电公司、河北省电力建设第一工程公司“全国电力行业优秀施工企业”，授予河北省电力建设第二工程公司“全国电力行业用户满意施工企业”。

2月20日，河北张河湾抽水蓄能电站机组——水泵水轮机、发电机和监视控制系统7600万美元供货合同在北京正式签字。

2月26日，河北省委、省政府召开全省优化发展环境暨民主评议行风动员大会。河北省电力公司在全省公用企事业单位中排名第一，被评为“2003年度民主评议行风优秀单位”。同时，被省委、省政府授予“行风建设优秀单位”称号。

3月19日，京津唐电网统调电厂座谈会召开。在这次会议上，正式推出《并网调度协议》示范文本，对电厂并入电网时调度和运行行为进行约定，更加详细、规范地明确了电网和发电企业各自的基本义务、必须满足的技术条件。

5月18日，河北华瑞能源集团、河北华瑞能源集团股份有限公司揭牌仪式在石家庄举行。

6月10日，河北省电力公司与中国国电集团发电企业划转移交协议签字仪式在石家庄举行。省公司总经理臧其臣与国电集团总经理助理张树民分别代表双方签字，双方表示今后将继续加强合作，共同发展电力事业。

7月11日，500kV保南输变电工程投运。500kV保南输变电工程是国家重点工程国华定洲发电厂的配套工程。

7月13日，由秦皇岛发电公司出资兴建的建材公司承重装饰砖生产线正式投产，年产承重装饰砖2.5亿块，可回收利用粉煤灰20万t，节约耕地80亩。

8月7～9日，总装机容量155万kW的北京大唐陡河发电厂，发电量为10127万kWh，创下了历史的新高。3天时间里，电厂8台机组全部满出力运行。

9月8～10日，国家电网公司赵希正总经理到河北省电力公司检查指导工作。

9月10日9时，河北国华定洲发电有限责任公司二号机组高标准完成168h满负荷试运行，比计划工期提前81天投产发电。

9月14日10时，河北大唐唐山热电有限责任公司技改2号30万kW机组，顺利通过了168h试运行。

10月15日，中国大唐集团公司河北发电有限公司成立大会在石家庄市召开。

10月29日，中国国电集团公司河北龙山发电厂一期工程奠基仪式隆重举行。河北省人民政府和国电集团公司领导出席奠基仪式。

11月30日，河北省电力行业协会在石家庄正式成立。

12月25日，省公司召开干部任职宣布大会，国家电网公司对河北省电力公司领导班子作重大调整：李效勇任河北省电力公司总经理、党组副书记；河北省电力公司原总经理臧其臣改任河北省电力公司正局级调研员；河北省电力公司原党组书记王颖杰交流到国家电网公司监察局任局长；河北省电力公司原副总经理张建坤交流到河南省电力公司任副总经理；河北省电力公司原副总经理罗德彬交流到国电电网运行有限公司任副总经理。国家电网公司党组成员、副总经理陈进行宣布任免通知并作重要讲话，河北省人民政府副省长付双建出席会议并作重要讲话。

（刘福长）

山西省电力公司

领导班子

党组书记、总经理：李援朝

党组成员、副总经理：宋宏亮

党组成员、副总经理：刘宇平

党组成员、副总经理：庞利民
党组成员、副总经理：王抒祥
党组成员、工会主席：韩振江
党组成员、纪检书记：王彦江
总工程师：燕福龙
总会计师：朱晋平

生产经营主要指标完成情况

2004年，省网发电量完成865.46亿kWh，同比增长13.58%；所属神头第二发电厂（简称神头二电厂）发电量完成72亿kWh，同比增长5.27%。省电力公司购电量（不含神头二电厂）完成595.60亿kWh。售电量完成620.27亿kWh，同比增长16.25%。其中：省内售电量达560.13亿kWh，同比增长15.45%；外送电量完成60.14亿kWh，同比增长23.29%。综合线损率完成7.93%，同比降低0.02%。神头二电厂供电煤耗完成346g/kWh，实现年度计划。主营业务收入完成238.77亿元，比预算增长21.77%。实现利润3.46亿元，比考核指标增加11.58%。当年电费回收率完成99.99%，陈欠电费由年初的7.9亿元下降为7.1亿元。全员劳动生产率完成10.74万元/（人·年），比2003年增长27.68%。各项生产经营指标均创历史最好水平。

电网建设

2004年，省网建设共完成投资20.4亿元。建成投运500kV晋中变电站、榆社开闭站、神头二电厂升压站扩建等重点项目，新增容量75万kVA，线路670km。建成投运220kV绛县、黎城等5座变电站，新增容量90万kVA，线路200km。提前建成了漳山、榆社、河曲等新建电厂的送出工程。特别是500kV中南部环网的建成，贯通了省内北电南送第二条高速通道。神头二电厂500kV升压站成为华北最大的枢纽升压站。农网建设与改造累计完成投资93.5亿元，改造覆盖面达到95%。二期工程基本完成并进行了“回头看”工作，受到了国家发展和改革委员会稽查组的充分肯定。电网科技含量和调度自动化水平进一步提高。省内电力主干光纤通信工程竣工投运；神头—雁同500kV系统及南部电网均投入稳控装置；投资6000多万元对省内220kV系统电网继电保护设备进行大规模的更新与改造，这项工程标志着省网继电保护设备的装备水平进入了全面微机化时代；电网能量管理系统（EMS）建设进入现场安装调试阶段。营销自动化试点完成实地测试和阶段性评价。一个高自动化、高可靠性、一次与二次协调发展的数字山西电网逐步形成。电力规划和前期工作继续深化。制定和编写了《山西省“十一五”及2020年电网规划设计》、《山西省电网2010年规划及2020年目标网架设计》、《山西省建设小康社会电力规划研究报告》，为推动电网滚动发展创造了条件。

供、用电

2004年，省电力公司把确保电力有序供应作为重大任务和重要责任，狠抓落实。坚持网内增供与省外购电并举，增加了上网电量。各施工企业精心施工、顽强拼搏，提前投产了省内用电机组130万kW，东送机组170万kW。同时，打开北部电磁环网，提高北电南送能力45万kW；将娘子关电厂10万kW机组转回省内电网供电；并开辟了从陕西购电的通道，增加运城供电能力5万～8万kW，全年省内增供电量75亿kWh。省内坚持计划用电与需求侧管理并重，优化配置电力资源，严格执行各级政府部门的计划用电方案，按照“有保有限”的原则，优先保证城乡居民生活、农业生产和重点单位用电。对工业生产严格“四定”（定企业、定设备、定容量、定时间），有效引导有序错峰、避峰用电，对不符合产业政策和环保要求的企业采取严格的停、限电措施。严把用电报装关，控制高耗能企业的新装、增容，促进了供需矛盾的缓解。在严重缺电的考验面前，增强了依靠政府、协调用户、综合运用经济、技术手段驾驭复杂矛盾的能力，做到了电力有序供应，把缺电对经济发展和人民群众生活的影响降低到最小，保证了全省经济社会的全面协调快速发展。为了推进供电优质服务“民心工程”，努力兑现“公开电价标准，公开业务的服务程序及时限；县以上营业场所实行无周休日工作制度；全省设立统一的供电服务电话95588，24h受理客户业务”等“九项承诺”。面对严重缺电的压力，各地供电部门更加注重规范服务，大力推进诚信服务，做到拉限电序位合理、公平、透明。并针对缺电形势，开展节约用电等宣传，增进了与社会各界的理解和沟通。一些单位采用95588电话交电费、专业化客户服务网站等新的服务技术，不断推出故障抢修应急服务、走访客户贴心服务、方便孤寡老人温暖服务等新的服务形式，提升服务品牌。太原供电分公司“共产党员号”服务队被评为“全国用户满意服务明星班组”，太原、晋中供电分公司分别获得“全国用户满意企业”称号。全省供电企业大力开展“树立行业新风、优化发展环境”活动，主动接受社会各界对行风的民主评议。坚持聘请社会监督员，公开接受监督。对投诉举报问题，全部及时进行了核实处理。通过对所属11个供电分公司、67个支公司和183个营业所进行明查暗访，加大了对以电谋私的查处力度。在全省46个行业和部门的行风评议中，省电力公司位居前6名，所属供电分公司在当地行风评议中全部进入前10名，树立了良好的企业形象。

安全生产

省电力公司始终坚持“安全第一、预防为主”的方针，2004年以全面强化安全生产基础为重点，落实各级安全生产责任制不留死角，促进了安全生产长效机制的不断完善。积极实施安全生产健康环境质量管理体系，引深安全风险管理，加大反人身事故、反违章监督检查力度。投入4.5亿元资金加强设备治理，供电可靠性明显提高。全省综合电压合格率完成98.86%，10kV供电可靠性RS—3（剔除限电因素）完成99.97%。制定完善了重特大事故预案，建立健全了事故应急处理机制。成功应对了2004年7月3日大风雷雨造成2回500kV、7回220kV线路跳闸，倒塔5基的电网突发事故，避免了电网大面积停电。持续开展“珍惜生命、关爱健康”活动，推广大同、长治供电分公司等单位的典型经验，促进了安全生产。省电力公司被评为全省安全生产先进单位。

严格电网统一调度，优化电网运行方式，促进满发多供。省调火电机组设备平均利用小时达到7071h，同比增加273h，位居全国前列。基建系统连续6年实现安全生产无事故“四个零”（无人身死亡事故、无重大机械设备损坏事故、无重大火灾事故、无重大交通责任事故）目标。省电力公司与省公安厅、省工商局、省发展和改革委员会等4部门联合开展打击盗窃和破坏电力设施犯罪专项整治行动，取得明显成效。农电、多经、消防、交通等安全工作得到加强。全年未发生重、特大电网事故，未发生人员责任的设备事故和误操作事故，保持了安全生产的良好态势。

企业管理

省电力公司树立“三大一严”（大财务、大成本、大资金，严格管理）理念，强化经营管理，提高了经营效率和经济效益。努力改善经营环境，疏导电价矛盾，对改善财务状况发挥了重要的作用。2004年市场占有率进一步扩大，同比提高了0.83个百分点。加强经济调度，优化购、售电结构，售电均价同比提高21.00元/MWh。严格线损考核，线损率有所下降。阳泉供电分公司线损率最低，晋城供电分公司线损率降幅最大。实行营销差错责任追究、电费回收“说清楚”等制度，防范电费风险，加大陈欠电费回收奖励力度，促进了电费回收指标的完成。忻州供电分公司对内加大奖罚力度，对外寻求政府支持，回收陈欠电费取得成效。进一步强化全面预算管理，制定实施了货币资金、固定资产投资和对外投资担保等管理办法。加大资金管理力度，加强现金流量控制，降低融资成本，2004年共节省利息支出1.05亿元。细化经济活动分析，及时监控经济运行过程。加快财务管理信息系统建设，逐步推进了售电收入的财务实时管理。合理安排资金，电网大修理费用、技改资金、三项费用（材料、修理和其他费用）合理提高，职工工资水平稳步提升，企业实力大大增强。坚持以人为本，创新人才开发机制，加快了“四支人才队伍”（企业领导者、经营管理人才、专业技术人才、技能人才）建设。坚持公道正派的主题，严格执行干部选拔任用程序，推进了公开竞聘与党组选派相结合、试用期考核、干部交流、挂职锻炼等工作的开展，新任干部公示率达100%。2004年共调整干部62名，促进了干部队伍结构优化。成立山西电力技术院，实施人才建设“三百工程”（力争3年内培养选拔100人的技术专家队伍、100人的技能专家队伍、每年拿出100万元奖励优秀专家），评选了首届技术和技能专家，鉴定评审了全系统60个工种的技师和高级技师，646人获得技师资格，推荐了87人进行高级技师认定。实行了专家津贴制度和对关键岗位、骨干人才的薪酬倾斜政策。加大教育培训工作力度，针对性地开展员工培训，特别加强了高层次人才培养，36名电气及自动化专业研究生圆满结业，选拔32人参加了财会专业研究生进修。在大同电力技校建成了500kV变电站、营销自动化、县调自动化、35kV变电站综合自动化的“一站三化”电网仿真培训基地。大力开展技术比武，营销和农电等专业共7人·次在国家级和华北电网有限公司举办的技术、技能大赛中获奖。坚持依法治企，进一步规范合同管理、招投标管理。积极落实国家审计决定，认真做好整改。加大内部审计力度，开展效能监察，避免经济损失3440.55万元。高度重视并认真解决建设领域拖欠工程款问题，取得了阶段性成果。清产核资工作顺利完成，摸清了资产家底，核实了资产质量，为推行业绩考核和绩效评价打下了坚实基础。不断推进管理流程优化和创一流工作，省电力公司一流企业总数达到了12个。

施工、修造企业

省电建施工单位在省内外创造了新的业绩。2004年，仅参与建设的省内电源项目就投产了300万kW，承建的大唐神头50万kW、鲁能河曲60万kW等机组均实现了提前投产的目标。500kV小营变电站、220kV杨家堡变电站和太原二电厂五期扩建荣获省优工程“汾水杯”奖。所属施工和修造企业积极开拓市场，在省内外中标了一批工程项目或产品定单。通过强化管理，经营形势逐步好转。所属施工企业全年共完成总产值38.09亿元，同比增长54.75%，劳动生产率完成4.37万元/（人·年），同比增长39.67%。

多种经营

省电力公司系统多种产业在充分利用现有资源的基础上，继续加快发展，积极优化产品结构，合理整合产业资源，加大新项目开发力度，使优势企业不断增多。晋能集团形成煤—电—冶金一体化产业链，经营总收入和利润取得了较2003年翻番的成绩；大同光源实业公司利用哈尔滨汽轮机厂的技术优势与大同电机厂联营，组建华北地区第一个发电配件加工中心；晋通电力有限公司灵石中凯公司生产的不锈钢复合板，属国际领先高新产业技术；吕梁电力实业集团总公司利用自身地理资源搞煤气发电等。2004年公司系统电力多种产业新上项目35个，其中在建项目、工程12个，有力推动了电力多种产业的健康发展。全年多种产业完成经营总收入73.43亿元，实现利润总额5.49亿元。

党群工作与精神文明建设

2004年，省电力公司大力加强党建工作，6个单位召开了党代会。研究提出了省电力公司加强党建工作的实施意见。坚持党（组）委中心组学习，对340名基层干部和本部员工进行了理论培训，提高了思想政治素质。不断加强党风廉政建设，举办3期领导干部警示教育班。对新任的企业领导干部全部进行了任前谈话，以增强依法经营、廉洁从政的自觉性。在领导干部中推行廉政承诺。深入开展清车、清房和制止奢侈浪费“三项治理”。加大查处力度，严肃处理了30名违纪人员。加强监督制约机制建设的经验受到华北电网有限公司高度评价，并加以推广。全面完成党风廉政建设责任制目标，在国家电网公司考核中取得前三名的优秀成绩。深化精神文明单位创建工作，全公司有2个单位被评为全省“文明行业”，73个单位成为省级“文明单位（标兵）”，创建了2个全国“青年文明号”集体。全面落实依靠方针，坚持以职代会为基本形式的民主管理制度。通过修订企务公开制度和严格考核程序等手段，推进企务公开工作。33个基层单位全部签订或续签集体合同，并严格履行平等协商的民主程序。召开创建学习型班组现场会，总结推广长治供电分公司等单位的先进经验。开展了“安康杯”等劳动竞赛和合理化建议月活动。举办正月十五社火文化、职工风采艺术大赛等群众性文体活动，为全面完成各项工作任务发挥了积极促进作用。企业理念和企业精神不断深化，以点带面推广了企业形象视觉识别系统。团员青年工作不断创新，首次与团省委联合举办了“山西省十大杰出青年”评选活动。认真做好信访工作，妥善处理了农电工上访等问题，保持了稳定局面。树立了“全国老干部先进个人”解黎明同志的优秀典型，国家电网公司在全系统发出向她学习的通知，为省电力公司增添了荣誉。省电力公司荣获了“全国电力行业优秀企业”称号，是全国获此殊荣的两家省级电力公司之一。

主要事件

1月11日，临汾—运城500kV输变电工程举行投产剪彩仪式，山西省副省长梁滨、国家电网公司副总经理陈进行、华北电网公司副总经理钱遵培、省电力公司总经理李援朝等领导出席剪彩仪式并讲话。

1月13日，山西晋能燃料有限责任公司委托管理移交签字仪式在太原举行，省电力公司李援朝总经理、中国电力投资集团公司总工程师田勇等领导参加了签字仪式。

1月17日，省电力公司下发《山西省省调电厂发电设备可靠性管理办法》，明确厂网分开后发电厂设备可靠性管理机构与职能及技术指标等。

2月13日，省电力公司下发《山西省电力公司清产核资办法》，在公司系统全面开展清产核资工作。

3月18日，中国大唐集团公司太原第二热电厂与山西电力科学研究院在太原举行技术监控合同签字仪式。

4月28日，省电力公司下发《山西省电力公司重特大事故预案》，进一步加强紧急情况下快速、有效的事故抢险、救援和应急处理机制建设。

5月19日，山西电力主干通信网工程竣工并投入运行。省电力公司召开工程竣工表彰电视电话会议。

5月12日，省电力公司2004年一季度农网生产经营活动分析会议在大同召开，这是山西农电历史上第一次全面系统分析农网生产经营指标的会议。

5月20～21日，国家电网公司党组成员、副总经理陆启洲一行在山西电力公司党组书记、总经理李援朝等领导陪同下，到大同小营500kV变电站等地调研。

6月8日，国家发展和改革委员会以发改价格［2004］1036号文对华北区域电网电价调整有关问题进行了明确，山西省电价疏导方案批复。这对于疏导山西电网电价矛盾、改善省电力公司财务状况和促进产业结构调整起到了重要作用。省电力公司下发《山西电网新建发电机组并网调度管理规定》，对并入山西电网运行的新建发电机组有关前期及投产工作进行规范。

7月7日，山西电力技术院正式成立。

8月3日，省电力公司推行实施《安全生产健康环境质量体系》。

9月11日，中国首台30万kW级燃煤直接空冷发电机组——漳山发电公司1号机组顺利完成168h试运，正式投入商业运营。第二台同类型机组于10月22日投产。

9月18日，全省重点工程、省电力公司2004年投资最大的一项500kV电网建设工程——新建榆社500kV开闭站至临汾500kV变电站输变电工程（265.7km）建成投运。同日，新建漳山电厂（2×30万kW）至长治苏店220kV第二回输变电工程投运。至此，省电力公司为漳山电厂建设的双回220kV送出工程全部建成投运。

9月27日，全省重点工程——新建河曲电厂（2×60万kW）至神头二电厂双回500kV输变电工程（2×131km）启动带电成功。本工程于2003年9月开工。

9月29日，榆社电厂二期（2×30万kW）至榆社开闭站500kV新建输变电工程投运，榆社电厂扩建1号机组并入临汾500kV变电站进行带负荷调试。本工程于2003年10月开工。

11月23日，省电力公司副总经理崔吉峰当选为省第六届“十大杰出青年”，这是省电力公司系统职工首次入选并获得该项荣誉。

12月14日，神头二电厂3号机组（50万kW）完成168h试运，提前5.5个月投产发电，次日，正式移交商业运行。

12月15日，省重点工程晋中500kV输变电工程正式投运，这标志着山西中南部500kV环网工程建成投运。经由太原-晋中-临汾-晋城-长治-榆社-晋中，环绕整个山西中南部地区，使山西自北向南的双通道电力输送高速路全线贯通，山西电网500kV骨干网架实现了跨越式发展。

12月24日，省电力公司举行电网建设新闻发布会，副省长牛仁亮等省、市领导到会讲话。

（卢晓山　高一萍）

内蒙古自治区电力工业

领导班子

1. 内蒙古电力（集团）有限责任公司

党　委

书　记　王维维（蒙古族2004年4月任职）
副书记　赵凤山
委　员　王维维（蒙古族）
　　　　赵凤山
　　　　张　瀛
　　　　张福生
　　　　张景生（2004年3月任职）
　　　　李政文（2004年3月任职）
　　　　托　克（蒙古族2004年3月任职）

经　理

总经理　赵凤山
副总经理　王维维（蒙古族）
　　　　张福生（2004年3月任职）
副总经理　张景生（2004年3月任职）
　　　　李政文（2004年3月任职）
总工程师　张景生（2004年3月任职）
总会计师　李　丰（2004年3月任职）

纪律检查委员会

书　记　张　瀛

内蒙古电业工会

主　席　张福生（2004年3月免职）
　　　　托　克（蒙古族2004年3月任职，内蒙古国资委党委任命）

2. 内蒙古自治区电力投资有限责任公司

党　委

书　记　乌若思（蒙古族2004年3月27日任职）
副书记　刘亚洲（2004年3月18日任职）
委　员　乌若思（蒙古族2004年3月27日任职）
　　　　刘亚洲（2004年3月18日任职）
　　　　吕　慧（2004年1月5日任职）
　　　　铁木尔（蒙古族2004年1月5日任职）
　　　　吴景龙（2004年3月18日任职）
　　　　王永夫（2004年4月12日任职）

纪律检查委员会

书　记　刘亚洲（2004年3月18日任职）

经　理

总经理　乌若思（蒙古族2003年12月24日任职）
副总经理　吕　慧（2004年1月5日任职）
　　　　吴景龙（2004年3月18日任职）
总会计师　杨美茹（女2004年3月18日任职）
总工程师　李国宝（2004年4月12日任职）

全区电力综合情况

2004年1月6日，改制后的内蒙古电力（集团）有限责任公司和北方联合电力集团有限责任公司成立。在此之前，内蒙古电力（集团）有限责任公司系特大型国有企业，主营电业兼营多种产业。内蒙古电力体制改革经过几年艰苦努力迈出实质性的一步，电力实行厂网分家体制改革，2003年11月25日由内蒙古电力（集团）有限责任公司、中国华能集团公司、神华集团公司、中信泰富公司四方股东共同组建北方联合电力集团有限责任公司。北方联合电力集团有限责任公司合作协议签字仪式在北京人民大会堂举行。内蒙古电力（集团）有限责任公司所属发电资产进行重组，重组为内蒙古电力投资有限责任公司，这个重组后的国有企业代表自治区行使出资人权利，该公司与华能、神华、中信泰富合资组建北方联合电力集团有限责任公司。北方电力将充分发挥各股东方的人才、区位、资源、资金管理优势，实现强强联合、优势互补以开发建设电源基地为突破口，争取建成国内一流发电企业，成为国家北方电力市场的重要供应商。改制后的内蒙古电力（集团）有限责任公司将致力于电网建设，力争在“十五”期间建设负荷中心以500kV双回线路，各地区以220kV多回环网运行坚强的自治区电网。实现每个盟市有一座500kV变电站，每个旗县至少一座220kV变电站，继续增加自治区向外送电通道。

电网建设

2004年内蒙古电力（集团）有限责任公司电网项目年度投产计划为新增线路78条，4597km；新增变压器100台，容量1122万kVA，实际新增线路95条，4384km；新增变电容量900万kVA，77台。2004年新开规模为线路38条，2250km，变电容量496万kVA；其中500kV项目鄂尔多斯布日都输变电工程（线路1条14km，变压器1台容量75万kVA）及永圣域至汗海输变电工程（线路1条224km，变压器1台容量75万kVA）于2004年3月开工，12月初完工投产，工期9个月。

2004年内蒙古自治区境内新投发电设备的主要项目有京达发电公司2台33万kW发电机组，包头第二热电厂27.5万kW发电机组，大唐托克托发电公司2台60万kW发电机组，满洲里热力公司1.2万kW发电机组，通辽热电厂1.2万kW和2.4万kW发电机组，包头铝业集团公司希望电厂2台15.5万kW发电机组，共计容量249.48万kW。其中大唐托克托发电公司2台60万kW（3号、4号）发电机组分别于2004年7月和9月投产，通辽热电厂2.4万kW（8号）和1.2万kW（9号）发电机组于2004年1月投产。

发电生产能力

2004年内蒙古自治区境内6000kW及以上的发电厂69个，设备容量1435.726万kW；其中水电设备容量56.592万kW，火电设备容量1368.48万kW，风电设备容量10.634万kW。年发电量817.9403亿kWh，其中水电8.0495亿kWh，火电807.7771亿kWh，风电2.1137亿kWh。6000kW及以下的发电厂8个，设备容量2.41万kW；其中水电设备容量0.2万kW，火电设备容量1.85万kW，风电设备容量0.36万kW。年发电量6136万kWh，其中水电796万kWh，火电4638万kWh，风电702万kWh。

发电企业生产经济技术指标

2004年内蒙古自治区境内6000kW及以上的发电厂全年设备利用小时6436h，其中水电1422h，火电6684h，风电3646h。全年生产厂用电量662743万kWh，其中水电732万kWh，火电661809万kWh，风电202万kWh。全年厂用电率8.10%，其中水电0.91%，火电8.19%，风电0.96%。全年发电消耗原煤量46492849t，发电消耗标准煤量27000665t。发电标准煤耗率336g/kWh，供电标准煤耗率369g/kWh。供热设备容量262万kW，供热量54369282GJ，供热消耗原煤量4229417t。

电网电压合格率

蒙西电网220kV及以上电压合格率81%；内蒙古电力（集团）有限责任公司综合电压合格率98.252%，同比提高0.547个百分点。

电网线损率

蒙西电网线损率5.04%。

全区发购电量

全区发购电量849.5429亿kWh。发电量822.0114亿kWh；购入电量27.5315亿kWh，其中，从东北电网购入6.0590亿kWh，从宁夏电网购入18.2575亿kWh，购自6000kW以下电站电量3.2150亿kWh。

全区社会用电量

全社会用电量530.4299亿kWh，同比增长27.37%。其中，第一产业增长32.76%，第二产业增长28.97%，第三产业增长14.55%。

国内第二家采用直升机巡查输电线路

2004年11月24日，内蒙古超高压供电局与首都通用航空公司、北京超高压公司就500kV输电线路采用直升机巡查合作项目在呼和浩特举行了签字仪式，内蒙古电力（集团）有限责任公司副总经理张景生参加了签字仪式。超高压供电局担负着1653km500kV输电线路的运行、维护及向北京送电的任务，直升机巡查合作项目的合作成功将对500kV输电线路巡查质量、确保电网安全稳定运行具有重大意义。超高压供电局计划在12月下旬首飞巡检，将成为国内第二家采用直升机巡查输电线路企业。

内蒙古电力（集团）有限责任公司

1. 概况

2004年1月6日，改制后的内蒙古电力（集团）有限责任公司成立。

2. 公司所属企业单位

改制中原属内蒙古电力（集团）有限责任公司的19个发电单位：包头第一热电厂、内蒙古蒙华热电股份有限公司、内蒙古蒙华热电股份有限公司包头第二热电厂、内蒙古蒙华热电股份有限公司乌拉山发电厂、包头东恒热电有限责任公司、呼和浩特科林热电有限责任公司（呼和浩特发电厂）、丰泰发电有限公司、内蒙古蒙华热电股份有限公司丰镇发电厂、海勃湾电力有限责任公司海勃湾发电厂、内蒙京达发电有限责任公司、蒙达发电有限责任公司、岱海电厂筹备处、内蒙古上都发电有限责任公司（即原正蓝旗发电厂筹备处）、内蒙古蒙华乌海热电有限责任公司、内蒙古风电能源有限责任公司（包括内蒙古福霖风能开发有限公司和内蒙古风力发电研究所）、内蒙古满都拉能源有限责任公司（内蒙古电力燃料公司）划到北方发电公司。改制后的内蒙古电力（集团）有限责任公司供电单位13个，有包头供电局（22岗级）、呼和浩特供电局（21岗级）、乌海电业局（21岗级）、薛家湾供电局（21岗级）、乌兰察布电业局（21岗级）、巴彦淖尔电业局（21岗级）、呼伦贝尔电业局（22岗级）、兴安电业局（21岗级）、锡林郭勒电业局（21岗级）、阿拉善电业局（21岗级）、内蒙古超高压供电局（包括内蒙古带电作业培训中心，21岗级）、内蒙古电力信通中心（21岗级）（内蒙古电网调度系统培训中心、内蒙古电力计算机信息中心）。施工设计供应单位7个，有内蒙古康远工程建设监理有限责任公司（20岗级）、内蒙古第一电力建设工程有限责任公司（21岗级）、内蒙古第二电力建设工程有限责任公司（21岗级）、内蒙古第三电力建设工程有限责任公司（21岗级）、内蒙古送变电有限责任公司（21岗级）、电力勘测设计院（21岗级）、内蒙古电力（集团）有限责任公司物资供应公司（20岗级）。多经服务单位4个，有内蒙古金蒙电力创建总公司（20岗级）、内蒙古乌兰水泥有限责任公司（20岗级）、内蒙古满都拉资产管理有限责任公司（20岗级）（内蒙古满都拉电力房地产开发公司（18岗级）、深圳蒙迪实业发展有限责任公司（18岗级）、海南海蒙经济发展贸易公司（18岗级）、上海满都拉工贸有限公司（18岗级）。科教文卫单位5个，有内蒙古电力学院（22岗级）、内蒙古电力学校（20岗级）、内蒙古电力中学（19岗级）、内蒙古电力中心医院（20岗级）、内蒙古电业文工团（19岗级）。与北方电力公司共同出资单位4个，有内蒙古电力科学研究院（21岗级）、内蒙古电力（集团）有限责任公司驻京联络处（20岗级）、内蒙古电力新闻中心（20岗级）、内蒙古蒙能物业管理有限责任公司（19岗级）。改制后新建发电单位10个，有内蒙古锡林发电有限责任公司（21岗级）、内蒙古新丰热电有限责任公司（21岗级）、内蒙古苏里格燃气发电有限责任公司（21岗级）、内蒙古呼和浩特抽水蓄能发电有限责任公司（22岗级）、内蒙古准大发电有限责任公司（21岗级）、内蒙古准格尔友谊电厂筹备处（22岗级）、内蒙古金山发电有限责任公司（21岗级）、内蒙古霍林河发电有限责任公司（21岗级）、乌斯太热电厂筹备处（21岗级）、包头东河热电厂筹备处（21岗级），加上原有万家寨水电项目办公室（20岗级），共11个发电单位。

3. 组织机构

公司职能处室18个，有办公室、战略策划部、干部处（组织部）、人力资源部、财务部、计划发展部、基建部、生产技术部、安监部、农电部、市场营销部、监察审计部（纪律检查委员会）、党委办公室（机关党委）、宣传部（团委）、电力工会、老干部处、电力调度通信中心。挂靠单位6个，有质监站、政研会、电力行业管理协会（史志办公室）、住房资金管理中心、老干部活动中心（职工活动中心）、多经局。机关定员263人，部室18个，二级单位66个，挂靠单位定员49人。

4. 生产经营情况

公司全年售电量完成437.03亿kWh，同比增长23.73%，完成年度计划的111.16%；蒙西地方售电量完成336.97亿kWh，同比增长35.45%；蒙西电网东送电量完成80.16亿kWh，同比下降10.87%；完成固定资产投资98.82亿元，净资产收益率0.02%；全年售电收入完成116.24亿元，销售收入增长率28.38%；多经企业实现产值21.1亿元，施工企业产值实现50.54亿元，全口径销售收入、产值达到187.88亿元，利税实现5.75亿元，其中实现利润3130万元。2004年，公司名列自治区30强企业之首。

5. 电网生产

2004年，内蒙古出现了近20年来最为严重的缺电局面，蒙西电网日均限电140万kW以上，高峰最大缺口265万kW，电网长期处于满负荷、零备用状态。公司确立了以“三条主线”应对缺电局面的措施。通过（即以政策手段为基础应对缺电局面，以技术措施为支持应对缺电局面，以价格措施为引导应对缺电局面的协调运作，公司不仅圆满完成了迎峰度夏任务，而且在8月份前没有任何新增发电装机的情况下，公司全年售电量增幅位居全国第二，各盟市售电量增幅与GDP增幅基本保持一致，保护了自治区来之不易的经济增长势头，做到了政府满意，社会反响良好。

（1）以政策手段为基础应对缺电局面。在确保人民生活用电、重要用户用电、党政军机关用电的基础上，突出保呼市、包头、乌海、鄂尔多斯等重点负荷区；全力以赴配合各级政府经济发展计划，严格执行电力分配计划；紧密结合自治区实际，对高载能企业坚持“有保有压”政策。

（2）以技术措施为支持应对缺电局面。制定科学运行方式；竭力提高发电侧机组利用小时；努力调剂东送潮流；增加向宁夏购电；加强需求侧管理；配合发电企业新投产机组启动试运；先后投入2500万元实施首批无功治理技术改造，大幅提高了蒙西电网主网电压合格率；全力开发后有负荷；制定并适时启动《紧急缺电预警机制》。

（3）以价格措施为引导应对缺电局面。落实、运用国家电价调整政策，引导高耗能企业合理用电、节约用电，淘汰落后高耗能企业。

（4）全力以赴确保安全生产。以500kV系统为重点，加大设备治理力度，深入开展春、秋季安全大检查和安全月、“百日安全竞赛”活动，继续推进“三标一体”贯标。切实开展安全责任制考核，严格安全生产奖惩，出台了《重特大生产安全事故预防与应急处理预案》，进一步夯实了安全生产基础。截止到12月31日，公司安全生产578天，蒙西电网安全生产2685天。公司全年未发生重大及以上电网或设备事故，未发生生产性人身伤亡事故，未发生重大施工机械设备损坏事故，未发生重大交通事故，未发生重大火灾事故，一般事故率明显下降，成为华北电网各省区电力公司安全生产形势最好的单位之一。

（5）科技进步和科技创新。坚持以科技进步和科技创新推动公司发展。公司在资金紧张。经营压力巨大的情况下，投入生产重措与技术改造资金3.6亿元，开展了7个供电局的集控站建设工作。加大城市配网一次设备改造力度，配网自动化试点工作起步。引进500kV输电线路直升机巡检技术，成为全国第二家采用直升机巡线的企业。重点推进信息化建设，迅速完成了公司系统MIS网络的升级改造工作；公司机关办公自动化系统全面运转，全系统实现了网上公文处理。公司荣获自治区科技进步奖3项，华北电网公司科技进步二等奖1项。

（6）售电量。公司全年完成售电量437.03亿kWh，比2003年同期增长27.73%，完成年度计划的111.16%。其中，蒙西地方售电量完成336.97亿kWh，比2003年增长35.45%；蒙西电网东送电量80.16亿kWh，同比下降10.87%。锡林郭勒电力公司售电量完成5.38亿kWh，比2003年增长51.86%。兴安电力公司（电业局）售电量完成5.18亿kWh，比2003年增长15.88%。呼伦贝尔电力公司（电业局）售电量完成14.72亿kWh，比2003年增长46.76%。

（7）线损率。公司全年线损率为6.71%，比2003年上升0.26%。

（8）工业总产值。公司全年累计完成总产值118.92715亿元（现行价）。

（9）工业增加值。公司全年完成工业增加值22.60451亿元。

（10）固定资产。固定资产原值158.18311亿元，净值122.33628亿元。2004年固定资投资98.82亿元，净资产收益率0.2%。

（11）主要财务指标。公司全年售电收入累计完成116.24亿元，销售收入增长率28.38%；多经企业实现产值21.1亿元，施工企业实现产值50.54亿元比年度计划增加9.24亿元。全年实现利税15.06亿元，全口径销售收入、产值达到187.88亿元，实现利税金5.75亿元，其中实现利润3130万元。

6. 电力建设

（1）电网建设。2004年内蒙古电力（集团）有限责任公司安排电网建设投资78亿元。在严格执行国家规定审核批准程序的基础上，建设500kV输变电工程6项，220kV输变电工程50项。全部实现当年开工建设，并创造一年内投产500kV变电站4座，投产220kV输变电工程44项，其中投产220kV新建变电站31座的历史新纪录。到2004年年底，内蒙古电力公司管理运行的500kV变电站由2003年的1座增加至5座，220kV变电站由2003年的34座增加至63座，形成了西起乌海、北接包头、南达准格尔、东至乌兰察布的500kV主网架，实现了呼伦贝尔、兴安电网联网。为全面满足自治区电力能源基地电力输出需求，完成了蒙西电网“十一五”及2020年电网规划设计。

（2）电源建设项目。2004年改制后的内蒙古电力公司全面启动电源项目建设。2月，自治区政府确定公司建设锡林电厂项目，公司抢抓机遇，相继开展了总容量1140万kW共17项电源项目的前期工作。乌兰水泥2×15万kW机组项目获国家发展和改革委员会核准，这是公司第一个获国家发展和改革委员会核准的电源项目，也是公司第一个采取循环经济模式建设的电源项目。苏里格 2×15 万 kW 级燃气蒸汽联合循环机组项目获得自治区正式核准。锡林、新丰、准大、霍林河、金山、乌斯太电源项目可研全部获得自治区批准；锡林、新车、准大、呼和浩特抽水蓄能电站、友谊电厂项目建议书已上报国家发展和改革委员会。2004 年，公司开工 8 个共 420 万 kW 电源项目。其中锡林、新丰、准大各 2×30 万 kW 机组工程主厂房全部实现暖封闭，开始锅炉吊装。霍林河、金山、乌斯太各 2×30 万 kW 机组项目及苏里格 2×15 万 kW 级燃气蒸汽联合循环机组项目、乌兰水泥 2×15 万 kW 机组项目全部实现工厂房基础出零米。

7. 电力营销

(1) 培育规范电力市场。努力培育好、规范好电力市场。在执行高耗能差别电价、清理整顿不符合国家产业政策高耗能企业的同时，千方百计培育高耗能电力市场。坚持守土有责，努力维护用电市场秩序。相继收回锡盟、呼伦贝尔市、兴安盟、阿盟由外省供电的营业区。对公司营业区范围内出现的大用户直供、网中网问题，积极从国家政策、法律法规、供电负荷现状、电网调度与安全等方面进行认真分析，有理有据，措施得当，有力地维护了市场秩序。坚持“缺电不能缺服务”，深入开展“真诚服务工程”，全面加快电力营销技术支持系统建设，实现了 95598 客户服务窗口闭环管理。进一步加强与客户、新闻媒体的联系与沟通，赢得了社会各界的理解，在严重缺电、供需矛盾突出的形势下，公司在自治区公用行业民主行风评议中蝉联第一。

(2) 实现城乡各类用电同价。农村电网建设与改造“回头看”工作取得了明显成效，县城电网建设与改造全面启动。蒙西电网直供旗县全部实现城乡居民生活用电同价，五个旗县已实现城乡各类用电同价。七个旗县电力公司达到国家电网公司一流标准，已建成国家电网公司农电规范化示范窗口 38 个，建成自治区级以上规范化服务窗口 181 个。电力战略策划实行厂网分家和的内蒙古电力公司进行新的电力战略策划，积极推动推进改革，公司全面完成了 2004 年自治区下达的改革任务。

(3) 重组能源公司。经自治区国有资产监督管理委员会批复同意，公司组建了由内蒙古电力资产管理有限责任公司、乌兰水泥有限责任公司、内蒙古第一、二、三电力建设工程有限责任公司、电力勘测设计院、送变电有限责任公司、康远工程建设监理有限责任公司、蒙能招标有限责任公司共同出资的内蒙古蒙能能源有限责任公司，经营电源开发、煤炭开发及国家和自治区鼓励开发的其他能源项目；彻底消除了公司开发电源项目的体制性障碍。

(4) 分离企业办社会改革。加快分离企业办社会改革。内蒙古电力中学移交呼和浩特市管理工作已经完成；2004 年 6 月 18 日，电力中学以呼和浩特市首家“公办民助”的创新模式，整建制移交市政府管理。电建一公司子弟小学、三公司子弟学校分别移包头市管理。内蒙古电力中心医院整体移交包头市，与包头市共同进行资产量化、民营化改制；12 月 10 日，内蒙古电力中心医院移交包头市政府协议正式签署。

(5) 企业内部改革。加快企业内部改革。呼伦贝尔、兴安、锡林郭勒、阿拉善四个子公司改为分公司运作，完成了根河电业局资产接收划转工作。调度本部化工作顺利完成。出台了农电资产管理公司组建方案。公司所属各单位三项制度改革全面启动。

(6) 主辅分离改革。蒙西硅电实施破产，注销海南、深圳、上海 3 个驻外公司。

(7) 创一流工作。巴彦淖尔电业局、乌海电业局顺利通过国家一流电力企业验收。

(8) 全面建设学习型企业，打造优秀团队。严格按照“四化”标准和《领导干部选拔任用条例》，进一步加强了各级领导干部队伍建设。坚持群众公认和实绩标准，一大批年轻有为、责任心强、业绩突出、有创新精神的同志被提拔到领导岗位。通过调整补充，公司副处级以上干部平均年龄由 49 岁下降到 47 岁，大专以上文化程度达到 92%以上，其中大学本科学历达到 52.1%，研究生比例达到 12.6%。进一步加大干部学习培训工作力度。107 名新提拔领导干部参加了为期一个月的集中培训，13 名后备干部参加了国家电网公司的高级经营管理者培训班。领导干部队伍学历结构、专业结构、年龄结构明显改善。

(9) 重塑蒙电品牌，建设优秀企业文化。面对极其繁重的改革与发展任务，内蒙古电力公司树立一种全新的精神和理念，及时确立了“追求以人为本、崇尚学习之风、推崇宽容公正、寻求社会认同”的企业文化定位，倡导享受工作、保证完成任务、追求卓越的工作理念，使员工因乐于为企业创造价值而享受工作，企业因员工创造价值而赋予员工荣耀与尊严，形成了员工与企业和谐发展、共同进步的可喜局面。公司新的企业文化，也延伸到了公司离退休老同志。全面落实“两个待遇”，组织老同志参观公司电力建设项目，使离退休老同志共同感受内蒙古电力公司改革发展的辉煌，共同分享内蒙古电力公司改革发展的成果。

8. 经营管理

2004 年，企业经营步入良性轨道，促进内蒙古公司健康发展。公司确立以“五条主线”（即摸清家底、控制成本、增加售电量、规范电价、拓展融资渠道）实现经营管理良性发展。

(1) 摸清家底。全面完成清产核资工作，认真处理好呼伦贝尔、兴安、锡林郭勒、阿拉善四个子公司电力体制改革遗留问题，提高了资产质量。

(2) 控制成本。坚持预算管理为核心不动摇，牢固树立过紧日子思想，严格控制生产成本，遏制非生产性支出。坚持收支两条线，加大资金运作和考核力度。公司将 2004 年确定为审计年，全方位开展审计审价工作。对农电和多经 200 多家单位进行了专项审计，积极配合政府审计机关对公司所属单位的财务收支审计。认真贯彻国家规范招投标工作精神，下发了《关于进一步加强招投标监督和严肃招投标工作纪律的通知》。

(3) 增加售电量。公司出台了增供扩销激励政策，与所有供电单位签订了责任状，严格考核售电量及电费回收指标，极大地调动了各基层供电单位的积极性。

(4) 规范电价。把握国家电价调整机遇，严格执行国家电价政策，规范发电企业上网电价，全力保证销售电价调整到位。

(5) 拓展融资渠道。创新融资方式，拓展融资渠道。在与国有各大银行积极合作的基础上，积极引进区外非国有金融机构参与融资取得各大银行贷款承诺总额度 249 亿元，融资到位资金 90.6 亿元。发行 16 亿元企业债券已通过自治区审核并上报国家发展和改革委员会。公司广泛开展对外战略合作，与多家境内外公司形成了战略投资伙伴关系，进一步减轻了资金压力和运营风险。从 9 月份起，公司连续实现盈利，历史性地结束了厂网分开前电网侧长期亏损的局面。

(赵振方)

山东电力集团公司

概况

2004 年，全省全社会用电量完成 1640 亿 kWh，同比增长 17.5%。电网售电量完成 1188 亿 kWh，同比增长 14.3%。其中：直供售电量完成 629.1 亿 kWh，同比增长 12.5%；趸售售电量完成 558.9 亿 kWh，同比增长 16.4%。实现电力销售收入 449.22 亿元，同比增长 16.71%；实现利润 6.38 亿元。2004 年全省投产发电装机 237 万 kW。到 2004 年年底，全省发电装机达到 3292 万 kW。集团公司位居国家统计局公布的全国大型工业企业第 14 位，《世界商业周刊》公布的 2004 年中国能源 200 强第 10 位。

安全生产保持良好局面

坚持“安全第一，预防为主”的方针，落实安全生产“可控、在控”的思想，深入开展“创建无违章企业”活动，强化安全生产管理。集团公司连续 5 年实现了国家电网公司确定的安全生产目标。全公司生产、基建未发生人身重伤和死亡事故，未发生重大以上电网和设备事故。全年事故和一类障碍总次数为 39 次，比 2003 年减少 5 次。到 2004 年年底，山东电网实现连续安全生产 5728 天，公司实现无人身死亡事故 1949 天、无重大以上事故 1975 天。统计考核的 25 个单位中，21 个实现连续安全生产超过 1000 天，19 个创出本单位安全生产的历史最高纪录。7 个单位全年未发生一类障碍和事故。

保障了全省电力供应

2004 年全省电力供需形势非常严峻，集团公司坚持团结治网，科学安排电力生产，加强电力需求侧管理，确保了全省电力供应。圆满完成了亚洲杯足球赛等重要活动的保电工作，受到省委、省政府的通报表彰。6 月 21 日，温家宝总理视察青岛供电公司，对集团公司迎峰度夏、确保全省电力供应等工作给予充分肯定。

电网建设取得新突破

加强规划工作，完成了《山东省电力工业“十一五”发展规划及 2020 年远景目标研究报告》、《山东电网“十一五”及 2020 年电网规划设计》。千方百计筹措资金，加快电网发展，完成了电网建设投产“双过千”任务。共建成投产 220kV 及以上变电容量 1002 万 kVA，线路 1202.5km。其中投产 500kV 变电容量 600 万 kVA，线路 405km。建成了与华北联网工程。城网建设改造完成投资 13 亿元，新建、扩建、改造 110kV 变电站 24 座，变电容量 122.2 万 kVA；新建改造 110kV 线路 261km。泰安抽水蓄能电站进展顺利。2004 年，全省投产发电装机 237 万 kW。

市场开拓取得较好成绩

积极开拓电力市场。公司经营电量市场占有率完成 76%。省发展和改革委员会和物价局下发《关于调整电价水平疏导电价矛盾的通知》，全省平均电价每千瓦时提高 0.7 分。全省统一营销技术支持系统建设正式启动。深化“彩虹工程”，提高优质服务水平。集团公司被评为全省行风免评行业。14 个市供电公司被评为全省“部门和行业作风建设示范窗口单位”。

加强了经营管理工作

坚持依法治企，从严治企。顺利通过了国家电网公司“四五”普法检查。强化合同管理，集团公司和7个基层企业被评为全国“守合同重信用”企业。认真落实国家审计署的审计决定，加强内部财务检查，严肃财经纪律，规范了经营工作秩序。集团公司被国家电网公司评为“财务工作先进单位”。

推进了改革创新

积极稳妥地推进电力体制改革，完成了集团公司出资人工商变更登记工作，公司在资本纽带关系上成为华北电网有限公司的全资子公司。积极推进ERP工程。实现了与国家电网公司OA联网。在9个市供电公司启动实施了TPE管理体系。集团公司被评为“全国电力行业优秀政策调研单位”。集团公司荣获国家、省部级科技进步奖17项，其中一等奖1项，二等奖2项。公司承担的2个国家“863”计划项目顺利通过阶段性审查。加强外经外事工作，与澳大利亚越网公司、韩国电力公社等签订了交流合作协议。集团公司获得国家电网公司“科技进步先进单位”、“信息化先进单位”、山东省“管理创新优秀企业”等荣誉。

辅业企业健康发展

基建企业大力实施“走出去”战略，签订邹县四期、云南滇东等项目合同70多个，金额80多亿元。全年建成投产发电装机容量310万kW。印度巴考、惠州石化项目进展顺利。尼日利亚8×42MW燃气联合循环机组开工建设。基建总公司被美国《工程新闻纪录》评为“2003年度全球最大225家国际承包商”第99位，是全国惟一一家入选的电力基建企业。

实施了“人才强企”战略

开展“111优秀人才培养选拔工程”，评选出高级人才105名。2名同志入选“国家新世纪百千万人才工程”。开发了领导干部绩效管理系统并投入试运行。加大了领导干部的培训管理力度。制定了集团公司人力资源发展规划。在全国电力行业继电保护和变电检修技能竞赛中，集团公司代表队夺得供电类继电保护团体第一名及个人前两名的好成绩，2名选手受到国家劳动和社会保障部表彰。

加快了农电事业发展农电工作

全省县及县以下用电量达到775亿kWh，同比增长13.7%；农村用电量完成401亿kWh，同比增长14.4%。完成了投资38亿元的第一批县城电网建设改造工程。建设改造110kV变电站159座，变电容量555.8万kVA，线路1160.99km。全省农网建设改造工程管理工作得到国家发展和改革委员会检查组的较高评价。全省已有省一流县供电企业46个，国家一流44个，总数居全国首位。51个县供电企业完成了农村低压电力资产的接收与规范管理。

精神文明建设取得丰硕成果

深入学习“三个代表”重要思想和党的十六届四中全会精神。深化反腐败斗争和反“嫌疑腐败”工作，集团公司党委在中纪委三次全会上作了典型发言。集团公司党委被国资委评为“中央企业先进基层党组织”。集团公司被评为“全国电力行业优秀企业”、“全省爱国拥军模范单位”、“职工职业道德建设十佳单位”。鲁能泰山足球队获得中超联赛亚军和中超杯、足协杯冠军，为全省体育事业和精神文明建设作出了新的贡献。

主要事件

1月2日，省委书记张高丽、省长韩寓群、省政协主席孙淑义等省委、省政府领导视察鲁能泰山广场建设工地。

1月22日（正月初一），省委书记张高丽、省政协主席孙淑义等领导来山东电力调度中心视察，并慰问坚守生产岗位的干部职工。

1月，集团公司被山东省评为“管理创新优秀企业”。

1月，集团公司被山东省评为“全省法制工作先进单位”。

2月11日，集团公司完成了所有规章制度清理工作，这在集团公司历史上是第一次，并以鲁电集团经［2004］30号文公布了清理结果。

2月21～22日，集团公司二届三次职代会暨2004年工作会议在济南召开。

3月18日，人民日报刊登了中纪委调查组撰写的《规范公务行为，建立反腐败预防体系——关于山东电力集团公司反“嫌疑腐败”经验的调研报告》。

4月1～13日，谢明亮总经理在印度考察，并于7～8日视察了核电集团公司在印度总承包的巴考(BALCO)4×135MW自备电站项目，慰问干部职工。

4月9日，省经贸委和省统计局公布了2003年度山东省工业企业100强名单，集团公司、鲁能集团分别列第3位和第6位。

4月15日，集团公司机关被评为“省直机关作风建设年活动先进单位”。

4月20日，谢明亮总经理在济南会见美国毛榉电厂业主代表CLI集团公司总裁和华盛顿郡首席行政长官。

4月23日，集团公司团委被团中央、国家电网公司命名为国家电网公司2003年度青年文明号活动优秀组织单位。

5月6日，人民日报在二版显著位置刊登介绍集团公司超前防范腐败工作的通讯报道《让权力“可控在控”——山东电力集团公司超前防范腐败工作综述》。

5月14日，集团公司被山东省评为全省第一个行风免评行业。14个市供电公司被评为全省“部门和行业作风建设示范窗口单位”。

5月25日，500kV长清变电站一次送电成功正式投入运行。

6月10日，500kV莱阳变电站一次送电成功正式投入运行。

6月17日，集团公司被国家电网公司评为“科技进步先进单位”、“信息化先进单位”。

6月21日，500kV聊城变电站一次送电成功正式投入运行。

6月21日，中共中央政治局常委、国务院总理温家宝在国家发改委副主任张国宝和山东省委书记、省人大主任张高丽等领导的陪同下，视察青岛供电公司调度中心。朱长富书记、谢明亮总经理、杜至刚副总经理汇报了集团公司的工作。温家宝总理对集团公司的迎峰度夏、确保全省电力供应等工作给予充分肯定。

6月23日，集团公司被国资委授予“中央企业先进基层党组织”荣誉称号。

7月1日，集团公司与越南电力公司代表团签署友好交流与合作协议。

7月13日，韩寓群省长等省市领导视察鲁能广场工程以及“亚洲杯”保电工作，谢明亮总经理、刘广迎纪委书记等集团公司领导陪同。

7月19日，亚足联主席哈曼姆、秘书长维拉潘、中国足协副主席阎世铎、副省长王军民视察鲁能泰山足球俱乐部。

7月23日，山东电网日发电量创出4.11亿kWh的历史最高纪录。

7月27日，集团公司荣获“山东省爱国拥军模范单位”称号。

7月28日，集团公司团委被团中央和23个部委授予“全国青年文明号活动优秀组织单位”称号。

7月，国家统计局公布了最新排定的2003年全国大型工业企业名单，集团公司在1948家企业中名列第14位。

8月11日，集团公司召开2004年年中工作会议。

8月17日，集团公司荣获“全国守合同重信用企业”荣誉称号。

8月23日，在美国《工程新闻纪录》评选的“2003年度全球225家最大国际承包商”中，山东电力基建总公司位居第99位，列中国入选公司的第13位，是全国惟一入选的电建企业。

8月28日，全国电力行业劳动环境检测监督总站揭牌仪式在山东电力研究院举行。

9月6～15日，朱长富书记率团对英国国家电网公司、芬兰富腾集团（原国家电力公司）、北欧电力市场交易中心、丹麦BWE公司进行了访问，并会见访问公司的高层领导，就加强双方友好合作与交流进行了会谈。

9月25日，《世界商业周刊》公布了中国能源2004年200强，集团公司位居第10。

10月12日，集团公司被中电联和中国能源化工委员会联合授予“全国可靠性管理先进单位”。

10月16～31日，谢明亮总经理率团考察了丹麦、英国等国家的电力市场情况和北欧电力交易市场，并对BWE、ABB、三井巴布科克等国际知名公司进行了友好访问。访问期间，陪同省委书记张高丽率领的山东省代表团，在丹麦进行了为期两天的考察。张高丽书记多次就山东电网发展、鲁能与丹麦BWE公司的合作项目等作出重要指示，对山东电力工作给予高度评价。

10月17～23日，朱长富书记、杜至刚副总经理等集团公司领导在上海参加“第十五届亚太电协”国际会议。期间，集团公司与澳大利亚越网公司签署了合作协议，国家电网公司党组副书记、副总经理刘振亚、副总经理郑宝森等领导出席了签字仪式。

10月21日，集团公司在济南与韩国电力公社签署友好协议。韩寓群省长、孙守璞副省长等领导出席签字仪式。

11月1～3日，国家电网公司党组书记、总经理刘振亚同志在青岛参加全国国有企业领导班子思想政治建设座谈会。

11月3～4日，在华北电网公司举办的“用电营业抄核收技术比武”活动中，集团公司代表队荣获团体冠军，并包揽个人前4名。

11月14～19日，全国电力行业继电保护和变电检修技能竞赛在苏州举行，集团公司代表队夺得继电保护技能竞赛供电类团体第一名及个人第一、第二名的好成绩。

11月19日，500kV淄川变电站一次送电成功正式投入运行。

11月24日，谢明亮总经理、马炳炜副总经理在公司总部会见了韩国驻青岛总领事一行。

截至11月底，山东省投资38.025亿元的第一批县城电网建设改造工程计划全部完成。

12月2日，集团公司召开了“营销支持系统”

建设工程启动会议。

12月3～13日，国家发展和改革委员会农网工程专项检查组对省农网建设改造工程进行了专项检查，并给予充分肯定。

12月8日，500kV泰山变电站一次送电成功正式投入运行。

12月11日，鲁能泰山足球队2∶0力克深圳健力宝队，勇夺“中超杯”冠军。国家电网公司和省委、省政府发信祝贺。

12月16日，淄博—泰安500kV输电线路正式起用送电。

12月18日，鲁能泰山足球队2∶0战胜继获中超杯冠军后又勇夺足协杯冠军，实现“双冠军”，成为我国开展足球职业联赛11年来获得全部赛事冠军的第一支球队。国家电网公司刘振亚总经理发来贺信，省委、省政府致电祝贺。

12月20日，省委书记、省人大常委会主任张高丽在集团公司完成电网建设“双过千”任务的喜报上作出重要批示：“成绩来之不易，向全省电力系统广大干部职工表示衷心感谢和亲切问候！要采取一切有效措施，确保明年高峰时期的生产生活用电。”

12月20日，集团公司直属机关党委被省委宣传部评为“山东省思想政治工作先进单位”荣誉称号。

12月21日，集团公司被中电联授予“2002～2003年度全国电力行业优秀政策调研单位”。

12月24日，集团公司被中电联授予“全国电力行业优秀企业”。

12月24日，韩寓群省长在集团公司完成电网建设“双过千”任务的喜报上作出批示：“长富、明亮同志，谢谢电力集团公司全体干部员工的辛勤劳动，电力建设是保证经济社会发展、保持社会稳定的重要支柱，在新的一年里，望再接再厉，再创新成绩。”

12月29日，山东电网负荷达1992.5万kW，创历史新高。

（高同全）

东 北 地 区

东北电网有限公司

综述

2004年是东北电网有限公司正式运作的第一年。这一年，深化改革，稳健发展，平稳运行，成效显著，是东北电网公司的明显特点。公司上下克服了用电负荷持续攀升、电力供需趋紧、电煤供应紧张等困难，实现了良好的开局。公司代管火电厂发电量完成83.5亿kWh，同比增长1.4%。直属水电厂发电量完成65亿kWh，同比增长72%。直属单位售电量完成53.9亿kWh，同比增长16.3%。送华北电量完成45亿kWh，同比增长6.3%。利润完成1.75亿元，比考核指标增长9.38%。资产负债率完成66.46%，比考核指标下降3.54个百分点；净资产收益率完成2.09%，比考核指标提高1.53个百分点；上缴投资收益1000万元，全额完成上缴任务；应收电费余额完成5.7亿元，比考核指标下降4.7%。劳动生产率完成141.2万元/（人·年），同比增长13.8%。多经企业收入实现10亿元，利润实现5500万元。公司大中型基本建设项目投资完成22亿元，其中：电源项目7.16亿元，电网项目11.66亿元。新建送电线路474.5km，新增变电容量168万kVA。县城电网改造工程完成投资2.57亿元。为振兴东北老工业基地和地区经济发展提供了安全可靠的电力保障。

组成单位和机构设置

1. 全资企业

辽宁省电力有限公司、吉林省电力有限公司、黑龙江省电力有限公司、东北电力水电公司。

2. 内部核算单位（直管单位）

赤峰供电公司、通辽供电公司、沈阳超高压局、锦州超高压局、长春超高压局、哈尔滨超高压局、齐齐哈尔超高压局、元宝山发电厂、白山发电厂、丰满发电厂、云峰发电厂、太平湾发电厂、东北电力科学研究院有限公司、东北电网丰满培训中心、东北电网大连培训中心。

3. 公司本部机构

总经理工作部（国际合作部）、发展策划部（预测与合同交易部）、人事董事部、人力资源部（社保中心）、财务部（电价与电费结算部）、电网生产部、电源生产部（中方业务处）、营销与农电管理部、科技信息部、安全监察部、工程建设部、思想政治工作部（机关党委）、监察部（纪检组）、审计部（沈阳审计部）、中国能源化学工会东北电力工作委员会、综合产业管理办公室、东北电力调度交易中心。

4. 公司领导简介

刘　忱　东北电网有限公司党组书记、董事长

卢　健　东北电网有限公司党组副书记、总经理

杨俊文　东北电网有限公司党组成员、副总经理

王　钢　东北电网有限公司党组成员、副总经理

田　宇　东北电网有限公司党组成员、副总经理

赵文斌　东北电网有限公司党组成员、工委主任

耿占东　东北电网有限公司党组成员、总会计师

黄其励　中国工程院院士、东北电网有限公司名誉总工程师

薛建伟　东北电网有限公司总工程师

周玉秀　东北电网有限公司总审计师

陈　武　东北电网有限公司正局级调研员

安全生产

2004年，东北电网电力供需总体平衡，但辽宁电网供需形势趋紧。受全国性电煤供应紧张、用电负荷快速增长和电煤煤质不好等因素影响，辽宁电网供需失衡。东北电网公司充分发挥区域电网公司的统筹协调作用，打破关口调度分省电力电量平衡机制，加大跨区、跨省北电南送的力度，妥善解决了“保辽宁”与“送华北”之间的矛盾，2004年辽宁省同比多受入电量56.9亿kWh。公司实现了“送华北电量一度不少，保辽宁不拉闸限电”的目标。公司认真贯彻“安全第一、预防为主”的方针，进一步落实安全生产责任制，加大安全培训工作力度和安全投入，大力推进安全生产长效机制建设。强化安全生产管理，认真开展标准化作业，全面实行安全性评价动态管理，落实各项反事故措施。加大对老旧设备的更新改造力度，完成了云峰大坝下游面加固、更换辽阳2号主变压器等工程，不断提高设备健康水平。加大对电力设施的保护力度，建立健全电力安全生产预警和应急处理机制。克服了主要输电断面潮流重、老旧设备健康运行水平低、恶劣灾害性天气多发、基建工程多及新设备投产任务繁重等困难，圆满地完成了2004年各项生产任务，安全生产形势总体平稳，各项事故指标均好于2003年。

发展规划

认真贯彻“市场引导电网、电网引导电源、电网适度超前，电网与电源协调发展”的规划思想，编制完成了《东北地区“十一五”电力发展规划和2020年远景目标研究》、《东北电网“十一五”及2020年电网规划设计》、《赤峰、通辽电网“十一五”及2020年规划》和《呼伦贝尔向辽宁省输电方案研究》报告，并通过评审；编制完成《东北地区全面建设小康社会电力发展规划》和《东北电网“十一五”二次系统规划设计》报告。《东北地区“十一五”电力发展规划》在全国第一个顺利通过国家发展和改革委员会评审。为加快解决东北电网北电南送能力不足的问题，上报并获国家发展和改革委员会批复了吉黑省间断面合哈二回及方牡敦包两个500kV输变电工程可研。

电网（源）建设

在基建工作中，公司以确保基建安全为基础，提前介入、科学安排，超常规创造条件进行施工；强化工程管理，落实质量责任制，按达标投产标准严把质量关，严格执行“五制”，有效地缩短了工期，保证了工程安全和质量。500kV包东徐工程和沙河营工程已经通过竣工验收并投入运行；哈合二回工程线路基础全部完成，方牡敦包工程基本完成线路终勘交桩。电网结构进一步改善，输送能力明显增强。农村电网改造工程全面完成，县城电网改造工程稳步实施，得到了当地政府的高度评价。丰满三期永庆反调节水库、白山抽水蓄能电站工程、长甸改造工程、蒲石河抽水蓄能电站工程、元宝山三期4号机复建工程以及超高压局基地建设均进展顺利。

电力体制改革

按照国家电网公司改革的统一部署，东北电网公司作为省公司重组试点单位，率先在五大区域电网公司中完成了省公司出资人变更登记，建立了“母子公司”的资本纽带关系，为其他区域网公司提供了借鉴。根据国家发展和改革委员会《关于东北区域电力市场上网电价改革试点有关问题的通知》要求，进行了两部制上网电价全电量竞争模式的市场实施方案和运营规则的研究。按照“保证电网安全稳定运行、网省公司利益不因发电侧市场的运作而受影响”的原则，完成了实施方案、运营规则及相关管理办法的修编，进行了年、月模拟竞价交易，并进行了调电、结算和考核等全过程模拟，模拟运行工作进展顺利，系统及相关规则得到检验。目前已经启动市场试运行。按照东北电网公司组建方案要求，完成了电科院和大

连培训中心的改制工作。大连培训中心建立了“管委会体制，模拟公司化运作，实施差额预算管理”的新模式。电科院由拨款单位改为具有市场主体地位的有限责任公司。公司制订了董事会、监事会议事规则，开展了东北电网可持续发展能力等重大课题的研究，启动了本部公务用车改革。

科技进步

建设功能强大、运行灵活、经济高效的大电网，是东北电网公司发展的物质基础。2004年，在国家电网公司的领导下，公司精心策划、周密组织，三省公司密切配合，东北电网大扰动试验取得了圆满成功，获取了宝贵的试验数据。经国调和网调的反复计算和论证，吉黑省间输电稳定极限从110万kW提高到160万kW，相当于吉黑省间建设了一回500kV输电线路，产生了巨大的经济效益和社会效益。开展了500kV主网架一期广域实时动态监测系统的研究工作，并在东北电网大扰动试验中发挥作用，获得了大量翔实的系统数据，为仿真计算分析工作提供了重要依据。完成了区域电力市场技术支持系统开发，进行了区域电力市场系统工程建设。为解决伊冯、包东徐、方牡敦包等穿行于高山峻岭之间的输电线路在防火期及大雪封山季节的巡线问题，开展了直升机巡线技术的应用研究并完成首次试飞。

企业经营

进一步清理、疏导了电价矛盾，调整清理蒙东地区优惠电价政策，解决了平庄矿务局多年的欠费问题，为公司增加了收入。积极争取到合理的两部制上网电价政策，使容量电价由原定6分/kWh下降到5.1分/kWh，降低了市场风险；确定了容量电费由电网公司统一结算、电量电费分省结算的结算方式，增强了公司对市场的调控力度。圆满完成了清产核资工作，直属单位清查出资产净损失1.17亿元，减轻了公司不良资产的负担。加强了资本运作，合理安排资金流向，保证了资金及时供应；规范资金账户管理，压降省间互供电费，确保了资金按时回笼；争取降息政策，降低了融资成本。加大电费收缴的奖惩和考核力度，建立电费风险防范机制，开展“无欠费供电公司”考核评比活动，实现了当年电费和陈欠电费全部回收的目标。加强内部审计，强化内部控制，圆满完成政府审计决定落实及整改工作；坚持对重大投资项目进行审计，规范重点工程管理，取得了良好的经济效益。确定了公司人才队伍建设的总体目标和任务；着力开展了以培训考核使用待遇一体化为核心的人力资源管理体系框架构筑工作；推行了绩效管理工作，建立了人才考评体系和制度，启动了“159”优秀人才工程和直属单位职业技能鉴定工作；完善了工资决定机制和经营者激励约束机制，加大了对经营者三项责任制考核和奖励的力度。不断提高经济活动分析的质量，为公司决策提供了科学依据。工程、物资招投标管理工作进一步规范，建立健全了招投标工作体系，降低了成本支出。财务、营销、招投标实现信息化、网络化管理。以创一流县级供电企业为载体，推动农电企业管理升级，全面提高了农电企业管理水平。公司直属多经企业依法进行了产权制度改革和资产重组，进一步增强了企业适应市场能力，经济效益显著提高，核心竞争力得到加强。

优质服务

把“优质服务是电网企业生命线”摆在突出位置，切实增强“服务于党和国家大局、服务于发电企业、服务于电力客户、服务于社会发展”的意识。为满足营销现代化建设和管理的需要，开展了整合营销、计量工作标准化考核评比活动，积极推进“按线、按台区”承包工作，重组业务流程，建成了以95598服务热线为核心的客户服务中心，实现“一口对外”。深入到赤峰、通辽供电企业和19家农电企业进行暗访，规范了窗口建设。坚持“三公”原则，及时发布电力市场信息，召开了东北电网第二次网厂协调会议，积极推进了网厂协调合作机制和网厂安全生产管理机制的建立和完善。自觉接受社会各界的监督，圆满完成了节日和重大活动期间的保电任务，树立了企业良好形象。

党的建设和精神文明建设

认真贯彻落实“三个代表”重要思想和十六届三中、四中全会精神，进一步加强党的建设、领导班子和干部队伍建设，干部队伍结构有较大的改善。深入开展“东北大振兴，我们怎么办”大讨论，举办党委书记论坛，开展情感交流、生日读书等系列活动，鼓舞了干劲，凝聚了力量。深入开展安全思想教育工作，使之有效地融入到安全管理中，促进了企业安全文化建设。充分利用正反面典型进行警示示范教育，认真组织学习宣贯“两个条例”，进一步完善了党风廉政建设和反腐败工作监督制约机制。公司党组与直属单位，机关党委与本部各部门都签订了《党风廉政建设责任书》，制订了《党风廉政建设领导班子成员以及部门责任分工》，配套出台了《公司领导干部责任追究实施办法》，把党风廉政建设责任目标逐级分解，层层落实。严把责任“分解、考核、追究”三关。筹措资金，加快直属单位办公生活基地建设。开展“送温暖工程”活动，建立特困职工档案和困难职工求助热线，全年走访慰问困难职工47人，发放慰问金9.4万元。公司职工整体生活条件和收入水平得到提高。建立了企业年金和企业补充医疗保险制度，提高了职工养老和医疗保障水平。广大干部职工充分享受到企业改革与发展的成果。进一步加强了公司高层次民主管理，加大了厂（局）务公开力度，凡是企业的重大事项和涉及职工利益的重大问题，都及时提交职代会或职工代表团组长联席会议审议。围绕企业改革和发展的中心，深入开展群众性“经济技术创新工程”活动，大力弘扬劳模精神，提高了职工队伍整体素质。

存在的问题

一是电网建设资本金严重短缺。公司每年可用于发展的资金来源与资本性支出需求相比，缺口较大，已经成为制约公司发展的瓶颈。二是安全生产还存在薄弱环节。老旧设备改造任务依然艰巨；电网网架薄弱，主要输电断面输送能力不足，还不能适应用电需求快速增长和资源优化配置的需要。

主要事件

1月15日，全国首家区域电力市场——东北区域电力市场模拟运行正式启动，标志我国电力市场化改革迈出了实质性的步伐。

2月16～17日，东北电网有限公司直属单位第二届第一次职代会暨2004年工作会议在沈阳召开，确定了公司2004年工作总的奋斗目标和主要工作任务。

3月22日，东北电网与华北电网跨区购售电与输电合同在沈阳签字。全年东北电网向华北电网售电45亿kWh。

3月25日，东北电网成功进行大扰动试验。这是中国电网乃至世界电网史上前所未有的大规模试验，对于研究大区联网动态特性，特别是东北与华北联网的安全稳定运行，具有重要而深远的意义。

4月1日，吉林省、黑龙江省城乡居民用电同网同价。

5月19日，国家电力监管委员会决定设立区域监管机构，东北电网有限公司副总经理韩水被调任为国家电力监管委员会东北电监局局长。

6月15日，两部制上网电价模拟运行。

8月1日，国家发展和改革委员会在大连召开东北电力建设和规划工作会议，提出了东北地区电力规划和发展思路，即一次能源在区内平衡的基础上，加强电网建设，促进一次能源与二次能源、电网与电源协调发展，调整电源结构；加快电网建设；将蒙东地区农电统筹考虑；建设东北统一区域电网。

9月3日，原中共中央政治局常委尉健行到东北电网有限公司太平湾发电厂视察。

10月10日，东北三省电力公司实施重组。辽宁、吉林、黑龙江三省电力公司相继完成出资人变更工作，与东北电网有限公司建立起资本纽带关系，改组为东北电网有限公司的全资子公司。

10月20日，东北电网有限公司组织召开第二次网厂协调会议，研究并落实了2004年冬季和2005年春季东北电网大负荷期间可靠发供电、确保电力供应和电网安全稳定运行等重要措施。

10月31日，通辽电网遭受几十年不遇的特大雨雪突袭，多条66kV线路跳闸，20多座变电所停电。通辽电业局干部职工奋起抗灾抢修，仅用12h就使所有停电线路恢复正常供电。

11月1日，吉林省农电有限公司成立，标志着该省农电体制改革迈出了实质性步伐。

11月3日，鞍山供电公司红旗堡一次变100MvarSVC示范工程竣工投产，对于提高东北电网输电能力和系统的电能质量具有重大意义。

11月13日，东北电网有限公司党组书记、总经理刘忱向来辽宁调研的国务院总理温家宝汇报了东北地区供用电形势。温总理对东北地区用电量快速增长、电力供应趋于紧张的形势表示关注，对东北电网有限公司的工作表示满意。

11月18日，东北电网大连培训中心和东北电网有限公司党校在大连揭牌成立。

12月17日，由东北电网有限公司控股、辽宁省电力公司参股的东北电力科学研究院有限公司在沈阳挂牌成立。

12月24日，国家电网公司调整东北电网有限公司和辽宁省电力公司领导班子。刘忱任东北电网有限公司董事长、党组书记；卢健任总经理、党组副书记；田宇任副总经理、党组成员；耿占东任党组成员、总会计师；陈武任正局级调研员。黄传兴副总经理调离，到辽宁省电力公司，李效勇副总经理调离，到河北省电力公司。

（东北电网有限公司总经部史志办王历供稿）

吉林省电力有限公司

概况

2004年，吉林省内6000kW以上机组总发电装机容量为944.16万kW，其中，水电装机容量为347.66万kW，占全省总装机容量的37%，火电装机容量为574.8万kW，占全省总装机容量的

62.55%，风电装机容量3万kW，占全省总装机容量的0.45%。

省内水电装机容量中，东北电网有限公司控股管理松花江水力发电有限责任公司（257.25万kW），全资拥有并管理云峰发电厂（20万kW）和渭源发电厂（19.5万kW）。其中松花江水力发电有限责任公司拥有丰满发电厂（87.25万kW）和白山发电厂（170万kW），吉林省电力有限公司持有其40%股权。吉林省电力有限公司控股并管理松江河发电厂（16万kW），吉林省电力有限公司所属的吉林省电力投资有限责任公司控股并管理吉林两江水力发电股份有限公司（6万kW）。

省内火电装机容量中，发电企业中的中央资产分别划归全国五大发电公司中的三家。长春第一热电有限公司（12.5万kW）、长春第二热电有限公司（40万kW）、珲春发电厂（20万kW）、辽源热电有限责任公司（20万kW）、长山热电厂（8号、9号机组，40万kW）中的中央股权属中国大唐集团公司，总计装机容量132.5万kW；双辽发电有限责任公司（3号、4号机组，60万kW）、双辽发电厂（1号、2号机组，60万kW）、吉林热电厂（6号、7号机组，10万kW）中的中央股权属中国国电集团公司，总计装机容量130万kW。长山热电厂（3号、6号、7号机组）中的中央资产属中国华能集团公司，总计装机容量22.5万kW。吉林省电力有限公司代管理吉林龙华热电股份有限公司（78.4万kW）。其他吉林电力股份公司容量85.6万kW，为吉林省地方企业控股的上市公司。其余发电机组为企业自备电厂和地方电厂。

全省总装机容量中，东北电网有限公司调度的机组容量为297万kW，均为水电机组，占全省总装机容量的32.2%；由吉林省电力有限公司调度的容量为626万kW，占全省总装机容量的67.8%。

到2004年年底，吉林省内有500kV线路14条，1044.2km；500kV变电所3座（长春合心变电站、辽源东丰变电站、吉林包家变电站），共有500kV变电容量431.8万kVA，为东北公司所属。有220kV线路142条，杆路长6375km；有220kV变电所49座、变压器80台、变电容量881.6万kVA，其中用户变电所1座（吉化102变）、变压器3台、变电容量18.9万kVA。有66kV线路810条，杆路长13033.62km。有66kV变电站631座、变压器1099台、变电容量946.2万kVA。

吉林省电力有限公司是1999年开始独立运营的国家电力公司的全资子公司，注册资本金62亿元。公司在省内9个地级市设有8个供电公司（松原市设白城供电公司松原分公司）。2004年底，公司有供电企业8个，施工企业2个，修造企业2个，关联公司7个科研、设计等其他单位13个。公司共有全民员工（不含发电企业）25200人，多经企业从业人员（不含发电企业）17852人，农电企业员工21455人。全公司资产总额237亿元，其中固定资产159亿元，所有者权益66亿元。

2004年，公司售电量完成285.86亿kWh，同比增长9.62%。综合线损率完成8.04%，中压用户供电可靠性指标（RS1）完成99.881%。220kV用户端电压合格率完成98.747%。

2004年公司实现主营业务销售收入146.21亿元，同比增长23.92%；实现利润3517万元；资产负债率完成74.94%；电费收缴全年结零；完成工业企业劳动生产率238587元/（人·年）。

领导班子

李书东　总经理
梁国庆　党组书记
张立志　副总经理
李大军　副总经理
董蕴华　副总经理兼总会计师
汪忆新　副总经理兼总工程师
武洪举　纪检组长
曾凡华　工会主席

积极为地方经济项目提供用电服务

吉林省电力有限公司安排5.65亿元用于负荷增长较快，电力供应趋紧的城镇电网项目。为保证通钢热扎超薄带钢项目的供电需求，在长流变电所扩建一台12万kVA的主变压器，该工程每年可为通钢增加2亿元的经济效益；通过对66kV西汽甲乙线的改造和开工建设了66kV化工变电所，满足了一汽、吉利汽车的用电需要；为支持有关市县开发区建设和招商引资，投资建设了66kV四平开发区变电所工程、松原郭二蛋白线路新建工程、辽源友谊变电所增容改造工程等。积极为磐石吉林亚泰明城水泥有限责任公司和吉林建龙钢铁有限责任公司的引资项目办理用电手续，并帮助他们争取到优惠电价政策，在签订还款协议的基础上，恢复了对这两家企业的供电，使其顺利投运，每年为地方增加税收约8000万元。

按吉林省政府要求为支持集安申报世界文化遗产，吉林省电力公司投资977万元按期完成了当地电网改建工作；为落实省委、省政府扶贫政策，投入2100万元实施了延边州罗子沟扶贫工程，为其建设了95km66kV送电线路，对当地改善招商环境，脱贫致富将起到重要作用。我们还先后对罗子沟村投入扶贫款40万元帮助他们搞粮食深加工和烤烟项目，使每户农民年增收近4000元。

经营管理水平迈上了新台阶

吉林省电力有限公司面对厂网分开、电力市场变化和国家实施宏观调控政策等新形势，牢固树立以经济效益为中心的经营理念，采取召开工作研讨会等形式，对生产经营中的重大问题进行分析和研究，加强了对资金、资产和产权的管理，加大了市场开发力度，强化了依法经营意识，取得了明显的成效：科学控制资金流量，充分发挥资金结算中心的作用，减少财务费用，增加效益近2220万元；按要求抓好清产核资工作，合理调整了债务结构；争取发供电联动政策，全年保持和增加售电量近27.9亿kWh；加强线损管理，使综合线损指标保持在较好的水平；认真进行审计整改，规范企业经营行为，依法经营意识增强。目前公司系统企业财务状况得到进一步改善，资产质量明显提高。

安全生产基础进一步加强

在总结近年来安全生产工作经验的基础上，公司着重抓好各级人员安全生产责任制的落实，提出了“精确复制”安全工作理念，坚持从严要求、从严管理、从严考核，加大了对安全生产的投入。由于采取了切实可行的措施，安全生产取得了可喜的成果，全年没有发生各类重大及以上事故、电网事故和人身死亡事故，交通事故次数明显下降。

体制改革企业内部改革取得了突破性进展

公司党组主动顺应电力体制改革发展趋势，按照双向选择原则平稳运作了机关定岗定编工作，有46名员工分别到省农电有限公司、吉能集团公司和省电力行业协会等单位工作，机关定岗定编涉及的18个职能部门，由216人减为现定员171人，现员158人，实现了由一人一岗向一人多岗的转变，提高了工作效率。在国家电网公司系统第一家开展了省级农电管理体制改革试点工作，组建了省农电有限责任公司，赢得了改革的主导权。

优质服务质量有新的提升

公司始终以“三个代表”重要思想为指导，坚持“人民电业为人民”的宗旨，注意企业效益和社会效益的统一。加强了与重点企业的沟通和联系，帮助企业解决实际问题。通过健全和完善95598用户服务热线，规范服务行为，简化办电程序等有效形式，使客户满意度明显提高，为地方经济发展提供了良好的用电环境。公司高度重视“三农”工作，农电行风建设力度进一步加大，农村用电投诉举报率有所下降。吉林省委书记王云坤同志到公司调研指导工作时，对公司的优质服务工作给予了高度评价。在全省行风公开测评中，公司排名第二。

党建和精神文明建设成果丰硕

公司坚持三个文明一起抓，坚持以人为本和理性管理。机关建设进一步加强，作风进一步转变，起到了表率和示范作用。员工的努力和奉献得到较好的回报，生活得到进一步改善。稳定工作保持了平稳的态势，公司的凝聚力和向心力进一步增强。公司及所属四个供电公司被省政府命名为模范集体，公司领导班子被吉林省直党工委命名为“创一流业绩领导班子”。

（孙春阳）

黑龙江省电力工业

概况

2004年，黑龙江省电力有限公司成为主要经营电网业务的电网公司，但仍保留了包括镜泊湖发电厂、莲花水电有限责任公司在内的牡丹江水力发电总厂。10月9日大唐黑龙江发电有限公司正式成立，是中国大唐发电集团公司的全资子公司，注册资本金7.7亿元，总资产54.5748亿元。至此，国内五大发电集团公司中有三家在我省设立了分公司、子公司和办事处，分别是中国华电集团黑龙江分公司、中国大唐集团黑龙江有限公司和中国华能集团东北公司黑龙江办事处。其中，华电集团公司辖有哈尔滨发电厂、哈尔滨热电厂、哈尔滨第三发电厂、富拉尔基发电总厂、牡丹江第二发电厂、佳木斯发电厂，另外原龙电股份有限公司改为华电能源股份有限公司，经过资产重组后归属中国华电集团；大唐集团公司辖有鸡西发电厂、鸡西热电有限责任公司、佳木斯第二发电厂、七台河第一发电厂、双鸭山热电有限公司；华能在我省辖有大庆新华发电厂和鹤岗发电厂；此外，北安热电厂和双鸭山发电厂归属中国国电集团公司；黑龙江省电力有限公司所辖哈尔滨电业局、齐齐哈尔电业局、牡丹江电业局、佳木斯电业局、大庆电业局、绥化电业局、鸡西电业局、鹤岗电业局、黑河电业局等9个供电企业和电力科学研究院、电力勘察设计院以及3家电力建设企业，另有4所教育培训机构和1家电力医院及修造企业。按照国家电网公司和东北电网公司关于省公司重组工作安排，积极开展了省公司重组工作，年内完成了省电力公司出资人变更手续。省电力公司积极参与东北区域电力市场模拟运行。开展了主辅业分离有关问题的研究工作。

发电生产

2004年，全省发电总量为5461102万kWh，比2003年增长10.55%。其中水电为121705万kWh，比2003年增长14.12%，火电为5335804万kWh，比2003年增长10.40%，风电为3596万kWh。其中水电发电量为75390万kWh，比同期增长17.65%，华能集团公司电厂发电量为513411万kWh，比同期增长11.02%，国电集团公司电厂发电量为448791万kWh，比同期增长11.93%，大唐集团公司电厂发电量为545283万kWh，比同期增长24.60%，华电集团公司电厂发电量为2299185万kWh，比同期增长11.09%，辅业电厂发电量为150032万kWh，比同期减少6.66%，地方和企业自备电厂发电量为1420713万kWh，比同期增长6.39%。到2004年年底，全省装机总容量为12034920kW，其中水电容量为804800kW，火电容量11193820kW，风电容量36300kW。其中省网公司装机容量为610000kW，华能公司装机容量为1100000kW，国电公司装机容量为920000kW，大唐公司装机容量为1200000kW，华电公司装机容量为4657000kW。全省平均发电设备利用小时数为4538h，比2003年的4193h增加345h。其中省电网公司发电设备利用小时数为1236h，华能公司为4667h，国电公司为4878h，大唐公司为4544h，华电公司为4937h。五大公司的发电设备利用率属华电公司利用率为最高，国电公司次之。发电煤耗率，华电公司的哈尔滨发电厂为366g/kWh、哈尔滨第三发电厂为348.96g/kWh；华能集团的大庆新华发电厂为403g/kWh；国电北安热电厂为358g/kWh；大唐公司平均为373g/kWh。

供电服务

在供电服务方面，省电力公司主要服务于黑龙江省经济与社会发展，以全面完成与国家电网公司签订的三项责任书确定的各项目标和任务为重点，全面完成各项经济技术指标。省网全年共完成供电量3865633万kWh，比2003年增长7.52%，其中：哈尔滨电业局完成供电量1046037万kWh，比2003年增长8.75%；绥化电业局完成供电量150320万kWh，比2003年增长10.46%；齐齐哈尔电业局完成供电量378049万kWh，比2003年增长18.88%；大庆电业局完成供电量1022034万kWh，比2003年增长1.54%；牡丹江电业局完成供电量296167万kWh，比2003年增长11.37%；鸡西电业局完成供电量218895万kWh，比2003年增长7.36%；佳木斯电业局完成供电量477315万kWh，比2003年增长8.07%；鹤岗电业局完成供电量179486万kWh，比2003年增长8.41%；黑河电业局完成供电量97330万kWh，比2003年增长1.77%。省公司全年完成售电量3675495万kWh，比2003年增长7.47%，其中：哈尔滨电业局完成售电量980138万kWh，比2003年增长8.87%；绥化电业局完成售电量141661万kWh，比2003年增长10.47%；齐齐哈尔电业局完成售电量355822万kWh，比2003年增长18.94%；大庆电业局完成售电量1000469万kWh，比2003年增长1.48%；牡丹江电业局完成售电量280105万kWh，比2003年增长11.11%；鸡西电业局完成售电量203606万kWh，比2003年增长7.43%；佳木斯电业局完成售电量449239万kWh，比2003年增长8.02%；鹤岗电业局完成售电量174398万kWh，比2003年增长8.20%；黑河电业局完成售电量90057万kWh，比2003年增长2.64%；省公司全年向省外送电量为25.09亿kWh，比2003年增长20.75亿kWh。省电力公司全年实现销售收入170.6亿元，比2003年增长18.5%，全年实现利润2.6亿元，比2003年增长1.33亿元。电费收缴实现当年结零，回收陈欠电费3800万元。综合线损率完成8.13%。供电可靠率99.900%。综合电压合格率98.18%。优质服务质量进一步提高，优质服务长效机制得到了巩固，加大了对银行联网购电业务及95598呼叫服务系统的宣传，银行代购电业务量持续增加，占居民购电费总额的39%，“电力网上商城”和“电费在信”业务运行良好。开展了供电营业服务暗访和行风热线直播活动，对存在的问题进行了通报和整改，促进了优质服务工作。对支农抗旱、老工业基地改造等办电项目，采取了特事特办的方法，受到了社会的好评。

电力建设

2004年，全省电力建设继续发展，编制完成了《黑龙江省“十一五”电力发展规划及2020年远景目标规划》。配合东北电网公司，协调有关方面解决了吉黑省间500kV联络线建设问题，合南二回已开工建设，方牡敦包工程前期工作进展顺利。大中型电网建设全部实现达标投产，新增变电容量573MVA，全年累计完成各类电网投资4.5亿元。新的电网调度通信信息系统投入运行并实现了新旧系统平稳过渡。在建设“一强三优”现代化电网公司活动中，计划到2010年基本形成省内500kV骨干电网，并建成以哈尔滨为中心的中部地区500kV受端环网，中部与东部有三回500kV线路相联结，中部与西部有二回500kV线路连接，整和与完善东部网架，形成省网与东北电网较强联系的五回500kV联络线，220kV电网覆盖全省大部分县城，实现全省统一电网。预计到2020年，省网与东北电网之间有七回500kV线路相联，220kV电网覆盖全省所有县城，向“北电南送”目标迈进。电力施工企业继续实施“走出去”战略，开发电建市场，走出省外国外占领电建市场，中标工程总价款近27亿元，全年实现产值16亿元，利润1660万元。

安全管理

为再次实现安全年，省公司认真贯彻了国家电网公司安全生产工作会议和迎峰度夏电视电话会议精神，落实了安全生产责任制，认真履行电网管理职责，加强调度管理，积极协调与各发电企业的关系，进一步完善了网厂协调机制，建立了应急处理机制。制定落实了重特大安全生产事故预防与应急处理方案，成功的组织了电网联合反事故演习，配合东北电网有限公司圆满完成电网大扰动试验，进一步提高了春、秋检安全性评价、季节性预防等工作水平，使发供电设备健康运行。加大了电力安全生产科技投入，重视信息网络安全，加强了电力安全秩序的专项整顿行动，电力设施盗窃、破坏案件得到了有效遏制。省电力公司系统未发生生产人身伤亡事故，未发生电网稳定破坏和大面积停电事故，未发生重大设备损坏事故，未发生重大火灾和重大交通事故，实现了连续安全稳定的局面。各个骨干发电企业克服种种不利因素，加大安全生产管理力度，也都实现了全年安全运行。

农电工作

在2004年的农电工作中，首先按计划实现了城乡居民生活用电同网同价，农村居民电价由原来的平均每千瓦时0.704元降低到0.47元，每年减轻农民负担3.44亿元。农电经营管理和优质服务工作都得到了进一步加强，购电量比2003年增长了13.06%。农网改造工程进展顺利，一、二期改造工程已基本完成，并开展了农网改造工程“回头看”的活动，对农网改造投资项目进行了逐项检查、清理和整改，从而顺利地通过了国家发展和改革委员会对农网改造项目的稽察工作。在农网管理工作中，全面开展了创建一流县供电企业活动，全省有两个县的农电局成为首批省公司一流供电企业。对农村供电所加强了规范化管理，经过强化和整顿，全省932个供电所已全部成为规范化管理的供电所。对代管的农垦、森工电业局也进行了规范化管理的强化工作。认真地贯彻了国家电网公司农电座谈会议精神，研究和深化了农电体制改革，并确定区别情况采用不同体制的原则，推进哈尔滨市郊农电局整体规划工作。

企业管理

在企业管理方面，开展了“管理年”活动，围绕安全管理、生产管理、营销管理、科技管理、员工管理、政工管理、综合管理等八项重点工作，编制完善了1890项规章制度，省电力公司系统各项基础管理工作得到加强。全面完成了清产核资工作，共清理出各类资产净损失10.5亿元，准确地反映了省公司资产情况和财务状况。通过审计工作，有效的规范了企业经营行为，对国家下达的审计决定进行了认真整改，做到了标本兼治。依法维护了省公司合法权益，妥善处理了5起重大诉讼案件，挽回和避免直接经济损失5000多万元。根据国家电网公司《关于进一步规范对多种经营企业管理的通知》要求，进一步规范了对多种经营企业的管理，推动多种经营企业实现了产权清晰、权责明确、管理顺畅、经营规范。新开发的旅游、环保、风电等项目，成为多种经营企业新的经济增长点。木兰风电一期工程20台机组和富锦风电一期工程27台机组全部投产发电，总容量达到36.3MW。2004年，多种经营总收入22亿元，实现利润1.8亿元。

精神文明建设

深入地贯彻了中纪委四次全会和国家电网公司纪检监察会议精神，组织学习《中国共产党党内监督条例》和《中国共产党纪律处分条例》，开展了系列廉政警示教育活动，加强对清产核资、招投标等工作的效能监察，有效地预防了职务犯罪，实现了现职副处级以上干部零违纪。在干部队伍中，继续开展贯彻学习“三个代表”重要思想的轮训工作。按照省委和国家电网公司党组的部署，完成了关于开展保持共产党员先进性教育活动的宣传工作。在领导干部的作用中，坚持严格遵守选拔任用干部的标准和程序，加大了领导干部的交流力度。落实了国家电网公司人才工作会议精神，大力实施了人力资源开发工作，改进培训方法，加大培训力度，全年共培训职工11714人·次，职工队伍整体素质得到了提高。加强了企业民主管理和民主监督，三级厂务公开制度得到了坚持。加强了离退休工作，充分发挥老科技工作者的作用，完成了省公司老科协换届工作。开展了全民健身活动，职工精神面貌良好。2004年省电力公司荣获全国“五一”劳动奖状，同时继续保持了省文明行业建设先进系统标兵称号。大唐公司所属的三个企业也荣获了全国“五一”劳动奖状。

主要事件

1月21日，省委副书记、省长张左己等省委、省政府有关领导来到省公司，通过电视电话会议系统慰问了全省电力职工。

1月21～22日，省公司召开2004年职工代表大会暨工作会议。

3月15日，省公司与省物价局联合召开了全省城乡居民生活用电同网同价工作会议。经省政府同意，报国家发展和改革委员会批准，省城乡居民生活用电同网同价方案将于4月1日实施。国家发展和改革委员会发改价格［2004］60号文件批复省同价水平为每千瓦时0.47元。同价后，我省农村居民电价从改造前的每千瓦时0.704元降到0.47元，降低0.234元，城市居民从现行的平均每千瓦时0.403元上调到0.47元，上调0.067元。

3月25日，“东北电网大扰动试验”在省内的500kV哈南变电所进行，省电力公司有关部门及相关单位认真配合，精心准备，严格操作，确保了试验期间电网安全稳定运行。

7月1日、2日，人民日报、新华社、中央电视台等13家中央主要新闻单位的记者集中采访了“李庆长共产党员服务队”，将其作为加强和改进思想政治工作的先进集体典型深入宣传。

9月24日，500kV“合南二回”新建工程启动协调会议在双城市召开，标志着促进“北电南送”的国家重点输电项目启动。

10月9日，中国大唐集团公司黑龙江发电有限公司成立大会在哈尔滨召开，黑龙江省委书记宋法棠与中国大唐集团公司党组书记、总经理翟若愚为这个公司揭牌。

（曲　宏　刘廷辉　李愿忠）

辽宁省电力有限公司

概况

辽宁省电力有限公司经营辽宁电网并依法对省内电网实施调度管理。公司拥有供电公司13家，施工企业6家，机械修造企业4家，勘察设计院1家，培训中心2家，职工医院1家，疗养院一家。辽宁电网覆盖面积14.75万平方公里，供电服务人口4217万，拥有职工4.62万人。分别有3条500kV和6条220kV线路与吉林省电网连接，另有2条500kV和1条220kV线路与内蒙古东部电网连接，2条500kV线路与华北电网相连接，2004年东北电网向华北电网送电45.42亿kWh。辽宁电网已成为沟通东北与华北电力交换的枢纽。全年工作围绕建设现代化电网经营企业的目标，坚持电网安全生产和职工队伍稳定，抓住振兴辽宁老工业基地、深化电力体制改革和清产核资的机遇，提高省公司的经济效益、经营管理水平和广大职工的生活质量，全面完成三项责任制的考核任务。

公司领导

党组书记、总经理：赵首先（12月24日调离）
黄传兴（12月24日任职）
党组成员、副总经理：陈文彬（12月24日退二线，任副局级调研员）
党组成员、副总经理：赵自力
党组成员、副总经理：邵维廉
党组成员、副总经理：王相勤（12月24日调离）
党组成员、纪检组长：魏振有
党组成员、工会主席：杨全亭
党组成员、总会计师：任振良（12月24日任职）
总会计师：耿占东（12月24日调离）
总经济师：王建群
总工程师：王　钢（2月6日调离）

机构设置

见辽宁省电力有限公司2004年组织机构图。

经营管理

2004年，省公司合并会计报表单位47个，其中：分公司29个（13个供电企业，4个修造企业，5个经费单位，6个其他会计核算单位及公司本部），控股公司18个。2004年末，公司资产总额562.43亿元，其中：流动资产192.18亿元，固定资产364.16亿元，长期投资4.93亿元，无形及递延资产1.16亿元。负债总额394.27亿元，其中：流动负债178.83亿元，长期负债215.44亿元。所有者权益168.16亿元。实现销售收入343.50亿元，其中：电力产品销售收入304.62亿元，同比增加47.32亿元，增幅18.39%。销售成本322.19亿元，其中：电力产品销售成本289.28亿元，同比增加42.85亿元，增幅17.39%，销售税金及附加2.52亿元，财务费用8.07亿元，管理费用4.91亿元。2003年长期贷款余额215亿元，2004年新增长期贷款15.4亿元，其中：农网改造工程贷款4.9亿元，县城电网改造工程贷款5亿元，沈大、沈秦工程贷款4.4亿元，其他工程贷款1.1亿元。偿还贷款21.4亿元，年末余额209亿元。售电量完成778.58亿kWh，同比增长13.46%，有8个供电公司的售电量实现双位数增长，其中朝阳、本溪、营口供电公司增幅超过20%；鞍山供电公司继沈阳、大连供电公司之后，售电量突破

单位：人

制图日期：2004年12月31日

辽宁省电力有限公司
（总经理1人、副总经理4人、总工程师1人、总会计师1人
工会主席1人、纪检组长1人）
（副总师4人）

公司职工人数：46201
其中本部：1058

纪律检查组〈省公司纠风办〉〈监察专员办公室〉	6
辽宁省电力工会	10
思想政治工作部〈直属机关党委〉〈直属机关团委〉〈直属机关工会〉	24

生产、经营职能部门

总经理工作部	41
综合计划部	17
发展策划部	11
领导干部管理部	9
人力资源部	19
财务部	30
生产部	21
安全监察部	9
营销部	26
科技信息部　省电机学会秘书处	27
基建管理部	18
保卫部〈公安保卫局〉	11
农电管理部〈辽宁省农电局〉	18
审计部	16
多种经营管理部	17
机关管理部	37
离退休人员管理部	8
社会保险事业管理局〈社保事业中心〉	10
燃料管理部	
调度通信管理部	106
驻北京联络处	3
创一流办公室	2

辽宁省电力行业协会	29

多经公司

北方国际电力工业有限公司	30
辽宁电力经济开发有限公司	81
辽宁电力物资有限公司	161
辽宁电力实业有限公司	185
辽宁电力建设监理有限公司	13
东北电力房屋开发有限公司	20
辽宁电能发展有限公司	13
其他	17

所属单位

大连供电公司	3736
沈阳供电公司	3875
抚顺供电公司	1904
本溪供电公司	1857
丹东供电公司	2105
鞍山供电公司	2479
营口供电公司	1733
盘锦供电公司	1110
两锦供电公司	3431
阜新供电公司	1342
朝阳供电公司	1634
辽阳供电公司	1181
铁岭供电公司	1594
辽电锦州培训中心	210
辽电高培中心	146
锦州电校军培部	579
辽宁电力中心医院	475
辽电兴城温泉疗养院	179
辽宁电力勘测设计院	475
沈阳电力机械总厂	672
鞍山铁塔制造总厂	1347
葫芦岛电力设备厂	435
阜新电力修造厂	320
辽电第一工程公司	4029
辽电第二工程公司	1695
辽电第三工程公司	2677
辽电第四工程公司	1893
辽电烟塔工程公司	710
辽电送变电工程公司	1320

辽宁省电力有限公司2004年组织机构图

100亿kWh。售电平均单价完成383.72元/MWh。其中本溪、两锦、沈阳、阜新供电公司售电平均单价与2003年同口径指标相比增长幅度达到1%以上；销售优惠电价电量45.4亿kWh，实现了量效齐增。完成应收电费余额9.3亿元，比责任目标降低2.2亿元。全员劳动生产率（增加值）实现16.3862万元/（人·年），比2003年的13.7688万元/（人·年）增长19%。实现利润6.05亿元，比责任目标增加1.55亿元；净资产收益率2.87%，扣除清产核资因素完成2.76%，比责任目标增加2.07个百分点；资产负债率70.1%，扣除清产核资因素完成68.49%，比责任目标降低1.51个百分点；流动资产周转率（次数）1.7次，比责任目标提高0.1；上缴投资收益0.4亿元，按照要求及时足额入库；应收电费余额9.3亿元，比责任目标降低2.2亿元；售电量比责任目标增加30.58亿kWh。全部或超额完成同国家电网公司签订的年度资产经营责任书七项责任指标。开展了供电营业区调整和趸售整顿工作，规范了大用户转供；加大了清理陈欠电费力度，用户累计欠费3.64亿元，同比下降2500万元，解决了本钢、鞍钢多年遗留的基本电费问题，当年回收7000万元；严厉打击窃电行为。累计查处窃电和违章用电9507户，追补电费及违约使用电费7064万元；改革招投标管理办法，实现了网上招标；组成审计整改领导小组，认真落实审计整改决定；建立约束机制，实施了领导干部责任追究制度等。圆满完成了清产核资工作。施工企业签订合同金额35亿元，完成产值28亿元，实现利润2500万元；修造企业完成产值3.7亿元，利润－4700万元，四家修造企业除鞍山铁塔制造总厂外全部盈利。设计单位实现收费1.011亿元，实现利润904万元。

安全生产

全年未发生大面积停电等重、特大事故，未发生重大火灾事故，未发生恶性电气误操作事故，未发生对社会构成严重不良影响的事故。发生人身死亡事故1人次，与2003年同期持平，轻伤1人次，同比下降50%。发生一般设备、电网事故12次，同比下降48%。发生设备一类障碍82起，同比下降9%。外力破坏造成的一类障碍18次，较2003年同期的19次下降5.3%；鸟害造成的一类障碍12次，较2003年同期18次下降33.35%；雷害过电压造成一类障碍26次，较2003年同期36次下降27.7%；老旧设备线路断线造成的一类障碍2次；保护、二次回路原因造成的一类障碍1次，其他原因造成的一类障碍10次。变电由于瓷柱断裂造成的一类障碍3次，人为原因造成的一类障碍1次。截至2004年年底，朝阳、盘锦、两锦3个供电公司实现连续安全生产纪录超过1000天。在供电系统全面开展安全生产规范化管理和标准化作业工作；开展安全生产月活动，活动期间组织“安全在我心中”万人签名活动，在老旧设备改造、春秋检及“7.3”事故整改工作中，重点强化了规范化管理和标准化作业。依靠科技进步保障安全生产。国产化示范工程鞍山红一变静止无功补偿器（SVC）顺利投产，改善了鞍钢地区的电压质量。小波故障测距装置断路器在线监测系统等科技项目的投产，以及防雷、防鸟害、防污等技术的应用，都取得较好效果。电力设施保护工作初见成效。配合公安部门破获盗窃破坏电力设施案件125起，抓获犯罪嫌疑人81人，确保了电网的安全运行。

电网建设

修订和完善了电网发展规划，有效开展了项目可研和前期工作，电网新建、扩建工程步伐加快。全年投产500kV变电容量1500MVA，220kV变电容量1620MVA；投产500kV送电线路419.9km，220kV线路275km。500kV沈大二回输变电工程徐王线、王南2号线竣工投运；南关岭2号变压器投运；220kV电曙输变电工程等一批输变电工程相继竣工投运。老旧设备改造力度加大。改造220kV变电所22座，新增容量100.7万kVA；新建66kV变电所10座、改造2座，共新增容量63.63万kVA。县城电网改造加紧进行。新建66kV变电所38座、改造29座，共新增容量1008万kVA；新建及改造66kV线路683km、10kV线路367km。

电网调度

截至2004年12月31日，全省统调发电量累计完成884.14亿kWh，同比增长6.03%，省调直调电厂累计完成713.10亿kWh，同比增长7.5%；省调直调水电累计完成15.90亿kWh，同比增长66.3%。辽宁电网共受入联络线电量153.56亿kWh，同比增长58.5%；责任频率（50±0.1Hz）合格率完成99.999%，同比增长0.01%；责任频率（50±0.2Hz）合格率完成100%；电压合格率完成99.6%，同比下降0.1%。220kV系统继电保护装置正确动作率为99.33%，同比增长0.36个百分点。一次网损率为1.50%，同比上升0.08个百分点。通信设备未发生考核事故，无线设备运行率为99.999%；光纤设备运行率为100%；调度总机设备运行率为100%；其他设备运行率为100%；综合运行率为99.999%，与同期基本持平。地调自动化系统实用化验收100%，AGC功能年投运率91.94%，AGC控制年合格率99.99%，调度自动化系统可用率

99.99%，与2003年基本持平。截至2004年12月31日，省调实现安全运行6053天，安全生产记录创历史最好水平。随着东北区域电力市场组建工作的推进，2004年辽宁电网省级电力市场中止。为保证过渡期间电网调电的公平性和经济性，尤其在辽宁电网用电负荷高速增长，且全省电煤供应紧张的情况下，电网发供电平衡工作面临较大压力。在网厂分开、省公司已不具备协调发电公司燃煤职能的情况下，及时向省政府、国家电网公司汇报有关电网缺煤问题情况；同时尽力组织好电源检修工作，有效地组织大用户错峰工作，尽可能地减少因电源不足带给电网可靠供电的损失，并力争做到“三公”调度，努力实现发电厂各类电量的合理调度、省间联络线经济调度、水电峰谷经济调度。全面完成了电网新设备顺利按期投产和生产改造工程。改善了辽宁电网二次系统落后局面。为配合东北与华北电力联网工作，进行沈秦微波电路改造，解决了通道阻挡问题。

科技进步

2004年辽宁省电力公司共列入年度科技计划项目47项，投入技术开发费10950万元。其中，用于电网安全生产技术创新5160万元，占总投资47.1%；用于电力信息化建设3128万元，占28.6%；用于新产品新技术研发1713万元，占15.6%；用于电网中长期发展技术储备、重大科技项目前期论证、企业标准化、关口电能计量、青年科技促进费、电力科普等其他方面949万元，占8.7%。科技项目完成率为92%。2004年，“鞍山红一变100MvarSVC国产化示范工程”和“电力系统信息安全示范工程”两个国家级科技项目竣工，一批实用型科技成果脱颖而出，技术创新活动在安全生产、经济运营等领域发挥了重要作用。全年省公司共获中国电力科学技术奖3项，国家电网公司科技进步奖2项，辽宁省科技进步奖11项，奖励所属单位科技进步奖112项。获国家级优秀质量管理小组成果3项，电力行业优秀质量管理小组成果10项，辽宁省优秀质量管理小组成果5项。省公司获国家电网公司科技进步先进单位和信息化先进单位“双先进”称号。

农电工作

全省共发生四起农电人身死亡生产事故，死亡4人，三起农村人身触电死亡事故，死亡3人，其他事故率均低于国家考核标准。客户端电压合格率94.15%、综合电压合格率97.15%、中压用户供电可靠率99.7%，均完成国家考核标准。全年售电量完成158.6亿kWh，同比增长19.3%，趸售收入完成13.8亿元，同比增收2.4亿元，增长21.1%，增加的趸售收入中售电量增长的因素占93%，降损增收因素占7%。2004年全省农电的千千瓦时购电收入为83.7元，同比增加了1.5元/MWh；线损率完成3.79%，同比下降了0.3%。劳动生产率完成6.5万元/（人·年）（按增加值计算），同比增长了20%。全省农电趸售职工14669人，同比减少0.3%。职工人均收入达到19454元/（人·年），同比增加18.07%。全员培训率达到了68%。63个县（区）行风建设和优质服务在当地站排头，满意率为97%。解决了新组建的3个郊区农电局没有补贴资金问题，解决了外省供电以及国有农场直抄到户出现的同价补贴资金缺口问题。编写并下发了辽宁农电清产核资实施方案，并成立了省、市、县三级清产核资机构，初步摸清全省农电资产28.3亿元，所有者权益16.7亿元，负债率40.85%。完成已下达的县城电网改造计划和农村电网66kV专项工程建设6.7亿元。完成二期农网改造工程结余资金项目3.2亿元的投资，解决了同价后带来的新增农、林、苇场及摘转供用户的电网改造问题，完成了二期农网改造市级竣工验收。组织65个县（区）局的二期农网改造工程竣工决算审计，圆满完成了竣工决算工作。审查了农电部分13个县的县城网改总体方案，全面启动了12个县的县城网改工程，建设了辽阳县、喀左县、台安县城网改造示范工程。全面开展了农网改造“回头看”检查整改工作，取得了较好成效，受到国家发展和改革委员会及国家电网公司的充分肯定。实施了国家电网公司下达的农网供电可靠性研究课题计划。全面启动了国家电网公司确立的“辽阳县技术进步试点县”的建设工程。建设了一批借助光纤、卫星组网的通调自动化；配网、变电所综合自动化；无功优化的技术进步工程。已建成的阜新弹性卫星信道通调自动化项目和庄河综合自动化项目被评为国网公司2002～2004年度农电优秀技术进步项目。修订并下发了辽宁省电力有限公司一流县级供电企业考核管理办法。对2004年度申报的海城市农电局省一流县级供电企业组织进行了验收。完成了太子河区农电局创建国家一流县级供电企业的前期申报准备工作。在农电企业中开展了ISO9001质量管理体系认证及ISO18001职业健康安全管理体系认证工作，并与辽宁省质量技术监督局认证中心联合召开了全省农电企业质量及职业健康安全管理体系认证宣贯会。目前已有16个局通过ISO9001质量管理体系认证及ISO18001职业健康安全管理体系认证。完成了国网公司2003年度农电规范化服务示范窗口的考核推荐及上报工作，有58个供电营业所荣获国家级规范化服务示范窗口称号，全省累计已有121个供电营业所获得此殊荣。全省有3个县（区）局荣获省级精神文明标兵单位称号，有

32个县（区）局荣获省级精神文明单位称号；有2个县局荣获省级思想政治工作先进单位称号，有3名县（区）局书记荣获省级优秀思想政治工作者称号；有2个基层供电所荣获省级“雷锋号”称号，有2名基层供电所所长及1名基层供电所电工荣获省级“雷锋奖章”称号。开展了第三届全省农村电工岗位知识及技能大赛，并参加了国家电网公司举办的第三届全国农村电工岗位知识及技能大赛活动，取得了团体总成绩第二名、个人技能第一名的历史最好成绩。

优质服务和行风建设

健全了优质服务和行风建设工作机制，召开两次行风建设优质服务电视电话会议和行风建设工作会议，加大纠风监督力度；召开两次社会监督员座谈会，组织社会监督员到基层视察，对提出的意见和建议认真进行整改。共处理行风违纪案件30起，处理涉案人员55人。开展了以“五服务”为内容的“振兴辽宁，供电先行，服务三农，再立新功”活动和优质服务管理示范县（区）评选活动。城市供电可靠率达到99.95%，农村供电可靠率达到99.73%；受理95598客户服务电话139万件次，客户满意率99.24%。实现连续8年行风占排头目标。所属各供电公司在各地评议中也名列前茅。

多种经营

多种经营总收入完成49.48亿元，比计划增长23.7%；实现利润总额2.28亿元，比计划增长90%；资产保值增值率实现105%，超额完成年度目标；劳动生产率完成4.65万元/（人·年），同比增长14.81%；人均劳动报酬1.99万元，同比增长8.15%；人均实现利税1.59万元，同比增长1.27%。13个供电公司全部完成了以安置集体职工为主的多经企业改制工作。积极稳妥推进多经企业产权制度改革。截至2004年年末，省公司多经系统共有36%的法人单位完成了股份制改造。13个供电公司全面完成了省公司确定的改制目标。其中5个改制为有限责任公司，2个实行了整体出售，77名集体职工与企业解除了劳动关系。2004年共有212人与企业解除了劳动关系，另行择业。利润总额、劳动生产率和人均实现利税均比上年有较大幅度增长。各多经企业加大了安全投入，提高了科技含量，用于施工作业的安全工器具和个人防护装置得到了明显改善。截至2004年年末，所属单位多经系统已连续两年未发生人身死亡事故，创造了省公司多经系统安全生产历史最好水平。圆满完成了集体职工基本保费的收缴任务，完善了集体职工基本养老保险个人账户，完成了2003年度和2004年各季度以及一次性基本养老保险的统计和会计报表的审核、汇总、上报工作，完成了9800名离退休人员信息库的审核、汇总和上报，保证了离退休人员养老金按时足额发放。全年办理与企业解除劳动关系人员个人账户转移694人，审核办理退休职工575人。

体制改革

顺利完成了公司出资人变更登记工作，确立了公司独立法人地位。积极推进了产权制度改革进程，集体企业改制工作初见成效。13家供电单位大部分已经完成安置集体职工的集体所有制企业的改制工作。积极探索了适合辽宁省情的农电管理模式，并着手制定农电体制改革实施方案。

党的建设和精神文明建设

总结交流了大连、营口、本溪、沈阳、阜新、两锦、朝阳、抚顺等供电公司的经验，初步建立了公司系统32个先进集体和17个突出个人的典型档案，为继续发挥先进典型的示范引路作用奠定了基础。大连供电公司党委被国家人事部和国资委授予“中央企业先进集体”称号，并被评为国网公司系统惟一的“中央企业先进基层党组织”称号；本溪供电公司在国网公司系统展示了“网络政工”的成果；营口供电公司思想政治工作服务化的经验被中国政研会充分肯定。省公司和所属30个单位荣获“辽宁省文明行业”称号。针对职工群众关心的热点、难点和涉及切身利益问题开展思想政治工作。加强班组建设，深化民主管理，坚持厂务公开，加大职工群众的监督力度，进一步融洽了干群关系。

社保基金管理

进一步强化了职工账户、基金的管理，最大限度地维护了企业、职工和离退休人员的利益。省公司参加基本养老保险的在职职工人数为47124人，2004年缴纳基本养老保险统筹基金3.8亿元（其中单位应缴2.89亿元），离退休人员养老金支出2.16亿元，支出占缴费的比例为56.76%。统筹外支出5312万元。全年收缴企业年金1.6亿元，账户历年累计存储额6.4亿元。社保局修订了企业补充医疗保险办法，提高了门诊补助标准和普通病住院补助的平均住院天数。全年收缴企业补充医疗保险基金5148万元，支付企业补充医疗保险基金门诊补助3188万元，门诊特病和住院补助880万元，其他支出235万元，节余845万元。

存在问题

安全生产管理仍然存在薄弱环节。个别单位的安全管理还比较粗放，方式方法比较单一，管理手段比较滞后，超前控制、关口前移等防范性工作还不够深入；生产一线员工还存在安全意识淡薄、习惯性违章屡禁不止的现象。

在电网发展和经营等方面还有诸多不足。一是适应辽宁地区经济发展的坚强骨干网架还没有真正建立起来。二是资产负债率的继续攀升加大公司财务风险。受发电资产移交、发电股权划转、处理不良资产以及各项电网改造工程贷款增加的影响，公司资产负债率上升较快，2004 年末已经超过 70%的警戒线，公司的筹融资能力将受到影响。随着电网改造和建设速度的进一步加快，公司的财务风险还将进一步加大。三是资本金严重短缺，制约公司快速发展。由于电力建设基金和供电贴费取消，公司盈利能力有限，自我积累能力较弱，在一定程度上将制约电网建设与发展的速度。四是应收电费任务仍然较重。虽然 2004 年公司应收电费余额完成了责任目标，但应收额仍达 9.3 亿元。

主要事件

1 月 15 日，东北区域电力市场模拟运行在沈阳正式启动。

2 月 19 日，辽宁省电力有限公司首届五次职代会暨 2004 年工作会议在沈阳召开。

2 月 21 日，全省遭受大风雪袭击。辽宁电网共有 3 条 220kV 线路，116 条 66kV 线路发生导线舞动，造成 372 条次 66kV 线路跳闸，48 座 66kV 变电所全停。辽宁电网损失负荷 2742.9 万 kWh。

3 月 24 日，辽宁省人民政府办公厅发出《辽宁省人民政府办公厅关于转发辽宁省特大生产安全事故应急救援预案的通知》（辽政办发［2004］8 号），将辽宁省电力有限公司列为第十七个特大生产安全事故应急救援系统指挥部成员单位。

3 月 25 日，东北电网大扰动试验按预定方案进行并取得成功。

3 月 31 日，辽宁省电力有限公司被评为“纳税信誉 A 级企业”。

4 月 6 日，辽宁电力送变电工程公司在 500kV 沙增线接口入鹏城站送电线路工程中，采用动力伞展放导引绳获成功。这是该公司继飞机航空展放导引绳技术后的又一次新尝试。

6 月，《中华人民共和国电力工业史·辽宁卷》正式出版。

6 月，大连供电公司党委被国家人事部和国资委授予“中央企业先进集体”称号，被国资委党委授予“中央企业先进基层党组织”称号。成为国网公司系统惟一同时获两称号的企业。

7 月 3 日，12 时 20 分，沈阳供电公司发生一起违章作业造成的人身触电死亡事故。

8 月 17 日，220kV 辽阳迎水寺输变电新建工程正式投运。一期工程投运 90MVA 变压器 1 台，总投资 5042 万元。

9 月 13 日，17：00 时，鞍山红旗堡一次变电所国产化 SVC 示范工程圆满完成 72h 试运行。省公司在鞍山供电公司召开 SVC 设备正式投运交接仪式。这是国内第一套应用于输电网的科技示范工程。

9 月 24 日，由中国电力企业联合会和中国电机工程学会联合举办，省电力有限公司承办的中国带电作业 50 周年庆祝大会在沈阳召开。中国电力监管委员会副主席宋密，中国电机工程学会副理事长张贵行等出席了庆祝活动。

10 月 30 日，500kV 沈大输变电工程徐王段（从本溪徐家变电所，经辽阳，到鞍山海城王石变电所）竣工投运。该工程线路全长 115.061km，扩建 500kV 出线间隔变电所 2 座（徐家、王石变电所）。

11 月 26 日，500kV 沈大输变电工程王南段（从鞍山王石变电所经营口地区到大连南关岭变电所）竣工投运。该工程线路全长 250.5km，扩建 500kV 变电所 2 座（王石、南关岭变电所）。

11 月，辽阳供电公司首山一次变电所所长王永东被国家人事部和国资委联合授予“中央企业劳动模范”荣誉称号。这是省公司惟一获此殊荣的先进个人。

12 月 26 日，500kV 沈大输变电工程沈徐段（沈东变电所到本溪徐家变电所）通过启动验收委员会验收。该工程线路全长 58.3km，新建 500kV 徐家变电所，扩建 500kV 王石出线间隔变电所。

（赵凤琴）

华 东 地 区

华东电网有限公司

综述

1. 完成“三项责任制”各项考核指标

安全生产：全年华东电网安全生产运行平稳，华东公司和四省一市公司首次全面实现各项考核事故为零的目标。直（代）管单位设备事故为零，没有发生轻伤及以上的人身事故。网调发生1起误调度事故。

资产经营：全年完成售电量570.50亿kWh，比2003年同期增长42.57%。实现利润总额51872万元，比国家电网公司下达计划超额完成8.06%；净资产收益率3.19%，比计划超额完成59.50%；应收电热费余额18701万元，低于指标值11299万元；资产负债率66.70%，低于国家电网公司下达的68%指标；上缴投资收益3400万元，完成年计划100%。

党风廉政：华东公司全年党风廉政建设方面情况良好，没有发生影响稳定、损害企业形象的重大事件和突发事件。

2. 迎峰度夏

面对1800万kW电力缺口，公司坚持以服务网区各省市经济发展和改善人民生活为根本宗旨，发扬团结治网的好传统，提前一年逐省逐市研究落实各种应对措施，并在度夏前按计划投产了一大批输变电项目。夏季用电高峰期间，和各省市公司一起，认真落实需求侧管理。运用经济、技术和管理的手段，想方设法促进省市之间、区域之间的电力电量交易。加强了对全网备用容量、电网输电断面稳定限额执行情况的监督管理，加强统一调度和设备管理，使电网经受住了30多天35℃以上高温、高负荷以及“云娜”、“艾利”台风等自然灾害的考验，既实现了供电量的大幅增长，又保证了电网安全有序运行，得到中央领导的表扬和国家电网公司、地方政府及广大用户的好评。

3. 电力体制改革

根据国家电网公司的统一部署，从华东电网的历史和现实情况出发，积极稳妥地开展了省市公司改制重组工作，在“四个有利于”原则的基础上，如期完成了省市公司出资人变更的工作。同时还完成了公司对琅琊山、宜兴两个抽水蓄能电站股权结构调整，实现相对控股。华东区域电力市场试点稳步推进。根据国家电监会和国家电网公司的部署，完成了市场规则和技术支持系统功能规范等文件起草，构建了华东电力市场月度竞价技术支持系统，2004年5月18日开始了华东区域月度电力市场模拟运行。根据国家发展和改革委员会要求，公司牵头进行华东电网输配电价和销售电价改革的试点工作，在国家电网公司指导下，提出了网、省公司输配电价和销售电价改革的初步方案。

4. 各项基础管理工作

（1）安全管理工作得到进一步加强。公司坚持安全管理关口前移，及时出台电网安全工作意见，制定奖惩制度，以更好地落实对省市公司安全生产承担连带责任的要求。从二季度开始增加公司和省市电力公司设备事故和人身事故要低于2003年同期的控制目标，有效地遏制了设备事故的上升。积极探索并网电厂涉网运行安全监督新思路，制订了新近并入500kV电网的电厂涉网安全性评估项目，开展了涉网安全性评价和网厂运行状况分析交流，确保电网、电厂和设备的安全运行。

（2）经营管理水平有所提高。认真落实资产经营责任，加强全面预算管理。公司实现了财务管理信息系统网上的单轨运转，实现各项考核指标受控、可控、在控。积极协调落实省市销售电价调价方案和望亭电厂上网电价核定工作，并据此适时上调省市联络线口子统销电价；加强公司营销工作，与秦山二期、三期签订了购售电合同；科学合理调整债务结构，利用短暂结余资金少借贷款控制资产负债率；充分利用税收优惠政策减少税务支出；加强工程管理，降低工程成本。从而在新安江、富春江来水较少等不利因素下，确保了各项资产经营目标的全面完成。重视利用审计成果。对审计中发现的问题，及时制定措施进行整改，进一步健全了公司内部财务控制和监督。根据国家电网公司的要求，顺利完成了清产核资工作。

(3) 做好电网规划工作。根据国家发展和改革委员会关于区域电网统一配置区域内发电、输电资源的原则，重新研究并完成了《华东电网“十一五”电网发展规划及2020年远景目标研究报告》(送审稿)。开展了华东电网2020年目标网架规划设计，完成了《华东电网2020年电网规划设计》、《华东电网“十一五”电网规划设计》等报告。

(4) 大力加快电网建设。和省市公司一起，重点加大了电源送出、迎峰度夏、跨省联络线等工程建设力度，克服供电形势紧张以及新设备投运为历史之最、投产时间多集中在上半年的困难，各项输变电工程全部按计划完成。全网年内共投运500kV输电线路1506km，新增变电容量2200万kVA，创历史最高记录。特别是世人瞩目的500kV江阴长江大跨越工程历经4年，终于以“零事故、高质量、低造价”在2004年11月16日胜利投运。

(5) 精心调度电力电量交易。积极组织区外来电，协调各省市利用负荷时间差进行交易，短期及实时交易电量比2003年同期增加47.01亿kWh，为缓解电力供应紧张状况发挥了重要作用。

(6) 内部管理不断加强。研究并实施了与区域电网管理模式相适应的公司内部管理机构设置方案，进一步完善对员工的绩效考核，积极探索和研究加强企业民主管理的组织形式以及厂务公开规范化、制度化的管理模式，坚持职工代表听证会制度，使员工参与民主管理落到实处。

(7) 科技研发有所增强。加大对电网安全稳定技术、电力市场建设及企业管理现代化等课题研究的投入，组织申报了“提高500kV输电导线工作温度示范工程”和“500kV同塔四回输电线路工程关键技术研究”等项目并列入国家电网公司重点项目计划。

(8) 党的建设和企业文化建设有新的进展。在处级以上领导干部中开展了“让人民高兴、让党放心”主题活动。中心组学习先后组织了8次专题报告会。在创建学习型组织和企业文化建设中，注重把个人学习与团队学习相结合，把提高学习型组织学习力和执行力相结合，在提高员工素质和综合服务能力的同时，促进了企业管理创新、文化建设创新、思想政治工作创新。年内组织策划的“华东电网欠发达地区小康行主题活动”，得到了国家电网公司的高度关注，引起了新闻媒体和当地群众热烈反响。以建立教育、监督并重的反腐倡廉体系为目标，坚持标本兼治，建立起用制度反腐的有效机制，进一步加强党风廉政建设。年内对处以上领导干部进行了三次警示教育，严格执行领导干部“三项谈话制度”，明确了党组成员和各部门的责任分工，做到“一岗双责”，认真开展企业效能监察工作，制订下发了工程项目、物资采购招标管理和监督管理等7项制度。一年来，公司领导班子成员以及公司厂处级干部没有发生违法违纪事件，完成了公司2004年度党风廉政建设责任目标，经考核，公司2004年度党风廉政建设工作被评为优秀。

电力生产

2004年是华东电网极不平凡的一年。多达1800万kW的供电缺口，持续的高温干旱，紧张的电煤供应，严重的台风侵袭，频发的山林大火，使华东电网承受了前所未有的巨大压力。华东公司和四省一市电力公司均全面兑现了与国网公司签订的安全生产责任目标，多年来全网第一次实现了无考核的人身死亡责任目标。同时，华东全网设备、电网事故较2003年下降了17.2%，误操作(含误调度)事故较2003年也有大幅下降。2004年华东电网从区外受电达256.88亿kWh，同比增长87%；跨省市各类双边交易电量达248.16亿kWh，其中短期及实时交易电量比2003年增加47.01亿kWh；全网统调用电量达4620.29亿kWh，同比增长14.77%。电网运行控制指标明显好转，2004年CPS10考核指标为5100万元，比2003年的1.66亿元减少1.1亿元；电网频率和电压质量比2003年分别提高了0.006和0.094个百分点。

电网改造

2004年，在迎峰度夏前完成了王店至南桥、瓶窑至武南四条500kV输电线路的增容改造工作，使四条省际联络线的输电能力各自提高了15%～20%；实施瓶窑500kV母线分列运行优化方案，完成了武南变500kV变压器中性点补偿装置的安装投运工作，研究实施了肥洛平西稳定切机装置改造，协助浙江省公司将瓶窑1号主变压器改接至双龙变电站，解决了双龙变电站降压容量不足的问题；完成了500kV线路调爬任务，提高了华东500kV电网的外绝缘水平。

科技进步

2004年度，公司科技成果质量和数量都有明显的改进和增加。围绕公司主营业务开展的研究项目中有3项分别获国家电网公司和上海市科学技术进步二等奖，4项分别获中国电力和上海市科学技术进步三等奖。并已将某些专题研究成果应用到电网技术改造和基建工程中去。始于1999年的新安江电厂机组增容改造工程，到2004年为止，九台机组以及配电装置全部改造完毕，增加出力近20万kW。富春江电厂一单元技改工程安全和质量均得到了有效控制，达到了合同要求。天荒坪电厂优化调整检修计划，合理控制上库水位，妥善处理了上库7号廊道裂缝和6号施工支洞涌水等重大缺陷，确保了电厂水工建筑物的运行安全，并较好地完成了2004年生产经营指标。

电力建设

2004年公司超额完成全年电网工程建设任务，特别是按时完成迎峰度夏急需投运的500kV输变电工程的投产任务，创下了电网建设投运历史记录；严格控制工程造价，做到工程决算单项工程费用不超概算；组织好500kV输变电工程达标投产考核；完成华东电网有限公司招标投标实施细则编写和出版工作任务，进一步规范了招标投标市场职责。2004年华东电网投产500kV线路1506km，投产500kV变电容量2200万kVA；火电工程项目投产24台8374MW。500kV江阴长江大跨越工程历经4年，终于在11月16日正式投运，为华东电网建设又竖起了一座丰碑，标志着华东电网建设的管理、施工水平又上了一个新的台阶。2004年初浙江500kV宁温输变电工程建成投产，实现了浙江省内500kV大环网；江苏500kV锡东南输变电工程建成投产，缓解了无锡地区用电；浙江500kV诸暨输变电工程建成投产，缓解了浙南地区用电；上海500kV顾路输变电工程建成投产，实现了上海500kV双环网，保证了外高桥2×90万kW电力送出，解决上海迎峰度夏关键问题；江苏500kV张家港输变电工程建成投产，解决了张家港地区用电；浙江500kV嘉王线及王店2号主变压器建成投产，解决杭嘉湖地区用电，保证嘉兴电厂2×60万kW机组在夏季用电高峰时送出；江苏500kV车锡线建成投产，打通政平至武南至锡东南至车坊至上海的第二大通道；浙江500kV瓶窑母线改造、甬西及萧山变的建成使得电网结构得到加强和优化，缓解了宁波、杭州地区用电。2004年全网在建工程安全处于受控状态，全网各在建工程未发生重大设备质量、施工机械和人身死亡事故。上海电力建设有限公司承担施工的上海吴泾电厂八期工程被中国电建企协命名为2003年全国电力行业用户满意工程；福建省第二电力建设公司被命名为全国电力行业优秀施工企业。浙江长兴电厂四期技改工程、江苏泰兴变电站工程、上海220kV中山变电站工程、浙江500kV金温输电线路工程、安徽500kV阜洛输电线路工程，被中国电力建设企业协会命名为2004年全国电力行业优质工程。上海500kV顾路变电所工程、福建省500kV福州变电所工程、福州变—莆田变—泉州变、福州变—后石电厂、后石电厂—泉州变输电线路工程、500kV张家港输变电工程、梅里输变电工程、宁温输电线路工程、诸暨输变电工程、甬西输变电工程、萧山输变电工程被国家电网公司评为2004年达标工程。编制了公司招标投标管理实施细则。同时明确，公司自行采购的主设备均在中国采购与招标网上发布公开招标公告，严格执行标书审核、评标及决标的“三分离”，充分体现“公平、公正、公开”的三公原则。招评标机构中必须有公司监察部和法律部门的有关人员参加，全过程进行监督和指导评标工作，对招标方案、程序和评标报告进行审查，基本形成了比较有效的招标监督机制，使公司初步实现了输电设备、器材采购和工程招标管理的规范化、制度化。

电力经营

2004年公司紧紧围绕国网公司下达的年度资产经营考核目标，层层抓落实，克服了新安江、富春江来水少带来的困难，不断强化各项管理，优化经济调度，努力增强主营业务，全面完成了各项资产经营考核指标。公司实现利润总额51872万元，比国网公司下达的48000万元考核指标超额3872万元，增长8.06%；上缴投资收益3400万元，完成率100%；资产负债率为66.70%，低于国网公司下达的68%考核指标；净资产收益率3.19%，比国网公司下达的2%的考核指标高1.19个百分点，超额完成59.50%；应收电热费余额18701万元，低于30000万元的考核指标，全面超额完成了国家电网公司下达的资产经营考核指标。2004年，由于三峡水电、秦山核电和望亭油电等过网电量的大幅增加，公司的购电量和销售电量大幅度增长，分别增长54.06%和40.16%。由于来水偏少，新富两厂仅发电9亿kWh，比年度计划22亿kWh少发13亿kWh，考虑到望亭电厂调度关系划出，统销电量由年初的80.91亿kWh调减到63.31亿kWh，调减了21.75%。发、购、售电量如下：

	2003年	2004年	增 减
发电量	43.16	31.37	−27.31%
购电量	358.77	555.74	54.90%
售电量	400.15	570.50	42.57%
其中：统配电量	80.91	63.31	−21.75%

主要事件

1月18日，国家“西气东输”工程下游配套项目——江苏华电望亭天然气发电工程开工典礼隆重举行。

1月18日，中电国际平圩第二发电有限责任公司成立暨两台 60 万 kW 机组工程奠基仪式在安徽淮南举行。

1 月 22 日上午，中共中央政治局常委、国务院副总理黄菊在电监会主席柴松岳、浙江省委书记习近平、省长吕祖善等陪同下，到浙江省电力公司、浙江省电力调度中心看望节日期间坚守岗位的电力职工。

2 月 3 日，国家电网公司将其直接投资的福建省电力有限公司账面长期股权投资余额 138 亿元划入华东电网有限公司。

2 月 14 日，500kV 锡东南（梅里）输变电工程顺利启动投运。

2 月 16 日，500kV 诸暨变工程第一阶段（诸暨 2 号、3 号主变压器和 5408 线开断环入工程）正式投产运行。现在该变电站已经正式命名为 500kV 凤仪变电站。

2 月 18 日，华东电网有限公司第一届董事会召开第二次会议。会议一致同意《华东电网有限公司 2003 年工作报告和 2004 年工作打算》，讨论和审议了《华东电网有限公司董事会议事规则》（讨论稿）。

2 月 19～20 日，华东电网有限公司 2004 年工作会议在上海召开。

3 月 2 日，华东电网有限公司 2004 年纪检监察工作会议暨反腐倡廉警示教育大会在上海召开。

3 月 17 日，500kV 杨行变电站—外高桥电厂输电线路（含黄浦江大跨越段）工程顺利投运，标志着上海 500kV 双环网工程全线贯通。

3 月 23 日，华东江苏 500kV 工程续建项目的一项重要工程——500kV 张家港输变电工程正式投入运行。

3 月 30 日，华东电网有限公司“华东电网功角监测技术及应用研究”等 4 项目荣获 2003 年度上海市科学技术进步奖。

4 月 4 日，500kV 王店变扩建 1 号主变电站工程和嘉兴二厂—王店双线（嘉王）输变电工程顺利投运。

4 月 19 日，华东电网有限公司与中国华电集团公司签订关于望亭发电厂的发电企业划转移交协议书。

4 月 29 日，华东电网调度大楼筹建办公室成立。

4 月 29 日，500kV 车坊—锡东南输变电工程启动投运。

5 月 5 日，500kV 兰窑 5402 线开口改接入诸暨变的瓶凤 5491 线及两侧的相应间隔启动投运。

5 月 12 日，浙江 500kV 瓯海 1 号主变电站扩建工程投运。

5 月 18 日上午，华东电力市场模拟运行启动，此举标志着我国电力市场化改革又迈出重要一步。当日，华东电力市场模拟运行第一次交易完成电量 33.26 亿 kWh，峰时成交电价 0.4068 元/kWh。

5 月 24 日 19 时，国务院总理温家宝在中央政治局委员、上海市委书记陈良宇、市长韩正等陪同下，来到华东电网有限公司视察工作。

6 月 15 日，公司本部职能机构设置调整为 13 部 1 室 1 中心。

6 月 30 日，上海市高级人民法院民事判决书宣判，江宁路，212 号凯迪克大厦买卖合同纠纷案中国电华东公司胜诉。

7 月 9 日，华东电网有限公司董事会聘任贺锡强为华东电网有限公司副总经理，免去徐航华东电网有限公司副总经理职务。

7 月 18 日，500kV 江阴长江大跨越架线胜利结束，它开创了长江不封航，大截面输电线架线成功的先例。

7 月 26 日 14 时，中共中央总书记、国家主席胡锦涛在中共中央政治局委员、上海市委书记陈良宇，上海市市长韩正等陪同下来公司视察工作。

8 月 12 日，华东电网有限公司与中国电力投资集团公司签订发电企业划转移交协议，将公司在秦山二核、三核和江苏核电中的账面长期投资移交中电投。

8 月 16 日，华东电网有限公司 2004 年年中会议在沪召开。

9 月 15 日，新安江水电厂李建华同志在人事部、国资委组织开展的中央企业劳动模范和先进集体评选表彰工作中，被评为“中央企业劳动模范”。

9 月 22 日，上海外高桥电厂二期第二台 90 万 kW 机组顺利通过 168h 满负荷运行试验，提前 84 天投入商业运行。至此，外高桥电厂二期工程全面建成，竣工投产。

10 月 22 日，华东五省市电力公司出资人变更为华东电网有限公司的工作全部完成。

11 月 17 日，华东电网有限公司与中核集团秦山二核、秦山三核正式签订了购售电合同和并网调度协议，这是华东电网有限公司成立后与区域内独立电厂签订的第一个 25 年长期购售电合同。

11 月 17 日，500kV 江阴长江大跨越输变电工程宣告竣工投运。该工程南北岸跨越塔高 346.5m，是目前世界上最高的输电铁塔；跨江档距为 2303m，居世界前列。

11 月 26 日，500kV 马鞍山大跨越工程在芜湖开工。

11 月 29 日，500kV 武北变工程奠基。

12月10日，中共国家电网公司党组决定帅军庆同志任中共华东电网公司党组成员、副书记；赵首先同志任中共华东电网公司党组成员；免去程光杰同志、周永兴同志中共华东电网公司党组副书记、成员职务；免去贺锡强中共华东电网公司党组成员职务；聘任程光杰为华东电网有限公司顾问。

12月10日，国家电网公司委派周永兴、费圣英、赵义亮、林野为华东电网有限公司董事；寇士清、庄虎卿、马宗林不再担任华东电网有限公司董事。

12月22日，华东电网有限公司董事会决定聘任帅军庆为华东电网有限公司总经理；聘任赵首先为华东电网有限公司副总经理（正局级）；免去邵世伟华东电网有限公司总经理职务，免去程光杰、周永兴、贺锡强华东电网有限公司副总经理职务。

12月24日，华东电网有限公司召开领导干部宣布大会。国家电网公司纪检组组长祝新民代表国家电网公司党组宣布了调整华东电网有限公司领导班子的决定，上海市委常委、副市长周禹鹏，上海市经济工作党委书记潘志纯出席会议。

12月27日，上海市西部重要供电枢纽工程——500kV徐行变电站建成投运。

（王元相）

上海市电力公司

概况

上海市电力公司为华东电网有限公司的全资子公司，是从事上海电力输、配、售的特大型企业，统一调度上海电网，参与制定、实施上海电力电网发展规划和农村电气化等工作，并对全市的安全用电、节约用电进行监督和指导。市电力公司有下属企业14家，职工1.6万人。2004年，公司全年完成售电量615.96亿kWh；购电量658.41亿kWh，均超额完成国家电网公司下达的计划指标。上海电网用电量完成807.92亿kWh，同比增长10.51%；线损率6.45%，与计划持平。公司利润总额达到5.4亿元（合并口径），比计划增加0.6亿元。

2004年夏季，上海电力供应存在较大缺口，实施错避峰措施后，用电负荷仍创1500.6万kW最高纪录，最大日用电量首次突破3亿kWh。面临持续高温和龙卷风的袭击，由于国家电网公司、华东电网和上海市政府的大力支持，做到准备充分，措施有力，方案有序，处变不惊，使上海电网经受了考验，保持了无重大电网设备事故和人身死亡事故的纪录，并做到了“一个坚持，三个确保”（坚持限电不拉电；确保市民生活用电不受影响，确保重点企业生产用电需要，确保城市生产、生活正常有序），得到了国家电网公司和上海市政府高度赞扬。

全年，上海市电力公司共完成电网建设项目投资194.14亿元，其中基建投资70.81亿元，电网新增生产输变电能力900.35万kVA。500kV顾路变电站和500kV杨杨线环网工程的顺利投运，使上海500kV线路形成了双环网，年末第7座500kV徐行变电站的建成投产，更增强了电网的稳定可靠性和区外来电吸纳能力，有力地保证了电网安全运行。

按照经济责任制考核内容，公司各项指标完成情况总体良好；售电量稳步上升，调价方案顺利实施，电价矛盾得以改善；加大了反窃电力度，补收电费2068万元，收缴违约使用电费5326万元；加强成本管理，利润总额有所增长；资产负债结构合理，资产负债率控制在目标之内；企业资金集中，流量充沛，增强了企业的偿债能力；全面落实审计决定，抓好审计成果运用，保证公司合法经营和规范运作；对多种经营加强了管理，多经企业得到了发展。

经过全体员工两年半的努力，ERP工程（企业资源计划管理信息系统）经历了设计、试点和全面推广三个阶段，健全了基础管理，完善了技术标准，财务管理、工程管理、物资管理、人力资源管理四大模块的功能已基本实现。在完成数据的清理和导入、系统模板配制、权限设置、操作人员的培训等准备工作后，ERP工程在2004年12月31日全面成功上线。

认真落实行风建设责任制，建立健全内部服务标准和体系，切实解决客户关注的“热点”、“难点”问题，提高承诺的兑现率。在夏季用电高峰做到缺电不缺服务，限电不限真情，以优质服务赢得了社会各界的美誉。在全市24个政府部门和行业的政风行风测评中，公司连续四年荣登榜首，13个供电分公司和崇明电力公司在所在区、县均名列第一。在市政府重大工程立功竞赛活动中，由于电力系统各参赛单位以主角精神当好配角、服务到位，有12个单位评为市优秀公司，市区供电公司和南汇供电分公司分别荣获大、小金杯。

第15届亚太电协大会2003年10月在上海召开，公司在中电联和国家电网公司直接指导下，作出精心安排和优质服务，受到与会中外代表一致好评，展现了中国电力和上海电力的良好形象。

组织机构

组织机构见2004年上海市电力公司组织机构图。

单位：人

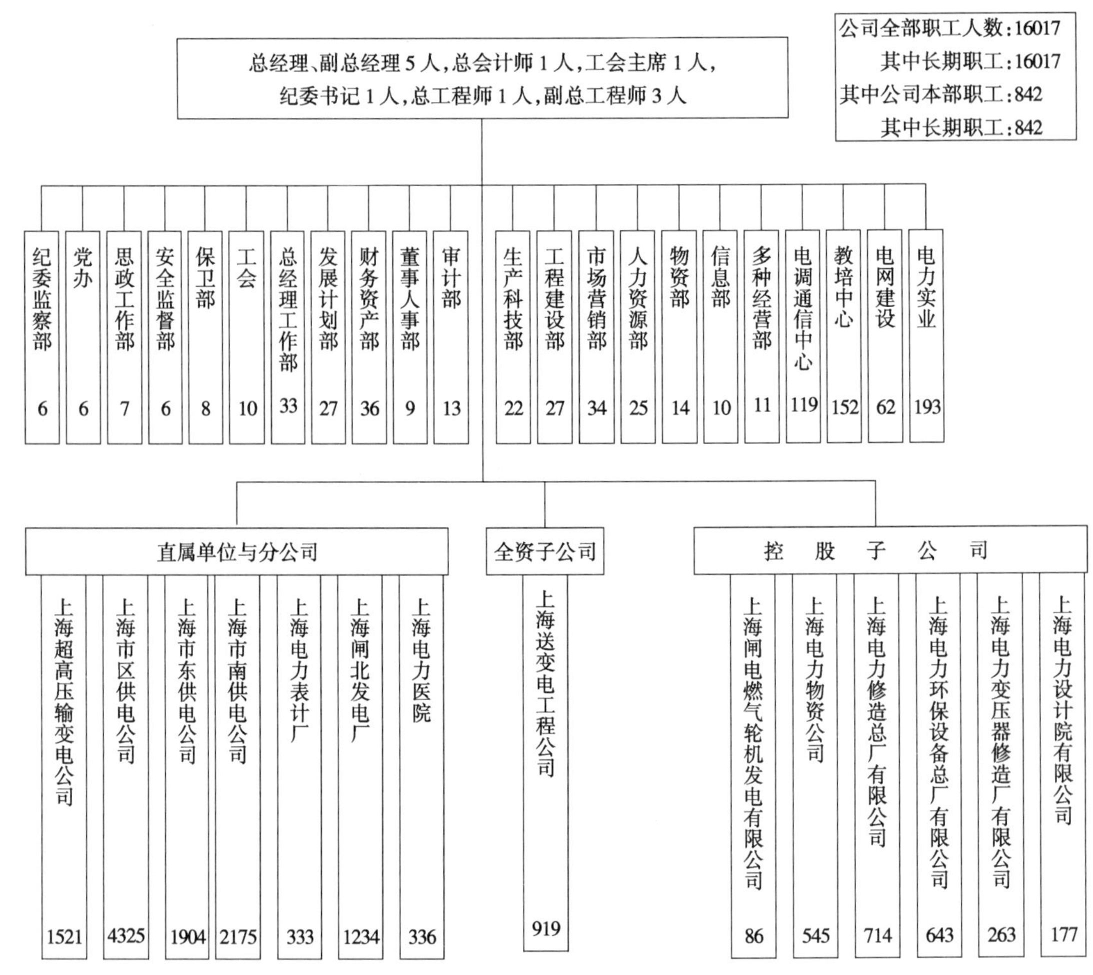

2004年上海市电力公司组织机构图

主要事件

5月18日，国家电监会主席柴松岳及首席工程师于新阳等一行视察500kV顾路变电站。位于浦东新区的顾路变电站是上海地区第六座500kV变电站，站内安装了目前上海电网中容量最大的100MVA的主变压器。它的建成投产标志着上海的500kV电网迈入双环网运行方式的新纪元，标志着上海电网供电可靠性达到了一个新的高度，为上海外高桥电厂新建的两台90万kW机组提供了电力输出通道，将极大地缓解浦东地区不断增长的用电压力，并对当年迎峰度夏起到十分重要作用。

5月25日，公司讨论制定并实施《上海市电力公司上电热线95598供电服务质量投诉处理工作标准》(试行)。

5月25日，公司在位于延安东路、西藏路路口的5号工作井施工现场举行电力隧道（一期）工程全线贯通庆典。西藏路电力隧道工程是市电力公司根据上海市总体电网规划，以及市中心架空线落地的要求，结合人民广场综合整治需敷设多条大截面电力电缆线路而投资建设的电力隧道工程。西藏路电力隧道工程规划北起新疆路、南至复兴路，全长3.033km。目前贯通的一期工程北起新闸路、南至会稽路，全长1.9km。西藏路电力隧道一期工程采用内径2.7m大口径顶管法施工，其埋设深度达20m。由于该工程地处上海最繁华的闹市区，隧道沿线不仅有错综复杂的各类管线，而且要穿越运营中的地铁2号线、6座市级文物保护建筑物、6处地铁车站出入口通道、延安路高架桥桩和两条地下人行通道，因此该工程设计采用三维复合曲线顶管施工工艺。顶管轴线平面最小曲线半径仅300m，区间顶进纵向爬坡高差达5.3m。西藏路沿线高楼大厦林立，有众多的上海市标志性建筑和市重点保护文物建筑，所以环境保护要求非常高，在施工过程中不允许有丝毫差错。从当年1月21日开始顶管以来，隧道从地铁2号线和南京路地下人行通道之间的夹缝中穿越，仅用4个月时间，便顺利完成了4个区、全长1.9km高难度立体曲线顶管工程。

8月20日，由解放日报、上海电视台、东广新闻台共同组织开展的“城市热线·夏令行动”活动圆满结束。经广大市民投票评选，“上海电力热线”荣登榜首，被评为“今夏，我最满意的热线”。

8月30日，浦东供电分公司召开高压带电安全作业一万天纪念座谈会。

9月15日，公司召开2004年迎峰度夏总结表彰大会。

9月28日，上海市电力行业协会成立大会在新锦江大酒店举行，来自电网、发电、建设、设备制造、物资供应和科研院校共136家会员单位的代表参加会议。

10月18日，第15届东亚及西太平洋电力工业协会大会在上海国际会议中心隆重召开。中共中央政治局党委、国务院副总经理黄菊发来贺信，代表中国政府对会议召开表示热烈祝贺，对各国（地区）代表光临表示诚挚欢迎。中共中央政治局委员、上海市委书记陈良宇出席并用中国传统吉祥物如意启动大会开幕式。国家电力监管委员会主席柴松岳出席，上海市委副书记、市长韩正出席并致欢迎词。国务院发展与改革委员会副主任张国宝、世界能源理事会秘书长甘德·杜赛特、剑桥能源研究会主席克里斯托弗·赛博先生分别在开幕式上作了主旨发言。亚太电协大会是东亚及西太平洋电力工业协会组织（AESIEAP）每两年在会员国家（地区）召开一次的盛会。本次会议主题是：创新、竞争与合作——经济全球化进程中的电力工业。本次大会共吸引来自37个国家和地区的2000多名代表，其中既包括本地区及世界范围内著名电力企业的管理者和技术人员，也包括世界知名的电力设备制造厂商以及从事电力行业咨询与科研的专家学者。国家电网公司、中国南方电网有限责任公司和华能集团公司、大唐集团公司、华电集团公司、国电集团公司、中电投集团公司等五家发电集团均派出高级别代表团参加会议。中国于1996年加入亚太电协，本次大会是中国加入该组织后首次承办。在历时5天会期里，大会安排266篇论文进行现场交流。

10月25日，从事上海电网规划、建设、运行的特大型中央企业、上海市电力公司首次与国内最大的电站、输配电以及机电装备制造集团之一的上海电气集团有限公司正式建立战略合作伙伴关系。上海市副市长胡延照出席签约仪式表示祝贺。上海市电力公司总经理帅军庆与上海电气集团股份有限公司总裁黄迪南代表合作双方在协议上签字。

10月27日，上海市反恐怖工作协调小组和应急联动中心在莘庄联合举行了首次反恐怖综合演练，通过假设的一群“恐怖分子”制造的闵行工业园区化学品仓库爆炸和试验中学劫持人质两个事件的处置，检验各有关单位反恐怖应急指挥和处置能力。作为市反恐怖成员单位之一，市电力公司在处置人质劫持事件过程中，按照现场指挥部下达的指令，由闵行供电分公司王宏诚经理率一支精干的电力应急队伍及时赶到现场，与燃气、水务等应急队伍一起集结待命。演练结束之后，市委副书记刘云耕等领导检阅了反恐应急队伍及装备，并对全市加强反恐工作提出了要求。上海市电力公司作为关系到国计民生的要害单位，在反恐怖工作中担负着重要的使命和艰苦的任务。

10月29日，闸电燃机电厂举行联合循环工程开工典礼。该工程将在现在4台10万kW级的单循环燃气轮机的基础上，投资近10亿元人民币，安装4台余热锅炉，配套2台10万kW级的汽轮发电机组，与现有机组组成燃气蒸汽联合循环，预计将于2005年底和2006年6月底相继投产。该工程利用余热发电，将增加20万kW发电能力，是利国利民的环保项目。

12月3日，从上海市委、市政府召开的政风行风测评情况反馈大会上获悉，经过有关方面召开各类座谈会、走访或暗访办事窗口，并通过全市3600多个测评点的企事业单位客户和社区居民投票，市电力公司今年行风测评总体评价分和客户满意率分别为92.34分和96.14%，比2003年提高2.49分和2.29%，列全市24个部门和行业之首，已连续四年夺冠。

12月31日，公司在全国电力系统内首家全面实行的ERP工程正式上线。上海电力ERP工程分业务流程重组（BRP）和企业资源计划管理信息系统（ERP）实施两大阶段，采用ERP集成实施的办法。整个实施分试点和推广两个阶段，于2004年12月在上海市电力公司范围内全面推广上线工作。整个工程在12月31日正式上线后将通过3～6个月的磨合，于2005年6月进行SAP系统的验收工作。

9月28日，上海市电力公司和付费通公司举行合作签约仪式。本市的电力客户又多了一条付费渠道，客户只需轻点鼠标便可通过付费通系统实现24h网上轻松付费。

12月7日，上海市电力公司举行调度大楼启用仪式。2005年元旦ERP的正式上线，与正式启用的调度大楼构成上海电力发展的新的软硬件，标志着建设国际一流电力企业进入崭新的发展阶段。新大楼的启用和ERP的上线对上海电力的发展将产生积极影响，也为上海电力的不断进步作出重要贡献。

（余勤德　包　鹏）

江苏省电力公司

概况

江苏省电力公司（以下简称公司）隶属于国家电网公司（以下简称国网公司）和华东电网有限公司（以下简称华东公司)，是华东公司的子公司，主要经营、管理、建设江苏省域电网，承担促进全省电力资源优化配置的责任，为江苏经济发展和人民生活提供电力保障。2004年年末，公司资产总额达1095.05亿元，其中国网885.64亿元，省网209.41亿元；公司职工总数为57153人，其中国网公司属职工41395人，省网属职工15758人；公司服务的用电客户数达2491.42万户。公司居全省营业收入前50家企业集团之首。2004年，公司获“全国用户满意企业”称号，是全国惟一获得这一服务质量最高奖项的省级电力公司。

公司领导

公司党委书记、总经理：寇士清（2004年12月10日免去总经理职务）

公司总经理、党委副书记：费圣英(2004年12月10日任总经理，此前任公司党委副书记、副总经理)

公司党委委员、副总经理：李晶生（2004年12月10日免去公司党委委员、副总经理职务，调国家电网公司）

公司党委委员、副总经理兼总工程师：胥传普

公司党委委员、纪委书记：黄卫国

公司党委委员、江苏省电力工会主席：郑惠民

公司总会计师：赵元杰

机构设置

1. 公司本部

2004年7月，公司明确本部机构设置方案，共设18部1室1会2中心：总经理工作部（与国际合作部合署)、规划与计划部、人力资源部（与公司党委组织部、社会保险中心、人才交流服务中心合署)、财务与产权管理部、工程建设部、生产运行部、安全监察部、电力营销部、农电工作部、科技环保部（信息中心)、审计部、法律事务部、企业管理工作部、离退休干部工作部、党委工作部（与机关工会、机关党委、公司团委合署)、多种产业部、保卫部、物资管理部、招投标管理中心、监察室、省电力工会、省电力调度通信中心。

2. 基层单位

公司下辖23个基层单位（其中地级市供电公司13个)：南京供电公司、苏州供电公司、无锡供电公司、常州供电公司、镇江供电公司、徐州供电公司、扬州供电公司、泰州供电公司、南通供电公司、淮安供电公司、盐城供电公司、宿迁供电公司、连云港供电公司；徐州发电有限公司、江苏苏源贾汪发电有限公司；江苏省电力公司技术中心、江苏省电力设计院、江苏省电力公司高级管理培训中心、江苏省电力公司生产技能培训中心、江苏省电力公司外经分公司、江苏电力燃料集团有限公司、江苏苏源电力通信有限公司、苏源电力咨询有限公司、江苏苏源鸿达工贸有限公司、江苏电力报社；江苏兴源电力建设监理有限公司、江苏省电力建设第一工程公司、江苏省电力建设第三工程公司、江苏省送变电公司、南京线路器材厂、江苏苏源电力装备有限公司、扬州电力设备修造厂、镇江华东电力设备制造厂。另有1个挂靠和1个代管单位：国家电网公司电力需求侧管理指导中心（挂靠)、华东抽水蓄能发电有限公司（华东公司控股、人员由公司代管)。

发展策略

2004年，公司工作总的要求是：坚持以邓小平理论和“三个代表”重要思想为指导，认真学习贯彻党的十六届三中全会精神，全面贯彻落实省委、省政府、国网公司和华东公司的工作部署，突出发展主题，围绕实现公司发展战略第二步目标，以建设国际一流电力公司为主线，超前规划和加快建设电网；加强安全生产，确保电网稳定，努力缓解电力供需矛盾，确保电力有效供应；强化经营管理，实施稳健经营；深化优质服务，提升公司良好形象；稳妥实施改革，推进机制创新，加强本部建设，进一步实施“同业比较、国际比较、企业文化建设、创建学习型企业”四大管理工程，促进两个文明协调发展，全面完成全年各项工作任务，为江苏实现“两个率先”目标作出积极的贡献。

电网建设

2004年，江苏电力发展规划、投资和前期工作力度进一步加大，公司全年完成投资149.53亿元，为历年最高。建成投运500kV变电容量625万kVA（含国网公司项目)、送电线路780.68km；220kV变电容量799万kVA（含国网公司项目)、送电线路1289.5km。基本完成了省“十一五”电力发展规划和电网发展规划编制工作。完成了2020年500kV目标网架论证研究工作。加快了500kV苏南沿江输电通道前期工作，500kV锡西南、苏州西等输变电工程可行性研究工作进展顺利，第四过江通道方案基本确

定。2005～2006 年 220kV 输变电项目包、2005 年 110kV 及以下输变电项目包可研报告书获得批准。500kV 江阴大跨越工程建成投产，核电送出、北电南送西通道、苏南沿江通道等 500kV 电网项目和宜兴抽水蓄能电站等重点工程、220kV 电网迎峰度夏热点工程、电源送出难点工程，全面按计划及控制进度推进。工程管理水平进一步提高，达标投产工作继续深化。500kV 盐都变和泰兴变工程分别荣获国家优质工程银奖和中国建筑工程“鲁班奖”。企业建设项目进展顺利。县城网工程建设任务全面完成。精心组织了农网改造“回头看”工作，农网建设与改造一、二期工程通过了正式验收。

电力生产与电力调度

2004 年，江苏电力缺口达 800 万 kW，面对多年来最为艰难的电力供需矛盾，公司积极争取政府支持，采取各种措施，加强电网调度运行，加强网厂协调，积极争取外部电力资源，组织实施分时电价，大力加强需求侧管理，充分利用有限的电力资源，实现了电力有序供应，有力地支撑了全省经济持续快速增长。全省通过加强电力需求侧管理，实现最大错峰负荷 806.76 万 kW，累计转移高峰电量 73.96 亿 kWh，使全省电网减少拉电条次 90%以上。全省全社会用电量达 1820 亿 kWh，同比增长 20.93%。公司始终把安全生产作为各项工作的基础来抓，在电网规模不断扩大、电力资源严重短缺、生产建设任务十分繁重的情况下，安全生产形势稳中有进，确保了电网安全稳定运行和社会有序供电。公司已连续 32 年实现无电网瓦解、稳定破坏和大面积停电事故，设备事故及一类障碍逐年下降，连续 4 年无人身死亡事故，连续 2 年无人身重伤事故，人身轻伤事故得到有效控制，并首次实现了全网误操作事故零目标。积极推进生产专业管理标准化和信息化建设，生产标准体系进一步完善。加强设备和运行管理，开展系统设备评估和整改工作，合理安排发电、输变电设备检修计划，开展“配电专业管理年”活动，电网可靠性水平进一步提高。“电力设施保护年”工作取得实效，遏制了近年来外力破坏事故上升的势头。

企业经营

2004 年，公司加强综合计划管理，开展经济活动分析，确保了计划执行可控、在控；预算管理进一步加强，取得成效；实施集约经营，资金管理水平和资金运作效率进一步提高；规范经营，依法理财，并较好地完成了清产核资工作；狠抓电费回收，创新管理方法，成效明显；积极推动国家审计署审计成果的运用，各类审计有效开展；加大招投标和物资管理力度，促进了经营行为规范化；扎实开展法制宣传教育，合同管理得到强化；规范多种产业投资行为，调整产权关系，促进了多种产业的发展。公司经营目标全面实现，全年完成售电量 1436.13 亿 kWh，同比增长 21.07%；实现电力销售收入 697.24 亿元；全年实现利润 6.54 亿元（其中国网实现利润 8.85 亿元）；资产负债率 63.2%；完成应收电热费余额 10.56 亿元，电费回收率和陈欠电费回收率均达 100%。电力优质服务成效显著。公司系统认真开展了“电力服务沿江行”活动，受到地方党委、政府和社会各界的高度评价。通过多种渠道向社会介绍供电紧张形势和采取的取策，赢得了用户的理解和支持。实行客户经理负责制，设立了大客户办电“绿色通道”；建立了应急机制，95598 服务功能得到进一步拓展；强化了客户服务中心远程监控功能，促进了供电营业窗口进一步规范化。公司全面完成了新版电力营销信息系统的推广应用工作，实现了全省电力营销城乡一体化管理。进一步强化了农电管理，农电行风建设得到有效加强。2004 年，在省消费者协会组织的 13 个服务行业质量状况调查中，公司的优质服务在全省所有行业中综合满意度最高。

农村电力

2004 年，公司加大投入、加快进度，继续大力加强农网建设，100%完成了农网技改项目 3.25 亿元和电网包农网项目 6.90 亿元的年度投资计划，进一步完善了农网网架结构，增强了农网供电能力，缓解了负荷迅速增长给电网带来的压力。农村地区售电总量和增长速度均超过城市，全省县及县以下的售电量已占总售电量的 68%。按照国网公司有关安全生产的最新标准，公司修订了“供电所安全性评价标准及查评依据”，年内共有 1500 多个供电所按标准完成了自查自评和县公司查评，占全省供电所总数的 88%以上。公司制定了农网运行、检修等管理办法，进一步加强农网无功电压和可靠性管理，制订落实各项农网迎峰度夏准备措施，设备健康水平进一步提高，农网实现安全稳定运行，全省农村用户供电可靠性达 99.69%，农村用户电压合格率达 95.38%。以服务“三农”为宗旨，继续开展创建“一流供电所”活动，着力提高农电管理水平，全省共有 440 多个供电所达标建成一流供电所，占供电所总数的 25%以上；30 个单位被国网公司命名为“2004 年度农村供电营业规范化服务示范窗口”。

科技进步

2004 年，公司全面推进技术创新、管理创新，有效提升了科技创新能力。重视电力环保工作，促进了电网建设与环境保护协调发展。公司有10项科技成果获得省级以上科技进步奖；“十五”国家重大科技攻关等项目通过验收和鉴定；“江苏数字电力”建设进展顺利，信息安全应用示范工程、数字档案馆等达到国内先进水平。

体制改革

2004年，公司按照上级部署，积极稳妥地推进改革，完成了公司出资人变更工作，完成了部属和省属发电企业的移交，完成了徐州发电厂、南京热电厂的改制工作。积极参与了华东电力市场建设的相关工作。规范了农电公司管理隶属关系、管理原则和经营范围；完善了农电职工工资、保险等管理办法，健全了考核奖惩机制。

企业规章

2004年，公司共颁布制度文件101个，其中转发上级单位38个，公司制定或修订的有63个。公司制定颁布的比较重要的生产、建设和经营管理方面的规章制度有：《安全生产责任制》(试行)、《安全管理考核细则》(试行)、《安全生产奖惩规定》、《江苏省电力负荷管理系统数据传输规约》(试行)、《配网设备电气试验项目及周期规定》(试行)、《220kV无人值班变电所单人留守运行管理规定》(试行)、《电网环境保护管理实施细则》(试行)、《江苏电网发电机组并网技术条件》、《江苏电网并网发电机组生产运行管理规定》、《江苏电网统调发电企业设备检修管理办法》、《江苏省电力负荷管理系统建设与运行管理办法》、《财务管理信息系统需求管理办法》、《江苏电力财务管理信息系统实施管理办法》、《执行〈企业会计制度〉账务衔接规定》、《经济活动分析管理办法》(试行)、《货币资金管理办法》(修订稿)、在清产核资中开展效能监察工作的实施方案》、《风险管理手册》、《担保管理办法》、《招投标管理办法》、《500kV输变电工程建设管理办法》(试行)、《220kV输变电工程建设管理办法》(试行)、《企业建设项目管理办法》、《资本性支出项目审计办法》、《审计档案管理暂行办法》、《农电管理审计调查工作方案》、《企业建设项目全过程跟踪审计实施办法》、《电力营销稽查工作管理办法》、《保护商业秘密实施细则》(试行)等。

双文明建设

2004年，公司积极应对前所未有的电力供应紧张形势，团结治网，扎实推进“达标创一流、国际比较、企业文化建设、创建学习型企业”四大管理工作，深化精神文明创建活动，加强和改进思想政治工作，培育“四有”员工队伍，提升企业文明程度，为公司实现改革发展目标和完成各项任务提供精神动力、智力支持和思想保证。

公司重点组织学习贯彻党的十六届三中、四中全会精神和党内“两个条例”。年内举办了4期处级干部培训班和2期中青年干部培训班，培训了526人；组织2万多名党员干部参加了党内“两个条例”知识测试。

坚持从严治党的方针和党管干部的原则，加强党组织建设和干部队伍建设。制定了一系列规章制度，基本形成了领导干部管理制度体系；加强了党务(组织)管理信息系统的应用；加强了农电党组织建设，完成了8个地市供电公司农电党组织关系的转接；加大了对后备干部的培养力度。

实施公司人才战略，构筑以能力建设为核心的人力资源开发与管理新体系。初步建立了人才评价、培养、使用、考核机制；完善了专家队伍结构，拓展了员工成长渠道；组织开展了各类技能竞赛，公司代表队夺得了全国电力行业变电检修工技能竞赛团体冠军。公司荣获了“国家技能人才培养突出贡献奖”。

推进公司文化建设，构建创建学习型企业的管理模式。公司荣获2004年度全国企业文化优秀奖和“中国企业文化建设特殊贡献单位”、“中国企业文化建设十大杰出贡献单位”称号；重点抓好50个学习型项目团队建设，总结创建的经验成果，形成了《战略视野下的学习型企业》专著，1个基层单位被评为“全国学习型组织示范单位”。

积极做好在职和离退休职工的思想政治工作。13个基层单位获省思想政治工作优秀企业称号，公司被国网公司评为“离退休干部工作先进集体”。

全面落实党风廉政建设责任制。公司制定出台了《党风廉政建设责任制考核细则》等规章制度，建立了从省到市、县(市)公司的三级监督网络，逐步形成了“六位一体”的大监察格局，党风廉政建设水平不断提高，公司被国网公司评为2004年度党风廉政建设优秀单位。

加强工会、共青团工作，充分发挥群众组织自身特点和作用。工会组织加强维权机制建设，有效落实厂务公开、集体合同平等协商制度，积极推进企业民主管理，并完成了全省基层农电工会组建工作；组织开展了“全员健身年”活动，并举办了公司第一届体育运动会；省电力工会荣获“工会工作先进单位”称号和“全国电力系统职工体育工作贡献奖”。共青团组织积极开展“学习成才、素质登高”主题活动，推进“青年文明号信用建设示范行动”，公司团委获得了全国“十年青年文明号活动优秀组织奖”2个基层团委获得“全国五四红旗团委”称号。

主要事件

1月中旬，省物价局发出通知，根据国务院决定精神，江苏在消化因煤炭涨价等因素适当调整电厂上网电价的同时，1月20日起相应调整除居民生活、农业生产（含贫困县农排）、化肥生产、商业照明用电外的其余各类用电价格。

1月，由省送变电公司施工的苏州500kV石牌变电站获2003年度中国建筑工程“鲁班奖”（国家优质工程）。

1月，省总工会评定命名了首批113个学习型组织示范点，公司系统共有19个单位（集体）受到命名。

2月5日，500kV锡东南（梅里）输变电工程启动投运，投运变电容量100万kVA，投运武南至梅里线路2×55.2km。

2月13～14日，公司在南京召开第三届职工代表大会第四次会议。

2月15～16日，公司在南京分别召开2004年公司工作会议和党委工作会议。

2月14～18日，公司首届科技成果展在南京太阳宫广场展出。公司系统共有23家单位自主开发的222项科技成果参展。

2月，中共中央政治局委员、国务院副总理曾培炎在一份题为《江苏省实行峰谷分时电价的主要成效、存在的问题及下一步工作措施》的报告中，给国家发改委作出重要批示：“江苏等地区加强用电需求侧管理，削峰填谷，有效缓解了用电紧张，也减轻了企业、居民负担，资源得到合理利用。今年电力供应仍然偏紧，需早作部署，研究相关政策，组织好交流。”

3月3日，公司承担的“十五”国家重大科技专项、三个“国家信息安全应用示范工程”之一的“电力信息安全应用示范工程”——“江苏省电力公司信息安全应用示范工程”，通过国家密码管理委员会办公室和科技部组织的验收。

3月25日，500kV张家港输变电工程竣工投运。

3月29日，全省电力工作会议在南京召开。

4月11～13日，500kV江阴长江大跨越北跨江塔、南跨江塔先后完成吊装，标志着世界最高输电塔的江阴长江大跨越两座跨江高塔已安全组立成功。

4月27日，国网公司投资建设的三峡输变电工程的重要组成部分——无锡500kV岷珠变电所正式投入运行。

6月17日，500kV吴江输变电工程竣工投运。

6月26～27日，国网公司组织的由新华社、中国通讯社、中央电视台、中央人民广播电台、《光明日报》、《经济日报》、《经济参考报》等著名媒体的记者及《国家电网杂志》、《国家电网动态》的有关人员组成的中央媒体记者团，在江苏进行采访活动。

7月2日上午，500kV盐泰Ⅱ回输电线路以及相配套的500kV盐都变电所、泰兴变电所扩建工程正式投入运行，将进一步完善江苏东部500kV网架和改善年内江苏电网迎峰度夏工作。

7月18日，由省送变电公司承担施工的500kV扬东至斗山输电线路的跨江部分——500kV江阴长江大跨越工程完成架线任务，标志着江苏“北电南送”第二条跨江通道工程全面建成。

7月28日，江苏电网统调用电负荷达2456万kW，创历史新高。

7月，《中国电力工业志丛书·江苏卷》正式出版。

9月14～16日，由省电力公司、省劳动和社会保障厅、省总工会、省电力行业协会联合举办的江苏省电力行业继电保护工、变电检修工技能竞赛暨全国技能竞赛选拔赛在苏州举行。

9月，全国“青年文明号”活动十周年表彰会在京举行，公司团委获优秀组织奖。

9月27日，公司系统4项成果获得2004年度中国电力科学技术奖。其中，1项二等奖，3项三等奖。

10月9日，江苏电力95598客户服务系统通过省级科技成果鉴定。

10月19日，在中华全国总工会、中央文明办、国家发改委、教育部、科技部、人事部、劳动和社会保障部、国资委、全国工商联联合召开的“创建学习型组织、争做知识型职工”活动现场推进会上，公司系统有3个集体和2名个人分别被授予“全国职工创新示范岗”和“全国职工创新能手”称号。

10月19～28日，国网公司在大连举行第三届农村电工岗位知识及技能竞赛，公司代表队夺得团体第三名，并有1人获个人全能冠军和技能亚军，1人获个人理论冠军。

10月，公司荣获由中国企业联合会、中国企业家协会联合颁发的“2004年度全国企业文化优秀奖”，并被中国企业文化促进会授予“中国企业文化建设特殊贡献单位”和“中国企业文化建设十大杰出贡献单位”称号。

11月18日，500kV江阴长江大跨越工程竣工投运，至此，江苏第二条500kV过江输电通道全线贯通。

11月29日，500kV武北输变电工程开工。

11月，公司被中国质量协会及其全国用户委员会授予“2004年度全国用户满意企业”称号，公司所属的泰州、盐城供电公司同时获“2004度全国用户满意服务”称号。

12月，公司被中国质量协会授予“中国用户满意鼎”，公司党委书记、总经理寇士清被授予“全国用户满意服务杰出管理者”称号。

12月21日，由公司与清华紫光股份有限公司合作研发的江苏省电力公司数字档案项目在南京正式通过国家档案局组织的专家鉴定。

12月23日，国网公司党组成员、中纪委驻国网公司纪检组组长祝新民，在公司领导干部宣布大会上宣布国网公司党组决定：费圣英同志任江苏省电力公司总经理，免去寇士清同志江苏省电力公司总经理职务，免去李晶生同志中共江苏省电力公司委员会委员、江苏省电力公司副总经理职务。

（张建扬）

浙江省电力公司

概述

2004年，面对严峻的缺电形势，高温旱情，强台风袭击的考验；面对繁重的电网建设任务；面对艰巨的改革、稳定工作，浙江省电力公司认真贯彻国家电网公司、浙江省委、省政府的决策部署，紧紧依靠各级政府和社会各界的支持，迎难而上，扎实工作，全面完成了国家电网公司下达的各项指标，完成了省委、省政府交给的任务，在国家电网公司三项责任制考核中名列前茅。2004年浙江省全社会用电量1419.88亿kWh，比2003年增长14.3%，其中统调用电量1100.25亿kWh，比2003年增长10.98%。统调整点最高负荷1623.1万kW，比2003年增长3.47%。增幅均呈稳步上升势头。在电力经营中，面对购电价大幅上升，售电量增长放缓的困难，公司加强经济调度，充分挖掘低谷用电潜力，增加销售空间，促进增收节支，全年完成售电量1103.91亿kWh，比2003年增长12.38%，实现售销收入559.57亿元，实现利润8.3亿元，超过考核指标10.76%，2004年电费回收率达99.98%。全员劳动生产率34.3万元/（人·年）。

公司领导

总经理、党组副书记赵义亮；党组书记、副总经理贺锡强；正局级调研员陈积民；副总经理梁绍斌、姜雪明；纪检组长唐信根；工会主席江华东；总工程师张怀宇；副局级调研员韦国忠。

机构设置

公司本部：总经理工作部、财务部、生产部、组织人事部、人力资源部、计划发展部、安全监察部、监察部、审计部、农电工作部、生活服务公司、多种经营部、招投标管理中心、营销部、科技信息部、电力工会、离退休干部管理部、思想政治工作部、基本建设部、电力调度通信中心。

公司管理单位：杭州市电力局、嘉兴电力局、湖州电力局、绍兴电力局、衢州电力局、金华电业局、丽水电业局、宁波电业局、温州电业局、台州电业局、舟山市电力公司（代管）、省火电建设公司、省送变电工程公司、省电力公司超高压建设分公司、省电力试验研究所、省电力设计院、省电力设备总厂、省电力物资公司、省电力综合服务公司、省电力房地产开发有限责任公司、省电力实业总公司、省电力建设监理有限公司、浙江电力教育培训中心、浙江桐柏抽水蓄能发电有限责任公司、紧水滩水力发电厂。

电力建设

2004年，全省完成基建投资132亿元，其中电网建设投资124亿元，投产110kV及以上输变电项目190个，创历史新高。投产500kV变电容量1000万kVA，一年内实现翻番，500kV线路641km；投产220kV变电容量453万kVA，线路962km。电网建设在任务重、工期紧、外部环境复杂等情况下，科学安排工程进展，加强外部协调，推行通用设计，强化质量监督，规范招投标管理，有效控制造价，从而合理控制了工程安全、质量、进度，使工程得以顺利推进，其中，宁波500kV宁一输电工程获国家优质工程“鲁班奖”，3项220kV输电工程获省部级优质工程奖。在加快电网建设的同时，省内电源建设也加紧进行。继2003年在建的嘉兴发电厂二期工程、温州发电厂三期工程、宁海发电厂、杭州半山发电厂燃汽工程和长兴发电厂三期工程后，2004年又新开工建设兰溪发电厂、乌沙山发电厂、华能玉环发电厂等，为浙江的经济快速发展和社会进步，提供有力的电源保证。

安全生产

浙江省电力公司坚持“安全第一、预防为主”的方针，层层落实安全生产责任制，严格执行安全生产规章规程，强化电网统一调度，加强安全监督检查，积极推广安全性评价、广泛开展“安康杯”安全生产月活动，加强重要输变电设备的运行监控，狠抓设备缺陷和薄弱环节的整治，安全生产基础得到了加强。公司直属企业2004年未发生重大人身伤亡事故、重大电网事故、重大设备损坏事故和重大火灾事故，全面完成了安全生产目标。保持了电网安全稳定运行。

体制改革

公司各项改革稳步推进，积极参与华东区域电力市场的组建和模拟运行，完成了出资人变更，完成了富兴电力燃料公司和电力建设总公司的股权转让和人员划转。按照国有资产监督管理委员会和国家电网公司的要求，积极稳妥地实施多经企业的调整重组，落实规范多经的各项规定，谨防国有资产流失。乡镇农电体制改革全面实施，75个县级供电企业中有71个批准了改革方案，46个已全面完成。进一步改革完善内部教育培训体制，整合教育培训资源，完成三所培训中心的合并，组建了浙江电力教育培训中心。

科技进步

2004年，全年完成科技投入2.27亿元。修订颁布了科技项目管理、技术标准管理办法和多项技术标准，调整了SAP系统的推进思路，新增的应用功能模块相继投运，在国家电网公司系统率先将网络与信息安全工作纳入安全生产管理体系。自主组织开发的电力营销技术支持系统等4项科技成果获得中国电力科学奖和国家电网公司科技进步奖，20项成果达到国内先进水平，6项成果取得专利和著作权。公司被国家电网公司授予信息化先进单位称号，连续两年进入中国企业信息化“500强”之列。

精神文明建设

2004年，公司加强了领导班子建设，以学习党的两个条例为主题，加强对领导干部的政治理论培训，认真贯彻民主集中制，落实党员领导干部中心组学习和民主生活会制度，开展基层党组织达标创建工作和党组织、党员的“创先争优”活动。以党风廉政建设责任制为主线，开展案例教育，反腐倡廉演讲等警示教育，落实源头治理措施，较好地完成了党风廉政建设责任目标。完成了全省电力基层企业“四五”普法总结验收。省内11个市供电企业均进入当地首批文明行业。公司被民政部授予“爱心捐助奖”，被省政府评为扶贫先进单位。杭州市电力局、绍兴电力局荣获“全国五一劳动奖状”，嘉兴电力局被国有资产监督管理委员会评为劳动模范先进集体。省调度通信中心等4家单位被省政府评为劳动模范先进集体。

存在问题

(1) 电网不够坚强，结构还不尽合理，网架适应性有待提高，主网架尚未达到“N—1”准则要求；电网发展还不能满足全省经济社会发展的需要。

(2) 公司资产经营质量不高，盈利能力较低(2004年净资产收益率仅1.41%)，负债水平偏高(2004年资产负债率69.77%)。

(3) 电力供需矛盾突出，电力供应总量不足，用电高峰时拉限电严重，服务意识和质量有待提高。

(4) 安全生产基础还不够稳固，农电和多经系统发展的质量和效益不高，集约化经营程度低，与同业最佳相比尚有距离。

(5) 人员结构欠合理，队伍素质参差不齐，高层次人才缺乏，难以满足公司长期发展的需要。

主要事件

1月1日，浙江省物价局通知：调整浙江电网销售电价，每千瓦时提高0.8分。

1月9日，宁波市220kV梅梁变一期工程竣工投运。10月27日，该工程荣获浙江省建筑业工程最高优质工程“钱江杯”奖。

1月13日，由浙江省送变电工程公司施工的500kV宁波天一变荣获中国建筑业最高奖项——鲁班奖。

1月15日，500kV宁（波）温（州）输电线路竣工投运。线路全长282.38km，是目前省内最长的一条线路。

1月22日，国务院副总理黄菊在国家电监委主席柴松岳、浙江省省委书记习近平、省长吕祖善等领导陪同下，到省电力公司、省电力调度通信中心看望节日期间坚守岗位的干部职工。

2月17日，浙江省电力公司系统工作会议在杭州召开。

2月17日，500kV诸暨变电所竣工投运。

2月25日，嘉兴发电有限责任公司被中国企业家联合会、中国企业家协会授予“中国优秀企业”称号。

2月27日，浙江电力营销技术支持系统通过了国家电网公司组织的科技成果鉴定。

2月27日，金华市发生一起砩矿坍塌事故，金华电业局闻讯后迅速展开事故抢险，恢复了井下照明、动力用电，使13名矿工成功获救。

2月，天荒坪抽水蓄能电站荣获水利部“开发建设项目水土保持示范工程”称号。

3月11日，由中国自主设计、自主建造、自主管理、自主运营的第一座大型商用核电站——秦山二期2号65万kW核电机组并网发电。

3月13日，绍兴220kV虎象变电所竣工投运。一期工程安装2台180万kVA主变压器，该所采用微机监控装置和双机双网的先进技术，工程投资为1亿元。

3月16日，路桥首座220kV金清变电所竣工投运。

3月18日，半山发电有限公司4台机组满负荷运行24h，发电量达8680MWh，创公司45年来日发电量的历史最高记录。

3月22日，嘉兴发电厂至王店500kV输电线路全线架通。该线路全长104km，双回路接线。31日，500kV王店变扩建工程竣工投运，主变压器容量达到150万kVA。

3月，浙江省火电建设公司被中国施工企业管理协会、工程建设用户工作委员会授予2003年度“全国用户满意施工企业”称号。

3月，由中国水利水电第十二工程局承建的安徽省宁国市境内的港口湾水库工程，荣获2003年度中国建筑工程鲁班奖。

3月，紧水滩水力发电厂被全国总工会、国家安全生产监督管理局授予2003年度“全国‘安康杯’竞赛优胜企业”称号。

4月9日，长兴发电有限责任公司二期工程2台30万kW机组可行性研究报告获国务院批准。

4月20日，公司顺利完成了覆盖浙江10个地市的宽带信息网建设。

4月28日，国家高技能人才培训基地（电力项目）揭牌仪式在浙西电力教育培训中心隆重举行。

6月15日，根据国家发展和改革委员会关于疏导华东电网电价矛盾有关问题的通知精神，浙江省电网销售电价自即日起平均每千瓦时提高4分。

6月18日，诸暨市220kV暨阳变电所竣工投运。

6月25日，宁波市500kV河姆变电所竣工投运，变电总容量150万kVA，500kV出线4回，220kV出线9回。一期总投资3.7亿元。

6月27～29日，由新华社、中新社、光明日报、经济日报、中央电视台、中央人民广播电台等十几家中央新闻媒体记者组成的采访团到浙江，先后采访了省电力公司、省电力调度通信中心，了解浙江供电情况以及迎峰度夏、有序用电等。

6月28日，500kV余姚变电所竣工投运。

6月29日，浙江省首次居民生活用电价格听证会在杭州举行。

6月，金华电业局组织开展节能宣传活动周。

7月3日，杭州市500kV萧山变电所竣工投运。

7月3日，500kV涌潮变电所竣工投运。

7月7日，嘉兴发电厂二期工程首台60万kW发电机组顺利通过168h满负荷试运转，比计划工期提前235天投入商业运行。

7月8日，全国电力系统首家卫星培训基地“时代光华卫星远程培训学院”落户绍兴电力局。

7月10日，慈溪市220kV淞浦变扩建工程顺利投运。

7月12日，省电力公司重点抢建工程——220kV仪元线线路改造工程建成投运。

7月13日，衢州市220kV仙霞变二期扩建工程竣工投运。

7月15日，500kV温州市瓯海变电所扩建工程竣工投运，至此，该变电所总容量达275万kVA，是目前省内容量最大的500kV变电所。

7月28日，绍兴县220kV齐贤变电所竣工投运。

8月1～7日，曾两次荣获“全国技术能手”称号的省火电建设公司高压焊工陈立虎，作为浙江省惟一的代表，参加由中央组织部举办的“暑期专家与高技能人才休假”活动，受到了党和国家领导人曾庆红、黄菊、曾培炎等领导的亲切接见。

8月4日，平湖市220kV共建变电所竣工投运。

8月12日，受第14号台风“云娜”的正面袭击，台州、温州电网破坏尤为严重，共有9座220kV变电所停电（台州地区7座、温州地区2座），45座110kV变电所、137座35kV变电所停电；500kV天海5471线因事故跳闸10次，43条220kV线路、106条110kV线路跳闸，2362条35kV和10kV配电线路故障跳闸，直接经济损失约4.5亿元（台州3亿元、温州1.5亿元）。经电力职工奋力抢修，至17日，浙江电网基本恢复正常供电。在台风来临前后，温家宝总理、黄菊副总理就电网的抗台救灾工作分别作了重要批示。12日傍晚，省委书记习近平、省长吕祖善在省防汛防旱指挥部坐镇指挥全省抗台救灾工作；13日，副省长王永明到台州电业局了解电网受损情况并指导救灾。17日，国家电网公司副总经理陆启洲等领导专程赶往台州考察灾情，指导救灾，慰问抗灾职工。

8月18日，省电力公司积极响应省委、省政府的号召，组织开展赈灾活动，向灾区捐款人民币300万元，为帮助灾区人民重建家园奉献爱心。

8月19日，绍兴县220kV滨海变电所一期工程竣工投运。

8月21日，上虞市500kV舜江输变电工程开工。该工程建设规模为4台75万kVA主变压器，500kV进线8回，220kV出线12回，工程总投资6亿多元。

8月25日，宁波电业局220kV湾塘变电所、杭州市电力局富阳供电局220kV金桥变电所、绍兴电力局修试工区继保一班、金华电业局220kV金华变电所、省火电建设公司热机工程公司焊接一班、杭州半山发电有限责任公司4、5号机组热机三班、嘉兴发电有限责任公司检修部燃机班、浙江北仑第一发电有限公司高压试验班、秦山核电公司检修部机械队二班荣获“全国电力行业优秀班组”称号。

8月，浙江华电乌溪江水力发电厂检修一次班集电环QC小组被中国质量协会、中华全国总工会、共青团中央、中国科学技术协会联合命名为“2004年全国优秀质量管理小组”。

9月初，经浙江省工商行政管理局核准，浙江省电力公司的出资人由原国家电网公司变更为华东电网有限公司。

9月1日，三门核电厂工程首期2台100万kW压水堆发电机组，经国务院批准立项。

9月2日，宁波220kV芦江变二期工程投运。扩建15万kVA主变压器1台，工程总投资为1350多万元。

9月10日，浙江电力第二条沿海大通道——500kV甬台温二回输电线路工程全面破土动工。

9月10日，浙江北仑第一发电有限公司3号机组获2003年度全国火电大机组（60万kW）竞赛一等奖。

9月15日，中国水利水电第十二工程局第一分局被人事部、国务院国有资产监督管理委员会授予“中央企业先进集体”称号。

9月27日，宁波220kV梅梁输变电二期工程竣工投运。

9月29日，诸暨八方热电厂一期2台1.5万kW抽凝式汽轮发电机组竣工投运。其中安装1台流化床垃圾焚烧炉，日处理生活垃圾400t，年处理生活垃圾13万t，年发电量1.5亿kWh，供热10.9万t。总投资为3.4亿元。

9月30日，浙江电力调度通信中心被浙江省人民政府授予“模范集体”称号。

9月30日，浙江电力调度通信中心、嘉兴电力局被浙江省人民政府评为2004年全省电力迎峰度夏工作先进单位。

10月3～5日，国务院副总理曾培炎在浙江省省长吕祖善、副省长王永明、省电力公司总经理庄虎卿等领导陪同下，到台州考察指导工作，并实地察看了天台桐柏抽水蓄能电站工地和三门核电厂厂址。

10月14日，浙江电网统调整点最高负荷达到了1576.7万kW，创历史最高。

10月14日，浙江省副省长王永明到紧水滩水力发电厂进行调研。

10月31日，滩坑水电站主体工程开工。省委书记习近平、省长吕祖善致电庆贺，副省长陈加元发布开工令。

10月，由中国电力企业联合会和中国水力电力质量管理协会授予绍兴电力局、嘉兴发电有限责任公司“全国电力行业质量管理奖”称号。

10月，浙江华电乌溪江水力发电厂被中国企业联合会、中国能源化学工会全国委员会授予“全国电力可靠性管理先进单位”称号。

11月1日，全省（舟山除外）实现城乡各类用电同价。

11月4～10日，天荒坪抽水蓄能电站作为中国重大工程的成就在第六届国际工业博览会上展出。

11月11日，浙江省委副书记、纪委书记周国富、副省长王永明到紧水滩水力发电厂考察。

11月18日，北仑发电厂5台60万kW火力发电机组脱硫工程正式开工，它是目前国内最大的烟气脱硫工程。

12月21日，浙江省电力公司在民政部举行的2004年度全国“爱心捐助奖”中获奖，这是全国电力系统惟一一家获此殊荣的单位。

12月21日，国家“西气东输”工程下游配套项目——浙江半山天然气发电工程开工仪式在杭州半山发电有限公司工地现场举行，副省长王永明等领导出席开工仪式。

12月22日，国家电网公司任命赵义亮为公司经理、党组副书记；贺锡强为公司党组书记、副总经理。

12月22日，嘉兴发电厂二期4号60万kW机组通过168h满负荷试运行考核，比合同工期提前249天移交商业运行。

12月26日，台州市首座500kV塘岭变电所竣工投运，使全省500kV电网投产容量达到1000万kVA，翻了一番，达到了2075万kVA。

12月27日，萧山发电厂年累计发电量突破20亿kWh，创历史年发电量最高记录。

12月31日，温岭江厦潮汐试验电站连续安全发电1973天，创建厂以来最高安全记录。

（任龙献　张振华　冯水英）

安徽省电力公司

2004年是安徽省电力公司进一步深化改革，按照现代企业制度建立和完善电网企业管控体制的关键一年，公司围绕安全基础扎实、管理层次清楚、内部运作规范、企业文化鲜明、社会形象诚信的总体目标，脚踏实地，扎实工作，认真抓好各项管理，顺利实现年初确定的各项工作目标。在国网公司对2004年44家单位的三项责任制考核中，总分排序取得第10名的成绩。

机构及产权结构

安徽省电力公司是华东电网有限公司的全资子公司，主要经营、管理、建设安徽省域电网，具有电网建设、电力经营、电力施工、电力设计、电力科研和教育培训及电力修造等综合功能，承担促进全省电力资源优化配置的责任，为安徽经济发展和人民生活提供电力保障。公司实行总经理负责制，总经理为公司的法定代表人。公司领导班子成员为：党组书记、总经理杨宁生，党组成员、副总经理孙昕，党组成员、副总经理闫少俊，党组成员、副总经理王彦亮，党组成员、纪检组长柏磊，党组成员、工会主席裴江淮，总工程师关守仲，总会计师方晓东。截至2004年年底，省公司本部设15部3中心，管理并核算17个市供电公司、1个超高压公司，全资和控股的县级供电企业72个。此外，火电、送变电施工企业3个，电科院、设计院、培训中心以及修造厂各1个。公司共有员工27906人。

资产及经营状况

2004年年底，公司注册资本35.04亿元，总资产规模301.50亿元，其中固定资产201.50亿元。全年公司销售收入突破200亿元大关，达到232亿元；利润总额1.61亿元；净资产收益率1.6%，超计划0.88个百分点；资产负债率70%；应收电费余额10.22亿元，上缴投资收益2400万元。

2004年省公司综合
计划主要指标执行情况表

指标	2004年实际	2003年同期	国网年度计划	计划完成率	较上年增长
全部经营售电量（亿kWh)	501.76	456.51			9.91%
其中：省内	406.12	344.77	373	108.88%	17.79%
售网	95.63	104.34			−8.35%
经营购电量（亿kWh)	529.59	480.91			10.12%
经营线损率	6.41%	6.60%	6.60%	低0.19	−0.19
资产总规模（亿元）	3010543	2978310	3230328	93.20%	1.08%
资产负债率	69.96%	70.27%	71.00%	98.53%	−0.45%
利润总额（万元）	15695	18234	14000	112.11%	−13.92%
上缴投资收益（万元）	2400	3120	2400	100.00%	−23.08%
净资产收益率	1.57%	2.21%	0.72%	218.46%	−28.84%
应收电费余额（万元）	108000	99584	120000	90.00%	8.45%

多种产业电力安装、电气制造业，电力开发、高新技术、房地产2004年共完成经营收入45.4亿元，实现利润2.1亿元。

电力生产

实现了人身“零”死亡、“零”重伤的目标，没有发生电力生产（基建）人身重伤及以上事故，全年发生人身轻伤事故2起，同比减小1起，下降33.3%。实现了“七无”，发生电力生产事故15起，同比减少了9起，总事故率下降37.5%。全年全社会用电量515.9亿kWh，同比增长15.83%，继续保持2位数快速增长；全省供电量436亿kWh，同比增长16.95%；公司经营售电量501.76亿kWh，同比增长9.91%，省内经营口径售电量完成406.66亿kWh，同比增长17.79%，完成国家电网公司下达373亿kWh年度计划的108%，全省有14个市供电公司售电量增幅超过2位数；向华东净送网电量95.33亿kWh，超年度合同78.4%；全省发电量达到611.27亿kWh，同比增长9.71%。均创历史新高。

分类用电情况：全年第一产业用电12.2亿kWh，同比增长−11.28%；第二产业用电390.26亿kWh，同比增长17.52%；第三产业用电41.0亿kWh，同比增长12.06%；城乡居民生活用电72.49亿kWh，同比增长15.08%。

拉限电情况：2004年全省省调下令拉限电共有48天，拉限49条次，最大拉限电力135.2万kW，拉限电损失电量8754.97万kWh；最大错拉限电力182.4万kW，错峰电量46026.3万kWh。

拉限电主要发生在2个阶段：①2月下旬至4月下旬：全省陆续发生大量无煤停机，电力供应出现较大的缺口导致拉限电；②7月下旬至8月中旬：全省持续高温晴热，用电负荷剧增，超出电网供应能力，省调被迫下令拉限电。此外，尚有因发电机组故障或电网元件故障导致的少量局部限电。

电力基本建设

投资完成情况：2004年，省公司共完成投资24.61亿元，完成年投资计划的94.54%，其中：发电完成投资5.31亿元，完成年投资计划的100.19%；大中型电网完成投资11.8亿元，完成年投资计划的100.60%；县城网改造工程完成投资7.50亿元，完成年投资计划的83.33%；小型基建完成投资1.30亿元，完成年投资计划的100%。

2004年电网建设规模为：5000kV工程：线路6条，长度295km；变压器1台，容量750MVA。220kV工程：线路25条，长度602km；变压器15

台，容量1830MVA。110kV工程：线路49条，长度383km；变压器23台，容量861.5MVA。

全年电网新增生产能力为：220kV工程：线路7条，长度273km；变压器8台，容量1080MVA。110kV工程：线路21条，长度206km；变压器11台，容量441.5MVA。

截至2004年年底，公司拥有500kV变电站3座，总变电容量360万kVA，线路11条（其中省际联络线3条），境内线路总长度1384km。220kV变电站68座，变压器111台，总变电容量1328万kVA，线路149条，总长度5721km。110kV变电站226座，变压器399台，总变电容量1291万kVA，线路426条，总长度7667km。

电力体制改革

初步完成依法建立农电用工新机制工作，57个县公司初步完成农电工用工制度改革。完成公司本部机构编制和岗位设置的调整，强化岗位职能。积极推进干部人事制度改革，公开招聘并择优聘用12位市公司总会计师。

精神文明建设

实现创建安徽省首批文明行业目标，荣获“全国五一劳动奖状”。8家市供电企业进入全省创建文明行业先进单位行列，16个市供电公司获当地文明行业称号。公司申报的《实施“3＋1”考核模式，实现精神文明建设机制创新》项目，荣获国家电网公司第三届精神文明建设创新奖。公司被授予全省思想政治工作先进集体。党风廉政建设和反腐败工作全面推进，扎实有效。认真开展企务公开工作，民主管理工作不断进步，工会组织的凝聚力进一步加强。

农电工作

适时修订和完善县公司基础管理考核标准和方法，促进县公司基础管理工作实现常态化；初步完成依法建立农电用工新机制工作，57个县公司初步完成农电工用工制度改革，农电队伍建设逐步走上正轨，保障了农电企业利益和农电工合法权益；供电所管理工作进一步规范，创建示范供电所的活动取得实效，共创建115个规范化管理示范供电所，树立了当涂、芜湖县等地供电所的规范化管理标杆，对全国农电供电所管理起到了示范作用。

存在问题

一是安全管理有差距。安全生产责任制落实不平衡，安全规章制度落实不到位，员工素质培训落实不深入。二是人员素质有差距。部分员工业务水平和技能不适应发展需要，技能型、专家型、复合型人才缺乏。三是部分单位领导思想观念有差距。没有企业意识、大局意识、责任意识，抓工作存在惰性，推工作依靠惯性，干工作缺乏上进心，只从个人角度考虑问题，自我感觉良好，主观努力不够。四是农电基础管理有差距。部分市公司农电基础管理工作不扎实，各市公司之间农电基础管理差距在拉大。特别是在如何增强公司集约化发展能力，如何协调和实现公司整体利益与价值的最优化，如何建设统一、先进、促进员工与企业和谐发展的企业文化等方面尚不能适应新形势的要求。

主要事件

1月，闫少俊同志任安徽省电力公司副总经理；免去江浩林同志安徽省电力公司党组成员、副总经理职务。

2月7～8日，安徽省电力公司2004年度工作会议在合肥召开。

2月13日，省政府在省电力公司召开煤电专题会议，研究解决省内电煤供应和加快安徽煤、电基地建设、实施“皖电东送”战略中的有关问题。省长王金山在会议之前进行专题调研，任海深、田维谦等五位副省长共同出席。

2月18日，三峡配套建设工程之一——宣城500kV变电所开工。

3月31日，在省创建文明行业表彰大会上，省电力公司以位列第一被评为安徽省首批文明行业。

4月1日，在省公司的统一部署下，所属各单位以各种形式开展了“诚信安徽电力、阳光动力”为主题的宣传活动。

4月1日，全省城乡居民生活用电同价。全省农村进行电网改造的用电地区，与城市一样，居民生活用电同网同价，每千瓦时0.557元。未进行农网改造的农村，最高限价从每千瓦时0.85元，降低到0.78元。

9月16日，始建于1958年，并几经更名的安徽电力试验研究所，更名为安徽电力研究院，并挂牌。

9月21日，省公司转发华东公司任免通知：黄强同志任副总经理、党组成员；柏磊同志任党组纪检组长、党组成员；裴江淮同志任省电力工会主席、党组成员；关守仲同志任省电力公司总工程师；方晓东同志任省电力公司总会计师。因年龄原因，免去叶礼广同志总工程师、党组成员职务；免去张家贵同志工会主席、党组成员职务。

12月10日，国家电网公司发文：王彦亮同志任安徽省电力公司副总经理、党组成员；免去孙刚、黄强同志安徽省电力公司副总经理、党组成员，另有任用。

（王晓平）

福建省电力有限公司

概况

2004年，福建省电力有限公司在国家电网公司、福建省委省政府、华东电网公司的领导、关心和支持下，战胜电力供应紧张、自然灾害频发等种种困难，顺利完成保供电任务，全面完成三项责任状，保持了电网安全稳定、三个文明协调发展的良好局面，保障了福建经济快速发展和社会稳定，受到省委省政府的充分肯定。

2004年，全省发电装机容量达1552.4万kW；全社会用电量664.36亿kWh，比增13.4%。公司省内售电量512.98亿kWh，比增16.3%；向省外实际送电4.11亿kWh，实际购入9.21亿kWh；水口、尤溪公司发电量共34.71亿kWh；线损率5.1%，比计划降0.03个百分点；净资产收益率2.09%，上缴投资收益4000万元，资产负债率63.60%；全员平均劳动生产率24.48%万元/（人·年）（工业增加值）。

安全生产

1. 安全管理扎实有效

层层落实领导责任，“一把手”安全责任意识普遍增强。完善安全生产激励约束机制，加大了安全生产考核力度。狠抓“两票”实施细则的定贯和执行，成立安全生产督查组，实行工作负责人、监护人配穿“红马甲”等制度，落实设备反事故措施，现场管理和过程控制得到加强。公司直管单位没有发生重大及以上电网和设备事故、重伤及以上人身事故；发生人身轻伤事故5起、一般电网事故6起、一般设备事故13起，分别比同期下降2起、1起和2起。电网连续安全生产3524天。

2. 电网安全稳定运行

坚持“三公”调度，严肃调度纪律；合理安排电网运行方式；开展电网安全稳定分析和全网设备排查；做好负荷预测、电力电量平衡和水火联调；充分发挥水口、尤溪流域电厂的调频调峰能力，统调水电水能利用率达99.8%，创历史最好水平；强化网厂协调，加强了涉网部分的技术监督和运行管理；完善各类电网事故预案；成功抗御“艾利”台风、火烧山等自然灾害；继电保护及安全自动装置管理得到加强。

3. 生产管理得到加强

开展输、变、配规范化建设，推广应用变电运行标准作业指导书，32座220kV变电站通过规范化考核。加强生产基础管理，颁布32项技术标准管理制度。开发建设输、变、配GIS信息管理系统和生产项目管理信息系统。加快生产自动化建设，56%的220kV变电站建成综合自动化系统，建成6套集控系统。三明、南平和龙岩市区220kV变电站全部建成综合自动化系统。完善变电运行生产管理体系，变电站无人值班和自动化工作逐步纳入规范化管理的范畴。制定配网典型设计标准。

4. 电力设施整治成效明显

依靠政府，加强协调，在全省成功开展电力设施安全专项整治和打击盗窃破坏电力设施犯罪专项行动，成立55个电力公安联合办公室，初步建立电力设施保护警企联合、防火烧山信息互报、线路走廊清障和保杆护线联防机制。修剪、砍伐超高树竹102.8万棵；治理违章建筑、开采爆破点254处。破获盗窃、破坏电力设施案件420起，摧毁犯罪团伙24个。莆田查处特大窃电案，厦门查处两起涉电窝案。电力设施保护工作是近年来成绩最好的一年。水口水葫芦整治工作得到省政府肯定。《福州市预防和查处窃电行为条例》今年1月1日开始实施。

保供电

1. 齐心协力保供电

积极配合省、市政府建立能源供应保障、协调机制。加大信息和宣传工作力度，广泛开展“绿色电力”DSM宣传活动，向电力用户和员工发出节电倡议，营造了良好的保供电氛围。提前下达迎峰度夏项目计划，22项迎峰度夏工程按期投产；领导带队开展迎峰度夏工作大检查；编制保供电、限电的技术组织措施和事故预案；积极组织电力供应，开展省际峰谷置换、高进高出等电量交易，与省外交易净购入电量5.1亿kWh。迎峰度夏和保供电工作取得胜利，受到省委省政府领导多次表扬。

2. 需求侧管理扎实开展

从组织保障、政策支持、技术支撑体系建设入手，逐步建立需求侧管理长效运作机制。推广应用需求侧管理新技术、建成负控装置3882套，实现可监视负荷160万kW、可控制负荷21万kW。强化有序用电工作，合理转移高峰电量、限制高耗能企业和过度照明用电17.26亿kWh，占限电总量的93.3%；限电期间，成立166个有序用电检查小组，出动检查3.4万人次。

3. 营销和优质服务得到肯定

制定营销现代化3～5年规划；完成全省营销数

据一期整合；推广业扩工程项目管理信息系统；电费回收率100%，陈欠回收率12.8%；用电普查32.4万户，查处窃电526起、违章用电1517户，追补电费和违约金2039.4万元。坚持避峰不避困难、限电不限服务、缺电不缺真情，向广大用户提供真诚、优质、便捷的服务。创建供电营业规范化服务窗口，全面推行“五常管理”，实施客户满意度测评。行风评议工作实现“四连冠”。

电网建设

1. 电网规划得到加强

开展省“十一五”电网发展规划及2020年远景目标网架研究；省2020年目标网架规划纳入华东规划，并通过国家电网公司评审；完成全面建设小康社会电力发展规划和各地区电网五年滚动规划。海沧500kV输变电工程获国家发展和改革委员会核准；500kV后一泉二回可研已报电规院；500kV晋江变扩建、宁德开关站工程可研通过审查；完成500kV宁德变、漳州变、220kV峡南变等40座变电站选址工作；仙游抽水蓄能电站项目建议书已报国家发展和改革委员会。积极支持电源建设，明确电源送出工程投资界面，开展接入系统设计审查。厦门城网建设规划纳入市政发展规划。

2. 电网建设投资加大

面对工程任务重、施工阻力大，依法建设要求高，基建队伍迎难而上，完成基建投资38.5亿元，比增24.6%。新增500kV线路51km、变电容量100万kVA。新增220kV线路345km、变电容量266万kVA。主干网架有所加强。街面电站实现当年开工当年截流。基建企业积极开拓市场，取得省内宁德、南埔等设计、安装和山西煤矸石发电厂监理等工程项目。

3. 科技和信息化水平不断提高

加强科技全过程管理，制定科技规划纲要、2005～2010年信息化规划和“十一五”环保规划。完成电网运行在线安全防御体系的研制；自行研发的自动电压控制系统使电网的无功电压控制水平明显提高。公司信息网与互联网、华东网、省政务网实现互联。建设电网信息安全防御体系；“数据中心”开发取得阶段性成果。逐步重视并加强电网工程环评工作。获得国家电网公司和省部级科技进步二等奖5项，三等奖10项；发明专利实现零的突破。

经营业绩

1. 政策争取实现新进展

疏导电价、峰谷电价、差别电价及自备电厂备用费等政策顺利出台。建立全省需求侧管理专项资金，累计筹资1.47亿元，其中省长基金拨出0.6亿元；促成省政府出台购入省外电力高进高出电价、负控终端装置收费、推广冰蓄冷空调电价和资金扶持政策、新建住宅电力工程建设费管理办法等政策。

2. 购售电管理得到强化

组建购售电与电量交易小组，建立团队协作机制，加强购电管理，优化售电结构。强化电价政策的执行管理，加强力率电费、峰谷电费、优惠电量的执行和清理，认真落实高耗能行业差别电价政策，组织开展电价执行专项稽查，优化售电结构，增加销售收入0.92亿元。

3. 资本、资金运作效益明显

组建资金管理中心，开发实施现金管理服务系统，加强资本运营，盘活存量资金，提高资金使用效率，资本运作实现利润1.6亿元。开展公司债务置换，优化债务结构；创新融资方式，利用票据信托等金融手段降低资金成本。采取用户垫资等方式，筹集电网建设资金0.33亿元；扎实开展清产核资，核减不良资产1.31亿元，盘盈固定资产5亿元。

4. 经营状况保持稳定

针对一季度亏损局面，及时调整经营思路，制订扭亏增盈方案，强化预算约束，加强成本控制，加大电费回收力度，二季度实现扭亏为盈，三、四季度经济效益稳步提升。

5. 多种产业规模和实力得到提升

加快产业结构调整和升级，能源、机械制造和高新技术产业得到重点发展。公司系统多种产业实现生产经营总收入63.8亿元，比增26%。能源领域形成了一批规模效益较好的长期投资项目。完善物流体制改革，逐步建立现代物流体系。开发自主知识产权产品，逐步形成高科技产业链。优化对外投资，清理一批规范小、控制力差、效益低的项目。加大风险控制力度。加快多经施工企业改制升级步伐。

改革与管理

1. 改革创新扎实推进

按照统一部署，做好省公司重组、主辅分离改革探讨和电力市场试点工作，上报省公司改制方案和章程，完成公司出资人变更工商登记。建立标杆管理组织体系，实施标杆管理和绩效改进咨询，与新加坡能源电网公司确定标杆合作意向。

2. 农电改革实现新进展

公司累计与45个趸售县签订县公司改制框架协议，22个完成股份制改造，3个上划。宁德供电企业整体改制和长乐市供电公司挂牌，为农电体制改革起到示范作用。通过股改共剥离不良资产6.45亿元、负债3.34亿元、非电力担保2.15亿元；已改制公司平均资产负债率从改制前的64.21%降至46.65%。全省农网一、二期工程通过正式验收，通过国家发改委“回头看”稽查。县级供电企业领导班子实行分类管理；外事工作纳入省公司管理；控股县公司财务实现统一管理。49个县（市、区）完成电价疏导。全省778个供电所全部达到规范化管理标准。

3. 领导班子与人才队伍建设得到加强

加强领导班子的作风和能力建设，调整充实部分领导班子，规范管理。加强后备干部队伍建设，实施动态管理。加快推进市场化用工机制改革。加强教育培训资源集约管理，建立专兼职师资库，建设网络培训中心。加强职业技能鉴定，新建7个国家鉴定站和8个培训分基地。深化持证上岗工作；开展513人才选拔工作；选拔101人参加工程、会计和工商硕士学位教育；19人获省级技术能手称号。

4. 内控管理不断改善

高度重视行业审计整改，采取11项整改措施，出台8项管理制度，规范关联交易，初步建立规避经营风险的长效机制。加强内控审计，加大审计项目的再监督；加强工程造价管理，扩大工程审计覆盖面；开展管理审计，深化任期经济责任和资产经营审计。健全招标管理、监督组织和制度，完善评标专家库，规范招标行为。深入开展清产核资、安全生产、业扩工程、反窃电专项效能监察，强化招标监督。积极探索机关管理，转变工程作风，开展绩效管理和员工职业生涯规划，实施岗位交流与挂职锻炼。

精神文明

1. 党建和精神文明建设扎实推进

深入学习十六届四中全会精神，开展“支部建设年”活动，组织敬业奉献之星巡回报告，举行迎峰度夏感动人物等宣传教育。理顺直属多经党组织关系，组建亿力、和盛集团党委，完成直属党委、团委换届，获准设立公司团委。建立党建文明一体化考核体系，实施供电营业窗口青年文明号“一带二”城乡互动工程。成功举办第二届企业文化节。关心员工生活，关注员工子女就业问题，制定公司企业年金实施办法，提高保障水平。全面落实离退休员工政治和生活待遇，充分发挥他们的积极作用。及时、妥善处理多起上访等突发事件，维护了稳定局面。公司荣获中国企业文化建设十佳单位。

2. 党风廉政建设取得实效

扎实开展警示教育和思想纪律作风教育，全面推行三项谈话制度，强化领导干部廉洁自律意识。加强制度规范建设，堵塞滋生职务犯罪漏洞；从严监管，强化权力运行制约；惩防并举，严厉打击职务犯罪行为，健全惩治和预防腐败体系。党风廉政建设受到国资委调研组充分肯定。

3. 工会工作和民主管理进一步加强

落实并健全以职代会为基本形式的民主管理制度、平等协商签订集体合同制度和厂务公开制度。电力工会较好地履行维权基本职能。试行“一法三卡”工作法，开展“双争”、“巾帼建功”、“安康杯”、“安全金点子”征集等活动，推进职工素质、群防群治、经济技术创新三大工程。

（林耀庭）

华 中 地 区

华中电网有限公司

电网概况

截至2004年年底，华中地区全口径发电装机容量10108万kW，其中水电4171万kW、占41.26%，火电5937万kW、占58.74%。电网统调发电装机容量7319万kW，其中水电3060万kW、占41.80%，火电4259万kW、占58.20%。华中电网500kV输电线路94条，12248km，500kV变电容量2957万kVA；220kV输电线路1076条，38219km，220kV容量8121kVA。

华中地区全社会用电量达到4006亿kWh，人均年用电量突破1000kW，达到1048kWh，比2000年人均年用电量676kWh增长55%。

全网资产总额达到2061.75亿元，公司本部资产达到95.85亿元。

组织机构和领导班子

2004年11月，公司完成了机构改革和人员调整工作。公司机构调整为十三部一委一中心：总经理工作部、计划发展部、人董部、人力资源部、财务部、工程建设部、安全监察部、生产技术部、科技信息部、市场营销部、审计部、思想政治部、监察部（纪检组）、华中电力工委、调度（交易）中心。

公司领导班子成员如下：董事长、党组书记、总经理张学知，党组成员、副总经理李强、牛文波、肖创英，党组成员、监察专员田新民，党组成员、华中电力工委主任江似火，总审计师刘常荣，总工程师卢放，总会计师贺华。

机构改革后，本部人员为289名。

电网生产

（一）发、售电量完成情况

截至2004年年末华中六省市6000kW及以上装机容量8725万kW，完成发电量4076亿kWh、同比增长18.08%，其中水电1406亿kWh、同比增长31.89%，火电2670亿kWh、同比增长11.91%。河南、湖北、湖南、江西、四川、重庆同比分别增长15.25%、45.14%、14.83%、6.76%、0.89%、15.95%。

统调电厂完成发电量3440亿kWh，同比增长25.29%，其中水电1272亿kWh，同比增长50.42%，火电2168亿kWh，同比增长14.10%，其中华中网调直调电厂完成发电量1049亿kWh，同比增长86.41%，河南、湖北、湖南、江西、四川、重庆统调电厂同比分别增长22.34%、10.05%、20.85%、0.00%、－8.69%、16.92%。

（二）网省间电量交换情况

2004年，华中电网实现区内物理交换电量186.21亿kWh，与区外交换电量378.9亿kWh，其中送广东109.5亿kWh。

华中电网省（区）间实现交易电量131.67亿kWh，其中省（市）间交易电量达到31.16亿kWh，跨区交易电量达到99.61亿kWh。

（三）用电情况

2004年华中六省市全社会用电量完成4010亿kWh，同比增长13.01%。其中河南、湖北、湖南、江西、四川、重庆全社会用电分别为1187亿、700亿、622亿、336亿、854亿、308亿kWh，分别增长13.97%、11.29%、13.40%、12.01%、12.36%、14.30%，占全网用电比例分别为30%、17%、16%、8%、21%、8%。

2004年，华中地区全行业用电为3462亿kWh、同比增长13.5%，其中工业用电为2855亿kWh、同比增长14.31%，城乡居民生活用电547亿kWh、同比增长10.01%。

（四）电网运行分析

2004年，华中电网发电最大出力5283万kW；电网用电最大负荷5174万kW，其中河南1478万kW；湖北1147万kW，湖南833万kW，江西609万kW，四川953万kW，重庆483万kW，均创历史新高。

全网平均最大用电负荷4089万kW，最大用电峰谷差1574万kW，平均用电峰谷差1128万kW，日均用电负荷率83.96%。

网调50±0.2Hz频率合格率为99.99%，50±0.1Hz的合格率为99.97%，同比下降0.01个百分点；电压合格率99.97%。

电网发展与建设

（一）全网固定资产投资完成情况

2004年国家电网公司已下达华中电网投资计划1814299万元（包括电源、电网及县城电网改造项目），实际完成投资1277011万元，完成国网计划的70.39%。

华中电网有限公司：国网已下达计划为157621万元，实际完成157266万元，完成计划的99.77%；实际到位资金124631万元，资金到位率为79.07%。

河南省电力公司：国网已下达计划为488638万元，实际完成294342万元，完成计划的60.24%；实际到位资金183904万元，资金到位率为37.64%。

湖北省电力公司：国网已下达计划为297853万元，实际完成249051万元，完成计划的83.62%；实际到位资金222319万元，资金到位率为74.64%。

湖南省电力公司：国网已下达计划为313866万元，实际完成198360万元，完成计划的63.20%；实际到位资金155780万元，资金到位率为49.63%。

江西省电力公司：国网已下达计划为217282万元，实际完成101505万元，完成计划的46.72%；实际到位资金104232万元，资金到位率为47.97%。

四川省电力公司：国网已下达计划为249253万元，实际完成169320万元，完成计划的67.93%；实际到位资金46644万元，资金到位率为18.71%。

重庆市电力公司：国网已下达计划为89786万元，实际完成107167万元，完成计划的119.36%；实际到位资金96500万元，资金到位率为107.48%。

部分公司投资完成和资金到位不好，主要是有些项目（如县城电网改造）的计划下达较晚，加之与地方政府协调难度加大等原因造成。

（二）建设规模及投产情况

1. 电源项目

公司系统电源项目在建规模为308万kW（含宝泉），分别为白莲河抽水蓄能电站工程4×30万kW、黄龙滩水电扩机工程2×17万kW、凤滩水电扩机工程2×20万kW、回龙水电抽水蓄能电站工程2×6万kW、宝泉抽水蓄能电站工程4×30万kW。

凤滩水电扩机工程1号机组于2004年5月，2号机组于2004年12月，黄龙滩1号机组于2004年12月投产。

2. 500kV电网项目

2004年，500kV送变电建设规模为1764km，变电容量725.00万kVA，本年施工规模为线路1706km，变电容量500.00万kVA。

本年投产500kV线路1142km，500kV变电容量425.00万kVA。

本年新增生产能力为：500kV送变电工程线路3条，计1140km，变压器7台，计425.00万kVA。

3. 220kV及以下电网项目

2004年，220kV及以下送变电建设规模为线路计7416km，变电容量计2423万kVA，本年施工规模为线路9411km，变电容量2827万kVA。

本年计划投产220kV及以下线路计4398km，变电容量计1372万kVA。

本年新增生产能力为：220kV及以下送变电线路3736km，变电容量1218万kVA。

（三）华中电网公司本部重点工程进展情况

2004年新建、续建的“五变六线七扩建”输变电工程（即黄石、漯河、襄樊、岗市、昌西五变；益长二回、漯姚、漯开、鄂豫三回、沁新双回路六线；益阳三期、长沙二期、凤凰山十、十一期、孝感二期、开封二期、新乡三期七扩建）全部实现在年内投产。

截至2004年年底，华中电网公司共完成电网建设投资15.7266亿元，投产500kV线路807km，变电容量350万kVA。

（四）电网建设项目前期工作情况

1. 鄂东500kV环网工程

该工程可行性研究报告于2004年9月上报至国家电网公司。已完成项目用地计划申请、地质灾害评价等工作，环境影响评价、水土保持方案等工作正在进行。

2. 湖南怀化500kV变电站工程

该工程可行性研究报告于2004年9月上报至国家电网公司。已完成项目用地计划申请、地质灾害评价等工作，环境影响评价、水土保持方案等工作正在进行。

3. 重庆彭水电站500kV送出工程

该工程可行性研究报告已经中国电力工程顾问集团公司评审。

4. 河南驻马店500kV开关站工程

该工程可行性研究报告已通过中国电力工程顾问集团公司评审。

5. 水布垭电站500kV送出工程

该工程已完成500kV水布垭开关站的规划选站工作，正在开展开关站工程选站及线路规划选线工作。

6. 鄂西水电500kV送出工程

该工程已完成500kV恩施变电站的规划选所工作，正在开展变电站工程选站及线路规划选线工作。

7. 渝鄂500kV第二通道工程

该工程已委托有关设计院开展可行性研究工作。

电网安全生产

2004年，全网安全生产局面基本稳定，未发生特大电网、设备、火灾事故，未发生有人员责任的重大电网、设备、火灾事故；未发生大型施工机械设备事故，连续第9年实现国家电网公司确定的安全生产目标。迄今为止，华中电网连续22年无主网稳定破坏和大面积停电事故，连续21年无跨坝、漫坝事故发生。

但是，一般事故及人身伤亡事故时有发生，对电网安全稳定运行产生的威胁不容忽视。据统计，2004年华中电网（含川渝电网）发生一般事故132次，比2003年同期158次减少26次，下降16.5%。其中，一般电网事故43次，比2003年同期57次下降24.6%。发供电设备事故89次，比2003年同期101次下降11.88%。发供电设备一类障碍647次，同比增加22次，上升4.5%，其中供电设备一类障碍603次，同比上升5.79%，发电设备一类障碍44次，同比下降10.2%。发生电力生产人身重伤事故4次共6人，比2003年同期增加3人；发生人身死亡事故2次2人，与2003年同期持平。

控股发电公司发生设备事故1次，同比减少1次；发生设备一类障碍16次，比2003年同期22次下降27%。

电网经营

（一）资产经营考核指标完成情况

全网实现利润总额173999万元，比全网汇总目标168000万元多5999万元，比2003年增加106258万元。其中，华中电网公司本部实现利润总额24581

万元，超过目标值4.6%，比2003年增加9.02%。

全网净资产收益率2.55%，超过目标值2.07个百分点。其中，华中电网公司净资产收益率3.04%，超过目标值1.84个百分点，比2003年2.48%增加0.56个百分点。

全网实现售电量2916亿kWh，比全网汇总目标增长263亿kWh。

全网流动资产周转率2.40次，超过全网汇总目标0.96次。其中，华中电网公司流动资产周转率2.67次，超过目标值0.92次，比2003年2.12次增加0.55次。

全网应收电费余额469703万元，比2003年同期大幅减少。其中，华中电网公司应收电费余额133927万元，比目标值180000万元压减46073万元。

全网资产负债率75.74%，控制在目标值以内。其中，华中电网公司资产负债率为75.83%，超过目标值0.83个百分点，比2003年上升3.4个百分点，扣除清产核资和500kV资产划转后为75%，控制在目标值以内。

全网上缴投资收益10100万元。其中，华中电网公司上缴投资收益1000万元，按照国家电网公司要求及时足额上缴。

（二）其他主要指标完成情况

发电量：2004年，公司系统所属电厂完成发电量276亿kWh，比2003年284亿kWh减少3%，主要原因是水电比2003年少发13%，而火电比2003年多发1.91%。华中公司管理电厂完成发电量97.16亿kWh，同比增长5.42亿kWh，设备平均利用小时为5398h，同比增长300h。

购电量：2004年，全网购电量2900亿kWh，比2003年增长14%。

售电量：2004年，全网实现售电量2916亿kWh，比2003年增长12%。

线损率：全网供电线路线损率为7.73%，比2003年7.85%下降0.12个百分点。

供电标准煤耗：全网369.88g/kWh，比2003年上升11.89g/kWh。华中公司管理电厂供电煤耗完成359.95g/kWh，比2003年上升2.95g/kWh。

资产总额：2004年年底，全网合并口径资产总额2149亿元，比年初增长4.79%。

（三）财务分析

全网全年财务经营的主要特点：

(1) 主营业务盈利能力显著提高，利润增长幅度高于成本增长幅度。2004年，全网在折旧政策调整、消化不良资产损失、增提减值准备等增支因素的影响下，利润总额仍超额完成国网全网下达的目标。

(2) 资产负债率控制较好。充分利用资金结算中心的平台，通过提前还款、内部融入资金等方式，使全网财务费用大幅下降，同时在消化划转资产平均资产负债率较高的基础上，将资产负债率控制在目标值以内。

(3) 疏导电价矛盾政策出台。全网电网环节电价矛盾得到疏导，电网环节平均增长1.15分/MWh。

(4) 资产质量得到改善。清产核资核销了历史形成的不良资产，资产质量得到改善，资产管理基础工作加强。

(5) 电费回收工作取得明显成效。2004年，全网采取有力措施，加大电费回收力度，取得了较大成效，截至2004年年底，全网应收电费余额46.97亿元，比年初下降17.47亿元。

1. 利润分析

(1) 利润构成分析。全网全年实现利润总额17.40亿元，比2003年增加10.63亿元，增长157%。利润构成：①主营业务利润。全网全年实现主营业务利润13.12亿元，占利润总额的76%，其中电力产品主营业务利润6.81亿元，占全网利润总额的40%；辅业及多经利润6.31亿元，占全网利润总额的36%。②其他业务利润。全网全年实现其他业务利润6.83亿元，占利润总额的40%，比2003年减少13%。③投资收益。全网全年实现投资收益0.07亿元，占利润总额的1%，比2003年减少98%。④营业外收支净额：全网全年实现营业外收支净额－2.63亿元，比2003年减少30%。

(2) 主营业务收入分析。全网全年实现主营业务收入（含农网还贷补贴收入，下同）1270.77亿元，比2003年增长22%，实现主营业务收入净额1203.76亿元，比2003年增长22%，其中电力产品主营业务收入净额1067.27亿元，比2003年增长20.45%。电力产品主营业务收入增长的主要原因：①售电量增加收入108.29亿元；②售电均价增长增加收入71.06亿元。

(3) 成本分析。全网全年主营业务成本为1114亿元，比2003年增长21%，其中电力产品主营业务成本1007.66亿元，比2003年增长20.56%，其中：①发电成本45.34亿元，占电力总成本的4.5%、比2003年增长56.23%，其中水电成本8.45亿元、比2003年增长14.33%；火电成本36.89亿元、比2003年增长70.55%，主要原因是火电厂燃料费用比2003年增加13.79亿元。②购电成本688.19亿元，占电力总成本的68.30%、比2003年增长16.22%，其中购电量增加购电成本82.37亿元；购电均价提高增加购电成本11.28亿元。③供电成本274.13亿元，占电力总成本的27.20%，比2003年增长27.69%，其中：三项可控费用96.78亿元，比2003年增加15.87亿元、增长20%，其中材料费9.66亿元、比2003年增加3.12亿元、增长48%；修理费17.53亿元、比2003年增加4.90亿元、增长39%；其他费用69.59亿元、比2003年增加7.84亿元、增长13%。

工资及福利费66.88亿元，比2003年增加13.20亿元，增长24.59%。

折旧费110.47亿元，比2003年增加30.39亿元，增长38%。

（4）营业费用、管理费用分析。全网全年营业费用2.94亿元，比2003年增长8%，管理费用16.75亿元，比2003年增长16%。

（5）财务费用分析。全网全年发生财务费用46.97亿元，比2003年增长1.37%，其中电力产品财务费用46.06亿元，比2003年增加0.21亿元。其中发电环节财务费用4.21亿元，比2003年减少0.12亿元；电网环节财务费用41.85亿元，比2003年增加0.33亿元。各网省公司通过提前还贷、加大资金运作力度等手段，财务费用增长的势头得到控制。

2. 资产负债分析

（1）资产分析。截至2004年年底，全网资产总额2149亿元，比年初增长4.79%。主要构成为：①流动资产492亿元，比年初减少0.60%；②长期投资34.70亿元，比年初增长2.42%，其中长期股权投资23.78亿元，比2003年增长2.56%，债权投资11.15亿元，比2003年增长7.24%；③固定资产合计1614.20亿元，比年初增长6.58%。

（2）负债分析。截至2004年年底，全网负债合计1627.80亿元，比年初增长3.83%。负债结构为：①流动负债678.75亿元，比年初增加48.06亿元，增长7.62%；②长期负债949.05亿元，比年初增加12.04亿元，增长1.29%。

（3）所有者权益分析。所有者权益期初余额465.19亿元，本期增加31.05亿元，期末496.24亿元，主要构成如下：①实收资本360亿元；②资本公积161.52亿元，期初余额141.52亿元，本期增加20亿元；③未分配利润－23.95亿元，期初余额－35.19亿元，本期增加11.24亿元。

（4）财务状况的分析和评价。全网全年资产负债率为75.74%，比年初76.44%下降0.7个百分点，长期偿债能力有所增强。流动比例为72.51%，比年初降低6个百分点，短期偿债能力有所下降。全网全年净资产收益率2.55%，比2003年上升2.33个百分点；总资产报酬率3.07%，比2003年上升1.01个百分点。

3. 华中电网公司财务分析

（1）利润分析。2004年，公司实现利润24581万元，比2003年增加9.02%，其中公司本部实现利润14917万元，比2003年增加26%；襄樊电厂实现利润13396万元，比2003年减少27%；益阳电厂实现利润－4931万元，比2003年减少34%，二级公司实现利润1199万元，比2003年减少44%。

（2）主营业务收入分析。2004年，公司实现主营业务收入130.51亿元，比2003年增长29%。

（3）主营业务成本分析。2004年，公司发生主营业务成本123.31亿元，比2003年增加28.83亿元，增长31%。其中发生固定成本15.2亿元，比2003年增加2.61亿元，增长20%。

（4）财务费用。2004年，公司发生财务费用3.23亿元，比2003年增长8%，其中公司本部发生财务费用7468万元，扣除500kV资产划转的影响因素后，公司的财务费用比2003年大幅减少，减少的主要原因是公司加强资金运作，充分利用流动资金、推迟借款等方式，使公司的财务费用大幅下降。

（5）资产分析。截至2004年年底，公司资产总额166.22亿元，比年初增长9.26%。其中：①流动资产51.34亿元，占总资产的比重30.88%，比年初增长10.38%；②长期投资1.69亿元，占总资产的比重1.02%，比年初增长2.16%；③固定资产合计113.02亿元，占总资产的比重67.99%，比年初增长8.80%。

（6）负债分析。截至2004年年底，公司负债总额126.05亿元，比年初增长11.43%，其中公司本部负债总额61.82亿元，比年初增长28%。公司本部负债结构如下：流动负债38.13亿元，比年初增长35%，主要原因是公司短期借款和用票据支付的电费增加；长期负债23.69亿元，比年初增长17%，主要原因是长期借款和电力建设债券比2003年增加3.49亿元。在长期负债中，随500kV资产划转划入的负债13.35亿元（划转资产划入负债总计18.96亿元，其中5.61亿元与应收电费余额互抵）。

（7）所有者权益分析。2004年，公司所有者权益合计34亿元，比2003年增长3%。其中实收资本5.62亿元；资本公积6.07亿元，比年初增长1.16%；未分配利润22.32亿元，比年初增长4.3%。

劳动工资

2004年公司劳动计划指标呈现良好的发展态势，主要表现在：①用工总量达到了预定目标，人力资源结构得到了进一步优化；②工资总额没有突破国家电网公司下达的控制计划；③劳动生产率水平大幅增长，人员效率进一步提高。

（一）劳动生产率情况

2004年公司以新口径计算工业总产值为507534万元，计算劳动生产率平均人数为2889人，现价劳动生产率为175681元/（人·年），较2003年增长19%，超出全年计划劳动生产率8个百分点。

（二）职工工资情况

公司严格控制工资总额的发放，没有突破国家电网公司下达的工资总额增长计划。2004年度下达计划数为15944万元，实际使用数为15940万元。

（三）职工人数及其变动情况

2004年公司职工总人数为3090人，与2004年下达的职工控制计划相比，少用了57人，完成了职工人数控制计划。其中：

(1) 2004年长期职工2698人，较2003年增长84人，主要原因为：

1）湖北白莲河抽水蓄能有限公司成立新增长期职工20人；

2）国家电网公司康复中心从葛洲坝成建制划转至公司，新增长期职工61人。

(2) 2004年临时职工392人，较2003年增加49人，主要原因为国家电网公司康复中心从葛洲坝成建制划入及国贸公司走出去的战略实施需要，聘请了一定的临时工作人员。

（四）职工的文化程度情况

2004年公司具有大专及以上文化程度的职工有1648人，占长期职工总人数的61%，比2003年度提高了2个百分点；高中及以下文化程度的职工有613人，占长期职工总人数的22.7%，比2003年度下降了1个百分点。

（五）职工的专业技术情况

2004年公司具有高级及以上职称的职工有464人，占长期职工总人数的17.2%，比2003年度提高了1个百分点。

科技信息情况分析

（一）科技投入指标情况

2004年公司科技投入总额6593万元，比2003年同期增加184.67%，完成年计划的203.67%，主要原因是技改中的科技投入大幅增加。科技投入中，技术开发费投入675万元，技改中的科技投入4020万元，信息项目投入1770万元，教育经费58万元，基本建设投资用于科技活动支出的费用70万元。随着500kV资产划转和电力市场建设的稳步推进，本部技改中的科技投入远超计划，达到2520万元。

2004年公司本部获奖成果总数为18项，其中获省部级及以上科技奖励成果2项。到2004年年底公司累计拥有专利6项，其中发明2项、实用新型3项、软件著作权1项。

（二）网络与信息安全指标情况

2004年公司本部本地网络系统平均运行率为99.974%，比年计划目标97.300%高出2.748个百分点。比2003年实际运行平均值99.966%高出0.008个百分点。

从停机时间分析，计划停机时间占总停机时间的4.35%，故障停机时间占总停机时间的95.65%。故障停机中，一级故障停机占总停机时间的86.96%，二级故障停机占总停机时间的8.70%，未发生三级故障。

从停机次数分析，计划停机次数占总停机次数的25%，故障停机次数占总停机次数的75%。故障停机中，一级故障停机占总停机次数的25%，二级故障停机占总停机次数的50%，未发生三级故障。

主要事件

1月1日，根据国家电力调度中心的统一安排，川渝电网调度专业管理关系正式移交华中电网公司。3月31日，国家电力调度中心主持举行华中－川渝调度范围调整交接仪式。下午15时，国家电力调度中心正式下令将其在四川、重庆的调度范围移交华中电力调度通信中心，随后，华中电力调度通信中心负责人下令将该调度范围暂时授权四川和重庆电力调度中心调度。

2月17日，华中电网有限公司董事会一届二次会议在武汉召开，会议听取并审议公司2004年工作报告，审议公司2003年财务经营报告。公司董事长张学知主持会议，董事马治中、齐志坚、王远璋、卢健、李维建、毛日峰、朱长林、陈峰出席会议，监事会召集人辛绪武、监事田新民列席会议。

2月17～18日，华中电网有限公司2004年工作会议在武汉隆重召开，国家电网公司总经理赵希正、副总经理陈月明出席会议并分别发表重要讲话。张学知总经理作题为《开创华中电网改革与发展新局面，为华中六省（市）经济和社会全面协调可持续发展服务》的工作报告，总结了公司2003年的工作，部署了2004年工作任务。

会议期间，国家电网公司党组书记、总经理赵希正会见湖北省省委常委、常务副省长周坚卫同志。张学知总经理及六省（市）电力公司主要负责人参加了会见。

3月4日，华中电力国际经贸有限公司与苏丹国家电力公司卡土穆电站扩建工程项目合作协议书签字仪式在北京举行，李强副总经理和苏丹国家电力公司总经理马诺威先生在协议书上签字。张学知总经理和国家电网公司国际合作部主任齐志坚出席了签字仪式。

3月9～10日，肖创英副总经理在北京就华中区域电网电力市场设计方案和相关工作计划向国家电监会汇报。国家电监会市场监管部主任谢振华、副主任刘宝华听取汇报后，要求华中电网公司正式启动华中区域电力市场建设工作。华中区域电力市场建设工作正式启动。

4月22日，以法国电网公司总经理兼首席执行官安德鲁·穆林为团长的法国议员代表团来华访问并在华中地区考察，受张学知总经理委托，卢放总工程师在宜昌会见了客人。

6月10日，中共中央政治局常委、国务院总理温家宝同志在中共中央政治局委员、湖北省省委书记俞正声、省长罗清泉，国资委主任李荣融，财政部长金人庆等领导的陪同下，亲临华中电网公司视察。在华中电网调度值班室，温家宝总理听取有关情况介绍后，询问了华中六省（市）当前的用电负荷情况和拉闸限电情况，并指出，你们有两个任务，一个是保证网内六省（市）的电力供应，另一个是保证跨区安全外送。总理同时强调，总体上2004年的迎峰度夏相对比较困难，电网调度要同舟共济，共渡难关，特别是要确保电网安全。最后，温家宝总理在华中网调调度台与华中六省（市）调度中心、三峡梯调、葛洲坝电厂、二滩电厂调度值班人员通话。温家宝总理对全体值班人员表示慰问和感谢，他说，“2004年迎峰度夏的电力保障工作任务十分艰巨，希望六省（市）广大电源、电网职工要早安排、早协调、早落实，加强调控，确保安全，通过深化电力体制改革，能够保证2004年迎峰度夏的电力需要，保证农业用电，保证重点企业和单位用电，保证居民用电。我相信，只要我们大家共同努力，一定能够完成2004年迎峰度夏的艰巨任务。”在结束考察时，温家宝总理叮嘱张学知总经理代他向华中电网全体职工表示慰问。张学知总经理向温家宝总理表示，一定要认真贯彻落实好总理的指示精神，把华中电网迎峰度夏等各项工作做好，让党中央、国务院放心，让六省（市）政府放心，让全网人民放心。

7月9日，500kV南万线（四川南充—重庆万县）顺利完成24h试运行，正式移交生产。该工程的投运对提高川渝电网的稳定水平，增强川电东送能力，促进川渝电网与华中主网之间资源的优化配置和余缺调剂具有重要的作用。

8月9日，全网用电负荷达5174万kW，创历史最高记录。

8月24～25日，国家电网公司总经理赵希正、副总经理李彦梦、总工程师赵遵廉及有关部门负责人来华中电网公司进行工作调研。

9月9日，公司召开本部机构改革动员大会，本部机构改革进入实施阶段。12月31日，武汉华中电力实业发展总公司、武汉华中电力电网技术有限公司、武汉华中电力人力资源开发有限公司成立。至此，公司本部机构改革和人员竞争上岗工作全部完成；主辅分离工作正式启动。

9月27日，华中电网庆祝建国55周年大会暨职工文艺汇演在湖北剧院隆重举行。李强副总经理主持大会，张学知总经理在讲话中回顾了建国55年来华中电网所取得的辉煌成就，号召全网干部职工抓住新机遇，迎接新挑战，切实履行好肩负的职责，继续把华中电网的各项事业不断推向前进。随后，来自六省（市）电力公司和华中电网公司本部的职工代表演出了精彩的文艺节目。六省（市）电力公司有关领导出席了大会。

12月3日，华中电网2004年电费回收暨清欠工作会议在郑州召开。会议出台了华中电网公司电费回收奖励办法；下达了六省（市）电力公司2004年的电费回收目标。到年底，全网应收电费余额合计数为53.39亿元，扣除清产核资预计应核销的电费损失后，六省（市）电费回收实际完成数比国家电网公司下达目标减少23.12亿元，比目标压欠30.22%，成效显著。

12月28日，由于恶劣气候导致线路覆冰舞动和冰闪等原因，自上午8：41开始至下午14：06，华中电网先后有7条500kV线路相继跳闸18条·次，为历史所罕见。

（刘胜鸿）

河南省电力工业

综述

2004年，全省全社会电量累计完成1191亿kWh，同比增长14.3%，省公司购电量累计完成782亿kWh，同比增长10.7%。河南省电力公司售电量完成779.2亿kWh，同比增长9.95%；跨区电力电量交换完成53.4亿kWh，其中购电35.9亿kWh，售电17.5亿kWh。省公司供电系统线损率完成6.17%，比计划指标低0.03个百分点。2004年新投装机再创新高，共新增装机420万kW，截至2004年年底全省电源装机已达2415万kW，全省6000kW以上电厂发电量累计完成1158亿kWh，同比增长15.3%。主营业务收入实现295.9亿元，同比增长21.33%。利润实现6237万元，净资产收益率0.28%，资产总额378.6亿元，资产负债率80.9%，流动资产周转率 4.89 次，应收电热费余额 7.29 亿元，上缴投资收益 2200 万元。工业企业劳动生产率完成 32.2 万元/（人·年）。多经收入实现 66.2 亿元，利润实现 2 亿元。

领导班子

总经理：王中兴
副总经理：赵运龙　张建坤
纪检组长：刘琳
工会主席：潘玉明
总工程师：罗承廉
总会计师：丁世龙

安全生产

坚持“安全第一、预防为主”的方针，深入开展“反习惯性违章”活动，深化“无违章企业”建设，推进标准化作业和安全性评价。2004 年度，省公司系统未发生生产性重伤及以上人身事故；未发生特大电网、设备事故；未发生重大电网、设备事故；未发生重大及以上火灾事故；未发生重大及以上施工机械设备损坏事故；未发生生产性负同等及以上责任的重大及以上交通事故；未发生误操作事故。

省公司系统全年共发生一般事故 18 起（5 起一般电网事故，13 起一般设备事故），比 2003 年的 21 起一般事故（10 起一般电网事故，11 起一般设备事故）减少 3 起；发生一类障碍 73 起，比 2003 年 59 起增加了 14 起。

全年省公司系统共实现跨年度安全生产百日 70 个；有 9 个单位实现连续安全生产超 2000 天：许昌市电业局 3778 天，安阳市电业局 3047 天，新乡市电业局 2955 天，三门峡市电业局 2393 天，焦作市电业局 2278 天，漯河市电业局 2033 天；河南第二火电建设公司 5902 天，河南送变电建设公司 5302 天，河南第一火电建设公司 4502 天。许昌市电业局安全生产 3778 天列国网公司系统供电企业第二，郑州市电业局连续安全生产 1293 天列国网公司系统省会供电企业第二，基建企业安全生产位列全国同类企业前列。2004 年度，河南省电力公司圆满完成了国网公司安全生产目标，基层单位均完成了与省公司签订的年度安全生产目标。

电网建设

电网规划有序实施，电网建设全面加速，完成投资 33.98 亿元。建成 220kV 输变电工程 23 项，线路 659km，新增变电容量 180 万 kVA；新开工 220kV 输变电项目 24 项，线路 513km，变电容量 252 万 kVA。配合国家电网公司建成投运 330kV 三门峡灵宝换流站；配合华中电网有限公司建成投运漯河输变电、鄂豫第三回线路等一批 500kV 项目。县城电网改造全面展开。回龙抽水蓄能电站实现计划目标。500kV 新濮输变电工程等项目荣获国家优质工程奖。

信息化建设工作坚持“以信息化带动工业化”的发展道路，本部 MIS 系统和办公自动化分别获得了省科技进步二等奖、三等奖，2004 年公司所管发、供电单位 MIS 实用化通过率为 94.74%，信息系统广域网络覆盖率为 100%，本部本地网络系统运行率为 99.884%，广域网络系统运行率为 99.086%。OA 年无故障运行率为 99.6%。均达到和超过国网公司年度考核指标。整体水平居全国同行业前列。成功解决了济源局等 5 家单位的联网问题，实现了广域网全面联结，全面开展了信息资源整合和企业门户建设，建立了省公司各应用系统数据整合模型，实现了各应用系统数据的共享和人力资源的综合查询分析，其中基于 E－HUB（数据集线器）思想的数据整合方式、数据个性化统计分析的二次利用等设计思路独特，通过了河南省科技厅组织的项目鉴定，达到了国内领先水平。

公司经营

紧紧围绕公司整体工作部署和年度目标任务，以扭亏增盈为目标，以提高经济效益为中心，以构筑适应电力体制改革要求的财务管理新体制为基础，以深化全面预算管理和资金集中管理为龙头，以加强收入、成本、资产、负债、产权管理为重点，以全面清产核资为契机，以建立财务管理信息系统为平台，初步扭转厂网分开后巨额亏损局面，缓解了公司经营压力。推动出台了新的电价政策，全面完成了国家电网公司下达的各项资产经营。加强电网经济调度，依法收取并网、备用容量等费用，落实电费回收责任，全面超额完成电费回收目标。

审计监督力度不断加大，开展了任期经济责任、资产经营责任、电网工程等全面审计工作。

多经产业不断拓展新领域，保持健康发展的势头。积极开拓国外市场，与越南合资的开关柜厂开工建设，在柬埔寨、赞比亚等国家的合作项目顺利实施。

体制改革

积极推进发电企业划转移交工作，与大唐集团公司正式签署发电企业划转移交协议，与中电投集团公司的发电企业移交工作积极进行，姚孟电厂向中电国际的划转移交工作全面完成。燃料公司划转移交中电投集团公司方案已经征得国家电网公司的同意。认真研究主辅分离有关问题，积极向国家电网公司提出意见和建议。正确处理改革、发展与稳定的关系，全面落实信访稳定工作责任制，公司系统未发生影响企业形象的越级和集体上访事件。

电力供应与优质服务

面对严峻的电力供应形势，采取经济、技术和行政等手段，一方面挖掘省内发电潜力，科学调度，配合政府加强需求侧管理，发挥负控系统作用，引导企业避峰用电，有效削减高峰负荷；另一方面争取省外电力支援，努力缩小电力缺口。电网经受了高负荷、大潮流考验，全省电力供应基本平稳，省网没有大面积拉闸限电，确保了全省的电力有序供应。

全面创新业扩报装流程，推进供电营业窗口规范化建设，完善95598客户服务系统，解决了报装难、交费难等实际问题。规范电厂接入系统服务，促使省内大机组提前投运。开展行风明查暗访，纠正行业不正之风，投诉、举报大幅下降。在2004年全省行风评议中，电力的社会满意度比2002年提高23个百分点，位居全省公共服务行业前列。

队伍建设

按照公司党组部署和领导班子考核换届计划，全年考核领导班子8家，指导基层党委换届1家，工会换届3家，全年调整干部130人·次（副提正15人、新提副职56人、降免职22人、交流37人）。通过考核调整，进一步改善了队伍结构，增强了班子整体功能。结合公司本部机构改革，开展了公司本部全员考核，通过多方评议、综合考核、双向选择，把公司本部科级以上干部全部考核调整一遍。在干部考核和选拔工作中，坚持按照标准和程序办事，树立正确的用人导向。

加强优秀年轻干部的选拔和培养。开展了优秀年轻干部公开选拔活动，从58名报名人员中择优录用了5人。举办了1期青年干部培训班，42名处级后备干部参加了培训。组织了郑州电力机械厂工会主席直选工作，78名会员代表投票直接选举出了工会主席。注重多经系统干部的选拔培养，通过考察，4名多经系统干部享受副处级待遇。

公司博士后科研工作站建设取得进展，首批2名博士签约进站，确立了研究方向和项目。建立了“公司工程建设评标专家库”，11个专业600多名专家入库。通过一一面试，择优录用了407名高校毕业生（博1人、研29人、本235人、专142人）。

整合教育资源，加大员工培训力度，员工队伍专业技能水平不断提高。公司党组出台领导干部带头真抓实干狠抓落实的实施意见，严肃纠正了队伍作风、纪律、企业管理等方面存在的问题。

党的建设和精神文明建设

坚持中心组学习和民主生活会制度，各级党组织的思想作风建设明显加强，党员先锋模范作用在公司各条战线上得到充分发挥。全面落实党的依靠方针，坚持企务公开制度，企业民主渠道畅通，职工的民主权利得到维护和落实。深入开展思想政治工作，员工的思想政治素质、职业道德素质和科学文化素质稳步提高。2004年省公司指定选派1名处级、两名科级干部组成工作队参加省直机关“联县驻村帮扶”工作，修建一座30m长桥梁、帮助修建11km公路、为村学校购置教学用具、帮助特困户社会等。启动企业年金，稳妥推进医疗和工伤保险制度改革。规范劳动用工和分配工作，劳动效率持续提高，员工收入稳步增长，生活环境和质量进一步改善。离退休工作、新闻宣传、拥军扶贫等各项工作都取得了新成绩。

认真执行党风廉政建设责任制，完成反腐败三项工作任务，领导干部廉洁自律各项规定得到较好落实，结合公司系统发生的腐败案件开展警示教育活动，保持了公司大局和队伍稳定。

主要事件

1月21日，中共中央政治局常委、国务院温家宝总理在省委书记李克强、省长李成玉的陪同下，到省公司视察工作并慰问节假日值班工作人员。在听取省公司卢健总经理对河南电网春节保电工作汇报后，温家宝总理对春节期间电力供应工作提出了明确的要求，要求确保春节期间电力安全运行，确保节假日期间不拉闸限电。温总理要求电力工业做好统筹规划，加快电源和电网建设，做好电力的调配工作，确保电力安全运行。

2月18日，500kV新濮输变电工程荣获国家优质工程银质奖。该工程是国家重点工程，是小浪底水电站配套送出项目之一，总投资3.888亿元。

2月26日，省公司四届三次职代会暨2004年工作会议在郑州召开，会议全面总结了2003年的工作，并对2004年的各项工作进行安排部署。省政府、省政协、华中电网公司、省总工会领导出席会议并讲话，卢健总经理作了《服务全面建设小康社会战略目标，努力开创公司持续快速健康发展新局面》的工作报告。

3月4日，省公司隆重举行博士后科研工作站揭牌仪式。省人事厅厅长王平、省公司卢健总经理为工作站揭牌。工作站的成立将进一步提升公司的技术创新能力，为企业改革发展提供强有力的技术支持。

3月29日，国家电网公司郑宝森副总经理一行莅临公司检查指导工作，对省公司各项工作给予高度评价，要求进一步树立大局意识，服务好河南经济发展。

4月1日，省公司获得省政府颁发的责任目标管理优秀单位称号。

4月16日，河南省电力行业协会一届四次理事会在郑州召开。省政府史济春副省长、中电联孙玉才副理事长、公司卢健总经理到会并讲话。

4月29日，省委书记李克强考察正在建设的沁北电厂一期，该工程是国家“十五”重点工程，装机容量为2×60万kW。

6月15日，全省销售电价平均每千瓦时提高0.0166元。

6月29日，由省政府纠风办组织开展的对全省47个部门和系统的民主评议行风问卷调查活动结果揭晓，电力在公共服务行业中名列前茅，满意率达到76.5%。

7月12日，河南省人民政府向全省发出《关于对河南省电力公司进行表彰的通报》，对省公司在保证电网安全和电力供应方面所作的工作给予通报表彰。

7月12日，卢健总经理、秦启根副总经理会见中电投田勇总工程师、中电投河南分公司魏锁总经理一行。双方就电力供应和发电企业划转移交等有关工作交换了意见。

7月23日，河南电网用电负荷达到1429.4万kW，首次突破1400万kW，日用电量达到28568万kW，比2003年最高日用电量26226万kWh高2342万kWh，创下日用电量历史最高记录。

8月19日，河南省电力公司与中国电科院首批科研合作项目签字仪式在北京举行，卢健总经理和中国电科院吴玉生院长出席签字仪式。

9月30日，河南省人民政府李成玉省长到省公司视察慰问。

10月12日，国家电网公司李彦梦副总经理一行五人到省公司进行调研。

10月19日，国家电网公司陈进行副总经理一行到公司调研。

10月26日，国家电网公司郑宝森副总经理一行十人到省公司视察指导工作。

11月2日，河南第二火电建设公司安全生产16周年，继续保持全国火电施工企业安全施工最高记录。

11月20日，省公司与越南第一电力公司合作建设项目——越南北方电气设备制造合资有限公司的生产基地正式开工建设。

11月23日，中国华能集团沁北电厂1号机组顺利通过168h试运行，正式投入商业化运行。该机组是我国首台60万kW国产化超临界燃煤机组，是国务院确定的“九五”9项重大国产设备国产化项目之一，也是目前全省单机容量最大的火电机组。

11月26日，郑州燃气电站工程正式开工，装机容量2×30万kW，计划于2006年全面建设投产。该电站将成为河南电网的主力调峰电站和重要电源支撑点，是国家“西气东输”工程配套项目之一。

11月26日，河南电力试验研究院揭牌。

12月2日，郑州市电业局500kV郑州变电站安全运行6000天，安全生产记录在华中电网有限公司500kV变电站中名列第一。

12月8日，华中电网张学知总经理、李强副总经理一行到省公司调研。

12月13日，中国华能集团沁北电厂2号机组顺利通过168h试运行，成为河南省第二台投入商业化运行的60万kW机组，这标志着沁北电厂一期工程建成，对华中电网进行水火调剂和西电东送、改善电网结构、提高供电质量，对缓解全省电力供应紧张局面具有重要意义。

12月20日，灵宝换流站220kV灵紫线及330kV罗灵线顺利投运。该工程是实现西北与华中电网互联的核心工程，是全国联网的最后一个工程，同时又是我国直流设备国产化的示范工程。

12月23日，国家电网公司陈月明副总经理到省公司宣布领导班子调整决定，并发表重要讲话。王中兴任党组书记、总经理，张建坤任党组成员、副总经理。

12月29日，河南电网用电负荷达到1480.3万kW，突破夏季最高用电负荷1429万kW，创历史新高。省公司2004年主营业务利润6237万元，是厂网分开以来，首次实现扭亏为盈。

（罗汉武）

湖北省电力工业

概况

全省电网未发生稳定破坏和大面积停电事故、连续安全稳定运行22年，基本保证了全省经济和社会发展的用电需要。湖北省电力工业规模情况见表1。

表1　湖北省电力工业规模情况一览表

指标名称	单位	2003年	2004年	增幅(%)
全口径发电设备装机容量合计	万kW	1971.05	2462.44	24.93
水电	万kW	1153.72	1511.51	31.01
火电	万kW	817.33	950.93	16.35

续表

指标名称	单位	2003年	2004年	增幅(%)
6000kW以上电厂发电设备装机容量合计	万kW	1897.91	2387.90	25.82
水电	万kW	1081.48	1438.47	33.01
火电	万kW	816.43	949.43	16.29
35～500kV公用变压器容量合计	万kVA	4267.97	4723.91	10.68
110kV	万kVA	1723.85	1886.48	9.43
220kV	万kVA	1540.50	1649.90	7.10
500kV	万kVA	581.80	806.80	38.67
35～500kV公用变电站合计	座	1156	1178	1.90
110kV	座	383	390	1.83
220kV	座	75	79	5.33
500kV	座	6	9	50
35～500kV输电线路回路长度合计	km	39850	39526.72	−0.81
110kV	km	13096.78	13127.78	0.23
220kV	km	6820.63	6955.25	1.97
500kV	km	3331.76	3883.74	16.57

湖北省电力公司实施“三型二化一强”(效益型、服务型、学习型，现代化、多元化，实力强）发展规划，努力克服缺电困难，加快电网发展，深化内部改革，安全局面保持稳定，服务水平不断提升，经营状况明显改善，多种经营稳步推进，党的建设得到加强，精神文明成果丰硕，荣获“全国五一劳动奖状”，圆满完成各项目标任务。

全年全社会用电量700.21亿kWh，同比增长11.29%；售电量514.97亿kWh，同比增长11.70%；线损率8.18%，同比下降0.6个百分点；利润总额3.15亿元，同比增长2.53亿元；资产负债率76.12%，比年初降低2.17个百分点；应收电费余额8.85亿元，比年初降低4.05亿元；全员劳动生产率133755元/（人·年）；多产业收入45.32亿元，实现利润1.16亿元。湖北电网累计频率合格率99.96%，综合电压合格率98.47%，城市地区供电可靠率RS3达到99.91%，同比上升0.09个百分点。

在鄂发电企业，以上级主管部门的发展战略统领各项工作，采取有效措施，进一步加大电煤采购力度，千方百计保证电煤供应。在采购地域上由原来主要用河南和陕西煤，向山西、四川等省延伸；在运煤方式上实行水陆并进，发挥长江黄金水道的优势，青山、黄石和阳逻等电厂“电煤水运”起航，缓解运力不足；鄂州、汉川和阳逻等电厂或投资煤矿，或与煤炭企业签署战略合作协议等，确保稳定的煤炭供应。发电企业认真抓好发电设备的检修和维护工作，提高设备可靠水平，保证机组的安全稳定运行。各发电企业顾全全省电力供应工作大局，及时与电网调度部门沟通，密切配合、服从调度，为全省保电供电工作的完成付出了辛勤的劳动。如华电湖北分公司所属4家企业狠抓安全生产，积极筹措煤源，加强设备整治，全年累计发电389118万kWh，完成集团公司下达年度生产计划的107.9%，超额完成全年发电任务。全省全口径发电量首次突破千亿大关，达到1125.46亿kWh，同比增长43.72%。统调火电厂消耗标准煤量1296.35万t,同比增加95.07万t;消耗原煤2045.48万t，同比增加323.38万t，燃煤质量比2003年有明显下降；供电标准煤耗376g/kWh，同比上升0.02g/kWh。

领导班子

湖北省电力行业协会

名誉会长：任世茂（副省长）
邱思胜（省经贸委主任）
谷玉川（省委大型企业工委副书记）

会　　长：王远璋（省电力公司总经理、党委书记）

副 会 长：龚友明　张春生（常务）　吕泊群　戚名辉　王幼平　于湘泉　肖宏江

秘 书 长：梅华先

湖北省电力公司

党委书记、总 经 理：王远璋

党委委员、副总经理：龚友明　何兆成（11月调离）
汤文全、欧阳昌裕（11月调任）

党委委员、纪委书记：易旺青

党委委员、工会主席：刘　勤

总工程师：周世平

中国国电集团公司华中分公司总经理：夏才清

中国华电集团公司湖北分公司总经理：王幼平

中国华能集团公司武汉华能发电有限公司总经理：于湘泉

湖北省电力开发公司总经理：肖宏江

机构设置

湖北省电力行业协会下设办公室、信息部、科教部、咨询部、企管部。

湖北省电力公司组织机构如下图所示。图中湖北省电力公司机关设23个职能部室，其中机关管理部为新增部室；发电企业包括省电力公司全资、控（参）股单位。

总经理工作部	计划发展部	基本建设部	生产技术部	农电工作部	市场营销部	财务部	审计部	多产业管理部	安全监察部	保卫部	人事与董事管理部	人力资源部	社会保险局	政策研究与法律事务	机关管理部	离退休管理部	党委组织部	党委宣传部	监察专员办公室	省电力工会委员会	团委	调度中心

武汉供电公司	黄石供电公司	孝感供电公司	襄樊供电公司	宜昌供电公司	荆州供电公司	荆门供电公司	黄冈供电公司	鄂州供电公司	咸宁供电公司	十堰供电公司	随州供电公司	恩施州电力总公司（代管）	神农架林区供电公司（代管）	省超高压输变电局

湖北汉新发电有限公司	湖北汉元发电有限责任公司	湖北鄂州发电有限责任公司	湖北长源第一发电有限责任公司	黄龙滩水力发电厂	白莲河水力发电厂

省电力试验研究院	省电力信息通信中心	电力建设一公司	电力建设二公司	输变电工程公司	鄂能物资公司	电力勘测设计院	武汉铁塔厂	汉口电力设备厂	武汉电力职业技术学院	省电力建设技工学校	省电力职工疗养院

湖北省电力公司组织机构图（从上至下依次为机关、供电企业、发电企业、综合单位）

行业管理

行协成立政策研究中心、法律服务中心等 6 个中心及代理机构，在 14 个市（州）设立电力行协办事处，建立了较为完善的行业管理工作网络。积极发展会员，使会员从第一届理事会期间的 88 家发展到 223 家。行业管理工作进一步规范，《承装（修、试）电力设施许可证》工作取得突破性进展，制定完成相应的实施细则、审查标准，全省两百多家从业企业积极响应并提出申请，累计向 173 家合格企业颁发了许可证；组织开展小型热电联产机组审核工作，完成 19 家申报的小型火电热电联产企业的 38 台机组的审核认定工作；启动《电工进网作业许可证》管理工作，组织了第一次考试，并向考试合格的 1378 人颁发了证件；组织开展湖北电力建设工程安全预评价报告的评审工作，对省内 8 个新（扩）建工程 14 台机组的安全预评价报告进行了评审。积极履行服务职能，开展调研咨询、标准宣贯和行业标准化管理、信息服务、行业编史修志和评先推优等行业服务活动。创办《湖北电力行业信息·快讯摘编》，每周 1 期，供省经委领导和各理事单位领导参阅；与湖北电力报社合办《荆楚电力在线》，为会员提供及时的电子信息服务，获得好评。完成《中华人民共和国电力工业史·湖北卷》的终审和出版发行工作。

生产指标

全省发电量在国网公司系统所辖区域 25 个行业统计单位中增长率居第一位，主要是三峡水电厂发电量大幅增长所致。三峡水电厂全年发电量 391.55 亿 kWh，占全省发电量增加量的 89.22%。全社会用电量中，因拉闸限电影响全省用电量增长率约 1.06 个百分点。从行业用电分类来看，第二产业用电量占全省用电量的 73.50%，其增加的电量占全省用电量增加量的 79.26%，第二产业用电的增长仍然是带动全省用电增长的主要动力。湖北省电力生产主要指标见表 2。

表 2　湖北省电力生产主要指标一览表

指标名称	单位	2003 年	2004 年	增幅（%）	备注
全口径发电设备装机容量	万 kW	1971.05	2462.44	24.93	第四位
其中：水电	万 kW	1153.72	1511.51	31.01	

续表

指标名称	单位	2003年	2004年	增幅(%)	备注
火电	万kW	817.33	950.93	16.35	
全口径发电量	亿kWh	783.07	1125.46	46.72	第六位
其中：水电	亿kWh	387.75	695.12	89.77	
火电	亿kWh	395.32	430.34	8.86	
全社会用电量	亿kWh	629.2	700.21	11.29	第九位
第一产业用电量	亿kWh	13.73	16.93	23.31	
第二产业用电量	亿kWh	458.4	514.68	12.28	
第三产业用电量	亿kWh	69.11	73.98	7.05	
城乡居民生活用电	亿kWh	87.94	94.62	7.60	
其中：城市	亿kWh	64.01	65.50	2.33	
乡村	亿kWh	23.93	29.12	21.69	
全省发电利用小时	h	4626.35	5133.59	10.96	
其中：水电	h	4420.65	5246.15	18.67	
火电	h	4845.51	4961.01	2.38	
净外送电量	亿kWh	153.87	425.25	176.38	
其中：输出	亿kWh	203.53	469.62	130.74	
输入	亿kWh	49.66	44.37	−10.65	
其中：协议外送电量	亿kWh	33.44	25.11	−24.92	

注 备注栏为国网公司系统所辖区域25个行业统计单位排名。

电力安全

电网连续安全稳定运行。主要措施：坚持以防人身、保主网为重点，强化安全生产监督及保证体系，建立完善各项规章制度；坚持“四不放过”的原则，开展事故分析与处理；强化农村中低压电网安全责任，严格外包工程安全管理；切实抓好职工安全教育和技能培训工作，主要生产岗位职工职业资格持证率达70%以上；高度重视500kV电网的安全运行管理，及时采取得力措施，制定有效预案，妥善解决500kV输电线路受恶劣气候影响发生的大面积冰闪和覆冰舞动问题。全年未发生大面积停电事故，实现湖北电网连续安全稳定运行22周年。

发电企业坚持开展春、秋两季安全大检查工作，并结合企业实际，开展特色鲜明的安全管理活动，总体安全形势稳定。国电华中分公司把春检与防汛检查工作相结合，突出春季频发事故和防汛重点，在秋检中突出检查防寒、防冻、防火等防事故隐患措施；编制《区域安全大检查检查大纲》，共计280余条目，内容涵盖基础管理和电厂各专业，在检查中对照大纲逐条检查，重点放在“落实”上，强调安全工作闭环管理。华电湖北分公司开展迎峰度夏专项检查，根据所属企业设备老化、安全隐患较多的情况，敦促各企业制订有针对性的防范措施，全面加强安全生产管理工作，实现三个百日安全无事故记录。湖北电力开发公司开展安全先进个人评选，发挥奖惩促落实的作用，所属两家控股发电公司都实现年度安全生产三个一百天。武汉华能发电有限责任公司建立重奖重罚考核机制，对几起严重违章违纪事件责任人给予撤职或转岗处分，对主要责任人罚款5000元，连续两月扣发全公司奖金；先后多次召开生产人员和安全员会议，在全厂开展以“查思想、查隐患、查措施、查整改”为主题的安全生产大检查活动。

基建系统开展安全生产年活动，安全形势基本稳定，全年未发生人身伤亡和机械设备事故，未发生考核内事故，实现“双零”目标。

电力建设

修订、完善全省电力工业“十一五”规划和2020年远景目标研究报告，积极做好500kV鄂东环网、鄂西和鄂西北水电外送输变电工程前期工作。完成基本建设总投资30.82亿元，其中：完成主网建设投资11.36亿元，县城电网建设与改造投资11.68亿元，技改投资3.09亿元，小型基建投资1.95亿元，电源投资2.73亿元。

电源建设方面，新增发电能力496万kW，为缓解湖北电网迎峰度夏和迎峰过冬作出了巨大贡献。蒲圻、西塞山电厂年内实现“双投”。蒲圻1号机组从主厂房浇筑第一罐混凝土到通过168h试运行，仅用18个月时间，创造了湖北电力建设史上的新纪录。三峡水电厂投产5台70万kW机组共350万kW容量，至此，三峡已投产机组达11台，投产总容量达770万kW。黄龙滩水电厂扩机工程2号水轮机组于12月27日实现水轮机组冲转，2005年将正式投产。华电湖北青山热电有限电公司“油改煤”二期工程11号20万kW机组于10月15日并网发电。

主网建设方面，新增220kV变电容量81万kVA，线路306km；新增110kV变电容量109万kVA，线路247km。各重点建设工程完成较好：圆满完成主网迎峰度夏工程任务；按期完成三个电源配套工程的倒送电和外送工程任务；同步建成国网公司和华中网公司500kV变电站配套工程；建成投产一批缓解供电卡口压力的输变电工程，主网更趋坚强。

县城电网改造工程国家下达投资计划28亿元，其中省电力公司所属直管和代管县市26亿元，总计完成投资16.93亿元，占总投资计划的65.92%。

规划和前期工作方面。国电荆门三期2×60万kW工程9月15日正式开工建设，沙市燃煤项目组织了可研审查。华电襄樊二期和武昌热电厂燃机工程被列入湖北省“十一五”开工计划，襄樊二期、西塞山二期以及青山老厂改造三个项目已进入国家发改委专家评议优选项目范围之列，前期工作已陆续展开。省电力开发公司重点投资项目全面进入高峰期，洞坪水电站项目施工主要集中在大坝、地下厂房、引水过流系统等，完成投资2.26亿元；九宫山风电项目5月18日正式开工。华能国际武汉华能发电有限责任公司三期工程（2×60万kW）8月16日正式开工建设，工程进展基本顺利，计划2006年投产发电。白莲河抽水蓄能电站、钟祥北山抽水蓄能电站和大别山电厂年内相继开工建设。

电网调度

全省电力供应持续紧张，主网最大用电负荷达到1153.10万kW，同比增长12.83%，主网最大日用电量达到2.31亿kWh，同比增长5.26%，双双刷新历史最高记录。面对严峻缺电形势，公司系统坚持科学调度，精心筹划，确保供应。一是科学安排运行方式，严肃调度纪律，严格运行管理，确保电网安全。二是严格执行拉闸限电序位表，保证了居民生活和重要用户、重大政治活动及节日供电。三是积极争取华中电网有限公司支持，全年共组织计划外电量6.87亿kWh。四是配合发电企业做好电煤采购和水库蓄水工作，严格控制机组非计划停运次数，千方百计实现增发多供。五是实施需求侧管理，大力推广负控装置，组织企业错峰、避峰生产，全省可控负荷达到41.50万kW。六是加强输变电设备巡视检查，做好停电事故应急处理和抢险预案。

科技进步

湖北省电力公司积极推动科技进步。整合各类企业评价标准，推行IPE标准化管理体系。推进生产管理现代化，开展输变电生产管理系统、配电生产管理GIS系统、供电可靠性管理系统开发工作。围绕安全生产、经济运行和现代化管理组织科研活动，完成“220kV及以上线路新型继电保护装置研制”等15项重点科研项目。加大信息化工作力度，强化统一领导和集约化管理，避免低水平重复建设。积极开展质量管理活动，组织技术攻关，消除缺陷，排除隐患，改进了工作质量，提高了设备健康水平。

农电工作

开展农网“回头看”工作。省、市、县公司和基层站所累计投入检查工作的人员近5000人，平均检查时间60天，分三个层面开展检查工作。省公司检查两次，全面检查了14个地市级公司，重点抽查了21个县级公司，占25.9%；市州公司分别抽查了60个县级公司，占74.1%，省、市公司检查均涉及到所有的高压项目和随机抽查了300余个中、低压项目；县级公司全面自查了所有项目。检查结果表明，湖北省农网改造在计划管理、资金管理、工程质量管理等多方面都基本满足国家提出的要求。

推进县城网改造工作。按照国网公司“进度服从质量”的要求，以工程质量和工程效益为重点，总计完成投资16.93亿元，完成改造总投资计划的65.92%。

强化农网安全生产管理。主要措施：加强基础管理，制定《湖北省农网电压质量和无功管理办法》、《农网供电可靠性管理办法》等5项规定和办法；加强安全生产和现场文明生产管理，专项开展农网安全检查，历时一个月，抽查农网170座110kV变电站、40余条110kV线路及20多个变电站，发现缺陷120多处，通过整改予以及时消除；加强设备管理；加强供电可靠性管理，对农网110kV变电站双电源情况进行全面统计，制定优化电网结构方案；加强电压无功管理等。

建设一流县级供电企业。枣阳、潜江、钟祥3家县供电企业获国网公司一流县供电企业称号；罗田供电有限责任公司等12家供电企业获省电力公司一流县供电企业称号。

优质服务

坚持“优质、方便、规范、真诚”的供电服务方针，行风建设工作取得明显进步，服务水平不断提升。贯彻《供电营业职工文明服务行为规范》，绝大部分窗口单位员工熟练掌握行为规范的各项操作内容，并将其真正体现在实际工作中。咸宁公司进一步深化了电力联心服务的“一呼到”、“一回清”、“一点通”、“一盘棋”、“一诉灵”、“一片情”的“六个一”内涵，其典型经验被《中国电力报》、《中国电业》等新闻媒体广为传播。

进一步增强窗口形象。投入大量资金改造供电营业窗口以及相配套的客户服务支持系统，全省各地95598供电服务热线的功能得到进一步整合。通过购置带电作业车等装备，加快事故抢修速度，缩短客户等待时间，减少了客户停电损失。开展“十佳优质服务营业窗口”和“十佳优质服务先进个人”的竞赛评比活动，涌现出一批先进集体和个人。

进一步完善服务措施。创新业扩报装流程，解决报装难问题；开展银企合作，解决交费难问题；

通过95598服务平台，解决投诉难问题；完善营销服务体系，完成城区营业网点的营销广域网系统建设；开展农村供电所规范化管理，提高农村电力营销服务质量，近45%的农村供电所达到农村供电营业规范化服务标准。黄石公司建立用电客户道歉制，通过报纸等新闻媒体公开致歉或上门、电话等方式表示歉意13次，客户非常满意。进一步整合服务品牌。荆门公司“红马甲”、荆州公司“阳光电力”、十堰公司“精彩行动”、咸宁公司“电力联心服务”等等，树立了良好的形象，形成了具有地方特色的电力文化。

多种经营

湖北省电力公司制定并实施《多产业发展规划》，明确发展重点，加大资产重组和资源优化配置力度。对黄冈浠水变压器厂、襄樊电力设备四分厂等企业进行改制，引入民营资本，促进投资主体多元化，创新经营管理体制、劳动用工机制和收入分配制度。对机关关联公司进行全面清理整顿和改制重组，整合相关产业，开发优势资源，率先实施民营化。研究制订《关于规范多产业企业经营管理的指导意见》和《多产业企业劳动用工指导意见》，强化对多产业企业的指导和管理。

华电湖北分公司坚持以集团公司发展战略为统领，提出区域综合产业发展规划。武汉华能发电有限公司多产业经营收入和对外创收均创历史新高，实现经营总收入9562万元，同比增长43.62%，并取得可观利润。其中，对外经营收入5362万元，占总收入的56%，同比增长107.59%。

体制改革

深化农电体制改革。继续深化代管工作，做到管事、管人相结合，着重加强对代管县供电企业生产技术管理的指导；完善已组建的供电有限责任公司法人治理结构；逐一解决农电体制改革遗留问题，对省直国有农场进行电力体制改革，实行直抄到户，降低农户电价；推广县供电企业低压管理中心的管理新模式。

华电湖北分公司推动所属内部核算电厂改制重组工作。提出青山热电厂改制、重组、发展“三步走”方案和武昌热电厂、黄石电厂改制重组初步方案的建议报告，得到集团公司认可。作为集团公司“两点两片”改制试点之一，湖北青山热电有限公司于2004年12月10日正式挂牌成立，实现“三步走”方案的第一步。武昌热电厂的改制重组工作亦在按集团公司统筹规划积极推进。

双文明建设

湖北省电力公司加强党的组织建设，完成19个基层单位党委换届选举工作。进行创建学习型党组织试点。推进党支部达标工作。开展以“树形象、创一流、比贡献”为主题的党内实践活动，涌现出“党员示范岗”等一批活动品牌。坚持和完善各级党委中心组学习制度。深化文明创建工作，涌现出8家国家级文明单位和31家省级最佳文明单位。发挥舆论引导作用，加强与社会媒体沟通，公司公众形象不断改善。认真贯彻落实《党政领导干部选拔任用工作条例》，加大干部培养、选拔、任用工作力度，调整充实了基层单位领导班子。认真执行党风廉政建设责任制，开展廉政文化建设，加强警示教育。落实廉政谈话等制度，加强干部监督管理。强化“一岗双责”，加强对生产经营关键环节和岗位的监督。加大纠风和行风建设工作力度，各供电公司在地方行风民主评议中名列前茅。

华电湖北分公司召开直属单位党委成立暨第一次党员代表大会，选举产生第一届委员会和纪律检查委员会，各项工作步入正轨。厂网分离后，原隶属于湖北省电力公司的青山热电公司、黄石发电公司、武昌热电厂、西塞山发电公司、金源水电公司和原隶属于华中电网公司的武汉华电钢结构公司、武汉电力仪表厂划归中国华电集团公司管理，于7、8月分别与湖北省电力公司和华中电网公司办理了党的关系移交手续。

省电力公司成立电费管理和电能计量两个中心

在宜昌供电公司成立首家电费管理中心，试行电费资金集约化管理。该中心在工行、建行等六家银行设立电费资金专用账户，实行统一账户管理，各基层供电公司原有电费账户逐步取消，电费资金的归集和上缴、电费收入和税金的核算管理实行本部化。同时，电费、随电费收取的各项代收款、电费违约金、违约使用电费都必须及时进入电费资金专用账户，并在营销信息系统中作相应的账务处理。电费管理中心运行后，既减少了电费资金收缴的中间环节，又将所有电力欠费纳入营销信息系统管理，实现期末欠费与应收账款余额一致。这有助于提高电费资金的真实性和安全性，促进营销质量的提高。该中心于11月1日正式运行。

在咸宁供电公司成立首家电能计量管理中心，试行计量集中管理，基本做法是“三集中、一取消”，即集中计量装置的采购权、集中计量装置的检定权、集中计量装置安装轮换的管理权，取消基层站所对非周期表计的轮换权：①集中采购保证了设备质量，咸宁公司所有设备的采购全部在省公司确定的生产厂家范围内进行招标，电力计量中心负责技术把关，全部实行条码管理；②集中检定提高了检定效率，检定效率翻了一番；③过程控制规范了管理行为，对所有运行中的电能表全部实行条形码管理，通过身份辨认，实现对每一只计量表的实时监控。

湖北省开展缴纳电费信用等级评定试点工作

省经委印发《关于开展缴纳电费信用等级评定试点工作的通知》。通知规定，缴纳电费等级分为A、B、C三级，依次为优良、一般和差。评定每年进行一次，评定依据主要有两方面：一是以用电人是否按时足额缴纳电费的记录作为主要依据；二是以用电人用电设施的安全健康状况、遵守用电秩序的记录、供用电合同及相关经济协议的履约情况等作为辅助依据。在供电服务方面，对A级信用企业在诸多方面给予优先和优惠支持；对C级信用企业可实行购电制，先交钱后用电，或实行电费担保。在供电紧张时段，尽可能保证A级信用企业用电，C级信用企业列入让峰、限电、拉闸第一序位，先行让电。评定工作先行试点，再予推广。

省电力公司制定并实施《创建学习型企业指导意见》

成立创建学习型企业领导工作机构，召开创建学习型企业动员大会，正式启动公司系统学习型企业创建工作，对领导干部和创建骨干进行大规模理论灌输，坚持以点带面，开展创建学习型领导班子、学习型党组织、学习型班组、学习型机关等试点工作，创建学习型企业取得阶段性成果。8月10日，上海明德学习型组织研究所湖北分所举行揭牌仪式，上海明德学习型组织研究所所长张声雄教授还应邀做了专题讲座。

存在问题

电网方面：①安全管理问题。主要表现在：局部电网结构不合理，部分线路防御自然灾害标准较低，盗窃破坏电力设施违法犯罪活动猖獗，农村供电安全问题日益突出。②缺电问题。全省面临“三难三缺”，即电力平衡难、电量平衡难、电煤平衡难，水电厂缺水、火电厂缺煤、三峡电缺计划，不得不拉闸限电。③电网建设问题。局部电网脆弱，供电可靠性不高，全省仍有33座220kV变电站是单台主变压器运行，13条220kV线路是单电源馈供运行，部分110kV线路超期服役，设备陈旧老化。④经营风险问题。单位供电成本刚性上升，高达107.20元/MWh。还本付息压力沉重，财务费用高达7.61亿元。资产结构有待优化，资产负债率高达76.12%。

发电方面：①燃料价格大幅上升。燃料单位成本攀升，发电企业经营效益普遍大幅下滑。②燃料资源紧缺制约发电量的增长。燃料供应紧张及其他市场因素，导致部分发电企业没有完成调度部门下达的电量计划，同时因煤质差导致机组带负荷能力差也制约了发电量的进一步增长。③设备健康状况欠佳、煤质差。这是导致发电机组非计划停运次数偏多、非计划降出力次数增加以及主要经济指标下滑的主要原因。

主要事件

1月6日，规划总装机容量120万kW的白莲河抽水蓄能电站前期工程正式动工。一期工程总投资31.57亿元，预计2009年全面完工。

1月21日（农历年三十），中共中央政治局委员、湖北省省委书记俞正声和省长罗清泉到省电力调度中心慰问坚守在生产一线的电力职工。

2月18日，国家电网公司总经理赵希正、副总经理陈月明一行来湖北调研。

2月19～21日，省电力公司召开2004年工作会议暨三届一次职工代表大会，总结2003年工作，部署2004年任务，提出了“实施‘三型二化一强’发展战略规划，促进公司持续快速健康发展”的奋斗目标。

3月4日，省政府主持召开全省电煤紧急工作会议，力解缺电难题。

3月，孝感供电公司孝南区西河供电营业所试行公司化运营，营业所改制为实体，设立西河农电经营服务公司，由其农电工出资注册，以独立企业法人向孝南区供电公司租赁西河国有村级低压电力农电资产经营权。村组配电台区为产权分界点，双方对各类经营指标、农电服务质量、安全责任，均按现行供电企业资产营运财务核算制度，在合同中约定收益分配、奖惩条款，以规避农电经营风险、实现农村供电营业所盈亏平衡。

4月20日，省委书记俞正声视察蒲圻电厂建设工地。

4月28日，省电力公司获“全国五一劳动奖状”。湖北清江水电投资公司董事长汪定国获“全国五一劳动奖章”；湖北电建一公司工程师蔡西屏获“湖北省五一劳动奖章”；黄石供电公司、宜昌供电公司、黄冈供电公司路口220kV变电站、恩施州电力总公司220kV龙凤坝变电站、天门市供电公司竟南供电营业所获“湖北省五一劳动奖状”；詹必川、王平、董文进、李朝晖、柳艺峰、姚贵成、黎智获“湖北省劳动模范”称号。

5月1日，省委书记俞正声及省长罗清泉、武汉市委书记陈训秋及华中电网公司、省电力公司领导等，来到武汉华能发电公司和武昌热电厂，看望节日期间坚守工作岗位的电力职工，并向全省电力职工表示亲切的慰问。

5月17日，省经委出台《湖北省电工进网作业许可证管理办法》，并将具体工作委托省电力行业协会负责。

5月24日，华电湖北黄石西塞山电厂工程1号机组一次并网成功。

6月11日，香港华润集团蒲圻电厂1号机组并网发电，较原计划工期提前4个月。

6月18日，装机容量20万kW的钟祥北山抽水蓄能电站开建。

6月28日，500kV黄石磁湖变电站一次送电成功，并入华中电网运行。

7月4日，500kV龙泉换流站二期扩建工程投产。

7月7日，省长罗清泉前往恩施州利川了解齐跃山风电建设进展情况。

7月上旬，500kV孝感变电站二期扩建工程开工。该工程是三峡输变电配套工程之一。

7月29日，省政府召开全省电力工作电视电话会议。省委省政府提出千方百计保发增供，千方百计节约用电。

8月5日，省长罗清泉视察鄂州电厂二期扩建工程。

8月10日，省电力公司召开创建学习型企业动员大会，正式启动公司系统学习型企业创建工作。同日，上海明德学习型组织研究所湖北分所举行了揭牌仪式，上海明德学习型组织研究所所长张声雄教授还应邀做了专题讲座。

8月24日，国家电网公司总经理赵希正、副总经理李彦梦一行来省电力公司调研。

9月1日，省长罗清泉到蒲圻电厂考察调研。

9月初，三峡电力外送的重要工程——500kV龙（泉）荆（门）三回投入电网运行。

9月20日，湖北省政府特邀豫、陕、晋、渝等9省（市）煤炭集团公司的有关负责人座谈，共商湖北煤炭长期稳定供应的大计。省府专门成立省煤炭采购调运工作领导小组，并确立投资办矿、参股煤矿、建立煤炭储备机制、稳定煤炭供求关系、打造第三方物流等行之有效的措施。

9月底，经省府同意，湖北省多个部门9月底决定关停153家高耗能企业，另有184家高耗能企业10月1日起实行高电价，每千瓦时加价0.05元。

10月1日，蒲圻电厂2号机组并网发电。至此，蒲圻电厂一期工程全部建成，每年可发电近30亿kWh。

10月15日，华电青山热电厂“油改煤”二期工程11号机组投产发电。该工程于2003年7月1日动工。

10月27日，十堰供电公司与丹江电力股份有限公司就丹江区域110kV江南电网与湖北大电网并网供电达成协议，丹江区域电网多年自发自供的封闭格局被打破。

10月29日，湖北省电力行协召开成立五周年座谈会暨中华人民共和国电力工业史丛书《湖北卷》首发式。

11月初，华中电监局在武汉正式成立。

11月17日，鄂西北第一座500kV变电站——樊城变电站一次送电成功。

11月22日，大别山电厂正式开工建设。该电厂由在香港上市的中国电力国际发展有限公司负责开发和经营，一期工程投资49.57亿元，安装2台60万kW国产燃煤超临界发电机组，同步安装烟气脱硫设施和静电除尘设备。

12月4日，由湖北省经委组织实施、湖北省电力行业协会协助承办的全省电工进网作业许可证资格考试，在全省13个考点、50个考场举行，首批1468名电工参加考试。

12月5日，西塞山电厂2号机组并网发电。

（杨惊）

湖南省电力公司

概述

全年实现利润1.37亿元，超出考核目标700万元；净资产收益率1.71%，超出考核目标0.96个百分点；售电量439.8亿kWh，同比增长14.7%；资产负债率71.32%（未计清产核资影响），低于考核目标4.68个百分点，应收电热费余额10.4亿元，较年初减少19亿元，低于考核目标17.6亿元；流动资产周转率2.4次/年，超出考核目标0.82次/年；上缴投资收益2400万元，完成了考核任务。主营业务收入193.8亿元，同比增长21%。多种经营总收入56亿元、利润2.48亿元，同口径比分瘪增长21%和18%。

安全生产

针对湖南电网的运行实际，设立安全生产奖励基金，调动生产一线广大干部职工的安全生产工作积极性，保障安全生产和电网稳定运行。同时，全年没有发生重大及以上电网事故、重大及以上设备事故、重大火灾和交通事故，一般事故次数同比大幅度减少（全年25次，2003年44次）。没有发生发、供电主设备损坏和基建施工机具损坏的重大设备损坏事故；没有发生重大及以上火灾事故；没有发生特大交通事故。大部分生产、基建单位安全生产局面持续稳定。截至2004年年底，湖南电网已连续安全稳定运行23年8个月，确保了安全、优质供电。

电网建设

全年电网建设成绩显著。完成电网建设投资21.8亿元，竣工投产35kV及以上变电容量244万kVA、线路1184km。其中，主网投产220kV变电容量147万kVA、线路676km，110kV变电容量59万kVA、线路407km。前期工作进一步加快，储备110kV及以上输变电项目77个、容量609万kVA、线路2304km。此外，凤滩电厂扩机工程实现“双投”，新增发电能力40万kW，利用弃水发电3亿kWh。目前，全省发电装机容量已达1387万kW。

电力供应

全省全年发电量614亿kWh，同比增长14%；全社会用电量615亿kWh，同比增长12.1%；省网最大用电负荷834.4万kW，同比增长15.9%；最大日用电量1.71亿kWh，同比增长10.9%。通过加快电网拾遗补漏项目建设，加强需求侧管理，认真实施应急预案，确保了全省电力供应有序进行，迎峰度夏期间做到了“零拉闸”，年末冰冻非常时期避免了电网事故。重点加强缺电时期的优质服务工作，积极开展用电宣传，赢得了社会舆论和广大电力客户的理解支持。

2004年，公司在电力供应方面取得了较好成绩，具体做好了以下几方面工作：①完善了管理措施，促进生产管理水平上台阶。2004年为湖南省电力公司检修管理活动年，全系统各单位按照省公司的统一部署成立了检修管理的组织机构，明确了责任和任务、提出了措施和目标，各项工作有条不紊地进行，从而进一步理顺了检修管理关系，年度检修计划执行的严肃性大大提高，综合停电、检修配合意识已成为各级生产管理人员和生产一线员工的共识。推行检修标准化作业，并以多媒体形式向全省颁发。开展设备评估和设备考核工作，为保证设备修理和技改资金的合理投入提供了依据，为提高设备的健康水平，保证设备的安全运行打下了基础。②加强了综合治理，确保电网运行安全。公司共集中安排1.5亿元资金（其中集中大修5000万元、城网5000万元、农网5000万元）对各地区电网结构进行了完善，对设备缺陷进行了整治。同时，集中资金对运行年久、设备老化以及危及电网安全运行的设备进行综合治理。全年省公司集中资金8000万元（含水毁补助）共安排大修、技改等84个项目，重点对500kV岗云线和一批220kV共计14条线路进行了大规模的检修和改造。③周密安排，针对夏季、冬季的缺电局面，与省经委一起制定了夏季和冬季的电力供应应急预案，根据电力供应和需求的形势，科学、合理地组织电力有序供应，将限电数量按照“定线路、定单位、定设备、定容量、定时间”原则，逐级分解，落实到户，将责任明确到人，迎峰度夏期间做到了“零拉闸。④统筹规划，落实城网改造进度，从而保证了电力供应。

营销工作

2004年，公司营销工作突出电费与服务，坚持改革创新与夯实基础并重、外树形象与内抓管理并举，深化台区“两改”和四个机制建设，强化目标管理，狠抓工作落实，营销工作效益显著，营销管理水平有所提高，营销指标全面改善，电费回收在困难中取得良好成绩。

（1）在电费回收工作方面，该公司将此作为关系到公司生存和发展的重要工作来抓，省、市、县三级电费回收领导机制进一步完善，各级各部门全方位关心电费回收，协作抓好电费回收的局面基本形成，各单位按照《电费回收管理办法》的要求，分解目标，责任到人，极大地调动了电费回收的积极性。同时拓展抹账渠道，攻克电费回收难点，改革电费结算方式，规范了风险管理。

（2）电价调整政策执行到位。全年电价政策调整频繁，一季度执行了临时电价政策，年初目录电价每千瓦时提高0.8分，3月份开始收取高可靠性供电费用和临时接电费用，二季度对部分工业企业执行了丰水期优惠政策，7月全面调整了销售电价，调整了分时电价的时段和电价浮动幅度，出台了峰枯电价政策，四季度对高能耗企业实行差别电价，并再次执行临时电价政策。

（3）供电台区“两改”进一步推进和深化。供电台区改造进度加快，理顺了台区改造管理关系，并通过供电台区改造，供电能力增强、供电可靠性提高、供电故障减少、供电线损降低，客户满意率提高，为实施供电台区综合管理提供了条件。

（4）在优质服务方面，该公司初步建立供电服务客户满意评价体系，并试点开展了客户满意度评价，通过评价说明供电企业的服务水平和服务质量得到了消费者的基本认可。开展供电营业规范化窗口优质服务流动红旗竞赛，推动供电企业和服务窗口的规范化服务，优质服务的内、外部监督机制有所加强，并改善业务流程、拓宽服务方式，使服务时间、服务时限、便民服务有所改进。积极建设95598客户服务系统，增强客户服务的技术手段。通过实施银电联网和增设营业网点，增加了收费方式，基本解决客户交费难的问题。重点做好缺电时期的优质服务工作，做到了限电不限服务。加强了客户服务电话管理与维护；加强和充实了快速反应的故障抢修队伍，及时处理设备故障，减少故障停电时间；突出抓了停电通知和信息发布工作，赢得了客户的理解，降低了停电所造成的社会影响。

农电工作

2004年，公司积极组织农网改造预验收和“回头看”整改，继续深化农电体制改革，不断加强农电管理，取得了新的成绩。加快了农网改造，同时以农网改造验收促进了整改。该公司组成的农网改造竣工预验收检查组，对系统内一、二期农网改造进行了预验收，共抽查了34个县局（公司），35kV及以上输变电项目72个，10kV线路85条，配电台区216个。县城电网改造工程已下达投资计划22.2亿元，其中：输电6.5亿元，共173个项目；配电及台区改造15.7亿元，涉及110个县（市、区）和管理区。在农电体制改革方面，该公司代管公司的改革取得新进展，农电管理新模式有了新的突破，农村供电所管理规范化得到加强，农电专业管理水平不断提升，农电队伍的素质不断提高，优质服务水平进一步提升。

精神文明建设

企业思想政治工作进一步加强，员工队伍稳定。公司系统荣获省文明行业称号，2个单位、3名个人分别荣获全国五一劳动奖状和奖章，4个单位荣获全国青年文明号和十年成就奖。广泛开展廉政警示教育，深入学习贯彻“两个条例”，党风廉政建设责任制得到进一步落实。公司系统没有发生影响政治稳定和行业形象的重大事件，确保了一方平安。

多种经营

2004年，公司系统多经工作沿着“发展、服务、效益”的总体工作思路，按照独立经济实体市场化的要求，在思想政治建设、员工队伍稳定方面；在薪酬、社保、员工培训等管理基础方面；在应对变化，营造良好环境，防患生产经营事故，强化队伍建设方面；在配合主办单位清产核资、清理明晰产权、核实并交割债权债务关系方面；在横向社会交往、寻求合作伙伴，探索建立双赢机制、尝试市场化发展道路方面做了大量有意义的工作，取得了新的成绩和新鲜经验。全年总公司改制向集团模式发展进展顺利，多经企业规范管理有了良好开端，多经企业综合能力得到提高。多种经营总收入56亿元，利润2.48亿元。

审计工作

2004年内审工作紧扣效益主题，全力以赴开展农网项目审计、继续开展用电营销审计、继续开展任期经济责任审计，经营者责任意识不断提高。同时，常规审计长抓不懈，审计调查适时开展。切实加强队伍和制度建设，积极尝试审计现代化手段。

科技与环保

2004年，科技与信息化工作紧紧围绕省公司整体技术水平和管理现代化水平的不断提高、环境保护工作实现向电网环境保护管理的根本性转移，并保持与企业其他各个方面的协调发展展开工作。

科技工作紧密围绕企业核心业务，以攻克电网基本建设、生产运行和经营管理中的重点、难点技术问题，推进科技创新。特别是在生产过程自动化、管理信息化、电网安全稳定运行和应用新技术等方面加大了科技投入、研发力度和管理深度，取得了一些实用性强、技术水平高、推广价值大的科研成果。

环境保护工作实现了由火电厂环境保护管理向电网环境保护管理的根本性转移，初步建立了全省电网环境保护组织体系和工作机制，积极协调电网建设部门、生产运行部门与政府环境保护和水保行政管理部门之间的关系，并着手将环境保护纳入电网建设项目的设计、施工和生产运行的全过程管理。

信息化工作加强以光纤传输网、湖南电力一级信息网和二级信息网、网络与信息安全等基础设施建设，全面推进电力营销、财务、生产和配电管理、人力资源管理等重点应用信息系统建设，建立健全《湖南省电力公司企业管理信息化评价办法》等12个制度体系，规范并强化网络与信息系统运行考核，全面推进公司系统的信息化建设与管理工作。

2004年全省科技投入总额（含技改部分）共计完成6970万元，较2003年增加23%。其中省公司科技安排项目费用计划3794万元（科技攻关与开发2569万元，科技成果转化1225万元），较2003年减少5%。

在科技成果转化方面，优先安排了一批自主开发、具有自我知识产权、对全省电力企业技术进步有导向作用和示范效果，具有良好经济效益和社会效益且技术先进、实用的项目进行推广。安排推广项目

15项，其中14项为省公司系统自主开发的成果，占推广项目的93%。同时，省公司组织技术评价的科技成果中约90%以上的项目得到了较好的应用，取得了良好的效益。如：电力营销管理信息系统、变电站电气设备状态监测诊断系统、输电网故障GPS行波定位系统、电力系统安全性评价管理系统、农村供电所管理信息系统、利用VPN技术构建广域网、SGX型GPS电力巡线系统和农村低压电网运行实时监测系统等。

教育培训

2004年的教育培训工作以加强对培训班的质量管理为主要途径，提高管理人员和专业技术人员的学习效果；以岗位需求为核心内容，强化营销人员和农电管理人员的岗位培训；以技术竞赛和专业考试为主要手段，激发一线操作人员学技术和技能的热情。

为加强高层次人才的培养，2004年公司选送了3名优秀技术人员去加拿大攻读能源领域硕士学位，举办较高层次的管理人员、专业技术人员培训班65期，共培训学员4246人。大力开展岗位培训，共培训农电总站站长89人，供电所长177人，电力营销人员370余人。组织了超高压技术竞赛和输电线路技术竞赛。对全省调度运行人员进行了考试，对600多名退一进一的顶职学员进行职前培训。湖南省电力培训中心狠抓管理的同时，加强了场地、设备和师资建设。湖南省电力学校通过省政府检查评估，获准筹建电力技术学院，2004年招收了近400名大专生。

各基层单位注重人才的培养，结合生产经营的实际需要，开展了形式多样的岗位练兵和技能培训活动，取得了良好的效果。2004年，公司全员培训率达67.8%。

主要事件

1月7日，湖南省政府针对全省电力欠费严重的形势，召开全省催缴电费会议，要求全省各地、州、市出台具体措施，全力收费。

1月18日，省政府办公厅发出通报，表彰在2003年保电工作中作出积极贡献的省电力公司等25家单位。

1月19日，副省长郑茂清到省电力调度通信中心，了解电力调度情况，慰问电力职工。

2月7日，即日起，湖南省再次实施计划用电措施，对工业企业采用负控装置严格限电，关闭全部亮化设施，路灯停半开半。

2月12日，国家电网公司副总经理陈月明到湖南调研。

2月20～22日，湖南省电力公司2004年工作会议暨三届四次职代会召开。湖南省副省长郑茂清、省政府副秘书长王道生、省经委主任林武、华中电网公司副总经理肖创英出席会议并讲话；李维建作题为《开拓创新　务实进取　为推进湖南省电力公司全面协调可持续发展而奋斗》的总经理工作报告，姚斌湘作《围绕中心　服务大局　努力开创省公司职代会工作新局面》的职代会工作报告。

3月5日，国家电网公司副总经理陈进行到湖南省电力调度通信中心、长沙电业局等单位进行调研。

3月17日，国家电网公司2004年华中—华东及川电东送跨区输电合同在湖南灰汤签订，国家电网公司副总经理陆启洲出席签字仪式并讲话。

3月24日，湖南省首家涉电合议庭在湘潭县电力局挂牌成立。

3月26日，在湖南省反腐倡廉宣传教育工作会议上，省公司被评为全省党风廉政宣传教育工作先进单位。

3月27日，中共中央政治局常委、国务院副总理黄菊一行来到湖南电力调度通信中心，实地了解湖南电力供应情况，亲切慰问电力职工，勉励大家在电力供应紧张的时段，要加强科学调度和需求侧管理，确保电网安全稳定运行。陪同视察的有：国防科工委主任张云川，国资委党委书记、副主任李毅中，电监会主席柴松岳、国务院秘书长尤权、发展改革委员会副主任张国宝、财政部副部长李勇、劳动保障部副部长张小建、人民银行纪委书记王洪章、国研室副主任侯云春、湖南省委书记杨正午、省长周伯华等。

4月1日，湖南省电力公司各单位在14个市（州）举行“青春光明行——青年文明号统一行动日”大型宣传活动。

4月30日，长沙电业局、衡阳电业局获得全国五一劳动奖状，省火电建设公司焊接班班长周建雄、常德电业局黄土店变电站站长周海斌、湘潭电业局电力110班班长王郁之获全国五一劳动奖章。

5月21日，全省电力工作会议在长沙召开。副省长郑茂清、省政府经济顾问陈德铨、省人大财经委主任孙振华，省人大财经委副主任、省电力公司党组书记周绍文，省经委主任林武、省发改委主任黄河、省物价局局长李后祥，省电力公司总经理李维建，副总经理喻新强、贺锡强，以及省属有关厅局、电力企业、各地市主管工业的副市长、经委主任、计委主任、电业局长参加了会议。

5月21日，经省教育厅批准，长沙电力学校升格为长沙电力职业技术学院。

6月22日，省公安厅印发《关于加强电力设施保护工作的通知》，通知要求加大电力设施保护力度，严厉打击破坏电力设施犯罪活动。

6月30日，省经委下发《关于做好电力迎峰度夏工作的紧急通知》，宣布从7月1日起，全省正式进入夏季用电高峰期。

7月1日，经省物价局批准，自即日起对全省电价进行调整。湖南省销售电价总水平提高1.8分/kWh，农业和居民生活用电的价格不变。此价格仍低于全国平均水平。

7月26日，省检察院、省电力公司召开预防职务犯罪工作联席会议，此举标志着省公司系统预防职务犯罪工作网络正式启动。

8月3日，湖南省最高用电负荷达831.8万kW，再创历史新高。

8月15日，湖南省防汛指挥长、副省长杨泰波到柘溪水电站视察。

8月25日，省质量技术监督局首次对省公司系统66个计量所、站强制检查授权颁证。此举标志着省公司电能表的检定与监督分离，电能计量由行政管理迈入法制化轨道。

9月8日，省政府宣布，全省电网迎峰度夏工作结束。在全省电网迎峰度夏期间，省网最高负荷和最大日电量分别比2003年增长16%和10.9%，但由于迎峰度夏方案周全、措施得力，全省没有出现拉闸限电现象，实现了“保电网、保用电”目标，还向兄弟省提供了约4.4亿kWh的电量援助，取得了迎峰度夏工作的全面胜利。

9月21日，国资委调研组赞扬省公司厂务公开工作“走在全国前列”。

9月26日，省政府向各市州人民政府、省政府各厅委、各直属机构下发通知，对当前及今后全省电力工作的发展提出6项要求，给湖南电力营造一个良好气氛。

10月12～14日，根据省委副书记、常务副省长于幼军的指示，省委宣传部和省政府办公厅联合组织“克服困难保供应，一心一意谋发展——湖南电力供应和建设”大型采访活动，对湖南电力进行集中宣传报道，采访团由湖南日报、湖南卫视、潇湘晨报等省内8家主流媒体，及新华社湖南分社、人民日报、光明日报等9家中央媒体驻湘记者站组成。共在省内主流媒体和中央有关媒体刊发稿件近200篇。

10月29日，省公司首次召开公司本部外购电费结算工作座谈会，在湘15家发电单位参加会议。

11月，省公司首次设立安全生产奖励基金。从2004年起，每年从工资基金和基建基金中提取3300万元重奖在安全生产中承担重要安全生产责任，并为安全生产作出较大贡献的先进个人、班站和集体。

12月3日，全省打击整治盗窃破坏电力设施窃电犯罪专项行动动员部署会在长沙召开。

12月14日，省公司获“湖南省纳税信用等级A级单位”和“湖南省依法纳税（国税）百强企业”。

12月17日，为避免大面积拉闸限电，省政府召开煤炭和电力运行工作会议，紧急部署调煤保电。

12月23日，省政府、省经委、省电力公司联合召开全省今冬明春电力有序供应紧急电视电话会议，要求全省各地各有关部门千方百计采取切实措施做好电力有序供应工作，同时呼吁全社会节约用电，合理用电。

12月28日，国家电网公司副总经理陆启洲在湖南省电力公司干部大会上，宣布国家电网公司党组关于调整湖南省电力公司领导班子的决定：任命李维建为党组书记；黄强为副总经理、党组成员；免去喻新强副总经理、党组成员职务，调国网公司总部任职；免去周绍文党组书记职务，聘任为正局级调研员。

（刘　晖）

江西省电力公司

概况

江西省电力公司现有所属单位33个（含调度中心、试研院、超高压分公司、电网建设分公司、12个供电公司，1个网内调峰水电厂，5个设计、施工、修造单位，2所学校和9个关联公司），员工2.332万人。由省公司控股的县（市、区）供电公司98个，员工4.7万人，其中正式员工2.6万人，农电工2.1万人，资产总额231亿元。公司适应形势的发展，紧跟国家电网公司的战略部署，举全公司之力，加快电网建设，争取2007年基本形成江西500kV主网架，并提出用5年左右的时间，努力建成“一强三优”的现代化江西电网企业，打造一流江西电网企业指挥部。

领导班子与机构设置

党组书记、总经理：毛日峰
党组成员、副总经理：李宁生
党组成员、副总经理：熊家森
总会计师：黄水龙
党组成员、副总经理：吕华忠
党组成员、副总经理：焦保利
党组成员、纪检组长：侯同昌
党组成员、工会主席：柳杨
总工程师：谭永香

省公司总部共设有纪检监察部、总经理工作部、规划投资部、人事董事外事部、人力资源部、财务部、计划经营部、生产技术部、安全监察保卫部、市场营销部、农电工作部、审计部、离退休人员管理部、思想政治工作部、多产业管理部、电力工会16个部门。

生产指标

2004年，公司系统克服缺煤少水、电力短缺等困难，千方百计保安全、保稳定、保江西电力供应，公司安全局面趋向稳定，经营状况逐步好转，电网建设得到加强，各项工作继续向良性化发展。全面完成了国家电网公司核定的资产经营目标。省内售电量完成267.46亿kWh，超过国家电网公司考核指标3.67%；实现利润总额1867万元，超过考核指标24.47%；资产负债率78.96%，比考核指标低0.04个百分点；净资产收益率－0.31%，比考核指标高1.1个百分点；流动资产周转率2.97次，比考核指标快1.97个百分点；综合线损率为6.66%，比考核指标低0.17个百分点。

电力供应

2004年，全省统调发电量完成301.34亿kWh，同比增长6.16%；全网最高用电负荷606万kW，同比增长102万kW；统调火电设备利用小时完成5688h，同比增加396h，圆满完成了省政府年初下达的“135”目标（即：最高用电负荷同比增长100万kW，统调发电量完成300亿kWh，火电设备利用小时完成5500h）。在夏季用电负荷同比增长20%、全国21个省市拉闸限电的情况下，江西保证了城乡居民生活用电、骨干企业生产和农业排灌用电、重点单位和重点区域城市景观用电，全网没有拉闸限电。第五届全国农运会和第十九届世界客属恳亲会做到了“零停电”，出色完成了各项保电任务，获得省委省政府的高度评价。公司连续两年获得“江西省工业崛起年度贡献奖”。

电网安全

2004年，江西电网全年实现了电网安全稳定运行，电网安全和治安状况保持了平稳态势。扎实开展了“安全生产年”活动和春季、秋冬季安全大检查工作，狠抓了220kV输电线路故障分析和运行维护管理，对所发生事故一律按“四不放过”的原则进行了严肃处理，电网保持安全稳定运行，截止到2004年12月31日，江西电网连续安全运行7781天。全网连续21年未发生电网瓦解大面积停电事故，连续17年消灭了重大火灾事故，连续11年未发生主要责任的重大及以上设备事故。

电网建设

2004年，公司加快了电网建设步伐。全年建成投产500kV线路278km，变电容量150万kVA；220kV线路290km，变电容量129万kVA，电网建设保持快速发展的好势头。竣工投运了三峡配套送江西“两站三线”工程，建成投产了500kV梦山、罗坊变电站，配合国家电网公司开工建设了500kV乐万变电站；500kV吉安—赣州输电线路工程稳步推进，赣州变电站和新余—吉安线路工程可研报告已上报国家电网公司，昌南变电站、黄金埠电厂至乐平双回线路已通过规划选址和选线报告的评审，以南昌为中心的江西500kV基本网架初步形成。如期建成了吉安葛山、赣州嘉定、萍乡五陂下等一批220kV输变电工程，收购了南昌高新开发区艾湖220kV变电站，启动了县城电网改造工程。工程质量逐步提高，江西电网建设进入了稳步、协调、快速发展的新时期。工程建设管理水平稳步提高，实现了公司系统电力安全基建项目安全“双零”目标。

经营管理

一年来，公司进一步强化各项管理。抓住电价这一生命线，在规范电价管理、疏导电价矛盾方面做了大量艰苦工作，省公司和县公司的经营困难得以缓解；突出电费回收这个重点，实行领导联系挂点，加强电费回收督导，完善电费回收考核奖惩机制，实现了当年电费结零、旧欠回收2500万元、欠费余额控制在6.69亿元以内；坚持勤俭办企业这个方针，规范了领导干部配置小汽车管理、员工自用电管理、所属单位驻外办事处管理和员工投资入股办公司的行为，制订了多经企业改制和规范管理的指导意见，严肃认真地整改政府审计出来的问题，积极开展各项内部审计，完成了清产核资任务；抓住体制创新这个有效手段，成立了超高压分公司、电网建设分公司、上海博沃尔公司和江西电力旅行社有限公司，进行了公司系统资金集中管理试点，完成了电力燃料公司的整体移交；省公司完成了出资人变更工作和《建设“一强三优”现代化江西电网企业》、《打造一流江西电网企业指挥部》、《改革和构筑江西电力市场》三大课题研究任务，公司总部推行了三项责任制考核A、B、C模式和所需人员公开招聘制度，公司经营管理水平进一步提高。在第十一届国家企业管理现代化创新成果评选会上，江西省电力试验研究院的“以创建技术服务型企业为目标的管理再造”荣获管理创新成果二等奖。

农电工作

农电经营实现赢利。以“农电安全效益年”活动为载体，紧紧抓住农电安全和效益两个重要指标，建立健全省、市、县三级安全监察网络，狠抓安全责任制的落实，加大安全生产监管力度，实现了年人身死亡事故为零的目标；抓住机遇理顺和规范农网销售电价，积极争取农电增值税政策，开展了县公司改制前担保债务调查和处理工作，加强了线损和电费回收工作，2004 年全省农电售电量、售电收入继续保持两位数增长，并首次实现盈亏平衡、略有盈利。同时，认真开展一、二期农网改造“回头看”检查整改和迎检工作，按条件启动了县城电网改造工程，农电生产经营管理正逐步走向规范。

电力营销和优质服务

全面构建创新发展的营销理念和管理体系，正确把握和理解电力营销工作的功能与定位，为公司可持续发展开辟广阔的市场空间。通过树立“面向市场、面向服务”的经营理念，建立面向市场的营销战略，面向客户的服务战略，坚持以市场为导向，以服务为宗旨，以效益为中心来组织电力营销活动，为公司系统的生产经营活动发挥了良好导向和窗口作用。举全力抓好电费回收工作，效果显著；把信息化建设作为推进营销管理创新的主线；实施需求侧管理战略，促进社会合理有序用电；建立科学、完善、标准的计量管理体系；抓住优质服务主线不放松，供电优质服务不断深化。全面贯彻国家电网公司新颁发的《供电服务规范》，注重在职业道德、诚信服务、行为举止、仪容仪表、电能质量、供电可靠率等方面下功夫，营销窗口在服务内容、服务规范、环境条件方面得到改善和提高。组织了全省供电服务规范演示竞赛活动，取得了良好的效果。

科技教育和员工培训

公司系统共安排资金 1800 万元，确定科技课题 77 项。科技工作立足江西电网实际，共有 27 项科研成果获 2003 年度省公司科技进步奖，其中一等奖 4 项、二等奖 9 项、三等奖 14 项。组织进行了全省网络信息系统的安全检查，调查了省公司系统网络与信息安全状况，提出了整改措施，开始进行 110kV 架空线路（穿越居民点）和变电站的电网环保项目测试。

确定实施“3561”人才选拔培养工程，制定了建设规划，将重点抓好“四支人才队伍”建设，即重点培养 30 名电力企业家，50 名复合型管理人才，60 名科技带头人，100 名优秀技能人才。充分发挥优秀人才的示范效应，促进优秀人才在企业发展中发挥更重要的作用。进行了公开选拔处级干部试点，干部人事管理制度不断完善，员工教育培训工作质量不断提高。省公司层面举办培训班 44 期，共培训员工 3872 人·次，公司系统全员培训率为 58.2%，举办了 220kV 线路检修技术竞赛、电力通信技术专业竞赛。

多产业发展

多产业管理部认真研究国家有关政策，开展专题调研，制定了《江西省电力公司多经企业改制及规范管理的指导意见》和《关于规范关联公司职工投资入股办公司的若干规定》，认真审批基层单位的多经开发项目，加强多经企业安全生产监督检查。同时认真做好 33 个参保单位每月养老金的收缴任务，做好医疗、工伤、失业等社会保险工作。多产业管理部被评为“江西省社会保险先进集体”。

党风廉政

公司党组带头实行廉政公开承诺制，公司领导分片下基层单位调研并参加民主生活会，制定领导干部廉洁自律十条禁令，认真抓好两个“条例”的学习和落实，突出加大了责任追究力度、“三项谈话”力度和行风违规行为处罚力度，全面实现了党风廉政建设责任目标；施行党员先锋岗牌制，作风建设部门责任制、月度考评制和效能告诫制，各项管理制度逐步完善，“五纪五制”得到落实。

积极推进领导干部“三项谈话”制度，对基层单位的党政一把手进行了廉政谈话，对新任职的领导干部进行了任前谈话，对一些苗头性、倾向性的问题提前打招呼进行预警，对反映较大、问题较多的领导进行诫勉谈话，问题比较突出的由公司主要领导亲自谈话。纠风和行风工作进一步深化，执法效能监察工作全方位开展，信访案件的处理工作不断加强，维护了企业稳定。

精神文明建设

在全公司系统深入开展了“双学”活动、“双十”评选和优质服务演示大赛，举办了第三届员工生产技术运动会和第七届文化艺术节，积极推进企务公开工作，省电力工会被评为全国电力系统工会工作先进单位，省火电建设公司调试所荣获“全国五一劳动奖章”称号，省电力试验研究院被授予“中国企业文化建设先进单位”。

民主管理

不断完善职代会制度，以职代会为基本形式的民主管理网络已经形成。积极推行企务公开，形成了党委统一领导、行政领导负责，有关部门协调配合、员工群众广泛参与的长效工作机制；建立并不断完善平等协商和集体合同制度，在建立企业内部稳定协调的劳动关系方面发挥了重要作用，维护了员工的劳动经济权益；认真履行工会工作职责，不断完善和加强救助和保障体系，持续开展了送温暖活动；规范和强化劳模评选和管理工作，体现党组对先进人物的关心和爱护，保障了劳动模范的政治权益和经济利益；成功举办了江西电力员工首届文化艺术节，得到社会各界的高度评价，省电视台等主流媒体作了专题报道。参加了华中五省一市、江西省国庆文艺会演，分别获得金银铜多个奖项。在全国电力保龄球比赛中，省公司代表队获女子组冠军。省火电建设公司调试所获全总授予的“全国五一劳动奖状”，4 个地区供电公司获省总授予的“江西省五一劳动奖状”，吕华忠等 8 位同志被省总授予“江西省五一劳动奖章”。江西省浮梁县供电有限责任公司鹅湖供电所员工朱润元，先后被评为“国家电网公司优质服务十大标兵”、“江西省十大井冈之子”。省电力调度中心运行方式科科长吴键同志当选为省直第五届十大杰出青年。

存在问题

（1）电网安全管理还比较粗放，方式单一，手段落后，厂网安全管理机制不健全，部分员工安全意识淡薄、安全知识欠缺，违章行为没有得到根本杜绝。

（2）外力破坏事件屡屡发生仍然是困扰电网安全的一个症结。电能被窃的问题还比较突出。

（3）电网经营形势严峻，存在上网电价过高、资产负债率过高、农电企业亏损比例过高和获利能力低、再投资能力低的问题，电网建设与资金不足的矛盾突出，城乡电网改造还贷和旧欠电费回收压力大。

主要事件

1 月 6 日，江西省经贸委、江西省电力公司联合下发《关于积极推行计划用电和节约用电措施，确保春节期间用电的通知》，要求在全省范围内实行计划用电，确保城乡居民生活用电和重要用户、重点工程与重大活动的用电。

1 月 10 日，广丰县岭底乡铁山村岭头等 8 个村民小组从此告别了无电历史，迎来了光明。40 位村民联名向省公司发来感谢信。

2 月 2 日，江西省浮梁县供电有限责任公司鹅湖供电所员工朱润元，荣获“国家电网公司优质服务十大标兵”。

2 月 3 日，凌成兴副省长在《关于近期江西电网运行情况的报告》上作重要批示，要求发、供电企业和广大电力用户同舟共济，共渡电煤难关，保障电力供应。

2 月 16 日，省公司在吉安供电公司举行“实施诚信工作暨电力服务发车仪式”，这是全省继 2001 年开展“诚信工程”以来为兑现服务承诺推出的又一重大举措。

2 月 25～26 日，省公司 2004 年工作会议暨三届四次职代会隆重召开。中共江西省委书记孟建柱出席会议并发表了重要讲话。副省长孙刚、华中电网有限公司纪检组长、监察专员田新民、省发改委主任洪礼和、省经贸委副主任殷美根等领导出席了会议。毛日峰总经理在会上作了题为《求真务实，创新发展，为全面建设现代化江西电网企业而奋斗》的工作报告。

2 月 28 日，国家电网公司人事董事部代表国家电网公司党组，到省公司宣布公司领导班子调整决定：吕华忠同志任省公司党组成员、副总经理；侯同昌同志任省公司党组成员、党组纪律检查组组长；柳杨同志任省公司党组成员、江西省电力工会委员会主席；谭永香同志任省公司总工程师。免去熊家森同志省公司党组纪律检查组组长、省公司监察专员办公室监察专员职务；免去江似火同志江西省电力工会委员会主席职务。

3 月 3 日，毛日峰总经理参加了江西省政府、中国国电集团公司在北京举行的黄金埠电厂建设协议签字仪式。黄金埠电厂位于江西省中部和东部电网交汇处的余干县。该电厂的建成将对缓解江西电力紧张状况，促进江西经济发展起到重要作用。

3 月 4 日，因中电投贵溪电厂 220kV 刀闸引线鼻铜铝过渡板断裂，引起 220kV 母线失压，造成 220kV 月湖、上饶变电站和 16 个 110kV 变电站全站失压事故。

3 月 8 日，九江供电公司 220kV 妙智变电站运行人员在操作中误投保护压板，同时因九江电厂 2 号炉熄火，造成 220kV 裕丰变电站、110kV 庐山、沙河变电站失压、110kV 十里、周岭变电站Ⅰ段母线失压事故。

3 月 9 日，省公司召开 2004 年纪检监察工作会议暨反腐倡廉警示教育大会。

3 月 20 日，省公司召开 2004 年安全生产工作会议，省内部分发电企业有关负责人应邀参加会议。省经贸委有关领导出席会议并发表了重要讲话。

3 月 23 日，全省打击破坏盗窃电力设施和盗窃电能专项行动总结表彰电视电话会议召开。副省长蔡安季出席会议并发表重要讲话。

3 月 29 日，江西省浮梁县供电有限责任公司鹅湖供电所员工朱润元，当选为江西省“十大井冈之子”。

4 月 29 日，三峡 500kV 输变电工程江西“两站三线”工程——500kV 新余（罗坊）变电站和南昌昌西（梦山）开关站，500kV 凤凰山—咸宁—昌西开关站、南昌变电站—昌西开关站—新余变电站、南昌变电站—乐万（已先于2003年12月降压投运）输电线路全部建成投运，这对提升江西电网等级、优化江西电网布局，进一步加强江西电网与华中主网的联系具有十分重要的意义。

5月13日，国家电网公司总经理赵希正、总工程师赵遵廉、华中电网有限公司总经理张学知等领导来省公司调研并视察江西电网调度中心。

5月中旬，国家电网公司同意将柘林水电开发公司保留在江西电网作调峰电厂，并明确将九江发电厂（一、二、三期）统一由江西省调调度。

5月21日，省公司召开2004年迎峰度夏工作电话会议。

6月3日，省公司超高压分公司成立。

6月17日，省发改委下发《关于疏导江西电网电价矛盾规范电价管理有关问题的通知》，对全省电网销售电价作适度调整。

6月29日，省公司与中国电力投资集团公司江西分公司在本部举行资产财务划转移交仪式。

6月30日，省公司召开纪念建党83周年党员大会。

7月1～4日，以国务院三峡建设委员会副主任张德楠、国家开发银行顾问吴敬儒等组成的国务院三峡输变电工程稽查组到江西，对江西“两站三线”工程进行稽查。认为江西“两站三线”工程质量符合设计要求，工程质量优良，工程提前建成投运。

7月24日，省长黄智权在省委常委、南昌市委书记余欣荣、副省长凌成兴陪同下，冒着高温先后来到110kV南昌广场变电站建设工地、南昌供电公司市中抢修班和省电力调度中心，看望和慰问奋战在保电一线的供电员工。

7月27日，省公司荣获江西省政府颁发的2003年度江西工业崛起年度贡献奖。

7月31日，省公司召开2004年年中工作会议，毛日峰总经理在会上作了题为《坚定信心，扎实工作，为全面完成2004年各项目标任务而奋斗》的工作报告。

8月9日，江西电网最高负荷达606万kW，比2003年最高负荷高出102万kW，再创历史新高。

8月10日，省委书记孟建柱、省委副书记王君一行先后来到220kV顺外变电站和省电力调度中心，看望和慰问奋战在电力生产一线的供电员工。

8月20日，省公司召开2004年干部人才工作会议，提出建设高素质的干部人才队伍，努力实施“3561”优秀人才培养选拔工程，重点培养30名电力企业家、50名复合型管理人才、60名科技带头人和100名优秀技能人才。

8月20日，江西省电力建设公司更名为江西省电力公司电网建设分公司。

8月20日，宜春供电公司220kV袁州变电站轮流倒旁路运行操作过程中，由于工作人员及运行人员未认真检查检修刀闸后的具体位置，造成220kV Ⅰ段母线间歇性接地，引起母差保护动作，导致220kV袁州变电站和6个110kV变电站失压事故；同时又因萍乡钢铁厂擅自退出低频减载装置和萍乡电厂1台机组（125MW）未稳住，导致220kV跑马坪和8个110kV变电站失压。

8月31日，在江西省重点工程建设现场会上，江西省水电工程局承建施工的贵溪电厂二期扩建工程受到副省长凌成兴的高度称赞。江西省政府专门组织全省重点工程建设单位到贵电二期建设现场参观学习。

9月3日，江西省电力系统第三届职工生产技术运动会开幕。

9月18日，首条由省公司投资建设的500kV线路工程——新余—赣州的吉安—赣州段工程正式开工建设。

9月20日，江西省电力职工文化节隆重开幕。

9月25日，省公司部署在全省供电企业统一开展“诚信工程”优质服务周宣传活动，以打造江西电网企业优质服务品牌。

10月14日，国家电网公司陈进行副总经理一行在省公司调研，强调要把安全生产和经济效益摆在首位，加快公司发展。

10月18～24日，第五届全国农运会在江西宜春举行。宜春供电公司出色完成了保电任务，农运会期间实现了“零停电”。省公司为此专门发文嘉奖。

10月25日，经江西省工商行政管理局核准，省公司的出资人由原国家电网公司变更为华中电网有限公司，省公司与华中电网有限公司建立了资本纽带关系，成为华中电网有限公司的子公司。

11月1日，国家电网公司计划投融资部印发江西黄金埠电厂（2×600MW）接入系统设计审查意见，同意黄金埠电厂以500kV一级电压等级接入系统，2回出线至在建的500kV乐平变电站，线路路径兼顾进规划的500kV鹰潭变电站（或开关站）的可能性。

11月2日，省公安厅、省发改委、省工商局、省经贸委、省电力公司共同制定《全省打击整治盗窃破坏电力设施犯罪专项行动工作方案》。

11月4日，中共江西省委宣传部等五部委发出通知，在全省开展向李洪应同志学习活动。

11月8日，500kV梦山变电站投运。该站的投运，将进一步增强江西电网的供电能力。

11月11日，省公司配合江西省发展改革委员会完成了理顺县级电网销售电价工作，以规范电价管理，缓解县级供电企业经营困难。

11月18日，江西省经济贸易委员会发出《关于进一步加强全省电费回收工作的通知》，支持供电企业按程序停电催缴电费。

11月18～20日，第十九届世界客属恳亲大会在赣州举行。省公司及所属赣州供电公司认真做好保电工作，实现了会议期间“零停电”目标。

12月2～20日，国家发改委农网工程专项稽查组对全省农网建设与改造工程进行专项稽查。

12月6日，省公司设立电费回收专项奖励基金，以加大电费回收力度。

12月7日，省电力调度中心实现调度运行安全生产7000天，这一安全记录名列全国区域及省级电网前茅。

12月12日，省公司代表队获得江西省会计诚信知识竞赛一等奖，省公司对熊莉等代表队队员予以通报表扬。

12月14日，南昌供电公司城东分公司220kV昌东变电站进行倒闸操作中，发生带地刀合刀闸事故；针对此次事故，毛日峰总经理提出7点处理意见。

12月15日，第十一届国家企业管理现代化创新成果揭晓，由江西省电力试验研究院张怡荣院长和班子成员共创的“以创建技术服务型企业为目标的管理再造”管理创新成果荣获二等奖，这也是本届江西省惟一的获奖项目。

12月20日，全国劳动和社会保障部以劳社部[2004] 31号文授予省火电公司员工陈之贵“全国技术能手”称号。

12月21日，国家电网公司人事董事部代表国家电网公司党组，到省公司宣布公司领导班子调整决定：焦保利同志任省公司党组成员、副总经理；免去江似火同志省公司党组成员、副总经理职务。

12月24日，省政府在江西省电力公司召开煤电运紧急协调会，副省长凌成兴召集省经贸委及煤炭、电力、铁路、运输等部门的负责同志，研究元旦、春节期间的煤、电、运工作，提出要全力以赴组织煤炭调运，确保今冬明春及“两节”期间的电力供应。

12月27日，在省直第五届“百优十杰青年”评选活动中，省电力调度中心运行方式科科长吴键同志当选为省直第五届十大杰出青年。

12月30日，国家电网公司人事董事部代表国家电网公司党组到华中电网公司宣布领导班子调整决定：江似火同志任华中电网公司党组成员、工会主席。

截至12月31日，江西电网统调电厂发电量为301.34亿kWh，同比增长6.16%；售电量267.46亿kWh，同比增长14.97%；电费应收余额实际完成8.94亿元，圆满完成了华中电网公司下达的9.6亿元目标；江西主网安全运行7781天。

（崔保卫 何 群）

四川省电力工业

年度特点

2004年四川电力工业在电源和电网建设方面都有较大发展。但是与全省国民经济快速发展速度相比较，还显得有些滞后。主要特点：①随着国民经济快速发展，用电需求继续快速增长，全省用电量比2003年增长12.79%，从而出现枯水期较大电力供应缺口，不得不实行较大范围的拉闸限电。②虽然电源建设有一定加快，至年底全省发电装机量比2003年增加198.29万kW，增长10.77%，但用电量的增长更快，2004年用电量比2003年增加了97.22亿kWh，增长12.79%，电力发展仍然滞后于国民经济发展，不能满足工农业生产和人民群众生产用电增长需求。③电源结构不合理，在全省已建成的发电装机容量中，水电装机比重大，占全省总装机容量的65.98%，且径流电站多，库容小。特别是地方电力系统的4291座小水电站的567万kW发电装机基本上都是径流电站，形成丰水期大量弃水，枯水期缺电严重的局面。

由于上述原因，2004年四川全年共拉闸79694条·次，有9个月出现拉闸限电和工业避峰现象，全网拉闸限电累计113天，最大拉闸限电负荷236.3万kW，全网工业避峰总天数达146天，最大避峰负荷264.4万kW，全网拉闸限电损失电量达到23.61亿kWh。

企业概况

2004年年底，四川省电力管理机构主要有四川省电力公司、国家电监会华中电监局成都监管专员办公室、四川省地方电力局、中国国电集团川渝公司、中国国电集团大渡河流域水电开发有限公司、中国华电集团四川公司、四川华能水电开发有限责任公司、中国水利水电建设集团第五工程局、中国水利水电建设集团第七工程局、中国水利水电建设集团第十工程局、西南电力设计院、成都勘测设计研究院、二滩水电开发有限责任公司、武警水电第三总队、巴蜀电力开发公司、三峡总公司金沙江开发有限责任公司筹备处等。

四川省电力公司为华中电网有限公司成员企业。

2004年年底有电力生产、设计、施工、修造、科研、调试、学校等企事业单位39个，职工总数30935人（不含多种经营企业），其中各类专业技术人员6613人。供电面积约10万km²，占四川省总面积的20.6%，直供区供电人口约2860万人，趸售区供电人口约3180万人，合计约占全省总人口的70%。公司全资拥有启明星控股公司、启明星设备制造集团、四川电力建设集团公司、阿坝州水利电网资产经营公司等多家企业。公司总资产482.29亿元，所有者权益124.82亿元，资产负债率72.12%，净资产利税率23.59%，全员劳动生产率45.75万元/(人·年)。

四川电网总装机容量2028.32万kW，其中：水电装机1338.29万kW，占65.98%，居全国第一位；火电装机690.03万kW，占34.02%。比2003年新增装机容量178万kW，其中：水电106万kW，火电72万kW。由四川省电力公司统一调度的电厂装机1460.13万kW，其中：水电915.01kW（含二滩分给重庆的容量90万kW），火电545.12kW。公司拥有500kV输电线路2604.47km、220kV输电线路7704.2km、110kV输电线路10419.12km，拥有500kV变电容量375万kVA、220kV变电容量1278万kVA、110kV及35kV变电容量1935.1万kVA。

2004年四川省地方电力系统也有较大发展，全年新增发电装机容量65.34万kW，到年底，全省地方电力总装机容量567.46万kW，比2003年同期增长11.51%；年发电量达234.89亿kWh，比2003年同期增长11.4%；用电量达282.97亿kWh，比2003年同期增长10.3%。地方电力系统年末职工总人数为85434人。

领导班子

2004年四川主要电力单位领导班子情况如下：

四川省电力公司：总经理、党委副书记朱长林；党委书记、副总经理张羡崇；党委常委、副总经理陈晓林、薛嘉璋；党委副书记甘德一；党委常委、副总经理何源森；党委常委、工会主席邓天杰；党委常委、纪委书记甘和全；总会计师胡柏初；总工程师王平。

四川省地方电力局：局长张忠孝，党委书记、副局长张志远，副局长屈行果、卢平、蒋明德；党委副书记：杨树良。

二滩水电开发有限责任公司：法人代表兼董事长王文泽，总经理陈云华。

中国国电集团川渝公司：党组书记兼总经理陈武生，副总经理曾签名、段凌剑，总经济师邓元明。

中国华电集团四川公司：党组书记兼总经理杨清廷，党组成员、公司副总经理代先荣。

四川华能水电开发有限责任公司：总经理张伟，副总经理张小鸣、冉群、王雄志。

国电集团大渡河流域水电开发有限公司：总经理、党委副书记刘金焕，党委书记、副总经理付兴友，党委副书记马文举，副总经理张建华、向进、王春云。

中国水利水电第五工程局：党委书记樊建平，副书记郝国英，纪委书记郝国英；局长郭志强，副局长宋维众、郑久存、吴高见、李燕明、卢学文、孙兆铭，总工程师吴高见（兼），总会计师古昌祥，工会主席赵玉。

中国水利水电第七工程局：党委书记冯觉林，党委副书记兼纪律书记逯建华。局长范集湘，副局长张跃涛、张建文、刘明江、荣其富、申茂夏、文加海、杨忠、尹强；总工程师朱彤，总会计师李金元，工会主席王富建。

中国水利水电第十工程局：党委书记刘均宏，党委副书记兼纪委书记、工会主席王坤任；局长文端超，副局长刘均宏、杜学泽、彭勇、柳赋渊、杜亚玲；总工程师陈茂，总经济师何齐刚，总会计师刘祥。

中国人民武装警察水电第三总队：总队长刘松林（大校，2004年1月调离），林友汉（大校，2004年1月到任），政治委员刘洪卫（大校），副总队长刘宏荣（大校）、王超伦（大校）、王泉（大校）、王殿林（大校）；副政治委员李元炳（大校）、刘刚（大校）；总工程师赵秀玲（大校），参谋长赵静安（大校），政治部主任袁用枝（大校），后勤部部长赵西安（上校），总会计师：范守明（大校）。

西南电力设计院：党委书记卢良臣，副书记蔡约超；院长周大吉，副院长苑奇、郝群岩、宋培庆、丰玉祥；总工程师辛晓光。

成都电力勘测设计研究院：党委书记张小庆，副书记兼纪委书记李盛芳（女），副书记兼工会主席胡志洪；院长郑声安，副院长宋胜武、章建跃、陈五一、职小前；总工程师胡斌。

巴蜀电力开发公司：总经理吴洪川。

三峡总公司金沙江开发有限责任公司筹备处：副主任胡斌。

组织机构

四川省电力公司本部设有总经理工作部、人事与董事部、人力资源部、政策研究与法律事务部、计划发展部、投资管理部、财务部、电力营销部、生产技术部、安全监察部、科技信息环保部、农电管理部、电力建设部、审计部、国际合作部、多种产业部、电力物资部、党委宣传部、党委组织部、纪检监察部、离退休工作部、电力工会、团委、事务部（本部党委）、公安处、调度中心和国家电网公司成都援藏处。

精神文明建设

2004 年四川省电力公司牢牢把握改革稳定大局，围绕生产经营中心任务，在精神文明建设方面也取得了显著成绩，主要表现在以下几个方面：

（1）干部理论教育不断推向深入。2004 年，省电力公司召开了公司系统中心组学习经验交流会，研究和创新学习方式；举办了领导干部读书班，围绕管理创新集中学习；完成了《全国干部读本》的轮训；编发了《领导干部调研文集》和专题辅导材料，完成了年度理论学习考核，推动了干部特别是领导干部的理论学习。

（2）领导班子建设逐步加强。2004 年四川省电力公司开展了“四好班子”创建活动，有 9 个基层单位获得省电力公司党委授予的“四好班子”称号；省电力公司集中培训中青年干部 34 名，并对公司本部副处级以上干部全部进行了任期考核。通过深化“效率服务车年”和“学习型本部”活动的开展，促进了公司本部建设。

（3）中共党的基层组织建设取得明显成效。2004 年四川省电力公司完善了《基层党委工作考核办法》，组织开展了“党支部建设年”活动，有 9 个基层党委被评为“红旗党委”，41 个支部被评为“先进党支部”，在省电力公司组织的首次“党员练兵比武”活动中，有 10 个基层单位获得优胜奖。同时，顺利完成了华电、国电公司党组织关系的移交，理顺了党组织隶属关系问题。

（4）廉政建设取得一定成效。2004 年四川省电力公司对 33 个基层单位和 299 名领导干部进行了责任考核，被评为“好”的单位有 25 个，厂（处）级干部中有 280 名获奖，7 人受经济处罚，19 人受到责任追究。通过“四好班子”的创建，较好地促进了党风廉政建设的深入开展。

（5）思想政治工作成效突出，精神文明建设稳步向前推进。2004 年，省电力公司的所属单位，全部建成了市级及以上文明单位，其中省级文明单位占 85%，省级最佳文明单位占 61%，16 个电业局建成了文明行业，提前 1 年实现省电力公司的精神文明建设“十五”规划目标。成都电业局的共产党员服务队获得“全国五一劳动奖章”。

基本建设

2004 年，四川省电力公司累计完成固定资产投资 24.92 亿元，其中电网建设投资 18.25 亿元。电网新增 500kV 变电站 1 座、变电容量 75 万 kVA、线路 190km；新增 220kV 变电站 8 座、变电容量 117 万 kVA、线路 97.6km；新增 110kV 变电站 16 座、72 万 kVA、线路 124km；新增 35kV 变电站 16 座、变电容量 13.88 万 kVA、线路 150km；新增 10kV 配电变压器 518 台、变电容量 20.47 万 kVA、10kV 及以下线路 865km。

电网生产

2004 年全省发电量为 935.3 亿 kWh，比 2003 年同期增长 12.98%。其中水电发电量 589.02 亿 kWh，增长 17.8%；火电发电量 346.27 亿 kWh，增长 5.63%。

全省统调电厂累计完成发电量 676.92 亿 kWh，增长 14.29%。其中水电发电量 399.68 亿 kWh，增长 21.95%；火电发电量 277.24 亿 kWh，增长 2.32%。

省电力公司全资电厂完成发电量 22.835 亿 kWh，比 2003 年同期增长 6.04%；二滩电站累计完成发电量 158.02 亿 kWh，比 2003 年同期增长 9.21%；映秀湾电厂全年发电量 22.835 亿 kWh，比 2003 年同期增长 6.04%。

2004 年，在限电 200 万 kW 以上的情况下，主网最大发电负荷达 1180 万 kW，比 2003 年同期增长 18.36%；日最高发电量 2.2734 亿 kWh，增长 19.12%；统调电厂供省内最大用电负荷 955 万 kW，比 2003 年同期相比增长 7.16%；最大日用电量 1.87613 亿 kWh，同比增长 12.32%。全年 6000kW 及以上电厂供电标准煤耗率 455g/kWh，下降 27g/kWh；线损率为 8.95%，比 2003 年下降 0.47 个百分点；电网频率合格率为 100%，与 2003 年持平。

2004 年，四川省电力公司累计完成售电量 618.57 亿 kWh，比 2003 年同期增长 14.69%；省内售电量 564.50 亿 kWh，增长 14.05%；“川电东送”电量累计完成 93.55 亿 kWh（含二滩送重庆）。其中送华东 19.64 亿 kWh，送华中 16.84 亿 kWh，送重庆 57.07 亿 kWh（含二滩送重庆）。

电力消费

2004 年四川省全口径发电量 935.3 亿 kWh，比 2003 年同期增长 12.98%；全年全口径用电量 857.02 亿 kWh，比 2003 年同期增长 13.1%。全省用电量情况见下表。

2004 年四川省用电分类统计情况

产业类别	2004 年（亿 kWh）	2003 年（亿 kWh）	2004 年比 2003 年增长（%）
全社会用电总计	857.02	759.81	12.79
A. 全行业用电合计	711.54	628.40	13.23

续表

产业类别	2004 年(亿 kWh)	2003 年(亿 kWh)	2004 年比 2003 年增长(%)
第一产业	20.77	18.58	11.75
第二产业	601.28	534.66	12.46
第三产业	89.49	75.16	20.64
B. 城乡居民生活用电合计	145.48	131.41	10.71
城镇居民	86.96	79.62	9.22
乡村居民	58.52	51.78	13.01
一、农、林、牧、渔业	20.77	18.58	11.75
二、工业	592.66	527.24	12.41
1. 轻工业	67.72	63.61	6.45
2. 重工业	524.94	461.36	13.78
三、建筑业	8.63	7.41	16.47
四、交通运输、仓储、邮政业	26.26	25.60	2.57
五、信息传输计算机服务和软件业	5.46	5.33	2.51
六、商业、住宿和餐饮业	24.10	19.87	21.31
七、金融房地产商务及居民服务业	9.90	8.70	13.82
八、公共事业及管理组织	23.76	24.36	−2.48

2004 年的工业用电计 592.66 亿 kWh，占全社会用电量的 69.15%，是整个用电的主体，比 2003 年新增用电 65.42 亿 kWh，对全社会用电增长贡献率达 67.29%。城乡居民生活用电 145.48 亿 kWh，增长 10.71%。其中城镇生活用电 86.96 亿 kWh，增长 9.22%；乡村生活用电 58.52 亿 kWh，增长 13.01%。乡村生活用电的增长高出城镇生活用电 3.79 个百分点。

农电建设

2004 年，四川省电力公司完成县城电网建设与改造工程 6.4029 亿元，完成了国家下达的 6.4 亿元目标。新建及改造 110kV 变电站 56 座、213 万 kVA，线路 586km；35kV 变电站 70 座、39.76 万 kVA，线路 402.46km；110kV 配电变压器 518 台、20.5 万 kVA，线路 865km；低压线路 376km。县城电网建设与改造工程全面展开。

电力科技

2004 年，省电力公司安排重大科技开发及推广项目 47 项，科技经费 10889 万元，其中资本金 4478 万元，成本 6411 万元，自控费用 1620 万元。

2004 年，四川省电力公司系统获国家科技进步奖 1 项；获省、部级科技进步奖项目 4 项。其中一等奖 1 项，二等奖 1 项，三等奖 2 项；获省电力公司科技进步奖项目 28 项，其中一等奖 7 项，二等奖 7 项，三等奖 2 项，四等奖 12 项。获奖项目主要有：二滩 500kV 输电线路覆冰问题及对策研究、500kV 变电站绝缘在线监测、JBK3000 变电站综合自动化系统、750kV 输电线路六分裂导线配套金具研制、500kV 紧凑型输电线路六分裂导线配套金具研制、四川电网灾难性事故及防治对策研究等。这些项目的完成和应用，在提高公司安全生产水平、经济效益、管理水平和环境保护等方面发挥了重要的作用。

职工教育培训

2004 年，四川省电力公司举办各类培训班 415 期，培训人员 19104 人。其中省公司各业务部门举办培训班 83 期，培训人员 6714 人；基层各单位举办培训班 332 期，培训人员 12300 人。年内，举办中层干部培训班 10 期，培训 533 人；举办管理和专业技术人员继续教育培训班 45 期、继续教育讲座 10 期、高级工职业技能鉴定培训班 18 期，培训工人技术骨干 893 人；举办其他生产技能骨干培训班 24 期，培训 1175 人。

优质服务

2004 年四川省电力公司在邓小平同志的故乡广安召开共产党员服务队队长工作交流座谈会，进一步提高省公司系统广大职工对电网公司性质、职责、定位和优质服务对公司重要性的认识，进一步推广“共产党员服务队”模式。全公司各电业局都成立了“党员服务队”；全部开通了 95598 客户服务电话系统；确定了优质服务长效运行机制；加强营业窗口和营销管理信息系统建设；开展了客户服务中心窗口优质服务竞赛活动。在坚持服务标准化、规范化、现代化建设的同时，进一步推动各单位文明行业创建活动，继续加强行业作风建设，主动接受社会行风评议和社会监督。

四川省电力公司以“共产党员服务队”的组织形式，塑造四川电力品牌，实践“三个代表”重要思想，服务人民，奉献社会。到年底四川省电力公司系统有共产党员服务队 20 支。从党服务队成立到 2004 年年底的两年多时间里，各党员服务队共计受理用电咨询10万余人·次，处理用电故障2万余起，开展与电力无关的施救1000多起。

存在问题

(1) 缺电形势严峻，全年共拉闸79694条·次，全网拉闸限电累计113天，最大拉闸限电负荷236.3万kW，全网工业避峰总天数达146天，最大避峰负荷264.4万kW，全网拉闸限电损失电量达到23.61亿kWh。

(2) 电热费余额仍然偏大，公司面临呆、坏账潜亏财务风险，到2004年年底，公司应收电热费余额高达14亿多元，巨额的电费欠费不仅给公司正常生产经营带来了困难，也使公司单方面可能承担企业注销、破产后带来的财务风险。

(3) 受电煤供应缺电和电价上调影响，售电量增长缓慢。

(4) 电力建设资本金严重不足，电网建设与资本金矛盾突出。

(5) 电网建设受外界干扰较大，电网建设困难，成本增高、工期延长。

(6) 农电体制改革政策不配套，资产所有权与使用权分离等。

主要事件

2月10日，宜宾电业局南溪供电局实现安全生产3831天，创安全生产连续十周年无上报考核的历史最好记录，被国家电网公司命名为“青年安全生产示范岗”称号。

2月15日，为满足四川省经济社会高速发展对电力的需求，四川省政府对全省能源“十五”计划进行紧急调整，新印发的《四川省“十五”电力规范调整意见》确定，2004~2005年，四川省将投资720亿元（新增投资200亿元）加快电力建设，其中电源投资为460亿元，新增100亿元。

2月19日，四川省电力公司本部迁到成都市人民南路四段63号办公。

3月1日，四川移动与德阳电业局、德阳市商业银行和成都掌通宝信息服务有限公司通力合作，在四川德阳市率先推出一项全新现代化业务——“手机缴费通”。

3月18日，国家发改委以发改能源［2004］469号文批复四川电网广安至南充500kV输变电工程可行性研究报告。

3月30日，国家“十五”重点建设项目大渡河干流规划建设的最大水电站瀑布沟电站工程正式开工建设。

4月21日，四川省电力公安处撤销，重新设立省公安厅直属公安局第二分局，列入地方行政公安机构。

4月26日，四川省电力公司与中国华电集团公司就在川发电企业资产财务、劳动工资划转移交举行签字仪式。

5月15日，中国国电集团公司与四川省投资集团有限责任公司就江油发电厂有关问题签署协议，由川投集团授权巴蜀电力开发公司将四川巴蜀江油电厂与江油发电厂合并为“巴蜀江油电厂”。

6月1日，四川省电力公司开展对投资73亿元，涉及18个地（市）、103个县、25332个行政村被称之为“德政工程、民心工程”的农网改造工程，进行“回头看”检查工作。

6月3日，“川电东送”第二通道，南充—万州输电线路广安段全线贯通。

6月5日，针对当前电煤供应紧张局势，为避免火电厂燃料耗尽造成机组全停情况发生，四川省出台了火电厂电煤储存预警机制和因缺煤事故停机的事故预案。

6月10日，四川电力工业发展史上的第一部年鉴《四川电力年鉴》正式出版发行。

6月22日，装机容量10.2万kW的紫兰坝水电站截流成功。

7月2日，四川第一家民营大型水电站——天龙湖水电站第一台6万kW机组并入四川电网运行。

7月8日，“川电东送”的第二通道，南充—万县500kV输电线路正式投运。

7月21日，广安电厂二期工程2×30万kW的3号机组完成168h满负荷试运行移交生产。

7月12日，瀑布沟水电站水库移民综合监理合同签字。

7月14日，四川省根据《国务院关于实施西部大开发若干政策措施的通知》精神出台了新的税收扶持措施。对新办的交通、电力、水利、邮政、广播电视等企业，企业所得税金实行两年免征，三年减半征收。

7月19日，四川省电力公司阿坝州分公司筹备处成立。

7月20日，成都华阳和德阳两个500kV输变电工程开始建设。

8月6日，中共中央政治局常委、国务院总理温家宝在川视察期间，主持召开四川省企业座谈会，听取了包括四川省电力公司在内的5家企业的汇报，对确保电力供应和加强需求侧管理等作了重要指示。

8月6日，国电大渡河流域水电开发有限公司与工行四川省分行签订借款34.5亿元协议。

8月18日，四川电网最高负荷1180万kW，日最大电量2.36亿kWh。

8月24日，四川农村水电装机容量已达502万kW，年发电量达211亿kWh，地方电网总资产281亿元。

9月29日，国家发改委以发改能源［2004］2189号文批复国电集团《关于国电华蓥山发电厂2×300MW工程可研报告的请示》，该工程动态总投资26.54亿元。

10月1日，《四川省电源开发权管理暂行办法》实施。

10月9日，华电集团四川广安电厂三期2×60万kW扩建工程奠基。

10月19日，西昌电业局连续第38次成功保证西昌卫星发射中心卫星发射的可靠供电。

10月21日，为加快雅砻江流域梯级滚动开发，官地、桐子林电站建设管理局（筹）成立。

10月26日，广安电厂4号30万kW机组投产，四川发电装机容量突破2000万kW。

12月6日，四川省电力公司遂宁分公司筹备处正式揭牌。

12月24日，国家电网公司决定张羡崇任四川省电力公司党委书记、副总经理，何源森同志任党委常委、副总经理，甘和全同志任党委常委、纪委书记，王平同志任总工程师。

12月31日，国家电力监督委员会华中监管局成都监管办公室（简称“成都电监办”）正式挂牌成立。

（左宇龙　程彦韬　陆远兴）

重庆市电力工业

概述

2004年，是重庆电力行业改革和发展取得积极进展的一年。全重庆地区发电量229.14亿kWh，比2003年增长12.92%；全市由重庆电力调度中心直接调度发电厂发电量182.72亿kWh（水电27.28亿kWh，火电155.43亿kWh），同比增长27.52%。其中：重庆发电厂27.39亿kWh，同比减少7.09%；白鹤发电厂5.39亿kWh，同比减少10.08%；白鹤发电公司1号机6月投运，全年发电8.05亿kWh；狮子滩水力发电总厂4.6亿kWh，同比增长11.32%；华能珞璜电厂81.57亿kWh，同比增长10.96%；华能江北燃机电厂1.28亿kWh，同比减少12.84%；九龙电力股份公司11.53亿kWh，同比减少6.59%；石板水电站4.4亿kWh，同比增长15.23%；江口水电站13.42亿kWh，同比增长143.42%；鱼剑口水电厂0.47亿kWh（2003年尚未建成）。重庆市主网发购电量224.35亿kWh，其中购二滩电量39.97亿kWh，增长7.36%；购四川电量11.42亿kWh，增长4.35%；购贵州电量6.81亿kWh，增长172.65%；购三峡电站电量7.94亿kWh，增长2.80%；购华中电网电量0.05亿kWh，减少98.01%。主网售电量204.2亿kWh，增长16.12%。重庆市电力公司售电收入99.20亿元（含税），同比增长30.72%；全员劳动生产率35.12万元/（人·年），增长17.62%。

2004年重庆全社会用电量302.58亿kWh，比2003年增长12.37%。其中：工业用电量201.44亿kWh（轻工业29.25亿kWh，重工业172.19亿kWh）；农、林、牧、渔、水利业3.29亿kWh；地质普查勘探与建筑业6.74亿kWh；交通邮电通信业5.47亿kWh；商业与其他行业32.07亿kWh；城乡居民生活用电53.57亿kWh（乡村居民17.36亿kWh，城市居民36.21亿kWh）。全市工业万元产值耗电量847.47kWh，每千瓦时产值11.80元。

截至2004年年底，全市发电装机容量467.9万kW（水电141.99万kW，火电325.91万kW）。其中主网直调331.68万kW（水电66.97万kW，火电264.71万kW，水火电比例分别为20.19%和79.81%）。重庆市电力公司直属电厂44万kW；中国电力投资集团公司所属九龙电力股份有限公司20万kW，白鹤发电厂10万kW，白鹤发电公司30万kW，狮子滩水力发电总厂13.2万kW，共计73.2万kW；华能电力公司所属珞璜发电厂144万kW，江北燃机电厂10.86万kW，共计154.86万kW；地方及企业自备电厂190.97万kW。主网拥有变电站222座，容量1841万kVA，其中：500kV变电站3座，容量300万kVA；220kV变电站30座，容量699万kVA。35～500kV输电线路492条，长度8721km。其中：500kV线路10条，1228.5km，220kV线路82条，2469.1km。

重庆各电力企业加强安全管理，安全生产形势稳定。各企业始终坚持“三全”管理，层层落实安全生产责任制，认真开展“安全生产基础管理年”和“安全生产活动月”活动，积极开展事故预想和反事故演习，稳步推进安全性评价，推行标准化作业，推广安全监察师制度，加大外力破坏打击力度，严肃查处违章行为。在电力体制改革不断深化、电网建设高速发展和电网运行经受严峻考验的形势下，确保了电网安全稳定运行。全年未发生人身重伤及以上事故，未发生重大及以上电网、设备事故和重大火灾事故。

各电力企业坚持以确保电力供应为第一要务，精心组织，合理调度，电力供应基本正常。2004 年夏季最高日负荷 481.6 万 kW，同比增长 10.59%；最大日电量突破 1 亿 kWh，同比增长 15.19%。在全国 24 个省、市大面积拉闸限电的严峻形势下，实现了迎峰度夏期间拉闸限电“零”目标，得到市委、市政府和广大市民的高度评价。进入冬季以来，又克服了电煤供应波动、机组健康水平下降以及外购电困难等不利因素，积极采取各种应急措施，基本保证了企业生产和群众生活的用电需求。

重庆市电力公司坚持科学的电网发展观，编制了《2020 年重庆电网目标网架规划》、《城网“十一五”规划》等电网发展规划，公司所属各供电企业编制了“十一五”电网发展规划。全面完成了度夏工程、民心工程，按期完成国家电网公司重点工程 500kV 南万线和 500kV 石长Ⅰ回线路抢建工程，创造了 500kV 送变电工程全国最短建设工期记录。全年共竣工投运 110kV 及以上线路 462.64km；新建和改扩建 110kV 及以上变电站 19 座，竣工投运变电容量 197.5 万 kVA，其中新增变电容量 130.7 万 kVA。

根据市政府关于电力体制改革意见，大力推进县级电力体制改革，成功组建 18 家控股供电公司。26 个有地方电网的区（市、县）已有 24 个完成了体制改革工作，基本形成全市统一电网。供电公司管理水平显著提高，经营形势明显好转。第一批改革的 13 家供电公司亏损控制在 3722 万元，比年初计划减亏 5907 万元，其中武隆、大足、城口、铜梁、合川等 5 家公司实现盈利。

重庆电力行业服务质量明显改善。重庆市电力公司扩展 95598 服务热线功能，实现了电话和网上办理增容报装业务，扩大联网收费银行数量。设立大客户服务部，对 5000kVA 及以上大客户直接实施客户关怀、技术咨询、一口对外等差异化服务。启动客户关怀系统建设，建立营销差错管理机制。加强行风建设力度，在连续保持行风优良单位的基础上，以优异成绩获得“消费者满意企业”称号。

由于重庆市电力公司对重庆经济发展作出的突出贡献，重庆市电力公司陈峰总经理荣获重庆市人民政府颁发的 2004 年度“振兴重庆争光贡献奖”特别奖。

重庆电力通信数据网工程通过验收

重庆电力通信数据网（ATM）工程顺利通过验收。2004 年，一个功能强大的、统一的多业务传输平台在重庆市电力公司办公电话系统、办公自动化系统、调度自动化系统、财务管理系统、营销管理系统、负荷控制系统等多个信息系统正式投入运行，在市公司与各基层单位之间建立了更为安全、稳定、高效、可靠的信息通道，标志着重庆市电力公司生产自动化、管理信息化又上了一个新台阶。

2000 年 7 月，重庆市电力公司 ATM 项目正式启动。经过充分的调研、技术咨询和方案设计，2002 年 7 月完成系统招标；10 月，工程开始施工，两个月时间便完成了设备安装和调试，2003 年初全面接入应用业务。项目小组克服了“非典”、“蠕虫病毒”等影响，将各应用系统陆续平稳接入 ATM 网，投入试运行。

该工程成功实现了将语音、图像、数据多种业务汇聚于统一的业务平台传输，实现了重庆电力通信业务的“三网合一”；采用不同的信令接口技术，成功实现多家厂商、多种型号的行政交换机的语音业务在 ATM 网络上的互联互通，具有国内先进技术水平；工程成功实现了在 ATM 网络上传送 IP 业务，保证了公司原有 IP 网络与现有 ATM 网络的互联互通；采用先进的虚拟路由技术，在 ATM 网络中划分了多个相互独立的 VPN（虚拟专用网络）专网，实现了 EMOS 业务、MIS（管理信息系统）业务（含办公自动化）、营销业务、财务系统业务在统一的 ATM 网络下不同专网的独立传输，保障了各类业务的安全性与独立性。

500kV 三万Ⅱ回输电线路通过验收

4 月 28 日，500kV 三万Ⅱ回输电线路通过验收。该线路全长 196.6km，铁塔 420 基，起于湖北省 500kV 龙泉变电站，止于重庆市 500kV 万州变电站。线路穿越在三峡崇山峻岭之中，道路难行，交通不便，人烟稀少。500kV 三万Ⅱ回线的建成，为华中与川渝地区电力联网，西电东送增加了一条通道，对促进三峡库区经济建设将发挥重要作用。

实践经营战略咨询成果提升管理水平

重庆市电力公司经营战略咨询项目从 2003 年 7 月启动，历时 10 个月，经过公司和国际一流的咨询公司—埃森哲（Accenture）公司专家的共同努力，咨询项目四个阶段的工作已经圆满结束。在电力体制改革逐步深入的新形势下，重庆市电力公司审时度势，决定自加压力，引入国际先进的管理理念和思想，邀请埃森哲公司对管理进行全面咨询和诊断，通过对未来的业务战略进行明晰，对现有的业务流程进行优化来达到管理创新、机制创新、体制创新和科技创新，提高效率，降低成本，最终实现国际一流电力公司的目标。

经营战略咨询方案实施包括以下五个方面：①流程，建立规范的业务流程、制度和体系；②组织架构，根据新的业务能力设计，在适当的时候对组织架构、岗位设置和职责分工作出一定调整；③能力素质，通过培训和招聘，提高重庆电力员工的能力素质水平，使之满足新的业务能力的需要；④信息系统，通过包括“客户关怀系统”、“企业资源计划系统”、“企业资产管理系统”等一系列企业级信息系统项目的分步推进，逐步将未来业务能力的设计蓝图予以制度化、流程化、自动化；⑤绩效管理，建立并不断优化全面的绩效管理体系，使经营战略目标落到实处。

公司经营战略咨询项目第一阶段通过绘制业务流程图、组织转变准备调查、开展访谈、行业对标和最佳业务实践比较分析等工作对公司的业务现状进行诊断，并找出了存在的问题和差距。第二阶段开展了公司战略研讨，明确了公司的战略定位，构建了公司未来的业务能力模型，提出了组织扁平化、实现集中服务、合并或剔除重复或交叉职能的部门或分公司、将管理职能与执行职能分开并进一步优化等建议，并对业务能力模型的设计制定了指导原则。第三阶段完成了包括业务流程、部门职责、关键绩效指标库、能力素质库设计等在内的业务能力蓝图的设计工作，制定了业务能力实施规划和速效方案，并评估了实施未来业务能力设计方案所可能带来的收益。项目第四阶段的主要工作是实施速效方案，制定项目的未来推广方案。

重庆市电力公司实施经营战略咨询项目有十个方面的体会。①公司第一次借助“外脑”促进公司提升管理水平，是公司新的工作方法的一次有益尝试，是管理工作的一次大胆创新。②在项目实施中坚持“以我为主”的指导思想。③在项目实施中坚持“边学边改”的原则。④充分发掘了团队合作精神。⑤找准了公司与先进行业管理水平的差距。⑥明确了公司战略定位，引入先进的管理理念，为公司的发展和管理创新指明方向。⑦合理优化了公司内部业务流程。⑧为公司制定了系统的变革计划。⑨促进了职工观念的转变。⑩通过经营战略咨询提升了公司的职工素质。

客户关怀系统全面启动

7月12日，重庆市电力公司开始实施客户关怀系统（CCS）项目。为实现“国内领先，国际先进”的愿景，对照全球最佳业务实践，通过对“客户关怀系统”、“企业资产管理系统”、“企业资源计划系统”及“数据仓库系统”等核心管理系统进行高层次的比较和分析，重庆市电力公司决定首先实施客户关怀系统，通过建设先进、高效的市场营销业务支持和管理分析信息平台，显著提高客户服务水平，优化市场营销的业务流程，改善公司经济效益和社会形象，把公司真正建设成为“以客户为中心，以市场为导向”的企业。

公司CCS项目选用国际知名管理软件企业SAP公司的产品来构建营销和客户服务技术支持系统，聘请埃森哲公司负责项目实施，整个项目分为三个阶段：2004年7月至2005年4月，在试点单位完成CCS系统功能和基本CRM（客户资料管理）功能的实施，完成账单打印系统建设，建立EAI（企业应用集成）平台并完成与现有系统的接口；2005年4月至2006年4月，开展CRM系统增强功能的实施，构建数据仓库和分析报表，完成存档系统的实施，实现系统在全公司范围内的推广；2006年4月至2006年10月，在系统全面上线后，开展全方位的后续支持工作。

迎峰度夏工作取得全面胜利

2003年，重庆电网在全国21个省市拉闸限电的情况下没有拉闸限电，确保了迎峰度夏的可靠供电，受到重庆市委市政府以及广大人民群众的赞扬。为了保证2004年夏季高峰时期的安全可靠供电，2003年9月，重庆市电力公司未雨绸缪，超前分析，对当年迎峰度夏工作进行全面调研，总结出包括电源点不足，一些变电站超载、满载和容载比过小，输电网架存在“卡脖子”现象，配电网架薄弱，电网结构不完善，运行可靠性差等17类问题。在此基础上，作出2004年迎峰度夏工作的规划。

2004年4月，投资近5亿元的重庆电网迎峰度夏工程全面展开。工程项目包括500kV长寿—石坪一回58km输电线路、3座220kV变电站的扩建、增容和改造，5座110kV变电站的扩建、增容、改造和主变更换，2项110kV输变电新建工程和一大批10kV业扩项目和低压项目。此外，重庆发电厂20万kW 1号机组大修于4月底前完工。

6月16日，国家电网公司召开迎峰度夏安全生产电视电话会，重庆市电力公司迅速作出反应，制定了重庆电网2004年迎峰度夏安全生产的五大措施：①加大外购电力度。签订了150万kW外购电合同，并将在度夏期间，加强与周边网省电力公司的联系和协调，增加临时购电，最大限度满足重庆市的用电需求。②加快电网建设。抓好迎峰度夏工程的建设并如期投运，以保证电力安全、可靠地输送到千家万户。③积极配合市政府大力开展电力需求侧管理，引导用户合理错峰、避峰，重点保证城乡人民生活、保证农业、重点企业和单位的用电，让“好钢”用在“刀刃”上。④制定全网迎峰度夏应急处理预案，组织开展全网迎峰度夏联合反事故演习，提高电力调度对电网突发事件的应对和协调能力。⑤科学合理地安排发电机组和输变电设备的检修工作，确保度夏期间的满发、稳发和稳定运行。

重庆电力公司调度通信中心在气象台提供的7～9月份精细化天气趋势预测的基础上完成了电网负荷和电量的预测，编制了《2004年重庆电网迎峰度夏调度运行处理预案》，针对电网薄弱环节进行了迎峰度夏反事故演习；精心安排网内机组检修和消除缺陷工作；精心安排水电调度，不弃水或尽量减少弃水，在连晴高温天气来临前保持水库的较高水位。在市政府的主导和推动下，大力加强了需求侧管理措施，实行了新的峰谷电价政策后，电网用电负荷率有较大上升。重庆市电力公司进一步细化服务流程并启动了客户关怀系统，为了确保各电厂燃煤供应，制定了《重庆电网电煤（天然气）预警及应急处理预案》。

7月25日下午5时10分，在万州视察的市委书记黄镇东向重庆电力公司调度通信中心打来电话，询问电网负荷情况和调度工作情况。7月26日下午3时15分，正在国外考察的王鸿举市长通过越洋电话，详细询问重庆市电力公司安全生产形势和电网负荷情况。7月31日上午11时，市委书记黄镇东、市经委主任吴冰一行来到公司调度通信中心和客户服务中心，询问电网负荷情况和客户中心工作情况。

连晴高温再一次考验重庆电网。8月10日，电网最高负荷达到478.12万kW，发购电量9830万kWh，直逼1亿kWh大关。8月11日重庆电网负荷电量再次双双刷新历史纪录：21：26，负荷481.6万kW，全天发购电量突破1亿kWh大关，达10006万kWh。当日18时至23时，重庆电网从华中电网（湖南）紧急购入40万kW电力，使晚高峰可调出力达到508万kW，重庆电网终未拉闸限电，度过了迎峰度夏最困难的时刻。

8月13日，市委书记黄镇东在《重庆市电力公司关于近期电力供应情况的汇报》上批示：“我市电力系统职工做了大量卓有成效的工作，基本确保了高温酷暑下重庆的电力供应，使工农业生产和群众生活基本保持正常，对他们的工作表示慰问。望再接再厉。”

8月17日，中共重庆市委、重庆市人民政府向重庆市电力公司全体职工发来慰问信，向全市电力系统全体干部职工表示亲切的慰问并致以诚挚的谢意。

珞璜电厂脱硫装置得到权威机构认定

华能珞璜电厂投入巨资从日本引进的烟气脱硫装置，多年来运营正常，为重庆地区的大气环境保护作出了重大贡献。3月31日，该装置由中国企业家联合会、中国企业家协会审定，正式认定为一项国内企业记录。审定过程由35家全国性企业社会团体和31个省、自治区、直辖市企业联合会、企业家协会共同参与，具有相当的权威性。

审定评价：华能珞璜电厂1992年投产运行的两台燃煤火力发电机组，均配有一套湿法烟气脱硫装置，各台处理烟气量为1087200m^3/h，至2003年，年脱除二氧化硫量超过12.6万t；各台对燃用高硫4.02%煤产生的烟气的脱硫效率大于95%，钙利用率达93%，其投入率90%以上，为国内电力行业使用最早、目前规模最大的湿法烟气脱硫装置。

珞璜电厂三期工程动工

5月，由中国华能集团投资100多亿元的珞璜电厂扩建两台60万kW燃煤发电机组的三期工程正式动工。历经半年多的修建，至2004年年底，已完成了地下的基础建设工程，主体工程中的烟囱也于12月18日完成。工程即将进入地面的设备吊装阶段。

珞璜电厂三期工程预计于2007年上半年正式投产。两台60万kW的火力发电机组投产后，不仅是中国华能集团最大发电机组，珞璜电厂整体总装机容量将达264万kW。就此将成为华能第一大火力电厂。

500kV 南万线重庆段全线贯通

5月19日，500kV南万线重庆段进行预验收。国家重点建设项目500kV南万线，西起四川省南充市南充变电站，东至重庆市万县变电站，全长217km。重庆段全长87.73km，组立铁塔195基。受国家电网公司委托，重庆市电力公司作为重庆段业主。2004年2月17日，重庆电力超高压局承担20km线路的架设施工任务，组立39基铁塔。该段工程难度大，施工条件差，多为山地、丘陵，交通运输不便，有的地方车辆去不了，只能用牲口运输材料。施工队伍克服困难，在雨季到来之前，提前30天完成了工程任务。

500kV南万线的贯通，进一步完善了川渝电网构架，为西电东送又增加了一条通道，有利于电网统一调度，增强电网安全可靠性，将为川渝地区的经济发展，保障人民生活用电发挥重要作用。

疏导电价矛盾、规范电价管理

6月29日，受国家发改委的委托，重庆市物价局举行居民用电价格听证会，对拟调整重庆市电力公司居民用电价格广泛听取社会各界的意见。33名各界听证代表出席听证会并踊跃发言，市级相关部门代表列席听证会，市主要新闻媒体参与报道。

陈安伟副总经理代表重庆市电力公司作价格申请人说明。中介机构北京中瑞华恒信会计师事务所法人代表宣读了对重庆市电力公司的审计报告。邹正平副总经理代表重庆市电力公司对代表提出的问题，作价格申请人陈述。

市物价局如实记录了听证代表的意见并由代表签字认可。会后，物价局将汇总上报国家发改委，由国家发改委确定最终方案。

经国务院批准，国家发改委调整了华中、华东和华北电网的除居民用电价格外的其他各类用电价格，重庆市电力公司各类销售电价（居民电价除外），平均加价水平为每千瓦时 3.3 分。

白鹤电厂 2×300MW 1 号机组移交生产

由重庆电力建设总公司承建的白鹤发电有限责任公司二期 2×300MW 1 号机组于 6 月 14 日 15 时 18 分顺利完成 168h 试运行并移交生产。

白鹤电厂二期工程是中国电力投资集团公司组建以来在川渝地区主持建设的第一个电源项目，是重庆市重点能源建设项目。

重庆市电力启动体改“第二步”

9 月 29 日，重庆市政府在市电力公司召开启动工作会议，会议标志着重庆市电力公司从市建设投资公司手中接过巫山等 11 家供电有限责任公司改革的接力棒，实现“一市一网”目标。

巫山等 11 家供电有限责任公司在第一步电力体制改革中由市建设投资公司与各区县政府共同出资组建形成。此次重庆市电力公司以和市建设投资公司置换的农村电网改造资产，与区县政府以其权属的电网资产共同组建由市电力公司控股的区县供电有限责任公司。至此，加上在第一步电力体制改革中由市电力公司完成组建的 13 家控股供电有限责任公司，由市电力公司控股的区县供电有限责任公司达到 24 家。这标志着重庆市电力体制改革第一步顺利完成，第二步全面启动。巫山等 11 家公司的大股东由市建设投资公司变更为市电力公司，市电力公司将正式进入 11 家区县公司行使职责。重庆市地方电网独立运行、价格自成一体的格局得到扭转，各区县公司可以借助大电网生产、管理、技术、经营上的优势，促进电网水平、安全生产和盈利能力的全面提升。

重庆冬季出现电力供应紧张局面

重庆电网从 12 月开始，出现了较大的电力电量缺口。12 月份重庆电网最大电力需求约 405 万 kW，日需求电量约 7300 万 kWh，而目前重庆电网最大发购电出力约 330 万～340 万 kW，最大发购电量约 6500 万 kWh，电力缺口 50 万～70 万 kW 左右，日电量最大缺口为 800 万 kWh。

重庆电网从 12 月 6 日开始，直至年末每天拉闸限电，拉闸限电 7118 条·次，共计限电 9915 万 kWh，最大限电电力 96.65 万 kW（12 月 29 日），最大日限电电量 939.51 万 kWh（12 月 30 日）。

（姚家晨）

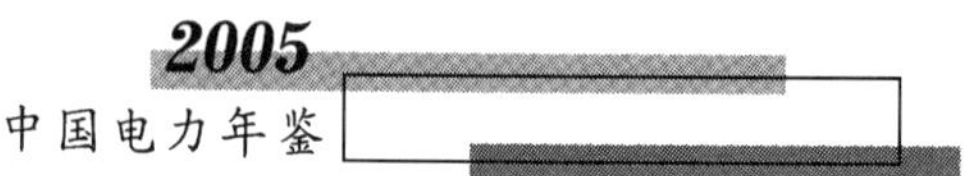

西北地区

西北电网有限公司

概况

2004 年西北电网有限公司在电网规划建设、电网安全、电力供应、企业管理、党的建设和精神文明建设等方面都取得了可喜的成绩。连续五年完成了国家电网公司下达的三项责任制目标；全国最高电压等级西北 750kV 输变电示范工程顺利推进；西北五省（区）疏导电价方案出台；公司系统各单位实现减亏增盈。

2004 年，公司系统发电量完成 1390.82 亿 kWh，同比增长 19.75%。售电量完成 1211.24 亿 kWh，同比增长 18.73%；其中，陕、甘、青、宁、新五省

（区）公司分别同比增长 17.51%、13.43%、19.74%、31.54%、13.63%。省际互供电量完成 43.67 亿 kWh，过往电量完成 37.87 亿 kWh，分别完成年计划的 109.18%和 151.48%。公司系统综合线损率 6.6%；频率合格率 99.9985%。保留发电厂供电煤耗354g/kWh,同比持平。

公司系统资产总额 1023.95 亿元。公司系统利润亏损 13606 万元，减亏 39894 万元；其中：陕西实现利润 26412 万元，增加 11412 万元；宁夏实现利润 24518 万元，增加 15518 万元；甘肃实现利润 3919 万元，增加 1919 万元；青海亏损 6141 万元，新疆亏损 62899 万元，分别减亏 5859 万元和 5101 万元。

公司系统预算口径，净资产收益率为－0.65%，比下达指标增长 1.85 个百分点；流动资产周转率实现 1.58 次，比下达指标提高 0.53 次；资产负债率为 67.02%，比下达指标下降 2.98 个百分点；应收电费余额完成 298088 万元，比计划减少 5912 万元；上缴投资收益 4300 万元，完成考核指标。

公司本部直属预算口径，实现利润 585 万元，比下达指标增长 17%；净资产收益率为 0.11%，比下达指标增长 1.75 个百分点；流动资产周转率实现 0.55 次，比下达指标提高 0.17 次；资产负债率为 70.84%，比下达指标下降 1.16 个百分点；应收电费余额完成 68229 万元，比下达指标减少 6771 万元。

公司系统电网建设（220kV 以上）投资完成 28.02 亿元，投产 330kV 线路 546.9km，变电容量 183 万 kVA。西北 750kV 输变电示范工程稳步推进，陕甘、甘宁两条 330kV 第四回联络线工程已基本建成投运，330kV 公伯峡水电站送出一期工程已提前竣工投运，二期工程中官亭—阿兰送电工程已建成投运。

党风廉政建设方面，未发生影响公司系统稳定的重大事件；未发生影响行业形象的重大事件；公司及直属单位未发生处级以上干部违规、违纪。

组织机构和领导班子

西北电网有限公司组织机构详见下图。

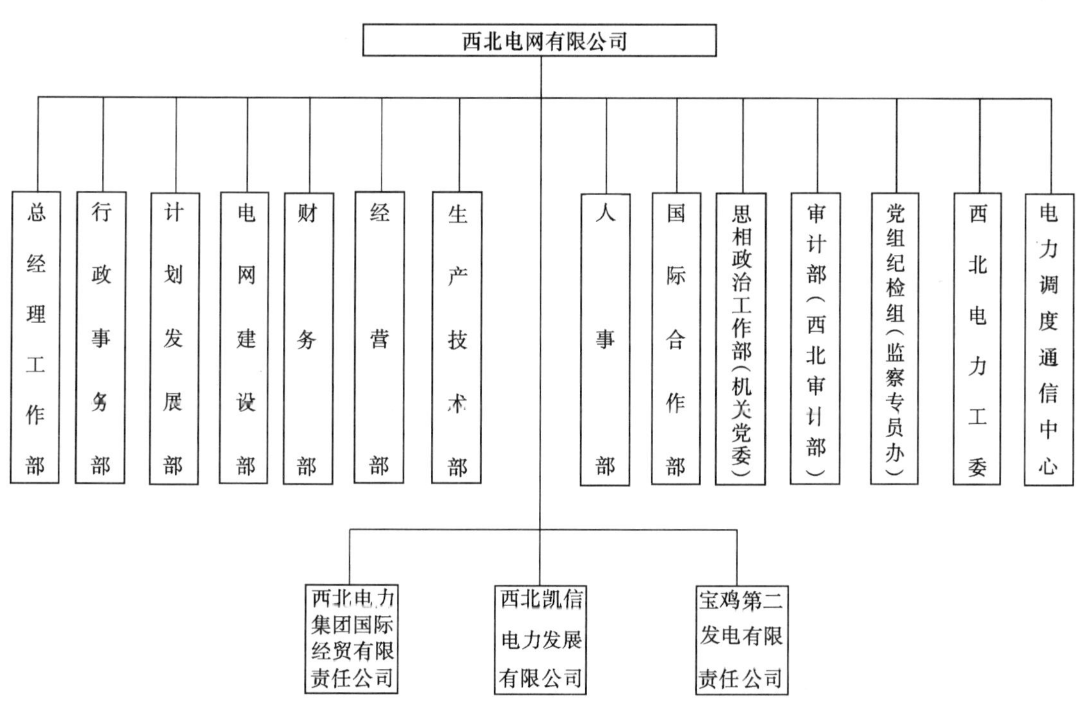

西北电网有限公司组织机构图

2004 年 12 月 22 日，国家电网公司副总经理陈进行在西北电网公司宣读了国家电网公司党组和国家电网公司文件以及西北电网有限公司董事会任免文件，公司领导班子作了重要调整。

调整后的领导班子如下：

（1）行政领导班子：

董事长：刘肇绍

总经理：陈峰

副总经理：李卫东　韩君

工委主任：史高社

总工程师：房喜

（2）党组：

书记：刘肇绍

副书记：陈峰

成员：李卫东　韩君　史高社

安全生产

西北电网有限公司认真贯彻落实国家电网公司关于安全生产的一系列部署，加强基础管理工作，全面落实安全生产责任制，建立了安全生产的“四个保证体系”（即：安全生产监督体系、安全生产保证体系、安全生产思想政治工作保障体系、安全生产民主监督和民主管理体系），先后制定了关于安全生产的一系列管理制度；建立了电网运行分析会议制度，确定了全网备用容量分配原则，编制了反事故预案，加强了专业技术管理；进行了继电保护及安全自动装置等专项治理；建立了并网发电厂电煤供应预警机制；定期召开网厂联席会议；克服了黄河上游来水继续偏少、电煤供应不足、电力供需矛盾突出等困难，保持了电网的安全稳定运行。加强全网统一调度，加强网省协调、网厂协调，扩大跨省互供，保证安全可靠供电，不仅为地方经济发展作出了应有的贡献，同时也为公司的改革、发展工作创造了良好的环境。

2004年，西北电网未发生电力生产基建人身重伤以上事故，未发生重大以上电网、设备事故，未发生重大火灾事故，未发生重大施工机械设备损坏事故，未发生水电厂垮坝和水淹厂房事故，未发生影响企业形象的重要用户停电事故，电力设施保护工作进一步加强。全年共发生一般电网设备事故84次，比2003年同期减少2次，下降2.32%；发生一类障碍318次，比2003年同期减少7次，下降2.15%。西北网调实现安全运行2288天。公司系统各单位均实现了年度安全目标。

电网建设

按照国家电网公司部署，加快建设750kV输变电工程和陕北、宁东、哈密火电基地和黄河上游水电基地的电力送出工程建设。开展了西北电网规划研究。组织开展了全面建设小康社会电力发展规划研究工作，已编制完成报告初稿；完成了《西北电网“十一五”及2020年目标网架规划》工作并通过了国家电网公司的评审。会同有关省（区）公司，对电压等级、电源送出以及省间联络线“卡脖子”问题进行了专题研究，重点工程实现了当年立项、当年设计、当年开工。开展并完成了750kV两回输变电工程可研的编制上报工作。750kV官亭至兰州东输变电示范工程稳步推进，配套的330kV送电工程已提前投运。

西北750kV电网建设项目已列为国家电网建设的重点工程，为西北电网的发展带来了难得的历史机遇。

经营管理

2004年，西北电网公司虽然在减亏增盈方面做了不少工作，也取得了一些进展，但政策性亏损仍然没有得到解决，主营业务盈利能力不强，农网改造还本付息压力大。

针对西北电网系统的经营形势，公司组成课题小组赴有关省（区）进行专题调研，并形成调研报告上报国家电网公司，国家电网公司已上报国资委。

研究输配电价政策，用好政策，做好疏导电价工作。统一思想，确定了“全网协调、分省推进；立足本省、争取中央；全网同心、上下协助”的总体工作策略。11月25日西北五省（区）疏导电价矛盾方案已全部出台，为西北电网年增加收入约12亿元，其中公司本部约2亿元，缓解了经营压力，为西北电网的发展奠定了基础。

实施全面预算管理，严格控制支出，增收节支，挖潜增效。公司提出“两年减亏，三年扭亏增盈”规划。开展并完成了清产核资工作，得到国资委的批复。按照公司的定位和部门的职责，修订健全各项制度，理顺关系，明确分工，强化监督，落实责任。积极推行三项责任制考评与管理制度，签订了公司《2004年度各部门三项责任书》。加强财务资金管理，加强贷款管理，保障公司资金安全，提高资金的利用效率。

公司组建后，修订完成了《西北电网有限公司合同管理办法》，制定了《西北电网有限公司合同法律审查办法》，在技改项目、基建工程项目的招投标、合同谈判、履行等环节上，严把法律关，规范程序，逐步形成了规范高效的操作流程。

落实国家审计决定，认真抓好内部审计问题整改。审计署审计处理决定下达以后，认真开展了落实整改工作。国家审计决定中指出的问题公司系统各单位已按决定要求全面进行了落实，处理结果已上报国家电网公司。

开展了农网改造工程“回头看”检查整改工作，对所有一、二期农网工程分三个层次（公司、地区局、县局）开展了自查自纠，企业规范化管理得到加强。

完成了发电资产的财务划转移交工作。组织实施了330kV电网资产移交工作。

电力供应

2003年以来，西北地区用电负荷一再攀升，除陕西、新疆外，其他三省（区）电网不同程度存在电力电量缺口，供需矛盾突出。11月17日全网最高负荷达到1851万kW，11月24日最大日用电量为39427万kWh，均创历史新高，分别比2003年同期增长15.04%和16.53%。

保证电力供应，实现区域资源优化配置，组织有关省（区）电力公司制定了《西北电网省际间电力电量交易管理办法》，签订购售电合同。精心做好负荷预测、水情预测；加强各级调度的协调配合，最大限度地实现资源优化配置。

科技创新

西北电网以发展国家电网特高压输电技术为契机，加快公司系统科技进步。组织开展电网运行、安全稳定、传输容量课题的研究和成果推广，组织网内科技成果的评审、重大项目的实施、验收等。培养专业技术人才，做好西北电网750kV输变电工程关键技术研究和运用工作，为示范工程顺利投产做好准备。

电网调度自动化系统、水调自动化系统、调度生产信息管理系统通过了工程验收，完成了覆盖五省区电力公司的西北电网信息广域网扩容改造工程，在国家电网公司系统内率先实现了区域电网公司办公自动化系统联网，提升了公司信息化水平。

党的建设和精神文明建设

西北电网公司党组认真学习贯彻党的十六届四中全会精神，以建立学习型组织为立足点，开展各级党员干部和员工的理论学习。开展形势任务教育，引导广大员工正确认识公司生产经营的宏观形势和自身发展中存在的问题，把思想统一到公司党组的工作部署上来，统一到西北电网的改革发展上来，增强工作的主动性和责任感，为全面完成各项目标任务营造了良好的思想环境和舆论氛围。

公司各级党组织“三项”建设得到重视。开展了“学党章，学先进”专题教育活动，以“保持党员先进性”为主题进行了民主评议党员活动，组织了国资委表彰的优秀共产党员米祥仁同志的先进事迹报告会，在员工中引起了强烈反响，取得了预期的效果。

开展了创建省级“文明单位”等精神文明建设活动，2004年1月12日，公司被陕西省委、省政府命名为“文明单位”。

切实加强党风廉政建设，深入开展反腐倡廉警示教育活动，高度重视维护稳定工作，公司本部及直属单位未发生处级以上干部违规、违纪问题；公司系统未发生影响行业形象和稳定的重大事件和突发事件，企业凝聚力不断增强，职工队伍保持稳定，网省公司之间、各省（区）公司之间协调工作的氛围明显改善。

开展职业道德教育和技术创新活动。组织开展了公司系统变电站、保线站站际竞赛活动，开展了西北电力调度系统专业劳动竞赛活动。成功举办了西北五省区第四届电业职工文艺会演、西北电网“中恒信杯”国有资产监督知识竞赛、西北电网安全生产知识竞赛和国家电网公司调度系统安全生产知识竞赛，并取得优异成绩。西北电网公司还不断完善以职代会为主要形式的企业民主参与、民主管理、民主监督制度，加强民主管理，推进司务公开。关心离退休职工生活，关心职工生活，积极帮扶困难企业和困难职工。高度重视信访工作和稳定工作。完成电力史编写工作，《西北电力工业史》即将出版。

存在问题及困难

2004年，公司面临的改革发展和稳定任务十分繁重，机遇与挑战并存。存在的问题及困难主要有：

（1）全网经营形势严峻。虽然西北电网有限公司在减亏增盈方面做了不少工作，也取得了一些进展，但政策性亏损仍然没有得到解决，主营业务盈利能力不强，农网改造还本付息压力大，年末全网合并亏损1.36亿元，较国家电网公司年初下达利润指标减亏6.08亿元，较年中调增后的考核指标减亏3.99亿元。但是全网经营形势依然严峻，扭亏增盈任务仍很艰巨。

（2）电力供需矛盾突出。西北地区各省（区）经济快速发展，电力负荷不断攀升，但黄河上游来水继续偏枯、电网输电能力不足，特别是电煤供不应求，全网电力供需矛盾十分突出，除新疆外，各省（区）都出现限电局面，而且还有扩大的趋势。

（3）电网发展任务艰巨。西北区域电力需求的持续快速增长，带动各省（区）电源建设速度不断加快，而电网欠账较大，电网输送能力低，电网建设仍有很多困难。此外，虽然公司系统2004年安全生产形势良好，各单位全部实现安全生产年度目标。但是，公司系统安全生产基础并不十分牢固，受电网结构、电煤供应、电力供需矛盾突出和工作中不细不实、形式主义等问题影响，在保人身、保电网、保设备安全方面尚存在不容忽视的风险和压力。

主要事件

1月7日，韩国晓星株式会社社长金载学一行3人来公司访问。并就西北750kV输变电示范工程GIS设备制造、技术转让和合作生产等有关事宜进行了协商。

1月8日上午，国家电网公司党组副书记、副总经理刘振亚、总工程师赵遵廉等一行视察了陕西省电力公司西安高压供电局调度中心和市区集控中心。

1月8日下午，由邵宁副主任带队的国务院国有资产监督管理委员会安全生产检查组一行9人来公司检查安全生产工作。国家电网公司党组副书记、副总经理刘振亚等领导参加了汇报会。

1月12～13日，公司副总经理张嗣兴带领财务、审计部门负责同志向国家电网公司汇报了2004年预算编制情况和国家审计署对西北电力审计情况。

1月17日，陕西省委副书记、省长贾治邦，常务副省长陈德铭带领省政府有关部门负责同志来公司亲切慰问干部职工。

1月31日，公司就750kV示范工程项目GIS设备采购事宜与来访的韩国晓星株式会社常务金形洙一行进行了谈判。邵仲仁副总经理会见了来宾。

2月3日，公司召开2004年度第一次安全生产委员会会议。会议讨论通过了《安全生产工作奖惩规定实施细则（试行）》、《安全生产"四个体系"的安全职责规定》、《重特大生产安全事故预防与应急处理暂行办法》等安全生产管理规定。

2月4日，西北750kV输变电示范工程设计咨询项目正式启动。公司董事长兼总经理刘肇绍、党组书记刘本粹会见了参加项目启动会的南非ESKOM ENTERPRISES公司技术总监Mr. Chrie和香港顺兴电力及输变电设备公司总裁冼纬中、总经理冼慧芬等一行宾客。

2月10～11日，公司董事长兼总经理刘肇绍、党组书记刘本粹参加了国家电网公司在福州召开的2004年工作会议。会上，刘肇绍董事长兼总经理代表西北电网有限公司与国家电网公司赵希正总经理签订了2004年度三项责任书。

2月17～20日，《750kV兰州东—平凉—咸阳西输变电工程可行性研究》在西安经过评审。

2月18日，陕西省人大常委会副主任崔林涛、省人大秘书长岳松华等到宝鸡第二发电公司调研。

2月18日，国家电网公司人事董事部主任张文亮、副主任胡贵福等来公司传达国家电网公司关于领导干部管理权限移交有关文件精神。

2月20日，陕西省人大常委会副主任刘遵义在公司董事长兼总经理刘肇绍、党组书记刘本粹的陪同下，视察了西北电力调度通信中心。

2月22日，公司一届二次董事会议在北京召开。公司董事长刘肇绍主持会议。全体董事出席会议，全体监事及国家电网公司人事董事部赵社宏处长等列席会议。会议审议并通过了公司2004年工作要点，听取了公司2004年安全生产及电力电量供需平衡分析的汇报和公司2003年财务预算执行及2004年财务预算的汇报。

2月26日，公司在本部召开成立后的第一次工作会议。陕西省副省长洪峰、国家电网公司副总经理郑宝森出席会议并讲话。公司董事长兼总经理刘肇绍作了题为《迎接新挑战，开创新局面，努力建设现代化电网公司，为西北五省（区）经济发展作出新贡献》的工作报告，党组书记刘本粹作总结讲话。会上，刘肇绍、刘本粹与公司直属单位、本部各部门负责人签订了三项责任书。

2月29日，西北电力工委2004年全委会议在西安召开。陕西省总工会常务副主席李怡霞，公司董事长兼总经理刘肇绍、党组书记刘本粹出席会议并讲话，西北电力工委主任史高社作工作报告。

3月1日，"西北区域电力市场技术支持系统研究"项目合同在公司本部签订。公司副总经理张嗣兴、总工程师房喜，国电南瑞科技股份有限公司副总经理冷峻等出席签字仪式。

3月13日，西北电网调度自动化工程EMS/WMS/DMIS通过现场验收。公司董事长兼总经理刘肇绍、副总经理邵仲仁、总工程师房喜出席验收会。

3月19日，西北网调实现连续安全运行2000天。

4月1～15日，公司董事长兼总经理刘肇绍率西北电网高级代表团赴日本四国电力株式会社、东京电力株式会社、韩国电力公社等企业进行访问和考察，分别与日本四国电力株式会社、韩国电力公社签订了《关于开展技术交流的备忘录》和《合作协议》。

4月5～6日，国家电监会《电网调度管理条例》修订工作领导小组副组长、中国电机工程学会理事长陆延昌带队来西北开展《条例》修订工作专项调研。邵仲仁副总经理代表西北电网有限公司作了汇报发言，对《条例》修订提出建议。

4月20日，西北750kV输变电示范工程750kV组合电器（GIS）设备技术转让、合作生产和设备采购三项合同在兰州签订。公司董事长兼总经理刘肇绍与韩国晓星株式会社社长金载学、新东北电气（沈阳）高压开关有限公司副总经理孙兆平在750kV GIS设备采购合同上签字。

4月21日，西北750kV输变电示范工程兰州东变电站在甘肃榆中举行开工典礼。国务院国有资产监督管理委员会副主任吴晓华，甘肃省委副书记、省纪委书记韩忠信，甘肃省副省长杨志明，国家电网公司副总经理李彦梦、郑宝森，中国电力工程顾问集团公司总经理汪建平，西北电网公司有限公司董事长兼总经理刘肇绍、党组书记刘本粹等领导出席了开工典礼并为工程奠基。750kV输变电示范工程开始进入全面建设阶段。

4月22日，公司在西安组织召开陕西向青海送电签约洽谈会，购、售、输电三方共同地签订了陕西向青海送电15亿kWh电量合同。公司副总经理张嗣兴、陕西电力公司副总经理万明善、青海电力公司副总经理左玉玺等出席会议。

4月25日，黄河上游水电开发有限公司发电资产财务移交签字仪式在公司本部举行。公司董事长兼总经理刘肇绍、副总经理张嗣兴出席仪式。黄河上游水电开发有限公司总经理夏忠代表中国电力投资集团公司出席仪式并在协议上签字。

5月20日，公司成功举行2004年度西北电网联合反事故演习。全网共有44个运行单位参加演习。公司董事长兼总经理刘肇绍、副总经理邵仲仁、西北电力工委主任史高社全程观摩演习，各参演单位主管领导亲临演习现场进行了观摩指导。刘肇绍同志在演习结束后作重要讲话。

6月7日，公司在银川召开西北五省（区）电力公司体制改革工作座谈会。国家电网公司总经理工作部副主任兼体改办主任王广辉、西北公司副总经理李卫东出席会议并讲话。

6月8日，西北电网主干光缆靖远—银城段330kV线路OPGW光缆架设工程完工。

6月9～11日，西北750kV输变电示范工程变电站GIS设备初步设计方案在西安讨论商定，标志着我国第一个750kV GIS设备开始进入设计制造阶段。

6月14～17日，依照《中国750kV示范工程变电站设计咨询协议》，南非ESKOM ENTERPRISES公司、香港顺兴电力及输变电设备公司有关人员对公司进行访问，并递交正式设计咨询报告。

6月18日，国家发改委印发了《关于疏导西北电网电价矛盾有关问题的通知》（发改价格［2004］1125号），将陕西、甘肃、宁夏、青海的电网销售电价在执行发改委124号电报的基础上每千瓦时再分别提高1.3、1.9、2.4、2分钱。以上调价幅度中均包含为解决西北电网公司新增电网投资还本付息问题统一加价的每千瓦时0.2分钱，并从6月25日抄见电量起执行。

6月23日，在由陕西银行同业协会组织举办的陕西省第二届（2003年度）“诚信企业”表彰大会上，西北电网有限公司再次荣获“诚信企业”称号。公司董事长兼总经理刘肇绍应邀做大会发言。

6月24日，《西北电力市场构建与运营中风险防范》和《西北用电市场营销战略和实施方案研究及其辅助决策支持系统的开发》两项研究课题在京通过国家电监会组织的评审。公司副总经理张嗣兴参加会议并代表课题组介绍了研究工作情况。

6月27日，西北电网用电负荷达到1672万kW，比2003年夏季最高负荷增长14.91%；28日，日用电量36587万kWh，比2003年夏季日最大用电量增长14.48%。均创历史新高。

7月6日，公司在西安组织召开“西北750kV输变电示范工程750kV主设备监造工作座谈会”，听取了有关厂家关于750kV主设备生产情况汇报和国内外设备监造单位的情况汇报。公司副总经理邵仲仁以及国内有关超高压输变电技术专家出席会议，并就设备制造有关问题发表了意见。

7月26日晚，中共中央政治局常委、国务院总理温家宝视察国家电网调度中心，通过电话听取了全国各区域电网公司及有关单位负责人的汇报，了解全国电网当晚运行情况，并就迎峰度夏安全供电工作做出重要指示。公司董事长兼总经理刘肇绍在西北网调中心向温家宝总理汇报了西北五省（区）电力供应及电网运行情况。

7月26日，中共中央政治局常委、国务院副总理黄菊视察青海省电力调度中心，听取了青海电力公司关于青海电网经营及安全运行、电网规划与建设等方面情况的工作汇报，对保证电网安全运行，做好迎峰度夏期各项工作提出要求。

8月5日，公司2004年年中工作会议在西安举行。董事长兼总经理刘肇绍作了题为《突出重点，狠抓落实，确保公司全年各项任务圆满完成》的工作报告。党组书记刘本粹，副总经理张嗣兴、李卫东，纪检组组长薛传殿，工委主任史高社，总工程师房喜等出席会议并讲话。

8月10日，国内首期750kV输变电设备运行管理培训班在西安举行。公司党组书记刘本粹、副总经理邵仲仁出席开班典礼并讲话。公司生产、调度部门和青海、甘肃电力公司输变电运行有关人员53人参加培训。

8月18日，国家电网公司党组成员、中纪委驻国家电网公司纪检组组长祝新民一行到西北电网有限公司视察指导工作。19日，在公司董事长兼总经理刘肇绍、党组书记刘本粹陪同下考察了陕西省电力公司。

8月30日，750kV青海官亭变电站330kV部分正式投入运行。

8月31日～9月10日，国家电力监管委员会主席柴松岳一行在刘肇绍董事长兼总经理等的陪同下，先后到西北电网有限公司、陕西电力公司、甘肃电力公司、宁夏电力公司、陕西渭河发电有限公司等单位调研并指导工作。

9月3日～8日，西北五省（区）第四届电业职工文艺会演在西安举行。西北电网有限公司董事长兼总经理刘肇绍、党组书记刘本粹分别在开幕式和闭幕式上讲话。西北电力工委主任史高社主持开幕式和宣布获奖名单。

9月23～24日，日本四国电力株式会社社长大西淳一行来公司进行友好访问，并开展以企业战略、规划管理为主要内容的双方第十二次技术交流活动。公司董事长兼总经理刘肇绍，党组书记刘本粹，副总经理张嗣兴、李卫东等会见了日本客人。

9月24～25日，国家电网公司在宁夏银川主持召开西北电网"十一五"及2020年目标网架规划设计评审会，并原则通过了该规划设计报告。国家电网公司副总经理陈进行到会并讲话。公司副总经理邵仲仁参加会议。

9月26日下午，国家电网公司副总经理郑宝森在公司党组书记刘本粹和青海电力公司总经理王季平等陪同下，视察了青海官亭750kV变电站工地。

10月13日，西北电力调度通信中心以94.06%的综合得分率，通过了国家电网公司组织的电网调度系统安全性评价，成为国家电网公司系统首家通过该项评价的区域电网调度机构。

10月14～15日，西北电网系统"中恒信杯"国有资产监管知识竞赛在西安举行。公司本部及西北五省（区）电力公司等6支代表队参加比赛。公司董事长兼总经理刘肇绍、副总经理张嗣兴、西北电力工委主任史高社为获奖选手和集体颁发了奖杯及证书。

10月18～22日，公司董事长兼总经理刘肇绍率西北电网代表团参加了在上海举行的第十五届东亚及西太平洋电力工业协会大会。本届大会，西北电网代表团共发表论文12篇，其中会议宣读论文5篇。会议期间，刘肇绍董事长兼总经理还分别会见了加拿大GE能源集团全球销售总裁杰姆、中国区总裁兼首席执行官福莱德、输配电部亚太区总经理多米安一行，以及南非国家电力公司业务发展部经理库尼、香港顺兴电力及输变电设备有限公司总裁冼纬中、行政总裁冼慧芬一行。

10月26日，历时一年多时间的"西北电网一次调频联调试验"取得成功。一次调频功能投运后，可明显增强电网抗击大扰动的能力，改善了电力系统动态品质。

10月29日，国家电网公司副总经理郑宝森、工程建设部主任舒印彪等一行在公司党组书记刘本粹、副总经理邵仲仁的陪同下，到西安电力机械制造公司及其所属企业，现场察看了将用于三峡—上海500kV直流输电工程和西北—华中背靠背联网换流站工程换流变压器、开关以及西北750kV输变电示范工程单项自耦变压器等设备的制造情况。

11月9～10日，国家电网公司副总经理陆启洲一行在西北电网有限公司进行电力生产运营形势及今冬明春供用电情况调研。公司董事长兼总经理刘肇绍做全面工作汇报，副总经理邵仲仁及西北五省（区）电力公司主管生产的副总经理分别做专题汇报。

11月17日，西北电网最大用电负荷1851万kW，同比增长17.30%；24日，西北电网日用电量39427万kWh，同比增长16.53%，均创历史新高。

11月20日，《西北区域电力市场电价管理分析系统》研究项目在京通过国家发改委价格司巡视员韩慧芳主持的评审验收。公司副总经理张嗣兴参加会议并向评审验收组介绍了西北区域电力市场研究的有关工作情况。

11月27～29日，国家电网公司调度系统安全生产知识竞赛在西安举行。西北网调荣获团体一等奖，西北网调孙晓强、张健康等20名选手获优秀风采奖。国家电网公司副总经理陆启洲、西北电网公司董事长兼总经理刘肇绍等领导观看比赛并为获奖集体和个人颁发了奖杯和证书。

12月1日，受国家电网公司党组书记、总经理刘振亚委派，公司董事长兼总经理刘肇绍代表国家电网公司以及公司和陕西省电力公司向陕西陈家山"11·28"矿难捐款200万人民币，用于支持陕西省委、省政府开展事故救助和善后处理工作。

12月20日，西北—华中电网直流背靠背联网工程正式启动。此次启动工作是在国调中心的领导下，由西北、华中两大区域电网调度以及相关运行单位共同完成。

12月22日，公司召开职工大会，国家电网公司副总经理陈进行宣读了国家电网公司党组和国家电网公司文件以及西北电网有限公司董事会任免文件，公司领导班子作重要调整。国家电网公司副总经理陈进行和陕西省委组织部部务委员潘文静在会上作了重要讲话。陕西省委组织部企业处副处长王林平、国家电网公司人董部副处长董永涛出席会议。西北电网有限公司领导班子成员和公司所属单位主要负责人、本部全体职工参加了会议。

截至12月31日，西北电网调度实现安全运行2288天。

（程军生）

陕西省电力公司

企业概况

公司辖有直属单位31个，其中供电单位11个、施工单位5个、修造单位7个、发电单位1个、综合单位7个；共有员工35800人，离退休人员13764人，其中离休干部365人。截至2004年年底，陕西省全口径发电装机容量913.07万kW，拥有330kV变电站23座，变电容量870万kVA，线路长度3292km，资产总额246亿元。

领导班子

总经理、党组副书记：贾福清
党组书记、副总经理：李长安
党组成员、副总经理：吕云仑
党组成员、副总经理、纪检组长：李顺典
党组成员、工会主席：李新建
总工程师：何晓英
正局级调研员：赵杰臣
副局级调研员：万明善

机构设置

公司机关下设22个部门：总经理工作部、国际合作部、计划发展部、生产技术部、市场营销部、安全监察部、财务部、思想政治工作部、人事部、咨询部、农电工作部、机关工作部、审计处、公安处、离退休管理处、电业工会、纪检组、新闻中心、调度中心、电力行协、卫生处、驻京联络处。

生产指标

2004年年末，陕西省发电装机容量913.07万kW，其中火电759.64万kW，水电153.43万kW。公司直属330kV送电线路46条，3292km；220kV送电线路9条，815km；110kV线路522条，9417km；35kV线路347条，4077km。拥有330kV变电站23座，变电容量870万kVA；220kV变电站6座，变电容量99万kVA；110kV变电站272座，变电容量1254万kVA；35kV变电站164座，变电容量132万kVA（变电和线路均不含榆林供电局）。

陕西省发电量完成480.95亿kWh，同比增长12.6%，其中火电444.39亿kWh，水电36.56亿kWh。全社会用电量（电网口径）432亿kWh，其中，农、林、牧、渔、水利业用电28.84亿kWh，工业288亿kWh，地质勘探业0.33亿kWh，建筑业3.8亿kWh，交通运输、邮电通信业24.80亿kWh，商业、公共饮食、供销仓储业14.22亿kWh，其他事业26.22亿kWh，城乡居民生活用电合计45.40亿kWh，其中乡村用电15.88亿kWh，城市29.52亿kWh。全社会净用电量355.89亿kWh，同比增长20%。

陕西省电力公司计划管理电厂发电装机容量791.30万kW，其中火电681.60万kW，水电109.70万kW。发电量完成431.98亿kWh，同比增长15.75%，其中火电403.73亿kWh，同比增长19.32%；水电28.24亿kWh，同比增长－18.92%。公司累计售电量完成358.34亿kWh，同比增长17.5%。利润完成2.64亿元，同比增长56.71%，线损率完成6.61%，同比下降0.50个百分点。农村供电可靠率完成99.76%，（计划99.80%），当年电费回收完成100%，陈欠回收10%。

2004年，公司在职职工35800人，工业企业劳动生产率312686元/（人·年）（老口径）。

电力安全

2004年，公司系统未发生重伤及以上人身事故、未发生重大及以上电网事故、大面积停电事故和对重要用户有影响的停电事故，未发生电气误操作事故。

全系统17个生产建设单位有16个单位实现了安全生产目标，公司保持连续安全生产643天的记录，4个生产单位、5个施工企业刷新了本单位安全生产历史最高记录。

电网建设

2004年，公司编制完成了《陕西省“十一五”电力行业规划》，并上报国家电网公司和省计委。积极参与“十一五”及2020年西北电网目标网架规划设计工作，同时结合2020年西北电网目标网架开展“十一五”及2020年陕西电网目标网架规划设计工作。

2004年完成330、110kV电网建设项目可研共计投资70.15亿元，其中，330kV项目10个，共计投资22.56亿元，已获国家发改委批复4项，共计投资8.1亿元；110kV打捆项目三批，共计投资6.93亿元，其中第一、二批项目已获国家电网公司批复，共计投资2.71亿元；西安城市电网建设改造（全国五个试点城市之一）项目共计投资40.65亿元。

2004年，新建330kV线路265km，变电容量720MVA，投产变电容量390MVA；新建110kV线路802km，投产722km，新建110kV变电容量897.5MVA，投产646MVA。

330kV段家（扶风）变电站通过了由中国电力建设企业协会和国家电网公司联合组织的优质工程现场复查，该工程被评为“全国电力行业优质工程”。段家变电站工程荣获国家银质奖。

电网调度

2004年，未发生电网稳定破坏、电网瓦解和大面积停电事故；未发生全系统调度及保护人员责任事故以及调度中心人员责任事故。截至年底，连续安全运行2268天。公司调度中心主要指标均达到或超过中国一流电网调度机构考核要求。

责任频率合格率：99.9996%；

考核点电压合格率：99.75%；

主网线损率：1.58%；

220kV及发上继电保护正确动作率：99.22%；

主保护投运率：99.86%；

EMS调度端计算机系统可用率：100%；

调度日报制表合格率：100%；

“两票”合格率：100%。

科技进步

2004年，公司电网环保工作起步顺利，知识产权管理规范，编写完成了公司三年技术创新规划、修订，完善了一套管理制度，建立了一支公司级工程技术专家队伍。

2004年，公司荣获陕西省科学技术奖4项，获中国电力科学技术奖1项。共评审出省公司科技进步奖131项，共奖励人数700多人·次。公司获奖成果（省部级及以上）排在国网公司系统第9名。

农电工作

1. 生产指标

2004年公司直供直管县级供电企业完成供电量97.8亿kWh，售电量90.3亿kWh（不包含西安市区三个分局城区电量），分别比2003年同期增长了12.32%和12.76%；损失电量7.5亿kWh，综合线损率为7.69%，比2003年同期下降了0.34个百分点；平均电价完成407.9元/MWh（含税），较2003年同期增加了14.6元/MWh；完成销售收入36.83亿元，较2003年同期增加了5.33亿元。农村供电可靠性为99.76%，较2003年同期提高了0.01个百分点；农村居民客户端电压合格率97.3%，较2003年同期提高了0.1个百分点。安全生产方面发生一起农电人身伤亡事故，死亡一人，无重大设备事故、火灾事故。

2. 农电体制改革

“两改一同价”工作完成后，农电资产规模剧增，设备技术含量提高，检修维护工作量大增，农电安全管理责任、风险系数加大，公司不仅从人员培训、专业管理上加大管理力度，同时通过对公司县（市、区）电力局的现状的调研，形成了调研报告，结合实际制定了“县级供电企业生产、施工工作”外委方案和供电所用工代理方案，合理转移农电安全责任风险。渭南、咸阳等县局都在试行工程外委。

组织有关人员对福建、安徽的县局体制改革进行了调研，制定了省公司县局体制改革试点方案，基本思想是把县局改制为省公司的全资子公司，增加县级供电企业的经营自主权和资产经营的责任，为下一步的试点工作做好准备。

优质服务

2004年，公司建立了有效的监督考核机制，认真贯彻“优质、方便、规范、真诚”的服务方针，切实履行八项承诺，建立了客户监督制度，主动接受客户及社会各方面的监督。

客户服务中心实现了“五统一”，即：统一标识、统一着装、统一文明用语、统一社会承诺、统一公示资料。通过统一营销业务流程，制定了全省统一的营销业务流程标准，推行规范化、标准化服务。健全客户服务中心软、硬件建设，完善服务功能。

2004年，公司着手建设“数字电力”。客户服务支持系统的建设全面展开，各供电局相继开通了95598电力客户服务电话。西安供电局客户服务支持系统已进入实用化阶段，渭南、咸阳、宝鸡等供电局已于11月开始建设，为实现优质服务常态运行机制提供了技术支撑和保障。

公司开展了“万千百十”走访客户活动（即走访一万个农户，一千个村镇，一百个企事业单位，十个地市及直管县（区）的行风办或文明办），加强与社会各界的联系，接受广大客户的监督。各供电局结合自身情况，成立了优质服务队，帮助弱势群体、开展用电宣传、咨询和处理用电故障等业务。优质服务队统一配备标识明显的专用车辆，向社会公布联系方法。开展了世界环境日“绿色能源、优质服务”主题宣传活动，逐步对重点客户开展VIP服务。

2004年，公司共受理客户投诉举报电话315件。其中：电费电价25件，主要反映物业小区电价高；一户一表改造6件，主要反映户表改造速度慢；停电方面36件，主要原因由于城网改造停电、专线配电变压器接入造成停电、专线变压器过负荷停电等；服务质量方面38件，主要反映个别营业人员服务水平不高，服务态度生硬；家电损坏赔偿8件；举报窃电113件，其他35件。对以上投诉举报，公司全部在规定时限内进行了处理或答复。

公司开展了“优质服务是国家电网的生命线”宣传教育活动，与市场部共同组织的陕西电力代表队，在西北电力系统“优质服务，供电营业窗口规范化演示比赛”中获得团体第二名、个人项目两个第一名。

但服务工作中尚存在不足：

（1）对政策的宣传力度不够。居民对用电方面的政策以及公司开展的服务项目、服务标准等了解不够。

（2）一些难点问题没有彻底解决。主要反映在大城市（西安供电局较多）中的物业管理小区电价问题，虽由公司多方协调，有所好转，但至今问题尚未彻底解决，从而导致投诉电价高的电话较多。

(3) 营销现代化建设相对滞后，制约了服务水平的提高。

(4) 个别营销人员业务素质不高，观念转变不够，工作责任心不强，服务意识有待进一步增强。

精神文明

2004 年，公司把精神文明建设始终贯穿在改革发展、确保安全生产、打造服务品牌、树立企业形象的各个环节和全过程，在公司实现跨越式发展的同时，精神文明建设也取得丰硕成果。仅 2004 年，公司连续第六年荣获陕西省“创佳评差”竞赛活动最佳厅局称号，延安供电局和咸阳供电局荣获全国“五一劳动奖状”，安康水电厂等 4 个单位被授予省文明单位标兵称号，宝鸡局二宝紧修服务队荣获全国十佳服务明星集体称号、赵二宝同志被国资委、国家人事部授予中央企业劳模，西安供电局客户服务中心和商洛局邓大文同志分获国网公司优质服务十大集体、十大标兵称号。

2004 年，公司党组对全系统落实党风廉政建设责任制进行了严格考评，基层 227 名处级干部有 226 人进行了述职述廉，机关副处长以上干部全部在支部大会上述职述廉，全系统 2560 名干部职工参加了民主测评，处级干部平均优秀率为 74.7%。

主要事件

1 月 8 日，国家电网公司副总经理刘振亚、总工程师兼调度通信中心主任赵遵廉等一行来到西安高压供电局检查慰问。在听取了公司总经理赵杰臣的工作汇报后，就抓好电力安全生产做了重要讲话。

2 月 16 日，公司召开 2004 年年度工作会议，陕西省副省长洪峰代表省委、省政府到会祝贺。

3 月 1 日，公司总经理赵杰臣随陕西代表团启程，赴京参加全国人大十届二次会议。

4 月 26 日，陕西银河投资集团有限公司揭牌仪式在西安举行。一个拥有首期注册资本 4.5 亿元人民币的大型民营企业——陕西银河投资集团有限公司的成立将在陕西经济建设和发展中产生深远影响。陕西省计委副主任高仰秀和西安高新开发区管委会主任景俊海为公司揭牌。

5 月 18 日，公司与中国华电集团公司关于蒲城发电有限责任公司移交签字仪式在西安举行，公司副总会计师杨军和华电公司代表王怀书分别代表各自公司在移交协议文本上签字。

6 月 16 日，公司在国家电网公司迎峰度夏安全生产电视电话会议之后，立即召开陕西电网迎峰度夏电视电话会议，迅速部署，积极应对。

8 月 15 日，国家电网公司党组成员、纪检组长祝新民来公司调研，充分肯定了公司在各方面取得的成绩和在改革、稳定、管理、安全生产等方面进行的有益探索。

9 月 1 日，国家电监会主席柴松岳一行来公司视察指导工作，详细询问了陕西省县级电力市场、经营、管理等情况。

10 月 29 日，国家电网公司党风廉政建设责任制考评组来公司检查考核 2004 年度公司党风廉政建设责任制落实情况。公司召开机关干部民主测评大会，考评组组长、国家电网公司监察局副局长康健瓴做了重要讲话，公司机关干部 206 人参加了考评。

12 月 22 日，国家电网公司党组成员、副总经理陈进行等在公司副总师及以上领导、机关各部门负责人、西安地区党政负责人会议上宣布了国家电网公司党组对陕西省电力公司领导班子的任职决定：贾福清任公司总经理、党组副书记，李长安任公司党组书记、副总经理。

（原增光）

甘肃省电力工业

综述

2004 年，甘肃电力坚持发展与改革并重，安全生产、经营管理、电力建设和精神文明建设等工作稳步推进，全省电力需求增速持续高位，全年用电量 451.7393 亿 kWh，分别于 11 月 14 日和 12 月 16 日创甘肃电网统调日用电负荷 6093MW、统调日用电量 1.3106 亿 kWh 的历史新高，部分运营指标创造历史最好水平。省电力公司也被确定为提升全省经济发展水平的 10 家大企业集团之一，在甘肃工业 100 强中位居前列。

电网规模

甘肃电网统调装机容量 8999.56MW（五级调度调管范围）。其中火电 5336.5MW，占总装机容量的 59.29%；水电 3523.86MW，占总装机容量的 39.16%；风电及燃机 139.2MW，占总装机容量的 1.55%。直接接入 330kV 电压等级的发电容量 2520MW；直接接入 220kV 电压等级的发电容量 2759.5MW。网调调度管理的装机容量 2750MW；省调调度管理的装机容量 5700.2MW（其中委托地调调度的装机容量 245MW）；地、县调调度管理的装机容量 549.36MW。甘肃电网 2004 年 220kV 及以上线路条数89条，总长度6857.028km（省内长度5849.345km），其中330kV线路条数47条，长度5510.704km（省内长度4503.021km）；220kV线路条数42条，长度1346.324km（不含碧广线）。全省建成330kV变电站18座，主变压器36台，变电容量7560MVA；220kV变电站11座（不含成县变电站），主变压器25座（含成县1、2号变压器），变电容量3090MVA。总变电容量10650MVA。220kV开关站一座，进出线7回。其中接入330kV电压等级的发电厂升压主变压器7台，变电容量2605MVA；接入220kV电压等级的发电厂升压主变压器19台，变电容量3575.5MVA。

生产经营指标

2004年统调发电量410.6229亿kWh，同比增长16.47%；全社会发电量457.26亿kWh，同比增长14.42%。全网用电量404.5764亿kWh，同比增长13.44%；全社会用电量451.7393亿kWh，同比增长13.4%。全网火电发电能力得到了充分利用，全年火电利用小时数为7447.33h，同比增加了47.98h，增长率0.65%。增高的主要因素是网内用电量增长较大。2004年甘肃电网发、用电形势为总体平衡，个别时段有电量缺口。全年电网有157天出现用电缺口，日最大缺电量996万kWh（3月1日）。为保证电力供应，联系西北电网做好电网电力电量平衡和省际间互供电工作，采取月内、分月电量串购等措施，填补电量缺口，做到了限电不拉路。全年避峰限电50天，最大限电负荷40万kW，累计限电量1.08亿kWh。省电力公司售电量连续三年实现两位数增长，全年售电量359.9057亿kWh，同比增长13.4%。省电力公司主营业务销售收入112.31亿元，同比增长24.36%，首次突破百亿元大关。同时认真执行电价政策，强化过程管理，需求侧管理进一步加强，当年电费结零，陈欠电费有所下降，各项经营指标正向增长。实现利润3919万元，为国家电网公司考核指标的195.95%。省电力公司发电量35.93亿kWh，同比增长25.28%。

电力安全

安全生产持续稳定，电网安全运行情况良好。甘肃电力始终把保证电网安全和职工生命安全放在第一位，逐级落实责任制，安全管理得到加强。出台《重、特大事故与重大自然灾害事故应急处理暂行规定》等制度，完善应急预警机制，增强了防范突发事件的能力。不断完善现场“三项措施”，加强监督和工程施工安全管理，成效明显。坚持“三公”调度和团结治网，提高了全网安全运行水平。加大技术改造力度，提高了设备健康水平。开展针对破坏电力设施的专项整治活动，协助公安部门破获一批盗窃、破坏电力设施的违法犯罪案件，遏制了外力破坏电网安全案件的高发势头。小煤窑安全供电治理取得阶段性成果。全年电网运行平稳，累计发生电网、设备一般事故及一类障碍88起，同比下降15.4%。省公司累计无电力生产人身死亡事故1257天，无电力基建人身死亡事故569天。没有发生电网稳定破坏、大面积停电、重大设备损坏和恶性误操作事故。

电网建设

电力发展规划工作取得进展。继“十一五”电力发展规划和2020年远景规划后又编制了《甘肃城网“十五”规划调整报告》和《兰州地区“十一五”城网规划》。2004年完成电网建设投资9.41亿元。750kV输变电示范工程兰州东变电站建设进展顺利；新投产330kV输电线路5条，共计491.347km；新投产330kV变电设备6台，变电容量1020MVA；新增110kV线路311.5km。县城电网110kV部分项目开始施工。农网改造工程“回头看”工作取得成效，工程管理、物资管理和财务、资金管理得到规范。

电源建设

2004年，甘肃电网新投产发电机组总容量974.54MW，其中水电343.94MW，火电600MW，其他30.6MW。由甘肃省调调度管理的新投产发电机组共计12台，总容量897.5MW。其中包括：古城水电站1、2、3、4号机组，容量共25.5MW，分别于1月14日、3月14日、4月8日和5月1日启动并网；龙首二级西流水水电站1、2、3、4号机组，容量共157MW，分别于8月17、18、30日和9月29日启动并网；小峡水电站1、4号机组，容量共115MW，分别于9月25日和12月7日启动并网；连城电厂二期3、4号机组，容量共600MW，分别于11月14日和12月28日启动并网。由各地区调度调管的新投产小机组总容量为46.44MW。其中包括：嘉酒肃北拉排3号水电站2台1.5MW；嘉酒肃南冰沟水电站3台7.1MW；嘉酒玉门市赤峡水电站2台0.95MW；陇南文县天池电站1台3.2MW和1台1.25MW；武威西营水库电站3台2.15MW；兰州永成水电站1台0.64MW；甘南头道河电站3台2.5MW。以及玉门风电场四期36台0.85MW的发电机组。

电网调度

2004年调度频率合格率99.9998%，同比增长0.0006%。主要因素是系统备用容量较2003年有所好转；系统容量增大，机组跳闸对系统频率的影响也相应减小。全网300MW火电机组非停跳闸造成低频共7次/台，其中平凉电厂机组跳闸共6次/台，连城电厂机组跳闸共1次/台，全网频率不合格时间53s（均为低频），最低频率49.7Hz。电压合格率99.91%，较2003年增长0.25%；发电合格率99.96%，较2003年增长0.21%；供电合格率99.88%，较2003年增长0.29%。网架结构进一步合理，河西电网实现双回线、双台变压器（凉州变电站除外）运行。330kV电网网损率2.26%，较2003年下降了0.51个百分点。系统统调最小发电负荷率为88%；年平均发电负荷率为90.05%（调度口径发电厂）。

经营管理

经营管理紧密围绕资产经营目标开展，全面预算、动态调控，保证了各项指标的落实；加强资金集中管理和监控，发挥了规模效益；清产核资，进一步完善了内部管理制度；开展审计整改工作，内审制度得到加强；资金清催，解决了部分历史遗留问题；采取多种措施，控制成本费用；深化模拟电力市场机制，线损率、发电耗水率、购电均价等指标正向成长；规范和启动符合国家产业政策的高耗能用电市场，增供扩效取得成效；加强水能利用管理，在来水偏枯的条件下实现了水电增发。在电价政策落实过程中，做了大量艰苦细致的工作。国家发改委124号电报按期在全省执行。自9月20日起，除国家发改委同意的特殊情况外，1125号文件全部执行到位。

优良服务

进一步履行“人民电业为人民”的宗旨。坚持优质服务常态机制建设，电力急修工作获得中国质量万里行调查组好评。积极帮助用户排除其专用电器设备故障，避免了重大损失，受到用户表扬。有关单位联动保电，为事故抢险和抗灾斗争作出了贡献。深入现场办理省人大、政协议案和提案，与省公司有关的15件建议和议案全部办结。积极参与跨省互供电交易，避免了严重限电局面的发生。继续开展扶贫脱困工作，确定了新建电力希望小学方案。

科技进步

科技进步加快步伐，新技术的开发和应用效果显著。甘肃电力国内首项国产化可控串补工程年内顺利投产。“四分裂导线紧凑型线路”、“三分裂导线紧缩性线路”、“钢结构联合构架”在国内首次使用，填补了国内空白。组建SF_6开关检修技术中心，解决了SF_6开关现场检修难题。“地区电网调度决策支持系统”完成阶段目标。带电清扫机器人样机通过出厂试验。“甘肃电网继电保护整定计算及数据管理系统”和“调度管理信息系统”投入运行。办公自动化、营销、生产、经营等管理信息系统全面应用。省公司获得科技成果奖4项，其中省级和国家电网公司级奖各两项。

多种经营

甘肃电力明珠集团公司拥有全资公司（电站）、项目部8个，控股（管理）公司14个，参股公司11个。现投入生产运营水电企业装机容量205.5MW，并先后取得了白龙江、白水江、洮河和大通河、讨赖河、黄河柴家峡流域部分水电项目的开发权。该公司开发建设的洮河古城水电站4台机组于2004年6月全部投产发电。2004年开工建设的水电项目6个、火电项目1个，其中大通河铁城电站装机47MW、洮河清水电站装机21.5MW、白水江横丹电站装机25MW、刘家峡右岸下游电站装机10MW、黄河柴家峡电站装机96MW、讨赖河三道湾电站装机60MW、华亭火力发电厂首期装机270MW。另外，酒泉安西100MW风电项目、平凉崇信2台300MW火电项目正在开展前期和调研工作。与此同时，宾馆、旅游、电器产品开发制造、房地产开发等都在市场拓展中。2004年，电力明珠集团公司资产经营目标全年完成统计口径总收入23581万元，其中发电收入完成14207万元，电器制造收入完成5835万元，旅游服务收入完成1609万元，其他收入完成1930万元；完成统计口径利润总额6396.6万元；全年完成上网销售电量8.297亿kWh（“三珠一兴”公司、古城电站、尼傲峡电站和桑科公司）。2004年11月17日，电力明珠集团公司完成了工商登记变更，注册资本由15700万元人民币增加到3亿元人民币。

精神文明建设

新一届国家电网公司党组提出“一强三优”的发展目标、“三抓一创”的工作思路和“四个服务”的总体要求。省电力公司两级中心组加强政治理论、政策法规和两个《条例》的学习，进一步提高了运用理论、把握政策、指导实践的水平。公司党组系统研究干部队伍问题，广泛征询意见、开展全面考核，扩大干部职工的知情权和参与权，严格按照程序，将重组公司机关和加强基层单位领导班子建设紧密结合起来。企业民主管理工作，职代会、厂务公开不断深化，工资集体协商工作进展顺利。站际劳动竞赛、经济技术创新活动取得实际效果。“号、手”活动取得新成效。安置特困职工子女的工作继续进行，按政策接收退役士兵，省公司电力小区建设前期工作取得突破性进展。

主要事件

1月12日，电力明珠集团有限公司与甘南州迭部县就尼傲峡水电站产权转让受让达成协议并在兰州举行了签字仪式。

同日，330kV金（金昌）张（张掖）二回送电线路竣工投产。

1月13日，陇南电力局110kV康县送变电工程投入运行。

1月15日，330kV张掖变电站主变压器搬迁到330kV嘉峪关变电站，启动投产。

1月16日，甘肃省电力研究所与中国大唐集团公司签订了该集团公司在甘肃七家发电企业的技术监督工作委托管理框架协议，同时按协议与七家电厂签订了技术监督服务合同。

同日，张（张掖）嘉（嘉峪关）二线启动投运，形成河西电网双回线的供电网络。

1月17日，电力明珠集团有限公司在洮河上建设的第一座水电站——古城电站首台机组并网发电。

1月18日，330kV张（张掖）嘉（嘉峪关）二回线路启动成功，移交生产。

2月，电力明珠集团有限公司和刘家峡联营公司共同成立了明联公司，负责刘家峡右岸10MW新装机组项目的建设。

3月31日，刘家峡水库水位1734.62m，达到历史同期最高水位。

4月1日，国电电力集团公司与甘肃省电力公司在兰州举行发电企业划转移交签字仪式。此次划转移交的三家企业是：靖远第一发电有限公司（控股51.44%）、兰州第二热电厂（控股62%）、甘肃洁源风电有限公司（控股51%）。

4月4～6日，国电天水电厂（4台300MW）工程《初步可行性研究报告》通过了甘肃省发展计划委员会和西北电网有限公司的审查。

4月5日，甘肃省发改委正式批复小峡水电站110kV配套送出工程可行性研究报告。

4月8日，电力明珠集团有限公司与夏河县政府签订了隋黄、桑科、洒哈尔电站的受让合同。

4月11日，刘家峡水电站入选国家工业旅游示范点，各项指标都达到国家旅游局的标准。

4月12日，甘肃省电力设计院承包的金川公司供电系统110kV输变电改造工程开工。

4月14日，清水县第一座110kV清水变电站正式投入运行。

4月15～17日，甘南电力公司110kV舟曲变电站和110kV迭部变电站相继通过验收，投入运行。

4月18日，甘肃电网首次在碧口水电厂进行了电力系统稳定器应用试验获得成功，解决了220kV碧成系统低频振荡问题及碧口水电厂送出问题。

4月20日，西北750kV输变电示范工程官亭和兰州东两个变电站750kV组合电器（GIS）设备技术转让、合作生产和设备采购三项合同在兰州签订。

4月21日，西北750kV输变电示范工程兰州东变电站在榆中正式开工建设。

4月22日，盐锅峡水电厂旅游接待工作正式启动，黄河明珠号游轮顺利首航。

4月23日，张掖变1号主变压器启动，河西电网（除凉州变电站）实现双回线、双台变运行，稳定输送极限提高至660MW。

4月28日，华亭发电有限责任公司华亭矿区煤矸石电厂开工。总投资31亿元，装机总容量870MW。首期投资10亿元，建设两台135MW机组。

5月1日，电力明珠集团有限公司受托接管了省电力公司在科技园区的资产。

5月10日，平凉电网110kV眉（眉砚）新（新窑）线建成投入运行。

5月21日，甘肃省县城电网改造工程在兰州公开招标，全国百家厂商中标。

6月，兰州电力学校被国家劳动和社会保障部、中国就业培训技术指导中心命名为“职业指导教学训练试验基地”。

6月12日，甘肃明珠祁连水电有限公司成立，负责讨赖河等项目开发建设。

6月14日，西北电网枢纽330kV定西变电站建成投运。

6月16日，330kV定西变电站两台主变压器启动，定西110kV电网开始改接入定西变电站，初步形成了以330kV定西变电站为中心的辐射电网。

同日，110kV临洮铝厂专用变电站正式投运。

7月，白银供电局被西北电网公司正式命名为“国家电网公司一流企业”。

7月13日，国电靖远发电有限公司1号机组增容改造成功，机组顺利带负荷至220MW。

7月16日，白银供电局、武威电力局被正式命名为国家电网公司“一流供电企业”。

7月28日，甘肃电力公司荣获“十年全国青年文明号活动优秀组织奖”集体奖。

7月30日，电力明珠集团有限公司与肃北县政府签订了党河流域芦草湾等六级电站开发协议。

8月，岷县洮河清水电站正式开工建设，装机容量21.5MW，总投资1.5亿元人民币。

8月3日，陇西330kV变电站增容改造主体工程完成投运。

8月9日，甘肃电力公司研发的《甘肃电力营销管理信息系统》荣获国网公司科技进步奖三等奖。

8月16日，国电兰州热电厂年产10万m^3的新加气混凝土厂建成投产。

8月17日，甘肃电投河西水电开发有限责任公司龙首二级西流水水电站4号机组和3号机组先后并网发电，这是黑河流域第二座水电站投入运行。

8月18日，国电靖远发电有限公司实现电力生产安全长周期运行1000天。

8月21日，甘肃电力变压器厂生产出首台大型主变压器——SFZ10—50000/110kVA变压器。

8月31日，甘肃电投河西水电开发有限责任公司龙首二级水电站2号机组并网发电。

9月5日，国家电力监管委员会主席柴松岳一行到甘肃电力公司视察。

9月8日，刘家峡水电厂运行分场获“中央企业先进集体”荣誉称号。

9月22日，永昌电厂整体改制工作正式启动。中国大唐集团公司和甘肃省电力建设投资开发公司在兰州签署了《甘肃永昌电厂整体改制框架协议》书。

9月25日，黄河小峡水电站首台4号机组正式并网发电，这是甘肃黄河上第五座水电站投入运行。

9月26日，卓尼县如吾水电站、云江峡水电站、扎那水电站同时开工建设。

9月28日，甘肃电投河西水电开发有限责任公司龙首二级水电站1号机组并网发电。

10月，甘肃电力试验研究所取得国家安全生产监督管理局颁发的安全评价机构资质证书。

10月10日，甘肃电力第10所电力希望小学落成典礼。

10月14日，中国第一条330kV紧凑型输电线路，天（天水）成（成县）线建成投运。

同日，陇南330kV成县变电站建成投运。

10月20日，220kV兴隆变电站降压至110kV变电站，220kV兴龚线、兴桃线停运，兰州220kV电压等级开始逐步退出。

11月5日，220kV连海电网大坪开关站启动投运，连海电网与主网的联系进一步加强，连城电厂送出工程顺利投产。

11月9日，750kV兰州东变电站主控通信楼主体工程封顶。

11月14～17日，水电水利规划设计总院会同甘肃省发展和改革委员会在兰州主持召开了乌金峡水电站工程可行性研究报告技术评审会，会议同意通过技术审查。

11月23日，电力明珠集团有限公司柴家峡水电站开工。

12月8日，小峡水电站第二台1号机组正式并网发电。

12月10日，甘肃省电力行业协会被国家民政部授予“全国先进民间组织”荣誉称号。

12月11日，靖远第二发电有限公司承担的省列攻关项目“一体化电厂资源管理系统”（项目编号2GSO35—A52—007—14），通过甘肃省科技厅组织的专家鉴定。

12月15日，中国电力企业联合会授予甘肃省电力行业协会为“先进省级电力行业协会”、国电靖远发电公司为“全国电力行业优秀企业”称号。

12月27日，国家电网公司重点科技项目，中国第一套国产化可控串补装置——220kV成碧可控串补装置工程，在甘肃陇南电网一次并网成功，投入运行。

（柏 敏）

青海省电力工业

综述

截至2004年年底，全省发电装机容量494万kW。其中：水电405万kW，火电89万kW；全年发电量172.78亿kWh。其中：水电110.71亿kWh，火电62.07kWh。35～330kV输电线路：青海电网为9006km，省电力公司所属8457km，变压器总容量：青海电网为986万kVA，省公司所属680万kVA，综合线损率5.75%，较下达指标下降0.01个百分点。桥头铝电有限责任公司供电标准煤耗396g/kWh，火电机组年利用小时4053h；2004年公司完成工业总产值42亿元；全员劳动生产率完成950548元/（人·年）（现价、新口径），同比提高208610元/（人·年）。公司所辖设计、建设管理、施工、调度、通信、供电、科研、电力培训、多种经营等企事业单位16个，职工总数7753人，固定资产净值60.94亿元。

领导班子

党委书记、总经理：王季平（女）

副总经理：魏海平 李葛明 高苏杰 左玉玺

党委委员、纪委书记兼工会负责人：陈永浩

总工程师：李生海

公司领导班子平均年龄为47.28岁，文化程度均为大学本科以上，全都具有高级职称。其中：研究生1人，教授级高工2人。

组织机构见下图。

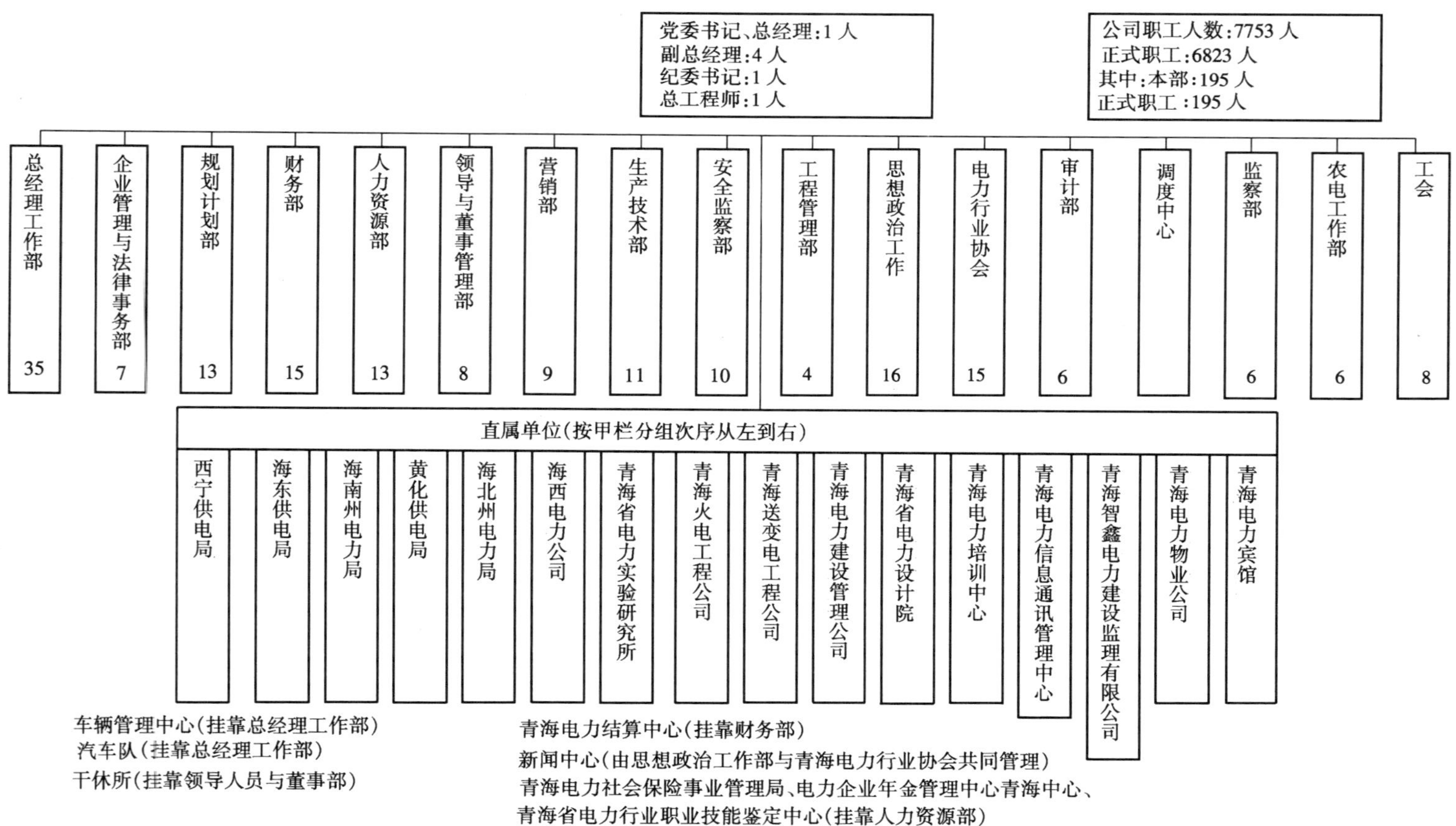

青海电力公司组织机构图

电力基本建设

2004年公司共安排基本建设投资计划7.44亿元，截至年底完成3.77亿元，完成计划50.67%。主要项目：

（1）电网建设：年内建设项目计划安排投资3.18亿元，330kV工程2项，投资2.18亿元。其中：新建330kV大石门、群科输变电工程及扩建330kV湟源变电站、景阳变电站、阿兰变电站、花园变电站工程。至年底完成投资1.97亿元，为计划的90.37%。

110kV青藏铁路五道梁至沱沱河输变电工程安排计划1亿元，工程概算超可研0.64亿元，已通过国家发改委项目评估中心的评审。

（2）县城电网改造工程：由于公司亏损，到9月国网公司才同意恢复使用县城电网改造贷款，并下达2004年县城电网改造工程计划安排投资8.4563亿元，公司下达计划2.54亿元。由于错过了青海施工的季节，年内仅完成投资1.39亿元，为计划的54.72%。

（3）小型基建项目：年内安排投资0.4亿元，全部完成投资计划。

（4）农村电网完善计划为0.51亿元，专属工业区供电工程计划为0.8亿元，由于种种原因年内未实施。

电力生产

1. 安全

2004年公司在电网网架结构没有发生改善，硅铁负荷相继投产，电网负荷持续迅猛增长，各种设备缺陷集中暴露，故障和异常时有发生的情况下，较好地完成了安全生产指标，年内公司杜绝了电力生产、建设、多种经营重伤以上人身事故，杜绝了重大及以上电网和设备损坏事故，杜绝了重大火灾、基建施工重大质量和重大以上交通事故。年内发生一般电网事故5次，同比增加4次；发生一般设备事故15次，同比增加7次，电网和设备事故20次，同比增加11次；发生输变电设备一类障碍80次，同比增加6次；发生交通事故3次，同比增加1次。

电力设施被盗窃案件逐年攀升，越演越烈。作案手法从低层次发展到越来越具有智能性、隐蔽性，作案从个人发展到有组织的团伙，作案目标从盗割低压配电导线到高压输电导线，拆卸电力变压器、爆破塔材，公然将电力设施视为“露天银行”，严重干扰了青海电网建设，破坏了供用电秩序。年内共发生电力设施被盗案件134起。其中：重大案件111起，特大案件23起，被盗输电线159.08km，塔材3613件，倒杆7基，倒塔3基，造成直接经济损失243.88万元。

2. 电网调度

2004年电网调度在极其严峻的形势下，实现了电网安全稳定运行（2004年全网最大负荷为270万kW，而电网最大安全供电负荷只有230万kW)。这既是电网调度全体人员努力的结果，更与全社会的理解支持分不开。

年内主要指标：频率合格率100%、提高0.01个百分点，主网电压合格率99.38%、提高0.88个百分点；主网线损2.05%、提高0.08个百分点；全网全部保护装置正确动作率99.63%、提高0.13个百分点；110kV系统保护装置正确动作率97.42%、下降1.08个百分点；330kV系统保护装置正确动作率97.30%、下降1.20个百分点；故障录波装置录波完好率98.47%、提高0.97个百分点；操作票21470张、合格率100%。

安全方面：杜绝人身伤亡，电网事故及大面积停电和本部门责任的重大损坏事故。截至2004年12月31日，调度中心连续安全运行2226天。

3. 设备技术改造与大修

2004年省公司共完成技改、大修项目100项，投入资金3131.52万元。其中：技改项目43项，资金999.69万元；大修项目57项，资金2131.83万元，总的项目完成率98%，计划资金完成率100%。

技改、大修主要项目：①对部分330kV变电站支柱绝缘子进行改造，提高了供电可靠性；②对110kV部分线路抗冰改造，大大增强了输电线路抗覆冰的能力；③对部分110kV变电站主变压器进行大修，有效防止了主变压器故障的发生；④对一、二次设备老化情况存在突出问题进行更换、改造，提高了安全运行水平和供电的可靠性；⑤对网内直流系统变电站直流电源进行了更换，对直流系统中存在的问题进行了专项整治，并重点解决了330kV变电站两电两充的问题。

经营管理

1. 电力营销

2004年青海国民经济继续保持快速发展，售电量继续保持高速增长，并创历史新高。在持续缺电的状况下，保持了正常的用电秩序；电费回收连续3年结零，陈欠电费回收率达28.30%，创近5年来最好水平；客户满意率保持在96%以上，并实现公司连续9个月零投诉。

（1）主要经营指标。售电量154.5亿kWh，完成年计划的108.8%，同比增长19.7%，增幅列全国第三，超过国网公司平均增长率5.2个百分点；主营业务收入净额47.6亿元，完成预算的123.4%，同比增长29.8%；平均售电价0.316元/kWh（含税），同比提高 0.025 元/kWh。

(2) 电量需求情况。受青海国民经济快速增长的拉动，2004 年全社会用电量和公司售电量呈现高速增长，主要表现在重工业用电增长强劲，电力消耗仍以高耗能用电为主，是稳定和拉动用电量增长的决定因素。2004 年青海电网用电量 163.97 亿 kWh（不含桥头铝电公司），同比增长 19.73%，其用电量结构如下表。

2004 年青海电网用电量结构表 单位：万 kWh

项目	用电量合计	第一产业	第二产业					第三产业	城乡居民
			合计	工业			建筑业		
				小计	其中：有色	黑色冶炼			
2004 年电量	1639652	5345	1478031	1462308	719937	473721	15723	71820	84456
2003 年电量	1369429	5107	1220238	1207151	637898	340391	13087	66188	77896
增长率（%）	19.73	4.66	21.13	21.14	12.86	39.17	20.14	8.51	8.42
2004 年比重	100	0.33	90.14	89.18	49.23	32.40	0.96	4.38	5.15
2003 年比重	100	0.37	89.11	88.15	52.84	28.20	0.96	4.83	5.69

(3) 电量供应。上网电量：2004 年青海电网电厂上网电量为 145.97 亿 kWh，增长 20.26%。其中：水电上网电量为 109.58 亿 kWh，增长 57.44%（增长原因：①龙羊峡水库水位较 2003 年高 27.54m；②新增尼那 1 号机组、公伯峡 1、2 号机组电量）；火电上网电量为 36.39 亿 kWh，同比减少 15.09 亿 kWh，降低 29.31%（降低主要原因是桥铝公司电解铝用电较 2003 年增加 13.1 亿 kWh）。省际联络线输入电量 17.99 亿 kWh，增长 15.47%。

购电量：2004 年公司购电量 163.96 亿 kWh，较 2003 年增加 27.02 亿 kWh，增长 19.26%。购电发电企业是：龙羊峡、公伯峡水电厂，桥头铝电公司，尼那小电厂和地方小水、火电厂。电网电量平衡后，全年电量供需缺口达到 22 亿 kWh，这部分电量由购陕西电量 21.28 亿 kWh 得以缓解电力供需矛盾。

(4) 优质服务：面对缺电形势，公司旗帜鲜明地提出“缺电不缺服务，越是缺电越要主动做好服务”的口号，把安全可靠供电作为服务的关键；坚持公平、公正、公开调度，平等对待各市场主体；完善优质服务常态运行机制；在抓好居民客户普遍服务的同时，坚持“VIP”服务制度，为重点客户提供个性化服务；加强行风建设，坚持纠建并举，在全省行风评议中再次取得好成绩。公司 95598 供电服务系统共受理行风投诉一起，首次实现 11 个月的“零投诉”。西宁市政府公开电话（12345），受理供电服务电话 113 次，较 2003 年下降 51.3%。

2. 财务

2004 年公司经营形势仍然十分严峻，面对青海电网严重缺电局面、电价矛盾突出等诸多困难：一是积极向政府各级部门汇报，全力以赴争取疏导电价矛盾并取得实质性成果；二是积极争取政策，缓解公司财务压力，实现外购电量（外省）高来高去配售政策，解决了 2004 年外购电量购电价差 0.8 亿元。依据国家金融政策，落实了工行、开行、中电财、农行先后对公司贷款在原贷款利率基础上下浮 5%～10%，年节约利息支出 2000 万元；三是完善全面预算，加强资产经营管理，严格控制成本支出；四是在强化生产环节的现金流量管理，提高资金运营效益，筹措资金支持电网建设等方面加强了力度，取得了较好效益。

年内公司较好地完成国家电网公司资产经营考核指标。利润总额完成－0.6 亿元，较考核指标减亏 0.6 亿元，较 2003 年减亏 0.5 亿元。

净资产收益率完成－0.85%，较考核指标提高 1.8 个百分点（增长原因是公司减亏成效显著和清产核资核销了部分净资产）。

资产负债率完成 49.74%，较考核指标超出 3.7 个百分点。

应收电费余额完成 1.87 亿元，较考核指标 2.5 亿元降低 0.6 亿元（下降原因是加大电费回收力度，并利用清产核资政策核销电费损失 0.08 亿元）。

流动资产周转率完成 0.64 次，较考核指标高 0.092 次。

收取投资收益 0.02 亿元，三个子公司完成向省公司上交投资收益考核指标。其中：送变电公司收益 0.01 亿元，火电工程公司收益 0.009 亿元，智鑫监理公司收益 0.001 亿元。

人力资源管理

2004 年，公司进一步发挥人力资源配置中心的调控功能和市场机制在人力资源配置中的基础性作用，协调推进收入分配、劳动用工、社会保险和技能鉴定等工作，取得了一定成果。一是加强劳动管理，规范劳动关系，在深入分析省公司人力资源现状的基础上，初步提出了《省公司人力资源开发规划纲要》、《加强技术和技能人才队伍建设实施意见》和《优秀技术和技能人才评选管理办法》，为企业需求和个人合理流动提供平台，改变了原行政调配的旧模式。二是进一步完善了分配激励机制，适当调整了各企业岗位工资区间和平均岗级，通过工资结构调整解决岗位工资中存在的问题，在调研的基础上提出了农电聘用人员新的工资标准；制定了接收地方电网人员当年工资过渡方案，为最终工资接轨工作打好基础；初步制定了优秀人才特殊津贴办法，对技术比武技能竞赛获得优异成绩者、技师、高级技师、技术专家等各类人才加大了激励力度。三是进一步规范了各项保险工作，进一步落实有关社会保险方面的政策、规定，企业年金按新的模式运作，基金上缴电力行业企业年金管理中心增值保值；制定了《青海省电力公司职工补充医疗保险暂行规定》，并在年内正式实施。根据国家《工伤保险条例》和省政府有关规定，公司在年内按有关规定认真执行了有毒、有害工种的保健津贴；积极争取政策，将企业所应交失业保险费用中 53 万元留下作为补贴省公司体制改革人员分流转岗培训费用；完善了企业职工社会保障体系，启动了企业补充医疗保险，参加了青海省省级工伤保险，提高了职工保险待遇。

科技教育

2004 年分三批下达科技开发项目 40 项，投入科技开发资金 400 万元。技改中的科技投入项目 12 项，资金投入 311.966 万元。第一批科技开发项目共立项 29 项，资金 202.88 万元，当年立项 28 项，结转项目 1 项，技改中的科技投入 12 项，资金投入 74.18 万元。第二批科技开发项目共立项 9 项，其中补充第一批资金不足 2 项，资金 107.6 万元，技改中的科技投入 11 项，资金投入 237.86 万元。

2004 年，公司进一步加大培训力度，深入开展各级各类培训，逐步建立脱产培训与在职学习相结合、普遍性培训与个性化、差别化、自主化培训相结合的培训机制，使员工多渠道、多形式地获取知识、提高水平。年内先后举办了工商管理、安全性评价、电力市场营销、A 管理模式，农电岗位培训和新知识、新技术、新设备讲座等，培训人员 2000 余人·次。此外，还组织参与了公司第四届职工技能大赛、第三届农电工比武大会、青海省青工技能大赛、国网调度安全知识竞赛，展现了青海电力职工良好的精神面貌和业务技能。有两人分别获全国电力行业变电检修、送电线路技术能手称号；组织了 13 个工种 174 人的技能鉴定工作，对 16 个工种 266 人进行了技能鉴定前的考试工作，对 19 个工种 196 人进行了技师鉴定和评审工作；举办了六期农电工培训班，培训 321 人；举办两期农电 35kV 变电运行人员培训班，培训 110 人，举办两期农村供电营业所主任培训班，培训 129 人；组织安排公司系统基层企业 8 名中层干部去山东电力公司挂职锻炼；完成了中电联和国网公司自学考试工作调研报告，认真清理了 2003～2004 年度职工教育经费，并对 2004 年度以前各类学历证书进行了认定；积极争取政策，认真做好公司年度教育经费从 1.5%提高到 2.5%的基础工作。在教育培训方面，有 1 人荣获全国电力行业优秀教师称号，3 人荣获全国电力行业优秀教育培训管理工作者称号。

农电工作

2004 年农电工作的重点：一是加强了农电管理工作；二是对一、二期农网建设改造工作进行了全面总结和整改；三是抓紧做好县城电网的启动工作。年内实现了年初制定的无农电职工死亡、无重大设备损坏、无农村触电群伤亡事故的农电安全工作目标。公司系统农网 10kV 平均线损率 6.40%，低压平均线损率 14.5%，综合线损率累计 9.43%，较 2003 年同期下降了 2.51 个百分点；农网居民端电压合格率为 93.6%，比 2003 年提高了 2.6 个百分点；农村电网供电可靠率完成 98.6%，较 2003 年提高 0.8 个百分点；农网主设备完好率 100%；供电营业所规范化管理达标率 78.36%，有 105 个农村供电营业所已基本达到规范化管理的要求；农村生活用电保证率平均达到 97%，排灌用电保证率达 100%。在农村规范化服务示范窗口建设方面；继湟源县和平供电营业所、互助县双树供电营业所等 13 个供电营业所之后，贵德县河阴供电营业所年初被国网公司命名为国网公司系统农电规范化服务示范窗口单位，从而使示范窗口单位达 14 个。

在农网基础管理、提高供电营业所管理水平方面：一是组织审定并编印下发了《农网变电站相关规程制度汇编》，使 35kV 农网变电站运行管理得以逐步规范；二是组织编印了《青海省农村电网图集》，填补了 1998 年农网建设改造以来全省 35kV 及以下农网基础资料的空白；三是就农电工各项管理费用及农电工待遇、薪酬、劳保、福利等进行了专题调研，并制定下发了《青海省电力公司农村用电聘用人员劳动保护用品配置标准》、《关于规范农电工管理费用开支范围的通知》和《青海省电力公司聘用农电工报酬的规定》等系列制度和标准；四是配合省政府退牧还草生态移民定居工程启动对果洛州玛沁、玛多、甘德、达日四县牧民定居点供电工程，同时为省公司定点扶贫的称多县解决了珍秦乡的通电，支持了县城路灯的建设等工程项目；五是积极探索农村供用电管理模式，努力降低运行成本。在青石嘴地区开展台区村委承包制，有效地控制了村民窃电，线损由过去的70%降为20%。在共和县实行用电联系人试点工作，经一年的试点每年可减少运行成本20%。

党风廉政和精神文明建设

2004年坚持和完善以公司党委为核心、各级领导人员为主体的“两级四层”党风廉政建设责任制网络体系，“一岗双责”机制进一步落实，公司领导班子7名成员及公司中层副职级以上126名党员领导干部在两级职代会和民主生活会上进行了述职、述廉。2004年年中、年底，省公司分别组织两个检查组，对所属18个基层企业和公司本部15个部门进行了检查考核，与140人谈话，982名干部职工参加了民主测评，职工群众对公司党风廉政建设的满意率达92.87%。

在精神文明建设方面，积极组织和引导党员、员工在生产经营过程中建功立业。在党内开展“十佳标兵党员”评选及先进事迹报告会和“围绕中心做件事”主题活动，评选“感动用户的十件事”。在抓好公司整体精神文明建设的同时，努力向基层一线、偏远站（所）延伸，积极解决报刊杂志阅读、宣传光盘传递和饮水难的问题，并落实了农电工待遇，着力营造健康、和谐、充满关爱的人文环境。公司和员工的风貌受到社会各界的充分肯定和高度评价，精神文明建设创建活动成效显著。青海省电力公司被命名为省级文明单位；10个基层企业荣获省级以上文明单位称号，其中文明单位标兵4个；15个县电力局被命名省级文明单位；3个县局及供电营业所被省文明委命名为创建文明行业工作先进单位称号。

多种经营

2004年公司多种经营主动适应市场变化，以小水电为核心，以高耗能产品为支撑，紧紧抓住农网改造机遇并积极涉足信息技术、旅游、设备制造、房地产领域，不断拓展业务空间，其竞争能力、盈利水平明显提高。

到2004年年底，公司多种经营企业达43家。其中：国有控股2家，集体性质18家，私营企业（职工持股会）20家，其他性质企业3家。资产总计15.2亿元，负债合计10.5亿元。2004年实现总收入9.25亿元，利润总额3333万元，利税8224万元，从业人员4852人，其中全民职工667人、集体职工856人，从业人员劳动报酬为6323万元，其中安置主业职工劳动报酬3755万元。

各行业收入比重是：工业收入6.27亿元，建安收入1.70亿元，商业收入3954万元，旅游服务收入3559万元，其他收入5339万元。利润比重为：工业3478万元，建发－376万元，商业208万元，旅游服务－506万元，其他529万元。

存在的主要问题：由于青海经济发展相对滞后，致使多经企业经营范围相对狭窄，其业务多以电力及电相关产业为主，主营业务对主业依赖性较强。同时，由于原材料价格上涨，加之人工成本较高，致使产品生产成本增加，利润空间变小。产品科技容量低，品种单一，经营分散未形成主打产品和品牌，缺乏市场竞争力，不利于开拓省外市场。

公司生产经营存在的主要问题

对照国家电网公司“一强三优”发展目标的高标准要求，青海电网结构、资产质量、服务水平和经济效益均存在明显的差距。一是缺电形势严峻，外购电非常困难。青海用电负荷高速增长、黄河来水持续偏枯，加之西北电网电煤供应紧张、机组故障等原因致使电力供应不足。青海电网总限电时间174天，累计限电3.33亿kWh，影响公司售电量2.58个百分点。缺电部分从火电富裕的陕西购入，由于青海电价处西北电网最低水平，购电价格处于竞争弱势，加之外购电价倒挂，外购电工作十分困难。二是电网安全运行风险加大，青海虽经几年来大规模电网建设与改造，但长期滞后和电网结构薄弱的问题还没有得到根本解决。备用容量不足，设备检修安排非常困难，尤其是铁合金等高耗能用电负荷的大幅增长，对电网冲击较大，枢纽变电站主变压器低容载比运行，使电网运行的安全储备和抗风险能力进一步降低。三是由于青海地方经济以资源型开发为主，对电力的依赖性很强，但对电价的承受能力又较弱，加之普遍服务任务重，需要加大电网建设投入，而大量投入又得不到合理的回报，致使公司连续多年亏损，电网建设资金严重匮乏，制约了公司的发展。四是电价矛盾依然突出，年内出台的电价政策对改善公司经营亏损起到了一定的作用，但仍不能解决公司经营亏损和电网还本付息的问题。特别是公司投入的电网建设资金还有10.75亿元在电价中没有得到疏导，而且西宁城网建设与改造的投资尚无还本付息的电价政策支持。五是用电结构单一，经营风险不断加大。青海电网售电量中高耗能用电比重达73%，这类企业属连续生产型企业，对供电可靠性要求高，但产品附加值又低，易受市场变化等因素的影响，抵御风险的能力和电价承受能力很弱，增大了电网企业的经营风险。六是电网建设延迟，造成供电能力不能适应负荷的快速发展。由于全国范围内电力建设过热，造成主设备供货紧张，影响了公司预定基本建设项目的按时投运。大石门送变电工程工期延迟4个月，景阳变电站3号变压器扩建工程延迟5个月，城网建设中的公园、江河、东关变电站征地手续迟迟不能解决等问题，导致全年少供电约5亿kWh。

主要事件

1月1日，企业年金正式规范运行，基金上缴电力行业企业年金管理中心。

1月1日，尼那电厂1号机组并网发电，至此，尼那电厂4台机组全部并网。

1月3日，青海省人民政府以青政［2004］1号文，发出关于表彰2003年度财政支柱企业的决定，青海省电力公司又获此殊荣。这已是公司连续10年获此殊荣。

1月7日，青海省发改委以青计价格［2004］4号文，转发国家发改委电［2003］124号通知，自2004年1月1日起，青海电网销售电价平均每千瓦时提高7厘钱。

2月2日、3月24日、8月23日、9月14日，青海省电力公司先后四次分别向国务院国有资产监管委员会上报了《关于对黄河上游水电公司债权债务问题的报告》，向国务院电力体制改革工作小组上报了《青海省电力公司关于解决与黄河上游水电开发有限公司债权债务问题意见》，要求协调、或通过司法程序解决青海省电力公司和黄河上游水电开发有限公司债权债务问题。

2月3日，国家电网公司党组作出《关于表彰“国家电网公司优质服务十大标兵”集体和个人的决定》，西宁供电局城东供电营业所名列“国家电网公司优质服务十大标兵”集体。

4月5日，青海省首家青少年校外教育基地在公司电力建设成就展厅挂牌成立。

4月22日，共和县电力局被共青团中央、国家电网公司名为“2003年度国家电网公司全国青年文明号”。

4月23日11：00时，黄南铝厂拒不执行限电令，组织职工40余人乘坐一辆大轿车围困黄化供电局。大轿车横至黄化供电局大门，阻碍黄化供电局所有车辆人员进出长达5个多小时，影响了该局的正常生产秩序。

4月26日，青海省电力公司与陕西电力公司、西北电网有限公司签订了15亿kWh的购电合同，合同购售电价为0.238元/kWh，另向西北电网有限公司交纳0.03元/kWh输电服务费。

5月1日，青海省省委书记赵乐际视察调度中心工作。

5月20日，开始青海省镜内330kV资产上划方案的测算与准备工作。12月，根据“关于印发《西北区域电网330kV电网资产管理范围划分方案》的通知”（国家电网总［2004］119号）和“关于《西北区域电网330kV电网资产划分财务移交实施方案》的批复”（国家电网财［2004］485号），对所移交的“三变十四钱”资产财务账进行了清理，实物资产作了盘点和清查，完成了移交工作，并与西北电网有限公司签署了移交协议。

6月9日下午，省委常委、西宁市委书记张裔炯等市领导来到省电力公司就西宁城网的安全供电、建设改造、运营管理中遇到的问题进行协调解决。

6月10～12日，西北电网有限公司董事长、总经理刘肇绍一行9人赴青海省电力公司调研，其间听取了青海电力公司工作汇报，并与青海省人民政府副省长徐福顺、省长助理马建堂及政府有关职能部门进行了会谈。

6月17日，省发改委、省经委下达了《关于2004年部分外购电量临时电价政策的通知》（青发改价格［2004］261号），决定从2004年4月份开始对部分外购电实行“高进高出、挂牌配额销售”的办法，用以解决2004年购外省电量价差、缓解电量供需矛盾。

6月18日，《关于疏导西北电网电价矛盾有关问题的通知》（发改价格［2004］1125号），决定从6月25日抄见电量起调整青海电网销售电价，平均每千瓦时提价2分钱。

6月，《青海省电力工业史》在北京印刷出版，这是青海电力公司精神文明建设又一丰硕成果。

6月，在北京完成了青藏铁路供电工程110kV纳赤台至五道梁至沱沱河输变电工程初设审查。

7月2日，青海省电力公司750kV超高压运行管理公司成立，标志着750kV输变电工程建设和生产准备工作进入了一个新阶段。

7月3日，青海省委副书记、省长杨传堂、副省长徐福顺来青海电力公司调研，详细了解了青海电网分布、规划、运营情况，在听取了公司领导的工作汇报后作了重要指示。

7月5～7日，330kV黄家寨变电站110kV Ⅰ、Ⅱ段母线设备停电，进行集中检修。这是该变电站连续运行17年来第一次全面检修，倍受省内有关方面高度关注。经过全体检修人员连续64h奋战，圆满完成检修任务。

7月26～27日，中央政治局常委、国务院副总经理黄菊在国家发改委、国资委和青海省省委书记赵乐际、省长杨传堂等领导陪同下，视察了电力调度中心。

8月6日，西宁供电局营销技术支持系统成功升级。

8月12～15日，国家电网公司副总经理陈进行在青海电力公司调研。

8月22～25日，国家电网公司副总经理陈月明率财务部有关负责人一行来青海电力公司调研指导工作。

8月27日，青海省物价局以“关于对海南州供电营业区四县和格尔木供电营业区实行城乡用电同价的通知”（青物价［2004］31号），自2004年10月1日抄见电量起，上述地区实现城乡用电同价。至此，青海电网均已实现城乡用电同网同价。

8月28日，750kV官亭变电站330kV系统投运。

9月3～9日，组织参加了西北电网有限公司、西北电力工委举办的西北五省（区）职工文艺会演。省公司荣获最佳创意奖和最佳组织奖，3个节目获金奖、7个节目获银奖。

9月10日，330kV景阳变电站扩建工程开工。

9月21日，装机容量为30万kW公伯峡电厂1号机组投运发电。

9月25～27日，国家电网公司郑宝森副总经理、国家电监会副主席史玉波，到青海省电力公司视察指导工作。

9月28日，青海万立宁北发电有限公司2×135MW火力发电机组技改项目开工典礼在桥头发电厂（原老厂）举行。本工程动态投资12.5788亿元，加脱硫装置后投资为13.3880亿元。

10月，省电力公司与青海省邮政局签订邮政储蓄代收电费合同。

10～12月，对全省用电容量在315kVA及以上用电客户安装负荷管理终端，实现负荷监控。

11月16日，青海省政府法制办在省公司召开《青海省电力设施保护办法》立法论证会。

11月23日，《关于青海电网外购电有关问题专题会议纪要》（青阅［2004］76号），明确从外省购入电量价差问题通过三个渠道解决：①省财政补贴；②动用2004年对自备电厂征收的三项基金及附加；③不足部分采用市场化运作方式，通过供电企业和用户双方协商的办法解决。

11月30日，省政府办公厅下发《青海省2005年立法计划》，将《青海省供用电管理条例》列入2005年地方立法调研项目。

11月，组织省电研所、西宁供电局、海东供电局完成了西北电网有限公司直属330kV主网关口电能表的安装工程（青海部分）。

12月，因青藏铁路格尔木—拉萨段青海境内供电工程初设概算超可研批复，向国家电网公司上报了追加投资的请示。

（尹兰英）

宁夏电力公司

概况

2004年，宁夏电力公司巩固改革成果，强化电网建设，全面推动宁夏电力工业大发展。公司面对市场条件多变、外部环境渐变带来的经营挑战，以及电网结构薄弱、负荷发展迅猛、电网大规模建设与改造带来的安全压力，沉着应对，因势利导，迎难而上，保持了公司生产安全形势平稳和职工队伍的稳定。“负荷、电网、电源、辅业、多经”均实现了前所未有的大发展。

领导班子和组织机构

党委书记、总经理：刘应宽

党委委员、副总经理：郭少锋

党委委员、副总经理：马力克

党委委员、副总经理：王向东

党委委员、副总经理：邹学仁

党委委员、纪委书记：韩瑞祥

党委委员、工会主席：高凤林

总会计师：赵华威

总工程师：邓永辉

组织机构如下图，公司共分1级，除母公司外，共有一级子公司2家、有分公司11家、控股公司3家。

安全生产

全年未发生人身死亡事故，未发生重大及以上电网、设备事故，未发生重大火灾和特大交通事故，未发生重大施工机械设备损坏事故，全面完成了公司年初确定的安全生产目标。2004年全区的社会用电量达到282.79亿kWh，最大负荷达到414万kW，最大日供电量达到9229万kWh，火电机组利用小时达到7663h，这些指标都创造了宁夏电网的历史最高水平。线损率完成6.36%，同比下降0.43个百分点，综合电压合格率完成99.01%，电网一类设备完好率100%，全网继电保护正确动作率为99.9%，城市供电可靠率为99.95%。

更新改造硕果累累

到2004年年底，全网有330kV变电容量1750MVA，线路共9条、1137.26km；220kV变电站20座，变电容量5190MVA，线路52条1785.3km；110kV变电站

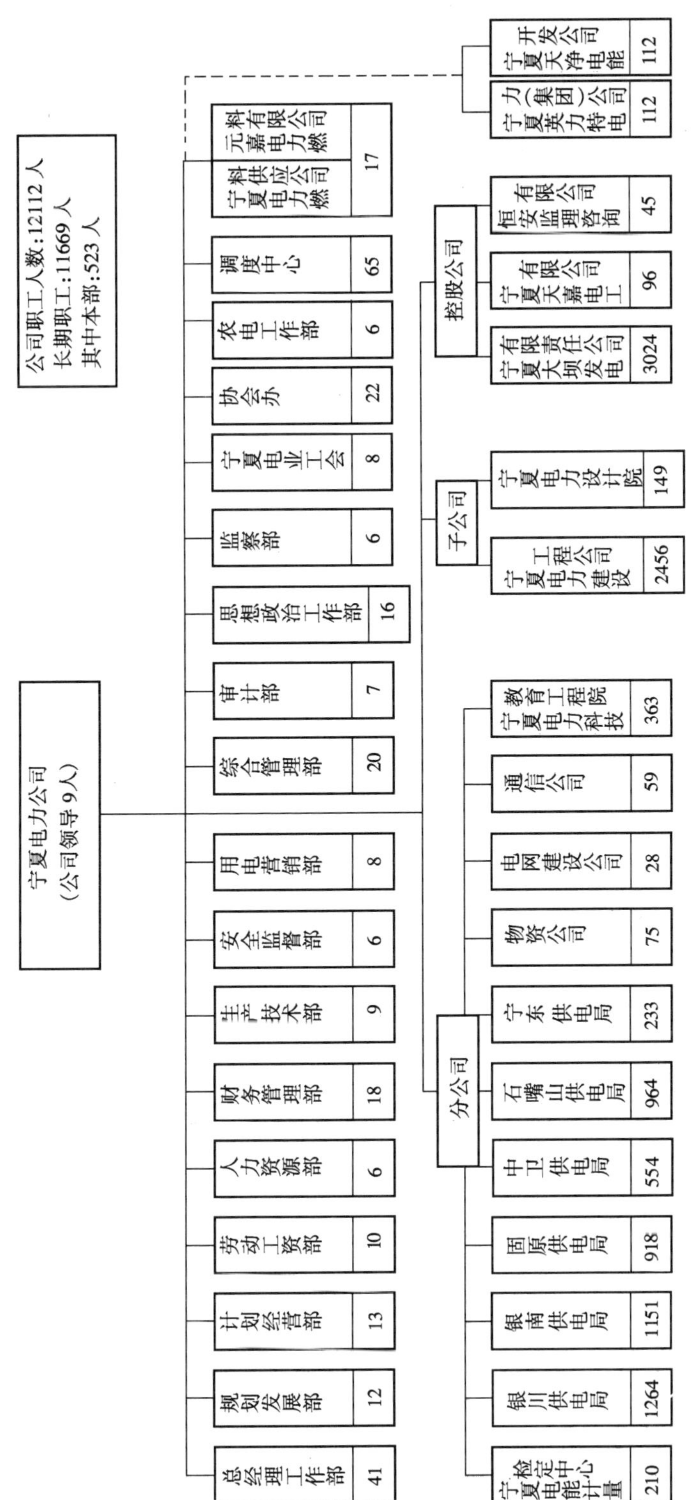

宁夏电力公司组织机构图

58座，主变压器123台，容量4050MVA，110kV线路148条2728.83km。全年共完成更新改造计划203项，投入资金11246.27万元；为提高设备健康运行，配合大修，对6个220kV及以上老旧变电站进行了改造；对影响系统安全运行的微机保护进行了更换，特别是WXH-11（15）保护。共更换330kV保护1套；220kV保护22套；110kV保护26套；35kV保护11套；10kV保护46套。为满足负荷增长的需求，确保电网设备的健康水平和安全运行。对13个110kV及以下变电站进行了增容改造。对频繁发生问题的11台220kV开关和13台110kV开关进行了更换。

完成各类大修项目1048项，投入资金23953万元。全公司共计大修110kV以上变压器12台·次，开关98台次，综检线路84条。全年共消除设备缺陷782项，其中重大设备缺陷156项，消缺率达100%，预试完成率达100%。

建成市区电缆沟（管井）44km，敷设电缆100.55km，搬迁线路10km，拆除10kV线路47km（折除电杆1034根），安装电缆分接箱50台、箱式变电站13台，完成投资约1.1亿元。

科技成果获奖

全年完成科研项目147项。有68项科技成果获电力公司科技进步奖，3项科技成果通过自治区的成果鉴定。30个质量管理小组获公司QC成果奖，6个质量管理小组获得省部级QC成果奖。

缺电得到缓解

2004年因电力需求不断增长，全年“硬缺电”性质明显。全年累计限电189天，累计限电量13亿kWh。面对严重的缺电形势，一是加强同区内各发电厂的协调与沟通，促使机组多开满发，年内发电量达到257.38亿kWh，全年火电机组利用小时数达到7663h，发电量及机组利用小时均创历史新高；二是加强设备运行维护及配电网运行管理，提高了设备健康水平和供电可靠性，使全网平均负荷率达93%，位于全国前列；三是积极向西北电网购电，在西北电网公司的支持下，全年外购电量达25.4亿kWh；四是加强电力需求侧管理，科学合理地制定限电方案，基本保证了自治区经济快速增长对电力的需求，切实保证了重要用户、城乡居民生活用电。

电力经营

在自治区经济快速增长的带动下，电力负荷需求也呈现出迅猛增长的态势，售电量达241.57亿kWh，同比增长31.54%；外购电量25.55亿kWh，同比增长13.76%；有效缓解了宁夏地区电力供需紧张矛盾，为地方经济发展做出了贡献的同时，公司的经济效益继续取得明显成效。公司资产总额115亿元，同比增长4.75%；主营业务销售收入80.1亿元，同比增长45.73%；售电平均单价327.54元/MWh，同比增长17.88元/MWh。2004年完成与国家电网公司签订的经济责任书的六项指标，其中：利润总额实现2.4亿元，为考核指标的268.06%；应收电费余额1.5亿元，考核指标为2亿元；净资产收益率4.58%，为考核指标的572.5%；流动资产周转率2.63次，完成考核指标；资产负债率68.7%，比考核指标低4.3个百分点；上缴投资收益1000万元，完成考核指标。

继续加强了综合计划管理，保证了公司各项工作在综合计划的指导下得以有序进行；及时分解和签订三项责任制，明确了各基层单位的工作目标，从机制上激励了各方面的积极性和创造性。

努力提高资金效益，实现了所有存量和增量贷款利率降低10%，并将大部分存量贷款变更为免担保的信用贷款方式，今后增量贷款各银行也将给予免担保授信的优惠，提高了公司应急筹措资金的能力。疏导电价矛盾，落实电价政策，实现了国家发改委批复2.4分/kWh的疏导电价目标；规范上网电价管理，统一了火电利用小时、超时电价和新机组投产电价水平，为公司可持续发展奠定了良好的基础。圆满完成清产核资工作，摸清了家底，提高了公司资产质量。主动把握电力市场波动趋势，认真进行营销市场预测和对电价跟踪的分析工作，强化电费回收，规避经营风险。

电网规划

在深入调研、科学规划的基础上，先后完成了《宁夏电力工业“十一五”规划与2020年远景目标研究报告》、《宁夏电网“十一五”及2020年电网规划设计》等规划编制和可研审查。积极配合开展西电东送北通道建设及水火打捆750kV电网前期工作，国家电网公司已经确定2004年开工建设兰州东至宁东750kV交流输变电工程和宁东至华北电网±500kV直流输变电工程，为宁夏两个千万千瓦级电力基地建设奠定了坚实的基础。

围绕负荷发展，按照适度超前的原则，修订了宁夏110kV及以上主网架规划，加快建设了一批急需的输变电项目，为宁夏电网负荷发展创造了有利条件。继续加快银川市及其他城市配电网建设与改造工程的进度；积极支持县城经济发展，第二批县城电网建设与改造项目顺利进行，农网改造完善工程及3亿元补充资金工程可研批复工作顺利完成。

基建工程圆满完成

2004年是宁夏电网大变化的一年，为满足社会用电量的急剧增长，提高负荷的接带能力，使宁夏电网网架更加坚强，加大了电网建设的力度。电网建设完成投资10.14亿元。建设投产线路558km，其中330kV 214km，220kV 136km，110kV 208km；投产变电容量231万kVA，其中330kV 48万kVA，220kV 135万kVA，110kV 48万kVA。

开创一年内同时新开工建设3个330kV、2个220kV及11个110kV变电站，同时改扩建5个220kV变电站的新记录。安全目标、工程质量和技术水平都上了一个新的台阶。

电力营销大丰收

售电量突破220亿kWh大关，实现了五年翻一番的市场营销目标；完成用电营业普查总户数463632户·次，其中居民用户410436户，占普查户数的88.53%，占全部居民用电总户数的33.6%，商业及动力用户53207户，占普查户数的11.47%。共查处窃电及违约用电户456户，发现计量装置故障及接线错误108起，共计追补电量858万kWh，追补电费398.75万元，加收违约使用电费22.1万元。应收电费完成81.11亿元。当年电费回收完成99.69%，旧欠电费回收了3537.78万元，年末电费余额控制在1.1亿元以内。新增用户87719户，报装容量175.16万kVA。电能计量、大用户管理、基础工作管理等方面都有所创新。

电力行风建设

面对电价调整、严重缺电、检修停电等对行风建设的不利影响，一是坚持树立全力改善用电环境、支持地方经济发展的服务理念，特别是加快了应急项目工程建设进度；石嘴山二电厂四号机组、中宁电厂扩建一号机组、贺兰山风电二期工程顺利投产发电。二是加强职工“优质、规范、方便、真诚”服务的责任感，积极开展供电营业职工文明服务行为规范竞赛，不断改进服务态度，完善服务手段，提高服务水平，自治区窗口行业评比名列前茅。三是充分发挥电力营销管理信息系统和95598服务系统绿色通道的作用，并把农电优质服务纳入公司统一的常态服务体系，更好地为“三农”服务。四是限电方案做到了“民主、透明、公开、公正”，取得了被限电用户的理解。五是重视用户的投诉、意见和建议，加强与社会各界的联系与沟通，消除了不利影响，取得了好的成绩。

多种经营

在国家实施宏观调控的形势下，尤其是在银行收紧银根的情况下，宁夏英力特电力（集团）公司和宁夏天净电能开发公司克服重重困难，保持了经营和发展的良好势头。

英力特电力（集团）公司全年实现销售收入9.28亿元，同比增长25%；实现利润总额1.5亿元，同比增长73.51%。实现净资产收益率12%，比2003年增长2.11个百分点；资产负债率57%，比2003年增长0.84个百分点。在全区30家重点工业骨干企业中，英力特集团公司销售收入和利润总额分别名列第十和第五。

英力特电力（集团）公司化工重组以来的第一个重点项目——5万t石灰氮生产线建成投产，使石灰氮的生产能力增加到9.6万t/年。西部公司12万t PVC项目的建筑工程和安装工程均已接近尾声，电石装置1、2号炉已安装完毕。PVC项目的配套工程2×150MW热电项目前期工作进展顺利。房地产公司自主开发的第一个大型项目——“南苑康晨”全面启动。

2004年是天净电能开发公司实现快速发展的第一年，全年实现销售收入13.48亿元，同比增长8.19%；实现利润6097万元，同比增长84.3%；资产负债率69.3%；净资产收益率12.69%；资本保值增值率116.9%。天净电能开发公司在自治区经济发展中已经崭露头角，呈现出广阔的发展前景。

精神文明和党风廉政建设

认真学习贯彻“三个代表”重要思想和党的十六届三中、四中全会精神。出台了公司党委和基层党委、党支部工作规定和工作细则，促进了党建工作的制度化、规范化。坚持中心组学习制度，不断强化干部的思想政治和作风建设，取得好的成效。严格执行《党政领导干部选拔任用工作条例》，坚持以好的作风选人，选作风好的人，凭党性用干部，凭业绩用干部，领导干部整体素质有了新的提高。全心全意依靠职工办好企业，坚持职代会制度，在经济技术创新工程和专业技能竞赛活动中，公司获得全国“安康杯”先进单位称号，获得自治区“2004年工会工作目标考核先进单位”。牢记“群众利益无小事”，竭尽全力去解决涉及职工群众切身利益的热点、难点问题，保持了职工队伍的稳定，调动了广大职工的积极性。加强思想政治工作，及时分析研究电力体制改革进程中出现的新情况和敏感问题，化解矛盾，理顺情绪；切实加强信访、值班、治安保卫工作，确保了生产经营秩序正常和职工队伍稳定；积极配合公安部门深入开展打击破坏电力设施专项斗争，取得较好的成效。公司被命名为第二届“自治区文明行业”。公司系统没有发生法人违法问题；没有发生违反干部选拔任用程序和造成恶劣影响的问题，没有发生影响公司稳定和行业形象的重大事件。

存在的问题

（1）电网供电能力不能满足负荷快速增长的需求，导致一些用户的项目建成后不能及时供电。需进一步加快电网建设与改造的步伐。

（2）电网、设备事故次数明显增多。安全生产需进一步从严管理、从严要求。

（3）随着高电压等级、高技术水平的电网设施跨越式增加，人员紧缺、人才匮乏的问题已经凸现出来，尤其是生产一线运检人员严重不足。职工队伍结构和整体素质亟需进一步优化和提高。

主要事件

1月17～19日，宁夏电力公司2004年工作会议、七届五次职工代表大会在银川隆重召开。公司总经理刘应宽在会上作了工作报告。

2月12日，宁夏电力公司在自治区创新经济发展环境工作公开评议中，名列全区12个重点窗口行业第一。

2月16～17日，宁夏河滨热电厂4×150MW工程可行性研究报告审查会在银川举行。

3月4日，宁夏电力公司千兆广域网系统工程验收会在银川召开。

3月18～9日，宁夏中宁、中卫330kV变电工程初设审查会在北京召开。

3月11日，宁夏电能计量中心获自治区技术监督局颁发的“中华人民共和国法定计量检定机构”授权证书。

3月14日，宁夏贺兰山风力发电二期工程12台机组全部安装完毕，部分机组正式投产发电。

3月15～17日，国家发改委能源局副局长吴贵辉带领的调查组在宁夏电力公司总经理刘应宽，副总经理王向东等陪同下到中宁电厂等单位进行调研。

3月16日，宁夏电力公司2004年纪检监察工作会议暨反腐倡廉警示教育大会在银川召开。

3月30日，宁东马莲台电厂4×330MW新建工程初步设计通过了电力规划设计总院组织的预审查。

3月26日，宁夏电力公司档案工作暨2001～2003年度表彰先进会议在银川召开。

3月26日，水利部部长汪恕诚，自治区领导陈建国、马启智等参加了宁夏沙坡头水利枢纽工程首台机组发电成功的庆典大会。并在自治区领导韩茂华、赵廷杰和宁夏电力公司领导刘应宽等陪同下考察了长城脚下的贺兰山风力发电场。

3月26日，宁电劳发［2004］165号文件通知，撤销宁夏电力工业局大坝发电厂。

3月30日，宁夏大坝发电有限责任公司在大坝隆重举行揭牌仪式，标志着大坝电厂一、二期四台机组作为一个新的公司整体正式开始运营。

3月30日，宁夏电力公司团委在银川举行宁夏电力系统万名青工读书活动经验交流暨创建学习型团组织专题座谈会。

3月30日，宁夏电力公司荣获“全国厂务公开工作”先进单位称号。

4月1日，宁东供电局举行10kV配电线路和盐池县供电局划转交接仪式。

4月28日，宁夏电网黑启动试验正式开始，试验共4h，记录了大量的电网参数，在宁夏电网史上是第一次。

5月9日，宁夏电力公司党委下发（宁电党发［2004］19号）文，表彰宁夏电力公司“十佳青年”。

5月10日，石嘴山发电有限责任公司扩建工程4号机组一次并网成功。

5月12～15日，中纪委驻国家电网公司纪检组长祝新民一行来宁进行考察调研。

5月15日，自治区主席马启智及有关领导到贺兰山风力发电场考察工作。

5月25日，宁夏电力公司与中国国电集团公司就在宁的三家发电企业资产等划转移交协议签字仪式在银川举行，宁夏电力公司副总经理马力克、中国国电集团公司总经理助理张树民在移交协议上签字。

7月5日，自治区党委书记陈建国与自治区副主席于革胜、项宗西，到建设中的马莲台电厂进行考察。

7月31日，宁夏电力公司被国网公司评为审计工作先进单位。

8月15日，石嘴山地区落石滩220kV变电站投运成功。

8月18日，全区首次利用洁净能源发电的宁夏贺兰山风电三期工程吊装仪式在贺兰山风力发电场隆重举行。

8月30日，在宁夏回族自治区人民政府召开的新闻发布会上，宁夏电力公司荣获30家重点工业骨干企业排名之首。

9月9～10日，国家电监会主席柴松岳，对宁夏电力的改革发展和生产建设情况进行了考察。

9月14日，宁夏电网调度系统安全性评价通过国家电网公司和西北公司查评，成为全国网、省调第一个通过电网调度系统安全性评价查评的单位。

9月23～26日，国家电网公司在银川召开西北电网“十一五”及2020年目标网架规划设计评审会。

10月20日，由宁夏电力公司重点建设的大坝至中卫330kV送电线路工程全线贯通。

10月31日，宁夏电力公司售电量已突破200亿kWh大关，比1999年全年的98.5亿kWh增长了101.5亿kWh，售电总量翻了一番。

10月31日，宁夏电力公司团委荣获“全国优秀青年学习组织”称号。

12月22日，宁夏电力公司系统领导干部大会在银川召开，国家电网公司副总经理陈进行宣布了宁夏电网公司领导任免文件，任命马力克同志为宁夏电力公司总经理、党委书记，刘应宽同志任宁夏电力公司正局级调研员。

12月25日，中宁电厂2×300MW扩建工程1号炉于23时36分点火一次成功。

12月27日，宁夏电网重点建设工程中卫330kV送变电工程顺利完成24h试运行，正式移交生产。

12月28日，中宁电厂1号机组6时46分实现并网发电一次成功，有效缓解了宁夏地区电力严重短缺局面。

12月29日，宁夏电力调度中心能量管理系统工程通过验收，投入正式运行。

12月31日，宁夏电网重点建设工程候桥330kV送变电工程顺利完成24h试运行，正式移交生产。

（高爱革）

新疆电力公司

概况

2004年新疆电力公司紧紧围绕“管理年”活动这条主线，进一步强化了以效益为中心的经营理念，狠抓管理，优化投资，开拓市场，深化改革，认真落实三项责任制，较好地完成了全年各项任务。全公司完成售电量149.98亿kWh，同比增长14.18%；实现主营业务收入61.73亿元，同比增长14.06%；完成综合线损率9.7%，同比上升0.48个百分点；完成供电标准煤耗475g/kWh。同时，较好地完成了国家电网公司下达的资产经营考核指标。完成利润总额－6.29亿元，比考核指标减亏5101万元；完成净资产收益率－12.23%，比考核指标提高了12.77个百分点；完成资产负债率79.71%，比考核指标降低6.29个百分点；完成应收电热费余额4.44亿元，完成率117.86%；完成了上缴投资收益考核指标。

领导班子

2004年12月31日新疆电力公司领导班子：

总经理、党组书记：张铭洲

副总经理：洪连忠　许伯通　刘　光
　　　　　沙拉木·买买提

总会计师：夏乾元

纪检组长：木沙·亚库甫

工会主席：李纪全

总经济师：王向红

机构设置

2004年12月31日新疆电力公司机构设置：

总经理工作部　经营企划部　发展部

生产技术部　安全监察部　电力调度中心

人力资源部　市场营销部　财务与资产管理部

审计工作部　农电工作部　政治工作部

监察办公室　离退休办公室　公安处

多经工作部　机关工作部（机关党委、机关工会）

电力工会

电力建设

公司编制的《新疆电网“十一五”规划及2020年远景展望规划》通过国家电网公司评审；精—伊—霍铁路施工用电方案、伊犁电网与新疆主电网的联网设计审查、阿克苏至喀什联网方案的论证审查工作已完成；以哈密煤电化基地建设为契机，积极推动了新疆电网与西北电网联网工程前期工作；天山电力2×30万kW扩建工程项目已获国家发改委批准；启动了和田天然气发电厂工程前期工作。

全年在建工程累计完成投资5.19亿元，投运220kV线路236km，变电容量39万kVA；投运110kV线路154km，变电容量19.7万kVA。公司年度重点项目220kV锦华、瑶池变电站工程和（龟）兹—阿（克苏）输变电工程建成投运；220kV皇（宫村）—吉（林台）、吉（林台）—宁（远）输变电工程进展顺利。皇—吉线跨越北天山，海拔超过3500m，施工有效时间仅80天。送变电工程公司针对极其恶劣的自然环境和气候条件，制定安全施工措施，未发生一起人身重大伤亡事故，该工程的永冻土层灌注桩、嵌固式和掏挖式基础施工均为全疆首创。220kV瑶池变电站工程自可研设计至投运前后不到8个月时间，高远110kV输变电工程更是创造了从开工到投运仅仅100天的优良业绩。

通过反复论证技术方案，全年审查的项目初设概算比可研估算降低投资2463万元。通过优化设计，

220kV 阿克苏变电站重新选址后，兹—阿输变电工程节省投资 1800 万元。通过实施全过程监理，落实工程四级验收制度，把好工程竣工验收关，公司基建工程总体质量较往年有了明显提高。送变电工程公司承揽的 500kV 天—广四回线路工程，基础一次抽检合格率 100%，一次抽检优良品率 100%。开展了基建系统“安全施工年”活动，基建安全管理逐步实现规范化、标准化，公司基建系统安全形势较为平稳。各基建施工企业加大项目跟踪力度，在开拓其他省区市场方面取得可喜成绩。电力建设公司三门峡惠源热电厂工地和送变电工程公司青海 330kV 官—阿输变电工程工地，获得了安全文明施工先进工地称号。

安全运行

坚持“安全第一、预防为主”的方针，认真落实各级安全生产责任制，严格执行安全生产奖惩规定，深入开展安全大检查、安全性评价、“六复核”工作以及安全生产月活动，健全了安全生产保障和监督体系。加强了生产一线的安全管理，在基层班组开展了“四个一”活动，增强了职工的安全意识。坚持统一调度的原则，在保证电力系统安全运行的同时，努力为发电厂、供电单位、电力客户提供规范服务，初步建立了比较有效的厂网安全协调机制，电网安全优质经济运行水平不断提高，电力调度中心实现连续安全运行 2351 天。面对夏季全区电力负荷的迅速增长，公司系统狠抓组织、技术措施的落实，制定了保证可靠供电的方案及应急预案，加强了输变电设备的运行、维护和检修管理，主电网及伊犁、疆南、和田三个独立电网经受住了高温酷暑大负荷的考验，圆满完成了迎峰度夏任务。生产、基建、多经未发生人身死亡事故。全公司未发生重大设备、主设备损坏、重大火灾、重大交通事故；主电网未发生系统瓦解、大面积停电事故，一般设备、电网和交通事故也有所减少，但未能杜绝恶性误操作事故。

进一步加强了生产技术管理。坚持生产技术为经营管理、经济效益服务的理念，做到输、变、配电设备检修协调一致，基本杜绝了重复停电。积极拓展带电作业范围，增供电量 1.08 亿 kWh。认真开展设备状况评估，延长检修周期，降低了检修成本和劳动强度，在确保设备健康状况可控在控的同时，提高了企业的经济效益。乌鲁木齐电业局努力改善配网健康状况，供电可靠性提高 0.019 个百分点。昌吉电业局建立了专业流程体系，界定了分级管理层面，基本杜绝人为因素造成的差错。规范了技改全过程管理，科学合理地编审项目，谨慎投资，力争把有限的资金使用到最需要的项目上，提高了技改效益。加大了电力设施保护工作力度，配合公安机关开展了整治电力生产治安秩序和打击盗窃破坏电力设施犯罪专项行动，破获案件 131 起，为安全生产创造了较好的外部环境。

经营服务

强化基础管理，进一步完善了三项责任制考核体系。加大了责任制考核指标与工资总额的挂钩比例，重点考核企业提高经济效益、开拓市场的能力，促进了公司规范化管理。公司本部建立了月度绩效考核机制，各职能部室工作效率和工作质量不断提高。狠抓了一流班组建设，全公司一流班组比例达到 18.6%，220kV 昌吉变电站等 4 个班组荣获全国电力行业“优秀班组”称号。

加强了投资管理，规范了资本性投资。认真执行和落实公司资本性投资管理制度，根据公司资本金来源，合理确定建设项目投资额度，坚持“资金不落实不上项目”，初步建立了投资风险管理体系，有效控制了投资规模的过快增长。

加强了资产和资金的管理，降低了财务费用。公司加强了对各单位资金的集中管理和监控，提高了资金的运转和使用效率。资金结算中心全年发放贷款 3.87 亿元，节约财务费用 1770 万元；狠抓了减免本息和利率下浮工作。巴州、阿克苏电力有限责任公司等单位项目贷款和流动资金贷款比基准利率下浮了 10%，节约财务费用 380 万元。公司通过银行承兑汇票结算方式拨付电厂购电费 2 亿元，降低了应付购电费余额，节约贷款利息 500 余万元；积极开展清产核资工作，摸清家底，找准资产管理的薄弱环节，为执行新的《企业会计制度》奠定了基础；各单位全面清理了债权债务、对外投资、担保和经济合同，防范了风险；公司本部压缩项目贷款 2.7 亿元，有效降低了资产负债率。

从严控制成本，全力抓好效益管理。牢固树立“降低成本就是提高效益”的观念，在严格控制生产经营成本的同时，坚持从严审批非生产用车的更新和新购，加强招待费预算管理，使公司的非生产经营成本得到了有效控制。博州电业局与和田、阿勒泰电力有限责任公司始终保持了可控成本在预算控制之内。

加强了电价与电量的研究和管理。狠抓了新疆主电网疏导电价矛盾工作，缓解了公司经营压力；认真贯彻落实新出台电价政策，多次向自治区党委、政府提出了加快电力工业发展、疏导电价矛盾、规范上网电价管理的意见和建议，改善了公司的经营环境。国家发改委、电监会关于对高耗能企业试行差别电价、向自备电厂征收政府性基金、附加和系统备用费的政策出台后，公司积极配合做好相关基础工作，目前自治区计委已经下达了执行差别电价政策的第一批企业名单。巴州、阿克苏电力有限责任公司狠抓电量、电费和电价管理，企业效益稳步提高。

加强了购销管理。一是加强购电管理，努力降低购电成本。根据安全经济、低价优先的原则，完成了与主电网有关发电企业签订《购售电合同》的工作。按照“三公”原则，合理安排各发电企业的上网电量计划，优化了购电结构。二是进一步加大了电力市场开拓力度，初步建立了面向市场的快速反应机制。奎屯电业局开通客户服务网上报装、报修业务，加快了客户报装接电速度。三是严格执行国家电价政策，强化营销稽查，加大了对营销责任事故的查处，尤其是内外勾结、以电谋私等行为的打击力度。

加强了经营监控管理。规范了经济活动分析和统计工作，使分析更具全面性和可比性，为公司重大决策提供了可靠的依据。全面加强和规范合同管理，落实了合同承办人制度、审查会签制度，促进了合同管理的制度化和规范化。不断完善控股公司法人治理结构，健全股东会、董事会、监事会工作制度，提高了对控股公司的控制力。坚持审计为经营管理服务，各级审计部门共完成各类审计项目 122 项，查出违纪金额 1443 万元，审减工程成本净额 2727 万元。

坚持以市场为导向，加强用电结构分析，大力发展负荷，12 个地州供电企业售电量同比实现了两位数增长。配合阜康博达焦化电石厂的建设，公司快速启动建设了 220kV 红二电—瑶池输变电工程，当年新增电量 5000 万 kWh。乌鲁木齐电业局大力培育优良客户市场，对大工业客户实行“专人专户”管理，有针对性地跟踪服务，促进了售电量的快速增长。奎屯电业局针对户表工程带来的线损攀升，积极争取政策支持，使居民到户电价在目录电价的基础上有所调整。阿勒泰电力有限责任公司面对直供电挑战，坚持内扩外送，售电量增幅达到 46.37%。

依据自治区人民政府《关于进一步加强电费清欠工作的督查通知》，各单位发扬“三千”精神和“三勤”作风，突出重点，采取了“多次抄表、分次交费、预付电费”等灵活多样的电费回收方式，有效遏制了欠费额的增长。同时，广泛开展了电费风险防范研究，初步建立了电费回收预警分析制度和“客户信誉等级评价”制度。进一步加大了电费回收宣传力度，努力营造“电是商品，用电必须交费”的良好氛围，改善了电费回收的外部环境。巴州电力有限责任公司通过资产抵押变现等措施，将破产重组的库尔勒棉纺公司 495 万元拖欠电费足额回收，为加强破产、重组、改制企业电费回收工作积累了经验。

认真研究大用户直购电政策，主动向国家电监会及自治区政府汇报，有效地遏制了部分发电企业违规直供电的行为。加强与有源地网和有源用户的沟通与联系，本着“双赢”的原则与哈密电力公司，巴州、阿克苏电力有限责任公司，及八一钢铁、天龙矿业等签订了互供电量和并网供电协议。严格执行自治区《关于严禁窃电的通告》和《关于加强反窃电工作的通知》，加大对违章用电和窃电行为的打击力度，全年共查处窃电和违章用电 2615 户，追补电费、违约金共计 2208 万元。

针对网架薄弱、负荷峰谷差大、电价矛盾十分突出的实际，伊犁、疆南、阿克苏、巴州电力有限责任公司制定了切实可行的需求侧管理实施方案，并积极争取了政府部门的支持。自治区经贸委出台《关于加强电力负荷管理系统建设有关问题的通知》，明确作出了终端侧费用由用户自行承担的规定，为实施需求侧管理创造了有利条件。

坚持“优质、方便、规范、真诚”八字方针，狠抓优质服务常态运行机制建设，提高了服务质量，提升了服务水平，实现优质服务从内容到方式上的突破和创新。大力实施“心桥工程”，各供电企业及时召开了由政府有关部门、用电客户和新闻媒体参加的大客户座谈会，宣传当前国家出台的有关电价政策和直购电试点办法，取得了他们的理解和支持。认真兑现供电服务承诺，全公司供电可靠率达到 99.56%，客户端电压合格率达到 97.63%，紧急服务到达现场时限合格率和计划检修兑现率均为 100%，实现紧急服务和业扩报装电话回访率 100%。

农电工作

积极推进农电工作重点由建设型向管理型转移，狠抓农电规范管理，有力地促进了县级供电企业管理和效益水平的提高。阜康、沙湾供电有限责任公司被国家电网公司命名为一流县供电企业，昌吉、米泉供电有限责任公司获得省级一流县级供电企业称号。乡镇供电所规范化管理工作取得进展，全疆 42.8% 的供电所达到了规范化管理标准。

一、二期农网建设与改造工程累计完成投资 76.15 亿元，占总投资规模的 99%。农村一户一表工程累计完成 209 万户，占应改造总户数的 87.1%。公司系统供电范围内的 83 个县市，已全部实现了城乡用电同网同价并提前介入了部分还本付息电价。县城电网工程已经下达开工计划 3.73 亿元，完成投资 2.38 亿元。按照国家电网公司的统一部署，在全面进行两改一同价“回头看”工作的同时，开展了农网工程验收的试点工作，有力地推动了农电工作重点的转移，为农网工程的顺利收尾和验收创造了条件。积极推进县乡电力管理体制改革，注册成立了乌鲁木齐县农电供电有限责任公司。全疆累计成立了 642 个乡镇供电营业所，810 个乡镇实现了城乡用电一体化和收支两条线管理。

体制机制创新

按照国务院5号文件精神，规范推进厂网分开改革，初步完成了与国电集团新疆发电企业财务、资产以及劳动工资、保险的划转移交工作。按照国家电网公司统一部署，成立了公司主辅分离改革工作小组，结合实际组织研究了主辅分离改革有关政策。启动实施了奎屯电业局改制方案，成立了新疆奎屯电力有限责任公司，为理顺公司与各县级电力企业产权和管理关系积累了经验。

加强了劳动人事管理。积极推进公司人力资源管理体制和机制创新，加大了“四支队伍”建设力度，制定了人力资源开发规划，初步建立了培养、发现和使用人才的动态管理新机制。公司所属各单位空缺岗位面向社会实行了公开招聘，开展了选送基层优秀青年管理人员到公司本部带职锻炼工作。深化分配制度改革，加大了收入分配向关键岗位、贡献突出人员的倾斜力度。启动了企业年金，完善企业职工养老体系，增强了企业的凝聚力。公司本部机构改革和全员竞争上岗工作取得阶段性成果，按照“积极稳妥、分步实施”的原则，对市场营销部、农电工作部一般管理岗位在公司系统范围内进行了公开招聘。此次改革在公司系统产生了强烈反响，开辟了选人用人的新途径，形成了正确的用人导向，增强了公司本部员工的危机意识和竞争意识。

多种产业

公司系统多种产业加快发展步伐，在理顺产权关系、调整产品和产业结构、建立现代企业制度、努力开拓市场、强化内部管理、狠抓经济效益等方面做了大量工作，为提升多种产业的综合实力奠定了基础。

新能集团经过近几年的发展，产权结构清晰，产业结构合理，基本具备了快速发展的条件。高度重视战略管理，制定了五年发展规划，明确了集团的定位、经营目标和具体措施。狠抓资本金和利润管理，出台了集团内部资金调剂使用办法，提高了资金使用效率，降低了财务费用。全年完成销售收入4.85亿元，实现利润7826万元，每股收益0.44元，所有者权益达3.5亿元。新能大厦按期完工，体现了新能集团的实力，树立了新能形象。新能工业园和科技园已经开发建设，为集团公司发展和招商引资创造了条件。新能集团各专业公司积极进行内部资源整合、业务流程重组，大力开拓市场，企业实力不断增强。新能信通公司开展了“三标一体”贯标工作，夯实了企业基础管理，同时主动调整处理与各大电信运营商的合作关系，完善主营业务结构，充实了关联业务，增强了竞争和发展能力。新能房地产开发公司在喀什促成了房地产开发联建项目，购买了166亩土地，找到了新的经济增长点。新能实业公司大力开拓区外和国际市场，取得了对外贸易权，天宁公司在区外和国际市场分别实现销售收入260万元和10万美元。

党风廉政建设

坚持“教育、制度、监督并重”和“标本兼治，综合治理，惩防并举，注重预防”的原则，大力推进公司系统预防和惩治腐败体系的建设，把制度建设的重点放在资本运营、工程项目物资采购招投标、干部提拔任免等腐败现象易发环节上，注重从源头上抓预防和治理腐败工作，公司党风廉政建设拓展了领域，增强了针对性。加大了民主集中制的执行力度，公司和基层单位民主生活会质量有所提高。组织全体党员开展了两个《条例》的学习活动，增强了全体党员和干部的党纪意识。深入开展了以领导干部为重点的警示教育活动。严格落实“四大纪律、八项要求、三个不得”，不断加大查办案件的工作力度，严厉惩处和纠正不正之风，领导干部廉洁自律、案件查处、行风建设、效能监察等各项工作取得了新的进展。公司连续三年被自治区定为免签纠风目标责任书、免行风评议单位，党风廉政建设工作得到了国家电网公司和西北电网公司的肯定。

精神文明建设

公司系统把学习贯彻党的十六届四中全会精神作为首要的政治任务来抓，举办了五期厂处级领导干部学习班，各单位制定了学习贯彻的具体措施，保障了学习活动收到实效，使广大党员干部对加强党的执政能力建设的重要性和紧迫性有了更加深刻的认识。开展了保持共产党员先进性教育前期准备工作，成立了领导机构并做出安排部署。疆南电力有限责任公司员工艾肯吐逊·亚曼荣获自治区优秀党员称号，其事迹已成为公司开展保持共产党员先进性教育活动的生动教材。组织了全国学雷锋先进个人、革命烈士白克日·卡依尔事迹报告团和实物展览，进一步增强了各族职工维护民族团结的自觉性。以加强职业道德建设、规范经营行为、提高服务质量、树立行业新风为目标，以推进诚信服务为重点，开展了文明行业创建工作，年初自治区文明委授予公司“自治区级文明行业”荣誉称号。

电力工会健全和完善了三级职代会制度，细化了厂务公开内容，加强了以签订集体合同为主体的维护职工经济权利的机制建设。在开展创建一流班组和各类技能竞赛活动中取得了成果，乌鲁木齐电业局选手王建在新疆电力行业变电检修技能竞赛中夺得个人第一名，并荣获自治区技术能手称号。积极开展创建“职工之家”活动，加强工会组织建设，职工入会率达98%以上。在西北五省（区）第四届电业职工文艺会演中，公司职工业余艺术团获得了奖牌总数第一名的好成绩。各级团青组织以创建“青年文明号”为载体，深入开展了青年安全生产示范岗活动，成功举行了“新电青年杯”安全生产电脑动画和短信大赛、公司安全生产知识竞赛。

存在的问题

一是安全生产存在薄弱环节，部分职工专业知识不够，责任意识不强，领导管理不到位，习惯性违章屡禁不止，误操作事故呈上升趋势。同时，由于厂网分开改革后安全生产的执行主体和责任主体多元化，公司安全生产面临着许多新的矛盾，有源地网、自备电厂和独立发电公司存在的不安全因素对电网安全构成严重威胁。二是经营形势仍然十分严峻，主要原因还是农网还本付息和电价矛盾突出，要在积极争取国家优惠政策、疏导电价矛盾的同时，加大管理力度，充分挖掘内部潜力，增效减亏。三是管理体制和经营机制需要进一步理顺和完善。公司控股的县电力企业管理体制不适应三个层次管理模式和现代企业制度要求，公司技改、营销和物资管理的运作机制有待完善。

主要事件

1月5日，公司2004年工作会议暨三届二次职工代表大会召开，党组书记、总经理张铭洲作了题为《全面加强企业管理，确保电网安全稳定，为实现公司经营状况的根本好转而努力奋斗》的工作报告。

1月17日，公司在新疆人才市场首次举办专场人才招聘会，参加招聘单位27个，岗位163个，拟招聘226人。

2月3日，公司所属疆南电力公司喀什地区疏附县供电公司客户服务中心开票员孙荷花因贪污电费34.23万元，被自治区高级法院终审判决判处有期徒刑15年，剥夺政治权利5年，没收个人财产5万元，并退赔所有贪污电费款额。

2月4日，公司继2000年以来第四度荣获乌鲁木齐市“纳税功勋企业”称号。

3月2日，第五个“3·5中国青年志愿者服务日”期间，公司系统以“弘扬雷锋精神，参与志愿服务，建设精神文明”为主题，开展了青年志愿者服务活动。

3月9日，公司副总经理许伯通陪同自治区党委常委、宣传部部长吴敦夫往塔什店火电厂，看望和慰问全国学雷锋先进典型、革命烈士白克日·卡依尔的妻儿。

3月14日，公司市场营销部与乌鲁木齐电业局组织39名营销服务人员、6名礼仪服务人员，在乌鲁木齐市人民广场参加了以“诚信、维权”为主题的自治区“3·15”消费者权益保护日大型宣传活动。活动中发放各类宣传资料4.8万份，接待投诉举报17人·次，现场办理2项低压用电申请业务。

3月17日，公司本部团总支、新能信通公司团总支30余名团员青年，带着衣物、鞋子、水果等慰问乌鲁木齐市儿童福利院孤残儿童。

3月25日，经阿克苏地区计委批准，公司所属阿克苏电力公司电网110kV趸售电价由每千瓦时0.37元调整为0.417元，35kV趸售电价由0.38元/kWh调整为0.427元/kWh。

3月30日，新疆电网内骨干电源——华电集团哈密发电有限公司三期工程2×13.5万kW 6号机组启动试运行，4月20日通过（72+24）h联合试运转投产。三期工程2001年7月20日开工建设，投资9.8亿元，第一台5号机组于2003年9月15日移交生产。

4月2日，新疆电力系统首家营销服务网站——公司所属昌吉电业局95598营销服务网站（网址http：//10.218.197.197）发布。

4月9日，公司市场营销暨优质服务工作会议召开。

4月23日，新疆供电企业首家抄表公司——公司所属奎屯电业局金茂电力实业总公司抄表公司成立。

4月24日，新疆电网内博尔塔拉州2县1市和阿拉山口口岸实现城乡用电同网同价，其中城乡居民生活用电每千瓦时0.54元，商业用电0.77元，农业生产用电0.38元，趸售0.42元。大宗工业、非普工业和电锅炉实行分时段电价。

4月25日，公司所属疆南电网内克孜勒苏州及喀什地区12个县市实现城乡用电同网同价，城乡居民生活照明到户平段电价每千瓦时0.58元，普通工业0.48元，农业排灌0.36元，商业用电0.73元。

5月9日，公司所属吐鲁番电业局首次实施10kV带电立杆获得成功，7月8日110kV带电立杆作业项目再获成功，填补了新疆带电作业一项空白，对解决运行时间较长的输电线路导线下垂、电杆腐蚀、杆根松动等问题提供了有效的解决办法，并为满足客户对供电可靠性的要求提供了技术支撑。

5月21日，公司与中国国电集团公司新疆区发电企业资产移交接收协议签字仪式在乌鲁木齐举行，公司移交国电集团公司资产总额为22.18亿元，涉及新疆9家发电企业：红雁池第一发电有限责任公司、精河发电有限责任公司、吉林台水电梯级开发有限责任公司（在建）、铁厂沟发电有限责任公司、天石燃气发电有限责任公司、风力发电厂、天风股份有限公司、达坂城风电有限责任公司、库车发电有限责任公司（在建），总容量（可控容量）为121.75万kW。

6月7日，公司所属伊犁电力公司伊犁第二火电厂3名一线优秀工人被聘用为首席工人，首席工人每次聘用期为1年，享受比普通工人高出4岗的工资待遇。

6月10日，公司2004年农电管理工作会议召开。

6月23日，岳普湖县遭受大风、冰雹袭击，持续时间超过20min，最大风力9级，最大冰雹直径3cm，致使公司所属疆南电力公司岳普湖供电公司管辖范围内的部分供电设施遭到严重破坏，10、0.4kV配网线路5处断线，1处倒杆，30多基杆塔严重倾斜，10余套各类金具、横担损坏，县城停电1h。24日18时全县恢复正常供电。

6月27日，自治区党委副书记、常务副主席王金祥和自治区政协副主席黄昌元一行视察新疆电网内在建骨干电源——国电集团公司库车火电厂工程。

7月1日，和布克赛尔电网结束独立运行，纳入新疆电网塔城地调统一调管范围。

7月2日，公司本部二届二次职代会召开，审议通过了《公司市场营销部、农电工作部竞争上岗实施方案》、《公司本部岗位动态管理办法》、《公司本部员工内部退养暂行办法》。

7月12日，公司2004年年中工作会议召开，公司党组书记、总经理张铭洲作了题为《真抓实干，再接再厉，为全面完成管理年各项任务而努力奋斗》的工作报告。

7月17日，中央纪律检查委员会常委、秘书长干以胜，中纪委办公厅副主任熊学年、“三公开”办公室主任韩平满、全国总工会民管部处长刘铁章等一行6人，来公司调研厂务公开、民主管理工作，并视察了新疆电力调度中心、乌鲁木齐电业局。

8月1日，新疆电网内石河子垦区实现城乡用电同网同价。城乡居民照明电价每千瓦时由0.4753元调至0.62元，商业用电由0.5848元调至0.80元，非工业、普通工业用电由0.4372元调至0.5423元，大宗工业用电由0.3972调至0.4394，农业排灌用电由0.2753调至0.37元。

8月28日，新疆电网内骨干电源—红山咀电厂一级电站开工建设。工程总投资3.4亿元，总装机容量为5万kW，建设工期为3年。

9月3日，西北五省（区）第四届电业职工文艺汇演在西安人民大厦剧院开幕，公司职工业余艺术团获得奖牌总数第一名。

9月，公司所属阿克苏电力公司总经理、党委副书记阮定骏获国家人事部、国务院国有资产监督管理委员会命名的“2004年中央企业劳动模范”称号。

10月26日，220kV兹（库车，古称龟兹）—阿（阿克苏）输变电工程通过公司竣工验收。工程2002年5月开工，同年7月因故缓建，2003年6月复工建设。

同日，公司公安保卫工作会议召开，自治区政府印发了《自治区打击整治盗窃、破坏电力设施犯罪专项行动方案》。

11月18日，公司所属新能集团与山东鲁能集团、哈密地区共同建设的鲁能煤电化基地奠基仪式在哈密市西郊花园乡举行，基地建设总体规划分三期进行，电厂总装机容量为1160万kW，其中一电厂一期建设为4×30万kW机组，首期启动项目2×30万kW机组，配套煤矿300万t/年（建成后为7500万t/年），2006年底投产，接入西北电网成为全国“西电东送”的战略通道。后续的煤液化工程分三期建设，建成后将达到年产960万t成品油规模。中共中央政治局委员、自治区党委书记王乐泉，自治区党委副书记、自治区主席司马义·铁力瓦尔地，自治区党委副书记、自治区常务副主席王金祥，自治区党委常委、自治区副主席艾力更·依明巴海，国家电网公司党组成员、副总经理李彦梦，西北电网有限公司董事长兼总经理刘肇绍，山东鲁能集团公司总裁高洪德，新疆电力公司党组书记、总经理张铭洲，哈密地委书记白志杰等有关部门领导和各界人士千余人参加了奠基仪式。

11月21日，伊犁河流域开发建设管理局在公司所属伊犁电力公司供电营业区内违规建设电网，未经伊犁电力公司同意，在110kV托（托海）—巩（巩留）线两侧违规搭建跨越架实施线路跨越，引起托巩线接地开关跳闸，造成巩留、新源、特克斯、昭苏县停电12h。

11月25日，新疆电网内乌鲁木齐电网电价调整，平均目录销售电价每千瓦时提高2.2分。为鼓励电力用户进一步削峰填谷，适当扩大销售电价峰谷价差，即大工业由原3.4倍扩大到5倍，非普工业、商业由原3倍扩大到4倍；乌鲁木齐电网统一调度范围内新投产燃煤机组（含热电机组）上网电价，脱硫设备未安装的每千瓦时0.22元，已安装的0.235元，新投产风力发电机组上网电价0.47元；农业经济作物和养殖业用电按农业生产电价执行。调整范围还包括：电采暖高峰电价每千瓦时0.492元，平段0.322元，低谷0.24元；居民生活用电三段式优惠电价调整为每月用电量中1～100kWh为0.429元，101～200kWh为0.355元，201kWh以上为0.33元。

12月9日，新疆电网2004年度联合反事故演习举行，演习设置6个故障点，同时各地调进行地区电网内部演习，设置14个故障点，演习采用了电视电话会议系统和自动化DTS、WEB系统作为技术支持手段。新疆电网17个单位参加演习，6个单位观摩，人员达1000余人。

12月14日，哈萨克斯坦电网运行公司副总裁耶斯巴金·阿比塔耶夫等前往公司所属乌鲁木齐电业局参观。

12月25日，新疆电网内自治区首批高耗能行业中的44家淘汰类企业实行差别电价政策，在现行电价基础上每千瓦时提高0.05元。同日，首批3家高耗能企业自备电厂（众和电厂、天龙矿业电厂、环鹏公司电厂）征收三峡基金、农网还贷基金（电价）、城市公用事业附加费等政府性基金和附加合计为0.035元/kWh。

（旷路明）

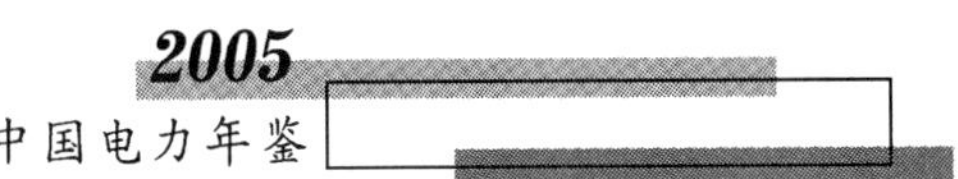

南 方 五 省 区

广东省广电集团公司

基本情况

广东省广电集团有限公司是中国南方电网有限责任公司的全资子公司，是负责广东电网统一规划、统一建设、统一管理的企业法人。全省共有79个县，1648个镇，其中直管县29个（有687个镇供电所），趸售县50个（有961个镇供电所），供电面积共17.8万km²；供电人口8642万；供电客户数1288万户。

广东电网是目前全国最大的省级电网，广东电网最高电压等级为500kV，目前已形成以珠江三角洲地区500kV主干内环网为中心、向东西两翼及粤北辐射的形式，通过“六交三直”［梧罗Ⅰ回、梧罗Ⅱ回、贺罗Ⅰ回、贺罗Ⅱ回、玉茂线、鲤曲线，天广直流、贵广直流、三广直流（江城线）］500kV线路与外部电网联网。通过4回400kV线路与香港中华电力系统互联，通过多回110kV线路向澳门地区供电。

截至2004年年底，全省共有110kV及以上输电线路（含电缆）35900km，变电站1168座、主变压器2291台、容量16120万kVA。其中：500kV线路3570km，变电站15座、主变压器37台、容量3050万kVA；220kV线路10583km，变电站163座、主变压器341台、容量5685万kVA；110kV线路21747km，变电站990座、主变压器1913台、容量7385万kVA。

1. 发展子战略

2004年，广电集团公司首次提出公司发展子战略，提出要把广电集团公司建设成为一个经营型、服务型、市场化、现代化的企业。

经营型——以电网经营为主营业务，以经济效益为中心，以市场需求为导向。大力拓展电力市场，培育新的经济增长点，提高效益；严格控制成本，降低消耗，提高效率；开展资本经营，为电网发展提供支持，确保国有资产保值增值。

服务型——为广东省经济发展和人民生活服务，为电源企业、尤其是为西电东送服务。坚持客户至上的经营理念，注重社会效益和公众利益。保证电网安全稳定运行，提供安全、可靠、优质、价格合理的电力，满足经济发展、社会进步和人民生活水平提高对电力的需求。提供优质服务，让客户满意，让政府放心。

市场化——增创电力市场化改革先发优势，积极参与南方区域电力市场建设；争取建立科学合理的输配电价机制，解决好电网企业承担社会职能的补偿，真正实现市场化运作。创造条件，适时进行资本运作。

现代化——大力推进信息化，加快科技进步：吸收先进的经营管理理念和方法，建立现代化企业管理机制；在员工队伍、装备水平、运营管理、创新能力、优质服务等方面向国际先进同行看齐。

2. 组织机构

广电集团公司2004年组织机构图见图1。2004年末职工42916人，同比增长2.23%。其中，长期

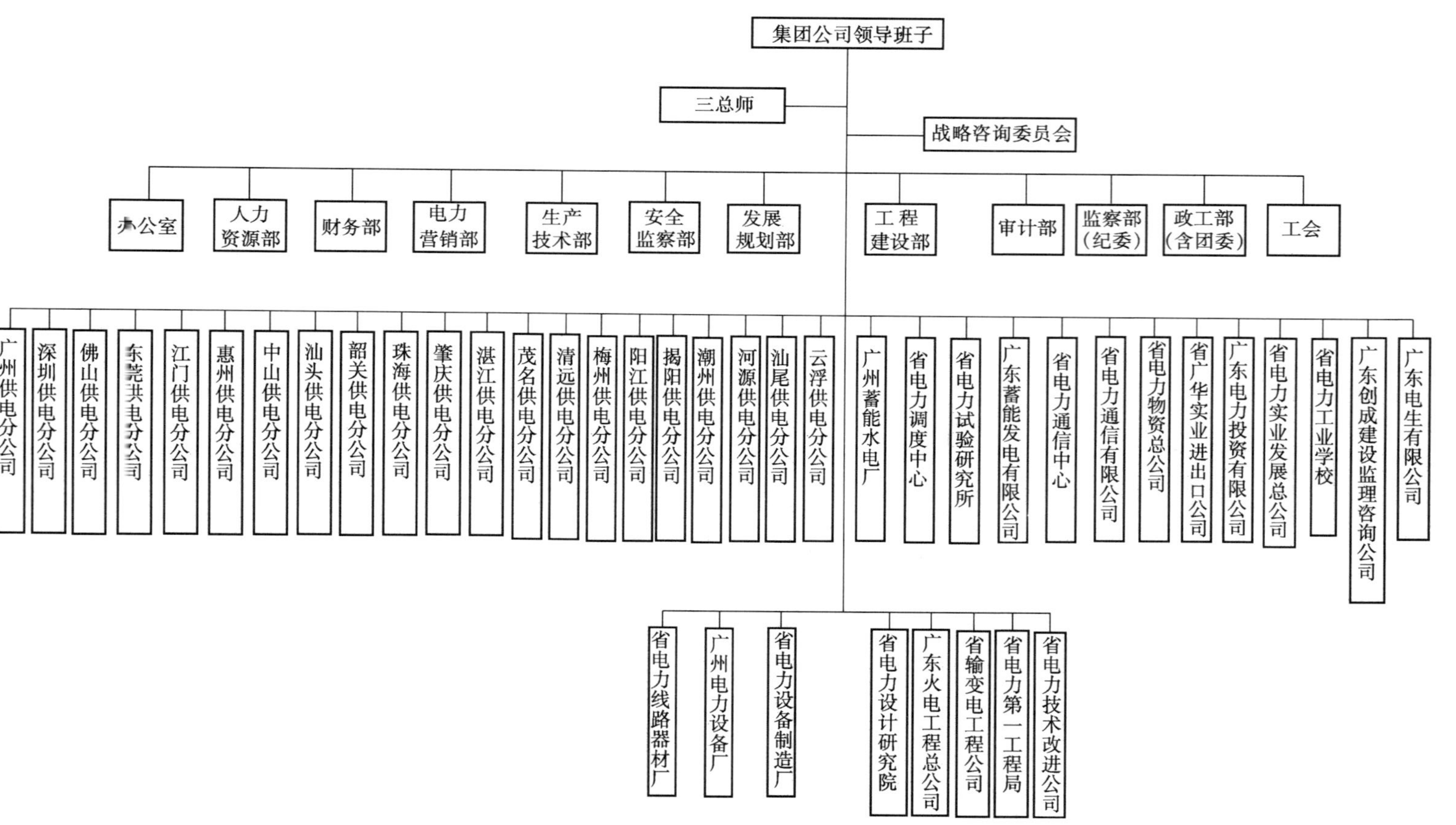

图1 广东省广电集团公司2004年组织机构图

职工35146人，临时职工7770人。高级职称1085人、中级职称4474人、初级职称7216人，高级技师36人、技师747人、高级工4046人，大专及以上学历14979人、硕士及以上学历770人。拥有中国工程院院士1名、享受国务院政府特殊津贴专家24名、省突出贡献专家2名。

3. 资产现状

2004年，广电集团公司销售收入1172.04亿元，同比增长24.81%；广电集团公司资产总额1280.82亿元，所有者权益674.40亿元，负债总额592.63亿元，资产负债率46.27%，流动资产周转率3.52次。

电力规划

完成了《广东电力"十一五"规划和2020年远景目标》以及《广东省"十一五"电网规划》编制工作。首次提出了广东电网发展子目标，并制定实施《广东电网规划设计技术原则》，促进了电网规划工作的规范化管理。积极配合西电东送，开展规划重点专题研究。

1. 广东电网发展子目标

适应公司发展子战略目标，把广东电网建设成为结构合理、技术先进、安全可靠、适度超前的现代化电网。

2. 广东电网分阶段发展目标

第一阶段（到2005年）：广东全社会用电最高负荷达到4500万kW，全社会用电量2709亿kWh。外区送广东电力1088万kW，省内外装机合计5913万kW。2004～2005年，广东电网新投产500kV变电容量1350万kVA以及相配套的输变电工程，其中重点工程30项。省电网改善和优化结构，基本解决供电"卡脖子"问题。

第二阶段（2006～2010年）：预计广东全社会用电最高负荷达到7351万kW，全社会用电量4190亿kWh。外区送广东电力2238万kW，省内外装机合计约9536万kW。为适应外区送电不同方案，便于接受外区送电和省内电力交换，满足用电和系统安全稳定运行，积极推进外环网建设，完善中部内环电网。形成以珠三角双回路环网为核心，通过外环枢纽站点向粤东、粤西、粤北链式放射500kV双回路网架。省电网与负荷、电源同步发展，形成结构合理的骨干网架，保证电力送得出、落得下、用得上。

第三阶段（2011～2020年）：广东全社会用电最高负荷达到13450万kW，全社会用电量7532亿kWh。外区送广东电力3438万～4200万kW，省内外装机合计约16247万kW。完善珠三角内外环网架，加强外环网建设，提高环网电力交换能力。输配电网适应全面建设小康社会的要求，起到"先行官"的作用。

电网建设

2004年3月，广电集团公司以广电规［2004］70号文下达广东省2004年电网建设计划190.47亿元；2004年9月，广电集团公司以广电规［2004］235号文下达广东省2004年电网建设调整计划182.14亿元，力争完成南方电网公司提出的在2005年底前基本解决广东电网"卡脖子"问题的任务，主动加强与各级政府的沟通，采取多种措施加大电网投资力度，召开多次工程建设协调会解决实施过程中存在的问题。特别对重点工程，广电集团公司不但召开了迎峰度夏重点工程建设动员大会，还层层签定责任状，2004年12项迎峰度夏重点工程在当年6月20日前全部竣工投产。余下的6项重点工程亦按计划在2004年12月24日前投产，全年共完成18项重点工程。

2004年广电集团公司累计完成建设投资178.71亿元，完成年度调整计划的98.12%，比2003年增长23.11%。其中：500kV项目完成投资24.52亿元，完成调整计划的105.69%，同比减少24.65%；220kV项目完成投资56.32亿元，完成调整计划的103.85%，同比增长64.69%；110kV项目完成投资50.38亿元，完成调整计划的100.86%，同比增长38.09%；35kV项目完成投资2.38亿元，完成调整计划的76.66%，同比增长48.56%；10kV项目完成投资44.81亿元，完成调整计划的87.37%，同比增长12.75%。

2004年共投产110kV及以上项目175项（不含配套等项目），其中：500kV项目7项、220kV项目45项、110kV项目123项，分别完成投产计划的87.5%、93.75%、76.88%。

2004年共新增110kV及以上输电线路（含电缆）4092.20km，新建110kV及以上变电站88座，新增主变压器200台、容量2179.55万kVA。其中：500kV输电线路355.01km，变电站3座、主变压器7台、变电容量700万kVA；220kV输电线路1692.64km，变电站16座、主变压器37台、变电容量747万kVA；110kV输电线路2044.55km，变电站69座、主变压器156台、变电容量732.55万kVA。

电网运行

1. 负荷情况

2004年，广东用电负荷仍保持快速增长。全社会用电最高负荷达3970万kW，比2003年增长16.76%，全年15次创出新高；省网统调最高负荷自6月4日首次超过2003年的最高负荷后，连续11次创出新高，8月10日，省网统调最高负荷达2925.5万kW，比2003年统调最高负荷增加393.6万kW，增长15.55%。由于系统装机容量不足，广东电力供应异常紧张，呈现全年性、全域性的缺电局面。全省21个市被迫实施强制性错峰用电。全年全省线路侧强制错峰限电33682条·次，日最大强制错峰负荷225.9万kW，强制错峰限电电量3.9亿kWh。全省电力缺口300万kW，缺电量约45亿kWh。

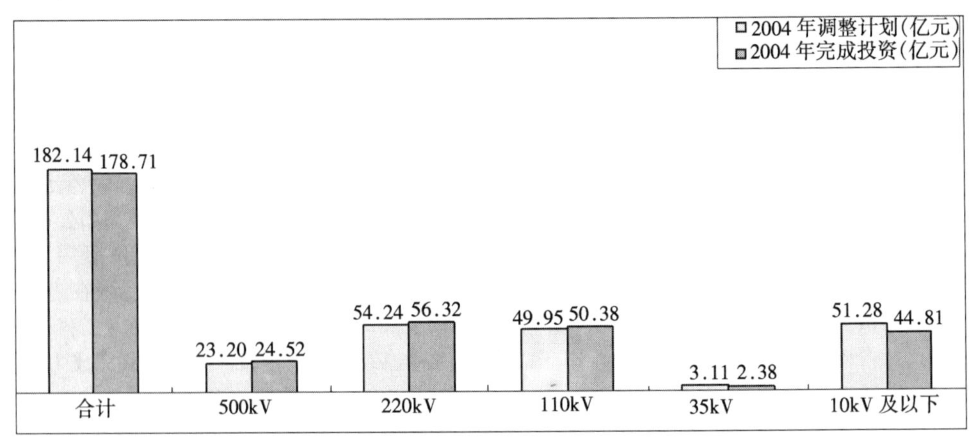

图2 2004年各电压等级工程完成投资与调整计划对照

2. 电力平衡

面对紧张供电形势和电网运行压力，广电集团公司提出了开展电力需求侧管理工作的思路，制定并实施了一系列电力需求侧管理的制度和工作计划，先后制定了《2004年错峰用电工作计划》、《2004年缺电形势下电力需求侧管理措施》、《广东电网错峰用电暂行管理规定》、《广东电网错峰用电考核办法》，并建立了错峰预警机制，建立了错峰用电报表制度，重视与各级政府的沟通，争取政府部门的支持，加强了对各地区的自觉错峰率和负荷率的管理，全年共约安排了大批用户参与错峰工作（其中大工业用户46921户，占全部大工业用户数比例约为76%，安排错峰负荷约1691.79万kW，占全部大工业用户负荷数比例约为67%），有效地保证了大部分地区在系统正常情况下，工业企业每周轮休错峰一天，少数地区在紧张情况下错峰2天。在合理制定错、避峰方案的基础上，广电集团公司加大了对相关计划执行效果的监督力度，并取得了良好的效果。2004年全省错峰电量49.29亿kWh，其中自觉错峰电量44.94亿kWh，占总错峰电量的91.17%，强制错峰电量3.90亿kWh（不包括用户侧强制错峰），仅占7.91%，平均自觉错峰率达到97.84%。由于管理措施到位，线路强制错峰数量下降，负荷率上升。2004年全省强制错峰线路共33682条·次，日均95条·次，最大强制错峰负荷225.9万kW（错峰电量1407.5万kWh）；其中，迎峰度夏高峰期的三季度，全省强制错峰线路共2265条·次，日均25条·次，最大强制错峰负荷225.9万kW，错峰电量2574万kWh；2004年21个分公司平均负荷率79.39%，比2003年上升4.02个百分点。

2004年，广东全社会用电量完成2387.14亿kWh，比2003年增长17.52%。广电集团完成购电量2151.63亿kWh，同比增长18.99%，完成南方电网公司下达的年度购电计划2037亿kWh的105.63%。其中：购本省内电量1787.91亿kWh，同比增长13.61%，购南方电网区域内省外电量215.02亿kWh，同比增长10.19%，购南方电网区域外电量148.7亿kWh，同比增长277.06%。售电量完成1993.68亿kWh，比2003年增长22.86%，完成南方电网公司下达的年度售电计划1876.4亿kWh的106.25%。

2004年，调峰调频电厂——广州抽水蓄能电厂完成发电量31.06亿kWh，同比增长40.79%，完成南方电网公司下达的年度发电计划26亿kWh的119.46%；全年上网电量30.86亿kWh，同比增长40.84%，完成南方电网公司下达的年度购电计划25.8亿kWh的119.6%。保证人民群众正常生活用电，也努力保证了全省255家外商外贸出口创汇企业的正常生产用电，为保证广东外贸进出口创汇的好势头作出了贡献。

3. 供电质量

2004年，广电集团公司"将缺电给广东经济社会造成的影响和损失降到最低程度"，供电质量也逐步提高。广东电网频率合格率为99.996%，比年度计划的99.991%提高0.005个百分点，同比下降0.002个百分点；综合电压合格率完成98.92%，比年度计划的98.576%提高0.344个百分点，比2003年下降0.08个百分点；城市供电可靠率完成99.928%，比年度计划99.92%提高0.002个百分点，比2003年上升0.002个百分点；城市居民端电压合格率完成98.8%，比年度计划的98.19%高0.63个百分点，比2003年升高0.10个百分点；农村供电可靠率完成98.04%，比年度计划的98%提高0.04个百分点，比2003年同期升高0.19个百分点。2004年，广东电网线路损失率为7.34%，比2003年同期下降了2.79个百分点，比年度计划下降0.57个百分点。

安全生产

广电集团公司始终把安全生产作为企业的“生命线”来抓，坚持“安全第一，预防为主”的方针，认真贯彻落实南方电网公司1号令和安全生产一系列部署和要求，各单位层层签订安全生产责任书，安全管理不流于形式，从虚到实、范围广、条目细，安全生产目标、有检查、有考核、有奖惩，“个人、班组、部门、分公司、集团公司”五级监督和保证体系落实到位，通过安全责任分解，广电集团将安全生产各项措施落实到各部门、各岗位及各项工作之中，确保年度安全生产目标的实现。全年没有发生重大、特大电网与设备事故，事故总数比2003年下降17.2%，没有发生电力生产人员死亡事故，基建人身伤亡事故大幅度下降。尤其是电网经受住了西电1000万kW大负荷送电的考验。至12月31日，广东电网连续安全稳定运行3304天。

1. 安全管理监督机制建设和落实

认真学习贯彻《国务院关于进一步加强安全生产工作的决定》、南方电网公司1号令以及安全生产三大规定，落实安全责任制，强调“现场第一责任人”的作用，坚持把安全生产的落脚点放到基层、放到现场。2004年，直属单位根据集团公司的要求均成立了安全监督部门，进一步完善安全生产规章制度，先后出台了《集团公司领导及本部职能部门安全生产职责》等6项制度，强化安全生产监督，严格执行安全生产事故“说清楚”规定、电力生产重大事故责任追究制度和安全生产奖惩规定，强化安全生产目标的管理和考核，使安全生产责任制落到实处。并确立了“个人控制违章、不发生未遂，班组控制未遂、不发生异常，车间控制异常、不发生轻伤，分公司控制重伤、不发生死亡，集团公司控制死亡，不发生重大电网事故”的五级安全监督和组织保证体系。开展安全生产大检查以及“两票”、防误操作等专项整治行动，重点检查责任制和“两票三制”的落实，查安全隐患，查设备缺陷，抓整改到位。全面开展安全性评价，有14个单位完成了专家查评。启动了CAP综合安健环质量管理体系建设的试点工作。积极配合公安等部门开展打击盗窃破坏电力设施的专项行动，破获了一些重大案件。开展安全文化建设和宣传活动，漫画征集、知识竞赛、演讲比赛、公益广告等收到积极效果。

2. 完善电网运行分析和应对机制

调度信息管理系统投入运行，并建立了日运行分析机制，及时分析、解决电网运行中出现的不安全因素，实现了对电网安全监控的闭环式管理。高度重视重特大事故应急处理机制建设，组织编制重特大安全生产事故应急处理预案。严肃调度纪律，加强监控监管力度，先后参加和组织了南方电网联合反事故演习、省内联合反事故演习和核应急联合反事故演习，吸取历史上和世界上电网重大事故教训，制定并成功地进行了电网“黑启动”方案试验，调度人员的事故判断能力和处理能力得到提高。

3. 设备管理和技术改造

合理安排机组和输变电设备检修，在夏季高峰到来前完成了重要设备的预试、定检及缺陷处理。高度重视二次系统管理年活动，对全省二次系统情况进行了全面调研，结合广东电网的实际制定了实施方案。全网220kV及以上继电保护正确动作率为99.1%。完成了全省继保设备定值的核查，及时处理了500kV惠州1、2号主变压器和曲北甲线保护等问题，及时查明了系统主保护误动事故的原因。2004年共安排技改资金35.14亿元，重点解决断路器无油化、保护微机化、变电站综合自动化改造，提高设备监测手段，已实现了110kV及以上断路器无油化。电网安全稳定装置投入运行，对确保广东电网稳定运行发挥了重要作用。

市场营销

1. 电费回收

2004年，广电集团公司深入探索欠费风险防范，采取技术、经济、法律、行政等行之有效的措施，研究出台了《广东集团预付费制及预购电装置管理办法》及《预购电装置采购验收技术规范》，引入用户信用等级的概念，利用技术手段防范欠费风险，丰富了电费回收的手段。全省已在湛江、惠州、肇庆、阳江、汕尾等地安装了约3900套预购电装置，取得了较好的效果。当年电费回收率达到99.86%，旧欠电费回收率26.01%，保证年度电费足额回收。同时，根据南方电网公司的统一部署，开展了营业普查和营业稽查工作，堵塞营业环节“跑、冒、滴、漏”现象，巩固企业经营成果。

2. 落实电价政策

2004年，广电集团公司认真执行国家发改委发改电［2003］124号、发改价格［2004］1037号文及发改价格［2004］327号文的几项电价调整政策，完成了上网电价、销售电价的调整工作。不仅缓解了煤价上升给电力生产企业带来的困难，还部分解决了广东电网建设还贷的困难及接收代管县需要的电价空间，为迎峰度夏保供电工作创造了条件。同时统一了广东今后新建煤机的上网电价，出台了差别电价及自备电厂收费的政策，规范了电价管理工作。但几次调价，增加广电集团公司购电成本的9.16亿元，增加销售收入约30.16亿元，影响税前利润增加约20亿元（不含增值税）。

广电集团公司还致力于促进广东城乡用电同网同价，充分利用国家发改委《关于进一步疏导电价矛盾规范电价管理的通知》（发改价［2004］610号）调整电价的契机，除广州市由于情况比较特殊，对地级市范围内还未实现城乡用电同网同价的地区全部实现了同网同价，为广东进一步理顺电价体系和下一步深化电价改革打下基础。

3. 优化购电结构

2004年，广电集团公司加强外购电的管理。争取多吸收西电、三峡电、国家电网公司的置换电量，达到双盈的局面。特别是6月28、29日，广西、贵州、云南共向广东增送电量达3200多万kWh，极大地缓解了广东电网因机组临修和港电不能按计划送电导致的供电形势恶化的情况。并在南方电网公司的统筹安排下，充分利用联网优势，积极优化购电结构，大力挖掘经济调度的潜力。2004年吸收外购电363.72亿kWh，同比增长55.05%，增长点主要是低价的三峡电、国电富余电力，保证了公司购电单价水平同比基本持平，节约了购电成本。

客户服务

广电集团公司把搞好优质服务作为提高企业核心竞争力的重要内容，做到“越是缺电，越是要搞好服务”，围绕南方电网公司建立服务型企业的战略目标，坚持以客户为中心的经营理念和“优质、方便、规范、快捷”的服务方针，在电力供应紧张错峰用电情况下，不断创新服务内容，做到“缺电不缺服务，限电不限真情”。不断提升服务质量和服务水平。

2004年，广电集团公司以开展“万家灯火、情系南网”优质服务活动、第九届粤港澳电力服务研讨会等活动为契机，致力于队伍建设、制度建设和服务创新，不断提高营销管理和服务水平。全心全意做好广东经济社会发展的“先行官”，积极配合各级政府做好招商引资特别做好工业园区项目供电服务工作，采取灵活措施，最大限度满足客户用电需求。12月10日，以广东省第三届珠江三角洲地区与山区经济技术合作洽谈会为切入点，集团公司与韶关、清远、河源、梅州4市人民政府共签署了29.5亿元的山区电网建设投资协议，为山区经济建设和社会发展作出努力。在个性化、多元化服务方面大胆探索创新，充分发挥95598客户服务系统服务功能，创新服务手段，丰富服务内容。从技术上研究创新优质服务手段，充分利用呼叫中心系统设备资源，增设了短消息错峰预警信号等方式，得到南方电网公司的肯定并在南方五省区推广。一些供电分公司为重点客户群搭建绿色信息快速通道，实行市场细分和差异化服务，深受大客户欢迎。与此同时，以“内强素质，外塑形象”为主题，开展“创建文明示范窗口”活动，切实抓好供电营业窗口的规范化达标建设。经南方电网公司验收，广电集团公司直属供电分公司的城市（县城及以上）供电营业窗口共133个城市供电窗口100%到达《城市供电营业规范化服务标准》标准，提前一年完成南方电网公司2003～2005年纠风和行风建设工作任务。广电集团公司直属供电分公司还主动聆听客户的意见和建议，兑现供电服务承诺，加强供用双方互动。广州、东莞、佛山、中山、江门等分公司以各种形式举办大客户座谈会、联谊晚会、优质服务推介会，增强了与客户的沟通。从全年信仿、投诉及社会各界反馈的意见来看，优质服务工作有明显进步，赢得了政府和群众的满意。

科技创新

2004年，广电集团公司认真贯彻落实袁懋振董事长的指示和要求，加大技术改造和创新力度，不断提高需求侧管理的技术含量和电网技术装备水平。2004年共安排技改资金35.14亿元，这个幅度是近年来少有的。技术改造资金主要投向主网重要输变电设备和新技术的应用：

（1）运用新技术，提高需求侧管理的技术含量。投入1.68亿元建设和改造负荷管理系统，为需求侧管理提供了重要的技术支撑。全省规模最大、实用化程度最高的广州供电分公司负荷控制系统，现有各类终端设备1200多台，负荷控制覆盖到400多户工业用户，最大可控负荷20万kW。并采用高新科技，研制新一代计量封印，加强和规范电能计量装置封印的管理，减少或杜绝偷漏电等违法行为的发生。

（2）断路器无油化，重点安排110kV及以上断路器无油化项目，预计2004年可以实现110kV及以上断路器无油化，2005年可以实现主网10kV及以上断路器无油化。

（3）保护微机化，主要是更换电磁式、集成式保护或第一代微机保护，同时更换旧型故障录波装置，预计 2006 年可以实现主网 110kV 及以上保护微机化和 220kV 变电站 10kV 保护微机化。

(4) 变电站综合自动化，主要以提高电网自动化水平、企业减人增效为目的，包括变电站远动改造，预计 2008 年可以实现主网 110kV 及以上变电站综合自动化。

(5) 提高设备监测手段，以提高装备技术为原则，购置了一批红外线热像仪。

经营管理

1. 强化财务管理

广电集团公司认真贯彻南方电网公司 2 号令，坚持把依法经营作为保证公司健康发展的生命线，以执行企业会计制度为契机，加强财务基础工作，全面提高公司会计信息质量，强化财务监督，建立健全内部控制制度。配合广东省财政厅会计信息质量检查和省地税局税务检查工作，较好地完成了国家审计署财务收支审计决定的各项整改工作。按照南方电网公司的统一部署和进度要求，按时完成了清产核资工作任务，并以此为契机健全和完善固定资产管理制度，实现固定资产计算机动态管理，防止发生“前清后乱”。加强基建竣工决算管理，对历史遗留的工程完工后久拖未决算的情况进行了清理，新建工程坚决要求按规定期限完成决算。

2. 规范电价管理

认真执行国家发改委发改电［2003］124 号、发改价格［2004］327 号、1037 号文精神，落实电价调整政策，完成了上网电价、销售电价的调整工作，同时统一了全省今后新建煤机的上网电价，出台了差别电价及自备电厂收费政策。经测算，这几次调价将增加公司购电成本约 9.16 亿元，增加销售收入约 30.16 亿元，增加税前利润约 20 亿元（不含增值税）。根据国家发改委《关于进一步疏导电价矛盾规范电价管理的通知》规定，利用此次电价调整契机，规范电价管理，实施同网同价。目前全省除广州市外，其余 20 个市都已实现了同网同价，彻底改变了原来广东省销售电价“一县一价”、“一市一价”，共有 89 个目录电价的状况。这是广东省规范电价管理的又一次重大跨越。

3. 节约挖掘

加强线损管理，对线损管理现状进行全面认真分析，确定了“查清结构、找出原因、制定措施、严格考核”的线损管理思路和“技术线损合理，管理线损最小”的线损管理目标，推行线损“四分”管理方法，修编线损管理办法和线损考核办法，效果显著。

在南方电网公司的统筹安排下，充分利用联网的优势，优化购电结构，大力挖掘经济调度的潜力，保证了公司购电单价水平同比基本持平，节约了购电成本。

加大反窃电工作力度，成效显著。据统计，广电集团公司 2004 年共查处窃电案 3551 件，涉及窃电量 3966 万 kWh，追补电费 2770.72 万元，追缴违约金 3476.63 万元。

体制改革

5 月 21 日，广东省政府十届 39 次常务会议研究了《广东省县级供电企业管理体制改革工作方案》，对广东县级供电企业管理体制改革的总体要求、人员分流安置、合理测算和统筹解决改革成本等事项作出了决定。6 月 16 日，南方电网公司召开党组扩大会议，要求广电集团公司按照广东省委、省政府的部署，认真研究 50 个代管县的接收问题。

2004 年 6 月，成立了县级供电企业管理体制改革领导小组以及办公室，统一协调和指挥改革工作。6 月 17 日，广电集团公司召开了接管 50 个代管县供电企业前期准备工作会议，对接管的前期工作，包括人员分流方案，清产核资工作，接管成本分析以及债权债务和担保处理，接管后的管理模式、组织机构、定员定岗等事项，均明确了责任部门和工作时间。在 9 月 8 日召开动员大会，全面启动全省接管工作。

50 个（含上、下川岛）县级供电企业接管工作时间紧迫、涉及面广、情况复杂、矛盾突出、任务艰巨，尤其是富余人员分流安置和债权债务处理，工作量非常大，需要分流安置的职工人数达 1.2 万人，需要清产核资的资产 130 多亿元，还涉及到社会稳定的大局，难度很大。广电集团公司坚持“公开、公正、公平”原则，严格按国家和省的有关政策、程序和要求进行操作。对员工竞争上岗的命题和考试组织工作，广电网集团公司委托电力行业的权威中介机构命题和广东省考试中心组织、跟踪考试全过程，以防止可能发生的舞弊行为，维护竞争上岗的公平性。为保证清产核资工作质量，按时完成清产核资工作任务，清产核资中介机构选聘工作采用邀请招标的方式开展，广电集团公司与省国资委反复研讨选聘方案和招标程序，以确保选聘过程的公平、公开、公正。

到 2004 年年底，广东 50 个（含上、下川岛）县级供电企业，已有 43 个代管县供电企业完成清产核资三级复核工作，湛江的吴川、茂名的信宜、电白 3 个代管县供电企业基本完成清产核资主体工作，韶关的乳源、湛江的廉江、雷州、汕头的潮阳、江门的上下川岛 5 个代管县供电企业因基础差、体制复杂，尚在进行报损项目的确认和证据收集工作。

人力资源管理

结合广电集团公司的发展需要，按照人才强企的管理理念，以“留住人才、满足需求、控制增长”为目标，积极探索符合广东电网特点的组织管理机构和劳动用工制度，规范劳动合同管理，优化整体人力资源配置和员工队伍结构。2004 年完成了 20 个直属单位领导干部的考察工作。对公司本部空缺专责岗位按照面向公司系统，采取公开报名、统一考试、严格考核、择优录取的方法进行了公开招聘，为公司本部工作人员队伍补充了一批年轻、优秀的新生力量。把吸收高层次、高素质的优秀应届毕业生作为系统人才引进的主渠道，2004 年共接收大中专以上毕业生 1094 人，其中博士 5 人、硕士 109 人，改善了整体职工队伍素质结构。加强专家管理工作，发挥院士、享受政府特殊津贴等专家的“传、帮、带”作用。积极整合、优化培训资源，分层次、分专业开展大教育、大培训，全系统人员接受各类培训共 68300 人・次，其中管理人员接受培训 31933 人・次，生产人员接受培训 36367 人・次。根据南方电网公司的工资方案，制订了集团公司薪点工资制度，规范了薪酬分配体系。

党的建设

2004 年，广电集团公司按照广东省委《关于实施固本强基工程，全面推进党的基层组织建设的决定》精神和南方电网公司党组的部署，开展了加强基层党组织建设活动，公司各级党组织狠抓落实。一是发挥党支部的作用，加强党员的学习，支部学习有计划、有资料、有检查、有总结。二是开展“一个党员一面旗帜”，“党员身边无事故、无违纪、无邪气”等活动。三是开展民主评议党员工作和创先争优活动，充分发挥各级党组织的政治核心作用和战斗堡垒作用，充分发挥广大党员的先锋模范作用。按照“调查摸底到位、监督工作到位、宣传发动到位、评议工作到位”的要求，以党员的先进性标准对党员逐一进行民主评议。四是严格按照“坚持标准、保证质量、改善结构、慎重发展”的方针，做好发展党员的工作，重视和加强在生产一线、青年技术骨干以及基层关键岗位中发展党员，使党组织的队伍结构不断改善，无党员班组逐年减少。并选择了深圳供电分公司、惠州供电分公司等一些党建工作基础较好的单位，建立了公司固本强基工程联系点并组织了公司直属地区单位的党务干部到深圳供电分公司学习，研究如何进一步搞好固本强基工作。惠州供电分公司被全国总工会授予“全国五一劳动奖状”；“七一”期间，广电集团公司电力调度中心、东莞供电分公司、珠海供电分公司、汕头供电分公司和电力技改公司党委等 5 个先进党组织、7 位优秀共产党员和 5 位优秀党务工作者，受到了南方电网公司党组的表彰。

进一步建立健全了直属各单位党的组织和制度，各单位党组织积极参与企业重大问题决策。加强了对直属各单位党委民主生活会的管理，做到会前指导、会中参与、会后收集整理材料，提高了党委民主生活会质量，增进了领导班子的团结和战斗力。进一步落实党风廉政建设责任制，开展纪律教育月活动，突出抓好两个《条例》的宣传教育。建立和健全科学的权力配置机制以及严密的权力监控机制，关口前移，源头防腐。深入开展效能监察，多措并举，重点加强了对工程项目和物资采购招投标的监督。

根据省委组织部《关于抓紧做好保持共产党员先进性教育活动和“理想、责任、能力、形象”教育活动准备工作的通知》精神，组织直属广州地区各单位党支部开展活动情况进行了自查，摸清流动党员情况，对软弱涣散、不起作用、无力组织开展教育活动的支部进行了整改。

精神文明建设

2004 年，广电集团公司认真学习贯彻党的十六届三中、四中全会精神，紧紧围绕公司发展子战略，全面加强企业党组织建设和精神文明建设，进一步增强思想政治工作的针对性和实效性，创新工作机制和工作方法，为公司的改革发展与稳定服务。

为宣传贯彻南方电网公司大政方针，2004 年，广电集团公司举办了第一届青年辩论赛，30 个基层单位历时半年共进行了五轮 29 场辩论赛，引导青年职工关注社会热点，思索广电发展，使南方电网公司大政方针深入人心，也充分展现了广电集团青年的时代风采。在安全生产月中，发动直属各单位利用宣传栏、网络等载体开展电力安全文化宣传活动，在公司系统开展了电力安全漫画征集活动，征集电力安全漫画 180 多幅，编印了《电力安全漫画集》。

积极开展创建文明单位活动，佛山供电分公司、惠州供电分公司、韶关供电分公司、省电力调度中心和广州抽水蓄能电厂等 5 个单位被南方电网公司评为文明单位。佛山供电分公司客户服务中心被国资委和团中央联合命名为 2003 年度全国青年文明号，中山供电分公司客户服务中心被命名为 2003 年度中央企业青年文明号。

积极探索创新思想政治工作的载体和活动方式，采用多媒体互动的方式，进行党课教育、知识竞赛、岗位练兵，使思想政治工作做得更新、更活、更有效。密切注意 50 个代管县供电企业职工在管理体制改革中的思想动态，加强与各级政府沟通协调，运用政策、法律、经济、行政等手段和教育、协商、调解等方法，及时化解矛盾，维护队伍和社会的稳定。

加强了企业文化建设。积极参加广东省十项工程劳动竞赛活动，广泛开展全国“安康杯”竞赛、“争创青年文明号，争当青年岗位能手”等活动。建立健全了厂务公开工作机制，健全了公示制度，推动了厂务公开工作的制度化、规范化、经常化建设。加快南方电网公司 VI 视觉识别系统在公司的建设和应用，宣传、推广和打造共同的企业价值观。充分发挥业余文体协会的作用，积极开展文娱体育活动，加强员工之间的沟通、交流和团结，营造了良好的工作氛围和融洽的人际关系。

主要事件

2 月 9～10 日，广电集团公司召开 2004 年工作会议，首次明确提出公司发展子战略，提出把集团公司建设成为“经营型、服务型、市场化、现代化”的企业，把广东电网建设成“结构合理、技术先进、安全可靠、适度超前”的现代化电网。

2 月 27 日，中共中央政治局委员、广东省委书记张德江视察广东省火电工程总公司和省电力工程一局承建的国华粤电台山发电有限公司（1 号机组）。

3 月 5 日，广电集团及直属省电力调度中心、广州、深圳、东莞供电分公司被广东省人民政府授予 2003 年度广东省迎峰度夏、保障供电成绩显著单位。

4 月 10～11 日，国家电监会柴松岳主席考察广电集团深圳、汕头供电分公司，并对保障供电工作提出了要求。

5 月 17 日，广东省委副书记、省长黄华华、副省长游宁丰、南方电网公司王野平总经理视察广电集团，高度称赞广电集团为广东经济发展和社会进步作出了突出贡献。并要求广电集团采取一切有效措施千方百计保证广东电力供应。

6 月 20 日，2004 年广东电网迎峰度夏 12 项重点工程全部提前竣工，为广东电网迎峰度夏保障供电奠定基础。

8 月 26 日，广电集团公司吴周春总经理、梁周副总经理、杨文伟助理巡视员参加广东省政府召开的县级供电企业体制改革动员大会，广东县级供电企业体制改革工作正式展开。

8 月 27 日，广东省物价局发文调整广东销售电价，调价时间追溯至 2004 年 6 月 15 日起，综合平均销售电价提高 2.2 分/kWh。此次调整销售电价，对居民住宅、农业生产、稻田排灌和脱粒用电的电价未作调整。

9 月 1 日开始，省公安厅、经贸委、工商局、广电集团公司联合在全省范围内开展打击盗窃、破坏电力设备专项整治行动，破获盗窃破坏电力设施案件 500 起（包括 2004 年国家公安部挂牌督办案件 2 起）。

12 月 10 日，吴周春总经理、黄建军书记、赖佳栋副总经理率领广电分团参加广东省第三届珠江三角洲地区与山区经济技术合作洽谈会，并与韶关、河源、梅州、清远四市人民政府共签署 29.5 亿元的山区电网建设投资协议，广电集团签约金额占此次大会签约总金额的 8%。

（龙建平）

广 西 电 网 公 司

概况

广西电力有限公司于 2004 年 11 月 18 日正式更名为广西电网公司。标志着电力体制改革阶段性任务在广西圆满完成。

广西电网公司管理直属供电企业 12 个，代管县级电力企业 43 个。现有 500kV 变电站 3 座、变压器 5 台，变电容量 350 万 kVA，线路 6 条、644.42km；220kV 变电站 46 座、变压器 69 台，变电容量 849.6 万 kVA，线路 112 条、5817.55km；110kV 变电站 169 座、变压器 253 台，变电容量 769.1 万 kVA，线路 286 条、6372.24km；35kV 变电站 93 座、变压器 119 台，变电容量 53 万 kVA，线路 194 条、2200.81km。负责统调装机容量 631.1 万 kW，其中水电 298.5 万 kW，占 47.3%；火电 332.6 万 kW，占 52.7%；占全区装机容量的 67%。非统调装机容量 310.8 万 kW，占全区装机容量的 33%。2004 年统调电厂投产机组容量 144 万 kW，结束了广西连续 3 年没有新机组投产的历史。

领导班子

党组书记、总经理：曲曙；党组成员：林荣华、赖崇能、黄进平、卢柳春、庞准、李一平；副总经理：林荣华（享受正职级待遇）、赖崇能、黄进平、庞准；纪检组组长兼工会主席：卢柳春；总工程师：李一平。

机构设置

广西电网公司 2004 年组织机构见下图。

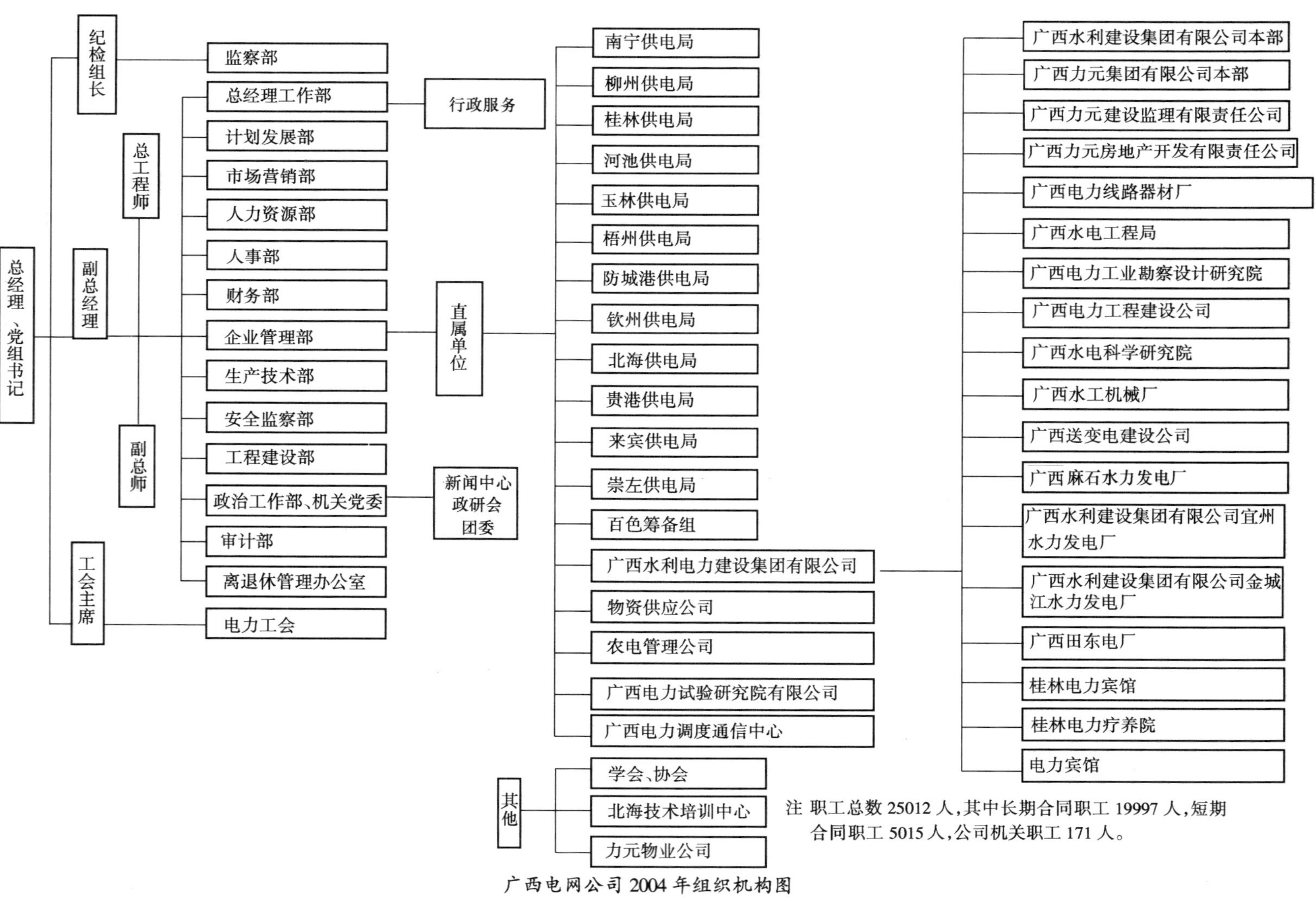

注 职工总数 25012 人，其中长期合同职工 19997 人，短期合同职工 5015 人，公司机关职工 171 人。

广西电网公司 2004 年组织机构图

生产经营指标

2004年，广西全社会用电量达456.86亿kWh，同比增长9.87%；全区发电量达到374亿kWh，增长2.8%；统调电网最高负荷607万kW，较2003年高出82万kW，同比增长15.68%。

2004年，完成购电量355.4亿kWh，同比增长14.0%；其中，购区外电量为84.5亿kWh，增长54.7%；售电量336.4亿kWh，增长14.1%。电网综合电压合格率98.37%，比年度计划值高0.08个百分点；电网责任频率合格率100%，比2003年提高0.002个百分点；不计限电影响，城市供电可靠率99.904%，比2003年提高0.093个百分点。

2004年年底，资产总额276亿元，增长13.6%。固定资产投资21.1亿元，完成投资计划的93.1%。主营业务收入109.7亿元，增长25.2%，实现利润8640万元；应收电费余额6.37亿元，比2003年末减少6353万元。较好地完成了南方电网公司下达的经营目标。

完成了南方电网公司下达的安全生产责任制中除人身伤亡、恶性误操作外的其他6项考核指标。基建企业发生1起人身事故，比2003年减少了4起；死亡1人，重伤2人，伤亡人数比2003年减少2人；人为责任事故下降20%；恶性误操作事故发生3起，比2003年增加1起。

全面完成了南方电网公司下达的党风廉政建设责任制考核的8项目标，并再次在年度考核中获得第一。

安全生产

2004年广西电网保持安全稳定运行，未发生大面积停电、电网瓦解和重大设备损坏事故。网内发电机、500kV主变压器、220kV母线、主变压器及线路开关共跳闸179次，比2003年度的142次增加28.16%。2004年度电网事故，损失电量约1020MWh，同比增长146.9%；事故损失最大电力约175MW，同比增长2.94%。2004年，220kV及以上系统继电保护共动作989次，其中正确985次，误动4次，正确动作率99.59%；主保护投运率99.59%，录波完好率99.59%，分别比2003年同期提高0.59和0.63个百分点。2004年9月份以后杜绝了继电保护人员责任事故。

2004年广西电网克服水电干旱、负荷增长迅猛、火电厂缺煤、新投产机组运行不稳定等困难，坚持“安全第一，预防为主”的方针。完成了迎峰度夏、“首届中国东盟博览会”、“中国东盟投资峰会”、“2004年南宁国际民歌艺术节”保供电等任务，没有发生人员责任事故，没有发生大面积停电事故，电网保持了安全稳定运行。

2004年，编制了《广西电力有限公司确保实现2004年安全生产目标的措施要点》。有27个生产性企业全面实现了《安全生产责任书》安全目标，占总数的87.1%；有4个企业因发生人身伤亡、恶性误操作事故或百日安全个数未达标等原因，没有完成责任书上的安全生产目标，占总数的12.9%。

2004年初开展了安全大检查，将检查结果进行了通报，限期进行整改。并针对发生的3起恶性误操作事故和广西水电工程局“7·5”起重机械坍塌人身死亡事故，派出调查组深入事故发生单位分析事故原因，查找安全管理上的漏洞，严肃处理事故责任人。2004年3、4月，组织了各供电局反事故演习，考验了供电企业在事故处理过程中各级生产指挥系统的运行效果，抢修预案和重大事件汇报制度的贯彻执行情况，应对突发事故快速反应能力，抢修人员和工器具组织到位情况，调度、变电站值班人员处理紧急事件能力，以及物资供应、后勤保障等各项措施的落实情况。2004年5、6月，开展执行南方电网公司新的“两票”标准工作，组织编写了《关于设备产权与运行维护管理相分离时履行工作票手续的说明》和“两票”有关条文解释及说明，有效指导了基层单位正确执行新标准。通过认真贯彻执行南方电网公司新的“两票”工作标准，运行人员责任事故大幅度降低，与2003年同期相比，下降了58.3%。2004年9月组织开展了“加强公司系统调度、变电、输配电的基础管理，杜绝误操作和人为责任事故”活动。积极开展二次系统管理年活动，制定了《广西电力有限公司二次系统管理年活动实施方案》。加强继电保护专业培训和专业整改，扭转了2004年上半年220kV系统保护正确动作率较低的现象，截至2004年10月份，220kV系统继电保护正确动作率达到了99.53%。根据广西电力供应紧张形势，及时编制广西电网迎峰度夏方案，及时解决电网运行中存在的“卡脖子”现象，加强电网无功电压管理，开展无功就地补偿、分层分区平衡工作，组织各单位制定了电网事故的应急预案和“黑启动”方案，反事故演习。

2004年，在广西遭遇强降雨的过程中，及时召开防汛工作紧急会议、启动防汛应急预案、实行24小时防汛值班，做好防汛抢险物资储备和事故抢修的准备工作，领导和防汛办人员都亲临柳州、梧州、贵港、防城港等供电局现场指挥抗洪抢险工作。

大胆采用先进设备，提高设备技术档次和系统自动化水平。通过对老旧设备和技术落后的设备进行更换，重点解决电网安全稳定、无功补偿等问题，以及提高110kV及以上变电站综合自动化率、断路器无油化与继电保护微机化。开发应用地区电网无功电压控制系统、设备在线监测与状态检修系统、输配电网地理信息系统和水库调度自动化系统等信息系统，提升了电网管理水平。成功开发广西电网预防控制在线决策系统，实现了实时电网暂态稳定、电压稳定的扫描、分析和评估，经专家鉴定已达到了国际先进水平。

组织制订2004年反事故技术措施要点，提出了6类共25项反事故措施计划；制订2004年安全技术劳动保护措施要点，提出了4项重点安全措施要求。编写了《线损管理标准》、《电力设备交接和预防性试验》等30多个生产管理和技术标准、《输变电设备试验作业指导书》等50多份作业指导书。制定《广西电网变电所主要电气设备选型原则》、《广西电网继电保护选型及配置技术原则》、《变电站计算机监控系统配置原则》。编写了《广西电力有限公司安全检查管理规定》。

组织召开电网安全生产专家座谈会，成立电力系统防雷、继电保护等二次系统、无功电压、工程设计等4个课题组。各单位结合本单位具体情况把“两措”工作进行了分解，使“两措”完成率已达90%以上。

2004年，电力线路遭受了严重的外力破坏。据统计，输电线路设备材料被盗引起的事故7起，造成2座110kV变电站全站停电，7基110kV及以下电力线路杆塔倒塌；城市建设施工，导致事故6起，造成5座110kV变电站全站停电，6条110kV线路跳闸；林木与电力线路安全距离不足，因农民及林业部门的阻扰，造成的输电线路事故5起，造成3座110kV变电站全站停电，2条220kV线路和3条110kV线路跳闸；农民烧荒种植，造成10起输电线路事故，引起2条500kV线路、6条220kV线路和2条110kV线路跳闸。以上事故共造成直接经济损失370多万元，损失电量46万kWh。

电网建设

2004年，广西电网公司完成电网建设改造投资19.5亿元，完成了5个主要电源送出工程和一批适应负荷发展的电网工程建设任务。其中，新增加500kV线路2条，长度86.92km；新增加500kV变电站1座，容量750MVA；新建（改造）220kV线路16条，长度542.74km；新建、扩建220kV变电站7座，容量840MVA。电网结构得到进一步加强，提高了电网供电能力及供电可靠性。

随着220kV乐滩—永丰、乐滩—溯河Ⅰ、Ⅱ回线路的投产运行，河池网区形成三个220kV环网、六条220kV电源性线路供电的强大地区电网；北海电厂—博白、北海电厂—平阳、北海电厂—冲口线路投产运行，使广西沿海开放城市北海市的电网网架结构和无功电压得到极大的改善。南宁网区新增加田东新厂1×13.5万kW机组，另外新增加一座220kV雷村变电站及大化—雷村—琅东线路，提高了首府南宁的供电可靠性和网区无功电压水平，也提高了大化电厂的送出能力。220kV芙蓉变电站及来宾—芙蓉线路的投产运行，结束了贵港市区单一220kV变电站供电的历史，使贵港网区的网架结构和城区供电可靠性得到加强和改善。

电力规划

2004年广西电网公司按照南方电网公司部署，编报了《近期广西电力发展计划调整和电源建设方案》；完成了广西电力工业“十一五”发展规划和2020年远景目标前期研究工作；组织开展了广西电网“十一五”电力系统设计、广西“十一五”地区电网和“十一五”城市电网规划以及小水电富余地区电力电量整合送出规划工作。完成了崇左市、百色市、贺州市、来宾市电网规划工作。深入研究电网无功问题，提出了无功建设初步方案。

提出了2005年电网建设方案，编报了《广西青山变电所等220kV电网工程项目可行性研究报告》，得到了中国南方电网公司批复，储备了一批项目。完成了2005年电网建设项目可研审查工作，并相应安排了项目初步设计工作。组织开展了500kV南宁二变压器、玉林变压器扩建等一批输变电工程项目可研工作。

电源建设

先后组织召开了田东、合山、北海电厂，平班、乐滩水电站等电源接入系统工程协调会。协调钦州、防城、贵港等电厂接入系统设计报告的编写、评审工作。

积极配合新电源投产，主动为发电企业服务，为新建发电厂并网投产发电提供调度、运行方式、继电保护、自动化及通信技术支持。完成了大埔水电厂、合山新厂、田东新厂、北海电厂、平班水电厂、乐滩水电厂的接入系统方案审查、投产试运行等工作，保证电厂按时或提前发电，缓解电力供需矛盾。

电网调度

广西电网多数统调火电厂上网电量均超额完成年度合同电量，比2003年度增加4%～15%。广西电网与全国其他24个省市电网一样出现电力电量双缺电现象，除汛期低谷时段电力电量稍有富余外，其余时段电力电量严重不足。广西电网最高负荷三次创出历史新高，2004 年 6 月 30 日出现年最高负荷 6071MW。由于加强了需求侧管理，汛期采取了促销低谷电等措施，电网日最大负荷率达 93.1%，年平均负荷率为 85.47%。为保证城乡居民生活用电和重点单位、重点部门的用电，采取了避峰、错峰用电及限电措施。全年全网避峰、错峰天数为 337 天，拉闸限电 4.47 万条·次，日最大限电条次 596 条·次（2 月 2 日），日最大避峰 175.1 万 kW（2 月 21 日），日最大错峰 67.9 万 kW（12 月 28 日），日最大拉闸限电 92.7 万 kW（12 月 5 日），避峰、错峰拉闸限电损失电量约 40 亿 kWh。

2004 年广西电网最高负荷、平均负荷、日供电量、电网负荷率、外省送广西电力电量和火电机组利用小时 6 项指标创下历史新高。广西电网没有发生重大电网事故、稳定破坏事故、大面积停电事故、220kV 及以上枢纽变电站全停事故和调度生产责任事故，电网保持安全稳定运行。

广西电网全年购外省电量高达 84.46 亿 kWh，比 2003 年净增加 30.09 亿 kWh，增长 54.65%，占 2004 年新增加电量的 70.5%，创广西电网历史最高记录。广西电网统调负荷三次创出历史新高，最高负荷达 607.1 万 kW（6 月 30 日），比 2003 年 5248MW 增加 823MW，同比增长 15.68%；日平均负荷突破 5000MW 大关（日电量 1.20 亿 kWh）达 5092MW，同比增长 13.33%。顺利完成了南方电网西电东送 1000 万 kW 大负荷试验，为实现广西“三突破”目标做出了贡献。获得了广西自治区政府授予的“2003 年度保供电先进单位”、南方电网公司“2004 年度迎峰度夏先进单位”等荣誉称号。

2004 年，广西境内红水河、郁江、融江、龙江四大流域遭遇 50 年一遇干旱天气，全网水电来水出力最小降低到 45 万 kW，仅为其装机容量的 1/5，水电电量减少 10%，加之火电机组燃煤紧缺，出现了近十年来严重缺电的局面，年缺电约 40 亿 kWh，最大电力缺额 250 万 kW，全年共拉闸 4.47 万条·次，日最大拉闸限电达 596 条·次。新增统调发电机组 8 台共 1440MW，其中，火电机组 4 台 1095MW（合山新厂 2 台 330MW、田东新厂 1 台 135MW、北海电厂 1 台 300MW），水电机组 4 台 345MW（大埔 2 台 30MW、平班 1 台 135MW、乐滩 1 台 150MW），创广西历史上投产机组数量和容量最多的一年，缓解了广西电网缺电的局面并改善了电源结构比例。

2004 年广西柳州、合山、永福、来宾 A、B 等主要火电厂上网电量达 150 亿 kWh，创广西电网统调火电上网电量历史新高，比 2003 年同期增加近 20 亿 kWh，同比增长 19.70%，完成年度合同电量的 114.93%，超额完成合同计划。其中柳州、来宾 A、来宾 B、永福、合山、田东 6 个火电厂年上网电量创历史最高水平。2004 年统调主要火电厂设备平均利用小时达 7230h，比 2003 年度的 6537h 增加 693h，增幅达 9.58%，比年度计划 6500h 增长 11.23%，其中永福、田东、柳州、来宾 A、来宾 B、合山电厂分别为 7666、7288、7236、6993、6927、6561h。

2004 年由于电网严重缺电，火电机组长期满负荷运行，火电机组锅炉灭火、故障等非计划停运次数大幅度增加，单机容量 100MW 以上火电机组非计划停运次数 160 次，比 2003 年增加 49 次，同比增长 44%，因煤质差引起灭火、跳闸次数达 99 次，占 62%。另外 2004 年 100MW 以上水电机组非计划停运 4 次。机组非计划停运影响较大的有岩滩电厂 3 号主变压器故障、1 号主变压器因 A 相套管介损超标停运，来宾 C 厂施工挖断来宾 B 厂厂房到江边循环水泵的动力电缆、通信光缆，引起来宾 B 厂 1、2 号机组全停 33h。

水库调度

2004 年全网及各水电厂采取各种有效措施，提高水电经济效益：加强实时联系，请求南方总调临时电力支援；多购西电力保水库蓄水；优化水电厂厂内开机方式；抓住有利时机协同气象部门实施人工降雨；在首场来水之前充分腾空库容发电，拦蓄洪水并充分利用；合理安排梯级电厂发电用水等。1～5 月全网节水增发电量 4363 万 kWh，水能利用提高率达到 3%。抓住各流域来水间隔性特点，安排火电机组轮流启停调峰，岩滩电站实施汛限水位分月控制和动态控制方案，对需求侧采取了有效的错峰、避峰，鼓励低谷时段多用电等措施，保证水电多发、满发，因调峰而造成的弃水损失电量大大减少，主汛期 4 个月（6～9 月）全网水电发电量达 59.378 亿 kWh，占 2004 年电网水电发电量的 52%，日平均出力达 2028MW，创历史同期最高水平。全年统调水电发电量达 113.7 亿 kWh，仅比历史年水电发电最高值 126 亿 kWh 减少 10%，全网节水增发电量 7.04 亿 kWh，水能利用提高率 8.7%。电网调峰造成的弃水损失电量仅 1.4 亿 kWh，比 2003 年减少 46%，是历史最少年份。

电网管理

开展“加强公司系统调度、变电、输配电的基础管理，杜绝误操作和人为责任事故”活动，进一步规范“两票”管理，使两票合格率达 100%。制订了防止电网大面积停电事故预案，修订广西电网“黑启动”方案，组织了玉林、南宁网区的黑启动演练和反事故演习，强化了电网事故处理应急机制。开展了220kV旁路带路高频保护切换回路专项检查整治活动和继电保护整定计算专项整治活动，有效地遏制了继电保护不正确动作事故的重复发生。220kV及以上系统继电保护正确动作率达到99.59%。

2004年继续加强实时调度力度，争取计划外电力支援，加强与南方电网总调的联系，申请电力或事故备用支援。全年在计划外多购入区外电量19.47亿kWh，其中获南方电网总调临时最大电力支援150万kW、电量15.39亿kWh。加强用电负荷管理，督促各网区做好需求侧用电管理，严格实行计划用电和节约用电。按计划指标严格控制各网区负荷，对超指标的网区和用户采取“今超后扣”等严厉措施，确保了广西电网的安全稳定运行和正常的用电秩序，有效提高了负荷率。2004年，广西电网统调平均负荷率为85.47%，同比提高了3.85个百分点。针对电力供应和火电厂燃煤供应紧张形势，加强与政府、发电企业的沟通和联系，做好电力供应形势的宣传和用电引导工作。通过电力生产日报、调度信息发布会等形式及时交流电网调度信息，让政府和发电企业了解电网运行情况，取得对电网调度工作和计划用电的理解和支持。

强化经济调度工作，提高经济效益。提高岩滩运行水位增加发电量和减少下游大化、百龙滩出力受阻程度，增加水电出力；根据南方总调及自治区经委批复，减少广西电网发电侧备用容量150～200MW，增加高峰供电能力，相应增加电网供电量；丰水期让水电满发多发；加强水情监测，利用可靠的短期洪水预报技术，对日调节性能水电站继续实行行之有效的提前发电预泄措施，重复利用水库库容增加水电上网电量，降低购电成本；积极配合做好丰水期低谷电力增供扩销工作，提高负荷率，增加供电量。全网考核水电站节水增发电量7.04亿kWh；水能利用提高率达到8.7%，比一流调度机构考核要求的3%提高5.7个百分点；电网调峰弃水电量1.40亿kWh，同比减少46%，为近几年来最少。

完成了《广西电网黑启动方案研究》修订工作，所辖各地调也同步修订了本网区的黑启动方案。重新修编和颁发了《广西电网调度管理规程》，进一步明确了各级调度机构的职责和管理关系。编制了《2004年广西电网运行方式》、《2004年继电保护整定方案》、《2004年迎峰度夏方案》、《广西电网调度操作指令票管理规范》。组织修订了《广西电网继电保护管理规定》、《继电保护装置整定计算管理规定》、《继电保护日运行管理规定》、《继电保护定值通知单管理规定》、《广西电网继电保护选型及配置技术原则》和《新投产微机保护检验标准》等继电保护管理规定，编写了《广西电网通信管理暂行规定》和《广西电网调度自动化管理暂行规定》，为实现管理规范化、标准化奠定了基础。

科技进步

2004年加大技术改造力度，提高电网技术含量。坚持更新必换代的原则，大胆采用先进设备，通过提高设备技术档次和系统自动化水平，提高电网安全稳定运行水平。2004年共安排技改资金2.1亿元，主要用于变电站的整体改造，对一些老旧设备和技术落后的设备进行更换，重点解决电网安全稳定、无功补偿等问题，以及提高110kV及以上变电站综合自动化率、断路器无油化和继电保护微机化率等。全年安排技术改造项目771项，完成590项，结转项目181项，投产技改项目120项，全年完成投资2.44亿元；全年安排大修项目695项，完成项目687项。计划安排大修资金1.15亿元，实际完成大修资金1.28亿元。

2004年下达科技项目61项，安排科技资金2500万元，重点解决生产、建设、经营发展中的重大技术问题，推动和促进公司技术水平、管理水平的提高和经济效益的增长。科技项目任务完成率为91.48%，完成资金2387.44万元，资金完成率为95.5%。组织科技成果鉴定5项、科技项目评审验收29项。并成功开发广西电网预防控制在线预决策系统，实现了实时对电网暂态稳定、电压稳定的扫描、分析和评估，通过专家鉴定，达到国际先进水平。安排技改资金385万元对3个220kV变电站和10个110kV变电站加装总容量为81.8Mvar并联电容器组装置。加强并联电容器装置的维护检修工作，装置可用率达96.31%。同时，成立广西电网无功电压课题组，针对广西电网无功电压存在薄弱环节和可能出现的重大技术问题，提出了8个研究课题。广西电网电压稳定及天广三回线路投运、交直流混合运行对电网安全稳定影响分析等4项科技成果荣获自治区科技进步奖。完成了《广西电网公司科技发展规划》及《广西电网公司生产管理技术标准》的组织编写工作。已完成的科研项目中有1项达国际先进水平，2项达国内领先水平，7项达国内先进水平。有2项科研成果《配电系统电容电流自动测试仪的研制》和《输变电设备接地网及金属结构腐蚀与防腐问题研究》获自治区科技进步三等奖；7项科研项目《基于虚拟仪器的电能参数自动测试系统研究》、《变电设备在线监测系统应用与研究》、《广西电力系统绝缘技术监督信息管理系统》、《220kV变电站仿真系统》、《激光技术在煤粉细度测量中的应用研究》、《高压支柱瓷绝缘子超声波检测方法研究及应用》和《广西电网高压电气设备状态检修策略的研究与应用》达到国际先进、国内领先水平。

成功组织召开了公司第二次科技论坛。分别制定了《广西电力有限公司科技发展规划》（2004、2005～2010～2020 年），审查后下达各单位作为实施科技项目的指导性文件。

抓好信息化建设工作，重点进行综合信息平台建设Ⅰ期工程硬件平台、生产项目管理系统、视频会议系统Ⅱ期工程、OA 硬件系统改造、监控系统安全防护等项目的建设。2004 年共安排信息化项目建设资金 3499.5 万元，下达信息化项目 16 项。由于受机构改革的影响以及管理模式的摸索。信息化项目实际完成资金 2816.81 万元。

农电工作

2004 年，广西电网公司进一步加强了代管县级供电企业的经营管理，积极稳妥地推进农电体制改革。在充分调查研究的基础上提出了《广西电力有限公司农电管理公司组建方案》，并于 2004 年 9 月 23 日挂牌成立，标志着广西电网公司的农电管理从组织实施大规模的农网建设与改造工程转移到探索农电管理新模式、规范农电管理的新阶段。并进行了全面竞聘上岗工作。

完成了 43 个代管县供电企业二期农网建设与改造工程项目调整的审批工作，审批资金额约 1.4 亿元，完善了二期农网改造调整项目的审批手续。认真组织做好农网改造遗留问题整改工作，开展农网工程自查自纠工作，采取各级自查、相互交叉检查和上级抽查相结合的方式，组织 43 个县级供电企业分别成立工程管理、物资、财务、审计等专业小组，对各个项目进行逐项检查。配合完成了国家财政部委托江西财政投资评审中心、国家发改委、南方电监局先后三次，历时一个多月，对广西电网公司实施农网改造国债项目专项核查工作，通过检查，核查组肯定了该公司农网改造取得的成效。

2004 年 7 月，召开广西电力系统农电工作会议，会议系统总结了 5 年来农电工作成效，提出了今后一个阶段农电工作的总体思路和主要任务，并给予代管县级供电企业“放水养鱼”等多项扶持政策。会上提出“同舟共济、荣辱与共”的农电新理念，在农电企业 1.3 万多干部员工中引起强烈共鸣。先后出台了《广西电力有限公司关于进一步加强县级供电企业管理工作的若干规定》、《广西电力有限公司农网维护费管理实施办法》、《广西电力有限公司农电安全奖励基金管理办法》和《广西电力有限公司农电劳动竞赛基金管理办法》等文件。在广西电网缺电的严峻形势下，代管县级供电企业的农电市场呈稳步发展的趋势，特别是在农电工作会议后的 2004 年第四季度，增长势头明显，售电量为 23.33 亿 kWh，比 2003 年同期增长了 16.86%。

在作风年的建设中，县级供电企业行风建设工作稳步推进，以优质的服务赢得了群众的信任，树立了良好的形象。2004 年表彰了十个“县级先进供电企业”、“十佳农电企业员工”和 50 名“优秀农村电工”。并提出了“达标创一流”活动，出台了《广西电力有限公司代管县级供电企业“达标创一流”实施办法》。

市场营销与优质服务

2004 年，广西电网公司面对严重的缺电局面，积极采取有效措施，做好电力供应工作，密切与发电企业的联系，提高机组利用小时。推动成立了由各级政府领导挂帅的三级电力供应协调领导小组，制订了切实可行的计划用电、错峰、避峰方案。一方面积极挖掘低谷时段发电、用电潜能，抓住丰水期水电出力大幅提高、后半夜低谷时段出现电力富余的时机，与 171 家企业签订了低谷电力电量销售合同，使低谷负荷提高了近 50 万 kW，增加售电量 5 亿 kWh，减少弃水电量约 3 亿 kWh。另一方面积极争取区外电力支援，抓住节假日区外电力富余等时机，大量购进区外电力。另外，想方设法挖掘发电潜力，统调水电在来水比正常年份大幅减少的情况下，全年发电量仅下降 10.8%。全区火电设备发电利用小时 6041h，同比提高 446h；其中主要统调火电机组平均发电利用小时 7230h，同比提高 693h，同比增加 25.43 亿 kWh，增长 20.01%。有效缓解了电力供需矛盾，并创下历史最高记录。

2004 年广西全社会用电量 456.86 亿 kWh，同比增长 9.87%。人均全社会用电量 938kWh，是全国平均水平的 56%。全社会用电量第一产业用电 14.98 亿 kWh，同比下降 3.13%，占全社会用电量的 3.28%；第二产业用电 343.71 亿 kWh，同比增长 11.52%，占全社会用电量的 75.23%；第三产业用电 38.10 亿 kWh，同比增长 12.25%，占全社会用电量的 8.34%；城乡居民用电 60.07 亿 kWh，同比增长 3.16%，占全社会用电量的 13.15%（城市居民占 7.66%，农村 5.49%）。

1. 需求侧管理

做好错峰避峰计划，落实计划用电方案，按电网供电能力，以“以供定销”做好每月计划用电指标的安排，加强对调度部门和各供电局执行计划用电情况的监督和管理。2004 年下达了 110 次计划用电指标及调整指标方案，都得以顺利实施，取得了预期效果。制定了60万～80万kW在正常情况下避峰错峰预案和10万～120万kW的9套应急避峰错峰预案。根据电网的实际运行状况，动态选择其中的1套方案执行。按照“先错峰、后避峰、再限电，最后拉闸”的原则，通过有效的行政管理手段，组织工业企业避峰让电，落实错峰方案，全区在缺电40%的情况下，未发生大面积拉闸限电现象，基本实现了有序用电。通过强化计划用电和电力需求侧管理，电力向第二产业的强优企业倾斜，重点扶持能耗低、产值高、污染少的行业，使有限电能充分创造效益，促进了产业结构优化调整，以9.87%的用电增长支撑了GDP增长11.8%。

据统计，2004年全网最大避峰错峰为175万kW，全年日均避峰错峰容量达83万kW，比2003年同期日均避峰错峰容量高61万kW；电网平均峰谷差为126万kW，比2003年同期减少15万kW，下降10.6%；电网平均负荷率为85.3%，比2003年同期提高了3.1个百分点；拉闸限电条次为44726条·次，3月份达1.08万条·次。

2. 稽查工作

广西电网公司系统内开展营业普查和稽查工作。重点检查营销稽查机制建立情况；计量装置、客户档案信息、电价执行的准确性；《供用电合同》的完整性和准确性；开展反违约用电、反窃电活动。各供电局共现场检查计量装置、核对客户信息4512户，发现计量回路结线错误、执行电价类别错误、客户档案信息错误等49户，追补电费187万元；抽查供用电合同4256份，发现部分供用电合同存在合同容量与计费档案信息不符、产权分界点不清、业务变更不及时修改合同、缺少违约用电和窃电处罚条款等，对发现的问题责令责任部门限期整改，提出规范合同管理的有效措施。对沿街铺面、营业办公综合楼等进行地毯式拉网反违约用电检查，共检查5730户，查处违约用电250户，追补电费和违约使用电费273万元。对高耗能的用电户和民营的采石场、水泥厂、砖厂、铸轧钢铁厂、用电容量100kVA以上的酒楼等进行反窃电重点检查，共查处窃电103例，追补电费和违约使用电费150万元。此外，加强营业普查和反窃电工作力度，2004年通过营销稽查共追回营业损失4265.53万元。其中，内部稽查共追回电量2591.44万kWh，电费2265.03万元；外部稽查共查处违约用电、窃电2099户，共追回电量1403.5万kWh，追补电费和违约使用电费共计2000.5万元。推广应用防窃电技术，所有大工业用户均安装了防窃电计量装置，部分区域实现线损分压、分线、分台区实时管理，提高线损管理水平。

继续开展优质服务工作，进一步打造“服务广西，诚信广西，政府放心，人民满意”供电优质服务品牌。全年共受理客户投诉346件（含各供电局），比2003年451件减少了23%。积极主动为各级政府当好参谋，分别与全区14个地市的领导共同研究解决当地电力发展和电力供应问题。深入开展“百千万”大行动，以科学用电、保护电力设施、电价政策推广、同心同德奉献“中国—东盟”博览会等内容为主题共组织了12次统一行动，累计出动青年、党员服务队5.9万人·次，走访客户和农户5.6万户·次，帮助解决用电实际困难，缓解电力供应紧张带来的矛盾。不断更新服务举措，全面启动客户经理制，实施规范服务新标准。组织开展供电营业规范化服务达标工作。组织完成对贵港供电局大圩等供电营业所达标验收，组织各供电局规范化服务交叉检查。在14个城市供电营业窗口全部实现规范化服务达标。农村供电营业窗口530个中，有64个农电示范窗口，448个农村规范化服务达标单位，达标率96.6%。加强优质服务技能培训。组织两期《优质服务技能提升训练营》，对窗口工作人员服务技巧和服务心态进行培训和提升。

为中国东盟博览会推出“三百工程”和“三全服务”。2004年9月初成立了南博会用电项目服务协调小组，全程跟踪南博会有关新增的用电项目服务情况，组织柳州和桂林供电局有关人员，对南博会23家重要客户进行了用电项目建设进度、大负荷试验情况、双回路电源自动切换功能及备用发电机组投切情况等的检查，保证重点项目和场所及时用上电，用好电，确保供电服务万无一失。

2004年95598客户服务热线受理电话破纪录，达到917030件。其中人工受理481994件，客户通过热线反映的服务请求均得到良好的服务。2004年开始以“call-center”呼叫中心模式对柳州、玉林等6个供电服务热线进行升级改造，2004年年底全部试运行，实现客户用电报装、报修、电费查询足不出户；发展客户37.87万户，同比增长45.05%；客户接入容量4286MVA，同比增长13.91%；其中主要发展了商业用电户、居民生活用电户、非普工业用户，分别为9409户、36.7万户、7409户，增长率分别为27.1%、50.08%、17.02%，接入容量为2681MVA，占全部接入容量的62.55%。发展直供大工业用电客户4家，总容量达69MW。

体制改革

2004年，广西电网公司电力体制改革工作稳步推进、内部体制改革基本完成。南方电网公司审议通过《广西电网公司组建方案》和《广西电网公司章程》；完成了广西电网公司变更登记工作以及下属12个供电局和2个分公司的名称变更。

广西电网公司发展战略研究正式启动，组织、拟订了内部改革方案。对物资、试验、农电及新闻管理体制进行了改革，制订了《广西电力物资管理体制改革方案》、《广西电力信通公司组建方案》、《广西电力试验研究院体制改革方案》、《农电公司组建方案》和《电力新闻管理体制改革方案》等；组织有关部室研究论证组建方案、章程及有关协议，并列出组建相关工作进度和落实责任部室，督促组建工作的完成。积极配合做好机关机构改革相关工作，按照机关本部机构改革领导小组部署，起草相关改革配套文件和配合组织竞聘上岗工作。

按照国务院批复《发电企业资产重组划分方案》，继续组织、协调好发电企业移交划转的第二阶段工作，与国电集团公司签订了《资产财务及劳资保险移交备忘录》，对主要移交事项基本达成一致意见；与国电集团广西分公司举行会谈，就"移交备忘录"中一致意见具体移交事项形成了《关于发电企业移交有关问题的会议纪要》。协调处理了南宁、桂林电厂土地移交和合山电厂8号炉改造工程移交的有关问题；向南方电网公司报送了《发电企业移交划转第二阶段工作进展情况汇报》，及时反映发电企业移交划转第二阶段工作中存在的问题和需要的政策支持。与大唐集团公司的发电资产移交主要是对龙滩发电有限公司资本金到位和桂冠电力公司2001、2002年利润分配问题双方各持不同意见。

按照国家和南方电网公司对电力体制改革工作的部署，做好主辅分离前期工作及政策研究。为广西力元集团公司划入广西水电建设集团做好方案研究及协调工作；研究国家有关主辅分离政策及动态，针对国家电力体制改革办公室《电力主辅分离方案》（征求意见稿）提出对主辅分离的方案意见。同时，做好地市级供电企业改革政策研究及情况调查工作。研究贺州电力市场，针对贺州市电力管理体制的特殊性，及时研究贺州地方电力企业现状，提出《理顺贺州电力管理体制思路》和《关于在贺州市设立管理机构的方案》，指导、协调百色供电局筹建的有关工作，对百色供电局筹备组上报的《关于百色电网规划等有关情况的汇报》涉及的电力体制问题，提出理顺百色电网供电管理体制的意见；组织有关部室研究讨论百色供电局筹备组提出的《百色供电局组建构想》，协调解决百色供电局办公场地问题等。同时，对贵港市政府提出的贵港电力体制改革遗留问题进行了研究，提出解决意见和建议。

广西电网公司关于加快发展战略研究步伐的要求，结合实际，制订发展战略研究工作方案。先后邀请国电动力经济研究中心战略与规划研究所、国务院发展研究中心企业所、麦肯锡咨询公司对发展战略管理进行互动式讲座，根据三家咨询机构对战略研究的思路进行比较，选择国务院发展研究中心企业所为战略咨询，组织《战略研究报告》等相关文件的讨论，提出修改意见。根据咨询机构提供的《战略研究报告》（初稿）及三个分报告，组织有关部室和部分供电局负责人进行讨论评价，督促并协助国务院发展研究中心项目组完成《战略研究报告》（第二稿）的修改完善工作。

党的建设与精神文明建设

2004年，广西电网公司对基层单位实行了党政分设，加强了党建工作的力量。制订了《中共广西电力有限公司党组关于基层党组织工作的暂行规定》，坚持民主生活会制度，职代会评议领导干部等制度。党建工作、思想政治工作作风建设年活动成绩显著，"两个最好时期"教育活动深入人心，机关建设受到好评。广西电网公司荣获了自治区首批文明行业称号，获全国五一劳动奖状。

广西电网公司全面落实党风廉政责任制，及时启动了"一把手建设工程"，出台《广西电力有限公司党组关于"一把手建设工程"的实施意见》，与所属各单位党政一把手签订了《党风廉政建设责任书》。并组织80多名党政一把手分两批进行全脱产、全封闭的学习培训。广西电网公司组成的代表队参加自治区区直机关党内法规知识竞赛，取得了一等奖的好成绩，并代表自治区区直机关参加全区决赛，夺得了第1名；在全面实现了党风廉政建设责任制八项目标年终考核中，再次获得南方电网公司系统第1名。继续开展了党员干部为教育重点的廉洁自律教育月活动，各单位党组织积极行动，精心组织，结合实际扎实地开展形式多样的活动，发放了相关读本5000多册，反面典型案例汇编2000多册。

2004年，广西电网公司把企业文化建设作为企业发展的重要举措。制订了《广西电力有限公司2004～2006年创建学习型企业规划（试行）》。开展了创建学习型党组织、创建学习型领导班子、创建学习型公司机关、创建学习型班组活动。统一推广南方电网公司Ⅵ系统活动。参加了南方电网公司组织的到云南电网公司进行企业文化研讨活动。聘请云南电网公司学习型组织讲师到公司举办培训班，共培训了党委书记、政工干部及企业文化骨干近百名。在深入开展创建全国文明单位活动中，制定了《广西电力有限公司创建全国文明单位实施方案》和《创建全国文明单位考评标准》，各单位均成立了创建全国文明单位领导机构。广西电网公司2004年获南方电网公司精神文明单位3个，获自治区文明单位8个；除来宾供电局外，已全部获得省部级以上文明单位，其中获国家级文明单位4个。

作风建设年活动从制定实施方案，到学习动员，宣传发动、敞开大门，查找问题、认真整改，完善制度、评议总结、巩固提高4个阶段中，共发放《作风建设合理化建议表》11860份，收回10430份；发放《作风建设问卷调查表》14768份，收回9465份，提出整改意见2352条。并举办了4场大型的报告会，举办领导干部培训班，组织领导干部外出学习考察。深入开展了"抓住两个最好时期，加快广西电力发展"的教育活动。在三项制度改革中，认真做好改革改制过程中的员工思想政治工作。

开展广西电力十大劳动模范、十大杰出青年、十佳农电员工、50名青年岗位能手的评选等活动。继续抓好规范化服务达标工作，确认南宁供电局七一营业厅等77个营业厅（供电所）为2003年供电营业规范化服务达标单位。

继续加强对广西电网公司本部工程、物资招投标的监督，共参加现场监督80多次。各单位纪检监察部门密切配合财务部门做好清产核资工作，全过程的跟踪工程和物资设备的招投标，在一、二期农网建设与改造工程中，共投入资金65亿元，未发现有违纪违规事件发生。

广西电力工会成功举办该公司首届职工运动会，运动会设5个分赛场，有38个体育代表团，共1675名职工参加了男女篮球、软式排球、乒乓球、羽毛球和女职工健身操5个项目的比赛。成功承办了南方电网公司"同心杯"篮球赛。举办广西电网公司第五届职工摄影书画展，丰富了职工的业余文化生活。

重点工程

2004年广西电网公司完成了溯河500kV输变电工程，主变压器容量1×750MVA，线路长度86.918km，启动试运行从2004年5月27日开始，5月31日结束，7月16日合山扩建2×300MW级机组工程2号机组并网调试发电，500kV设备经24h带负荷试运行结束，运行设备及线路工程未发现异常，从7月17日起，带负荷试运行设备已移交柳州供电局运行维护；变电站内220kV设备由于未带负荷试运行设备也移交柳州供电局代管，10月10日全部设备带负荷试运行未发现异常，正式移交柳州供电局运行维护。

龙湾—港口220kV输电线路工程，线路长34.445km，该工程3月份已施工完成，但由于用户东方资源公司出资建设的220kV东方资源变未能在3月底建成投产，故导致该工程建成后未能按计划于3月底投产，2004年5月20日该线路与220kV东方资源变并网试运行，5月21日结束，经24h带负荷试运行无异常后，已移交钦州供电局运行维护。

贵港（芙蓉）220kV输变电工程：贵港（芙蓉）变电所工程，安装主变容量120MVA。12月7日启动试运行完成移交投产。来宾—芙蓉—太华线路工程，线路长106.614km。来宾—芙蓉线路工程与变电所同时启动试运行，移交投产。芙蓉—太华线路工程已完成竣工预验收，因太华变不能停电接入影响投产。

太华220kV变电站扩建芙蓉220kV出线间隔工程，目前工程已全部完成，11月9～11日进行竣工预验收，由于停电问题，部分设备无法接入，致使工程竣工验收拖后。

武鸣雷村220kV输变电工程，安装主变压器容量120MVA；大化—雷村线路工程，线路长度81.5km；琅东—雷村线路工程，线路长度51.67km。2004年12月12日完成琅东—雷村线路及雷村变电工程启动试运行，移交投产。2004年12月24日完成大化—雷村线路工程启动试运行，移交投产。

存在问题

电网的结构有待进一步加强，水电发展不合理，使得广西电网出现了近十年来最严重的缺电局面，年缺电约40亿kWh，最大电力缺额250万kWh，全年共拉闸4.47万条·次，日最大拉闸限电达596条·次。广西境内的500kV系统充电无功的总补偿度为89.58%，没有达到基本予以平衡的要求，同时广西境内500kV线路的高低压电抗器配置不合理，补偿不均衡，欠补较多，致使局部500kV系统在枯水期或低谷时段充电功率过剩，厂站500kV和220kV母线电压偏高。广西电网220kV及以下系统容性无功补偿容量不足，在高峰时段500kV沙塘变电站、平果变电站、南宁变电站和玉林变电站主变压器中压侧下网无功较大，一般有功只是17%～27%，达不到南方总调所500kV变电站下网无功控制在有功10%的要求。

主要事件

2月12日，广西电力有限公司2004年工作会议暨三届三次职工代表大会在南宁隆重开幕。

3月18日，广西电力有限公司正式启动"服务南博会奉献南博会"大型活动。

4月30日，广西电力有限公司在南宁隆重举行表彰大会，对公司首届十大劳动模范、十大杰出青年、50名青年岗位能手、十佳农电企业员工、50名优秀农村电工进行了表彰。

6月30日，广西电网最高负荷达607万kW。

8月5日，自治区党委书记、人大主任曹伯纯、自治区党委副书记、常务副主席郭声琨、自治区党委常委、秘书长车荣福率领自治区经委主任等有关部门领导，到广西电力有限公司视察指导工作。

8月23～25日，南方电网公司党组书记、董事长袁懋振率领南方电网公司有关部门、单位领导到广西调研。

10月26～28日，越南第一电力公司总经理阮福荣率队到广西电力有限公司访问。

2004年，广西电网公司完成电网建设改造投资19.5亿元，电网结构进一步完善。广西田东、合山、北海、平班、乐滩电厂等机组先后投产，全区新增发电容量167.85万kW，供电紧张局面得到缓解。

（廖业明）

云南电网公司

综述

截止到2004年年底，云南省发电总装机容量为1171万kW，其中水电731.5万kW，占总装机容量的62.4%，火电装机容量439.5万kW，占总装机容量的37.6%。云南电网统调发电厂的总装机容量为834.7万kW，占全省装机总容量的71.28%，其中水电451.2万kW，火电383.5万kW。云南电网主力火电厂集中于云南东部宣威、曲靖地区，主力水电厂主要分布于云南西部澜沧江流域。云南统调电网拥有110kV至500kV变电站198座，变电总容量24147MVA，线路总长14235km。其中，500kV变电站6座，变电容量6500MVA，线路1569km；220kV变电站37座，变电容量9540MVA，线路4692km；110kV变电站155座，变电容量8107MVA，线路7704km。

2004年，云南统调电网新投产发电机组8台，合计新增发电出力88.5万kW。其中，火电机组3台、容量73.5万kW，水电机组5台、容量15万kW。云南统调电网新投产220kV变电站3座，扩建220kV变电站4座，新建改建220kV线路13条，线路总长度635.18km，新增变压器7台，变电容量99万kVA。

2004年全省发电量543.78亿kWh，比2003年增长14.5%，其中水电发电量298.97亿kWh，火电发电量244.81亿kWh。云南省全社会用电量469.3亿kWh，比2003年增长16.2%。云南电网统调发电厂发电量415.19亿kWh，同比增长18.64%。

2004年，全网各发供电单位紧紧围绕电网安全运行和经济运行开展各项工作，克服了缺煤少水、发电能力严重不足的困难，合理安排设备检修和新设备投运，圆满完成了迎峰度夏任务，保证了电网安全稳定运行。

2004年，云南省用电需求继续快速增长，电力供应形势非常困难，全年累计缺电量61.2亿kWh，拉闸限电8011条·次，平均每月668条·次，全年只有5、6两个月没有出现拉闸限电，拉闸限电最高的3月份达到了2938条·次。枯期平均缺电率为28%，日均限电量2877万kWh。2月份供电形势最为紧张，月限电量12.36亿kWh，缺电率高达38.21%。汛期日均错峰负荷30万kW，最大日错峰负荷为69万kW。面对如此严峻的缺电形势，厂网间密切协作，认真落实政府制定的错峰和计划用电方案，积极疏导电价矛盾，严格执行用户侧丰枯、峰谷电价和高载能行业差别电价。汛期抓住机遇增供扩销，充分挖掘发电潜力和供电潜力，在全省全年性电力电量紧缺的局面下，云南统调电网供电量仍然实现了两位数增长，尤其是省内供电量，同比增长了19.49%，是1998年以来增幅最高的一年。

2004年，云南电网公司完成售电量378.83亿kWh，同比增长18.45%，其中，省内售电量308.2亿kWh、同比增长19.30%，西电东送电量70.13亿kWh、同比增长14.07%，向越南送电4943万kWh。公司售电收入首次突破百亿元大关，达到110亿元。线损率6.31%。电网频率合格率99.993%，责任频率合格率99.999%，主网电压合格率99.14%。

机构设置

总部设有如下部门：办公室、计划发展部、人事部、财务部、电力营销与交易部、安全监察部、生产技术部、工程建设部、党群工作部、审计部、法律事务部、监察部、云南电力调度中心等。

企业单位：昆明供电局、曲靖供电局、红河供电局、玉溪供电局、滇西供电局、楚雄供电局、思茅供电局、昭通供电局、临沧供电局、西双版纳供电局。云南送变电工程公司等一批辅业单位。全资、控股、代管县级电力公司91个。

人员编制：2004年职工总人数2.4619万人，其中，在职职工1.5744万人，离退休职工0.8875万人。

技术力量：高级职称925人，中级职称1702人，初级职称3082人。

领导班子

党组书记、总经理：王大鸶；党组成员、副总经理：李海南、廖泽龙、廖建华、张滇生、张慧清；党组成员、纪检组长：江兴国；党组成员、工会主席：刘智宏；总经济师：夏蜀；巡视员：杨之藩。

安全生产

全年电网保持了安全稳定运行，公司没有发生人身死亡事故、重大电网事故和本企业责任的重大设备事故，安全目标考核在南方电网公司各子公司中名列第一。自1996年起已连续8年未出现全网大面积停电事故。2004年，公司投入8.5亿元用于电网技术改造和科技创新，通过努力，10kV及以上断路器无油化率达到85.13%，同比提高7.46个百分点；110kV及以上保护微机化率达到88.5%，同比提高9.8个百分点；110kV及以上变电站综合自动化率达到58.3%，同比提高9.6个百分点；10个供电局地调全部实现了调度自动化。科技创新方面，我国第一条实用型高温超导电缆在普吉变电站投入运行。“云南电网黑启动方案研究”、“云南电网安全稳定控制系统方案研究及实施”获中国电力科学技术三等奖。

电网发展

公司组织完成了全省“十一五”电力发展及2020年远景目标规划报告的编制，并顺利通过南方电网公司的评审。组织开展了“十一五”十六地州电力规划、十地州城市电网规划、通信规划以及滇西南、滇西北主干网架专题研究。加快推进骨干电网项目前期工作，500kV红河、玉溪、墨江输变电工程通过可研评审。滇东电厂、李仙江梯级电站等送出工程通过可研评审。建成投产220kV祥云、禄丰等一批输变电工程，完成了30万无电人口通电工作，82个县（市、区）的县城电网改造工程全面开工，投资18.4亿元的完善西部地区农网改造工程前期工作全面完成，全省220kV及以下各级电网结构得到进一步加强。加快全省220kV统一电网的建设，保山、文山输变电工程正式开工建设，苏帕河电站送出过渡工程按时投产，丽江输变电工程完成了初步设计工作。中国河口向越南老街110kV电压等级送电项目成功实施。500kV七甸输变电工程荣获“鲁班奖”，500kV大昆输变电工程获国家优质工程银奖，500kV“三变五线”工程被南方电网公司命名为达标投产工程。

电力供应

针对全年缺电61.2亿kWh的严峻形势，严格执行计划用电方案，全力保障居民生活和重要用户用电。提早安排汛期增供扩销工作，及时放开电力供应，使黄磷、铁合金等企业产能得到有效释放。调度中心优化云电送粤负荷曲线，增加销售低谷电量近10亿kWh。在做好电力供应的同时，云南电网公司更加注重提高优质服务水平。在全省范围内开展“珍惜能源，节约用电”活动，积极倡导科学用电和节约用电，取得了良好的社会效益。继续实施“云电彩虹工程”，深入开展“万家灯火、情系南网”优质服务系列活动。全面推进营业窗口规范化建设，公司各城市供电营业窗口全部被南方电网公司命名为“城市供电营业规范化服务达标窗口”。重新修订并公布供电服务承诺，健全和完善行风监督员和客户关系委员会制度，建立与大客户和电厂的信息通报制度，形成有效的外部监督网络。

电力改革

完成了公司和所属10个供电局的更名和工商变更登记工作。与华能、国电、华电、大唐四家发电集团签署了资产移交协议，完成了9家原内部核算电厂、7家股权电厂和2个电源前期项目的资产财务、劳动工资、社会保险的移交，共移交资产24.63亿元，厂网分开工作全面完结。

农电管理

目前在公司负责实施“两改一同价”工作的91个县级供电企业中，共有5个全资子公司、63个控股公司、23个代管公司，全资和控股县级供电公司占到了74.7%，29家县级供电公司完成了财务并账。与文山电力公司合资组建了平远供电公司。大理州电力集团公司和西山区电力公司的资产重组工作已和地方政府取得共识。制定《农电管理机构及职能调整方案》，进一步理顺了公司农电管理体制和管理界面，确立了充分依托供电局实施农电管理的原则，加强和完善了农电管理的组织机制和管理模式。

电力调度

为进一步理顺厂网分开后厂网间调度关系，建立依法调度机制，规范电力市场秩序，促进电力系统安全、优质、经济运行，公司与各发电单位按电监会范本重新签定“并网调度协议”事宜进行了深入的沟通联系并达成了一致意见。10月10日，公司与19家发电单位举行了并网调度协议签字仪式，自此云南电网公司与统调电网各发电企业最新并网调度协议全部签订完毕。新的并网调度协议充分体现了“法律平等、经济互惠、统一调度、技术协作和社会责任共担”的新型网厂关系，一方面为厂网各方建立了良好的电力生产经营环境，另一方面也为云南电力的整体良性发展打下了更为坚实的基础。针对云南电网汛期低谷电力富余、高峰时段出力不足的矛盾，在满足省内用电需求的同时，充分发挥南方电网跨区域大型互联电网的互补作用，在南网公司大力支持下，通过优化外送曲线，高峰时段维持合同出力不变，不增加云南电网高峰电力压力，而低谷时段按外送控制极限尽可能多送弃水电量的目标，使得整个汛期全网水电基本处于满发状态，水电发电负荷率高达93%，极大地解决了低谷水电弃水调峰的问题。自漫湾电厂全部投产以来，云南电网尽管在火电充分参与调峰的情况下，每年弃水调峰损失电量均在15亿～20亿kWh，通过上述措施，2004年汛期水电弃水损失电量创纪录地减少到2.5亿kWh，使统调电网水电厂的弃水电量减少了至少12亿kWh，为电网经济运行做出了重大贡献，使电网、电厂实现了双赢。

主要事件

1月21日和2月7日，云南省省委书记白恩培、云南省省长徐荣凯在云南电力集团公司工作汇报材料上分别作了重要批示。白恩培书记批示：“电力是继云烟之后云南经济发展最具活力的增长点，最有条件做强做大，这已是各方面的共同认识，目前云南经济社会发展的瓶颈制约是电力，以后加快发展的希望也是电力。衷心感谢云电同志们过去的贡献，衷心希望在以后的工作中作出新的更大的贡献。”

2月9日，云南电力集团有限公司2004年工作会议暨三届三次职工代表大会于2月9～11日在昆明召开。会议全面传达了中国南方电网有限责任公司2004年工作会议的精神，总结了云南电力集团公司2003年的工作，分析了面临的形势，安排部署了2004年公司的主要目标和重点工作。

3月26日，云南省第十届人大常委会第八次会议经过投票表决，以45票赞成、2票反对、5票弃权，高票通过了《云南省供用电条例》。这是全国第一部规范供用电关系的地方立法，标志着云南省地方电力立法取得了重大突破。《云南省供用电条例》于2005年6月1日开始施行。

6月3日，云南电力集团公司与中国国电集团公司正式签订了发电企业第二阶段划转移交协议。

6月8日，云南省发改委在昆明主持召开了云南电网居民生活用电价格调整听证会，原则同意对电价进行适当调整。经国家发改委批准，从2004年12月1日抄见电量起，在原价格基础上每千瓦时提高4.8分，居民电炊用电价格在原价格上每千瓦时提高4.2分。从2004年6月15日起正式启用丰枯、峰谷分时电价。云南电网内所有大工业用电和100kVA及以上的非普工业用电，均要执行这一价格政策，每天高峰、平谷时段实行不同电价，峰谷电价的上下浮比例暂为35%，价差达70%。

6月17～18日，南方电网公司在昆明主持召开了云南电力工业“十一五”发展规划和2020年远景目标研究报告专家评审会议。

7月10日，为庆祝中国第一组超导电缆接入云南电网，在昆明220kV普吉变电站由国家科技部、北京市人民政府、云南省人民政府及中国南方电网云南电力集团公司共同举行我国第一组实用型超导电缆并网仪式，隆重祝贺国家863计划“新材料领域超导专项重大项目”、北京市、云南省重大科技项目，中国第一组实用型超导电缆在电力实用化技术研究上取得的重要成果。

7月12日，云南电力集团公司正式启动了云南电网第二调度中心。将滇东地调作为“第二调度”，把电网系统的功率总加、系统频率等全网信息以及大朝山水电站、曲靖电厂、草铺变电站等17个相关厂站的调度自动化系统数据全部送入滇东地调，使滇东地调能够在昆明省调丧失功能时，接替省调进行全省电网调度，保证电网正常运行。

9月25日上午10时10分，110kV中国河口——越南老街输电线路成功投入运行，标志着我国电力企业首次以高电压等级大规模地向国外送电。

11月1日，云南电力集团有限公司正式更名为云南电网公司。

（孙威）

贵州电网公司

概况

2004年，贵州电网公司电网建设完成投资15.93亿元，建成投运500kV安（顺）—高（坡）线、福（泉）—铜（仁）Ⅱ回输变电项目，建成投运220kV及以上线路430km，变电容量105万kVA。贵州电网主网架结构日趋完善，已形成以中部“日”字型环网为中心，向北、向东延伸的500kV主干网架。一批220kV输变电项目建成，进一步提高了省内安全可靠供电水平。贵州至广东500kV“两交一直”跨省输电工程于9月20日全部建成，提前一年实现直流双极投运，为确保向广东送电400万kW任务的圆满完成，提供了输电通道保障。

2004年贵州电网新增统调机组容量206万kW，实现贵州省委、省政府确定的电源投产目标，电网统调装机突破1000万kW大关，达到1064.9万kW，其中火电装机744.7万kW，水电320.2万kW，标志贵州电力支柱产业发展迈上了新台阶。全年统调发电量达到568亿kWh，同比增长19.7%；售电量511.79亿kWh，同比增长20.29%，其中省内售电量382.01亿kWh，同比增长14.4%，售省外电量129.78亿kWh，同比增长41.79%。发电设备平均利用小时5951h，其中火电7075h，水电3117h。

9月23日，在向广东送电1000万kW试验中，贵州电网圆满完成了送电380万kW的重任。同时，自9月开始至年末，实现了向深圳增加送电5亿kWh的使命。

全省农村电网建设与改造工程全面完成，农电体制改革进一步深化。按照国家的统一部署，年内全面启动了县城电网建设与改造工作。已有19个代管的县供电企业上划为子公司进行直管，全省87个县（市）中，完成乡镇电管站改革的已达83个，农村一户一表安装率进一步提高，户表率达到72.3%，比2003年提高15.15个百分点。

年末，公司资产总额296.1亿元，同比增长8.59%；所有者权益71.7亿元，同比增长3.62%。

电网规划

编制完成了《贵州电力工业“十一五”发展及2020年远景目标规划》，并于2004年6月10日通过南方公司审查。

以规划为龙头，统筹电网建设和电源开发，注重电网建设与电源建设的有机结合，共同协调发展。完成了息烽500kV输变电工程、黔北电厂—鸭溪500kVⅠ、Ⅱ回送电线路“Π”接鸭溪电厂、黔西电厂—息烽双回500kV输变电工程、纳雍二电厂500kV送出工程、息烽—贵阳500kVⅡ回输变电工程、鸭溪—福泉500kVⅡ回输变电工程、施秉500kV输变电工程、黔西电厂—息烽500kV线路等一批500kV输变电工程的可行性研究报告和初步设计审查；完成了计划安排的42个220kV输变电工程项目（其中包括续建项目10个，六盘水北郊变电站工程除外）的初步设计工作，进行了29个项目的初步设计审查。

实施科技兴网战略，实施了电网安全稳定控制系统的建设；电网继电保护及故障信息管理系统的研究取得了初步成果；进一步加强了通信传输网络的建设；开展了电力数据网络和电力时钟同步网络的建设及应用技术的研究。

电网建设

全面完成和顺利投产了年初确定的电网建设项目。建成220kV及以上的输电线路430km，变电容量105万kVA的电网建设目标，保证了省内新投产机组206万kW机组的顺利并网发电。“西电东送”和“两交一直”500kV输变电工程全面建成，直流双极提前一年投运，为“西电东送”任务的完成提供了可靠保障，确保了电网建设与电源建设的协调发展。

投产项目：500kV安顺—高坡换流站线路工程，500kV福泉变电站—铜仁变电站二期扩建工程；220kV洪家渡—站街双回线路工程，220kV铜仁—川硐双回线路工程，220kV川硐—太平双回线路工程，220kV红果变电站工程，220kV青溪变电站工程，220kV铜仁—青溪线路工程，220kV乌江—南白Ⅲ回线路工程，220kV贵电—筑东Ⅱ回线路工程，220kV盘电—红果线路工程，220kV红果—兴义线路工程，220kV福泉—瓮安线路工程，220kV鸭溪电厂—鸭溪变电站线路工程。

电网运行

2004年，新建206万kW机组顺利投产，并经受“西电东送”380万kW大负荷送电试验的考验，提前一年实现“西电东送”400万kW的输电能力，而且安全生产调度达3157天，创贵州电网调度最高安全纪录。

主要运行指标：责任频率合格率99.989%，比2003年下降0.01个百分点；中枢点电压合格率99.49%。比2003年提高0.067个百分点；AGC投运率91.54%，AGC合格率99.18%；最大发电负荷916.2万kW（9月23日）；供电标准煤耗为371g/kWh，比2003年降低6g/kWh；综合厂用电率为6.79%，比2003年减少0.48个百分点；全网线损率6.49%，比2003年减少0.32个百分点；全网年平均发电负荷率90.41%，比2003年减少0.84个百分点；220kV及以上电网继电保护正确动作率99.35%，比2003年提高0.08%，创贵州电网继电保护正确动作率历史最好水平，并达到南方电网继电保护的工作目标；全网载波通信电路运行率为99.99%，光纤线路运行率为100%，主站交换机运行率为99.99%，调度总机运行率为99.99%；贵州电网调度自动化系统各项运行指标均达到创中国一流电网调度机构的考核要求。

安全技术工作：

（1）按照南方电网运行方式编制的规定，进一步提高贵州电网年度运行方式编制的质量和水平。①对2004年网架变化做了深入细致的分析，对存在的问题，提出了需要采取的措施；②针对接入“黔电送粤”安稳控制系统执行站的增加，对各厂站装置功能作了详细说明；③进一步增加计算数据的完整性，使年度方式的指导作用进一步加强。在计算分析的基础上，编制了《贵州电网2004年稳定计算报告》，对电网运行方式和控制措施的制定，提供了详尽的计算依据。

(2) 针对水库来水情况，合理协调水火电方式，适时调整水电出力和火电机组检修计划，缓解供需矛盾，在最大限度满足省内外供电需求的同时，首度实现乌江渡水库自建成以来全年不弃水；针对旋转备用不足的局面，一方面积极挖掘发电潜力，另一方面认真落实特殊时期负荷侧备用方案，确保电网迎峰度夏期间的安全运行。

(3) 为保证迎峰度夏期间的电网安全，满足东送300万kW大方式下系统的稳定，汛前，精心安排了“黔电送粤”安全稳定控制系统Ⅱ期安装、调试工作，对“黔电送粤”贵州500kV电网安全稳定控制系统控制策略进行了统一修改，并将东风电厂、乌江渡新厂、引子渡电厂、纳雍一厂、黔北电厂5个切机执行站如期接入控制系统。

(4) 在网架结构大幅变化后，如期完成了500kV电网的保护整定计算，实现了网内500kV线路保护全部采用零序过流反时限配置，提高了正确动作率；完成了贵阳变电站全站TA变比的更改工作；使用新的整定计算程序对220kV区域网进行试运算，并进行校核，解决旧程序不能实现的多接点计算和复杂故障计算等难题。

(5) 确保电网安全运行。①制定贵州电网大面积停电应急预案、电网反事故预案、黑启动实施方案；②针对供需矛盾的加剧，为确保电网安全运行，适时出台了紧急情况下控制用电违调考核办法，加大机制的调控力度，全年大部分时间内坚持了限电不拉闸的原则；③加强继电保护技术监督，特别是装置误动后的检查、反措监督；④完成重大事故应急预案的编制，提高应对突发事件的能力。编制完成了《贵州电网反事故预案》、《贵州电网黑启动实施方案》、《贵州省大面积停电事故应急预案》。

(6) 与在黔的五大发电集团公司（共计14个电厂）签订了《并网调度协议》，科学合理的规范了厂、网的责任，更有效的保护了双方的利益，促进厂网协调发展，确保电网、电厂的安全稳定运行。

安全生产

认真贯彻中国南方电网公司安全生产1号令，落实迎峰度夏的各项组织措施和技术措施，开展与“三大安全敌人”作斗争的活动，做好“二次系统管理年”活动工作，贯彻落实南方电网公司安全生产三大规定和十二项新标准，在安全生产管理中积极推行规范化、标准化、现代化和信息化工作，克服了电力供需矛盾突出、电煤供应持续紧张等重重困难，较好地完成了各项安全生产任务，确保了迎峰度夏任务的顺利完成和“西电东送”战略的顺利实施。

贵州电网最高发电负荷916.2万kW，同比增加了172.4万kW；最高日发电量1.9699亿kWh，同比增加0.3216亿kWh；最大峰谷差241万kW，同比基本持平。全年日均供电负荷率高达91%，10kV用户供电可靠性在电力供需矛盾比较大的情况下城网达到了99.869%，农村达到了98.22%。

实现了生产单位无人身死亡事故、电网安全稳定运行；杜绝了交通死亡事故，重大交通事故大幅度下降；全年，贵州电网共发生各类事故29次，同比增加12次。

科技工作

结合公司发展和安全生产的管理需要，组织专家组编写并制定了《贵州电网公司科技发展规划》。

2004年下达公司年度科技开发项目计划50项，总计费用1169.4万元。组织3个重点科技项目向省经济贸易委员会申报，其中2个项目列为贵州省2004年技术创新项目，省经贸委下达项目资金30万元。组织5个项目向省科技厅申报，其中4个项目列为贵州省重点科技成果推广项目，省科技厅下达项目资金19万元。

经公司科学技术进步奖评审委员会评审，共有6个项目获得2004年度公司科技成果奖。其中科技开发二等奖1项，《无功补偿对贵州电网电压稳定性的影响研究》；三等奖2项，《利用光纤通道改造传统远动通道，实现远动通道全数字化》、《断路器动作过程数字拍波仪的开发》；成果推广应用二等奖2项，《抗燃油测试技术研究与应用》、《广域网在企业生产经营管理中的应用》；三等奖1项，《高能耗企业用电情况分析系统》。对优秀成果项目组织向贵州省科技厅申报，获得贵州省科技成果奖4项，全部为技术开发三等奖。并评出2004年公司科技信息（情报）成果16个，其中一等奖3项、二等奖2项、三等奖11项。

市场营销

全网售电量累计完成511.79亿kWh，为年售电量计划508亿kWh的100.75%，比2003年多售电

86.33亿kWh，增长20.29%。2004年实现外送电量129.78亿kWh，同比增长41.79%，其中送广东电量91.37亿kWh，同比增长58.52%；送湖南7.42亿kWh，同比减少3.43%；送广西（含南网低谷转送广西）24.17亿kWh，同比增长36.55%；送重庆6.81亿kWh，同比增长172.65%，2004年省内售电量累计完成382.01亿kWh，为年计划410亿kWh的93.14%，比2003年多售电48.08亿kWh，增长14.4%。

贵州电网公司加强与发电厂购售电合同的规范化管理工作，与金元、西电、黔桂、黔源、黔能等公司所属电厂签订了2004年购售电合同，与国电集团、华电集团所属电厂签订了2003、2004年的购售电合同。到第三季度，贵州电网统调发电厂全部签订了2004年度购售电合同。购售电合同的签订，有效地规范和调整了电力产、供双方的购销行为。

根据《贵州省资源综合利用电厂（机组）企业自备电厂并网管理的规定》，贵州电网公司分别与六枝工矿集团、盘江煤电股份公司、贵州化肥厂及贵州水晶化工有限责任公司签订或修订了自备电厂并网购售电合同，理顺资源综合利用电厂上网电量的计算和结算以及企业自备电厂并网的有关问题，建立了相互平等的法律主体关系，维护了电网经营企业合法经营利益。

2004年，应收电费128.36亿元，实收电费128.36亿元，电费回收率100%，实现当年电费结零。旧欠电费应收13.04亿元，省内完成实收8560.71万元，旧欠电费回收率完成6.56%。省公司调整内部模拟市场考核办法，实行内部峰谷电量电价考核。加强负荷管理，帮助企业测算生产成本，合理分布用电时间，降低综合用电单耗。开展需求侧工作研究，探索适合贵州省经济、社会条件的需求侧管理工作方法。各供电局在机制的激励下，深入地开展了需求侧管理工作，紧紧依靠政府，积极疏导电力供需矛盾，协调解决因限电造成的各种社会压力；其次，认真分析负荷用电特点，对企业生产经营及工艺流程进行摸底，掌握其用电需求基本情况，公正、公平、公开地分配电量指标。配合省、地“三电办”制定周详的错峰限电方案，科学合理组织错峰，引导客户低谷时段用电，充分发挥现有设备的能力，最大限度降低因错峰限电给企业生产经营造成的影响，使有限的电能创造更好的社会效益。省内负荷率达到91.27%，基本实现“限电不拉路”目标。

根据国家产业结构调整要求，加强电力需求侧管理，合理调整用电客户的用电时间和负荷，正确引导高能耗企业的生产，对不符合国家产业政策、能耗大、污染严重、工艺落后及不符合安全生产条件等问题的高能耗企业实施停、限电，不仅缓解了当地的电力供应紧张的局面，而且有效地促进了产业结构的优化。在政府部门的协助下建立电煤供应保障机制，根据各地电煤供应情况安排相应的计划电量，有效地促进了电煤供应，保障发电企业的发电用煤。

省内10个地区级供电局95598客户服务系统通过实用化达标验收，成功建立了统一标准的客户服务平台，电力客户服务进入了一个网络化、信息化、智能化的全新时期。省公司95598客户服务系统监管中心的运行进入了成熟阶段。制定了《贵州省电力95598客户服务监管中心考评办法》，配合监管中心的考评系统，每月定期对各供电局95598客户服务系统的运行状况和服务质量进行考评，并将考评结果向全省通报。

把各95598中心定位于“客户服务调度中心”，努力建成一个“企业内部问题暴露中心”。通过每月定期对所有客户服务数据进行深入分析，找出城网建设中的薄弱环节、服务资源配置中的失衡状态、人员素质的严重缺陷、业务办理的无序流转等问题，然后提出整改意见和考核建议，促使客户服务水平得到共同提高。2004年，95598客户服务系统在有条件的各分局、县局开展了试探性地拓展。

经营管理

2004年年底，公司总资产规模达269.1亿元，负债为197.4亿元，净资产为71.7亿元；资产负债率完成率73.25%，实现主营业务收入188.97亿元。

继续实行《预算管理暂行办法》和《资产经营考核暂行办法》，强化资金预算审批制度，加强预算的执行和监督工作。进一步强化了公司营运收支预算和现金流量预算管理工作，确保了公司经营目标的实现，圆满完成了南方电网公司下达的资产经营考核指标。

公司运用资金占用费的经济杠杆作用，加强银行承兑汇票的收取管理，促进了各单位上交资金的积极性。实现了当年电费及基金结零并回收旧欠目标，保证省公司的资金需要。

继续加强电费及代收基金的回收考核工作，加大了与各单位效益工资挂钩的考核力度，继续实行了对三个代管供电局电费上交与工资计划下达相挂钩的办法。

积极组织各供电局实施“煤电”、“钢电”及“铁合金等抵电费”的各种欠费互抵工作，全年互抵款4.4亿元。积极开展资金工作，开具银行承兑汇票11.5亿元，节约资金占用，为公司创造经济效益。

在加强资金收入管理的基础上，继续完善现金流量管理办法，进一步加强现金流量的预算管理工作，积极探索现金流量管理改革方案。发挥结算中心内部资金结算职能，集中公司内部闲散资金，积极融通内部资金，用于电力建设。全年，通过加强对结算中心资金管理，融通内部资金，保证了电力建设资金需要，提高了公司的经济效益。

按照国务院颁发的《国有资产管理暂行条例》的精神，公司继续加强固定资产的报废处置和调拨管理，从严控制向系统外调拨固定资产经济业务的发生。按照国家的规定，与中国国电、华电发电集团公司对将分离出去的电厂资产进行认真的核对。对国有资产进行了全面的清产核资，摸清家底，查找存在的漏洞，建立有效的内控制度，有效地防止了国有资产的流失，确保国有资产的保值增值。

根据《企业会计制度》和《省公司 110kV 及以下输变电工程建设和改造项目资金管理办法》，结合自身会计核算的实际，制定了《贵州电网公司 110kV 及以下输变电工程项目新建和改建主要会计处理的规定》，加强了工程项目管理。

执行《中国南方电网有限责任公司会计核算办法》，统一了系统内的会计核算办法，规范了会计核算；按时完成南方电网公司系统月度财务快报，及时反映公司的资产状况和生产经营情况；根据南网公司的要求，认真布置清产核资工作，作好 2004 年度的财务决算工作。

印发了《2004 年内部模拟电力市场经营管理办法》。制定了《货币资金管理办法》、《商业汇票管理办法》、《电费解缴考核办法》、《独立核算供电企业经营管理办法》等办法，加强内部控制，及时满足公司经营管理需要；制定了《供电局还本付息管理办法》等规章制度，完善了工程建设的财务办法和规定；根据情况适时编制了《财务规章制度选编》。

人力资源

2004 年年末，公司共有长期员工 16640 人。比 2003 年减少 392 人，减少了 2.3%；连续 5 年保持人员负增长。其中，经营管理人员 2748 人，占员工总数的 16.5%；专业技术及专业管理人员 4747 人，占员工总数的 28.5%；技能人员 6324 人，占员工人数的 38.0%；辅助人员 2821 人，占员工总数的 17.0%。

2004 年完成劳动生产率为 106 万元/（人·年），比 2003 年提高 14.7%。

根据《中华人民共和国劳动法》、《劳动保障监察条例》、《集体合同规定》等有关法规政策，重点开展了劳动合同规范化管理、劳动和社会保障年检自查自纠、劳动关系管理调研与专题培训等工作。

根据生产营销发展情况，组织了对各地区供电局的劳动定员测算，结合实际开展定员标准分析研究，探索有关标准涵盖不全和劳动组织形式亟待改进等问题；开展用人状况调研，为南方电网公司制定新定员标准以及有关单位持续改进劳动组织方式提供了基础资料。

以专家培养、选拔、任用、考核一体化管理为龙头，构建专业技术人才的成长通道，全面促进专业技术人才队伍建设，取得了阶段性成果：

（1）根据实施“西电东送”战略和加快发展迫切需要，按照南方电网公司有关指导意见，在部分单位率先探索实践专家人才队伍建设的基础上，及时总结工作经验并加以拓展改进，制定了《贵州电网公司专家人才管理办法》，并启动了首批公司系统专家人才的选拔。

（2）根据国家有关招投标管理的有关规定，制定了《贵州电网公司项目评标专家库管理办法》，建立评标专家库并规范运作。首批入库的专家 392 人（正高级职称 17 人、高级职称 232 人、中级职称 143 人）；分五期对评标专家进行了有关法规和实务的培训，并审核颁发了 366 人的聘任证书。2004 年的招投标评标工作，按照规定从专家库中随机抽取组成评标委员会进行评标。

（3）启动高级管理及专业技术人员定期研修制度，通过大量的调查研究，并与系统外、国外的专业培训机构合作制定、论证详细的培训方案，使公司高层次培训高起点、高水平、见实效。

信息化建设

信息化建设实行“统一领导、统一规划、统一规范、统一开发”的四统一建设管理原则：①在信息系统建设方案实施上，对企业的核心业务系统，采取试点建设的方式进行，在试点成功的基础上，再统一推广应用；②建立统一信息技术平台，以数据中心为核心，应用集成为手段，构建公司统一的 IT 基础架构，通过分级集中的方式，在省、地两级逐步建成 IT 架构统一、核心业务系统相同的统一信息技术平台，为企业生产、经营和管理提供信息技术支撑并逐步向生产、经营和管理信息化的目标迈进。

完成了贵州电网公司信息化发展规划（2004～2010）的编制工作，并通过了有关专家组织的评审，获得了良好的评价，并对十大信息建设工程项目，组织有关专家进行可行性分析评审，审定通过了九个项目作为 2004 年信息化建设试点项目开始建设。

贵州电网电力营销管理信息系统采用全省统一的

模式，在六盘水供电局试点。该项目 2 月开始启动，经过了需求调研、软件设计、硬件招标后，9 月进入了现场开发与调试阶段，10 月份试行双轨运行，11 月正式双轨运行。目前，该系统实施进展顺利。

电力营销管理信息系统，紧密联系贵州电网内部模拟市场的运作模式，提高了利用现代信息手段分析营销状况的能力，同时突出人性化设计。它的成功试点和推广应用，使全省营销系统建设进入一个崭新的阶段。

办公自动（OA）系统的收、发文管理，在 2003 年年底前完成了公司所属单位的试运行工作后，于 2004 年 3 月 1 日实现了公司所属 22 个单位的联网运行、系统内公文流转实现了网络化运作，电子化文本传递，基本达到无纸化办公水平。

党的建设

贵州电网公司党组及各单位党委始终把领导班子和干部队伍建设作为党建工作的重要内容，紧紧围绕公司的改革发展，强化领导干部的思想、组织、行风建设。在全系统开展“创建学习型领导班子”活动。全年共考核调整了 17 个基础领导班子，提拔任用了 34 位厂处级干部，交流调整了 28 位领导干部，及时根据形势要求修改完善相关管理制度，在年初修改、印发了省公司《高级经营管理者管理暂行规定》等 3 个管理文件。

各级党组织按照“党要管党，从严治党”的要求，紧紧围绕企业中心工作夯实党建工作基础，党建工作得到切实的加强。党建工作的一个重点是继续开展并完善“其层党委工作标准化”建设活动，对所属 23 个单位进行了党委工作标准化的检查考评。

纪检监察工作一是以“廉洁自律教育月”活动为载体，广泛开展廉洁自律和警示教育活动。二是认真查办案件，建立了每季度信访、案件查处统计分析制度，认真落实党风廉政建设责任制，逐步形成由结果的考核过渡到过程的控制与管理相结合的工作机制。三是优质服务和行风建设工作不断深化。四是效能监察工作取得一定成效。五是加大从源头上预防和治理腐败工作力度，进一步规范招标运作，对专家库人员进行了补充。与地方检察院逐步建立共同预防职务犯罪联系协调制度，做到工程施工到哪里，联建工作就开展到哪里；推行工程建设和物资采购廉政责任书制度。

各单位在抓好企业生产建设和改革发展的同时，把精神文明建设和企业文化建设放在更加突出的位置上，不断完善精神文明建设机制，巩固创建文明单位成果，加强和改进思想政治工作，探索企业文化建设新思路。“1＋X 特色政工”建设模式、“诚信经营、文明服务”示范样板工程建设、“优质服务专题辩论赛”和“供电职工文明服务行为规范演示大赛”等活动的开展，较好地展现了南方电网在贵州的形象，提高了南方电网在贵州的知名度，得到了社会和上级党委、政府的关注。

政研会继续把改进企业思想政治工作的内容、方式、方法、手段和机制等问题作为重要课题进行研讨，召开了政研会成立 20 周年纪念大会，取得良好效果。

各单位以加强离退休职工思想政治工作和党支部建设为主线，认真落实“两项待遇”，全面贯彻“六个老有”的方针。

各级工会全面落实全心全意依靠工人阶级的方针，抓住维护职工合法权益这一实质问题，通过坚持和完善职工代表大会制度，保障职工的民主权利，建立和完善平等协商和集体合同制度，全面推行了厂务公开制度。

各级团组织紧紧围绕企业改革发展中心任务，努力发挥青年职工的生力军和突击队作用，在广大青工中积极倡导健康、文明、科学的文化生活。

主要事件

1 月 1～4 日，中共中央政治局常委、国务院副总理黄菊等一行到贵州考察。1 月 3 日下午，黄菊等国家领导人在听取了贵州省委、省政府的汇报后，充分肯定了贵州的工作。会上国家发改委副主任张国宝指出，从国家实施西电东送工程以来，贵州省是主要省份，而且也是最早启动省份。贵州的“四水四火”工程的开工建设，是贵州电力建设史上从来没有过的，应该说“四水四火”已经发挥了重要作用。特别是在 2003 年全国电力普遍比较紧张的情况下，广东省又没有很多新投产机组，贵州发挥了极大的作用。在夏天用电高峰到来以前，贵州就新投产了 140 多万 kW 装机，全年投产 266 万 kW。140 万 kW 机组的投产，正好配合 500kV 直流输变电线路的投产，极大的缓解了广东省用电紧张局面，而且也支援了广西自治区一部分电。

3 月 11 日下午，中共中央政治局常委、国务院副总理黄菊到十届全国人大二次会议贵州代表团讨论时指出：实施西部大开发以来，贵州同其他西部省区一样，取得了丰硕成果。贵州各族人民群众在省委、省政府的领导下，抢抓历史性的开发机遇，基础设施起步、能源发展带路，加快了整体的发展步伐。能源建设不仅开发了贵州的资源，而且为西电东送做出了贡献。

4 月 8 日，贵州省电力行业协会在贵阳召开了首届理事会第四次会议。

5月3～5日，中共中央政治局常委、中央纪委书记吴官正到贵州视察。5日，吴官正在贵州省省委书记钱运录、省长石秀诗的陪同下，来到安顺电厂及500kV安顺变电站考察，向奋战在生产一线的职工致以节日的问候。

5月28～29日，贵州电网成功的在乌江渡发电厂和东风发电厂进行了黑启动试验。这次黑启动试验，成功地解决了黑启动电源问题，对提高贵州电网处理电网恶性事故的能力，加快恢复电网运行和对用户供电，最大限度的减少事故造成的影响有十分重要的意义。

7月1日起，贵州电网西电东送送广东电力负荷从170万kW跃升至280万kW，成为贵州实施西电东送宏伟战略目标的阶段性里程碑。

9月23日，贵州电网“十五”期间送电广东的“两交一直”输电通道提前一年全部建成，贵州至广东直流输电工程双极送电暨西电东送新增1000万kW电网项目竣工仪式在广州举行，其中，贵州电网提前一年实现向广东送电380万kW的输电能力，得到国务院领导及贵州省委、省政府的高度赞扬。

9月29日14时，黔北电厂4号机组（30万kW）顺利完成168h整套试运行移交生产，至此，贵州电网统调装机容量突破1000万kW，跃上了新的台阶。

12月8日，贵州电力系统发电厂并网调度协议仪式在贵阳举行，贵州乌江水电开发有限责任公司、贵州金元电力投资股份有限公司、贵州黔桂发电有限责任公司、贵州黔源电力股份有限公司和贵州西电电力股份有限公司共五家发电公司的14家发电厂与贵州电网公司签订了《电网调度协议》。该协议的签订是国家电力体制改革、“厂网分开”后，实施的以法制化手段，规范了发电厂与电网双方的责任和权力，更有效地保护了双方的利益。

（陆建之）

海南电网公司

概况

海南电网公司其前身是海南省电力有限公司，2004年9月29日完成工商注册并更名，10月16日正式挂牌成立。

海南电网公司所属21个分公司，其中19个供电分公司、1个发电厂、1个电力试验研究所；直属企业事业单位9个。海南电网公司负责对全省电网实施统一规划、统一建设、统一调度、统一管理，依法统一调度与省电网联网的电厂，并监督和指导电厂的安全生产工作；负责全省电网的安全生产工作，保证全省电网的安全、稳定、经济、优质运行，不断提高供电可靠性和服务质量。

经营范围

海南电网公司主营：从事电力购销业务，负责海南省以及区域电网之间的电力交易和调度；参与建设和经营相关的跨区域输变电和联网工程；根据国家有关规定，经中国南方电网有限责任公司批准，从事国内外投融资业务、开展外贸流通经营、国际合作、对外工程承包和对外劳务合作等业务；从事与电力供应有关的科学研究、技术开发、电力生产、调度信息通信、咨询服务等业务；从事电力工程勘测、设计、建设施工、电力工程咨询、试验研究、修造、物资供应等；经营国家批准或允许的其他业务。

人员结构

（1）人员分布：截至2004年12月底，公司系统正式职工7523人（包括内退人员），其中管理岗位人员1055人；专业技术及专业管理人员和辅助人员3141人；辅助人员3327人。

（2）学历结构：大学本科及以上445人，占全员比例5.92%；大学专科1090人，占全员比例14.49%；中专695人，占全员比例9.24%；技校735人，占全员比例9.77%；高中2851人，占全员比例37.9%；初中及以下1717人，占全员比例22.83%。

（3）职称结构：到2004年年底取得初级职称以上人员共1388人。其中，高级职称132人、中级职称380人、初级职称876人。

领导班子

2004年11月26日前，海南省电力有限公司领导班子成员：总经理朱万顺，党委书记唐义治，纪检书记潘超，副总经理李品清、陈钢、曾卫和、吴建宏，总工程师齐雨田，工会主席陈琼牛。

2004年11月26日，中共南方电网公司党组宣布海南电网公司成立后的党政领导班子成员为：党组成员、总经理李强，党组成员、党组书记尹炼，党组成员、副总经理李品清，党组成员、副总经理吴建宏，党组成员、纪检组组长、工会主席潘超。

公司实行总经理负责制，由李强总经理任公司法人代表。

组织机构

海南电网公司2004年组织机构图如下。

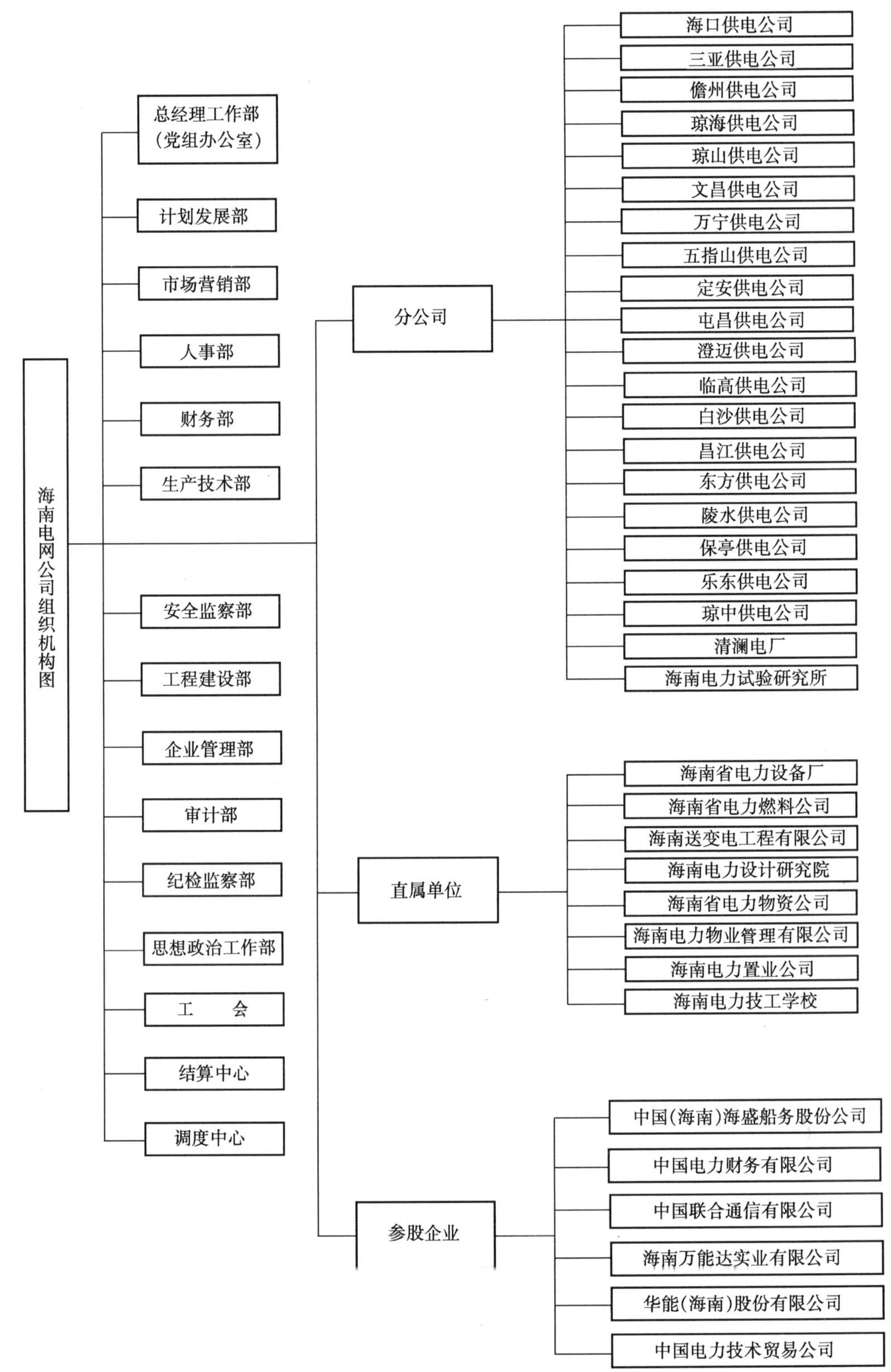

海南电网公司2004年组织机构图

电网结构

（1）发电装机：截至2004年年末，全省发电装机总容量217.04万kW，其中，水电装机56.22万kW，占总装机的25.91%；火电（包括煤电、气电、油电等）装机159.95万kW，占73.70%；风电装机0.87万kW，约占0.4%。主要统调发电厂为：华能海口电厂60万kW，大广坝水电厂24.2万kW，牛路岭水电站8万kW，华能南山电厂13.2万kW，清澜电厂15万kW，洋浦电厂47.75万kW。

（2）主网：海南电网现有最高电压等级为220kV，是海南电网主网架，110kV及35kV网架覆盖全省。截至2004年末，全省共有220kV公用变电站8座，主变压器13台/168万kVA；220kV线路20条/1145km；110kV/132kV公用变电站54座，主变压器91台/245.9万kVA，线路105条/2021km；35kV公用变电站130个，变压器容量78.89万kVA，线路189条/2254km。

电网规划

公司委托中南电力设计院开展海南电力工业"十一五"发展规划和2020年远景目标前期研究工作。重点研究解决好电源与电网规划配合、建设容载合理、结构坚强、运行灵活、安全可靠的海南电网，尤其重视南方电网与海南电网海底电缆联网工程建设的必要性，"十一五"期间海南的电力缺口及合理建设电源等问题。

2004年结合海口市、三亚市城市总体发展规划，分别委托西南电力设计院、广东省电力设计院开展海口、三亚市城市电网"十一五"电力发展规划。

安全生产

2004年，公司系统认真贯彻落实南方电网公司安全生产1号令，把确保电网稳定作为生命线来抓，积极同"违章、麻痹、不负责任"三大安全敌人作斗争，开展二次系统管理年和安全知识竞赛活动，积极宣传贯彻网公司十二项技术标准，狠抓安全生产管理，强化对主设备健康的管理，加强设备整治力度，提高了电网安全运行水平。公司全年未发生重大、特大事故，未发生人身死亡和人员恶性误操作事故，主要安全生产指标均完成了年初确定的目标。全网频率合格率为99.5%，同比提高0.36个百分点。综合电压合格率为92.3%，同比提高3.57个百分点。

完善了安全稳定控制措施。重新整定并在各供电公司实施了电网低频切荷方案，及时修改海口区域性稳控系统的控制策略，完成了洋浦区域性稳控系统的改造和验收。

强化设备整治，提高了设备的健康水平。有重点地做好设备的大修技改工作，共完成大修4080.9万元，技改8707.7万元，完成安全措施项目440万元。

狠抓安全生产规范管理，夯实了安全生产基础。按照南网公司安全生产标准，建立和完善安全生产规章制度。

首次开展调度和供电企业安全性评价工作，公司成立了安全评价专家组。

公司按国家"安全生产活动月"统一布置，开展多种形式的安全思想教育及安全知识培训活动。生产系统组织开展了高压试验培训班、油化验技术培训班、35kV综自设备培训班和新产品、技术介绍会。举办安全生产法规、法规教育培训班，组织进行了安全法律法规考试。

公司组织19个供电公司和电力试验研究所开展了电力安全知识竞赛活动。10月份公司组队参加了南方电网公司层面的安全知识竞赛活动并取得了优胜奖。

电网建设

2004年是海南电网积极推进重点工程建设，加快电网建设步伐。全年完成固定资产投资13.96亿元，完成计划的99.9%。其中：电网完成投资12.63亿元，完成计划的100%；小型基建完成投资0.44亿元，完成计划的100%；技改投资0.89亿元，完成计划的98.9%。新开工220kV线路146km，变电容量30万kVA；续建220kV线路310km，扩建主变容量12万kVA；投产220kV线路356km，变电容量27万kVA。

12月26日顺利完成220kV环网工程并投入运行，实现了海南电网建设史上多年的梦想。罗带至鹅毛岭至洛基（Ⅱ回）220kV线路、文昌东路220kV输变电工程都在紧锣密鼓地推进。积极配合做好海南电网联网工程，顺利开展了500kV变电站的选址和接入系统设计等前期工作。保证了洋浦金海浆纸、兴业聚酯、海汽等大客户用电工程按时供电，积极推进实华炼油、华盛水泥、木棠特钢等大客户供电工程建设，特别是在实施洋浦至金海浆纸厂220kV供电线路时，在海南首次成功采用动力伞放线，避免了施工停电对用户的影响，取得较大的社会效益。配合完成了洋浦电厂第二台2×8万kW联合循环机组的扩建，推进了海口电厂送出工程的建设，开展清澜电厂"油改气"的前期工作。按照国家发改委和网公司的要求，全面开展了一、二期农网整体自查自纠工作。

电网运行

在孤网运行、网架薄弱的情况下，调度部门合理地安排开机方式，精心安排水火电比例，在来水量只有多年平均量60%的情况下，最大限度的发挥水电机组的调频顶峰作用，顺利完成迎峰度夏任务。统筹安排设备计划检修。督促电厂严格执行机组检修计划。及时安排海口电厂机组和公用系统检修，利用低谷见缝插针安排洋浦电厂机组消缺，保证了迎峰度夏高峰期间机组出力。公司有关部门加强与发电公司的沟通工作，紧盯海口电厂电煤库存情况，制定《燃煤紧缺处理方案》。及时为清澜电厂配备足够的调峰和事故备用燃油，主动与政府协商落实南山电厂、洋浦电厂天然气指标。及时编制了迎峰度夏、避峰用电和计划限电实施方案。

根据海南夏季高峰负荷增长快且持续时间长的特点，各供电公司精心维护设备，认真组织实施重点设备的检修、预防性试验、二次设备定检和部检工作，及时消除设备缺陷，保证设备处于良好的状态。县级公司开展35、10kV的负荷调查、预测和调整工作，及时安排预测容量不足的变电站和公用配电变压器扩容，解决供电卡脖子项目，保证博鳌亚洲论坛、三亚世界小姐大赛、中国科协会议、省政府两会重大政治活动及重要节假日保电工作。

规范了电网调度管理。公司及时修订了《海南电网调度管理规程》，对违反电网调度纪律的行为及时进行了通报处理。电网调度运行坚持留足备用容量，保证了电网的调频调压、旋转备用和事故备用。及时研究制定特殊运行方式下的事故预想应急处理预案，制定《2004年海南电网事故紧急限电序位表》，修订了电网“黑启动”方案，定期进行事故预想和反事故演习。

开展了二次系统管理年活动。公司成立了领导小组进行了动员和布置，分专业管理、技术设备、规程规定、人员队伍建设4个专题进行了调研。对继电保护、安全自动装置、通信及自动化设备状况进行了专项检查。

完善了安全稳定控制措施。重新整定并在各供电公司实施了电网低频切荷方案，及时修改海口区域性稳控系统的控制策略，完成了洋浦区域性稳控系统的改造和验收。完成了东部地区电网低频低压切荷装置的更新改造和验收。对洋浦电厂系列跳机事故进行了专项整改，消除了因大机组跳机对电网安全的威胁。2004年FWK电网稳控装置正确动作1次，低频低压减载装置动作13次，有效地阻止了因电厂跳机造成的事故扩大。

经济指标

2004年，全省统调发电量完成62.7亿kWh，比2003年增长20.4%。购电量及直属电厂上网电量完成62.9亿kWh，比2003年增长17.8%。全公司完成售电量55.3亿kWh，比2003年增长17.8%。综合线损率12.18%，比年计划下降0.38个百分点，与2003年持平，同口径相比完成10.79%，比年计划下降1.77个百分点，比2003年降低1.39个百分点。完成主营业务收入34.97亿元，同比增长17.59%。应收电费余额3.50亿元。完成利润总额4223万元，流动资产周转次数2.12次，净资产收益率1.04%。公司长期职工人数8325人，全员劳动生产率完成37.62万元/（人·年），同比增长35%。

至2004年年底，公司资产总额为70.17亿元，资产负债率64%，电厂剥离后资产负债率上升到71.50%。

依法经营

认真贯彻南方电网公司依法经营2号令，抓好税收、电价等各项政策的研究，制定针对性的整改措施，堵塞了漏洞，有效地防范和化解了经营风险。加强了任期经济责任、资产经营、工程项目等审计工作，规范了合同管理，发挥法律顾问的作用，维护了企业的利益。全年通过内部审计，共查出并纠正违规资金1389万元，实现增收节支945万元，维护了公司的整体利益。加强营业普查和反窃电工作，确保电费及时足额回收。积极与政府有关部门协调，疏导电价矛盾。全面实行预算管理，加强经济活动分析，优化购电结构，加大成本费用控制力度，降低购电成本，可控成本得到有效控制，充分显现了预算的刚性作用。

迎峰度夏

在全国电煤供应紧张的形势下，海南电网同时还受到了发电供气限制、水电出力不足等不利因素的影响，公司把保证电力供应作为重中之重，早研究、早部署，认真做好负荷预测，充分考虑机组调峰能力，制定了典型开机方式、迎峰度夏方案和各种预案，强化发电侧管理，最大限度挖掘发电资源。同时，加强需求侧的管理，提高错峰避峰用电的管理水平，不断提高负荷率，优化电网调度。

2004年海南经济继续向好，GDP达10.4%，全年售电量完成55.27亿kWh，同比增长17.72%。日最高负荷111.13万kW（7月6日），比2003年最高负荷增长20.27%，负荷高峰期发电实际可调出力达到136万kW，备用充足。但进入12月，天气偏暖，统调负荷一直持续走高。由于洋浦供水中断，全部停机，加之南山电厂天然气管道检修停止发电，面临一次能源供给及机组健康状况影响的电力供需形势，我公司紧急启动临时错峰方案。

由于加强需求侧管理，制定迎峰度夏方案，取得了较好的效果。一是保证了电网安全稳定，为经济的持续快速发展提高了保障。2004年全省GDP增长10.4%。二是尽力做到限电不拉路，错峰不减产。根据“先避峰、后限电、再拉路”的原则，制定的迎峰度夏系列方案。确保了居民生活和重要客户的可靠用电，有效避免了大范围拉路限电情况的出现。三是负荷率得到提高。四是价格杠杆调节电力需求的作用得到重视，催生了峰谷电价试行方案的出台。2004年6月，海南省峰谷电价试行方案，得到国家发改委的批准，峰谷比为2.7：1。

采取的主要措施有：加强与省政府有关部门的沟通和配合。及时向政府有关部门汇报电力供需形式，加强沟通，相互配合，共同研究解决供需不平衡的有效措施，避免供需矛盾的恶化。制定错峰方案，细化管理措施，充分挖掘潜力，制定《海南省电力有限公司电力客户避峰用电实施方案》，为保证全省错峰负荷的有效落实，采取多种手段实施需求侧管理。对高耗能的冶金、建材等企业、两班制生产单位、需加班生产的单位避开用电高峰时段生产；对三班制生产的单位，不需要连续运行的设备避开高峰时段用电；合理安排轮休，轮休时间不安排在节假日。对新报装大客户纳入避峰用电范围，送电前供电公司与客户签订的《供用电合同》中加入节约用电条款。

落实组织措施，明确工作目标。省公司和各供电公司均成立了以分管领导为组长的领导小组，领导、协调及时处理用电需求侧方面遇到的各种问题。各供电公司将避峰、计划限电目标分解到供电所和个人，明确避峰、计划限电客户和负荷，并实时派人到客户现场指导。加强与客户沟通，实行优质服务。

加强电价研究，发挥经济杠杆调节用电需求的作用。公司成立电价研究小组，加强电价研究。配合省物价局制定了峰谷电价试行方案。

体制改革

不断深化改革，实现了电力体制的创新。配合省政府完成了发电资产的剥离，实现了厂网分开。开展了主辅分离工作的调查研究，进一步完善了三项责任制考核办法，制定了职工薪点工资制的草案，建立和完善分公司、直属单位领导班子绩效目标考核体系。2004年10月16日完成了海南电网公司工商注册和组建挂牌，公司的法律地位正式确立。11月26日，中国南方电网公司党组宣布了海南电网公司新一届党政领导班子，实现了改革的平稳过渡。根据工作需要，调整了公司本部部分部门职能。

优质服务

紧紧围绕省政府实施的“大企业进入、大项目带动”的发展战略，树立“以市场为导向、以客户为中心”的营销理念，对供电服务组织进行再造，重新整合供电业务，拓展客户服务的功能和内容。公司成立大客户服务办公室，制定了大客户报装流程，实现了一口对外，一条龙服务，协调金海浆纸、实华炼油、兴业聚脂等12个大客户的用电报装，确保大客户工程顺利投产。12个大客户中组织送电6户，新增用电容量21万kVA。按照网公司的统一部署，开展了大规模的用电大普查和营业稽查活动。对全省118万单相计量户采取了拉网式检查，新签供电合同100.53万份，查处违规、违约用户1170户，追补电费232万元，收取违规使用电费62万元。

精神文明

2004年，海南电网公司精神文明建设取得新成果，荣获“海南省企业文化创新奖”和“海南省工业发展重大贡献企业”称号。按照南方电网公司的战略目标，公司结合宣传贯彻南方电网公司企业文化发展战略，把推广南方电网公司VI视觉识别系统的工作作为融入南网企业文化的先导，积极在公司内推广南方电网公司的企业文化精神。通过开展“文明服务示范窗口”活动，推动了人民电业为人民、树行业新风活动的普遍开展；以抓窗口文明服务为重点，开展了民主评议行风活动；通过精简会议，简化办事程序，方便了基层和职工。基层单位积极推行厂务公开和服务承诺制度，接受社会各界和广大群众的监督。开展形式多样的文体活动，活跃职工生活，提高企业文化凝聚力，促进了企业的发展。

主要事件

2月13日，海南电网与南方电网跨海联网可行性研究报告通过专家评审，同意联网工程采用交流500kV联网方案，本期规模为60万kW，远期规划为120万kW。

3月23日，海南省政府与中国华能集团公司在海口举行签字仪式，由华能集团收购海南省电力有限公司持有的海南中海能源股份有限公司的股权，占总股本的50.76%，成为绝对控股股东。下半年，原海南省电力有限公司拥有的洋浦电厂、大广坝电厂、牛路岭水电站资产划归海南省政府管理，清澜电厂留在海南电网公司作为调峰电厂，全省“厂网分开”的电力体制改革基本完成。

6月10日，海南省第一条用户220kV直供线路——洋浦至金海浆纸厂供电线路（双回路）一次性试送电成功。

6月15日，按照国家电力体制改革的整体部署和《国务院关于组建中国南方电网有限责任公司有关问题的批复》精神，海南省人民政府与中国南方电网有限责任公司签署了同意海南电网加入南方电网的协议，使海南电网正式纳入南方电网管理范围。

7月6日，海南电网主网最高负荷在突破100万kW

大关后，创历史新高，达到了111万kW，同比增长21%。

10月16日，中国南方电网公司海南电网公司正式挂牌。在此之前的9月29日海南电网公司完成工商注册登记，正式成为中国南方电网公司大家庭中的一员。

10月21日，海南电网公司举办安全知识竞赛活动，公司系统共有20个代表队参加竞赛。

11月26日，在海口召开海南电网公司干部大会，中国南方电网公司宣布聘任李强为海南电网公司总经理，决定成立中共海南电网公司党组，尹炼任党组书记，决定成立中共海南电网公司纪律检查组和海南电网公司工会，潘超任纪检组长兼工会主席，海南电网发展史翻开新的一页。

11月21日，玉洲220kV变电站扩建工程、马永玉"T"接改造工程、马村至玉洲全长43km220kV线路工程建成投运。

12月1日，海南电网公司新的领导班子上任召开的第一次党政联席会议，确定对清澜电厂进行"油改气"技改工程。

12月26日，海南电网220kV输电线路实现环网运行。

（汪年凤）

其他地区

西藏自治区电力工业

概述

2004年末，全区全口径装机容量49.65万kW，年发电量12亿kWh。全区地市装机容量33万kW，年发电量10.17亿kWh，增长20.12%（其中：藏中电网23.88万kW；林芝电网1.58万kW；昌都电网7.12万kW；狮泉河电网2176kW），公司直属完成发电量9.22亿kWh，增长20.75%，售电量7.95亿kWh，增长23.27%。主网外的小水电及光电等装机容量约16万kW。目前全区人均装机184W，人均用电量450kWh，用电人口160多万人，约占总人口的60%。乡（镇）、行政村通电率分别为71%和41%。

全区形成藏中电网（拉萨、山南、日喀则、那曲）和昌都、林芝、阿里4个区域性电网，其余为一县一网。主网覆盖30个县。供电人口120万人，分别占全区县（市、区）总数的41.1%，占全区总人口的44%。其中，藏中电网覆盖24个县（市、区），覆盖面约35万km^2，用电人口约100万人。藏中电网和昌都、林芝电网最高电压等级为110kV，其他地区最高电压等级为35kV。110kV变电站14座，总容量50.3万kVA，110kV输电线路总长度1626km。35kV变电站50座，总容量36.4万kVA，35kV输电线路长度1535km。

西藏电力公司基本情况

截至2004年年底，西藏电力工业局、公司经营管理范围为藏中电网（拉萨、山南、日喀则）、昌都电网、林芝电网。区电力公司直属电网完成发电量9.22亿kWh，售电量7.95亿kWh。公司经营范围6地市29个县，约120万人。公司所属企事业单位18个，工程指挥部4个。在职职工3606人，其中藏族和其他少数民族2054人，汉族职工1552人，分别占职工总人数的58%和42%。

电力生产

2004年，西藏电力工业局、公司针对电网普遍存在的用电负荷快速增长，发供电容量不足，电网面临日益突出的缺电矛盾，精心组织电力生产，公司和基层各单位制定了有力的保电措施和"迎峰度冬"方案，并认真组织落实。重点安排运行方式和设备检修，优化电网调度；下达发电出力指标并严格考核，保证设备出力；提前进行堵水，努力多发多供；实施需求侧管理，错峰避峰，缓解供需矛盾，完善电网超供电能力预警机制与限电、供电方案，保证有序供电。

安全工作

2004年，西藏电力局、公司始终坚持"安全第一、预防为主"的方针，针对电网规模不断扩大、供电负荷不断增加、用电可靠性不断提高、电网结构性矛盾运行条件没有根本解决和改善的实际情况，提出了以确保电网主网架安全，确保骨干电厂、骨干变电站安全和确保重要用户用电安全为重点的安全生产工作要求。全年藏中电网未发生跨网和重大及以上电网事故，也没有发生对社会造成严重影响的停电事故，各类生产事故较2003年有较大幅度的下降。在电网严重缺电的情况下，圆满地完成了重大节日、重要会议和重要活动、重点场所等一系列的保电任务。基本完成了年度安全生产目标。

重点电力工程建设

2004年西藏电力局、公司基本实现年初确定的“五个投产、两个在建、一个准备”的建设目标。重点工程建设完成投资9.18亿元，完成年计划的115%。

金河水电站比设计工期提前半年于2004年9月26日建成发电，工程质量、安全得到较好控制，第一次在西藏自治区重点水电工程项目建设中实现了不超算的目标，扭转了该区重点水电工程建设形象；直孔水电站工程累计完成投资6.99亿元，工程质量、工程进度良好；日喀则至拉孜输变电工程建成投产；青藏铁路供电工程（西藏段）主要工程项目基本完成，那曲至安多段110kV升压运行；阿里狮泉河水电站开工建设；羊湖5号机续建工程全部就绪；新建的东嘎110kV变电站仅用了4个月的时间，完成了土建和设备安装，已投入试运行。

规划前期工作

2004年，西藏电力工业局、公司主要规划成果：①《西藏电力“十一五”发展规划及2020年远景目标》讨论稿编制完成；②雅鲁藏布江中游上段水电规划报告基本完成，下游开发方式研究已经启动；③拉萨河水电规划通过审查；④昌都扎曲河水电规划正式启动；⑤城网规划编制工作基本完成，三期农网设计工作正在进行；⑥藏电外送研究及规划工作正在积极推进。

2004年，主要项目前期工作成果：①巴河老虎嘴水电站预可研通过审查；②拉萨河扎雪水电站预可研通过审查；③火电厂初步可行性研究进行了审查；④林芝与藏中联网项目正在编制可研报告；⑤开展了昌都至玉龙铜矿110kV输电线路的设计工作。

优质服务

2004年，西藏电力工业局、公司广大电力职工服务的宗旨意识和大局意识进一步增强，95598客户服务呼叫系统进一步深入用户；电力故障抢修队伍建设不断加强；电费收缴、服务网点更趋于合理；主动深入农牧区宣传安全用电常识，开展技术服务。

企业管理

2004年西藏电力工业局、公司认真落实科学发展观的要求，坚持以“四项责任书”和“主要工作目标责任制”统揽工作，责任到人，措施到位，加强企业管理，达标创一流工作继续推进。大力加强制度建设，各项规章制度逐步建立和完善。强化预算管理，严格控制成本费用支出，压缩非生产性开支，稳定了公司经济效益。加强电力营销管理，实现了当年电费回收率99%的目标。在系统内开展了防范经营风险，加强合同管理检查活动，促进了企业依法经营，依法治企。加强审计监督，及时纠正一些不良现象和违规行为，有效发挥监督保障作用。民主管理、厂务公开进一步深化。

2004年公司荣获全国“守合同、重信用”企业称号。

电力体制改革

2004年，完成林芝电力公司体制改革，撤销林芝地区电力局，自治区电力公司对林芝电力公司实施管理；那曲、阿里体制改革已形成初步意见；主网内农电体制调研基本完成，提出了农电体制改革初步意见；电价改革方案正在进一步深化。

2004年，局、公司进一步深化系统劳动、人事和分配改革，在总结第一轮“三改”工作成功经验的基础上，圆满完成了第二轮“三改”工作。

援藏工作

2004年，国家发改委对原国家电力公司援藏资金进行安排，国家电网公司、南方电网公司和国电、华能、大唐、华电、中电投等集团公司高度重视，积极落实资金到位；水电工程顾问集团公司不断加大支持援藏力度，就西藏水电开发规划和项目前期工作与自治区政府形成纪要；国家电网公司系统第八批援藏干部在企业管理、技术进步、职工培训、积极落实援藏项目和资金等方面发挥了积极作用。

干部职工队伍建设

2004年，西藏电力工业局、公司对公司系统18家企业领导班子及其成员开展了考核工作。接收安置24名大中专毕业生和5名退伍军人。

认真落实党风廉政建设责任制，加强廉政建设工作领导，不断完善廉政建设工作机制。认真执行“三项谈话”制度，加强领导干部党风廉政教育，提高廉政自律意识。及时查处举报案件，及时纠正不良苗头，从源头上预防和治理腐败。党风廉政建设工作得到加强，群众对班子、干部廉洁自律的满意程度明显提高。各级领导班子贯彻执行民主集中制，执行纪律，讲政治、讲团结、讲大局的自觉性明显增强，维护和发展了顾大局、干事业、谋发展的良好局面。

教育培训

西藏电力工业局、公司继续加大职工教育培训力度，按照公司教育培训“十五”规划纲要和2004年教育培训计划，举办各类脱产培训班12期，培训人员497人。全年累计岗位培训1600多人·次。公司系统现有280余人在读大中专学历教育。

根据国家电网公司和自治区有关部门要求，选派12人参加自治区和国家电网公司组织的各类培训，并选派12人到内地对口援助单位进行挂职锻炼。

精神文明和企业文化建设

2004年，西藏电力局、公司开展了一系列卓有成效的工作，企业精神和文化建设明显提高。主要有以下几点：

(1) 深入实施送温暖活动，在各方大力支持下，公司建立了扶贫帮困互助基金，共筹集资金近30万元，救助贫困家庭13户，帮助贫困家庭在校生6人。公司开展了电力职工文艺汇演、安全知识演讲比赛和电力系统环境保护知识竞赛等，并组队参加区总工会十六大知识竞赛、庆祝中华人民共和国建国55周年祖国吉祥大型歌咏会，充分展现了电力职工的良好风貌，也丰富了职工文化生活。

(2) 2004年，局、公司纪检监察共受理群众信访举报件10件，已查结6件，正在调查核实2件。在调查中，始终坚持用党的纪律规范党员干部的从业行为，用党的政策保护党员干部。在查结的案件中，没有发现严重违纪行为的党员和干部。

(3) 正确处理改革、发展、稳定的关系，反分裂斗争继续深入，“四观”、“两论”教育成果进一步巩固，社会治安综合治理工作成效显著，内部矛盾调处及时有效，思想政治工作针对性增强，职工队伍和系统局势保持了长期稳定。

主要事件

1月12～14日，2004年西藏电力工作会议在拉萨召开。

1月15日，西藏电力公司重点工程建设管理座谈会在直孔电站工地召开。

1月24日，除夕之夜，区党委常务副书记徐明阳，区党委副书记、自治区常务副主席胡春华，区党委常委、宣传部部长苟天林在西藏电力局、公司领导白玛朗杰、王庆华、高应云等的陪同下，到西藏电力调度通信局看望慰问节日坚守工作岗位的电力干部职工。

1月30日，金河电站3、4号机组副厂房混凝土浇筑到顶，即金河电站主、副厂房混凝土浇筑全部到顶。

2月19～26日，西藏电力公司组织狮泉河水电站工程投标单位进入阿里狮泉河水电站站址，进行现场查勘。

2月28日，直孔水电站混凝土坝及引水发电系统工程第一仓混凝土浇筑。

3月26日～4月1日，国家电网公司大坝安全鉴定中心完成了金河水电站工程的安全鉴定工作。

4月15日，国家投资1939万元的昌都中心变电站扩建工程完工投运。

4月22日，国家电网公司工程部组织召开金河水电站机组启动验收会议。

4月22～25日，金河电站工程通过了国家电网公司组织的下闸蓄水阶段验收和1号机组启动验收。

4月25日，阿里狮泉河水电站开工建设。

4月，藏中电网SDH设备软件升级工作完成，光纤通信正式投入使用。

5月4日，金河水电站举行了首台机组发电庆典仪式，昌都地委、行署等有关部门参加。

5月8日，羊八井地热二分厂井口线路改造工程启动，于10月10日顺利完成，消除了长年来木制电杆潜在的安全隐患。

5月中旬，羊湖电厂5号机组扩建工程正式开工。

5月23日，林芝电力体制改革座谈会暨交接仪式在拉萨举行。自治区人大副主任多吉、自治区副主席杨海滨出席交接仪式。

5月25日，羊八井地热电厂对二分厂4号机组射水抽气器实施技术改造，于6月1日完成。

5月28日，西藏电力局、公司党组在拉萨召开了2004年纪检监察工作会议。

5月，自治区发改委、电力局在拉萨召开西藏2020年水电开发规划研讨会。

6月16日～11月，西藏电力局、公司系统开展资产清查和资产清查效能监察工作。

6月20日，那曲—安多110kV输电线路降压至35kV，向青藏铁路工程安多铺架基地供电。

6月23日，直孔水电站工程一期围堰成功抵御了2240m^3/s的洪峰考验。

6月30日，西藏电力局、公司机关党委召开了2003年党建工作总结暨优秀党员表彰大会。

6月，上海市电力公司援助日喀则电力公司资金50万元，电能表2万台。

7月2～13日，羊湖电厂遭受暴雨袭击，压力钢管边坡多处发生大面积坍塌。

7月7～12日，应自治区政府的邀请，国家电网公司副总经理郑宝森赴藏参加六省（区、市）七市经济协调会。

7月15日，昌都电力公司云南坝、邦达变电站开工建设。

7月27日，西藏直孔水电站CI标一期导流围堰防渗处理工程施工技术方案专题会议在成都召开。

7月28日，由国家投资的自治区“十五”重点建设项目——阿里狮泉河水电站在狮泉河畔正式开工建设。它是目前西藏阿里地区最大的电力建设项目，标志着该地区没有常规能源的历史即将结束。

7月，华北电网有限公司工作组赴藏，对口支援昌都电厂，援助资金140万元。

8月5日，自治区政协副主席平措、乔元忠在拉萨市政协副主席格桑占堆等的陪同下，视察了直孔水电站建设工地。

8月20日，金河水电站4号机组试运行完成。

8月22日，“中华环保世纪行——西藏行”组委会副主任、自治区人大常委会副主任洛桑顿珠率检查团在阿里地区领导及有关部门的陪同下，前往狮泉河水电站施工现场，检查指导电站建设中的环境保护工作。

8月24日，中国国电集团公司在拉萨向西藏电力公司捐赠600多万元援藏资金。

8月31日，河南省电力公司副总经理赵云龙一行进藏考察，确定了约108万元的援建项目。

8月31日～9月2日，由中国水电工程顾问集团公司和自治区发改委主持召开审查会，审查通过拉萨河干流（旁多—直孔段）水电规划报告。来自中国水电工程顾问集团公司和自治区各有关部门的近100名专家、代表及负责人参加了会议。自治区副主席杨海滨出席了开幕会。

8月，日喀则拉孜110kV变电站竣工投入运行。

9月3日，拉萨电业局在10kV线路搬迁工作中发生一起人身伤亡事故，造成1人死亡。

9月15日，日喀则拉孜变电站远动装置接入工作完成。

9月17日，直孔水电站永久交通桥工程进行竣工验收。

9月20日，自治区副主席杨海滨与中国大唐集团公司顾问（原水利部副部长）何璟一行座谈，自治区政府副秘书长陈双全主持会议。

9月21日，西藏林芝电力公司成立挂牌仪式在林芝电力大厦隆重举行。

9月25日，山东潍坊供电公司援助区电力调度通信局100万元。

9月26日，昌都金河水电站举行建成投产仪式。

9月，羊湖电厂明管段永久监测网工程开始动工，工程于12月结束。该项目总投资260余万元。

10月5日，直孔水电站厂房机电设备开始安装。

10月13日，金河水电站正式挂牌。

10月14日，山东电力集团公司向西藏电力公司捐赠援藏资金仪式在拉萨举行。山东电力集团公司工会主席时家林代表山东电力集团公司向西藏电力公司捐赠了200万元的援藏资金并赠送了纪念品。

10月17～21日，国家电网公司组织专家进藏对青藏铁路供电工程进行检查指导。

10月20日，羊湖电厂5号机扩建工程球阀安装表彰奖励座谈会在羊湖电厂举行。

10月29日，西藏电力公司召开援藏干部座谈会，欢送2003年援藏的26名援藏干部。

10月，西藏电力通信系统实现数字载波机监控，同时投入使用，这是自我开发的首次实施。

10月，西藏水利电力勘测设计院何国佑撰写的《论西藏雅鲁藏布江中上游河段（彭错林—塔玛段）的新构造运动特征及对工程的影响》被评为自治区科协优秀论文一等奖。

10～12月，西藏电力公司系统开始第二轮“三改”工作，深化了企业激励竞争机制，改善了职工生活，进一步调动了职工工作的积极性。

11月21～24日，西藏电力公司组织完成那曲110kV变电站，那曲—安多110kV线路，安多110kV变电站启动验收。

11月30日，西藏电力公司2004年基建工作会议召开，认真总结了2004年重点工程建设情况，协调解决存在的困难和问题，研究了2005年基建工作计划。

11月，昌都电厂沙贡电站停运。

12月5日，华北电网有限公司委派北京送变电公司技术人员杨国利、马迎新两位同志到昌都开展技术指导工作。

12月7日，羊湖电厂5号机组首次并网发电。

12月31日，羊湖电厂安全运行576天。

（荣巍　陈宁华　丛大毅）

（香港）中电控股有限公司

随着香港经济复苏，2004年度用电需求量攀升，本地用电需求量更于2004年7月2日创下6329MW的历史新高，较2003年夏季取得的最高需求量5874MW增加7.7%，成为自1989年以来最高用电需求量的最大按年升幅。2004年的本地售电量，则较2003年温和增长2.1%。

最高用电需求与日俱升，为配合这趋势，香港电力业务的运行，无论是发电、输电及供电等的可靠和充足程度，以及可用率均需达到高水平。回顾2004年，虽然面对用电需求急升的挑战，集团的供电能力仍维持一贯的理想水平，印证全体员工的专业能力和实干精神，以及集团卓越的电力基建。

发电业务方面，年内的最高用电需求较2003年高出455MW，接近龙鼓滩发电厂现有发电容量的1/4。整体而言，中电的备用发电量（指可用以应付香港用户电力需求的总装机总量，减去用户过往最高用电需求的差额）由40.7%下降至30.6%。纵使2004年饶富挑战，但发电厂仍保持理想的表现，发电机组的可用率达88.4%。由于各发电厂增加了大型预防性检修的次数，可用率较2003年取得的90.7%为低。

中电的输电及供电网络表现良好，虽然某些住宅区的用电量曾于6月炎热潮湿的天气下（特别是在晚上）飚升38%，但输电和供电网络仍应付裕如，令集团于2004年创下历来最高的供电可靠程度。

中电继续努力，务求员工、电力基建和系统均达致最高的生产和运行效益。中电在电价控制及供电可靠程度方面的卓越表现有目共睹，而按人均产电量计算的生产力亦于过去10年提高了127%。

2004年，中电不断提高营运效率，有关措施包括：

（1）强化400kV气体绝缘开关装置的性能，使运行可靠程度提高，并减少检修次数；

（2）提升龙鼓滩发电厂的营运措施、过滤器效绩以及监控与工序优化系统，从而改善燃气涡轮机的运行效率及设备表现；

（3）为青山发电厂B厂所有机组设立锅炉优化系统，以提升锅炉的运行效率，并减少氧化氮的排放量；

（4）继续推行“企业工作管理系统”，以精简工作流程、加强对资产成本的掌握，并强化整个资产可用周期的资产管理；

（5）全新的“关怀客户及市场事物系统”推行整整一年，为客户提高一站式服务，包括供电申请、抄表、发单以至缴费跟进等；

（6）在沙田的新训练学校，利用最先进的电力系统、模拟器和其他设备，为员工提供优良的培训场地；

（7）提高应用资讯科技，强化热线中心和客户服务的运作系统。

中华电力于2004年荣获香港管理专业协会的优质管理奖大奖，彰显香港电力业务在整体管理上的卓越表现。

端赖以往的投资，集团才可以配合现时的用电需求。在明确的规管机制下，中电贯彻审慎和持续投资的政策，让投资者作出投资和享有合理回报，香港的电力基建因此得以在2004年继续满足市民的用电需求。

持续投资电力基建设施。2004年，为提高发电厂的效绩、供电素质及可靠程度，并配合供电范围新住宅项目及基建发展的电力需求，中电投入70亿港元进行资本性工程。大型项目包括透过青电继续兴建龙鼓滩第7号及第8号机组、兴建散石湾、深旺道及青衣路等变电站、在大屿山及长洲之间铺设3条132kV海底电缆，以及使用更具环保效益的交联聚乙烯电缆取代132kV充油电缆。

另一项具规模的工程是为青山发电厂安装两台连续式船用卸煤机，以取代之前使用的抓斗式卸煤机。由批出合约起计，此快速施工项目于不足21个月内便投入商业运行，使卸煤量增加逾15%。新卸煤机有助减少燃煤散落，降低对环境的影响。

除进行上述大型项目外，亦持续更换或扩大供电系统以配合用电需求。这些举措虽然可能视为例行工程，但规模庞大。中电于每个工作天铺设约2km的电缆和建设1个新变电站。2004年，继续规划两个大型的发电投资项目。

第一个项目是在青山燃煤发电厂采取一系列措施，减少气体排放量，其中最大规模的工程是用数年时间翻新烟气脱硫装置，当中涉及庞大投资，可是青山发电厂以达致最新的环境管理标准继续营运，同时保持以煤炭作为多元化燃料组合的一部分。

第二个项目是兴建基础设施，包括建造一个液化天然气接收及储存库，于2010年代初期使用，以确保香港持续获得天然气供应。我们展开工作，包括选址，以及就环境、风险评估及其他在规划过程中必须考虑的事宜，与政府保持联系。

香港的电力业务于2004年内取得良好的财务表现，反映售电成绩、资本性投资，加上审慎管理营运成本的成果。

年　份	2004年（百万港元）	2003年（百万港元）
管制计划业务收益	26773	25739
营运开支	(19874)	(19522)
除税前溢利	6899	6217
税项及售电予中国内地的溢利	(1240)	(957)
管制计划转拨款	(296)	(365)
	5363	4895
所占青电利润净额	1425	1386
管制计划业务盈利	6788	6281
售电予中国内地的盈利	90	82
固定资产及投资		
—管制计划固定资产（中华电力）	42415	39258
—投资于青电	6296	5983

1. 售电量

连同售电予中国内地客户在内，中电于2004年的总售电量增加2.2%至31719GWh。虽然年内并无提高电价，营业额主要因为燃料价格上涨导致燃料价格条款受到调整而增加4.0%至26773百万港元。

售予香港客户的总电量取得2.1%的温和增长，

为28632GWh，这主要是因为年内的平均气温较2003年为低。随着经济复苏，中电售予商业客户的电量亦回复升轨，增加3.6%。售予基建及公共服务客户的电量上升3.6%，部分原因是有关新铁路基建项目所致。住宅客户的售电量则轻微下调0.4%。受出口表现改善带动，制造业客户的售电量跌幅开始收窄。

售予中国内地的电量略升2.6%至3087GWh，其中包括售予广东省广电集团有限公司的电量2200GWh，以及售予蛇口工业区的电量887GWh。集团外销电力，有助应付广东省的电力需求，并可为集团带来额外收入，舒缓中电对香港客户的供电成本。此外，中国内地的售电收益是由客户及股东按80/20的比例摊分，故亦有助提升股东盈利。

2004年内，各个客户类别售电量的增/降幅载列如下：

2. 营运开支

香港电力业务的营运开支（包括财务开支及青电的营运开支及溢利）上升1.8%至19874百万港元。

年　份	2004年（百万港元）	2003年（百万港元）
营运成本	3166	2817
燃料	3482	2901
购买核电	4763	5134
折旧	3452	3439
营运利息	415	459
	15278	14750
延建溢价款项	176	494
青电的除税前溢利[1]	4420	4278
	19874	19522

1)指青电所占除税前管制计划业务溢利及售电予中国内地的溢利，为中华电力向青电购电成本的一部分。

2004年，香港电力业务的营运开支上升12.4%至3166百万港元，主要由于政府地租及差饷增加，加上注销废置资产所致。年内，由于平均燃料价格上升，以及产电量提高，因此燃料开支上升20.0%至3842百万港元。按每度产电量计算，平均燃料成本约为13.84港元，较2003年高出1.64港元。根据合同，中电每年须购入核电站70%的输出量，而年内按此购入的电量为9318GWh（2003年为10069GWh）。购电总支出则为4763百万港元，较2003年减少7.2%，这是由于核电站停机期间有所延长所致。年内的营运利息下调44百万港元，主要由于平均利率下调，加上青电持续偿还贷款而使贷款结余减少。延建溢价款项是指集团付款弥补供应商因龙鼓滩发电厂第7号及第8号机组延迟付运而增加的成本，2004年的延建溢价为176百万港元。集团已设立特别准备账户以吸纳此项开支，并于2004年年底支付最后一笔款项。

3. 盈利

香港电力业务的盈利按照管制计划的条款厘定。2004年，按照管制计划规定而作出的转拨款项总额为296百万港元，其中包括：

拨往发展基金的金额，为管制计划业务溢利与准许溢利的差额；

从特别准备账户内拨出的金额，用以抵销上述列作营运开支的延建溢价；

拨往减费储备的金额，以发展基金和特别准备账户的平均结余总额按年利率8%计算。

4. 管制计划转拨款

年　份	2004年（百万港元）	2003年（百万港元）
拨往发展基金	(219)	(572)
拨自特别准备账户	176	494
拨往减费储备	(253)	(287)
	(296)	(365)

管制计划业务的盈利，包括所占青电的利润净额在内，为6788百万港元，较去年增加8.1%，这是由于集团为配合新用电需求和提升客户服务而持续投资于资本性工程项目，以及股东所承担的利息成本下降。售电予中国内地的溢利为90百万港元(2003年为82百万港元)。

中国内地

于2004年间，我们在持有权益的电力资产上继续提升项目管理及营运表现。整体而言，这些电厂均取得优良的可用率及可靠性，营运效绩甚佳。(见下表)

电　厂	额定值(MW)	发电量(GWh)	使用率(%)	可用率(%)	备　注
石　横	1200	6616	63	82	发电量与2003年相同
菏　泽	600	3204	61	87	发电量较2003年高6%
聊　城	1200	3269	57	85	第1台及第2台机组分别于2004年6月及7月投入商业运行
一　热	400	2566	73	95	发电量较2003年高8%
三　河	700	4624	75	91	发电量较2003年高9%
盘　山	1000	6394	73	87	发电量较2003年高9%
神　木	200	1671	95	96	发电量较2003年高7%
怀　集	82	205	29	33	降雨量偏低，对使用率及可用率带来重大影响
安顺2期	600	3261	78	82	第1台及第2台机组分别于2003年10月及2004年6月投产

集团在考虑增加投资内地发电资产时，秉持审慎的策略。2002年至今，自购入安顺2期电厂项目权益以来，无论在内地拓展新项目或落实新伙伴关系方面，均只取得有效进展，2004年亦不例外。但是，我们认为这是符合股东长远利益的正确举措，因为：

内地的电价厘定过程仍然透明度不足，并且难以掌握；

项目审批过程存在不明朗因素、中电与内地的其他竞争对手不同，我们相信股东不希望承受不必要的风险，所以在取得规管当局所需的批准之前，不会为新电力项目作出重大承担；

由于增加发电容量的时间及规模，与用电需求出现错配，内地省份的电力供应/需求潜在急剧波动的风险；

当地发电商为了扩大市场占有率，在竞投现有电厂或发展新项目时，所提出的条件可能未计算较长期的风险因素以及赚取合理投资回报的需要。

基于上述因素，中电于2004年在拓展内地业务方面只能取得有限的进展。然而，中电就即将持有70%权益的广西防城港新发展项目（两台各600MW机组），已向规管当局申请所需批文，待国家发展及改革委员会通过后，便可以展开工程及制造设备。回顾2004年，集团在管理电力资产时面对两大挑战：

电价管理——电价的审批和实施需与有关当局磋商及取得同意，但所有已投产电厂的电价安排已获得批核，并予以落实；

燃煤供应——电厂（特别是在山东省的电厂）的发电量偶尔会受到燃煤供应紧张的制约。虽然这对电力生产构成的整体影响并不显著，但燃煤价格上升却对中电持有权益的所有电厂的盈利带来一定冲击。

下表摘录集团各个有关电厂在上述两方面的情况。

电　厂	已批核电价*（分/kWh）	电价安排	燃煤来源	2004年的燃煤供应状况
石横1期及2期	41.0	已实施	山东煤矿	价格上升约40%，并出现一定程度的短缺，但至今情况并不严重
菏　泽 聊　城	36.0 36.0	已实施	山西煤矿	价格上升约40%
一　热 三　河 盘　山	41.2 33.4 36.5	因煤价上涨而轻微上调，并已实施新电价	由神华集团供应，来自陕西省及内蒙古	供应充足，但煤价上升约12%。透过调整电价来抵销部分升幅
神　木	29.5	已实施	当地煤矿	供应充足但煤价正逐步上升
怀　集	35.1	已实施	不适用（水力发电）	不适用
安顺2期	25.0	已实施	贵州当地煤矿	供应量仅敷需求，但燃煤素质略为参差，煤价上升约15%

* 我们于2004年12月31日的上网电价与经有关当局批核的计划发电量有关，并由购电商支付。倘发电量超出计划水平，有关电价将会降低。中电的上网电价并不包括最终用户支付的输电、供电及其他成本。

1. 中电国华电力股份有限公司

年内，中电国华营运的北京一热、盘山、三河及神木电厂，均取得良好的可靠程度和运行时数。与2003年比较，2004年的发电量增加约8.8%至15255GWh。其中，神木电厂的发电量为1671GWh，其设备使用率高达95%。该电厂的发电量大幅提升，除了因为当地电力供应短缺外，更重要的是发电机组运行持续稳定可靠。盘山、三河及一热均已实施较高的新电价，而神木电厂的实际电价虽然稍微上调，但其现行电价却因取消上网电价费用而有所减少。

回顾2004年，燃料成本的管理工作为集团带来重大挑战，此情况于2005年将持续。由于燃煤运输受阻，加上电力及其他工业的燃煤需求量庞大，中国内地的燃煤供应自2004年春季起一直十分紧张，刺激煤价急升，部分电厂的产电量更因此受到影响。一热、盘山及三河电厂均以具竞争力的价格，透过北京国华（集团在中电国华的合营伙伴）的母公司神华集团取得稳定的燃煤供应，以尽量减少燃煤短缺带来的影响。

为继续有效地管理外币汇兑风险，中电国华已透过再融资安排，将其外币贷款转为人民币贷款。

在安全、健康及环境表现方面，三河及盘山电厂成为内地首两家荣获NOSA五星评级的电厂，而一热及神木电厂则取得四星评级。

2. 山东中华发电有限公司

聊城电厂两台各600MW的机组已投入商业运行。此合营企业拥有4家电厂的所有发电机组均已投产。

经过长期磋商，聊城及荷泽2期电厂的新订电价已获国家价格管理局批准，而石横电厂于过去数年的电价保持稳定。2004年的财务业绩主要受到燃煤价格上升，以及因项目贷款再融资而注销资本化融资费用所影响。

受内地燃煤供应短缺影响，山东中华旗下4间电厂的煤价于 2004 年上升约 40%。虽然聊城及荷泽电厂获准调高电价，抵销了部分煤价上升的压力，但山东中华的溢利仍受到重大影响。

公司透过再融资安排，将其所有外币贷款转为成本较低、年期较长的人民币和美元贷款，以减轻项目承担的外币风险。

3. 贵州中电电力有限责任公司

安顺 2 期电厂的第 1 台及第 2 台机组(各 300MW)已分别于 2004 年 3 月及 11 月投入商业运行，电力调度持续攀升，新电价已获各有关方面同意并已实施。

两台机组均设有烟气脱硫装置。该装置于调试过程中出现技术问题，但问题大致已经解决。公司正在评估多个改善方案，以进一步提升烟气脱硫装置的表现。

4. 广东核电合营有限公司

广东大亚湾核电站的运行持续畅顺，并取得卓越的安全及环境管理表现。然而，第 2 台机组于 5 月按计划停运期间发生燃料组件弯曲事故，导致机组的停机期间须延长约两个月至 7 月底才回复运行，但事故并无对安全及环境造成影响。2004 年，核电站输出 13311GWh 电力（2003 年为 14384GWh），其全年设备使用率为 80%（2003 年为 87%）。

5. 香港抽水蓄能发展有限公司

2004 年，广州从化的抽水蓄能机组为中电提供了 493GWh 电力，整体效率逾 76.5%，较 2003 年略高。年内，机组按系统规定共启动逾 2265 次，主要作调峰及后备运行之用。

6. 怀集水力发电项目

由于年内的降雨量反常偏低，怀集多座小型水力发电厂的产电量受到严重影响，由 2003 年的 246GWh 降至 2004 年的 205GWh。电厂的其他表现则大致令人满意。

2003 年，向怀集项目购电单位收取电费仍然困难，此情况于 2004 年持续，但整体应收账项并无大幅上升。鉴于此项目的技术及环保优势，我们正积极推行项目重组，以提高集团的持股量和加强管理方面的监控工作，并为项目建立可持续发展的经济基础。

7. 长岛风力发电项目

集团履行开发可再生能源的承诺，于 2004 年 12 月与华能新能源产业控股有限公司合作成立华能中电长岛风力发电有限公司（中电占 45%权益），在山东省长岛持有及营运 27MW 的风场。该风场将于 2005 年启用。

8. 盈利

中电在内地电力业务的盈利减少 102 百万港元，为 833 百万港元。下图摘录各电力项目对 2004 年年底业绩的影响：

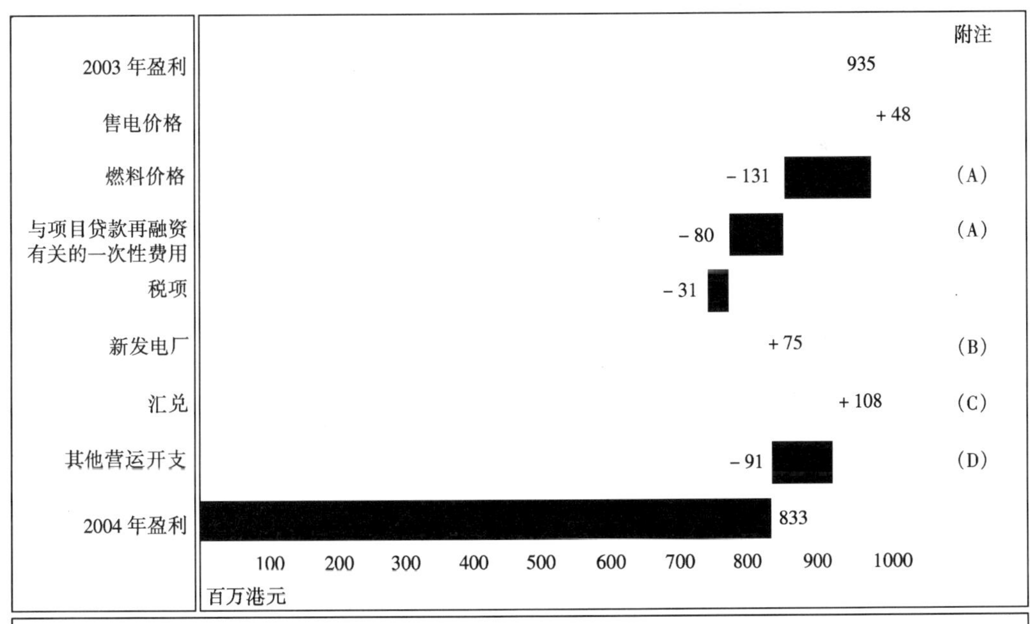

附注：

(A) 山东中华及中电国华的盈利贡献受到煤价高企的负面影响，山东中华的盈利更进一步因项目贷款再融资有关的一次性费用而减少。

(B) 新投产的安顺 2 期电厂及聊城电厂的盈利。

(C) 中电国华于2004年将其外币贷款悉数转为人民币贷款并取得汇兑盈利，而于 2003 年则取得未变现汇兑亏损。

(D) 主要由于为环境污染费用提拨的准备较高，而且检修及折旧开支均告上升。

电力相关业务

中电善用在业务、资产、专业技术和商业网络方面的优势，在香港选择性地开拓传统电力业务以外的商机。由于集团以电力业务为重点，在此以外的领域，只会作有限度的选择性发展。

1. 地产业务

中电在香港毋须再作电力业务用途的土地上进行物业重建。

九龙红磡鹤园电厂旧址的住宅重建项目“海逸豪园”，是中电近年主要的大型发展项目。这个合营项目由中电与长江实业（集团）有限公司旗下全资附属公司各占50%权益，共提供4735个住宅单位、1692个车位及270000个平方尺商用面积。2004年年底，已经出售的住宅单位约占99%。

年内，中电以221百万港元成功标售青山道305号一幅土地作重建之用。该幅土地面积为7200平方尺，前身是33kV变电站，后来成为过剩的电力网络设施。中电将以这项出售所得的盈利作为特别股息回馈股东。

集团出售鹤园重建项目住宅单位及车位的应占溢利为159百万港元（2003年为240百万港元）。出售青山道用地亦为集团带来214百万港元的资本收益。

随着鹤园重建项目落成及售出青山道305号用地，目前来说，集团在香港已没有其他剩余土地可供大型物业发展项目之用。

中电不时检讨旗下物业用途，并考虑重建位于九龙亚皆老街147号总部大楼，但尚未制订具体建议或时间表。

2. 公共照明及工程服务

2004年内，中电继续为香港及邻近地区的客户提供电力工程、通讯系统、屋宇设备、能源服务、道路照明及设施管理等承包及顾问服务。

基建项目工程方面，仍然以铁路相关范畴为主。2004年，我们成功为地下铁路有限公司完成一项主要工程，并预期于2005年或以后完成另外3项工程。然而，尽管经济正逐步复苏，但集团的工程承包项目却并无显著增加。

中电的能源服务以提升电力素质及燃料转换项目为主，为客户节省能源成本及/或提升环境管理效益。2004年，中电为酒店及物业管理公司安装了4套包括热泵及电热水炉的中央电力热水系统。此外，我们将提升电力素质的服务扩展至大型银行及航空公司，利用谐波过滤器提升其电力系统的可靠程度。

中电根据2002年10月签订的4年期合约，为九龙及新界管理、营运及检修公共照明系统。此外，我们运用多年来在能源业界积累的技术专长，在私人屋苑及道路基础建设等范围发展私人照明业务。

中电自2002年起为香港机场管理局提供客运大楼电力系统的检修服务，并于过去一年荣获多个安全及客户服务奖项。除了现有合约获得续约3年外，我们亦成功获批另外两项合约。

3. 电讯业务

中电曾拥有电联网络有限公司（“电联网络”）的19%权益。电联网络是中电与Cheung Kong Enterprises limited（CKE）的合营企划，利用电线通讯科技在香港提供宽频服务。我们于2004年1月联同CKE，将电联网络售予中联系统控股有限公司（已易名为和记环球电讯控股有限公司，简称“和记环球电讯”），并换取和记环球电讯的股份。中电于2004年3月配售所获和记环球电讯股份的37.7%，并于2004年7月出售余下的股份。

中电曾有限度地参与电讯业务，但未能取得理想业绩。继出售电联网络权益，并于2004年年底终止“中港数码网络”（一项专为中国内地的香港企业提供跨境通讯服务的小型业务）后，中电现已完全撤离电讯市场，专注发展传统电力业务。

指标	地产业务		电讯业务		其他业务		总额	
	2004年（百万港元）	2003年（百万港元）	2004年（百万港元）	2003年（百万港元）	2004年（百万港元）	2003年（百万港元）	2004年（百万港元）	2003年（百万港元）
营业额	15	17	9	25	169	154	193	196
未扣除财务开支及税项前溢利/（亏损）	401	291	（48）	（86）	（22）	（17）	331	188
盈利/（亏损）	373	240	（48）	（86）	（28）	（41）	297	113
所属公司投资	596	862	—	84	2	—	598	946

中电集团财务业绩及状况概览

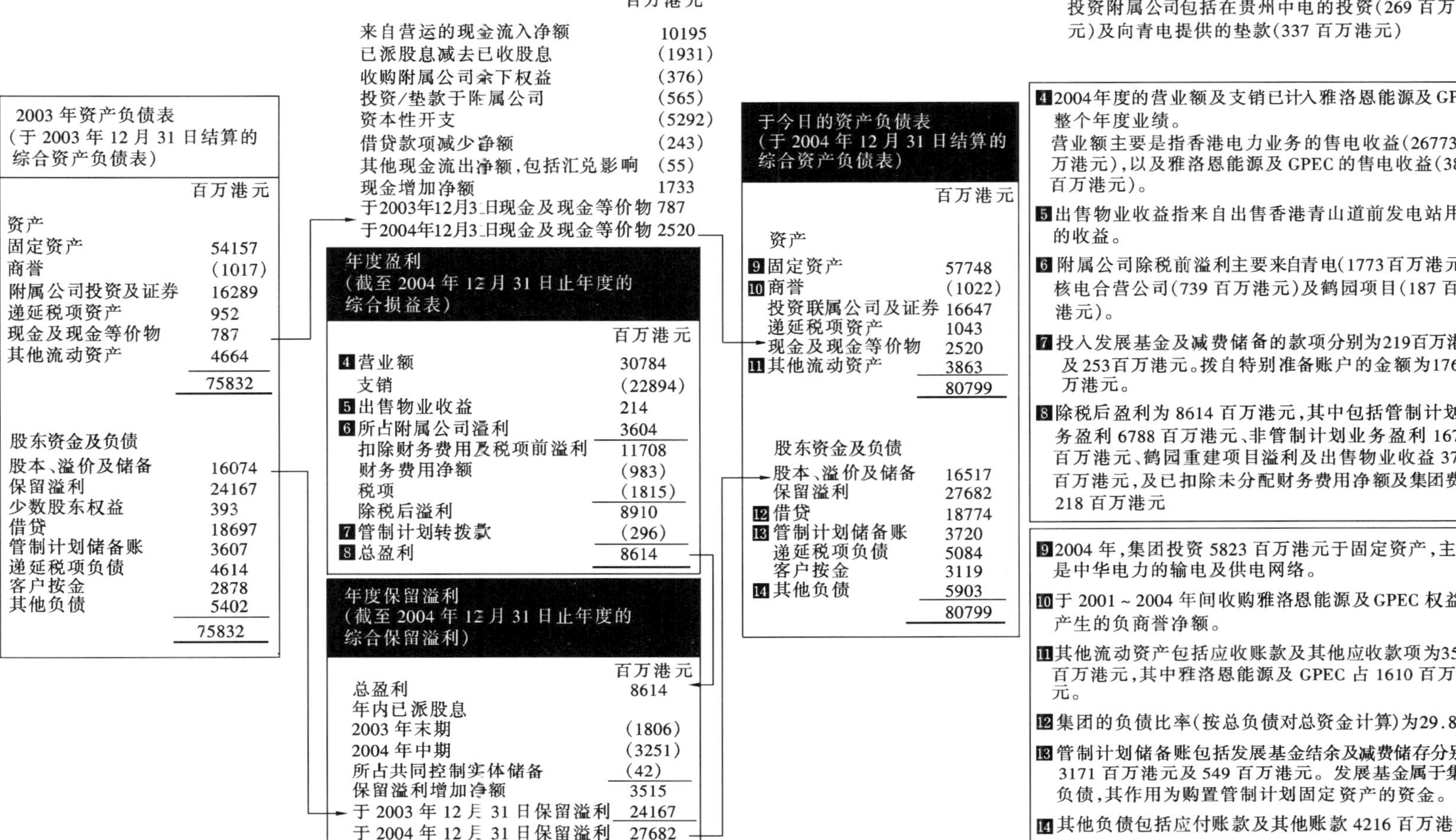

2003 年资产负债表
（于 2003 年 12 月 31 日结算的综合资产负债表）

	百万港元
资产	
固定资产	54157
商誉	(1017)
附属公司投资及证券	16289
递延税项资产	952
现金及现金等价物	787
其他流动资产	4664
	75832
股东资金及负债	
股本、溢价及储备	16074
保留溢利	24167
少数股东权益	393
借贷	18697
管制计划储备账	3607
递延税项负债	4614
客户按金	2878
其他负债	5402
	75832

/ 年内现金流量
（截至 2004 年 12 月 31 日止年度的综合损益表）

	百万港元
来自营运的现金流入净额	10195
已派股息减去已收股息	(1931)
收购附属公司余下权益	(376)
投资/垫款于附属公司	(565)
资本性开支	(5292)
借贷款项减少净额	(243)
其他现金流出净额，包括汇兑影响	(55)
现金增加净额	1733
于2003年12月31日现金及现金等价物	787
于2004年12月31日现金及现金等价物	2520

年度盈利
（截至 2004 年 12 月 31 日止年度的综合损益表）

	百万港元
4 营业额	30784
支销	(22894)
5 出售物业收益	214
6 所占附属公司溢利	3604
扣除财务费用及税项前溢利	11708
财务费用净额	(983)
税项	(1815)
除税后溢利	8910
7 管制计划转拨款	(296)
8 总盈利	8614

年度保留溢利
（截至 2004 年 12 月 31 日止年度的综合保留溢利）

	百万港元
总盈利	8614
年内已派股息	
2003 年末期	(1806)
2004 年中期	(3251)
所占共同控制实体储备	(42)
保留溢利增加净额	3515
于 2003 年 12 月 31 日保留溢利	24167
于 2004 年 12 月 31 日保留溢利	27682

于今日的资产负债表
（于 2004 年 12 月 31 日结算的综合资产负债表）

	百万港元
资产	
9 固定资产	57748
10 商誉	(1022)
投资联属公司及证券	16647
递延税项资产	1043
现金及现金等价物	2520
11 其他流动资产	3863
	80799
股东资金及负债	
股本、溢价及储备	16517
保留溢利	27682
12 借贷	18774
13 管制计划储备账	3720
递延税项负债	5084
客户按金	3119
14 其他负债	5903
	80799

在香港的业务继续是我们主要的现金流入来源。

与2003年度相比，现金流量增加，部分原因是GPEC收账情况有所改善。

2004 年 3 月，集团收购雅洛恩能源的余下8%权益，已付收购价总额为 376 百万港元。

投资附属公司包括在贵州中电的投资（269 百万港元）及向青电提供的垫款（337 百万港元）

4 2004年度的营业额及支销已计入雅洛恩能源及GPEC整个年度业绩。
营业额主要是指香港电力业务的售电收益（26773 百万港元），以及雅洛恩能源及 GPEC 的售电收益（3813 百万港元）。

5 出售物业收益指来自出售香港青山道前发电站用地的收益。

6 附属公司除税前溢利主要来自青电（1773百万港元）、核电合营公司（739 百万港元）及鹤园项目（187 百万港元）。

7 投入发展基金及减费储备的款项分别为219百万港元及253百万港元。拨自特别准备账户的金额为176 百万港元。

8 除税后盈利为 8614 百万港元，其中包括管制计划业务盈利 6788 百万港元、非管制计划业务盈利 1671 百万港元、鹤园重建项目溢利及出售物业收益 373 百万港元，及已扣除未分配财务费用净额及集团费用 218 百万港元

9 2004 年，集团投资 5823 百万港元于固定资产，主要是中华电力的输电及供电网络。

10 于 2001～2004 年间收购雅洛恩能源及GPEC 权益而产生的负商誉净额。

11 其他流动资产包括应收账款及其他应收款项为3564 百万港元，其中雅洛恩能源及 GPEC 占 1610 百万港元。

12 集团的负债比率（按总负债对总资金计算）为29.8%。

13 管制计划储备账包括发展基金结余及减费储存分别为 3171 百万港元及 549 百万港元。发展基金属于集团负债，其作用为购置管制计划固定资产的资金。

14 其他负债包括应付账款及其他账款 4216 百万港元

澳门电力股份有限公司

概况

随着博彩业的开放，澳门的经济迈向前所未有的增长轨迹，2003年及2004年澳门的生产总值均取得双位数的增长，显示出澳门特别行政区政府的洞察力。澳电亦受惠于上述稳健的经济状况，去年的耗电量和收入增长达7.7%。

为支持澳门经济，澳电于2004年6月调低电费3%，让澳门市民的可支配收入充裕，同时降低本地企业的营运费用。澳电一直认真承担社会责任，并于2004年推行多项社区活动，深受大众好评。

2004年，澳电与澳门政府携手庆祝澳门供电一百周年，举办多项庆祝活动，供大众参与，并且得到社会各界的赞扬。

为提高运营效率，加强供电的可靠性，及更关注环境保护，2004年澳电继续推行多项有效提升运作的项目。基于运作和财政状况不断改善，综观各项可靠的比率，显示出员工为达成各个项目的目标而作出卓越贡献。2004年10月，澳电与员工签订《职业安全及健康约章》，充分显示管理层对改善员工工作环境的决心。

公司治理

（一）组织架构

按照章程规定，澳电的行政及监事会、执行委员会及监事会，皆由股东会选出，董事会及执行委员会的任期为3年，而监事会的任期则为1年。

行政及监事组织的职权、职能及职务如下：

1. 董事会

经执行委员会建议，核准发展策略计划及对之所引入之必要修改；

经执行委员会建议，核准各项发展策略计划所带来之年度工作计划及有关预算，以及核准对之所引入之必要修改；

申请、接收或转让批给及对参资其他公司作出决定；

对贷入金额超过公司资本20%之借款作出议决；

在被选任之董事出缺时，选定应填补其职位者直至替换为止；在不妨碍第二十条第六款规定之情况下，在董事长不能视事或终止职务时，选定其代任人；

向股东会主席团主席请求召集会议，以便填补在任何公司机构出现之空缺，而该项请求应在获悉空缺出现后10日内作出；

执行章程赋予董事会之所有其他职权。

2. 执行委员会

管理公司平常事物，及作出所有不属于章程赋予公司其他机构之有关公司标的之行为；

在法庭内外代表公司；

制作向董事会建议之发展策略规划以及年度计划及预算；

制作公司年报，由董事会送交股东常会；

设立公司之技术及行政组织，以及核准内部工作规则，尤其有关人员及其薪酬方面；

签定及执行合约，以及作出一切与设备及原材料之取得、工程实施、服务提供、电力供应、任何其他发展及融资、公司工作计划等有关之行为；

取得、出售或以任何其他方式转让权利、动产或不动产，又或对之设定负担；倘交易之价值超过公司资本百分之二十时，则不动产之出售、转让或设定负担须经股东会之预先许可；

提出及跟进任何诉讼，并对诉讼自认或撤回，达成和解及接收仲裁；

为授予认为适宜之权力以及为产生《商法典》第七十六条及第二百三十五条第三款规定之效力而委任代理人；

委任公司秘书。

3. 监事会

监察公司之行政；

监督对法律及章程之遵守；

查核簿册、会计记录及作为其凭据之文件是否符合规定；

在认为适宜之时候采用视为适合之方式检查库房状况、属于公司或有公司收取作为据保品之各类资产或有价物、存款或其他名义之存放物；

证明董事会每年提交之资产负债表及损益账目准确及正确，以及对此等事宜及董事会之年度报告发表意见；

审查公司财产是否适当地予以估值；

在股东会主席团必须举行的股东会时召集之；

履行法律及章程所规定之其他义务。

（二）职能架构

澳电的部门职能架构如下：

1. 业务部门

（1）CSD：客户服务部；

（2）DDI：输配电工程部；

（3）DVP：发展部；

（4）GED：发电部；

（5）PND：电力系统调度部。

2. 辅助部门

（1）DSF：财务部；

（2）ECD：工程及建设部；

（3）HRD：人力资源部；

（4）ISD：资讯系统部；

（5）PLD：采购及总务部。

3. 辅助办公室

（1）GAC：通讯事务办公室；

（2）GAI：内部审核办公室；

（3）GOP：预算及计划办公室；

（4）SHEQ：安全、健康、环境及质量办公室。

（三）按章程第三十四条设立之薪酬委员会

公司机关成员的薪酬，由股东会选出3名股东所组成之委员会订定，其任期为3年。委员会2004年的成员如下：

（1）中法能源投资有限公司；

（2）葡电——投资、控股及技术支援有限公司；

（3）百利顺发展有限公司。

（四）审核员

内部审核办公室直接向执行委员会主席汇报，专责查核内部控制系统的一致性。为此，该办公室应遵循公认原则及澳电的政策及方向。

而澳电的外聘核数师为德勒·关黄陈方会计师行。

（五）公司秘书

公司秘书由执行委员会任命。

（六）客户申诉专员

澳电自1996年起设立客户申诉专员一职，除向客户提供特定的沟通渠道外，同时致力维护服务素质。其主要职责是与客户及本澳主要社团保持直接的联系，并从客户的角度出发，处理任何不满澳电回复之投诉。客户申请专员直接向执行委员会主席汇报，并与所有部门合作。目前此职务由阮毓明先生担任。

（七）风险专员

所有公司运作时，均须面对直接风险。随着这些风险与日俱增，而且越趋复杂，企业们皆根据国际最佳典范，设立专责分析及处理有关风险的机关，以便在需要时提出对应措施。

考虑到澳电业务的特殊性质及规模，Jorge Viera先生获委派为“风险专员”，并须与各部门、同类公司的员工，以及主要股东建立紧密关系。

（八）公司安全管理法则及安全专员

当涉及澳电的重要基建时，我们特别关注对工作人员、动产及不动产构成安全问题的行为及威胁之发展趋势。

为此，澳电与澳门相关政府部门合作，设立了一套公司安全管理法则，并成立指挥及协调机关，专责协调和于必要时建议有关行动，并须直接向执行委员会汇报。

澳电在相关职能部门的参与下，组成公司安全委员会，同时任命一名安全专员，专责协调和推行内部行动，并须与其他相关的外部机关及政府部门加强合作。

叶锦荣先生于2004年8月担任此职务。

（九）投票权

按照章程规定，股东会由至少持有代表公司资本一百股份之股东组成。

持有不足上款所定股份数目之股东，得联合补足该股数，由联合者其中一人代表彼等出席股东会，但需透过彼等联合股东全体签名之函件通知股东会主席，该函件需最迟在所订之股东会会议召开日期八日之前递交公司总部，并指明所选派之代理股东之身份资料。

有权参加股东会之股东或代理人，得由在股东会拥有表决权之任何股东代表出席股东会，但需透过委托人签名之普通函件通知股东会主席，并指明代理人之身份资料。

无投票权之股东及债券持有人，均不得列席股东会。

代表公司资本之每一百股份相当于股东会内之一票，且对每一股东得拥有之票数并无任何限制。

外围环境

2004年，尽管中国政府采取措施冷却过热的经济，以免带来“硬着陆”危机，但亚洲的经济仍然呈现强劲增长。

倘不包括日本在内，整个地区在2004年的国内生产总值预计增幅为7.8%，高于2003年的7.4%，如果不包括日本和中国在内，增幅则由2003年的4.2%增至5.7%。倘若所有国家及地区均有增长，则新加坡及香港的增幅更为显著。然而，印度的经济增长却预期比2003年差。中国虽然采取措施冷却经济，但经济增长率仍维持在9%。

除印尼面临通胀威胁外，其他地区的通货膨胀都受到控制，但日本的通缩情况仍然持续。

利率虽然有轻微的增幅，但仍维持在历史低位。

虽然预期发达地区出现实际的增长，但亚洲的经济指标仍然比发达地区理想。2003年美国、英国和欧洲的增长率分别为3%、2%和0.5%，而2004年的增长率已增加至4.5%、3%和1.5%。

商品价格在2004年普遍上涨，尤以原油价格升幅更甚。原油价格走势反复向上，达高于预期水平。

澳电采用的燃油同样上涨，因此新加坡现货市场的平均原油价格由2002年的149美元1t及2003年的170美元1t，上升至2004年的185美元1t。

原油价格上涨的因素很多，其中以中东局势不稳，对依赖石油作能源消耗的国家来说，较能影响其经济增长。

澳门的所有经济指标均呈现极佳的经济环境。然而，为免来年增长前景出现樽颈情况，故有需要采取一定的干预措施。

生产及供应

对比 2003 年，本年度的发电量的总用电量(GWh) 如表 1。

表 1

年份	2004 年	2003 年	Δ%
路环发电厂 A 厂(CCA)	1367.9	1388.6	(1.5)
路环发电厂 B 厂(CCB)	390.9	234.5	66.7
澳门发电厂(CMC)	123.5	81.3	51.9
澳电本身产电量	1882.3	1704.4	10.4
购入电量	148.1	178.8	(17.2)
购入电量(垃圾焚化中心)	62.5	59.5	5.0
总用电量	2092.9	1942.7	7.7

单位功率耗油量、热效能、燃油消耗量及发电系统可用率见表 2:

表 2

指标	2004 年	2003 年
单位功率耗油量(MJ/kWh)	8.8	8.5
热效能(%)	40.9	42.2
重油消耗量(t)	295613	286080
柴油消耗量(t)	86393	50796
发电系统总可用率(%)	76.8	86.4
扣除永久流失率后之发电系统可用率	82.9	88.4

可收费供电量比 2003 年增长了 7.7%，而售电/产电量的比率则维持在 90%。

2004 年售电增长分布不均的情况仍然持续，住宅客户的用电量上升幅度只有 3.8%，娱乐、社会及康乐类上升了 18%，而商业、酒店及餐厅类则上升了 7.5%。制造业的跌势持续，目前仅占整个售电量的 7.5%。随着经济发展，预计来年住宅客户的比重将同样下跌。

客户数目上升 2.3%，十分贴近上述的变动。

损益及资产负债表

经由电力收费管制备用金中拨出澳门币 0.583 亿元后（2003 年为澳门币 0.315 亿元），本财政年度之税后纯利为澳门币 4.376 亿元（2003 年为澳门币 4.515 亿元）。

损益表内主要项目比较如表 3（以澳门币百万元计算）。

表 3

指标	2004 年	2003 年
全年收入		
售电收入	2091	1952
各类服务	57	33
	2148	1985
开支		
产电及购电	894	721
人事费用	277	277
折旧及拨备	383	366
其他	127	114
	1681	1478
营运收益	467	507

虽然致力控制内部成本，但由于燃油价格持续上涨，加上本年电费下调，因此纯营运利润率由 2003 年的 26%大幅减至 22.3%。

纯利的主要项目如表 4（以澳门币百万元计算)。

表 4

指标	2004 年	2003 年
营运收益	467	507
财务开支（净）	(11)	(7)
非常损益	(6)	(2)
电力收费管制备用金	58	32
税务拨备	(71)	(79)
纯利	437	451

2004 年的平均存款利率约为 0.85%（2003 年为 0.95%），而平均贷款利率则为 0.95%（2003 年为 1.9%）。由于利率持续处于极低水平，而且港元利率并不如常地跟随美元利率上升，令澳电有机会从中套利。

截至 2004 年 12 月 31 日，资产负债表的主要项目与过去两年的比较如表 5 所示（以澳门币百万元计算)。

表 5

年份	2004 年	2003 年	2002 年
资产总值	3520	3523	3409
固定资产毛值	7512	7315	6953
固定资产净值	2754	2854	2785
资本净值	2521	2516	2525
资本值/总资产	72%	71%	74%
资本值/固定资产净值	92%	88%	91%

生产经营状况

(一)生产

除完成安装减少氧化氮的选择性催化还原系统

外，其他重要的投资项目包括：

为 G3-G8 机组的涡轮增压器进行状况评估及维修；

维修 G3-G8 的锅炉零件。

（二）输电及配电

表 6 为 2002～2004 年输电及配电方面项目的比较，同时反映出澳门的经济活动模式。

表 6

	2004 年	2003 年	2002 年
新接管楼宇			
中压电网	20	18	4
低压电网	32	33	15
工程计划分析			
建筑方面	94	71	79
电力方面	241	239	195

网络扩充之数据如表 7。

表 7

	现时网络规模	2004 年完成数目	扩充比率（%）
高压电缆（km）	143	8	5.9
中压电缆（km）	494	21	4.4
低压电缆（km）			
• 架空电缆	94	2	2.1
• 地下电缆	617	5	0.8
公共照明电缆（km）	476	13	2.8
公共照明设备（设点）	15482	388	2.6
用户变电房	987	33	3.5

上述数据可反映澳门的经济增长，另外值得注意的是，空置单位及耗电量低至可视为空置单位数量大幅减少。空置单位的数字由 2003 年的 42000 个缩减至 2004 年的 38000 个，当中没有任何耗电量的空置单位占 25000 个。单就住宅单位而言，空置单位或耗电量极低的单位目前少于 20000 个。

输电及配电方面的主要活动还包括：

新口岸填海区新变电站的兴建工程开标，并已展开工程；

新函仔变电站安装新变压器工程开标，并已展开工程；

新电网总工程计划竣工。

（三）客户服务

澳电的宗旨一向是以客为尊，因此客户服务部秉承着这个宗旨，致力为客户提供优质服务。除上述介绍的项目外，还包括：

修订及重新评价客户关系管理计划的各项行动；

为大客户装设遥距读表系统，借此加强供电素质，并提高用电效能，从而节省电力；

连续第四年与学校合办的电力同乐日，成为一年一度的盛事，借此向市民介绍不同的用电方法；

继续进行问卷调查和“神秘客户”计划，监察服务的素质；

继续更换旧楼宇的电表板，2004 年一共为 3700 名客户更换 250 个电表板。

（四）发展

与东帝汶政府所签订的管理当地电力公司（EDTL）的合约正式生效，为期三年，虽然当中存有难以克服的困难，但成果仍然十分理想。

除上述新拓展业务外，与客户服务部合作开发的项目继续，使服务素质得以改善，当中包括：

为客户物业进行能源预审服务，作为节能计划的一部分；

由澳门大专院校进行问卷调查，评估客户满意度及澳电的服务水平；

与澳门妇女联合会及澳门工会联合总会合办电器化烹饪班，推广电器化煮食；

加强自行转账的推广；

为市民提供不同家用电器的安全指引及省电提示。

（五）采购及存货

由于重油及柴油价格上涨，加上路环 B 发电厂备用零件的存货水平上升，导致平均存货总额由 2003 年的澳门币 1.571 亿元上升至澳门币 2.051 亿元。

虽然存在上述限制，但存货流动指数仍由 2003 年的 4.1 上升至 4.2，显示部分举措取得一定成效。

澳电继续采用电子采购平台，为相关采购活动节省了可观的费用。另外，因与部分供应商签订特定的供货合约，尤其是备用零件合约，令平均订购时间由 2003 年的 8 天缩短为 3 天。

澳门及香港仍然是物料及服务的主要供应地，而美元及与之挂钩的货币仍然成为主要的采购货币。

大量采购的商品价格（原油、铝、铜及锌）大幅上升，尤以原油最为显著，大大增加了采购费用。由于美元兑欧元下跌，对欧洲采购方面造成一定影响，但情况不算严重。

（六）资讯系统

支援一体资讯系统的 SAP/R3 单元启用后，澳电继续推行其他计划，确保各系统的整合。鉴于资讯科技是澳电策略性的一环，澳电采取了多项措施提升各现有系统的安全性和质量，包括设立资讯科技管理的机制和机关，如资讯科技策划委员会。

（七）电力收费

澳电承诺以合理的收费，为客户提供优质服务，因此在本年再度调低电费。

本年度的电费调低了 3%，令过去四年累积电费下调达 10%。今年来，澳电不断提高运作效率，加强控制成本，令电费得以下调，这正是澳电所采取的策略之一。

主要事件

5 月 20～22 日，举办“百年动力续创新纪元”能源与可持续发展国际研讨会，邀请多名来自亚洲、欧洲及美国等 17 个国家及地区的知名学者参加，向澳门业界分享经验；

5 月 14～31 日，举办“光辉同行——澳门供电百年展”，除展示澳门的发展历程外，并为市民介绍产电和输电的技术发展；

5 月 29 日，为澳门逾千名长者举办“百载电力千岁宴”；

5 月 29 日，举办开放日，让市民参观路环发电厂及系统调度中心，了解发电过程及输电网的可靠运作；

5 月 14～31 日，举办“璀璨灯饰耀濠江”灯饰展，丁嘉勒庇大桥及多个澳门景点添上璀璨夺目的灯色。

除“百载电力耀濠江”系列活动外，其他重要事项包括 6 月开始调低 3%的电费，令过去四年所累积电费下调达 10%。

在环境保护方面，随着路环发电厂设置了选择性催化还原系统，澳电在环保方面得到极大的改善，再配合低硫柴油的使用，令排放物大大减少，低于本地及国际的建议标准。该系统投产后，氧化氮的排放量降低了 42%，而硫氧化物的排放量则降低了 38%，而上述数据并非全年数据，仅指有关系统投产后所录得之数据。

为改善内部工作环境，澳电在澳门劳工事务局的见证下，与员工签署《澳电职业安全及健康约章》，以示澳电对改善员工工作环境的承诺。

位于新口岸填海区的新变电站已展开兴建工程，此变电站的启用，将可应付该区各项新工程的用电增长。

此外，澳电还采取了其他不同的行动，务求令客户对澳电的服务越来越满意。

2004 年，澳门的经济环境非常理想，所有数据均呈现极佳走势；旅客人数超过 1650 万人，本地生产总值预期上升超过 20%，失业率跌至 4.1%，通缩期结束，并取得接近 1%的通胀率。

在上述因素带动下，澳门的耗电量增长 7.7%，总耗电量首次突破 2000GWh，达 2093GWh。售电收入亦同样冲破澳门币 20 亿元（表 8）。

表 8

指　　标	2004 年	2003 年
发电量(GWh)	1882.3	1704.4
购入电量(GWh)	148.1	178.8
购入电量(垃圾焚化中心)(GWh)	62.5	59.5

以本身产电量及其购入的电量，满足澳门整体需求（表 9）。

表 9

指　　标	2004 年	2003 年
最高负荷（MW）	430.8	389.9
最低负荷（MW）	105.1	99.8

最高负荷在 6 月取得，而最低负荷则在 1 月取得。而 2003 年最高及最低负荷分别在 7 月及 2 月取得（表 10）。

表 10

指　　标	2004 年	2003 年
用户数目	199582	195522
平均增长率（%）	2.3	1.9

用户增长再次少于售电增长，反映人均用电量上升（表 11）。

表 11

指　　标	2004 年	2003 年
全年投资	306	424

路环发电厂 A 厂已完成安装选择性催化还原系统，耗资澳门币 0.89 亿元，而扩充及改善输配电网则耗资澳门币 0.7 亿元。

截至 12 月 31 日，员工人数为 725 人，低于 2003 年的 740 人。员工平均年龄由 2003 年的 45.5 岁上升至 46.2 岁，而平均服务时间则由 2003 年的 19.9 年上升到 20.8 年。

按专营合约所规定的最低利润，澳电 2004 年的纯利为澳门币 4.376 亿元（2003 年为澳门币 1.515 亿元），而除税后、融资前的净现金流量为澳门币 4.486 亿元（2003 年为澳门币 3.211 亿元）。

重 点 工 程

重点科研项目

2004年度中国电力科学技术奖获奖项目

由中国电机工程学会和中国电力科学技术奖励办公室组织的2004年度中国电力科学技术奖评奖工作，经中国电力科学技术奖评审委员会的审批，共有74个项目荣获中国电力科学技术奖，现列表如下。

2004年度中国电力科学技术奖获奖项目及受奖单位

序号	等级	获 奖 项 目	受 奖 单 位
1	一等	三峡输变电工程用500kV大容量输电线路技术研究	国电电力建设研究所、上海电缆研究所、武汉高压研究所、甘肃送变电工程公司、河南省电力勘测设计院
2	一等	全国电力二次系统安全防护体系的研究及实施	国家电力调度通信中心、中国电力科学研究院、国电自动化研究院
3	一等	自主知识产权的100MW CFB锅炉研制及示范	中国电力投资集团公司、西安热工研究院有限公司、哈尔滨锅炉厂有限责任公司、江西分宜发电有限责任公司
4	一等	沙牌碾压混凝土拱坝筑坝配套技术研究	国家电力公司成都勘测设计研究院、清华大学、中国水利水电第八工程局、广西大学、国家电力公司贵阳勘测设计研究院、大连理工大学、葛洲坝股份有限公司施工科学研究所、中国水利水电科学研究院、四川大学、武汉大学、南京水利科学研究院
5	一等	火力发电厂主厂房结构抗震设计技术研究	中国电力工程顾问集团西北电力设计院、中国电力工程顾问集团华东电力设计院、中国电力工程顾问集团华北电力设计院工程有限公司
6	二等	大亚湾核电站运营技术开发与实践	大亚湾核电运营管理有限责任公司
7	二等	公伯峡面板堆石坝混凝土挤压式边墙施工技术研究	黄河上游水电开发有限责任公司、陕西省水电工程局（集团）有限责任公司、国家电力公司西北勘测设计研究院、小浪底工程咨询有限公司
8	二等	高面板坝的新型监测设备及资料反馈分析	南京水利科学研究院
9	二等	三峡永久船闸人字门安装	中国人民武装警察部队水电第二总队、葛洲坝集团机电建设有限公司
10	二等	高寒地区碾压混凝土拱坝筑坝技术研究	国家电力公司贵阳勘测设计研究院、甘肃河西水电开发有限责任公司、中国水利水电第四工程局
11	二等	凝汽器管腐蚀在线监测装置的研制及其应用的研究	西安热工研究院有限公司、大连理工大学、浙江钱清发电有限责任公司、神头第一发电厂、华电章丘发电有限公司
12	二等	火电厂废水零排放技术试验研究及工程化	河北省电力勘测设计研究院、河北西柏坡发电有限责任公司、西安热工研究院有限公司
13	二等	贮灰场灰水渗漏特性及防渗技术研究	中国水利水电科学研究院、武汉大学、国电环境保护研究所
14	二等	DL/T 831—2002《大容量煤粉燃烧锅炉炉膛选型导则》	西安热工研究院有限公司
15	二等	岭澳核电站自主化调试与创新	岭澳核电有限公司
16	二等	火力发电厂干贮灰应用技术研究——盘山电厂干贮灰场工业性试验研究	中国电力工程顾问集团华北电力设计院工程有限公司、中国水利水电科学研究院、中国环境科学研究院

续表

序号	等级	获奖项目	受奖单位
17	二等	超大型筒仓储煤给煤系统设计技术研究	中国电力工程顾问集团华北电力设计院工程有限公司
18	二等	双试验段环境风洞及其测控系统的研制	国电环境保护研究所
19	二等	调度自动化集成技术研究	国电自动化研究院、西北电网有限公司
20	二等	复合光纤架空地线（OPGW）及全介质自承式光缆（ADSS）力学性能试验条件和试验方法的研究	国电电力建设研究所
21	二等	螺旋锚基础试验研究	辽宁电力勘测设计院、辽宁省电力有限公司、辽宁省电力有限公司丹东供电公司、丹东电力建设有限公司
22	二等	集中决策多级协调的电网自动电压控制系统研究开发	福建电力调度通信中心、南京河海电力软件有限公司、山东鲁能积成电子股份有限公司
23	二等	电力系统信息安全应用示范工程	江苏省电力公司、辽宁省电力有限公司、中国电力科学研究院、国电自动化研究院
24	二等	PAC—1000电力系统失步快速解列装置	中国电力科学研究院
25	二等	农网建设与改造项目综合评价研究	华北电力大学、国电动力经济研究中心
26	二等	神朔电铁加装SVC静止补偿装置	中电国华神木发电有限公司、陕西电力调度中心、陕西银河中试测控技术有限公司、陕西省电力设计院、鞍山荣信电力电子股份有限公司
27	二等	电力设备外绝缘用持久性就地成型防污闪复合涂料（PRTV）的开发应用研究	华北电力科学研究院有限责任公司、河北硅谷化工研究院
28	三等	三峡大直径厚壁压力钢管全位置自动焊接技术研究与应用	中国葛洲坝水利水电工程集团有限公司
29	三等	小湾水电站右岸高位边坡群稳定性分析与支护系统的地质—工程优化研究	云南华能澜沧江水电有限公司、成都理工大学
30	三等	三峡特大型水轮发电机组充水保压蜗壳关键技术研究	中国长江三峡工程开发总公司、长江水利委员会长江勘测规划设计研究院、长江水利委员会长江科学院、武汉大学
31	三等	DL/T5141—2001《水电站压力钢管设计规范》	国家电力公司西北勘测设计研究院、国家电力公司昆明勘测设计研究院、武汉大学
32	三等	以信息技术集成为支撑的中小水电厂“都市水电”建设管理模式及应用	四川华能康定水电有限责任公司、维奥机电设备（北京）有限公司、成都超维软件系统有限公司、国家电力公司成都勘测设计研究院
33	三等	利用软岩筑面板堆石坝的应用研究	中国水利水电建设集团公司、中国水利水电科学研究院、宜昌市中水科技发展有限公司、葛洲坝股份有限公司施工科学研究所、中国葛洲坝水利水电工程集团有限公司、江西省水利规划设计院、中国水利水电第十四工程局
34	三等	大型水电站主接线优化及应用	西安交通大学
35	三等	《水工混凝土试验规程》等三项试验规程	南京水利科学研究院、中国水利水电科学研究院、长江水利委员会长江科学院、武汉大学、国家电力公司成都勘测设计研究院
36	三等	特大型洞室施工技术研究与应用	中国人民武装警察部队水电第一总队
37	三等	FZQ1380/63t新型附着自升塔式起重机开发研制	山东电力建设第一工程公司
38	三等	岭澳核电站取排水工程设计改进及施工方案革新	岭澳核电有限公司
39	三等	联合循环机组设计集成与性能模拟分析系统的研究	西安热工研究院有限公司
40	三等	电站锅炉炉管与异种钢接头使用寿命评估	大唐淮北发电厂、合肥工业大学
41	三等	亚临界参数汽包炉炉内平衡磷酸盐处理试验研究	山西电力科学研究院、山西省阳光发电有限责任公司、山西省漳泽电力股份公司河津发电厂
42	三等	大型天然气联合循环电厂研究报告	浙江省电力设计院

续表

序号	等级	获 奖 项 目	受 奖 单 位
43	三等	核电厂1E级（K1、K2、K3类）阀门电动执行机构	扬州电力设备修造厂、核工业第二研究设计院
44	三等	大型发电厂检修计划优化新技术及管理系统	华北电力大学
45	三等	火电机组冷端真空提高技术研究与应用	华北电力大学
46	三等	高效电蓄热装置与系统	国电机械设计研究所、杭州华电华源环境工程有限公司
47	三等	火/核电厂取水防沙防杂物防污问题的研究	中国水利水电科学研究院、中国电力建设工程咨询公司
48	三等	炉外大管道振动原因及消振技术的研究	山东电力研究院、山东莱芜发电厂、山东中实易通集团股份有限公司
49	三等	提高ZGM95G磨煤机性能研究	北京大唐发电股份有限公司张家口发电厂
50	三等	电站锅炉入炉煤质实时监测的研究与应用	山东电力研究院、山东石横发电厂
51	三等	江苏省电力行业二氧化硫排放总量控制研究	国电环境保护研究所、江苏省环境科学学会
52	三等	450t/h循环流化床锅炉技术在河北的应用研究	河北省电力研究院、保定热电厂、东方锅炉（集团）股份有限公司
53	三等	新型埋刮板输粉机研制	山东电力研究院、山东中实易通集团股份有限公司、山东沾化发电厂
54	三等	静电除尘器电源及控制系统	国家电力公司南京电力自动化设备总厂
55	三等	曝气生物滤池在火电厂废水回用处理中的研究和应用	西安热工研究院有限公司
56	三等	600MW“W”火焰锅炉安全经济环保运行	山东中华发电有限公司聊城发电厂、华北电力大学
57	三等	葛南高压直流输电系统可靠性评估及改造研究	中国电力科学研究院、湖北省电力试验研究院、华东电力试验研究院
58	三等	三峡输变电前期科研——三峡500kV双回同塔新技术研究	武汉高压研究所、中国电力工程顾问集团中南电力设计院、清华大学
59	三等	云南电网安全稳定控制系统方案研究及实施	云南电力集团有限公司云南电力调度中心
60	三等	福建电网水火电联合优化调度决策支持系统	福建电力调度通信中心、华中科技大学、福建水口发电有限公司
61	三等	河南电网提高安全稳定极限及输电能力研究	河南省电力公司、中国电力科学研究院
62	三等	电机效率检测方法的研究及效率检测中心的建立	中国电力科学研究院
63	三等	基于小波变换技术的输电线路故障测距方法研究及装置实用化研制	中国电力科学研究院、辽宁省电力有限公司
64	三等	高压线路加挂ADSS光缆最佳方案的选择	河北省电力公司、华北电力大学
65	三等	线损在线监测及综合管理系统	青岛供电公司、山东天辉科技有限公司、青岛恒泰众合信息技术有限公司
66	三等	浙江电力营销技术支持系统	浙江省电力公司、绍兴电力局、杭州电力教育培训中心
67	三等	电力市场交易与电网调度管理技术支持系统	河南电力调度通信中心、清华大学
68	三等	变电所岩土工程勘测技术规程	中国电力工程顾问集团华北电力设计院工程有限公司、中国电力工程顾问集团中南电力设计院、云南省电力设计院、中国电力工程顾问集团公司
69	三等	中长期电力需求预测及其系统开发	上海交通大学、华东电网有限公司、江苏省电力公司、安徽省电力公司、浙江省电力公司、江苏省电力公司南通供电公司
70	三等	GB/T 18857—2002《配电线路带电作业技术导则》的编制及应用	武汉高压研究所

续表

序号	等级	获奖项目	受奖单位
71	三等	云南电网黑启动方案研究	云南电力集团有限公司云南电力调度中心
72	三等	地区电网综合仿真培训系统	江苏省电力公司南京供电公司、中国电力科学研究院、国电南瑞科技股份有限公司
73	三等	三峡中低海拔地区导线覆冰观测研究	中国电力工程顾问集团西南电力设计院
74	三等	提高500kV输电线路输送容量和变压器过负荷能力的研究	华东电网有限公司

我国第一组实用超导电缆并网运行

2004年7月10日上午10时，国家科技部副部长马颂德按下并网按钮的同时，中国南方电网公司总经理王野平宣布：我国第一组超导电缆系统在这里正式运行。由此，我国成为继美国、丹麦之后世界上第三个将超导电缆投入电网运行的国家，标志着我国高温超导技术从成果到产业化取得了新的重大突破。

发展具有产业化前景的超导电缆技术是国家十五期间“863”计划新材料领域的重点课题之一。云南电力集团秉承“敢为天下先”的理念，全面推进科技兴电战略，与北京英纳超导技术有限公司携手合作，组建了北京云电英纳超导电缆有限公司，并投资立项研制中国第一组超导电缆系统。

中国第一组实用超导电缆系统为户外分相交流电力电缆，长度33.5m，额定电压35kV，额定电流2000A，主绝缘为常规绝缘材料——交联聚乙烯，符合35kV级IEC标准，电缆外径112mm，导体采用液氮循环冷却。该组超导电缆无论在电压还是在电流等级上都高于目前世界上已经并网运行的两组超导电缆。

该组超导电缆于2004年4月19日在昆明普吉变电站投入运行，超导电缆系统两个月来经受了多种气象条件的考验，运行状态良好。该超导电缆是应用国产超导线材研制而成的，其部分性能指标优于目前已经并网运行的美国和丹麦的高温超导电缆。

昆明市西北地区的几万户居民和多个工业企业开始用上了通过超导电缆传输的电能。

三峡输变电工程用500kV大容量输电线路技术研究

2004年中国电力科学技术奖一等奖

获奖项目编号：2004—01—01

获 奖 单 位：国电电力建设研究所
上海电缆研究所
武汉高压研究所
甘肃送变电工程公司
河南省电力勘测设计院

获 奖 人：尤传永 毛庆传 徐乃管 王景朝 默增禄 阎振宇 黄豪士 蒋兴良 何若瑜 敖清诚 李朝辉 季世泽 徐绍贤 董玉明 刘文邦

三峡输变电工程用500kV大容量输电线路技术研究是国务院三峡办重点科技项目，它基于经典力学原理和我国送电线路多年来的研究经验，通过理论研究、产品设计、试制和科学试验验证，并在工程中试用，成功地解决了众多技术难题，保证了三峡输变电工程全面、优质、高效地完成。已取得国家专利2项。

一、技术要点

导线铝合金处理技术、包钢技术、绞线技术、导线防振技术、间隔棒优化布置技术、金具耐磨技术、间隔棒阻尼技术、大吨位张力架线技术、杆塔优化技术等。

二、研究成果

大截面导线、大跨越导线、耐腐蚀导线等6种导线，大截面导线的防振技术、次档距优化布置技术、大截面导线张力架线设备及技术、同塔双回优化设计技术、导线防覆冰技术等。

该成果2001年11月27日通过了国家电力公司组织的专家验收，研究成果填补了多项国内空白，整体上达到国内领先水平，部分达到国际先进水平。

本成果全面应用于三峡输变电工程的±500kV龙政线、±500kV三广线和±500kV贵广线，还将应用于±500kV三沪线等其他交流、直流工程中。取得了很好的经济效益和社会效益。

全国电力二次系统安全防护体系的研究及实施

2004年中国电力科学技术奖一等奖

获奖项目编号：2004－01－02
获 奖 单 位：国家电力调度通信中心
中国电力科学研究院
国电自动化研究院
获 奖 人：辛耀中 王益民 许慕樑 杨秋恒
李毅松 高昆仑 刘 平 王 文
林为民 宋怡强 邹国辉 郭子明
董 宁 卢长燕 孙 炜 曾荣汉
石俊杰 胡 炎 邓兆云 刘 昕

电力是国民经济发展和人民生活极其重要的基础设施之一，其安全问题一直是国家有关部门关注的重点。电力二次系统及调度数据网作为电力系统的基础设施存在着众多直接威胁电网控制系统的安全进而威胁到电网安全的不安全因素。针对电力二次系统安全状况，国家经贸委发布［2002］第30号令《电网和电厂计算机监控系统及调度数据网络安全防护的规定》。国家电力调度通信中心向原国家电力公司申请了“电力系统信息安全示范工程——电网调度中心及网络安全防护策略研究”项目，并于2001年4月正式立项。2002年9月“国家电网调度中心安全防护体系研究及示范”项目列入国家863重大科技攻关计划，2004年3月通过项目验收。

本项目制定了《全国电力二次系统安全防护总体方案》，提出“安全分区、网络专用、横向隔离、纵向认证”的总体安全策略，首先在电力调度系统落实安全防护策略和各项安全防护措施。本项目组织开发了电力专用横向隔离装置；联合开发了纵向加密认证装置，在国内首次实现各加密装置的互联互通；建立了简单实用的电力调度证书系统；建立了基于MPLS－VPN技术的专用数据网络；促进了电力二次系统安全防护IEC国际标准的研究；第一次从全系统的角度对电力二次系统的设计、开发、运行等阶段进行了全面深入的分析，促进了全行业电力二次系统的安全、健康发展。

经专家论证，本项目提出的电力二次系统安全防护总体方案和总体策略具有独创性，总体技术达到国内领先和国际先进水平。

本项目研究成果已通过国家电监会第5号令《电力二次系统安全防护规定》的形式发布，在全国电力行业范围强制推广执行，不仅提高了我国电力行业信息安全科技水平，还对其他行业的信息安全科技发展起到良好的示范和推动作用，促进了有关国际标准的研究。

自主知识产权的100MW CFB锅炉研制及示范

2004年中国电力科学技术奖一等奖

获奖项目编号：2004－01－03
获 奖 单 位：中国电力投资集团公司
西安热工研究院有限公司
哈尔滨锅炉厂有限责任公司
江西分宜发电有限责任公司
获 奖 人：李光华 蒋敏华 孙献斌 王智微
徐正泉 张 敏 吕怀安 肖 平
马丽锦 李文健 于 龙 张彦军
彭小峥 邹生发 石 波

本项目以100MW CFB锅炉的研制及工程示范为总体目标，针对难燃煤质，通过锅炉本体及配套系统关键技术的试验和设计研究，以保证锅炉燃烧效率、脱硫效率、低NO_x排放特性和锅炉岛系统的连续稳定运行为重点，完成了100MW CFB锅炉及相关系统的设计和研制，形成了具有自主知识产权的100MW CFB锅炉的技术成果。

一、主要技术成果

(1) 研究提出了“H”型锅炉整体布置结构，研制出了具有中国自主知识产权的100MW CFB锅炉，并在示范工程江西分宜发电有限责任公司得到成功应用，取得了良好的示范作用；

(2) 研究并提出了适宜的炉膛结构、炉膛内受热面布置方式，建立了设计方法；

(3) 根据试验台及实炉试验结果，建立了更为准确的炉膛传热计算模型；

(4) 回流式风帽、排渣控制冷却器、煤的筛分设备、排渣控制阀、高效一次风机等5个部件的研究，形成了自主知识产权；

(5) 建立的CFB锅炉石灰石脱硫性能评价方法，填补了国内空白。

二、应用领域与推广方式

本项目研制的100MW CFB锅炉可作为首选技术，在燃用高硫煤的电厂加以推广应用。对于常规煤粉锅炉较难甚至根本无法燃用的劣质燃料（如洗中煤、煤矸石及煤泥等），以及低挥发分无烟煤、贫煤、低灰熔点易结渣煤，本项目研制的100MW CFB锅炉具有重要工业应用价值。具有自主知识产权的100MW CFB锅炉还可出口至国外，进军国际市场。

沙牌碾压混凝土拱坝筑坝配套技术研究

2004年中国电力科学技术奖一等奖

获奖项目编号：2004—01—04

获 奖 单 位：中国水电顾问集团成都勘测设计研究院（国家电力公司成都勘测设计研究院）
清华大学
中国水利水电第八工程局
广西大学
国家电力公司贵阳勘测设计研究院
大连理工大学
葛洲坝股份有限公司施工科学研究所
中国水利水电科学研究院
四川大学
武汉大学
南京水利科学研究院

获 奖 人：郭 勇 钟永江 陈秋华 易佳利 曾昭扬 郑家祥 张 林 杨志雄 杨忠义 刘炎生 杨宏伟 严尚源 黄国兴 蒋 涛 方坤河 何有忠 黄淑萍 陈能平 赵国藩 王金波

“九五”国家重点科技攻关计划项目——碾压混凝土高坝筑坝技术研究的重大成果之一，主要依托工程沙牌拱坝坝高130m，是届时世界上已建成的最高的碾压混凝土拱坝。项目的关键技术难点是高碾压混凝土拱坝采用全仓面整体碾压、连续上升的快速施工方法，温度应力和裂缝控制问题十分突出，影响到拱坝的安全。不解决这个问题，碾压混凝土高拱坝筑坝技术就很难发展。

一、主要技术创新点

①系统地建立了碾压混凝土拱坝分缝的依据理论和计算方法。②首次在碾压混凝土拱坝提出并成功采用了重力式预制混凝土模板成缝技术和重复灌浆技术。③首次在碾压混凝土坝成功采用预埋高密度聚乙烯冷却水管技术。④研制成功低脆性微膨胀水泥，因地制宜选用花岗岩人工骨料配制出高抗裂性能碾压混凝土。⑤真空溜管高差突破了过去50m的限制，使真空溜管入仓高度达到了100m级。⑥采用计算机仿真技术首次模拟了高碾压混凝土拱坝的施工过程。

二、应用领域与推广方式

该研究成果已成功应用于沙牌高碾压混凝土拱坝建设，系统形成了100m级以上高碾压混凝土拱坝筑坝配套技术，为碾压混凝土设计或施工规范的制订起到了指导和参考作用，推动和促进了一大批碾压混凝土拱坝的建设，许多研究成果已推广应用到石门子、龙首、蔺河口、招徕等一系列目前国内已经和正在建设的高碾压混凝土坝工程中，经济及社会效益显著。

火力发电厂主厂房结构抗震设计技术研究

2004年中国电力科学技术奖一等奖

获奖项目编号：2004—01—05

获 奖 单 位：中国电力工程顾问集团西北电力设计院
中国电力工程顾问集团华东电力设计院
中国电力工程顾问集团华北电力设计院工程有限公司

获 奖 人：解宝安 陈 峥 周建军 宁 涛 姚德康 施亚民 林 娜 周建章 连艳红 文良谟 李绍敬 金晓峰 曹宇清 柳玮涛 宋俊山

随着大容量、高参数火力发电机组正日益成为电网的骨干机组，如何做好不同于民用建筑且又复杂的发电厂主厂房结构的抗震设计，使其安全可靠又经济合理是本研究项目要达到的目标。国家抗震设计规范对特殊的工业建筑规定：可根据工业建筑的特殊性编制专门的抗震设计标准。按此制定的国家标准《电力设施抗震设计规范》、电力行业标准《火力发电厂土建结构设计技术规定》和《钢—混凝土组合结构设计规程》的修编需要基础性的研究项目技术支持。

一、主要技术成果

国内首次系统地对火电厂主厂房钢筋混凝土结构、钢结构、钢—混凝土组合结构及减震消能结构的抗震体系和抗震性能进行了大规模的模型试验和理论分析研究；研究成果具有开创性，部分填补了国内空白，部分进入了国际先进行列。

本项目主要研究成果：地震震害调查资料和汇编4项、结构理论分析研究7项、实际工程大比例模型试验15项、消化和自编分析计算程序3项、各类研究报告27项。

二、研究成果的创新点

（一）钢筋混凝土结构

国内首次进行了主厂房空间结构拟动力试验和分析：

（1）600MW机组主厂房结构在8度设防区抗震性能方面存在结构性缺陷，8度抗震设防及地基条件差时宜采用钢结构；

（2）主厂房结构特有的异型节点试验研究首次提出了异型节点“小核芯”和“大核芯”的概念及计算公式。

（二）钢结构

国内首次进行了模拟地震振动台试验，提出了设防烈度为6、7度的主厂房宜采用铰接框架一支撑体系，8度的主厂房应采用钢接框架一支撑体系；明确了典型“薄弱层”的具体位置，提出了不同类型节点的计算方法和构造措施。

（三）钢一混凝土组合结构

（1）钢管混凝土研究突破了规程中长细比120的限值要求；

（2）国内首次进行的组合楼盖空间作用研究，提出楼板水平支撑可以取消和柱间支撑简化的建议；

（3）国内首次进行的钢一混凝土组合梁抗扭研究，提出了体系受力分析、计算模型公式和结构构造措施；

（4）国内首次进行的外包钢混凝土节点抗震性能试验研究，提出了边节点抗裂和抗剪承载力的计算公式和构造措施。

（四）减震、消能结构

研制开发了钢板屈服型和铅合金型两大类6种消能器（其中铅合金类消能器的研制成功系国内首创，已获得国家实用新型及发明专利），提出了消能器的设置原则，并应用于火电厂主厂房柱间支撑设计中。

三、应用领域与推广方式

研究成果已用于国家标准GB 50260—1996《电力设施抗震设计规范》、DL 5022—1993《火力发电厂土建结构设计技术规定》和DL/T 5085—1999《钢一混凝土组合结构设计规程》的修编中；钢筋混凝土、钢结构和组合楼盖空间作用的研究成果已广泛应用于目前火电厂主厂房结构的抗震设计；减震消能器及高延性钢材已在多项改造或新建工程中应用。

研究成果在国家及行业抗震设计标准或工程设计中的推广应用，不仅能规范和统一火电厂主厂房结构抗震设计标准，确保结构的抗震安全性和电力设备的安全运行，而且能针对结构的薄弱环节加强抗震措施，避免浪费，提高整体抗震能力，减少地震作用给人员和财产带来的损失。

大亚湾核电站运营技术开发与实践

2004年中国电力科学技术奖二等奖

获奖项目编号：2004—02—06
获 奖 单 位：大亚湾核电运营管理有限责任公司
获　奖　人：贺　禹　高立刚　郑东山　卢长申　郭利民　郭希全　宫广臣　赵　昔　顾学言　蒋达进

大亚湾核电站是中国大陆首座百万千瓦级大型商业运行核电站。核电站和国内核电产业对迅速提高运营技术水平，实现高水准运营自主化，创造良好的经济和环保社会效益，有很迫切的要求。

大亚湾核电站积极借鉴国际核电站的运营经验，跟踪国际核电运行技术最新动态，以达到国际一流核电机组运行水平为总体目标，有计划地研究和应用国际核电运营新技术。在提高发电能力、缩短机组大修工期、减少非计划停机等3个重点领域，实施了一系列的新技术研究与应用。应用先进的堆芯燃料管理技术，实现长周期运行，提高机组能力因子以增加发电能力；加强大修计划控制，开发大修新技术以缩短大修工期；应用以可靠性为中心的维修技术（RCM）和概率风险评价技术，以提高设备运行可靠性，降低机组运行风险，减少非计划停机等。

经过8年的运营技术开发与实践，大亚湾核电站已在1999年、2000年、2004年3次获得法国电力公司同类型机组（64台）安全业绩挑战赛核安全第1名。机组运营技术水平进入国际先进行列。电站税前利润由投产初期的年平均11亿元人民币增加至年平均31亿元人民币。

《大亚湾核电站运营技术开发与实践》项目是国内首个针对核电站运营技术开展的专项研究与创新课题，对国内同类型核电站提高运营技术水平有很好的推广应用价值，部分技术成果已直接应用于岭澳核电站新机组、岭澳核电站投产第1年的运营水平远优于大亚湾核电站同期。MAXIMO软件、专项大修技术、维修优化和概率风险评价技术也可用于常规电厂。

公伯峡面板堆石坝混凝土挤压式边墙施工技术研究

2004年中国电力科学技术奖二等奖

获奖项目编号：2004—02—07

获 奖 单 位：黄河上游水电开发有限责任公司
陕西省水电工程局（集团）有限责任公司
国家电力公司西北勘测设计研究院
小浪底工程咨询有限公司

获 奖 人：谢小平 苗树英 孙玉军 武选正 夏 忠 安新义 石四存 范亦农 陈念水 洪 镝 李贵信 王洪训

混凝土面板堆石坝是目前国内外水利水电工程广泛采用的坝型，我国目前有十余座面板坝正在兴建之中。挤压墙施工技术是针对水利水电工程面板坝传统施工方法上游坡面工序繁琐、垫层料碾压质量难以得到有效控制、坡面抵抗雨水冲蚀能力差等薄弱环节所进行的研究。挤压墙施工技术在公伯峡面板堆石坝工程中属国内首次研究和应用，在挤压墙的理论分析计算和施工应用两方面国内尚无开展本项目的研究，所取得的技术成果填补了国内空白，居国内领先水平，尤其是理论计算方面达到国际先进水平。本成果就挤压墙对坝体应力应变和面板约束的影响进行了理论计算分析，得出了挤压墙不会对坝体和面板受力状态产生不利影响，论证了挤压墙技术的可行性；在世界坝工界首次针对挤压墙、面板、坝体联合受力进行理论计算与分析，建立了数学模型研究取得了挤压墙的主要设计参数和控制指标，如渗透系数、抗压强度、弹性模量、密实度指标等，确定了满足设计要求和施工性能的挤压墙混凝土配合比；自行研制了挤压墙施工机械，确定了挤压墙主要施工工艺和具体的施工措施，在施工中应用效果良好，并在国内取得了专利。混凝土挤压墙技术在公伯峡电站的应用，节省了大量的工程投资，缩短了工程周期，提高了工程质量，由此取得了显著的经济效益和社会效益。

本成果应用于混凝土面板堆石坝施工。

火电厂废水零排放技术试验研究及工程化

2004年中国电力科学技术奖二等奖

获奖项目编号：2004－02－12

获 奖 单 位：河北省电力勘测设计研究院
河北西柏坡发电有限责任公司
西安热工研究院有限公司

获 奖 人：李志民 何广仁 史青玉 穆小桂 董建国 徐贵林 刘国平 盖建勇 张贵祥 李潮海

发电量占全国总发电量80%的火电机组面临着水资源缺乏、环境污染的严峻挑战，严重制约电力工业可持续发展。在水资源短缺的北方，工业用水和人民生活用水的矛盾不断加剧，部分地区已危机到现有电厂的正常运行。开发应用火电厂废水零排放技术，已列入电力工业重点发展研究的关键技术之一。

一、研究成果

在研究开发火电厂废水零排放技术中，采用分级浓缩串联补水技术。即第1级原水经工业水系统使用后进入第1级机组循环水系统低浓缩倍率运行，第1级循环排污水经过滤、弱酸离子交换树脂脱碱软化处理后作为第2级机组循环补给水，第2级机组的循环水系统采用高浓缩倍率运行，其排污水经澄清过滤和反渗透处理后作为锅炉补给水处理系统原水和循环水系统补给水。

二、技术特点

①采用分级浓缩串联补水技术，方案合理、设计先进，循环水浓缩倍率高，节水效果明显；②采用反渗透处理高浓缩倍率循环水排污水，解决了循环水排污水回收技术难点；③研究与工程应用相结合，实现了电厂废水零排放的目标，环保效益和社会效益显著；④充分发挥和提高设备的效能，节约投资，占地面积小；⑤水平衡系统经济技术指标先进，国内领先；⑥与空冷机组节水效果比较，2×600MW规模电厂节约投资约4亿元；⑦可在已建和新扩建湿冷机组的火电厂推广应用。

三、创新点

研发的火电厂循环水分级浓缩串联补水和反渗透处理高浓缩倍率循环水排污水，均属国内首创。原理是将不同水质的水分开进行处理，充分发挥和提高设备的效能，成功地解决了提高浓缩倍率与凝汽器管材结垢腐蚀的矛盾和循环水排污水回收技术难点，使制约火电建设的瓶颈取得突破性进展，火电厂循环水分级浓缩串联使用技术申报了国家发明专利，并获第三届河北省十大优秀发明奖。

四、应用情况

应用于4×300MW机组水除灰的西柏坡电厂废水零排放工程，除了自然蒸发外，没有向系统外排放任何废水，在全国火电厂率先实现电厂废水“零排放”，经济效益明显，社会效益和环保效益显著。节水40%以上，耗水指标小于0.6m³/GWs，年节水1500万t左右，可满足50万人年用水需求；避免了废水对地表水系统污染，改善了水环境，满足了生活用水水质要求；不仅解决了电厂因水资源的缺乏、环境污染面临的正常运行危机，而且为电厂可持续发展创造了空间。

五、应用领域与推广方式

该项成果主要应用于电力行业火力发电厂；推广方式是技术咨询、设计服务、技术转让和获取专利技术使用权。

PAC—1000 电力系统失步快速解列装置

2004 年中国电力科学技术奖二等奖

获奖项目编号：2004—02—24
获 奖 单 位：中国电力科学研究院
获　奖　人：蒋宜国　汤　涌　许　勇　杨本渤　王英涛　张金平　王俊永　岳智勇　李建设　李　刚

PAC—1000 电力系统失步快速解列装置是采用全新失步判据的新一代快速解列装置，该装置可安装在输电线路的两端或单端，当系统发生异步振荡，且振荡中心落在被保护线路上时，装置可在系统异步运行发生的第 1 个周期内发出解列命令跳开振荡中心所在断面的线路，本项目的推广将对消除异步振荡、加强互联网的安全起到重要作用。

一、主要成果、技术特性及创新点

(1) 研究开发了一种新型的快速、简单、可靠的电力系统失步快速解列判据和算法。装置根据输电线路功率的变化趋势、线路两端电压相角差的变化趋势以及系统振荡中心的位置等因素来形成失步解列判据，主要具有以下特点：

快速：可以在系统第 1 个异步运行周期内发出解列信号。

准确：可以确定振荡中心的位置，在振荡中心所在的断面将系统解列。

简单：判据运算所需的信号仅为装置安装点的线路电压和线路电流信号，不需要其他辅助信号和远方信号。

可靠：只在异步振荡时发出解列信号，在同步振荡、故障、系统操作、装置故障等情况下均可靠不动作。

适应性强：判据的整定值只与线路参数有关，不受电网结构和运行方式变化的影响。

(2) 开发设计了一种将 PC/104 嵌入式控制系统和多 DSP 并行数据处理系统有机结合起来适用于电力系统安全稳定控制的硬件平台。

(3) 开发设计了一套基于标准 Windows 界面的中央管理站软件包。

PAC—1000 电力系统失步快速解列判据不仅克服了常规失步解列判据所存在的固有缺陷，而且还同时将快速、准确和适应性强三大互斥的优点集于一体，其独特的优点不仅能满足三峡电力系统及全国互联电网对失步解列的快速性和准确性的要求，而且也标志着我国失步解列判据算法达到了一个全新的研究水平，符合当前国际失步解列研究的最新发展趋势。

二、应用领域与推广方式

该项目的主要应用领域为电网安全稳定控制——失步解列。推广方式是市场销售。

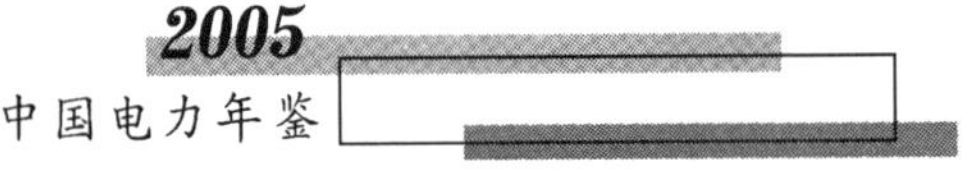

重 大 建 设 项 目

国务院批准建设两大核电工程

为适应我国经济社会发展和能源结构调整的需要，国务院领导同志多次召开会议，广泛听取有关部门、专家学者、科研单位和企业代表对发展核电的意见，就加快推进核电自主化建设作出部署。7 月 21 日，国务院批准建设广东岭澳核电站二期工程、浙江三门核电站一期工程，标志着我国核电自主化建设迈出了实质性步伐。

会议指出，在党中央、国务院的正确领导下，经过核工业战线广大干部职工 20 多年的努力，我国核电事业取得了明显进展。到目前为止，先后有 11 台核电机组投入运行或开工建设。在坚持自力更生方针的同时，积极引进先进技术，提高核电科研开发能力，增强核电设备制造及核燃料生产能力，缩小了与世界先进水平的差距。按照国际标准，建立了比较完善的核安全管理和核事故应急体系。但同时也要看到，核电在我国电力供应中的比重还很低。现有核电站堆型种类多、造价高，自主设计制造能力不强，管理体制不完善等问题，仍制约着核电事业发展。

会议认为，核电是一种清洁安全、技术成熟、供应能力强的发电方式，加快我国核电建设，提高核电在电力供给中的比重，有助于缓解电力增长与交通运输、环境保护的矛盾，对带动高技术产业、装备制造业的发展，促进经济增长，调整能源结构，保障能源安全，实施可持续发展战略具有重要意义。

会议强调，当前，我国核电建设进入了关键时期，加快发展的时机已经成熟、条件基本具备。各有关方面要努力落实国务院领导“不走错一步”的要求，统一组织，统一领导，确保核电自主化开发建设目标的实现。要统一技术路线，抓紧自主化依托项目建设，力求在现有成熟技术上有所突破，努力形成自主设计、设备制造和建设中国品牌核电站的能力。要引入市场机制，引进国外先进技术，提高核电产业竞争能力。搞好核电建设和管理体制改革，做好核电发展规划，合理安排项目建设前期工作。

中共中央政治局委员、国务院副总理曾培炎在核电发展工作会议上强调，各有关方面要按照国务院部署，把核电技术开发、装备制造和项目建设结合起来，积极采用先进技术，努力实现核电产业的自主化和本地化。要高度重视核安全工作，确保核电站建设质量，更好地满足经济社会发展对电力增长的需求。

广东岭澳核电站二期工程

2004 年，根据国家核电自主化工作领导小组的部署，中广核集团开始岭澳二期工程建设。岭澳二期将建设 2 台百万千瓦级核电机组，由国内设计单位设计，核岛主回路系统、常规岛汽轮机、发电机等关键设备都由国内单位为主制造，工程管理、建安施工等均由国内单位承担。设备国产化率在岭澳一期 30% 的基础上，二期的 2 台机组将分别达到 50%和 70%。

岭澳核电站二期工程是继大亚湾核电站和岭澳核电站一期工程成功建设和运营后，按照国务院“以核养核、滚动发展”方针，在广东地区建设的第三座大型商用核电站，规划建造两台百万千瓦级机组。2004 年 7 月 21 日，国务院第 59 次常务会议批准了岭澳核电站二期工程项目建议书。

岭澳核电站二期工程是国家“十五”规划中核电自主化驱动项目，采用岭澳核电站一期工程“翻版加改进”技术方案，项目总投资两百多亿元人民币。2004 年 8 月 31 日，岭澳核电站二期工程主体厂房结构负挖正式开工。根据工程总体进度，计划 2005 年 12 月一号机组主体工程正式开工，两台机组将分别于 2011 年和 2012 年投入商业运行。

浙江三门核电工程

“十五”核电自主化依托项目——浙江三门核电工程前期工程接近尾声，厂址“四通一平”工程接近尾声，海洋、水文工作深入开展，项目国际招标准备工作全面启动，已初步具备正式建设的条件。

浙江三门核电厂工程是国家“十五”期间为缓解浙江省经济快速发展对电力需求的矛盾，由中国核工业集团公司和浙江省人民政府共同努力，通力合作，获得国务院批准立项的电力项目。工程厂址位于浙江省东部沿海的台州市三门县，坐落在三门县健跳镇猫头山半岛上。厂址三面环海，西侧有山体形成的自然屏障。经过十几年的开发和保护，对厂址地质、地震、海洋、水文、气象等环境影响评估已经完成，并通过了国家有关部门和专家的评审。

2003 年 3 月 18 日，三门核电项目进厂道路工程 216 亩土地征用协议签订，标志着浙江三门核电项目“四通一平”阶段的土地征用工作全面完成。在随后的招标中，充分运用系统工程管理并采用无标底招标的办法开展工作，既保证了工程的质量和进度，又节约了大量的建设资金，为降低整个工程的造价打下了坚实的基础。截至目前，“四通一平”工程已接近尾声，三门核电项目已具备开工建设条件。

2004 年 4 月 17 日，三门核电有限公司在浙江三门县举行揭牌仪式，这标志着旨在提升我国核电自主创新能力的三门核电项目一期工程进入全面启动阶段。

三门核电项目一期工程将兴建 2 台百万千瓦级压水堆核电机组，计划通过国际招标高起点地引进目前世界上先进的第三代压水堆核电技术。2004 年 9 月，由中国核工业集团公司、中国广东核电集团公司和中国技术进出口总公司组成的国家核电技术公司筹备组，在“以我为主，中外合作”的基础上正式开始了浙江三门和广东阳江两个核电项目一期工程的国际招标工作。

浙江三门核电项目的厂址规划建造6台百万千瓦级压水堆核电机组，整个项目由中国核工业集团公司、浙江能源集团有限公司、中国电力投资集团核电有限公司、中国华电集团公司和中国核工业建设集团公司分别以51%、20%、14%、10%和5%的股份比例出资建设。按照施工和调试进度，预计该核电项目一期工程将于2012年前后投入商业运行。它的全面建成，将在一定程度上保障我国华东地区不断增长的电力需求量，并合理调整当地的能源结构布局。

三峡至广东±500kV直流输电工程

2004年6月6日，三峡至广东±500kV直流输电工程投运，实现了三峡向广东送电300万kW目标。中共中央政治局委员、国务院副总理曾培炎出席工程投产仪式并作重要指示。

建设三广直流工程是党中央、国务院作出的重要决策，是促进全国电力资源优化配置的重要举措。工程的成功投运，实现了华中电网与南方电网的互联，是三峡输变电工程和西电东送建设的又一重大成果。到2004年4月底，三峡电站共完成发电量180亿kWh，通过三常直流等线路输出，对缓解华东等地区电力紧张状况发挥了重要作用。三广直流工程具备了向广东送电300万kW的能力，对于推进全国联网，缓解当前煤电油运供求紧张矛盾，促进经济平稳较快发展，具有重要意义。

三广直流工程系统复杂，输送距离长，施工难度大，技术引进和国产化任务艰巨。国家电网公司等有关单位精心组织，严格管理，克服非典疫情影响等一系列困难，保证了工程建设与调试工作的顺利完成。工程在施工工期、先进技术应用等方面，创造了多项好成绩，设备国产化比例进一步提高，是我国电网建设史上一个新的里程碑。以三广直流、三常直流工程为标志，我国直流输变电技术迈上一个新的台阶，跨入世界先进行列。

三峡至广东±500kV输电工程于2002年开工建设，2004年4月实现双极投运，实际建设工期仅用了24个月。工程总投资63.5亿元，由4个部分组成：荆州换流站、惠州换流站、荆州至惠州直流线路、OPGW及通信工程。

2004年12月19日，三峡至广东±500kV直流输电工程通过三峡输变电工程国家验收委员会验收，验收组对工程质量、建设进度、投资控制、设备国产化等工作给予充分肯定。

贵广直流单极正式投运

2004年7月16日，±500kV贵广直流输电工程极Ⅱ系统正式投产，为缓解南方电网迎峰度夏用电压力增添了强劲动力。至此，南方电网形成“五交三直”西电东送新格局，八大通道最大输送能力达到1000万kW，实现了一个新的飞跃。

贵广直流输电工程总投资56.3亿元，包括新建安顺、肇庆两个换流站和882km直流线路，设计双极输电能力为300万kW。该工程系统复杂，输送距离长，施工难度大，技术引进任务艰巨。南方电网公司精心组织、严格管理，保证了工程顺利完成。工程施工工期提前7个月，已验收工程质量优良率99.7%，投资在国内同类工程中最低。在先进技术应用方面，创造了三个第一：①在世界上首次采用带正向保护的光直接触发可控硅元件，大大提高了运行可靠性；②其安顺换流站海拔1420m，是目前世界上最高的换流站，首次成功解决了高海拔地区直流输电绝缘方面的问题；③首次采用三调谐交直流滤波器，简化了滤波场的设计。

贵广直流系统极Ⅱ自5月31日投入试运行后，情况稳定，最高输送功率达到满负荷150万kW，未出现大的异常和故障。

南方电网公司将在确保极Ⅱ系统安全稳定运行的同时，继续认真做好极Ⅰ系统的生产准备工作，预计8月上旬开始，极Ⅰ系统站系统调试，可保证10月底双极投运，提前一年零两个月完成党中央、国务院提出的“十五”期末西电东送新增1000万kW的建设目标。贵广直流工程单极的正式投产，使南方电网形成“五交三直”西电东送新格局，开通了西电东送的“宽带网”，大大提高了骨干网架的稳定性。“五交三直”全部为500kW输电线路，包括：天生桥至广东三回交流、贵州至广东二回交流、天生桥至广东直流、三峡至广东直流、贵州至广东直流单极。目前，八大通道合计最大送电能力已经达到1000万kW，除天广双回交流线路外，其余输电线路工程均为“十五”以来新增的，共增加输电能力约880万kW。预计2004年10月份贵广直流双极投运后，南方电网第一阶段目标“电网主网架‘六交三直’九条大通道”将使送电能力超过1100万kW。

6月30日，以贵广直流单极完成试运行为标志的南方电网19项重点工程的全部投产，为迎峰度夏送来了“及时雨”。截至7月12日，南方电网联网省区最高统调负荷达4278万kW，同比增长23%，较去年全年最高负荷高出427万kW。其中，广东、广西、贵州、云南和海南最高统调负荷分别超过历史最高负荷 226 万，82 万，68 万，59 万，17 万 kW。6 月底至 7 月初的几天里，几十年未遇的持续高温使南方电网负荷迅速飙升，南方电网 8 次打破用电纪录，但电网保持了安全稳定运行，尽最大能力满足了电力需求。

华能沁北电厂 60 万 kW 超临界燃煤机组投产

2004 年 11 月 23 日 1 时 17 分，我国首台国产 60 万 kW 超临界燃煤机组——华能沁北电厂 1 号机组顺利通过 168h 试运，正式投入生产。这标志着我国电站设备制造和电力工业装备水平迈上了一个新台阶。

60 万 kW 超临界燃煤机组国产化是国务院确定的“九五”期间九项重大装备国产化项目之一。两台 60 万 kW 超临界燃煤机组的制造和建设，可以为超临界机组的国产化积累经验，使有关设计单位和制造厂掌握该种机组的生产制造技术，并取得国际同类机组的投标资质，从而为形成更高等级机组的开发能力打下基础。

作为我国首座 60 万 kW 超临界燃煤机组国产化的依托电厂，华能沁北电厂由华能国际电力股份有限公司、河南省建设投资总公司、济源市投资公司等合资兴建，是河南省与中国华能集团公司首次合资兴建的、华中地区第一座单机容量 60 万 kW 的大型火力发电厂。电厂总规划装机容量为 6×60 万 kW，一期工程安装两台国产 60 万 kW 超临界燃煤机组。

该工程于 2002 年 9 月正式开工建设，到 1 号机组投产用了不到 27 个月的时间。据 1 号机组安装建设单位东北电建一公司的负责人介绍，截至目前，沁北电厂工程现场生产形势喜人，未发生任何安全事故，工程质量合格率和优良品率均为 100%，且厂用电受电、汽轮机扣盖、锅炉水压、汽机吹管、并网发电等均一次成功。1 号机组从安装开工至投产发电仅用 18 个月零 13 天，创造了国产 60 万 kW 超临界机组和国内 60 万 kW 机组安装新纪录。

500kV 江阴长江大跨越工程投运

2004 年 11 月 18 日，江阴长江大跨越工程竣工投运。从此，在长江两岸多了两座比巴黎埃菲尔铁塔还要高的输电铁塔——500kV 江阴长江大跨越工程的南北跨越塔。这两座目前世界最高的输电铁塔，也为我国电网建设添上了精彩的一笔。

该工程的投运，大大加强了华东电网主网架结构，提高了电网的安全性和可靠性，为田湾核电站电力的安全、可靠送出提供了有力保障，并为缓解华东电网用电紧张局面创造了条件。同时，江苏省内第二条 500kV 过江输电通道的全线贯通，将打破近年来困扰江苏的江北电力南送瓶颈。据悉，这条线路近期可新增送电能力约 320 万 kW。

该工程是江苏 500kV 输变电工程的重要项目和连云港田湾核电站配套送出工程之一，是泰州 500kV 泰兴变电站至无锡 500kV 斗山变电站输电线路工程的跨江部分。工程南北跨越塔高均为 346.5m，是目前世界最高的输电铁塔；跨江档距为 2303m，居世界第三。工程总投资约 3.6 亿元，利用世界银行贷款 2000 万美元。工程业主为华东电网有限公司，江苏省电力公司承担工程建设的具体管理工作，承建单位为江苏省送变电公司。

江阴长江大跨越在施工中创下了多项国内第一：基础施工中，第一次将 PHC 管桩用于电力工程建设；由于跨越塔的位置处于长江“黄金水道”，水运繁忙，施工单位在经过周密的技术论证后，成功实施了在长江不封航条件下的飞机放线；技术人员还自行设计落地抱杆，克服了传统抱杆的缺点，可全方位旋转，具有吊装范围广、起吊重量大的特点，这些都对大跨越的高质量建设起到了重要作用。

构皮滩水电站实现大江截流

2004 年 11 月 16 日，由中国华电集团公司控股建设的贵州乌江构皮滩水电站截流成功，标志着这一“西电东送”关键性工程建设取得了突破性进展，为工程 2009 年提前发电打下了坚实基础。

装机 300 万 kW 的构皮滩水电站，是国家“十五”期间开工建设的大型水电工程，大江截流的成功，标志着中国华电集团“西电东送”电源建设取得了又一重大进展。

构皮滩水电站是乌江水电梯级开发规划中最大的电站，电站位于乌江干流梯级第五级，装机容量 300 万 kW（5×60 万 kW），设计多年平均发电量 96.67 亿 kWh。该工程于 2001 年 12 月开展施工准备，2003 年 11 月正式开工建设。计划 2009 年 7 月首台机组发电，力争 2010 年 5 台机组全部投运。该电站和下游的思林、沙沱水电站将形成贵州东部装机 500 万 kW 的水电群，对于满足广东及贵州电网用电需要、提高乌江中下游及长江中下游防洪能力，帮助当地群众脱贫致富，促进贵州经济社会发展具有十分重要的作用。

重 要 文 献

国务院文件

国务院办公厅关于做好电力迎峰度夏工作的通知

（国办发［2004］47号）

各省、自治区、直辖市人民政府，国务院各部委、各直属机构：

2004年以来，各地区、各部门认真贯彻中央经济工作会议精神和国家宏观调控的政策措施，加强经济运行调节，推进结构调整，使经济生活中的突出问题有所缓解，国民经济继续保持快速增长，经济形势总体是好的。但必须看到，当前经济运行中的一些突出矛盾还没有根本解决，特别是煤电油运供求仍然相当紧张。为做好电力迎峰度夏工作，确保安全有序供电，促进国民经济平稳较快增长，现将有关事项通知如下：

一、有保有限，强化电力需求侧管理

切实做好有序供电、限电。各地区要加快制定和完善电力迎峰度夏工作预案，千方百计确保居民生活用电不受影响，确保农业生产用电不受影响，确保医院、学校、金融机构、交通枢纽、重点工程等重点单位正常用电不受影响，确保高科技等优势企业用电的合理需要。对其他用电单位，分类排队，区别对待，特定不同负荷水平下的拉限电序位表。对符合国家产业政策的连续性生产作业和中断供电可能造成安全事故的企业，要保证用电；对高耗能、低产出的企业，要实行严格的错峰、避峰和限电措施；对不符合产业政策与规划布局高污染的企业要停止供电；对不适宜高温条件下作业的企业，应在夏季用电高峰期间安排停工休假和设备检修。

加大移峰填谷力度。在普遍实行峰谷电价的基础上，供电紧张地区要进一步拉大峰谷电价价差，扩大峰谷电价实施范围，充分利用低谷时段的电能潜力。除了用电负荷大的工业企业外，对普通工业、商业等领域也要推行峰谷电价。为鼓励电厂和电网适应移峰填谷的需要，要尽快实行电厂上网峰谷电价，并与用电侧峰谷电价联动，引导均衡用电和科学用电。各地区要积极筹措电力需求侧管理专项资金，主要用于电力需求侧管理的宣传培训，支持节电产品研究开发、用户节电技术改造、实行可中断负荷的补贴、电网企业负荷管理系统建设等。

二、区别对待，运用价格杠杆调节电力供求

实行差别电价政策。根据区别对待原则，适当提高电力价格。农业和中小化肥生产用电价格不提高；居民用电价格适当提高，由各地区组织召开价格听证会确定；电解铝、烧碱、钢铁、水泥、铁合金、电石等高耗能行业中的淘汰类、限制类企业用电价格多提；电力供应紧张、煤价上涨较多、用户承受能力较强的地区多提，其他地区少提。电价调整的具体方案另行下达。

逐步理顺煤电价格关系。电价调整后，电煤价格不分重点合同内外，均由供需双方协商确定；对已签订的重点电煤订货合同，煤炭企业必须继续履行并保证优先供货，铁路、交通部门运输上继续优先保证；同时尽快实施煤电价格联动机制。煤炭企业要充分考虑用户的承受能力，合理调整煤炭价格。发电企业要努力通过提高贮率、降低消耗，消化部分煤价上涨成本。如果煤炭价格上涨幅度过高，价格主管部门要依据有关法律法规，适时进行干预。

三、加强调度和协调，充分发挥现有设施能力

优化电力调度。各级电力调度尤其是区域电网调度要按照“公开、公平、公正”的原则，加强优化调度和做好短期电能交易工作，切实保证本区域电力供应。在保障安全运行的前提下，加大跨区跨省的峰谷、丰枯余缺调剂力度，科学合理地安排运行方式，挖掘现有发电机组和输电线路的潜力，提高资源利用效率。

保证发输电设备正常运行。电力企业要合理安排发输电设备检修计划，避开用电高峰期修，加强设备维护和运行考核，及时发现并处理各种异常情况，确保发输电设备正常运行，减少非计划停机等生产事故

的发生，提高设备利用率。妥善处理防洪与发电的关系。发展改革委、水利部等部门要督促有水电装机的地区，密切关注雨情水情，科学确定水库的汛限水位，优化用水调度，统筹安排防洪、灌溉和发电，在确保防洪安全的前提下，最大限度地利用水力资源多发电。

四、切实做好电力迎峰度夏保障工作

千方百计增加电煤库存。发展改革委要会同有关部门和地区继续做好煤炭资源、运输的协调工作，采取有力措施，增加重点电厂煤炭库存；尤其要做好沿海地区台风来临前的电煤抢运工作，保证重点电厂稳定运行。

做好运输保障工作。铁路部门要继续调整运输结构，加快车辆周转，突出重点急需，增加紧缺地区电煤运量。交通部门要加强对货运市场的监测，充分发挥骨干企业的作用，切实组织好车船调配和港口装卸工作。交通、公安等部门在治理公路超限超载时，要建立煤炭运输快速通道，严禁重复检查、重复罚款，降低公路运输成本，对跨省应急运输车辆优先放行。

整治市场秩序和外部环境。各级煤炭经营管理部门要加强监管，严格煤炭经营企业的资格审查；要会同工商、质检、价格等部门，依法坚决打击违法经营、掺杂使假、以次充好、囤积居奇、哄抬物价等不法行为。清理整顿煤炭运销环节的乱收费行为。公安部要会同有关部门加大执法力度，组织专项行动，严厉打击各类破坏电力、输油管道等设施的违法犯罪行为。

五、高度重视安全生产

各地区、各部门和煤电油运企业要牢固树立“安全第一、预防为主”的思想，正确处理安全与生产、安全与效益的关系，加强高负荷作业下的安全巡查，做好设备检修维护工作，提高企业安全管理水平和设备运行可靠性。在迎峰度夏来临前，安全临管局、电监会和有关部门要对煤炭、电力、石油、交通运输等企业开展一次安全生产大检查，及时排查整治各类隐患，坚决杜绝重特大事故的发生，确保安全生产形势的稳定。

省级、地级人民政府要组织制订应对大型电网事故的应急预案。国家电网公司和南方电网公司要会同发电企业针对薄弱环节组织反事故演习，提高处理突发事件的能力。金融、通信、广播电视、医院和机场等重要单位要安装备用电源。

六、加快建设一批见效快的煤电油运项目

在保证工程质量的前提下，要加快在建电力项目的建设进度，有条件的地区争取多投产、早投产一些发电机组和输电线路。确保三峡水电站配套输变电工程、跨江输电线路等一批重点项目按期投产。加快在建煤矿建设进度，支持国有大矿通过收购、兼并、联合、重组等方式改造一批中小煤矿。按照规划和布局，对初步确定的一批基础条件好的大中型煤矿，尽快实施改扩建，力争多增加产能产量。加快实施大秦、西延线等铁路工程建设，提高煤炭外运能力。加快秦皇岛、天津、日照港煤炭码头的扩能改造和南方港口接卸能力建设。石油天然气集团公司、石油化工集团公司要加快实施已经确定的炼油综合能力配套技术改造项目，尽快发挥已形成的原油加工能力。

七、大力推进节能降耗

大力推广应用节能新技术、新设备，加快淘汰高耗能落后工艺、技术和设备。加强企业生产调度和运行管理，充分利用余热、余压发电。组织开展节能监测和节电技术服务，今年要着力推进冶金、有色、电力、石化、建材等行业节能降耗和资源综合利用。严格控制夜景照明用电，提倡城市照明节约用电。党政机关、商场、商务楼、宾馆、饭店等要适当调高夏季空调温度，降低空调用电负荷。

八、做好当前运行调节与长远建设的衔接

要把努力解决当前煤电油运突出问题与搞好长远建设有机结合起来。加快制定和实施煤电油运发展规划，加强各专项规划之间的衔接，充分发挥规划的指导和信息引导作用，防止盲目布局、无序投资建设煤电油运项目。要加快煤炭后续资源的勘探，抓紧做好前期工作，尽快再建成几个大型煤炭基地，通过改制重组形成若干大型煤炭企业集团。

九、加强组织领导和协调配合

各地区、各部门及各有关企业要按照党中央、国务院的决策和部署，高度重视，落实责任，把缓解煤电油运供求紧张矛盾和做好电力迎峰度夏工作作为当前的一项重要任务抓实抓好。要加强组织领导，建立健全煤电油运综合协调工作机制，及早发现、及时解决供需衔接中的突出矛盾和问题；要强化全局观念，搞好协调配合，自觉服从国家宏观调控大局，加强省际、区域间协作，严禁地区封锁，维护市场的统一有序，切实做好煤电油运协调和电力迎峰度夏各项工作，保障国民经济平稳较快发展。

二〇〇四年六月七日（印）

国务院批转发展改革委关于坚决制止电站项目无序建设意见的紧急通知

（国发［2004］32号）

各省、自治区、直辖市人民政府，国务院各部委、各直属机构：

发展改革委《关于坚决制止电站项目无序建设的意见》已经国务院同意，现转发给你们，请认真贯彻执行。

近几年来，为适应国民经济和社会发展的需要，缓解电力供应紧张的矛盾，国家加大了电力建设力度，新开工建设与投产运行的电站规模逐年增加。2004年已批准新开工发电项目6000万kW以上，预计投产5100万kW。同时，国家还积极采取措施，努力解决当前煤电油运紧张问题，保障社会正常的生产和生活秩序。

在当前电力供应紧张的情况下，各地区、各部门总体上能够正确把握形势，按照国家规划和有关规定，积极落实各项建设条件，加快电力工程建设，为缓解当前电力供应紧张局面发挥了重要作用。但也必须看到，有些地区和企业没有认真执行国家有关政策和规定，盲目铺摊子上项目，违规建设电站工程。特别是从2003年以来，一些地区和企业不顾国家多次重申电力建设必须有序发展的要求，继续违规开工建设了大量电站项目，致使电站在建规模远远超出电力规划确定的目标，同时也超出了资源和环境的承受能力，极易再次形成高耗能工业无序发展的恶性循环。这种情况如果任其发展，势必扰乱国家能源总体战略的实施，引发电力布局混乱，煤炭供应和运输能力失衡，金融风险压力加大，以及电力工业技术水平的倒退等问题，也为今后电力结构和产业结构调整留下隐患。国务院高度重视当前电力建设中出现的问题。为巩固和扩大宏观调控成果，防止违规建设电站项目影响经济建设正常秩序，当前需要尽快采取措施，坚决制止电站项目无序建设的势头。各地区、各有关部门和单位必须按照通知精神和要求，高度重视，组织力量，认真清理违规建设的电站项目，提出停缓建的处理意见，并负责做好各项善后工作。对少数大规模违规建设电站的地区，发展改革委要会同有关部门进行专项重点检查，有关省级人民政府要认真向国务院作出说明。

各地区、各有关部门和单位要牢固树立和认真落实科学发展观，把经济发展的着力点放在调整结构、深化改革、转变经济增长方式上，努力提高能源利用效率，节约资源，正确处理好电力建设局部与全局、近期与长远的关系，切实促进电力工业的健康有序发展。

各省级人民政府和国家电网公司、中国南方电网有限责任公司、有关电力集团公司要在2004年12月31日之前，将清理情况和处理意见报国务院并抄送发展改革委等有关部门。发展改革委要会同有关部门对清理工作进行指导，加强监督检查。

二〇〇四年十一月二十四日（印）

关于坚决制止电站项目无序建设的意见

（发展改革委　2004年11月）

近几年，全国电力需求快速增长，一些地区电力供需矛盾突出。为尽快缓解电力供需矛盾，国家在加强电力需求侧管理的同时，加大电力建设规模，加快电力建设进度。继2001年、2002年和2003年分别批准开工电站项目2140万、2337万kW和3111万kW后，2004年已经批准开工电站项目6110万kW，预计未来一至两年内，发电能力不足的问题能够基本得到解决。但是，在国家加快电力建设的同时，一些地区和企业，无视国家三令五申，违反国家规定和产业政策，未经批准和充分规划论证，大规模建设电站项目。据初步统计，2004年各类电站开工规模高达1.5亿kW，当前全国在建电站规模已达2.8亿kW，其中未完成或未履行任何国家核准手续而擅自开工建设的电站项目规模高达1.2亿kW。

违规电站项目的建设，加剧了煤炭供应、交通运输和发电设备制造能力紧张的矛盾，严重超出了经济、市场、资源和环境的承受能力。这种情况如果发展下去，势必导致今后一段时间内发电能力大量过剩，电力建设规模出现大起大落，进而再次形成高耗能工业与电站建设相互推进的恶性循环。违规建设形成的闲置发电资产，还将大量增加金融机构不良贷款，加大金融风险，损害国家整体利益，给国民经济的健康发展带来严重的负面影响。

为巩固和扩大宏观调控成果，贯彻落实国家电力工业发展规划和相关产业政策，维护国家电力建设和投资监管法律、法规的严肃性，促进电力工业全面、协调和可持续发展，必须采取措施尽快制止当前出现的大规模违规建设电站的势头。现提出以下意见：

一、按照科学发展观的要求，进一步统一思想认识。各地区、各有关部门和企业要充分认识违规建设电站项目的严重危害，正确处理好局部与整体、近期与长远的关系，客观分析资源、市场、运输和环境承载能力等外部条件，在国家电力发展规划和产业政策指导下，严格执行国家电力项目投资监管的法律、法规和程序，合理、有序建设电站项目。

二、保持电力工业持续较快健康发展。发展改革委将按照国家电力发展规划实施进度和项目核准制的要求，从满足当前快速增长的电力需求出发，充分考虑资源开发、煤炭生产、设备制造、交通运输、环境保护等因素，继续加快规划内电站项目的核准工作。对已经国家核准的项目，各地区、各有关部门和企业，要按照保工程质量、保设备到货、保资金到位的原则，加快工程建设进度，确保项目按期投产，并争取提前投产。

三、认真清理违规电站建设项目。对于违规在建电站项目，特别是未完成土地征用、环境评价、银行贷款评审手续，取用地下水作为发电用水，煤炭、运输不落实的项目，要认真进行清理。电网企业不得为其接入系统；银行及有关金融机构不得为其提供贷款；国土管理部门不予审批用地，已批准的要收回土地使用权；交通运输部门不予安排运力或铁路接轨；设备制造企业不予供应设备。对这些项目，要根据能源、电力发展规划的要求和各电站项目的具体情况，分类予以处理。

（一）对未经国家批准或核准、未经充分论证、各方面条件不具备的电站项目，要立即停止建设，进行认真清理。

（二）对按国家原电力项目审批程序已批准项目建议书，但未完成核准程序、提前开工的项目，均暂缓建设。当地政府和项目单位要根据国家有关规定，完善建设方案，补充申报材料，补办相关手续，待相关条件具备并完成国家核准后，方可继续建设。国家将抓紧办理这类项目的核准手续。

（三）对已经投入运行的违规电站项目，要区别情况，认真清理，严肃处理。这些项目中，对违反产业政策、不具备环保和用水等条件的，要限期整改；整改后仍达不到要求的，应停止运行并做好善后工作。对符合建设运行条件或整改后符合建设运行条件、经论证可保留的项目，要采取有区别的价格政策，将价差收入上交国家财政，具体办法另行制订。

四、各省级人民政府要认真清理违规建设的电站项目，要按国家电力发展规划和合理布局的要求，会同有关单位提出停缓建的处理意见，该停的要停，该缓的要缓，并负责切实做好善后处理的各项工作。各地区和各有关企业于 2004 年 12 月底前将对所有违规项目的处理意见报国务院并抄送发展改革委。

五、发展改革委将会同国务院有关部门，加强对电力项目建设全过程的监督，做好电力规划和产业政策的宣传工作，防止继续出现违规建设电站项目的行为。要密切关注电力市场供求关系的变化，科学引导企业的投资和经营行为，对存在违规建设行为的项目单位，要认真检查其停建或缓建的工作情况。对未按照上述要求认真处理违规电站项目和未及时补办违规项目核准手续的项目单位，其申报的新建电站项目，一律不予受理。

六、各级国土、环保、铁路和水利等部门要认真执行相关法律法规，按照国家清理违规项目的总体部署，配合做好相关项目停工等善后工作。

七、请银监会督促金融机构对违规电站项目贷款进行认真清理。按有关金融法律法规应当停止贷款的，要及时纠正，收回贷款。

八、各级价格主管部门要积极推进电价改革，加强对电力价格政策执行情况的监督检查。电监会要会同发展改革委，抓紧区域电力市场的建设工作，尽快制订、完善电力市场交易模式和规则，及时公开交易信息，强化市场对投资的导向作用，抑制非理性投资电站建设的行为。

九、抓紧制定和完善电力建设管理和投资监管方面的法律、法规，进一步明确电力规划、项目前期工作、工程建设管理等环节的内容和程序，以及国家相关部门和企业的法律责任，加强项目稽察工作，加大对违规行为的处罚力度，实现电力建设的法制化管理。

清理违规建设电站项目，保持电力工业正常的建设秩序，需要地方各级人民政府、国务院各有关部门和企业齐心协力，密切配合。各有关方面要按照本意见的要求，抓紧开展工作，尽快遏制违规建设电站项目的势头，维护电力建设秩序，切实保障国家经济安全。

国家发展和改革委员会文件

关于组织实施国家重大产业技术开发专项的公告

为全面贯彻十八届三中全会精神，加快实施国民经济可持续发展战略，加强国民经济的宏观调控，推进我国产业结构调整和技术升级，加快新型工业化道路进程，国家发展和改革委决定组织实施国家重大产业技术开发专项，以提高我国产业技术水平和核心竞争力，现就有关事项公告如下：

一、专项组织的指导思想和原则

专项组织要坚持科学发展观，按照新型工业化的要求，以市场为导向，加强技术创新，充分发挥和调动各方面的积极性，充分利用国际国内两种资源，努力突破一批重大共性关键技术，实现产业技术的跨越式发展。

国家重大产业技术专项以促进产业技术升级，加快产业结构调整，切实解决制约国民经济发展的重大技术瓶颈问题，增强产业发展核心竞争力为目标。坚持市场机制与政府组织协调相结合；坚持重点突破与应用导向相结合；坚持当前发展和前瞻研发相结合；坚持自主创新与技术引进、消化吸收相结合；坚持以企业为主体、产学研相结合。

二、专项实施内容

从2004年开始，围绕重点产业、重点领域和重点企业，重点组织实施10项重大产业技术专项，具体内容包括：

（1）资源勘探开发与高效利用关键技术；

（2）大型石油、天然气和煤化工及新型催化关键技术；

（3）节能和新能源关键技术；

（4）工业节水关键技术；

（5）环境保护关键技术；

（6）资源综合利用技术；

（7）安全生产关键技术；

（8）先进制造关键技术；

（9）农产品深加工关键技术；

（10）交通现代化关键技术。

三、总体目标

国家重大产业技术专项将结合国民经济发展和国家重大建设工程的需要，围绕重点产业、重点领域和重点行业中突出问题，以国家重点建设工程和重点建设项目为依托，重点攻克一批产业发展中的重大共性、关键技术，带动并促进产业结构调整和优化升级，提升产业的核心竞争力，加快高新技术和先进适用技术向传统产业的渗透和融合，为我国国民经济持续、快速、协调、健康发展提供技术支撑和保障。

四、先期启动专项的重点开发内容和预期目标

按照专项前期工作进展和当前急需，拟先期启动安全生产关键技术开发专项。专项开发的重点内容和力争在2～3年达到的预期目标为：

（一）电网安全稳定运行及控制技术

（1）区域互联电网稳定控制技术，重点开发广域测量技术、在线安全稳定评估技术、快速故障阻隔技术、电网信息安全深度防护技术等。

（2）大容量、远距离直流输电的电网稳定技术，重点开发交直流并列运行系统在线稳定控制决策支持系统、多回路直流协调控制技术、直流多落点电网的安全稳定技术、直流输电系统在电力系统稳定分析中的详细模拟技术等。

预期目标：形成我国电网的广域测量系统，实现电网主要厂站的实时测量，改变现有状态评估方式，使大区测量时间由10min左右提高到微秒级。提高在线动态安全稳定评估反应速度，全国电网安全分析，使现在的大区评价时间2～3周，缩短到10min左右；增强电网安全性，使互联电网快速解列时间提高数百微秒；形成大容量、远距离直流输电的电网稳定技术，掌握直流输电系统的协调控制技术和仿真技术。

（二）矿山安全生产快速反应联动监控、重大灾害的监控预警技术

（1）高可靠性快速反应监测监控技术、重点开发快速智能监控技术、系统故障自动诊断技术、井下电

网故障自动监控技术、关键传感器快速检测技术、大容量本安电源技术等。

(2) 矿井主要灾害预防集成技术，重点开发重大瓦斯灾害隐患辨识及控制技术、火灾隐患辨识及控制技术、水灾的监测预警及探查与封堵技术等。

预期目标：提高现有综合监控反应速度（30s）5倍以上，无故障运行时间（1/700h）提高2倍，全面提高安全监控系统的可靠性和快速反应能力；瓦斯传感器反应速度由30s提高2倍、使用寿命由一年和调校周期由1～2周提高1～2倍、粉尘浓度传感器达到实用化；形成重大瓦斯灾害、矿山火灾、水灾等主要灾害预兆识别及其危险性的自动分析、防灾应急预案自动生成和灾害应急控制系统。

五、有关工作安排

(1) 请国务院有关部门，各省、自治区、直辖市、计划单列市、新疆生产建设兵团发展改革委（计委、经贸委、经委），计划单列企业集团作为主持单位，认真做好国家重大产业技术专项的组织与申报工作，结合本公告具体要求与本部门、本地区实际，做好项目的组织申报工作，同时汇总相关立项申请材料，报国家发展改革委。

(2) 国家发展改革委将按照公正、公平的原则，委托有资格的中介机构或组织专家组对项目进行评审，并以此为依据研究确定是否立项，对已同意项目的项目，由项目主持单位组织项目申报单位编制可行性研究报告上报。

(3) 申请项目的单位应具有独立企业法人资格，有较强的技术创新能力和承担项目所需的研究开发以及相应的经济实力，鼓励产学研联合。

(4) 项目申报单位应按照公告的具体要求，认真填写项目立项建议书（格式要求附后）等材料，申报材料一式三份，并附电子版。

(5) 安全生产关键技术专项申报截至日期为2004年6月20日。

附件：

国家重大技术装备研制和重大产业技术开发专项项目立项建议书（略）

二〇〇四年四月三十日（印）

国家发改委出台疏导电价矛盾方案

国家发展和改革委员会2004年6月17日发出通知，调整了南方、华东、华中、华北4个区域电网的电价，着力疏导电价矛盾，规范电价管理，缓解电力供需紧张局面，保持国民经济平稳较快发展。

全国销售电价水平每千瓦时平均提高2.2分，旨在解决电网投资还本付息、电厂用煤涨价、新投产发电机组定价等因素对电价的影响。为了规范电价管理，积极引导电力投资，鼓励电力企业降低成本、提高效率，国家发改委颁布了各省（区、市）新投产机组统一的上网电价、燃煤电厂统一的政府定价电量，以及发电企业统一的超发电价。

为发挥价格杠杆调节电力供求、引导用户合理用电的作用，缓解季节性、时段性缺电矛盾，国家发改委会同有关部门和有关地区在2003年修订并发布了12个省份峰谷分时电价办法的基础上，进一步完善了上海、江苏、北京、天津、河北、江西、湖南、河南、重庆等省（市）的分时电价办法，扩大销售侧分时电价执行范围，拉大峰谷价差。

为了抑制高耗能行业盲目发展，促进技术进步和产业结构升级，提高能源利用效率，本次电价调整时，国家发改委还对电解铝、铁合金、电石、烧碱、水泥、钢铁等6个高耗能行业按照国家产业政策的要求，区分淘汰类、限制类、允许和鼓励类企业试行差别电价。对上述行业中国家产业政策允许和鼓励类企业，电价随各地工业电价统一调整；国家产业政策限制类和淘汰类企业，电价在以上基础上每千瓦时再分别提高2分钱和5分钱。

为减轻农民负担，这次调价时，农业、中小化肥用电价格不作调整，其中农业生产中电价较高的部分种植业和养殖业用电电价还有所降低；商业电价按照与工业用电合理比价的原则进行了有升有降的调整；大部分地区居民生活电价未作调整，部分地区需要调整居民生活电价的，要依照法定程序召开听证会广泛听取公众意见。

将按照以上原则对东北、西北地区电价进行调整。

国家发展改革委关于加强电力建设管理，促进电力工业有序健康发展的通知

（发改能源［2004］272号）

各省、自治区、直辖市发展改革委（计委）、经贸委（经委），中国人民银行、银监会、电监会、国家开发银行、中国工商银行、中国农业银行、中国建设银行、中国银行，中国华能集团公司、中国大唐集团公司、中国华电集团公司、中国国电集团公司、中国电力投资集团公司、神华集团公司、国家开发投资公

司，国家电网公司、中国南方电网有限责任公司，中国电力工程顾问集团公司、中国水电工程顾问集团公司、中国水利水电建设集团公司、中国葛洲坝集团公司，中国机械工业联合会：

2002年下半年以来，随着经济快速增长和部分地区水文、气候出现异常现象，全国电力供需矛盾再度突出，电力供应形式紧张，部分地区出现了拉闸限电的情况。为保证电力供应，国家加快了电力项目建设，同时采取了一系列加强用电侧管理、挖掘现有电力设施潜力等措施，对缓解电力供应紧张局面起到了积极作用。国家还将按照合理布局、优化结构的原则，继续加快电力项目建设。

但是，受电力需求快速增长和电力供应紧张形式的影响，目前部分地区出现了无序建设电力项目的现象。主要表现为：一些地方制定不符合本地实际的庞大发展规划，有的越权自行审批、建设大批小型燃煤电站，一些发电公司争相占点、盲目布局，加剧了煤炭、运输、水资源供应紧张，同时造成发电设备制造能力严重不足，国家重点项目设备交货施期。这种情况如果任其发展，势必造成电力项目布局失衡，结构恶化，电源和电网建设失调，煤炭供应和运输混乱，最终导致电力工业发展大起大落，影响经济和社会发展。

为保证电力工业的有序健康发展，促进经济的可持续发展，经国务院同意，现将有关事项通知如下：

（1）加强对电力建设的管理。各地区、各有关部门以及企业必须严格遵守国家关于电力项目建设与管理的有关规定，严格执行国际建设程序，规范电力项目前期工作，不得违反国家电力项目建设审批（核准）程序，擅自新上电力建设项目。

（2）有关部门要加强电力规划的编制和审批工作，加快规划内电力项目的评审，并确定项目顺利实施，以保持适度的建设规模，满足国民经济对电力的需求。

（3）有关省（区、市）人民政府职能部门和各主要发电企业，要对违反电力建设审批程序的项目进行清理，将清理情况于2004年3月底前报送我委。对其中已经建成或在建的符合产业政策和电力规划，满足环保要求，建设条件能够实现综合平衡的项目，要严格按照国家建设程序补办审批或确认手续。

（4）凡未经批准擅自建设的发电项目（包括已建成未补办手续的），银行不应提供贷款；设备厂家不得与其签订供货合同，已签订合同的，要按本通知精神进行清理；电网企业不得与其签订并网协议，不得为此类项目建设接入系统工程，不得调度其上网发电；有关部门不负责保证其燃煤供应和运转。对继续违反电力建设审批程序，盲目新上电力项目，造成燃料、水资源、运输条件等紧张和经济损失的，将追究有关地区和部门领导的责任。

二〇〇四年三月十八日

国家发展改革委、电监会关于贯彻落实国家电价政策有关问题的通知

（发改价格［2004］1149号）

各省、自治区、直辖市发展改革委、物价局、电力公司，各区域电监局，国家电网公司、南方电网公司，华能、大唐、华电、国电、中电投集团公司，华北、东北、华东、华中、西北电网公司：

为疏导电价矛盾，调节电力供求，经国务院批准，近日，国家发展改革委商国家电监会出台了调整电价水平、规范电价管理的有关政策。为了确保国家政策执行到位、落到实处，现就有关事项通知如下：

一、统一思想，提高认识，做好宣传和落实工作

2004年以来，全国已有24个省（区、市）出现不同程度的拉闸限电，三季度的电力供需形势将更加严峻。同时，电力企业面临较大的成本增支压力。一方面，为提高电网供电能力和供电质量、实现城乡用电同网同价，1998年以来电网企业新增投资7000亿元，造成资产负债率上升、还本付息压力巨大；另一方面发电用煤价格猛涨，发电企业经营、困难。为了调节电力供求，解决电网企业建设与改造投资还本付息、煤炭价格上涨等问题，国务院决定对全国电力价格水平作适当调整，这是当前国家为缓解电力供应紧张局面而采取的一项重大调控措施。各地区、各有关部门要提高认识，统一思想，顾大局、识大体，正确处理局部与整体、眼前与长远、中央与地方的利益关系，严格按照国家规定执行，同时要通过各种方式做好这次电价调整的宣传解释工作，确保国家出台的电价调整和规范电价管理的各项政策、措施得到贯彻落实。

二、严格执行国家电价政策，切实将各项电价调整措施落到实处

（一）各地电力企业应严格按照国家规定的价格调整水平、调整时间执行到位。不得擅自提高或降低价格，也不得提前或推迟执行。

（二）电网企业与发电企业结算上网电价时，应严格按照国家核定的价格水平和发电利用小时执行，超过国家核价发电利用小时的电量，要严格执行国家

规定的超发电价。

（三）各地电网企业应严格按照差别电价政策界限，对电解铝、铁合金、电石、烧碱、水泥、电炉钢等6个高耗能行业，区分淘汰类、限制类、允许和鼓励类企业执行差别电价。执行中如有分歧，可报请省级发改、经贸、物价部门进行认定。同时请有关部门尽快制订实行差别电价的操作方法，报国家发展改革委备案。

（四）新实行尖峰电价和修订峰谷分时、丰枯季节电价地区的电网企业应尽快调整表计，按照国家规定的原则和确定的标准执行，确保以上措施在今年迎峰度夏工作中发挥作用。严禁借执行分时电价之机变相提高或降低电价。

（五）除国家批准以外，其他地区电网企业应严格按照国家有关规定，坚决取消地方自行出台的优惠电价措施，合理引导电力消费。

（六）各地电网企业应按照本地区统一的征收标准，对自备电厂（不含利用余热余压发电、事故备用柴油发电机组）自发自用电量征收三峡基金、农网还贷基金每千瓦时2分钱、城市公用事业附加费等政府性基金和附加，上缴国家财政部门，并按照现行财务制度规定专款专用。各地电网企业对接网的自备电厂应征收系统备用费，具体征收标准由省级价格主管部门制定，报国家发展改革委备案。

（七）各地电网企业应严格执行国家规定的农业经济作物、养殖业用电价格和中小化肥用电价格政策。

（八）拟调整居民生活电价的地区，请当地省级价格主管部门认真组织召开听证会，报国家发展改革委核准。

（九）电价调整后，提价收入应用于电力建设和发展。电网企业提价收入应用于增加电网建设投入、归还贷款本息。农网还贷资金应专款专用。禁止将提价收入用于提高工资、奖金和其他福利性支出。

三、进一步推行电价、电量和电费“三公开”制度，维护电力市场正常秩序

各地价格主管部门和电力企业要按照《国家发展改革委、国家电监会关于对电价违法行为进行整改规范电价管理有关问题的通知》（发改价格［2003］1152号）和《国家发展改革委关于进一步疏导电价矛盾规范电价管理的通知》（发改价格［2004］610号）要求，推行电价、电量和电费“三公开”制度，采用适当方式尽快向社会公布电价和电量以及电费结算情况，以利于各方面监督执行。国家电监会和国家发展改革委将研究制定“三公开”制度的具体办法，尽快下发实施。

四、加强对电价执行情况的监测，及时报告情况

电价疏导矛盾文件出台后，各地价格主管部门要密切监测本地区电价执行情况，注意听取电力、企业、电力用户特别是高耗能用户的意见和建议，分析峰谷电价、分时电价在迎峰度夏中的作用，要按照国家有关规定妥善处理好电价执行中出现的新情况、新问题。同时，各省级价格主管部门要自6月28日至8月8日，每周一向国家发展改革委（价格司）上报一次电价执行情况，同时抄报国家电监会。遇有特殊问题要及时报告。传真电话：（010）68502287、68502183，（010)66022132(国家电监会)。

五、加强电价监督检查，加大查处力度

各地价格主管部门和电力监管机构要加强对国家政策执行的监督检查，督促各项电价政策措施执行到位，确保国家有关价格宏观调控政策的落实。国家发展改革委和国家电监会将从7月起对各地电价调整及执行电价政策情况进行专项检查，依法查处价格违法行为。

二〇〇四年六月二十一日（印）

国家发展改革委关于对部分地区电煤价格实行临时性干预措施的通知

（发改电字［2004］133号）

河南、安徽、山东、山西、陕西省发展改革委、物价局：

2004年以来，煤炭资源供应偏紧，煤价持续上涨。为稳定电煤价格，保证电力迎峰度夏工作的顺利进行，根据《价格法》及《国务院办公厅关于做好电力迎峰度夏工作的通知》（国办发［2004］47号）精神，经国务院批准，决定对部分地区电煤价格实行临时性干预措施。现将有关事宜通知如下：

一、鉴于部分煤炭主产地区出现煤价大幅上涨情况，对电煤的正常供应和电力生产安全产生不利影响，决定对河南、安徽、山东、山西、陕西5个煤炭主产省电煤销售实行临时性价格干预措施。自本通知下发之日起，上述地区应以5月底电煤实际结算车板价为基础，在不超过±8%的幅度内，由煤炭企业和电力企业协商确定价格。

二、煤电双方，6月份已协商确定的电煤价格，

仍可继续执行。

三、在本通知下发之前煤电双方已进行的煤炭实物交易，按原协商确定的价格执行。

四、煤炭、电力企业要以大局为重，不得因为价格协商不一致而停止供煤或停止发电。

五、煤炭企业要在确保安全的前提下，千方百计增加电煤供应，对已签订的重点合同，要保证优先供货；铁道、交通部门要继续调整运输结构，优先保证电煤运输；电力企业要努力提高效率、降低消耗，消化煤价上涨增支因素。同时，有关部门要采取相应措施，鼓励煤电双方订立长期、稳定的购销合同，减少中间环节；督促煤炭、电力企业信守合同，并建立煤炭、电力运行协调、联系制度，及时沟通信息，缓解市场供求矛盾，保证煤炭、电力生产和供应的正常进行。

六、各有关单位要严格执行电煤价格干预措施，地方政府不得直接干预电煤价格。要加大对煤炭市场流通秩序的整顿力度，国家发展改革委将会同国家电监会组织对电煤价格和收费的专项检查，尤其是煤炭主产地区的价格主管部门要立即开展此项工作，依法查处不执行电煤价格干预措施的违法行为，严厉查处倒买倒卖煤炭、降低质量变相加价的行为，清理整顿中间环节的各种乱加价、乱收费，纠正和查处地方政府部门的越权收费行为，会同铁道部门规范运输市场价格秩序，对典型案件予以公开曝光。

七、本通知自下发之日起执行。

二〇〇四年八月三日（印）

关于建立煤电价格联动机制的意见的通知

（发改价格［2004］2909号）

各省、自治区、直辖市发展改革委（计委）、物价局，国家电网公司、南方电网公司，华能、大唐、国电、华电、中电投集团公司，国家开发投资公司，神华集团公司，中国中煤能源集团公司，中国煤炭运销协会，中能电力工业燃料公司：

2003年以来，我国经济运行中资源约束矛盾加剧，煤炭、电力供应紧张，价格矛盾突出。为理顺煤电价格关系，促进煤炭、电力行业全面、协调、可持续发展，经国务院批准，决定建立煤电价格联动机制。现将《关于建立煤电价格联动机制的意见》印发你们，并就有关问题通知如下：

一、加强电煤价格监测工作

及时、准确地掌握煤价变化情况是顺利实施煤电价格联动的关键。各级价格主管部门要加强对本地区发电用煤价格的监测，尤其是对地方国有煤矿、乡镇煤炭价格的监测；煤炭运销协会和中能电力工业燃料公司，要分别对国有重点煤矿出矿价（车板价）和发电企业到厂煤价、从煤矿购煤的车板价进行监测。有关煤炭、电力企业要及时、真实、准确、完整地提供煤炭价格资料。各省（区、市）价格主管部门和煤炭运销协会、中能电力工业燃料公司每月要向我委报告汇总的煤价监测数据。

二、稳妥实施煤电价格联动

煤电价格联动由我委组织各省（区、市）价格主管部门及有关电力、煤炭企业实施。首次煤电价格联动以2004年5月底煤炭企业销售电煤的车板价为基础，根据6～11月电煤车板价的平均涨幅，按照本文所附煤电价格联动公式测算和调整发电企业上网电价和电网经营企业对用户的销售电价。电价调整将尽量以区域电网为单位进行。区域电网以煤价涨幅差距较大的，分省（区、市）调整电价。为保证首次煤电价格联动的顺利实施，调整电价时电网经营企业输配电价标准维持现行实际水平不变，居民、农业、中小化肥电价暂不作调整。

三、适当调控电煤价格

为保持国民经济的平衡、协调发展，决定2005年在全国范围内对电煤价格进行适当调控。具体措施是：

（一）煤电双方已签订长期供货合同、并在合同中明确了电煤交易价格的，按照合同价执行，铁路、交通部门优先安排运力。

（二）对尚未签订长期合同的电煤，2005年车板价以2004年9月底实际结算的车板价为基础，在8%的幅度范围内，由煤电双方协商确定。

2004年煤价已经较高、涨幅较大的，按较低的幅度协商；煤价较低、涨幅较小的，可按较高的幅度协商。

煤、电企业在协商确定电煤价格过程中，要顾全大局，不得因为价格纠纷而停止供煤或停止发电。对破坏煤、电生产秩序、危害国民经济平衡运行的企业，国家将依法予以严肃查处。

四、加强对电煤价格的监督检查

各级价格主管部门要密切关注电煤价格动态，加强对电煤价格的监督检查。尤其要采取得力措施，加强对小煤矿价格执行情况的监督检查。对不执行最高限价、哄抬价格、价格垄断等价格违法行为，要依照《中华人民共和国价格法》、《价格违法行为行政处罚规定》等法律法规，进行严肃处理，并对典型案件予以公开曝光。

二〇〇四年十二月十五日（印）

附件1：关于建立煤电价格联动机制的意见
附件2：煤电价格联动计算方法

附件1：

关于建立煤电价格联动机制的意见

（一）为理顺煤电价格关系，促进煤炭、电力行业全面、协调、可持续发展，根据国办发［2004］47号文件要求，决定建立煤电价格联动机制。

（二）从长远看，要在坚持放开煤价的基础上，按照国务院颁布的《电价改革方案》规定，对电力价格实行竞价上网，建立市场化的煤电价格联动机制。

（三）过渡期间，应加快推进电力市场建设，积极开展电力竞价上网试点。同时，按照“市场导向、机制协调、价格联动、综合调控”的思路，建立灵活的、能够及时反映煤价变化的电价调整机制。

（四）上网电价与煤炭价格联动。根据煤炭价格与电力价格的传导机制，建立上网电价与煤炭价格联动的公式（见附件2）。以电煤综合出矿价格（车板价）为基础，实行煤电价格联动。为促进电力企业降低成本、提高效率，电力企业要消化30％的煤价上涨因素。燃煤电厂上网电价调整时，水电企业上网电价适当调整，其他发电企业上网电价不随煤价变化调整。

（五）建立电煤价格信息系统及指标体系。设立分煤种的煤炭交易量、交易价格统计指标体系，确定统计标准、采价点、报送制度、统计方法等，并在此基础上计算平均煤价及变化幅度，定期对外发布，作为煤电价格联动的计算依据。

（六）销售电价与上网电价联动。上网电价调整后，按照电网经营企业输配电价保持相对稳定的原则，相应调整电网企业对用户的销售电价。各类用户的销售电价中，居民电价、农业电价、中小化肥电价保持相对稳定，一年最多调整一次，调整居民用电价格应依法召开听证会；其他用户电价随上网电价变化相应调整。

（七）核定电网经营企业输配电价格。在电网经营企业实行“主辅分离”前，按照电网经营企业实际的电力购销价差，核定并公布各电网输配电价标准，作为煤电价格联动的基础。在电网经营企业实行“主辅分离”、明确界定电网输配电资产后，依据国家制定的输配电价格定价机制和输配电价格成本监审办法，合理核定电网经营企业的输配电价标准，在此基础上实行煤电价格联动。

（八）确定电价联动周期。原则上以不少于6个月为一个煤电价格联动周期。若周期内平均煤价比前一周期变化幅度达到或超过5％，相应调整电价；如变化幅度不到5％，则下一周期累计计算，直到累计变化幅度达到或超过5％，进行电价调整。

（九）按电网区域分价区实行煤电价格联动。由国家发改委根据煤炭平均车板价变化情况，按区域电网或在区域电网内分价区实施煤电价格联动，并将具体实施情况报国务院备案。

（十）政府依法对煤炭价格进行适当调控。为避免煤炭价格发生剧烈波动，依据《中华人民共和国价格法》的规定，由国务院授权国家发改委在煤炭价格出现大幅度波动时，在全国或部分地区采取价格干预措施。

（十一）制止价格垄断和价格联盟行为。电煤价格不分重点合同内外，均由供需双方协商确定。地方政府或其职能部门不得直接干预煤价。煤炭企业要充分考虑用户的承受能力，合理调整煤炭价格，不得结成联盟哄抬煤价。电力企业要通过提高效率、降低消耗，消化部分煤价上涨成本，并增加电厂对煤价的决策权，不得串通压低煤价。

（十二）整顿煤炭流通秩序，制止中间环节各种乱加价行为。鼓励煤电双方直接订立购销合同，减少中间环节。煤电双方签订供货合同的煤炭应实行直达供应，不得经过中间环节倒买倒卖。逐步提高签订供货合同的煤量在全部发电用煤量中的比重。制止地方政府有关部门和运输企业对煤炭乱加价、乱收费的行为，逐步取消地方政府在煤价外加收的各项基金和费用，减轻煤电企业负担。

（十三）推进煤炭订货方式改革，鼓励煤电双方签订中长期合同。鼓励煤电双方稳定供需关系，签订中长期合同，运输部门应对中长期合同优先安排运力。

附件2：

煤电价格联动计算方法

（一）上网电价与煤炭价格联动

计算方法如下：

上网电价调整标准＝煤价变动量×转换系数

其中，转换系数与供电标准煤耗、发热量、消化比例等因素有关，具体计算方法为：

转换系数＝（1－消化比例）×供电标准煤耗7000/天然煤发热量×（1＋17％）/（1＋13％）

（二）销售电价与上网电价联动

计算方法如下：

销售电价调整标准=上网电价调整标准×比例系数

其中，比例系数=1/（1-输配电损耗率）。

国家发展改革委关于做好2005年度重点煤炭产运需衔接工作的通知

（发改运行［2004］2786号）

各有关单位：

2005年，我国煤炭需求将继续保持旺盛增长势头，但受资源、产能和运输条件等制约，煤炭生产和运输难以完全满足需求的快速增长，将继续呈总体偏紧局面，部分地区和煤种的供需矛盾可能比较突出。为推进煤炭订货改革，进一步发挥市场在资源配置中的基础性作用，引导煤炭供需企业做好2005年度重点煤炭产运需衔接的工作，现将有关事项通知如下：

一、搞好煤炭产运需衔接的总要求是：在现有煤炭生产、需求和运输能力条件下，煤炭产运需各方面都要通过挖掘潜力、调整结构、优化配置，最大限度地实现资源、需求总量及其品种结构与煤炭运力状况相适应，促进国民经济持续快速协调健康发展。

二、参加重点煤炭产运需衔接的企业条件。在上年基础上，优先煤炭生产企业；取消“四证”不全、不具备基本安全生产条件的煤矿；取消不符合国家产业政策、未经批准违规新上项目。新增煤矿和电力重点用户必须是符合国家审批程序建设的项目。

三、各有关方面抓紧公布产运需信息和制定公布衔接框架意见

（一）煤炭协会提供分地区、分煤种、分矿区的煤炭资源量；电力等重点行业提供分地区、分企业的生产能力（原有和新增）、需求煤种、数量等信息；铁路部门提供主要装车点、运输通道、流向、区段的煤炭运输能力；交通部门提供各港口的煤炭吞吐能力和江海运输能力。

（二）各有关方面尽快制定公布分矿点、分行业、分流向的产运需衔接框架意见。

四、协商确定煤炭价格的原则

（一）坚持供需双方协商定价的基本原则，落实煤炭供需企业协商定价自主权，任何政府部门、行业组织和企业不得以任何形式非法干预企业自主定价。在市场价格显著上涨或有可能显著上涨时，政府可依法进行必要的干预。

（二）对电煤价格，凡供需双方已签订合同的，按合同确定的价格执行，并优先考虑衔接运力。

（三）为加快衔接进度，对尚未签订合同的电煤，以2004年9月底实际结算的含税车板价为基础，在8%的幅度内，由供需双方协商确定。

五、重点煤炭产运需衔接的基本原则

（一）优先考虑电力、化肥、冶金、居民生活和出口等五个重点行业，其他行业不在会上衔接；

（二）优先考虑中长期合同和大宗、直销、直达列合同；

（三）优先考虑供需双方已协商确定价格的合同；

（四）符合铁路、水路合理流向、流量的要求；

（五）符合国家产业政策和建设项目的审批规定；

（六）符合国家统筹兼顾、实施宏观调控的要求。

六、供需企业要根据重点煤炭产运需衔接原则和衔接框架意见，在自愿平等的基础上，进行供需衔接。国家支持煤矿企业集中和优化用户结构，支持用户企业集中和优化货源结构，支持运输部门集中和优化运输结构。鼓励供需双方将多年来已形成的稳定的购销关系发展为中长期合同。

七、各行业衔接牵头单位要及时掌握供需衔接情况，对总量、煤种、地区平衡出现的问题负责协调，重大问题向我委和有关部门报告。我委将会同有关部门对重大问题及时进行调整平衡。

各行业衔接牵头单位要组织和督促本行业企业在12月中旬完成供需衔接工作，并负责统计汇总衔接结果。

八、在供需双方完成衔接工作的基础上，国家将召开全国重点煤炭产运需衔接会，正式签订合同、落实运力。

九、请各行业衔接牵头单位迅速将上述原则传达到具备重点煤炭产运需衔接资格的供需企业。

二〇〇四年十二月六日（印）

国家发展改革委办公厅关于在华东、广东地区开展输配电价和销售电价改革试点工作的通知

（发改办价格［2004］650号）

上海、江苏、浙江、安徽、广东省（市）物价局，电力公司，南方电网公司，华东电网公司：

根据《国务院关于印发电力体制改革方案的通知》（国发［2002］5号）、《国务院办公厅关于印发电价改革方案的通知》（国办发［2003］62号）有关要求，结合电力体制改革进展情况，决定在华东地

区、广东省开展输配电价和销售电价改革试点工作。现将有关事项通知如下：

一、改革试点的指导原则

一是发挥价格信号对电力投资、生产和消费的引导作用，合理调节电力供求，体现公平负担，促进电力事业和国民经济的协调、健康发展。

二是遵循国家统一规定，本着既积极又稳妥的原则，结合实际因地制宜制定改革方案，循序渐进，分步实施。

三是与电力体制改革协调推进，统筹考虑改革对当地经济发展和人民生活的影响，实现新旧电价机制的平稳过渡。

二、改革试点的目标与任务

总体目标：研究建立科学、合理的电网输配电价、销售电价形成机制和管理办法。制定改革试点方案，提出改革目标、实施步骤、政策措施及具体时间表，并适时进行模拟和试运行，从中探索经验、修正和完善方案，为进一步深化改革创造条件。

具体任务：

（一）输配电价

（1）研究确定电网输、配电业务在体制上分开前输配电价的形成机制及分阶段的实施方案（含大用户直购电的输配电价），并研究输、配电分开核算及配套电价改革办法；

（2）研究、论证输配电价的分类方法、依据及可行性；

（3）研究提出输配电价计算方法，可进行多方案的分析比较，推荐优选方案；

（4）研究确定电网企业输配电有效资产的认定、分摊方法；

（5）研究对电网输配电成本按服务功能和电压等级进行分类归集的办法，制定输配电准许成本的构成指标、核定原则和取费标准；

（6）研究提出电网企业的准许收益率水平及理论依据、现实可行性；

（7）研究确定输配电价的价格形式（单一制或两部制电价，是否实行峰谷电价）及支付方式（用户、发电企业分别支付或单方支付）；

（8）研究提出输配电价的调整机制，并设计相应的电价调控和风险防范机制，解决输配电价变动对销售电价的影响问题；

（9）研究提出对输配电价管理权限、程序及方式，方法的意见和建议。

（二）销售电价

（1）研究制定销售电价与上网电价联动并随输配电价同步调整的机制及具体操作办法；

（2）研究简化、归并现行销售电价分类、减少交叉补贴、逐步实行按用电特性分类的政策措施和实施步骤；

（3）研究建立电价调节平衡账户、平抑市场竞价风险、保持销售电价相对稳定的具体办法；

（4）研究进一步扩大两部制电价、峰谷电价、丰枯电价等科学电价制度的执行范围、加大力度的政策措施，并对实施效果进行预评估；探索实行高可靠性电价、可中断负荷电价及其他需求侧管理措施的具体方法。

三、组织形式

我委负责改革试点的统一领导、组织和统筹协调工作。

华东地区输配电价、销售电价改革试点工作由华东区域电网公司牵头，上海、江苏、浙江、安徽省（市）物价局、电力公司及有关部门共同参与成立改革试点工作小组。

广东省输配电价、销售电价及输、配电价格分开改革试点工作由广东省物价局牵头，组织南方电网公司、广东省电力公司及有关部门成立改革试点工作小组。

研究工作可采用课题研究、专家咨询论证等方式。

四、时间进度安排

2004 年 3 月份我委价格司主持召开改革试点启动会议，正式启动试点研究工作；华东、广东按会议要求分别成立改革试点工作小组，明确目标任务，确定各部门的职责分工，制定时间表开展工作；6 月份召开会议，交流研究工作阶段性进展情况；分析存在的问题，提出下一步工作计划；8 月份向我委价格司提交初步研究成果及试点实施草案，经征求有关方面意见后进行修改、完善；10 月正式提交试点实施方案，经论证通过后，力争年度开始模拟运行；根据模拟情况，2005 年适时进入试运行。

五、有关要求

请各单位指派 1 名分管领导和 1～2 名具体分管同志参与此项改革试点工作，负责本单位承担的研究和改革试点工作任务，并指定专职联络员；请上述两个牵头单位于 4 月底前将改革试点工作小组领导、成员名单、工作计划、任务分工和研究提纲报我委价格司。工作中出现的情况和问题，请及时报告我委。

二〇〇四年四月二十日（印）

国家电力监管委员会文件

认真做好电力安全生产工作

（电监办［2003］49号）

国家电网公司，南方电网公司，华能、大唐、华电、国电、中电投集团公司，各有关电力企业：

电力安全生产事关国家安全和社会稳定大局，安全可靠的电力供应对于保持社会稳定和促进经济发展具有十分重要的意义。党中央、国务院十分重视电力安全生产工作，针对当前电力改革与发展的新形势，国务院办公厅近日专门下发了《关于加强电力安全工作的通知》（国办发［2003］98号），对电力安全生产工作提出了明确要求。为了认真贯彻落实国办发［2003］98号文件精神，加强电力安全生产管理，确保电力安全生产和供应，特通知如下：

一、加强领导，依法管理，把电力安全生产的各项措施切实落到实处。电力企业要从实践“三个代表”重要思想和讲政治、促发展、保稳定的高度，切实重视电力安全生产，牢固树立安全第一、“责任重于泰山”的思想观念，认真做好电力安全生产工作。要始终坚持“安全第一、预防为主”的方针，加强对电力安全生产的领导，层层落实电力安全生产责任制。要严格执行《安全生产法》等有关安全生产的法律、法规、规章和各项安全生产标准，依法加强电力安全管理，要完善并认真执行各项规章制度，制定并落实确保电力安全生产的各项措施。

二、协调配合，齐心协力做好电力安全生产工作。厂网分开改革后，电力安全责任主体发生了新的变化，但电力安全生产的整体性和电网运行的客观规律没有改变，电力企业要密切配合，同心协力，做好安全生产工作。发电企业要认真做好电力设备的检修维护工作，避免因设备故障影响电力安全生产，要按规定完善各项技术措施，服从统一调度，严格按照调度指令安排运行方式。电网经营企业要做好电力供需平衡，加强需求侧管理，科学合理引导电力消费，要建立有效的电力系统突发事件应急机制，提高紧急情况和事故情况下的处理能力，要建立与发电企业的协商机制，及时沟通情况，做到网厂协调配合。电力调度机构要科学合理调度，在电网运行方式、备用容量安排、设备检修计划、紧急事故处理等方面要做到统筹安排，坚持公开、公平、公正调度，按规定及时披露有关信息，接受有关方面的监督。

三、认真做好“两节”期间的电力安全生产工作。2004年元旦和春节即将来临，电力企业要按照国务院安全生产委员会办公室《关于认真做好元旦、春节期间安全生产工作的通知》（安委办字［2003］3号）要求，切实做好元旦、春节期间电力供应和安全生产工作。电力企业要按通知要求，立即组织开展一次安全生产检查，并精心组织、突出重点，切实把检查工作落到实处，对检查中发现的问题要抓紧整改。当前，一些地区的电力供应紧张，电网经营企业要切实组织好节日期间的电力安全供应，要制订并落实好紧急情况下的限电和事故处理预案，要将确保人民群众生活用电、重要场所及重要负荷用电放在电力供应的首位。

四、认真做好电力安全信息报送工作。为了加强电力安全监管工作，国务院授权国家电监会具体负责电力安全监督管理。为更好地履行电力安全监督管理职责，国家电监会拟建立电力安全信息报送制度。各电力企业要将有关电力安全方面的情况和信息及时报送国家电监会（值班电话：010-66597388，传真：010-66597310）。

二〇〇四年十二月二十四日（印）

国家电力监管委员会令第2号

《电力安全生产监管办法》已经国家电力监管委员会主席办公会议通过，现予公布，自公布之日起施行。

主 席 柴松岳

二〇〇四年三月九日（印）

附件：

电力安全生产监管办法（略）

国家电力监管委员会令第3号

《水电站大坝运行安全管理规定》已经国家电力监管委员会主席办公会议通过，现予公布，自2005年1月1日起施行。

主 席 柴松岳

二〇〇四年十二月一日（印）

附件：

水电站大坝运行安全管理规定（略）

国家电力监管委员会令第4号

《电力生产事故调查暂行规定》已经国家电力监管委员会主席办公会议通过，现予公布，自2005年3月1日起施行。

主 席 柴松岳

二〇〇四年十二月二十八日（印）

附件：

电力生产事故调查暂行规定（略）

国家电力监管委员会令第5号

《电力二次系统安全防护规定》已经国家电力监管委员会主席办公会议通过，现予公布，自2005年2月1日起施行。

主 席 柴松岳

二〇〇四年十二月二十日（印）

附件：

电力二次系统安全防护规定（略）

中国电力企业联合会文件

关于印发《电力环境保护与资源节约专家库管理暂行办法》的通知

（中电联环［2004］57号）

各有关单位：

为了加强对电力环境保护与资源节约专家库管理，保证技术咨询活动的科学、公平、公正，我会制定了《电力环境保护与资源节约专家库管理暂行办法》，现予印发。

附件：电力环境保护与资源节约专家库管理暂行办法

二〇〇四年五月二十五日（印）

附件：

电力环境保护与资源节约专家库管理暂行办法

第一条 为了加强对电力环境保护与资源节约专家库（以下简称专家库）管理，保证技术咨询活动的科学、公平、公正，特制定本办法。

第二条 中国电力企业联合会（简称中电联）为贯彻实施国家有关环境保护与资源节约的法律、法规，发挥专家在电力规划、计划、建设、生产及需求侧管理等方面的技术作用，设立专家库。

第三条 专家库具备的条件

(1) 满足电力环境保护与资源节约技术咨询的专业分类要求；

(2) 具备专家库管理及随机抽取专家的管理系统；

(3) 设有负责日常管理和设施维护的机构及人员。

第四条 专家入选专家库应具备的条件

(1) 在本专业有较深的造诣，熟悉本专业国内、外的情况、动态及发展趋势；

(2) 坚持原则、作风正派、客观公正、严谨求实、廉洁自律；

(3) 熟悉国家有关法律、法规和政策，掌握电力环境保护与资源节约技术规范、标准及工程程序；

(4) 具有高级及以上专业技术职称，从事相关专业领域工作五年及以上；

(5) 身体健康，能承担技术咨询工作，年龄一般不超过65周岁。

第五条 入选方式

专家入选专家库，采取个人申请、单位推荐和中电联直接推荐方式。采取推荐方式的，应事先征得被推荐人同意。

申请人或被推荐人须填写“电力环境保护与资源节约专家库专家申请表”，并通过信函或传真或电子邮件方式报送中电联环保与资源节约部。

第六条 中电联职责

(1) 适时公布专家库需求信息和入选条件。按照入选条件，客观、公正地对申请人或被推荐人进行遴选，并根据需要征求有关部门或专家的意见。一经入选专家库，通过网络或媒体予以公布。对特殊需要的专家，经中电联严格审核后，可直接入选专家库。

(2) 为入选专家库的专家建立档案。专家库实行动态管理，每3年进行一次调整，并公布调整结果。

(3) 根据受政府、业主委托的环境保护与资源节约技术咨询项目所涉及的专业，从专家库内随机抽取专家。

(4) 向参加项目技术咨询工作的专家提供相关的文件、资料等，并支付符合规定的技术咨询报酬。

第七条 专家责任与义务

(1) 本着科学求实和认真负责的态度履行专家职责，在规定的期限内客观、公正地提出咨询意见，并对咨询结论负责。

(2) 当与咨询项目有利益关系，可能发生影响公正性的情况时，应当主动提出回避。

(3) 有权独立发表意见，不受任何单位或个人的干预。

第八条 入选专家库的专家有下列情况之一的，应予以警告；情节严重的，取消其入选专家库的资格，并予以公告。

(1) 不负责任，弄虚作假，或其他不客观、不公正履行技术咨询职责的；

(2) 无正当理由，不按要求参加技术咨询工作两次以上的；

(3) 与委托环境保护与资源节约技术咨询项目的业主有利益关系，可能发生影响公正的情况，而未主动回避的；

(4) 泄漏技术咨询过程中的技术秘密、商业秘密以及其他不宜公开资料的；

(5) 收受规定技术咨询报酬以外的财物，影响客观、公正履行技术咨询职责的；

(6) 有前款情形，触犯国家有关法律、法规的，依法追究法律责任。

第九条 本办法由中电联环保与资源节约部负责解释。

第十条 本办法自发布之日起施行。

关于印发《国民经济行业用电分类》调整方案的通知

（中电联统［2004］68号）

国家电网公司、中国南方电网有限责任公司、各独立电网经营企业及有关单位：

目前全国执行的《国民经济行业用电分类》是1985年按照《国民经济行业分类》(GB/T 4754—1984) 制定的。1994年和2002年，国家统计局对《国民经济行业分类》先后进行了两次修订。为做好电力行业统计工作与新的《国民经济行业分类》(GB/T 4754—2002) 和《三次产业划分规定》(国统字［2003］14号) 的有效衔接，准确反映我国现阶段经济活动的用电状况，中国电力企业联合会（以下简称中电联）委托国家电网公司研究并提出了《国民经济行业用电分类》调整方案，该方案已通过审定，现予印发，请按照执行。

此次《国民经济行业用电分类》调整的主要内容为：

(1) 产业间调整：原第一产业中的水利业等调整到第三产业；原第二产业中木材及竹材采运业调整到第一产业。

(2) 第三产业细分：根据《国民经济行业分类》，参照行业用电特点，对交通运输、信息运输、计算机服务和软件、房地产、金融、商务及居民服务等三产行业进行了细分。

(3) 第二产业调整及细分：将原自来水生产和供

应业、电力蒸汽热水生产和供应业从采掘业和制造业中划出，作为电力、燃气及水的生产和供应业单列。同时，将用电比重较大的化学工业、黑色金属冶炼压延加工业、有色金属冶炼压延加工业等进行了细分，便于用电市场分析。

《国民经济行业用电分类》数据源自电网经营企业基层用（农）电营销部门和单位。《国民经济行业用电分类》的调整，涉及网、省、地市、县等各电网企业和供电单位，涉及营销和统计等系统计算机应用程序的改造和衔接，具体工作量很大。请各有关单位高度重视《国民经济行业用电分类》调整工作，及时做好《国民经济行业用电分类》调整的前期准备工作。国家电网公司和中国南方电网有限责任公司负责本公司系统的《国民经济行业用电分类》调整工作，其他单位《国民经济行业用电分类》调整工作由中电联具体组织。请各有关单位将工作进展和遇到的问题，及时上报中电联。

中电联将按照新的《国民经济行业用电分类》制定“全社会行业用电分类报表”，并列入 2005 年度《全国电力工业统计报表制度》一并向国家统计局申报，自 2005 年 1 月 1 日起在全国正式实施。

《国民经济行业用电分类指标解释》另行文印发。

附件：《国民经济行业用电分类》调整方案（略）

二〇〇四年六月九日（印）

统 计 资 料

电力行业统计资料

2004年发电技术经济指标

地区	发电设备平均利用小时（h）			发电厂用电率（%）			标准煤耗（g/kWh）	
	合计	水电	火电	合计	水电	火电	发电	供电
全国总计	5455	3462	5991	5.95	0.47	6.85	349	376
北京市	5379	330	7322	7.84	1.93	7.94	317	348
天津市	5656		5656	6.35		6.35	323	344
河北省	6086	444	6350	6.49	2.70	6.50	350	375
山西省	6450	2667	6622	7.57	0.42	7.70	361	391
内蒙古自治区	6436	3939	6712	7.08	0.91	7.17	336	369
辽宁省	5460	2931	5715	6.94	1.33	7.21	349	376
吉林省	4147	1655	5633	6.64	0.75	7.68	362	392
黑龙江省	4612	1528	4837	7.69	1.27	7.84	376	408
上海市	6243		6243	5.22		5.22	329	347
江苏省	6385	2242	6402	5.92	1.03	5.93	346	368
浙江省	5701	1284	6923	5.69	0.62	5.68	340	361
安徽省	6155	1684	6450	5.94	0.23	6.03	341	369
福建省	4768	2093	6469	5.09	0.30	6.07	334	359
江西省	4637	1506	5634	6.58	1.20	7.04	353	380
山东省	5145		5148	7.32		7.32	337	364
河南省	5487	2862	5819	7.72	0.43	8.19	411	377
湖北省	5228	5407	4968	2.51	0.12	6.58	345	376
湖南省	4761	3620	5778	4.98	0.51	7.47	362	391
广东省	5503	2026	5908	5.00	0.60	5.42	336	358
广西自治区	4894	3914	6104	4.53	0.43	8.33	361	394
海南省	3623	1887	4155	5.62	1.06	6.24	334	358
重庆市	5065	4909	5123	8.70	2.09	11.06	386	434
四川省	4946	4671	5412	4.05	0.39	9.41	407	455
贵州省	5403	3419	6970	5.17	0.30	7.06	339	370
云南省	5153	4428	6238	3.82	0.30	7.56	368	398
西藏自治区	2908	3034		4.91	2.52	22.57		
陕西省	5515	2607	6087	7.01	0.60	7.50	358	387
甘肃省	5520	3449	7126	4.73	0.70	6.21	348	368
青海省	3804	3109	6124	3.61	1.05	7.96	396	430
宁夏自治区	7276	3211	7732	5.25	0.41	5.45	336	358
新疆自治区	4420	3772	4588	8.03	1.50	9.07	416	460

2004年全国分地区发电设备容量

地　　区	装机容量（万kW）					比2003年增减（%）				
	合计	水电	火电	核电	其他	合计	水电	火电	核电	其他
全国总计	44238.73	10524.16	32948.30	683.60	81.97	13.02	10.90	13.70	10.51	47.83
北京市	451.44	105.59	345.85			2.47	−0.21	3.32		
天津市	601.35	0.50	600.85			0.00	0.00	0.00		
河北省	2073.00	78.38	1993.27		1.35	12.20	2.55	12.62		
山西省	1848.05	78.73	1769.33			16.73	−1.06	17.67		
内蒙古自治区	1432.12	56.79	1364.15		11.17	18.45	−4.08	19.43		45.87
辽宁省	1650.64	140.41	1496.03		14.20	0.96	0.57	0.97		3.26
吉林省	959.59	360.12	595.87		3.61	1.99	0.43	2.87		19.96
黑龙江省	1214.30	84.46	1125.91		3.93	2.14	1.20	1.85		
上海市	1201.83	0.00	1201.49		0.34	8.34		8.31		
江苏省	2843.36	12.65	2828.95		1.75	27.03	−8.17	27.17		
浙江省	3095.39	641.84	2143.98	305.60	3.97	29.94	6.01	39.94	27.02	−0.13
安徽省	1005.73	69.28	936.45			1.24	6.73	0.86		
福建省	1550.75	718.01	831.54		1.20	11.84	6.20	17.24		
江西省	804.59	254.99	549.60			4.29	10.51	1.63		
山东省	3292.36	5.08	3286.04		1.23	7.79	0.09	7.76		
河南省	2422.65	243.80	2178.85			20.69	0.00	23.55		
湖北省	2462.44	1511.51	950.93			24.93	31.01	16.35		
湖南省	1422.78	744.82	677.95			9.03	12.80	5.16		
广东省	4262.10	858.46	3017.29	378.00	8.34	8.72	5.89	10.80		0.05
广西自治区	941.85	504.04	437.81			22.08	11.39	37.24		
海南省	217.04	56.22	159.95		0.87	23.35	1.97	33.35		
重庆市	467.90	140.79	327.11			5.00	5.87	4.64		
四川省	2028.32	1338.29	690.03			9.96	8.44	13.05		
贵州省	1469.83	689.65	780.18			15.74	10.63	20.66		
云南省	1136.55	705.86	430.69			12.53	7.88	21.09		
西藏自治区	46.92	40.35	3.46		2.42	24.72	29.58	0.00		
陕西省	951.69	187.65	764.04			8.29	28.32	4.29		
甘肃省	867.99	356.61	497.56		13.82	7.86	8.70	4.86		
青海省	494.32	405.34	88.98			16.39	21.32	−1.77		
宁夏自治区	419.07	36.62	378.20		4.25	22.53	18.82	21.92		
新疆自治区	602.80	97.30	495.97		9.53	9.70	−1.70	12.38		4.38

2004年全国分地区发电量

地　区	发电量（亿kWh）					比2003年增减（%）				
	合计	水电	火电	核电	其他	合计	水电	火电	核电	其他
全国总计	21943.52	3309.90	18103.80	504.69	25.13	15.18	17.65	14.66	15.08	137.84
北京市	189.26	3.47	185.79			−1.87	−48.84	−0.16		
天津市	339.52	0.00	339.52			5.44	−100.00	5.47		
河北省	1255.35	5.25	1249.70		0.40	15.38	4.08	15.43		8.43
山西省	1069.58	20.32	1049.26			11.59	7.50	11.67		
内蒙古自治区	814.58	8.13	804.27		2.18	23.52	16.63	23.53		51.66
辽宁省	887.54	39.47	845.43		2.64	7.79	65.65	6.01		30.48
吉林省	394.70	61.47	332.42		0.81	16.49	50.67	11.78		
黑龙江省	548.66	13.38	534.82		0.46	10.62	21.13	10.29		
上海市	711.34	0.00	711.27		0.07	2.43		2.42		
江苏省	1639.01	3.27	1635.45		0.29	22.61	−18.24	22.71		
浙江省	1258.83	85.45	952.55	219.88	0.95	15.26	−23.18	14.64	47.34	11.29
安徽省	611.02	12.27	598.75			9.67	−21.37	10.56		
福建省	659.66	154.57	504.90		0.19	8.01	−18.21	19.80		−20.21
江西省	340.17	38.90	301.27			9.63	0.67	10.90		
山东省	1639.75	0.41	1639.18		0.16	17.49	114.95	17.46		
河南省	1162.36	68.84	1093.52			15.11	26.14	14.48		
湖北省	1125.46	695.12	430.34			43.72	79.27	8.86		
湖南省	614.23	242.36	371.86			13.95	−0.67	26.05		
广东省	2121.33	141.14	1693.89	284.81	1.49	11.90	−17.64	18.16	−1.55	
广西自治区	373.72	172.29	201.43			2.76	−10.68	17.94		
海南省	68.74	11.77	56.87		0.10	15.69	−18.88	26.97		−18.71
重庆市	229.14	56.70	165.20		7.25	12.92	43.50	1.09		
四川省	935.29	589.02	346.27			12.98	17.80	5.63		
贵州省	731.00	233.79	497.20			15.47	16.84	14.84		
云南省	536.72	293.50	243.22			16.96	9.37	27.64		
西藏自治区	12.06	10.88	0.06		1.12	19.99	19.21	11.02		
陕西省	514.81	70.43	444.39			20.55	54.44	16.50		
甘肃省	475.26	120.47	332.42		4.38	16.23	22.77	12.71		
青海省	172.78	110.71	62.08			27.22	55.14	−3.70		
宁夏自治区	263.27	9.84	252.98		0.46	31.64	19.68	31.93		
新疆自治区	266.41	36.68	227.52		2.21	12.84	2.77	14.71		6.20

2004 年火电 100MW 及以上容量机组运行可靠性综合指标

单位：h

机组容量	性质分类	台数	台年数	利用小时 UTH	可用小时		不可用小时及次数						降低出力等效停运小时	等效可用系数 EAF（%）	等效强迫停运率 EFOR（%）
					运行 SH	备用 RH	计划停运		非计划停运		强迫停运				
							次数	小时	次数	小时	次数	小时			
100MW		131	130.92	6551.87	7476.04	679.62	1.50	543.25	1.21	61.10	0.93	44.44	10.33	92.98	0.67
	燃煤	129	129.25	6550.17	7478.01	684.28	1.52	542.67	1.15	55.04	0.91	42.13	10.46	93.06	0.64
	燃煤国产	119	119.23	6591.63	7491.63	714.08	1.53	496.71	1.20	57.58	0.96	44.38	7.62	93.59	0.67
	燃煤进口	10	10.03	6057.23	7316.09	329.91	1.40	1089.12	0.50	24.88	0.30	15.42	44.29	86.78	0.27
	燃油国产	2	1.67	6683.14	7323.61	319.13	0.60	587.72	5.98	529.53	2.99	222.57	0.00	87.25	2.95
110MW	燃煤	8	7.89	5802.12	7431.08	664.18	1.90	618.60	1.39	46.13	0.63	20.70	1.43	92.40	0.29
	燃煤国产	6	5.88	6250.15	7555.77	563.45	2.04	578.92	1.87	61.86	0.85	27.76	1.23	92.67	0.38
	燃煤进口	2	2.01	4488.02	7065.38	959.64	1.50	734.99	0.00	0.00	0.00	0.00	2.02	91.59	0.00
112.11MW	燃煤进口	2	2.01	7367.82	7862.50	319.55	1.50	574.87	1.00	3.08	1.00	3.08	0.00	93.40	0.04
115MW	燃煤国产	1	1.00	4890.21	6108.36	1724.18	1.00	927.46	0.00	0.00	0.00	0.00	0.00	89.41	0.00
120MW	燃煤进口	2	2.01	6999.58	8054.68	419.04	1.50	202.74	0.50	83.54	0.50	83.54	2.92	96.70	1.04
125MW		142	142.11	6439.79	7450.43	642.20	1.39	558.24	2.29	109.12	1.83	78.21	19.07	92.16	1.22
	燃煤	136	136.09	6502.03	7512.06	595.82	1.37	542.76	2.30	109.35	1.85	79.23	19.63	92.33	1.23
	燃煤国产	133	133.08	6531.02	7525.51	588.60	1.38	541.79	2.15	104.10	1.70	73.64	19.99	92.40	1.16
	燃煤进口	3	3.01	5219.36	6916.95	915.46	1.33	586.03	8.98	341.56	8.64	326.63	4.09	89.36	4.57
	燃油国产	6	6.02	5032.05	6056.42	1691.38	1.83	908.40	2.16	103.80	1.33	55.12	6.32	88.37	0.91
130MW	燃煤国产	1	1.00	7632.92	8416.07	11.07	1.99	275.37	1.99	57.49	1.99	57.49	32.18	95.83	1.01
135MW	燃煤国产	38	38.10	6174.51	7282.52	855.45	1.44	495.35	2.99	126.67	2.60	107.41	8.76	92.69	1.69
137.5MW	燃煤国产	1	1.00	7169.45	8374.63	176.27	1.00	209.11	0.00	0.00	0.00	0.00	10.69	97.49	0.02
140MW	燃煤国产	8	8.02	5830.00	7562.90	692.02	1.37	421.38	1.62	83.71	0.37	0.43	0.00	94.23	0.01
142MW	燃煤进口	2	2.01	6433.07	7524.75	670.48	1.00	559.97	1.00	4.80	1.00	4.80	5.13	93.49	0.13
145MW	燃煤国产	5	5.01	5676.52	8057.58	297.18	1.99	349.99	2.19	55.25	1.20	35.53	0.57	95.37	0.45
165MW	燃煤进口	4	4.01	6243.30	7991.48	193.97	1.00	566.66	1.99	7.89	1.99	7.89	46.81	92.91	0.67
100～199MW		345	345.09	6405.20	7468.66	666.25	1.45	536.26	1.88	88.83	1.48	64.24	15.08	92.69	1.00
	燃煤	337	337.41	6430.11	7496.09	648.25	1.45	528.97	1.85	86.69	1.47	63.75	15.31	92.80	0.99
	燃煤国产	312	312.34	6458.33	7494.46	663.92	1.46	512.73	1.86	88.88	1.46	64.47	14.40	92.97	1.00
	燃煤进口	25	25.07	6087.25	7515.86	457.84	1.32	726.27	1.80	60.03	1.68	55.01	26.41	90.72	0.89

续表

机组容量	性质分类	台数	台年数	利用小时 UTH	可用小时		不可用小时及次数						降低出力等效停运小时	等效可用系数 EAF（%）	等效强迫停运率 EFOR（%）
					运行 SH	备用 RH	计划停运		非计划停运		强迫停运				
							次数	小时	次数	小时	次数	小时			
	燃油国产	8	7.69	5332.38	6286.92	1441.78	1.56	850.07	2.99	181.24	1.69	85.58	5.17	88.17	1.35
200MW		180	180.17	6312.18	7338.55	622.80	1.36	662.28	2.48	136.36	2.21	118.05	25.45	90.59	1.78
	燃煤	179	179.16	6347.51	7379.61	577.28	1.37	665.99	2.49	137.12	2.23	118.71	25.59	90.54	1.78
	燃煤国产	166	166.13	6322.01	7366.40	604.60	1.34	649.64	2.50	139.35	2.23	119.75	24.78	90.71	1.80
	燃煤进口	13	13.04	6672.41	7547.86	229.08	1.69	874.32	2.30	108.73	2.22	105.47	35.89	88.37	1.61
	燃油国产	1	1.00	0.37	3.62	8756.38	0.00	0.00	0.00	0.00	0.00	0.00	0.00	100.00	0.00
210MW	燃煤进口	10	10.03	6131.26	6968.95	1245.03	1.00	438.65	1.80	107.37	0.90	48.85	2.21	93.74	0.73
220MW	燃煤	16	16.04	6495.17	8095.98	174.93	1.25	421.06	1.43	68.03	0.81	31.48	11.34	94.29	0.51
	燃煤国产	14	14.04	6506.08	8057.88	188.20	1.28	436.22	1.57	77.71	0.85	35.93	6.32	94.06	0.50
	燃煤进口	2	2.01	6418.81	8362.67	82.05	1.00	314.96	0.50	0.31	0.50	0.31	46.52	95.87	0.54
225MW	燃煤国产	2	2.01	5410.84	7555.73	520.69	1.50	677.67	3.49	5.90	3.49	5.90	7.21	92.11	0.16
250MW	燃煤进口	2	2.01	7275.66	8386.42	45.49	1.00	328.09	0.00	0.00	0.00	0.00	0.56	96.25	0.01
200～299MW		210	210.25	6320.19	7397.65	608.58	1.33	627.49	2.35	126.28	2.04	104.89	22.65	91.14	1.58
	燃煤	209	209.25	6350.07	7432.60	570.06	1.34	630.46	2.36	126.88	2.05	105.38	22.75	91.09	1.58
	燃煤国产	182	182.17	6326.29	7426.82	568.59	1.34	632.06	2.44	132.54	2.14	111.31	23.02	91.01	1.66
	燃煤进口	27	27.07	6504.61	7470.22	579.62	1.33	620.04	1.81	90.13	1.44	66.84	21.05	91.65	1.05
	燃油国产	1	1.00	0.37	3.62	8756.38	0.00	0.00	0.00	0.00	0.00	0.00	0.00	100.00	0.00
300MW		197	197.43	6272.70	7530.54	491.15	1.24	633.20	2.38	105.11	2.04	80.95	13.29	91.42	1.17
	燃煤	196	196.42	6278.11	7531.12	489.41	1.24	634.38	2.38	105.10	2.04	80.97	13.36	91.41	1.17
	燃煤国产	183	183.49	6290.59	7525.03	487.32	1.24	646.98	2.31	100.68	1.96	76.80	13.48	91.31	1.11
	燃煤进口	13	12.93	6101.00	7617.53	519.00	1.24	455.55	3.40	167.92	3.17	140.17	11.72	92.75	1.96
	燃油国产	1	1.00	5212.57	7417.51	832.70	1.00	402.07	2.99	107.72	1.99	77.21	0.00	94.18	1.03
310MW	燃煤	2	2.01	5351.70	6838.78	1162.74	1.50	682.38	2.49	76.10	1.50	17.33	22.37	91.09	0.48
320MW	燃煤	10	9.85	7016.93	8031.52	96.68	1.01	596.28	1.93	35.52	1.42	19.23	8.62	92.69	0.34
	燃煤国产	4	3.84	7017.31	8049.28	40.59	1.04	625.58	1.30	44.55	1.04	17.80	20.02	92.12	0.45
	燃煤进口	6	6.02	7016.68	8020.20	132.45	1.00	577.59	2.33	29.76	1.66	20.14	1.34	93.05	0.27
330MW	燃煤	21	21.06	6780.62	7680.40	275.73	1.33	598.07	2.80	205.80	2.47	176.86	14.75	90.65	2.41
	燃煤国产	17	17.05	6971.63	7734.32	184.12	1.47	657.26	2.11	184.31	1.94	172.64	18.22	91.19	2.38

续表

机组容量	性质分类	台数	台年数	利用小时 UTH	可用小时		不可用小时及次数						降低出力等效停运小时	等效可用系数 EAF（%）	等效强迫停运率 EFOR（%）
					运行 SH	备用 RH	计划停运		非计划停运		强迫停运				
							次数	小时	次数	小时	次数	小时			
	燃煤进口	4	4.01	5968.84	7451.26	665.07	0.75	346.53	5.73	297.15	4.74	194.8[illegible]	0.00	92.65	2.55
335MW	燃煤国产	3	3.01	3862.46	5478.58	2642.68	0.66	638.74	0.00	0.00	0.00	0.00	14.58	92.54	0.01
350MW	燃煤	45	45.12	6468.99	7979.98	203.71	0.98	543.54	1.46	32.77	1.29	27.20	10.27	93.30	0.43
	燃煤国产	8	8.02	5970.33	7382.27	761.32	1.12	574.46	1.99	41.95	1.87	40.08	23.06	92.70	0.74
	燃煤进口	37	37.10	6576.81	8109.22	83.14	0.94	536.85	1.35	30.79	1.16	24.41	7.51	93.43	0.37
352MW	燃煤进口	2	2.01	6404.12	7840.40	154.94	1.00	583.61	2.99	181.05	2.49	169.7[illegible]	0.31	91.27	2.12
360MW	燃煤进口	4	4.01	5648.78	7372.99	572.98	1.75	758.91	2.49	55.12	2.24	43.60	0.04	90.71	0.59
362.50MW	燃煤进口	2	2.01	6298.86	7619.55	230.39	1.00	907.84	1.99	2.22	1.99	2.22	31.93	89.25	0.21
300～399MW		286	286.50	6330.55	7611.73	435.33	1.19	617.64	2.23	95.30	1.91	74.85	12.62	91.72	1.08
	燃煤	285	285.49	6334.32	7612.38	433.99	1.19	618.37	2.23	95.26	1.91	74.85	12.66	91.71	1.08
	燃煤国产	217	217.41	6302.55	7508.92	504.01	1.24	644.59	2.23	102.48	1.90	80.56	14.50	91.31	1.18
	燃煤进口	68	68.08	6425.99	7910.95	231.94	1.04	542.70	2.22	74.41	1.92	58.36	7.35	92.87	0.80
	燃油国产	1	1.00	5212.57	7417.51	832.70	1.00	402.07	2.99	107.72	1.99	77.21	0.00	94.18	1.03
500MW	燃煤进口	6	6.02	6367.80	7369.78	515.82	1.66	766.41	2.33	107.99	1.33	33.56	0.49	90.01	0.46
600MW	燃煤	30	30.08	6342.10	7667.03	339.07	1.16	682.37	1.93	71.53	1.83	68.67	28.29	91.07	1.10
	燃煤国产	12	12.03	6091.91	7467.27	551.85	1.33	672.95	2.16	67.92	2.08	62.44	51.22	90.96	1.27
	燃煤进口	18	18.05	6508.89	7800.20	197.22	1.05	688.64	1.77	73.94	1.66	72.83	13.01	91.15	0.99
660MW	燃煤进口	7	7.02	6614.88	8016.30	256.07	0.85	459.45	1.57	28.18	1.57	28.18	19.52	94.21	0.59
700MW	燃煤进口	2	2.01	6628.83	8163.24	6.02	1.50	584.53	1.00	6.21	1.00	6.21	94.63	92.18	1.08
800MW	燃煤进口	2	2.01	6001.38	7100.00	261.91	1.50	1348.17	1.00	49.92	0.00	0.00	25.73	83.75	0.35
500～800MW	燃煤	47	47.13	6383.80	7684.83	323.60	1.21	687.63	1.85	63.95	1.61	51.56	27.07	91.11	0.91
	燃煤国产	12	12.03	6091.91	7467.27	551.85	1.33	672.95	2.16	67.92	2.08	62.44	51.22	90.96	1.27
	燃煤进口	35	35.10	6481.92	7757.95	246.87	1.17	692.56	1.74	62.62	1.45	47.91	18.94	91.16	0.79
100～800MW		888	888.97	6350.96	7548.08	502.50	1.33	613.33	2.10	96.09	1.76	75.76	17.29	91.70	1.14
	燃煤	878	879.27	6363.72	7561.64	489.42	1.33	613.17	2.09	95.78	1.76	75.78	17.39	91.71	1.14
	燃煤国产	723	723.96	6336.93	7482.72	562.35	1.36	610.01	2.12	104.92	1.77	83.36	18.41	91.63	1.26
	燃煤进口	155	155.32	6437.77	7779.80	287.78	1.17	621.91	1.97	70.50	1.69	54.85	14.58	91.93	0.83
	燃油国产	10	9.69	4554.30	5639.32	2345.39	1.34	635.20	2.68	140.09	1.55	71.72	3.35	91.11	1.26
燃气轮机		11	11.03	3680.08	5032.45	2764.89	13.78	920.54	3.26	42.13	2.54	35.21	12.97	88.86	0.76

注 本表摘自电力可靠性管理中心《2004年发电设备运行可靠性报告》。

2004 年水电 400MW 及以上容量机组运行可靠性综合指标

单位：h

机组分类	台数	台年数	平均容量（MW 台）	利用小时 UTH	可用小时		不可用小时及次数						降低出力等效停运小时	等效可用系数 EAF（%）	等效强迫停运率 EFOR（%）
					运行 SH	备用 RH	计划停运		非计划停运		强迫停运				
							次数	小时	次数	小时	次数	小时			
轴流机组	84	83.52	96.42	4221.63	5119.43	2931.64	1.94	700.68	1.01	8.25	0.24	1.22	0.00	91.91	0.02
40～99MW	44	43.41	57.47	3193.01	4006.66	3970.85	1.93	773.32	0.83	9.17	0.14	1.00	0.00	91.07	0.02
100～199MW	33	33.09	126.39	5470.99	6211.44	1865.84	2.02	676.16	1.18	6.56	0.42	1.75	0.00	92.21	0.03
200～299MW	7	7.02	200.00	2327.16	3843.27	4260.45	1.57	644.64	1.28	11.64	0.00	0.00	0.00	92.51	0.00
混流机组	256	254.00	157.87	3533.48	4978.59	3213.35	1.74	537.95	1.01	30.11	0.37	21.27	0.00	93.52	0.43
40～99MW	115	114.35	57.20	2669.81	4129.80	4075.22	1.88	515.88	1.20	39.10	0.24	13.55	0.00	93.66	0.33
100～199MW	62	61.22	134.27	2599.81	4021.88	4184.89	1.67	545.36	0.46	7.87	0.31	6.47	0.00	93.68	0.16
200～299MW	36	35.32	228.06	4179.36	5296.46	2985.96	1.42	467.68	0.76	9.90	0.31	3.64	0.00	94.55	0.07
300MW 及以上	43	43.12	402.37	4000.07	5603.04	2534.88	1.72	575.42	1.51	46.66	0.86	39.39	0.00	92.90	0.70
抽水蓄能机组	21	21.06	250.95	2544.65	2794.41	5302.00	1.57	615.85	3.75	47.74	3.23	13.82	0.00	92.42	0.49
40～99MW	3	3.01	90.00	165.34	273.86	8091.23	1.33	394.90	0.00	0.00	0.00	0.00	0.00	95.49	0.00
200～299MW	4	4.01	200.00	920.18	1177.80	7460.46	0.50	121.75	0.00	0.00	0.00	0.00	0.00	98.61	0.00
300MW 及以上	14	14.04	300.00	3007.03	3264.38	4711.55	1.92	724.17	5.63	59.91	4.84	17.34	0.00	91.05	0.53
全部机组	361	358.59	148.99	3539.74	4784.21	3377.03	1.77	570.21	1.17	28.55	0.51	17.51	0.00	93.16	0.36

注　本表摘自电力可靠性管理中心《2004 年发电设备运行可靠性报告》。

2004年供、用、售电量及线损情况

地区	全部			其中：电力企业				
	供电量	用电量	最高负荷（万千瓦）	购电量	供电量	售电量	线损电量	线损率（%）
全国总计	**20079.69**	**18786.38**		**3015.26**	**18805.28**	**17384.68**	**1420.60**	**7.55**
北京市	513.18	451.74	939.70	330.09	472.84	436.07	36.77	7.78
天津市	301.44	293.82	506.10	37.24	300.19	279.85	20.34	6.78
河北省	1194.54	1106.22	1048.90	36.05	1166.67	1097.21	69.46	5.95
山西省	731.09	669.79	1236.00	1.65	667.03	605.73	61.30	9.19
内蒙古自治区	535.68	510.21		27.53	517.03	491.70	25.52	5.04
辽宁省	938.47	878.63	1199.66	180.32	838.42	778.58	59.83	7.14
吉林省	322.85	307.91	500.00	105.44	300.81	285.86	14.94	4.97
黑龙江省	470.78	438.25	628.10	57.06	400.09	367.55	32.54	8.13
上海市	781.86	737.56	1500.60	141.57	671.23	626.94	44.30	6.60
江苏省	1719.88	1568.89	2454.00	299.13	1587.12	1436.13	151.00	9.51
浙江省	1271.38	1183.57	1623.10	193.01	1222.08	1134.27	87.81	7.19
安徽省	468.98	450.26	862.48	0.30	436.17	408.25	27.91	6.40
福建省	627.67	557.65	1037.00	9.21	540.56	512.98	27.58	5.10
江西省	314.78	300.00	605.97	5.25	286.56	267.46	19.10	6.67
山东省	1510.66	1427.49	2024.00	0.00	1318.31	1229.54	88.77	6.73
河南省	894.11	790.64	1469.6	33.66	831.07	779.81	51.26	6.17
湖北省	642.39	543.49	1153.10	44.37	560.83	514.97	45.86	8.18
湖南省	582.11	529.04	834.40	43.99	555.84	502.76	53.08	9.55
广东省	2207.04	2308.31	3970.00	372.59	2151.63	1993.68	157.95	7.34
广西自治区	436.79	402.23	607.10	86.20	428.60	394.05	34.55	8.06
海南省	62.94	55.62	108.33		62.94	55.27	7.66	12.18
重庆市	286.28	261.35	482.00	122.77	279.08	254.15	24.93	8.93
四川省	925.60	840.36	1159.50	738.91	909.18	823.93	85.25	9.38
贵州省	406.97	382.01	570.20	7.18	406.97	382.01	24.96	6.13
云南省	506.79	462.44	706.00	32.63	497.71	453.48	44.23	8.89
西藏自治区	8.91	7.95	20.18		8.91	7.95	0.96	10.82
陕西省	393.20	354.08	666.00	2.52	382.97	357.62	25.35	6.62
甘肃省	409.38	395.31	609.00	55.82	387.22	360.78	26.44	6.83
青海省	184.04	174.17	266.00	17.99	163.96	154.54	9.43	5.75
宁夏自治区	263.83	247.42	414.00	32.79	257.98	241.57	16.41	6.36
新疆自治区	166.06	149.98	243.00		166.06	149.98	16.08	9.68
跨区网损	0.00	0.00	0.00		29.22		29.22	100.0

2004年年底35kV及以上输电线路及变电设备情况

	输电线路（km）					变电设备（万kVA）				
	合 计	其 中				合 计	其 中			
		500kV	330kV	220kV	110kV		500kV	330kV	220kV	110kV
全国总计	**897139**	**54252**	**10773**	**163835**	**263004**	**157017**	**20671**	**2064**	**48753**	**56184**
北 京 市	7194	985		1727	2353	4556	1006		1594	1681
天 津 市	6961	466		1661	1792	2681	390		871	636
河 北 省	46743	3412		8003	14400	9357	830		2913	3878
山 西 省	31332	2613		6103	9727	5149	425		1653	2159
内蒙古自治区	31928	1646		8483	7695	3072	375		1387	877
辽 宁 省	33406	2787		9090		7311	1025		2541	
吉 林 省	22343	1045		6732		2690	432		901	
黑龙江省	34616	1945		7688	5970	3935	507		1278	887
上 海 市	6852	552		2020	737	7288	1376		2519	708
江 苏 省	52490	5046		10967	14902	14667	1900		4841	5400
浙 江 省	34997	2999		7998	10611	10416	2075		3043	3618
安 徽 省	30552	1384		5736	7945	4202	360		1326	1633
福 建 省	26648	1351		4768	8846	4359	580		1441	1869
江 西 省	25438	830		4803	7558	2142			762	990
山 东 省	53926	2180		10639	14279	12119	1358		3461	4506
河 南 省	41933	2037	50	8211	13669	6974	600		2206	2959
湖 北 省	39527	3884		6955	13128	5467	807		1735	2413
湖 南 省	42542	1230		7964	14017	4593	550		1533	1990
广 东 省	46429	3570		10418	20535	16889	3050		5787	7685
广西自治区	37716	644		5818	8807	3137	350		989	1168
海 南 省	5422			1145	2021	570			176	309
重 庆 市	14292	1175		2485	4243	2311	300		720	1008
四 川 省	42021	2604		7797	14423	4890	375		1353	2264
贵 州 省	21937	1389		4662	8965	3207	525		849	1470
云 南 省	44826	1569		4962	15753	3587	650		1117	1127
西藏自治区	3088				1512	90				43
陕 西 省	25858		3292	815	11477	3198		870	99	1790
甘 肃 省	31347		4577	1188	10336	2916		756	380	1218
青 海 省	8564		2083		3718	986		324		525
宁夏自治区	8079		770	1748	2963	1503		114	565	641
新疆自治区	31023			3050	10624	1506			300	732
跨 区	7109	6909		200		1240	825		415	

2004年全国220kV及以上电压等级变压器、断路器及架空输电线路可靠性指标

地区	电压	变压器			架空线路			断路器		
		统计百台年数	非计划停运率（次/百台年）	可用系数（%）	统计百公里年数	非计划停运率（次/百台年）	可用系数（%）	统计百台年数	非计划停运率（次/百台年）	可用系数（%）
华北	220	9.529	2.099	99.370	307.670	0.205	99.654	33.815	2.810	99.709
	500	2.451	1.224	99.067	92.680	0.173	99.312	3.989	7.020	99.407
东北	220	5.378	2.264	98.959	231.176	0.195	99.406	17.962	2.877	99.566
	500	0.808	0.000	97.803	52.918	0.076	98.631	1.559	2.056	98.408
华东	220	9.885	3.238	99.681	271.934	0.235	99.655	38.491	3.133	99.821
	500	2.174	0.920	99.457	102.094	0.196	98.932	4.376	4.114	99.739
华中	220	7.134	7.289	99.091	370.185	0.378	99.353	26.816	8.384	99.564
	500	1.292	7.739	98.450	94.568	0.307	97.623	2.249	6.670	98.888
西北	220	1.386	5.051	98.970	63.196	0.111	99.654	4.737	5.325	99.472
	330	1.279	3.056	98.798	88.942	0.146	98.995	4.709	1.487	99.365
南方	220	6.508	3.688	99.379	255.108	0.357	99.632	23.474	4.278	99.775
	500	2.541	5.904	99.083	121.823	0.197	99.118	3.779	4.536	99.670
全国平均	220	39.820	3.742	99.312	1499.270	0.274	99.538	145.295	4.233	99.691
	330	1.279	3.127	98.798	88.942	0.146	98.995	4.709	1.487	99.365
	500	9.266	3.238	98.973	463.961	0.203	98.600	15.952	5.203	99.373

注 本表摘自电力可靠性管理中心《2004年中国电力可靠性管理年报》。

2004年用电设备容量和用电量

分类	用电设备容量（万kW）			用电量（万kWh）		
	2004年	2003年	增长（%）	2004年	2003年	增长（%）
全社会总计	135074.87	100469.56	34.44	217613004	188937055	15.18
A：按产业类别分						
一次产业	7186.43	6591.50	9.03	6027409	5950690	1.29
二次产业	63376.76	46049.55	37.63	162747905	139605710	16.58
三次产业	25100.39	19677.72	27.56	24277767	21078115	15.18
B：城乡居民生活合计	39411.29	28150.79	40.00	24559923	22302540	10.12
其中：城市居民	22000.12	17012.23	29.32	14777858	13522335	9.28
乡村居民	17411.17	11138.55	56.31	9782065	8780205	11.41
按行业类别分						
全行业合计	95663.58	72318.77	32.28	193053081	166634515	15.85
一、农林牧渔水利业合计	9332.07	8396.70	11.14	8088717	7716229	4.83
其中：排灌	3796.18	3375.99	12.45	3597420	3446230	4.39
其中：农副业	2180.82	1690.03	29.04	1448875	1472901	−1.63
1. 农业	6568.57	6080.18	8.03	5263988	5293085	−0.55
2. 林业	137.55	115.57	19.02	174508	158724	9.94

续表

分类	用电设备容量（万 kW）			用电量（万 kWh）		
	2004 年	2003 年	增长（%）	2004 年	2003 年	增长（%）
3. 畜牧业	194.47	178.09	9.20	245095	215883	13.53
4. 渔业	285.85	217.67	31.32	343818	282998	21.49
5. 水利业	1114.49	907.19	22.85	853514	815941	4.60
6. 其他	1031.15	898.01	14.83	1207794	949598	27.19
二、工业合计	60640.98	44107.55	37.48	160526480	137703083	16.57
其中：乡镇工业	8261.58	6481.82	27.46	20990810	17740131	18.32
1. 轻工业	18932.73	13169.94	43.76	33508708	29444995	13.80
2. 重工业	41708.25	30937.61	34.81	127017772	108258088	17.33
（一）采掘业合计	5956.14	4732.35	25.86	13586176	12188529	11.47
1. 矿业合计	4966.02	3785.35	31.19	11658758	10427668	11.81
（1）煤炭采选业	2192.62	1638.74	33.80	4516895	4098723	10.20
（2）石油及天然气开采业	867.07	744.29	16.50	2622004	2551788	2.75
（3）黑色金属矿采选业	580.65	339.38	71.09	1400411	1089685	28.52
（4）有色金属采选业	458.70	434.63	5.54	1445177	1280565	12.85
（5）建材及其他非金属矿采选业	661.82	526.65	25.67	1316059	1130726	16.39
（6）采盐业	101.04	49.75	103.11	157055	145002	8.31
（7）其他矿采选业	104.10	51.91	100.57	201157	131179	53.35
2. 木材及竹材采运业	71.33	61.96	15.12	176103	127955	37.63
3. 自来水生产和供应业	918.80	885.04	3.81	1751315	1632906	7.25
（二）制造业合计	54684.84	39375.20	38.88	146940304	125514554	17.07
1. 食品饮料和烟草制造业	2906.84	2188.77	32.81	3847196	3482254	10.48
2. 纺织业	3499.03	2315.86	51.09	7856521	6754763	16.31
3. 造纸及纸制品业	1569.40	1086.76	44.41	3593317	3122638	15.07
4. 电力蒸汽热水生产和供应业	3615.88	3228.28	12.01	32236502	28039700	14.97
其中：厂用电量				14909708	13057612	14.18
其中：线损电量				15936233	13808241	15.41
5. 石油加工业	741.03	590.00	25.60	2192870	1942656	12.88
6. 炼焦煤气及煤制品业	468.65	327.22	43.22	702826	597619	17.60
	130.27	60.43	115.57	298197	98745	201.99
7. 化学工业	5083.94	4014.16	26.65	18492031	16308758	13.39
其中：轻工业	826.21	413.92	99.61	1420775	1219066	16.55
8. 医药工业	694.05	501.74	38.33	1309231	1252877	4.50
9. 化学纤维	769.75	621.92	23.77	2253347	2050937	9.87

续表

分类	用电设备容量（万 kW）			用电量（万 kWh）		
	2004 年	2003 年	增长（%）	2004 年	2003 年	增长（%）
10. 橡胶及塑料制品业	2180.86	1506.99	44.72	4111219	3496326	17.59
其中：轻工业	993.33	582.38	70.56	1749698	1498372	16.77
11. 建材及其他非金属矿制品业	6024.45	3839.72	56.90	12092552	10354179	16.79
其中：轻工业	885.11	398.24	122.25	1197567	1032795	15.95
12. 黑色金属冶炼压延加工业	6462.17	4399.81	46.87	20636290	16465613	25.33
13. 有色金属冶炼压延加工业	3753.22	2624.37	43.01	12579300	10726762	17.27
14. 金属制品业	2654.27	1887.09	40.65	4327905	3561817	21.51
其中：轻工业	827.58	579.80	42.73	1286796	1140751	12.80
15. 机械工业	3687.11	2485.63	48.34	4845858	4204934	15.24
其中：轻工业	749.14	394.13	90.08	896158	767495	16.76
16. 交通运输电气电子设备制造业	4061.88	2673.59	51.93	5809459	4810151	20.77
其中：轻工业	1151.41	744.57	54.64	1593589	1278290	24.67
17. 其他工业	6512.30	5083.29	28.11	10053880	8342570	20.51
其中：轻工业	2910.77	2346.63	24.04	4297946	3968104	8.31
三、地质普查和勘探业	70.16	71.04	−1.23	122381	109620	11.64
四、建筑业	2735.78	1942.00	40.87	2221425	1902627	16.76
五、交通运输邮电通信业	3695.95	3200.60	15.48	4423072	3904615	13.28
1. 交通运输业	2953.31	2602.38	13.49	3406965	2996008	13.72
其中：管道运输业	196.04	108.43	80.80	163481	146807	11.36
其中：电气化铁路	1558.62	1559.60	−0.06	1831327	1615127	13.39
2. 邮电通信业	742.64	598.22	24.14	1016107	908607	11.83
六、商业饮食物资供销仓储业	7463.31	5461.06	36.66	7342563	6220462	18.04
七、其他事业	11725.32	9139.83	28.29	10328443	9077879	13.78
1. 房管公共居民服务和咨询业	3361.81	2693.08	24.83	2851088	2466717	15.58
其中：路灯业	375.01	275.16	36.29	455362	407124	11.85
其中：市内公共交通业	191.81	216.94	−11.58	136813	134330	1.85
2. 卫生体育社会福利事业	924.87	737.17	25.46	950810	871956	9.04
3. 教育文艺和广播电视业	2152.30	1305.49	64.87	1541400	1381705	11.56
4. 科研和综合技术服务业	646.45	509.95	26.77	604224	560198	7.86
5. 国家政党机关和社会团体	1737.23	1388.16	25.15	1670967	1544851	8.16
6. 其他	2902.66	2505.98	15.83	2709954	2252452	20.31

2004年人均电力指标

地　区	人均装机容量（kW/人）	人均用电量（kWh/人）	人均生活用电量（kWh/人）
全国总计	0.340	1674.10	188.94
北京市	0.302	3437.24	537.21
天津市	0.587	3320.70	326.69
河北省	0.304	1896.61	189.11
山西省	0.554	2497.78	116.84
内蒙古自治区	0.601	2224.96	138.71
辽宁省	0.391	2418.26	279.37
吉林省	0.354	1372.43	210.77
黑龙江省	0.318	1376.66	209.38
上海市	0.690	4715.52	520.32
江苏省	0.383	2448.66	230.08
浙江省	0.656	2931.54	306.80
安徽省	0.156	798.16	112.26
福建省	0.442	1892.22	313.65
江西省	0.188	783.25	109.40
山东省	0.359	1786.41	187.50
河南省	0.249	1225.72	123.99
湖北省	0.409	1163.91	157.28
湖南省	0.212	920.87	127.86
广东省	0.513	2874.68	346.05
广西自治区	0.193	934.47	122.87
海南省	0.265	819.19	124.17
重庆市	0.150	969.17	171.59
四川省	0.232	982.26	166.74
贵州省	0.376	1174.92	109.03
云南省	0.257	1029.47	133.58
西藏自治区	0.171	315.93	97.84
陕西省	0.257	1287.52	128.73
甘肃省	0.331	1724.85	104.67
青海省	0.917	3520.66	158.01
宁夏自治区	0.713	4592.07	155.05
新疆自治区	0.307	1357.16	123.56

国家电网公司统计资料

2004年国家电网公司经营区域发电量

单位：亿kWh

地区	合计	水电	火电	核电	风电	其他	其中：6000kW及以上电厂					
							合计	水电	火电	核电	风电	其他
国家电网公司经营区域	17367.73	2363.21	14768.50	219.88	8.82	7.33	16985.05	2094.35	14655.89	219.88	8.60	6.32
1. 华北电网	4509.80	29.90	4477.88		0.56	1.45	4494.53	25.63	4467.03		0.42	1.45
北京市	205.49	3.97	200.06			1.45	205.23	3.71	200.06			1.45
天津市	339.52		339.52				338.97		338.97			
河北省	1255.35	5.25	1249.70		0.40		1249.52	2.85	1246.42		0.25	
山西省	1069.48	20.28	1049.20				1066.38	19.07	1047.31			
山东省	1639.97	0.41	1639.40		0.16		1634.43		1634.27		0.16	
2. 东北电网	2043.95	114.54	1924.74		4.10	0.58	2032.30	108.13	1920.03		4.04	0.10
蒙东地区	213.22	0.21	212.13		0.88		212.87	0.21	211.78		0.88	
辽宁省	887.54	39.47	845.43		2.15	0.48	883.87	38.23	843.55		2.09	
吉林省	394.70	61.47	332.42		0.71	0.10	389.45	57.53	331.12		0.71	0.10
黑龙江省	548.50	13.38	534.76		0.36		546.11	12.17	533.58		0.36	
3. 华东电网	4880.10	254.68	4404.11	219.88	0.69	0.73	4745.03	176.49	4347.77	219.88	0.69	0.20
上海市	711.34		711.34				710.72		710.72			
江苏省	1639.01	3.27	1635.45			0.29	1619.67	2.24	1617.29			0.14
浙江省	1258.82	85.45	952.55	219.88	0.50	0.44	1199.66	62.52	916.70	219.88	0.50	0.06
安徽省	611.27	11.39	599.88				608.44	9.38	599.06			
福建省	659.66	154.57	504.90		0.19		606.53	102.35	504.00		0.19	
4. 华中电网	4396.36	1665.89	2730.47				4198.30	1506.64	2691.67			
河南省	1162.36	68.84	1093.52				1159.33	67.18	1092.15			
湖北省	1125.46	695.12	430.34				1107.08	676.90	430.18			
湖南省	614.23	242.36	371.87				576.86	206.77	370.09			
江西省	340.17	38.90	301.27				326.69	25.71	300.98			
四川省	935.29	589.02	346.27				845.62	502.79	342.84			
重庆市	218.85	31.65	187.20				182.72	27.28	155.43			
5. 西北电网	1537.52	298.20	1231.30		3.46	4.56	1514.89	277.47	1229.39		3.46	4.56
陕西省	471.95	41.05	428.98			1.92	465.26	36.27	427.08			1.92
甘肃省	456.90	115.89	337.79		0.57	2.65	447.35	106.34	337.79		0.57	2.65
青海省	172.78	110.71	62.08				167.35	105.28	62.08			
宁夏自治区	263.27	9.84	252.98		0.46		263.14	9.70	252.98		0.46	
新疆自治区（主网）	172.61	20.71	149.47		2.43		171.79	19.88	149.47		2.43	

2004年国家电网公司经营区域发电设备容量

单位：亿kW

地 区	合计	水电	火电	核电	风电	其他	其中：6000kW及以上电厂					
							合计	水电	火电	核电	风电	其他
国家电网公司经营区域	34856.91	7554.85	26929.02	305.60	52.58	14.86	32909.20	6458.45	26080.58	305.60	51.84	12.72
1. 华北电网	8261.22	267.86	7988.38		2.58	2.40	8199.70	240.04	7955.04		2.22	2.40
北京市	451.44	105.59	343.45			2.40	448.35	102.50	343.45			2.40
天津市	601.35	0.50	600.85				599.35		599.35			
河北省	2073.00	78.38	1993.27		1.34		2048.94	65.36	1982.60		0.98	
山西省	1843.07	78.30	1764.77				1829.45	71.50	1757.95			
山东省	3292.36	5.08	3286.04		1.23		3273.60	0.68	3271.69		1.23	
2. 东北电网	4199.04	587.58	3585.01		24.30	2.15	4151.12	561.30	3565.29		23.92	0.60
蒙东地区	376.01	2.59	368.40		5.02		372.41	2.59	364.80		5.02	
辽宁省	1650.64	140.41	1496.03		12.65	1.55	1631.80	130.57	1488.96		12.27	
吉林省	959.59	360.12	595.87		3.01	0.60	943.42	347.66	592.15		3.01	0.60
黑龙江省	1212.80	84.46	1124.71		3.63		1203.49	80.48	1119.38		3.63	
3. 华东电网	9721.46	1440.50	7968.45	305.60	4.50	2.41	8599.41	1056.16	7231.32	305.60	4.50	1.82
上海市	1201.83		1201.83				1199.33		1199.33			
江苏省	2843.36	12.65	2828.95			1.75	2800.20	10.00	2788.70			1.50
浙江省	3095.39	641.84	2143.98	305.60	3.30	0.66	2257.60	492.27	1456.10	305.60	3.30	0.32
安徽省	1030.08	67.94	962.14				1019.54	61.34	958.20			
福建省	1550.80	718.06	831.54		1.20		1322.73	492.55	828.99		1.20	
4. 华中电网	9628.78	4248.41	5380.36				8984.01	3660.15	5323.86			
河南省	2422.65	243.80	2178.85				2409.08	234.77	2174.30			
湖北省	2462.44	1511.51	950.93				2387.90	1438.47	949.43			
湖南省	1422.78	744.82	677.95				1273.85	610.30	663.55			
江西省	804.59	254.99	549.60				721.92	173.52	548.40			
四川省	2028.32	1338.29	690.03				1803.74	1126.91	676.82			
重庆市	488.00	155.00	333.00				387.53	76.17	311.36			
5. 西北电网	3046.42	1010.50	2006.82		21.20	7.90	2974.96	940.80	2005.07		21.20	7.90
陕西省	878.61	155.41	719.80			3.40	864.04	142.59	718.05			3.40
甘肃省	883.59	369.88	502.80		6.41	4.50	847.51	333.80	502.80		6.41	4.50
青海省	494.32	405.34	88.98				476.06	387.09	88.98			
宁夏自治区	419.07	36.62	378.20		4.25		418.45	36.00	378.20		4.25	
新疆自治区（主网）	370.83	43.24	317.04		10.54		368.90	41.31	317.04		10.54	

2004年国家电网公司经营区域发电设备利用小时

地　　区	发电设备累计平均利用小时（h）					
	2004年		2003年		同比增加	
	合计	其中：火电	合计	其中：火电	合计	其中：火电
国家电网公司经营区域	5459	5943	5241	5760	218	183
1. 华北电网	5722	5870	5581	5737	141	133
北京市	4345	5445	4248	5289	97	156
天津市	5656	5656	5362	5362	294	294
河北省	6407	6618	6086	6301	321	317
山西省	6450	6622	6283	6473	167	149
山东省	5145	5147	5073	5074	72	73
2. 东北电网	4940	5436	4576	5110	364	326
蒙东地区	5729	5812	5367	5420	362	392
辽宁省	5460	5715	5206	5518	254	197
吉林省	4148	5635	3619	5150	529	485
黑龙江省	4609	4833	4236	4447	373	386
3. 华东电网	5881	6467	5719	6236	162	231
上海市	6243	6243	6133	6133	110	110
江苏省	6385	6402	6253	6269	132	133
浙江省	5701	6923	5546	6669	155	254
安徽省	5982	6268	5685	5906	297	362
福建省	4768	6469	4685	5973	83	496
4. 华中电网	5087	5530	4850	5449	237	81
河南省	5487	5819	5351	5807	136	12
湖北省	5228	4968	4711	4851	517	117
湖南省	4750	5766	4831	5730	−81	36
江西省	4637	5635	4525	5285	112	350
四川省	4933	5380	4613	5391	320	−11
重庆市	4715	4992	4593	5041	122	−49
5. 西北电网	5381	6387	5078	6270	303	117
陕西省	5463	6003	5352	5706	111	297
甘肃省	5613	7158	5406	7041	207	117
青海省	3804	6124	3263	7261	541	−1137
宁夏自治区	7276	7732	6891	7517	385	215
新疆自治区（主网）	4710	4775	4238	4772	472	3

2004 年国家电网公司经营区域全社会用电量分类

单位：万 kWh

地　区	全社会总计	Ⅰ. 城乡居民生活	Ⅱ. 全行业	1. 第一产业	2. 第二产业	3. 第三产业	一、农、林、牧、渔、水利业	二、工业	三、地质普查和勘探业	四、建筑业	五、交通运输、邮电通信业	六、商业、公共饮食、物资供销和仓储业	七、其他事业
国家电网公司	173643207	19504562	154138645	5152779	130517527	18468339	6547534	128782150	92659	1735378	3427393	5291238	8262294
1. 华北电网	46175545	4535153	41640392	1771981	34688614	5179797	2162260	34185793	19819	502821	956010	1523441	2290248
北京市	5131801	802059	4329743	103551	2571288	1654904	118607	2367601	552	203687	153025	585277	900994
天津市	3400400	334534	3065866	89305	2506741	469820	96216	2486819	885	19922	67203	175864	218957
河北省	12914024	1287648	11626376	912653	9625454	1088269	1058720	9535060	12764	90394	317181	255725	356532
山西省	8330106	389662	7940444	204597	7051425	684422	288574	6994573	3279	56852	255216	141321	200629
山东省	16399213	1721250	14677963	461875	12933706	1282382	600143	12801740	2339	131966	163385	365254	613136
2. 东北电网	19941648	2669835	17271813	325214	14850744	2095855	458931	14703368	6973	147376	397245	583793	974127
蒙东地区	771228	121565	649663	41410	544324	63929	47120	535581	1127	8743	12682	18451	25959
辽宁省	10197800	1178101	9019699	150973	7834123	1034603	184529	7770450	1482	63673	196754	311174	491637
吉林省	3717904	570972	3146932	38790	2615860	492282	98612	2579788	2328	36072	103821	125220	201091
黑龙江省	5254716	799197	4455519	94041	3856437	505041	128670	3817549	2036	38888	83988	128948	255440
3. 华东电网	52103630	5889393	46214236	675406	40085252	5453578	971577	39484197	13163	601055	619502	1680104	2844638
网损	48416		48416		48416			48416					
上海市	8214440	906393	7308047	36973	5627122	1643952	64846	5550793	370	76329	131632	417569	1066508
江苏省	18200911	1710158	16490753	343721	14737246	1409786	496686	14519637	5072	217609	175319	467903	608527
浙江省	13836850	1448100	12388749	84829	11043723	1260197	133001	10855340	1191	188383	134253	439434	637147
安徽省	5159427	724839	4434588	121981	3902601	410005	156064	3849861	5248	52740	53658	121754	195263
福建省	6643586	1099903	5543683	87902	4726144	729637	120980	4660150	1282	65994	124640	233444	337193
4. 华中电网	40028546	5259963	34768583	1519627	29193961	4054994	1855508	28838713	38157	355248	972497	1129367	1579093
网损	13645		13645		13645			13645					
河南省	11910338	1204827	10705511	697090	9028967	979454	808824	8965060	2425	63907	299943	195588	369764
湖北省	7002112	946171	6055941	124458	5151056	780427	183799	5085196	2106	65860	131579	229141	358260
湖南省	6151001	839463	5311538	400430	4209270	701839	475569	4152992	22845	56278	198152	152078	253625
江西省	3355447	468674	2886773	156115	2426089	304569	172124	2408705	5358	17384	50072	76354	156776
四川省	8570244	1265135	7305108	118958	6285036	901114	182286	6198694	3528	86343	238069	313149	283039
重庆市	3025759	535693	2490066	22576	2079898	387592	32906	2014422	1894	65476	54682	163057	157629
5. 西北电网	15393839	1150218	14243621	860550	11698956	1684115	1099258	11570078	14547	128878	482139	374533	574188
陕西省	4652886	476957	4175927	216327	3206663	752937	290474	3167236	3518	39427	249685	150410	275177
甘肃省	4517393	274131	4243262	413335	3375320	454607	501558	3324566	7379	50754	144653	74123	140229
青海省	1897638	85167	1812471	5345	1733231	73895	13254	1717393	393	15838	9746	14591	41256
宁夏自治区	2700138	91171	2608967	28588	2439897	140482	80534	2430990	218	8907	39199	23093	26026
新疆自治区	1625786	222792	1402994	196955	943845	262194	213438	929893	3039	13952	38856	112316	91500

2004年国家电网公司经营区域供电生产情况

地　　区	供电量（亿 kWh）			售电量（亿 kWh）			线损率（%）		
	2004年	2003年	同比增长	2004年	2003年	同比增长	2004年	2003年	同比增加
国家电网公司经营区域	14608.87	12859.09	13.61	13521.45	11908.99	13.54	7.44	7.39	0.06
1. 华北电网	3946.60	3411.46	15.69	3651.52	3186.07	14.61	7.48	6.61	0.87
北京市	472.84	426.72	10.81	436.07	399.41	9.18	7.78	6.40	1.38
天津市	300.19	259.99	15.46	279.85	247.53	13.06	6.78	4.79	1.99
河北省	1166.67	996.54	17.07	1097.21	937.29	17.06	5.95	5.95	0.01
山西省	685.76	580.96	18.04	606.01	529.32	14.49	11.63	8.89	2.74
山东省	1321.14	1147.26	15.16	1232.37	1072.52	14.90	6.72	6.51	0.20
2. 东北电网	1605.66	1442.98	11.27	1485.88	1335.34	11.27	7.46	7.46	0.00
蒙东地区	56.32	48.57	15.95	53.89	46.33	16.31	4.31	4.60	−0.30
辽宁省	838.42	739.37	13.40	778.58	686.23	13.46	7.14	7.19	−0.05
吉林省	310.85	284.06	9.43	285.86	260.78	9.62	8.04	8.20	−0.16
黑龙江省	400.09	370.98	7.85	367.55	342.00	7.47	8.13	7.81	0.32
3. 华东电网	4446.61	3840.75	15.77	4118.57	3549.79	16.02	7.38	7.58	−0.20
上海市	671.23	600.86	11.71	626.94	560.31	11.89	6.60	6.75	−0.15
江苏省	1579.05	1311.33	20.42	1436.13	1186.20	21.07	9.05	9.54	−0.49
浙江省	1222.08	1091.17	12.00	1134.27	1013.87	11.88	7.19	7.08	0.10
安徽省	436.17	372.88	16.97	408.25	348.36	17.19	6.40	6.58	−0.18
福建省	538.07	464.44	15.85	512.98	441.07	16.30	4.66	5.03	−0.37
4. 华中电网	3247.40	2976.77	9.09	2994.93	2737.97	9.39	7.78	8.02	−0.25
河南省	831.07	755.50	10.00	779.81	708.69	10.03	6.17	6.20	−0.03
湖北省	560.83	518.03	8.26	514.97	471.13	9.31	8.18	9.05	−0.88
湖南省	579.18	441.68	31.13	523.46	414.18	26.38	9.62	6.23	3.39
江西省	286.55	249.56	14.82	267.46	232.64	14.97	6.66	6.78	−0.12
四川省	710.58	742.74	−4.33	655.09	667.38	−1.84	7.81	10.15	−2.34
重庆市	279.08	268.14	4.08	254.15	243.95	4.18	8.93	9.02	−0.09
5. 西北电网	1362.51	1187.13	14.77	1270.55	1099.81	15.52	6.75	7.36	−0.61
陕西省	381.88	355.73	7.35	358.34	329.23	8.84	6.16	7.45	−1.29
甘肃省	392.55	352.73	11.29	366.11	326.51	12.13	6.73	7.43	−0.70
青海省	163.97	136.94	19.73	154.54	129.06	19.74	5.75	5.76	−0.01
宁夏自治区	258.05	197.02	30.97	241.57	183.65	31.54	6.39	6.79	−0.40
新疆自治区（主网）	166.06	144.70	14.76	149.98	131.36	14.18	9.68	9.22	0.46

2004年国家电网公司网、省间电量交换情况

计算单位：万 kWh；%

分 项	2003年	2002年	增长率
合计	17982526	13823256	30.09
一、区域内省际间电量交换小计	12577557	10866205	15.75
（一）华北电网	1807540	1608962	12.34
1. 蒙西送京津唐	801555	899332	—10.87
2. 山西送京津唐	298200	210045	41.97
3. 河北南网送京津唐	187867	1356	13754.50
4. 京津唐送河北南网	314892	295138	6.69
（二）东北电网	4163573	3099547	34.33
1. 东北公司送辽宁	909193	799784	13.68
2. 东北公司送吉林	705302	514257	37.15
3. 东北公司送龙江	531513	480373	10.65
4. 辽宁送东北公司	7772	10768	—27.82
5. 辽宁送吉林	645	6286	—89.74
6. 吉林送东北公司	112774	108235	4.19
7. 吉林送辽宁	1091901	613840	77.88
8. 吉林送龙江	11036	21139	—47.79
9. 龙江送东北公司	3589	1150	212.09
10. 龙江送吉林	789848	543715	45.27
（三）华东电网	3253282	3312537	—1.79
1. 江苏送上海	598313	473733	26.30
2. 上海送江苏	9762	4833	101.99
3. 江苏送安徽	2743	55	4887.27
4. 安徽送江苏	389447	535864	—27.32
5. 江苏送浙江	1024333	820967	24.77
6. 浙江送江苏	721	6565	—89.02
7. 安徽送浙江	566865	581515	—2.52
8. 浙江送安徽	255	233	9.44

续表

分　　项	2003年	2002年	增长率
9. 上海送浙江	297689	182357	63.25
10. 浙江送上海	229770	328355	−30.02
11. 浙江送福建	92160	67715	36.10
12. 福建送浙江	41224	310345	−86.72
（四）华中电网	2188439	1807088	21.10
1. 湖北送河南	325628	354293	−8.09
2. 湖北送湖南	369434	217565	69.80
3. 湖北送江西	53694	1540	3386.67
4. 湖北送重庆	137480	0	100.00
5. 河南送湖北	52944	34952	51.48
6. 湖南送湖北	34800	40731	−14.56
7. 江西送湖北	39573	215630	−81.65
8. 重庆送湖北	120700	0	100.00
9. 四川送重庆	905787	816141	10.98
10. 重庆送四川	148399	126237	17.56
（五）西北电网	1164723	1038070	12.20
1. 陕西送甘肃	408362	439213	−7.02
2. 甘肃送陕西	22119	4714	369.23
3. 青海送甘肃	77101	65974	16.87
4. 甘肃送青海	257032	221755	15.91
5. 宁夏送甘肃	72540	40929	77.24
6. 甘肃送宁夏	327570	265485	23.39
二、区域间电量交换小计	5404969	2957051	82.78
1. 东北送华北	451455	424438	6.37
2. 华中送华东（含四川、三峡电量）	2693407	1418260	89.91
3. 华东送华中	22	42656	−99.95
4. 阳城送江苏	1164961	1070587	8.82
5. 华中送南方（含三峡、国网）	1095124	1110	98554.52

2004年国家电网公司经营区域公用变压器情况

单位：个；台；kVA

地区	合计			500kV			330kV			220kV			110kV			35kV		
	个数	台数	铭牌	个数	台数	铭牌	个数	台数	铭牌	个数	台数	铭牌	个数	台数	铭牌	个数	台数	铭牌
合计	22307	39595	1055519170	127	416	152214000	52	98	20640000	1475	2644	360778000	6031	10561	349825850	14620	25876	172061320
华北地区	5672	10301	283212965	34	102	40094000				367	689	99350000	1553	2843	101121450	3718	6667	42647515
北京市	289	621	42002750	4	13	10056000				34	80	15110000	150	352	15268500	101	176	1568250
天津市	294	593	22349650	3	5	3903000				30	60	8250000	57	113	4683000	204	415	5513650
河北省	1915	3570	79374650	10	11	8301000				100	200	27690000	476	864	30421100	1329	2495	12962550
山西省	916	1416	37368800	5	15	4250000				62	112	15120000	268	453	13486550	581	836	4512250
山东省	2258	4101	102117115	12	58	13584000				141	237	33180000	602	1061	37262300	1503	2745	18090815
东北地区	2797	4803	112284570	19	69	19641000				231	394	46262000	127	209	5074800	2420	4131	41306770
蒙东地区	118	373	4334540							16	26	2347000	5	7	79000	97	340	1908540
黑龙江省	823	1229	28474560	6	19	5073000				62	106	12491000	122	202	4995800	633	902	5914760
吉林省	704	1199	22600390	4	17	4318000				49	80	8816000				651	1102	9466390
辽宁省	1152	2002	56875080	9	33	10250000				104	182	22608000				1039	1787	24017080
华东地区	5878	10579	356592745	42	135	62911000				464	872	124716000	1814	3132	114429900	3558	6440	54535845
上海市	587	1319	60046700	7	57	13758000				58	145	22410000	49	103	4783500	473	1014	19095200
江苏省	2030	3756	124804175	16	29	19000000				182	319	44966000	746	1268	45761100	1086	2140	15077075
浙江省	1346	2344	96261880	11	27	20750000				108	205	30250000	521	893	33890800	706	1219	11371080
安徽省	1055	1857	34686490	3	15	3603000				64	106	12930000	226	399	12913500	762	1337	5239990
福建省	860	1303	40793500	5	7	5800000				52	97	14160000	272	469	17081000	531	730	3752500
华中地区	5378	9463	226416515	32	110	29568000				356	589	78291000	1794	3099	94539100	3194	5665	24018415
河南省	1605	2772	62223755	8	27	6750000				85	152	20966000	436	759	25371000	1074	1834	9136755
湖北省	1179	2014	47239050	9	32	8068000				79	124	16495000	391	686	18864800	700	1172	3811250
湖南省	549	1403	36576630	5	24	5500000				61	102	13440000	322	551	15349800	161	726	2286830
江西省	901	1429	23050930	3	10	2500000				36	60	7620000	212	358	9393400	650	1001	3537530
四川省	687	1115	36285000	4	5	3750000				66	101	12780000	302	497	16698600	315	512	3056400
重庆市	457	730	21041150	3	12	3000000				29	50	6990000	131	248	8861500	294	420	2189650
西北地区	2582	4449	77012375				52	98	20640000	57	100	12159000	743	1278	34660600	1730	2973	9552775
陕西省	671	1115	25042600				23	42	8700000	6	9	990000	283	476	12833700	359	588	2518900
甘肃省	831	1708	22733015				18	36	7560000	13	25	3120000	173	324	8495600	627	1323	3557415
青海省	167	268	6797995				8	15	3240000				61	108	3128100	98	145	429895
宁夏自治区	225	358	11960850				3	5	1140000	20	40	5190000	80	141	4930500	122	172	700350
新疆自治区	688	1000	10477915							18	26	2859000	146	229	5272700	524	745	2346215

2004年国家电网公司经营区域电厂升压变压器情况

单位：台；kVA

地区	合计		500kV		330kV		220kV		110kV		35kV	
	台数	铭牌	台数	铭牌	台数	铭牌	台数	铭牌	台数	铭牌	台数	铭牌
合计	4046	232855426	101	49180000	39	10620000	764	157743265	943	41116400	2199	24195761
华北地区	935	75041385	29	14011000			187	42731765	250	12267300	469	6031320
北京市	68	6012850					17	3660000	36	2197000	15	155850
天津市	54	7274350	4	2700000			10	3212000	20	1111500	20	250850
河北省	321	26219925	14	5610000			62	14769765	99	4394000	146	1446160
山西省	2	1260000	2	1260000								
山东省	490	34274260	9	4441000			98	21090000	95	4564800	288	4178460
东北地区	700	52467080	22	8010000			192	34261000	47	1909000	439	8287080
蒙东地区	31	5303500	12	3420000			6	1700000			13	183500
黑龙江省	221	14659130	3	750000			59	10604500	47	1909000	112	1395630
吉林省	184	12166900	2	740000			52	8939500			130	2487400
辽宁省	264	20337550	5	3100000			75	13017000			184	4220550
华东地区	1419	93185301	43	24919000			218	46712000	346	14071800	812	7482501
上海市	100	15187711	9	4946000			36	6510000	21	2710000	34	1021711
江苏省	335	23227355	3	2761000			62	15062000	106	3731500	164	1672855
浙江省	477	26696190	17	10532000			53	9983000	89	3045000	318	3136190
安徽省	122	13144100	9	2780000			35	7990000	46	1971000	32	403100
福建省	385	14929945	5	3900000			32	7167000	84	2614300	264	1248645
华中地区	552	37167705	7	2240000			131	27015500	161	6695850	253	1216355
河南省	99	5522100					13	3260000	44	1735750	42	526350
湖北省	261	5154755					9	1960000	69	2686400	183	508355
湖南省	86	11461000	7	2240000			47	7865000	32	1356000		
江西省	56	11359500					55	11354500			1	5000
四川省	24	994400							15	914500	9	79900
重庆市	26	2675950					7	2576000	1	3200	18	96750
西北地区	440	24993955			39	10620000	36	7023000	139	6172450	226	1178505
陕西省	67	8145100			25	6365000	3	540000	26	1154100	13	86000
甘肃省	211	9600475			11	3405000	13	2386000	45	3135800	142	673675
青海省												
宁夏自治区	44	5232100			3	850000	14	3330000	24	962100	3	90000
新疆自治区	118	2016280					6	767000	44	920450	68	328830

2004年国家电网公司经营区域企业自备变压器情况

单位：个；台；kVA

地区	合计			220kV			110kV			35kV		
	个数	台数	铭牌	个数	台数	铭牌	个数	台数	铭牌	个数	台数	铭牌
合计	9457	19968	178989707	103	255	21577776	1221	2501	73092212	8133	17212	84319719
华北地区	3246	6611	55898513	26	63	5641116	468	951	27897526	2752	5597	22359871
北京市	166	344	4048020	4	9	900000	34	77	1966700	128	258	1181320
天津市	327	734	4463861	3	7	461300	29	62	1673200	295	665	2329361
河北省	656	1341	14198454	6	14	1440000	139	269	8355000	511	1058	4403454
山西省	764	1476	14119717	7	21	1409816	142	289	8107876	615	1166	4602025
山东省	1333	2716	19068461	6	12	1430000	124	254	7794750	1203	2450	9843711
东北地区	1370	2774	31987699	22	49	3394000	33	119	3869900	1315	2606	24723799
蒙东地区	7	90	576842	1	1	120000				6	89	456842
黑龙江省	572	1072	10875247	3	6	286000	33	119	3869900	536	947	6719347
吉林省	240	462	4303740	1	3	189000				239	459	4114740
辽宁省	551	1150	16231870	17	39	2799000				534	1111	13432870
华东地区	3488	7383	52757868	33	74	6999000	317	577	17861040	3138	6732	27897828
上海市	666	1075	12832066	9	20	2775000	25	53	2299500	632	1002	7757566
江苏省	1605	3641	21878396	19	45	3441000	182	287	8237640	1404	3309	10199756
浙江省	510	980	7896410	1	2	183000	36	65	2292700	473	913	5420710
安徽省	597	1455	7333332	2	3	330000	46	113	3421100	549	1339	3582232
福建省	110	232	2817664	2	4	270000	28	59	1610100	80	169	937564
华中地区	877	1786	23520367	18	53	4720260	288	536	13992686	571	1197	4807421
河南省	238	549	8310604	5	16	1621000	53	124	4598368	180	409	2091236
湖北省	398	740	7432108	4	7	856000	139	239	5264918	255	494	1311190
湖南省	55	107	3920460	6	22	1792860	49	83	2119600		2	8000
江西省	71	126	1110195	2	2	240000	12	22	502600	57	102	367595
四川省	34	97	678000				6	15	286100	28	82	391900
重庆市	81	167	2069000	1	6	210400	29	53	1221100	51	108	637500
西北地区	476	1414	14825260	4	16	823400	115	318	9471060	357	1080	4530800
陕西省	262	560	5187280				69	146	3578330	193	414	1608950
甘肃省	127	612	6436208	3	14	683400	36	124	3692572	88	474	2060236
青海省	86	240	3061772				10	48	2200158	76	192	861614
宁夏自治区												
新疆自治区	1	2	140000	1	2	140000						

2004年国家电网公司经营区域换流站情况

单位：个；kVA

地区	合计		500kV		110kV		35kV	
	个数	铭牌	个数	铭牌	个数	铭牌	个数	铭牌
合计	9	19521600	6	19325600	2	126000	1	70000
华北地区								
北京市								
天津市								
河北省								
山西省								
山东省								
东北地区								
蒙东地区								
黑龙江省								
吉林省								
辽宁省								
华东地区	5	5511800	2	5315800	2	126000	1	70000
上海市	1	1344000	1	1344000				
江苏省	1	3971800	1	3971800				
浙江省	3	196000			2	126000	1	70000
安徽省								
福建省								
华中地区	3	10038000	3	10038000				
河南省								
湖北省	3	10038000	3	10038000				
湖南省								
江西省								
四川省								
重庆市								
西北地区								
陕西省								
甘肃省								
青海省								
宁夏自治区								
新疆自治区								
鹅城换流站（广东）	1	3971800	1	3971800				

2004年国家电网公司经营区域架空线路回路长度

单位：km

地　　区	合计	500kV	330kV	220kV	110kV	35kV	其中：供农电用			
							合计	220kV	110kV	35kV
合计	677084	38754	10772	129912	188068	309580	130139	1076	21182	107880
华北地区	146354	9675		28316	42552	65813	34875	967	5691	28217
北京市	7372	985		1910	2353	2125				
天津市	6980	485		1661	1792	3042	2043		564	1479
河北省	46743	3412		8003	14400	20928	16890	594	1420	14876
山西省	31333	2613		6103	9728	12890	4289	40	1389	2860
山东省	53926	2180		10639	14279	26828	11653	333	2318	9002
东北地区	99261	5777		25095	6080	62310	10731		273	10459
蒙东地区	8896			1585	110	7202	3042		110	2933
辽宁省	33406	2787		9090		21529	4665			4665
吉林省	22343	1045		6732		14566				
黑龙江省	34616	1945		7688	5970	19013	3024		163	2861
华东地区	151701	11332		31489	43041	65838	37902		7952	29950
上海市	6852	552		2020	737	3543				
江苏省	52652	5046		10967	14902	21737	12184		2444	9740
浙江省	34997	2999		7998	10611	13388	4296		687	3609
安徽省	30552	1384		5736	7945	15487	6928		267	6661
福建省	26648	1351		4768	8846	11683	14494		4554	9940
华中地区	184535	11970	50	38211	61161	73143	23769	109	4415	19243
河南省	41933	2037	50	8211	13669	17967	13582		1820	11762
湖北省	39527	3884		6955	13128	15560	4765		1367	3398
湖南省	36082	1719		7960	11835	14569	2668	109	1069	1489
江西省	25159	551		4803	7558	12246	1040		50	990
四川省	27542	2604		7797	10728	6412	908		34	874
重庆市	14292	1175		2485	4243	6389	806		75	730
西北地区	95233		10722	6801	35234	42476	22862		2851	20011
陕西省	22861		3292	815	10001	8753	2830		604	2226
甘肃省	31347		4577	1188	10336	15245	11572		916	10656
青海省	8564		2083		3718	2763	2122		568	1554
宁夏自治区	8079		770	1748	2963	2598				
新疆自治区	24382			3050	8216	13117	6338		763	5575

2004年国家电网公司经营区域架空线路条数及杆路长度

单位：条；km

地区	合计		500kV		330kV		220kV		110kV		35kV	
	条数	长度	条数	长度	条数	长度	条数	长度	条数	长度	条数	长度
合计	45818	656203	399	37358	129	10772	4087	121836	12306	183011	28897	303231
华北地区	12360	142269	111	9675			969	26690	3282	41137	7998	64769
北京市	741	5487	19	985			96	1063	277	1731	349	1708
天津市	667	6425	8	485			85	1406	174	1681	400	2853
河北省	3711	45991	37	3412			269	7696	1028	14023	2377	20860
山西省	2361	31221	26	2613			158	6099	690	9624	1487	12880
山东省	4880	53145	21	2180			361	10426	1113	14078	3385	26462
东北地区	5059	93467	51	5587			620	23680	295	6032	4093	58171
蒙东地区	357	8896					24	1585	4	110	329	7202
辽宁省	1995	30119	22	2787			287	8483			1686	18850
吉林省	972	20706	14	1045			142	6375			816	13286
黑龙江省	1735	33746	15	1755			167	7237	291	5922	1262	18833
华东地区	12571	142128	142	10184			1273	27410	3358	40428	7798	64106
上海市	946	5789	23	478			165	1363	66	727	692	3221
江苏省	4601	47942	53	4180			523	9129	1322	13830	2703	20804
浙江省	3031	32096	41	2793			290	6959	914	9417	1786	12926
安徽省	2164	30388	11	1382			152	5648	475	7863	1526	15495
福建省	1829	25913	14	1351			143	4311	581	8591	1091	11660
华中地区	11534	182809	95	11912	1	50	1098	37255	3898	60303	6442	73289
河南省	3205	41808	19	2037	1	50	255	8112	1045	13322	1885	18287
湖北省	2320	38228	33	3884			190	6255	805	12598	1292	15491
湖南省	2063	36062	13	1719			199	7951	659	11835	1192	14558
江西省	1340	25043	5	551			105	4787	349	7552	881	12153
四川省	1586	27513	16	2546			235	7730	709	10813	626	6423
重庆市	1020	14155	9	1175			114	2420	331	4183	566	6377
西北地区	4294	95530			128	10722	127	6801	1473	35111	2566	42896
陕西省	1283	22834			46	3292	9	815	563	9976	665	8751
甘肃省	1317	31316			47	4577	38	1188	357	10333	875	15217
青海省	352	9006			27	2083			123	3710	202	3213
宁夏自治区	432	8079			8	770	52	1748	190	2963	182	2598
新疆自治区	910	24295					28	3050	240	8129	642	13117

2004年国家电网公司经营区域电缆及直流线路

单位：条；km

地区	电缆								直流线路											
	合计		220kV		110kV		35kV		合计		500kV		330kV		220kV		110kV		35kV	
	条数	长度	条数	长度	条数	长度	条数	长度	条数	长度	条数	长度	条数	长度	条数	长度	条数	长度	条数	长度
合计	8448	11463	172	786	1627	2986	6649	7693	12	2315	9	2265							3	50
华北地区	1953	2861	57	166	445	745	1451	1951												
北京市	460	604	38	87	324	433	98	84												
天津市	1087	1524	14	54	20	75	1053	1395												
河北省	49	47			12	21	37	26												
山西省	31	82	2	1	15	10	14	72												
山东省	326	604	3	24	74	206	249	374												
东北地区	97	375	4	11	6	7	87	356												
蒙东地区																				
辽宁省	8	194		3			8	190												
吉林省	35	77	2	4			33	73												
黑龙江省	54	104	2	4	6	7	46	93												
华东地区	5861	7463	90	514	849	1767	4922	5183	7	772	5	737							2	35
上海市	4673	4790	69	440	245	424	4359	3926	2	74	1	41							1	33
江苏省	760	1411	18	52	470	870	272	490	1	119	1	119								
浙江省	234	1054		9	48	339	186	706	2	144	1	142							1	2
安徽省	144	93			44	60	100	33	2	435	2	435								
福建省	50	115	3	13	42	74	5	28												
华中地区	334	625	20	93	215	387	99	146	5	1543	4	1528							1	15
河南省	200	365	13	59	102	175	85	131	1	15									1	15
湖北省	41	122	3	18	36	99	2	6	3	962	3	962								
湖南省	36	91	4	16	32	75			1	566	1	566								
江西省	17	22			12	15	5	7												
四川省	3	6			2	4	6	2												
重庆市	32	19			31	19	1													
西北地区	203	139	1	2	112	80	90	57												
陕西省	183	120	1	2	100	69	82	49												
甘肃省	4	7			2	1	2	6												
青海省	2	1					2	1												
宁夏自治区																				
新疆自治区	14	11			10	10	4	1												

国家电网公司2004年新增电源和330kV及以上电网项目一览表

单位：km；万 kVA；万 kW

分项	本年新增生产能力							
	发电	线路			变电		换流容量	投产时间
		条	直流	交流	台	容量		
(一) 电源项目	46							
湖南凤滩水电站	40							2004-05-16
西藏金河水电站	6							2004-04-16,2004-06-25,2004-09
(二) 电网项目								
500kV		79	946	7937	52	4175	600	
公司总部		10	946	1597	5	450	600	
三峡工程		8	946	1286	5	450	600	
荆门—孝感线路（含大跨越）		1		171				2004-02-08
长沙变电站扩建					1	75		2004-03-12
长万线（Ⅱ回）		1		169				2004-04-01
政平至宜兴线路		1		86				2004-04-26
凤凰山—咸宁—昌西线路		1		256				2004-04-27
南昌—昌西线路		1		53				2004-04-27
昌西—新余线路		1		98				2004-04-27
宜兴变电站					1	75		2004-04-26
昌西开关站								2004-04-27
新余变电站					1	75		2004-04-27
车坊—吴江线路				71				2004-06-17
荆州—惠州直流线路		1	946					2004-06-07
荆州换流站						75	300	2004-06-07
惠州换流站							300	2004-06-07
苏州南变电站（吴江变电站）					1	75		2004-06-07
三万线（Ⅱ）		1		294				2004-07-07
荆州—潜江Ⅰ回线路				88				2004-12-01
潜江变电站					1	75		2004-12-01
左一—龙泉—荆门输电工程		1		144				2004-07-07
东北华北加强联网工程		1		167				2004-06-05
华北区域		20		2921	15	1125		
华北电网公司直属		6		1539	3	225		
姜安滨输变电工程		1		218	1	75		2004-06-12
托浑霸输变电工程		2		518				2004-07-07
神保输电工程		1		567				2004-08-13
房山变电站及吴庄变电站扩建工程					1	75		2004-10-29
邯城—聊东输变电工程		2		236				2004-12-28

续表

分项	本年新增生产能力							
	发电	线路			变电		换流容量	投产时间
		条	直流	交流	台	容量		
昌平及姜家营站扩建					1	75		2004-12-28
河北电力公司		4		288	3	225		
保南500kV输变电项目		4		288	3	225		
定州电厂—保南线路		1		65				2004-07-02
保南—沧西线路		1		118				2004-06-29
保北—保南Ⅱ回线路		1		60				2004-07-02
廉州至保北线路开断进保南		1		45				2004-07-02
沧西变电站500kV扩建					1	75		2004-06-29
保南500kV变电站					1	75		2004-06-29
山西电力公司		6		698	1	75		
山西中南部500kV输变电工程		3		350	1	75		
晋中500kV变电站					1	75		2004-12-15
侯侯π接晋中500kV线路		1		3				2004-12-15
榆社至侯马500kV线路		1		281				2004-09-18
晋中至榆社500kV线路		1		67				2004-12-15
山西河曲电厂等500kV送出		3		348				2004-09-07
榆社电厂送出		1		15				
榆社开闭站线路		1		15				2004-09-29
榆社500kV开闭站								2004-09-29
河曲电厂送出		1		268				
河曲至神头500kV线路		1		268				2004-09-27
古交电厂送出		1		65				
古交电厂至晋中500kV输变电		1		65				2004-12-30
山东电力公司		4		396	8	600		
莱阳输变电工程		1		158	1	75		2004-06-12
泰安输变电工程		1		134	2	150		2004-12-16
淄博Ⅱ站工程		1		6	1	75		2004-11-19
与华北联网工程		1		98	3	225		2004-06-17
涝山三期扩建					1	75		
东北区域		13		898	4	300		
东北电网公司直属		3		372	2	150		
东北沙河营变电站					1	75		2004-05-17
500kV包东徐输变电工程		3		372	1	75		
500kV东丰—徐家2号送电线（吉林）		1		61				2004-09-07
500kV包家—东丰送电线		1		154				2004-09-07
500kV东丰—徐家2号送电线（辽宁）		1		157				2004-09-07
500kV东丰变电站三期扩建					1	75		2004-12-17
辽宁电力公司		10		526	2	150		
沈大500kV输变电工程		10		526	2	150		
500kV沈东变电站工程					1	75		2004-12-31

续表

分项	本年新增生产能力							
	发电	线路			变电		换流容量	投产时间
		条	直流	交流	台	容量		
500kV 沙沈线路		1		63				2004-12-31
500kV 沈徐线路（沈阳段）		1		43				2004-12-31
大连 500kV 南关岭变电站扩建工程					1	75		2004-12-30
500kV 王南线路工程（大连段）		1		138				2004-12-30
大连 500kV 南雁双回线路工程		1		38				2004-12-30
沈大 500kV 沈徐线路工程（本溪段）		1		15				2004-12-31
沈大 500kV 徐王线路工程（本溪段）		1		16				2004-10-28
500kV 徐王线（鞍山段）		1		21				2004-10-30
500kV 王南线（鞍山段）		1		33				2004-11-26
500kV 沈大徐王线（辽阳段）		1		78				2004-10-30
营口 500kV 输变电工程		1		82				2004-11-26
华东区域		25		1385	22	1875		
华东电网直属		6		233	2	200		
张家港输变电工程		2		68	2	200		
锡东南输变电工程		1		11	1	100		2004-02-03
张家港变电站					1	100		2004-03-23
斗山—张家港线路		1		57				2004-03-23
华东江苏 500kV 输变电		4		165				2004-11-17
上海电力公司		3		71	4	375		
上海徐行输变电		2		26	1	100		2004-12-27
上海杨行—杨高输电线路		1		45				2004-03-19
上海泗泾站扩建 4 号主变压器					1	100		2004-06-22
上海杨高站扩建 4 号主变压器					1	75		2004-05-27
上海黄渡 6 号变压器扩建								
上海顾路变电站					1	100		2004-03-19
江苏电力公司		6		390	2	200		
江苏锡东南变电站扩建等输变电工程		1		159	2	200		
500kV 锡东南至车坊双回路线		1		159				2004-04-29
500kV 锡东南变电站扩建					1	100		2004-10-29
500kV 张家港变电站扩建					1	100		2004-11-23
江苏田湾核电站 500kV 送出工程		1		128				2004-07-02
500kV 盐城至扬东Ⅱ线路								
江苏 500kV 泰兴（扬东）变扩建及常熟二厂送出		4		104				
500kV 彭城电厂至任庄线路		2		21				2004-05-29
常熟二厂至石牌双回线		2		83				2004-12-31
浙江电力公司		9		642	13	1000		
世行贷款浙江 500kV 输变电工程		6		376	5	400		

续表

分　项	本年新增生产能力							
	发电	线路			变电		换流容量	投产时间
		条	直流	交流	台	容量		
宁波—温州线		2		255				2004-01-11
诸暨输变电工程		2		98	1	75		2004-02-16
温州变电站扩建					1	100		2004-05-12
甬西输变电		1		22	1	75		2004-06-25
宁波变电站扩建					1	75		2004-06-29
萧山输变电		1		1	1	75		2004-07-03
浙江台南等500kV输变电工程		1		28	5	375		
诸暨变电站扩建					1	75		2004-02-16
台南王店变电站					1	75		2004-04-04
甬西变电站扩建					1	75		2004-06-28
萧山变电站扩建					1	75		2004-07-03
台南输变电		1		28	1	75		2004-12-25
浙江500kV嘉兴电厂—王店二回线		1		103				2004-04-04
浙江嘉善等500kV输变电工程					2	175		
瓯海变电站扩建					1	100		2004-07-15
台南变电站扩建					1	75		2004-12-25
浙江双龙变电站改造					1	50		2004-05-23
秦山核电站二、三期500kV送出		1		136				
500kV钱塘江500kV过江线		1		136				2004-07-05
福建电力公司		1		49	1	100		
福建厦门变二期扩建等500kV输变电工程		1		49	1	100		2004-06-03
华中区域		11		1136	6	425		
华中电网公司直属		7		806	5	350		
湖北黄石500kV输变电工程		1		3	1	75		2004-06-09
襄樊鄂豫三回500kV输变电工程		5		629	3	200		
湖北襄樊500kV输变电工程		1		8	1	75		2004-11-19
湖南500kV岗市变扩建及益长二回线路		1		84	1	50		2004-03-12
河南漯河500kV输变电工程		2		228	1	75		2004-12-10
鄂豫三回500kV联络线工程		1		309				2004-12-26
河南沁北500kV输变电工程线路		1		175				2004-09-06
江西500kV开关站扩建工程					1	75		2004-11-10
四川电力公司		2		190	1	75		
广安至南充500kV输变电工程		1		65				
广安至南充500kV线路		1		65				2004-06-11
南充500kV输变电工程					1	75		
南充500kV变电站					1	75		2004-05-24

续表

分项	本年新增生产能力							
	发电	线路			变电		换流容量	投产时间
		条	直流	交流	台	容量		
南充至万县500kV输变电工程四川段		1		125				
南充至万县500kV输电线		1		125				2004-07-08
重庆电力公司		2		140				
500kV石坪输变电工程		1		52				
500kV石坪—长寿线路		1		52				2004-07-19
500kV南万线路工程		1		88				
500kV南万线重庆段		1		88				2004-07-08
330kV		9		547	8	183		
西北区域		9		547	8	183		
西北电网公司直属		4		206				
公伯峡750kV示范工程配套		4		206				
李兰西Ⅰ、Ⅱ回π接官亭		2		85				2004-08-29
官亭Ⅰ、Ⅱ回送电线路		2		121				2004-09-18
陕西电力公司					2	39		
泾河送变电工程					1	24		
渭南变电站扩建工程					1	24		2004-06-28
陕西电网关中至陕北第二回等输变电工程					1	15		
陕西延安变电站扩建					1	15		2004-01-09
甘肃电力公司		2		127	4	96		
宝兰二线电铁供电工程		1		12	3	60		
定西变电所					2	30		2004-06-14
送电线路		1		12				2004-06-14
宝兰电铁330kV陇西变电					1	30		2004-11-05
330kV成县—天水送变电工程		1		115	1	36		
330kV成县变电站					1	36		2004-11-15
330kV成县—天水送电线路		1		115				2004-11-15
宁夏电力公司		3		214	2	48		
中卫等330kV输变电				157	1	24		2004-04-01
中卫330kV变电站					1	24		2004-04-10
大坝—中卫变电站330千伏线路		1		85				
铜靖Ⅱ线π接中宁变电站线路		2		14				
铜靖Ⅰ线π接中宁变电站线路		2		4				
大固线π接中宁变电站线路		2		53				
侯桥等330kV输变电		3		58	1	24		2004-04-10
侯桥330kV变电站					1	24		
青铜峡—侯桥变电站330kV线路		2		41				
大坝—中宁改入侯桥变330kV线路		1		17				2004-06-20

中国南方电网公司统计资料

2004年南方五省（区）发电装机容量和发电量情况

指标		南方五省（区）合计	广东	广西	云南	贵州	海南	天生桥一级电站 天生桥二级电站
发电装机容量（万kW）	合计	8028.44	4262.10	941.85	1136.55	1221.90	214.04	252.00
	水电	2578.31	618.46	504.04	705.86	441.72	56.22	252.00
	抽水蓄能	240.00	240.00					
	火电	4822.91	3017.29	437.81	430.69	780.18	156.95	
	其中：煤电	3592.17	1862.50	437.81	430.69	780.18	81.00	
	油电	1157.70	1142.70				15.00	
	气电	60.95					60.95	
	垃圾发电	12.09	12.09					
	核电	378.00	378.00					
	风电	9.21	8.34				0.87	
其中：统调电厂容量	合计	5435.37	2490.05	631.07	829.16	1064.94	168.15	252.00
	水电	1446.42	97.55	298.47	445.66	320.54	32.20	252.00
	抽水蓄能	240.00	240.00					
	火电	3370.95	1774.50	332.60	383.50	744.40	135.95	
	核电	378.00	378.00					
	风电							
发电量（亿kWh）	合计	3831.50	2121.33	373.72	536.72	629.24	68.74	101.76
	水电	821.43	110.07	172.29	293.50	132.04	11.77	101.76
	抽水蓄能	31.06	31.06					
	火电	2692.61	1693.89	201.43	243.22	497.20	56.87	
	其中：煤电	1275.12	1236.32				38.80	
	油电	453.19	453.09				0.10	
	气电	17.98					17.98	
	垃圾发电	4.48	4.48					
	核电	284.81	284.81					
	风电	1.59	1.49				0.10	
其中：统调电厂发电量	合计	2926.52	1504.19	279.36	414.72	564.81	61.68	101.76
	水电	514.29	17.38	113.71	192.05	84.21	5.19	101.76
	抽水蓄能	31.06	31.06	0.00				
	火电	2096.36	1170.94	165.65	222.68	480.60	56.49	
	核电	284.81	284.81					
	风电							

注 1. 鲁布革水电站位于云南省境内，其装机容量和发电量已计入云南省。

2. 广东粤电集团所属天生桥一级水电站不在广东省境内，其装机容量和发电量未计入广东省。

2004年南方五省（区）电厂生产能力

指标	年初生产能力（kW）	本年新增能力（kW）				本年减少能力（kW）	年末生产能力（kW）	发电量（kWh）
		合计	基建新增	技改新增	其他新增			
南方五省区合计	71476440	9579505	8789340	518521	271644	771541	80284404	38315204
1. 水电	25960692	2502105	2062580	201901	237624	279671	28183126	8524927
2. 火电	41643608	7077400	6726760	316620	34020	491870	48229138	26926323
3. 核电	3780000						3780000	2848093
4. 其他	92140						92140	15861
一、广东省小计	39202010	3879410	3791750	87660		460466	42620954	21213265
1. 水电	8107156	537530	504990	32540		60096	8584590	1411383
2. 火电	27231414	3341880	3286760	55120		400370	30172924	16938923
3. 核电	3780000						3780000	2848093
4. 其他	83440						83440	14866
二、广西壮族自治区小计	7715254	1873176	1557080	216861	99235	169885	9418545	3737161
1. 水电	4525195	657676	462080	115361	80235	142435	5040436	1722852
2. 火电	3190059	1215500	1095000	101500	19000	27450	4378109	2014309
三、云南省小计	10100033	1341959	1179070		162889	76500	11365492	5367209
1. 水电	6543198	591939	444070		147869	76500	7058637	2935036
2. 火电	3556835	750020	735000		15020		4306855	2432173
四、贵州省小计（不含天生桥一、二级电站）	10179500	2103520	2040000	54000	9520	64050	12218970	6292399
1. 水电	3713700	703520	640000	54000	9520	64050	4417220	1320395
2. 火电	6465800	1400000	1400000				7801750	4972004
五、海南省小计	1759643	381440	221440	160000		640	2140443	687618
1. 水电	551443	11440	11440			640	562243	117709
2. 火电	1199500	370000	210000	160000			1569500	568914
3. 其他	8700						8700	995
六、天生桥一、二级电站	2520000						2520000	1017552
水电	2520000						2520000	1017552

2004年南方五省（区）电力基本情况

指　　标	计算单位	2004年	2003年
发电装机容量	kW	80284404	71476397
水　电	kW	25783126	23560649
火　电	kW	48229138	41643608
发电量	万kWh	38315204	34108146
水　电	万kWh	8214287	8251512
火　电	万kWh	26926323	22725835
购五省外电量	万kWh	1575702	478627
售五省外电量	万kWh	1156443	1168266
全社会用电量	万kWh	38908052	33415181
发电平均设备利用小时*	h	5315	5317
水　电	h	3618	3685
火　电	h	6054	5889
发电厂用电率*	%	4.84	4.90
水　电	%	0.39	0.38
火　电	%	6.13	6.29
发电标准煤耗率*	g/kWh	341	350
供电标准煤耗率*	g/kWh	365	374
发电消耗标准煤量*	t	90150785	76979013
发电消耗原煤量*	t	112494331	93218621
发电消耗燃油量*	t	10217326	8721266
供电线路损失率	%	7.92	9.48
供电线路损失量	万kWh	3105267	3191933
变电设备容量（35kV及以上）**	万kVA	38257.56	32975.29
500kV	万kVA	7960.00	6031.00
220kV	万kVA	13265.89	11393.51
110kV	万kVA	14263.01	12804.69
35kV	万kVA	2768.66	2746.10
输电线路长度（35kV及以上）	km	174526.00	165481.10
500kV	km	14081.34	11960.05
220kV	km	27204.32	24334.50
110kV	km	60377.02	54084.63
35kV	km	72863.32	75101.93

注　*为6000kW及以上电厂数据。

**含电厂升压变压器、企业自备变压器。

全社会用电量＝发电量＋购五省外电量－售五省外电量。

供电线路损失量扣除了各省之间互送电量产生的线损电量。

水电未含抽水蓄能电站。

2004年南方五省（区）分省（区）电力基本情况

指　　标	计算单位	合　计	其　　中					
			广东	广西	云南	贵州	海南	天生桥一级水电站南方电网超高压公司
发电装机容量	万 kW	8028.44	4262.10	941.85	1136.55	1221.90	214.04	252.00
水电	万 kW	2578.31	618.46	504.04	705.86	441.72	56.22	252.00
火电	万 kW	4822.91	3017.29	437.81	430.69	780.18	156.95	
发电量	亿 kWh	3831.52	2121.33	373.72	536.72	629.24	68.76	101.76
水电	亿 kWh	821.43	110.07	172.29	293.50	132.04	11.77	101.76
火电	亿 kWh	2692.63	1693.89	201.43	243.22	497.20	56.89	
购外省电量	亿 kWh	157.67	372.59	86.20	1.06			210.51
售外省电量	亿 kWh	115.64	106.78	3.06	73.75	129.78		297.72
全社会用电量	亿 kWh	3890.81	2387.14	456.86	464.04	499.46	68.76	14.55
发电设备平均利用小时*	h	5315	5518	4822	5153	5735	3260	4038
水电	h	3618	2026	3909	4428	2914	1887	4038
火电	h	6054	5928	5947	6238	6970	3625	
发电厂用电率*	%	4.84	5.00	4.53	3.82	6.05	5.65	0.08
水电	%	0.39	0.92	0.43	0.30	0.55	1.06	0.08
火电	%	6.13	5.42	8.33	7.56	7.06	6.27	
发电标准煤耗率*	g/kWh	341	336	361	368	339	334	
供电标准煤耗率*	g/kWh	365	357	394	398	370	358	
发电消耗标煤量*	万 t	9015.08	5676.83	611.66	874.16	1659.93	188.61	
发电消耗原煤量*	万 t	11249.43	5811.90	970.81	1751.28	2518.12	192.28	
发电消耗燃油量*	万 t	1021.73	1014.85	1.98	1.83	2.66	0.42	
供电线路损失率	%	7.92	8.39	8.06	8.89	6.03	12.18	4.50
供电线路损失量	亿 kWh	310.53	185.10	34.56	44.23	24.96	7.66	14.02
变电设备容量（35kV 及以上）	万 kVA	38257.56	21546.79	4190.05	4834.22	4750.49	919.32	2166.70
500kV	万 kVA	7960.00	3916.20	574.00	997.00	953.00		1669.80
220kV	万 kVA	13265.89	7677.05	1513.10	1650.80	1584.54	351.00	489.40
110kV	万 kVA	14263.01	9404.66	1325.01	1350.72	1718.12	457.01	7.50
35kV	万 kVA	2768.66	548.88	777.93	835.70	494.84	111.31	
输电线路长度（35kV 及以上）	km	174526.00	46429.00	37716.03	44825.82	33024.98	5421.58	7108.60
500kV	km	14081.34	3570.00	644.42	1568.97	1388.96		6909.00
220kV	km	27204.32	10418.00	5817.55	4962.06	4661.83	1145.29	199.60
110kV	km	60377.02	20535.00	8807.23	15752.84	13260.62	2021.33	
35kV	km	72863.32	11906.00	22446.84	22541.94	13713.59	2254.95	

注 1. 水电未含抽水蓄能电站；标记“*”的是6000kW及以上电厂数据。

2. 变电设备容量是电厂升压变压器、公用变压器和企业自备变压器的总容量。

3. 全社会用电量＝发电量＋购外省电量－售外省电量。

4. “云南省”项含鲁布革水电站的装机容量和发电量；“天生桥一级水电站、南方电网超高压公司”项含天生桥一级、二级水电站发电装机容量和发电量，以及超高压公司购云南、贵州和地方小水电的电量，售给广东、广西的电量，还有超高压公司变电设备和输电线路情况。

5. 变电设备容量中换流变压器容量1109.4万kVA（其中500kV 694.8万kVA，220kV 414.6万kVA），直流输电线路（500kV）1842km。

2004年南方五省（区）行业用电情况

行业	地区	合计		广东	广西	云南		贵州		海南		南方电网超高压输电公司
		全口径	不完全口径	全口径	全口径	全口径	不完全口径	全口径	不完全口径	全口径	不完全口径	
全社会用电量（亿kWh）	合 计	3890.81	3838.76	2387.14	456.86	464.04	454.51	499.46	458.69	68.76	67.01	14.55
	第一产业		70.25	35.79	14.98		7.24		8.53		3.70	
	第二产业		2764.38	1647.82	343.71		350.57		372.67		35.04	14.55
	其中：工业		2718.97	1615.45	340.22		345.10		369.34		34.31	14.55
	第三产业		545.01	416.17	38.10		37.72		34.92		18.10	
	城乡居民生活用电		459.12	287.36	60.07		58.97		42.57		10.16	
全社会用电量比重（%）	第一产业		1.83	1.50	3.28		1.59		1.86		5.53	
	第二产业		72.01	69.03	75.23		77.13		81.25		52.30	100.00
	其中：工业		70.83	67.67	74.47		75.93		80.52		51.21	100.00
	第三产业		14.20	17.43	8.34		8.30		7.61		27.02	
	城乡居民生活用电		11.96	12.04	13.15		12.98		9.28		15.16	
全社会用电量比上年增长速度（%）	合 计	16.44	16.76	17.52	9.87	17.80	22.74	16.80	14.80	15.73	18.32	3.29
	第一产业		9.29	18.48	−3.13		15.60		−1.83		1.49	
	第二产业		17.26	18.09	11.52		23.16		13.95		24.76	3.29
	其中：工业		17.16	18.02	11.42		22.79		14.01		25.07	3.29
	第三产业		18.59	19.59	12.25		22.12		14.99		10.59	
	城乡居民生活用电		12.98	11.53	3.16		21.54		27.21		19.16	

注 1. 本表中，云南、贵州、海南等子公司从各行业用电统计汇总而来的全社会用电量，不含本省孤立电网的用电量，属于不完全口径数据。根据本省发电情况、购（售）外省电量情况经全省发购电平衡统计而来的全社会用电量是全口径数据。

2. 本表中的合计数为五省（区）用电量和跨省送电损失电量（含天生桥一、二级电厂生产全部耗用电量、超高压公司线路损失电量）的总和。由于上述原因，存在全口径和不完全口径两种情况。

2004年南方五省（区）发电、用电情况

单位：亿kWh；%

指标	合计（不完全口径）		超高压公司		广东		广西		云南（不完全口径）		贵州（不完全口径）		海南（不完全口径）	
	本年累计	同比增长率	本年累计	同比增长率	本年累计	同比增长率	本年累计	同比增长率	本年累计	同比增长率	本年累计	同比增长率	本年累计	同比增长率
一、收入电量总计	3961.37	16.12	312.27	18.44	2493.91	16.61	459.92	9.95	528.26	21.26	595.44	21.04	67.01	18.32
（一）发电量	3788.74	12.47	104.06	−17.08	2121.33	11.90	373.72	2.76	527.19	21.10	595.44	21.05	67.01	18.32
（二）由外省及外电力系统购（输）入电量	172.63	305.34	208.21	50.70	372.59	53.33	86.20	57.84	1.06	240.63		−100.00		
其中：由南方五省（区）外购（输）入电量	157.57	229.21			157.57	229.26			0.00	−55.52				
由南方五省（区）内购（输）入电量	510.50	31.49	208.21	50.70	215.02	10.19	86.20	57.84	1.06	248.27		−100.00		
二、支出电量总计	3961.37	16.12	312.27	18.44	2493.91	16.61	459.92	9.95	528.26	21.26	595.44	21.04	67.01	18.32
（一）全社会用电总计	3838.76	16.76	14.55	3.29	2387.14	17.52	456.86	9.87	454.51	22.74	458.69	14.80	67.01	18.32
A. 社会各行业用电量	3379.63	17.29	14.55	3.29	2099.78	18.39	396.79	10.96	395.54	22.92	416.12	13.66	56.85	18.17
第一产业	70.25	9.29			35.79	18.48	14.98	−3.13	7.24	15.60	8.53	−1.83	3.70	1.49
第二产业	2764.38	17.26	14.55	3.29	1647.82	18.09	343.71	11.52	350.57	23.16	372.67	13.95	35.04	24.76
第三产业	545.01	18.59			416.17	19.59	38.10	12.25	37.72	22.12	34.92	14.99	18.10	10.59
B. 城乡居民生活用电量	459.12	12.98			287.36	11.53	60.07	3.16	58.97	21.54	42.57	27.21	10.16	19.16
其中：城市居民	274.96	12.88			163.54	11.93	34.99	2.93	40.82	18.02	29.58	24.34	6.02	18.26
乡村居民	184.17	13.12			123.82	11.01	25.08	3.49	18.15	30.27	12.98	34.25	4.13	20.48

续表

指标	合计（不完全口径）		超高压公司		广东		广西		云南（不完全口径）		贵州（不完全口径）		海南（不完全口径）	
	本年累计	同比增长率	本年累计	同比增长率	本年累计	同比增长率	本年累计	同比增长率	本年累计	同比增长率	本年累计	同比增长率	本年累计	同比增长率
其中：A. 社会各行业用电量	3379.23	17.28	14.55	3.29	2099.78	18.39	396.79	10.96	395.54	22.92	416.12	13.66	56.85	18.17
一、农、林、牧、渔、水利业合计	120.85	15.78			67.74	20.13	18.04	−3.50	14.01	11.51	16.44	34.11	4.62	3.22
二、工业合计	2718.97	17.16	14.55	3.29	1615.45	18.02	340.22	11.42	345.10	22.79	369.34	14.01	34.31	25.07
其中：轻工业	706.60	16.55			581.51	14.77	57.72	3.02	26.71	17.76	31.86	135.20	8.80	19.67
重工业	2012.37	17.38	14.55	3.29	1033.94	19.92	282.50	13.31	318.39	23.23	337.48	8.73	25.51	27.05
三、地质普查和勘探业合计	1.06	0.39			0.67	2.61	0.05	−37.80	0.19	6.97	0.14	7.43	0.01	−24.93
四、建筑业合计	45.41	23.36			32.37	21.69	3.50	22.22	5.48	52.89	3.33	7.15	0.73	11.59
五、交通运输、邮电通信业合计	95.77	18.23			60.66	23.03	7.12	8.82	11.03	20.10	15.16	6.63	1.80	2.42
六、商业、饮食、物资供销、仓储业	203.93	17.88			175.69	18.22	12.74	20.17	6.44	25.84	4.85	−5.24	4.22	18.41
七、其他事业合计	193.65	17.79			147.20	19.42	15.13	12.20	13.29	31.46	6.86	−6.44	11.16	9.29
（二）向省外电力系统输（售）电量	122.61	−0.84	297.72	19.30	106.78	−0.64	3.06	24.62	73.75	12.90	136.75	48.07		
其中：向南方五省（区）外输（售）电量	122.61	−0.84			100.88	−5.40	0.03		0.49		21.21	24.68		
向南方五省（区）内输（售）电量	495.44	25.90	297.72	19.30	5.90		3.03	23.28	73.25	12.15	115.54	53.36		

注 1. 本表中，云南、贵州、海南等子公司从各行业用电统计汇总而来的全社会用电量，不含本省孤立电网的用电量，属于不完全口径数据。
2. 本表中的合计数为五省（区）用电量和跨省送电损失电量（含天生桥一、二级电厂生产全部耗用电量、超高压公司线路损失电量）的总和。

2004 年南方五省（区）主要发电厂基本情况

电厂名称	2004 年			2003 年		
	发电设备容量（万 kW）	发电量（亿 kWh）	发电设备平均利用小时（h）	发电设备容量（万 kW）	发电量（亿 kWh）	发电设备平均利用小时（h）
广东						
以下电厂合计	3116.60	1802.52	6132	2939.60	1563.42	5922
其中：水电	275.60	38.94	1413	275.60	32.64	1184
火电	2463.00	1478.78	6469	2286.00	1241.84	6245
核电	378.00	284.81	7535	378.00	288.95	7683
青溪水电厂	14.40	1.76	1220	14.40	3.39	2354
飞来峡水利枢纽电站	14.00	4.15	2965	14.00	4.71	3364
长湖水电厂	7.20	1.97	2729	7.20	2.47	3437
广州抽水蓄能电站	240.00	31.06	1294	240.00	22.06	919
沙角 A 电厂 1～3 号机	60.00	44.62	7437	60.00	45.69	7615
沙角 A 电厂 4～5 号机	60.00	43.94	7323	60.00	36.03	6005
沙角 C 电厂	198.00	143.26	7235	198.00	130.00	6566
黄埔电厂 1～4 号机	50.00	33.77	6754	50.00	24.27	4853
黄埔电厂 5～6 号机	60.00	47.15	7858	60.00	46.26	7711
韶关电厂 4 号机	5.00	2.13	4267	5.00	2.74	5475
韶关电厂 5、6、8 号机	30.00	17.80	5932	30.00	21.22	7074
韶关电厂 9 号机	20.00	9.68	4841	20.00	11.32	5662
韶关电厂 10 号机	30.00	18.00	6001	30.00	17.03	5677
茂名热电厂	22.50	12.63	5051	22.50	13.78	6125
瑞能电厂（茂名电厂 5 号机）	20.00	12.38	6191	20.00	6.74	5656
云浮火电厂（1、2 号机）	25.00	18.50	7401	25.00	17.27	6906
云浮 B 电厂（3、4 号机）	27.00	18.64	6904	27.00	16.87	6250
梅县 A 电厂（1、2 号机）	10.00	8.24	8244	10.00	8.34	8345
梅县 B 电厂（3、4 号机）	25.00	19.11	7646	25.00	16.67	6668
湛江电厂	120.00	79.40	6617	120.00	68.79	5732
珠海电厂	132.00	93.06	7050	132.00	90.67	6869
沙角 B 电厂	70.00	49.43	7061	70.00	45.44	6491
华能汕头电厂	60.00	46.68	7780	60.00	44.52	7420
连州发电厂	52.00	22.53	4834	27.00	15.06	5579
瑞明电厂 2 号机	12.50	9.69	7750	12.50	9.18	7345
广州发电厂	24.00	17.76	7401	20.00	17.34	8670
珠江发电厂	120.00	85.67	7139	120.00	80.49	6707

续表

电 厂 名 称	2004 年			2003 年		
	发电设备容量（万 kW）	发电量（亿 kWh）	发电设备平均利用小时（h）	发电设备容量（万 kW）	发电量（亿 kWh）	发电设备平均利用小时（h）
妈湾发电厂	180.00	126.57	7032	180.00	105.67	6438
瑞明电厂	12.50	9.47	7578	12.50	8.62	6893
恒运 B 发电厂	15.00	12.54	8362	15.00	11.81	7874
恒运 C 发电厂	42.00	30.45	7249	42.00	17.42	4147
员村电厂	10.00	8.22	8224	10.00	7.95	7949
三水恒益电厂	10.00	8.24	8237	10.00	7.14	7136
南海 A 发电厂	10.00	25.47	6369	40.00	24.27	6068
中山火电厂	10.00	6.11	6114	10.00	6.63	6633
横门发电厂	25.00	16.77	6707	25.00	16.39	6555
砰石发电有限公司 B 厂	24.50	16.39	6690	12.00	7.34	6115
万丰电厂	10.00	6.26	6259	10.00	5.35	5348
南海里水发电厂（南联）	15.00	4.49	2994	15.00	3.60	2397
台山电厂	120.00	69.64	6417	60.00	3.13	8271
新会双水火电厂	40.00	8.97	2243	10.00	7.79	7792
广州花都市巴江发电厂	17.15	5.08	2966	17.15	5.36	3128
广州明珠 C 厂	13.84	5.98	4321	13.60	5.02	3689
莲花山电厂	19.15	7.84	4094	19.40	7.00	3609
广盛电力有限公司	15.12	2.01	1329	15.12	1.24	819
南沙电厂	11.56	5.33	4613	11.56	4.81	4160
佛山市发电厂（光明）	17.40	9.02	5184	17.40	6.10	3508
佛山沙口发电厂	28.32	15.86	5601	28.32	14.54	5134
桂城发电厂（龙光集团）	13.78	5.58	4053	13.53	4.92	3639
全顺电厂有限公司	12.24	6.92	5650	12.24	5.68	4638
顺德德胜发电厂	28.32	14.18	5007	28.32	13.64	4817
新会柴油机电厂	14.90	3.17	2127	18.28	2.24	1227
开平柴油机电厂	6.53	0.95	1458	6.53	1.17	1797
洪湾燃机电厂	10.50	5.02	4784	10.50	4.40	4187
洪屏柴油机电厂（洪湾）	11.19	2.96	2647	11.19	2.39	2134
中山第二柴油机发电厂	10.81	3.73	3452	10.81	3.44	3182
中山第三柴油机发电厂	12.39	4.09	3302	11.19	3.77	3367
西江柴油机电厂（肇庆）	10.24	3.61	3526	10.24	1.29	1264
惠州市东江发电厂	10.44	4.46	4276	10.44	4.12	3947
虎门电厂				13.50	0.10	70
东华电厂	10.26	5.56	5415	10.26	4.56	4440

续表

电厂名称	2004年			2003年		
	发电设备容量（万kW）	发电量（亿kWh）	发电设备平均利用小时（h）	发电设备容量（万kW）	发电量（亿kWh）	发电设备平均利用小时（h）
南山热电厂	82.52	37.41	4534	82.52	31.45	3811
月亮湾电厂（妈湾电力）	27.82	14.51	5216	34.43	16.35	4748
美视B电厂	24.32	4.15	1705	24.32	9.26	3809
湛江新村电厂	5.56	1.06	1914	10.00	0.22	218
汕头陀浦电厂（长浦）	11.41	3.98	3485	11.41	3.97	3479
华能汕头燃机电厂	10.32	3.18	3083	10.32	3.07	2972
汕头特区燃机电厂	10.50	3.07	2922	10.50	3.13	2978
万丰电厂	10.00	6.26	6259	10.00	5.35	5348
南海里发电业（南联）	15.00	4.69	3128	15.00	3.60	2397
广州花都市巴江发电厂	17.15	5.08	2966	17.15	5.36	3128
广盛电力有限公司	15.12	2.01	1329	15.12	1.24	819
美视A电厂	10.43	4.65	4457	10.43	4.65	4462
平湖电厂（钰湖）	38.50	11.33	2943	38.50	6.02	1564
澄海电厂（长海电力）	7.34	2.69	3661	7.34	2.68	3657
广州纸厂	11.20	9.06	8090	11.20	7.59	6778
广州石油化工厂	9.90	6.28	6343	9.90	6.07	6132
南海糖厂（江南电厂）	10.00	8.49	8489	10.00	8.07	8074
东莞糖厂	26.30	19.22	7308	12.80	9.14	7144
佛山福能发电有限公司	12.00	1.89	3686			
粤泷定能电厂	27.00	12.60	6304			
梅县电厂5号机	13.50	1.60	5429			
深南电（中山）电力有限公司	36.00	0.52	498			
大亚湾核电站	180.00	139.00	7722	180.00	150.03	8335
岭澳核电站	198.00	145.81	7364	198.00	138.92	7084
广西						
以下电厂合计	615.10	276.12	5415	488.76	261.38	5373
其中：水电	300.70	114.54	4119	272.36	126.42	4681
火电	314.40	161.59	6969	216.40	134.96	6237
岩滩水电厂（大唐集团）	121.00	49.49	4090	121.00	56.20	4645
大化水电厂（大唐集团）	45.60	20.26	4442	45.60	21.34	4680
百龙滩水电站（大唐集团）	19.20	9.00	4690	19.20	9.79	5101
合山火电厂（国电集团）	45.00	28.57	6269	43.00	24.66	5735
永福发电有限公司（国电集团）	27.00	20.70	7666	27.00	17.62	6527

续表

电厂名称	2004年			2003年		
	发电设备容量（万kW）	发电量（亿kWh）	发电设备平均利用小时（h）	发电设备容量（万kW）	发电量（亿kWh）	发电设备平均利用小时（h）
恶滩水电厂（广西开发投资公司）	0.00	3.12	6914	6.00	4.61	7676
柳州发电有限公司（广西开发投资公司）	42.00	30.39	7236	42.00	26.35	6273
来宾火电厂（广西开发投资公司）	25.00	17.48	6993	25.00	16.83	6732
桂平航运枢纽（地县属）	4.65	1.88	4037	4.65	2.31	4964
贵港航运枢纽（地县属）	12.00	5.45	4538	12.00	6.46	5381
左江美亚水电公司（地县属）	7.20	2.45	3404	7.20	2.67	3703
融江美亚水电有限公司（地县属）	5.40	2.36	4376	5.40	2.29	4247
来宾B厂（地县属）	72.00	49.86	6924	72.00	44.57	6190
西能公司西津水电厂（其他）	23.44	7.44	3174	23.44	10.49	4476
水利电力建设集团麻石水电厂（其他）	7.20	2.50	3478	7.20	2.63	3657
水利电力建设集团宜州水电厂（其他）	9.10	4.04	4437	9.10	4.24	4658
水利电力建设集团田东综合火电厂（其他）	7.40	5.39	7288	7.40	4.93	6666
广西桂冠乐滩电厂	15.00	0.17	2216			
广西平班水电开发有限公司	13.50	0.43	3913			
大唐桂冠合山发电有限公司	66.00	6.29	3016			
国投北部湾发电有限公司	30.00	2.91	6417			
龙胜县水电开发总公司	6.34	1.85	3284	5.02	1.38	3867
全州县水利电业有限公司	11.07	4.11	3512	6.55	2.00	3522
云南						
以下电厂合计	789.82	402.08	5868	729.82	345.31	6105
其中：水电	419.82	183.63	5400	419.82	173.75	5574
火电	370.00	218.45	6328	310.00	171.56	6756
以礼河水电厂	32.15	9.51	2957	32.15	11.84	3684
以礼河三级水电站	14.40	4.26	2955	14.40	5.32	3694
以礼河四级水电站	14.40	4.46	3099	14.40	5.47	3800
滇西电业局	25.50	5.66	2219	25.50	7.83	3069
滇西电业局一级电站	10.50	2.19	2085	10.50	3.14	2986
鲁布革发电厂（南方电网公司直属）	60.00	22.65	3775	60.00	24.14	4023
大寨电厂	5.32	2.14	4016	5.32	1.66	3122
昆明发电厂	20.00	14.13	7066	20.00	13.53	6765
绿水河水电厂	6.55	3.40	5197	6.55	3.91	5968

续表

电厂名称	2004年			2003年		
	发电设备容量（万 kW）	发电量（亿 kWh）	发电设备平均利用小时（h）	发电设备容量（万 kW）	发电量（亿 kWh）	发电设备平均利用小时（h）
巡检司电厂	10.00	6.41	6406	10.00	6.56	6559
小龙潭电厂	60.00	47.49	7916	60.00	44.28	7379
漫湾发电有限责任公司	125.00	64.06	5125	125.00	59.91	4793
阳宗海发电有限责任公司	40.00	25.80	6449	40.00	28.13	7032
云南田坝水电站	10.50	3.58	3413	10.50	3.51	3345
云南宣威发电有限责任公司	120.00	65.88	6202	90.00	41.45	6790
曲靖发电有限责任公司	120.00	58.74	5390	90.00	37.62	5983
大朝山发电有限责任公司	135.00	63.91	4734	135.00	53.53	5017
螺丝湾发电有限责任公司	6.00	3.50	5841	6.00	2.88	4792
大理华能徐村有限责任公司	7.80	3.87	4511	7.80	3.25	4168
昆明柴石滩发电有限公司	6.00	1.35	2245	6.00	1.30	2162
贵州						
以下电厂合计	1072.01	570.71	5767	806.01	449.57	6434
其中：水电	316.01	84.12	2830	250.01	56.30	3057
火电	756.00	486.59	7028	556.00	393.27	7643
贵阳发电厂（国电集团）	40.00	20.90	6270	20.00	13.87	6936
凯里发电厂（国电集团）	50.00	36.56	7312	50.00	37.84	7567
红枫发电总厂（国电集团）	23.90	6.59	2759	23.90	5.62	2352
清镇发电厂（华电集团）	53.00	37.70	7113	53.00	40.29	7602
遵义发电厂（华电集团）	25.00	19.69	7874	25.00	20.95	8381
大龙发电厂（华电集团）	2.40	1.99	8283	2.40	2.06	8578
头步发电厂（华电集团）	2.40	1.82	7579	2.40	2.09	8608
乌江渡发电厂（华电控股51%）	117.00	31.26	2672	113.00	21.39	2987
东风发电厂（华电控股51%）	53.00	20.34	3837	51.00	15.15	2971
海里水电站（省属地方投资电厂）	1.60	0.78	4849	1.60	0.77	4783
红旗水电站（省属地方投资电厂）	1.28	0.40	3163	1.28	0.73	5739
观音岩水电站（省属地方投资电厂）	1.26	0.40	3213	1.26	0.44	3482
镇宁关脚水电站（省属地方投资电厂）	4.80	1.70	4221	4.80	1.88	3909
遵义角口水电站（省属地方投资电厂）	1.89	1.20	6364	1.89	0.78	4141
李官水电站	1.30	0.27	2075	1.30	0.24	1872
安定落洼电站	1.48	0.75	5070	1.48	0.74	5007
普定电站	7.50	3.32	4424	7.50	2.53	3367
盘县发电厂	100.00	74.09	7409	100.00	80.45	8045
安顺发电厂	120.00	78.89	6574	120.00	73.70	7784

续表

电 厂 名 称	2004 年			2003 年		
	发电设备容量（万 kW）	发电量（亿 kWh）	发电设备平均利用小时（h）	发电设备容量（万 kW）	发电量（亿 kWh）	发电设备平均利用小时（h）
水城发电厂	10.00	7.16	6819	10.00	8.45	8455
习水发电厂	54.00	45.56	8437	54.00	44.36	8215
黔北发电厂	170.00	90.81	6284	110.00	65.84	6833
洪家渡发电厂（乌江公司所属电厂）	60.00	5.45	1297			
纳雍发电总厂	120.00	67.42	7664			
引子渡水电站（黔源公司）	36.00	8.76	2433	36.00	3.68	3190
响水水电站	5.00	2.89	5781	5.00	2.34	4679
贵州铝厂自备电厂	9.20	4.00	4350	9.20	3.35	5005
海南						
以下电厂合计	168.15	61.68	3668	152.15	52.10	3502
其中：水电	32.20	5.19	1611	32.20	7.31	2270
火电	135.95	56.49	4155	119.95	44.79	3843
牛路岭水电站	8.00	1.11	1384	8.00	1.80	2244
大广坝水电厂	24.20	4.08	1686	24.20	5.51	2279
清澜电厂	15.00	0.10	64	15.00	1.20	799
华能海口火电厂（一期）	10.00	5.37	5375	10.00	3.42	3418
华能海口火电厂（三期）	25.00	18.41	7364	25.00	17.05	6820
海南中海能源股份有限公司马村火电厂（二期）	25.00	14.63	5853	25.00	14.60	5840
海南中海能源股份有限公司南山电厂	13.20	7.11	5389	13.20	6.04	6034
海南洋浦发电有限公司洋浦发电厂	47.75	10.87	2275	31.75	2.48	786
天生桥一级水电站（广东粤电集团所属电厂）	120.00	39.04	3253	120.00	46.74	3895
天生桥二级水电站（南方电网公司直属电厂）	132.00	62.72	4751	132.00	73.17	5543

人　　物

全国“五一”劳动奖状获得单位和劳动奖章获得者名单

全国“五一”劳动奖状获得单位

神华集团有限责任公司
神头第一发电厂
阳泉供电分公司调度所通信调度班
乌海电业局
内蒙古第二电力建设工程有限责任公司
内蒙古蒙达发电有限责任公司
东北电业管理局第三工程公司
阜新供电公司东梁一次变电所
国电电力朝阳发电厂主机班
四平供电公司
吉林长白水利电力集团有限公司
吉林省水利水电勘测设计研究院测绘院
齐齐哈尔超高压局
佳木斯第二发电厂
大唐鸡西热电有限责任公司
大唐七台河发电有限责任公司
黑龙江省电力有限公司
江苏省电力公司苏州供电公司
中国国电集团公司谏壁发电厂
徐州发电厂
扬州第二发电有限责任公司
淮安供电公司
杭州市电力局
绍兴电力局
秦山第三核电有限公司
安徽省电力公司
福建省漳州电业局
福建煤电股份有限公司
江西省火电建设公司调整试验所
烟台市牟平区电业集团公司
乳山市电业总公司
滨州供电公司
菏泽发电厂
洛阳市电业局
三门峡市电业局调度通信中心调度班
湖北省电力公司
长沙电业局
湖南五凌水电开发有限责任公司
湖南省衡阳电业局
中国水利水电第八工程局砂石分局
中国国电集团公司合山发电厂
广西电力有限公司
四川省电力公司成都电业局共产党员服务队
贵州电力建设第二工程公司
盘江煤电（集团）有限责任公司
云南省送变电工程公司
那曲地区查龙水电厂
陕西省电力公司咸阳供电局
陕西省延安供电局
西宁供电局
宁夏电力公司

全国“五一”劳动奖章获得者

席东升	北京送变电公司机械处班长
王英华	北京大唐发电股份有限公司张家口发电厂总值长
扈惠民	涞源新昌发电有限责任公司统计员
胡海洪	山西神州煤电焦化股份有限公司晋阳选煤厂班长
李金胥	山西省电力公司灵石供电支公司经理
安锦民（达斡尔族）	包头第一热电厂副总工程师
赵善九	两锦供电公司龙岗分公司经理
吕清森	吉林供电公司桦甸公司工人
赵永海	黑龙江省火电第三工程公司经理
王成文	黑龙江省电力有限公司鹤岗供电分公司经理

关霄梅（女，满族）	牡丹江热电总公司收费员
曾金年	浙江省水利水电勘测设计院规划设计分院副院长
胡青树	祁门县供电有限责任公司双平供电所所长
赵德远	华能福州电厂燃料部副主任
吴德运	长岛县电业总公司农网改造办公室副主任
汪定国	湖北清江水电投资公司董事长
周建雄	湖南省火电建设公司热机公司班长
王郁之	湘潭电业局客户服务中心班长
文建明	大唐耒阳电厂策划部部长
周海斌	常德市鼎城电力局黄土店变电站站长
陈松波	普宁市电力工业局科技攻坚小组组长
陈　镜	广东省云浮发电厂生产部部长
李剑辉	广东省电力调度中心副主任
龙先进	龙滩水电开发有限公司副总经理
易廷金	广西水电工程局龙滩工程大坝标经理部经理
杨家虎	重庆市电力公司南岸供电局抢修队队长
匡忠雄	贵州省电力公司总工程师
李祖顺（彝族）	云南省火电建设公司宣威工地党总支副书记
达瓦（藏族）	西藏电力建设总公司处长
马钦国	陕西电力公司铜川供电局局长
张　伟	甘肃火电工程公司焊接专业工程处班长
郑庆路	中国水利水电第四工程局工会主席
夏　忠	黄河上游水电开发有限责任公司总经理

关于表彰全国电力行业优秀企业、优秀企业家的决定

（中电联会［2004］157号）

各常务理事、理事单位、会员及有关单位：

为进一步提高电力企业管理水平和企业核心竞争力，弘扬电力企业锐意进取，科学管理，勇于创新的创业精神，造就一支适应社会主义市场经济和经济全球化的优秀经营管理者队伍。根据中电联会［2004］50号文的精神，通过各单位的严格评审和推荐，经全国电力行业优秀企业、优秀企业家审定委员会和专家委员会审定，对电力行业取得优异成绩的30家优秀企业及17名优秀企业家予以表彰，并授予“全国电力行业优秀企业”、“全国电力行业优秀企业家”荣誉称号。

希望受到表彰的优秀企业和优秀企业家谦虚谨慎，戒骄戒躁，充分发挥模范带头作用，在工作中进一步增强历史责任感和紧迫感，牢固树立全面、协调、可持续发展的科学发展观，与时俱进，开拓创新，创造出无愧于时代的光辉业绩，为全面建设小康社会再立新功。

附件1：全国电力行业优秀企业名单

附件2：全国电力行业优秀企业家名单

附件1：

全国电力行业优秀企业名单

1. 上海市电力公司市东供电公司
2. 大庆电业局
3. 大连供电公司
4. 大唐国际发电股份有限公司
5. 山东电力集团公司
6. 山西省电力公司
7. 广东省粤电集团有限公司
8. 广东核电合营有限公司
9. 中国水利水电第十四工程局
10. 中国长江电力股份有限公司
11. 中国电力国际有限公司
12. 中国葛洲坝水利水电工程集团有限公司
13. 华东送变电工程公司
14. 华电国际电力股份有限公司
15. 华能上海石洞口第二电厂
16. 吉林省电力勘测设计院

17. 安阳市电业局
18. 安徽省电力公司合肥供电公司
19. 江西景德镇发电有限责任公司
20. 西宁供电局
21. 国电靖远发电有限公司
22. 中国电力工程顾问集团华东电力设计院
23. 中国水电顾问集团华东勘测设计研究院
24. 中国水电顾问集团西北勘测设计研究院
25. 贵阳市南供电局
26. 重庆市江北供电局
27. 浙江北仑第一发电有限责任公司
28. 深圳市能源集团有限公司
29. 湖南省电力勘测设计院
30. 福建省福州电业局

附件 2：

全国电力行业优秀企业家名单

1. 山东菏泽发电厂 宋 健
2. 山西漳泽电力股份有限公司 王清文
3. 中国水利水电第七工程局 范集湘
4. 内蒙古电力（集团）有限责任公司 赵凤山
5. 北京送变电公司 曹晋恩
6. 宁夏回族自治区电力公司 刘应宽
7. 龙滩水电开发有限公司 戴 波
8. 华北电网有限公司天津大港发电厂 李瑞欣
9. 华电国际电力股份有限公司邹县发电厂 耿元柱
10. 华能国际电力股份有限公司德州电厂 张 奇
11. 扬州第二发电有限责任公司 韩连富
12. 国电新疆红雁池发电有限公司 毕可利
13. 中国电力工程顾问集团西北电力设计院 张文斌
14. 浙江省电力公司 陈积民
15. 绵阳电业局 蒲春雨
16. 湖北省电力公司 王远璋
17. 葛洲坝集团第五工程有限公司 任生春

国家电网公司先进人物

2004 年国家电网公司先进人物名单

1. 十届全国人大代表

序号	姓名	性别	单位、职务	荣誉称号
1	刘振亚	男	国家电网公司总经理、党组书记	十届全国人大代表
2	佟卫东	男	河北省电力公司副总工程师兼农电部主任	十届全国人大代表
3	李援朝	男	山西省电力公司总经理、党组书记	十届全国人大代表
4	朱长富	男	山东电力集团董事长、党委书记	十届全国人大代表
5	张占宇	男	辽宁省电力有限公司凌海供电有限责任公司总经理	十届全国人大代表
6	李书东	男	吉林省电力有限公司董事长、总经理、党组副书记	十届全国人大代表
7	张文学	男	黑龙江省电力有限公司佳木斯电业局局长	十届全国人大代表
8	赵首先	男	华东电网有限公司副总经理、党组成员	十届全国人大代表
9	张学知	男	华中电网有限公司董事长、总经理、党组书记	十届全国人大代表
10	朱长林	男	四川省电力公司总经理、副书记	十届全国人大代表
11	赵杰臣	男	陕西省电力公司正局级调研员	十届全国人大代表
12	薛禹胜	男	国电自动化研究院总工程师	十届全国人大代表

2. 十届全国政协委员

序号	姓名	性别	单位、职务	荣誉称号
1	陆延昌	男	国家电网公司高级顾问	十届全国政协委员
2	谢松林	男	国家电网公司高级顾问	十届全国政协委员
3	赵希正	男	国家电网公司高级顾问	十届全国政协委员
4	蔡国雄	男	中国电力科学研究院高压研究所总工程师	十届全国政协委员
5	沈国荣	男	国电自动化研究院副院长	十届全国政协委员

3. 院士

序号	姓名	性别	单位、职务	荣誉称号
1	潘家铮	男	国家电网公司高级顾问	中国科学院院士 中国工程院院士
2	黄其励	男	东北电网有限公司名誉总工程师	中国工程院院士
3	郑健超	男	中国电力科学研究院名誉院长	中国工程院院士

续表

序号	姓名	性别	单位、职务	荣誉称号
4	周孝信	男	中国电力科学研究院总工程师	中国科学院院士
5	沈国荣	男	国电自动化研究院副院长	中国工程院院士
6	薛禹胜	男	国电自动化研究院总工程师	中国工程院院士

4. 全国劳模

序号	姓名	性别	单位、职务	荣誉称号
1	杨心平	男	华北电网有限公司华北电力调度局高级工程师	中央企业劳动模范
2	席东升	男	华北电网有限公司北京送变电公司机械处班长	全国五一劳动奖章
3	李卫卿	女	天津市电力公司高压供电公司变电第二管理所基地站站长	全国三八红旗手
4	陈芳萍	女	山东电力集团公司烟台供电公司党委书记	全国三八红旗手
5	吴德运	男	山东电力集团公司长岛县电业总公司农网改造办公室副主任	全国五一劳动奖章
6	高鹏	男	淄博供电公司继电保护班班长	全国五一劳动奖章
7	赵善九	男	辽宁省电力有限公司西锦供电公司龙港供电分公司经理	全国五一劳动奖章
8	朴顺子	女	吉林省电力有限公司延边供电公司延吉供电分公司河南营业所抄表员	中央企业劳动模范
9	王成文	男	黑龙江省电力有限公司鹤岗供电分公司经理	全国五一劳动奖章
10	赵永海	男	黑龙江省电力有限公司火电三公司经理	全国五一劳动奖章
11	李建华	男	华东电网有限公司新安江水力发电厂副总工程师	中央企业劳动模范
12	邢秋林	女	江苏省电力公司无锡供电公司工会主席	全国先进女职工

续表

序号	姓名	性别	单位、职务	荣誉称号
13	丁雪峰	男	江苏省电力公司如皋市供电公司电力工程处变电检修班班长	全国五一劳动奖章、全国技术能手
14	胡青树	男	安徽省电力公司黄山市祁门县供电有限责任公司双平供电所所长	全国五一劳动奖章
15	周海斌	男	湖南省电力公司常德市鼎城电力局黄土店变电站站长	全国五一劳动奖章
16	王郁之	男	湘潭电业局客户服务中心班长	全国五一劳动奖章
17	宋丽	女	河南省电力公司鹤壁市电业局女工主任	全国三八红旗手
18	杨家虎	男	重庆市电力公司南岸供电局抢修队队长	全国五一劳动奖章
19	申宝峰	男	西北电网有限公司宝鸡第二发电有限责任公司党委书记、总经理	中央企业劳动模范
20	赵二宝	男	陕西省电力公司宝鸡供电局二宝紧修队队长	全国劳动模范
21	马钦国	男	陕西省电力公司市场营销部主任	全国五一劳动奖章
22	张伟	男	甘肃省火电工程公司焊接专业工程处班长	全国五一劳动奖章
23	印永华	男	中国电力科学研究院副总工程师	中央企业劳动模范
24	方勇杰	男	国电自动化研究院稳定技术研究所副所长	中央企业劳动模范
25	闫浩杰	男	中国电力技术进出口公司副总工程师	中央企业劳动模范
26	张书豪	男	中兴电力实业发展总公司北京国电同方电力建设工程有限公司总经理	中央企业劳动模范

注 十届全国人大代表12人，其中公司领导1人，局级干部8人。十届全国政协委员5人，其中公司高级顾问3人，局级干部1人。院士6人，其中公司高级顾问1人，局级干部5人。全国劳动模范26人。

企 业 风 采

北京四方继保自动化股份有限公司

概况

北京四方继保自动化股份有限公司（简称四方继保，英文名称 Beijing Sifang Automation ltd. co.）成立于1994年，主要从事电力系统自动化及继电保护装置的研究、开发、生产和销售，是为电力系统及相关行业（例如石化、铁路、煤炭、冶金等）服务的高新技术企业。公司董事长杨奇逊院士，总经理王绪昭教授。

近年来四方继保屡获殊荣；多次被中关村科技园区海淀园评为“经济二十强”企业；2001年被科技部认定为软件骨干企业；2003年进入信息产业部公布的中国软件产业最大规模前100家企业；连续两年被认定为“国家规划布局内重点软件企业”；被北京市地税局认定为“纳税信誉A级企业”等；2003年，公司还荣获国家级“企业管理现代化创新成果”等奖。四方继保的发展历程为高科技成果产业化提供了成功经验与可借鉴的运行模式。

科技成果

2004年是四方继保发展进程中关键的一年，1月4日，四方继保以新产品鉴定会迎来了“二次创业年”的第一个工作日。这一年中，公司的主营产品更新换代，共有20项新产品通过了电力行业权威机构组织的科技成果鉴定会，极为有力地证明了四方公司科研实力的雄厚和主营业务可持续发展的强劲势头。

这20项鉴定成果是：

（1）750kV超高压线路保护装置CSC—101、102、103。

（2）750kV变压器保护装置CSC326。

（3）CSC—101、CSC—102数字式超高压线路保护装置。

（4）CSC—103数字式超高压线路保护装置。

（5）CS1—200E数字式综合测控装置。

（6）CSC—200系列数字式保护测控装置。

（7）CSL—200E、CSP—200E、CST—300E数字式低压保护测控装置。

（8）CSC—120数字式综合重合闸及断路器辅助保护装置。

（9）CSC—160数字式线路保护装置。

（10）CSC—326数字式变压器保护装置。

（11）CSC—150数字式母线保护装置。

（12）CSC—330数字式电抗器保护装置。

（13）CSC—300系列数字式发电机变压器组保护装置。

（14）CSC—306系列数字式发电机保护装置。

（15）CSC—316系列数字式变压器保护装置。

（16）CSSP—2000火电机组仿真培训系统。

（17）CSSS—2000变电站仿真培训系统。

（18）CSPA—2000分布式电气自动化控制系统。

（19）CSS—100BE数字式安全稳定控制装置。

（20）江苏电网厂域实时监测与稳定预决策系统（CSS—200电网动态安全监测系统）。

经专家评审、鉴定，以上所有各项产品技术均达到国内、国际先进水平，其中一些技术创新达到国内领先或属首创。

企业文化

2004年，四方公司成立十周年。经过十年的锤炼，公司确立了特有的企业文化，其核心是以人为本的价值观——对内：尊重和关心员工，提供充分的个人发展空间；对外：尊重客户，不忽略任何细小问题；理念：个人的进步融于团队的发展之中；目标：永远的技术创新，提供一流产品与服务，创建最优秀企业。在这样的企业文化氛围中，公司内部形成了和谐的部门间及员工间的合作关系，树立了良好的学习风气。在这样的企业文化氛围中，四方人制造出优质的产品，以优质的服务得到了客户的认可，为企业的加速发展打下坚实的基础。

在中国共产党诞辰83周年的7月，四方继保公司在海淀区党委的关心和支持下，成立了党委，公司总经理王绪昭博士担任党委书记，公司800余名员工中，党员超过了170人。这样一个党员众多、知识层次较高的纯民营企业成立党委，在中关村科技园区竖起一面旗帜。公司党员的先进模范作用，在研发、经营、管理中得到了充分的体现。推动了企业的凝聚力和健康发展。

年度获奖情况

（1）产品获奖。

● CS1—200E数字式综合测量控制装置获北京市人民政府2004年度北京市科学技术二等奖。

● CSS—200电网动态安全监测系统(与江苏中调合作)获2004年度江苏省电力公司科技进步一等奖。

（2）企业荣誉。

●中关村科技园区海淀园2004年度优秀新技术企业。

●国家科技部已批准立项,委北京四方继保自动化股份有限公司为2005年国家火炬计划重点高新技术企业。

●四方继保公司被德勤香港公司评为亚太区高科技高成长 500 强。

●总工程师张涛被评为 2004 年度北京市劳动模范和全国信息产业系统劳动模范。

国电南京自动化股份有限公司

企业概况

国电南京自动化股份有限公司（简称国电南自），是原国家电力公司系统首家高科技上市企业，由原南京电力自动化设备总厂优质资产重组，1999 年在上海证券交易市场上市，公司代码 600268，现控股方是中国华电集团，总部坐落在江苏南京。

国电南自是中国电力系统安全稳定运行技术的先驱者，并始终走在行业的前列。作为电力自动化和继电保护技术和产品提供商，国电南自有着六十多年的丰富经验，并随着中国电力行业的进步而不断成长壮大，国电南自的成长历史是中国电力行业发展历史的缩影。

自 20 世纪 40 年代至今，国电南自创造了多个中国第一，这些第一都被用于中国电力重点项目中：

●60 年代中国第一部晶体管线继电保护装置；

●70 年代中国第一套综合远动装置；

●中国第一家成套提供 500kV 变电站变压器，母线和电抗器等静态继电保护的厂家；

●80 年代中国第一套微机型线路保护装置；

●90 年代中国第一套 600MW 及以下机组电机保护装置；

●中国第一套分布分散式变电站自动化系统；

●1999 年研制生产出中国第一套采用 32 位计算机的数字式缩略保护装置；

●2004 年中国第一套数字式光电互感器。

在三门峡电站、葛洲坝，长江三峡、西北 750kV 电网等中国电力能源发展里程碑式的工程中，国电南自在继电保护和自动化方面都占有重要的一席之地。

公司在电网建设方面的产品和技术涵盖了继电保护、变电站综合自动化系统、配网自动化、调度自动化、电网安全稳定控制系统、变电站设备状态在线监测等；电源点建设方面涵盖了：发电机—变压器组保护、厂用变压器保护、电厂网控、过程控制、电厂调度 MIS、应用软件等；电力环保方面涵盖了：脱硫、水处理、电除尘等。

国电南自的产品和技术已遍布中国除台湾省外的各省市县的电网、发电厂和用电企业，被广泛应用于电力、交通、水利、冶金、石化、煤炭、建筑等领域。

公司设有博士后工作站。目前在站博士后两名，分别与清华大学、东南大学博士后流动站合作，从事电力市场、配网自动化的研究。公司长期以来与国内著名高校如清华大学、浙江大学、华中科技大学、东南大学等保持着良好的合作关系，为公司新产品开发提供新的理论支持。

技术研发

公司 2004 年完成了包括“750”在内多个项目的新产品鉴定，其中 13 个项目通过了省、部级鉴定。PSL600 系列数字式线路保护和 PST1200 系列数字式变压器保护获得国家重点新产品计划项目，DGT801 系列数字式发电机变压器保护装置获国家火炬计划项目，PSV601 电压无功综合控制系统荣获南京市优秀软件一等奖。

2004 年国电南自参与了国内大部分重点电力项目的建设，主要有：

●中标吉林省农网改造调度自动化工程，订单额 500 万元。

●中标西北 750kV 输变电示范工程官亭变电站。

●中标三峡输变电保护 500kV 潜江变电站、宣城变电站项目。

●中标天广四回 500kV 输变电百色变电站、南宁变电站项目。

●中标云南滇东电厂、浙江国华宁海发电厂新建 4×600MW 工程。

●中标四川 500kV 线路串补保护项目。

●中标西藏羊湖水电站监控系统，该项目创造了多个之最：西藏装机容量最大的水电站，世界海拔最高水电站（主厂房海拔 3600m，取水前池海拔 4440m），国内水头最高水电站（达 840m）。

●中标孟加拉国 Barapukuria 2×125MW 燃煤电厂、缅甸邦郎水电站、印尼中爪哇 2×300MW 燃煤电站等出口工程。

2004 年国电南自 ERP 项目入选国家发改委组织实施的企业信息化项目。

质量管理

公司始终贯彻“质量第一”的方针，1997 年企业通过了英国 AOQC 国际质量认证公司和中华人民共和国国家商检局质量认证中心 ISO9001 双重认证。2001 年 1 月通过了 ISO9000：2000 版的换证复审。2004 年中国质量检验协会正式批准公司为“中国质量检验协会团体会员”，同时公司被评为“江苏省质量管理优秀企业”。

生产基地建设

2004年10月，公司生产基地搬迁至江宁工业园区。国电南自“江宁科技园”坐落于南京市江宁高新技术开发区，占地145亩，是一座现代化花园式企业。园区计划总投资3亿元人民币，分三期建设。其中一期已投资1.32亿元，建成27000m^{2}厂房，设计产能15亿元人民币，厂房、设备及环境均按照国际先进模式设计，生产线布局和生产流程科学合理，达到国内最好水平。

北京电力建设公司

综述

2004年，北京电力建设公司承担了12台机组，装机容量共计6180MW的建设任务；年内4台机组共计1800MW均提前投产，各项指标优良；公司承建的盘电4号机组被评为“全国电力行业优质工程”，进而荣获了2004年度“国家优质工程”奖；全年完成产值112554万元，首次突破100000万元大关；首次建立起企业标准体系并开始有效运行；是全国建筑业500强领先企业、北京市守信企业，获银建AAA信用等级；继续保持了“华北电网有限公司文明单位”、北京市“首都文明单位”称号。

电力建设

2004年各工程节点均正点或提前完成。

唐电技改一期工程1月27日168h满负荷试运一次成功，比合同工期提前34天移交生产。

托电二期工程3号机组7月14日168h满负荷试运一次成功，比合同工期提前137天移交生产，创造了全国三类地区同类机组施工工期最短记录，为缓解京津唐电网用电的紧张局势和迎峰度夏作出了贡献。

定电一期工程2号机组9月10日168h满负荷试运一次成功，比合同工期提前81天移交生产。

唐电技改二期工程9月14日168h满负荷试运一次成功，比合同工期提前222天移交生产，创造了全国同类型机组厂地最小、工期最短、质量最优等多项纪录。

公司在建的托电三期工程6号机组、托电四期工程7号机组、王滩工程1号机组、锦界工程1号机组、宁德工程3号机组、余姚燃气机组等电站工程项目正在按照网络工期正点运行。

在各主要电站工程项目建设取得优异成绩的同时，公司承担的房屋建筑工程、环保工程、变电站工程和市政工程等同样取得可喜的成果。公司所有工程进度均完成了年初职代会确定的工期目标，实现了投标承诺和合同要求。

企业管理

1. 安全生产

安全责任重如泰山，公司始终把安全生产放在各项工作的首位。认真贯彻华北电网有限公司关于安全生产工作的各项要求，坚持“安全第一、预防为主”的安全生产方针，牢固树立“以人为本”的管理思想和“一切事故都是可以避免的”管理理念，落实安全生产责任制，构筑起“三道防线”，做好了“六项工作”。积极开展了“安全生产月”、“电力建设安全生产活动年”、“百日安全无事故竞赛活动”和安全专项治理、安全培训、调考等活动。全年各单位累计共辨识一般危险因素1987项，重大危险因素98项，制定应急预案45项。认真进行安全检查共计533次，消除隐患1438起，从各项活动的开展和检查情况来看，公司各现场的安全管理和文明施工水平都有较大程度的提高。3月12日，定电工程被河北省命名为“省级样板文明工地”。

2. 质量与技术

2004年，公司工程质量稳步提高。公司承建的盘电4号机组获得了“国家优质工程”的最高荣誉。唐电技改一期工程荣获河北省“安济杯”（省优质工程）。托电一期工程2号机组被命名为“达标投产机组”、获得了“全国优秀焊接工程”荣誉。华电槐柏树街19号楼工程、华北电科院综合试验楼工程均获得北京市“结构长城杯”。公司其他各项工程阶段性监检及验收均一次性顺利通过，并以较高的评价意见进入下一工序的施工。

大力开展各项质量、技术活动，使管理水平得到持续提升。3月1日公司组织召开了“QC成果发布会”，并在华北电力企业优秀QC小组评审会上取得了较好的成绩。开展了科技攻关、优秀合理化建议、优秀科技论文等各项有益活动。荣获了“华北电网有限公司科技进步先进单位”称号。对盘电二期4号机组、托电一期2号机组等6项工程认真进行了质量回访。

3. 市场开发

2004年，共完成工程投标项目126项，投标金额为120.5亿元。公司房屋建筑工程总承包、市政工程总承包顺利晋升壹级。

4. 经营管理

公司始终坚持以“细化管理，增加效益”为原则，严格各项监督考核措施，促进经营管理工作不断加强，取得了预期成效。调整完善了2004年《经济责任制》，充分发挥了激励与约束作用。认真做好生产经营计划安排，保证了公司生产经营的平稳运行。及时修订了《工程施工分包管理办法》，有力地促进了工程分包的规范管理。贯彻经济活动分析制度，组织进行了全公司范围的经济活动分析，促进了经营管理水平的不断提高。

加强财务管理，提升财务管理水平，显现了效益。圆满完成了清产核资工作，盘清了公司家底，核实了各项资产质量，为全面执行《企业会计制度》创造了条件。

加强对机械的购置、调拨与管理，满足工程建设需要。多方筹集资金，积极解决机械设备紧缺问题。制订了2004年度机械管理考核办法，促进二级单位和现场机械管理水平的提升。健全完善了各项物资管理制度，使公司物资供应管理工作做到了有章可循。

5. 基础管理

在保持质量、职业健康安全和环境管理三个体系持续有效运行的基础上，本着持续改进的精神，启动了三个体系联合认证工作，顺利取得了中电联认证中心颁发的质量、环境、职业健康体系证书。为了进一步强化公司基础管理工作，抓住机遇补缺入围了“国家标准化认证百家试点单位”，加快了公司标准化建设步伐，通过紧张有序的扎实工作，7月16日企业标准体系文件发布实施（企业标准已于2005年1月26日得到专家组的确认，达到国家“标准化良好行为企业”AAAA级标准）。与此同时，建立计量检测体系，并通过了国家技监局的验收确认。

积极推进信息管理工作。按照MIS建设计划，在完成机关业务开发和项目部部分模块的开发的基础上，完成了OA办公系统向MIS系统的转换，信息管理集成化初步形成；建立了远程可视会议系统，使会议效率得以提高。

企业文化建设深入展开。完成了对施工现场的调研工作，组织进行了两期企业文化讲座，确定了企业理念、标识和吉祥物，为建设良好的企业文化奠定了基础。

认真做好普法工作，积极地把依法治企工作切入到企业的生产经营管理之中。制定了公司统一的《合同管理办法》，规范了职责和程序。认真细致地开展法律工作，在依法治理上取得了较好的效果。

公司干部人事档案工作目标管理经国家电网公司严格考评，确认为一级标准单位。

6. 人力资源管理

积极拓宽进入渠道，采取多种形式为公司补充急需的专业技术人员和生产人员。优化人力资源配置。宁德、余姚电厂工程相继中标后，本着“确保重点，兼顾一般”的原则，共调配人员1156人．次。公司机关坚持竞争上岗，优选人才，共有36人竞聘上岗。

有针对性地开展多种形式的培训。全年公司共举办22个培训班，参加人员达951人·次。各类人员的培训率和学时数均达到华北电网有限公司的指标要求，促进了干部职工业务管理水平和职业技能水平的不断提高。在“新世纪北京首届职业技能大赛”焊工决赛中公司代表队分别获得了第一名、第二名、第五名的优异成绩。

加强干部队伍建设，灵活用人机制。根据工程和工作需要，对部分单位和部门的中层干部进行了调整和充实，提拔了一批中青年干部到中层领导岗位，建立起干部能上能下的机制。在二级中层干部选人用人上不拘一格，使一批懂技术、善管理的中青年干部走上了二级领导岗位。认真开展了公司专家队伍建设，共评定各类专家36人。

主要事件

1月27日，唐电技改一期工程1×300MW机组顺利通过168h试运并移交生产。北京大唐发电有限责任公司总经理张毅、大唐唐山热电公司总经理王玉才、副总经理赵景宽、北京电建公司经理王国忠、党委书记邢建海、总工程师董景霖、公司副经理兼唐电项目部经理赵庆斌以及设计、调试、监理等单位领导共同到主控室庆贺。

2月13日，公司调试检测中心建筑试验室顺利通过网局质监中心站组织的电力建筑二级土建试验室申报资料的审核和现场评审。

2月16日，华北电网有限公司质量监督中心站组织华北五省、市（河北、山西、内蒙古、北京、天津）专家对唐电技改一期工程1×300MW机组进行了整套启动168h试运后质量监督检查，共同认定为优良等级。

2月24日，北京电力建设公司二届二次职工代表大会在良乡昊华宾馆胜利召开，职工代表142人，列席代表16人参加了会议。

3月12日，公司承建的河北国华定州发电厂2号机组建筑安装工程正式被河北省建设厅命名为“2003年度省级样板文明工地”。

3月18日，公司承建的河北大唐王滩发电厂一期工程举行奠基仪式。

4月9日，公司纪委聘请北京市朝阳区人民检察院反贪处刘处长来公司，进行预防职务犯罪专题讲座。公司领导、所属各单位党政一把手、主管经营的副经理、经营管理部门负责人以及公司机关部室负责人共120余人参加了讲座。

4月23日，公司承建的陕西国华锦电工程A标段工程在施工现场举行了隆重的开工仪式。

4月26日，公司承建的大唐托电一期2号机组顺利通过大唐国际发电股份有限公司组织的达标投产预检。

4月28日，华北电网有限公司对公司领导班子进行了调整。赵士儒任北京电力建设公司党委副书记兼纪委书记，免去其工会主席职务；聘任刘松桥为北京电力建设公司副经理，免去其北京电力建设公司纪委书记职务；刘玉奇任北京电力建设公司工会主席，免去其北京电力建设公司副经理职务；聘任阚耀准为北京电力建设公司总会计师；免去邢建海兼任的北京电力建设公司副经理职务；免去靳书祥的北京电力建设公司党委副书记职务，退二线工作。

4月30日，北京市召开了首都职工庆“五一”表彰大会。会上，北京电力建设公司焊接技术培训中心荣获北京市总工会颁发的“首都五一劳动奖状”。

5月12日，公司承建的华电槐柏树街19号楼工程获得“结构长城杯”银奖。

5月16日，围绕北京市政府“三年百万职工技能培训计划”和“千名技师培训工程”的开展，在北京电力建设公司举办了“北京市高新焊接技术交流、设备推广会”。此次活动由北京市总工会和北京市职工技术协会主办，北京电力建设公司承办。

5月21日，在北京召开的第十四届“北京优秀青年工程师”总结表彰大会上。公司侯勇、许国存、刘玉飞三位工程师被授予“北京优秀青年工程师”荣誉称号。

5月27日，公司新购的最大起重机CC2500(450t)履带吊在王滩现场进行最后的负荷试验，这标志着公司技术装备实力的进一步增强。

5月28日，公司中标浙江国华余姚燃气发电厂工程A标，该工程为目前国内最大的单套装机机组，装机容量为780MW。

6月9日，中国大唐集团公司副总经理钟俊、工程部主任曲波、大唐国际发电股份有限公司总经济师邱陵一行莅临王滩电厂指导工作。

6月10日上午，北京电力建设公司与大唐国际发电股份有限公司在福建省福州市隆重举行“福建大唐国际宁德电力有限公司4×600MW超临界燃煤机组一期A标段工程合同签字仪式”。

6月22日，中国电力建设协会会长吉辅，中国电力企业联合会会员部主任孙永安等一行三人到公司进行调研。

7月4日，公司取得新的印有国家认可标志和中电联认证中心认证标志的质量体系认证证书，有效期至2005年9月24日止。

7月9日下午，交通部副部长胡希捷、陕西省副省长洪峰及榆林市等地方领导一行60余人到锦电视察。

7月14日，公司承建的大唐托电二期工程3号机组一次高水平圆满完成168h满负荷试运移交生产。公司经理王国忠、党委书记邢建海、工会主席刘玉奇到托电现场与职工们共同分享这一喜庆时刻。

7月31日，河北省省委书记白克明、省长委允石、副省长郭庚茂和河北省军区司令陈玉田在唐山市市委书记张和等市委领导的陪同下，来到王滩电厂施工现场视察。

9月10日9时整，公司承建的国华定洲发电厂一期工程2号机组一次高水平圆满完成168h满负荷试运，各项技术指标优良。

9月10日，国家电网公司副总经理陆启州一行到托电视察。在3号机组主控室，陆启州亲切看望了生产人员，高度评价了北京电建公司为2004年首都迎峰度夏作出的贡献。

9月14日，公司承建的唐电技改二期工程1×300MW机组168h试运圆满成功。

10月20日，公司承建的大唐赤峰赛罕坝风力发电有限责任公司一期工程举行开工仪式。

10月25日，由北京市主办、公司承办的“新世纪北京首届职业技能大赛”焊工决赛在北京电力建设公司焊接技术培训中心圆满结束。公司参赛的3名选手脱颖而出，分别获得了第一名（佟少文）、第二名（许国庆）、第五名（刘刚）的优异成绩。

11月3日，公司获得“华北电网有限公司科技进步先进单位”称号。

11月19日，全国人大常务委员会副委员长、中国农工民主党中央主席蒋正华在福建省市领导的陪同下莅临大唐宁德发电厂一期工程施工现场指导工作。

11月23日，唐山发电厂技改工程一期1×300MW机组被评为“河北省建筑工程安济杯奖（省优质工程)”。

12月29日，中国大唐集团公司党组书记、总经理翟若愚在总经理工作部主任曹景山、工程管理部主任曲波、大唐国际总经济师邱陵等领导的陪同下视察了宁德工程现场。

中国华电工程（集团）有限公司

中国华电工程（集团）有限公司（简称化电工程、英文缩写CHEC），前身为原水电部机械制造局，能源部（电力部、国家电力公司）电力机械局。1986年开始尝试经营以来，历经市场化探索、市场化转型、市场化发展三个阶段，成功地实现了从国家部委的一个司局级行政管理机构向企业化的市场经营主体的彻底转变。自2002年12月归入中国华电集团公司后，华电工程进入一个全新的发展阶段，即一个重要战略发展机遇期，开始了突出公司主营业务，强化核心竞争力的第二次发展创业。2004年2月16日经国家工商行政管理总局批准正式改组成为由中国华电集团公司控股、华电开发投资公司参股、注册资金2.16亿元的有限责任公司，并成为华电集团多元化发展战略的重要组成部分。

基本情况

1. 人员

华电工程现有员工5174人，具有中、高级技术职称的1403人，占27.1%，其中享受教授级及以上待遇的28人；具有大学本科以上学历的1753人，占33.9%；本部321人，具有中、高级技术职称的223人，占69.4%，其中享受教授级及以上待遇的5人；具有大学本科以上学历的265人，占82.5%。

2. 机构设置

公司本部共设8个职能部门，即总经理工作部、监察审计部、政治工作部、人力资源部、财务资产部、发展策划部、经营计划部、科技管理部；10个专业事业部（公司、中心），即物料输送部、管道工程部、钢结构工程部、水处理工程部、环境保护部、总承包公司、资产管理公司、技术（设计）中心，华电重工机械有限公司，厦门华电电站装备公司。

公司所属企业有全资及控股子公司35家，参股子公司21家。全资子公司中有8家老国企，其中3家是改制为企业的科研机构，南京电力自动化设备总厂有1家上市公司（国电南自）；控股及参股子公司中有6家中外合资企业。

3. 资质

华电工程已获得的证书有：ISO9001证书、ISO14001证书、OHSAS18000证书，高新技术企业证书，AAA信用等级证书，进出口资格证书，对外经济合作经营资格证书，甲级工程咨询证书等16项经营资质，5项专业设计资质，4项监理资质，3项压力容器资质，17项专利技术。

4. 经济情况

2004年度，公司新签合同59亿元，与2003年相比增长61%，营业收入27亿元，增长59%。利润总额3900万元，增长105%。净利润180万元，增长350%。全面完成了华电集团下达的生产经营指标。

管理工作

1. 综合计划管理体系

从2000年开始公司实施了七项计划管理——在计划的制订过程中采取三上三下方法，力求使计划具有科学性，从而为绩效考核提供依据。分解和落实了党风廉政建设、安全和质量管理、生产经营责任制。出台了《投资管理规定》，对投资的前、中、后期管理作了明确的程序规定，建立了科学有效的投资决策和管理体制。

2. 人力资源管理体系

华电工程经过两年多来的不断创新与努力实践，适应市场化和现代企业制度要求的现代人力资源管理体系基本形成，人力资源管理的战略性、保障性与服务性功能逐步得到强化。

（1）制订了公司《人力资源开发与管理纲要》，从体系上保证了公司人力资源管理活动的一致性与连贯性。

（2）加强招聘管理、严把选人用人关。公司出台的《员工招聘管理办法》，明确了选人用人条件、规范了招聘程序，从源头上保证了新进公司的员工具备较高素质。

（3）员工劳动关系管理纳入合同化、契约化轨道。公司出台的《全员劳动合同制实施办法》，从劳动关系上实现了分级分类的合同化管理，平稳地进行了总公司人员分流，员工的工资、社保与福利随劳动关系转移以及正常的退出机制基本建立起来。

（4）基于目标管理的绩效考核体系已全面运行。公司绩效管理的激励与导向功能正积极地发挥作用。公司出台的《员工绩效管理办法》，对部门和员工工作目标的达成、绩效的考核与反馈、考核结果的运用等做出了明确规定。以业绩为基础的薪酬分配及奖惩任免机制初步建立起来，员工关心工作绩效的良好组织氛围正在形成，员工的公平感进一步增强。

（5）针对工程公司的特点，本部人力资源管理的重点由加强中层管理人员的管理，扩大到对项目经理的管理。公司出台的《项目经理管理程序》，严格了项目经理任职资格审批程序，实行项目经理分级制，加大项目经理培训、考核力度，提高了项目经理的综合素质，提升了公司的核心竞争力。

（6）建立、完善了全员培训体系，严格培训纪律，加大人力资源开发力度。公司一方面让员工参与相关制度及工作目标的制订，加强沟通；另一方面，从现代管理意识与技能、质量管理、法律、财税知识、项目管理及内部规章制度等多方面对员工进行培训，收到了良好的效果。

（7）为解决员工的后顾之忧，增强公司的吸引力与凝聚力，先后颁布实施了《员工购房首付款贷款管理办法》，《住房公积金管理办法》、《社会保险管理办法》等。这些制度的出台，进一步完善了公司人力资源保障体系，使公司的人力资源管理适时地与社会接轨，市场化程度进一步提高。

3. 财务管理体系

（1）资金管理。以“计划管理、余额控制、量入为出”模式，实现资金收付的统筹安排；以“内部模拟银行、存贷计息、专款专用”模式，满足内部经营流动资金的需求。

（2）利润管理。充分利用预算管理为手段，建立预算制定→过程控制→差异分析→绩效考核的管理程序，实现利润的事前、事中、事后管理。

（3）会计核算。为适应公司事业部内部独立核算的管理要求，充分利用计算机及网络技术等现代化信息管理手段，开发并建立了以部门为模拟会计主体的核算体系，全方位、多角度准确快捷地反映公司经营情况，为各项管理提供数据基础。

（4）内部控制。制定货币资金、固定资产、对外担保、发票管理、个人借款等方面的内控制度，建立相互制约机制，有效防范风险。

（5）华电工程本部和直属公司共取得 5500 万美元保函及信用证授信；本部取得银行融资 2.2 亿元人民币，累计实现出口退税 4430 万元。

4. 质量管理体系

公司制定和实施了 ISO 9001、ISO 14001、OHSAS18000 三体系目标并顺利通过了 ISO 9001、ISO 14001、OHSAS18000 三体系认证。

5. 商务风险控制及审计监督机制

（1）为规范合同的订立及履行，加强合同管理，减少和避免各种风险，公司制定了《合同管理办法》、《合同商务及法律评审工作指南》、《设备采购合同范本》等规定。

（2）每年按经批准的审计计划、积极开展审计工作，建立起适用有效的公司内部控制体系和对经济责任制的实施效果进行检查评价的运行机制。

主要事件

1 月 16 日，华电工程与印尼 INDIKA 集团签署进口煤炭的协议书，双方约定将各派一个工作组，共同实地考察 INDIKA 集团推荐拟进口到中国的几个煤源点，同时就中国国内煤炭需求做一个深入细致的研究，以供双方决策层决策参考。

2 月 16 日，中国华电工程（集团）有限公司揭牌典礼在京隆重举行。

2 月 18 日，华电工程中光公司签订热电冷联供工程项目——我国第一个由电力企业直接参与的大型建筑群分布式能源项目。

2 月 27 日，华电工程引进日本三菱公司脱硫技术，此次引进日本三菱脱硫技术，是华电工程在引进美国 MET 喷淋塔脱硫技术后，为满足国内脱硫市场需求，结合大港项目和韩城项目而实施的又一重大举措。两项技术的引进，大大增强了华电工程脱硫业务的实力，使华电工程成为国内惟一一家同时拥有两项国际主流脱硫技术的公司。

3 月，华电工程再次荣获中央国家机关精神文明单位称号，这是华电工程自 1997 年起连续 6 年被评为“中央国家机关精神文明单位”。

3 月 18 日，华电工程许波总经理和印尼 BDSN 公司总经理安同先生分别代表工程承包方和项目业主在 Asahan 水电站工程 EPC 合同上签字，华电集团贺恭总经理出席了签字仪式。该项目的成功标志着华电工程响应国家“走出去”的号召和落实中国华电集团公司国际化战略目标，积极开拓海外市场，在印尼市场取得了实质性的进展。

4 月 8 日，总承包合同金额 24.7 亿元的华电工程有史以来最大的工程总承包项目——河北遵化热电厂二期 2×300MW 工程举行奠基仪式。该项目设计装机容量为 60 万 kW 的燃煤发电机组，投资总额预计 28 亿元。

6 月 23 日，经济参考报以《征程万里我当先——前进中的中国华电工程（集团）有限公司》为题对华电工程进行了整版报道。

6 月 28 日，华电工程喜获首都精神文明建设委员会颁发的“2003 年度首都精神文明建设先进单位”荣誉证书，至此，华电工程已连续五年获得此殊荣。

6 月 30 日，由华电工程承担的华电集团投资煤炭行业可行性研究项目顺利通过验收。

6 月 28 日～7 月 1 日，华电工程组织开展三体系内审，此次内审工作之深度、用时、力度均为公司历年来最大的，效果良好，有力的推动了公司管理体系的进一步持续改进，为文件换版工作夯实了基础。

8 月 9 日，华电工程承接的内蒙古鄂尔多斯羊绒集团电力冶金股份有限公司电厂 2×330MW 发电机组委托运营管理合同签字仪式举行，该合同的正式签订，标志着华电工程在加快改革发展、调动各种资源、拓展产业链，走向外部市场、服务社会方面又取得了更大的进展，标志着中国华电集团在以电为主、综合发展上有了新的突破。

8 月 24 日，华电工程脱硫部与包头东华热电有限公司在呼和浩特内蒙古饭店签订了包头东华热电有限公司 2×300MW 机组湿法烟气脱硫项目总承包合同。该项目是华电工程脱硫事业部引进 MET 湿法脱硫技术后承担的第一个总承包项目，对华电工程消化吸收 MET 湿法脱硫技术具有里程碑的意义。

8 月 30 日，华电工程签订湖南华电石门发电有限公司 2×300MW 机组工程烟气脱硫工程，即将实施的湖南华电石门发电有限公司 2×300MW 机组工程烟气脱硫工程，是华电工程签订的又一个总承包项目，项目实施周期约18个月。

9月3日，华电工程与广西电力工业勘察设计研究院改制合作意向书暨印尼INDORAMA电厂（2×30MW）设计合同签约仪式在华电工程举行。标志着双方在国外项目合作的开始。

9月30日，集团公司党组书记、总经理贺恭出席了在北京举行的印尼南苏门答腊4×600MW坑口电站项目合资意向书签字仪式，代表华电集团在合资意向书文本上签字，并发表了重要讲话。该项目由中国华电集团投资并控股，印尼PLN公司、PTBA公司及INDIKA公司参股共同组成。将完成南苏门答腊岛的4×600MW矿口电厂的建设、运营、融资、安装和维护等。此项目分两期完成。华电工程将代表华电集团负责实施此项目。

10月21日，中国华电集团与河南省漯河市政府签订了建设2×300MW热电项目投资协议。该项目是中国华电集团委托中国华电工程（集团）有限公司在河南省开发的一个电源点项目。一期建设规模为2×300MW供热机组，并预留更大建设规模机组的扩建余地。

10月25日，华电工程与印尼PT. INDORAMA SYNTHETICS TBK公司在北京世纪金源大酒店举行了印尼INDORAMA 2×30MW热电工程EPC合同签字仪式。本次签署的印尼INDORAMA 2×30MW热电工程作为华电工程在印尼的第一个火电站总承包工程，代表华电工程在开拓印尼市场上迈出了坚实的第一步，在实施“走出去”战略方面取得重大进展，具有里程碑意义。

10月25日，华电工程技术中心签订了国电廊坊热电厂（2×300MW）一期工程的初可研和铁路运煤通道方案研究合同。该项目将成为我国环保型热电厂的示范电厂，建成后将取代廊坊市的近200多台小锅炉。

11月18日，华电工程国电南自江宁科技园落成典礼在园区内隆重举行。该科技园座落于南京市江宁区高新技术开发区，占地145亩，预计总投资3亿元人民币。科技园引进了21世纪欧美先进水准的生产线，并按国际标准建立工艺管理体系，已成为具有国际先进水平的电力保护与自动化设备生产基地，成为国电南自实现战略腾飞的新起点。

11月19日，经过6个月的紧张建设，华电工程天津制造基地（华电重工）首座厂房交付试生产庆典仪式在天津举行。新厂房的投产标志着华电工程在关键产品制造环节的附加值将明显增加，市场竞争力大大提高，使华电工程的可持续发展力显著增强。

12月2日，华电工程新一届领导班子正式成立，成员为：党组书记、总经理杨勇，党组副书记、常务副总经理白绍桐，党组成员、纪检组长黄春齐，党组成员、副总经理谢春旺，党组成员、副总经理马骏彪，党组成员、总会计师许建良，总工程师黄湘。

12月28日，华电工程成功进口越南煤。华电工程于2004年12月下旬正式与越南供煤方签订了一船越南动力煤（3.5万t）的采购合同，同时与这船煤的最终用户签订了供煤协议。并于12月28日正式装船。这船煤的交易成功，标志着华电工程国际化的战略得到了进一步发展，国际煤资源的开发工作更具有实效性，在国际煤炭交易的操作手段上更成熟了，为将来更好地服务于国内需求市场打下了坚实的基础。

12月28日，华电工程总承包的中关村国际商城35kV变电站、冷热电工程（三联供项目）开工典礼在现场隆重举行。该项目的开工，标志华电工程进军清洁能源建设领域的开始。

大唐环境科技工程有限公司

公司概况

大唐环境科技工程有限公司（英文：Datang Environmental Technologies & Engineering Co., Ltd，简称大唐环境）是中国大唐集团公司（简称大唐集团）的控股子公司。作为中央直接管理的特大型电力企业集团，大唐集团在肩负国民经济建设重要任务的同时，勇于承担中国环境治理的重任，2003年12月31日大唐集团党组决定成立大唐环境，2004年5月大唐环境在中国经济与电力环保行业快速发展的背景下应运而生。

大唐环境主营业务：燃煤电厂烟气脱硫、脱硝，循环流化床锅炉系统，烟尘处理，灰渣处理，污水处理，垃圾焚烧，空冷及清洁能源等。发展方向：与环保相关的高新技术与产品的引进、开发、应用、产业化，技术服务和工程总承包，形成具有自主知识产权技术、产品为核心竞争力的产业。

大唐环境成立以来，以大唐集团的发展战略为指导，以市场为导向，以高新技术为支撑，发展势头迅猛，2004年先后签订湖南湘潭发电有限公司2×600MW机组等共计2300MW装机容量的烟气脱硫项目，山东里能集团2×300MW机组等共计1540MW装机容量的干式除渣系统项目，承包珲春发电厂2×300MW机组等共计600MW装机容量的水处理项目，总承包珲春发电厂2×330MW机组等共计1060MW装机容量的除灰项目。

大唐环境引进奥地利能源环境公司（AEE公司）的湿法脱硫技术，该技术成熟可靠且在国内外有大量的成功运行业绩。大唐环境树立以人为本、科技先导的管理理念，将人力资源的管理列为公司经营管理的战略重点，根据公司所处行业特点拟定了人力资源管理整体方案，有力地促进了大唐环境的人才引进和人才队伍的稳定，工程技术人员占大唐环境员工90%以上，大多来自于国内主流烟气脱硫公司、大型电力设计院及大型火电建设企业。

大唐环境目前已经通过质量、环境和职业健康安全三项管理体系认证，获得北京市科学技术委员会颁发的高新技术企业证书，被广东发展银行授予AAA信用等级，具有商务部批准的进出口权，具备北京市特种设备协会许可的D级压力容器设计资格，具有建设部颁发的环境工程（废水、废气、固废）专项工程乙级设计资质证书。

业务范围

1. 烟气脱硫工程

大唐环境引进了先进的烟气脱硫技术，拥有一只高水平的专业队伍，采用国际先进的现代项目管理手段，为火电站提供EPC交钥匙脱硫工程服务。

- 石灰石—石膏湿法烟气脱硫工艺；
- 半干法烟气脱硫工艺；
- 干法烟气脱硫工艺。

2. 烟气脱硝工程

大唐环境在大量技术储备的基础上，以工程服务为宗旨，优先选择了选择性催化还原法（SCR）作为脱硝的技术手段，可承接大型火电机组的EPC交钥匙SCR法脱硝工程服务。

3. 气力输送工程

双套管密相气力输送系统是20世纪80年代在国外发展起来的一种先进气力输送技术，利用气固两相流、管道沉积流自动切割的原理，较好地解决了以往气力输送系统大管道、高流速、高磨损、低出力、堵管等问题。

大唐环境在吸收国内外先进技术的基础上，研制、开发的软件系统有效地解决了双套管系统的设计、计算问题。该软件通过自动计算，在概念设计阶段即完成了对拟实施的飞灰系统的大范围寻优计算、多工况校核，提高了系统的经济性、可靠性，该软件在内旁通低压密相系统中可达到：

（1）系统设计。计算出设计出力下的系统配置：管径、变径点、气灰比、压力分布、温度分布、速度分布、功耗等。

（2）系统寻优。得出最佳经济运行工况以及相应的系统配置、输送气量等。

（3）在非设计工况下的校核计算。同样的系统配置（管径、变径点等）但不同的外界条件下（输送气量、灰温、风速、环境温度等），校核能否正常输送，以及气灰比、压力分布、温度分布、流速分布等。

4. 干式排渣工程

干式排渣机是一种新型的环保节能产品，该产品是大唐环境技术人员根据电力行业对环保和节水的要求，结合水泥行业蓖式冷却机的优点和外国风冷技术的先进经验自行开发、研制而成的一种新型锅炉排渣设备，它完全可以替代传统的水力除渣设备。大唐环境干式排渣技术已获得中国电力企业联合会颁发的科学技术成果鉴定证书。

5. 水处理工程

- 锅炉补给水处理；
- 凝结水精处理；
- 工业废水处理；
- 中水回用处理（节水工程）；
- 海水淡化。

6. 除尘工程

- 布袋除尘系统；
- 智能化电除尘电源与控制系统。

7. 其他

大唐环境在大力开展烟气脱硫、脱硝、烟尘、灰渣、水处理等电力环保业务的同时，积极探索空冷、循环流化床以及再生能源开发等业务，在生活垃圾焚烧发电、供热、风力能发电、地热能发电、太阳能发电、水蓄能工程、潮汐能发电等方面开展多种形式的合作，建立再生能源的技术体系和装备制造体系，为我国能源的多样化发展作出努力。

经营业绩

- 烟气脱硫项目

序号	用户名称	机组容量（MW）	烟气中SO_2含量（mg/m^3）	脱硫效率（%）	脱硫技术	投运时间
1	洛阳热电有限责任公司	2×300	2677	95	石灰石/石膏	2005年
2	淮北发电厂	1×210	3348	95	石灰石/石膏	2005年
3	安徽淮南田家庵发电厂	1×300	1303	95	石灰石/石膏	2005年
4	湖南湘潭发电有限责任公司	2×600	2166	95	石灰石/石膏	2006年

● 干式排渣项目

序号	用户名称	机组容量	规格型号	单位	数量	排渣量正常出力 (t/h)	排渣量最大出力 (t/h)	供货时间
1	内蒙古丰镇发电厂	2×200MW	MPG—2	套	2	2	8	2004 年
2	山东里能集团煤炭地下气化发电示范工程	2×300MW	MPG—5	套	2	5	15	2005 年
3	河南中孚电力有限公司	CFB2×135MW		套	2	8	15	2005 年
4	郑州泰祥热电股份有限公司	2×135MW	MGP—2	套	2	5	8	2006 年

● 气力输灰项目

序号	用户名称	机组容量 (MW)	输送距离 (m)	系统出力 (t/h)	输送技术	投运时间
1	珲春发电厂	2×330	270	2×120	正压浓相紊流气力输送技术	2005 年
2	郑新电力股份有限公司	2×200	900	2×60	气力输灰系统	2005 年

● 水处理项目

序号	用户名称	机组容量 (MW)	处理系统	系统出力 (t/h)	工 艺 系 统	除盐率	投运时间
1	珲春发电厂	2×300	锅炉补给水系统	2×65	超滤（UF）＋反渗透（RO）＋一级除盐＋混床系统	98%	2005 年

主要事件

4 月 6 日，大唐环境股东出资签字仪式暨第一次股东会、第一届第一次董事会、第一届第一次监事会召开，会上签署了《大唐环境科技工程有限公司出资人协议》、审议通过了《大唐环境科技工程有限公司章程》、产生了大唐环境第一届董事会、监事会、董事长及其他高级管理人员。

4 月 23 日，大唐环境草签内蒙丰镇电厂 3、4 号炉底渣系统改造合同。

5 月 10 日，大唐环境注册成立。

5 月，大唐环境开展成立以来的第一个项目投标工作——对洛阳热电厂 2×300MW 和 2×165MW 机组烟气脱硫项目投标，之后先后参与了安徽淮南田家庵发电厂、洛阳热电有限责任公司、湖南湘潭发电有限公司等烟气脱硫工程项目投标。

5 月 20 日，大唐环境通过 ISO 9000 认证。

6 月 16 日，大唐环境被广东发展银行信用系统测评为信用 AAA 级企业。

6 月，大唐环境拟定人力资源整体方案并向大唐集团汇报，有力地促进了公司的人才引进和人才队伍的稳定。

8 月 6 日，大唐环境被北京市科学技术委员会批准为高新技术企业批准，同日完成公司营业执照变更，大唐环境具备进出口经营权。

9 月 18 日，大唐环境在珲春发电厂扩建工程锅炉补给水系统的招投标中中标，这是大唐环境成立以来首个中标的水处理项目。

9 月 22 日，大唐环境与淮北发电厂就该厂 210MW 机组烟气脱硫工程项目签约，这是大唐环境成立以来的首个签约的脱硫项目。2004 年 10 月，大唐环境先后与安徽淮南田家庵发电厂、洛阳热电有限责任公司就烟气脱硫工程项目签约。

7 月 9、10 日，大唐环境承办了大唐集团组织召开的火电工程项目烟气脱硫工作研讨会，会议对大唐集团脱硫工程建设管理职责、工艺系统的选择、设备和材料的选择、项目招标范围和方式、参考进度等方面做了规定，本次研讨会是国内发电集团中首次专注于火电工程项目烟气脱硫工作的研讨会。会议期间大唐环境还组织召开了公司脱硫技术引进专家评审会。

10～11 月，大唐环境相继签订山东里能电厂 2×300MW 机组、郑州泰祥热电股份有限公司 2×135MW 干式排渣系统合同。

10 月 27、28 日，在由中国环境保护产业协会锅炉炉窑脱硫除尘委员会组织召开的“第三届全国脱硫工程技术研讨会”上，大唐环境被一致推荐为该委员会的常务委员会单位。

9 月 28、29 日，组织了公司成立以来的首次全体活动——中秋团聚活动，大唐环境还积极参加了大唐集团为庆祝建国五十五周年开展的系列庆祝活动，大唐环境团结、协作、开拓、进取的企业文化正在逐步形成。

●大唐环境成立以来得到了大唐集团及其他股东单位的大力支持，大唐集团和其他股东单位的有关领导、部门相继到大唐环境视察，对大唐环境的工作作出了诸多重要指示，提出了许多富有成效的建议，有效指导了大唐环境的经营发展。

●11月，大唐环境在湖南湘潭发电有限公司2×600MW机组烟气脱硫项目、郑新三期供热机组除灰项目中中标。

●12月10日，大唐环境与AEE公司就湿法脱硫技术签署技术转让协议。

12月25日，淮北发电厂1×210MW机组烟气脱硫工程正式开工，这是大唐环境成立以来第一个正式开工的脱硫项目工程。

12月28日，洛阳热电厂2×300MW机组烟气脱硫工程正式开工，本套烟气脱硫装置是目前河南省设计在建的首台最大装置。

12月31日，大唐环境与湖南湘潭发电有限公司就该公司2×600MW机组烟气脱硫工程项目在湖南长沙签约，该项目是大唐环境成立以来首个签约的单机容量为600MW等级的烟气脱硫项目。

西安电力机械制造公司

企业概况

西安电力机械制造公司（简称西电公司）始建于1959年，是我国科研、生产和检测高压、超高压交直流输变电成套设备的主要基地，也是我国同行业中惟一隶属国务院国资委管理，并被确定为第一批中央企业49家主业明晰企业之一的特大型国有企业集团。

多年来，西电公司着眼于参与国际竞争和合作，依托于我国电力建设的重大工程，按照“大集团、大市场，大发展”的战略思路，通过承担“九五”、“十五”国家重点技术项目攻关、关键技术和成套设备研制开发，以及与ABB、西门子、日本三菱、法国阿尔斯通等著名公司的合资合作，引进、消化、吸收国外先进技术，强化自身研发能力，提升核心竞争力，产业结构和产品技术不断升级，科研与生产装备、试验检测手段达到和接近了国际先进水平。按照现代企业制度和国际惯例，规范母子公司体制，强化以财务为主线的各项基础管理，确保了企业经营管理的效率和效益不断提高。按照“以人为本”和现代文化的理念，建设优秀的企业文化，构筑团结、协作、诚信、敬业的职工团队，不断弘扬“爱西电、创一流”的企业精神，从而使公司的规模、效益、人均收入一直稳步增长。

近年来，西电公司作为国内惟一能够提供±100kV以上直流输电成套技术和成套设备，以及提供±550kV及以上直流输电关键设备的企业。在三峡直流输电工程、西电东送、750kV超高压输电等国内重大工程项目中，均发挥着积极的作用。面对强手如林的国际市场竞争，公司坚持“走出去”的方针，加大与著名公司的合资合作，不断建立和完善国际贸易的营销网络、营销队伍和营销策略，产品出口也由单机到成套逐步发展到交钥匙工程，在与国外著名公司竞争中屡创佳绩。西电公司承揽的马来西亚国家电力局20台24万kVA变压器，总价值2520万美元，是国内最大的变压器出口项目。在香港中华电力公司中标4647万美元的合同，创下了单项出口合同价值最高的纪录。

在四十多年的发展历程中，西电公司曾为我国第一条330kV输变电线路、第一条550kV全国产化设备的输变电线路（锦—辽）、第一条±100kV海底直流输电工程（浙江舟山至宁波）等重大电力工程建设，提供了大量的优良装备，曾有60多项产品和技术填补国内空白，在我国电力建设中发挥着举足轻重的作用。产品已行销包括东亚、马亚西亚、菲律宾、泰国、南美、德国等市场在内的20多个国家和地区。

主营业务

西电公司由9个生产输变电设备及其他电工产品的骨干企业、3个国家级行业归口研究所、3个承担国际工程、国内销售、金融等业务的专业公司和6个中外合资企业构成。资产总规模85.10亿元，从业人员13307人，其中工程技术、管理人员4643人，高级工程技术、管理人员498人，享受政府特殊津贴的专家58人。

主导产品

西电公司的产品包括高压开关、断路器、变压器、电抗器、电容器、避雷器和套管等16大类、300多个系列，其中省市名牌产品26项，国家专利产品和技术44项，90%以上的主导产品采用IEC等国际标准生产，全部生产企业均通过ISO 9000质量体系认证。

经营业绩

2004年西电公司生产经营继续快速发展。产值产量、销售订货、销售收入、出口创汇均创历史最好水平。全年完成现行价工业总产值492611万元，同比增长30.1%；工业增加值96000万元，同比增长

20.75%；销售收入524236万元，同比增长30.92%；实现利税46320万元，同比增长46.97%。出口创汇9200万美元，比2003年同期增加10.9%。

国内最先进的国家级实验室建成。西电公司所属西安高压电器研究所三期工程分步建设方案完成，试验检测水平达到国际先进水平，标志着我国大容量实验室的检测技术实现了真正意义的提高，试验检测水平完全能够与世界著名的大型实验室相媲美。

高端产品相继诞生。①国内最大的500kV、7万kVar并联电抗器研制成功。这台供西北—华中联网工程灵宝背靠背换流站使用的平波电抗器，由西电公司所属西安西电变压器有限责任公司独立研制成功，具有世界先进的平波电抗器一次性通过了出厂试验，主要经济技术指标达到了国际先进水平，它标志着西电公司独立掌握了世界尖端的平波电抗器设计制造技术。②西电公司自行设计的首台灵宝背靠背换流变压器通过出厂试验，标志着西电公司已经具有独立设计、生产制造和试验大型高压、超高压直流输变电设备的能力。③西电公司为西北750kV输变电工程提供的成套成品相继开工。

在国内外重大电力工程中屡屡中标。①西电公司中标三峡—上海±500kV直流输电工程换流站设备合同，总额达10亿元人民币。②在国家电网公司主持的三峡—上海500kV直流输电工程宜都、华新换流站GIS设备合同的签字仪式上，西电公司承接华新换流站设备合同总金额为16637.477万元。③在菲律宾宿务省国际会展中心，菲律宾国家输电公司与西电公司签订了138kVGIS变电站交钥匙工程。合同总价值1900万美元。④在广东佛山高黎、深圳李朗、东莞寒溪等电站中标118个间隔GIS，合同总价值超过亿元。

行业首家国家试验室诞生。西电公司所属的西安西电变压器有限责任公司试验中心取得中国实验室国家认证委员会颁发的“中国试验室”证书，成为我国同行业首家国家试验室。

菲律宾莱特岛输电线路及电站主体工程竣工。西电公司所属西电国际工程公司承建的菲律宾莱特岛输电线路及电站主体工程竣工。菲律宾总统阿罗约在国家输电公司和政府官员的陪同下，出席了象征性的通电仪式。

西安电力机械制造公司总经理、法人代表　张雅林

地址：西安市丰登路29号
网址：www.xd.com.cn
E-mail：xdnet@xd.com.cn

正泰集团公司

2004年，正泰顺应宏观经济调控的要求，紧紧围绕集团的“产业化、科技化、国际化”发展战略，克服了原材料价格上涨、电力能源短缺、内外市场竞争激烈等种种困难，各项工作仍取得了新的进展，基本完成了年初制定的各项目标任务。

据统计，低压电器2004年共开发新产品61项，其中33项新产品被列为省级新产品；完成技改项目30项。一年来，共申报国内外专利28项，其中发明专利8项、实用新型专利10项、外观专利10项，获得了发明专利2项、实用新型专利6项、外观专利6项；获得2004年3C认证证书74张，获得国外认证证书31张。修订了《产品图样及技术文件格式规范》第15项公司通用技术标准，对各公司的5415个图样和技术文件以及739份更改通知单进行了编号的统一管理，由于公司技术管理规范，被国家标准化委员会确定为标准化体系良好行为企业试点单位。

技术创新

电气输变电设备产业全年技术研发取得明显成果，完成产品开发83项，开展技术、工艺创新200多项，62个产品通过型式试验并投入销售，9项产品通过了国家电网公司的产品鉴定，26个中低压产品通过了省级鉴定，电线产品拿到了5张3C认证证书，公司技术中心也以高分被评为“上海市级技术中心”。

仪器仪表公司列入省级科研开发项目13项15个型号，全部完成省级鉴定，代表产品有DS/TSD7777高精度三相多功能关口表、DS/TSD66相多功能表、DDSIF666单相电子式载波多费率电能表、DDSYF666单相电子式预付费多费率电能表、GZ127—2集中抄表系统、(P、A、S、Z) 777—3系列安装式数字显示电表、MT—8000智能工业调节器等。膜式燃气表采用欧洲标准BS EN1359：1999标准和国际法定计量组织OIML R31—1995标准，完全达到GB/T 6968—1997《膜式煤气表》和JJF 1086—2002《膜式煤气表定型鉴定大纲》的要求，产品技术性能达到国际先进水平。

仪器仪表公司2004年投资2850万元完成年产200万台电子表生产线技术改造项目；投资2998万元完成年产300万台长寿命技术电能表生产线技术改造项目。

市场拓展

2004年，正泰集团巩固发展综合市场、培育弱

势市场、加快拓展高端市场，进一步拓宽了市场新空间，实现了市场份额新突破。一是紧抓电力主配套市场，新拓展了主配套市场300多家，业绩同比增长58.88%；二是拓展行业市场，不仅在家电行业，巩固扩大了海尔、格力、科龙、美的、春兰、奥柯斯等一批空调企业的产品配套，而且还在石化行业、冶金行业，分别与玉门油田、吉林油田、辽阳石化以及甘肃酒钢集团、莱芜钢铁厂等企业签订了长期供货合同，并已陆续供货；三是力拓设计院市场，全年完成上图额18300万元，同比增长151%，完成购额12100万元，同比增长203%；四是培育弱势市场，被列入弱势市场的江西、山西、云南、陕西、新疆五省的销售均出现相应的高幅增长，合计同比增长37.5%，比平均同比高出12个百分点；五是完善基础管理，组织编写了《2005～2010年营销发展规划》，制订、发布了《经销商授权管理办法》、《呼叫中心管理标准》、《大客户管理办法》、《渠道优化实施总纲》等10多项管理办法和标准，优化了业务流程，提升了服务水平，提高了市场快速反应能力。

在过去的一年，正泰电器还以“组建营销网络，推动渠道建设，打造高效团队”为主旨，制定了国际营销规划，明确了国际营销方向，调整了驻外机构，密切了客户关系，低压电器全年出口交货值完成年初计划的118%。出访了14个国家，拜访客户200余人，邀请40多个国家，160多家公司，近300人·次访问了正泰。以打造输变电行业领军企业为总目标，上海正泰电气则以贴近市场、拓展市场为主线，以提升市场份额为着力点，在新产品销售、就地化服务、专业市场入网以及营销团队建设等方面取得了新的进展。新产品销售稳步推进，成套设备市场增势强劲，就地化服务更加深入。深入挖掘国内市场，全年电器产品又进入100多个国家重点工程，实现销售收入大幅增长。开拓国际市场，重视引进外贸专业人才。积极组织参加多场电气设备展销会，并在国外发展了本土化项目经理及合作伙伴，多途径、多层次建立国际营销渠道。目前，正泰输变电产品已销往20多个国家和地区。正泰仪器仪表共引进项目4项，其中2项已经开始生产，2项正在试验阶段。

信息化建设

大力推进信息化建设，“数字化正泰”项目取得了阶段性成果。“数字化正泰”项目的核心系统SAP系统的第一期和第二期工程分别在2004年4月4日和11月4日成功上线，完善了公司所有物料的编码体系，实现了财务、业务一体化。“数字化正泰”项目支持产品全生命周期管理的协同设计与制造项目取得了可喜成绩，如今在股份公司的五大三小八个生产公司、技术中心、上海研发中心全部实施，实现了技术平台集成。同时，为保证“数字化正泰”系统正常运行，建立了公司网络与信息安全体系，完成了网络安全项目的实施。

人力资源

2004年上海正泰电气共引进研发、营销、财务等各类技术、管理人员237名，使大专以上学历人员占公司员工总数的比例提高到26.3%；完成财务管理、质量管理、营销业务等各类培训980期、4.5万人·次，使公司员工的整体素质得到提高；进一步扩大了竞争上岗和岗位轮换范围，促进了公司复合型人才的培养。如今，正泰人才队伍不断壮大，团队优势进一步发挥。全年新增人员过千人，其中，具有大专以上学历383人，硕士、博士11人，中高级职称以上142人；本地籍员工占全体员工总数的65%左右。积极筹建公司党、团、工会组织，严格执行社会劳动保障制度，确保员工合法权益。定期组织各类群众性活动，增强认同感，提高企业的凝聚力和向心力。充分利用《正泰电气》内刊等媒体平台，建立起加强内部沟通的桥梁。以和谐、谦学、务实、创新的企业精神，培育先进企业文化，塑造新时代员工。

附　　录

华为公司简介

华为技术有限公司成立于 1988年，是由员工持股的高科技民营企业。华为从事通信网络技术与产品的研究、开发、生产与销售，专门为电信运营商提供光网络、固定网、移动网和增值业务领域的网络解决方案，是中国电信市场的主要供应商之一，并已成功进入全球电信市场。2004年，华为的销售额为462亿元人民币，其中海外销售近23亿美金，目前有员工22000多人，其中外籍员工3000多人。

华为在全球建立了30多个分支机构，在美国达拉斯、印度班加罗尔、瑞典斯德尔摩、俄罗斯莫斯科以及中国北京、上海等地建立了研究所。华为产品已经进入德国、西班牙、法国、英国、日本、巴西、俄罗斯、埃及、泰国、新加坡、韩国等40多个国家和地区。

华为每年将不少于销售额的10%投入研发。华为在坚持自主开发的基础上进行开放合作，现在已经与TI、摩托罗拉、英特尔、AT&T、ALTERA、SUN、微软等世界一流企业广泛开展技术与市场方面的合作。

从1997年起，华为开始系统地引入世界级管理咨询公司，建立与国际接轨的基于 IT的管理体系。在集成产品开发(IPD)、集成供应链(ISC)、人力资源管理、财务管理、质量控制等诸多方面，华为与 Hay Group、PWC、FhG等公司展开了深入合作。经过 5 年多的管理改进与变革，以及以客户需求驱动的开发流程和供应链流程的实施，华为具备了符合客户利益的差异化竞争优势，进一步巩固了在业界的核心竞争力。

技术重点投入与发展领域

网络与业务解决方案

移动网络	固定网络	光网络	业务与软件	数据通信	移动终端
•WCDMA •CDMA2000 •TD－SCDMA •GPRS •GSM •ETS450D	•NGN下一代网络 •xDSL接入、BAS •C&C08 •HONET综合接入 •IP电信网 •综合视讯系统 固定终端	•智能光网络 •SDH(10G/40G) •SuperWDM •DWDM(320G/1.6T) •Metro城域多业务传送 •带宽运营管理	•OSS •综合智能网 •固定智能网 •移动智能网 •移动数据业务 •宽带业务价值链 •客服系统	•核心骨干路由器 •模块分支路由器 •核心多层交换机 •千兆路由交换机 •边缘接入交换机 •以太网接入服务器 •WLAN无线局域网 •安全防火墙	•PHS手机 •WCDMA手机 •CDMA450手机 •CDMA450固定台 •固定台模块

ASIC 芯片设计中心　　CMM五级软件国际标准

持续投入，持续发展
逐步超越，逐步领先

——华为公司光网络产业汇报

短跑不适合中国人？

2004年8月以前，中国人在短距离直道项目、网球项目上夺取世界冠军还是不可想象的事情。如今，这已是事实。无数事实已证明，中国人有能力取得世界级成就。

华为公司的点滴进步，来自于长期专注于通信领域并掌握了核心技术。我们尊重他人知识产权，并注重保护自己的知识产权；坚信合作伙伴关系、开放合作以及公平竞争的价值，并在实践中贯彻执行。

目前，华为专利数以平均每天申请六个的速度增长，已累计申请专利超过6500件，成为我国年专利申请量最多的单位之一；华为85%以上的专利属于发明专利，授权专利已超过1000件。

华为公司蓬勃发展的17年

中国经济的发展为电信业的迅猛发展提供了一个良好的宏观环境，而通信市场的持续强劲需求又为中国通信制造业的发展提供了原动力、竞争力。

全面的网络解决方案：华为公司1988年成立以来，专门从事通信网络技术与产品的研究、开发、生产与销售，致力于为电信运营商提供固定网、移动网、数据通信网和增值业务领域的网络解决方案，是中国电信市场的主要供应商之一，并已成功进入全球电信市场。目前正专注于光网络、3G、NGN、xDSL、数据通信等几个领域，希望通过持续投入和努力成为这几个领域的全球领先者。

全球化的销售服务体系：华为在全球建立了8个地区部、55个代表处及技术服务中心，在美国达拉斯、印度班加罗尔、瑞典斯德哥尔摩、俄罗斯莫斯科以及中国北京、上海等地建立了研究所。华为产品已经进入德国、法国、西班牙、巴西、俄罗斯、英国、美国、日本、埃及、泰国、新加坡、韩国等90多个国家。

坚持不懈的研发投入： 华为每年将不少于销售额的10%投入研发。华为在坚持自主开发的基础上进行开放合作，现在已经与TI 、摩托罗拉、英特尔、AT&T、ALTERA、SUN、微软等世界一流企业广泛开展技术与市场方面的合作。

与国际接轨的管理体系：从1997年起，华为开始系统地引入世界级管理咨询公司，建立与国际接轨的基于IT的管理体系。在集成产品开发（IPD）、集成供应链（ISC）、人力资源管理、财务管理、质量控制等诸多方面，华为与Hay Group、PWC、FhG等公司展开了深入合作。经过多年的管理改进与变革，以及以客户需求驱动的开发流程和供应链流程的实施，华为具备了符合客户利益的差异化竞争优势，进一步巩固了在业界的核心竞争力。

华为公司目前有员工24000多人，2004年实现销售额为462亿元人民币，其中海外销售额22.8亿美元。据RHK统计，华为光网络市场份额全球排名第二；华为是全球少数实现3G WCDMA商用的厂商，已全面掌握WCDMA核心技术，并率先在阿联酋、香港、毛里求斯等地获得成功商用，跻身WCDMA第一阵营，成为全球少数提供全套商用系统的厂商之一。 据Dittberner统计,华为NGN系统全球市场占有率18%，全球排名第一，交换接入设备全球出货量连续3年居第一。

厚积薄发，光网络崛起成为全球主导品牌

2005年2月，国际著名咨询公司RHK公布了其2004年度全球光网络市场统计报告，报告显示：华为已崛起成为全球光网络设备第二大供应商，也是排名前十位中唯一的中国通信设备公司。其中，WDM市场份额增长幅度、新增市场份额全球排名第一，WDM份额总量全球排名第二。

华为公司已跻身世界一流光网络制造商的行列。迄今，华为光网络产品已经在全球59个国家和地区取得商用，网上稳定运行设备总数超过30万套。

● 十年历程，持续投入换来持续发展

光网络是华为公司重点发展的战略产品之一，自1994年从事光网络的研究开发以来，华为每年将销售额的10%作为科研投入，到2004底，华为光网络累计研发投入超过30亿元。

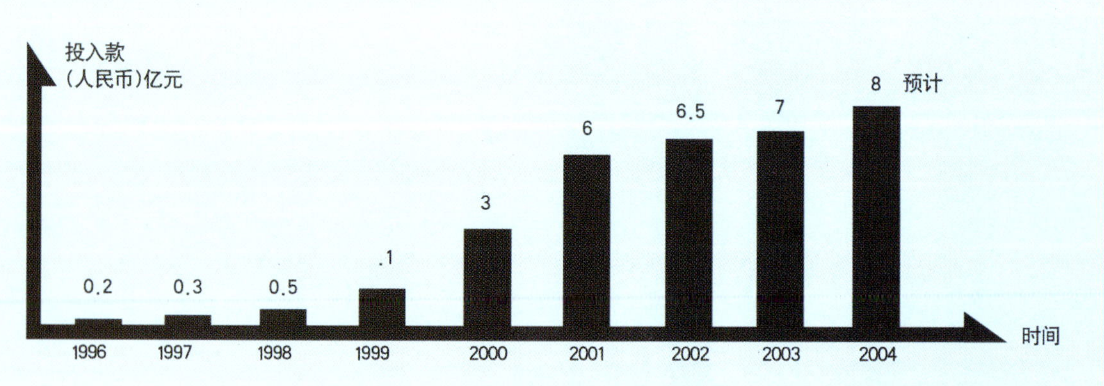

凭借持续的研发投入和贴近用户需求的解决方案，华为光网络产品线取得了持续的发展，在技术发展、市场份额增长方面均名列前茅。

● 关注客户，应用技术获得连续突破

华为以业界领先的核心技术（0.13μm ASIC芯片、高速光器件/光模块、核心算法）为基础，提供从核心层到接入层的全网解决方案，成功推出OptiXTM 系列产品，包括长途及城域波分、多业务传送平台、智能光网络系统、SONET四大系列产品及全套的网络管理系统。

● 锲而不舍，产品质量追求一流品质

在产品可靠性设计方面，华为确立了"以客户需求为中心、以业界最佳为方向、以客户满意度为准绳、以业界标准为依据"的原则。经过多年的努力，华为已建立了完善的质量保证体系，拥有世界一流的各类可靠性分析实验室，测试数据被美国FCC、德国CETECOM、德国TUV-PS、德国TUV-莱茵、日本VCCI等权威认证机构认可。完善的试验手段，使产品的各项可靠性指标得到准确的验证和质量的一致性保证。

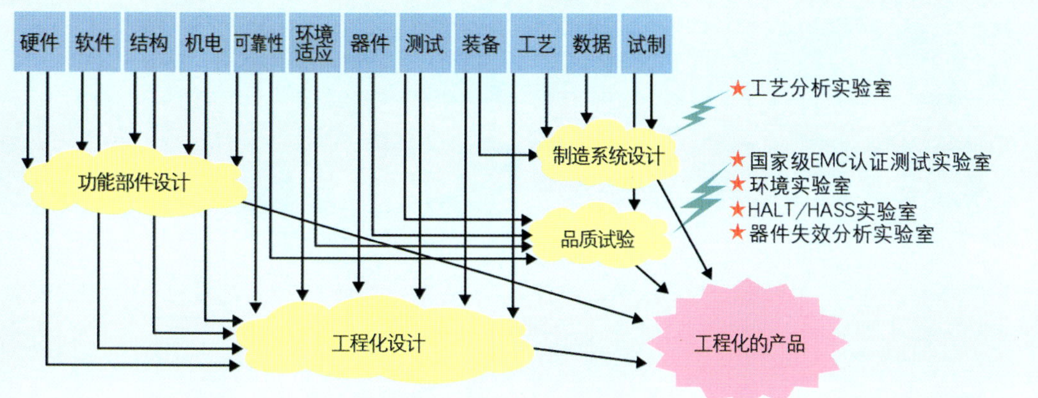

2002年12月，华为光网络产品正式通过在美国NTS（National Technical Systems，Inc.）进行的NEBS level 3（最高级别）测试。获得NEBS许可证已成为业界公认的设备品质卓越的标志。

● 硕果累累，核心技术提升竞争能力

华为长期注重知识产权的积累和保护。十年如一日的研发高投入，使得华为光网络在获得核心竞争力的同时，也积累了大量的知识产权成果。截至2004年底，华为光网络已累计申请国内外专利500多项，提交ITU-T建议文稿50多篇，涉及ASON、EOT、OTN等最热门技术领域，其中大部分被采纳。

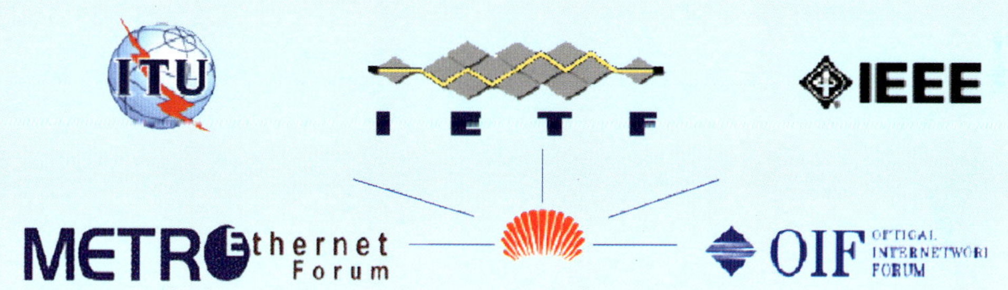

华为光网络正式成为ITU-T部门成员（Sector Member），并成为中国传送网标准组、OIF、IEEE等多个国内外光网络标准组织的核心会员，参与国家及国际标准的制定。

● 体系完备，研发实力保证基业常青

截至2004年12月，华为光网络产品线R&D部门拥有员工超过1,700人（其中外籍员工86人）。除深圳总部外，华为光网络还在成都、南京、美国硅谷、美国达拉斯等地设立了多个研发机构，致力在光网络通信领域保持技术领先。

2001年，华为印度研究所率先获得CMM四级认证，此后，南京研究所也在2003年6月取得CMM四级认证。2003年8月1日，华为印度研究所正式通过CMM五级认证，标志着华为在软件开发过程管理和质量控制方面已经达到世界最高水平，而华为在研发的技术和管理方面的整体水平也得到了进一步提升。

EDF 来宾B电厂

中法合作的样板、广西电力的骄傲

一、电厂概况

来宾B电厂是中国电力行业第一个BOT 项目，由法国电力公司通过国际融资筹措资金建设。投资方在建成电厂并商业运营15年后，将把电厂无偿移交给广西政府。

1995年，广西壮族自治区政府决定采用BOT方式建设广西来宾B电厂项目。1996年，法国电力国际公司与原通用电气阿尔斯通公司组成的EDF联合体一举夺标。为实施该项目，EDF联合体成立了项目公司：广西来宾法资发电有限公司（简称FIGLEC），FIGLEC于1997年9月与广西政府签定了特许权协议。

通过运营维护合同，电厂业主FIGLEC将电厂的运营和维护工作承包给广西来宾希诺基发电运营维护有限责任公司。希诺基负责电厂的发电运营和设备维护，它成立于1997年9月，向FIGLEC提供15年(2000～2015)的运营和维护服务。

业主FIGLEC属全外资企业。运营公司希诺基却是中法合资企业，法国电力集团拥有希诺基公司85%的股份，广西创举电力科技有限公司和广西新千年有限公司各拥有其7.5%的股份。

二、技术实力

来宾B电厂的建设期从1997年至2000年初，采用了当时欧洲最新的电厂设计。主要设备为两台360MW的燃煤发电机组，其中汽轮机和发电机由阿尔斯通生产，锅炉为阿尔斯通设计，国内生产。电厂设计使用寿命为30年。

凭借机组容量和技术水平的优势，来宾B电厂是广西电网的主要电力供应商之一。在10月至3月的枯水季节，由于水电站可用率低，来宾B电厂的出力对广西电网至关重要；在丰水季节，来宾B电厂也为广西电网提供重要的调峰能力和备用容量。

来宾B电厂年最大净上网电量约为53亿kwh，2004年发电利用小时数达6379h，2004年净上网电量为45.9亿kwh，占2004年广西电网净上网总电量的13%以上。供电标煤耗率为329g/kW，厂用电率为7.9%，除盐水耗率为23kg/MW，建厂以来重伤和死亡事故为0，环保达标100%。

注：BOT，即建设、运营和移交，是国际上一种特定的项目融资方式。有关政府将基础设施项目交由国际商业资本进行投资建设(Build)和经营(Operate)，到约定期限投资方将项目无偿移交（Transfer)给所在国政府或其国有企业。

三、认证与环境保护

2003年7月，来宾B电厂的质量管理体系、环境管理体系、职业健康和安全管理体系通过了中国方圆认证中心和法国AFAQ机构依据ISO9001:2000，ISO14001和OHSAS 18001标准进行的认证，并于2003年9月28日获颁ISO 9001，ISO14001和OHSAS 18001三项认证证书。

在环境保护方面，来宾B电厂的运营商希诺基公司利用“失效模式和影响分析”–FMEA方法列出生产活动中所有环境因素，分析其可能存在的环境风险和影响。对于高风险的环境因素，公司设立年度目标来减低风险。同时公司注意提高员工的环境保护意识，对有环境影响的岗位提供特殊培训，作为降低环境风险的手段。公司也利用其影响在社会上提倡环境保护：对其主要的服务供应商提出建立环境管理体系的要求；对物品供应商要求提供其物品对环境影响的数据；将分类收集的废物交有资质的供应商处理。

四、社会责任

作为法国电力公司的全资子公司，来宾B电厂的核心价值观是：人员设备安全，保护环境，经济性和顾客满意。根据上述核心价值观，来宾B电厂尊重当地政府，企业和民众，与各方建立了负责任的关系，通过沟通来了解和记录外部相关方的期望，积极寻求实现共同的价值。建厂数年来，来宾B电厂为村民义务维修道路，义务修筑耕牛饮水池，为乡镇修建水塔，向城乡小学捐资助学，捐赠课桌椅、电脑，向乡镇卫生院捐赠救护车，公司和员工捐款救助灾民等。

来宾B电厂还促成来宾市与法国敦刻尔克市实现互访和建立合作关系，并与两市政府合办来宾法国狂欢节。来宾B电厂把在企业自身能力范围内，为当地政府和人民发展对外经济文化交流，发展教育、医疗卫生事业，改善贫困群众生活尽一份绵薄之力作为企业社会责任的重点。

五、培训人材

来宾B电厂非常重视员工能力的不断提高和发展，培训是人力资源管理中的重要组成部分，根据不同的发展阶段确定不同的培训目标和计划。在生产准备阶段（1998年～2001年），培训重点放在对生产人员“全能值班”的安全、技术、计算机应用、英语和法定证书等项目的培训上。在标准化管理阶段（2002年至今），培训的重点转向安全和风险培训、工作标准化培训和面向员工职业发展的培训，如全员行为规范培训、全员紧急救护培训、ISO90001、ISO14001和OHSAS18001标准和工作过程培训等。

来宾B电厂最重要的资源是“人才资源”，员工的福利工作得到非常重视。企业按照相关的法律和法规的要求，为员工办理社会养老保险、工伤保险、生育保险，失业保险、社会医疗保险、人身意外商业保险和医疗商业保险、住房公积金制度、员工住房补贴，从而稳定了员工队伍，提高了员工的工作热情。为丰富员工的业余生活，公司成立了各种业余活动协会十多个，如篮球协会、足球协会，法语协会，摄影协会，钓鱼协会，休闲协会等，公司给予员工子女教育补助；每周双休日免费送员工到柳州、南宁等地购物等。公司的福利措施体现了“以人为本”的人性化管理，提高了员工士气。

甲骨文在中国

——16年成功之路

中国是甲骨文公司（Oracle Corporation）在全球发展最快的市场，2005财年列公司全球新许可证销售收入的第六位，亚太地区的第一位（不包括日本）。

甲骨文公司于1989年通过本地合作伙伴进入中国市场，当时中国信息技术产业只是刚刚起步。1991年7月，经过两年的开拓和发展，甲骨文公司成为最早在中国正式建立外商独资企业的全球软件厂商之一。随着北京甲骨文软件系统有限公司的成立，甲骨文公司在中国奠定了基础，打开了历史新篇章。甲骨文公司在中国的员工超过800名，以5个城市（北京、上海、广州、成都和深圳）为中心开展业务。甲骨文公司在中国提供数据库、中间件、应用产品及相关的顾问咨询、培训和服务支持。

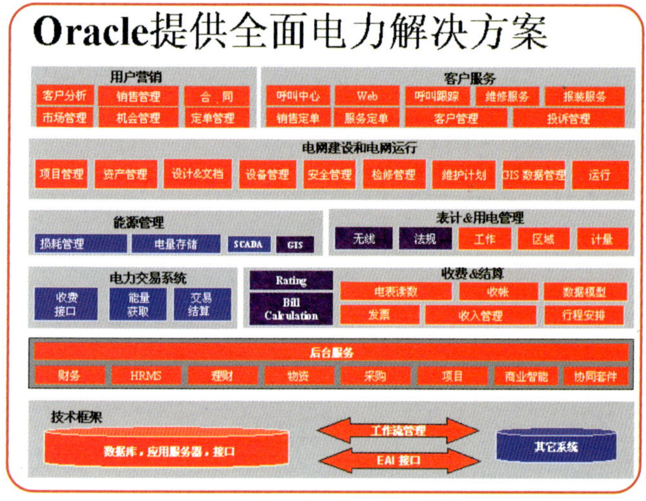

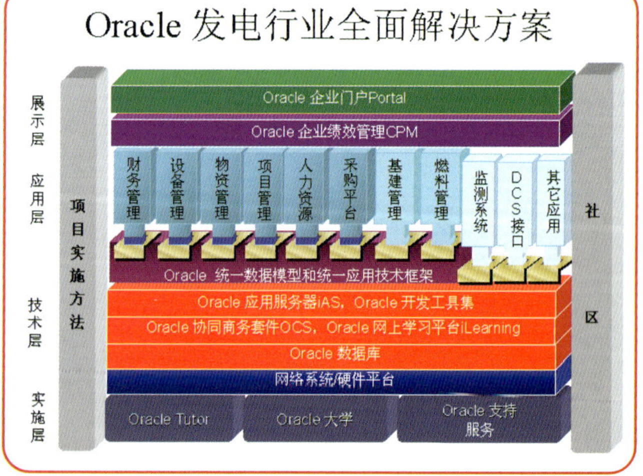

甲骨文中国公司的目标是提供和传授知识与技术，以帮助中国实现宏伟目标，加速中国软件业的发展，为此于2002年推出了“**金色中国计划**”。该计划的核心是发展并投资商业和教育项目以及本地研发机构，为中国的长期发展和成功作出贡献。由于中国接受了全球化并对全球竞争开放了市场，所以甲骨文公司将利用适合中国独特需求的软件解决方案，使中国的公有和私有企业都能够实现业务增长并获得投资回报。为了实施“金色中国计划“，甲骨文中国公司采取了三合一战略：**承诺中国市场、实施本地化、建立合作伙伴关系**。

Oracle公司与电力行业

Oracle数据库系统在电力行业市场占有超过80%市场

各级电网公司：

- 国家电网公司
- 大区级电网公司
  - 华北电网公司、东北电网公司、西北电网公司、华中电网公司、华东电网公司
- 南方电网公司
- 省、市级电网公司
  - 北京市、天津市、上海市、重庆市、浙江、福建
  - 广东、河南省、河北省、山东省、山西省
  - 内蒙古、新疆、黑、吉、辽、广西、海南
  - 云南、贵州
  - ……

等29家省市级电力公司

各大发电集团

- 华能集团
- 大唐发电集团
- 国电电力
- 华电集团
- 中国电力投资集团
- 国华电力
- 华润电力
- 国投电力
- 粤电集团
- 浙江省能源公司
- 中国广东核电集团
- ……

Oracle公司与电力行业

Oracle应用系统(ERP)在电力行业得到广泛实践

- 太平洋顶峰电力投资集团——财务系统
- 大唐国际——财务系统
- 京能热电——财务及人力资源系统
- 秦皇岛热电厂——网上采购系统
- 华能岳阳电厂——财务系统
- 华能财务公司——财务系统
- 华电国际——财务、EAM、物资及项目管理系统
- 国华电力——财务及人力资源系统
- 浙江东南电力——财务、EAM系统
- 山西大唐国际云冈热电——EAM系统
- 浙江省能源集团——财务系统
- 云南大潮山发电厂——财务系统、预算系统
- 国电电力发展股份有限公司——财务系统、预算系统
- 协鑫电力——财务、EAM、物资及网上采购系统
- 华能玉环电厂基建项目管理系统
- 华能洛璜电厂基建项目管理系统
- 河北大唐国际唐山热电基建项目管理
- 山西大唐神头发电基建项目管理
- 重庆大唐国际彭水水电基建项目管理
- 云南大唐国际红河发电基建项目管理
- 福建大唐国际宁德发电基建项目管理
- 广东大唐国际潮州发电基建项目管理
- 大唐珲春发电基建项目管理
- 深能源洪湾电厂基建项目管理
- ……

Oracle公司与电力行业

Oracle中间件平台支撑电力关键业务应用

- 大唐国际电力股份有限公司 ------财务系统、生产系统、门户系统
- 华电国际电力股份有限公司 ------财务、生产、物资系统
- 国电电力股份有限公司 ------财务系统、预算编制系统
- 天津电力 ------门户及整合
- 河南电力： ------门户及整合
- 粤电集团： ------门户及整合
- 国华电力： ------财务及人力资源系统
- 华能国际上安电厂： ------门户及整合
- 绍兴供电局： ------用电现场管理系统
- 浙江省能源公司： ------财务系统及电子交易平台
- 华润河南登封电厂 ------生产管理系统

地址：北京市建国门外大街1号国贸大厦2座22层
邮编：100004
电话：8610-65356688
传真：8610-65356535

欲了解更多信息，
请访问Oracle中文网站：
www. Oracle.com/cn
或拨打免费热线：8008100161

ORACLE®
甲骨文

集团简介

上海电气集团股份有限公司是中国最大的装备业制造集团之一，其核心产业板块上海电气电站集团是从事发电设备制造和电站工程建设的专业集团，员工13000余人，拥有一流的人才资源和一流的装备资源。

集团积极实施科教兴市主战略，以一流的现代管理和国际化运作快速驶入世界经济发展轨道。2002年以来，火力发电设备的生产、销售量以及订单数量保持全球第一。尤其是近年来，集团全面突破传统管理模式，着力推进以发挥资源优势为核心的管理一体化，快速实现了主产品向大容量转移、产品结构向高端技术和清洁能源转移、产业向多元化转移的产业升级。2004年，各项经济指标在国内发电设备制造业名列前茅，产销值双双超过百亿元。

总裁：郑建华

集团主导产品：

1000MW、600MW、300MW等级火力发电和核能发电设备。

主要产品：

各种规格的火力发电机组，水力发电设备，风力发电设备，交直流电动机等。

创新产品：

1000MW级及以上核电机组、重型燃气轮机、电站环保装置等。

集团注重自身发展，更注重用户利益。

MOONS' 上海鸣志

公司新厂房效果图

公司介绍

上海鸣志公司创建于1994年2月，是位于上海漕河泾新兴技术开发区内的一家集科、工、贸于一体的集团公司，集团公司总注册资本为1003万美元，投资总额2210万美元，现有员工近2000人，其中30%以上拥有硕士或学士学位，2004年的营业额为5.6亿元人民币。上海鸣志集团在美国的芝加哥、香港还设有两个全资的子公司，分别负责北美及香港地区的市场运作。此外，集团公司还在北京和深圳设有两个办事处，配备了高素质的销售和技术人员，分别负责东北、华北、华南地区的产品销售和技术支持，为客户提供快捷优质的服务。

上海鸣志自动控制设备有限公司隶属于上海鸣志集团，主要致力于高科技产品的研发、制造及市场推广。公司已通过德国认证机构TÜV ISO9001的认证，并且被上海市政府认定为“外商投资先进技术企业”。目前拥有自主知识产权的产品包括：小神探®点检定修信息管理系统、小神探®巡（点）检管理系统、开关电源系列产品、电机驱动系列产品、齿轮传动系统系列产品等。

小神探®发展史

小神探®点检定修信息管理系统和小神探®巡（点）检管理系统是上海鸣志自动控制设备有限公司的拳头产品，其中小神探®是中国电力行业的著名商标。小神探®巡（点）检管理系统综合了身份识别、GPS技术、振动测量、红外测温、信息采集与处理、数据库与网络等诸多先进技术，将生产现场的设备运行状态检查、工艺参数记录、产品质量控制等信息有机地结合在一起，使巡回检查管理在面向人员、时间和地点的同时，直接面向设备管理、生产管理和质量控制。

小神探®点检定修信息管理系统是区别于巡（点）检管理系统的，定位于现代企业更高管理水平而构建的软硬件平台。它以点检定修制为理论基础，结合国内设备管理的现状，采用先进的软、硬件技术，将设备的点检管理、维修管理、备件材料管理、现场作业管理、缺陷管理、数据分析处理、设备档案管理和工作质量考核有效地集成在一个管理平台，从而达到高效、安全、经济、科学管理的目的。

小神探®系列产品自1997年由上海鸣志自动控制设备有限公司自主研发并推向市场以来，迄今产品已经覆盖了全国25个省市自治区，系统用户已经超过了100家；其中电力行业用户就有70多家，装机容量过100万kW的电厂就有近40家。小神探®系列产品过硬的产品质量和强大的技术支持已经得到了中国华能、大唐、中电投、华电、国电电力、国华电力、粤电电力、香港协鑫、华润电力等几大集团公司广泛的认同和推荐。

完善的售后服务

服务是产品的延伸，完善的售后服务也是企业产品保持强大竞争力的充分体现。“保姆式”服务方针是上海鸣志自动控制设备有限公司售后服务的一大特色。公司始终贯彻“优先确保用户正常使用”的原则，急客户之所急，想客户之所想，真诚为客户服务。

质量是企业的生命，技术是企业生命的原动力。上海鸣志自动控制设备有限公司时刻保持对高新技术的充分接触和跟踪，不断加大技术开发的力度和投入，完善产品功能，提高产品质量。展望未来：新的机遇、新的挑战、新的起点，上海鸣志自动控制设备有限公司正致力于为海内外客户提供更多、更好、更优质、更完善的产品和服务而不懈地努力！

- 南京南瑞继保电气有限公司成立于1995年，位于南京江宁经济技术开发区。
- 公司主要从事电力系统控制和保护技术和产品的研究开发、生产销售和工程服务。1998年，被分别评为江苏省和南京市高新技术企业；2001年，公司又被国家科技部评为国家火炬计划重点高新技术企业和江苏省软件企业。2002~2004连续多年入选中国电气工业百强企业和中国软件百强企业和国家重点布局软件企业。
- 南京南瑞继保电气有限公司现有员工750余人，90%具有大学以上学历， 其中博士、硕士200余人，公司法人代表、董事长沈国荣先生是中国工程院院士，在电力系统自动化技术的研究领域有很深的造诣。 公司还拥有一批事业心强、 专业基础扎实、学术水平高、科研开发能力强、实践经验丰富的优秀技术人才。
- 为迎接WTO带来的挑战和机遇， 南瑞继保电气有限公司将不断开拓进取，向电网自动化、电厂自动化、一次设备智能化和电力电子应用等技术和产品领域迈进， 同时积极准备拓展国际市场， 将公司的高技术产品融入全球一体化的进程中。

产 品 种 类

高压和超高压输电线路保护	
RCS-901/902系列	220~750 kV 超高压输电线路方向纵联成套保护装置
RCS-931系列	220~750 kV超高压输电线路光纤电流纵联差动成套保护装置
RCS-92×系列	超高压输电线路辅助保护装置
RCS-941/942/943系列	110 kV 输电线路保护和重合闸装置
RCS-951/953系列	35~66 kV 输电线路保护和重合闸装置
变压器保护	
RCS-978系列	35~750 kV 变压器成套保护装置
母线保护	
RCS-915系列	35~750 kV母线差动保护装置
发电机保护	
RCS-985系列	大型发电机组、发电机-变压器组成套保护装置
中、低压保护	
RCS-9600系列	6kV~35kV中低压保护和测控单元
变电站综合自动化	
RCS-9000	35~110 kV 变电站综合自动化系统
RCS-9700	220~750 kV超高压大型变电站综合自动化系统
电网安全稳定控制	
RCS-991/992系列	分散式电网安全稳定控制装置
RCS-993系列	电力系统失步解列装置
RCS-994系列	紧急频率电压控制装置
直流输电控制保护	
PCS-9500	超高压直流输电控制保护系统
电网调度自动化系统	
PCS-9001	网、省、地区调度自动化系统
发电机励磁控制系统	
PCS-9400	100~800MW大型发电机励磁控制装置
发电厂电气控制系统	
RCS-9700	发电厂电气控制系统
RCS-9600	发电厂厂用电保护
通信设备	
LFX-912/913	继电保护专用收发信机
FOX-40	光纤收发信机
MUX-64/2M	64KB/2MB 光纤通信专用接口装置
CAT-50	音频接口装置

南京南瑞继保电气有限公司 http://www.nari-relays.com

电　话：025-52100500　传真：025-52100511
邮　编：211100　免费热线：800-828-9967
地　址：南京江宁经济技术开发区胜太路99号

正泰集团始创于1984年7月，现辖6大专业公司、50余家持股企业、800多家专业协作厂，并在全国各地设有2000多家销售公司和特约经销处，在国外设立了5家分公司和30余家销售总代理。主要生产经营高低压电器、输配电设备、工业自动化、仪器仪表、建筑电器、汽车电器等300多个系列、5000多个品种、20000多种规格的产品。正泰集团综合实力连续多年名列中国民营企业500强前列。
中国工业电器行业领导品牌之一
“全国质量管理奖”工业电器行业惟一获奖单位
产品覆盖高低压、输配电设备等电力装备制造业产业链，全面满足客户的不同需要
2005年，更多自主开发的新产品将陆续投放国内外市场
CHNT

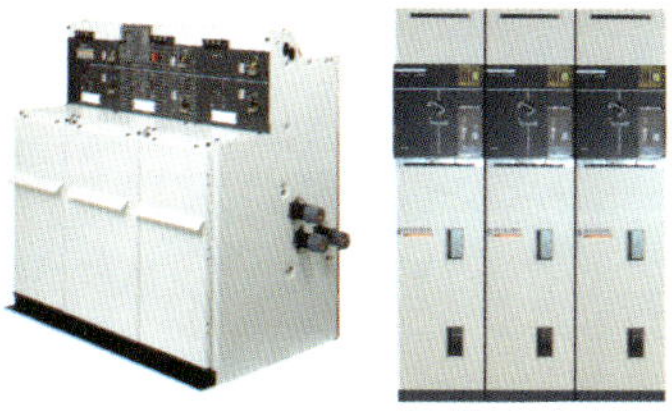

2004年电力版新书图书目录（摘要）

规 程 规 范

1. 电力行业标准

DL/T 845.1～845.4—2004 电阻测量装置通用技术条件

DL/T 848.1～848.5—2004 高压试验装置通用技术条件

DL/T 850—2004 电站配管

DL/T 853—2004 带电作业用绝缘垫

DL/T 856—2004 电力用直流电源监控装置

DL/T 858—2004 架空配电线路带电安装及作业工具设备

DL/T 864—2004 线路用复合绝缘子使用导则

DL/T 5044—2004 电力工程直流系统设计技术规程

DL/T 765.2—2004 额定电压10kV及以下架空裸导线金具

DL/T 871—2004 电力系统继电保护产品动模试验

DL/T 875—2004 输电线路施工机具设计、试验基本要求

DL/T 877—2004/IEC 61477：2002 带电作业工具、装置和设备使用的一般要求

DL/T 879—2004 带电作业用便携式接地和接地短路装置

DL/T 846.1～DL/T 846.9—2004 高电压测试设备通用技术条件

DL/T 849.1～849.6—2004 电力设备专用测试仪器通用技术条件

DL/T 851—2004 联合循环发电机组验收试验

DL/T 854—2004 带电作业用绝缘斗臂车的保养维护及在使用中的试验

DL/T 857—2004 发电厂、变电所蓄电池用整流逆变设备技术条件

DL/T 859—2004 高压交流系统用复合绝缘子人工污秽试验

DL/T 865—2004 126kV～550kV电容式瓷套管技术规范

DL/T 5182—2004 火力发电厂热工自动化就地设备安装、管路及电缆设计技术规定

DL/T 765.3—2004 额定电压10kV及以下架空绝缘导线金具

DL/T 872—2004 小接地电流系统单相接地保护装置

DL/T 876—2004 带电作业绝缘配合导则

DL/T 878—2004 带电作业用绝缘工具试验导则

DL/T 880—2004 带电作业用导线软质遮蔽罩

DL/T 414—2004 火电厂环境监测技术规范

DL/T 435—2004 电站煤粉锅炉炉膛防爆规程

DL/T 461—2004 燃煤电厂电除尘器运行维护导则

DL/T 466—2004 电站磨煤机及制粉系统选型导则

DL/T 467—2004 电站磨煤机及制粉系统性能试验

DL/T 468—2004 电站锅炉风机选型和使用导则

DL/T 469—2004 电站锅炉风机现场性能试验

DL/T 805.2—2004 火电厂汽水化学导则 第2部分：锅炉炉水磷酸盐处理

DL/T 852—2004 锅炉启动调试导则

DL/T 863—2004 汽轮机启动调试导则

DL/T 5035—2004 火力发电厂采暖通风与空气调节设计技术规程

DL/T 5190.4—2004 电力建设施工及验收技术规范 第4部分：电厂化学

DL/T 5190.5—2004 电力建设施工及验收技术规范 第5部分：热工自动化

DL/T 440—2004 在役电站锅炉汽包的检验及评定规程

DL/T 5004—2004 火力发电厂热工自动化试验室设计标准

DL/T 5188—2004 火力发电厂辅助机器基础隔

振设计规程

DL/T 5193—2004 环氧树脂砂浆技术规程

DL/T 862—2004 水电厂非电量变送器、传感器运行管理与检验规程

DL/T 5184—2004 水电水利工程通信设计内容和深度规定

DL/T 5185—2004 水电水利工程地质测绘规程

DL/T 5186—2004 水力发电厂机电设计规范

DL/T 5083—2004 水电水利工程预应力锚索施工规范

DL/T 5192—2004 水电水利工程施工总布置设计导则

DL/T 5194—2004 水电水利工程地质勘察水质分析规程

DL/T 5195—2004 水工隧洞设计规范

DL/T 847—2004 供电企业质量管理体系文件编写导则

DL/T 861—2004 电力可靠性基本名词术语

DL/T 519—2004 火力发电厂水处理用离子交换树脂验收标准

DL/T 790.432—2004/IEC 61334—4—32：1996 采用配电线载波的配电自动化第 4—32 部分：数据通信协议数据链路层—逻辑链路控制

DL/T 790.441—2004/IEC 61334—4—41：1996 采用配电线载波的配电自动化第 4—41 部分：数据通信协议应用层协议—配电线报文规范

DL/Z 790.53—2004/IEC TS 61334—5—3：2001 采用配电线载波的配电自动化 第 5—3 部分：低层协议集 自适应宽带扩频（SS-AW）协议

DL/Z 790.54—2004/IEC TS 61334—5—4：2001 采用配电线载波的配电自动化 第 5—4 部分：低层协议集 多载波调制（MCM）协议

DL/T 860.3—2004 变电站通信网络和系统 第 3 部分：总体要求

DL/T 860.4—2004/IEC 61850—4：2002 变电站通信网络和系统 第 4 部分：系统和项目管理

DL/T 441—2004 火力发电厂高温高压蒸汽管道蠕变监督规程

DL/T 873—2004 微机型发电机变压器组动态记录装置技术条件

DL/T 881—2004 ±500kV 直流输电线路带电作业技术导则

DL/T 882—2004 火力发电厂金属专业名词术语

DL/T 883—2004 电站在役给水加热器铁磁性钢管远场涡流检验技术导则

DL/T 884—2004 火电厂金相检验与评定技术导则

DL/T 5187.1—2004 火力发电厂运煤设计技术规程 第 1 部分：运煤系统

DL/T 555—2004 气体绝缘金属封闭开关设备现场耐压及绝缘试验导则

DL/T 868—2004 焊接工艺评定规程

DL/T 5189—2004 电力线载波通信设计技术规程

DL/Z 634.56—2004 远动设备及系统 第 5—6 部分 IEC 60870—5 规约系列测试规则

DL/T 869—2004 火力发电厂焊接技术规程

DL/T 855—2004 电力基本建设火电设备维护保管导则

DL/T 866—2004 电流互感器和电压互感器选择及计算导则

DL/T 870—2004 火力发电企业设备点检定修管理导则

DL/T 874—2004 电力工业锅炉压力容器安全监督管理（检验）工程师资格考核规则

DL/T 5191—2004 风力发电场项目建设工程验收规程

DL 647—2004 电站锅炉压力容器检验规程

2. 规范、规定、企业标准

火电、送电、变电工程限额设计参考造价指标（2003 年水平）

电力安全生产监管办法

电网调度系统安全性评价（网、省调部分）查评依据

电力营销技术支持系统实用化评价办法

供电服务规范

火力发电厂安全性评价查评依据

关于促进电力调度公开、公平、公正的暂行办法

水力发电厂安全性评价

国家电网公司农电事故调查与统计规定

并网调度协议（示范文本）

Q/GDW 110—2003 500kV 紧凑型架空送电线路设计技术规定

供电企业安全性评价查评依据

国家电网公司安全生产健康环境质量管理体系（试行）

SDJ 69—1987 电力建设施工及验收技术规范（建筑工程篇）

电力建设安全健康与环境管理规定标准选编

国家电网公司防讯管理办法及防讯检查大纲

水力发电厂安全性评价查评依据

国家电网公司大面积停电应急预案（试行）

输电网安全性评价查评依据

市场营销工作手册（第一册）

ASME PTC4—1998 锅炉性能试验规程

国家电网公司县供电企业安全性评价工作管理办法（试行）

国家电网公司电能损耗 无功电压管理规定及技术原则

架空输电线路管理规范（试行）

国家电网公司 农村电力网电能损耗管理办法

发电企业NOSA五星安健环管理系统企业标准及基本要求（试行）

国家电网公司农电安全工作管理办法

DL/T 5121—2000 火力发电厂烟风煤粉管道设计技术规程 配套设计计算方法

DL 647—2004 《电站锅炉压力容器检验规程》编制说明

DL/T 499—2001《农村低压电力技术规程》

DL 477—2001《农村低压电气安全工作规程》

DL 493—2001《农村安全用电规程》辅导培训教材

DL/Z 870—2004《火力发电企业设备点检定修管理导则》培训教材

3. 教材

普通高等教育"十五"规划教材

电力市场

电网监控与调度自动化

交直流调速系统与MATLAB仿真

信号与系统分析

能源工程管理

电力市场运营系统

电力系统自动化

发电厂电气部分

电能质量分析与控制

楼宇自动化系统

安装工程预算与应用

燃气输配

工程制图

建筑室内外表现画实用技法

财务管理学

工程经济学

安装工程定额与预算

工程估价

建筑力学与建筑结构

热能与动力工程专业英语

机械工程专业英语

电厂锅炉原理及设备

电厂汽轮机原理及系统

工程热力学

工程热力学学习指导

汽轮机数字电液控制系统

热力发电厂

水利水电工程概论

Auto CAD 2004实用教程

模拟电子技术基础

自动测量技术

电工测试基础

计算机控制技术

建筑设备工程

能源与动力装置基础

可编程序控制器原理及应用

电能计量技术

工程制图习题集

继电保护原理

电机学

传热学学习指导及典型习题分析

运筹学

电磁场导论

能源与节能技术

电力系统分析要点与习题

热力发电厂课程设计

电气控制与PLC应用

电力市场营销原理

微特电机及系统

变电站综合自动化原理与系统

循环流化床锅炉设备及系统

PLC应用技术

电气照明技术

建筑构成

高职高专"十五"规划教材

锅炉及锅炉房设备

混凝土结构与砌体结构（上册）

混凝土结构与砌体结构（下册）

供热通风与空调工程施工技术

土力学与地基基础

建筑绘画

建筑装饰施工技术与管理

多高层建筑结构设计

钢结构

流体力学泵与风机

建筑材料

建筑工程测量

工厂电器与供电

电机与拖动

电力电子技术

单片机原理及应用

建筑施工技术
热工学理论基础
建筑美术基础
建筑制图与阴影透视习题集
自动控制原理
供用电设备
电气设备及运行维护
配电系统自动化
电能计量
高电压技术
供用电网络继电保护
变电站综合自动化技术
变配电所二次系统
测试技术
供配电技术
电气照明技术
智能建筑概论
物业管理概论
物业管理公司财务管理
热工基础
供热工程
工业通风空气调节
流体力学泵与风机
建筑设备安装工程预算与施工组织管理
建筑设备运行与调试
建筑施工组织
建筑制图与识图
建筑力学与结构
建筑工程法规
建筑工程定额与计价
建设监理概论
工程招投标与合同管理
建筑工程项目管理
建筑装饰设计
建筑设计基础
建筑制图与阴影透视
室外小环境设计
建筑制图习题集
建筑制图
建设监理概论
建筑制图与识图习题集
混凝土结构与砌体结构
职业指导与创业教育

高等教育学习辅导丛书
电力系统继电保护同步训练
电力系统分析同步训练
自动控制理论自学同步训练习题与精解

普通高等教育“十五”国家规划教材
电力系统分析

高等学校教材
电子商务原理及应用

全国电力高等职业教育规划教材
用电检查
热工理论及应用
法律基础
电力系统继电保护及自动装置

电力职业技能鉴定辅导教材
变电站值班员（技师）
锅炉运行值班员（初级工）
锅炉辅机检修工（高级工）
电机检修工（中级工）
继电保护工（中级工）

工 具 书

1. 词典

电力相关标准电技术名词术语简明词典（附光盘）

2. 年鉴

2004 中国电力年鉴
中国国电集团年鉴（2004）
中国水力发电年鉴（第八卷）

3. 手册

火电工程调试技术手册
电气卷 1、卷 2
热工卷
化学卷

供用电工人技能手册
配电线路
电力电缆
内线安装
变压器检修
电测仪表
装表接电

水利水电工程施工手册
地基与基础工程（第一卷）
金属结构制作与机电安装工程（第四卷）

高压输电线路巡视手册
电动机变频器实用手册
配电变压器修理手册
电力科技档案管理手册
电工技术手册
35～6/0.4kV 配变电系统短路电流计算实用手册
火力发电工程施工组织设计手册

10kV配电工程设计手册
电工工具手册
发电企业现场安全技术手册
电力建设工程质量问题通病防治手册
建筑电气监理工程师手册
供电所工作实务手册
工业与民用配电施工质量验收与质量控制手册
电价监管工作手册
中央空调工程精选图集
电能计量装置接线图集
实用电工电路图集
建筑电气常用设备模块化控制电路图集
新旧电气简图标准编制示例对照图集
实用建筑、结构、设备、电气施工图集
物业电工手册
工业电气安装工程实用技术手册
实用电气手册
电子产品调修常用仪表应用手册
电力施工项目管理简明手册

科 技 图 书

电业安全工作规程学习考试题库
大型发电设备检修工艺方法和质量标准丛书
　　汽轮机检修
　　汽轮发电机组检修
　　锅炉设备检修
用电安全必读
火力发电工人实用技术问答丛书
　　电气设备运行技术问答
　　汽轮机设备运行技术问答
　　燃料设备运行与检修技术问答
　　化学设备运行与检修技术问答
　　锅炉设备运行技术问答
　　汽轮机设备检修技术问答
供热空调系统运行管理、节能、诊断技术指南
电工实用诊断技巧
袖珍电工知识丛书
　　电气安全标识
　　电工常用量与单位
　　电工常用计算手册
　　电工常用技术数据
　　电工常用图形符号及文字符号
　　电工常用工器具
电力系统电压稳定性及其控制
高碾压混凝土重力坝
安全生产技术丛书
　　工业锅炉安全运行与管理
　　安全管理
汽轮机本体检修实用技术
室内配线与照明
保护用电流互感器应用指南
核电厂地震安全性评价中的地震构造研究
单元机组自动控制技术
电器制造与应用丛书
　　高压断路器及其应用
电力营销工作导读
智能居住小区的规划与设计
建筑工程实用技术问答
　　水暖　空调　制冷设备安装与调试技术问答
有载分接开关的应用、选型、安装、运行、维护检修、常见故障分析
变电站微机监控与保护技术
电力用互感器和电能计量装置设计选型与应用
电气化铁道接触网
变电运行事故分析及处理
电业工人技术问答丛书
　　电能表校验技术问答
　　厂用电安装技术问答
　　配电线路技术问答
　　高压带电检修技术问答
湿法烟气脱硫系统的安全性及优化
电力地理信息系统
低压内线装置及安装技术规则
实用电气工程概预算
电气管理与企业电工
电网运行及调度技术问答
供电企业危险点分析及预控措施
土石坝工程经验与创新
智能建筑计算机网络系统设计
高压开关设备检测和试验
汽车使用与维修系列书
　　汽车空调的使用与维修
　　汽车制动系统的使用与维修
　　汽车自动变速器的使用与维修
锅炉原理
125/135MW火力发电机组技术丛书
　　发电机及电力系统
工程造价管理的理论与方法
火力发电厂锅炉受热面失效分析与防护
大型火电机组检修实用技术丛书
　　电气分册
电力系统无功与电压稳定性

小型新能源和可再生能源发电系统建设与管理
电力竞争
注册电气工程师资质考试实战练习——建筑电气
建筑施工现场人员便携读本 材料员必读
发电厂和变电站电气二次回路技术
通用变频器选型与维修技术
火力发电厂安全性评价重点问题和整改措施
供电企业安全性评价重点问题和整改措施
电力试验技术丛书
　　现代水电厂计算机监控技术与试验
电力市场营销培训考核试题库
单元机组集控运行题库
人工智能—AutoLISP—认知与实践—CAD—汉字谐和技术—CQF 软件包揭密
电力企业线损工作标准
送变电带电作业技术
跨区域互联电网运行与建设规划研究
电力变压器故障分析与技术改进
企业理念应征辞条集锦
21 世纪农村电工应知应会问答
特高拱坝枢纽分析与重点问题研究
中国电力市场分析与研究 2003 年秋季报告
220kV 及以上典型线路杆型装置图
监理工程师执业资格考试复习题精选
电力工程电气设计 200 例
公共安全防范系统
200MW 火力发电机组运行技术丛书
　　电气运行
汽轮机运行
125/135MW 火力发电机组技术丛书
　　热工控制系统
电力技术经济评价理论、方法与应用
反渗透水处理应用技术
区域电力市场电价机制
实用电力英语丛书
　　供用电分册
　　发电分册
　　输配电分册
　　电力经济与管理分册
电力生产"1000 个为什么"系列书
　　电气运行与检修 1000 问
　　锅炉运行与检修 1000 问
　　化学运行与检修 1000 问
　　燃料运行与维修 1000 问
　　新入厂工人应知应会 1000 问
高压直流输电工程技术
电力安全监督 300 问
电气工程基础（下册）
电网建设工程危险点预测与预控措施
电工实验指导书
流体力学
探索与创新——新世纪高校人文社会科学理论创新论文集
变电运行与管理技术
火力发电厂维护消缺技术问答丛书
　　锅炉分册
　　热控分册
　　发电机及电气分册
　　汽轮机分册
电力系统调度、运行、继电人员继电保护竞赛试题汇编
火电厂热控专业安全规程与问答
送电线路测量
电力工程材料价格信息统计（2004 年 1 月）
实用电工电子自学丛书
　　建筑电工实用技术自学通
水电站事故（障碍）案例与分析
电能计量技术问答
火力发电厂技术改造指南
输变电设备的状态检修
图解触电急救与意外伤害急救
电力工程建设施工监理
网络通信与建筑智能化系统
建筑工程预算丛书
　　怎样编制暖通给排水工程预算
电力设备可靠性维修
电子电器故障案例剖析与检修丛书
　　开关电源设备故障案例剖析与检修
电工安全技术 500 问
能源发展与工程咨询（1971～2003 年）
市政工程施工技术问答
　　城市道路工程
电力电子技术问答
实用电工电子自学丛书
　　电机修理自学通
　　电工实用技术自学通
电气运行及修试人员技术考核试题库
电力生产事故的人因分析及预防
机床电气维修技术
现代电网自动控制系统及其应用
建筑施工现场人员便携读本
　　安全员必读
　　施工员必读
火力发电厂燃料试验方法及应用

安全生产检查导则
材料腐蚀与防护技术
电力系统电气设备选择与实用计算
建筑空调实用技术丛书
　　建筑空调实用技术基础
建筑工程实用技术问答丛书
　　建筑装饰工程技术问答
　　建筑工程项目管理技术问答
建筑电气实用技术丛书
　　电梯技术基础
常用中高压断路器及其运行
现代电力企业班组管理
电业安全教育与管理丛书
　　《建设工程安全生产管理条例》学习问答
变电所自动化实用技术及应用指南
电除尘器运行及维修
农村供电所安全性评价标准及查评依据
电业安全教育与管理丛书
　　安全注意力资源
测量学
电工实用技巧系列书
　　电工实用检修技巧
220～500kV变电所电气接线设计
电力试验技术丛书
　　配电自动化系统试验
交流异步电动机修理速成
电工实用技巧系列书
　　电工诊修典型故障技巧
　　电工基本操作技巧
变电站综合自动化现场技术与运行维护
建筑工程电气节能
电力设备红外检测诊断图谱及应用规范（中英文对照版）
《电业安全工作规程（电力线路部分）》条文答疑
《电业安全工作规程（发电厂和变电所电气部分）》条文答疑
《电业安全工作规程（热力和机械部分）》条文答疑
电力财会英语300句
电力市场研究丛书
　　电力企业经营战略
燃气轮机发电动力装置及应用
中央空调自控系统设计
注册电气工程师执业资格考试专业考试复习指导书
　　第3册　供配电专业
　　第1册　综合部分
　　第2册　发输变电专业
架空送电线路状态检修实用技术
新型电力电子变换技术
电源实用技术系列书
　　阀控式密封铅酸蓄电池实用技术
城市夜景照明技术指南
输电监管
《架空输电线路管理规范》解读
现代城市电网规划设计与建设改造
水工混凝土耐久性的研究和应用
火电厂汽轮机控制系统改造
自动扶梯与自动人行道基本结构及安装维修
中国电力市场分析与研究2004年春季报告
农电工技术操作要诀
电力服务营销
实用电工电子自学丛书
　　万用表使用技巧
　　常用电子电路280例解析
　　常用电工电路280例解析
　　怎样用万用表检测电子元件
供电企业现场作业安全卡
变电运行现场操作技术
水电厂生产人员技术问答丛书
　　水库调度技术问答
电力改革环境下的客户关系管理
阀控式密封铅酸蓄电池实用技术问答
水轮发电机组状态检修技术
电力系统继电保护原理（增订版）
供电企业班组技术管理问答
燃气轮机及其联合循环发电
电气工程及自动化专业英语（建筑电气类）
电力企业会计实务
建筑电气与智能建筑工程施工质量监理
电气工作票的填写和使用
空调过程设计与建筑节能
全国一级建造师职业资格考试辅导用书
电力工程管理与实务案例及习题解答
电力企业常见法律纠纷处理
电化学与电力设备的腐蚀与防护
发供电企业标准化作业指导书丛书
　　交流500kV架空送电线路检修作业指导书
　　35kV及以上油浸电力变压器现场大修作业指导书
　　电测专业现场检测作业指导书
　　高压试验作业指导书
电力客户服务员工培训知识问答
输电线路反事故技术措施实施细则及条文说明
电力营销知识问答（电价电费部分）
注册电气工程师（供配电）执业资格考试强制性标准摘编

土石坝与岩土工程实践及探索——2004 年技术研讨会论文集
建筑网络通信与计算机网络技术应用
中国电力市场分析与研究 2004 年秋季报告
水电厂生产人员岗位技能培训教材
　　水库调度
国家职业资格培训教程
　　常用电机检修工（高级、技师、高级技师）
供用电工人技师培训教材
　　抄表核算收费
供电企业职业技能培训教材
　　继电保护、自动化及通信
　　电能表修校
　　高压断路器检修
电力设施承装（修、试）工程技术与管理人员培训教材
　　电力设施安装（检修）技术要求（输变配电部分）
　　电力设施试验方法（输变配电部分）
　　电力设施安装（检修）操作技能（上）（变配电部分）
　　电力设施安装（检修）操作技能（下）（线路与低压部分）
　　电力设施承装（修、试）技术与质量管理（输变配电部分）
水电厂生产人员岗位技能培训教材
　　水轮机检修
　　水工建筑物维护
“送电到乡”工程和“西部新能源行动”培训教材（教师版）
　　光伏·风力及互补发电村落系统
电力企业班组长及工作负责人安全培训教材
供电企业职业技能培训教材
　　架空送电线路施工
　　变电设备安装
　　用电检查
　　变电运行
配电专业技术人员在职培训考核题库
电工进网作业考核培训教材
　　电工考核题库部分
国家职业资格培训教程
　　机械设备安装工（基础知识）
　　机械设备安装工（初级、中级）
　　机械设备安装工（高级、技师、高级技师）
　　锅炉操作工（基础知识）
　　锅炉操作工（初级、中级）
　　锅炉操作工（高级、技师）
　　起重工（基础知识）
　　起重工（初级、中级）
　　起重工（高级、技师）
高压送电线路张力架线技术培训教材
注册电气工程师（供配电）执业资格考试辅导教材专业部分
注册电气工程师（供配电）执业资格考试辅导教材专业基础部分
注册电气工程师（供配电）执业资格考试辅导教材公共基础部分
农电企业安全生产知识培训题库
全国电力工人公用类培训教材
　　电力市场营销基础
　　电力工人职业道德与法律常识
　　应用计算机基础
　　电力工程识绘图
用电检查资格考核培训教材
　　用电检查法律法规
　　知识技能与标准规范
　　安全供用电与营销
　　电能计量
　　防治窃电技术
工程师继续教育培训教材
　　电力新技术应用（上册）
农网配电营业工职业技能鉴定培训教材
　　基础部分
　　技能部分
　　题库部分
火力发电职业技能培训教材
　　燃料设备检修
　　电测仪表
　　发电厂集控运行
　　电气设备运行
　　继电保护
300MW 机组集控（全能）值班员培训试题库
　　值长、主值班员分册
　　副值班员分册
　　巡检操作员分册
国家电网公司会计核算办法培训教材（上下册）
火力发电机组过程控制工程师培训教材
　　机组联锁、保护系统（第三册）
　　电液调节系统（第五册）
微机继电保护实用培训教材

2005
中国电力年鉴

电力科普

《中国电机工程学会》“电与生活”科普知识问卷

请选择正确答案☑

1. 我国制订《中华人民共和国科学技术普及法》（简称《科普法》）的目的是：

□A. 为了加强科学技术普及工作，提高公民的科学文化素质，推动经济发展和社会进步

□B. 为了兴办高科技企业

2. “科学普及”的性质是：

□A. 公益事业，是社会主义物质文明和精神文明建设的重要内容

□B. 扶植企业，以赢利为目的

3. 今年全国科普日的主题口号是：

□A. 科学普及——你我共参与

□B. 科学普及——发展知识经济

4. 计量电能的单位是千瓦时，俗称“度”。对“一度电”的描述哪个是正确的：

□A. 一只100瓦的白炽灯使用1个小时所消耗的电能

□B. 一台1000瓦的空调使用了1个小时所消耗的电能

5. 下列哪些行为会浪费电能：

□A. 使用完电脑后，关上电脑主机，不关闭显示屏

□B. 把白炽灯换成节能灯

6. 节能灯是新一代节能光源，发光效率高，在同等照度条件下，使用节能灯比白炽灯节电：

□A. 15%～20%

□B. 70%～80%

7. 户外活动遇上雷雨时，应当：

□A. 到大树下避雨

□B. 回房屋或建筑物内

8. 在日常生活中，如果发现有人触电，首先应该怎么办?

□A. 马上把触电者抱（或拉）下来

□B. 尽快关断电源

9. 供电客户服务热线电话是：

□A. 95598

□B. 95588

正确答案：1. A　2. A　3. A　4. B　5. A　6. B　7. B　8. B　9. A

2005
中国电力年鉴

《中国电力年鉴》十年回顾

《年鉴》的重要事件

1. 1995年2月21日，电力工业部电办［1995］75号文件“关于编辑出版《中国电力年鉴》的通知”明确从1993年起每年编辑出版一本《中国电力年鉴》，并成立以史大桢部长为主任，赵希正副部长为常务副主任，周小谦总工程师、办公厅姜绍俊主任、规划计划司冉莹司长为副主任，国家有关综合部门负责人、部内各司局长、各网省局及有关单位负责同志为委员的编委会作为领导机构，决定《年鉴》编辑出版的指导思想、主要内容和编写大纲。

2. 1995年12月正式出版第一本《中国电力年鉴》（1993），12月27日，在北京京西宾馆全国电力工作会议上举行《中国电力年鉴》（1993年）首发

式。赵希正副部长在首发式上作了重要讲话，要求要向创办一流企业一样，把《年鉴》办成一流水平的年鉴。

3.1996年7月出版第二本《中国电力年鉴》(1994)。1996年12月出版第三本《中国电力年鉴》(1995)。

4.1997年12月出版《中国电力年鉴》(1996～1997)。1993年、1994年和1995年《中国电力年鉴》是以年鉴的内容为时段作为年号，为了与国内外年鉴按“出版年号”的惯例一致，同时又使本年鉴的年份保持连续，1997年出版的年鉴以1996～1997年为出版年号，从1998年起，均以出版年度作为年号。

5.1998年10月出版《中国电力年鉴》(1998)，并带电子光盘。

6.1999年12月出版《中国电力年鉴》(1999)。

7.2000年11月出版《中国电力年鉴》(2000)。

8.2001年10月《中国电力年鉴》首次参加第二届全国中央级年鉴评奖并荣获一等奖。2001年9月出版《中国电力年鉴》(2001)。

2002年4～7月出版《中国电力年鉴》特刊——《中国电力发展的历程》。中国电力工业从1882年有电以来，至今已经走过120年的光辉历程。100多年中国电力工业的发展史，是一幅波澜壮阔的历史画卷，她记录了中国人民饱受帝国主义列强蹂躏的屈辱，也记录了中国清政府和国民党统治的软弱，更记载了中国电力职工在中国共产党领导下奋发图强、英勇拼搏的战斗历程。

为了回顾中国电力工业120年所走过的历程，记录中国电力工业十年来生产与发展所取得的成就，重点记载国家电力公司成立以来所走过的轨迹，见证中国电力工业发展历程中的历史性时刻，更好地发挥存史资政的作用，《中国电力年鉴》编委会编辑出版了融史实性、实用性为一体，文、图、表并茂的重点史料文献——《中国电力发展的历程》。

该书以史料文献为依据，以综述性文章为转折，图文并茂，史料和论述并重，通过“纪念中国电力120年、回顾十年的伟大成就、见证电力历史的关键时刻”三个篇目，以及大事记、重要文件、电力规划、电力生产与建设、组织机构与体制改革、水电、火电、核电、科学技术、统计资料等内容展现了中国电力工业蓬勃向上的多彩的画面，是一本极具收藏价值和了解电力工作的实用的权威性工具书。

9.2002年12月出版《中国电力年鉴》(2002)。

10.2003年10月31日，《中国电力年鉴》(简称《年鉴》)编委工作会议在广西桂林召开。此次会议是电力体制改革后召开的第一次编委会会议。参加会议的有约42个单位的编委。会议听取了编委会主任赵希正的重要讲话。赵主任在讲话中强调电力体制改革后，《年鉴》将是联系电力系统各企业的纽带，为此《年鉴》的编辑出版工作必须立足于创新，必须形成新的工作体制和运作机制。赵总希望编委会和编辑部的有关人员，要加强学习，要把贯彻落实十六大精神和三个代表的重要思想作为编辑出版年鉴的指导思想，围绕电力工业改革与发展的主题，并以提高科技水平，提高经济效益为主线，全面记载电力工业改革与发展、生产与经营、科技与环保、精神文明建设与企业文化建设等各方面的成就，融史实性与资料性为一体，为电力工业改革与发展，为技术水平、管理水平以及为企业的经济效益的不断提高服务。

11.2004年10月《中国电力年鉴》参加全国中央级年鉴评奖并再次荣获一等奖。2004年12月出版《中国电力年鉴》(2004)。

《年鉴》的工作会议

1.1996年1月27～30日，在福建省厦门市电力宾馆召开《中国电力年鉴》第一次工作会议，有45个单位、58位同志参加了会议。会议提出，要把《中国电力年鉴》办成一流水平的年鉴，并通过年鉴使社会了解电力，使电力走向社会。

2.1996年11月1～4日，在浙江省宁波市余龙饭店召开《中国电力年鉴》第二次工作会议。有59个单位、67位同志参加了会议。赵希正副部长对本次会议作出了批示：“对全体年鉴撰稿人员和编辑人员的辛勤劳动表示感谢”，并要求“要以改革的精神，更扎实的工作，搞好《中国电力年鉴》的编写工作，这既是电力工业改革与发展的要求，又精神文明建设的重要内容”。

3.1997年11月30日～12月3日，在广东省珠海市召开《中国电力年鉴》第三次工作会议。有60个单位、69位同志参加了会议。会议宣读了电力工业部办综函［1997］37号“关于表彰《中国电力年鉴》优秀撰稿单位的通知”，并为11个优秀撰稿单位和个人颁发了奖状。

4.1998年12月16～18日，在北京电力宾馆召开《中国电力年鉴》第四次工作会议。会议表彰了《中国电力年鉴》五年优秀单位和个人，并第一次请北京大学教授肖东发到会给参加年鉴编写的撰稿人讲课。

5.1999年9月3～6日，在宁夏银川电力宾馆召开《中国电力年鉴》第五次工作会议。有60个单位、75位同志参加了会议。

6.2000年9月20～25日，在新疆乌鲁木齐电力宾馆召开《中国电力年鉴》第六次工作会议。

7.2001年10月26～30日，《中国电力年鉴》第七次工作会议在浙江省温州市瓯江宾馆召开，有59个单位、67位同志参加了会议。《年鉴》编委会副主任、主编周小谦到会并作了题为《编好用好年鉴 为电力工业的发展再作新贡献》的重要讲话。中国电力企业联合会叶荣泗副理事长宣读了中国电力企业联合会“关于表彰《中国电力年鉴》优秀撰稿单位和优秀撰稿人的决定”（中电联［2001］45号）。会议为23个优秀撰稿单位和29个优秀撰稿人颁发了证书。

8.2002年12月13～14日，在江苏省南京市国际会议大酒店召开《中国电力年鉴》第八次工作会议，会议交流、总结1993年《年鉴》创刊以来的工作经验和成就，研究在电力体制改革环境下，如何继续编辑出版《年鉴》工作，重点研究、部属2003年《年鉴》的组稿和编辑工作。这次会议还请了《中国大百科书》编审孙关龙到会讲课。

9.2003年12月23～26日，在四川省成都市白芙蓉宾馆召开《中国电力年鉴》第九次工作会议。此次会议是电力体制改革后的召开的第一次工作会议。参加会议的有51个单位、共67位代表。会议通报了新组成的编委会，传达了编委会主任、中电联理事长、国家电网公司总经理赵希正在编委会上的重要讲话，听取了周小谦主编对本次会议的工作报告，编辑部主任肖兰介绍了年鉴的编写要求。

10.2004年10月31日～11月5日在海南省海口市燕泰大酒店召开《中国电力年鉴》第十次工作会议。此次是全国改版后召开的第一次会议，有57个单位、67位代表参加，传达了周小谦主编的工作报告，表彰了优秀单位和优秀个人。

11.2005年10月28日～11月1日在湖南省张家界市万泰国际酒店召开《中国电力年鉴》第十一次工作会议。本次会议邀请了北京大学博士生导师肖东发教授讲课。

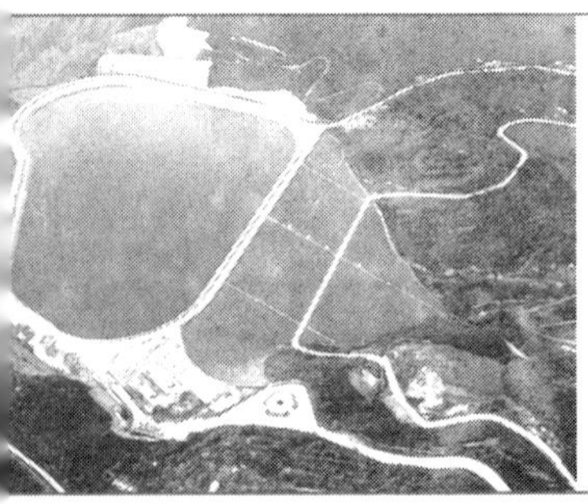

索　　引

内 容 索 引

说 明

一、本索引是全书条目和条目内容的主题分析索引。索引主题按汉语拼音字母的顺序并辅以汉字笔画、起笔笔形顺序排列。同音时，按汉字笔画由少到多的顺序排列，笔画数相同的按起笔笔形一（横）、丨（竖）、丿（撇）、（点）、㇕（折，包括亅乚㇛等）的顺序排列。第一字相同时，按第二字，余类推。

二、索引主题之后的阿拉伯数字是主题内容所在的页码，数字之后的小写拉丁字母表示索引内容所在的版面区域。本书正文的版面区域划分见右图。

a	d
b	e
c	f

A

B

C

D

E

F

G

H

T

W

X

Y

Z

《中国电力年鉴》支持单位

杜邦集团

北京四方继保自动化股份有限公司

广东顺兴电力设备有限公司

法国 AREVA 输配电有限公司北京代表处

华为技术有限公司

法国电力公司

国电南京自动化股份有限公司

甲骨文（中国）有限公司

上海电气电站集团

上海鸣志自动控制设备有限公司

深圳科陆电子科技股份有限公司

中国华电工程（集团）有限公司

南京南瑞继保电气有限公司

西安电力机械制造公司

正泰集团

西安 ABB 电力电容器有限公司

施耐德电气公司

《中国电力年鉴》编辑出版人员

责任编辑	肖　兰	姜丽敏	高　军
	刘丽平	邓　春	栾广杰
	陈　雷	刘　薇	王春娟
	王金波	蒲元吉	高术雨
封面设计	杨晓东		
版式设计	张秋雁		
责任校对	罗凤贤	刘振英	
出版印制	蔺义舟	杨志国